U. Mews-Faure
Dezember 96

ISIDOR BAUMGARTNER

PASTORAL-PSYCHOLOGIE

EINFÜHRUNG IN DIE PRAXIS HEILENDER SEELSORGE

PATMOS VERLAG DÜSSELDORF

CIP-Titelaufnahme der Deutschen Bibliothek

Baumgartner, Isidor: Pastoralpsychologie:
Einführung in die Praxis heilender
Seelsorge / Isidor Baumgartner. –
1. Aufl. – Düsseldorf:
Patmos Verl., 1990
ISBN 3-491-77797-6

1. Auflage 1990
Umschlaggestaltung: Peter J. Kahrl, Neustadt/Wied
Gesamtherstellung: Clausen & Bosse, Leck
ISBN 3-491-77797-6

INHALT

VORWORT

»Was könnten wir besseres tun,
wir in unserer Lage,
als sämtliche Reimworte auf Gott hinzuschreiben
und den Endreim offen zu lassen?«

Erhart Kästner, Die Stundentrommel
vom heiligen Berg Athos, 316.

Zur »Lage« des Menschen heute gehört zweifellos ein unerträglich hohes Maß an seelischer Gekränktheit. Jeder dritte Bundesbürger macht in seinem Leben einmal eine schwere psychische Krise durch. Mehr als eine halbe Million Betroffene suchen pro Jahr erstmals einen psychologischen Berater oder Psychotherapeuten auf. Rund 2 Millionen gelten als alkoholabhängig. Und über 5% der Kinder und Jugendlichen werden von den Fachleuten als psychologisch behandlungsbedürftig eingeschätzt. Der größte Teil seelischen Leidens freilich spielt sich unter Ausschluß der Öffentlichkeit ab und geht in keine Statistik ein: familiäre Konflikte, ausweglose Einsamkeit, diffuse Ängste, existentielle Sinnleere, Verzweiflung am Leben.

In dieser Lage, wo es schwerfällt, sich auf das Leben einen halbwegs sinnvollen Reim zu machen, erblicken nicht wenige Menschen in Psychologie und Psychotherapie einen Rettungsanker. In der Tat gelingt es mit ihrer Hilfe vielen Betroffenen, einen Ausweg aus Krise und Kränkung zu finden. Sie werden wieder fähiger, zu lieben und zu arbeiten, nach *Sigmund Freud* zwei Grundpfeiler menschlichen Glücks.

Gerade die Psychoszene zeigt aber, daß die menschliche Lage im Letzten nicht durch die konventionelle Psychotherapie, auch nicht wenn sie durch numinose und pseudoreligiöse Ingredienzen angereichert ist, bereinigt werden kann. Es bleibt auch nach der leidlichen Versorgung der gröbsten Verwundungen ein nicht therapierbarer Rest an Unheilbarem. Und vor allem: Der Tod als die absolute Kränkung des Menschen ist nicht wegzukurieren. Keine profane Psychotherapie weiß darauf ein tröstendes Reimwort.

Durch Krankheit und Krise sensibilisiert, beginnen immer mehr Menschen, von Theologie und Kirche fast unbemerkt, verstärkt danach zu fragen, wie sie ihr Leben im Glauben an Gott von Grund auf als geheilt erfahren können. Sie halten Ausschau, wie mit ihnen von Gott her ein Wunder der Heilung geschehen könnte, ganz so wie es die Jesusgeschichten erzählen. Zu Recht träumen sie von einem Ort mitten in diesem Leben, wo sie von ihren Sorgen aufatmen dürfen. Sie träumen »unbewußt« von einer therapeutischen Kirche.

Der Kirche könnte aus dieser sich immer mehr bahnbrechenden Nachfrage und Anfrage durch die seelisch Leidenden ein ungeahnter Kairos zuwachsen, wo die Pastoral wieder klarere jesuanische Züge gewinnt. In der Begegnung mit den »Blinden«, »Lahmen« und »Gebeugten« könnten Christen und im besonderen Seelsorgerinnen und Seelsorger wieder lernen, daß es keine Rede vom Heil ohne die heilende Tat geben darf. Jesus selbst leistet sich schließlich kein Wort des Heils, das nicht zugleich auch heilt. Wenn Seelsorger darauf verzichten, appellativ zu indoktrinieren, und stattdessen hinhören, was Gott ihnen durch die Menschen in Lebenskrisen zu sagen hat, dann wird ihre Praxis wirklich heilsam und für die Hilfesuchenden zu einem unverkennbaren »Reimwort auf Gott«. Wie sagt doch der Athos-Reisende *Erhard Kästner* beim Betrachten der Ikonen von Karakallu: »Wenn Heilung einmal für Heil dastand . . ., so kann das nicht ohne Folge, so kann das nicht bedeutungslos sein« – für die Seelsorge schon gar nicht.

Der Weg zu einer heilenden Seelsorge führt in der heutigen Situation zweifellos über die Psychologie und Psychotherapie. Ihr in vielfältigen Behandlungen bewährtes Erfahrungswissen könnte beitragen, daß die Seelsorge den Menschen wieder näher kommt, daß Theologie und Pastoral ihre ungenügende Landkarte von der menschlichen Psyche auf angemessenen Stand bringen. Die Psychologie ist dabei freilich nicht mehr als ein Fahrzeug, störungsanfällig, in manchem unzulänglich, aber dennoch unverzichtbar. Mit ihrer Hilfe könnte die Seelsorge jenes unverwechselbare Tatwort der Heilung sprechen, durch das das Heil von Gott her besser verstanden werden kann. Wenn Menschen in der psychologisch qualifizierten Seelsorge ihren Kränkungen und Sehnsüchten auf den Grund gehen, dabei aus Angst und Schuld heimkehren zum Frieden mit sich und den Mitmenschen, dann wird ihnen unwillkürlich ihr ganzes Leben als ein einziges Reimwort auf Gott aufgehen. Der kritische Dialog mit der Psychologie, wie ihn die Pastoralpsychologie versucht, soll beitragen, daß solche mystagogische »Reimwort-Suche«, um der Menschen willen, von der Peripherie ins Zentrum der Pastoral rückt.

Wenn ich das Anliegen dieses Buches mit einem Zitat aus *Erhart Kästners* »Die Stundentrommel vom heiligen Berg Athos« wiedergebe, so hat das auch einen persönlichen Hintergrund. Diese faszinierende Reisebeschreibung, wohl eine der schönsten, die die deutsche Literatur hervorgebracht hat, wurde für mich während der Abfassung dieser Studie über manche Strecken zu einem anregenden Gesprächspartner. Selten, weder in der psychologischen noch theologischen Fachliteratur, stieß ich auf eine solch anrührende Imagination, wo im Spiegel der Schöpfung und der mitmenschlichen Begegnung der Atem einer noch größeren Wirklichkeit gespürt wird. Alles gibt sich als Ikone und »Reimwort« zu erkennen. Das ist Pastoralpsychologie – freilich hier voller Poesie und jenseits aller abgezirkelten Theoriegebäude. Und welch treffenderes Bild für die Seele selbst und ihre Sehnsüchte gäbe es als die Landschaft am Athos, die daliegt wie ein Garten

Eden, grandios, friedlich, von der Zivilisation noch nicht zubetoniert und an den Himmel stoßend.

Hier gegenüber, mit Blick auf den heiligen Berg, habe ich in den letzten Jahren, als ich mit der Arbeit an diesem Buch befaßt war, zur Sommerszeit mit der Familie Urlaub gemacht. So ist mir manches, was durch Augenschein und Lektüre über den Berg Athos herüberdrang, zu einer Metapher für die Existenzform eines schreibenden Pastoralpsychologen in diesen Jahren geworden, ein Bild, das Erinnerung und vor allem Dank weckt.

Freunde haben mich beim Aufstieg auf den Berg, den ein solches Projekt immer bedeutet, kräftig gezogen und geschoben. Ohne ihre zuverlässige Seilschaft wäre ich nicht vorangekommen. Andere haben meine Einsiedelei, in die ein Vorhaben dieser Art zwangsläufig führt, verständnisvoll geduldet, taktvoll beschützt und mich im rechten Maß mit Nahrung, d.h. mit notwendigen Anregungen versorgt. Stellvertretend für viele möchte ich namentlich Paul M. Zulehner, Hans Wagenhammer, Oswin Rutz und Ehrenfried Schulz erwähnen. Annemarie Wenzl hat mir mit viel Umsicht und bewundernswerter Ausdauer die umfangreichen Schreibarbeiten abgenommen. Thomas Schmitz vom Patmos Verlag war in der Phase der Drucklegung ein verläßlicher Partner. Großer Dank gebührt meinen Kindern Florian, Annina und Benedikt. Wenn *Rainer Kunze* im Vorwort zu einem seiner Bücher seinen Enkeln dankt, daß sie ihn, wenn er sie bat, eine Zeitlang nicht zu stören, eine Zeitlang nicht störten, dann mutete ich meinen Kindern bisweilen zu, eine lange Zeit nicht zu stören. Ich hätte das Buch sicher nicht zu Ende gebracht, wenn meine Frau in dieser Zeit nicht so geduldig am Berg mit mir ausgeharrt und mich nicht hin und wieder von der Einsiedelei des Schreibtisches weg ins »normale Leben« und, wenn nötig, in Athosgefilde entführt hätte.

Passau 1990 *Isidor Baumgartner*

EINLEITUNG: WEGMARKIERUNGEN

Mit prophetischem Mut und ebensolchem Weitblick haben die Väter des *Zweiten Vatikanischen Konzils* den Boden für eine verantwortungsvolle Pastoralpsychologie bereitet. Spirituelle, pastorale und wissenschaftlich-theologische Gründe veranlaßten zu dieser Weichenstellung. Der Mensch könne, so die Konzilsväter, durch die Psychologie »ein besseres Wissen um sich selbst«[1] gewinnen. Sie vermag »dem Wohl von Ehe und Familie und dem Frieden des Gewissens sehr (zu) dienen«.[2] Mit ihrer Hilfe können, so darf man aus den Texten folgern, die pastoralen Fähigkeiten, »anderen zuzuhören und im Geist der Liebe sich seelisch den verschiedenen menschlichen Situationen zu öffnen«[3], mächtig vorangebracht werden. Es wird deshalb Weisung gegeben: »In der Seelsorge sollen nicht nur die theologischen Prinzipien, sondern auch die Ergebnisse der profanen Wissenschaften, vor allem der Psychologie und der Soziologie, wirklich beachtet und angewendet werden, so daß auch die Laien zu einem reineren und reiferen Glaubensleben kommen.«[4] Theologen sollen im Rahmen ihrer Ausbildung in den »neueren Erkenntnissen einer gesunden Psychologie«[5] unterrichtet werden.

Auch gut zwei Jahrzehnte nach Beendigung des Konzils ist diese Option für einen Dialog mit der Psychologie in Theologie und Seelsorge noch weithin uneingelöst. Pastoralpsychologie ist nicht nur für viele Seelsorger, sondern auch für die Theologie insgesamt ein kaum begangenes Terrain, terra incognita.

Vorliegende Studie versucht in dieses *»Niemandsland« zwischen Theologie und Psychologie*, Seelsorge und Psychotherapie vorzudringen. Weil nur wenige »Reiseberichte und Landschaftsbeschreibungen« davon vorliegen, versteht sich diese Untersuchung als eine erste Erkundung. Vieles wird folglich außer Reichweite bleiben. Dennoch sollen die beschrittenen Wege einige typische Konturen und Formationen der Pastoralpsychologie streifen, um ein Bild von ihrer Vielfalt und Faszination zu geben.

Als Markierungen der »Reise« dienen die im Titel aufscheinenden Begriffe »Pastoralpsychologie«, »Einführung«, »Praxis«, »heilend«, »Seelsorge«. In ihnen sind Motive, Ziele, Erfahrungshintergrund und mögliche Gefährdungen der Untersuchung zusammengefaßt. Sie sollen deshalb für den Leser vor Reiseantritt ausgefaltet werden, damit er sich einstellen kann auf das, was auf ihn zukommt.

[1] Gaudium et spes, 5.
[2] Gaudium et spes, 52.
[3] Optatam totius, 19.
[4] Gaudium et spes, 62.
[5] Optatam totius, 11.

1
»PASTORALPSYCHOLOGIE«

Als erstes ist auf die bislang *wenigen neueren Entwürfe einer systematisierten Pastoralpsychologie*, die im deutschen Sprachraum vorliegen, einzugehen. Im eng gesteckten Rahmen dieser Einleitung kann natürlich nur eine exemplarische, kritische Sichtung erfolgen. Die wünschenswerte detaillierte Analyse muß zugunsten der Erhebung jeweils durchgängiger Tendenzen unterbleiben.

Den im deutschen Sprachraum bemerkenswertesten systematischen Gesamtentwurf einer Pastoralpsychologie hat der evangelische Theologe und Psychoanalytiker *Joachim Scharfenberg*[6] mit seiner *»Einführung in die Pastoralpsychologie, Göttingen 1985«* publiziert. Er selbst charakterisiert sein Vorhaben mit »immer neuen Umkreisungen«[7] der beiden Pole Theologie und Psychologie, »bei denen aus der Ellipse endlich doch ein Kreis mit einem Mittelpunkt werden sollte«.[8] Der Autor versteht es, mit beeindrukkender Darstellungskunst den Leser mitzunehmen in die anspruchsvollen Gefilde von Tiefenpsychologie, Erkenntnislehre, Sprach-, Symbol- und Wissenschaftstheorie, Religionswissenschaft und Anthropologie, aber auch von systematischer Theologie; so zeichnet er z. B. unter dem Gesichtspunkt christlicher Anthropologie eine sehr aufschlußreiche Linie von Paulus – Augustinus – Luther bis hin zu neueren bzw. noch ausstehenden anthropologischen Entwürfen[9]. So sehr hierbei *Scharfenbergs* Bestreben, Pastoralpsychologie als *»narrative Wissenschaft«*[10] zu betreiben, fasziniert, im gleichem Maße ist es vom Standpunkt des psychologisch weniger informierten Lesers aus bedauerlich, daß die sehr spärlichen Literaturhinweise und der weitgehende Verzicht auf einen wissenschaftlichen Apparat die rekonstruierende und weiterführende Lektüre erschweren.

Nicht zu kurz dagegen kommt *pastorale Praxis*; sie begegnet in Form von exemplarischen Fallgeschichten, Situationsanalysen, »Kunstregeln«, Anregungen zu Selbsterfahrung, Supervision oder Bibliodrama in der Gruppe. Besonders in den Ausführungen zu *Symbol und Liturgie*[11] läßt *Scharfenbergs* Pastoralpsychologie eine »katholische Weite« erkennen, die seinen Entwurf über die konfessionellen Hör- und Sprachmuster hinweg anregend macht.

[6] *J. Scharfenberg* darf als einer der Pioniere der evangelischen Pastoralpsychologie gelten. Aus seiner Feder stammen u. a.: Sigmund Freud und seine Religionskritik als Herausforderung für den christlichen Glauben. – Religion zwischen Wahn und Wirklichkeit. – Seelsorge als Gespräch. – *Ders. / H. Kämpfer*, Mit Symbolen leben.

[7] *J. Scharfenberg*, Einführung in die Pastoralpsychologie, 8.

[8] Ebd. 8.

[9] Ebd. 197–200.

[10] Ebd. 7.

[11] Ebd. 73–105.

Aber auch zwei Engführungen lassen sich m. E. nicht übersehen. Zum einen konzentriert sich seine Pastoralpsychologie, wo sie Psychologie rezipiert, bewußt – wie er selbst sagt: aus »biographischen« und »sachlichen« Gründen[12] – auf die *Psychoanalyse Sigmund Freuds* – dabei zwar deren vielfältige Reformulierungen und Weiterentwicklungen, wie sie etwa *H.Kohut*, *E.H.Erikson*, *P.Ricoeur*, *D.Winnicot*, *O.Pfister* u.a. betrieben haben, berücksichtigend, aber eben doch exklusiv gegenüber anderen psychologischen Schulen. Fast gänzlich ausgeklammert bleibt die in der zeitgenössischen Universitätspsychologie vorherrschende *empirisch-experimentelle Psychologie*. Weite Bezirke der Sozial-, Persönlichkeits-, Entwicklungs-, Angewandten, Klinischen- oder Pädagogischen Psychologie erscheinen einer solchen Pastoralpsychologie ebensowenig dialogfähig und -würdig wie die Konzepte der Verhaltens- und Gesprächspsychotherapie oder auch die mittlerweile vorangekommenen Versuche einer Integration verschiedener psychotherapeutischer Schulen. Der Titel »Pastoralpsychologie«, den *Scharfenberg* seinem Werk gibt, beansprucht für das Ganze der Psychologie zu sprechen, in Wirklichkeit handelt es sich um einen bestimmten Sektor von rezipierter Psychologie. Wäre es nicht zutreffender, hier von »pastoraler Psychoanalyse« oder »psychoanalytischer Pastoral« zu sprechen?

Ein zweiter Einwand betrifft die besonders auf dem Hintergrund katholischer Pastoralstrukturen befremdliche *Zielrichtung von Pastoralpsychologie*. Sie wird in »pastoralpsychologischer Tätigkeit«[13] gesehen, spezifiziert als »Umgang mit Konflikten«, »symbolischer Kommunikation«, »Hören und Erzählen – von Geschichten«, »Liturgie« u.a.. Offensichtlich haftet der von *Scharfenberg* vorgelegten Pastoralpsychologie das Interesse an, einen eigenen pastoralpsychologischen Berufsstand neben den Gemeindeseelsorgern zu etablieren, dessen Aufgabengebiet sich um die seelsorgliche Beratung gruppiert. Damit wird aber der im katholischen Bereich als schmerzlich empfundenen Segmentierung pastoraler Erfahrungsfelder[14] mit der verhängnisvollen Delegation diakonischer Begleitungsvorgänge von der Gemeinde weg hin auf die Experten – sprich: Pastoralpsychologen – in den Beratungsstellen der Caritas Vorschub geleistet. Die notwendige pastoralpsychologische Kompetenz der Gemeindeseelsorger und der nebenamtlichen Mitarbeiter in den Gemeinden gerät aus dem Blick. Wäre nicht eine Pastoralpsychologie zu wünschen, die seelsorgliche Begleitungsprozesse, aber auch Verkündigung und Liturgie in der Gemeinde im Auge hat, in Ergänzung zu *Scharfenbergs* Konzeption, die den Pastoralpsychologen als Experten eigener Art anvisiert?

Ein Pendant in mehrfacher Hinsicht zu *Scharfenbergs* »Einführung« bil-

[12] Ebd. 7.
[13] Vgl. ebd. 51–105.
[14] Vgl. *R. Zerfaß*, Die Funktion der Caritas und ihrer Einrichtungen für die Kirche.

det das von dem evangelischen Neutestamentler und Diplom-Psychologen *Walter Rebell* vorgelegte Handbuch *»Psychologisches Grundwissen für Theologen, München 1988«*. In einem ersten Teil gibt der Verfasser eine breitgefächerte Übersicht über Arbeitsgebiete und Richtungen der Psychologie in Form eines *psychologischen Kompendiums*. Psychologie soll für Nicht-Psychologen, wie sie der Leserkreis der Theologen darstellt, verständlich werden. Im zweiten Teil wird unter den Titeln »Religionspsychologie«, »Pastoralpsychologie«, »Sozialpsychologie im kirchlichen Bereich«, »Psychologische Bibelauslegung«, »Psychologie der Predigt« auf die *»Anwendung psychologischer Erkenntnisse in der theologischen Praxis«*[15] abgehoben.

Rebell vermittelt ein facettenreiches, wohltuend undogmatisches Bild gegenwärtiger Psychologie mit ihren unterschiedlichen Prämissen und Hinsichten auf psychisches Erleben und Verhalten. In welcher Weise freilich dieses psychologische Grundwissen mit der Praxis des »Theologen« – warum nicht Seelsorgers? – in Zusammenhang gebracht werden kann, muß der Theologe selbst ergründen. Im »Anwendungsteil« wird zwar exemplarisch die Verknüpfung mit »theologischer Praxis« versucht, doch fehlt eine genauere Klärung dieser Praxis im Sinn einer Praktischen Theologie, von wo aus die psychologischen Beiträge in ihrer Funktion für die Praxis kritisch gewertet werden könnten. *Rebells* »Psychologie für Theologen« *übergeht in gewisser Weise die Reflexionsinstanz der Praktischen Theologie*[16] und versucht Psychologie über den nicht weiter hinterfragten Begriff der »Anwendung« mit der »theologischen Praxis« zu verknüpfen. Damit bleiben Psychologie und »pastorale Praxis« eigentümlich getrennt. Die theologische Begründung, die beide zusammenbindet, fehlt. *Rebells* Entwurf ist zutreffend wiedergegeben mit »Psychologie für Theologen«. Sie ist keine Pastoralpsychologie im praktisch-theologischen Sinn, bei der pastorale Praxis analysiert, konzipiert und in Ausbildungsvorgängen angezielt wird.

Wäre nicht eine Pastoralpsychologie zu wünschen, die sowohl in die Praktische Theologie voll eingebunden und zugleich für die von *Walter Rebell* beispielhaft demonstrierte Bandbreite der Psychologie offen ist?

Unter den neueren katholischen Publikationen zur Pastoralpsychologie sind vor allem jene von *Josef Schwermer* zu würdigen. *»Das helfende Gespräch in der Gemeinde, Paderborn ^{2}1983*, geschrieben »aus der Erfahrung von über 100 Trainingskursen mit Seelsorgern in den letzten 15 Jahren und aus einer ebenso langen Praxis in der gesprächspsychotherapeutisch orientierten Einzelseelsorge«[17], will »in allgemeinverständlicher, aber wissen-

[15] *W. Rebell*, Psychologisches Grundwissen für Theologen, 149.
[16] Siehe Teil I dieser Studie.
[17] *J. Schwermer*, Das helfende Gespräch in der Seelsorge, 12.

schaftlich verantwortbarer Form«[18] Erkenntnisse der Gesprächspsychologie an den (Gemeinde-) Seelsorger weiterreichen.

Unter *»Gesprächspsychologie«* wird hauptsächlich die *»Klientenzentrierte Gesprächspsychotherapie«* von *Carl R. Rogers* verstanden, wie sie insbesondere durch die Publikationen von *Reinhard und Annemarie Tausch*[19] im deutschen Sprachraum bekannt wurde. Ergänzt wird dieses psychologische Grundgerüst durch knappe Theorie-Elemente über »Experiencing«, Rosenthal-Effekt, Übertragung, Modell-Lernen u. ä.[20]

Dieser auf die Gesprächspraxis des Seelsorgers hin orientierten Handreichung stellt *Schwermer* ein *»Übungsprogramm für kirchliche Berufe«* unter dem Titel *»Partnerzentrierte Gesprächsführung, Salzkotten ²1981«* zur Seite, das ganz der seelsorglichen Gesprächs-Ausbildung gewidmet ist.

Vom selben Autor erschien auch noch *»Den Menschen verstehen. Eine Einführung in die Psychologie für seelsorgliche Berufe, Paderborn 1987«*. *Schwermer* informiert hier äußerst differenziert und leserfreundlich über das psychologische Teilgebiet der *Persönlichkeitspsychologie*, wozu die verschiedenen Typenlehren, tiefenpsychologisches, faktorenanalytisches, lerntheoretisches, phänomenologisches und interaktionistisches Persönlichkeitsmodell gezählt werden. Auch wenn *Schwermer* bei den einzelnen Modellen über den engen Bereich der Persönlichkeitstheorie hinausgeht und insbesondere vereinzelt Folgerungen für Erziehung, Therapie, Menschenführung und Selbsterkenntnis zieht, ist doch anzufragen, ob der Untertitel des Buches nicht zu hoch gegriffen ist. »Psychologie« wird nicht wie etwa bei *Rebell* als Querschnitt durch ihre wichtigsten Disziplinen referiert, sondern lediglich vom Teilgebiet der Persönlichkeitspsychologie her. Zudem: Vom »seelsorglichen Beruf« ist in den Ausführungen wenig die Rede, so daß die pastoral-berufliche Relevanz der Persönlichkeitspsychologie weithin vom Leser selbst erschlossen werden muß.

Verständlich wird die praktisch-theologische Abstinenz *Schwermers*, wenn man dieses Werk im Kontext der beiden vorauspublizierten, ausgesprochen pastoral-praktischen Bücher sieht. Nimmt man alle drei Veröffentlichungen zusammen, so zeichnet sich eine durchaus respektable Pastoralpsychologie ab, die ihren Schwerpunkt auf die *Rezeption von Gesprächspsychotherapie* und *Persönlichkeitspsychologie* legt, auf die *Situation des Gemeindeseelsorgers* zugeschnitten und besonders der *Ausbildung in Gesprächsseelsorge* verpflichtet ist.

Aus dem kritischen Dialog mit *Schwermers* Pastoralpsychologie kann die Option gewonnen werden, noch mehr, als es bei *Schwermer* geschieht, Pastoralpsychologie (praktisch-)theologisch einzubinden, so daß deutlich

[18] Ebd. Umschlagseite.
[19] *R. Tausch/A.-M. Tausch*, Gesprächs-Psychotherapie.
[20] Vgl. *J. Schwermer*, Das helfende Gespräch in der Seelsorge, 163–169.

wird: Hier wird Theologie betrieben, pastorale Praxis im Kontext heutiger Lebensverhältnisse mit Hilfe – auch – psychologischer Erkenntnisse analysiert, kritisch reflektiert, modellhaft weiterentwickelt und für sie ausgebildet. Solche Pastoralpsychologie, wenn man sie von *Schwermers* Standpunkt aus weiterdenkt, könnte sich theologisch vor allem auch dadurch legitimieren, daß noch intensiver der *Diskurs über die Menschenbilder* geführt wird, wie sie in Theologie und Psychologie implizit und explizit begegnen.

Hermann Stenger, Pastoraltheologe und -psychologe, hat unter dem Titel *»Verwirklichung unter den Augen Gottes. Psyche und Gnade, Salzburg 1985«* eine Sammlung von Aufsätzen veröffentlicht, die das Bestreben eint, psychologische Erkenntnisse ausdrücklich bei der theologischen Theoriebildung zu berücksichtigen. Die Palette der erörterten pastoralpsychologischen Themen reicht von *C. G. Jungs* Religionsbegriff, der Unterscheidung von religiöser Daseinserfahrung und offenbarungsgebundener Glaubenserfahrung, Gruppendynamik, Schuld, Symbol, Selbstwahrnehmung bis hin zur Idee einer »redemptiven« Nachfolge.

Derselbe Autor legte in dem von ihm herausgegebenen Buch *»Eignung für die Berufe der Kirche, Freiburg-Basel-Wien 1988«* einen »pastoralanthropologischen Entwurf« über »Kompetenz und Identität«[21] des Seelsorgers vor. In diesen beiden umfangreicheren Veröffentlichungen wie in einer Vielzahl von Zeitschriftenartikeln gelingt es *Stenger* geradezu modellhaft, ausgewählte *psychologische Theorieelemente theologisch zu deuten* und zur Sprache zu bringen. So verbindet er etwa die Würdetitel Jesu: »Sohn« – »Bote« – »Prophet« – »Knecht« mit psychotherapeutischen Haltungen, die wiederum über den theologischen Begriff der Nachfolge in den »redemptiven« Umgangsstil der Christen übersetzt werden.[22] *Stenger* versteht es meisterhaft, Pastoralpsychologie als durch und durch theologische Angelegenheit zu konzipieren.

Als praktischem Theologen liegt ihm vor allem am Herzen, wie der Aufsatz über »Kompetenz und Identität« belegt, daß Seelsorger ihren *Beruf von der Personmitte her beseelen*. Pastorale Fähigkeitskompetenz, zu der wesentlich gezählt werden, »personbezogen zu kommunizieren«, »wirklichkeitsbezogen zu handeln«, »botschaftsbezogen mit Symbolen umzugehen«[23], wird in enger Verflechtung mit der Genese *personaler Identität*, verstanden als Reifen der individuellen Glaubensgestalt, gesehen.

Stengers Beiträge zur Pastoralpsychologie stellen punktuelle Tiefenbohrungen dar – meditativ und doch der Klarheit des argumentierenden Gedankens verpflichtet, theologisch und doch im Leben der Christen und in der Praxis der Seelsorger geerdet, psychologisch und doch fern jeder sozial-the-

[21] *H. Stenger*, Kompetenz und Identität.
[22] *H. Stenger*, Verwirklichung unter den Augen Gottes, 190–199.
[23] *H. Stenger*, Kompetenz und Identität, 54–64.

rapeutischen Verkürzung. Von *Stengers* auf theologische Beine gestellten Pastoralpsychologie ist das Desiderat abzuleiten, die Bohrpunkte systematisch miteinander zu verbinden und die Vielfalt der psychologischen Ströme (über *Erikson*, Transaktionsanalyse, *Rogers*, *Jung* etc. hinaus) noch stärker einzulassen, ohne freilich dabei das Programm der theologischen Übersetzung und Verflechtung zu vernachlässigen.

Heinrich Pompey, lange Jahre Inhaber des einzigen deutschen Lehrstuhls für Pastoralpsychologie in Würzburg und Initiator der Sektion Kommunikations- und Verhaltenspsychologie in der Deutschen Gesellschaft für Pastoralpsychologie, hat in vielfältigen Beiträgen zur Profilierung einer wissenschaftlich fundierten Pastoralpsychologie beigetragen. Sein Forschungsinteresse gilt u. a. der *»Rezeption der Psychologie durch die Seelsorgswissenschaft im Laufe der Geschichte«.*[24] Dabei zeichnet er nicht nur die historischen Linien der Pastoralpsychologie nach, die in der *Pastoralmedizin*[25] des 18. und 19. Jahrhunderts eine bemerkenswerte Blütezeit erlebte, und darüber hinaus tief in der Tradition und im Lebenswissen der christlichen *Einzelseelsorge* zu allen Jahrhunderten wurzelt[26]. *Pompey* fördert auch erstaunliche Einsichten einer bislang noch wenig gehobenen praktischen »Psychologie« bei den Vätern und Ordensgründern zu Tage. Dies legt ihm die berechtigte Schlußfolgerung nahe, in der Pastoralpsychologie die »älteste Teildisziplin der angewandten Psychologie«[27] zu erblicken.

Neben der Erkundung der langen Vorgeschichte der Pastoralpsychologie versucht *Pompey* das *Zueinander von Psychologie und Theologie* zu klären und diesbezügliche Widerstände auszuräumen. Er vermag zu zeigen, daß der Glaubensaspekt der »fides qua« auf die Gestaltung helfender und befreiender Beziehungen verweist, zu der die Psychotherapie in verschiedener Form wertvolle Beiträge liefert. Legitimiert sieht er Analogien und Korrelationen zwischen den psychischen Erlebnisformen und den Glaubenswirklichkeiten darin, daß die von »Gott in die psycho-soziale Wirklichkeit hineingeschaffene Logik ... nicht im Gegensatz zu der in der Offenbarung Jesu Christi deutlich gewordenen Logik«[28] stehen kann. Pastoralpsychologie schließt somit an den alten scholastischen Kernsatz an, daß die Gnade auf der Natur aufbaut.

Bei der pastoralpsychologischen Grundlegung seelsorglicher und kirchlicher Beratung registriert *Pompey* die verschiedenen psychotherapeutischen Konzepte der Tiefenpsychologie und Verhaltenstherapie, der Sozial- und

[24] *H. Pompey*, Die Rezeption der Psychologie durch die Seelsorgswissenschaft im Laufe der Geschichte.
[25] Vgl. *H. Pompey*, Von der Pastoralmedizin zur Pastoralanthropologie.
[26] Vgl. *Ders.*, Theologisch-psychologische Grundbedingungen der seelsorglichen Beratung, 179–182. – *Ders.*, Handlungsperspektiven kirchlicher Beratung, 44–46.
[27] *Ders.*, Die Entwicklung der ältesten Teildisziplin der Angewandten Psychologie.
[28] *Ders.*, Theologisch-psychologische Grundbedingungen der seelsorglichen Beratung, 194f.

Kommunikationspsychologie, der Humanistischen Psychologie und vergleichenden Therapieforschung, die er auf die *Basishaltungen der Gesprächspsychotherapie* konvergieren sieht.[29] Hier, wo das »Beziehungswissen« der Psychologie eine Verdichtung erfährt, knüpft *Pompey* mit beziehungstheologischen Überlegungen an und kann dadurch, ohne Divergenzen im Menschenbild einzuebnen, theologische Analogien zu den anthropologischen und psychologischen Theorien entfalten. Der Weg der seelsorglichen Begleitung, gefördert durch psychotherapeutische Kompetenz, enthüllt sich dann als ein Weg der Metanoia, bei der sich das Geschenk der Gnade realisiert[30].

Daß das Grundkonzept pastoralpsychologisch fundierten *Beratungshandelns* auf je unterschiedliche Krisensituationen spezifiziert werden muß, geht aus *Pompeys* Beiträgen zur seelsorglichen Begleitung bei Partnerschaftskonflikten[31], Trennung und Scheidung[32], zur pastoralen Begegnung mit »hoffnungslos Leidenden«[33] oder zur Seelsorge für kranke Menschen[34] hervor.

Fügt man die von *Pompey* ausgelegten Mosaiksteine zusammen, so deuten sie auf ein Bild von Pastoralpsychologie, die
- sich ihrer eigenen kirchlichen Tradition bewußt wird,
- sich als Teildisziplin der Praktischen Theologie begreift,
- im Beziehungshandeln Gottes, wie es in Jesus Christus kulminiert, Agens, Maßstab und Grundlage seelsorglicher Beratung erblickt,
- auf die differenzierte Begleitungskompetenz der Gemeindeseelsorger ebenso wie der Mitarbeiter in den kirchlichen Beratungsstellen abzielt.

Von *Pompeys* Profilierung der Pastoralpsychologie ausgehend, wird man einen Systematisierungsversuch der Pastoralpsychologie ansetzen können. Dabei sollte es möglich sein, die therapeutische Kraft des Glaubens über das von *Pompey* in erster Linie ausgefaltete diakonische Handeln in der seelsorglichen Beratung hinaus, in *Verkündigung und Liturgie* zu orten und pastoralpsychologisch zu reflektieren.

Wenn wir an dieser Stelle unsere kritische Sichtung von Tendenzen in der gegenwärtigen Pastoralpsychologie abbrechen, dann bedeutet dies keineswegs, daß nicht auch andere Autoren beachtenswerte pastoralpsychologische Beiträge geliefert hätten. So wäre auf katholischer Seite auf eine Reihe von Autoren hinzuweisen, die durch mehr oder weniger spezifisch pasto-

[29] Vgl. ebd. 182–192.

[30] Vgl. *Ders.*, Das Seelsorgsgespräch nach der Methode der Gesprächstherapie, 206f., 210.

[31] *Ders.*, Beziehungstheologische Gesichtspunkte des Gelingens ehelicher Partnerschaft.

[32] *Ders.*, Trennung und Scheidung bei einer Option für die Unauflöslichkeit der Ehe. – *Ders.*, Seelsorgliche Begleitung bei Trennungs- und Scheidungswunsch als Dienst der Versöhnung.

[33] *Ders.*, Die seelsorgliche Begegnung mit hoffnungslos Leidenden.

[34] *Ders.*, Seelsorge im Krankenhaus. – *Ders.*, Heilen und Gesundwerden im Krankenhaus. – *Ders.*, Ganzheitlich helfen und heilen.

ralpsychologische Publikationen hervorgetreten sind, wie etwa *Heribert Wahl*[35], *Alwin Hammers*[36], *Konrad Baumgartner*[37], *Karl-Heinz Ladenhauf*[38], *Gottfried Griesl*[39], *Josef Goldbrunner*[40], *Wunibald Müller*[41], *Reinhold Bärenz*[42], *Karl Berkel*[43], *Klemens Schaupp*[44], *Karl Frielingsdorf*[45], *Karl Josef Ludwig*[46] u. a.. Für die hier ebenfalls nicht weiter analysierten gewichtigen pastoralpsychologischen Anregungen evangelischer Theologen seien stellvertretend genannt: *Helga Lemke*[47], *Richard Riess*[48], *Hans van der Geest*[49], *Howard J. Clinebell*[50], *Dietrich Stollberg*[51], *Hans Joachim Thilo*[52], *Gerd Besier*[53], *Hans-Christoph Piper*[54]. Bereits die stichprobenartige Trenderhebung bei einigen Exponenten heutiger Pastoralpsychologie erscheint ausreichend, um markante Orientierungslinien für ein tragfähiges Konzept von Pastoralpsychologie auszuformulieren. Die folgende thesenhafte Übersicht soll deshalb Bewährtes in Erinnerung rufen und auf Entwicklungsfähiges hinweisen.

(1) Pastoralpsychologie wäre mißverstanden, wollte man sie auf bloße »*Psychologie für Theologen*« verkürzen. Die nach diesem Schema konzipierten Entwürfe zeigen, daß es ihnen an einer leitenden theologischen Idee weitgehend mangelt und Psychologie lediglich nach vermuteter, nicht weiter analysierter pastoraler Relevanz referiert wird. Die dabei gewonnene Bandbreite des Psychologischen wird erkauft um den zu hohen Preis des Ausfalls theologischer Zielvergewisserung und pastoraler Praxisanalyse.

35 *H. Wahl*, Pastoralpsychologie – Eine Grunddimension Praktischer Theologie. – *Ders.*, Empathie als diakonische Praxis. – *Ders.*, Narzißmus?. – *Ders.*, Therapeutische Seelsorge als Programm und Praxis. – *Ders.*, Empathie als diakonische Praxis.

36 *A. Hammers*, Neuere Entwicklungen in der klientenzentrierten Gesprächspsychotherapie und ihre Bedeutung für die Seelsorge. – *Ders.*, Pastoralpsychologie. – *Ders.*, Die Bedeutung der Psychologie in der pastoralen Praxis. – *Ders.*, Ein kognitiv-integrativer Ansatz der Psychotherapie. – *Ders.*, Gesprächspsychotherapeutisch orientierte Seelsorge.

37 *K. Baumgartner* (Hrsg.), Das Seelsorgegespräch in der Gemeinde. – *Ders.*, Beichte und geistliche Begleitung.

38 *K. H. Ladenhauf*, Integrative Therapie und Gestalttherapie in der Seelsorge.

39 *G. Griesl*, Seelsorge oder Psychoanalyse? – *Ders.*, Psychoanalyse und beratende Seelsorge.

40 *J. Goldbrunner*, Seelsorge – eine vergessene Aufgabe.

41 *W. Müller*, Menschliche Nähe in der Seelsorge. – *Ders.*, Homosexualität – Eine Herausforderung für Theologie und Seelsorge. – *Ders.*, Homosexuelle Menschen.

42 *R. Bärenz*, Verkündigung als Lebenshilfe. – *Ders.*, Die Trauernden trösten.

43 *M. Berkel*, Eignungsdiagnostik.

44 *K. Schaupp*, Eignung und Neigung.

45 *K. Frielingsdorf*, Seelsorge als Sorge um Menschen.

46 *K. J. Ludwig*, Kraft und Ohnmacht des Glaubens.

47 *H. Lemke*, Theologie und Praxis annehmender Seelsorge. – *Dies.*, Verkündigung in der annehmenden Seelsorge.

48 *R. Riess*, Seelsorge. – *Ders.*, Pfarrer werden? – *Ders.*, Sehnsucht nach Leben.

49 *H. van der Geest*, Unter vier Augen.

50 *H. Clinebell*, Modelle beratender Seelsorge.

51 *D. Stollberg*, Therapeutische Seelsorge. – *Ders.*, Wahrnehmen und Annehmen.

52 *H. J. Thilo*, Beratende Seelsorge. – *Ders.*, Die therapeutische Funktion des Gottesdienstes.

53 *G. Besier*, Seelsorge und Klinische Psychologie.

54 *H.-Ch. Piper*, Gesprächsanalysen. – *Ders.*, Der Hausbesuch des Pfarrers.

(2) Der Entwurf einer Pastoralpsychologie kann nicht außerhalb einer Einbindung in *Praktische Theologie* entwickelt werden. Dies bedeutet, daß Pastoralpsychologie ihren mit der Praktischen Theologie gegebenen wissenschaftlichen Kontext zu erkunden hat. Was ist unter Praktischer Theologie zu verstehen? Welche Aufgaben und Vorgehensweisen fallen von daher der Pastoralpsychologie zu? Besonders von Belang ist die Frage, welche Rolle im Rahmen der Praktischen Theologie der Humanwissenschaft Psychologie zukommt und wie mit ihr über unzweifelhafte Differenzen (vor allem im Menschenbild) hinweg ein Dialog geführt werden kann, der der pastoralen Praxis dienlich ist.

(3) Die katholischen Pastoralstrukturen, wie sie bei dieser Studie im Hintergrund stehen, lassen es dringlich erscheinen, vorrangig die pastoralpsychologische Kompetenz der haupt- und ehrenamtlichen *Seelsorgerinnen und Seelsorger in den Gemeinden* zu fördern. Sie sollen die vielfältigen Begegnungssituationen der Pastoral mit Hilfe pastoralpsychologischer Kenntnisse und auf der Basis von pastoralpsychologisch geförderter personal-gläubiger Identität evangeliumsgemäßer gestalten können. Ziel ist also primär eine Pastoralpsychologie für Gemeindeseelsorger, in zweiter Linie für Pastoralpsychologen, Theologen oder Psychologen in den Beratungsstellen.

(4) Pastoralpsychologie für Gemeindeseelsorger könnte zugleich einen Beitrag dazu leisten, daß die aus dem Bewußtsein vieler Seelsorger, Christen und Gemeinden ausgewanderten Glaubenserfahrungen in Krise und Heilung, wie sie in den *Beratungsstellen* zur Sprache gebracht werden, *zurückgelangen in das Erfahrungsfeld der Gemeinden und der Theologie.* Es ließe sich nämlich im Licht pastoralpsychologisch qualifizierter Gemeindeseelsorge erkennen, daß die Kranken und Gekränkten, aber auch ihre Berater und Therapeuten den sogenannten »Gesunden« in der Gemeinde, den Seelsorgern und Verkündigern, viel von der unrevidierbaren heilenden Absicht Gottes zu erzählen hätten.

(5) Bis auf wenige Ausnahmen werden in den vorliegenden pastoralpsychologischen Entwürfen die *Kränkungen und Krisen der Menschen* mit ihrer je spezifischen Dynamik kaum genauer erörtert. Es fehlt somit eine *pastoralpsychologische Kairologie* – Situationserkundung –, die das seelische Erleben und seine symbolischen Ausdrucksformen in Krankheit und Krise beschreibt. Der Ertrag solcher Krankheitslehre oder Krisentheorie, bei der auf wertvolle Anregungen der Persönlichkeits-, Klinischen-, Sozial- und Entwicklungspsychologie zurückzugreifen wäre, besteht in der damit ermöglichten Fähigkeit der Wahrnehmung, der Einfühlung und der differenzierten Hilfeleistung in der Begegnung mit den Leidenden.

(6) Weil in der Seelsorge die Heilsbotschaft von Jesus Christus aufleuchten soll, ist es unverzichtbar, daß Pastoralpsychologie bedenkt, wie sie die-

sem pastoralen Primärziel verpflichtet ist. Sie wird *pastorale Zielvergewisserung* (Kriteriologie) betreiben müssen. Betrachtet man die Grunddienste der Kirche (Diakonia, Martyria, Leiturgia und Koinonia) als die bewährten Wege zu diesem Ziel[55], so scheint es, daß Pastoralpsychologie bisher überwiegend dem *diakonischen Helfen* sich zuordnete. Dementsprechend nehmen die Themenfelder »Beratung«, »seelsorgliche Begleitung«, »seelsorgliches Gespräch« breiten Raum ein. Aus den kurz skizzierten pastoralpsychologischen Ansätzen von *Scharfenberg* und *Stenger* geht aber auch hervor, daß Pastoralpsychologie darüber hinaus wesentliche Anregungen für *Verkündigung, Liturgie und Gemeindewerdung* bereithält, die es gilt, noch mehr als bisher geschehen, zu bedenken.

(7) Pastoralpsychologie soll Seelsorger befähigen, »personbezogen zu kommunizieren, wirklichkeitsbezogen zu handeln und botschaftsbezogen mit Symbolen umzugehen« (*Stenger*)[56]. All dies wächst und wird erlernt in unentrinnbarer Verflechtung mit der erlebten Glaubens- und Verletzungsgeschichte des Seelsorgers selbst. *Persönlichkeitsstrukturen und Lebensgeschichten von Seelsorgern* bedürfen deshalb besonderer pastoralpsychologischer Erhellung, um Lern- und Wachstumsprozesse personzentriert ansetzen zu können.

(8) Weil Pastoralpsychologie mehr als andere theologische Disziplinen die pastorale Identität und Kompetenz des Seelsorgers in Blick nimmt, hat sie ihre eigene *Didaktik* je neu zu überprüfen und zu optimieren. Pastoralpsychologische Curricula, Praktikumsbegleitung, »Selbsterfahrung«, Praxisberatung und Supervision bilden spezifisch pastorale Lern- und Lehrformen, bei denen Pastoralpsychologie sich selbst kritisch über die Schulter zu schauen und darüber Auskunft zu geben hat.

(9) Für die Seelsorgspraxis in den Gemeinden kommt der Pastoralpsychologie auch eine kritische Funktion zu. Von ihrem psychologischen und psychotherapeutischen Hintergrund her hat sie in der Pastoral heute vor allem einen Ausfall der heilenden Dimension zu registrieren. Sie wird an den mit der heilenden Praxis Jesu gegebenen Maßstab erinnern und die Wiederentdeckung einer *»heilenden Seelsorge«* in Kirche und Gemeinden einmahnen.

Diese, auch in der vorliegenden Arbeit nur fragmenthaft einlösbaren Zielsetzungen sollen dem Leser in Form einer »Einführung« nahegebracht werden.

[55] Vgl. *P.M. Zulehner*, Pastoraltheologie, Bd. 2, Gemeindepastoral, 70ff.

[56] *H. Stenger*, Eignung für die Berufe der Kirche: Klärung – Beratung – Begleitung, 54–64.

2
»EINFÜHRUNG«

Im Vergleich zu anderen theologischen Disziplinen steckt die Pastoralpsychologie als Moment an der Pastoraltheologie noch in den Kinderschuhen. Sie kann noch nicht mit abgeklärter Gelassenheit auf sich selbst und einen in langer Tradition erworbenen Erfahrungsschatz zurückblicken. Dies hat Nachteile, aber auch sein Gutes. Zu den Nachteilen mag zählen, daß sich Pastoralpsychologie nicht als ein abgeschlossenes und überschaubares Wissensgebiet präsentiert. Ihre Konturen sind unscharf, und unterschiedliche Schulrichtungen erschweren die verläßliche Orientierung.

Vom Standpunkt des an der Pastoralpsychologie interessierten Lesers aus ist dies jedoch nicht nur zu bedauern. Denn Pastoralpsychologie kann somit gar nicht anders, als den Leser an ihrer eigenen *Suchbewegung* zu beteiligen, ihn mitzunehmen in die Diskussion offener Fragen und ihn miterleben zu lassen, wie eine junge theologische Disziplin versucht, über ihre Kindheit hinauszuwachsen. Sie spielt ihm damit etwas von ihrer eigenen Spannung zu, von ihren nicht gelösten und keineswegs ausbalancierten Gegensätzen. Damit fordert sie den Leser auf zu eigener, vorläufiger Urteilsbildung und zum kreativen Weiterdenken – ein Lernen, das gewiß weiterträgt als das Konsumieren mehrfach abgekochter und entsprechend fader Gerichte. »Einführung« meint also zuerst die *Zumutung des Offenen und Unfertigen*, das der Leser oder Seelsorger selbst weiter auszugestalten hat.

Mit »Einführung« verbinde ich sodann in formaler Hinsicht ein bestimmtes *didaktisches Prinzip*. Mich leitet die Idee eines *»Lehrbuchs«*, wie ich es beispielhaft in der Psychologie kennengelernt habe, so etwa mit *Theo Herrmanns »Lehrbuch der empirischen Persönlichkeitsforschung«*[57], und vor allem mit *Ludwig J. Pongratz'*[58] *»Lehrbuch der Klinischen Psychologie«*. Von ihnen läßt sich vor allem lernen, wie ohne Verzicht auf wissenschaftliches Niveau die Kommunikation mit dem fachlich mehr oder weniger fortgeschrittenen Leser geführt werden kann. Gerade für die Pastoralpsychologie, die im kirchlichen und theologischen Raum nach wie vor mit erheblichen Widerständen zu rechnen hat, scheint die eigene Dialogfähigkeit der Anfang von allem. Pastoralpsychologie ist auch ein Kommunikationsproblem.

Schließlich meint »Einführung« die Einladung zu einem *»aspektivischen Denken«*.[59] Die Psychologie mit ihren konträren Schulrichtungen verlangt geradezu danach, sie in ihrer Heterogenität und Pluralität zur Kenntnis zu nehmen und sie nicht im Zuge der Rezeption zu vereinheitlichen und über Gebühr zu glätten.

[57] *Th. Herrmann*, Lehrbuch der empirischen Persönlichkeitsforschung.
[58] *L. J. Pongratz*, Lehrbuch der Klinischen Psychologie.
[59] Ebd. 9f.

In ihrer Vielfalt und Widersprüchlichkeit spiegelt die Psychologie etwas von der Komplexität ihres »Gegenstandes« selbst, dem man offensichtlich nicht mit einer einzigen, eindeutigen Hinsicht gerecht wird. Pastoralpsychologie muß also, will sie nicht an der vielschichtigen Realität der Psyche vorbeisehen, von der Psychologie diese »Pluralitätstoleranz« übernehmen, daß *nicht das Denken in Ausschließungsgegensätzen*, sondern in gegenseitigen Ergänzungen zutreffender sehen läßt. Es kommt in einer »Einführung« also darauf an, sich von den je verschiedenen Seiten her dem Gegenstand zu nähern und der Versuchung zu widerstehen, um der gedanklichen Konsonanz willen, sich von vornherein nur mit einer einzigen Hinsicht zu begnügen.

Selbstverständlich kann eine »theoretische« Einführung, wie sie ein Buch gibt, die entscheidendere »lebendige« Einführung in die Pastoralpsychologie, die in einer Ausbildungsgruppe der Selbsterfahrung, der Praxisberatung und Supervision erfolgt, nicht ersetzen. Nur auf diesem zuletzt genannten Weg kann pastoralpsychologische Theorie in Fleisch und Blut übergehen. Deshalb ist auch vorliegende Einführung nicht einfach nur am Schreibtisch ausgedacht worden, sondern zu einem guten Teil aus den lebendigen Orten des Pastoralpsychologie-Lernens hervorgegangen. Insbesondere der Wunsch vieler Kursteilnehmer, »darüber etwas nachlesen« zu können, wie ich ihn im Lauf einer 15jährigen Tätigkeit als Ausbilder in Pastoralpsychologie und als Berater immer wieder vernommen habe, veranlaßte mich zu dieser Studie. »Einführung« nach Art eines Buches verstehe ich somit eher als einen »nachträglichen« Vorgang. In der Praxis Erfahrenes, im Kollegenkreis Reflektiertes und in der Ausbildungsgruppe Geübtes soll versammelt, kritisch bedacht und neu für die Praxis fruchtbar werden. Damit sind wir bei dem vielschichtigen Verhältnis von Theorie und Praxis angekommen, das wir freilich im Rahmen solcher Wegmarkierungen nicht annähernd ausleuchten können.

3
»PRAXIS«

Eine theologische Studie ausdrücklich auf die Praxis zu beziehen, hat seinen guten Grund, ist aber auch mißverständlich. Theologie zeigt für gewöhnlich eine Vorliebe für den »großen«, tiefschürfenden Gedanken, die Theorie. Das »Schauen«, wie man das Wort »Theorie« übersetzen kann, kommt im Idealfall dem »Handeln«, also der Praxis, vielfältig zugute. Aber nicht selten bleiben beide meilenweit voneinander getrennt. Es ist dann, als ob theologisches »Schauen« hier und kirchlich-seelsorgliches Handeln dort einander fremd wären. Unser Verweis auf die Praxis erinnert kritisch daran, daß wenigstens die Disziplin der Praktischen Theologie eine *»Handlungswissenschaft«* ist.

Diesem Modell einer »Handlungswissenschaft« gegenüber steht das fragwürdige *»Anwendungsmodell«*[60]. Es unterstellt, daß sich vor der Praxis in der pastoralpsychologischen Theorie alles genau ausdenken läßt, was dann in der Seelsorge »angewendet« wird. Dieses Modell verkennt den *»Mehrwert« oder »Überschuß«*[61] *der Praxis* und die Grenze der Theorie. Genaugenommen läßt sich keine Situation der Praxis, da sie immer einmalig ist, »theoretisch« vollständig antizipieren und vorweg abbilden. Erst in der Praxis, etwa im seelsorglichen Gespräch, werden die »blinden Flecken« der Theorie offenbar. Die Praxis selbst stellt somit bereits einen Ort des Erkennens dar. Hinzu kommt, daß das seelsorgliche Handeln als ein intersubjektives Freiheitsgeschehen aufzufassen ist, dem Würde, Einmaligkeit und Eigenständigkeit zukommen. Bloße Anwendung von etwas andernorts Ausgedachtem würde diesem Zusammenhang nicht gerecht.

Das »Anwendungsmodell« verkennt aber auch den *»Mehrwert« der Theorie,* der sich gerade dann erweist, wenn sie auf die vorfindbare Praxis antwortet. Aufgabe einer solchen Theorie ist es, die jeweilige Praxis an einer besseren Praxis zu messen, also kritisch an der Praxis zu handeln. Ohne den Handlungsdruck der konkreten Situation lassen sich zudem im Rahmen der Theorie Probehandlungen und Alternativen durchspielen. Insbesondere für eine pastoralpsychologische Theorie stellt das »Beispiel« eine unverzichtbare Weise, »praktisch« Theologie zu treiben, dar. Die Theorie wird damit in gewisser Weise selbst zu einem Ort der Praxis.

Kurzum: Es ist Kennzeichen der Pastoralpsychologie, zu einer besseren Praxis anzustiften und die Praxis für eine bessere Theorie zu nutzen. Pastoralpsychologie geht nicht nach dem Anwendungsmodell vor, das einer Einbahnstraße gleicht und wo die Theorie von der Praxis nichts weiß, sondern nach dem *Modell des Regelkreises,* wo eins auf das andere einwirkt.

Das Modell »Regelkreis« macht auch den wesentlichen Unterschied unseres pastoralpsychologischen Konzepts zu anderen theologischen Entwürfen deutlich, die ebenfalls vom »Heilen« sprechen. Manche der programmatisch gemeinten theologischen Reflexionen über das Heilen bleiben für die Pastoral weitgehend folgenlos, weil sie insgeheim von einem Anwendungsmodell ausgehen, das die Praxis heilender Seelsorge aus der theologischen Reflexion ausklammert.[62] Eine theologische Theorie vom Heilen, die abgespalten von den konkreten Heilungserfahrungen in Beratung,

[60] Vgl. zum Folgenden: *U. Hemel*, Religonspädagogik im Kontext von Theologie und Kirche, 104–111.

[61] Vgl. *P. M. Zulehner*, Praktische Theologie, 401.

[62] Zu befürchten ist die pastorale Folgenlosigkeit beispielsweise für den an sich sehr begrüßenswerten

Psychotherapie und Seelsorge formuliert wird, steht in Gefahr, an der Wirklichkeit des Menschlichen vorbeizugehen und hinter die anthropologische Wende in der Theologie zurückzufallen. Unser Hinweis auf die *»Praxis«* heilender Seelsorge zeigt kritisch an, daß mit realitätsvergessenen Heilungs-Spekulationen wenig gewonnen ist. Es kommt statt dessen darauf an, sich mit den konkreten Erfahrungen von Krankheit und Heilung auseinanderzusetzen, sie theologisch-kritisch zu betrachten und für eine noch bessere Realisierung heilender Seelsorge zu nutzen. Nur auf solche Weise vermag eine theologische Rede vom Heilen sich vor der existentiellen Belanglosigkeit zu bewahren und Christen voranzubringen, einander heilend zu begegnen.

4
»HEILEND«

Nach dem vorherrschenden medizinischen und psychotherapeutischen Paradigma besteht Heilung in der Beseitigung eines gesundheitlichen Defizits. Unser ganzes medizinisch-therapeutisches System ist weitgehend darauf ausgerichtet, Behinderungen, Krankheiten und Epidemien aus der Welt zu schaffen, Altern und Tod möglichst weit hinauszuschieben. Hier sind dank des Siegeszuges der naturwissenschaftlich geprägten Medizin enorme Fortschritte erzielt worden. Viel unnötiges Leid ist der Menschheit dadurch erspart geblieben.

Kritiker[63] der modernen Medizin machen aber auch zunehmend auf ihre Kehrseiten aufmerksam. Insbesondere beklagt man die *Reduktion des Menschen* auf das nur körperliche Funktionieren. Die Person werde degradiert zur Anwendungsstätte für Pharmaka, ihr ganzheitliches Heilungsbedürfnis aus dem Auge verloren. Man hält dem gesamten vorherrschenden Medizinbetrieb vor, er verführe den Menschen zu der inhumanen Ideologie, mit Hilfe medizinisch-technischer Maßnahmen jegliche Art von Krankheit, aber auch Alter und Tod hinter sich lassen zu können. So durchziehe das medizinische Selbstverständnis und weite Teile des öffentlichen (Un-)Be-

Entwurf einer therapeutischen Theologie, den *E. Biser*, Auf dem Weg zu einer therapeutischen Theologie, vorlegt.

63 Von den Medizinkritikern wird vor allem die Enteignung des Subjekts, wenn Menschen zu Fällen werden und die Reduktion des Personalen auf körperliches Funktionieren stattfindet, verurteilt. Vgl. u. a. *H. Schäfer*, Die politisch-gesellschaftliche Dimension von Krankheit und Heilung. – *J. Mayer-Scheu* u. a., Vom Behandeln zum Heilen. – *Ders. / R. Kautzky*, Vom Behandeln zum Heilen. – *I. Illich*, Die Nemesis der Medizin. – *A. Heller*, »Nicht einmal berühren durfte ich ihn...« – *O. Döhner*, Arzt und Patient in der Industriegesellschaft.

wußtseins ein Allmachtswahn, von *Horst Eberhard Richter* als *»Gotteskomplex«*[64] bezeichnet. Der Mensch möchte sein wie Gott. Dieses in der Paradieserzählung bereits bedachte Kernproblem des Menschen[65] kehre hier im Gewand der neuzeitlichen Heilungsideologie wieder. Man projiziert die Unfähigkeit, sich als endliches und sterbliches Wesen annehmen zu können, auf die »Halbgötter in Weiß« und erhofft sich von hier Erlösung. Damit täuscht das geheime Heilungsverständnis der Medizin und der modernen Gesellschaft über das wirkliche Menschsein hinweg. Es verleitet den Menschen zu dem gefährlichen, weil ihm wesensfremden (Alp-)»Traum, mehr als ein Mensch sein«[66] zu können.

Solche ideologische Mitgift, die dem Begriff »Heilen« heute anhaftet, macht ihn im Zusammenhang mit der Seelsorge zu einem äußerst problematischen Programmwort. Das Mißverständnis kann entstehen, die Pastoral schlösse sich dem geheimen, in der Gesellschaft vorherrschenden Heilungsverständnis an. Der Seelsorger geriete dann in die Rolle eines Arztes oder Heilpraktikers, der wie andernorts Pillen und Massagen, die Bibel, das Gebet, die Sakramente und den Glauben an die wunderwirkende Kraft Gottes benützt, um von körperlichen und psychischen Krankheiten zu befreien. Der Glaube würde hier instrumentalisiert für eine möglichst rasche Gesundung. Sein Wert steht und fällt dann mit der unmittelbaren therapeutischen Effizienz. Er wäre in Dienst genommen für die Ideologie, mehr als ein Mensch sein zu können.

Das *christliche Verständnis, wie Glaube heilt*, unterscheidet sich davon wesentlich.[67] Ohne Zweifel gehört es zunächst zum christlichen Heilungsverständnis, Krankheit und Leid soweit als irgendmöglich zu überwinden. Dies ist Verwirklichung der heilenden Absicht Gottes, der ein »Freund des Lebens« (Weish 11,26) ist und sein Volk herausführen will aus Elend und Knechtschaft (Ex 3,7). Insbesondere im »Heiland« Jesus ist Gottes Standort auf der Seite der Kranken und Leidenden deutlich geworden. Seelsorge darf sich in Anbetracht dieses einzig relevanten Maßstabs nicht davon dispensieren, leiblich-seelische Leiden soweit als möglich zu verringern. Die Pastoralgeschichte weist durchaus strahlende Beispiele auf, wie aus dieser christlichen Grundüberzeugung heraus Kranke in Hospitälern und kirchlichen Einrichtungen selbstlos versorgt wurden und werden.

Überwindung von Krankheit ist jedoch nur die erste Hälfte des christlichen Heilens. Bliebe es bei ihr, würde die Pastoral auf die Ideologie des Gotteskomplexes einschwenken. Mindestens ebenso gravierend, ja geradezu zynisch wären in diesem Fall die Folgen für den unheilbar Kranken und

[64] *H. E. Richter*, Der Gotteskomplex: Die Geburt und die Krise des Wahns von der Allmacht des Menschen.
[65] Vgl. dazu *E. Drewermann*, Strukturen des Bösen.
[66] Vgl. *U. Bach*, Dem Traum entsagen, mehr als ein Mensch zu sein.
[67] Vgl. *W. Fürst/I. Baumgartner*, Leben retten. Was die Seelsorge zukunftsfähig macht.

Behinderten. Es würde unter der Hand diffamiert, daß mit ihm, so wie er ist, nicht einmal Gott selbst einverstanden sein kann. Unheilbare Krankheit und Behinderung gerieten in die Nähe und den Rang der »Sünde«, wo einer fern von Gott ist. Wie soll ein Krebskranker oder ein lebenslang Behinderter mit seiner Krankheit leben lernen, wenn ihm indirekt gesagt wird, Gott will nicht auch den Kranken, sondern nur den Gesunden? In einem solchen Heilungsverständnis, das nur die Beseitigung von Mängeln kennt, würde Gott nachgesagt, er könne dem Menschsein, so wie es ist: unvollkommen, bruchstückhaft und mit Mängeln behaftet, nicht zustimmen.

Ulrich Bach[68], Pastor und selbst an den Rollstuhl gefesselt, stellt die kritische Frage, ob die Pastoral nicht doch zu oft unversehens nach dem Motto gestaltet ist: Gott steht auf der Seite der Gesunden. »Die Aktivität gehört dann uns, den Starken, den Nicht-Kranken. Die anderen müssen sich wohl oder übel gefallen lassen, daß wir an ihnen wirken, daß sie Objekte unserer Aktivität sind... die Gemeinde Jesu Christi wird gespalten in Könner und Nicht-Könner, in Subjekte und Objekte, in Besitzer und Benötiger der göttlichen Gnadengaben, in Aktive und Passive.«[69] Überhört wird in diesem Schema, was Gott durch die Gabe und die Begabung der Krankheit und Behinderung den sogenannten Gesunden ausrichten will: Im Kranken wird das Menschsein schlechthin ansichtig, und Gott steht auf der Seite dieses unvollkommenen, in Krankheit und Tod verstrickten Menschen. Deshalb, so *Ulrich Bach*, »gehören die Gaben, Fähigkeiten (und Bedürfnisse) der ›Starken‹, wie auch der ›Schwachen‹ uns allen miteinander: Wir ›schmeißen zusammen‹ im Vertrauen auf den uns allen väterlichen Gott, daß es für uns miteinander schon reichen wird.«[70]

Von daher läßt sich die zweite, ganz entscheidende Hälfte christlichen Heilens präziser skizzieren. Ob gesund oder krank, ob »normal« oder behindert, zu jedem spricht Gott, was er zum Menschensohn Jesus gesprochen hat: »Du bist mein geliebter Sohn, an dir habe ich Gefallen gefunden!« (Mk 1,11). Auf der Grundlage dieser unerschütterlichen Zuneigung Gottes wird es möglich, sich ohne Angst auf das Mensch-sein in Endlichkeit und Begrenztheit, als Kranker oder Gesunder, einzulassen und sich dabei auf Gott zu verlassen. Geheilt im christlichen Sinn ist nicht der, der seine körperliche Gesundheit wiedererlangt – so sehr auch dies in der Option christlichen Heilens liegt –, sondern wer die *»Kraft zum Mensch-sein«*[71] aufbringt. In dem

[68] Vgl. zu den folgenden Überlegungen: *U. Bach*, »Heilende Gemeinde«?

[69] Ebd. 32f. Nicht minder problematisch ist die aus der Psychologie *C. G. Jungs* abzuleitende Versuchung des Seelsorgers, als »Heiler« alle damit verbundenen archetypischen Attribute der Heiligkeit und Macht mit der eigenen Person zu identifizieren. Vgl. dazu: *E. Drewermann*, Tiefenpsychologie und Exegese, Bd. II, 79ff.

[70] *U. Bach*, »Heilende Gemeinde«?, 73.

[71] Vgl. *J. Moltmann*, Gott in der Schöpfung, 275.

menschgewordenen Sohn Gottes, in Jesus Christus, finden Christen die Erlaubnis und die Ermutigung, ihrem endlichen Menschsein, zu dem unüberwindbare Krankheiten und der Tod gehören, zuzustimmen. Sie können *Frieden* mit sich schließen.

Heilungsbedürftig in diesem Sinn sind nicht nur die körperlich und seelisch Kranken, sondern alle Menschen, weil es ihnen aufgegeben ist, sich mit ihrem endlichen Mensch-sein in diesem Leben auszusöhnen. Folgt man so sensiblen Kennern der menschlichen Natur wie *Carl Gustav Jung*[72], *Romano Guardini*[73], *Sören Kierkegaard* oder *Eugen Drewermann*[74], dann läge gerade in der Unfähigkeit zur Annahme seiner selbst und in der Angst vor der eigenen Endlichkeit die eigentliche Wurzel vieler individueller wie gesellschaftlicher Krankheiten und Katastrophen. Ihre These ist, daß nur auf der Ebene des Religiösen diese Unfähigkeit und Angst letztlich geheilt werden können.

Man kann folglich das Ziel christlichen Heilens in einem umfassenden, ganzheitlichen Heilwerden[75] sehen: Der Mensch soll sich mit allem, was zu ihm gehört – Körperliches und Geistiges, Leibliches und Seelisches, Individuelles und Soziales, Gesundes und Krankes, Starkes und Schwaches – annehmen als einen, den Gott angenommen hat. Heilung hat mit *Heil* zu tun.

Heilende Seelsorge[76] bedeutet dann, mit Gesunden und Kranken so zusammenzusein, daß sie (der Seelsorger eingeschlossen) lernen, sich als endliche Menschen mit unüberwindbaren Mängeln und Schattenseiten unter

[72] *C. G. Jung*, Symbole der Wandlung. Analyse des Vorspiels zu einer Schizophrenie. – *Ders.*, Die Archetypen und das kollektive Unbewußte, Bd. I, 49–50. *Ders.*, Vom Werden der Persönlichkeit.

[73] In seiner Schrift »Annahme seiner Selbst«, Würzburg 1960, hat *R. Guardini* auf theologischer Ebene formuliert, was *C. G. Jung* vor allem unter dem Stichwort »Integration des Schattens« ausführte. *E. Biser*, Auf dem Weg zu einer therapeutischen Theologie, 5, diagnostiziert im Anschluß an *R. Guardini* eine »Schwerpunktverlagerung« in der moralischen Verfassung des Menschen: »Nicht von einer Abstumpfung, sondern von einer Schwerpunktverlagerung muß im Blick auf seine (des Menschen) moralische Verfassung gesprochen werden. Stand der ›Sünder‹ vor dem Eindruck, dem göttlichen Willen nicht entsprochen zu haben, so hat der heutige Mensch eher das Gefühl, seiner Lebensaufgabe nicht mehr gewachsen zu sein. Ging es also bisher vorwiegend um den Konflikt mit dem göttlichen Gesetzgeber, so heute eher um eine Schwierigkeit mit Gott als Schöpfer. Es ist das Problem Hiobs, der den Tag seiner Geburt verflucht, an dem der heutige Mensch insgeheim laboriert. Ein Riß geht durch ihn hindurch, der ihn von sich selbst, genauer gesprochen vom Faktum seines Daseins trennt. Das Leben ist für ihn durchaus nicht mehr ›der Güter höchstes‹, sondern eher eine drückende Last, wenn nicht gar eine unerträgliche Hypothek. Was ihn beschwert, ist somit nicht so sehr das Gefühl eines sittlichen Versagens, als vielmehr das der ›Unfähigkeit zu sich selbst‹. Der Akt der von *Guardini* geforderten ›Annahme seiner selbst‹ will ihm nicht oder nur bedingt gelingen...«

[74] Vgl. u. a. *E. Drewermann*, Wort des Heils, Wort der Heilung, 108–119. – *Ders.*, »Ich steige hinab in die Barke der Sonne«, 184–204.

[75] Vgl. *H. Pompey*, Ganzheitlich helfen und heilen, 443–459.

[76] Heilende Seelsorge überschreitet folglich sehr wesentlich das psychotherapeutische Helfen, indem es ausdrücklich darauf baut, daß Selbstannahme letztlich nur im Horizont des annehmenden Gottes selbst gelingen kann. Dieses Moment scheint in einer »Therapeutischen Seelsorge«, verstanden als »Psychotherapie im kirchlichen Kontext« (vgl. *D. Stollberg*, Wahrnehmen und Annehmen) zumindest mißverständlich artikuliert, so daß wir bewußt, um die kritische Differenz zur Psychotherapie zu verdeutlichen, von »*heilender* Seelsorge« sprechen.

der Gnade Gottes zu akzeptieren. Solche Ermutigung zum Menschsein kann in vielen Formen erfolgen, im helfenden Gespräch, im einfühlenden Zuhören, im Erzählen der Gottesgeschichten, im gemeinsamen Beten, im Segnen, im Feiern der Sakramente, im Gottesdienst. All dies sind Vorgänge, wo Menschen mit der heilenden Kraft Gottes in Berührung kommen, die sie letztlich allein zu befähigen vermag, sich selbst und der Welt im Ganzen zuzustimmen. Weil der Mensch eine Ganzheit aus Leib, Seele und Geist bildet, ist zu erwarten, daß aus der im Glauben gewonnenen Zufriedenheit mit dem Menschsein eine Menge Lebensmut und -kraft für die Überwindung auch körperlicher und seelischer Krankheit erwachsen.

5
»SEELSORGE«

Bleibt »einleitend« noch kurz, ohne einen definitorischen Anspruch, zu erläutern, wie »Seelsorge« verstanden sein soll.

Bekanntlich akzentuiert vor allem die evangelische Theologie *Seelsorge als Einzelseelsorge*, während im katholischen Bereich »Seelsorge« häufig synonym mit *»Pastoral«* gebraucht wird. Im vorliegenden Konzept werden beide Begriffsbedeutungen als aufeinander verwiesen aufgefaßt. Seelsorge als Einzelseelsorge und als Begleitung individueller Lebensgeschichten bildet in meinen Augen den Elementar-Vorgang aller Pastoral. Hier, in der Begegnung von Person zu Person, die immer eingebettet ist in einen weiteren Bezugsrahmen sozialer Strukturen[77], tritt wie in einem Brennpunkt das Wesentliche zu Tage, worauf es auch in anderen pastoralen Situationen ankommt: Beziehungsfähigkeit, Wahrnehmen, Zuhören, Einfühlen, Transparenz, Aushalten, Trösten, Schenken und Sich-Beschenken-Lassen. »Seelsorge« ist nicht etwas völlig anderes als Pastoral, sondern ihr Herzstück, ihre Mitte, der erste Ort, »wo zwei oder drei in seinem Namen versammelt sind...« (Mt 18,20).

Ich leite aus diesem Verständnis von Individual-Seelsorge die Berechtigung ab, vorwiegend im Dialog mit ihrer Praxis glaubender Begegnung von Person zu Person, Pastoralpsychologie zu konzipieren. Es darf davon erwartet werden, daß die an diesem Fokus aller Pastoral gewonnenen Einsichten

[77] Weil Individuum und Gemeinschaft, Person und Struktur dialektisch aufeinander bezogen sind, gehören zur Seelsorge bzw. Pastoral unverzichtbar auch die Aufmerksamkeit für praktische Möglichkeiten der Partizipation und der politische Einsatz für gerechte Verteilung der Lebenschancen. Vgl. *P. M. Zulehner*, Pastoraltheologie, Bd. 2, Gemeindepastoral. Orte christlicher Praxis, 94ff. – *P. L. Berger/T. Luckmann*, Die gesellschaftliche Konstruktion der Wirklichkeit, 36–48.

und Erkenntnisse auch auf das *pastorale Handeln in anderen Situationen* zu einem gewissen Teil übertragen werden können, auch wenn z. B. Bibelkreise, Pfarrgemeinderatssitzung, Telephonseelsorge oder Predigt nicht ausdrücklich erörtert werden. Es soll aber auf jeden Fall in Blick kommen, wie die Einzelseelsorge aus dem geschwisterlichen Zusammensein in der Gemeinde erwächst und dieses neu zu vitalisieren vermag.

Bei dem Begriff Seelsorge denke ich, es klang soeben an, nicht nur an die Seelsorger von Amts oder Berufs wegen: an Pfarrer, Kapläne, Pastoralassistentinnen, Gemeindereferenten, Diakone, sondern vor allem an jene aus Berufung und Begabung. Im glücklichen Fall kommt beides zusammen, berufliche Zuständigkeit und Charisma. Aber die *seelsorglichen Charismen* zum Heilen (1 Kor 12,4–11), zum Trösten (2 Kor 1,4) und Ratgeben (Eph 4,11) sind breiter gestreut, als daß man sie nur unter den pastoralen Experten suchen müßte. Wir haben, nicht zuletzt durch die Sehhilfe des II. Vatikanischen Konzils, zu begreifen gelernt, daß allen Christen eine undelegierbare Gabe und Berufung zum geschwisterlichen und damit seelsorglichen Umgang miteinander zukommt. Manche – Priester, Pastoralassistenten, Psychologen, Lehrer, Erzieherinnen oder Leute aus dem Volk – können diese Begabung weiterentwickeln zu einer differenzierteren Begleitungskompetenz. Pastoralpsychologie zielt auf eine *seelsorgliche Gemeinde*, wo möglichst viele kundig sind, des andern Last mitzutragen.

6
VORGEHEN

Aus den erörterten Wegmarkierungen geht hervor, daß Pastoralpsychologie zwar nicht erschöpfend wiederzugeben ist mit »Einführung in eine heilende Seelsorge«, daß jedoch damit eine ihrer wesentlichen Zielrichtungen getroffen ist – eine Zielrichtung, die sowohl von der Praxis Jesu als auch von den Krisen und Kränkungen der Menschen heute her eine besondere Dringlichkeit und Legitimation erfährt. Der Aufbau des Buches ist diesem Programm verpflichtet.

Ein *erster Teil* steckt den Rahmen ab und versucht zu klären, wie *Pastoralpsychologie als Praktische Theologie* betrieben werden kann. Es soll hier gleichsam das formal-methodische Instrumentarium, eine Art Regelkanon, für die folgende inhaltliche Ausgestaltung bereitgestellt werden.

Diese setzt mit einer *bibeltheologischen Vergewisserung zum Weg einer heilenden Seelsorge* ein. Unser Schlüsseltext ist dabei die *Emmausgeschichte (Lk 24,13–35)*. Sie liefert mit den aus ihr erhobenen Stadien des Heilwerdens die weiteren Etappen der Studie: Unter den Bildworten von »Blindheit« und »Traurigkeit« ist demnach im Sinn einer *pastoralpsychologischen Kairologie* nach den vielfältigen Formen der Krise und Kränkung zu fragen. Das »Hinzukommen und Mitgehen« (Lk 24,15) regt an, *Kriterien heilender Seelsorge* zu erschließen (Kriteriologie) und sie kritisch an heutige Pastoral heranzutragen. Wenn die Emmausgeschichte den heilenden Begleitungsstil mit der Intervention nachzeichnet: »Er fragte sie« (V 17) – dann sollte dies ein Anknüpfungspunkt sein, sich dem weiten Feld der *Psychotherapie* zuzuwenden. Das leitende Interesse ist hierbei, wie verschiedene Psychotherapieformen mit ihrem je spezifischen Menschenbild von der Pastoral verantwortungsbewußt rezipiert werden können. Weil eine pastoralpsychologisch fundierte heilende Begleitung über die Etappe des psychotherapeutischen Helfens hinausführt, fragen wir im Einklang mit der Emmausgeschichte, wie der *»Sinn der Schrift«* (V 27), das »Wort Gottes« so erschlossen werden kann, daß davon Heilung ausgeht. Und schließlich ist in pastoralpsychologischer Hinsicht die *heilende Kraft der Liturgie* zu bedenken, weil ja hier, im »Brot brechen« (V 30), die Heilung von Blindheit und Traurigkeit nach unserem Schlüsseltext ihren Höhepunkt erfährt. Abgeschlossen wird die pastoralpsychologische Einführung in eine heilende Seelsorge mit Überlegungen zum *Ziel dieser Art von Begleitung:* Was ereignet sich, wenn die Augen aufgehen und sich die unaufschiebbare Motivation einstellt, »nach Jerusalem aufzubrechen« (V 34)? Dieses Stichwort der Emmausgeschichte läßt sich zutreffend »korrelieren« mit Gedanken zu *Gotteserkenntnis, Selbstfindung und Gemeindewerdung.*

TEIL I
PASTORALPSYCHOLOGIE – SYMBOL EINER HEILENDEN SEELSORGE

1 HISTORISCHER ÜBERBLICK

(1) Von der Vorgeschichte zur Geschichte der Pastoralpsychologie

Von der Psychologie sagt *Hermann Ebbinghaus* (1850–1909)[1], sie habe eine kurze Geschichte und eine lange Vergangenheit. Im besonderen Maße trifft dieses Diktum auch auf die Pastoralpsychologie zu. Ihre lange Vergangenheit hängt mit dem Wesen von Glaube und Theologie zusammen. Ist doch Glaube (»fides qua«) gar nicht anders erfahrbar und lebbar, wenn nicht als personal ganzheitlicher und damit in hohem Grad psychischer Akt. *So muß jedes theologische Nachdenken über den Glauben und seine Praxis geradezu zwangsläufig auch zu einer Art psychologischer Reflexion über die »Seele« des Menschen führen.*

Es überrascht deshalb auch nicht, daß wir in den geschichtlichen Urkunden des Glaubens, in den *biblischen Schriften,* auf Einsichten stoßen, die in einem weiten Sinn als »psychologisch« zu charakterisieren und zu würdigen sind. Die Bibeltexte sind folglich alles andere als »seelenlose« Abhandlungen. Sie wissen ganz selbstverständlich, eingebettet in ihren zeitgenössischen soziokulturellen Kontext, von dem, was des Menschen Herz bewegt, wie es krank sein kann (z. B. Jes 1,5), wie es verzagt (z. B. Ez 21,12) oder wie es zu brennen anfängt, wenn Gott ihm begegnet (Lk 24,32). Auch Jesu wunderbares Heilshandeln wird von den Evangelisten mit sehr viel psychologischem Gespür gezeichnet, wie auf der Folie moderner Psychotherapie überraschend in Blick gekommen ist.

Diese implizite Pastoralpsychologie der Evangelien und frühen Gemeinden setzt sich fort im heilenden *Lebenswissen und Handeln der Väter.*[2] Aus der Frühzeit der Kirche berichten u. a. die *»Apophtegmata patrum«* (Weisungen der Väter) zwischen 250 und 300 n. Chr.. Die geistlichen Mönchsväter betrachten sich als Seelenärzte und Therapeuten. Ihr Leitbild ist der Christus-Medicus. Als Seelenführer sind sie bemüht um »Diakrisis« (Unterscheidung) und »Nepsis«, einer tiefen Selbst- und Fremdwahrnehmung für die »Logismoi poneroi«, die belastenden Gedanken der Menschen. Von ähnlichen Kenntnissen der Seelenführung sind etwa die *»Stromata«* des *Clemens von Alexandrien* (+ 215), die Werke des *Origenes* (185–254) und *Basilius* (330–379) durchzogen. Unter anderem versuchen sie, zur Überwin-

[1] *H. Ebbinghaus*, Abriß der Psychologie, 9.

[2] Vgl. zum Folgenden vor allem *H. Pompey*, Die Rezeption der Psychologie durch die Seelsorgswissenschaft im Laufe der Geschichte. – *Ders.*, Theologisch-psychologische Grundbedingungen der seelsorglichen Beratung. – *Ders.*, Handlungsperspektiven kirchlicher Beratung. – *K. Gastgeber*, Die westliche Tradition der Einzelseelsorge. – *H. Gärtner*, Individualseelsorge in der Alten Kirche.

dung der »Pathä« (Leidenschaften) den Weg der »Theopoiäsis« (Gott in sich Gestalt werden lassen) aufzuzeigen.

In der westlichen Kirche ragt aus dieser Zeit die *»Psychomachia«* des *Prudentius* (4. Jahrhundert) heraus, eine allegorische Beschreibung der Licht- und Schattenkräfte im Menschen und hierin *C.G. Jungs* Auffassung vom Unbewußten vorwegnehmend. Die *»Officiis ministrorum«* des *Ambrosius von Mailand* (369), die *»Regula pastoralis« Gregors des Großen* (540) beschreiben ähnlich wie *Gregor von Nazianz* (362) ein als »Compassio« bezeichnetes einfühlendes Verstehen (Empathie) »per pietas viscera«. Auch auf *Augustinus* (354–430) ist zu verweisen, der in den *»Confessiones«* (Bekenntnisse) seinen inneren Weg der Bekehrung nachbetrachtet und dabei in vieler Hinsicht den modernen Einsichten des Psychodramas, der Selbsterfahrung und des psychoanalytischen Prinzips »Erinnern, Wiederholen, Durcharbeiten« erstaunlich nahekommt.

Mit der *»Devotio moderna«*, der individual-seelsorglichen Beratung der Orden des heiligen *Franziskus* und des heiligen *Dominikus*, antwortet die christliche Seelsorge auf das aufkommende Bewußtsein von Individualität in der beginnenden Neuzeit. Einen Höhepunkt erreicht diese Form kirchlicher Lebensberatung in den *Einzelexerzitien* des *Ignatius von Loyola* (1491–1556). Sie zielen über den Weg der *»Discretio spiritum«* (Unterscheidung der Geister) zur Entscheidungsfindung des Ratsuchenden aus dem Glauben heraus. Ähnlich tiefe mystagogische Einsichten begegnen schließlich auch in der *Seelenführung* des *Franz von Sales* (1567–1622). Er gilt als Lehrer einer diskreten Mystik der Gottesliebe und beschreibt in bewegenden Bildern die seelische Innenseite der Gotteserfahrung.

In den nachfolgenden Jahrhunderten ist in den vielfältigen Bemühungen um die *Persönlichkeitsbildung der Seelsorger* ein wichtiges Fundament für die spätere moderne Pastoralpsychologie gelegt worden. Einen herausragenden Rang nimmt im katholischen Bereich hierbei *Johannes Opstraets* »Pastor bonus« (1690) ein. Diese spirituellen Bildungsansätze für den Klerus ergänzt ein halbes Jahrhundert später *Johann Michael Sailer* (1751–1832) mit Regeln zur seelsorglichen Beratung, die damals *»Privatunterricht«* genannt wurde. Er empfiehlt z. B.: »Dränge dich und deine Belehrungen niemandem gewaltsam auf! – Laß keine Nebenabsichten ... in dir Raum und Herrschaft gewinnen! – Suche dir den Ton der Milde und des Ernstes, den herz-anfassenden und herz-gewinnenden Ton des evangelischen Lehrers ...!«[3] Die Parallelen zu den von der modernen Psychotherapieforschung erbrachten notwendigen heilenden Basishaltungen sind unverkennbar.

Seit Mitte des 18. Jahrhunderts, mit dem Durchbruch des empirisch-de-

[3] *J.M. Sailer*, Vorlesungen aus der Pastoraltheologie, 10. Bd., 41820, 290–296; zit. nach: *H. Pompey*, Handlungsperspektiven kirchlicher Beratung, 45f.

duktiven Denkens der Aufklärung sind auch erste Ansätze einer pastoralpsychologischen Forschung und Ausbildung zu beobachten. So fordert eine *Studienordnung* aus dem Jahr 1773 bereits, statt »die Kandidaten mit einer trockenen Ontologie zu beschäftigen«, soll »die Hauptsorge auf die Psychologie oder Seelenlehre«[4] verwendet werden. Eine besondere Blütezeit hatte diese frühe Pastoralpsychologie in der sog. *Pastoralmedizin.*[5] Die erste große Pastoraltheologie, die nach der Gründung des ersten deutschen Lehrstuhls für Pastoraltheologie 1774 in Wien veröffentlicht wurde, jene von *F. Ch. Pittroff* (1783), berücksichtigt ausdrücklich den »Privatunterricht« sowie die Seelsorge an Kranken, Sterbenden und Verurteilten. Der eigentliche Begründer der Pastoralmedizin, *F. C. Mezler*, behandelt erstmals ausgesprochen psychologische Sachgebiete unter seelsorglicher Hinsicht – Charakterkunde, Entwicklungspsychologie und Sozialpsychologie.

Es ist *Heinrich Pompey*, dem wir im wesentlichen die exemplarischen Hinweise aus der langen Vergangenheit und kurzen Geschichte der Pastoralpsychologie verdanken, zuzustimmen, wenn er über die hauptsächlich als Pastoralmedizin anzutreffende Pastoralpsychologie des 17. und 18. Jahrhunderts resümiert: »Solange die klare und deutliche Ausgliederung der Psychologie als eigenständige Wissenschaft aus der medizinischen Physiologie und Psychiatrie auf der einen Seite und aus der philosophischen Anthropologie auf der anderen Seite nicht erfolgt war, konnte auch die Pastoralpsychologie als eine selbständige Teildisziplin der Praktischen Theologie von ihrem Namen her noch nicht vertreten sein. Nominell und faktisch tritt sie seit Anfang dieses Jahrhunderts die Nachfolge der Pastoralmedizin an, die heute keine besondere Ausbildungsrelevanz mehr besitzt.«[6]

Die vielversprechenden pastoralpsychologischen Ansätze der Pastoralmedizin und frühen Pastoraltheologie erlitten um die letzte Jahrhundertwende im Gefolge soziokultureller und geistesgeschichtlicher Umwälzungen, die der Übergang von der vorindustriellen zur industriellen Gesellschaft mit sich brachte, einen gravierenden Einbruch. Die moderne Psychologie, nun als *experimentell-naturwissenschaftliche Psychologie* und als *Psychoanalyse* vertreten, erschien der Kirche als Ausdruck eines weltanschaulichen Agnostizismus, aufklärerischen Liberalismus und moralischen Libertinismus, denen man meinte durch *antimodernistische Abgrenzung* begegnen zu müssen. Der ausgeprägte religionskritische und antikirchliche Affekt mancher psychologischen Konzeption hat dazu nicht unwesentlich beigetragen.

Sieht man von einzelnen Ausnahmen ab, so konnte sich seit diesem gei-

[4] Würzburger Studienordnung von 1773, zit. nach: *H. Pompey*, Die Rezeption der Psychologie durch die Seelsorgswissenschaft im Laufe der Geschichte, 413.

[5] Vgl. *H. Pompey*, Die Rezeption der Psychologie durch die Seelsorgswissenschaft im Laufe der Geschichte, 416ff.

[6] Ebd. 418.

stesgeschichtlichen Trauma im Bereich der deutschen katholischen Theologie bis herauf zum II. Vatikanischen Konzil keine nennenswerte Pastoralpsychologie behaupten. Etwas anders verlief dagegen die Entwicklung im Ausland. Die katholischen Universitäten Löwen und Mailand gründeten psychologische Laboratorien, in den Niederlanden und in den USA wurde von theologischer Seite die empirisch-experimentelle Psychologie aufgegriffen. Die Psychoanalyse wurde aber auch hier kaum rezipiert. So gingen die Initiativen zur *Gründung religions- und pastoralpsychologischer Vereinigungen* vorwiegend von protestantischen Theologen aus: 1914 Gründung der Gesellschaft für Religionspsychologie, 1949 Gründung der Gemeinschaft Arzt und Seelsorger, 1972 Gründung der Deutschen Gesellschaft für Pastoralpsychologie.

Es waren in erster Linie auch evangelische Theologen, die mit der *Klinischen Seelsorgeausbildung*[7] eine neue pastoralpsychologische Initiative, zur Rezeption empirisch-experimenteller und psychoanalytischer Ansätze hinzu, eröffneten. Vor allem der Amerikaner *Anton Boisen* ist hier zu erwähnen. Sein Schüler, *Seward Hiltner*[8], stellte mit seinem *»Pastoral Counseling«* eine fruchtbare Verbindung zu der von *Carl Rogers* begründeten Gesprächspsychotherapie her und wagte damit einen mutigen Dialog mit der neuen humanistischen Psychologie.

Die zaghaften katholischen pastoralpsychologischen Ansätze erlitten durch »Ermahnungen« *Pius XII.* vor den Prinzipien der Psychoanalyse und deren Anwendung in der Seelsorge einen weiteren Rückschlag.[9] *Johannes XXIII.* erneuerte in einem Monitum 1961[10] diese Bedenken und untersagte Klerikern und Ordensangehörigen, psychotherapeutische Praxis auszuüben oder sich einer psychoanalytischen Behandlung zu unterziehen. Das vom selben Papst einberufene *Konzil* leitete jedoch eine entscheidende Kehrtwendung im Verhältnis zur Psychologie ein. Der Wissenschaft Psychologie wird nun zum einen *»rechtmäßige Eigengesetzlichkeit«*[11] zugesichert, zum anderen wird sehr markant *Psychologie für die Seelsorgerausbildung* gefordert.

Im einzelnen enthält das Konzilsdekret *»Optatam totius«* u.a. folgende Kernaussagen:

- »Die Grundsätze christlicher Erziehung sollen hochgehalten und durch die neueren Erkenntnisse einer gesunden Psychologie und Pädagogik ergänzt werden« (11).
- »Sorgfältig sollen sie (die Priesteramtskandidaten) in die Kunst der Seelenführung eingeführt werden, damit sie alle Glieder der Kirche in erster

[7] *D. Stollberg*, Therapeutische Seelsorge, 163–190.
[8] Ebd. 203–275.
[9] AAS 1953, 278–286; 1958, 268–282.
[10] AAS 1961, 571. »Clericis interdicitur ne munere psychoanalystarum fungantur.«
[11] Gaudium et spes, 59.

Linie zu einem voll bewußten und apostolischen Christenleben und zur Erfüllung ihrer Standespflicht führen können...« (19).

– »Überhaupt sollen die Eigenschaften der Alumnen ausgebildet werden, die am meisten dem Dialog mit den Menschen dienen: wie die Fähigkeit, anderen zuzuhören und im Geist der Liebe sich seelisch den verschiedenen menschlichen Situationen zu öffnen...« (19).
– »Im Gebrauch der pädagogischen, psychologischen und soziologischen Hilfsmittel sollen sie methodisch richtig und den Richtlinien der kirchlichen Autorität entsprechend unterrichtet werden...« (20).

Die *»Ratio Fundamentalis Institutionis Sacerdotalis«*[12] von 1970 unterstreicht die in »Optatam totius« erhobene Forderung nach »psychologischer« Ausbildung der Seelsorger ausdrücklich: »Gleichzeitig mit dieser (pastoralen) Ausbildung sollen sich die Alumnen darum bemühen, daß sie im Leben der Gläubigen mit wirklicher Anteilnahme und pastoralem Einfühlungsvermögen zu Diensten sein können. Zu einem tieferen Verständnis des menschlichen Lebens können sie viel Hilfe erfahren von den Wissenschaften der Psychologie, der Pädagogik und der Soziologie. In diesen Fächern sollen sie methodisch richtig und gemäß den Normen der kirchlichen Autorität unterwiesen werden.«

In der *»Rahmenordnung«*[13] der deutschen Bischöfe vom Mai 1978 ist folglich die Pastoralpsychologie eine integrierte Selbstverständlichkeit; gleiches gilt von den *»Rahmenstatuten« für Diakone und Laien* von 1978/79.[14]

Angeregt durch die mutige Öffnung des Konzils kam es an einzelnen Priesterseminaren, theologischen Fakultäten und pastoralen Fortbildungseinrichtungen zur allmählichen *Institutionalisierung einer Pastoralpsychologie.* Allerdings ist nicht zu übersehen, daß der Impuls des Konzils nicht überall in gleicher Weise aufgegriffen wurde und daß Pastoralpsychologie nach wie vor mit Widerspruch zu rechnen hat.

Die bis heute kleine Zahl der katholischen Pastoralpsychologen ist zusammen mit den evangelischen Kollegen in der 1972 gegründeten *Deutschen Gesellschaft für Pastoralpsychologie (DGfP)* organisiert. Diese Gesellschaft ist gegliedert in die vier Sektionen »Tiefenpsychologie«, »Gruppendynamik«, »Klinische Seelsorgsausbildung«, »Kommunikations- und Verhaltenspsychologie«. In der Zeitschrift *»Wege zum Menschen«* verfügt sie über ein beachtenswertes Publikationsorgan, das die pastoralpsychologische Theoriebildung im deutschen Sprachraum erkennbar mitgestaltet.

[12] Zit. nach: *A. Arens/H. Schmitz*, Priesterausbildung und Theologiestudium, 94.
[13] *Die Deutschen Bischöfe*, Rahmenordnung für die Priesterbildung.
[14] *Die Deutschen Bischöfe*, Rahmenstatuten und -ordnungen für Diakone und Laien im Pastoralen Dienst.

(2) Hintergründe

Der kursorische Streifzug durch die lange Vergangenheit und die kurze Geschichte der Pastoralpsychologie zeigt, daß die detaillierte Geschichte der Pastoralpsychologie erst noch geschrieben werden muß. Es dürfte sich dann noch deutlicher herausstellen, in welche *kirchen- und theologiegeschichtlichen sowie soziokulturellen Strömungen eingebettet* sich die implizite und explizite Entwicklung pastoralpsychologischer Ansätze vollzog.

Ohne solchen Analysen vorgreifen zu wollen, erscheint es doch im Blick auf den skizzierten historischen Werdegang der Pastoralpsychologie auffällig, daß das Nachdenken über innerseelische Zusammenhänge, die Bemühung um seelsorgliche Handlungsfähigkeit angesichts psychischer Störungen und Krankheiten und die Entwicklung einer therapeutischen Theologie *zu keiner Epoche eine nachhaltige Breitenwirkung* erzielte. Eine der vielfältigen Ursachen hierfür liegt in dem eigentümlichen Entwicklungsgang des christlichen Glaubensverständnisses insgesamt.[15]

1. »Die urchristliche ›Lehre‹ (Didachä, Didaskalie, Christomathie) war im eigentlichen Sinn des Wortes eine *›Lebenslehre‹*, eine Lehre ganz in dem Sinn, wie man noch heute den Vorgang des Praxislernens in manchen handwerklichen Berufen ›Lehre‹ nennt (vgl. ›eine Lehre machen‹).«[16] Mit der Inkulturation in die spätantike Welt geriet das christliche Glaubensbewußtsein immer mehr in Konkurrenz zur hellenistischen Philosophie. Die »Heilsbotschaft«, die alltägliches Handeln und Bewußtsein durchdrang, wurde zunehmend umstilisiert zu einem apologetischen Lehrstück. Im Lauf der Jahrhunderte erlitt so die jetzt »Theologie« genannte »doctrina christiana« einen verhängnisvollen *Verlust an Praxis- und Lebensbezug,* sie wurde abstrakte Doktrin. Zwar war weiterhin vom »Heil« die Rede, doch mit der wissenschaftlichen Systematisierung der Theologie war eine Spiritualisierung der christlichen Botschaft Hand in Hand gegangen, so daß sich ihre Aussagen nur noch auf »jenseitiges Heil« bezogen. Die daraus erwachsende Mißachtung des Empirischen bewirkte in der Neuzeit die nahezu vollständige Auswanderung der anthropologischen »Weisheit«, des anthropologischen Wissens und Könnens, vor allem auch der psychotherapeutischen Handlungsfähigkeit aus der theologischen Wissenschaft. Die neu aufstrebenden, nun außerhalb der Theologie angesiedelten Humanwissenschaften, allen voran die Psychologie, erblickten in den konkreten Lebenszusammenhängen, einschließlich der wirksamen Heilpraxis bei existentiellen Lebenskrisen um so mehr ihre Domäne.

[15] Vgl. zum Folgenden *W. Fürst*, Der Weg der Kirche ist der Mensch. – *Ders.*, Praktisch-theologische Urteilskraft. – *E. Biser*, Die glaubensgeschichtliche Wende, 242ff. – *E. Drewermann*, Tiefenpsychologie und Exegese, Bd. I, 23–71.

[16] *W. Fürst*, Der Weg der Kirche ist der Mensch, 175.

Von daher erklärt sich nicht nur die bis heute schmerzlich spürbare *Kluft zwischen empirieloser Theologie und theologiefremder Psychologie*. Es wird auch deutlich, daß die Annäherung an die Psychologie für das christliche Glaubensverständnis, für Theologie und Seelsorge der Überwindung eines Grundschismas gleichkommt: Leben und Glauben müßten wieder, anknüpfend an den Anfängen, zusammengeführt werden. Je mehr christlicher Glaube entdeckt, daß er nicht ein System von abstrakten Sätzen, eine Lehre ist, sondern daß man bei ihm in die Lehre gehen kann, um das Leben meistern zu können, um so mehr gewinnt im Rahmen einer solchen praktischen Glaubensweisheit auch eine pastorale Psychologie an Bedeutung.

2. Noch eine weitere, mit der Umwandlung der christlichen »Lebenslehre« in eine theologische Doktrin eng zusammenhängende Entwicklung hat zum Verschwinden des Psychologischen aus Theologie und Seelsorge beigetragen. »Durch die Inkulturation des Christlichen in die spätantike Kultur, in deren Verlauf die Kirche ihren Gemeindecharakter und die Theologie ihre Eigenart als Lebenslehre verloren hat, wurde das biblisch-heilsgeschichtliche Seelsorgeverständnis durch ein stoisch-metaphysisches Seelsorgeverständnis überformt. Auf diese Weise kam es zur Ablösung der ursprünglich pastoral interessierten gemeindlichen Seelsorgepraxis durch eine moralpädagogisch ausgerichtete Einzelseelsorge, wie wir sie aus den vergangenen Jahrhunderten kennen.«[17] Als Leitidee trat im *stoisch-metaphysischen Seelsorgsverständnis* der Aufstieg zu immer größerer moralischer Vollkommenheit in den Vordergrund: Tag für Tag, immer und immer wieder müssen die Leidenschaften überwunden werden, um sich der göttlichen Idee anzugleichen (vgl. »Theopoiäsis« bei den Vätern).

Bei der moralischen Erziehung der breiten Volksmassen hat dieser Seelsorgetyp viel geleistet. Allerdings um einen hohen Preis. Die Sorge um den ganzen, personal-sozialen, leibhaft-geistigen Menschen, die Kultivierung seiner unbewußten Es-Kräfte wurde dadurch geopfert. Ihrer nahm sich jene aufkommende Psychologie an, die dann in die Psychoanalyse einmündete. Damit war nun ein schroffes Gegenüber programmiert: Seelsorge auf der einen Seite wurde als Belehrung und *moralische Disziplinierung* verstanden, Psychoanalyse, Tiefenpsychologie und Psychotherapie auf der anderen Seite als Förderung und Freisetzung der von moralisierenden und autoritären Instanzen unterdrückten *Ich- und Es-Kräfte*. Dieser Gegensatz scheint bis heute nicht überwunden und erklärt zu einem gewissen Teil die Spannung und Problematik heutiger Pastoralpsychologie.

3. Über die soeben skizzierte Einbettung pastoralpsychologischer Entwicklung in die allgemeinen Grundzüge der Theologie- und Seelsorgsgeschichte hinaus müßte in der noch ausstehenden »Biographie« der Pastoralpsychologie auf ihre spezifische *Verflechtung mit der Pastoraltheolo-*

[17] Ebd. 176.

gie[18] noch näher eingegangen werden. Es hat den Anschein, daß gerade die als Blütezeit der Pastoralpsychologie apostrophierte *Pastoralmedizin* ganz auf der Linie der *Rautenstrauch*'schen Idee der Pastoraltheologie lag. Sie war als untheologischer Leitfaden für staatliche Religionsdiener konzipiert, damit ganz den Zielen des absolutistischen Staates verpflichtet, der sich in der »christentümlichen Gesellschaft« für das Wohl seiner Bürger verantwortlich sah. *Johann Michael Sailer* betrieb gegen diese Indienstnahme der Kirche und ihrer Praxis für das innerweltliche Glück der Bürger Kritik, indem er um eine ursprüngliche biblische Beseelung der Seelsorge bemüht war. Die von ihm gestaltete implizite Pastoralpsychologie, als »Privatunterricht« bezeichnet, blieb jedoch bei aller biblischen Grundorientierung dem Schema kleruszentrierter Seelsorge verhaftet. Erst *Anton Graf* gelang es, mit der Idee einer sich selbst auferbauenden, also von Staat und Gesellschaft zu unterscheidenden Kirche, eine Pastoraltheologie zu umreißen, die am Werden der Kirche ausgerichtet war. Man kann nur vermuten, was aus einer solchen Pastoraltheologie, wäre sie über erste Ansätze hinausgekommen, geworden wäre. Wahrscheinlich wäre es ihr aufgrund der ekklesialen Ausrichtung nicht ganz leicht gefallen, mit der außerhalb der Kirche »frei flottierenden« Religiosität, wie sie für die nachchristentümliche Gesellschaft charakteristisch geworden ist, in einen Dialog einzutreten. Offen bleiben muß folglich auch, ob die zu Zeiten *Grafs* sehr notwendige Besinnung auf die Kirche die Pastoraltheologie so ohne weiteres zum Dialog mit der späteren profanen Psychologie, näherhin der Religionspsychologie, die u.a. jene gesellschaftlich gebundenen religiösen Phänomene untersucht, veranlaßt hätte.

So erweist sich bei näherer Betrachtung, die im Rahmen einer solchen knappen Skizze freilich nicht in wünschenswertem Maß zu leisten ist, daß implizite und explizite pastoralpsychologische Ansätze meist mit einer *pragmatischen Pastoraltheologie* einhergingen. Beide Disziplinen wurden und werden mißverstanden als weitgehend untheologische, praktische Handlungsanweisung für den Seelsorgsklerus. Erst im Zuge der kirchlichen Aufbruchbewegung in der Zeit zwischen und nach den beiden Weltkriegen (liturgische Bewegung, Bibelbewegung, Jugendbewegung), die ihren Höhepunkt im Pastoralkonzil des II. Vaticanums fand, kam es zu einer theologischen Vertiefung der Pastoraltheologie. Gleichzeitig wurde die Aufmerksamkeit für die Menschheitssituation insgesamt wie für die Lebenssituation von einzelnen, Familien, Gruppen und Gemeinden geschärft. Damit wurde auch der Weg für eine *neue Pastoralpsychologie* gewiesen: Sie sollte beide konziliaren Impulse aufgreifen: sich als Praktische *Theologie* verstehen und zugleich den *Dialog mit der profanen Humanwissenschaft Psychologie* suchen.

[18] Vgl. *P. M. Zulehner*, Pastoraltheologie, Bd. 1, Fundamentalpastoral, 40–48.

2
PASTORALPSYCHOLOGIE – EIN TEILGEBIET PRAKTISCHER THEOLOGIE

(1) Annäherung an den Begriff

Das Zusammenhangswort »Pastoralpsychologie« bringt zwei auf den ersten Blick konträre Bereiche zusammen: das profane, wenn man an die Psychoanalyse *Sigmund Freud's* denkt, religions- und kirchenkritische »Lebenswissen« der Psychologie und die mit »Pastoral« angedeutete Wirklichkeitssicht und Praxis des Glaubens. Jeder der beiden Begriffe führt demnach ein bestimmtes Bild vom Menschen und daraus hervorgehende Antworten auf die Urfragen nach dem Sein-können, Tun-müssen und Erwartendürfen mit sich.

Pastoralpsychologie geht nun von der Prämisse aus, daß über alle Differenzen und anthropologischen Grundentscheidungen hinweg ein Brückenschlag zwischen »Pastoral« und »Psychologie« möglich, ja für die Seelsorge heute unverzichtbar ist. Zu Recht denkt man hierbei zuerst an die Möglichkeiten, die ein Seelsorger bei der Begleitung von Menschen in Depressionen, Trauer oder familiären Konflikten durch die »Anleihe« bei der Psychologie und Psychotherapie gewinnen kann. Aber solche psychologische Kompetenzerweiterung kann nicht nur in der privaten Regie des einzelnen Seelsorgers erfolgen, indem er beispielsweise zu einem psychologischen Buch greift oder an einem Psychotraining teilnimmt. Auf diese Weise vermöchte er im günstigsten Fall seine persönliche Alltagspsychologie zu korrigieren und zu verbessern, er wäre aber in der Klärung der ganz entscheidenden Frage auf sich allein gestellt: Wie kann ich die psychologischen Erkenntnisse und Trainingserfahrungen mit meinem Christ- und Seelsorgersein in Einklang bringen und kreativ verknüpfen? Immerhin wäre es ja auch denkbar – und manche Gegner der Psychologie sind fest davon überzeugt -, daß die »Exkursionen« in die Psychologie den Seelsorger seiner ureigenen Sache nicht näher-, sondern davon abbringen. In jedem Fall ist folglich ein Akt der Reflexion von ihm verlangt, wo Antworten gesucht werden auf Fragen wie diese:

- Kann die Psychologie zur Pastoral Förderliches beitragen, wenn sie – wie die Gegner angesichts ihres profanen oder gar »ideologischen« Menschenbildes behaupten – bereits selbst ein Symptom der menschlichen Gottferne darstellt? Wird die Pastoral nicht damit unter der Hand »atheistisch« infiziert?
- Verleitet die Rezeption der Psychologie den Seelsorger nicht dazu, seine Praxis mißzuverstehen als Sozialarbeit und Psychotherapie? Übernimmt er, auch wenn er sich bei der Rezeption nur auf die psychotherapeuti-

schen Methoden beschränkt, nicht insgeheim auch das mit dem Glauben differierende Menschenbild einer psychologischen Schule?

- Welche Psychologie – sie ist ja, wie die Theologie auch, keineswegs aus einem Guß – steht der Seelsorge näher, welche ist womöglich gar ungeeignet für eine pastorale und theologische Rezeption?
- Wie lassen sich die gelungenen Erfahrungen von Heilung, die in der Psychotherapie und Beratung gemacht werden, in Glaubenssprache übersetzen oder zumindest mit Glaubenserfahrungen korrelieren?
- Wie kann eine pastorale Praxis erlernt werden, in die das theologisch bedachte »Lebenswissen« der Psychologie integriert ist?

Die Reflexion und Antwortsuche kann wohl nur dann einigermaßen ans Ziel kommen, wenn der Seelsorger sich in einen größeren Kommunikationszusammenhang eingebunden weiß, wo solche Fragen erörtert werden. Die Theologie, näherhin die Praktische Theologie, ist ein solcher Ort der Reflexion und Kommunikation – auch über Erfahrungen mit Psychologie in der Praxis des Seelsorgers.

So zeigt sich bereits bei einer ersten Annäherung an das Zusammenhangswort Pastoralpsychologie, daß damit eben nicht eine unbedachte, zufällige Anwendung irgendwelcher Psychologie in der Seelsorge gemeint ist, nach dem einfältigen Motto: »Psychologie ist immer gut!«. Mit der Pastoralpsychologie verbindet sich vielmehr die *Idee einer theologischen Lektüre psychologischer Erkenntnisse* im Zusammenhang nicht nur der Praxis des Seelsorgers, sondern der Praxis der Kirche insgesamt. Weil diese Idee sich einfügt in die Intention der *Praktischen Theologie*, ist die Pastoralpsychologie als eines ihrer Teilgebiete – neben Pastoraltheologie, Pastoralsoziologie, Religionspädagogik, Katechetik, Homiletik, Liturgiewissenschaft und Kirchenrecht – zu betrachten.

Es lassen sich folglich die Konturen der Pastoralpsychologie noch deutlicher zeichnen, wenn wir uns einen Begriff davon machen, was Praktische Theologie ist und will. Es geht uns freilich dabei nicht um eine detaillierte und umfassende Wiedergabe der wissenschaftstheoretischen Auseinandersetzungen und der Theorie-Praxis-Diskussion, die im Zusammenhang mit der Praktischen Theologie geführt wurden.[19] Wir beschränken uns zum einen auf eine Klärung des Gegenstandes der Praktischen Theologie und damit auch der Pastoralpsychologie, also auf die Frage: Wessen *Praxis* ist in der Pastoralpsychologie in Blick zu nehmen? Sodann sind im Dialog mit den Koordinaten der Praktischen Theologie die *Aufgaben der Pastoralpsychologie* zu bestimmen.

[19] Vgl. dazu u. a. *O. Fuchs* (Hrsg.), Theologie und Handeln. – *P. M. Zulehner*, Art. Praktische Theologie. – *Ders.*, Pastoraltheologie, Bd. 1, Fundamentalpastoral, 32–39. – *F. Klostermann/R. Zerfaß*, Praktische Theologie heute. – *L. Bertsch* (Hrsg.), Theologie zwischen Theorie und Praxis. – *N. Mette*, Art. Praktische Theologie. – *K. F. Daiber*, Grundriß der Praktischen Theologie als Handlungswissenschaft. – *G. Otto*, Grundlegung der Praktischen Theologie. – *H. J. Groß*, Fort- und Weiterbildung von Seelsorgern, 120–159.

(2) »Praxis der Kirche« – das Thema der Pastoralpsychologie

Hinsichtlich der Praxis, mit der sich Pastoralpsychologie bzw. Praktische Theologie zu befassen hat, besteht keineswegs ein Konsens. In Anlehnung an *Rolf Zerfaß*[20] lassen sich vier Positionen unterscheiden.

1. Eine erste Gruppe von Fachvertretern plädiert dafür, Pastoralpsychologie solle sich mit der *»Praxis der Kirche«* auseinandersetzen, d. h. mit ihrem »Selbstvollzug« in der Gegenwart und auf Zukunft hin, wobei Kirche sowohl als Gesamtkirche wie auch als Ortskirche gedacht wird. Eine solche Pastoralpsychologie überwindet die in ihrer Geschichte bis zum heutigen Tag anzutreffende klero- und expertokratische Engführung, daß sie ausschließlich die hauptamtlichen Seelsorger berufspraktisch auszubilden hätte. Die gesamte Praxis der Kirche, d. h. also auch ihr gemeindliches Handeln in den Grundgesten Koinonia, Diakonia, Martyria und Leiturgia, wird hier zum Thema der Pastoralpsychologie erklärt. Eine solche auf die gesamte Praxis der Kirche bezogene Pastoralpsychologie wird dann zu Konflikten in der Gemeinde ebenso Stellung beziehen wie zu Fragen der Schriftauslegung oder des Religionsunterrichts. Es ist jedoch anzufragen, ob da nicht doch eine Fixierung auf binnenkirchliche Probleme erfolgt, die dem Evangelisierungsauftrag der Pastoral widerspricht und an wichtigen Fragen der heutigen Gesellschaft vorbeigeht. Es handelt sich folglich hier um eine »Praxis der Kirche« im engen Sinn.

2. Von manchen Autoren wird deshalb eine Praktische Theologie und Pastoralpsychologie gefordert, die sich *»mit der religiös vermittelten Praxis der Gesellschaft* (*Gerd Otto*), d. h. nicht nur mit der kirchlich organisierten Religiosität, sondern mit der religiösen Tiefendimension der Gesellschaft«[21] befaßt. Eine solche Pastoralpsychologie, die weitgehend als Religionspsychologie[22] zu kennzeichnen wäre, kann auf eine beachtliche Tradition verweisen. Hier werden innerseelische religiöse Erfahrungen einzelner erforscht, wie etwa religiöse Bekehrungserlebnisse, religiöse Praktiken oder Zusammenhänge zwischen religiöser Einstellung und seelischer Gesundheit. Darüber hinaus wird das weite Gebiet religiöser Symbolisierung in verschiedenen Gesellschaften und Kulturen thematisiert.

Dieser Auffassung von Pastoralpsychologie ist ein hohes gesellschaftliches und kulturelles Bewußtsein zu bescheinigen, doch bleibt zu bedenken, ob sich hier das Feld der Bearbeitung nicht ins Unübersehbare weitet und ob eine solche Pastoralpsychologie nicht lediglich »leutereligiöse« Phänomene analysiert und den kritischen Maßstab des Evangeliums außer acht läßt.

[20] Vgl. *R. Zerfaß*, Inhalte der Praktischen Theologie, 94f.
[21] Ebd. 24
[22] Vgl. *H. Pompey*, Die Rezeption der Psychologie durch die Seelsorgswissenschaft im Laufe der Geschichte, 419f.

3. Von anderen Fachvertretern der Pastoralpsychologie und Praktischen Theologie wird deshalb die Formel bevorzugt: Man habe sich zu befassen *»mit christlich-kirchlicher Praxis*..., d. h. mit jenen Prozessen, die sich zwischen Kirche (als Organisation) und Christentum (als diffusem Raum der gesellschaftlich wirksamen Impulse des Christlichen) abspielen.«[23] Hier wird einerseits eine einseitig binnenkirchliche Perspektive überschritten, während andererseits ein Hauptaugenmerk auf die Handlungen und Institutionen des kirchlichen Lebens gerichtet wird. Eine solche Pastoralpsychologie vermag sich mit der vielfältig »gesellschaftlich konstruierten Wirklichkeit« der Menschen heute auseinanderzusetzen, mit den ihr innewohnenden christlichen und christentümlichen Impulsen ebenso wie mit ihrem krankmachenden Infektionspotential, das in seelischen Krankheiten, im Scheitern von Beziehungen und in vielfältigen Fluchtbewegungen zum Ausdruck kommt. Pastoralpsychologie mit einem solchen Praxisbegriff wird darüber hinaus das Handeln der Kirche auf den verschiedenen Ebenen, und wie es mit der gesellschaftlichen Wirklichkeit verknüpft ist, zum Gegenstand machen. Sie wird beispielsweise – wie es in dieser Studie geschieht – fragen, ob die kirchliche Pastoral, ihrem jesuanischen Vorbild entsprechend, angemessen auf die seelische Not der Menschen heute antwortet, und wie diese Seelsorge ein deutlicheres jesuanisches Gesicht bekommen könnte. In Abhebung von der ersten Position läßt sich hier auch von der »Praxis der Kirche« im weiten Sinn[24] sprechen, wo sowohl kriteriologische (Praxis Jesu) als auch kairologische (psychosoziale Situation der Menschen) Gesichtspunkte gleichgewichtig vertreten sind.

4. Von nicht wenigen Pastoralpsychologen wird gleichwohl die »kirchlich-christliche Praxis« als Gegenstandsbereich ihrer Fachdisziplin als nicht zu bewältigend abgelehnt. Sie fordern statt dessen, sich weiterhin auf die *Berufspraxis der hauptamtlichen Seelsorger* zu beschränken. Zur Begründung können sie darauf verweisen, daß sich in der Geschichte der Pastoralpsychologie die berufspraktischen Funktionen der wichtigsten pastoralen Rollenträger nicht ohne Grund als Reflexionsbereich durchgesetzt haben. Dieses historische Argument muß kritischer Betrachtung unterzogen werden, ob nicht mit einer exklusiven Konzentration auf die Praxis der pastoralen Experten unter der Hand eine obrigkeitliche Seelsorge in Form pastoraler Expertokratie festgeschrieben wird.

Von den genannten Alternativen ist zweifellos für eine verantwortungsbewußte Pastoralpsychologie der dritten Position der Vorzug zu geben. »Christlich-kirchliche Praxis« oder »Praxis der Kirche« im weiten Sinn hält als Thema der Pastoralpsychologie die größten Chancen bereit, die vielfältigen Erfahrungssituationen der Menschen angemessen in Blick zu nehmen

[23] *R. Zerfaß*, Inhalte der Praktischen Theologie, 94.
[24] Vgl. *P. M. Zulehner*, Pastoraltheologie, Bd. 1, 32f.

und zu einer christlichen Praxis anzuregen, die am kritischen Maßstab des Evangeliums orientiert ist.

(3) Aufgaben der Pastoralpsychologie

Der Pastoralpsychologie kommt die Aufgabe zu, psychologische Forschungsergebnisse der Diagnostik, Prophylaxe und Therapie für die Praktische Theologie zugänglich zu machen[25], so daß sie für eine dem Evangelium und den Fragen der Menschen angemessene »Praxis der Kirche« fruchtbar werden können. Dies bedeutet, daß Pastoralpsychologie an der praktisch-theologischen Grundaufgabe beteiligt ist, die stattfindende kirchliche Praxis im Sinn des Evangeliums zu »optimieren«. Es geht um den Übergang von der ererbten Praxis 1 hin zu einer künftigen, verbesserten Praxis 2 (s. Abb. 1).

Für die Pastoralpsychologie stellen sich damit wichtige Teilaufgaben. *Sie hat christlich-kirchliche Praxis zu analysieren, zu bestärken, zu korrigieren, zu entwerfen, zu beraten und für sie auszubilden.*[26] Wie diese Aufgaben methodisch bewältigt werden können, läßt sich im Anschluß an *Rolf Zerfaß'*[27] Kennzeichnung der praktisch-theologischen Vorgehensweise aufzeigen:

(1) Den Ausgangspunkt pastoralpsychologischen Vorgehens bildet die *Analyse der christlich-kirchlichen Praxis*, ob sie situationsgerecht ansetzt. In dem von uns gewählten Teilbereich geht es um die christlich-kirchliche Praxis angesichts der vielfältigen Lebenskrisen und seelischen Bedrängnisse der Menschen heute. Wichtige Instrumente für die Erhebung sowohl der seelischen Krisenerfahrungen der Menschen als auch der pastoralen Praxis stellt hierbei die *Psychodiagnostik*, die wiederum auf einer experimentell-statistischen Psychologie aufbaut, zur Verfügung. Darüber hinaus vermögen *psychologische Theorien* zur Genese und Therapie seelischer Störungen unverzichtbare Hinweise zu geben für das Verständnis seelischer Not sowie für die Wirksamkeit bestimmter Seelsorgspraktiken.

Dennoch ist nicht zu übersehen, daß psychologische Analysen seelisches Leiden immer nur ausschnitthaft und aspektivisch in Blick nehmen. Die aus der Sicht der Theologie gravierendste *Begrenztheit psychologischer Diagnostik* liegt darin, daß hier das Wissenschaftsideal des Positivismus, das bekanntlich in seinen methodologischen Prämissen von der Hypothese »Gott«

[25] Vgl. *H. Pompey*, Religionspsychologie, Pastoralpsychologie und Moralpsychologie, 386.

[26] Vgl. *R. Zerfaß*, Kirchliche Praxis im Horizont der Gottesherrschaft oder Der Selbstvollzug der Kirche in Wort, Sakrament und sozialem Dienst, 271. – *P. M. Zulehner*, Pastoraltheologie, Bd. 1, 37 ff.

[27] Vgl. *R. Zerfaß*, Kirchliche Praxis im Horizont der Gottesherrschaft oder Der Selbstvollzug der Kirche in Wort, Sakrament und sozialem Dienst, 272–274. – *Ders.*, Inhalte der Praktischen Theologie, 99–102. – Vgl. dazu auch *A. Hammers*, Pastoralpsychologie. Eine kurze Standortbestimmung und Zielbeschreibung, 355.

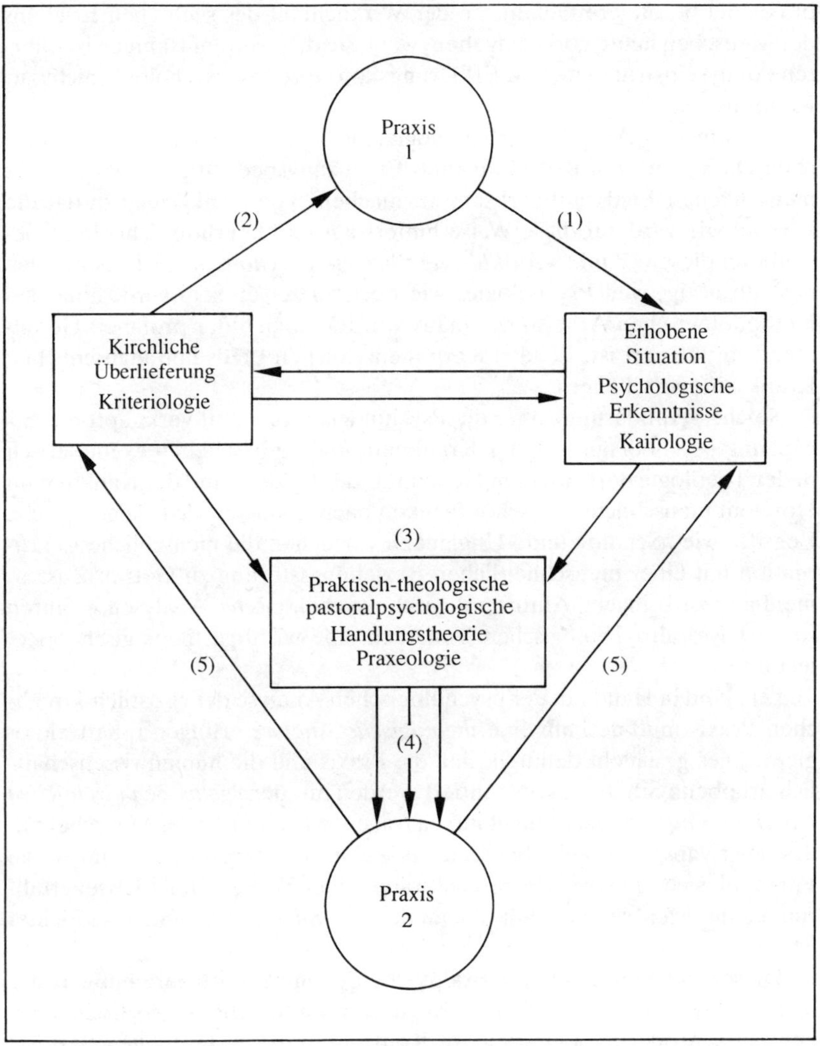

Abb.1: Kybernetisches Handlungsmodell der Pastoralpsychologie

absieht, zum Zuge kommt. Menschliches Leid wird dabei in reduzierter Perspektive erfaßt, die transzendentale Verwiesenheit und Sinnsuche bleiben als Koordinaten des Menschseins und der Beantwortung der Leidensfrage ausdrücklich ausgeklammert. Es ist jedoch zu bedenken, daß die verkürzte Leid-Diagnose der Psychologie *nicht durch und durch falsch*, oder umgekehrt für die Theologie belanglos sein muß, nur weil sie einem methodologischen Atheismus entstammt. Besteht nicht für die Theologie und Glaubenspraxis die besondere Gefahr, an der Wirklichkeit des seelischen Erlebens der Menschen heute vorbeizugehen, wenn sie die in ihrem Rahmen bewährten Analyseinstrumente und Erklärungskonzepte der Psychologie nicht zur Kenntnis nehmen?

Es wäre eben Aufgabe der Theologie, die Psychologie im partnerschaftlichen Dialog auf ihre Korrektur- und Ergänzungsbedürftigkeit in der Sicht menschlichen Leids aufmerksam zu machen. Die Aufklärung durch die Psychologie wird auf diese Weise hinterfragt und überholt. Theologie betreibt an diesem Punkt *»Aufklärung über die Psychologie«*.[28] Dies ist auch deshalb nötig, weil Psychologie, wie noch zu zeigen sein wird, über den methodologischen Atheismus hinaus von Ideologien der profanen Gesellschaft mitinfiziert ist, die den Kern menschlichen Leids und menschlichen Krankseins verschleiern.

Solche »Aufklärung« über die Psychologie und damit verknüpft die Ergänzung psychodiagnostischer Krankheitsanalyse geschehen exemplarisch in der Theologie dort, wo dem Geheimnis des Leidens und der Kankheit im Horizont menschlicher Geschöpflichkeit nachgegangen wird. Theologische Begriffe wie »Schuld« und »Unglaube« versuchen die menschliche Leidsituation mit einer menschheitlichen Beziehungsstörung zu Gott in Zusammenhang zu bringen. Anthropologisch-psychologische Analysen erfahren so im pastoralpsychologischen Vorgehen eine wichtige theologische »Relecture«.

(2) Hand in Hand mit der psychologischen Analyse der christlich-kirchlichen Praxis muß deshalb eine *theologische Analyse* erfolgen (»Kriteriologie«). Dies geschieht dadurch, daß die Praxis und die humanwissenschaftlich erhobene Situation konfrontiert werden mit der *»geltenden kirchlichen Überlieferung«*. Dabei ist nicht nur zu fragen, wie im Licht des Menschenbildes der Evangelien seelisches Leid zu sehen ist. Ebenso bedeutsam ist die Frage, ob sich die vorfindbare Pastoral in einer Weise auf die Krisenerfahrungen der Menschen einläßt, die an der *heilenden Praxis Jesu* ausgerichtet ist.

Dieser zweite wichtige pastoralpsychologische Schritt wäre mißverstanden, würde man ihn lediglich als Korrektur von psychodiagnostischen Erkenntnissen oder als unmittelbare Konfrontation der faktischen Pastoral mit dem Handeln Jesu sehen. Bei näherer Betrachtung zeigt sich, daß die *Erschließung des heilenden Handelns Jesu*, das den Maßstab der Praxis der Kirche abgeben soll, *mit Hilfe der Psychologie* vertieft werden kann. *Eugen Drewermann*[29], ein profilierter Vertreter dieser These, traut hier insbesondere der Psychoanalyse zu, die theologische Rede von Heil und Erlösung aus »existentieller Belanglosigkeit« zu befreien. Nur so könne das theologi-

[28] Vgl. *P. M. Zulehner / A. Heller*, Sozialwissenschaften, 593.
[29] *E. Drewermann*, »An ihren Früchten werdet ihr sie erkennen«, 11f.

sche Sprechen über Schuld und Erlösung anthropologisch richtig freigesetzt werden. Erst über diesen Umweg einer psychoanalytischen, »pragmatischen« Auslegung, die das Erleben der Menschen miteinbezieht, komme es zu einer theologisch verantworteten Begegnung zwischen biblischer Tradition und gegenwärtiger Praxis, nur so würden die Verheißungen der Bibel wieder neu präsent, könnten Hoffnung, Mut und Phantasie zur Gestaltung konkreten befreienden und erlösenden Handelns erwachsen.[30]

Folgt man *Eugen Drewermann* in seiner Argumentation – wir werden darüber noch ausführlicher handeln –, dann wäre nicht nur die Psychologie »theologiebedürftig«, sondern umgekehrt, die Theologie bedürfte in hohem Maß der Psychologie, um die Glaubensurkunden selbst in ihrer Heilsbotschaft für die Menschen heute richtig begreifen zu können.

(3) Die mit den Mitteln der experimentell-statistischen bzw. diagnostischen Psychologie erhobene, mit psychologischen Theorien »erklärte« und mit der kirchlichen Überlieferung konfrontierte Praxis wird in einem dritten Schritt zu einer *praktisch-theologischen bzw. pastoralpsychologischen Theorie* zusammengefaßt. Dabei werden die Differenzen zwischen dem Ist- und Soll-Wert der christlich-kirchlichen Praxis sichtbar, die zu einer *Korrektur* veranlassen. Im Rahmen unserer Pastoralpsychologie der seelsorglichen Begleitung in Lebenskrisen kann dieser Schritt illustriert werden mit der noch auszufaltenden kritischen These (als Fragment einer Theorie) vom Vergessen der heilenden Dimension in der Seelsorge. Diese und andere Grundannahmen, etwa auch über die Persönlichkeitsstruktur von Seelsorgern, fungieren als theoretischer Rahmen künftigen Handelns.

(4) Die im theoretischen Koordinatensystem gewonnenen und gewichteten Erkenntnisse und die daraus abgeleiteten Maßnahmen werden in einem vierten Schritt in die Praxis der Kirche eingeführt. Hierbei handelt es sich vor allem um Vorgänge der *Beratung* – von kirchlicher Praxis auf den verschiedenen Ebenen: von einzelnen, von Gemeinden (Gemeindeberatung), von Pfarrgemeinderäten, von pastoralen Funktionsträgern (Praxisbegleitung) – und der *Ausbildung*. Hinzuweisen ist in diesem Zusammenhang auf pastoralpsychologische Curricula, die zur heilenden Seelsorge befähigen wollen.

(5) In neuerlichen Prozessen der *Beobachtung und Kontrolle* der auf der Basis von Beratung und Ausbildung stattfindenden *Praxis 2* kommen wiederum sowohl das Instrumentarium der Psychodiagnostik als auch die geltende kirchliche Überlieferung ins Spiel. Illustriert werden kann dies mit empirisch gesicherten Effekten der pastoralpsychologischen Ausbildung von Seelsorgern, die im Feld der heilenden Seelsorge signifikant bessere

[30] Vgl. *N. Mette*, Praktische Theologie, 558f. – *O. Fuchs*, Die Praktische Theologie im Paradigma biblisch-kritischer Handlungswissenschaft zur Praxis der Befreiung, 220. – *E. Drewermann* trifft sich hier mit einem Anliegen der Praktischen Theologie.

Einfühlung und Offenheit praktizierten als vorher, was als Zuwachs an jesuanischer Seelsorgspraxis zu werten ist. Ein solches Ergebnis kann wiederum einfließen in eine verbesserte pastoralpsychologische Theorie, die ihrerseits wieder zu einer angemesseneren christlichen Praxis befähigt. Auf diese Weise kommt eine Lernspirale in Gang.

3
DIALOG ZWISCHEN THEOLOGIE UND PSYCHOLOGIE

Die Pastoralpsychologie ist zu sehen als der Ort des kritischen Dialogs zwischen Theologie und Psychologie, die jeweils ihre je eigene Praxis, Seelsorge einerseits und Psychotherapie andererseits, in diesen Austausch einbringen. In allen Schritten der pastoralpsychologischen Lernspirale, angedeutet vor allem beim methodischen Schritt der Analyse, steht zur Debatte, wie das Verhältnis von Theologie und Praxis der Kirche zur Psychologie und Psychotherapie zu sehen und zu gestalten ist.

Diesen in die Wissenschaftstheorie und in das Selbstverständnis der Theologie hineinreichenden Problemen soll hier lediglich exemplarisch und in gebotener Kürze mit Blick auf die Formen, Grundlagen und Zielsetzungen des Dialogs zwischen Theologie und Psychologie nachgegangen werden. Es geht um die Fragen:
- Wie wird der Austausch zwischen Theologie und Psychologie heute faktisch gestaltet?
- Welche theologischen Prinzipien berechtigen und fordern zum Dialog mit der Humanwissenschaft Psychologie?
- Welche Theologie ist aus dem Dialog mit der Psychologie zu erwarten?

(1) Formen des Dialogs

Nach *Joachim Scharfenberg*[31] lassen sich fünf verschiedene Formen oder Modelle beobachten, in denen der Austausch zwischen Theologie und Psychologie gepflegt wird:

[31] Vgl. *J. Scharfenberg*, Psychologie und Psychotherapie. – *T. Schall/J. Scharfenberg/M. Seitz*, Loccumer Thesen, 321f. – Vgl. auch *H. Wahl*, Therapeutische Seelsorge als Programm und Praxis, 416–418. – Ähnliche Zuordnungsmodelle unterscheiden *N. Mette/H. Steinkamp*, Sozialwissenschaften und Praktische Theologie, 164–175: »ancilla«-Modell, »Fremdprophetie«-Modell, das Modell der »konvergierenden Optionen«, das Modell der Praktischen Theologie als Sozialwissenschaft.

(a) *Modell »Kampf«*
Der Wahrheitsgehalt psychologischer Erkenntnisse und Praktiken wird von der Theologie unter Betonung ihres *Offenbarungswissens* beurteilt, notfalls verurteilt. Letztlich wird hier die Basis des Dialogs, nämlich die gleichberechtigte Anerkennung des Dialogpartners, zerstört. Ein wechselseitiger Austausch kommt nicht zustande.

(b) *Modell »Abgrenzung«*
Hier werden die wesensmäßigen *Verschiedenheiten* zwischen Seelsorge und Psychotherapie betont. Der Psychologie wird allenfalls der Rang einer eklektisch zu benutzenden *Hilfswissenschaft* zugewiesen nach dem Schema einer »ancilla theologiae«. Der Vorteil, daß Konflikte vermieden werden, hat einen hohen Preis: Theologie blendet sich aus wesentlichen Wirklichkeitsbereichen des einzelnen und der Gesellschaft, die in der Psychologie als einem Dokument dieser Gesellschaft reflektiert werden, aus, mit der Konsequenz: Sie kann ihre anthropologische und gesellschaftliche Bedeutsamkeit nur noch behaupten, aber nicht mehr unter Beweis stellen.

(c) *Modell »Kooperation«*
Man begegnet sich auf der *pragmatischen Ebene* in der Sorge um leidende Menschen und klammert Theoriefragen, Zieldiskussionen und weltanschauliche Prämissen aus. Diesem friedlichen, pragmatischen Miteinander wird unter Umständen die »kritische Stoßrichtung»[32] des Evangeliums geopfert, d. h. es erfolgt unter der Hand eine Preisgabe des kritischen Lebenswissens Jesu zugunsten des gesellschaftlichen Zeitgeistes, wie er sich in der Psychologie und Psychotherapie manifestiert.

(d) *Modell »philosophische Vermittlung«*
Der Austausch findet auf einer akademischen, also *theoretischen Ebene* statt. Hier kommt zwar ein Dialog über die eine gemeinsame Wirklichkeit sowie über die unterschiedlichen Prämissen und Menschenbilder zustande, das Ganze droht jedoch theoretisch zu bleiben ohne Konsequenz für die Praxis der Seelsorge und Psychotherapie. Dem Seelsorger bleiben zwar so Identitätsprobleme erspart, er gewinnt jedoch auch von der Psychotherapie nichts für seine pastoraltherapeutische Kompetenz.

(e) *Modell »gegenseitige Kritik«*
Beide Seiten treten in ein *engagiertes Gespräch* miteinander ein, das unter Umständen neue Dimensionen der christlich-kirchlichen oder »gesellschaftlich-religiösen« Praxis erschließt. Nicht ausgespart wird die gegenseitige Kritik, die wechselseitig anregen kann zu praktischen Konsequenzen. Das Problem bei diesem Austauschmodell ist, daß sich im Zuge der gegenseiti-

[32] *H. Wahl*, Therapeutische Seelsorge als Programm und Praxis, 416.

gen Kritik neue Fronten einstellen, die erneut in »Kampf« und »Abgrenzung« einmünden können.

Wenn man die pastoralpsychologische Landschaft betrachtet, so ist unverkennbar, daß in erster Linie die Modelle »Kooperation«, »Vermittlung«, »Kritik« und »Dialog« bevorzugt werden. Gegenpositionen finden sich in evangelikalen Kreisen aber auch im Umfeld der Debatte um eine tiefenpsychologische Hermeneutik der Schriftauslegung. Hier hält man Psychologie für die Theologie fragwürdig, schädlich und häretisch. Es wird nach den Modellen »Kampf« und »Abgrenzung« verfahren.

Eine dritte Variante, die eingeordnet bleibt in die von den Pastoralpsychologen bevorzugten Modelle »Dialog, Kooperation, Vermittlung, Kritik« greift aus theologischen wie psychologischen Erwägungen heraus zu einem *auswählenden Umgang mit Psychologie*. *Dietrich Stollberg* formuliert in dieser Weise als theologisches Kriterium für einen rezeptionswürdigen psychotherapeutischen Entwurf, daß er Hilfe sein soll, Gottes bedingungslose Gnade anzusagen. Er dürfe keine neue Gesetzlichkeit und Moral der Werkgerechtigkeit enthalten, »die den Klienten wieder auf den Weg des Aberglaubens an die eigene Fähigkeit, sich selbst moralisch zu rechtfertigen, brächte«.[33] Solche Gefahr sieht er bei der behavioristisch verorteten Verhaltenstherapie eher gegeben als bei der tiefenpsychologischen oder gesprächstherapeutischen Gesprächsmethodik. *Stollberg* nimmt so eine kritische Position zu den unterschiedlichen psychotherapeutischen Konzeptionen ein, ohne jedoch von vornherein auf Abgrenzungskurs zu gehen. Auch wenn man seiner Einschätzung der Verhaltenstherapie nicht zustimmen kann, liefert er doch ein Beispiel dafür, wie ein kritischer Dialog mit der Psychologie und Psychotherapie erfolgen könnte. Er zeigt, daß die Versuche einer kritischen Vermittlung im streitbaren, »empathischen« Dialog[34] zu erfolgen haben. Solcher Dialog aber kann nur gelingen, wenn er auf der Basis gleichberechtigter Anerkennung und Partnerschaft erfolgt, die Theologie sich nicht als Metatheorie der Psychologie begreift und der wechselseitige Austausch als eine nie abgeschlossene Aufgabe betrachtet wird.

(2) Grundlagen des Dialogs

1. Ein erster wichtiger Grund für den heute unverzichtbaren Dialog mit der Humanwissenschaft Psychologie ergibt sich aus der Situation des gegenwärtigen Glaubensbewußtseins und der Theologie. Es wird immer schmerz-

[33] *D. Stollberg*, Wahrnehmen und Annehmen, 48f.
[34] Vgl. *H. Wahl*, Pastoralpsychologie – Eine Grunddimension Praktischer Theologie.

licher spürbar, wie im Lauf einer vielschichtigen Entwicklung – wir haben sie im Zusammenhang mit der Geschichte der Pastoralpsychologie kurz skizziert – *Glaubenslehre und Lebenspraxis auseinandergedriftet* sind. Vielfach erscheinen theologisch-pastorale Aussagen den Menschen bei der Bewältigung ihrer Lebensprobleme belanglos. Umgekehrt ist allenthalben ein starkes, frei flottierendes religiöses Interesse zu orten, das jedoch nur mehr zu einem gewissen Teil im kirchlich-christlichen Lebenswissen Antwort sucht. In dieser Situation erwarten Theologie und Pastoral von der Psychologie eine vertiefte *Erkenntnis darüber, was Menschen heute bewegt und wie sie die Gottesfrage stellen.* Man verspricht sich von der Psychologie einen Zuwachs an Menschen-Nähe.

Gleichzeitig konstatiert man jedoch an derselben Psychologie Züge, die an ihrer diagnostischen Kraft für die Fragen der Menschen zweifeln lassen. Manche Theologen, Seelsorger und Christen fragen, ob die Psychologie nicht durch und durch Produkt einer profanen Welt ist, die sich der Heilsbotschaft von Jesus Christus entfremdet hat. Kann man von einer solchen Psychologie Erhellendes über die menschliche Situation erwarten?

Eine Antwort auf die Skepsis gegenüber der Erkenntniskraft der profanen Psychologie kann auf dem Hintergrund fundamentaler Prinzipien der christlichen Theologie gegeben werden. Es zeigt sich hierbei, daß der »Welt«-verneinende Unterton, der in der Frage nach der »Wahrheits-Kraft« der profanen Psychologie mitschwingt, nicht dem christlichen Weltverständnis entspricht.

2. Besonders hilfreich ist zur Begründung des Dialogs zwischen Theologie und Psychologie die Feststellung des *I. und II. Vatikanischen Konzils,* daß es niemals einen echten Konflikt zwischen der Wahrheit der irdischen Wirklichkeit, zu denen die Psychologie zählt, und der Wahrheit des Glaubens geben kann, *»weil die Wirklichkeiten des profanen Bereichs und die des Glaubens in demselben Gott ihren Ursprung haben«.* Im einzelnen führt das Dekret »Gaudium et spes« (36) über dieses Verhältnis aus: »Durch ihr Geschaffensein selber nämlich haben alle Einzelwirklichkeiten ihren festen Eigenstand, ihre eigene Wahrheit, ihre eigene Gutheit sowie ihre Eigengesetzlichkeit und ihre eigenen Ordnungen, die der Mensch unter Anerkennung der den einzelnen Wissenschaften und Techniken eigenen Methode achten muß. Vorausgesetzt, daß die methodische Forschung in allen Wissensbereichen in einer wirklich wissenschaftlichen Weise und gemäß den Normen der Sittlichkeit vorgeht, wird sie niemals in einen echten Konflikt mit dem Glauben kommen, weil die Wirklichkeiten des profanen Bereichs und die des Glaubens in demselben Gott ihren Ursprung haben. Ja wer bescheiden und ausdauernd die Geheimnisse der Wirklichkeit zu erforschen versucht, wird, auch wenn er sich dessen nicht bewußt ist, von dem Gott an der Hand geführt, der alle Wirklichkeit trägt und sie in sein Eigensein einsetzt. Deshalb sind gewisse Geisteshaltungen, die einst auch unter Christen wegen eines

unzulänglichen Verständnisses für die legitime Autonomie der Wissenschaft vorkamen, zu bedauern.«

Hier werden implizit die erwähnten antimodernistischen Vorbehalte gegenüber der Psychologie zurückgenommen. Darüber hinaus wird einer Wissenschaft wie der Psychologie unter bestimmten Bedingungen eine *»anonyme« Christlichkeit* zugesprochen, die aus der Einheit von Schöpfungs- und Glaubenswirklichkeit hervorgeht. Dies bedeutet: Die von Gott in die psychische und soziale Wirklichkeit des Menschen hineingeschaffene Logik steht nicht im Gegensatz zu der in Jesus Christus deutlich gewordenen Offenbarungslogik. »Psychologik« und »Theologik« korrespondieren einander.[35] Freilich übersieht die Stellungnahme des Konzils auch nicht, daß die »analogia entis«, die Spur Gottes in Welt und Wissenschaft, erst im Dialog mit der »analogia fidei«, der geoffenbarten Glaubenswahrheit, voll erkennbar wird.

3. Vorgeprägt ist die dialogisch-kritische Würdigung der »Weltweisheit« durch das I. und II. Vatikanische Konzil in der *scholastischen Theologie.* Hier wurde der klassische Grundsatz formuliert: *»Die Gnade baut auf der Natur auf.«*[36] Für den Dialog von Theologie und Psychologie ergibt sich daraus die Schlußfolgerung: Weil sich die Erfahrung des Glaubens (»Gnade«) nicht abgehoben von den ganz gewöhnlichen, alltäglichen, psychischen und sozialen Verhältnissen vollzieht, ist Theologie immer schon in hohem Maß als Anthropologie bzw. Psychologie zu betreiben. Glaubensüberlieferung und Lebenserfahrung müssen einer solchen, dem scholastischen Grundsatz treuen Theologie gleich wichtig und gleich bedeutsam sein. Nach *Karl Rahner*, dessen Theologie dieses scholastische Prinzip durchzieht und dessen Name für die anthropologische Wende in der Theologie steht, sind dann theologische Zentralaussagen als eine Art Radikalisierung anthropologischer Erkenntnisse zu verstehen. Es lassen sich Aussagen der Psychologie in der Theologie »verwurzeln«, wobei dies freilich vielschichtiger hermeneutischer Aufmerksamkeit bedarf.

4. Das Verhältnis von »Weltweisheit« und »Sinn Christi«, wie es im scholastischen Grundsatz und im Wissenschaftsverständnis der Vatikanischen Konzilien zum Ausdruck kommt, enthält ein wichtiges Kriterium für den theologischen Dialog mit der Psychologie. Folgender Gedankengang bringt es zum Vorschein: Es gehört zur christlichen Glaubenstradition, daß weltliche Schöpfungswirklichkeit und Gestalt Christi nicht getrennt voneinander zu sehen sind. Die *Menschwerdung Gottes in Jesus Christus* vereinigt, nach Auffassung der christlichen Glaubenstradition, weltlich-menschliche

[35] Vgl. *H. Pompey*, Theologisch-psychologische Grundbedingungen der seelsorglichen Beratung, 192–195.

[36] Vgl. *J. Mausbach*, Katholische Moraltheologie, 259: »Gratia supponit naturam et eam non destruit sed perficit.«

Wirklichkeit aufs engste mit der göttlichen Wirklichkeit. In Jesus Christus ist die ursprüngliche Wesensgestalt der Schöpfung, so wie sie von Anfang an gedacht war, wiederhergestellt und an ihr Ziel gebracht worden. Daraus ergibt sich für die Wahrheitserkenntnis ein Primat der Glaubensweisheit gegenüber der Weltweisheit. »Die Weisheit Gottes in Christus ist die Krisis der Weltweisheit«[37]. Dies bedeutet nun nicht, daß die überlieferte Glaubensweisheit vor der Begegnung mit der Weltweisheit bewahrt werden soll. Vielmehr kommt es darauf an, eine Begegnungsform zu wählen, die dem in Christus gewonnenen neuen Leben aus Glauben, Hoffnung und Liebe entspricht. In einer solchen im *kommunikativen Handeln*, in *Dialog* und *Communio* realisierten Begegnungsform symbolisiert sich der Sinn Christi.[38]

Für den Austausch der Theologie mit der Psychologie ergibt sich daraus, daß Theologie einerseits *symbolische Kompetenz* für die vielfältigen Spuren Gottes in der durch die Psychologie reflektierten Schöpfungswirklichkeit entwickeln muß. Zum anderen bewährt sich der Vorrang der Glaubensweisheit gerade darin, daß sie *»dialogisch«* das Anthropologische in die theologische Wissenschaft und kirchliche Pastoral reintegrieren kann. In Analogie zu der in der Menschwerdung Jesu geschehenen Annahme der Schöpfungswirklichkeit kommt es in der Theologie auf ein dialogisch-kritisches Anerkennen der in den Humanwissenschaften begegnenden Weltweisheit an.

Christliche Theologie wird sich deshalb mit Psychologie und Psychotherapie, vor allen Differenzen, in der gemeinsamen Option für die Subjektwerdung der Person verbunden wissen.[39] Sie wird aber im Dialog mit Psychologie und Psychotherapie noch deutlicher erkennen und darauf aufmerksam machen, daß die Subjektwerdung unter den Augen Gottes, wie sie der Glaube anstrebt, alle Machbarkeitsideologie hinter sich läßt und geschenkhafte Widerfahrnis darstellt.

(3) Zielrichtung: Elementare Theologie

Konturen einer Theologie, die sich dem Dialog mit der »Weltweisheit« der Psychologie und Sozialwissenschaft stellt, lassen sich mit dem Begriff und Anliegen einer *»elementaren Theologie«* wiedergeben. Es ist damit »eine von den Notwendigkeiten humaner Lebenspraxis ausgehende und auf Bewährung der Glaubensweisheit in diesen Lebenssituationen abzielende Konzentration und Konkretion theologischen Wissens«[40] gemeint. Ein Versuch also, die motivierende und inspirierende *Wahrheit des Christlichen im*

[37] *W. Fürst*, Praktisch-theologische Urteilskraft, 645.
[38] Ebd. 646.
[39] Vgl. *P. M. Zulehner/A. Heller*, Sozialwissenschaften, 595. – *N. Mette/H. Steinkamp*, Sozialwissenschaften und Praktische Theologie.
[40] *J. Werbick*, Glaube im Kontext, 520.

Kontext konkreter Probleme des Lebens zu ermitteln. Zugleich ist elementare Theologie eine »Theologie vor Ort«, wo der Beitrag des Glaubens zur Lösung lebensgeschichtlicher und sozialer Konflikte artikuliert wird. Hier, bei den Nöten der Menschen, zu der die Sehhilfe der Psychologie hinführt, findet die Theologie wahrhaft zu ihrer Sache, ist sie »in ihrem Element«, versucht sie den Blick zu richten auf die heilende Nähe jenes Gottes, der Augen und Ohren für das Elend der Menschen hat (Ex 3,7).

Elementare Theologie setzt folglich bei den Krisen der Menschen an, bedient sich zu ihrer tieferen Wahrnehmung der Anthropologie und Psychologie und bringt mit den Lebenskrisen die Symbole des Glaubens in *Korrelation.*[41] Es geht um jene *Verflechtung von Lebenserfahrung und Glaubensüberlieferung,* die »zu denken gibt« und aus der die Kraft zum endlichen Mensch-sein erwächst. Elementare Theologie versucht auszubuchstabieren, wie die zentralen Symbole des Glaubens den Menschen aus dem Umkreis der Angst hinausführen in den Lebenskreis Gottes und wie diese Symbole von Gott selbst in Dienst genommen sind für seine heilende Absicht mit den Menschen.[42]

Ein illustratives Kurzbeispiel elementarer Theologie gibt *Ehrenfried Schulz.*[43] Er knüpft an ein Trostwort des Psalmisten an, wo es heißt: »Wollten mich Vater sogar und Mutter verlassen – wahrlich der Herr nähme mich auf« (Ps 27,10). Die auf den ersten Blick stringente Gedankenführung des Psalmwortes greift anthropologisch und theologisch zu kurz, wollte man sie losgelöst von jeglichem konkreten Lebenskontext zu verstehen suchen. Anthropologisch verbleibt die Aussage im Abstrakten und ist ohne jegliche Lebensrelevanz. Kein Mensch kann sich angenommen fühlen, wenn er von allen, sogar von Vater und Mutter, verlassen ist. Da hilft auch keine noch so gutgemeinte Vertröstung auf den annehmenden Gott. Theologisch wird in der kurzschlüssig kontextlosen Verstehensweise des Psalms das Prinzip der Menschwerdung Christi unterschlagen. In ihr ist ja die Heilsbedeutung der menschlichen Nächsten-, Vater- und Mutterliebe bestätigt und anerkannt worden. Sie ist realer Erfahrungsort von Gottes Liebe, die bereits begonnen hat. Anthropologisch und theologisch relevant kann das Psalmwort folglich nur dann verstanden werden, wenn es im Kontext realer Lebenspraxis ausgelegt und diese Lebenspraxis zugleich als der Ort der Praxis Gottes qualifiziert wird. Anders gesagt: Die vom Psalmisten angesagte Möglichkeit, vom himmlischen Vater angenommen zu werden, braucht Anhaltspunkte im konkreten mitmenschlichen Umgang, um beim Hörer glaubwürdig zu sein. Bereits darin, wie ich ihm dieses Wort sage, kann ein solcher Anhaltspunkt

[41] Vgl. zu diesem in der Theologie *P. Tillichs* zentralen Begriff, der neuerdings u. a. in der Religionspädagogik Bedeutung erlangt hat: *F. W. Niehl*, Korrelation. – *G. Baudler*, Einführung in symbolisch-erzählende Theologie.

[42] Vgl. *J. Werbick*, Glaube im Kontext, 522.

[43] *E. Schulz*, Religiöse Elternbildung, 307.

für die noch größere Annahmemöglichkeit durch Gott liegen. Somit ist das zentrale Theologoumenon von der Annahme durch Gott überhaupt nicht ablösbar von den ganz konkreten Ereignissen und Erfahrungen der mitmenschlichen Zuwendung und Annahme, auch nicht von deren Verweigerung.

Anthropologie, Humanwissenschaft und Psychologie erhellen diesen konkreten *Lebenskontext der Glaubensaussagen.* Das Beispiel zeigt, wie notwendig eine theologische Aussage auf die anthropologisch-psychologische Erschließung des konkreten Lebenskontextes angewiesen ist, um nicht an der menschlichen »Natur« vorbei das Wirken der »Gnade« nur noch zu behaupten, aber nicht mehr zu bezeugen. Es geht folglich bei der elementaren Theologie darum, die theologischen Aussagen (wieder) im konkreten Leben der Menschen zu erden. Damit kommt elementarer Theologie eine hermeneutische Funktion zu. Sie hat *Übersetzungshilfe* zu leisten.

Für eine elementartheologisch verstandene Pastoralpsychologie bedeutet dies, daß sie die psychologisch erfaßten Zusammenhänge menschlicher Lebensgestaltung und Lebenskrisen im aufmerksamen Diskurs mit den zentralen Symbolen des Glaubens verbindet. *Die psychologischen Einsichten werden so theologisch gedeutet.* Auf diese Weise wird die profane Psychologie umgeschrieben in eine theologische Angelegenheit.

Beispiele für eine gelungene Transformation psychologischer Einsichten in theologische Sprache und Glaubenstradition geben u. a. *Jürgen Werbick*[44] und *Hermann Stenger*[45], wenn sie die Entwicklungsphasen nach *Erikson* mit Glaubensbegriffen wie »Sünde«, »Erlösung«, »Gnade« oder »Auferstehung« in Zusammenhang bringen. In ähnlicher Weise verknüpft *Heinrich Pompey*[46] die Grundhaltungen der Klientenzentrierten Gesprächspsychotherapie mit den christlichen Tugenden Glaube, Hoffnung und Liebe. Auch *Eugen Drewermann*[47] oder *Maria Kassel*[48] sind als Vertreter tiefenpsychologischer Schriftauslegung zu nennen. Sie versuchen insbesondere die tiefenpsychologische Diagnostik und Therapie in Glaubenssprache wiederzugeben, um damit einen neuen Blick für die Lebensrelevanz des Evangeliums zu gewinnen.

Diese Übersetzung von einem »System« in das andere ist natürlich eine gefährliche *Gratwanderung.* Kann man etwa so ohne weiteres den theologischen Begriff der »Sünde« mit dem tiefenpsychologischen Begriff und Konzept der »Angst« in Zusammenhang bringen? Wird damit nicht doch ganz Wesentliches vom zentralen christlichen Gedanken der Freiheitsbegabung

44 *J. Werbick*, Glaube im Kontext.
45 *H. Stenger*, Kompetenz und Identität.
46 *H. Pompey*, Beziehungstheologische Gesichtspunkte des Gelingens ehelicher Partnerschaft.
47 *E. Drewermann*, Strukturen des Bösen. – *Ders.*, Tiefenpsychologie und Exegese. – *Ders.*, Das Markusevangelium.
48 *M. Kassel*, Biblische Urbilder. – *Dies.*, Sei, der du werden sollst. – *Dies.*, Das Auge im Bauch.

des Menschen unterschlagen, wenn im Rahmen tiefenpsychologischer Exegese die Sünde als aus der Angst hervorgehend charakterisiert wird?[49]

Schwierigkeiten solcher Art stellen sich beim elementar-theologischen Übersetzungsvorgang zuhauf ein. Manchmal scheinen sie unüberwindbar. Dann dürfte es schon im Sinn des elementartheologischen Grundanliegens genügen, psychologisches Konstrukt und Glaubensbegriff probehalber, *»heuristisch«* miteinander zu korrelieren. So bleibt der Vorgang der gegenseitigen Verflechtung von Lebenserfahrung und Glaubenssymbol offen und provoziert zu weiteren Sprechversuchen.

Der hermeneutische Prozeß führt aber auch immer wieder an den Punkt, wo das Menschenbild der Psychologie mit dem Menschenbild des Evangeliums in Widerspruch gerät. Hier bedarf es der *Kritik*, die ideologischen Anteile am psychologischen Menschenbild müssen erkannt und korrigiert werden. An die Stelle der nur profanen Auffassung vom Menschen hat die Botschaft des Evangeliums zu treten. Eine psychoanalytisch ausgerichtete Pastoralpsychologie – um ein Beispiel zu nennen – wird deshalb das tragische Menschenbild der *Freud*schen Konzeption, verdichtet im Begriff »Ödipuskomplex«, ersetzen durch das christliche Zentralsymbol des gekreuzigten Jesus, der für Christen das Zeichen der radikalen Überwindung aller Tragik bedeutet.[50] Damit werden die tiefen Einsichten der Psychoanalyse für das christliche Glaubensbewußtsein und die Theologie nicht belanglos. Im Gegenteil: Erst eine Theologie und Seelsorge, in die das heilende Wissen der Psychoanalyse und anderer Psychotherapieformen eingeschmolzen ist, könnte wieder ihr ureigenes Proprium entdecken, daß sie in der Nachfolge des »Heilers« Jesus handelt.

4
DER DIALOGPARTNER PSYCHOLOGIE

Bei aller Anerkennung, daß sich in der »Weltweisheit« der Psychologie wirklich die Schöpfungswirklichkeit spiegelt, ist gerade auf dem Hintergrund der »Weisheit Christi« nicht zu übersehen, daß Psychologie, nicht nur jene psychoanalytischer Prägung, auch ideologische, d.h. der eigentlichen Bestimmung des Menschen fremde Anteile enthält. Diese »empathisch« zu identifizieren, das ist Ziel der folgenden zum Teil psychologie-kritischen Überlegungen.

[49] Vgl. zu dieser Frage, die sich an *E. Drewermanns* Werk entzündet: *H. Wahl*, Pastoralpsychologie – Eine Grunddimension Praktischer Theologie, 28f.
[50] Vgl. *I. Baumgartner*, Psychologie und Glaube, 328–330.

(1) Gegenstand, Fächer, Schulen

Der Wortbedeutung nach ist Psychologie die »Lehre von der Seele«. Aber die wenigsten Psychologen würden heutzutage ihr Fach mit dem Begriff »Seele« in Verbindung bringen. Er scheint ihnen von der theologischen und philosophischen Tradition her so vorbelastet, daß sie ihn tunlichst vermeiden und lieber von *»Bewußtsein«, »Verhalten und Erleben«*[51] sprechen, wenn sie den Gegenstand der Psychologie charakterisieren. So definiert etwa *Wilhelm Arnold*[52] die Psychologie als jene »Erfahrungswissenschaft, die unmittelbar das stets im Prozeß befindliche, in verschiedenen Klarheitsgraden auftretende Bewußtsein angeht, das seinerseits in Wechselwirkung zum Körper steht«. Und *Ludwig Pongratz*[53] sieht in der Psychologie »die Lehre von dem in Erleben und Verhalten differenzierten psychischen Leben der Person und dessen Bewußtheits-Unbewußtheits-Modalität«.

Diese *Distanz der Psychologie zu jenem Begriff »Seele«*, wie er in der theologischen und philosophischen Tradition anzutreffen ist, gilt es deutlich zu registrieren. Denn damit unterscheidet sich der Gegenstand der Psychologie erheblich von dem, was Theologen unter »Seele« verstehen. Bei aller Vielschichtigkeit und Nuancierung, die »Seele« im Lauf der Theologie- und Philosophiegeschichte erfahren hat, eignet ihr doch in diesem Verständnishorizont die Tendenz, das Wesentliche der Person, ihre Geistigkeit und Offenheit für Gott auszusagen. Mag im Seelenbegriff, insbesondere platonischer Prägung, das Gegenüber zum Leib, Hand in Hand mit einer fatalen Abwertung des Leibes, besonders betont worden sein, so soll mit »Seele« im allgemeinen theologischen Sprachgebrauch doch auch die *Ganzheit der Person* angezeigt werden. Dieses ganzheitliche Verständnis schwingt vor allem im Begriff »Seelsorge« mit.

Anders die Psychologie. Wenn sie ihren Gegenstand mit Bewußtsein, Verhalten und Erleben charakterisiert, faßt sie lediglich *Teilbereiche des ganzheitlichen Seelenbegriffs* der Theologie ins Auge. Gemäß ihrem weitgehend naturwissenschaftlich ausgerichteten Wissenschaftsideal erscheint der Psychologie nur das wissenschaftlicher Bearbeitung zugänglich, was *beobachtbar* ist. Gewiß grenzt sich davon jene besonders von der Tiefenpsychologie gepflegte »verstehende« Psychologie ab, aber auch sie befaßt sich ausschließlich mit den in Selbst- und Fremdbeobachtung erhobenen »Tatsachen« psychischen Lebens. Beobachtung und Experiment bilden somit vorrangige Zugangswege für psychologische Erkenntnisse. Was sich diesem Zugriff entzieht, fällt aus dem Gegenstandsbereich einer so verstandenen Psychologie heraus.

[51] Vgl. *W. Rebell*, Psychologisches Grundwissen, 17–19.
[52] *W. Arnold*, Angewandte Psychologie, 10.
[53] *L. J. Pongratz*, Lehrbuch der Klinischen Psychologie, 17.

Auch wenn, verglichen mit dem weiten Begriff der Seele, »Bewußtsein«, »Erleben und Verhalten« Eingrenzungen darstellen, ist das *Spektrum psychologischer Themen und Fächer* breit. Ein »Atlas der Psychologie«[54] demonstriert diese Bandbreite, wenn er u.a. die Themen behandelt: Psychologiegeschichte, Methodik, Statistik, Neuropsychologie, Wahrnehmungspsychologie, Kognitionspsychologie, Kommunikationspsychologie, Emotionspsychologie, Persönlichkeitspsychologie, Entwicklungspsychologie, Sozialpsychologie, Massenpsychologie, Umweltpsychologie, Tierpsychologie, Psychodiagnostik, Klinische Psychologie, Angewandte Psychologie, Kulturpsychologie. Zu letzterer zählt unter dem Stichwort »Weltanschauungspsychologie« die herkömmliche Religionspsychologie. Bezeichnend auch, daß man im Sachregister *»Pastoralpsychologie«* vergebens sucht. Man kann sich unschwer vorstellen, daß diese Psychologie von sehr unterschiedlicher Relevanz für die Pastoralpsychologie ist und nicht in allen Fächern in gleicher Weise auf einen theologischen Dialogpartner hin geöffnet ist.

Am stärksten ist der Dialog in Gang gekommen, auf fast ausschließliche Initiative der Theologen hin, zwischen *Klinischer Psychologie und Praktischer Theologie*. Bedingt ist das durch das gemeinsame Interesse am seelisch leidenden Menschen. Nach *Ludwig Pongratz*[55] ist die Klinische Psychologie »jener Zweig der Psychologie, der die Diagnostik, Modifikation und Prävention von sozialbedingten und sozialrelevanten Störungen des Erlebens und Verhaltens in Forschung, Lehre und Praxis zum Gegenstand hat«. Damit ist der Klinischen Psychologie vor allem das zugewiesen, was in herkömmlicher Terminologie mit *Psychotherapie* bezeichnet wird. Schon dieses Feld allein mit den unterschiedlichen Schulen, Methoden und Theorien stellt sich außerordentlich inkonsistent dar; es reicht von der klassischen Psychoanalyse, über Gesprächspsychotherapie, Verhaltenstherapie, zu den verschiedensten Formen der Gruppentherapie und – am äußersten Rand des Spektrums – zu fragwürdigen pseudoreligiösen Heilpraktiken.

Die in der Deutschen Gesellschaft für Pastoralpsychologie organisierten Theologen pflegen den kritischen Dialog vor allem mit jenen Ausrichtungen der Klinischen Psychologie bzw. Psychotherapie, die in den Sektionsbezeichnungen aufscheinen. Indirekt repräsentieren diese Sektionen somit auch wichtige *Schulen der Psychotherapie* und dahinter die unterschiedlichen *Theorieansätze der Psychologie* insgesamt.

(a) *Tiefenpsychologie*

Hier werden die verschiedenen Richtungen der Tiefenpsychologie für die Seelsorge rezipiert, z.B. Psychoanalyse (*S. Freud*), Analytische Psycholo-

[54] *H. Benesch*, dtv-Atlas zur Psychologie, 2 Bde.

[55] *L. J. Pongratz*, Einleitung: Geschichte, Gegenwart, Grundlagen der Klinischen Psychologie, 44.

gie (*C. G. Jung*), Individualpsychologie (*A. Adler*), Transaktionsanalyse (*E. Berne*), Logotherapie (*V. Frankl*). Psychologisch gesehen, treffen sich die Schulen der Tiefenpsychologie vor allem in drei Grundannahmen:[56]

- Die entscheidenden Determinanten des Verhaltens sind unbewußt (Latenzannahme).
- Verdrängte Triebe, Bedürfnisse, Bilder, traumatische Erfahrungen sind energetische Potentiale, die zur Befriedigung, Erledigung und Entscheidung drängen. Werden sie von diesen Zielen abgedrängt, zeigen sie sich in Symptomen, Träumen, Phantasien, Gestaltungen, Fehlleistungen und -entscheidungen (Manifestationsannahme).
- Die ersten sechs Jahre der Kindheit sind als prägende Phase anzusehen für den Charakter und die Art der Beziehungsgestaltung zu Personen des gleichen und anderen Geschlechts (Genetische Annahme).

In der seelsorglichen Beratung[57] stützt sich die Tiefenpsychologie auf Methoden wie Deutung von Einfällen, Träumen und Kindheitserinnerungen, Bearbeitung von Übertragung und Widerstand. Für den Berater gilt dabei, vor allem bei psychoanalytischer Ausrichtung, die bekannte Abstinenzregel: Der Analytiker soll sich direkter Beeinflussung und weltanschaulicher Indoktrination enthalten.[58]

(b) *Kommunikations- und Verhaltenspsychologie*

In dieser Sektion finden sich Pastoralpsychologen zusammen, die vor allem die Klientenzentrierte Gesprächstherapie, wie sie auf *Carl Rogers* zurückgeht, rezipieren, aber auch den lernpsychologischen Prinzipien der Verhaltenstherapie aufgeschlossen gegenüberstehen. Beide Richtungen verbindet die »Verpflichtung zur Rechenschaftsablegung«[59], nämlich, daß sich Beratung und Therapie aus Verantwortung dem Hilfesuchenden gegenüber nur solcher Methoden bedienen dürfen, deren Effektivität mit den Mitteln der Wissenschaft nachweisbar ist. »Die empirischen Befunde zur Wirkung bestimmter therapeutischer Techniken, nicht irgendwelche Vorentscheidungen über angeblich christliche Wertfragen und Menschenbilder dürfen den Ausschlag für oder gegen bestimmte Interventionsverfahren geben«.[60]

Auf das Menschenbild und die therapeutischen Grundhaltungen der Gesprächspsychotherapie werden wir noch ausführlicher zu sprechen kommen. Die Verhaltenstherapie basiert in ihren Interventionsmethoden vor allem auf den Theorien der Lernpsychologie. Neuerdings wird auch auf die Kognitionspsychologie stärker zurückgegriffen.[61]

[56] *L. J. Pongratz*, Lehrbuch der Klinischen Psychologie, 243f.
[57] Ein instruktives Fallbeispiel psychoanalytischer Beratung gibt *K. Winkler*, Tiefenpsychologisch orientierte Seelsorge, in: *J. Scharfenberg*, Freiheit und Methode, 102–112.
[58] Vgl. *L. J. Pongratz*, Lehrbuch der Klinischen Psychologie, 280.
[59] *G. Besier*, Seelsorge und Klinische Psychologie, 53.
[60] Ebd. 10.
[61] Vgl. *Ch. Hecht*, Kognitive Verhaltenstherapie.

(c) *Gruppendynamik / Sozialpsychologie*
In diese Sektion haben nach *Gerd Besier*[62] sehr unterschiedliche Methoden der Gruppenarbeit Eingang gefunden. Er verweist u. a. auf gruppendynamisches Laboratorium, Encounter-Gruppe, Psychodrama, Bioenergetik, Transaktionsanalyse, Themenzentrierte Interaktion. An durchgängigen Prinzipien treten bei aller Unterschiedlichkeit der Konzepte zutage:
- das »Hier und Jetzt«-Prinzip,
- Interaktion in Form von Feedback, das akzeptierend, beschreibend, konkret etc. sein soll,
- Erweiterung der psychosozialen Kompetenz durch Selbsterfahrung in der Gruppe.

Wie kaum eine andere Richtung der Pastoralpsychologie führte in den 70er Jahren die Gruppendynamik zur innerkirchlichen Kontroverse.[63]

(d) *Klinische Seelsorgeausbildung (KSA)*
Diese Richtung der Pastoralpsychologie stützt sich nicht auf ein eigenes Theorie- und Handlungskonzept, vielmehr greift sie eklektisch Elemente der Tiefenpsychologie, Gesprächspsychotherapie und Gruppendynamik auf. Klinische Seelsorgeausbildung ist in erster Linie als eine Organisation zur Ausbildung von Seelsorgern auf dem Sektor Beratung, nicht nur der klinikbezogenen Beratung zu sehen. Als wesentliche Elemente dieser Ausbildung lassen sich ausmachen: Praktische Tätigkeit im Krankenhaus, Verbatimanalyse, Gruppengespräche, Einzelsupervision, Rollenspiel, psychologische Theorie, Predigtanalyse.

Die Aufteilung in vier Sektionen bedeutet nun allerdings nicht, daß die praktischen Methoden einer Sektion nur dort anzutreffen wären. Was von der KSA gesagt wurde, daß sie eklektisch verschiedene Methoden aufnimmt, gilt bis zu einem gewissen Grad auch für die übrigen Sektionen. Die Konturen der einzelnen Sektionen sind damit nicht so scharf gezogen, wie es die Sektionsbezeichnungen auf den ersten Blick nahelegen.

(2) Methodenstreit

Die wichtigsten Methoden[64], die heute in der Psychologie angewandt werden, sind *Beobachtung, Experiment, Felduntersuchung und Test.* Die hiermit gewonnenen Ergebnisse und Daten werden vielfach mit *mathema-*

[62] *G. Besier*, Seelsorge und Klinische Psychologie, 29f.
[63] Vgl. *H. K. Hofmann*, Psychonautik – Stop, 14. – *I. Adam / E.R. Schmidt*, Theologie und Gruppendynamik oder Wiederkehr des Verdrängten. – *K. Frielingsdorf / W. Kühnholz* u. a., Zur Situation der Pastoralpsychologie in der BRD.
[64] Vgl. zum Folgenden: *W. Rebell*, Psychologisches Grundwissen für Theologen, 27–30.

tisch-statistischen Verfahren ausgewertet. Das Ideal mathematischer Exaktheit, das für die Naturwissenschaften kennzeichnend ist, bestimmt auch die heute vorherrschende Universitätspsychologie.

Bei der *Beobachtung* bedient man sich ausgefeilter Regeln und Techniken, wie etwa der Einwegscheibe, des Tonbandgerätes oder der Videoaufnahme. Vor allem auch standardisierte Beobachtungsbögen sollen die »Objektivität« der Beobachtung sichern. Gegenüber solcher Art der Datenerhebung spielt die *Selbstbeobachtung* oder Introspektion heutzutage eine untergeordnete Rolle. Ihr kommt, wenn man an die sogenannte Denkpsychologie eines *Oswald Külpe* und der Würzburger Schule denkt, nur noch historische Bedeutung zu.

Das *Experiment* verkörpert par excellence den Hang der modernen Psychologie zu naturwissenschaftlicher Exaktheit. Es wird meist als Entscheidungsexperiment angelegt, das einen vermuteten Sachverhalt verifizieren oder falsifizieren soll. Man spricht im Fall der Verifikation von der Zurückweisung der Nullhypothese. Auch für den methodischen Aufbau eines Experimentes gelten genaue Regeln (experimentelles Design). Es kommt auf eine möglichst umfassende Kontrolle aller den Sachverhalt bestimmenden Variablen an.

Die *Felduntersuchung* kann als ein Experiment unter Alltagsbedingungen gesehen werden, das die größere Lebensnähe gegenüber dem Labor-Experiment mit dem Risiko vieler Störgrößen erkauft.

Die Konstruktion eines psychologischen *Tests* ist eine (mathematische) Wissenschaft für sich, die einen hohen organisatorischen und finanziellen Aufwand erfordert. Mit Hilfe von Tests – man unterscheidet vor allem Leistungs- und Persönlichkeitstests – soll eine Prognose für das künftige Handeln einer Person ermöglicht werden.

Gegen diese empirische (experimentell-statistische) Vorgehensweise der Psychologie haben sich seit ihrer universitären Institutionalisierung – 1879 gründete *Wilhelm Wundt* in Leipzig das erste psychologische Universitätslaboratorium – kritische Stimmen erhoben. Das hat zum Nachdenken über die Grenzen dieser Art von Psychologie angeregt. Solche *»Kritische Psychologie«*[65] kommt zu dem ernüchternden Schluß, daß mittels des experimentellen Instrumentariums, eingesetzt in der künstlichen Laborsituation, weithin für die Lebensführung der Menschen irrelevante Zusammenhänge zu Tage gefördert würden – diese lediglich mit bewundernswerter Exaktheit. Bei näherer Betrachtung zeige sich aber auch, daß viele Testergebnisse und statistische Befunde eine Objektivität vorspiegeln, die ihnen in Wahrheit nicht innewohnt. Es sei gar nicht vermeidbar, daß in das experimentelle Design und in die Datenerhebung handfeste Interessen, persönliche Motive, Ideologien und Weltanschauungen miteingingen.

[65] *K. Holzkamp*, Kritische Psychologie.

Als eine Folge solcher Kritik kann die neuere *»Aktionsforschung«*[66] gesehen werden. Sie versucht mittels *teilnehmender Beobachtung* die nie ganz ausschließbare Subjektivität des Forschers sukzessive ebenso mitzubeachten wie die Interessen der zu Erforschenden. Auf diese Weise soll das Gefälle bzw. die Trennung von forschendem Subjekt und erforschtem Objekt aufgehoben werden.

Joachim Scharfenberg knüpft implizit an den methodischen Einwänden der Kritischen Psychologie an, wenn er für die Psychologie und noch mehr für die Pastoralpsychologie eine *»identifikatorische Erkenntnis als Einfühlung«* fordert. Er sieht die Gefahr, daß wir dort, wo wir versuchen, »objektiv« zu sein, d. h. das Fremde aus der ihm allein eigenen Gesetzmäßigkeit heraus zu verstehen, »uns selbst gleichsam ›heraushalten‹.«[67] Diese Trennung von Subjekt und Objekt, die von Aristoteles über Thomas von Aquin bis herauf zu Descartes grundgelegt wurde und dann in den modernen Natur- und Humanwissenschaften ihren Siegeszug erlebte, sei ungeeignet für die Erkenntnis seelischer Wirklichkeit. Sie laufe der spontanen Erkenntnis, »wo wir uns mit Gleichem konfrontiert sehen, wo uns etwas unmittelbar anspricht, wo wir uns identifizieren können, wo die Ich-Grenzen spontan aufgehoben erscheinen«[68], zuwider. *Scharfenberg* kritisiert, daß mit der »objektivierenden Erkenntnis«, die auf Meßbarkeit und Quantifizierung aus sei, eine »Distanzierung« von der Wirklichkeit des Menschen erfolge. Er reklamiert für die Psychologie statt dessen unter Hinweis auf *Schleiermacher* und *Dilthey*, eine »Kunstlehre des Verstehens«, wie sie auch einem Kunstwerk gegenüber nötig sei. »Jedermann wird zugestehen, daß es absurd erscheint, den Wert eines Gemäldes danach zu bemessen, wieviel Gramm Ocker oder Marineblau verarbeitet wurden, eine Symphonie in Phonzahlen einzufangen oder ein Gedicht mit Wortstatistiken zu ›verstehen‹. Auch im Bereich der Liebe zwischen Mann und Frau und in der Partnerwahl dominiert noch die identifikatorische Erkenntnis, wiewohl es natürlich bereits Angebote gibt, den richtigen Partner nach rein ›objektiven‹ Erkenntnissen per Computer zu vermitteln. Schließlich scheint es sich auch allmählich herumgesprochen zu haben, daß man den Dokumenten der Religion gegenüber eine andere Haltung einzunehmen hätte als etwa einer Schimmelpilzkultur!«[69]

Scharfenberg kritisiert damit zu Recht den anthropologischen Reduktionismus mancher Psychologie, der die menschlichen »Tatsachen« einengt auf Meßbares und Zählbares und der damit die *»Abschaffung des Menschen«*[70] als Subjekt betreibt. Von dieser Gefahr ist die moderne Psychologie gewiß

[66] Vgl. *P. A. Fiedler/G. Hörmann*, Aktionsforschung in Psychologie und Pädagogik.
[67] *J. Scharfenberg*, Einführung in die Pastoralpsychologie.
[68] Ebd. 27.
[69] Ebd. 28.
[70] *F. Tenbruck*, Die unbewältigten Sozialwissenschaften oder die Abschaffung des Menschen.

nicht frei. Ob sie freilich durch eine nicht näher spezifizierte »identifikatorische Erkenntnis« allein vermieden werden kann und ob nicht doch eine quantifizierende und »objektivierende« Psychologie ein *dialektisches Korrektiv* zu einer möglicherweise ins Subjektivistische abgleitenden »Einfühlungserkenntnis« bilden könnte, ist zu bedenken. Anzufragen wäre an *Scharfenberg*, ob nicht gerade im Bereich der Psychotherapie die Praxis der Einfühlung mit objektivierenden Methoden, d. h. mit Tests, Ratingverfahren und ähnlichem immer wieder auf ihre »objektive« Wirksamkeit hin überprüft werden muß, will man nicht in grandioser *subjektiver Selbsttäuschung* dort Heilung behaupten, wo keine stattfindet. *Carl Rogers* jedenfalls, der wie kein anderer für die »Einfühlung« und die subjektive Konzentration von Therapeut und Klient im Prozeß der Beratung eintritt, hält die objektivierende Kontrolle des Therapieprozesses aus Verantwortung gegenüber dem Klienten für unverzichtbar. Ohne diese Kontrolle mißbrauche man den Klienten allzuleicht für nur subjektive Vermutungen über seelische Krankheit und ihre Heilung. Hier wäre in der Tat dann der Mensch als Subjekt, der ein Anrecht auf bestmögliche Validierung seiner Behandlung hat, abgeschafft und zum Versuchsobjekt für zweifelhafte Heilsideologien degradiert.

Es ist kein abschließendes Urteil in diesem Methodenstreit der Psychologie, der auch innerhalb der organisierten Pastoralpsychologie zu Kontroversen geführt hat[71], zu treffen. Bezeichnend ist aber doch, daß einseitig experimentell-statistische Methodik in der Psychologie sich zunehmender Skepsis ausgesetzt sieht. Dies bedeutet nicht, daß ihr nicht weiterhin eine wichtige Funktion zukäme. Aber wie die Einwände der Kritischen Psychologie, der Aktionsforschung, der tiefenpsychologisch orientierten Pastoralpsychologie und auch der Klinischen Psychologie[72] belegen, besinnt man sich wieder mehr auf jene durchaus respektable psychologische Tradition einer verstehenden oder *phänomenologisch-deskriptiven Psychologie,* die etwa in der deutschen Charakterologie (Klages, Lersch, Spranger) eine Blütezeit hatte. Auch das Gebäude der Tiefenpsychologie mit ihren unbestreitbar hilfreichen Einsichten beruht auf phänomenologischem Verstehen von wenigen Einzelpersonen. Vielleicht gehört es mit zu dem Ertrag, den die Psychologie aus dem Dialog mit der Praktischen Theologie gewinnen kann, daß der verstehende Zugang zur anderen und eigenen Person die objektivierenden Methoden sehr wesentlich ergänzt und »tiefer« in die »Psyche« des Menschen

[71] Ausgelöst wurde die Debatte vor allem durch *G. Besier*, Seelsorge und Klinische Psychologie. – Vgl. dazu auch *H. Pompey*, Rezension zu *G. Besier*. – *I. Baumgartner*, Rezension zu G. Besier, Seelsorge und Klinische Psychologie. – *B. Nebling*, Rezension zu *G. Besier*, Seelsorge und Klinische Psychologie. – *T. Schall/J. Scharfenberg/M. Seitz*, Loccumer Thesen – *G. Besier*, Zur Theoriebildung Praktischer Theologie. – *T. Schall*, Seelsorge und Klinische Psychologie. – *H. J. Thilo*, Der Mensch – eine berechenbare Größe?

[72] Vgl. *L. J. Pongratz*, Lehrbuch der Klinischen Psychologie, 392–395.

blicken läßt.[73] Eine nur experimentell-statistische Psychologie müßte sich wohl doch nicht ganz unberechtigt den Vorwurf der *»Oberflächenpsychologie«* gefallen lassen.

(3) Methodologischer Atheismus

Von kirchlich-theologischer Seite wird nicht selten das Argument der »Transzendenzlosigkeit« bzw. des »Atheismus« im psychologischen Menschenbild ins Feld geführt, das zum Modell »Kampf und Abgrenzung« nötige. In unterschiedlichen Varianten wird die Befürchtung geäußert, die Hereinnahme der Psychologie und Psychotherapie führe letztlich zu einer *Preisgabe des Propriums der Seelsorge.*

Man entdeckt eine solche gefährliche Auslieferung an die atheistische Psychologie dort, wo die Pastoralpsychologie sich mit dem Religionsbegriff *Freuds*, als Stagnation und Regression der Bewußtseinsentwicklung beschrieben, auseinandersetzt oder gar, wenn auch unter Umformulierungen, integriert.[74] Man warnt vor der *Freud*schen Triebtheorie, vor Behaviorismus und Verhaltenstherapie sowie vor der »Selbsterlösungslehre« *Rogers'*, vorgetragen unter dem Stichwort »Selbstverwirklichung«. In den Augen der Kritiker werde hier ein anthropologischer Reduktionismus betrieben, der der christlichen Auffassung vom Menschen und seiner Verwiesenheit auf Gott diametral entgegenstünde.

Genaugenommen werden jedoch hier von der Wissenschaft Psychologie *Glaubensbekenntnisse* oder gar Glaubensbeweise gefordert. Ihr eigener empirischer Wissenschaftskanon verbietet aber der Psychologie metaphysische Axiome. Sie definiert sich sowohl im Bereich experimentell-statistischer als auch phänomenologisch-deskriptiver Methodik als eine *»Erfahrungswissenschaft«,* die sich mit nichts sonst als den beobachtbaren Tatsachen zu befassen habe.

Carl Gustav Jung, der Begründer der Analytischen Psychologie und gewiß kein Verfechter eines positivistischen Wissenschaftsideals in der Psychologie, unterstreicht stellvertretend für andere psychologische Konzeptionen diese Konzentration auf die Tatsachen, wenn er auf den Atheismusvorwurf antwortet:

»Es ist nach meiner Ansicht gänzlich verkehrt, meine wissenschaftliche Arbeit, die auch gar nichts anderes als wissenschaftlich sein will, von einem anderen Standpunkt aus als dem einzig angemessenen der wissenschaftlichen Methodik zu kritisieren. Glaubensbekenntnisse sind bekanntlich

[73] Vgl. zum Nebeneinander der verschiedenen Methoden in der Psychologie: *S. Andreae/H. Pompey*, Pastoralpsychologie, 814.

[74] Vgl. *R. Riess*, Seelsorge. Orientierung, Analysen, Alternativen, 32ff.

keine Angelegenheit der Wissenschaft. Ich würde mich gegen die der Wissenschaft gebührende Bescheidung versündigen, wenn ich mehr oder anderes sagte, als was die Tatsachen ergeben. Ich habe den Archetypus einmal als eine Prägung bezeichnet, die ein Prägendes voraussetze. Die Wissenschaft kann nie behaupten, daß dies ›Gott‹ sei, denn sie vermöchte es nie zu beweisen. Wie ich mich auf die Tatsachen beschränke, so muß sich auch eine angemessene Kritik, die gehört zu werden verdient, ebenfalls mit den Tatsachen beschäftigen und entweder beweisen, daß diese nicht existieren oder daß ihre Deutung den wissenschaftlichen Prinzipien zuwiderlaufe. Sollten die Tatsachen für irgendein Bekenntnis unbequem sein, so werden sie durch eine autoritäre Erklärung oder durch einen Glauben niemals aus der Welt geschafft. Wer solches versucht, beraubt sich selber der Wirkung und bleibt rettungslos hinter der Weltgeschichte zurück. Statt solcher unzweckmäßiger Kritik würde ich mir viel lieber einen gelehrten katholischen Mitarbeiter wünschen, der verständig und wohlwollend meine theologisch unzulängliche Ausdrucksweise korrigiert, so daß ich alles vermeiden könnte, was auch nur im entferntesten wie eine Kritik oder gar eine Unterbewertung der Kirchenlehre aussieht. Ich bin von der sozusagen unermeßlichen Bedeutung der Kirche so tief überzeugt, daß ich ihr alle unnötigen Schwierigkeiten ersparen möchte.«[75]

C. G. Jung sieht ganz richtig, daß die Wissenschaft nie beweisen könne, ob etwa bestimmte Urbilder der Seele göttlichen Ursprungs seien. Was die Wissenschaft Psychologie dem interessierten Gläubigen allenfalls an die Hand geben kann, ist eine genauere *Kenntnis der Psychodynamik religiösen Erlebens und Handelns.* Sie studiert sozusagen die psychischen Organe und das *Sensorium des gelebten Glaubens* und führt damit an die Eingangstüren des Glaubens. Auch wird die Psychologie, wenn sie vorurteilsfrei auf der Basis ihres Wissenschaftskanons fragt, auf urreligiöse Sehnsüchte und Symbolisierungen stoßen und damit in vielem dem in der Theologie formulierten Axiom von der *»anima naturaliter religiosa«* zustimmen. Gerade die *Jung*sche Psychologie ist hier bekanntlich besonders aufgeschlossen und hütet sich davor, religiöse Bedürfnisse vorschnell und tendenziös als Entfremdung des Bewußtseins zu diagnostizieren. Dennoch bleibt eine unüberschreitbare *Grenzziehung* für die Psychologie. Sie vermag explizit nichts über jene Bedingungen des Glaubens zu sagen, die auf der Seite Gottes liegen. So sehr sich aus der beobachteten Transzendenzbedürftigkeit und -fähigkeit der menschlichen Psyche der Schluß auf ein »Prägendes« nahelegt, gemäß ihrem »erfahrungswissenschaftlichen« Selbstverständnis hat die Psychologie hier vor der »Hypothese Gott« haltzumachen.

Die Psychologie immer wieder danach zu befragen, ob sie in der Psyche des Menschen die Spuren Gottes antreffe, muß deshalb von der Psychologie

[75] *C. G. Jung*, Kirche und Wissenschaft, 355f.

enttäuscht werden. Sie antwortet dem Gottsucher ähnlich abweisend wie jener russische Kosmonaut, der nach seiner Reise ins Weltall erklärt haben soll, auf keinerlei Spuren der Existenz Gottes gestoßen zu sein. Für denjenigen, der einen »Glaubensbeweis« sucht, ist folglich die moderne wissenschaftliche Psychologie ein denkbar ungeeigneter Gesprächspartner; denn sie sieht, wie die Naturwissenschaften auch, von der Gottesfrage ausdrücklich ab. Damit betreibt sie, falls sie sich an ihren eigenen Wissenschaftskanon hält, einen *methodologischen Atheismus*[76], der nicht gleichgesetzt werden darf mit existentieller Gottesleugnung des einzelnen Psychologen oder Psychotherapeuten.

Wie der einzelne Forscher und Psychologe zur Existenz Gottes, zu dem in Jesus menschgewordenen Gott des Evangeliums steht, bezieht er nicht aus der Psychologie, sondern aus seinem *Christ- oder Nichtchrist-Sein.* Als Christ kann er dann vieles, was ihm als Psychologe begegnet, mit den Augen des Glaubens sehen, kann er das Heilwerden eines Menschen als Geschenk Gottes betrachten, kann er in der unersättlichen menschlichen Sehnsucht nach Befreiung von Schuld und nach Liebe die Unruhe des Herzens auf Gott hin erkennen. Die Psychologie als Wissenschaft jedoch bleibt einer solchen religiösen, aus dem Glauben motivierten Deutung seelischer Phänomene gegenüber abstinent.

Aber auch im Fall der ausdrücklichen »methodologischen« Leugnung Gottes darf die Psychologie nach dem Verständnis des Zweiten Vatikanischen Konzils als ein wirklicher *Dialogpartner der Kirche und Theologie* gesehen werden: »Wenn die Kirche auch den Atheismus eindeutig verwirft, so bekennt sie doch aufrichtig, daß alle Menschen, Glaubende und Nichtglaubende, zum richtigen Aufbau dieser Welt, in der sie gemeinsam leben, zusammenarbeiten müssen. Das kann gewiß nicht geschehen ohne einen aufrichtigen und klugen Dialog.«[77] Das Konzil argumentiert, daß auch dort Wahres und Gutes zum Aufbau unserer Welt, die immer auch die Welt Gottes ist, geschehen kann, wenn das Subjekt dieser wahren und guten Taten in seinem reflexiven Bewußtsein Gott leugnet. In dem schon zitierten Text aus dem Konzilsdekret »Gaudium et spes« heißt es dazu: »Wer bescheiden und ausdauernd die Geheimnisse der Wirklichkeit zu erforschen versucht, wird, auch wenn er sich dessen nicht bewußt ist, von dem Gott an der Hand geführt, der alle Wirklichkeit trägt und sie in ihr Eigensein einsetzt.«[78] Damit hat das Konzil sehr deutlich klargestellt, daß der *methodologische Atheismus der Psychologie kein Hindernis* für den theologischen Diskurs mit ihr sein muß.

[76] Vgl. *A. Rolfes*, Atheismus/Theismus. Der Begriff »methodologischer Atheismus«, angewandt auf die Human- und Sozialwissenschaften, begegnet bei *P. M. Zulehner*, Beratungsbedarf in einer ratlosen Gesellschaft, 14.
[77] Gaudium et spes, 21.
[78] Gaudium et spes, 36. – Vgl. auch Lumen gentium, 16.

(4) Grenzüberschreitungen

Das Problem im Dialog mit der Psychologie ist m. E. nicht ihre ausdrücklich kundgegebene Prämisse, daß sie bei der Erforschung der psychischen Tatsachen von der »Hypothese Gott« absieht, sondern die *Überschreitung* ihres verbindlichen methodischen Kanons. Sie hält sich vielfach nicht an »das, was die Tatsachen ergeben«. Vor allem ist immer wieder zu beobachten, wie die Psychologie im Rahmen ihres enggezogenen, mit Erleben und Verhalten definierten Gegenstandes einzelne psychische Phänomene beschreibt und sie dann unter der Hand verabsolutiert, so als hätte sie eben doch über die *»Seele«*, d. h. über das tiefere, *metaphysische Wesen des Menschen* Entscheidendes gefunden und zu bekunden.

Ein besonders gravierendes Beispiel solch metaphysischer Grenzüberschreitung liefert die *»Psycho-Szene«* mit ihrer mittlerweile unüberschaubaren Vielfalt von Therapieformen. Wer sich hier auf die Suche macht nach Trost für seine gekränkte Seele, der hat mittlerweile die Wahl unter mindestens hundert verschiedenen, sog. Therapieformen – und in nicht wenigen wird die *religiöse Heilslehre* gleich mitgeliefert.[79] Psychotherapie geht dann nahtlos über in Parapsychologie, Spiritismus, Okkultismus, Astrologie, Geistheilung und Reinkarnationslehre. Auch Astrotherapie, Aquatherapie, Rebirthing und »Spirituelle Therapie« betreiben nicht mehr nur die Psychologie und Therapie der Tatsachen, sie bewegen sich mehr oder weniger auf einer »religiösen«, nicht selten pseudoreligiösen Ebene. Eine solche »Psychotherapie« ist, wie es Kritiker ausdrücken, mehr an den *»Klopfzeichen aus dem Jenseits«*, an »Psychokult« und »Seelenmesse«, denn an der beobachtbaren Wirklichkeit der Person, ihrer Heilung und an der Veränderung ihres krankmachenden Umfelds interessiert. Psychotherapie – die Krankheit, für deren Heilung sie sich hält?

Bekanntlich hatte ja bereits der Begründer der Psychoanalyse, *Sigmund Freud*, nicht der Versuchung widerstehen können, die Ebene der psychologischen Fakten immer wieder zu verlassen und seine *Psychoanalyse als eine Art Universalwissenschaft* zu betrachten. Er war gerade in seinen späten Schriften davon überzeugt, die Psychoanalyse könne jene lebensweisenden Funktionen übernehmen, die in früheren Zeiten der Religion zukamen. Er selbst verglich sich, wenn man biographische Hintergründe bei der Interpretation des Werkes berücksichtigt, in »Der Mann Moses und die monotheistische Religion«[80] mit dem »Religionsgründer« am Sinai, der die neuen Gesetzestafeln der Psychoanalyse gemeißelt habe. Der Psychoanalyse wird zu-

[79] Vgl. dazu: *K. M. Michel/T. Spengler*, Die Therapiegesellschaft. – *M. L. Gross*, Die psychologische Gesellschaft.

[80] *S. Freud*, Gesammelte Werke, Bd. 16. – Vgl. *J. Rattner*, Tiefenpsychologie und Religion, 41f. – *M. Krüll*, Freud und sein Vater.

getraut, das Wesen des Menschseins insgesamt zu erhellen und zu einem »glücklichen« Leben anzustiften. Damit tritt eine psychologische Konzeption ganz offenkundig in Konkurrenz zur Religion. Sie wird zur Heilslehre.

Ähnliche Ansprüche wie von *Freuds* Psychoanalyse gehen heute von der sog. *»Transpersonalen Psychologie«* aus. *Stanislav Grof*, einer ihrer Hauptvertreter, will die »spirituelle Dimension der Psyche fördern, ohne sich auf eine bestimmte religiöse Orientierung festzulegen«.[81] In seinen Therapiesitzungen werden die Teilnehmer angeleitet, verschiedene Bewußtseins-Ebenen zu durchleben. Von intensiven ästhetischen Empfindungen gelte es voranzuschreiten zu biographischen Erfahrungen, wobei »Kernerfahrungen« der Geburt und Vorwegnahme des Todes eine wichtige Rolle spielen. In der transzendentalen Ebene übersteige die Person Raum und Zeit und gelange zurück in frühere Entwicklungsstadien bis hin zur pflanzlichen oder mineralischen Existenz. Spiritistische und mediale Erfahrungen gehörten hier ebenso dazu wie die Begegnung mit dem Archetypischen im Sinn *Jungs*. Auf der höchsten Stufe schließlich werde der »universale Geist« erfahren, ein Gefühl *kosmischen Eins-seins*, wie es die großen Mystiker aller Zeiten und Religionen betrieben hätten. *Grof* fordert die Ablösung des alten, auf *Descartes* und *Newton* zurückgehenden *»mechanistischen« Weltbildes* durch ein *»holotropes« Paradigma*. Erst eine solche ganzheitliche Sicht, wo alles, Mikrokosmos und Makrokosmos, als miteinander vernetzt begriffen werde, eigne sich zur Erkenntnis des Psychischen.

Eine Psychologie in diesem schillernden *Schwebezustand zwischen Wissenschaft und religiöser Heilslehre* ist nicht mehr in den geltenden Kategorien der Wissenschaft unterzubringen. Eine solche »New-Age-Psychologie« stellt ein Reflexionssystem dritter Art dar, das weder der wissenschaftlichen Psychologie noch der Theologie zugeordnet werden kann. Über die Berechtigung eines solchen »ganzheitlich integrierenden« Systems, welche Defizite und blinden Flecken sowohl der wissenschaftlichen Psychologie wie auch der Theologie und kirchlich geprägten Religiosität darin womöglich »symptomatisch« zum Vorschein kommen, ist hier nicht zu handeln.

Trotz ihrer offenkundigen Transzendenzorientierung ist diese Art von universal-religiöser Psychologie *nicht unbedingt ein geeigneterer Gesprächspartner* für die Theologie als die methodologisch-atheistische Tatsachenpsychologie. Es steht nämlich keineswegs fest, daß die Transpersonale Psychologie mit Theologie und Pastoral so ganz selbstverständlich die *gemeinsame Option für die Subjektwerdung* des einzelnen teilt. *»LSD-Hilfen«* für die Bewußtseinsreise in die »höheren« Ebenen lassen daran zweifeln.

Sodann wird in der »Transpersonalen Psychologie« die »Kenntnis der

[81] *E. Zundel*, Schneisen ins andere Bewußtsein, 15. – Vgl. zur Transpersonalen Psychologie: *S. Grof*, Geburt, Tod und Transzendenz. – *Ders.*, Topographie des Unbewußten. – Siehe auch: *S. Graeffe*, Transpersonale Psychologie, 58–63.

Tatsachen« über das psychische Erleben und Verhalten im Alltag der Familie, der Erziehung und des Berufs entscheidend vernachlässigt. An die Stelle der Alltags-Psychologie tritt die *Psychologie des esoterischen Raums, des Psycho-Weekends und der vorgeburtlichen wie vorpersonalen Lebensphasen.* Damit wird dem Anhänger dieser Psycho-Religion suggeriert, er könne sozusagen am Alltag vorbei sein Glück finden. Die Illusion wird genährt, der alltäglichen Realität, dem oft genug armseligen Menschsein, »transpersonal«, durch *Flucht aus den Niederungen des Alltags* entkommen zu können. Theologisch ist eine solche Geringschätzung der alltäglichen Schöpfungsrealität inakzeptabel. Die Menschwerdung Gottes in Jesus Christus qualifiziert das Menschsein in den ganz alltäglichen und gewöhnlichen Zusammenhängen als den Ort der Gotteserfahrung. Es braucht dazu weder die Droge noch die Erkundung vorpersonaler Existenz – auch nicht spiritistische Praktiken.

Schließlich ist theologisch an der Transpersonalen Psychologie, wie an den anderen Psychoreligionen auch, die religiös verbrämte *Selbsterlösungslehre* zu kritisieren. Es wird hier ein Aufstieg des Menschen zu einem pantheistischen Universal-Gott aus eigener selbst-therapeutischer Kraft gepredigt. Demgegenüber betont christliches Glaubensbewußtsein den *»Abstieg« Gottes* zu den Menschen in Jesus Christus. Gott ist der Erst-Handelnde im Erlösungsgeschehen, ihm darf sich der Mensch in seiner Erlösungssehnsucht anvertrauen. Die Antwort des Menschen auf das Erlösungshandeln Gottes ist nicht die Bemühung um esoterische Erlebnisse, sondern die *Nachfolge* im Lebensprogramm Jesu.

Von theologischer Seite wird man deshalb im Dialog mit den verschiedenen Ansätzen der Psychologie immer wieder auf deren Grenzüberschreitung hinweisen müssen.[82] Es zeigt sich, wie am Beispiel der Transpersonalen Psychologie illustriert, daß die religiös-metaphysische Grenzüberschreitung der Psychologie häufig eine *universalistische Scheinreligion* propagiert, in deren Mittelpunkt die Selbsterlösung steht. So dürfte diese Art von Ersatz-Religion und religiöser Psychologie eine weit größere Herausforderung zur Kritik darstellen als der methodologische Atheismus der empirischen Psychologie, die die Gottesfrage wenigstens von der methodischen Prämisse her ausdrücklich offenläßt.

[82] Die These der Grenzüberschreitung vertritt vor allem *R. Degwitz*, Abgrenzung und Zuordnung von Theologie und Psychologie.

(5) Individualistisches Menschenbild?

Neben der Gefahr der religiös-metaphysischen Grenzüberschreitung ist eine weitere kritische Anfrage an die moderne Psychologie zu richten. Sie betrifft ihre Sicht des Verhältnisses von *Einzelperson und Gemeinschaft*. Nicht selten erscheinen die von der Psychologie erhobenen Tatsachen ausgesprochen *individualistisch verengt*. Die Einbindung des einzelnen in gesellschaftliche Zusammenhänge wird oftmals übersehen. Besonders im Bereich der Klinischen Psychologie und ihrem spezifischen Handlungsfeld der Psychotherapie begegnet solche Engführung. Die seelisch kranke Person wird, so hat man bei vielen Therapieformen den Eindruck, in eigentümlicher Isolierung vom gesellschaftlichen, »psychosozialen« Umfeld diagnostiziert und therapiert. Auf diese Weise werden gesellschaftliche Bedingungen, die zur Krankheit führten und die die individuelle Krankheit anklagt, verschleiert. Psychotherapie trägt dann, ohne es zu wollen und zu bemerken, *zur Stabilisierung und Reproduktion genau jener gesellschaftlichen Faktoren bei, die Menschen immer wieder krank machen.*

Es verwundert deshalb nicht, daß sich diese individualistische Psychologie und Psychotherapie zunehmend kritische Fragen gefallen lassen muß. *Paul M. Zulehner* stellt sie mit der nötigen Schärfe: »Wenn ein Fisch krank ist, kann man ihn in ein sauerstoffangereichertes Becken geben, bis er wieder gesund ist. Und dann gibt man ihn wieder ins frühere Wasser. Reicht es aber, allein den Fisch in ein abgesondertes Laboratorium zu geben? Könnte denn nicht an seiner Krankheit das kranke Fischwasser Schuld sein? Ihn zurückgeben: Heißt das nicht, ihn erneut der Krankheit preisgeben? Anders: Wie kann man Fische heilen, ohne das Wasser gesund zu machen? Und wie kann man Menschen heilen, ohne die sozialen Verhältnisse zu verbessern, aus denen sie kommen und die sie krank gemacht haben?... Beratung stößt somit unentrinnbar an empfindsame Grenzen; sie bedarf in nächster Zukunft dringendst einer konzertierten Ergänzung durch Politik. Unterbleibt diese Ergänzung, dann gerät Beratung allein in den Verdacht, in nahezu zynischer Weise lediglich Symptome zu kurieren, die üblen Verhältnisse zu ignorieren. Noch mehr: Beratung könnte so viele Symptome beseitigen und zusätzlich für Veränderung notwendigen Leidensdruck abschöpfen, daß die Verantwortlichen in unserer Gesellschaft sich der Meinung hingeben können, daß im Grunde nichts zu verändern sei. Beratung könnte so, wider ihrer eigenen Absichten, Verhältnisse stabilisieren, an denen sie nicht interessiert sein kann«.[83]

Die Frage ist dann, wer die politische Arbeit komplementär zur Beratung betreiben soll. Bestimmte Psychotherapieformen, wie etwa die *»System- oder Familientherapie«*, nehmen sich selbst für die Politik in die

[83] *P. M. Zulehner*, Beratungsbedarf in einer ratlosen Gesellschaft, 7f.

Pflicht. Sie versuchen nicht einfach nur das kranke Individuum, sondern das kranke Milieu der betreffenden Person therapeutisch zu erreichen. Aber auch hier bleibt immer noch die Frage, ob nicht auch die so therapierte Familie weiterhin im »kranken Wasser« eines gesellschaftlichen Umfelds »schwimmt«.

Es liegt auf der Hand, daß es nicht um die Alternative Beratung oder Politik geht, vielmehr ist beides vonnöten. Zweifelsohne dürfte derjenige, der in der Beratung oder in der Gruppe zu sich selbst und damit auch zum Bewußtsein der Bedingungen, die ihn krank machen, gefunden hat, fähig sein, mit geläuterter Motivation und mit Nachdruck Politik zu betreiben. *Carl Rogers* jedenfalls sah die von ihm gegründete Gesprächspsychotherapie und die von ihm mitinitiierte Encounterbewegung immer auch als eine politische Angelegenheit.

Unabhängig davon, wie man das Verhältnis von Psychotherapie und Politik praktisch und theoretisch bestimmt, die Problemstellung erinnert die Klinische Psychologie daran, die gesellschaftliche Kehrseite der »individuellen Tatsachen« nicht zu vergessen.

(6) Mythos der Machbarkeit?

Zu den kritischen Anfragen an Psychologie und Psychotherapie gehört vor allem auch, wie sie mit der »Tatsache« verfährt, daß das menschliche Leben bei aller psychotherapeutischen Anstrengung nicht gegen Leid, Krankheit und Tod gesichert werden kann. Wenn die Psychologie nichts als die seelischen Tatsachen zu ihrem Gegenstandsbereich erklärt, dann müßte sie auch sehr klar die Tatsache der *Grenzen ihrer Heilmöglichkeiten* benennen. Wo und wie wird in Psychologie und Psychotherapie reflektiert, daß die »Unheilbarkeit« auch zu den Tatsachen des Lebens zählt? Welchen Trost kann sie denen geben, deren Psychotherapie gescheitert ist? Kann der Unheilbare aus der Psychologie irgendeine Art von Ermutigung schöpfen, die ihn bei aller Klage und Anklage einem Leben, in das Enttäuschungen, Schicksalsschläge und Leiden hineinverwoben sind, noch zustimmen läßt?

Der Begründer der modernen Psychotherapie, *Sigmund Freud*, war sich der Grenzen psychotherapeutischer Veränderung noch sehr deutlich bewußt. Er gibt einmal einer Patientin zu bedenken: »Ich zweifle ja nicht, daß es dem Schicksal leichter fallen müßte als mir, Ihr Leiden zu beheben: aber Sie werden sich überzeugen, daß viel damit gewonnen ist, wenn es uns gelingt, Ihr hysterisches Elend in gemeines Unglück zu verwandeln. Gegen das letztere werden Sie sich mit einem wiedergenesenen Seelenleben besser zur Wehr setzen können.«[84] Das klingt wenig euphorisch, aber immerhin

[84] *S. Freud*, Studien über Hysterie, GW I, 312.

noch optimistischer als ein Kommentar seiner Haushälterin über die therapeutischen Fortschritte von *Freuds* Patienten: »Die san's mit Depressionen ins Haus kommen und genauso deprimiert wieder hinausgegangen.«[85] Immerhin glaubte auch *Freud* die Reichweite seiner Therapie als sehr eng begrenzt ansetzen zu müssen. Mit Psychoanalyse behandelbar schienen ihm nur die sog. *Übertragungsneurosen*, und auch die nicht mit durchwegs positiven Heilungsaussichten. Was *Freud* den »Unheilbaren« anzubieten hatte, war die *Lebensphilosophie der griechischen Tragödie:* Man müsse sich einfach mit der Tragik des Lebens abfinden und durchhalten. Auch wenn diese Maxime keine Weise des christlichen Umgangs mit den Grenzen des Menschseins darstellt, trägt sie zumindest der Tatsache Rechnung, daß geglücktes Leben nicht therapeutisch machbar ist.

In den späteren psychotherapeutischen Ansätzen vermißt man diesen Realismus manchmal. So überträgt die *Gesprächspsychotherapie* den amerikanischen Traum, daß jeder, der wolle, sein Glück machen könne, recht ungeniert auch auf das psychische Leben. Die *»fully functioning person«*, die alle psychischen Potentiale aktualisiert und durch und durch im Einklang mit sich selbst sich befindet, wird als das jedem erreichbare Ziel der Entwicklung in Aussicht gestellt. In den frühen behavioristischen Ansätzen der *Verhaltenstherapie* wird die Illusion einer harmonischen, konfliktfreien Zukunft, eines »Futurum II« (*Skinner*) genährt, das sich mittels wissenschaftlich-technischer Manipulation und lernpsychologischer Konditionierung erzeugen ließe.

Was sich in diesen und anderen Psychotherapieformen zeigt, spiegelt zum einen die enormen *Glückssehnsüchte* der Menschen, psychologisch als »Riesenansprüche«, theologisch als »Gottesbedürftigkeit« zu charakterisieren. Zum andern kommt hierin die spezifisch psychotherapeutische Variante des *»Gotteskomplexes«* zum Vorschein. Mittels der Psychotherapie erhofft man sich, mehr als ein Mensch sein zu können.

Hier hat die *Kritik von Theologie und Glaube* an Psychologie und Psychotherapie anzusetzen. Gewiß sind von der Psychologie keine Antworten zu verlangen, die nur der Glaube geben kann, aber sie sollte wenigstens – wie sie es in ihrer Anfangszeit noch deutlicher zu Wege brachte – die Grenzen ihrer Machbarkeit erkennen und zugestehen. Eine solche, zu den letzten Fragen hin geöffnete und zugleich zurückhaltende Psychologie wäre eine wirkliche »Tatsachenpsychologie«, verböte sich die inhumane Vertröstung des Unheilbaren auf die lebensimmanente Trostlosigkeit und ließe Platz für eine Antwort des Glaubens, daß *»Heil auch in der Unheilbarkeit«* möglich ist.

Im kritischen Dialog sind somit im Menschenbild der Psychologie Akzentuierungen und Defizite auszumachen, die zum Menschenbild des Evan-

[85] *D. Berthelsen*, Alltag bei Familie Freud, 58.

geliums differieren. Aufgabe der Pastoralpsychologie ist es, diese Unterschiede zu erkennen, ohne sie von vornherein als Dialoghindernisse zu qualifizieren. Man würde sonst das breite Feld von Kenntnissen und Anregungen preisgeben, das die Psychologie für eine heilende Seelsorge bereithält.

5
PASTORALPSYCHOLOGIE – EIN SYMBOL

Jenseits aller wissenschaftstheoretischen Ortsbestimmungen und Definitionen sind mit der Pastoralpsychologie Erwartungen und Befürchtungen bei Theologen und Seelsorgern verknüpft. Dabei bestimmen weniger die genauen Informationen über sie den Umgangsstil als vielmehr diffuse Anmutungen und Vermutungen. Pastoralpsychologie wird so zur *Projektionsfläche für innerpsychische, in hohem Maß unbewußte Dispositionen, Ängste und Hoffnungen.* In der Psychologie (und Theologie) bezeichnet man diesen Vorgang, wo Ambivalentes der inneren Welt auf Elemente der äußeren Welt übertragen wird, als *Symbolisierung*. Pastoralpsychologie ist so als ein mehrdeutiges Symbol zu sehen. Auf sie wird einerseits Krisenhaftes in Kirche und Pastoral projiziert. Sie erscheint andererseits manchen als Zeichen einer, wie auch immer gewerteten, konziliaren Öffnung der Theologie auf die Humanwissenschaften hin. Und nicht wenige erblicken in ihr eine Wegbereiterin und Hoffnungsträgerin für dringlich gebotene heilende Seelsorge.

(1) Symbol der Krise

Im Umgang von Seelsorgern und Theologiestudenten mit dem Symbol »Pastoralpsychologie« lassen sich mehrere Formen defizienter Aneignung unterscheiden. Sie reichen von euphorischer Überschätzung bis zu projektiver Abwehr. Hier spiegeln sich die Konflikte der Kirche und in eins damit nicht selten persönlich-biographische Regressions- und Krisensymptome:

(a) *Euphorische Erwartung*
Von der Pastoralpsychologie erwartet man in unrealistischer Überschätzung ihrer Möglichkeiten und Ziele, daß sie mit ein paar Kursen und Vorlesungen die großen Probleme der Kirche, mehr noch die je persönlichen Konflikte um Angst, Autorität, Ablösung, Zusammenarbeit mit Kollegen und Enttäuschungen im Beruf schnell und schmerzlos löst. Man traut ihr geradezu magische Kräfte zu, daß sie die Realität des zuweilen mühsamen Alltags in

stete Lust und Wonne verzaubern könne. Solche infantilen »Riesenansprüche« sind nach Auskunft der neueren Tiefenpsychologie Ausdruck eines oral geprägten Narzißmus, der zum beherrschenden »Sozialisationstyp« unserer konsumorientierten und -infizierten Gesellschaft avanciert sei.[86] Daß es ihn auch unter Theologen gibt, wird man nicht in Abrede stellen können.

(b) *Kompensatorische Entschädigung*
Pastoralpsychologie wird manchmal als Ersatz für mangelnde oder verlorengegangene seelsorgliche Identität angesehen und benützt. Man blickt fasziniert auf ihr sozialpädagogisches und therapeutisches Instrumentarium und glaubt damit für sich berufliche Erfolgserlebnisse, die schmerzlich vermißt werden, nach Belieben produzieren zu können. Gerade auf Pastoral- und Gemeindereferenten übt Pastoralpsychologie so eine große Anziehungskraft aus. Nicht selten erwarten sie, durch ein Ausweichen auf eine psychologische und sozialpädagogische Identität sich für erfahrene Zurückweisungen in priesterfixierten Kirchengemeinden entschädigen zu können. Zur Dynamik von solchen kompensatorischen Konstruktionen gehört es aber nach Auffassung der Tiefenpsychologie auch, daß sie in mehr oder weniger verhängnisvollen »Dekompensationen«[87] zusammenstürzen können.

(c) *Erwerb von Herrschaftswissen*
Macht über andere unter dem Vorwand der Sorge und des Dienens auszuüben, das gehört zu den Gefährdungen des Seelsorgerberufs. Die Pastoralpsychologie kann man für einen solchen Mißbrauch ohne Zweifel einspannen. Man betrachtet sie hierbei als einen Selbstbedienungsladen von Techniken, Tricks und Kniffen, die man sich aneignen könne, ohne das Sein der eigenen Person in Frage stellen zu müssen. Regeln der Kommunikation, Theorien der Gruppenentwicklung, der Organisationspsychologie und der Psychotherapie werden als geheimes Herrschaftswissen begierig aufgesogen. Man mißversteht Psychologie, ausgehend von einem Mißverstehen der Seelsorge, als Manipulations- und Machtinstrument, mit dem man die Menschen wieder in die Kirche bringen könnte, wobei »Kirche« in diesem Fall gleichgesetzt wird mit dem Einflußbereich des eigenen, offensichtlich gekränkten Ego.

Daß das Mißverständnis aufkommen konnte, Psychologie sei vor allem ein Instrumentarium zur Beherrschung und Manipulation anderer zugunsten eigener zweifelhafter egoistischer Ziele, daran ist sie selber nicht ganz

[86] *H. Kohut*, Narzißmus. – *H. Wahl*, Narzißmus? Von Freuds Narzißmustheorie zur Selbstpsychologie. – *H. Häsing/H. Stubenrauch/T. Ziehe*, Narziß – Ein neuer Sozialisationstypus? – *K. Wiederkehr-Benz*, Kohut im Überblick.

[87] Vgl. *E. Drewermann*, Psychologie und Moraltheologie, Bd. 2, 33ff. – *I. Baumgartner*, Helfen zwischen Selbstsucht und Selbstlosigkeit, 21f.

unschuldig. Ihre erörterte pädagogische und psychotherapeutische Machbarkeitsideologie hat am Zerrbild von Psychologie kräftig mitgewirkt.

(d) *Projektive Abwehr*
Im Verständnis der Psychoanalyse dienen Abwehrmechanismen dazu, das Ich vor den Triebansprüchen des Es und den Forderungen des Über-Ich zu sichern. Agens der Abwehr ist dabei die *Angst*. Im Umgang mit der Pastoralpsychologie begegnet solch ängstlich geprägte Abwehr in vielen Ausdrucksformen, etwa in der Projektion:

- Man unterstellt der Pastoralpsychologie, sie übernehme unreflektiert aus der Humanistischen Psychologie Begriffe und Inhalte wie »Selbstverwirklichung« und »Selbstaktualisierung«. Damit vertrete sie einen für Christen unakzeptablen Egoismus und Egozentrismus.
- Man nimmt Pastoralpsychologie wahr als ein Vehikel, mit dem in Form von Gruppendynamik, Encounter- und Selbsterfahrungsgruppen neue, unchristliche Heilsideologien in die kirchliche Seelsorge gelangen, die den Glauben aushöhlen und verfremden.
- Man mißtraut der Pastoralpsychologie wegen eines bei ihren Vertretern allzeit in Einsatz befindlichen diagnostischen Instrumentariums, so als käme es ihnen auf nichts anderes an, andere zu durchschauen, deren Schwächen aufzudecken und sich über sie zu erheben.
- Man sucht und entdeckt persönliche Schwächen und Mängel bei den Ausbildern, daß sie methodisch etwas falsch oder dilettantisch angegangen hätten, daß sie nicht auf der Höhe des Forschungsstandes seien.
- Man schiebt der Pastoralpsychologie die Verantwortung dafür zu, wenn es in einer Ausbildungsgruppe Konflikte unter den Teilnehmern gibt.
- Man glaubt, ein pastoralpsychologischer Kurs ziele darauf ab, aus Theologen Psychologen zu machen.

Diese und manche andere Projektionen dienen als Alibi und Rechtfertigung dafür, daß es klug und geboten ist, sich von den »schädlichen Einflüssen« der Pastoralpsychologie mit gutem Gewissen zu schützen, am besten dadurch, daß man um solche Ausbildungskurse einen weiten Bogen macht. Solche Projektionen sagen demnach mehr über die Einbildungen und dahinter über Ängste, Enttäuschungen, Probleme und unerfüllte Wünsche der Projizierenden aus als über die Realität der Pastoralpsychologie.

(2) Symbol einer dialogischen Theologie

Für nicht wenige Theologen, Seelsorger und Laien erinnern Begriff und Anliegen der Pastoralpsychologie an die mutigen *Weichenstellungen des II. Vatikanischen Konzils*. Sie sehen in ihr einen Versuch, den damals geforderten offenen Dialog mit den Humanwissenschaften und dahinter mit der Welt von heute zu wagen.

Pastoralpsychologie bedeutet somit *Zeitgenossenschaft*[88], ist Sinnbild einer Kirche und Theologie, die mit dem Volk Gottes und der Menschheit insgesamt unterwegs ist. Man identifiziert sich mit ihr in dem Anliegen, den Kern christlicher Überlieferung aus der Gegenwart von den je neu gestellten Fragen der Menschen her zu begreifen. Im Zusammenhangswort »Pastoral-Psychologie« werden diesem Anliegen gegenüber auch die entscheidenden Kriterien entdeckt. *»Psychologie«* markiert die ernst gemeinte Zeitgenossenschaft der Theologie, die sich von der *»Weltweisheit«* her kritisch anfragen lassen will, ob sie auch genügend auf die Fragen der Menschen hinhört. Die Begriffshälfte *»Pastoral«* und dahinter das Lebenswissen des Glaubens setzen demgegenüber den Vorgang der *Kritik* der Faktizitäten und der Weltweisheit in Gang. Pastoral-Psychologie symbolisiert folglich vor allem *»kritische Zeitgenossenschaft«*. Damit enthält das Symbol »Pastoralpsychologie« für die Theologie selbst einen Aufforderungscharakter, sie möge sich immer mehr in Richtung einer elementaren Theologie entwikkeln, wo die Fragen der Menschen aufs engste verflochten werden mit der heilenden Antwort des Evangeliums. Mit ihr verknüpft sich die Vision, die Theologie vermöge endlich jene Lebensferne überwinden, die *Oskar Pfister*, den Schweizer Pfarrer und Brieffreund *Sigmund Freuds*, zu der bedrükkenden Feststellung veranlaßte: »Die Theologen beschäftigen sich lieber mit Dogmengepäck und Kirchenrechtsfragen als mit der lebendigen Menschenseele.«[89] Die »lebenden Dokumente des Glaubens«, die die Menschen sind (*Boisen*), möchten – so die mit der Pastoralpsychologie verbundene Hoffnung – gleichgewichtig zu den überlieferten Texten des Glaubens in der Theologie Gehör finden. Pastoralpsychologie ist das noch konturenhafte *Traumbild einer Theologie*, in die das Wissen um die abgedunkelten Seiten, die unbewußten und mythenbildenden Kräfte des Menschen und die Schwierigkeit seiner Selbstannahme ganz selbstverständlich integriert ist.

(3) Symbol einer heilenden Seelsorge

Schließlich fühlt man sich durch die Pastoralpsychologie an jenes *Urbild des Seelsorgers* erinnert, der wie ein Hirte den verlorenen und hundertsten Schafen nachgeht, dessen Bestreben dahin geht zu heilen, was verwundet ist (Lk 4,18). Gerade das Aufkommen der modernen Psychotherapie, der Psychoboom insgesamt, wird empfunden, als würde hier der Pastoral ein Spiegel vorgehalten. Der Wunsch ist spürbar, sie möchte darin sich selbst wiedererkennen, daß die *heilende Begleitung von Menschen in Lebenskrisen*

[88] Vgl. dazu auch *J. Scharfenberg*, Einführung in der Pastoralpsychologie, 47.

[89] *O. Pfister*, Das Christentum und die Angst, zit. nach: *E. Ringel/A. Kirchmayr*, Religionsverlust durch religiöse Erziehung, 90.

ihre ureigene Sache ist. So enthält die *»fremdprophetische« Anfrage*, die die Psychologie über die Pastoralpsychologie an die Seelsorge richtet, die Aufforderung, zu den Anfängen zurückzukehren. Seelsorge soll wieder ein jesuanisches Gesicht bekommen, wo beides untrennbar zusammengehört: Das Reich Gottes zu verkünden und zu heilen (Lk 9,2).

Es ist für Seelsorger, die sich redlich um Liturgie, Verkündigung und Gemeindeerneuerung mühen, nicht einfach, solche kritischen Anfragen, die die Pastoralpsychologie stellt, an sich herankommen zu lassen. Man kann nachvollziehen, daß es das Bedürfnis gibt, durch eine »klischeehafte« Diffamierung der Psychologie und Pastoralpsychologie dieser Einsicht zu entgehen. Pastoralpsychologie wird demgegenüber ihr Anliegen immer wieder verdeutlichen: Sie will den Seelsorgern *zu einer heilenden Kompetenz in den Lebensfragen verhelfen, die die Kirche wieder zu den Menschen bringt.*

Pastoralpsychologie symbolisiert somit eine Seelsorge, wo einzelne, Paare, Gruppen und Gemeinden sich eingeladen fühlen dürfen, ihr Leben mit der heilenden Botschaft des Glaubens in einen Austausch zu bringen, so daß sie ihr Leben als Geschichte des treuen Gottes mit ihnen lesen können.

Es ist deshalb ermutigend, daß viele Seelsorger ein wirkliches Interesse für die Pastoralpsychologie und dahinter für seelsorglich-heilende Kompetenz entwickeln. Es gibt neben projektiver Abwehr ein ungleich größeres Bemühen, sich von der Pastoralpsychologie auf den Weg einer heilenden Seelsorge führen zu lassen. Am ehesten überzeugt dieses Paradigma von Seelsorge, wenn der angehende Seelsorger solch *heilende Seelsorge im Ausbildungskurs* an sich erfährt.

Die *progressive, zukunftsweisende Symbolik des Begriffs Pastoralpsychologie* läßt sich sehr treffend zusammenfassen mit den programmatischen Worten des Konzils: »Freude und Hoffnung, Trauer und Angst der Menschen von heute, besonders der Armen und Bedrängten, sind auch Freude und Hoffnung, Trauer und Angst der Jünger Christi.«[90]

[90] Gaudium et spes, 1.

TEIL II
HEILENDE SEELSORGE – EIN EMMAUSGANG

Das Lukas-Evangelium erzählt im 24. Kapitel (13–35) einen *Modellfall heilender Seelsorge* in Lebenskrisen:

[13] *Am gleichen Tag waren zwei von den Jüngern auf dem Weg in ein Dorf namens Emmaus, das sechzig Stadien von Jerusalem entfernt ist.* [14] *Sie sprachen miteinander über all das, was sich ereignet hatte.* [15] *Während sie redeten und ihre Gedanken austauschten, kam Jesus hinzu und ging mit ihnen.* [16] *Doch sie waren wie mit Blindheit geschlagen, so daß sie ihn nicht erkannten.* [17] *Er fragte sie: Was sind das für Dinge, über die ihr auf eurem Weg miteinander redet? Da blieben sie traurig stehen,* [18] *und der eine von ihnen – er hieß Kleophas – antwortete ihm: Bist du so fremd in Jerusalem, daß du als einziger nicht weißt, was in diesen Tagen dort geschehen ist?* [19] *Er fragte sie: Was denn? Sie antworteten ihm: Das mit Jesus aus Nazaret. Er war ein Prophet, mächtig in Wort und Tat vor Gott und dem ganzen Volk.* [20] *Doch unsere Hohenpriester und Führer haben ihn zum Tod verurteilt und ans Kreuz schlagen lassen.* [21] *Wir aber hatten gehofft, daß er der sei, der Israel erlösen werde. Und dazu ist heute schon der dritte Tag, seitdem das alles geschehen ist.* [22] *Aber nicht nur das: Auch einige Frauen aus unserem Kreis haben uns in große Aufregung versetzt. Sie waren in der Frühe beim Grab,* [23] *fanden aber seinen Leichnam nicht. Als sie zurückkamen, erzählten sie, es seien ihnen Engel erschienen und hätten gesagt, er lebe.* [24] *Einige von uns gingen dann zum Grab und fanden alles so, wie die Frauen gesagt hatten; ihn selbst aber sahen sie nicht.*

[25] *Da sagte er zu ihnen: Begreift ihr denn nicht? Wie schwer fällt es euch, alles zu glauben, was die Propheten gesagt haben.* [26] *Mußte nicht der Messias all das erleiden, um so in seine Herrlichkeit zu gelangen?* [27] *Und er legte ihnen dar, ausgehend von Mose und allen Propheten, was in der gesamten Schrift über ihn geschrieben steht.* [28] *So erreichten sie das Dorf, zu dem sie unterwegs waren. Jesus tat, als wolle er weitergehen,* [29] *aber sie drängten ihn und sagten: Bleib doch bei uns; denn es wird bald Abend, der Tag hat sich schon geneigt. Da ging er mit hinein, um bei ihnen zu bleiben.* [30] *Und als er mit ihnen bei Tisch war, nahm er das Brot, sprach den Lobpreis, brach das Brot und gab es ihnen:* [31] *Da gingen ihnen die Augen auf, und sie erkannten ihn; dann sahen sie ihn nicht mehr.* [32] *Und sie sagten zueinander: Brannte uns nicht das Herz in der Brust, als er unterwegs mit uns redete und uns den Sinn der Schrift erschloß?* [33] *Noch in derselben Stunde brachen sie auf und kehrten nach Jerusalem zurück, und sie fanden die Elf und die anderen Jünger versammelt.* [34] *Diese sagten: Der Herr ist wirklich auferstanden und ist dem Simon erschienen.* [35] *Da erzählten auch sie, was sie unterwegs erlebt und wie sie ihn erkannt hatten, als er das Brot brach.*

1
DER INNERE WEG BEIM EMMAUSGANG

Die Emmauserzählung ist ihrem literarischen Genus nach mehr als ein historischer Bericht. Sie ist eine Legende[1], nicht: »nur eine Legende«, sondern *»sogar eine Legende«*. Als solche zählt sie zu den »Geschichten um Geschichte«[2], spiegelt sie die überzeitliche Bedeutung des historischen Faktums der Auferstehung Jesu in bewegenden Bildern und Szenen. Ähnlich wie die Symbole der Liturgie will sie die Glaubenswahrheit vom auferstandenen Christus in die Mitte der Person hineinsprechen und damit auf die dort erlebten Fragen, Ängste und Hoffnungen antworten. Immer dann bedienen sich Menschen solch symbolisch-narrativer Redeweisen, wenn sie etwas zur Sprache bringen wollen, das mit den religiösen Tiefenschichten ihrer Person zu tun hat und in sie hineinführt. Nur auf dieser Ebene kann offensichtlich begriffen werden, was die Auferstehung Christi für den Menschen bedeutet.

Die Emmausgeschichte spricht folglich von etwas, das uns unbedingt angeht. Sie greift die in jedem Menschenleben aufkommende Frage auf: Wie kann ich in den Krisen und Ausweglosigkeiten des Lebens den Weg des Heils finden? Für den glaubenden Menschen mag diese Frage lauten: Wie kann ich in den dunklen Stunden meines Lebens Christus als Licht und Heilung erfahren? Die Emmausgeschichte handelt so vom *Heilwerden in der Christusbegegnung*. Damit ist sie eine wahrhafte Auferstehungsgeschichte. Sie erzählt nicht nur von der Erscheinung des Auferstandenen, sondern sie widmet sich sehr ausführlich dem Heilungsprozeß derer, denen der Auferstandene begegnet.

In einem ersten Zugang kommt es uns deshalb darauf an, die Perikope von den *inneren Erfahrungen der Emmausgänger* her zu erschließen. Wir fragen folglich: Was passiert mit einem zutiefst Gekränkten, dem der Herr begegnet? Wo führt ihn dies hin? Indem wir so fragen, bauen wir eine Brücke von den Heilungserfahrungen der Emmausgänger damals zu möglichen Wegen aus Kränkung und Lebenskrisen heute. Was den Jüngern damals widerfuhr, so unser Gedanke, könnte in manchem dem nahekommen, was das untröstliche Menschenherz heute ersehnt und in dichten Augenblik-

[1] Vgl. dazu: *W. Grundmann*, Das Evangelium nach Lukas, 443. – *H. D. Betz*, Ursprung und Wesen christlichen Glaubens nach der Emmauslegende (Lk 24,13–32), 8. – *J. Kremer*, Die Osterevangelien. Geschichten um Geschichte, 128 (Anm. 120). Der legendäre Charakter der Emmausgeschichte wird von der kritischen Forschung allgemein anerkannt. Man sollte sich jedoch hüten, in der Legende gegenüber einem historischen Bericht eine theologisch peiorative Aussageform zu erblicken. Es ist gerade die Aussageintention der Legende, den historischen Kern eines Ereignisses in seiner zeitlosen Gültigkeit kundzutun und dabei die Tiefenschichten des Hörers anzusprechen. Vgl. dazu: *H. Zimmermann*, Neutestamentliche Methodenlehre. – *E. Drewermann*, Tiefenpsychologie und Exegese, Bd.2, 389–482.

[2] *J. Kremer*, Die Osterevangelien. Geschichten um Geschichte.

ken des Lebens tatsächlich erfährt. So sollte bei diesem Auslegungsschritt ein Weg gesucht werden, wie Menschen mit ihren Geschichten heute *»Gleichzeitige«* mit dieser Christus-Geschichte werden könnten.

Anders als bei der historisch-kritischen Auslegung – wir werden uns ihr in einem zweiten Schritt zuwenden – kommt es bei der *symbolisch-existentiellen, »elementar-theologischen« Interpretation* auf eine zweifache Aufmerksamkeit an. Wir haben uns »meditativ« einzufühlen und einzulassen auf die Bilder und Personen des Textes und auf das, was angesichts der erzählten Bilder und Handlungen im Leser und Hörer wach wird an Erinnerungen, Gefühlen und existentieller Erfahrung.

(1) »... auf dem Weg« (V 13)

Zwei sind auf dem Weg, unter-wegs von Jerusalem nach Emmaus. Ihr Aufbruch und ihre Abreise haben Gründe. Es gibt nichts mehr, was sie in Jerusalem zurückhält. Alles ist aus, vorbei, zu Ende. Nichts wie weg von diesem Ort des Grauens und des Entsetzens. Alles, was bisher in ihrem Leben zählte, worauf sie bauten, scheint verloren. Jesus, auf den sie alle Hoffnungen setzten, ihre eigenen und die ihres Volkes, in dessen Hände sie ihre Zukunft und ihr Glück wähnten, er hat sich als ohnmächtig und armselig erwiesen, unfähig, sich selbst zu helfen. Und sie haben in ihm den großen Messias gesehen. Nichts von dem hat mehr Gültigkeit. Sie fühlen sich vom Schicksal hereingelegt, Jahre ihres Lebens scheinen verkehrt gelaufen.

In ihre *Enttäuschung* mischt sich der *Zorn* auf sich selbst, daß sie so naiv waren und alles einfach geglaubt haben, der Zorn auf diesen Jesus, der ihre Hoffnungen zunichte machte, auf die Obrigkeit, die Recht und Ordnung sagt und Tod und Menschenverachtung meint, der Zorn auf das Schicksal, das ihnen so übel mitgespielt hat.

Und dazwischen meldet sich die *Trauer*. Jesus, ihr Bruder, mit dem sie gelebt haben, mit dem sie eine tiefe Freundschaft verband, dem sie und der ihnen angehörte, er ist tot. Sie sind allein. Alles geht durcheinander in ihren Herzen: Traurigkeit, Schmerz, Angst, Zorn und die Hoffnung, alles sei nur ein böser Traum. Ein Chaos der Gefühle ist über sie hereingebrochen. Ihr Leben ist aus den Fugen geraten. Es geht nicht mehr weiter. Ihre Welt ist zugrunde gegangen, das Leben ein Trümmerhaufen, die Lebenslinie »durchkreuzt«, mit einem Schlag ist alles zunichte. Gott hat sie verlassen.[3]

[3] Was hier nachgezeichnet wird an innerem Erleben der Jünger, ist Trauerreaktion, wie sie sich in der ersten Phase des Verlustes von Angehörigen einstellt. Vgl. dazu: *Y. Spiegel*, Der Prozeß des Trauerns. Analyse und Beratung, 56–77. – *V. Kast*, Trauern. Phasen und Chancen des psychischen Prozesses. – *Dies.*, Zur Bedeutung der Trauer im therapeutischen Prozeß, 205–214. – *R. Bärenz*, Die Trauernden trösten, 40–44. – *P. M. Zulehner*, Heirat, Geburt, Tod. Eine Pastoral zu den Lebenswenden, 194–209.

So ist ihr Gang, weg von Jerusalem, alles andere als ein idyllischer Nachmittagsausflug, er gleicht einer Flucht. Er ist Abreise aus der bisherigen Geschichte ihres Lebens, die sich als Sackgasse erwiesen hat. Der Weg, den sie gehen, entspricht ihrer inneren Verfassung: weg von all dem, was war. Ihr Herz kennt nur den einen Gedanken: weg, auch wenn keine Alternative sichtbar ist. Und Emmaus, dieses alte Nest, das sie hinter sich lassen wollten, als sie einst aufbrachen nach Jerusalem, es ist wirklich keine Alternative. Jetzt dorthin zurückgehen zu müssen, das tut weh, es ist ein schmerzender, »regressiver« Weg zurück. Gott sei Dank wird man abends ankommen beim Einbruch der Dunkelheit, so braucht man die schadenfrohen Blicke der Daheimgebliebenen nicht erwidern. Aber dort hat man zunächst ein Dach über dem Kopf – und das ist jetzt das wichtigste.

Enttäuschung, Trauer, Zorn, Krise, Abschied, Aufbruch und eine Spur »Hoffnung« – das sind die Worte, die sich aufdrängen, wenn man sich in die beiden Jünger hineinversetzt. Es fällt eigentlich gar nicht so schwer, sich ihnen beizugesellen.[4] Das alles, was sie be-wegt, kennen Menschen heute auch von sich, von Wegstrecken ihres Lebens. Die Erfahrungen der Lebenskrise sind ähnlich. An dieser sich so selbstverständlich einstellenden *»Sympathie«* mit den Emmausjüngern muß es liegen, daß die ganze Erzählung bis heute nichts von ihrer Anziehungskraft eingebüßt hat. Die »Exegese von unten«, durch die Nichtexperten, die kleinen Leute, wußte es eigentlich schon immer: Solche Wege, weg vom Bisherigen, wenn alles zusammengebrochen ist, die gibt es in jedem Menschenleben, unumgänglich. Sich daran »körperlich« zu erinnern etwa auf einem »Emmausgang« am Ostermontag oder auf einer Wallfahrt, wie es guter christlicher Brauch war und zum Teil heute noch ist, hilft das Leben besser verstehen.

Wer sich mit den eigenen Füßen auf einen Weg einläßt am Ostermontag oder zu anderer Zeit und aus anderem Anlaß, wenn er dabei auf sich hinhört, vernimmt er die Botschaft: *Das ganze Leben ist ein Weg.* Wenn wir von unserer Geschichte sprechen, so können wir gar nicht anders, als vom »Lebensweg« oder »Lebenslauf« zu sprechen. Wir kennen Un-wegsamkeit und Ausweglosigkeit, griechisch: »Aporie« in unserem Leben. Und im nachhinein betrachtet, stellt sich manche gegangene Wegstrecke unseres inneren Suchens als Irr-weg oder Um-weg heraus. Wenn es heißt: »es waren zwei Jünger auf dem Weg«, dann versammelt dieses Bild unendlich viel vom menschlichen Leben insgesamt.[5]

[4] Es scheint in diesem Zusammenhang bedenkenswert, daß von zwei Jüngern die Rede ist und nur einer namentlich genannt wird. Man kann das durchaus so verstehen, daß der Name im erzählten Geschehen relativ unwichtig ist, und das kann für den heutigen Leser dann nur bedeuten: Er möge sich selbst mit seinem Namen an den oder die Genannten anreihen, wie wenn er selbst mit den beiden ginge. Die ganze Erzählung wird dann für ihn zur Antwort auf die Frage, wie ihm der Herr erscheinen kann. Vgl. *J. M. Nützel*, Da gingen Ihnen die Augen auf. Wege zu österlichem Glauben, 48–50.

[5] Vgl. zur Symbolik des Weges: *M. Kassel*, Das Auge im Bauch. Erfahrungen mit tiefenpsychischer

Nicht um die äußeren Stadien des Lebensweges geht es dabei, nicht um Jerusalem, Emmaus, Wohnort, Studienort, um Kindheit, Jugend oder Alter, vielmehr meint das Bild des Weges, angewendet auf das Leben, den *inneren »Prozeß«* und wie Menschen ihm Richtung und Ziel geben. Unsere *»Seelenreise«* wird zur Sprache gebracht, unser Unterwegssein auf unser eigentliches Ziel hin – unser spiritueller Weg. Der Mensch empfindet sich als einer, der unterwegs ist, solange er lebt. »Wir wandern ohne Ruh, mit mancherlei Beschwerden der ewigen Heimat zu«, heißt es in einem alten Kirchenlied. Wanderer zwischen den Welten sind wir, angelegt auf das Unterwegssein – Homo viator.

Erst im Gehen seines Weges, indem er »bei jedem Lebensrufe bereit zum Abschied ist und Neubeginn und sich in andere neue Bindungen begibt«, wie es in einem überaus tiefsinnigen und tröstlichen Gedicht von *Hermann Hesse*[6] heißt, kommt der Mensch zu sich selbst, »gesundet« er. Von dieser Weisheit künden unzählige Mythen, Märchen und Sagen der verschiedensten Kulturen und Religionen aus allen Epochen. Die gefahrvolle Fahrt des Odysseus in seine Heimat Ithaka, die Reise der Argonauten um das goldene Vlies nach Kolchis, der Weg des jungen Tobias nach Medien, wo sich ein Engel als Begleiter zugesellt – ein Motiv, das sich ja auch in der Emmauslegende wiederfindet: Immer ist die Rede von Gefahren, Kämpfen, Läuterungen, die der Held auf der Reise bestehen muß, um ans Ziel zu kommen.[7] Ja, der eigentliche Sinn der Reise besteht in der Weisheit dieser Geschichten nicht im Ankommen, sondern im Gehen des Weges, im Prozeß. Das Motiv der Reise ist so die Wandlung, die Reinigung, die Heilung. Die Menschen reisen, um andere zu werden – und das gilt wohl auch als geheimes Motiv all derer, die sich heute zur Urlaubszeit auf die Straßen begeben und die trotz der Entfernung, die sie zurücklegen, innerlich oft genug zu Hause bleiben, in ihren Gewohnheiten, Vorurteilen und Selbstverständlichkeiten. Anders die Pilger des Mittelalters. Auch wenn eines ihrer Motive die Buße war – Poenitenten bekamen damals nach schweren Vergehen nicht selten die Wallfahrt nach Palästina, Rom, Monte Gargano oder Santiago de Compostela auferlegt –, während der Erfüllung dieser gestellten Aufgabe wandelte sich einer oft genug. Er kehrte als ein anderer, besserer Mensch zurück. Einer, der mit den eigenen Füßen den Pilgerweg nach Jerusalem und Santiago de Compostela nachgegangen ist, sagt am Ende seines Reiseberichtes ins Heilige Land: »Der Weg nach Jerusalem war ein großer, innerlich beglückender Weg«.[8]

Spiritualität, 11–14. – *L. Wachinger*, Den Weg gehen – ans Ziel kommen. – *K. D. Ulke*, Warum man reist. – *H. Waldenfels*, Kontextuelle Fundamentaltheologie, 348–354.

6 *H. Hesse*, Stufen, zit. nach: *K.O. Conrady*, Das große deutsche Gedichtbuch, 674.

7 Vgl. *E. Drewermann*, Voller Erbarmen rettet er uns. Die Tobit-Legende tiefenpsychologisch gedeutet, 35–38.

8 *F. Schröger*, Zu Fuß von Passau nach Jerusalem, 215.

Verwandlung heißt das geheime Ziel allen Reisens. Wer nie fortgeht, kommt sich selbst nie auf die Spur und wird nie der, der er werden könnte. Denn die Fremde bietet reiche Chancen, sich selbst zu entdecken. Jede Landschaft, jedes Haus, jeder Mensch, dem wir dabei begegnen, gibt uns neu die Möglichkeit, uns selbst hineinzuprojizieren und uns darin neu, ungewohnt zu betrachten. So gehen wir, wenn wir auf die Reise gehen, ein Stück weit von uns weg, werden uns selber fremd und kehren wieder zu uns selbst zurück. Wer auf Reisen geht, bringt seine Geschichte wieder in Gang. Denn einmal fortgegangen, gerät er laufend in fremde Geschichten hinein. Diese aber werden, weil er darin vorkommt, zur eigenen Geschichte. Ein Reisender wird in fremde Geschichten verwickelt, und seine eigene wickelt sich aus. Im Fremden begegnet das Eigene und im Eigenen das Fremde.[9]

Wenn es von den Emmausjüngern heißt, daß sie auf dem Weg waren, dann ist damit Wesentliches vom menschlichen Lebensweg insgesamt intoniert. Vor allem ist gesagt: Wer aufbricht, hat den ersten wichtigen Schritt aus der Krise bereits hinter sich. Er wird offen für das, was ihm auf dem Weg an Eigenem und Fremdem begegnet.

(2) »...kam Jesus hinzu und ging mit ihnen« (V 15)

War es auch mehr Flucht und überstürzte Abreise als besonnener Entschluß, nun sind sie draußen auf der Straße, unbehaust, auf der Suche nach neuen Ufern. Und im Gehen stellt sich das Erzählen ganz von selber ein. Mit den Schritten kommen die Gedanken und die Erinnerungen, kommt das Nachsinnen und das Aussprechen. Was das Herz bewegt, wird frei – Verdrängtes und Verkrustetes bricht auf.

Wie gut, wenn es einen Gefährten gibt, der das alles kennt, ja, der das alles miterlebt und -erlitten hat. Das verbindet und macht das Ertragen leichter. Sicher, er hat mit sich selbst zu tun, auch er ist zutiefst verletzt und erschüttert, auch ihm fällt es schwer, einen klaren Gedanken zu fassen, auch er wird beinahe zerrissen von dem Chaos, das im Gehen und mit den Gedanken aus der Seele auftaucht. Wie oft haben sie in den letzten Tagen und jetzt wieder auf diesem Weg sich selber und gegenseitig gefragt: Warum das alles? Was wäre, wenn? Und ein stummer Blick von einem zum andern genügt, um darauf Antwort zu geben. Es hat keinen Sinn, so zu fragen. Alles hat keinen Sinn mehr. Aus! Vorbei!

Ihr Gespräch, ihre Gedanken stoßen immer wieder an diese Wand, in der es keine Tür gibt hinaus in die Weite des Lebens. Wenn zwei Verzweifelte einander an der Hand nehmen, dann verscheucht das wenigstens die Ein-

[9] *K. D. Ulke*, Warum man reist, 3.

samkeit: Geteiltes Leid ist halbes Leid. Aber ein wirklicher »Fortschritt« ist in diesem Miteinanderklagen nicht so ohne weiteres zu erkennen, es bleibt ein Selbstgespräch zu zweit. Trotz des hastigen Ausgreifens ihrer Schritte erscheint es als ein Weg zurück, weil kein Ausweg zu entdecken ist, der vorwärts trägt.

Einer, der offenbar den gleichen Weg geht, holt sie ein, fällt in ihr Tempo und geht mit ihnen, an ihrer Seite. Ein Fremder zwar, aber doch irgendwie vertraut.

Das *Bild des unerkannt mitgehenden Herrn* ist die Mitte der Frohbotschaft. Wie kaum ein anderes vermag es in den dunklen Stunden zu trösten, besagt es doch: Wenn du in der Krise deines Lebens auf den Kern deiner Person zurückgeworfen bist, wenn du am Nullpunkt deines Lebens angekommen bist und wenn das Leiden am Leben deine Kräfte zu überfordern droht, da und vor allem da, wo sich kein Sinn mehr zeigt, tritt Gott dir zur Seite. Wenn du ihn am entferntesten wähnst, ist er dir am nächsten.

Aus der Erzählung dringt somit die tröstliche Zusage herüber: *Gott ist da,* auch wenn wir oft erst im nachhinein sehen, daß er in den dunklen Zeiten unseres Lebens an unserer Seite ging. Er begleitet uns, wenn unser Weg durch Enttäuschung und Trauer, durch Depression und Krise führt und sich kein Licht mehr am Ende des Tunnels zeigen will. Er ist mit uns: Das ist die Urerfahrung jüdisch-christlicher Religion. Jahwe geht mit auf dem Weg durch die Wüste in der Gestalt einer Wolke, oder er begleitet in seinem Engel Rafael den jungen Tobias auf dem Weg in die Fremde. Die Versicherung in all diesen Erscheinungs- und Visionsberichten: Mitten in der Angst und Ausweglosigkeit sind wir von Gottes Sorge umfangen, dem nichts mehr am Herzen liegt, als daß wir leben.

Auch in solchen Zeiten sind wir – wie es *Dietrich Bonhoeffer* ausdrückt – »von guten Mächten wunderbar geborgen«. Und ein Kenner dunkler Seiten der menschlichen Psyche wie *Carl Gustav Jung* war offenbar von dieser Wahrheit so überzeugt, daß er über der Tür seines Hauses – auch ein Symbol der Person – das Wort stehen hatte: »vocatus atque non vocatus, deus aderit« (Gerufen und ungerufen, Gott ist da).

Paulus, der einen ähnlichen Prozeß wie die Emmausjünger bei seiner Vision des Auferstandenen durchmachte, spricht davon, wie dicht er diese Nähe Gottes erfahre, daß Christus nicht nur mit ihm, sondern in ihm sei: »Ich lebe, doch nicht mehr ich – Christus lebt in mir« (Gal 2,20). Es ist dies wohl der Sinn von Religion überhaupt, dem Menschen in seiner Verlassenheit einen Weg zu zeigen hin zu der Erfahrung: Gott ist da, du bist nicht allein, auch wenn du dich in der Dunkelheit des Lebens von allen guten Mächten verlassen glaubst. Es mag in solchen Augenblicken nicht mehr mitteilbar noch erfahrbar sein, daß es einen Gott gibt, der über den Abgrund trägt, und doch verhält es sich so. Rückblickend dann, gerettet, gelingt es uns oft erst zu sehen, daß Gott uns nahe war, auch wo wir selber uns gänzlich verlassen glaubten.[10] Diese Erfahrung vom unerschütterlich treuen und unbeirrbar mitgehenden Gott war es wohl, die den Psalmisten zu dem Bild greifen ließ: »Der Herr ist mein Hirte, nichts wird mir fehlen. Er läßt mich lagern auf grünen Auen und führt mich zum Ruheplatz am Wasser... Muß ich auch wandern in finsterer Schlucht, ich fürchte kein Unheil, denn du bist bei mir, dein Stock und dein Stab geben mir Zuversicht...« (Ps 23).

(3) »... mit Blindheit geschlagen« (V 16)

Wie begegnet Gott in solch dunklen Augenblicken, in welcher Gestalt, so daß wir zwar sehen und doch blind sind? Der »Erfahrungswert« der Emmausgeschichte handelt an dieser Stelle vom *»deus absconditus«*. In der Dunkelheit der Trauer und Ausweglosigkeit tun sich Menschen schwer, Gott an ihrer Seite zu wissen. Viel eher wähnen sie ihn abwesend, tot. Und alle menschliche Anteilnahme, die sie in solchen Zeiten erfahren, bringen sie nur schwerlich mit seinem Nahesein in Verbindung. Und doch verhält es sich so, daß Gott in verborgener und unerkannter Weise »mitgeht«.

Wer Gott an seiner Seite nicht mehr erkennen kann, ist *blind* geworden. Dem ist der Blick für die wirklichen und tieferen Zusammenhänge verlorengegangen. Er ist sich selbst ein Rätsel, und es verwundert nicht, daß seine »Blindheit« die Integrität und Ganzheit seiner Person in Mitleidenschaft zieht. Es ist, als ob er von den lebensspendenden Quellen und wegweisenden Bildern seines Lebens ganz und gar abgeschnitten wäre. Die Tiefenpsychologie, insbesondere jene *Jung*scher und *Frankl*scher Prägung, sieht in dem Zustand, wo der Zugang zur tieferen, unbewußt-religiösen Mitte der Person verstellt ist, den Kern der *Neurose*. In ihr als einer existentiellen Mangelerfahrung ist die Sehnsucht des Menschen nach Integrität und Ganzheit, sein Traum, sich vom unendlichen Gott angenommen zu wissen, um endlich sein zu dürfen, wie in Spiegelschrift ablesbar. Die unausrottbare Gottesbedürftigkeit kommt gerade dort zum Vorschein, wo Menschen drauf und dran sind, sich selbst verlorenzugeben.

Der Begleiter, der den Emmausjüngern begegnet, erscheint so gesehen wie ein Vor-Entwurf, ein Vorgriff auf ihr eigentliches Wesen und Sein-Können. Er verkörpert den Inbegriff all dessen, was in ihnen zum Leben drängt, eine Wesensgestalt, die nicht zurück, sondern vorwärts schreitet, die nicht ängstlich aus dem Leben flieht, sondern es in allen Facetten annimmt. Erst am Ende des langen, in »Erkenntnisstufen« sich ereignenden Weges geht ihnen auf, daß der, den sie zwar sehen, aber noch nicht als ihre »Wahrheit«

[10] Vgl. *E. Drewermann*, Tiefenpsychologie und Exegese, Bd. 1, 392–423. Die Erscheinung Jesu am See (Joh 21,1–14) zeigt in der Auslegung *Drewermanns* einige Parallelen zur Emmausperikope, vor allem in dem Fokus, daß der Herr den Seinen nahe ist, auch wenn sie erst im nachhinein das ganze »Ausmaß« dieser Nähe begreifen können.

wahrnehmen können, der zum Leben erstandene Christus selbst ist: *Christus* begegnet ihnen somit als *Vor-bild* ihrer Bewegung, als Urahnung von der Ganzheit ihrer eigenen Person, die sie werden können, als Zielpunkt, dem ihre »Individuation« zustrebt.[11]

Noch sind ihre Augen mit Blindheit geschlagen, so daß sie »ihn« nur in Umrissen erkennen, aber in das Chaos ihrer Zerrissenheit und Ausweglosigkeit fällt ein Lichtstrahl. Es taucht in der Dunkelheit der Seele eine vage Ahnung von dem auf, was den persönlichen *»Lebensentwurf«* ausmacht, wie man von Gott gedacht ist, leise, kaum sichtbar zwar, aber es ist da in der Tiefe und drängt ans Licht.

(4) »... Er fragte sie« (V 17a)

Der hinzugekommene Begleiter bleibt nicht stumm, er wird in das einbezogen, was die beiden Jünger be-wegt. Von ihm kommen Fragen, nicht beliebige, die man eben so stellt, wie es die Konvention nahelegt, wenn man Unbekannten begegnet. Nein, seine Fragen treffen genau den Punkt, um den es bei ihnen geht. »Was sind das für Dinge, über die ihr auf eurem Weg miteinander redet?« Wenn wir das Bild des Weges ernst nehmen, dann heißt diese Frage: Was bedeutet das für euer Leben? Was macht euer Leben aus? Wohin führt euer Lebensweg? An welcher Etappe eures Weges seid ihr angekommen? Die Fragen, die der Begleiter stellt, zielen weniger auf Information, vielmehr geht von ihnen eine eigenartige Sogkraft aus, das Ganze des Lebens in Blick zu nehmen: Er stellt die *»Lebensfrage«*.

Darauf kann man nicht mit ein paar schnellen Sätzen antworten. Wo sollte man anfangen? Vielmehr machen seine Fragen nachdenklich, sie erweisen sich in einer gefährlichen Weise als »meditativ« – *d. h. in die Mitte führend. Es ist, als ob er zu jedem von ihnen mit seiner Frage sagte: »Stell dich deinem Wesen*, deiner letzten Wahrheit! Wage, dich in all deiner Verzweiflung anzuschauen, dich auf deinen Schmerz einzulassen! Du darfst es tun! Ich bleibe in diesem Moment, wo du es fertigbringt, »radikal« deiner dunklen *Schattenseite* auf den Grund zu gehen, bei dir! Deshalb brauchst auch du nicht vor dir selbst wegzulaufen!

Mäeutik haben die Philosophen diese Art des Fragens genannt, die ihnen bei dem weisen Sokrates aufgefallen ist: *Hebammenkunst.* Die Fragen des Auferstandenen sind von dieser Art. Sie sind geeignet, daß einer mit ihrer Hilfe neu zur Welt kommt, daß einer dessen inne wird, was in ihm gleich einem Kind zur Geburt drängt und doch von der Angst »überschattet« ist, es könnte, wenn es ans Licht kommt, nicht überleben, weil es viel zu zart, zu zerbrechlich oder unansehnlich ist.

[11] Vgl. dazu *M. Kassel*, Biblische Urbilder, 168–187.

Die Fragen des Begleiters sprechen in die Krise hinein – sie sind in diesem Sinn *kritisch*. Sie ermutigen aber auch, sich radikal auf den Grund und von daher neu in das Leben hinein zu gehen. Als Ziel des mäeutischen Fragens des Auferstandenen stellt sich so heraus, die Jünger zu einem Prozeß einzuladen, der selbst etwas von der Auferstehung, die in ihm in Vollendung begegnet, in diesem Leben schon vergegenwärtigt. Man mag solche Spiegelung der »Auferstehung von den Toten« im irdischen Leben Wandlung, Bekehrung, Erlösung, Heilung, Befreiung nennen, entscheidend bleibt, daß sie sich, wenn sie sich ereignet, in einer inneren Beziehung zum auferstandenen Christus vollzieht.

Wenn die Emmausgeschichte dem Auferstandenen Fragen um den Lebens-weg, um Wandlung und Heilwerden in den Mund legt, dann ist das alles andere als ein neckisches Spielchen, bevor der Herr sich zu erkennen gibt und wieder verschwindet. Es geht um die zentralen Lebensfragen der beiden Emmausjünger.

(5) »Da blieben sie traurig stehen ...« (V 17b)

Was geschieht mit denen, die so dicht, so unausweichlich, so »fokussiert« auf ihr Leben hin angefragt sind? »Da blieben sie traurig stehen« heißt es lapidar in der Legende. Solches Fragen unterbricht den Gang der Füße und der Gedanken. Daß die »Unterbrechung« die kürzeste Definition der Religion sei, hat gewiß seine Richtigkeit, aber wenn wir der Weisheit der Emmausgeschichte folgen, dann hat die Unterbrechung und wohl auch der Anfang der Religion zunächst wenig mit Euphorie zu tun. Seiner »Traurigkeit« innewerden, ihr nicht ausweichen – *Trauerarbeit* –, das besagt Unterbrechung. Man darf das Belastende nicht einfach »übergehen«. Das, was das Leben in die Sackgasse geraten ließ, was zur Enttäuschung geworden ist, muß zur Sprache gebracht werden. Man darf davor nicht weglaufen, soll die »Wahrheit« ans Licht kommen. Darum ist es ganz natürlich, daß ihre hastenden Schritte bei den Anfragen des Begleiters langsamer werden, daß sie zum »Stand« kommen, ihr *Zustand* wird so offenbar.

Wenn einer innehält, wird dem Begleiter die Möglichkeit gegeben, bei-zu-stehen, zu ver-stehen. Zur rechten Zeit mag dieses Beistehen und Verstehen auch »Standhalten« erfordern, dann, wenn die Angst des anderen vor der schonungslosen »Bestands-aufnahme« seines Lebens so groß wird, daß sie zum schnellen Weitergehen und Übersehen des Eigentlichen verleitet. Das »Stehen« in der vielfachen Wortverbindung beschreibt diesen wichtigen »Schritt« in der Begleitung des Auferstandenen recht treffend.

(6) »Wir aber hatten gehofft...« (V 21)

Was kommt bei dieser Art »Unterbrechung« zur Sprache? Vergangenes, Erinnerungen sicherlich, und vor allem doch: »Wir hatten *gehofft,* daß er der sei, der Israel erlösen werde. Und dazu ist heute schon der dritte Tag, seitdem das alles geschehen ist.« (V 21) Es gibt keine Beschönigung mehr, die Hoffnung, die man in diesen Jesus von Nazaret setzte, hat sich zerschlagen. Wenn noch irgendein Fünkchen an Zuversicht da war, dann ist es heute, »am dritten Tag«, erloschen, denn wenn überhaupt, so hätte sich Jahwe spätestens heute, am dritten Tag[12], als auf der Seite seines Gerechten erweisen müssen, wie er es so oft in der Geschichte seines Volkes getan hat. Dieser *letzte Augenblick,* in dem das Eingreifen Jahwes noch zu erwarten ist, er ist so gut wie vorbei. Es gilt der Wahrheit ins Gesicht zu sehen: Mit diesem Jesus ist man gescheitert. Das Leben und das Glück auf ihn zu bauen, das war verkehrt; es war verkehrt, auf einen Menschen zu setzen, es war verkehrt, auf ihn als politischen Messias, als sozialen Revolutionär, oder als religiösen Magier zu setzen.

Der Prozeß, der sich mit den beiden ereignet, ausgelöst durch die Lebensfrage, zugespitzt durch das Stehenbleiben, führt an den alles entscheidenden »kritischen« Punkt: Solange sie all ihre Hoffnungen auf Menschen, auch auf Jesus als Mensch setzen, auf irdisches Paradies und auf die Machbarkeit dieser Zustände bauen, solange sind sie nicht auf der Spur, die der Weg Gottes ist.

Das Innewerden seiner selbst, wie es im Stehenbleiben geschieht, ist zugleich ein Innewerden der eigentlichen Bestimmung des Menschen, seiner *Verortung im Unendlichen,* der eigentlichen Heimat, »weil unser Herz unruhig ist, bis es ruht in Gott«. Nur so, wenn letztlich die Hoffnungen in dem Grund verankert werden, der Er ist, der den Rahmen der menschlichen Wirklichkeiten übersteigt, können wir an unser Ziel kommen. Anders gesagt: Unsere Hoffnung trügt, wenn wir sie auf das Irdische und Sterbliche richten. Das ist ja schon die Erfahrung der Frauen, die zum Grab kommen und von dort die Botschaft mitnehmen: Sucht den Lebenden nicht bei den Toten (Lk 24,5).[13] Des Menschen Herz, das das Leben sucht, darf sich im letzten nicht festmachen in dem, was stirbt und dieser irdischen Sphäre angehört.

[12] Vgl. zur Symbolik des dritten Tages: *J. M. Nützel*, Da gingen Ihnen die Augen auf. Wege zu österlichem Glauben, 141.

[13] In der modernen Diskussion um die Auferweckung Jesu wird das »leere Grab« bekanntlich nicht in einem nur historischen Sinn gelesen, als ob damit ein Auferstehungsbeweis geliefert würde, sondern der kerygmatische Sinn des »leeren Grabes« kann nur verstanden werden im Zusammenhang mit den Christusvisionen. Es hat zeichenhaften Charakter für die Auferweckung. Die exegetische Literatur zu diesem Thema scheint unübersehbar. Einen Einblick in den Diskussionsstand bietet: *H. Waldenfels*, Kontextuelle Fundamentaltheologie, 262–281. – Vgl. auch: *A. Vögtle/R. Pesch*, Wie kam es zum Osterglauben?

Freilich kann das nicht heißen, dem *Weg zum »Grab«*, dem Weg alles Irdischen, auszuweichen und sozusagen in einem großen Überstieg alles Diesseitige links liegen zu lassen, um Gott am Alltäglichen vorbei unvermittelt zu begegnen. Der Weg zum lebendigen Gott führt zum »Grab«, weil nur so der Gott, »der inmitten dieser Welt jenseitig ist« (*Bonhoeffer*), erfahren werden kann.

Was sich in der »Begleitung des Auferstandenen« innerlich mit den Emmausjüngern bis jetzt ereignet hat, kann in wesentlichen Aspekten mit dem modernen Begriff der *Psychotherapie* umschrieben werden. Es handelt sich um mäeutisches Fragen, Verstehen dessen, was traurig macht, »Erinnern, Wiederholen, Durcharbeiten« (*Freud*) dessen, was an Verletzung mit ihnen passiert ist, und das alles, um ihrer inneren Bestimmung, der Gemeinschaft mit Gott, mit sich selbst und mit den Mitmenschen näherzukommen. Wir werden folglich eine ganze Menge von dem begreifen, was das Mitgehen des Auferstandenen bedeutet, wenn wir uns in der modernen Psychotherapie umsehen.

Freilich wird spätestens an dieser Stelle, wo die falschen und die wahren Hoffnungen der Jünger zur Klärung anstehen, deutlich, daß heilende Seelsorge weit über das hinausreicht, was profane Psychotherapie in Blick nimmt. Pastorale Begleitung, die an die »Methode« des Auferstandenen anschließt, wird in den Prozeß einbringen, daß die *wahren Hoffnungen* des Menschen nicht bei den »Toten«, bei allem, was ins »Grab« sinkt, zu finden sind, sondern bei dem, der das Leben, die Auferstehung ist. Das »Studium der wahren Hoffnungen« kann vorzüglich geschehen im Dialog mit den alten Schriften der Bibel. Wenn sie recht ausgelegt werden, kann vielleicht auch mit dem Einspruch gegen die »wahren Hoffnungen«: »Warum läßt Gott das Leid zu?« sinnvoll gelebt werden. Davon handelt die folgende Katechese.

(7) »Mußte nicht der Messias all das leiden ...?« (V 26)

Die Katechese[14] kündet von der schier unbegreiflichen Nähe Gottes: Gott, der sich in Jesus den Menschen zugeneigt hat, sagt in einer Totalität zu dieser Menschheit »ja«, daß er radikal die Gestalt des Menschen angenommen hat, ohne sich das Leiden auszusparen. Die Zuneigung Gottes zum Menschen reicht so weit, daß er sogar in Leiden und Sterben unser Bruder geworden ist. Und wird damit nicht unendlich viel *Tröstliches* aufgegriffen und vertieft, was die ganze Emmauslegende schon durchzieht? Gott, der im Auferstandenen da ist, geht auch an der Seite des Menschen, wenn sein Weg in die radikale Krise führt. Nur wer selbst durch das Leid hindurchgegangen

[14] Vgl. dazu 2 (1) 3. dieses Teils.

ist, nur einem solchen Menschen und einem solchen Gott, der sich so mit unserem Schicksal identifiziert, dem trauen wir zu, daß er auch in unseren Nöten bei uns ist.

Die Gesprächsszene spricht, so gesehen, die *Urfrage des Menschen* an: *Warum leiden?* Wie kann Gott das zulassen, daß Menschen Leid, Krankheit und Tod widerfahren? Die Emmauslegende gibt alles andere als eine vorschnelle Antwort, weil diese Frage so sehr in das Geheimnis »Mensch und Gott« hineinreicht, daß es nicht mit ein paar theologischen Konstrukten getan ist. Aber das sagt sie unüberhörbar: Unser Leid ist sein Anliegen, so sehr, daß er selbst sich damit bekleidet hat. Mensch und Gott treffen sich im Kreuz.

Nicht übersehen sollten wir an der Stelle, daß das Leiden des Messias für die beiden Jünger keine rein akademische Angelegenheit ist, über die man theologisch abstrakt diskutiert. Gerade das Leiden Jesu ist es ja, das sie selber in das Leiden hineingeführt und auf die Flucht nach Emmaus getrieben hat. Die Durchkreuzung ihrer eigenen Lebenspläne[15] durch das Kreuz von Golgotha kommt hier zur Sprache. In der Auslegung des Auferstandenen, im Dialog mit der Schrift geschieht ein gutes Stück Heilung und Vergewisserung in den wahren Hoffnungen. Das Herz fängt zu brennen an bei solcher Art der Schriftauslegung.

(8) »... was in der gesamten Schrift über ihn geschrieben steht...« (V 27)

Wenn die »Psychotherapie« fortgeschritten ist, dann stellt sich das tiefe Bedürfnis ein, den »roten Faden« in der eigenen Geschichte und, wie er in die Zukunft führen könnte, zu entdecken und auszurollen. Welchen Weg bin ich gegangen? Wohin soll ich weitergehen? Was ist der Sinn meines Lebens? Wir suchen nach einer Folie, die wir über unser Leben, seine Bruchstellen und das Leiden an ihm legen können, auf der die wichtigsten »Lebenslinien« markiert sind, so daß wir sie in unser Leben hineinsehen können. Eine solche »Matrix« menschlichen Lebens, die den »roten Faden« unseres Lebens zum Vorschein bringt, entdecken wir, wenn wir die *Geschichten der Bibel* im Zusammenhang mit unserer eigenen Geschichte lesen. Auf diese Weise weitet sich die Enge unseres Blickfelds. Was es um unser Leben ist, wird vom Standpunkt der Schrift aus neu ansichtig.

Solche Art von Schriftauslegung, in der gleichzeitig die Exegese des je individuellen Lebens geschieht, praktiziert in der Emmauslegende der Auferstandene. Seine »Erschließung« rührt an die Grundfragen der Jünger, ih-

[15] Vgl. *E. Garhammer*, Ermunterungen zu einer riskanteren Praxis, 176.

ren »Lebensentwurf«. Sie trifft die Mitte ihres Lebens, nicht Peripheres. Später erinnern sie sich, wie ihr Herz in der Brust zu brennen anfing, als er mit ihnen redete und den Sinn der Schrift erschloß. Sie fangen Feuer, was abgestorben war, wird wieder lebendig.

Indem sie so den Weg ihres Lebens bedenken und mit den Geschichten der Bibel zusammenbringen, kommen sie ihrem Lebensentwurf näher. Von den alten Geschichten geht so eine belebende Wirkung aus. *Gottes heilendes Handeln* für die Menschen, von denen die Schriften berichten, es ist in diesem Moment nicht nur erzählte Vergangenheit, sondern wird *im Jetzt erfahren.* Indem der Auferstandene »auf dem Weg« den Sinn der Schrift erschließt, was über den Messias geschrieben steht, werden die Jünger selbst von dieser messianischen Kraft der Befreiung aus Leid und Ausweglosigkeit ergriffen. Der Messias, von dem in ihrem Gespräch die Rede ist, er ist in dem Moment, wo sie von ihm reden, »mitten unter ihnen«. Gottes heilende Gegenwart ereignet sich in diesem Augenblick, wo sie »wahr« zur Sprache gebracht wird.

Das hat Konsequenzen für das Erzählen der biblischen Geschichten. *Martin Buber* berichtet von einem Rabbi, den man bat, eine Geschichte zu erzählen. »Eine Geschichte«, sagte er, »soll man so erzählen, daß sie selber Hilfe sei.« Und dann erzählte dieser Rabbi: »Mein Großvater war lahm. Einmal bat man ihn, eine Geschichte von seinem Lehrer Baalschem zu erzählen. Da erzählte er, wie der heilige Baalschem beim Beten zu hüpfen und zu tanzen pflegte. Mein Großvater stand und erzählte, und die Erzählung riß ihn so hin, daß er hüpfend und tanzend zeigen mußte, wie der Meister es gemacht hatte. Von der Stunde an war er geheilt. So soll man Geschichten erzählen.»[16]

Wenn die Geschichten der Bibel uns so mithineinnehmen wie den Großvater des Rabbi, wenn es uns gelingt, sie »nachzuhüpfen« und »nachzutanzen«, dann geschieht Wandlung mit uns. Weil in den Geschichten der Bibel Gottes Nähe zum Menschen erzählt wird, wird im Nachgehen dieser Geschichten seine Nähe je neu gegenwärtig. Und genau diese Nähe, so die Emmauslegende, ist unumgänglich notwendig, damit die unendliche Sehnsucht des Menschen nach Liebe und Geborgenheit gestillt werden kann.

(9) »Er brach das Brot ... und sie erkannten ihn« (V 30f)

Nachdem die Jünger den Herrn zum Bleiben gedrängt haben – also für die Fortsetzung der Begleitungsbeziehung initiativ geworden sind und nicht einfach nur passiv den Dingen ihren Lauf ließen, gehen sie hinein. In einer letzten Steigerung wird nun noch einmal die heilende Nähe Gottes deutlich.

[16] *M. Buber*, Werke, Bd.III, 71.

Es scheint fast, als wollte die Legende sagen: Die tiefste Gewißheit, daß Gott da ist, sie wird nicht im letzten dort erfahren, wo das Leben, und wie Gott darin vorkommt, mitgeteilt wird, sondern wo diese Rede zur rechten Zeit aufhört, weil mit Worten alles gesagt ist, was zu sagen ist.

Indem sich die Jünger zum *gemeinsamen Mahl* versammeln, also *liturgisch-gottesdienstlich* an der Praxis Jesu anknüpfen, wird es ganz evident: Gott ist da. Er ist da in diesem Jesus, auf den sie alles gesetzt haben. Er lebt, und damit kommen auch sie neu zum Leben. Es fällt jetzt wie Schuppen von den Augen: Die ganze Zeit schon ging er mit ihnen, ihr Weg war sein Weg. Er ist ihr Weg geworden.

Im Mahl geht ihnen auf, daß sie nicht nur von ihm begleitet waren, sondern die ganze Zeit auf ihn zugeschritten sind. Nun sind sie angekommen. Die Nähe zu ihm hat einen Punkt erreicht, wo sie mit ihm und er mit ihnen eins werden. Indem sie das Brot, auf dem der Segen Gottes liegt, brechen, austeilen und miteinander essen, treten sie in eine geradezu leibliche Gemeinschaft mit diesem Gott. Das Mahl wird zum *»Fest der Nähe Gottes«*. In dieser Feier wird anschaulich, wer Gott für die Menschen ist.

Hier wird an der gemeinschaftsstiftenden Praxis des vorösterlichen Jesus angeknüpft, und darin ist unzweifelhaft erkennbar: Die Praxis Jesu hat über Golgotha hinaus Bestand. Es war offensichtlich diese symbolisch realisierte Erinnerung an die Praxis Jesu, die sie zu der Gewißheit brachte: Er ist auferstanden und geht mit uns auf dem Weg des Lebens. Solch liturgisch-mystische Erfahrung treibt den Prozeß der Heilung aus Blindheit und Traurigkeit auf die Spitze. Man wird nicht in Abrede stellen, daß die Emmauslegende damit auf die Möglichkeiten der Christusbegegnung und Heilung, die die *Mahlfeier der Gemeinde* in sich birgt, aufmerksam machen will.

(10) »Noch in derselben Stunde brachen sie auf ...« (V 33)

Ziel des Emmausganges ist nicht das Beisammensein selbst, sondern der neue Aufbruch – so wie bei Elias, zu dem der Engel sagt: »Steh auf und iß, du hast noch einen weiten Weg vor dir« (1 Kön 19,5). Folglich ist *Emmaus keine Endstation*. Was erst als Inbegriff der Regression erschien, erweist sich als entscheidende Stärkung zu neuer Reise, als Tor in die Weite des vorausliegenden Lebens.

Was man nicht im entferntesten zu träumen wagte, ist Wirklichkeit geworden: Ihnen ist etwas widerfahren, das man nicht für sich behalten kann. Wieder brechen sie auf, hastig, aber ihr Aufbruch hat nichts mehr von einer verzweifelten Flucht an sich. Im Gegenteil: Die Freude bekommt Beine, und sie tragen ganz selbstverständlich dorthin, wo die Freunde noch vermutet werden, in der Traurigkeit und Blindheit von Jerusalem.

Wem der Herr erschienen ist, der kann das nicht für sich behalten, sondern es drängt ihn, andere daran teilhaben zu lassen, damit auch mit ihnen das Wunder der Wandlung geschehe, das in der Erfahrung des mitgehenden Gottes liegt. Nichts lieber wünscht man ihnen.

Muß es angesichts ihrer überschäumenden Euphorie nicht wie eine Enttäuschung anmuten, als sie, noch bevor sie selbst zu Wort kommen, erfahren, daß der Herr dem Simon erschienen ist? Wenn man das Interesse bei der Auslegung auf die Lehraussage legt, dann besteht kein Zweifel: Hier wird so etwas wie der Primat des Petrus festgeschrieben; er ist der erste, dem der Herr erschienen ist, und aller Osterglaube muß, will er legitim sein, mit seiner Erfahrung in Verbindung stehen. Aber nicht mit diesem Interesse blicken wir auf die Perikope. Unsere Suchrichtung geht auf den inneren Prozeß der Jünger. So gesehen wird bei dieser Begegnung mit dem Kreis der Elf deutlich, daß *Ostererfahrungen nicht private Ereignisse* sind, sondern in einer inneren Verbindung mit dem Kreis der Brüder stehen und immer wieder in diesen Kreis hineinführen. Heilende Erfahrungen des Glaubens, so dürfen wir dann sagen, sind *Gemeindeereignisse.* Keiner kann »privat« die Erfahrung der Nähe Gottes machen – *zwei* Jünger sind auf dem Weg miteinander –, und keiner, der diese Erfahrung gemacht hat, kann sie und wird sie für sich allein in Besitz nehmen. Solche Erfahrung, soll sie ihre Wirkung entfalten, verlangt danach, in eine *»Erzählgemeinschaft der Glaubenden«* eingebunden zu werden. Nicht Enttäuschung ist deshalb der Tenor der Begegnung mit den Brüdern in Jerusalem, sondern Freude am gemeinsam Erlebten.

Daß sie nach *»Jerusalem«* zurückkehren, von wo sie herkamen, bedarf der Aufmerksamkeit. Für sie bedeutet dieser Ort, der mit Golgotha identisch war und ihre Krise markiert, das Zurückfinden zu sich selbst und ihrer Geschichte. Sie können nun, nachdem sie den Weg über Emmaus genommen haben, wieder an ihrer Lebenslinie anknüpfen, die sie abgerissen wähnten. Sie kehren damit in ihr Leben zurück, in ihren Alltag, in ihre Arbeit. Auch wenn alles so scheint wie immer, sie selbst sind andere geworden, und das verändert alles.

(11) Ein innerer Emmausweg heute

Ganz unverkennbar läßt sich in der Emmauslegende ein innerer, seelischer Weg entdecken, der nicht nur von den Jüngern gegangen wurde, sondern von jedem Menschen gegangen werden kann. Die Emmauslegende lädt dazu ein. Es überrascht deshalb auch nicht, daß Christen heute ihren inneren Weg aus der Krise – aus Glaubenszweifeln oder anderen seelischen Bedrängnissen – mit dem Bild des Emmausganges beschreiben. Die Erinnerung an den eigenen Weg, und wie man dabei einen »Meister des inneren Weges« als Begleiter erleben durfte, findet in der Erzählung des Lukas offensichtlich einen stimmigen Ausdruck. Für beides steht dann die Emmauslegende als erinnerndes Zeichen: für den eigenen seelischen Prozeß wie für die erfahrene Begleitung auf diesem Weg.

Im Folgenden erzählt einer seinen ganz persönlichen lebensgeschichtlichen Emmausweg, der dem der Jünger ganz ähnlich ist: »Eine jener ... für mich großen Erfahrungen war die, daß ich unter meinen Theologieprofessoren einen Freund fand, den ich in seiner menschlichen und daher für mich glaubwürdigen Christlichkeit akzeptieren konnte. Mit ihm begann ein längerer Gang nach Emmaus. Jene Erzählung aus dem Lukasevangelium ist bis heute für mich eine der wertvollsten geblieben (Lk 24,13–35). Sie wurde zum eigenen, persönlichen Erlebnis: nicht aufhören, unterwegs zu sein, zu fragen, meine Enttäuschung, meine Zweifel mit anderen zu teilen. Da geschah dann tatsächlich das Unerwartete: ich kam mit einer Ebene des Glaubens in Berührung, auf der ›mein Herz zu brennen‹ anfing, indem ich zweifelsfrei begriff: ›glauben‹ ist nicht zuerst und zuletzt eine Zugehörigkeit und eine für-wahr-haltende Übereinstimmung mit einem konfessionellen Lehrgebäude, ›glauben‹ im Sinne Jesu meint: mich auf den Weg machen, begegnen, mich einlassen, vertrauen, ansprechbar sein, meine Türen öffnen für andere, Versöhnung und Frieden machen und davon niemanden aus Prinzip ausschließen, die Angst loslassen, zu kurz zu kommen – und dies alles im Vertrauen zu Jesus und zu mir selbst.

In diese Erfahrung *meiner* Emmausgeschichte fügte sich als Neuentdekkung eine zweite: meine Begegnung und mein mehrjähriger Weg mit Karlfried Graf Dürckheim, einem wirklichen ›Meister des inneren Weges‹, des menschlichen Reifens, der persönlichen und ... existentiell-religiösen Individuation: der Suche nach Erfahrung des ›Stoffes‹, aus dem ich – hinter aller biographischen Vorläufigkeit und Zweitrangigkeit – gemacht bin, ich meine: meines göttlichen Ursprungs, meiner Wesensverwandtschaft mit Christus, mit jedem Menschen. Bei diesem ›Meister des inneren Weges‹, wie ich leider kaum einem anderen innerhalb der Kirche begegnet bin, ist mir eines wirklich klar geworden ...: Was die tiefsten Sehnsüchte des Menschen wirklich befreiend (erlösend) erreicht, ist ... ein Glaube, der ... sich aus Erfahrung speist. Er läßt wahrhaft die ›Augen aufgehen‹ (wieder ein Teil des Emmausweges) und erkennen, wer ich eigentlich bin, wer der Mitmensch ist und wie unser Leben (mit den Augen Christi gesehen) gemeint ist. Ich möchte in diesem Zusammenhang eine riskante Forderung aussprechen, die dem Sinn nach in Karl Rahner einen Vorläufer hat: ›Wir brauchen in den Kirchen nicht so sehr Prediger, Katecheten, Lehrer – was not tut, sind Meister des inneren Weges‹ ...«[17]

Aber nicht nur vom inneren Weg handelt der Emmausgang, wie ihn Lukas oder wie ihn hier der Erzähler beschreibt, sondern vor allem von der

[17] *L. Hohn-Kemler*, Glauben – zu sich selbst kommen, 134f.

heilenden Begleitung, die diesen Gang erst ermöglicht. Nach der Emmauslegende entsprechen den unterschiedlichen Phasen des inneren Weges jeweils ganz bestimmte *»Methoden« der Begleitung*. Man bekommt sie in Blick, wenn man die z. T. konträren Ergebnisse der historisch-kritischen Exegese zur Emmausperikope zu Rate zieht und miteinander zu verknüpfen versucht.

2
METHODEN DER HEILENDEN BEGLEITUNG AUF DEM EMMAUSWEG

(1) Die Erzählmotive der Emmausgeschichte in historisch-kritischer Sicht

Kennzeichnend für die Forschungen der historisch-kritischen Exegese zur Emmausgeschichte[18] ist die Feststellung *Joachim Wankes*[19], es falle außerordentlich schwer, »das zentrale Anliegen der Perikope auf einen Nenner zu bringen«. Die Vermutung wird geäußert, dies sei »der Grund für die Vernachlässigung der Emmausgeschichte in der modernen Exegese«[20]. So verwundert es nicht, daß der Forschungsstand der Exegese zur Emmausgeschichte von vielfältigen Widersprüchen und von ziemlicher Uneinheitlichkeit geprägt ist. Insbesondere in dem Grundanliegen der Formgeschichte[21], ein *ursprüngliches Erzählmotiv* herauszuarbeiten, ist kein Konsens zu entdecken.

Verschiedene Motive, deretwegen die frühen Gemeinden und Lukas diese Geschichte erzählen, werden vermutet. Soweit zu sehen, lassen sich die Ergebnisse der Exegese im wesentlichen in vier Erzählmotive zusammenfassen:

[18] Neben den allgemeinen Lk-Kommentaren und exegetischen Abhandlungen zur Auferstehungsfrage befassen sich mit der Emmausperikope u. a.: *J. Wanke*, «... wie sie ihn beim Brotbrechen erkannten«. – *Ders.*, Die Emmauserzählung. – *F. Schnider/W. Stenger*, Beobachtungen zur Struktur der Emmausperikope (Lk 24,13–35). – *P. Schubert*, The Structure and Significance of Luke 24. – *H. D. Betz*, Ursprung und Wesen christlichen Glaubens nach der Emmauslegende (Lk 24, 13–32). – *J. M. Nützel*, Da gingen ihnen die Augen auf. – *J. Kremer*, Die Osterevangelien, 114–136.

[19] *J. Wanke*, «... wie sie ihn beim Brotbrechen erkannten«, 180. Die Emmausgeschichte weist nach *J. Wanke*, ebd. 180, einige Besonderheiten auf. »Die Erzählung weiß nichts von einem beauftragenden Wort des Auferstandenen an die Jünger. Im Erkennen entzieht sich Jesus seinen Weggefährten. Doch auch apologetische Züge sind der Erzählung fremd, etwa das Interesse, die Leiblichkeit des Auferstandenen zu demonstrieren (vgl. dagegen Lk 24,36–43)«.

[20] Ebd. 180.

[21] Vgl. hierzu u. a. *K. H. Müller*, Exegese/Bibelwissenschaft, 337f.

- Wiedererkennen des Auferstandenen
- Christologische Legitimation des eucharistischen Mahles
- Messianische Katechese
- Ekklesiale Katechese.

1. Wiedererkennen des Auferstandenen

Einig ist sich die Mehrzahl der Exegeten darin, daß es sich bei der Emmauserzählung um eine Ostergeschichte handelt, die die Auferstehungserfahrung umkreist. Dies gehe eindeutig schon daraus hervor, daß sie »fest in das lukanische Osterkapitel verwoben«[22] sei. Und innerhalb dieses Kapitels sei sie »nicht nur die ausführlichste, sondern auch eine der schönsten und eindrucksvollsten Ostergeschichten«[23]. *Rudolf Bultmann* bezeichnet sie als »ihrem Gehalt nach die älteste der synoptischen Auferstehungsgeschichten«[24], denn in ihr komme die Gewißheit der Auferstehung im Wissen um die Identität des Gekreuzigten mit dem wiederkommenden Herrn zum Ausdruck. Die Perikope sei getragen, so *Bultmann*, vom »Motiv des Auferstehungsbeweises durch die Erscheinung des Auferstandenen«.[25]

Begründet wird diese Auffassung vor allem durch einen literar-kritischen[26] Befund. Die Perikope weise insgesamt eine sprachliche und motivische Uneinheitlichkeit auf. Man könne einen vorlukanischen Traditionskern identifizieren, der die Mahlszene 24,28–31 umfasse. Hinzurechnen müsse man dazu als Einleitungsverse noch V 13 und 16[27], weil eine Entsprechung bis in den Wortlaut und in die Grammatik hinein vor allem zwischen V 16 und V 31 bestehe.[28]. Wenn man nun die Vorlage der Emmausgeschichte rekonstruiere – *Schnider/Stenger* bedienen sich dazu des Instru-

[22] *J. Wanke*, «...wie sie ihn beim Brotbrechen erkannten«, 181.

[23] *W. Grundmann*, Das Evangelium nach Lukas, 442.

[24] *R. Bultmann*, Die Geschichte der synoptischen Tradition, 314.

[25] Ebd. 312.

[26] Vgl. *K. Müller*, Exegese/Bibelwissenschaft, 366: »Dabei unternimmt es die ›Literarkritik‹, diese Vorgeschichte schriftlichen Wachstums dadurch erkennbar zu machen, daß sie Texte des AT und des NT daraufhin inspiziert, ob sie von einem Verfasser im Zuge ein und desselben Formulierungsvorganges fixiert worden sein können. Als methodische Leitplanke bietet sich ihr deswegen die Frage nach der ›Einheitlichkeit‹ bzw. nach der ›literarischen Integrität‹ eines atl. oder ntl. Textes an. Um Antwort auf diese Frage geben zu können, achtet die ›Literarkritik‹ vor Ort auf das Vorhandensein von Differenzen in Wortgebrauch und Stil, auf Spannungen im Wortlaut, auf sekundäre Verklammerungen, auf Doubletten sowie auf inhaltliche Unebenheiten und Widersprüche – auf Merkmale des zu untersuchenden Textes also, welche dessen ›Uneinheitlichkeit‹ signalisieren. Lassen sich solche Anzeichen beobachten, sondern und ordnen, so legt sich der ›Literarkritik‹ der Schluß auf schriftlich vorausliegende, ehedem selbständige Wortbestände (Vorlagen, Quellen) mit möglicherweise schon älteren Bearbeitungen nahe: Es ergibt sich, daß der ›literarkritisch‹ durchgesehene biblische Text bereits eine literarische Geschichte hinter sich hat, nach deren Vorgängen und in deren Limitierungen er schließlich zu seiner derzeitigen Fassung gelangte.«

[27] Vgl. *P. Schubert*, The Structure and Significance of Luke 24, 172 und 174. Ähnlich *W. Marxen*, Die Auferstehung Jesu von Nazareth, 163f.

[28] Vgl. *F. Schnider/W. Stenger*, Beobachtungen zur Struktur der Emmausperikope (Lk 24,13–35), 103.

mentariums der »strukturalen Analyse«[29] –, dann lasse sich folgendes Ablaufschema der ursprünglichen Geschichte erkennen:[30]

»1. Kleophas[31] geht nach Emmaus.
2. Jesus tritt hinzu.
3. Jesus wandert mit ihm.
4. Kleophas' Augen sind gehalten.
5. Kleophas erkennt Jesus nicht.
6. Sie kommen nach Emmaus.
7. Jesus will weitergehen.
8. Kleophas bittet ihn zu bleiben.
9. Jesus tritt ins Haus ein.
10. Sie legen sich zum Mahl nieder.
11. Jesus nimmt das Brot.
12. Jesus spricht die Preisung.
13. Jesus bricht das Brot.
14. Jesus gibt das Brot Kleophas.
15. Kleophas' Augen werden aufgetan.
16. Kleophas erkennt Jesus.
17. Jesus wird unsichtbar.«

Folgt man dieser literarkritischen Analyse, dann liegt der Akzent der Emmausvorlage, nicht unbedingt so eindeutig auch in der lukanischen Redaktion, zweifellos auf dem Wieder-Erkennen des Auferstandenen. Konstitutiv ist dann für die Geschichte, daß der Auferstandene erst als Unbekannter begegnet, der dann im nachhinein erkannt wird. Damit solches Erkennen sich ereignen kann, müssen die gehaltenen Augen geöffnet werden. »Das Erkennen geschieht plötzlich, am Ende des Weges in Emmaus, und zwar als Gabe Gottes. Der gemeinsame Weg nach Emmaus führt nicht von selbst in das Erkennen hinein; es bedarf vielmehr der Öffnung der Augen durch Gott«.[32] Das von Gott geschenkte Wieder-Erkennen des Auferstandenen bildet dann in dieser Interpretation das zentrale Thema der Perikope und wird zum Agens des Erzählens. Man hat deshalb die Emmausgeschichte ihrer thematischen Eigenart nach unter die *»Wiedererkennungsgeschichten«* eingereiht. Sie ist nach *Walter Grundmann* ein »Anagnorismos, eine Erzählung, die auf Wiedererkennen und Wiedervereinigung abzielt«.[33] *Jacob Kremer*[34] lehnt diese Bestimmung

[29] Vgl. *F. Schnider/W. Stenger*, Beobachtungen zur Struktur der Emmausperikope (Lk 24,13–35), 94ff.
[30] Ebd. 104.
[31] Nach *F. Schnider/W. Stenger* hat es wenig Sinn, von zwei Jüngern in der Vorlage zu sprechen, wenn in ihr das Gespräch auf dem Weg fehlt.
[32] *F. Schnider/W. Stenger*, Beobachtungen zur Struktur der Emmausperikope (Lk 24,13–35), 110.
[33] *W. Grundmann*, Das Evangelium nach Lukas, 442.
[34] *J. Kremer*, Die Osterevangelien, 128.

freilich ab. Das Motiv des Wiedererkennens durchziehe lediglich einen Teil der Geschichte, nicht die ganze vorliegende Fassung. Es sei dem Motiv der *Belehrung* gänzlich untergeordnet, wobei zwei Unterweisungsschwerpunkte hervortreten: der geheiligte Ritus des Brotbrechens und die Interpretation der Schrift.

2. Christologische Legitimation der eucharistischen Mahlpraxis der Gemeinde

Ausgehend davon, daß die lukanische Vorlage als Mahlszene konzipiert war, und daß das Erkennen des Auferstandenen im Mahl sich ereignet, heben manche Exegeten den Aspekt des Mahles besonders hervor, bis dahin, daß die lukanische Vorlage nicht eigentlich eine Ostergeschichte erzählt, sondern als *»Kultätiologie«*[35] zu lesen sei. Tragendes Motiv der Emmauserzählung sei dann, den in der vorlukanischen Gemeinde praktizierten Gottesdienst bzw. das eucharistische Mahl zu legitimieren. Die Geschichte erzähle nicht primär, daß der Auferstandene erkannt wurde, sondern, daß im Mahl (und nicht woanders) seine Gegenwart erfahren werde.

Die Emmausgeschichte erhält dadurch eine neue, andere Akzentsetzung: Sie wird gottesdienstlich eucharistisch gedeutet. Als »Sitz im Leben« wird dann für die Perikope der Kult der vorlukanischen Gemeinde angenommen, die Emmausgeschichte als »Kultlegende« verstanden. »Im Sinne der Legende heißt dies, daß der auferstandene Jesus das ›Herrenmahl‹ als christliches Kultmahl ›einsetzt‹ und die Jünger in den Ritus ›einweiht‹«.[36] Obwohl nur vom Brotbrechen die Rede sei, könne nur das eucharistische Mahl gemeint sein. Die Sinnspitze der lukanischen Vorlage läge dann darin, daß »das Gemeinschaftsverhältnis, das Jesus in seinen Erdentagen den Seinen erschlossen hatte, wieder aufgenommen und zugleich seiner Erfüllung zugeführt wird«.[37] Die eucharistische Feier würde so qualifiziert als Anknüpfung an die vorösterlichen Jesusmahlzeiten und zugleich als beinahe ausschließlicher Ort der Erkenntnis des Auferstandenen.

Joachim Wanke versucht das Wiedererkennungsmotiv und die Kultätiologie als tragendes Motiv gleichgewichtig zusammenzuführen. Für ihn reflektiert Lk 28ff dann eine neue Erfahrung der Gemeinde: »Der Kyrios gibt sich gegenwärtig in dem Mahl, das die Gemeinde arrangiert. Was die Gemeinde bei ihren Zusammenkünften tut, der Nachvollzug der Handlungen Jesu bei seinem Abschied im Jüngerkreis, wird hier im Lichte des Osterglau-

[35] *H. D. Betz*, Christlicher Glaube nach der Emmauslegende, Lk 24,13–32, 12. Ähnlich äußern sich *W. Marxen*, Die Auferstehung Jesu von Nazareth, 163f. und *J. Kremer*, Die Osterbotschaft der vier Evangelien, 66. Letzterer hebt in: Die Osterevangelien, 128, hervor, daß es sich nicht um eine an einen bestimmten Ort gebundene Kultlegende handeln kann.

[36] *H. D. Betz*, Christlicher Glaube nach der Emmauslegende, Lk 24,13–32, 12.

[37] *J. Roloff*, Das Kerygma und der irdische Jesus, 257.

bens interpretiert und in der Form einer Erzählung katechetisch und homiletisch ausgewertet... Hier wird aus theologischer Erfahrung heraus bezeugt und reflektiert, daß Jesu Abendmahlshandlung durch die Gegenwart des nunmehr erhöhten Herrn österlich ›umgeschmolzen‹ wurde... Ostern bedeutet eine Transponierung der vorösterlichen Abendmahlfeier: Der erhöhte Herr gibt sich in neuer Weise den Seinen.«[38] Das Brotbrechen in der Gemeindeversammlung werde in der Emmausvorlage gedeutet als das große Zeichen der Auferstehung. Im gemeinsamen, am Auftrag Jesu anschließenden Mahl erfährt die Gemeinde den Herrn als Auferstandenen. So gilt für *Wanke*: »Die in der Emmauserzählung erkennbare Tradition ist an der ›Legitimation‹ eines besonderen Eucharistieverständnisses interessiert.«[39]

Franz Schnider und *Werner Stenger* lehnen bei ihrer Interpretation Wiedererkennungsmotiv und Kultätiologie im einzelnen als auch in Verknüpfung miteinander entschieden ab. Zum einen könne nur eine »modern-psychologisierende Betrachtungsweise« annehmen, daß die Jünger Jesus an einer bestimmten, ihnen von früher vertrauten Geste erkannten. »Es ist nicht so, als ob der Gestus des Brotbrechens durch den bei den Emmausjüngern weilenden Auferweckten diese an den Abendmahlgestus des vorösterlichen Jesus erinnert hätte, und sie ihn aufgrund dieser Erinnerung erkannt hätten.«[40] Zum andern geschehe das Erkennen eben nicht im Zusammenhang mit dem gemeinsamen Mahl. Die Öffnung der Augen werde eigens erwähnt, inhaltlich abgehoben vom Mahl. Das zeige sich schon auf grammatischer Ebene darin, wo die VV 30 und 31 weder in einem konsekutiven noch finalen Zusammenhang stehen. Der Stellenwert des Mahles sei im Gesamten der Erzählung relativ gering. Das Mahl gehöre, erhoben durch die strukturale Analyse, zu dem »Beziehungsbündel, das von der Gemeinschaft des Jüngers mit Jesus spricht. Die Gemeinschaft mit Jesus aber führt nicht unmittelbar zum Erkennen; die Öffnung der Augen muß eigens erwähnt werden.«

Die Kontroverse, ob die lukanische Vorlage als »Wiedererkennungsgeschichte« oder als Kultätiologie zu sehen sei, läßt sich sicher mit guten Gründen dadurch lösen, wie es *Wanke* versucht, daß die beiden Erzählmotive gleichgewichtig zur Geltung gebracht werden. Bei solcher Art des Kompromisses bleibt jedoch ausgeklammert, daß wir es bei Lk 24,13–35 eben nicht nur mit einem »alten Traditionskern«, einer »Vorlage« zu tun haben, sondern mit einer lukanischen Redaktion, in die eine Vorlage, wohl nicht ohne Grund, eingefügt worden ist. Es will nicht einleuchten, daß der »ursprüngliche Textsinn« der gesamten Perikope Lk 24,13–35 dort, und nur dort, zum

[38] *J. Wanke*, «...wie sie ihn beim Brotbrechen erkannten«, 184f.
[39] Ebd. 184.
[40] *F. Schnider/W. Stenger*, Beobachtungen zur Struktur des Emmausperikope (Lk 24,13–35), 112.

Ausdruck kommt, wo unter Absehung redaktioneller Gestaltung der historisch älteste Traditionskern isoliert herausgeschält und interpretiert wird. Man wird keineswegs in Abrede stellen können, daß die lukanische Vorlage der Kultlegitimation entspringt, doch darüber hinaus ist von mindestens ebensolchem Interesse, was zur lukanischen Redaktion geführt hat – welche Motive, welche Glaubenserfahrungen einer Gemeinde.

3. Messianische Katechese

Die Literarkritik betrachtet das Gespräch der Jünger auf dem Weg nach Emmaus als einen späteren redaktionellen Einschub in eine ursprünglich kürzere Emmausgeschichte. Verschiedene Gründe werden dafür ins Feld geführt:[41]

- Das in diesem Gespräch auftauchende typisch lukanische Motiv der Jesus schon im vorhinein bezeugenden Schriften.
- In V 18 wird der Öffentlichkeitscharakter der Ereignisse um Jesus betont, was gut lukanisch sei.
- V 19 bezeichnet Jesus als einen im Wort und Werk mächtigen Propheten, eine Charakterisierung, die sich in ähnlicher Weise mehrfach in der Apg und in Lk findet.
- VV 22 und 23 nehmen Bezug auf die Geschichte vom Gang der Frauen zum Grab (Lk 24,1ff). Hier wie dort wird betont, in Abhebung von der Markusvorlage, daß die Frauen den Leichnam nicht fanden. Auch gleicher Wortgebrauch läßt sich zwischen beiden lukanischen Versionen feststellen.
- VV 25–27 bringen eine gewisse Ähnlichkeit der tadelnden Anrede Jesu an die Jünger mit dem Tadel des Engels an die Frauen (Lk 24,5–8).

Der Evangelist hat offensichtlich durch die Ausgestaltung des Weggesprächs die gesamte Emmausperikope mit einem im Vergleich zur Vorlage neuen Akzent versehen.[42] In diesem Gespräch würden, so *Joachim Wanke*, wie in einem Brennpunkt bestimmte theologische Linien des Lukasevangeliums zusammengeführt.[43] Insbesondere die Charakterisierung Jesu als »prophetischen Mann, mächtig in Tat und Wort vor allem Volke«, wie sie in V 19 vorgenommen wird, intoniere ein Thema lukanischer Theologie mit deutlich katechetisch-belehrender Absicht: »Die ›Prophetenchristologie‹ wird den ›unverständigen‹ Jüngern in den Mund gelegt, aber nachträglich durch den Christus-Titel (24,26) aufgehoben. Lukas schien eine solche Korrektur wahrscheinlich ungenügender christologischer Vorstellungen in den

[41] Vgl. ebd. 101.

[42] *J. Kremer*, Die Osterevangelien, 114–136, unterscheidet drei Phasen des Gesprächs: Weggespräch I: Kreuzigung Jesu, Weggespräch II: Zusammenfassung der Osterereignisse, Weggespräch III: Passion und Auferstehung im Licht der Schriften.

[43] *J. Wanke*, «...wie sie ihn beim Brotbrechen erkannten«, 118.

Gemeinden seines Gesichtskreises (palästinensische Exilanten?) notwendig gewesen zu sein.«[44]

Eine ähnliche messianische Katechese begegne in V 21. Es käme Lukas darauf an, eine enge, nur das Jesusereignis umkreisende Messiashoffnung abzuwehren und statt dessen die Erlösungshoffnung österlich zu begründen.[45] Dies werde auch noch einmal ausdrücklich in dem Kernsatz des ganzen Weggesprächs in V 26 aufgegriffen. Hier werde die für die Jünger anstößige Tatsache des Leidens und Sterbens Jesu, die in keiner Messiaserwartung, wie immer geartet, vorgesehen war, neu gedeutet. Lukas enthülle das Leidensgeheimnis des Messias hier als das von Gott verfügte »messianische Grundgesetz«. »Das ›Muß‹ des Leidens ist im göttlichen Ratschluß verankert: ›Tora, Propheten und Psalmen sind der Mund der Providentia, der Prognosis Gottes.«[46]

Eine solche katechetische Absicht, die für die redaktionelle Ausgestaltung der Gesprächsszene angenommen wird, fügt sich gut in die gesamte lukanische Konzeption. Lukas verfolgt in seiner Evangelienschrift eine solche »Hermeneutik« des in den »Schriften« verborgenen göttlichen Heilsratschlusses. Die Messianität Jesu, zu der Kreuz und Auferstehung entscheidend gehören, wird von Lukas eingebunden in die Kontinuität der Heilsgeschichte: Was sich in Kreuz und Auferstehung ereignet, läßt sich als Gottes Absicht von Anfang an in der Schrift entdecken.[47] Der Evangelist will sagen: Das Leiden und Sterben Jesu darf kein Hindernis sein, ihn als den wahren Messias zu erkennen, von dem die Schrift und die Propheten künden.

4. Ekklesiale Katechese

Eine redaktionelle Neukonzeption gegenüber der Emmausvorlage besteht nach Ansicht mancher Exegeten[48] auch darin, daß Lukas die Geschichte nicht in Emmaus, wie es die Vorlage tut, sondern in Jerusalem enden läßt. Auffällig sei weiterhin die Entfernungsangabe zwischen Emmaus und Jerusalem, ein Ort namens Emmaus, der 60 Stadien von Jerusalem ent-

[44] Ebd. 189.

[45] Ebd. 190.

[46] Ebd. 190.

[47] Vgl. ebd. 191. *H. D. Preuß/K. Berger*, Bibelkunde des Alten und Neuen Testamentes, 284: »Lk legt großen Wert auf die Darstellung von Kontinuität.« Ähnlich auch *O. Knoch*, Begegnung wird Zeugnis, 63ff. Nach *Otto Knoch* wird Jesus von Lk als der wahre Retter und Heiland der Welt herausgestellt, auf den die Erschaffung der Menschen zuläuft, dabei zeige sich die Tendenz, Züge, die die Hoheit Jesu verdunkeln oder Mißverständnisse über seine Person aufkommen lassen könnten, zu tilgen. So werde aus dem schrecklichen Geschehen des Leidens Jesu, wie es Markus berichtet, bei Lk ein tröstliches und verheißungsvolles (66).

[48] Vgl. *F. Schnider/W. Stenger*, Beobachtungen zur Struktur der Emmausperikope (Lk 24,13–35), 100. Auch *G. Lohfink/R. Pesch*, Tiefenpsychologie und keine Exegese, 109–112, heben in ihrer Deutung der Emmausgeschichte die ekklesial-gemeindliche Dimension besonders hervor.

fernt liegt, konnte von der historischen Forschung nicht identifiziert werden.[49] Die Entfernungsangabe ziele, so die Meinung dieser Forscher, nicht auf historische Berichterstattung, sondern erfülle eine andere, theologische Funktion: »Im Sinne des Lukas müssen wir... lesen: Emmaus lag höchstens 60 Stadien entfernt, genau wie Apg 1,12 den Sinn hat: nahe bei Jerusalem, *nur* einen Sabbatweg entfernt.«[50] Es gehe dem Evangelisten folglich darum, indem er die räumliche Nähe zu Jerusalem beschreibt und die Geschichte in Jerusalem enden läßt, eine innere, geistige Nähe und Verbindung zu Jerusalem herauszustellen. Was ist der Grund, weswegen Lukas »Jerusalem« so heraushebt? Für den Evangelisten Lukas sei Jerusalem gleichbedeutend mit dem Kreis der Elf und ihrer Gefährten, und sie wiederum der Urtypus von Kirche.[51] Lukas sehe in dem »Kreis der Brüder« (Apg 1,15) den Kern der jungen Kirche und das erste Forum, vor dem das Ostergeschehen abläuft: »die Frauen berichten diesem Gremium (24,9 f), Petrus geht aus dem Kreis der Brüder zum Grab (24,12), die Emmausjünger (›zwei von ihnen‹) kehren dorthin zurück.«[52]

Als die beiden Jünger zurückkommen (V 34), rufen ihnen die »Jerusalemer« zu: »Der Herr ist wirklich auferstanden und dem Simon erschienen«. Diese Wendung der Szene zeige noch einmal deutlicher den theologischen Aussagewillen des Evangelisten, wie er sich in der Hervorhebung der Nähe zu Jerusalem, gleichbedeutend mit der Urzelle der Kirche, schon ankündigt: »Das Erlebnis der Emmauswanderer soll mit dem Credo der Urkirche in Verbindung gebracht werden und von diesem her seine Legitimation erhalten.«[53] Die zeitliche Priorität der Petruserscheinung sei im Sinn Lukas' durchaus sachlich zu verstehen: Petrus ist der »Erste« der von Gott vorherbestimmten Zeugen (Apg 10,41), die Erscheinung vor Petrus ist die Wurzel des Osterglaubens.[54] Im Sinn dieser Auslegung wird man der Perikope folglich nur dann gerecht, wenn man sie auch als ekklesiale Katechese begreift: Wer nachösterlich ähnliche Erfahrungen mit dem Auferstandenen machen will wie die Emmausjünger, kann sie nur als in die Kirche eingebunden, in Verbindung mit dem »Kreis der Brüder«, machen. Anders gesagt: Ostern gibt es nicht als Privatereignis, losgelöst vom Auferstehungsglauben der Kirche. Das ist dann die Kernaussage der Perikope, und das Erzählmotiv des Evangelisten Lukas muß folglich so rekonstruiert werden, daß er zu dieser »Glaubenswahrheit« hinführen wollte.

Neben diesen vier Hauptmotiven der Emmauserzählung werden von der

[49] Vgl. *W. Grundmann*, Das Evangelium nach Lukas, 444.
[50] *G. Lohfink*, Die Himmelfahrt Jesu. Untersuchungen zu den Himmelfahrts- und Erhöhungstexten bei Lukas, 208.
[51] *J. Wanke*, «... wie sie ihn beim Brotbrechen erkannten«, 186.
[52] Ebd. 186.
[53] Ebd. 187.
[54] Ebd. 187.

modernen Exegese am Rand noch zwei weitere erwähnt. Da ist einmal das Bild des *unerkannt mitwandernden und als Gast einkehrenden Gottes.* Es wird von *Walter Grundmann*[55] in der Einleitung seines Kommentars zur Emmausperikope nebenbei angeführt, ohne daß es in der Auslegung selbst eine größere Rolle spielte. Ähnlich verfahren auch *Franz Schnider* und *Werner Stenger*. Sie charakterisieren dieses Bild als ein in der antiken und biblischen Literatur weit verbreitetes, das im Rahmen der Emmausgeschichte gut geeignet sei, »die wesensmäßige Fremdheit der himmlischen Gestalt gegenüber den Menschen, zugleich aber ihre zugewandte Nähe zur Anschauung zu bringen«.[56] Zum andern wird auch das *Motiv des Weges,* das in der Emmausperikope zweifellos vorkommt, nur am Rand gewürdigt. *Franz Schnider* und *Werner Stenger* lehnen eine »Wegexegese« ausdrücklich ab: »So ist die Emmausgeschichte... nicht eigentlich eine Weggeschichte, sondern eher eine Erkenntnisgeschichte«.[57] Konzilianter äußert sich dazu *Joachim Wanke*[58]. Ihm fällt auf, daß sich das Wegmotiv bei Lukas öfter findet, so auch in der Erzählung von der Bekehrung des Äthiopiers (Apg 8,26–40), die von ihrer Struktur her durchaus Parallelen zur Emmauslegende aufweise. *Jacob Kremer*[59] entnimmt der Strukturparallelität der beiden Perikopen die schon erwähnte These vom Vorrang katechetischer Motive, Mahlfeier und Schriftauslegung betreffend. Eine besondere Erörterung eines »Weges« oder Prozesses im Ergreifen der Unterweisung erfolgt zwar nicht ausdrücklich, doch erscheint seine These dafür offen.

Als *Fazit historisch-kritischer Auslegung* bleibt folglich zu ziehen: Wir stoßen mit dieser Methode der Interpretation auf eine *Reihe von Erzählmotiven* der Emmausgeschichte, und es fällt in der Tat schwer, von hier aus zu entscheiden, welches das zentrale Anliegen der Emmausgeschichte nun ist. Jede der vorgebrachten Hypothesen besitzt einige Überzeugungskraft, so daß man geneigt ist, jeder eine gewisse partielle Gültigkeit einzuräumen.

(2) Von den Einzelmotiven zum übergreifend pastoralen Motiv

In keiner der herangezogenen Auslegungen ist explizit die Rede von einem seelsorglichen Schema in der Emmausgeschichte, auch nicht davon, daß wir hier ein Urbild seelsorglich-heilender Begleitung in Lebenskrisen vor uns hätten. Und doch spricht einiges, trotz oder gerade in Anbetracht der historisch-kritischen Auslegung, für diese These. Wir kommen der Begründung näher, wenn wir einerseits nichts von den Ergebnissen der Exege-

55 *W. Grundmann*, Das Evangelium nach Lukas, 443.
56 *F. Schnider/W. Stenger*, Beobachtungen zur Struktur der Emmausperikope, 111.
57 Ebd. 111.
58 *J. Wanke*, «... wie sie ihn beim Brotbrechen erkannten«, 192.
59 *J. Kremer*, Die Osterevangelien, 129f.

ten unterschlagen und andererseits uns die Grenzen der historisch-kritischen Auslegung vor Augen halten.

Eine erste Grenze historisch-kritischer Interpretation[60] betrifft die *Ganzheitlichkeit* der Perikope. Die historisch-kritische Exegese unternimmt der Tendenz nach den Versuch, die gesamte Emmausgeschichte von einem einzigen, ursprünglichen Erzählmotiv her zu erschließen. Das Ergebnis mit mindestens vier unterschiedlichen Erzählmotiven erklärt diesen Versuch ganz offensichtlich als gescheitert. Somit stehen wir vor einer Reihe von Motiven, vor einem »additiven Konglomerat«[61] von Hinsichten, die sich nicht zu einem einheitlichen Ganzen zusammenfügen wollen. Es fehlt ein gemeinsamer Nenner, eine Achse, die die unterschiedlichen, mit viel Akribie ermittelten Erzähl- und Redaktionsmotive um einen roten Faden bündelt. Eine solche ganzheitliche Hinsicht ist aber deshalb gefordert, weil die Emmausperikope selbst als *geschlossene Geschichte* erzählt ist. Lukas bietet alles andere als eine zufällige Aneinanderreihung kultätiologischer, christologischer oder katechetischer Überlegungen. Vielmehr ist bei aller Unterschiedlichkeit der redaktionell aufgenommenen Erzählelemente eine Grundidee erkenntlich, die die Teile einbindet. Auf solche Weise ist ein organisches und dynamisches Ganzes entstanden, das nicht zutreffend wiedergegeben wird, wenn man einzelne Teile daraus hervorhebt, andere vernachlässigt. Worin liegt diese Grundidee? Sie kommt in Blick, wenn man mit seelsorglichem Interesse – eine ausgesprochen lukanische Perspektive – auf die Emmausgeschichte blickt. Es wird noch zu zeigen sein, daß nur ein seelsorgliches Schema die ermittelten unterschiedlichen Motive aufzugreifen und einzubinden vermag.

Vorerst ist noch auf eine weitere Begrenztheit mancher historisch-kritischer Auslegungen zur Emmausgeschichte aufmerksam zu machen. Liest man exegetische Erörterungen zu dieser Erzählung, so geschieht in der Regel alles andere als das, was die Emmausgeschichte selbst zum Maßstab aller Auslegung macht: daß »das Herz in der Brust zu brennen« anfängt. Im Gegenteil, so interpretiert läßt sie einen »kalt«.[62] Woran liegt es? Sicher einmal daran, daß der »garstige Graben« von über 1900 Jahren, der uns vom Text

[60] Vgl. zur Kritik an der historisch-kritischen Methode u. a.: *K. Müller*, Exegese/Bibelwissenschaft. – *E. Drewermann*, Tiefenpsychologie und Exegese, Bd.1, Die Wahrheit der Formen, 23–72. – *M. Kassel*, Biblische Urbilder. Tiefenpsychologische Auslegung nach C.G. Jung, 30–58. – *K. Lehmann*, Der hermeneutische Horizont der historisch-kritischen Exegese. – *F. Hahn*, Probleme historischer Kritik. – *G. Maier*, Das Ende des historisch-kritischen Methode. – *K. Wegenast*, Exegetische und historische Methoden. – *P. Stuhlmacher*, Historische Kritik und theologische Schriftauslegung. – *W. Wink*, Bibelauslegung als Interaktion.

[61] *K. Müller*, Exegese/Bibelwissenschaft, 343, führt die mangelnde Ganzheitlichkeit in der Auslegung zurück auf die »Separatheit« der Verfahrensweisen: »Denn die ›historisch-kritische Methode‹ präsentiert sich derzeit als ein rein additives Konglomerat aus einer Mehrzahl separater Verfahrensweisen – keineswegs als integriertes und auch systematisch bedachtes Methodenkonzept. Dieser zentrale Ausstand beeinträchtigt empfindlich die Positivbilanz der ›historisch-kritischen Methode‹«.

[62] *J. Ratzinger*, Der holländische Katechismus, 313, äußerte die Auffassung, die Schrift sei durch die

trennt, mittels einer nur literar-historischen Interpretation nicht überwunden wird. Vor allem aber wohl auch daran, daß die extrahierten Erzählmotive ausgesprochen *lehrhaft-dogmatischen Charakter* tragen.[63] Es wird damit die Auffassung favorisiert, Lukas und die Tradenten vor ihm hätten die Emmausgeschichte nur deswegen erzählt, um den Glauben an die Auferstehung Jesu zu dokumentieren oder um das Volk dahingehend zu belehren, daß das in der Gemeinde stattfindende Mahl vom auferstandenen Christus legitimiert worden und das Leiden und Sterben Jesu mit seiner Messianität vereinbar ist. In dieser Perspektive auf den Text steht im Mittelpunkt die *theologische Lehre,* so als ob von Anfang an die Sicherung dogmatischer Sätze wichtigster Beweggrund für das Erzählen der Jesus-Geschichten gewesen wäre. Die Emmausgeschichte wird verkürzt auf ein apologetisch-dogmatisches Lehrstück. Davon, daß es sich um eine »gute Nachricht« handelt, die befreiend in unsere heutige Existenz, in dein und mein Leben hineinspricht, ist wenig spürbar. Wir bleiben von der Geschichte isoliert, es gelingt nicht, »Gleichzeitige« mit ihr zu werden. Ein Dialog zwischen unserer Existenz heute und dem Text von damals findet kaum statt. Das hat zur Folge: Unsere Lebenspraxis, individuelle wie kirchlich-gemeindliche, bleibt *vom Einspruch« der Emmausgeschichte weitgehend frei.*

Was den modernen Auslegungen der Emmausgeschichte folglich fehlt: Sie laden nicht zur *»Fühlung-nahme«* mit dem Text ein. Die meisten Exegeten, die sich mit der Auslegung der Emmausgeschichte befassen, zitieren das Urteil Bultmanns, die Emmausgeschichte sei »eine der schönsten und stimmungsvollsten Auferstehungsgeschichten«.[64] Es scheint sich darin mehr auszudrücken als bloßes »Zitierritual« einer Wissenschaft, hier kommt die Ahnung, wenn auch sehr verhalten, zu Wort, daß die Emmausgeschichte wohl doch unendlich reicher sein könnte, als es die Konzentration auf Lehrhaftes wiedergibt. Offensichtlich bewegt die Geschichte Menschen, damals wie heute. Aber von dieser »Bewegung«, die der Text auslöst, erfährt man im Rahmen moderner Auslegung wenig, geschweige denn, daß dieser emotionalen Betroffenheit auf den Grund gegangen wird.[65] Statt dessen wird uns die Information geliefert, Lukas wolle sagen, den Jüngern wurde im Mahl evident, daß eine Identität bestehe zwischen dem vorösterlichen Jesus und dem mitgehenden Herrn. Ein »umwerfendes« Erlebnis wird rationalistisch verdünnt und als Lehre aufbereitet. Was ist mit der »Blindheit«, »Traurig-

historisch-kritische Forschung »auch neu verschlossen worden«, indem sie zum Objekt der Fachleute wurde. Vgl. auch *J. Moltmann*, Verkündigung als Problem der Exegese.

63 Vgl. *M. Kassel*, Biblische Urbilder, 53ff.

64 *R. Bultmann*, Die Geschichte der synoptischen Tradition, 314.

65 Vgl. dazu *E. Drewermann*, Tiefenpsychologie und Exegese, 25: »Denn was soll eine Bibelauslegung, die selbst kein einziges wirkliches Gefühl, keine einzige tiefere Erkenntnis, nichts wirklich Wesentliches in sich enthält, ja die es geradezu verbietet, überhaupt noch eigene Empfindungen und Gefühle, innere Spannung und persönliches Fragen bei der Interpretation der Hl. Schrift miteinzubringen?...«

keit« und der enttäuschten Hoffnung, in der die Jünger gefangen waren und von der sie sich schließlich so wunderbar befreit fühlten? Wo wird dieser emotionale Prozeß (Weg), der mit ihnen passiert, nacherzählt, erfühlt? Wo bleibt das Erleben, daß ihnen das Herz in der Brust zu brennen anfängt, als der Herr die Schrift erschließt? Was ist mit der Bangigkeit, die man in der Frage der Jünger erahnt, ob er mit hereinkommt und zum Mahl bleibt? Nichts von dem begegnen wir in den modernen Auslegungen.[66] Sind es nicht gerade diese Gefühle und Regungen, die uns Heutige mit hineinnehmen in die Emmausgeschichte? Das ist uns vertraut: Traurigkeit, Enttäuschung, Hoffnungslosigkeit, Angst, »Aussichtslosigkeit« und die Sehnsucht danach, es möge jemand unsere Augen und unser Herz verwandeln. Diese Gefühle, damals wie heute erlebbar, bilden doch die Brücke, über die wir Heutige mit der Emmausgeschichte in einen Dialog treten können.

Nur wenn wir das psychische Erleben, das einst »textproduktiv« wurde, ins Auge fassen, beginnt die Emmausgeschichte – beginnen die Texte der Bibel überhaupt – zu uns zu sprechen. Indem wir Fühlung nehmen mit uns und dem Text, erfahren wir, was uns an befreiender Botschaft aus der Emmausgeschichte zukommt, dann stellt sich heraus, daß es in der Emmausgeschichte nicht um die Sicherung einer Lehre oder um einen »Auferstehungsbeweis« geht, sondern um den Menschen, wie er in seinen Krisen und »Traurigkeiten«, in seinen Enttäuschungen und »Blindheiten« die Erfahrung machen kann, der Herr ist da und geht an unserer Seite.

Diese Ausblendung der existentiellen Bedeutung in manchen historisch-kritischen Auslegungen veranlaßte uns, eine *symbolisch-narrative Interpretation* vorauszuschicken. Sie vermochte den inneren Weg aus Blindheit und Traurigkeit zum Sehen des Auferstandenen ans Licht zu heben. Korrespondierend dazu scheint nun trotz aller inhärenten Begrenzungen die historisch-kritische Exegese in besonderer Weise den Blick freizugeben auf die *Methoden der Begleitung* durch den Auferstandenen und – ihm nachfolgend – der Christen. Ganz offensichtlich legen die von der historisch-kritischen Exegese erhobenen Motive eine Spur zu einem ganzheitlichen Seelsorgsschema in der Emmausgeschichte. Es tritt deutlicher hervor, wenn man die *einzelnen Motive nicht isoliert* oder in einem wechselseitig ausschließenden Gegensatz betrachtet, sondern als komplementäres, aufeinander aufbauendes, ganzheitliches *Motivgefüge*, das die *Grunddienste der Kirche* anklingen läßt.

1. Das *Motiv des Wiedererkennens* hebt die Erzählabsicht heraus, daß der Auferstandene als identisch mit dem Gekreuzigten und vorösterlichen Jesus erkannt worden ist. Es wird gesagt: Für die Jünger ist die Beziehung zu Jesus nicht zu Ende. Damit verweist dieses Motiv auf die von Jesus Christus her

[66] Zu den erfreulichen Ausnahmen zählt *J. Kremer*, Die Osterevangelien. Er fügt seiner historisch-kritischen Interpretation einen eigenen Abschnitt »Bedeutung für den Leser« bei (132ff).

geschenkte Beziehung zu ihm, die in seiner vorösterlichen Heilungs- und Gemeinschaftspraxis anschaulich geworden ist. Wie er damals an den Bedrückten und Gekränkten handelte, so handelt er auch jetzt: *Er kommt hinzu und geht mit ihnen (V 15).* Die erste, vom exegetischen Befund her nahegelegte Begleitungsmethode ist demnach *das Hinzukommen und Mitgehen*, die *schenkende Beziehung, Gemeinschaft, Koinonia* mit den »Armen«, so wie sie von dem Jesus der Tage vor Ostern erzählt wird.

2. Das Motiv der *Katechese,* das von einigen Exegeten in den Mittelpunkt gestellt wird, läßt sich nicht nur im Sinn kognitiver Belehrung verstehen. Die Jünger erfahren vielmehr *»eine Belehrung, die ihnen Trost bedeutet«*[67]. Diese helfend-heilende, ja *diakonische Intention* der Unterweisung sollte man doch eigens abheben von der messianischen bzw. christologischen Katechese. Besonders stark kommt dieser diakonisch-empathische Charakter der Belehrung in der Anfangsphase des Weggespräches zum Tragen. Er ist verdichtet in der mäeutischen Frage-Intervention des Auferstandenen anzutreffen: »Er fragte sie: Was sind das für Dinge ...« (V 17). Ausdrücklich wird hierbei die »Trauerarbeit« der Jünger mit der Frage des Auferstandenen in Zusammenhang gesehen. Der zweite Schritt der Begleitung, angelehnt an das katechetische Motiv, ist folglich als *diakonisches Fragen*, das nach der symbolisch-narrativen Auslegung in die *Psychotherapie* hineinreicht, zu kennzeichnen.

3. Eng an das Motiv der *messianischen Katechese,* wie es von manchen Exegeten bedacht wird, schließt die *»Auslegung der Schrift«* an. Es geht darum, was Jesus, sein Tod und seine Auferstehung für die Jünger bedeuten. Handelt doch die Rede des Begleiters nicht nur von Mose, den Propheten und dem Messias, sondern bei all diesem von ihnen selbst. Die lebensdeutende Verkündigung des Begleiters, seine *»Martyria«*, weist Wege aus dem Dunkel der Hoffnungslosigkeit und wirft ein neues Licht auf das Geschehene wie auf den zukünftigen Lebensweg. Wem solche Einführung in das Geheimnis seines Lebens, und wie es von Gott gedacht ist, widerfährt, den kann das nicht kalt lassen. Sein Herz fängt zu brennen an. *Schriftauslegung, Verkündigung, Martyria* ist somit als weitere »Methode« des Auferstandenen zu sehen, um die Jünger zur heilenden Christuserfahrung zu führen.

4. Das Motiv der *christologischen Legitimation des eucharistischen Mahles* darf als vierte, auf den vorausgehenden »Methoden« aufbauende Phase der heilenden Begleitung verstanden werden. Im *Brotbrechen* geschieht entscheidende, letzte Befreiung von Blindheit und Traurigkeit. Das eucharistische Mahl, die *»Liturgie«,* wird als hervorragender Ort des Heilwerdens in der Christusbegegnung charakterisiert.

5. Am Ende weist das *Motiv der ekklesialen Katechese* darauf hin, daß die

[67] Ebd. 127.

Christuserfahrenen ihrerseits fähig werden zur Erzählgemeinschaft, zur *Koinonia,* zur *Gemeinde.* Genaugenommen sind es drei Ebenen ein und desselben Ereignisses, das am Zielpunkt des Emmausganges geschenkhaft widerfährt: die *Beziehungen zu sich* (»Da gingen ihnen die Augen auf; V 31a), *zu Gott* (... und sie erkannten ihn«; V 31b) und *zu den Mitmenschen* (»Noch in derselben Stunde brachen sie auf und kehrten nach Jerusalem zurück«, V 33) wandeln sich. Es kommt einer zu sich und zugleich über sich hinaus, auf Gott hin und auf die Mitmenschen hin. Er schließt sich ganz selbstverständlich der Erzählgemeinschaft, der *»Koinonia«* anderer Emmausgänger an. Zusammen mit ihnen ergreift er selbst das Handwerk Gottes und wird zum Werkzeug und Zeichen seines Wirkens.

Denkt man folglich die exegetisch-erhobenen Motive nicht gegenseitig ausschließend, sondern komplementär, dann taucht ein *pastorales Weg-Schema* seelsorglich-heilender Begleitungspraxis auf, das dem inneren Heilwerden in Christus entspricht. Mit anderen Worten: *Auf die Krise und Enttäuschung der Jünger antwortet der Auferstandene mit Koinonia (»Hinzukommen«) – Diakonia (»Fragen«) – Martyria (Schrift auslegen) – Liturgia (Brot brechen).*

Abbildung 2 führt noch einmal die Phasenfolge des inneren Prozesses und der damit korrespondierenden Begleitungsmethoden vor Augen. Zugleich sind, den weiteren Überlegungen vorausgreifend, exemplarische psychologische Beiträge zu den jeweiligen Phasen aufgeführt.

Erst dadurch, daß wir die von der historisch-kritischen Exegese erhobenen Erzählmotive in ihrer Affinität zu den Grunddiensten der Kirche entschlüsseln, ergeben sie einen zusammenhängenden Sinn. Sie kreisen um das pastorale Grundthema, *wie Christen, anschließend an die Praxis des Auferstandenen, »nach Ostern« einander auf dem Weg aus Blindheit und Traurigkeit zur heilenden Christuserfahrung begleiten können.* Damit geben wir zugleich die Hypothese zu bedenken, daß in der lukanischen Gemeinde ein bestimmtes, an den Grundfunktionen ausgerichtetes »Seelsorgsschema« praktiziert wurde, das in die redaktionelle Ausgestaltung der Legende eingegangen ist und hier »christologisch«, »durch den Auferstandenen«, legitimiert wird. Nach dieser Hypothese, die die erhobenen Einzelmotive historisch-kritischer Exegese in ein »Weg-Schema« einreiht, stünde bei Lk 24,13–35 nicht ein einseitig christologisch-dogmatisches, kultätiologisches, katechetisches oder apologetisches Erzählmotiv im Vordergrund, sondern ein *übergreifend pastorales.*

Die Emmauslegende ist gemäß dieser pastoralen Interpretation geeignet, einen *Maßstab abzugeben für seelsorglich-heilende Begleitung heute.* Dabei sollte man allerdings das prozeßhafte Nacheinander von Koinonia, Diakonia, Martyria und Leiturgia, das sich in der Emmauslegende findet, nicht festschreiben, als dürfe es nur diese Reihenfolge geben. Der Akzent bei der Seelsorgsgeschichte des Lukas liegt vielmehr darauf, daß keines der

Schlüsselworte der Emmauslegende	Der innere Weg	»Methoden« heilender Begleitung	Exemplarische pastoralpsychologische Beiträge
»... auf dem Weg« (13) »... mit Blindheit geschlagen« (16)	KRISE Durchkreuzte Lebenspläne Verdrängte Trauer Abwehr		Lebenskrisen Neurosen und Psychosen Trauerphasen
»... kam Jesus hinzu und ging mit ihnen«		KOINONIA Beziehungsaufnahme Nähe	Heilpraxis Jesu Persönlichkeit des Seelsorgers Ausbildung
▼			
»... er fragte sie ...« (17) »... da blieben sie traurig stehen« (17b) »... Wir aber hatten gehofft ...« (21) »... Frauen waren am Grab und erzählten, Engel seien ihnen erschienen« (22–24)	TRAUER-ARBEIT Erinnern Wiederholen Durcharbeiten	DIAKONIA Psychotherapie Beratung	Pastoraltherapie Psychoanalyse Gesprächspsychotherapie Verhaltenstherapie Familientherapie
▼			
»... er legte ihnen dar ..., was in der Schrift über ihn geschrieben steht« (27) »... Brannte uns nicht das Herz in der Brust ...« (32)	HOFFNUNG SCHÖPFEN Eigene Lebensgeschichte mit Gottesgeschichten verknüpfen »Erinnerung nach vorne«	MARTYRIA Gottesgeschichten erzählen	Tiefenpsychologische Schriftauslegung Heilende Kräfte in den Gottesgeschichten
▼			
»... er brach das Brot und gab es ihnen ...« (30)	DIE NÄHE GOTTES FEIERN »Essen« Gemeinschaft	LITURGIA Mahl halten Versammeln	Symboltheorien Heilende Kraft liturgischer Symbolhandlungen
▼			
	AM ZIEL	KOINONIA	
»... da gingen ihnen die Augen auf« (31a)	Selbstfindung	Erzählen	Selbstfindung
»... und sie erkannten ihn« (31b)	Gotteserfahrung	Vergeben	Gotteserfahrung
»Sie brachen auf und kehrten nach Jerusalem zurück« (33)	Gemeinde	»Heilen«	Gemeindepraxis

Abb. 2: Heilende Seelsorge nach der Emmausgeschichte

genannten Elemente in kirchlich-gemeindlicher Begleitungspraxis fehlen darf. Eines herauszubrechen oder verabsolutieren hieße, das Ganze seelsorglich-heilender Begleitung zu gefährden und den inneren Weg, der zum Sehen des Auferstandenen und zum Heilwerden führt, als Begleiter zu blokkieren.

Man kann solche wechselseitige Verflechtung von Koinonia, Diakonia, Martyria und Leiturgia, die die Emmauslegende bei aller sukzessiven Reihung als aufeinander verwiesen zu erkennen gibt, in einer Graphik wiedergeben (Abb. 3).

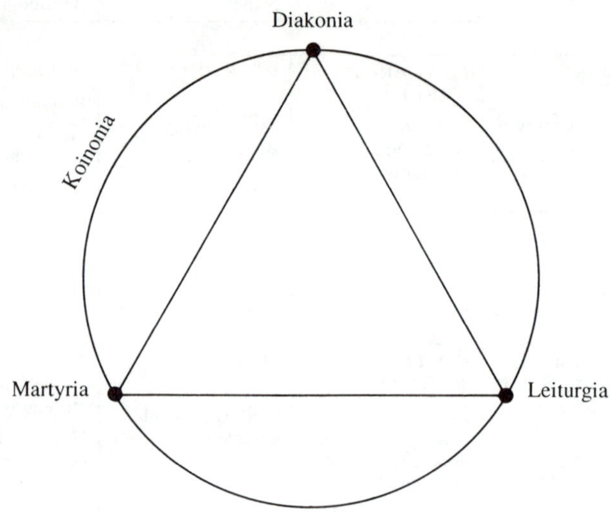

Abb. 3: Methoden seelsorglich-heilender Begleitung

Aus diesem Schema geht hervor, daß die *Koinonia* die grundlegende »Methode« aller Begleitung darstellt, die allen anderen Begleitungsmethoden innewohnt.

Deutlich wird auch, daß *Diakonia* – in unserer Interpretation mit psychotherapeutischer Relevanz versehen – hineinführt in Verkündigung und Liturgie. Dies ist ein sehr bemerkenswertes Kriterium seelsorglicher Begleitung, das hier die Emmauslegende nahelegt. Damit wird psychotherapeutisches, empathisches »Fragen« ausdrücklich in die heilende Gemeindepraxis eingebunden. Fast scheint es, als müßte sie wirklich der Verkündigung und Liturgie vorausgehen. Nur unter der Voraussetzung reicher diakonisch-therapeutischer »Frage-Erfahrung«, so deutet das Heilungswissen der Emmauslegende an, kann es im Raum der Gemeinde wirklich lebensweisende und glaubwürdige Verkündigung und die Nähe Gottes vergegenwärtigende

Liturgie geben. Wenn solche Erfahrungen therapeutisch-diakonischen Helfens in der Gemeinde fehlen, wenn also kaum Gesprächsbegleitung in den Krisen und Ausweglosigkeiten des Lebens vorkommt, dann verlieren Verkündigung und Gottesdienst ihre Basis. Die Auferweckungspraxis als Ganzes leidet, wo das diakonisch helfende Gespräch im Vergleich zu Predigt, Religionsunterricht oder Gottesdienst ein Schattendasein fristet.

Das Seelsorgsschema der Emmauslegende besagt folglich auch: Eine einseitig akzentuierte »kerygmatische Seelsorge«[68], die es in der Praxis nicht nur bei den evangelischen Mitbrüdern gibt, kann nicht in Anspruch nehmen, Auferweckungspraxis zu sein. Ebenso wird eine nur sakramental-liturgische oder »rituell« inszenierte Begleitung – etwa zu den Lebenswenden Heirat, Geburt, Tod – der lukanischen Seelsorgsvision nicht gerecht. *Koinonia, Diakonia, Martyria und Leiturgia zusammen bilden nach der Emmauslegende das Koordinatensystem seelsorglicher Begleitung.*

3
»AM ENDE HAT SIE WOHL GEAHNT, DASS SIE STERBEN MUSS...« – EINE PASTORALE »BEISPIELHANDLUNG« NACH DEM EMMAUS-MODELL

Die exegetischen Überlegungen zur Emmausgeschichte führten zu dem Befund, daß in der vom Auferstandenen erzählten Praxis ein Maßstab für die heilende gegenseitige Begleitung der Christen mitformuliert ist. Koinonia, Diakonia, Martyria, Leiturgia sind die entscheidenden »Methoden«, die den suchenden Menschen zu sich selbst und über sich hinaus kommen lassen. Bei der Sicherung dieses Befundes haben wir uns an die Ergebnisse symbolisch-narrativer und historisch-kritischer Auslegung gehalten. In einem dritten Vergewisserungsschritt ist auf *reale, gegenwärtige Seelsorgssituationen* zu blicken und zu fragen: Läßt sich das in der Praxis überhaupt verwirklichen, einzelne, Paare, Familien oder Gruppen nach den Schritten des heilenden Emmausganges zu begleiten? Gibt es Erfahrungen der Seelsorge, die bestätigen können, daß Menschen in Krisen ähnlich wie die Emmausjünger durch Koinonia, Diakonia, Martyria und Leiturgia »heil« werden?

[68] Als Hauptvertreter gilt: *E. Thurneysen*, Die Lehre von der Seelsorge. – *Ders.*, Seelsorge im Vollzug. – Vgl. zu »Kerygmatische Seelsorge«: *R. Riess*, Seelsorge. Orientierung, Analysen, Alternativen, 153–186.

Es gibt sie, freilich immer »nur« in assymptotischer Annäherung an die pastoraltheologische Vision – wie könnte sich Seelsorge auch anders ereignen! – und nicht unbedingt von den Betroffenen mit der hier verwendeten Begrifflichkeit erzählt. Exemplarisch sei deshalb auf ein *pastorales Fallbeispiel* eingegangen, in das sich die Grundbewegungen des Emmausganges unschwer hineinlesen lassen.

In einem Kurs zu dem Thema »Seelsorgliches Gespräch mit alten Menschen«, den ich für junge Seelsorger zu leiten hatte, legte ein Teilnehmer folgende, schriftlich ausgearbeitete, Nachbetrachtung eines Gesprächs vor:

Herr N. ist 82 Jahre alt, seit elf Jahren Witwer, war beruflich als Lehrer tätig. Er macht den Eindruck eines körperlich und geistig noch sehr regen älteren Herrn. So reiste er z. B. letztes Jahr noch mit einer Reisegruppe nach Thailand. Ich bekam Kontakt zu Herrn N. über die Schwester des Altenheims, in dem Herr N. wohnt. Er ließ mir über die Schwester ausrichten, daß ich, wenn ich wolle, bei ihm vorbeikommen könne. Er spreche gern mit einem Theologen, vor allem mit einem jungen.

Wir unterhielten uns über dieses und jenes, über das Altenheim und darüber, daß die Menschen in der Pflegestation schon sehr viel leiden müßten. Herr N. sagte dann – ich versuche es möglichst mit seinen Worten wiederzugeben: »In meinem Alter denkt man schon öfters ans Sterben, und deshalb denkt man auch mehr über die Religion nach. Ich möchte nicht von einer Minute auf die andere sterben.«

Ich antwortete: »Sie möchten möglichst bewußt und vorbereitet sterben!« Darauf Herr N.: »Mein Bruder ist vor kurzem gestorben, ganz plötzlich, der konnte sich wohl kaum auf den Tod vorbereiten.«

Ich sprach ihm, so gut ich es konnte, mein Beileid aus: »Das tut mir sehr leid.«

Herr N. wieder nach einem kurzen Augenblick des Schweigens: »Meine Frau konnte erst nach längerem Leiden sterben. Das war schon eine schlimme Zeit, diese drei Monate, wo sie krank war. Ich habe meine Frau jeden Tag im Krankenhaus besucht... (er schluchzt). Anfangs haben wir uns noch gegenseitig Hoffnung gemacht, daß wir, wenn sie wieder gesund ist, noch viel reisen würden. Der Arzt sagte mir gleich, daß meine Frau sterben muß. Wenn ich dann aus dem Zimmer ging, habe ich sehr geweint, nachdem ich ihr im Zimmer noch viel Mut gemacht habe. Am Ende hat sie wohl geahnt, daß sie sterben muß.«

Mir fällt nicht mehr genau ein, was ich darauf gesagt habe, aber es war bestimmt nicht angemessen. Ich glaube, ich habe ihn gefragt, ob es nicht besser gewesen wäre, ihr die Wahrheit zu sagen.

Gegen Ende des Gesprächs kamen wir dann noch auf die Asylanten zu sprechen, daß diese den ganzen Tag nichts zu tun hätten.

Ich bin unzufrieden, wie das Gespräch verlaufen ist, und ich tue mich schwer damit, es als ein seelsorgliches Gespräch einzuordnen.

Sicherlich kein rundum geglücktes Beispiel einer Seelsorge nach dem Emmaus-Modell, aber doch ein Bericht, an den sich die Begleitungskriterien der lukanischen Ostergeschichte anlegen lassen. Wir versuchen hier in einer Art Probehandlung durchzuspielen, wie solch heilender Emmausgang heute geschehen könnte. Es kommt folglich nicht darauf an, dem jungen Seelsorger besserwisserisch nachzuweisen, was er falsch gemacht hat. – Er nimmt im übrigen eine bemerkenswert kritische Haltung zu seinem Gespräch ein, wie seine offen mitgeteilte Unzufriedenheit belegt. – Unser erkenntnisleitendes Interesse zielt vielmehr darauf, den berichteten Gesprächsverlauf an den einzelnen Schritten des Emmausganges zu überprüfen und zukünftige Begegnungen des jungen Seelsorgers mit dem alten Lehrer aus dem Emmausmodell heraus zu konzipieren. Zusammen mit dem jungen Seelsorger ist die Frage gestellt: Wie kann im Dialog mit der Emmausgeschichte ein Weg gegangen werden, auf dem Herr N. heimkommt aus Angst, Trauer und wohl auch Schuld, zum Frieden mit sich selbst, mit seiner Frau und mit Gott? Wie kann er zum Vertrauen der Emmausgänger gelangen: Gott, der Jesus Christus von den Toten erweckte, trägt auch mich durch alle Dunkelheit hindurch?

(1) Koinonia – Hinzukommen und Mitgehen

Es fällt dem Seelsorger nicht leicht, hinzuzukommen und mitzugehen – vor allem da, wo Herr N. sagt, daß er öfters über das *Sterben* und deshalb auch über die *»Religion«* nachdenke.

Das »Sterben« nimmt der Seelsorger in seiner Antwort noch in den Mund: »Sie möchten möglichst bewußt und vorbereitet sterben!« Aber warum »elektrisiert« ihn das Wort »Religion« nicht? Weswegen möchte der alte Mann denn sonst mit einem Theologen gern sprechen, wenn nicht über die »Religion«, über den Glauben, und wie er darin, an der Schwelle zum Tod, vorkommt. Warum verstummt der Seelsorger fast gänzlich, als Herr N. vom Tod seiner Frau erzählt, und wie er das bis heute, elf Jahre später, noch nicht abschließen kann?

Es macht nachdenklich, daß es dem jungen Seelsorger schwerfällt, gerade das aufzugreifen aus der Mitteilung des alten Lehrers, was Lebensinhalt und Beruf des Seelsorgers ist: die »Religion«, die »letzten« Fragen, der Glaube. Welche Ängste sind hier am Werk? Sie erweisen sich offensichtlich als so stark, daß sie die guten Vorsätze zum Helfen und Mitgehen weitgehend desavouieren. Denn die Tatsache, daß dieser junge Theologe aus freien Stücken an einem Kurs für seelsorgliche Gespräche teilnimmt, darf man doch als hohe pastorale Motivation werten. Er wird zweifellos auch für seine Seelsorge *»Vor-sätze«* von der Art gefaßt haben, wie sie junge Kapläne und Pastoralassistenten formulierten:[69]

- Gottes Nähe in die Einsamkeit des Lebens tragen helfen,
- Gottes Liebesgeschichte in der Welt anstiften helfen,
- Menschen sollen Kirche als lebensnah und für das Leben bedeutsam erfahren,
- den Menschen in vielfältiger Weise verkünden, daß jeder Tod in eine Auferstehung mündet,
- am Haus, das der Herr im Leben jedes Menschen baut, mitbauen,
- Menschen begleiten und ihnen durch das Erzählen der Bibel ihr Leben von Gott her deuten,
- mit den Menschen mitleben, ihre Heilsgeschichte ausgraben helfen und die Gemeinschaft des Evangeliums erleben,
- Menschen im Stil Jesu begegnen und ihnen von seinem Lebenswissen her Sinn erschließen.

Wenn der Seelsorger Hinzukommen und Mitgehen lernen will, dann ist das weniger eine Frage falscher oder mangelnder Vorsätze – so können wir hier schlußfolgern, sondern es hängt davon ab, ob es ihm mit der Zeit gelingt, seine im Vergleich zu den Vorsätzen viel mächtigeren *Ängste* zu erkennen und zu bewältigen. Bereits bei dieser Grundbewegung der Koinonia wird deutlich, was für alle übrigen Schritte der Begleitung gilt: Heilende Seelsorge lernen ist verwiesen auf *Selbsterfahrung,* wo einer den unbewußten Seiten seiner Person, der eigenen »Blindheit« und »Traurigkeit« auf den Grund geht, anders gesagt: Mit dem Seelsorger selbst muß sich ein Emmausgang ereignen, wenn er andere begleiten will.

Für den jungen Seelsorger zielt die Anfrage zur Selbsterfahrung wohl in die Richtung: Warum nehme ich das Lebensthema und das Verlangen von Herrn N., das in den Worten »Religion« und »Sterben« steckt, nicht wahr? Wovor habe ich Angst, wenn mich jemand auf Religion und Sterben anspricht? An mehr oder weniger tiefgründigen Antworten mag sich bei solchem Suchen für den Seelsorger einstellen:

- Ich bin noch zu jung, so daß das Sterben außerhalb meines Blickfelds liegt.
- Ohne daß ich es merke, stimme ich in die allgemeine Verdrängung des Todes (und der Religion) ein, das Theologiestudium hat mich davor nicht bewahrt.
- Ich spüre, daß ich bei Herrn N. nicht einfach meine gelernte Theologie zu diesem Thema zum Besten geben darf, sondern meinen persönlichen

[69] Die hier gekürzt wiedergegebenen »Vor-sätze« wurden als »Präambeln meiner Seelsorge« im Rahmen eines Kurses der Berufseinführung für Kapläne und Pastoralassistenten in der Diözese Passau von den Teilnehmern formuliert.

Glauben (und die darin hoffentlich eingebundene Theologie) zur Sprache bringen muß.

- Ich habe Angst, meine »Religion« herzuzeigen. Von meinem persönlichen Glauben zu reden, das habe ich nicht gelernt. Ich fürchte, man könnte mich verletzen durch Kritik, durch Ablehnung oder gar durch Lächerlich-machen, wenn ich sage, was ich, hinter meiner Rolle als Theologe, glaube.
- Ich fühle mich auch als Seelsorger angesichts des Todes sprachlos und hilflos und meine, das nicht zeigen zu dürfen. Wenn ich diese Stichworte nicht wahrnehme, dann versuche ich wohl auf diese Weise das Bild, das ich von mir habe und wie ich gern gesehen werden möchte, zu retten – das Bild: Ich muß in jeder Hinsicht stark, wissend und Herr der Situation sein, sonst bin ich nicht liebenswert.

Damit solche Einsichten aufkommen können, bedarf es einer angstfreien, wohlwollenden Atmosphäre in einer Gruppe von Seelsorgern. *Auch der eigene Emmausgang des Seelsorgers kann kein Alleingang sein.* Wenn der junge Seelsorger in unserem Gesprächsbeispiel die Emmauserfahrung des mitgehenden Gottes in einer Gruppe der Praxisbegleitung macht, dann wird es ihm mehr als bisher gelingen mitzugehen, auch und gerade dort, wo es für ihn »persönlich« wird. Er kann dann, mehr als geschehen, alle aufgesetzten Formeln des theologischen Sprachspiels und alle professionellen Attituden beiseite lassen und sich so zeigen, wie er selbst mit den bei Herrn N. aufgekommenen Fragen, die auch seine Fragen sind, zurechtkommt.

(2) Diakonia – Stehenbleiben bei dem, was traurig macht

Was sind die Enttäuschungen und Hoffnungen des Herrn N., bei denen es nötig ist, wie auf dem Emmausgang, stehenzubleiben, so daß sich Verstehen ereignet? Wir haben erörtert, daß *psychotherapeutische Methoden,* wenn sie pastoralpsychologisch reflektiert in den Weg der Begleitung eingebracht werden, helfen können, Enttäuschungen und Krisen zu überwinden und den wahren Hoffnungen auf die Spur zu kommen.

Herr N. betont, daß er gern mit einem Seelsorger sprechen will, vielleicht über die Asylanten, ganz gewiß aber über den Tod des Bruders, der Frau, und dahinter noch verborgen, über seinen eigenen. Er braucht offensichtlich einen, der ihm solide beisteht, um einen Weg durch die ungeklärten Fragen, durch die Trauer und wohl auch durch die Schuld hindurch zu entdecken, der aber vor allem Zeit und Mut hat, bei dem, wo es nicht mehr weitergeht, stehenzubleiben.

Würde es nicht tatsächlich Räume zum Verweilen, zum Aussprechen und zum Nachdenken eröffnen, wenn der Seelsorger sich an dieser Stelle an den bewährten Haltungen und Methoden des sogenannten *Pastoral Counse-*

ling[70] orientieren könnte? Wenn Herr N. sagt, daß er öfters über das Sterben und die Religion nachdenke und daß sein Bruder unvorbereitet gestorben sei, dann könnte man sich eine einfühlende Antwort, den Schlüsselworten »Sterben« und »Religion« nicht ausweichend, in dieser Art vorstellen: »Herr N., ich versuche nachzuempfinden, was Sie bewegt. Ist es so, daß Sie sich innerlich sagen: ›Ich bin mit mir und mit Gott noch nicht soweit, daß ich ins Sterben einwilligen könnte!‹?«

Solche *verstehende Empathie,* aber damit verwoben auch die mäeutische Anfrage, unterbricht den Gang der Dinge, wie in der Emmausgeschichte. Der Seelsorger führt, indem er bewußt für »Religion« »Gott« sagt, deutlicher, tiefer in die ungeklärten Fragen und Ängste hinein. Aber der eigentliche Punkt, bei dem Herr N. stehenbleiben will, über den er nicht hinwegkommt, ist m.E. damit noch nicht erfaßt.

Warum erzählt er dem Seelsorger, den zu sprechen er wünscht, diese elf Jahre zurückliegende erschütternde Erfahrung vom *Tod seiner Frau?* Was ist da für Herrn N. bis heute, auch nach so vielen Jahren, nicht verheilt? Und hält ihn das womöglich ab, ins Sterben einzuwilligen?

Der Seelsorger sollte sich an dieser Stelle wirklich in die innere Welt des Herrn N. mitnehmen lassen, die Einladung annehmen, sein Lebenshaus aufzusuchen. Herr N. wußte von seiner Frau: Du stirbst. Ich weiß es, aber ich kann es dir nicht sagen! Er bringt es nicht fertig bis zum letzten Augenblick, ehrlich zu ihr zu bleiben. Dort, wo sie seinen Beistand brauchte, blieb er nicht bei ihr. Was half alles Mutmachen, er war damit nicht bei ihr. Nicht sie ist im Tod von ihm gegangen, *er hat sie schon vorher im Stich gelassen.* Welchen Schatten wirft das auf die Jahre gemeinsamer Treue? Vielleicht ist das die innere Welt des Herrn N., die er in Ordnung bringen, abschließen möchte, wenn er einen Theologen zu sprechen wünscht. Und der wiederum sollte an diesem Punkt Zeit haben und einladen zum Stehenbleiben. Er könnte Herrn N. sinngemäß antworten: »Herr N., ich merke, wie Sie sich so sehr wünschen, Sie könnten das, was Sie jetzt zu mir sagen, Ihrer Frau sagen: ›Ich habe geahnt, daß du sterben mußt, und ich hab dich damit alleingelassen ...‹ Was möchten Sie ihr noch sagen?«

Der Seelsorger stellt sich zur Verfügung, daß Herr N. zu ihm wie zu seiner Frau sprechen kann. Er regt an, daß an ihm etwas zu Ende geführt wird, was Herr N. mit seiner Frau nicht mehr zu Ende bringen konnte. Damit läßt er auch zu, daß Herr N. auf ihn hin all das an Schuld und Selbstanklagen überträgt, was er seiner Frau gegenüber empfindet. Der Seelsorger leistet damit einen wesentlichen therapeutischen Dienst. Es gehört zu den großen

[70] Vgl. *P. Schmidt*, Erkenntnisse der Gesprächspsychologie in ihrer Bedeutung für das Seelsorgegespräch, 24–39. – *J. Schwermer*, Das helfende Gespräch in der Seelsorge. – *H. Pompey*, Das seelsorgliche Gespräch und die Methode des Pastoral Counseling, 5–16. – *H. Lemke*, Theologie und Praxis annehmender Seelsorge.

Entdeckungen *Freuds*, daß vieles an seelischer Zerrissenheit geheilt wird, wenn der helfende Begleiter bewußt solche »*Übertragungen*« wahrnehmen und bearbeiten kann.[71]

An dieser ausgesprochen diakonischen Etappe des Weges melden sich, wie bereits angedeutet, kritische Einwände. Wird nicht durch die Einbeziehung profaner psychotherapeutischer Methoden unter der Hand der Kern der christlichen Seelsorge ausgehöhlt? Wird nicht mit *Rogers, Freud* und anderen ein Menschenbild in die Pastoral eingeschleust, das mit der christlichen Anthropologie unvereinbar ist? Solche Einsprüche gilt es pastoralpsychologisch ernst zu nehmen. Aber könnte es nicht auch sein, daß urchristliche Haltungen und Formen des Helfens und Heilens, die aus der seelsorglichen Tradition irgendwann ausgewandert sind, uns über den Weg der modernen Psychotherapie, jetzt natürlich mit vielem anderen vermischt, wieder begegnen? Es läge dann an uns, die urchristliche Substanz in der Psychotherapie zu entdecken und zu heben.[72]

(3) Martyria – Den Sinn der Schrift erschließen

Auslegung der Schrift, den Sinn der Schrift erschließen – angesichts der religiösen Sprachlosigkeit vieler Menschen heute, angesichts der vielfältigen Barrieren, die kirchliche Rede von Gott nicht ankommen lassen, kein leichtes Unterfangen. Auch nicht in der Zweiersituation mit Herrn N.. Was hilft es, ihm zu erzählen, wie Menschen vor Hunderten von Jahren Gott erfahren haben? Was könnte eine solche Rede einer gelungenen Psychotherapie noch hinzufügen?

Der Erfahrungshintergrund, aus dem heraus Lukas die Emmausgeschichte schreibt, ist offensichtlich der: Der Weg ist nicht zu Ende, wenn das, was bedrückt und traurig macht, zur Sprache gebracht, zugelassen und bearbeitet ist. Wenn all das geschehen ist – das braucht Geduld und geht sicherlich nicht in einer kurzen Begegnung –, dann wird jener Kairos aufkommen, wo der »Sinn der Schrift« ins Blickfeld rückt.

Nehmen wir an, der Seelsorger erzählt Herrn N. in einem fünften, zehnten oder späteren Gespräch, wie Jesus und der durch ihn sich mitteilende Gott mit denen zusammen sind, die es nicht fertiggebracht haben, in Treue bis zum Schluß uneingeschränkt zum geliebten Menschen zu stehen. Warum sollte er dazu nicht an *Petrus* erinnern (Mk 14,66–72), wie er sich von Jesus, als der Schatten des Todes über ihn hereinbrach, distanzierte. Das Tröst-

[71] Vgl. zur Übertragung und Gegenübertragung in der seelsorglichen Beratung: *K. Frielingsdorf/G. Stöcklin*, Seelsorge als Sorge um Menschen. – *A. Godin*, Das Menschliche im seelsorglichen Gespräch, 107ff. – *H.-J. Thilo*, Beratende Seelsorge, 45–49.

[72] Vgl. zum Verhältnis Psychotherapie – Seelsorge: *H. Wahl*, Therapeutische Seelsorge als Programm und Praxis, 411–439.

liche dieser biblischen Erzählung besteht darin – und in diese Zusage könnte sich dann vielleicht auch Herr N. hineinbegeben –, daß Jesus, nicht nachtragend, die Schuld einmahnt, sondern trotz des ganz auf Seiten des Petrus liegenden Faktums des Treuebruchs unbeirrt mit dem »Verräter« in Kontakt tritt. Es wird von den Evangelien berichtet, wie der Auferstandene, so als wollte er ganz besonders die Hand zu ihm hin ausstrecken, dem Petrus als einem der ersten von den Jüngern erscheint (vgl. Lk 24,34; 1 Kor 15,3–8).

Was geschieht in einem solchen Kairos, wo eine biblische Erzählung zur Frohbotschaft wird? Nicht weniger als dies: Es wird einem angesichts der bedrückenden Erfahrung eigener Untreue und Schuld gesagt: »Du brauchst dich nicht ständig ob deiner Schuld verurteilen, weil Gott es auch nicht tut.« Von der alten Geschichte der Verleugnung des Petrus könnte so eine ungeheuer befreiende Botschaft für Herrn N. ausgehen. Er könnte Anteil gewinnen an dem tiefen Sinn dieser biblischen Perikope, daß Menschen sie deswegen erzählen und weitergeben, weil sie selbst oft genug erlebten und erleben, wie sie wie Petrus in der Treue und Liebe vieles schuldig bleiben und wie Gott dennoch mehr, als sie selbst das wagen, ihnen die Hand entgegenstreckt.

Menschen tragen offenbar ein Verlangen nach einem unendlichen Maß an Integrität und Geliebtwerden – man kann es *»Frieden mit sich selbst«* nennen – in sich, und ebenso groß scheint das Maß an *Zweifel*, ob sie solchen Frieden überhaupt verdienen. Der tiefsitzende Verdacht, angesichts der eigenen Schuldbilanz nicht mehr liebens-würdig zu sein, kann letztlich nur dadurch vermindert werden, daß einem von außen her ein »überwältigendes« Maß an wahrer Friedenszusage begegnet; ein Maß, das den armseligen Rahmen menschlicher Zusagen übersteigt. In der Geschichte von Petrus, wie sie Markus erzählt, könnte für Herrn N. die unendliche Friedenszusage Gottes aufscheinen.

Vielleicht kann Herr N. eines Tages die Friedenszusage Gottes so ergreifen, daß sie ihm ermöglicht, auch mit seiner Frau Frieden zu schließen. Man wünscht ihm, er möge sich an diesen wunden Punkt über ein inneres Selbstgespräch von der Art herantasten: »Meine Frau ist in die Welt Gottes, in der die Annahme des Schuldigen geschieht, weiter hineingeschritten als ich; ist es da so abwegig, daß ich in die Friedenszusage, die mir von Gott her begegnet, auch die Verzeihung durch meine Frau eingeschlossen sehen darf?«

An dieser Wegstrecke der seelsorglichen Begleitung wird noch einmal besonders deutlich, daß *Martyria/Verkündigung* unverzichtbar in der seelsorglichen Begleitung vorkommen muß. Das kann nun sicherlich nicht heißen, daß Verkündigung nur »expressis verbis«, in religiösen Begriffen und Geschichten, sich ereignet. Wichtiger als alle verbalen Beteuerungen vom Angenommensein durch Gott ist sicherlich dies, daß der Seelsorger in der

Begegnung mit dem Gesprächspartner »Annahme«, von der er spricht, realisiert. Nur wenn das geschieht, wird wohl der Kairos aufkommen, ausdrücklich mit Hilfe von biblischen Erfahrungen den Rahmen nur zwischenmenschlicher Zusagen wahrhaftig verdichten zu können. Und vergessen sollten wir dabei nicht den weisen Baalschem: Die Geschichten der Bibel, sollen sie ihre Wirkung entfalten, gilt es »nachzuhüpfen« und »nachzutanzen«. Sie sollen aus dem Herzen kommen und einem selbst etwas zu sagen haben. Das hat zur Konsequenz: besser kein Wort des Glaubens als eines, das – als pastorale Pflichtübung an den Mann oder an die Frau gebracht – mehr lähmt als bewegt.

(4) Leiturgia – Das Brot brechen

In der liturgisch geformten Szene vom Mahlhalten und Brotbrechen verdichtet sich in der Emmauslegende der Weg der Jünger. Jetzt, nachdem sie einen langen inneren Prozeß zurückgelegt haben, sind sie in der Lage, den Auferstandenen zu erkennen. Lukas deutet damit an, daß die *liturgische Feier* und die übrigen *Symbolhandlungen des Glaubens* einen primären Ort der Heilserfahrung bilden, auf Gott und auf sich selbst hin sehend zu werden. Wie könnte Herr N. an der heilenden Kraft dieser liturgischen Feier und ihrer Symbole Anteil gewinnen, so daß er zu der Erfahrung der Emmausjünger kommt: Der Herr ist auferstanden, er geht an unserer Seite auf dem Weg unseres Lebens, durch alle Traurigkeit, Schuld und Angst vor dem Tod hindurch?

Bei der Annäherung an eine Antwort ist von einer bedeutungsvollen Beobachtung auszugehen, aus der sich Berechtigung und Notwendigkeit für einen liturgisch-symbolischen Begleitungsmodus ableiten lassen. Vor allen Versuchen des Seelsorgers spricht Herr N. bereits in der *Sprache der Symbole*. Bei näherem Hinsehen wird offenkundig, daß er das, was ihn zutiefst bewegt – wie alle Menschen –, nicht nur in eindeutigen Begriffen ausdrückt, sondern in Symbolen, die zeichenhaften Charakter für seine zwiespältige seelische Innenwelt tragen. Es kommt für den Seelsorger darauf an, seine Symbolsprache zu lernen und in der Grammatik seiner Symbole zu antworten.

Ein besonders dichtes und zugleich beredtes Symbol für seine innere Erfahrungswelt bietet Herr N. dem Seelsorger mit der bekundeten Vorliebe für das *Reisen* an. Gleich zweimal ist bei dem wenigen, das wir von Herrn N. über das Protokoll des Seelsorgers zu hören bekommen, die Rede davon. Er erzählt offensichtlich dem Besucher, daß er in seinen alten Tagen sogar noch in Thailand gewesen sei. An anderer Stelle, wo er die bittere Zeit vor dem Tod seiner Frau erinnert, berichtet er, wie er seiner todkranken Frau Mut zu machen versucht damit, daß sie »noch viel zusammen reisen würden«. Was teilt nun Herr N. dem Seelsorger mit, wenn wir das Reisen als symbolischen Ausdruck seiner inneren Situation und damit als Schlüssel zu seiner Innenwelt zu verstehen versuchen?

Mehrere Bedeutungsebenen – gerade in der synchronen Vielfalt von Bedeutungen liegt ein Vorsprung der symbolischen vor der diskursiven Redeweise – lassen sich voneinander abheben: Zunächst besagt das Reisen, wie bei jedem Menschen, so auch bei Herrn N., daß hier einer den Wunsch hat, den Horizont des Lebens bis an seine Grenzen auszuschreiten. Die *Sehnsucht nach neuen Erfahrungen*, die die Innenwelt weiten und verändern, die aus einem selbst einen anderen machen, liegt hier zugrunde. Man könnte die Botschaft heraushören: Mein Weg auf dieser Welt ist noch nicht an dem Punkt angekommen, wo er ankommen soll! Auf dieser Ebene käme dann auch etwas von der eigenartigen Unruhe zu Wort, die in der Tatsache liegt, daß sich hier ein alter Mann auf Achse begibt, um seinen *inneren Werdeprozeß voranzubringen*.

Sodann dürfte das Reisen eines 80jährigen schwerlich ohne einen, wenn auch ihm selbst noch unbewußten *Zusammenhang zum bevorstehenden Tod* zu begreifen sein. Für Herrn N. mag das Reisen bis nach Thailand, fast ist man geneigt zu sagen: bis ans Ende der Welt, verborgene Einübung in die bevorstehende *letzte große Reise* bedeuten. Aber so klar kommt das bei Herrn N. nicht zum Ausdruck. Es scheint eher so, daß in seinem Reisen bis nach Thailand die Einübung auf die letzte Fahrt und gleichzeitig der menschlich so naheliegende und doch so aussichtslose Versuch, diesem letzten Reiseziel zu entkommen, miteinander verstrickt sind.

Je mehr man sich in dieses Schlüsselsymbol des Reisens, das Herr N. uns sehr markant anbietet, einfühlt, um so schillernder und ambivalenter begegnet es uns, aber auch um so zutreffender und faszinierender setzt es die vielschichtige innere Lebenssituation des Herrn N. in ein einziges Bild. Dabei haben wir uns bisher nur auf seine Vorlieben für Reisen in die weite Welt bezogen.

Noch tiefer kann man Herrn N. verstehen, wenn man die symbolische Bedeutung des Reisens im *Kontext des Sterbens seiner Frau* betrachtet. Auch hier vereinigt »das Reisen« sehr widersprüchliche Bedeutungen in sich. Einerseits versucht Herr N. seine todkranke Frau mit der Aussicht auf gemeinsame Reisen zu ermutigen. Die »Reise« wird von ihm als ein *Zeichen der Hoffnung* aufgerichtet angesichts ihrer beider Hoffnungslosigkeit. Indem er sich so seiner Frau, ermutigend und tröstend zugleich, annimmt, begibt er sich an die Seite seiner todkranken Frau. Die Reise wird für beide zu einem *Zeichen der Gemeinsamkeit*, der gemeinsam verbrachten wie der gemeinsam erhofften Erdentage.

Andererseits ist nicht zu übersehen, daß Herr N. zu seiner Frau von »gemeinsamen Reisen« spricht, mit der von den Ärzten bestätigten Gewißheit und dem Wissen: »Es wird keine gemeinsamen Tage mehr geben!« Fast scheint es so, daß er dieses Thema anschlägt, um mit ihr nicht über die bittere und schmerzvolle Wahrheit ihrer bevorstehenden Todes-Reise sprechen zu müssen. Die Rede vom gemeinsamen Reisen stellt sich, so gesehen, als *Flucht vor der Realität des Todes der Frau*, als Inbegriff der Distanzierung von ihr und ihrem schweren Gang heraus.

Für Ohren, die in der Symbolsprache des Herzens ein wenig geschult sind, klingt es nicht paradox, wenn man zu dem Schluß kommt: Mit der Rede vom Reisen angesichts des bevorstehenden Todes seiner Frau begibt sich Herr N. in eine innere Nähe zu seiner Frau, und gleichzeitig geht er damit auf Distanz zu ihr. Seine Worte handeln von Nähe und bekunden doch eigentlich Ferne. Der Abschied von seiner Frau mißlingt, gerät für Herrn N. unter das *Signum der Schuld*. Die »Reise« wird so für ihn zum erinnernden *Symbol des Mißlingens und der versäumten Treue*. Sie ist, wie die Symbolforschung[73] in diesem Fall genauer sagen würde, zum *»Diabol«, »Klischee« oder »Symptom«* der inneren Krise geworden

So weist das »Reisen« für Herrn N. sehr vielfältige Bedeutungen auf, die alle in die Tiefe seiner Person führen. Es handelt von seinen zentralen Lebensthemen: von der Angst vor dem Tod, vom mißglückten Abschied von seiner Frau, von der Sehnsucht nach Wandlung und Vergebung und von dem Versuch, vor all dem wegzulaufen. Wenn er dem Seelsorger vom Reisen erzählt, dann ist nichts anderes in seinem Herzen da als die Frage: *Wie gewinne ich Frieden für mich und meine Ehegeschichte?*

Die Antwort kann nicht darin liegen, daß Herr N. der Wahrheit seines Lebens weiter ausweicht. Das deutet etwa auch *Gottfried Benn*[74] in einem Gedicht an, das für »Reisende« wie Herrn N. geschrieben scheint:

»Meinen Sie Zürich zum Beispiel
sei eine tiefere Stadt,
wo man Wunder und Weihen
immer als Inhalt hat?

Meinen Sie aus Habana
weiß und hibiskusrot
bräche ein ewiges Manna
für Ihre Wüstennot?

Bahnhofstraßen und Ruen
Boulevards, Lidos, Laan

[73] *H. Stenger* gebraucht den Begriff »Diabol« in Abhebung vom Symbol: vgl. *H. Stenger*, Botschaft und Symbol, 245–256. Diabol entspricht dem, was bei *Freud* als Symptom bezeichnet oder bei *Lorenzer* »Klischee« genannt wird. Charakteristisch ist hierbei, daß dem Betreffenden die eigentliche unbewußte Bedeutung seiner »symbolischen« Handlung verlorengegangen ist – in der Sprache der Emmausperikope: Er ist »blind« gegenüber seinem eigenen Handeln. – Vgl. dazu auch: *J. Scharfenberg*, Einführung in die Pastoralpsychologie, 65.

[74] *G. Benn*, Reisen.

selbst auf den Fifth Avenuen
fällt Sie die Leere an –
Ach vergeblich das Fahren
spät erst erfahren Sie sich:
bleiben und stille bewahren
das sich umgrenzende Ich.«

Die »Diabolik« des Reisens kann – so die »Botschaft« dieses Gedichts wie auch der Emmauslegende – dadurch geheilt werden, daß einer »bleibt« und »bewahrt«, d.h. innehält bei sich und der »Wahrheit« des eigenen Lebens ins Gesicht blickt, statt wegzulaufen bis ans Ende der Welt – oder bis Thailand.

Wenn das Symbol der Reise bei Herrn N. so in die Tiefe seiner Seele reicht und wenn es soviel von dem vereint, was ihn bewegt und durcheinanderbringt, wie entscheidend ist es da, daß ihm »das Bleiben« und »Bewahren« als heilender Weg in ebensolcher Symbolik begegnet. Die *Liturgie* antwortet in diesem Sprachmodus. Sie könnte somit Herrn N. »Botschaften« mitteilen, die den verbalen Dialog mit dem Seelsorger fortführen, vertiefen und zugleich übersteigen. Das, was in der gelungenen Auslegung der Schrift schon in Blick gekommen ist, die Friedenszusage Gottes, sie kann im Rahmen der Liturgie noch einmal intensiver erfahren und zur Gewißheit werden. Damit wird freilich nicht einer naiven Idealisierung gegenwärtiger Gottesdienstformen das Wort geredet. Daß solch tiefe therapeutische Glaubenserfahrungen in der Liturgie gemacht werden können, dazu bedarf es des Kairos beim Betreffenden: Er muß »soweit« sein, und gleichzeitig muß die *»Symbolsprache« der Liturgie* klar erlebbar sein. Was zu dieser Bedingung, die auf Seiten der Liturgie liegt, gehört, wird noch zu erörtern sein. Eines ist jedoch erfahrenen Seelsorgern nicht unbekannt, daß Menschen nach einem Gottesdienst, einem gemeinsamen Gebet oder kirchlichen Segen erzählen, wie sie eine Gebärde, ein Wort, ein Satz, ein Lied oder nur der Klang der Glocke und der Geruch des Weihrauchs »verwandelte«. Das hat nichts mit Zauberei zu tun, vielmehr liegt die verwandelnde und heilende Kraft der liturgischen Symbole darin, daß sie offenbar eine Korrelation zu den menschlichen Grundkonflikten aufweisen und darauf antworten.[75]

Ohne daß wir jetzt diesem *Zusammenhang von Grundkonflikten und liturgischen Symbolen* weiter auf den Grund gehen, bleibt zu fragen, welche symbolisch-liturgischen Vollzüge, Worte und Texte – letztere haben ja bekanntlich trotz ihres diskursiven Charakters auch »symbolische«, nach *Alfred Lorenzer*: »präsentative« Bedeutung[76] – Herrn N. dem inneren Frieden, dem geheimen Ziel seines Reisens, näherbringen könnten?

[75] *J. Scharfenberg* berichtet Beispiele solcher Erfahrung: Einführung in die Pastoralpsychologie, 60–67.
[76] Vgl. *H. Stenger*, Botschaft und Symbol.

Vielleicht sollte er zuerst, sozusagen im *»Vorhof« der religiös-kirchlichen Liturgie*, die Beziehung zu seiner Frau, wie er sie im therapeutischen Prozeß neu – ohne nun vor seiner Schuld wegzulaufen – gewonnen hat, »symbolisch« inszenieren.

- Er könnte z. B. seiner verstorbenen Frau einen *Brief* schreiben, in dem er den therapeutischen Dialog mit ihr fortsetzt. Ein solcher Brief, der noch einmal die schmerzliche und in der Beziehung mißglückte Phase des Abschieds von der Frau aufgreift, könnte nunmehr die damalige zwiespältige Rede vom »gemeinsamen Reisen« ablösen. Das »Diabol« Reise fände sein Ende im »Symbol« Brief.
- Oder er macht einen *Besuch am Grab* seiner verstorbenen Frau, pflanzt eigenhändig Blumen darauf und zündet ein Licht an. In diesem in unserer Kultur üblichen »Totenkult« passiert mehr als landschaftspflegerische oder ästhetische Maßnahme. Hier ereignet sich versäumte »Trauerarbeit«, die Herr N. über den therapeutischen Dialog hinaus zu leisten hat. Indem er sich so mit der Erde, zu der seine Frau zurückgekehrt ist, vertraut macht, tritt er mit ihrem (und auch mit seinem) Tod in Kontakt. Und gleichzeitig setzt er mit den Blumen und dem Licht »Hoffnung« in die tote Erde. Warum sollte ihn das nicht verwandeln können?

In einzelnen *liturgisch eingebetteten Symbolhandlungen* könnte ihm vor allem begegnen, was in der Markus-Perikope über Gottes Praxis angesichts von Schuld in Sichtweite kam, daß Gott die Hand ausstreckt zum schuldig gewordenen Menschen. Ist es so völlig unvorstellbar, daß das in Herrn N.s Seele »einsickert«, wenn er seine Hand in *Weihwasser* taucht und damit das *Zeichen des Kreuzes* auf seine Stirn und auf seinen Leib schreibt? So wie die Tränen – im Protokoll steht: »er schluchzte« – seine Selbstvorwürfe und seine Traurigkeit symbolisch zum Ausdruck brachten, so kann in einer solchen einfachen Berührung mit dem reinigenden Wasser, auf dem der Segen Gottes liegt, Vergebung erfahren werden.

Vielleicht »trifft« es Herrn N., wenn er in einer *Eucharistiefeier* die Worte vernimmt vernimmt: *»Der Friede sei mit euch!«* oder *»Gehet hin in Frieden!«*. Warum sollten diese Worte ihn nicht dazu bewegen können, mit sich und seiner Ehegeschichte Frieden zu schließen, weil Gott das vor ihm längst getan hat?

Es mag sich ergeben, daß der Seelsorger eines Tages Herrn N. vorschlägt – oder vielleicht kommt dieser Wunsch von ihm –, das, was sie im therapeutischen Prozeß durchschritten haben, abzuschließen mit den ritualisierten Worten der *Beichte*: »Ich spreche dich los von deinen Sünden ...« Der Seelsorger macht sich hiermit gleichsam zum Sprachrohr der Zusage Gottes, daß er einen auch angesichts seiner Schuld nicht fallen läßt. Warum sollte sich solche symbolische Zusage für Herrn N. nicht so mächtig erweisen, daß er bei sich selbst »bleiben« kann und nicht mehr vor sich in die Ferne fliehen muß?

(5) Koinonia – Am Ziel des Emmausganges

Wem der Herr erschienen ist, für den ändert sich alles. Er bricht auf, aber er hebt nicht die Welt aus den Angeln, sondern er kehrt dorthin zurück, wo er herkam: zum Ursprungsort seiner nunmehr überwundenen Traurigkeit, zu seinem Alltag und zu seiner Arbeit, freilich als ein signifikant anderer. Als einer, dem der Herr erschienen ist, tut er sich mit denen zusammen, denen ähnliches widerfahren ist. Er versammelt sich mit ihnen zur *Erzählgemeinschaft*, zur Kirche, und wird nicht müde zu berichten, wie er sehend wurde auf den Auferstandenen hin.

Man stelle sich vor, wie in einer solchen Erzählgemeinschaft Herr N. das Wort ergreift und zumindest mitspricht, was *Lukas* dem greisen *Simeon* in den Mund legt (Lk 2,29–32):

> »Nun entläßt du, Herr, deinen Knecht,
> wie du gesagt hast, in Frieden scheiden.
> Denn meine Augen haben das Heil gesehen,
> das du vor allen Völkern bereitet hast,
> ein Licht, das die Heiden erleuchtet,
> und Herrlichkeit für dein Volk Israel.»

Jetzt kann sich Herr N. diesem Jubelruf anschließen, weil auch seine Augen das Heil gesehen haben, jetzt kann er in Frieden die große Reise antreten. Er muß nicht schnell noch nach Thailand fahren. Er kann es tun, aber er läuft dann damit vor seinem letzten Reiseziel nicht mehr weg, alles kann ihn nur noch seinem letzten Geheimnis, seiner »Heimat«, die Gott heißt, näherbringen.

Mag der Weg, den Herr N. zusammen mit dem Seelsorger in unseren Gedanken gegangen ist, über manche Strecken als pastorale »Traumreise« erscheinen, so bringt er insgesamt doch in Blick, daß er in der Seelsorge vor Ort wirklich gangbar ist. Er buchstabiert in die konkreten Lebenszusammenhänge hinein aus, wie Seelsorger an der Begleitungspraxis des Auferstandenen Maß nehmen und zugleich in den Lebenskrisen der Menschen heute helfend zur Seite stehen können. So spricht an diesem Punkt unserer Überlegungen alles dafür, das *Programm der heilenden Begleitung nach der Emmauslegende Schritt für Schritt pastoral-psychologisch auszufalten*. In einem vorausschauenden Entwurf ist deshalb zu skizzieren, wie die lukanische Seelsorgsvision pastoralpsychologisch »operationalisiert« werden kann.

4
PASTORALPSYCHOLOGISCHE PERSPEKTIVEN FÜR EINE HEILENDE SEELSORGE NACH DEM EMMAUS-MODELL

(1) Von »Blindheit« und »Traurigkeit«

Seelsorgliche Begleitung nach dem Emmaus-Modell beginnt dort, wo Menschen »unterwegs« sind, d.h. wo durchkreuzte Lebenspläne, zerronnene Hoffnungen und erdrückende Lebensumstände sie am liebsten die Flucht vor diesem Leben ergreifen ließen. Pastoralpsychologie wird deshalb im Dialog mit *Klinischer Psychologie, Sozial- und Entwicklungspsychologie* versuchen, diese vielfältigen *Situationen des Leidens* am Leben zu erhellen. Bei solcher *»kairologischen«* Arbeit geht es folglich vor allem um Ätiologie und Phänomenologie von *Lebenskrisen*, um »kritische Lebensereignisse«, um *neurotische und psychotische Beeinträchtigungen* des psychischen Lebens der Person, um das tragische *Mißlingen von Lebensgeschichten*. Eine solche *»Kairologie der Lebenskrise«*, die freilich nur im Fragment geleistet werden kann, sollte sehr wesentlich die Fähigkeit des Seelsorgers zum Hinzukommen und Mitgehen schärfen.

Diese pastorale Zielrichtung verlangt zudem, bereits im Rahmen der Kairologie das Prinzip der elementar-theologischen *Korrelation* zu verfolgen. Die psychologischen Ergebnisse, die mit den lukanischen Bildworten »Blindheit« und »Traurigkeit« paradigmatisch in Zusammenhang zu bringen sind, müssen ihrerseits wenigstens ansatzhaft in Glaubenssprache zurückübersetzt werden.

(2) Kriterien und Kritik seelsorglichen Mitgehens in Lebenskrisen (Koinonia)

Den ersten, grundlegenden Schritt der heilenden Begleitung charakterisiert die Emmauslegende mit Hinzukommen und Mitgehen, dabei auf die heilende Praxis des vorösterlichen Jesus anspielend. Für die Pastoralpsychologie ergibt sich daraus die *kriteriologische Aufgabe*, die Konturen einer heilenden Seelsorge über die Emmausgeschichte hinaus zurückzuverfolgen auf die in den Evangelien erzählte *Heilpraxis Jesu*. Zu fragen ist etwa: Welchen Stellenwert hat das »Heilen« in der »Pastoral Jesu«? Wie heilt Jesus? Die dabei zum Vorschein kommenden Kennzeichen jesuanischer Heilpraxis können als Kriterien angesehen werden, an denen sich kirchliche Seelsorge immer wieder auszurichten hat. Das Konzept einer *mystagogischen Seelsorge* erscheint dabei als ein vielversprechender Weg zu einer jesuanisch heilenden Kirche, die sich sehen lassen kann.

Kriteriologische Arbeit, wie sie die Pastoralpsychologie betreibt, darf nicht darauf verzichten, die *faktische Pastoral der Kirche* mit dem Maßstab des Evangeliums kritisch zu konfrontieren. Zu fragen ist: Welchen Stellenwert hat im Bewußtsein der Seelsorge, der Christen und der Theologen die heilende Dimension von Glaube und Pastoral? Was verhindert sowohl in den *Strukturen der Pastoral* als auch in der *Persönlichkeit des einzelnen Seelsorgers* das heilende Hinzukommen und Mitgehen? Welche *Ängste* tauchen im Begleiter auf, so daß er seine guten Absichten zum Mitgehen irgendwann auf dem Weg über Bord wirft und sich aus der Nähe zum andern innerlich verabschiedet? In diesem Fragehorizont sind deshalb *psychodiagnostische Ergebnisse zur Seelsorgerpersönlichkeit* ebenso zu erörtern wie Erfahrungen *pastoralpsychologischer Ausbildung*, die zu mystagogisch-heilender Kompetenz hinführen will.

(3) Diakonie durch pastorale Psychotherapie und Beratung

Das empathische »Anfragen« auf die Lebenskrise hin, wie es der Auferstandene praktiziert, verweist eine heilende Seelsorge nach dem Emmausmodell auf die moderne *Psychotherapie*. Hier ist in einem profanen Sprachgewand vieles von dem anzutreffen, was sowohl im mäeutischen Anfragen des Auferstandenen als auch in der Heilungspraxis Jesu begegnet. Der *kritische Dialog mit der Psychotherapie* erscheint so unverzichtbar, will Seelsorge ihr jesuanisches Gesicht bewahren bzw. zurückgewinnen.

Pastoralpsychologie, die zur heilenden Seelsorge anstiften will, hat sich paradigmatisch mit den wichtigsten Schulen und Formen der Psychotherapie zu befassen. Insbesondere gilt es mit den bewährten Konzepten wie *Psychoanalyse, Verhaltenstherapie, Gesprächspsychotherapie und Familientherapie* das pastoraltheologische Gespräch aufzunehmen. Ein wichtiges Element dürften dabei die Reflexion des jeweiligen impliziten *Menschenbildes* spielen und die damit gegebenen Möglichkeiten und Grenzen einer pastoralen Rezeption. Zielpunkt des Dialogs mit *Freud*, *Wolpe*, *Rogers*, *Satir* u. a. wird sein, auf dem Weg zu einer *»Pastoraltherapie«* konzeptionell und praktisch voranzukommen.

Erfahrungen solch pastoraltherapeutischer Begleitung, wie sie nicht nur in der Gemeindeseelsorge, sondern vor allem in den vielen kirchlichen Beratungsstellen gemacht werden, führen vor Augen, daß hier ganz wesentlich christliche *Diakonie* geschieht. Beides, Psychotherapie und Diakonie, miteinander zu korrelieren, ist deshalb an diesem Punkt eine wichtige Aufgabe der Pastoralpsychologie.

(4) Wort Gottes, das heilt (Martyria)

Die Schriftauslegung (Martyria) als ein Grundvorgang des Emmausganges zum Heilwerden verlangt, daß seelsorgliche Begleitung nicht beim psychotherapeutischen Anfragen und Einfühlen stehenbleibt, sondern die *erzählten Lebensgeschichten* und bearbeiteten Lebenskrisen mit der Heilungsbotschaft der Schrift verbindet. Auf diese Weise, wenn Menschen *»gleichzeitig« werden mit den erzählten Glaubensgeschichten*, vermag das Potential an Trost und Hoffnung, das sie enthalten, hier und jetzt zu wirken. Von der Pastoralpsychologie ist folglich im Dialog mit der *Kommunikations- und Tiefenpsychologie* zu erörtern, welche heilende Kräfte im *Erzählen von Geschichten* im allgemeinen und der biblischen Geschichten im besonderen zum Vorschein kommen. Es dürfte sich von daher ergeben, die prinzipielle *»narrative Tiefenstruktur des Glaubens«* in Blick zu nehmen. Für die Pastoralpsychologie ist hier ein breites Aufgabenfeld gegeben; es reicht von der Problematik *tiefenpsychologischer Schriftauslegung* bis hin zum *Erzählen biblischer Geschichten* im pastoraltherapeutischen Beratungsprozeß. Immer geht es dabei um die Frage, wie die zu Texten geronnenen Glaubenserfahrungen des Anfangs verflüssigt werden können in heutige Lebensgeschichten hinein, so daß auch heute Blindheit und Traurigkeit weichen und das Herz in der Brust zu brennen anfängt.

(5) Die heilende Kraft der Symbole des Glaubens (Leiturgia)

Seelsorgliche Begleitung nach der Emmausmethode kann an dem Erfahrungswissen der frühen Christengemeinden nicht vorbeigehen, daß letztes Zu-sich-selbst-kommen, und damit letzter Schritt der Heilung von Traurigkeit und Blindheit, in der gemeinschaftlichen Feier des eucharistischen Mahles sich ereignet. Wir tun uns nicht immer leicht in unseren Gottesdiensten, solches wirklich zu entdecken. Aber es scheint pastoralpsychologisch geboten, mit einem *therapeutischen Interesse auf die Liturgie, die Feier der Sakramente, die kirchlichen Segnungen, Weihen und Rituale* hinzublicken. Auf diese Weise kann vielleicht manches liturgische Ritual einen tiefen therapeutischen Sinn kundtun, der seelsorglich ungehoben in ihm schlummert.

Zu handeln ist folglich in diesem Abschnitt von der *heilenden Kraft der Symbole des Glaubens*. Es gilt zu bedenken, wie im Gottesdienst und in der Liturgie der Sakramente, ineins mit der Erfahrung der Nähe Gottes, die mitgebrachten Lebensgeschichten und Lebenskrisen »erinnert, wiederholt und durchgearbeitet« werden (*Freud*). An dieser Stelle wird unübersehbar deutlich, daß heilend-mystagogische Begleitung nach dem Emmaus-Modell die Kenntnis jener Fremdsprache voraussetzt, die nach *Erich Fromm* jeder Mensch unbedingt lernen sollte, die *Sprache der Symbole*. Hier vermag die

Tiefenpsychologie den Seelsorger mit ihren verschiedenen *Symboltheorien* ein gutes Stück voranzubringen.

Weil sich bei der pastoralpsychologischen Betrachtung der Glaubenssymbole abzeichnet, daß ihnen, im Einklang mit der Emmausgeschichte, entscheidende Heilkraft, die den Menschen zu sich und über sich hinausbringt, innewohnt, liegt es nahe, diese Einsicht an die *Sakramentenpastoral* insgesamt heranzutragen. Am Beispiel der *Taufe* kann exemplifiziert werden, wie das jesuanische Prinzip des Heilens sowohl in der Feier der Taufliturgie als auch im Taufgespräch zur Geltung kommen könnte.

(6) Sich selbst finden, Gott erkennen, zur Gemeinde aufbrechen – Von den Zielen der heilenden Seelsorge

Drei Stichpunkte liefert die Emmausgeschichte zur Charakterisierung des Zieles heilender Seelsorge: *Selbstfindung, Gotteserkenntnis, Gemeinde*. Es zeigt sich hier noch einmal in aller Deutlichkeit, daß der Weg, den heilende Seelsorge geht, auf wirkliche *innere Versöhnung* mit dem eigenen Menschsein abzielt, dabei in vielem ähnlich der Intention der Psychotherapie. Seelsorge unterscheidet sich freilich von der Psychotherapie in ihren Zielvorstellungen auch sehr wesentlich. Sie ist der Auffassung, daß einer mit »dem Feind in sich selbst« nur Frieden schließen und sich annehmen kann, wenn er sich von Gott angenommen weiß. Solche Entfeindungsliebe zu sich selbst setzt in ihm ganz selbstverständlich *geschwisterliche* Praxis seinen Mitmenschen gegenüber frei. Vor allem kann er ihnen *vergeben*. Wem geschwisterlich vergeben wird, der kann sich seinerseits auf einen Prozeß der *Selbstannahme* einlassen. Und er kann vielleicht am Ende doch einem Leben zustimmen, in das »Blindheit«, »Traurigkeit«, »Enttäuschungen« und »Krisen« in vielfältiger Weise hineinverwoben sind.

Über Selbstannahme, Gotteserkenntnis, Vergeben-Können, und wie eines ohne das andere gar nicht geschehen kann, darüber hat Pastoralpsychologie nachzudenken, wenn sie über die Ziele heilender Seelsorge Auskunft geben will.

TEIL III
»BLINDHEIT« UND »TRAURIGKEIT« – KRISEN IN DER LEBENSGESCHICHTE

Lukas setzt mit den Begriffen »Blindheit« und »Traurigkeit« ins Bild, was mit Menschen innerlich geschieht, wenn ihr Leben in die Sackgasse gerät: Sie sehen keinen Weg mehr, alle Hoffnung scheint abhanden gekommen. Eine tiefgreifende Lebenskrise hat sie erfaßt.

Um zu den »Blinden« und »Traurigen« hinzukommen zu können, bedarf es beim Begleiter eines wachen Gespürs für die vielfältigen Belastungen, an denen Menschen leiden. Er sollte, wie das Konzil sagt, »sich im Geist der Liebe seelisch den verschiedenen menschlichen Situationen öffnen« können. Die folgenden »kairologischen« Überlegungen zur *Lebenskrise*[1] – so versuchen wir die lukanischen Bildworte »Blindheit« und »Traurigkeit« auf einen psychologischen Begriff zu bringen – wollen der pastoralen Sensibilität des seelsorglichen Begleiters zuarbeiten. Solche im Dialog mit der Psychologie anvisierte *»Kairologie«* ist der Ausgangspunkt aller späteren Überlegungen zur Praxis heilender Seelsorge, denn beim *»Sehen«* der Not und Gekränktheit beginnt der Weg des Heilens, wie es das Gleichnis vom barmherzigen Samariter eindrucksvoll beschreibt: »Als er ihn sah, hatte er Mitleid...« (Lk 10, 3 f).

1 DIMENSIONALER ZUGANG ZUR »LEBENSKRISE«

Es ist nicht unproblematisch, mit »Krise« all das zusammenzufassen, was das menschliche Leben an Leiderfahrung im Lauf der Biographie mit sich bringt. Fast zynisch harmlos nimmt sich dieses Wort aus, wenn man es gebraucht etwa für die bis ans Äußerste gehende Besorgnis von Eltern, deren Kind an Krebs erkrankt ist, oder für die Tragödie, wenn eine Familie zerbricht. *»Krise«*, wie sie im allgemeinen Sprachgebrauch verstanden wird, *scheint zu bagatellisieren*, es an existentiellem Ernst fehlen zu lassen: Das ist nichts Beunruhigendes! Das kriegen wir schon wieder hin! – Es hat den Anschein, als kollaboriere am Begriff Krise das verharmlosende Alltagsverständnis mit der sprachlichen Verschleierungstaktik des distanzierten Diagnostikers, wo das ganz konkrete Leiden einer individuellen Person auf Allgemein-Menschliches, auf einen Fall unter vielen, reduziert wird. Beide Male ist man das »bißchen Krise« des andern los. Man ist ihm und sich selbst entlaufen.

[1] Vgl. *W. Härle*, Krise in theologischer Sicht, 408. – Der von *R. Preul*, Seelsorge als Bewältigung von Lebenssituationen, zur Kennzeichnung der Zielrichtung von beratender Seelsorge verwendete Begriff »Bewältigung von Lebenssituationen« blendet im Vergleich zu »Lebenskrise« die ganz entscheidende Betroffenheit weitgehend aus.

Krise, wie sie hier verstanden wird, hebt sich von diesem Mißverständnis ab. Wenn wir von *»Lebenskrise«* sprechen, dann ist damit all das gemeint, was das Leben ausweglos und unerträglich macht: schwere Belastungen, Krankheiten, schwelende seelische Verletzungen, kritische Übergänge in der Biographie, Verlust von lieben Menschen, abgrundtiefe Enttäuschungen, lebensentscheidende Weichenstellungen. Nicht übersehen werden soll, auch nicht bei den folgenden krisentheoretischen Ausführungen[2], daß es konkrete, namentliche Personen sind, die an solchen Lebenskrisen leiden.

In der psychosozialen Forschung taucht der Begriff der Krise erstmals bei *Erich Lindemann* (1944)[3] auf, der die depressiven Reaktionen von Hinterbliebenen der bei einem Großbrand in Boston ums Leben Gekommenen untersuchte. Die daraus abgeleiteten Konsequenzen für eine wirksame Hilfe bei Trauerfällen haben die Entwicklung von Methoden der Krisenintervention sehr gefördert und zu weiteren theoretischen Entwürfen angeregt. In der Psychologie begegnet so ein breites Spektrum von theoretischen Zugängen zum Phänomen der seelischen Krise. Freilich steht über all diesen Versuchen immer noch das Fazit, das *Elga Seubert*[4] zieht: »Insgesamt sind die Krisenphänomene noch wenig erforscht«.

Für unsere Überlegungen ergeben sich aus dem Stand gegenwärtiger Krisenforschung vor allem zwei Konsequenzen:

- Eine systematische und geschlossene Krisentheorie, die noch dazu in der Praxis der Sozialarbeit und Seelsorge bewährt ist, kann nicht vorgelegt werden. Statt dessen ist eine *»Konvergenzargumentation«* angebracht, die von verschiedenen Standorten herkommend sich dem Phänomen der Krise nähert. Ziel dieser sich gegenseitig ergänzenden Annäherungen ist es, die *verschiedenen Dimensionen der Krise* zu entdecken und sie für die Praxis der heilenden Seelsorge zu bedenken.
- Im Rahmen einer theologischen Abhandlung bedarf es eines Ausgreifens über die humanwissenschaftlichen Dimensionen der Krise hinaus auf die Frage hin, wie in Krisensituationen Gottes Geschichte mit einzelnen, Familien oder Gruppen aufscheint. Es gilt die Krise zu reflektieren als *Situation des Menschen vor Gott.*

Den Ausgangspunkt unseres mehrdimensionalen Zugangs bilden unmittelbar einsichtige *Kennzeichen der Krise:*

1. Viele Krisen ereignen sich, Begriffe wie »Reifungskrise« oder »Midlife-crisis« deuten es an, in einem engen Zusammenhang mit der in Phasen erfolgenden psychischen *Entfaltung der Person*. Man spricht hier von *»normativen Krisen«* im Unterschied zu den schicksalhaften, der eigenen Macht entzogenen Widerfahrnissen (Unfall, Krankheit, Verlust von Angehöri-

[2] Vgl. *C. Kulessa*, Zur Theorie der Krise. – *D. K. Switzer*, Krisenberatung in der Seelsorge, 24–37.
[3] Vgl. *E. Lindemann*, Symptomatology and management of acute grief.
[4] *E. Seubert*, Gegenwärtiger Stand der Präventionsforschung, 3188.

gen), die als »akzidentielle Krisen« bezeichnet werden. Die entwicklungspsychologische Perspektive berechtigt, von einer *lebensgeschichtlichen Dimension der Krise* zu sprechen.

2. Krisen weisen, wie die Untersuchungen *Lindemanns*[5] und *Caplans*[6] erbrachten, *typische Verläufe* auf. Ob das von ihnen vorgelegte Verlaufsschema auf alle seelischen Krisen zu übertragen ist, darf bezweifelt werden, gleichwohl ist die Frage nach den *Verlaufsformen der seelischen Krisen* und den darin typischen Gefühlszuständen seelsorglich außerordentlich relevant.

3. Die Anfälligkeit für bestimmte Krisen, die Form ihrer Bewältigung und die Gefahr des Scheiterns in ihnen sind zweifellos stark von der jeweiligen Persönlichkeitsstruktur geprägt. Zu überlegen ist folglich in einem *persönlichkeitspsychologischen Zugang,* welche spezifischen Krisenreaktionen etwa bei introvertierten, extravertierten, depressiven oder zwanghaften Persönlichkeiten begegnen und an welche seelischen Verletzungsgeschichten die personspezifischen Krisenreaktionen anschließen.

4. Das Scheitern in der Bewältigung von psychosozialen Krisen kann sich in mehr oder weniger tiefgreifenden seelischen Beeinträchtigungen *»chronifizieren«*. Solche Verfestigungen krisenhafter Prozesse, das Fixiertsein auf bestimmte, meist frühkindliche, »lebenskritische« Ereignisse bezeichnet die Klinische Psychologie als *Neurose* und z. T. als *Psychose*. Ein solcher *nosologische Zugang* zu seelischen Krisen erscheint für die Praxis des seelsorglichen Gesprächs unabdingbar.[7]

5. Der spezifisch pastoralpsychologische Beitrag zu einer konvergierenden Sicht der seelischen Krise besteht, wie bereits angedeutet, darin, Krise als Situation des Menschen vor Gott zu deuten. Bei dieser elementar-theologischen Aufgabe der *»Korrelation«* gilt es folglich, die verschiedenen psychologisch bedachten Dimensionen der Krise in Zusammenhang zu bringen mit Glaubensbegriffen wie »Kreuz«, »Schuld« oder »Unglaube«. Die damit in Blick kommende *theologische Dimension* bewahrt den Seelsorger vor einer psychosozialen Engführung im Verständnis der Lebenskrise wie der seelsorglichen Intervention.

Im Folgenden werden die genannten Dimensionen und ihre elementartheologischen Korrelationen – soweit einigermaßen plausibel konstruierbar – fragmenthaft ausgefaltet.

[5] *E. Lindemann*, Symptomatology and management of acute grief.

[6] *G. Caplan*, Principles of preventive psychiatry.

[7] Freilich sollte man Krisen nicht von vornherein unter die pathologischen Phänomene einreihen. Mit *H. Lehmann*, Lebenskrisen im Beruf, ist festzuhalten: »Krisen sind keineswegs etwas Pathologisches. Sie führen nur dann zu Krankheiten seelischer, sozialer oder körperlicher Art, wenn sie nicht überwunden werden – ja meistens ist das Ausweichen vor einer Krise gefährlicher als die Krise selbst.«

2
KRITISCHE LEBENSEREIGNISSE

(1) Belastungsindex verschiedener Lebensereignisse

Die erste Überlegung im Zusammenhang mit der lebensgeschichtlichen Dimension der seelischen Krise zielt auf die Frage: Welche Lebensbedingungen und Ereignisse in der individuellen Biographie bringen ein gehäuftes Risiko, in seelische Krisen zu geraten, mit sich? Die sog. »life-events-Forschung« versucht darauf eine Antwort zu geben.

Im Mittelpunkt stehen dabei *»kritische Lebensereignisse«*. Nach *Sigrun-Heide Filipp*[8] sind darunter Ereignisse zu verstehen, die eine tiefgreifende *Veränderung in der Lebenssituation* einer Person mit sich bringen. Sie müssen nicht, wie etwa der langwierige Verlauf mancher Erkrankung zeigt, abrupt und zäsurhaft eintreten, sondern können eine lange Entstehungsgeschichte haben und einen allmählichen Übergang darstellen. Kritische Lebensereignisse bedeuten den Zusammenbruch, mindestens aber eine gravierende *Störung der subjektiv erfahrenen Lebenswelt*. Sie lassen den Betroffenen nicht gleichgültig, sondern fordern seine *kognitive wie emotionale Stellungnahme* heraus. Nicht notwendigerweise sollte man kritische Lebensereignisse mit persönlichen *Katastrophen* gleichsetzen, sondern auch nach allgemeinen Maßstäben *positive Ereignisse*, wie Heirat oder Geburt eines Kindes, fallen darunter.

Holmes und *Rahe*[9] entwickelten eine *Rangfolge kritischer Lebensereignisse* (Abb. 4), wie sie für die Menschen in den westlichen Industrieländern typisch ist. Ihren Ergebnissen zufolge stellt ein Skalenwert von 300 oder mehr Punkten ein hohes, ein Wert zwischen 200 und 299 Punkten ein mittleres, und stellen Werte zwischen 150 und 199 Punkten ein geringes Krisenrisiko dar.

Auffallend ist – wie bereits angedeutet –, daß die gemeinhin als sehr *erfreulich eingestuften Vorgänge* wie Hochzeit (Rang 7), Wiederversöhnung nach Streit mit dem Ehegatten (Rang 9), Familienzuwachs (Rang 14), Schulabschluß (Rang 27), Urlaub (Rang 41) und Weihnachten (Rang 42) ein starkes »Krisenpotential« enthalten. Sie führen offensichtlich ebenso wie Arbeitslosigkeit, Pensionierung, Krankheit, Scheidung oder Tod des Ehegatten in eine *subjektiv erfahrene Anomie*. Wenn nach außen hin der Himmel voller Geigen hängt und das Glück vollkommen scheint, muß das noch lange nicht dem subjektiven Erleben der »Ach-so-Glücklichen« entspre-

[8] *S.-H. Filipp*, Kritische Lebensereignisse als Brennpunkte einer Angewandten Entwicklungspsychologie des mittleren und höheren Erwachsenenalters, 772f.

[9] Vgl. *T.H. Holmes/R. H. Rahe*, The social readjustment rating scale. Die vorgelegte Skala wird nach *F. Teegen*, Ganzheitliche Gesundheit, 84, zitiert.

Rangplatz	*Geschehnis*	*Mittlerer Wert*
1	Tod eines Ehegatten	100
2	Scheidung	73
3	Trennung ohne Scheidung	65
4	Gefängnisstrafe	63
5	Tod eines nahen Familienmitglieds	63
6	Verletzung oder Krankheit	53
7	Hochzeit	50
8	Entlassung	47
9	Wiederversöhnung nach Streit mit Ehegatten	45
10	Pensionierung	45
11	Erkankung eines Familienmitglieds	44
12	Schwangerschaft	40
13	Sexuelle Schwierigkeiten	39
14	Familienzuwachs	39
15	Berufliche Veränderungen	39
16	Veränderungen im finanziellen Bereich	38
17	Tod eines nahen Freundes	37
18	Wechsel am Arbeitsplatz mit ungewohnter Tätigkeit	36
19	Veränderung in der Anzahl der Auseinandersetzungen mit dem Ehegatten	35
20	Aufnahme einer Hypothek über 100 000 Dollar	31
21	Verfallen einer Hypothek oder eines Darlehens	30
22	Veränderungen in den beruflichen Aufgaben	29
23	Sohn (Tochter) verläßt die Familie	29
24	Schwierigkeiten mit Verwandten des Ehemanns bzw. der Ehefrau	29
25	Außergewöhnliche persönliche Leistung	28
26	Ehefrau fängt mit einer Arbeit an oder hört damit auf	26
27	Schulbeginn oder -abschluß	26
28	Veränderung in den Lebensumständen	25
29	Aufgabe persönlicher Gewohnheiten	24
30	Schwierigkeiten mit dem Chef	23
31	Veränderung in den Arbeitszeiten oder -bedingungen	20
32	Umzug	20
33	Schulwechsel	20
34	Veränderung im Freizeitbereich	19
35	Veränderung in den kirchlichen Aktivitäten	19
36	Veränderung in den sozialen Aktivitäten	18
37	Aufnahme einer Hypothek oder eines Darlehens unter 100 000 Dollar	17
38	Veränderung in den Schlafgewohnheiten	16
39	Veränderung in der Anzahl der Familienzusammenkünfte	15
40	Veränderungen in den Eßgewohnheiten	15
41	Urlaub	13
42	Weihnachten	12
43	Kleinere Gesetzesverstöße	11

Abb. 4: Skala zur Bewertung kritischer Lebensereignisse

chen. Darauf macht diese Skala aufmerksam, und dafür will sie sensibilisieren. Gemeinsam ist allen Ereignissen der Skala, den guten wie den schmerzlichen, daß sie mehr oder minder spürbar nötigen, vertraute Gewohnheiten aufzugeben, sich in der sozialen Mitwelt, in Lebenswerten und -zielen neu zu orientieren. Die Anpassung an die veränderte Lebenssituation mobilisiert die seelischen Kräfte.

Die Skala räumt weiterhin mit der *»intuitiven Theorie«* auf, als seien bestimmte Lebensphasen besonders krisenanfällig, z. B. das Jugendalter, das hohe Alter oder die Lebensmitte, wie es das Schlagwort von der »Midlife-crisis« nahelegt. Die statistischen Erhebungen, die *Holmes* und *Rahe* im Kontext der Skalenkonstruktion durchgeführt haben, geben dieser intuitiven Annahme nicht recht. Kritische Lebensereignisse treten unabhängig vom Alter, über die ganze Lebensspanne verteilt, auf. Sie treffen Kinder beispielsweise bei der Geburt eines Geschwisters oder durch den Schulbeginn ebenso wie Jugendliche, Jungverheiratete, Eltern, Menschen in der Lebensmitte, Rentner und Senioren. Es gibt keine Lebenszeit, die vor Belastungen gefeit wäre, wie es auch keine Lebenszeit gibt, die nicht mit Sinn gefüllt werden könnte. Die Skala gibt eine Rangfolge des Belastungsindexes, wie er von den Betroffenen auf einzelne Lebensereignisse erlebt wird. Sie sagt freilich über diese generelle Festlegung hinaus nichts aus, *wie diese Belastung spezifiziert* ist und welche anderen Wirkungen neben allgemeiner physischer und psychischer Anspannung die Konfrontation mit kritischen Lebensereignissen zeitigt. Es gibt beispielsweise empirische Hinweise darauf, daß innerhalb des ersten Jahres nach dem Tod einer nahestehenden Person das *Sterberisiko* für die vom Verlust betroffene Person sprunghaft ansteigt.[10] Die einseitig krankheitsauslösende oder -verursachende Wirkung von kritischen Lebensereignissen erscheint andererseits keineswegs zwingend. Man findet in der Literatur immer wieder Hinweise darauf, daß das Spektrum der aus der Konfrontation mit kritischen Lebensereignissen resultierenden Effekte außerordentlich weit ist. Es reicht von der *Veränderung »kognitiver Schemata«*[11] über den *Wandel in sozialen Einstellungen*[12] bis hin zum allgemeinen *»Lernen aus Lebenskrisen«*[13].

Auch wenn kritische Lebensereignisse entwicklungsfördernde Ressourcen der Person freisetzen können, sollte nicht ihr krankmachendes Gefährdungspotential aus dem Blick verloren werden. In dieser Sichtweise erlangen dann *präventive Maßnahmen*, vor allem auch der Seelsorge, an Bedeu-

[10] *W. Stroebe*, Der Kummer-Effekt. – *S.-H. Filipp*, Kritische Lebensereignisse als Brennpunkte einer Angewandten Entwicklungspsychologie des mittleren und höheren Erwachsenenalters, 781.
[11] Vgl. *M. Horowitz*, Psychological response to serious life events.
[12] Vgl. *R.T. Riley/T.F. Pettigrew*, Dramatic events and attitude change.
[13] Vgl. *E. Schuchardt*, Krise als Lernchance. – *Dies.*, Jede Krise ist ein neuer Anfang.

tung. Ehevorbereitungskurse[14], Eltern-Kind-Gruppen oder Gesprächsrunden für neue Bewohner eines Altenheims[15] sind nur illustrierende Beispiele für die wichtige gemeindlich-pastorale Krisenprävention. Natürlich kann eine pastoral verortete Prävention nicht der in der Psychotherapie manchmal unterschwellig anzutreffenden Leitidee verpflichtet sein, als wäre bei entsprechender Vorbeugung das Leben vor jeglicher Krise zu sichern. Aber dies entspricht dem Prinzip des mitgehenden Gottes: vermeidbares Leid in der Biographie so weit wie möglich zu vermeiden. Es bleibt genug Unvermeidbares.

(2) Erklärungskonstrukt »Risikopersönlichkeit«

Im Rahmen der Life-events-Forschung wurde die psychoanalytische These empirisch erhärtet, daß *traumatische Vorerfahrungen* in der Kindheit zu einer erhöhten Verletzbarkeit in der späteren Konfrontation mit kritischen Lebensereignissen beitragen. *Brown* und *Harris*[16] konnten beispielsweise belegen, daß Frauen, die den Verlust ihres Partners bewältigen mußten, sich besonders schwertaten, wenn der Verlust der eigenen Mutter vor dem 11. Lebensjahr eintrat. Zudem steht erhöhte Vulnerabilität erwiesenermaßen im Zusammenhang mit einem *Mangel an sozialer Unterstützung* bzw. unzureichender sozialer Einbindung. So stellte *Burch*[17] fest, daß die Suizidalität von Männern, die innerhalb der vergangenen 12 Monate ihre Mutter verloren hatten, neunmal höher war, wenn diese Männer ledig oder geschieden waren, als wenn sie in einer intakten Ehe lebten. Auch *Cobb* und *Kasl*[18] sowie *Gore*[19] berichten über die beschützende Wirkung von sozialen Kontakten bei arbeitslosen Männern.

Traumatische Kindheitserfahrungen und mangelnde soziale Einbindung erscheinen als zwei besonders gravierende Kennzeichen der sog. *»Risikopersönlichkeit«*, bei der nach den empirischen Ergebnissen die Bewältigung kritischer Lebensereignisse besonders schwerfällt. Einzelne Studien sehen die Risikopersönlichkeit auch in bestimmten sozioökonomischen Gruppen besonders gehäuft vertreten: in den *unteren Schichten* und bei *alten Menschen*.

[14] Vgl. u.a.: *P.M. Zulehner/I. Baumgartner/K. Mühlek*, Ehe bauen. – *E. Schulz*, Neue Wege in der Ehevorbereitung.

[15] Vgl. u.a.: *M. P. Lawton*, The impact of enviroment on aging and behavior. – *J. Rodin*, Managing the stress of aging: The role of control and coping. – *R. Schulz/G. Brenner*, Relocation of the aged: A review and theoretical analysis.

[16] *G. W. Brown/T. Harris*, Social origins of depression: A study of psychiatric disorder in women.

[17] *J. Burch*, Recent bereavement in relation to suicide.

[18] *S. Cobb/S. Kasl*, Termination: The consequences of job loss.

[19] *S. Gore*, The influence of social support and related variables in ameliorating the consequences of job loss. – Vgl. auch *S.-H. Filipp*, Kritische Lebensereignisse als Brennpunkte einer Angewandten Entwicklungspsychologie des mittleren und höheren Erwachsenenalters, 787.

Die These von der Risikopersönlichkeit »erklärt« die Häufung und mangelnde Bewältigung kritischer Lebensereignisse weitgehend auf individuell-biographischem und schichtspezifischem Niveau. Damit ist jedoch noch keine Antwort auf die Frage gegeben, warum in den modernen Lebensverhältnissen im Vergleich zu früher insbesondere natürliche *Übergänge des Lebens* zu »kritischen Ereignissen« geworden sind, die Menschen gehäuft scheitern lassen. Von den vielfältigen Erklärungsansätzen erscheint die (wissens-)soziologische *Theorie über die »Wirklichkeitskonstruktion«* in der pluralen Gesellschaft aufschlußreich, ohne freilich den Anspruch einer umfassenden Ätiologie kritischer Lebensereignisse und der damit verbundenen Leiderfahrungen erheben zu können.

(3) Soziokulturelle Bedingungsfaktoren

Peter L. Berger und *Thomas Luckmann*[20] gehen von der Erfahrungstatsache aus, daß die individuelle wie gemeinschaftliche Wirklichkeit von der Person je neu konstruiert und konstituiert werden muß. Nur durch diesen Akt der Wirklichkeitskonstruktion können Sinn und Identität gewonnen werden.

In früheren, *vorindustriellen Zeiten* stand dabei die Gesellschaft mit einem *eindeutigen Hilfsangebot* zur Seite. Mehr noch, sie nötigte dem einzelnen ihr Sinnangebot geradezu auf. Dies verringerte zwar die Freiheit der Lebensgestaltung des einzelnen in einem erheblichen Maß, doch erfuhr er zugleich viel Hilfe und Beistand an den kritischen Übergängen des Lebens, wie sie das Erwachsenwerden, die Eheschließung, das Altwerden oder der Tod von Angehörigen darstellen.

Möglich war diese *biographienahe Präsenz der Gesellschaft* durch die enge Verflechtung von Person, Gesellschaft und Religion. In dieser christentümlichen Gesellschaft gab es nur eine Form, das Leben zu deuten und zu gestalten. Die christliche Religion verfügte über ein Monopol an Lebenswissen, das nicht nur staatlich geschützt, sondern auch noch zugewiesen wurde. Sinn- und Identitätsproduktion war damit nicht private Aufgabe des einzelnen, sondern ein *»Großunternehmen in öffentlicher Hand«*. Der einzelne wurde in einen Stand hineingeboren, sein Leben war vordefiniert. Eigenwillige Vorstellungen vom Leben zu entwickeln war nicht unbedingt nötig, aber auch nicht möglich. Gerade an den kritischen Übergängen des Lebens war er auf diese Weise kollektiv gehalten. Der Preis, den die Person dafür zahlte, war eine hohe *Einschränkung der individuellen Freiheitsgrade.*

[20] *P. L. Berger/T. Luckmann*, Die gesellschaftliche Konstruktion der Wirklichkeit. – Vgl. auch *Th. Luckmann/H. Döring/P.M. Zulehner*, Anonymität und persönliche Identität. – Die folgende Kennzeichnung der soziokulturellen Entwicklung ist orientiert an: *P. M. Zulehner,* Pastoraltheologie. Bd.1, Fundamentalpastoral, 140–244, sowie *Ders.*, Einführung in den pastoralen Beruf, 41ff.

Der Vorrang der Gesellschaft vor der Person änderte sich mit dem tiefgreifenden *Wandel von der vorindustriellen zur industriellen Gesellschaft.* Im Gefolge dieser Umwälzungen kam es zu einer »liberalen Revolution«, wo in Anknüpfung an antiken und mittelalterlichen Humanismus und an demokratische Ideale eine *Aufwertung des Individuums* einsetzte. Getragen war diese Bewegung vom ökonomisch erstarkenden Bürgertum. Kern der neuen, an die Ideale der französischen Revolution anschließenden Verfassungen waren nunmehr die individuellen Grundrechte, einschließlich der Religionsfreiheit. Damit war die enge Verflechtung von Person, Gesellschaft und Religion abgelöst und die obrigkeitliche Zuweisung von einheitlichem Lebenswissen im Prinzip beendet. Der christliche Glaube verlor seine Monopolstellung in Fragen der Lebensdefinition und in der Bewältigung von Lebenskrisen. Die bislang geschlossene Gesellschaft war, trotz heftiger Gegenwehr der bislang tragenden Kräfte, unaufhaltsam auf dem Weg zu einer offen-pluralistischen.

Liberale (und soziale) Revolution brachten dem einzelnen einerseits einen unerhörten Freiraum eigener Lebensgestaltung. Seine individuellen Rechte sind nunmehr verbrieft. Andererseits ist gerade im westlichen Typus der *freiheitlich-pluralistischen Gesellschaft* ein *Markt an Lebenswissen* erwachsen, der den einzelnen beim Versuch seiner Identitätskonstitution überfordert. Er hat den *»Zwang zur Wahl«*[21] unter widersprüchlichen Sinnangeboten. Insbesondere die wichtigen Lebensentscheidungen der Partnerbeziehung, Erziehung der Kinder und der religiösen Orientierung bleiben ihm allein überlassen. Anstelle der zugewiesenen Identität ist das *Leben in eigener Regie* getreten, bei dem die plurale Gesellschaft weitgehend auf Distanz bleibt. Die Person hat ihr Leben mit seinen kritischen Übergängen als *»Kleinstunternehmen in privater Hand«* ohne Einbettung in einen tragenden, einstimmigen sozialen Kosmos zu meistern.

Nicht alle Menschen verfügen über die in der pluralistischen Gesellschaft verlangte *Fähigkeit zur freiheitlichen Lebensgestaltung*. Identitätskrisen entstehen. Man sucht Identitätsanleihen bei neuen Autoritätsfiguren und erliegt Formen der Fremdbestimmung. Eine lebenserschwerende Tatsache kommt hinzu: Allem Anschein nach haben sich unter der Hand in der pluralen Gesellschaft Verhältnisse herausgebildet, die manipulativ auf den einzelnen einwirken und ihn seiner Wahlfreiheit berauben. So wird ihm in der modernen »Leistungsgesellschaft« beinahe unweigerlich als höchster Wert und Lebenssinn aufoktroyiert, etwas zu leisten, um sich den Konsum überflüssig produzierter Güter leisten zu können. Nichtökonomische Werte werden dagegen aus dem Sinnhorizont verdrängt.[22] Daraus wachsen die für den modernen Menschen charakteristische Selbstentfremdung, ein depressives

[21] *P. L. Berger*, Der Zwang zur Häresie.
[22] Vgl. *R. Oerter*, Zur Transformation des Religiösen in der modernen Gesellschaft. – *P. M. Zulehner*,

Grundgefühl und die tiefsitzende, berechtigte Angst, an seinen menschlichen Möglichkeiten vorbeizuleben. Nach Meinung der Kritiker wird von der vorherrschenden eindimensionalen Lebenspraxis des Leistens und Konsumierens – *Erich Fromm* spricht vom *»Haben-Modus«* – auch der lebenswichtige Bereich der Religiosität infiziert. Das Geld tritt an die Stelle eines allmächtigen Gottes; mit Geld und Gütern erhofft sich der Mensch den Traum vom Paradies erfüllen zu können. Hand in Hand damit geht eine Ausblendung der Begrenzungen des menschlichen Lebens, wie sie in Krankheit, Alter, Behinderung und Tod gegeben sind. Daraus resultiert ein Transzendenz- bzw. *»Gottesverlust«*, der jede Krisenerfahrung in ihrem Kern entscheidend verschärft.

Nicht zu übersehen ist, daß das von Leistung und Konsum geprägte Lebenswissen der modernen Gesellschaft tief in die Gestaltung der Beziehungen eingreift. Die ökonomischen Prinzipien fördern eine Arbeitswelt mit Bürokratie und Anonymität, die *Beziehungsbedürfnisse unerfüllt* lassen. Die folglich mit diesen Bedürfnissen heillos überfrachteten Lebenswelten der Familie und der Freizeit werden zu ausgeprägten Räumen der Enttäuschung und der Krise.

Insgesamt ergibt sich für den »modernen Menschen« eine mehrfach prekäre Situation: Er ist genötigt, das Haus seines Lebens weitgehend selbst zu bauen. Schon dieses Faktum allein überfordert viele Menschen. Gleichzeitig wird ihm auferlegt, dieses Haus mit teuer bezahlten, aber letztlich überflüssigen Einrichtungsgegenständen vollzustellen, so daß jenes erträumte beziehungsreiche und erfüllte Leben »in Frieden«, das in der durchökonomisierten Arbeitswelt auf der Strecke bleibt, darin kaum gelingt. Ausdruck der »Unbehaustheit« des modernen Menschen sind die Häufung der kritischen Lebensereignisse in seiner Biographie sowie die Unfähigkeit, sie als Reifungschancen zu nutzen.

3
LEBENSLAUF UND NORMATIVE LEBENSKRISEN

Die Entwicklungspsychologie versucht mit dem *heuristischen Modell der Phasen, Stadien oder Stufen* den Prozeß des Lebens überschaubar zu machen. Solche Phaseneinteilungen sind jedoch nicht unproblematisch. Sie

Religion im Leben der Österreicher. – *R. Funk*, Frömmigkeit zwischen Haben und Sein. – *H. Levebvre*, Das Alltagsleben in der modernen Welt.

vermitteln den Eindruck des *Diskontinuierlichen*, so als ob der Satz der Biologie »natura non facit saltus« (Die Natur macht keine Sprünge) im Bereich der psychischen Entwicklung keine Gültigkeit besäße. Vor allem in älteren Ansätzen blieben solche Modelle zudem nur *auf Kindheit und Jugendalter beschränkt*; alle spätere Lebenszeit wurde unter der Hand als relativ ereignislose, gleichmäßige Lebenszeit definiert. Sollte die Konzentration auf die Kindheit die großen Beunruhigungen des Erwachsenenalters vergessen machen? Ist hier eine in »Wissenschaft« geronnene Verdrängung des Faktums anzutreffen, daß auch Erwachsene nicht nur grandios, in ausgeglichener Balance, ihr Leben leben?

Zumindest von dieser Verleugnung der zweiten Lebenshälfte hebt sich das *Konzept der Lebensstadien, das Erik H. Erikson* [23] vorgelegt hat, deutlich ab. Er hat die psychoanalytische Phasenlehre der Kindheit entscheidend erweitert und auf die *späteren Lebensphasen* ausgedehnt. Außerdem beugt er mit seiner *»epigenetischen« Auffassung von Entwicklung* einem diskontinuierlichen Denkschema vor. Demnach sind die einzelnen Phasen nicht mit einem Mal abgeschlossen und abgestreift, sondern jede bildet ein unverzichtbares Fundament für die nächsten Phasen. Bemerkenswert ist weiterhin die *»psychosoziale«* Sichtweise der Lebensstadien und ihrer Krisen. *Erikson* gelangte durch biographische Studien zu der Einsicht, daß die individuelle psychische Lebensgeschichte sich nicht unabhängig vom familiären und gesellschaftlichen Kontext vollzieht. Der einzelne hat in jedem Stadium seiner Entwicklung den Konflikt zwischen seinen intrapsychischen Impulsen und der Außenwelt-Forderung nach Einordnung zu lösen. In jedem Stadium muß folglich eine spezifische *psychosoziale Krise* bewältigt werden. *Erikson* sieht bei dieser Aufgabe der Krisenbewältigung das *Ich in einer ausgesprochen aktiven Rolle*. Auch in dieser Auffassung weist er über die frühen psychoanalytischen Ansätze hinaus.

All das sind Gründe, auf das Konzept *Eriksons* näher einzugehen. Es kommt dabei zunächst darauf an, die einzelnen Phasen zu charakterisieren. Ein wichtiger Akzent ist sodann auf das je phasenspezifische Krisenpotential zu legen. Hierzu gibt *Erikson* wichtige Anregungen durch die *polare Kennzeichnung jeder Phase*, die damit bereits in ihrer Ambivalenz intoniert ist. Schließlich soll das *elementartheologische Anliegen* im Kontext der Konzeption *Eriksons* ansatzhaft eingelöst werden. Es ist zu fragen, wie die Stufen und Krisen der Lebensgeschichte mit den Symbolkomplexen des Glaubens korrelieren. Dabei geht es nicht vordergründig um religionspädagogische Schlußfolgerungen, sondern in einer heuristischen Annäherung soll gezeigt werden, wie die unverlierbaren biographischen Grunderfahrungen der verschiedenen Phasen ihre Entsprechung in zentralen »Glaubenswahrheiten« haben. Mit anderen Worten: Wir verfolgen die These, daß die »Glau-

[23] *E. H. Erikson*, Identität und Lebenszyklus.

benswahrheiten« ebenfalls in eine epigenetische Struktur zu bringen sind. Freilich kann solche elementartheologische Arbeit[24] im eng gesteckten Rahmen dieses kairologischen Abschnitts kaum über experimentelle Stichpunkte hinaus geleistet werden.

(1) Urvertrauen gegen Urmißtrauen (1. Lebensjahr)

Kontinuität und Fürsorge bei Befriedigung der physiologischen Bedürfnisse (Nahrung, Wärme etc.) und eine stabile psychische Geborgenheit tragen nach *Erikson* im ersten Lebensjahr zur Ausbildung des *Urvertrauens* bei. Daraus wächst Vertrauen in die Mitwelt und in die eigene Person. Der berühmte Psychoanalytiker unterstreicht: »Das Ur-Vertrauen ist der Eckstein der gesunden Persönlichkeit.«[25] Mit *Horst Eberhard Richter*[26] ist freilich in diesem Zusammenhang zu fragen, ob das Miteinander-Fühlen wirklich erst durch eine funktionierende Versorgungsverbindung »sekundär« hergestellt wird. Er plädiert dafür, das Urvertrauen als auf dem *»Urphänomen der Sympathie«* gründend zu betrachten.

Fehlen solche von grundlegender Sympathie geprägten Interaktionen zwischen Eltern und Kind, so wird es nachhaltig verunsichert. Es fühlt sich verlassen und verinnerlicht, daß man sich nicht verlassen kann. Alle spätere Entwicklung wird davon überschattet.[27] *Elementartheologisch* ist an eine

[24] Ich stütze mich dabei auf die wegweisenden Korrelationsversuche von *J. Werbick*, Glaube im Kontext. – *H. Stenger*, Kompetenz und Identität. – *W. Fürst*, Praktisch-theologische Urteilskraft, 550–584. – *M. Klessmann*, Identität und Glaube.

[25] *E. H. Erikson*, Identität und Lebenszyklus, 63.

[26] *H. E. Richter*, Der Gotteskomplex: Die Geburt und die Krise des Wahns von der Allmacht des Menschen, 254.

[27] Sehr drastisch bestätigen diese kindheitliche Tragödie die mittlerweile schon klassisch zu nennenden Untersuchungen von *René Spitz* zum Hospitalismussyndrom. Darunter ist eine »Gefühlsmangelkrankheit« zu verstehen, die ausgelöst wird durch den plötzlichen und anhaltenden Verlust der wichtigsten Bezugsperson im frühen Kindesalter. Darüber hinaus beschreibt der Begriff die seelischen Folgen, die durch jedwede ungenügende emotionale Zuwendung in den ersten Lebensjahren herbeigeführt werden. *René Spitz*, Vom Säugling zum Kleinkind, 292, faßt seine empirischen Untersuchungsergebnisse zusammen. »Wir haben gesehen, daß dieses emotionale Verhungern einen fortschreitenden Verfall herbeiführt, der sich auf die ganze Person des Kindes erstreckt. Dieser Verfall manifestiert sich zuerst in einer Stockung in der psychischen Entwicklung des Kindes, dann setzen psychische Funktionsstörungen ein, mit denen somatische Veränderungen einhergehen. Im nächsten Stadium führt dies zu gesteigerter Infektionsanfälligkeit und schließlich, wenn der Mangel an affektiver Zufuhr bis ins 2. Lebensjahr hinein andauert, zu einer auffallenden Erhöhung der Sterblichkeitsquote«. *J. Bowlby*, Mutterliebe und kindliche Entwicklung, kommt zu ähnlichen Phasen der von ihm sogenannten *»maternal deprivation«*. Schon bei kurzzeitigen Trennungen von der Mutter sei ein »Separationsschock« zu beobachten, auf den die Phasen des Protestes, der Verzweiflung und schließlich der Ablehnung oder Abkehr folgen. Darüber hinaus untersuchte *Bowlby* vor allem die Spätfolgen des Mutterverlustes in der frühen Kindheit. Als Zentralsymptom fiel dabei auf, daß diese Menschen im späteren Leben unfähig waren, tiefere soziale Bindungen einzugehen, soziale Gefühle zu entwickeln, für andere zu sorgen, Freunde zu gewinnen, sich helfen zu lassen und anderen entgegenzukommen. *Bowlby* spricht in diesem Zusammenhang von »Gemütlosigkeit«. Deprivierte Kinder neigten im späteren Leben dazu, »ihre Partner beständig zu überfordern, sie ganz für sich behal-

Analogie zwischen der auf Sympathie und Urvertrauen aufbauenden Eltern-Kind-Beziehung und der Bundesbeziehung Jahwes zu denken. Vor allem tritt dabei ein *mütterlicher Zug im Gottesbild* hervor. Dies ermöglicht es, daß Menschen sich an Gott wenden können in dem Vertrauen, von ihm in einer Weise angenommen zu sein, wie sie mit der frühen Sympathie durch die eigene Mutter ansatzhaft gegeben ist. Sie dürfen Gott mit der gleichen kindlichen Zärtlichkeit ansprechen, mit der Jesus sich an seinen *»Abba«* wendet. Daraus erwächst ein Ja zu sich, zu den Mitmenschen und zur Schöpfung, das sie an ihre Kinder weiterschenken können. *Erikson* sagt: »Wer also behauptet, religiös zu sein, muß aus seiner Religion einen Glauben ableiten können, den er dem Kleinkind in Gestalt des Urvertrauens weitergeben kann.«[28]

Das Sein-Dürfen, wie es im Urvertrauen und in der von Gott gepflegten Sympathie-Beziehung zum Menschen aufkommen kann, verweist theologisch auf den Begriff der *Gnade*. Sie meint die unverdiente und unverdienbare Zuwendung Gottes, absichtsloses Verströmen für den Menschen.

Die wenigen elementartheologischen Stichpunkte – *Bundesbeziehung, das mütterliche Abba-Gottesbild* und die *Logik der Gnade* – lassen erahnen, wie sehr jenes Axiom von der »anima naturaliter christiana« zutrifft. In der menschlichen Erfahrung des Urvertrauens spiegelt sich Gottes Sympathie für den Menschen. Ersichtlich ist aber auch die Kehrseite. Wo die kindheitlich erfahrene Ursympathie schwer beeinträchtigt ist oder gar fehlt, dürften einem Glauben an den »sympathetischen« Gott erhebliche Hindernisse im Weg liegen.

Nicht bedeutungslos ist in diesem Zusammenhang die verschiedentlich formulierte These, daß die Entstehung der Neuzeit von einem umfassenden religiösen *Vertrauensschwund* gekennzeichnet ist.[29] An die Stelle der Gotteskindschaft, in der man sich in der Welt geborgen wußte und sie deshalb nicht erforschen mußte, trat ein *Mißtrauen gegenüber Gott*, dem man »alles«, vor allem aber Willkür und Strafe zutraute. Deshalb mußte man sich eigene Machtmittel zulegen, um sich gegen den strafenden Willkürgott behaupten zu können. Stärker als bisher glaubte man, sich auf eigenes Wissen und Können verlassen zu müssen bis hin zu jener *Selbstidealisierung*, wo man sich im Besitz der göttlichen Attribute der Allwissenheit und Allmacht wähnt. Die Selbstsicherung erfolgt in einer verinnerlichten Gleichsetzung

ten zu wollen ... Ihre emotionale Grundstimmung ist depressiv, freudlos und abweisend ... was aber nach außen durch eine scheinbar angepaßte unauffällige Stimmungslage überdeckt wird.« *R. Tölle*, Psychiatrie, 100. Auch wenn die Ergebnisse *Spitz's* und *Bowlby's* in Nachfolgeuntersuchungen leicht modifiziert wurden, kann als empirisch verifiziert gelten, daß mütterlicher und elterlicher Kontaktabbruch, der längere Zeit und ersatzlos andauert, das Kind fundamentaler seelischer Lebensmöglichkeiten beraubt. Vgl. *E. Schmalohr*, Frühe Mutterentbehrung bei Mensch und Tier, 54ff.

[28] *E. H. Erikson*, Identität und Lebenszyklus, 75.

[29] Vgl. dazu *J. Werbick*, Glaube im Kontext, 206ff.

mit Gott, die aber, weil sie die Grenzen des Lebens und die damit gegebene Angst nicht zu bannen vermag, zu immer größerer Selbst-Anstrengung und -Überhöhung nötigt. *Horst Eberhard Richter* nennt dieses aus dem religiösen Vertrauensschwund der Neuzeit resultierende narzißtische Grundleiden *»Gotteskomplex«*. Er ist gekennzeichnet durch die *Angst* vor Abhängigkeit, Leiden und Tod, durch das *Fehlen der Sympathie* mit den Mitmenschen und durch die *Unfähigkeit zu schöpferisch-solidarischer Selbstverwirklichung*.

Um diesen der modernen Kultur innewohnenden und das Bewußtsein der Menschen krisenhaft infizierenden »Gotteskomplex« zu überwinden, scheint es für Theologie und Verkündigung nötig, das Verhältnis Gott-Mensch nicht einseitig in der *Allmachts-Ohnmachts-Konstellation*, sondern in einer recht verstandenen *Gottebenbildlichkeit* zu zeichnen.[30] Der Mensch ist »cooperator Dei« nicht in der Herrschaft über die Welt, sondern in einem christusförmigen Interesse an den Menschen.

(2) Autonomie gegen Scham und Zweifel (2. und 3. Lebensjahr)

»Gerade dann«, so *Erikson*, »wenn ein Kind gelernt hat, seiner Mutter und der Welt zu vertrauen, muß es seinen eigenen Willen entwickeln und muß mit seinem Vertrauen Risiken eingehen, um zu sehen, was es als vertrauenswürdiges Wesen unternehmen kann.«[31] Es lernt allmählich, »auf eigenen Füßen zu stehen«, weitet seinen Aktionsradius. Die Ablösung von der Mutter erhält einen kräftigen Schub, indem das Kind beginnt, »ich« zu sagen und *eigenen Willen* zu bekunden. Damit gerät aber die kindliche Initiative in *Konflikt mit dem fremden Willen der Eltern*. Dies darf nun nicht dazu führen, daß die autonomen Impulse des Kleinkindes dem Elternwillen geopfert werden. Es entsteht sonst ein dauerndes Gefühl von *Geltungsscham* und *Zweifel an sich selbst*. In solchem die Selbständigkeit unterdrükkenden Klima vermag das »Ich-kann!« nicht aufzukommen gegen den übermächtigen Einspruch »Ich tauge zu nichts!«. Die Fähigkeit des frei gewollten Gebens und Festhaltens kann nicht wachsen.

Elementartheologisch klingt hier das Verhältnis von *Glaube und Gesetz* an. Christliche Autonomie gipfelt nach Paulus in der »Freiheit vom Gesetz«, wo eben nicht, wie in den Schamerfahrungen der Kindheit, kurzer Hand beurteilt, gerichtet und gestraft wird. Der Glaubende weiß sich in die Lage versetzt, seinen Eigenwillen zu leben, ohne ihn einer verkrampften und verbissenen Selbstabtötung zu opfern. Er kann das Mißlingen seiner Autonomie, wo der Eigenwille sich gegen Schwester und Bruder wendet, wo also Schaden entsteht, eingestehen und vor Gott aussprechen. Er lebt in

[30] Ebd. 209ff.
[31] *E. H. Evans*, Psychologie im Gespräch (Interview 23: Erik Erikson), 306.

der Gewißheit, daß er dabei nichts von der Sympathie Gottes verliert. Aus diesem Grund ist es eben nicht Kennzeichen christlicher Autonomie, sein Leben in der *Angst vor dem Schuldigwerden*, in einer Art *Werdescheu* zu verhocken, auch nicht, es nur der zwanghaften Fremdbestimmung durch von außen kommende Gesetze und Vorschriften auszuliefern. Christen sind überzeugt, daß das *Gesetz Christi in ihr Herz geschrieben* ist, das sie mit innerer Sogkraft, nicht am Eigenwillen vorbei, das ganz selbstverständlich tun und in Auge behalten läßt, was den Juden ein ehrfurchtgebietendes äußeres Gesetz vorschreibt. Dies meint wenigstens Paulus, wenn er von einer »neuen Schöpfung« und von der jedem eröffneten *Gotteskindschaft* spricht (Röm 8,15).

(3) Initiative gegen Schuldgefühl (4. und 5. Lebensjahr)

»Das Kind beginnt Ziele anzuvisieren, für die seine Lokomotion und Kognition es vorbereitet haben. Das Kind beginnt sich vorzustellen, es wäre erwachsen, und es identifiziert sich auf diese Art mit Menschen, deren Arbeit oder deren Persönlichkeit es verstehen und schätzen kann... Während dieser Zeit muß das Kind viele Phantasien, die es in den früheren Phasen entwickelte, unterdrücken oder neu einordnen. Paradoxerweise wird es jedoch weiterhin Schuldgefühle für seine Phantasien empfinden.«[32] Es muß in dieser Zeit die sog. *»ödipalen« Impulse und Fragen* bewältigen: *Liebe und Haß gegenüber den Eltern, Geschlechtszugehörigkeit als Junge oder Mädchen, übermächtige elterliche Autorität.* Vieles von den Erfahrungen dieser Phase wird internalisiert. Eine *Über-Ich-Instanz* erwächst, die bereits schuldig fühlen läßt wegen bloßer, nicht abzuweisender Wünsche und Phantasien. Das kriseninduzierende Mißlingen dieser ödipalen Lebensthematik zeigt sich im späteren Leben darin, daß Vater oder Mutter im Partner oder in der Partnerin gesucht werden, in einem erbarmungslosen Über-Ich, in ausgeprägten Schuldgefühlen und in einer Hemmung des Zugehens auf Mitmenschen und Mitwelt.

Elementartheologisch läßt sich im Kontext der ödipalen Phase auf das zentrale Bild-Wort vom *Vater-Gott* verweisen. *Jürgen Werbick*[33] und *Hermann Stenger*[34] sehen damit im engen Zusammenhang die Frage nach der religiösen und kirchlichen *Autorität* (Heiliger Vater). Es gelte sowohl in der Gottesbeziehung als auch in der Autoritätsproblematik über eine Wiederholung des ödipalen Vaterbildes hinauszuwachsen. Der Vater Jesu Christi ist anders als der ödipal phantasierte Über-Ich-Vater. Der Gott, der die

[32] Ebd. 307.
[33] *J. Werbick*, Glaube im Kontext, 313–327.
[34] *H. Stenger*, Kompetenz und Identität, 76.

Liebe ist, will nur in der Liebe mächtig sein, und er lädt ein, das Entscheidende von der Liebe zu erhoffen, der Liebe mehr zuzutrauen als den Mächten dieser Welt.[35]

(4) Fleiß gegen Minderwertigkeit (8.–12. Lebensjahr)

Nach dem Abklingen der psychosexuell gefärbten vorausgehenden Phase wird das Kind mehr und mehr offen für den Erwerb von Kulturtechniken wie Lesen, Schreiben, Rechnen. Es interessiert sich dafür, wie die Dinge funktionieren, erkennt Regeln und Zusammenhänge. Der Wunsch ist da, daß man ihm zeigt, wie es sich mit etwas beschäftigen und wie es mit anderen zusammen tätig sein kann. Es möchte jetzt »das Gefühl haben, auch nützlich zu sein, etwas machen zu können und es sogar gut und vollkommen zu machen«.[36] Bedroht ist das Gefühl, etwas zu können, *wenn die Erfahrung des Erfolges ausbleibt* oder wenn die ergriffenen Suchwege als unsinnig, überflüssig, dumm und störend hingestellt werden. Dann verfestigt sich an Stelle gesunden Selbstwertes durch Leistung ein lähmendes Minderwertigkeitsgefühl. Zugehen auf Neues und die Entfaltung bislang ungelebter Fähigkeiten werden blockiert.

Theologisch ist der von *Erikson* hier gebrauchte Begriff des »Werksinnes« mit *»Charisma«* zu übersetzen. Er meint die primäre Kompetenz bei allen Gläubigen zum Aufbau der Gemeinde unter der Bauherrschaft Gottes. »Charismatisch« sind diese oft genug unscheinbaren, aber doch unverzichtbaren und wirkmächtigen menschlichen Fähigkeiten und Begabungen deshalb zu nennen, weil der eigene Beitrag als Gabe des Geistes verstanden wird. Die Kategorie der *»Leistung«* wird dadurch relativiert, das *Lohn-Denken* überwunden. Im »Charisma« begegnet so der christlich kultivierte Urwunsch des Menschen zum Gestalten und »Machen«. Hier kann das oft genug in gefährliche und schädigende Leistungsideologie (Güter, Prestige, Macht) abgleitende Bedürfnis ohne Perfektionsdruck »menschlich«, d.h. vom Atem geschwisterlicher Liebe durchweht, gelebt werden. Hier muß nicht nach dem damit erworbenen Verdienst und Ansehen gefragt werden, weil beide der menschlichen Leistung vorausliegend, von *Gottes Gnade* längst geschenkt sind.

[35] Vgl. *J. Werbick*, Glaube im Kontext, 356.
[36] *E. H. Erikson*, Identität und Lebenszyklus, 98.

(5) Identität gegen Rollendiffusion (13.–18. Lebensjahr)

Mit dem Beginn der Pubertät gerät das Selbstbild, das in der Kindheit erworben wurde, erneut in Fluß. Der Jugendliche steht vor der Aufgabe, in Ablösung von den Eltern eine eindeutige *Identität als Mann oder Frau* zu erwerben. Er muß in eine prägnante berufliche und soziale Identität hineinwachsen. Der eigene *Selbstentwurf* steht als entscheidende Lebensfrage im Raum. Im günstigen Fall kommt der Heranwachsende zu der Überzeugung: Ich gehe auf eine sinnvolle Zukunft zu, und ich entwickle mich zu einem brauchbaren Mitglied der Gesellschaft. Zunächst ist jedoch eine tiefe Verunsicherung über den eigenen Lebensplan vorherrschend. *Erikson* charakterisiert sie mit einem Spruch, den er in einer Cowboy-Bar entdeckte: »Ich bin nicht, was ich sein sollte, ich bin nicht, was ich sein werde, aber ich bin nicht mehr, was ich war«.[37]

Identität kann nie als bleibender, unverlierbarer Zustand betrachtet werden, sondern muß als nur relativ stabile Ich-Synthese immer wieder neu getätigt werden. Mißlingt dieser Prozeß, so stellt sich *Identitätsdiffusion* ein, für die Phänomene kennzeichnend sind wie *ideologische Verwirrung, Radikalität, Flucht in irreale Welten, Sich-Verlieren in sprunghafter Aktivität* u. ä.

Wichtig ist für den Jugendlichen, gerade in einem gesellschaftlichen Feld dissonanter Werte, Normen und Bezugsgruppen, daß er mit verschiedenen Ansprüchen und Möglichkeiten experimentieren kann, um herauszufinden, welche Ideale und Möglichkeiten die seinen sind und ihn sich selbst treu sein lassen. *Selbstkontinuität und Selbstkongruenz* bilden folglich wesentliche Pfeiler der zu erringenden Ich-Identität.

In elementartheologischer Sicht stellt sich das Gegensatzpaar »Identität – Rollendiffussion« dar als Gegenüber von *Glaube und Ideologie*. *Jürgen Werbick*[38] charakterisiert die ideologische Verwirrung mit Verhaltensweisen wie: Freund-Feind-Denken, kritiklose Totalidentifikation mit einem idealisierten Führer, in dem die Ideologie personifiziert ist, massive Frageverbote und entsprechende Sanktionen. All das ist Ausdruck einer Über-Ich-Fixierung, der Verdrängung von Es-Impulsen und trägt Züge einer Fluchtreaktion vor Hoffnungslosigkeit und innerer Leere.

Wahrer christlicher Glaube, dessen ideologische Gefährdung nicht geleugnet werden kann, wird die im Ideologischen aufscheinenden Konfliktthemen bearbeiten. Vor allem ist das *Gebet* als eine Interaktionsform zu sehen, wo das Bedürfnis nach Ich-Idealisierung nicht über eine im Führer anzutreffende Über-Ich-Figur ausgelebt wird, sondern hier läßt sich der Mensch mit seinem »höchsten Gut« auf eine kommunikative Beziehung ein. Damit wird die sprachlose Despotie des Über-Ich überwunden. »Im Gebet

[37] Ebd. 112.
[38] *J. Werbick*, Glaube im Kontext, 394.

tritt der ansprechbare Gott selbst an die Stelle des unnahbar beurteilenden und verurteilenden Über-Ich.«[39] *»Gottes Herrschaft«* ist Liebe, die das Subjektsein des Menschen nicht unterdrückt, sondern dazu ermächtigt. Sie inspiriert, sich selbst auf Gott hin zu verlassen und dabei sich zu finden.

(6) Intimität gegen Isolation (19.–25. Lebensjahr)

Identitätssuche ist mit der Adoleszenz nicht beendet, vielmehr setzt sie sich fort im frühen Erwachsenenalter mit der Gestaltung einer tragfähigen *Partnerbeziehung*.Damit beginnt nicht nur ein Prozeß intimer Kommunikation, sondern auch tiefgreifender Konfrontation. Das Geben und Nehmen, das Gelten und Geltenlassen, das Lieben und Geliebtwerden muß eingeübt werden, so daß aus der je mitgebrachten singulären Wirklichkeit eine Wir-Welt wird. Zudem wird sich, wie die vorausgehenden Phasen und ihre Gefährdungen ahnen lassen, in der Partnerbeziehung vieles von den kindheitlichen Traumatisierungen neu entzünden, gegenseitige überzogene Erwartungen werden enttäuscht. Die (eheliche) Partnerschaft wird so zu einer *krisenhaften Herausforderung*, aber auch zu einem *Lernprozeß*. Er ist erschwert, wenn die Partner eine noch diffuse Identität in ihre Beziehung einbringen. Dann irritiert die Andersartigkeit des anderen mehr, als daß sie als bereichernde Herausforderung empfunden wird. Die Gefahr der gegenseitigen *Isolierung* in der Beziehung entsteht. Es kommt zu einer *narzißtischen Selbstbezogenheit*, die Liebe erkaltet, der Kontakt wird stereotyp und äußerlich. Die positive Entsprechung zur Isolation ist nach *Erikson* eine gesunde *Distanzierung*, die ebenso wie die Intimität in der Zweierbeziehung gewonnen werden muß. Sie meint sowohl die Bereitschaft, sich von Einflüssen fernzuhalten, die dem Intimbereich schaden, aber auch die Fähigkeit zur Ich-Abgrenzung in der Partnerbeziehung. Distanzierung wirkt so der *Illusion regressiver Verschmelzung* entgegen.

Elementartheologisch ist hier auf die *intime Beziehung und Liebestreue Gottes* zu seinem Volk zu verweisen. Die ganze Geschichte Gottes mit dem Menschen gilt dem christlichen Glauben als eine Liebesgeschichte. Deswegen ist nach christlichem Verständnis die *eheliche Liebe und Treue zwischen Mann und Frau* ein Zeichen (Sakrament) dieser Liebe Gottes. Von der größeren Liebe Gottes her ist auch das Zusammenleben zwischen Mann und Frau »relativiert«. Sie brauchen füreinander nicht alles, nicht »Gott« sein, sondern können sich gegenseitig endliches Menschsein erlauben, weil sie ihre letzten Glückserwartungen über den Partner hinausreichen sehen. Sie können davon ablassen, sich gegenseitig zu vergötzen und den anderen als

[39] Ebd. 305.

»Erlöser« zu betrachten. Eheleute werden im Glauben an den »ganz anderen Gott« offen für die von ihm geschenkte letzte Einlösung menschlicher Sehnsucht.

(7) Generativität gegen Stagnation (26.–40. Lebensjahr)

»Generativität ist in erster Linie das Interesse an der Erzeugung und Erziehung der nächsten Generation, wenn es auch Menschen gibt, die wegen unglücklicher Umstände oder aufgrund besonderer Gaben diesen Trieb nicht auf ein Kind, sondern auf eine andere schöpferische Leistung richten, die ihren Teil an elterlicher Verantwortung absorbieren kann. Wesentlich ist, sich klarzumachen, daß dies ein Stadium des Wachstums der gesunden Persönlichkeit ist und daß, wenn diese Bereitschaft ganz entfällt, eine Regression von der Generativität auf ein quälendes Bedürfnis nach Pseudointimität eintritt, oft verbunden mit einem übermächtigen Gefühl von Stillstand und Verarmung in den zwischenmenschlichen Beziehungen.«[40] Diese Krise kann nur gelöst werden durch die Entfaltung der menschlichen *Fürsorgefähigkeit*. »Fürsorge ist die sich immer erweiternde Sorge für das, was durch Liebe, Notwendigkeit oder Zufall erzeugt wurde... Haben wir erst einmal dies Ineinandergreifen der menschlichen Lebensstadien erfaßt, dann verstehen wir, daß der erwachsene Mensch so konstruiert ist, daß er es nötig hat, benötigt zu werden, um nicht der seelischen Deformierung der Selbst-Absorption zu verfallen, in der er zu seinem eigenen Kind und Schoßtier wird.«[41]

Elementartheologisch ist bei Generativität an das *schöpferische Handeln Gottes* zu denken. Auch Elternschaft im übertragenen Sinn als Teilnahme an der *Ekklesiogenese* durch die verschiedenen Charismen zum Aufbau der Gemeinde kommt in Blick. Beide Male handelt es sich um »Kreativität«, um »creatio continua«, die den Menschen teilhaben läßt am Handeln Gottes. Sodann verweist Generativität auf das *»göttliche Kind«*, das als Symbol des neuen, von Gott gesetzten Anfangs den Generationen übergreifenden menschheitlichen *Schuldzusammenhang* (Erbsünde) sprengt.

(8) Integrität gegen Verzweiflung

Verschiedene Lebensphasen werden hier zusammengefaßt. Sie sollen im Folgenden, etwas von *Erikson* abweichend, voneinander abgehoben und skizziert werden:

1. Lebensmitte und Lebenswende: Das frühe und mittlere Erwachsenenalter ist jene Zeitspanne, wo die zuvor erworbenen *psychischen Potentiale zur*

[40] *E. H. Erikson*, Identität und Lebenszyklus, 117f.
[41] *E. H. Erikson*, Einsicht und Verantwortung, 114.

Anwendung und Nutzung gelangen. Fertigkeiten und Status erlauben es, wesentliche Entscheidungen über die Familie hinaus im Feld beruflicher Arbeit und im öffentlichen Gemeinschaftsleben zu treffen. Zusehends stellen sich aber auch *Krisensymptome* ein, die durch das Schlagwort von der »Midlife-crisis«[42] ins Bewußtsein vieler gerückt sind: Wo Leben und Leistung miteinander identifiziert wurden, wird aus dem *Rückgang der Leistungsfähigkeit* eine Lebenskrise. Zudem wird erschreckend deutlich, was in der Fixierung auf beruflichen Aufstieg alles *ungelebt* geblieben oder verkümmert ist: das Einfühlen in den Partner, das Spiel mit den Kindern, das Mitleben mit der Natur, die Liebe zur Musik, die künstlerische Begabung, das Hinhören auf die eigenen Träume, das Nachdenken über den Sinn des Lebens. Unabweisbar stellt sich mit Blick auf die gelebte und noch verbleibende Lebenszeit die schmerzvolle Erkenntnis ein: »Das kann doch nicht alles gewesen sein!«

Der Weg, um solcher von Verzweiflung geprägter Lebensbilanz in den vorausliegenden Jahren vorzubeugen, führt *nach Innen*. Es gilt den ungelebten Seiten auf die Spur zu kommen, das Abgewiesene und Vernachlässigte zu integrieren und sich Schritt für Schritt aus der Verstrickung in die fragwürdigen Lebensziele des Habenmodus zu lösen.

2. Altern: Mit den Jahren meldet sich das vordem verdrängte *Thema von Alter und Tod*. Entgegen dem landläufigen Klischee ist Altern *keineswegs als ein nur defizitärer Prozeß*, als Phase des Rückzugs von sozialen Kontakten und als Endpunkt des Lernens zu betrachten.[43] Wie bei allen anderen lebensgeschichtlich bedingten Krisen gilt auch vom Alter, daß es die Chance zum Wachsen und Reifen bereithält. Gerontologische Forschungen[44] zeigen, daß das psychische Altern durchaus einen *Zugewinn* an »kristallisierter Intelligenz«, an Lebensweisheit und sozialer Einfühlungsfähigkeit mit sich bringen kann. Die sog. *»kognitive Theorie des Alterns«*[45] macht darauf aufmerksam, daß nicht einfachhin die objektiven Fakten wie die Ablösung der Kinder, der Kontaktverlust zu den Arbeitskollegen oder die geringere Besucherfrequenz die Krisenerfahrung des Alters bedingen, sondern viel nachhaltiger die subjektive Wahrnehmung und Deutung dieser Fakten. Das läßt die Schlußfolgerung zu: Auch im Alter bedarf es der »aktiven« Bearbeitung und Korrektur der eingespielten Deutungsmuster. Es kommt darauf an, sich mit dem gelebten Leben auszusöhnen, so daß ein *Zustand der Integrität* aufkommen kann. *Erikson* zählt hierzu u.a.:

[42] *G. Sheehy*, In der Mitte des Lebens. – *H. Schreiber*, Midlife Crisis. Die Krise in der Mitte des Lebens. – *I. Mummert*, Schöpferische Lebensmitte. Die Krise erkennen.

[43] Vgl. *P. B. Baltes*, Gerontologie. – *U. Lehr*, Psychologie des Alterns.

[44] Vgl. *K. Wirsing*, Psychologisches Grundwissen für Altenpflegeberufe, 116ff. – *E. Olbrich*, Erwachsenenalter und Alter, 353–365. – *G. Labouvie-Vief/J. N. Gouda*, Cognitive strategy training and intellectual performance in the elderly.

[45] *H. Thomae*, Die Bedeutung einer kognitiven Persönlichkeitstheorie für die Theorie des Alterns.

– »Er bedeutet die Annahme seines einen und einzigen Lebenszyklus und der Menschen, die in ihm notwendig da sein mußten und durch keine anderen ersetzt werden können.«
– »Er bedeutet eine neue, andere Liebe zu den Eltern, frei von dem Wunsch, sie möchten anders gewesen sein, als sie waren; und die Bejahung der Tatsache, daß man für das eigene Leben allein verantwortlich ist.«
– »Er enthält ein Gefühl der Gefährtenschaft mit den Männern und Frauen ferner Zeiten und Lebensformen, die Ordnungen und Dinge und Lehren schufen, welche die menschliche Würde und Liebe vermehrt haben.«[46]

3. Sterben: Im Sterben verdichtet sich für jeden Menschen die Krise seines Lebens. Die »Kunst des Sterbens« hängt deshalb untrennbar mit der Kunst zu leben zusammen. *Sigmund Freud* schreibt in seiner Abhandlung »Zeitgemäßes über Krieg und Tod»: »Das Leben zu ertragen bleibt ja doch die erste Pflicht alles Lebenden. Die Illusion wird wertlos, wenn sie uns darin stört. Wir erinnern uns des alten Spruches: ›Si vis pacem, para bellum. Wenn du den Frieden erhalten willst, so rüste zum Krieg‹. Es wäre zeitgemäß, ihn abzuändern: ›Si vis vitam, para mortem. Wenn du das Leben aushalten willst, richte dich auf den Tod ein‹.«[47] Ein überdurchschnittliches Maß an *Todesfurcht* wird sich dort einstellen, wo nicht mit der Realität des Sterbenmüssens gelebt wurde, wo die von *Erikson* als Integrität bezeichnete *Annahme des eigenen Lebensweges* nicht gelungen ist. Die noch verbleibende Zeit erweist sich dann als viel zu kurz, ein neues Leben zu beginnen. Deshalb kann als große Maxime auf dem Weg zur Ich-Integrität ein Wort aus den Laudes am Fest des hl. Martin von Tours gelten, das *Hermann Stenger*[48] ausfindig gemacht hat: »Er fürchtete sich nicht zu sterben und weigerte sich nicht zu leben«!

Die *elementartheologische Reflexion* führt bei der die zweite Lebenshälfte bestimmenden Gestaltungsaufgabe der »Integration« zur Frage der *Annahme des eigenen, endlichen, fragmenthaft gebliebenen Lebens* und der *Unheimlichkeit des Todes* – im Horizont des Glaubens. Der christliche Grundgedanke der *Auferstehung von den Toten* und der noch ausstehenden Vollendung der individuellen Identität und der Schöpfung insgesamt vermag darauf zu antworten. In diesem Licht gewinnt das nicht zu bewältigende und nicht einholbare andere, das uns im Tod erreicht, eine neue Bedeutung. Wer sich, orientiert am Lebensmodell Christi, darin geübt hat, in der Hingabe an anderes und andere, der wird sich auch am Ende in Gott hinein verschenken können, in der Hoffnung, daß die Bruchstücke der eigenen Biographie von Ihm zu einem Ganzen gefügt werden.

[46] *E. H. Erikson*, Identität und Lebenszyklus, 118f.
[47] *S. Freud*, Gesammelte Werke (GW), Bd. X, 323f.
[48] *H. Stenger*, Kompetenz und Identität, 109.

(9) Kritische Würdigung und elementartheologisches Schema

Bevor in einer abschließenden Übersicht die einzelnen Phasen mit ihrer Krisenthematik den skizzierten Glaubenssymbolen gegenübergestellt werden, ist kurz eine *kritische Wertung der Entwicklungstheorie Eriksons* vorzunehmen.

Gegen die von ihm vorgelegte Sicht menschlicher Entwicklung sind einige Fragen und Einwände zu erheben: Die sehr plausible Stufenfolge erscheint schlüssig, aber hält sie auch empirischer Überprüfung stand? Wie kommt *Erikson* zu den interindividuell generalisierten Jahresangaben? Basieren sie auf Vermutungen vom Schreibtisch aus, oder wurden sie in der Realität überprüft? Berücksichtigen die Charakterisierungen der einzelnen Phasen nicht doch die intraindividuell differenzierten psychischen Funktionen viel zu wenig? Lassen sich psychische Funktionen wie Denken, Wahrnehmen, Motivation, Sozialverhalten, Emotion etc., die in jeder Phase in je besonderer Weise modelliert sind, auf einen gemeinsamen, generellen Nenner bringen, wie es die polaren Kennzeichnungen versuchen?

Solche kritischen Anfragen sollen jedoch nicht darüber hinwegtäuschen, daß *Eriksons* Konzept durch die Einbeziehung der zweiten Lebenshälfte, durch das epigenetische Prinzip und durch die psycho-soziale Perspektive über andere entwicklungspsychologische Phasen-Modelle hinausragt und es zu einem anregenden Gesprächspartner für die Theologie macht.

Besonders fruchtbar erweisen sich die von *Erikson* in den einzelnen Phasen angesprochenen Lebensaufgaben für eine elementartheologische Korrelation, wie andeutungsweise gezeigt werden konnte. Es ergibt sich von hier aus die Möglichkeit, *Glaube als identitätsbezogenes, die lebenskritischen Aufgaben der Biographie lösendes »Lebenswissen«* auszulegen. *Michael Klessmann* kommt im Dialog mit *Erikson* zu dem Ergebnis: »Der Glaube stellt unter religionspsychologischem Aspekt eine Symbolisierung der Persönlichkeitsstruktur dar«.[49] In den großen Symbolkomplexen des Glaubens sind demnach sowohl die nach dem epigenetischen Prinzip biographisch nie vollständig gelösten und deshalb weiter beunruhigenden Lebensaufgaben und -krisen thematisiert als auch die letzten eigentlichen Antworten darauf. Es besteht eine *Analogie zwischen psychischer Struktur (Lebensaufgaben, Lebenskrisen) und Glaube*.

Das folgende Schema (Abb. 5) ruft noch einmal unsere experimentellen Vorschläge zur elementartheologischen Korrelation der beiden Bereiche in Erinnerung. Es will den Leser zu weiterer eigenständiger Ausgestaltung anregen.

[49] *M. Klessmann*, Identität und Glaube, 107f. – Mit der Position *Klessmanns* setzt sich kritisch auseinander *W. Fürst*, Praktisch-theologische Urteilskraft, 568ff. Er erinnert über die individuelle Analogie hinaus an den kulturell-gesellschaftlichen Symbolzusammenhang des Glaubens, 575.

Lebensaufgabe gegen Lebenskrise	Glaubens-Symbol gegen Unglaubens-Diabol
1. Urvertrauen gegen Urmißtrauen	Mütterlicher Abba-Gott gegen Gotteskomplex
2. Autonomie gegen Scham und Zweifel	Freiheit der Kinder Gottes gegen Gesetz
3. Initiative gegen Schuldgefühl	Liebender Vater-Gott gegen strafenden Richter-Gott
4. Fleiß gegen Minderwertigkeit	Charisma/Gnade gegen Verdienst
5. Identität gegen Rollendiffusion	Sein in Christus gegen Glaubensideologie
6. Intimität gegen Isolation	Liebesgeschichte Gottes gegen Menschenvergötzung
7. Generativität gegen Stagnation	Schöpfergott/göttliches Kind gegen »erbsündigen« Schuldzusammenhang
8. Integrität gegen Verzweiflung	Auferstehung von den Toten gegen Todes- und Lebensangst

Abb. 5: Elementartheologische Korrelation von Lebensphasen und Glaubenssymbolen

Zwei Anmerkungen, die z. T. über unser Thema der normativen Lebenskrisen hinausweisen, seien noch angebracht:

1. Eine Anregung für eine weitere Konzentration der psychischen Struktur, wie sie aus den epigenetischen Phasen hervorgeht, gibt *Erikson*, wenn er letztendlich *drei Ursehnsüchte* im Menschen postuliert: die Sehnsucht nach einem »mütterlichen Urgrund«, einer »väterlichen Stimme« und nach dem »reinen Selbst«.[50] Alle normativen Krisen und alle religiöse Symbolisierung handeln dann letztlich von diesen drei Ursehnsüchten.[51]

2. Auch wenn in elementartheologischer Hinsicht Glaube als Form symbolischer Konflikt- und Krisenbearbeitung erscheint, die – wie die Unglaubensdiabole andeuten – auch mißlingen kann, wird damit nicht einer *funktionalen Auffassung von Glaube und Religion* das Wort geredet.[52] Christlicher Glaube geht nicht zuerst aus dem menschlichen Bedürfnis nach Kontingenz- und Krisenbewältigung hervor, sondern entstammt einem der menschlichen Wirklichkeit vorausliegenden Handlungswillen Gottes. In einer solchen *substantialen* Auffassung des Glaubens ist gleichwohl die Überwindung der Krise des Menschen Zielpunkt der Heilpraxis Gottes.

[50] *E. H. Erikson*, Der junge Mann Luther, 291 f.
[51] Siehe dazu Teil VII.
[52] Vgl. zur Unterscheidung von funktionaler und substantialer Religion: *P. M. Zulehner*, Pastoraltheologie. Bd. 1, Fundamentalpastoral, 154.

4 LEBENSGESCHICHTLICHE KRISEN AM BEISPIEL KINDHEIT UND ELTERNSCHAFT

Eriksons Intention ist es, den Lebenslauf mit seinen Krisen als »epigenetisches«, ganzheitliches Gefüge darzustellen. Notgedrungen konnte dadurch die Kennzeichnung einzelner Phasen, insbesondere der in unserem Kontext besonders interessierenden krisenhaften Erfahrungsfelder, nicht immer detailliert genug ausfallen. Es bedarf deshalb einer *fokussierten Betrachtung einzelner Phasen* und ihrer je besonderen Krisen. Im eng gesteckten Rahmen dieser pastoralpsychologischen Kairologie wähle ich dazu exemplarisch einzelne Krisen der Kindheit und Elternschaft. Nicht zuletzt deswegen, weil einem Diktum *Sigmund Freuds* zufolge »alles Erste im Kinde ewig ist«. »Ewig«, d. h. in diesem Fall: Ein Leben lang anhaltend sind also auch die Versagungen und Leiden des Kindes in der Psyche der Person. *In den Krisen der Kindheit werden folglich, nach dieser Auffassung, auch die späteren Krisen des Erwachsenen konturenhaft ansichtig.*

Im übrigen ist kindliche Entwicklung nicht als das Wachsen oder Kümmern eines isolierten Pflänzchens zu sehen, sondern bedeutet immer auch familiäres und elterliches Wachsen oder Kümmern. Deswegen sind die Krisen der Kinder aufs engste *mit den Krisen der Eltern verknüpft.*[53]

(1) Exemplarische Krisensymptome

1. Verhaltensstörungen

Auch in Zeiten wirtschaftlichen Wohlstands erweist sich Kindheit alles andere als »kinderleicht«. Zu diesem Schluß kommt man, wenn man statistische Veröffentlichungen der Erziehungsberatungsstellen studiert. Im Jahresbericht[54] einer solchen Einrichtung werden folgende »Vorstellungsgründe der Neuaufnahmen«, *»Verhaltensauffälligkeiten und Verhaltensstörungen«* betreffend, angeführt:

[53] Nach bestimmten familientherapeutischen und tiefenpsychologischen Auffassungen reicht die unbewußte Verbindung des Kindes über die Eltern zurück auf die vergangenen Generationen der Familie. Vgl. *H. Stierlin*, Von der Psychoanalyse zur Familientherapie. – *L. Szondi*, Schicksalsanalytische Therapie.

[54] Psychologische Beratungsstelle für Eltern, Kinder und Jugendliche, Passau, Jahresbericht 1984. Die Prozentangaben beziehen sich auf 162 Neuanmeldungen des Jahres 1984.

1) *Störungen im Bereich der Körperfunktionen* (ca. 13%)	
– Einnässen	1.8%
– Allergisches Asthma	0.6%
– Schlafstörungen	2.4%
– Nächtliches Aufschreien	1.2%
– Nervöse Gewohnheiten (Ticks, Daumenlutschen)	4.7%
– Probleme im Bereich der Sexualität	1.2%
– Verstopfung	0.6%
– Kopfschmerzen	0.6%
2) *Sprachstörungen* (8%)	
– Stottern und Sprechhemmung	7.1%
– Partieller Mutismus	1.2%
3) *Störungen im emotionalen Bereich* (13%)	
– Ängste in bestimmten Situationen	4.1%
– Depressive Verstimmungen	5.3%
– Suizidversuche, Suizidandrohungen	2.4%
– Zwangshandlungen, -vorstellungen, -befürchtungen	1.2%
4) *Auffälligkeiten im Sozialverhalten* (55%)	
– Gehemmtheit	6.5%
– Verschlossenheit	1.7%
– Aufmerksamkeit sammelnde Reaktionen (stört Unterricht, Angeberei, Clownerie)	12.9%
– Beziehungsschwierigkeiten innerhalb der Familie	3.5%
– Eheprobleme der Eltern (Scheidung)	4.7%
– Aggressivität, Ungehorsam, Trotz, Wut	7.6%
– Delinquentes Verhalten (Lügen, Stehlen, Schuleschwänzen, Streunen, Zündeln, Zerstörung)	10.0%
– Lebensbewältigungsprobleme	5.8%
5) *Probleme im Tätigkeits- und Leistungsbereich* (11%)	
– Lese- und Rechtschreibprobleme	1.2%
– Leistungsangst	3.1%
– Konzentrationsschwierigkeiten	5.9%
– Schulische Überforderung auf Grund einer minimalen cerebralen Dysfunktion	0.6%

Die Liste der »Verhaltensstörungen« und »Verhaltensauffälligkeiten« demonstriert das breite Spektrum des Leidens in und an der Kindheit. Dabei darf man mit Recht vermuten, daß in den Erziehungsberatungsstellen nur ein *Bruchteil der kindlichen und elterlichen Erziehungsprobleme* vorgestellt wird. Den allermeisten Eltern und Kindern ist dieser Weg zum professionellen Berater, aus welchen Gründen auch immer, verwehrt. Die Dunkelziffer kindlichen Leidens an erziehungsunfähigen Eltern, an sadistischen Lehrern oder ganz einfach an allgemeiner Überforderung ist wohl verhältnismäßig hoch anzusetzen.

Wie bereits angedeutet, wäre es unangemessen, bei den aufgelisteten Verhaltensstörungen[55] das Kind als den einzig verursachenden und deshalb behandlungsbedürftigen Teil zu »stigmatisieren«. Vielmehr signalisieren Einnässen, schulische Konzentrationsstörungen, Lügen oder Ticks, daß das Kind belastenden Familiensituationen und Verhaltenserwartungen der Umwelt ausgesetzt ist, die es nicht mehr bewältigen kann. Seine Symptome sind häufig Ausdruck kranker familiärer Lebensbedingungen. Am Kind als dem schwächsten Glied im System einer Familie kommt die Krankheit aller oft am ersten und stärksten zum Vorschein. Mit einiger Berechtigung spricht *Horst Eberhard Richter*[56] deshalb vom Kind als dem *»weinenden Dritten«* in Ehe- und Familienproblemen. *Behandlungsbedürftig* ist deshalb nicht zuerst und nicht allein das Kind, sondern sind die Eltern, ist die *gesamte Familie*.

2. Scheidungsfolgen

Besonders gravierend wirkt sich, wie neuere Untersuchungen zeigen, die Scheidung der Eltern auf die Kinder aus. In Anbetracht der *hohen Scheidungsrate* in den westlichen Industrieländern ist von ihr eine namenlose Vielzahl von Kindern betroffen. Insgesamt lebten 1982 1.329.000 Kinder unter 18 Jahren in der BRD von einem Elternteil getrennt.[57]

Die amerikanische Psychologin *Judith Wallerstein*[58] hat in einer umfangreichen Langzeitstudie, deren Ergebnisse auch auf deutsche Verhältnisse zu übertragen sind, festgestellt, daß die *Scheidungsfolgen bei den Kindern auch nach 10 Jahren nicht vollständig verheilt sind*. Bei der Scheidung der Eltern geht den Kindern das unverzichtbare »Klettergerüst« für den langen Aufstieg vom Kind zum Erwachsenen verloren.

Im einzelnen bewirkt Trennung der Eltern bei Kindern eine anhaltende *Angst*, neuerlich verlassen zu werden. Schlafstörungen, Bettnässen und Daumenlutschen sind häufige Folgen. *Schuldgefühle* stellen sich ein, durch eigenes Fehlverhalten die Trennung verursacht zu haben. Die schulischen Leistungen sacken ab. Hinzu kommen tiefe *Loyalitätskonflikte*, für Vater oder Mutter Partei ergreifen zu müssen. Vor allem Jungen fällt es schwer, ihre durch die Scheidung hervorgerufenen *Aggressionen* zu zügeln. Bei jugendlichen Mädchen, die in der Kindheit die Trennung der Eltern zu verkraften hatten, entdeckte die Autorin eine tiefe *Verunsicherung im Hinblick auf Partnerschaft und Ehe*: Sie glaubten an die »wahre Liebe« und erwarte-

[55] Siehe zu dem in der Klinischen Psychologie sehr schillernden Begriff »Verhaltensstörung«: *H. Benesch*, dtv-Wörterbuch zur Klinischen Psychologie, Bd.2, 431–441.

[56] *H. E. Richter*, Eltern, Kind, Neurose. – *Ders.*, Patient Familie.

[57] Vgl. Caritas-Korrespondenz (1984), 7.

[58] *J. Wallerstein/S. Blakeslee*, Gewinner und Verlierer.

ten gleichzeitig, betrogen zu werden. Beziehungsprobleme in den späteren Partnerbeziehungen der Kinder sind deshalb nicht überraschend. 40 Prozent der 19- bis 20jährigen Scheidungskinder hatten sich in psychotherapeutische Behandlung begeben, um Beziehungsprobleme zu klären.

(2) Krisen der Kindheit – Krisen der Eltern

»Verhaltensstörungen« und »Scheidungsfolgen« werfen exemplarische Schlaglichter auf die Krisen der Kinder, aber auch der Eltern. Offensichtlich geben Eltern, ohne es bewußt zu wollen und zu merken, vieles von ihrer eigenen, ungeklärten Lebensproblematik an die Kinder weiter. *Wie die Krisen der Eltern zu Krisen der Kinder werden*, darauf hat in letzter Zeit die Psychoanalytikerin *Alice Miller*[59] mit provokanten Thesen eine Antwort zu geben versucht.

Nach *Alice Miller* kommt jedes Kind mit einem tiefen *Bedürfnis nach Sicherheit, Geborgenheit, Schutz, Berührung, Wahrhaftigkeit, Wärme, Zärtlichkeit* zur Welt. Um sich entfalten zu können, braucht das Kind unabdingbar und unersetzbar die Erfüllung dieser seiner Urbedürfnisse. Nur wo Erwachsene – allen voran die Eltern, die übrigen Familienangehörigen, Erzieher, Lehrer, Seelsorger – das Kind in seinem Angewiesensein auf Geborgenheit und Achtung ernst nehmen, kann sich seine Persönlichkeit entwikkeln. »Werden diese lebenswichtigen Bedürfnisse des Kindes frustriert, wird das Kind stattdessen für die Bedürfnisse Erwachsener ausgebeutet, geschlagen, bestraft, mißbraucht, manipuliert, vernachlässigt, betrogen, ohne daß je ein Zeuge eingreift, so wird die Integrität des Kindes nachhaltig verletzt«.[60] Die Traumatisierung aber zeitigt *lebenslange Folgen*.

Alice Miller behauptet – und hier dürfte der Hauptgrund des z. T. heftigen Widerspruchs liegen, den sie erfährt -, daß Ausbeutung, Bestrafung und seelische Mißhandlung des Kindes nicht den Ausnahme-, sondern beinahe den *Regelfall gegenwärtiger Erziehung* unter den gegebenen gesellschaftlichen Bedingungen darstellen. Physische, aber vor allem *psychische Demütigungen* des Kindes seien an der Tagesordnung. Daß viele Eltern von ihrem eigenen fatalen Erziehungsstil nichts bemerkten, ändere nichts an der Tatsache, daß er ein »Verbrechen« am Kind darstelle und z. T. irreparable Folgen hinterlasse.

Eltern mißhandeln, nach dem Eindruck *Millers*, deswegen ihre Kinder, weil sie selbst als Kinder von ihren Eltern zutiefst verletzt worden sind. »Sie wissen auch nicht, daß sich in ihrem Unwissen und im Mißbrauch ihrer eige-

[59] *A. Miller*, Das Drama des begabten Kindes und die Suche nach dem wahren Selbst. – *Dies.*, Du sollst nicht merken. – *Dies.*, Am Anfang war Erziehung. – *Dies.*, Bilder einer Kindheit.
[60] *A. Miller*, Leiden an der Kindheit, 26.

nen Kinder der große Schaden zeigt, den sie erlitten haben.«[61] Eltern und Erzieher stünden deshalb in der beständigen Gefahr, sich unbewußt *an ihren Kindern für ihr eigenes Schicksal zu rächen*. Die Traumata, die Eltern aus ihrer Kindheit mitschleppen, bildeten so die eigentliche Brutstätte für die Kränkung der eigenen Kinder: »Jeder Mensch hat wohl in sich eine mehr oder weniger vor sich selbst verborgene Kammer, in der sich die Requisiten seines Kindheitsdramas befinden ... Die einzigen Menschen, die mit Sicherheit Zutritt zu dieser Kammer bekommen werden, sind seine Kinder. Mit den eigenen Kindern kommt neues Leben in die Kammer, das Drama erfährt seine Fortsetzung.«[62] *Alice Miller* erinnert in diesem Zusammenhang an *Heinrich Pestalozzi*, der einmal gesagt haben soll: »Du kannst den Teufel aus deinem Garten verjagen, doch im Garten deines Sohnes findest du ihn wieder.«[63] Psychoanalytisch ist diese »Erbschuld« im Erziehen auf den Nenner zu bringen: Die abgespaltenen, nicht integrierten, *verdrängten seelischen Anteile der Eltern werden auf das Kind verschoben* und richten dort verheerenden Schaden an. »Tragischer Weise schlägt man sein eigenes Kind, um nicht zu spüren, was die eigenen Eltern getan haben.«[64]

Die Folgen der *»Opferung des Kindes«* würden, weil die Opferung selbst gesellschaftlich verdrängt und geleugnet wird, übersehen. Die normale Reaktion auf Verletzung wären *Schmerz und Zorn*. Da aber sowohl das Gekränktsein wie auch der aggressive Zorn in diesem abwehrenden Erziehungsmilieu dem Kind verboten und verbaut sind – will es nicht den letzten Rest an elterlicher Zuwendung verlieren –, müsse es diese Gefühle unterdrücken. Zudem sei nach *Alice Miller* – hier wieder ganz in *Freud*'s Spuren – das Erlebnis des Schmerzes für das Kind in seiner Einsamkeit und Gefährdetheit seelisch unerträglich. Die Verletzung und die ihr angehörenden *Gefühle des Schmerzes und des Zorns würden deshalb verdrängt*, die Erinnerung an das Trauma soweit als möglich ausgemerzt und die Täter – das heißt: *die Eltern – idealisiert*. Das »begabte Kind« habe gelernt, die »Sünden der Väter« auf sich zu nehmen und sie für ihre Untaten zu entschuldigen. Der Preis jedoch, den es dafür zu zahlen habe, sei hoch.

Die anhaltende Verdrängung der traumatischen Kindheitserfahrungen führe, nach übereinstimmender Auffassung der Analytiker, *»zu Neurosen, Psychosen, psychosomatischen Störungen und zum Verbrechen«*[65]. In der *Neurose* begegnen die von ihrem eigentlichen Grund abgespaltenen Gefühle des Schmerzes, des Zorns, der Ohnmacht, der Verzweiflung und der Angst symbolisiert und verschlüsselt in Symptomen wie Zwangshandlungen, Depressionen, unrealistischen Angstzuständen, organisch-körper-

[61] Ebd. 23.
[62] *A. Miller*, Das Drama des begabten Kindes und die Suche nach dem wahren Selbst, 48.
[63] Ebd. 50.
[64] *A. Miller*, Leiden an der Kindheit, 26.
[65] Ebd. 29.

lichen Überreaktionen oder Krankheiten. Die von der kindheitlichen »Urszene« abgespaltenen Gefühle tauchen hier, eingebunden in neurotische Symptome, wieder auf und bringen sich in schmerzhafter Weise in Erinnerung. Freilich bestehe die Tragik des Neurotikers gerade darin, daß er sein Leiden nicht in Zusammenhang mit den Verletzungen seiner Kindheit sehen und bearbeiten könne. Seine Art des Erinnerns sei unbewußt, und es gelinge kaum aus eigener Kraft, zu bewußter Erinnerung zu kommen. »In der *Psychose* wird die Mißhandlung in eine Wahnvorstellung verwandelt ... im Verbrechen werden die Verführung und die Mißhandlung immer wieder neu ausagiert.«[66]

Alice Miller sieht nur den einen Weg, um der seelischen Mißhandlung von Kindern Einhalt zu gebieten: Eltern müssen der *»Wahrheit« ihrer eigenen Kindheit auf den Grund gehen*. Vor allem komme es bei diesem »Zugrundegehen« darauf an, den im eigenen Körper blockierten Schmerz zu erleben.[67] Dies allein genüge jedoch im »Kampf um die Erinnerung« noch nicht: Das einst zum Schweigen gebrachte Kind im Erwachsenen müsse seine Sprache wiederfinden. Mütter und Väter sollten in therapeutischen Schutzzonen lernen, der aufgestauten Wut und dem verdrängten Schmerz Ausdruck zu geben und sich endlich über das internalisierte Verbot hinwegzusetzen, die eigenen Gefühle nicht zu artikulieren. Es bestehe nämlich eine große Angst, »die Eltern hassen zu müssen«[68]. Diese Angst blockiere jegliche Gefühlsentwicklung und die Fähigkeit, andere, vor allem die eigenen Kinder, zu verstehen. Wagt man es, diese Angst fallenzulassen, den Zorn auf die Eltern und Erzieher (nach-)zu-erleben und nachzuholen, so öffnet sich der Weg aus den neurotischen Zwängen, aus Schuldgefühlen und aus der Mißhandlung, denn »Gefühle, die erlebt und mit ihren Ursachen verknüpft werden, bleiben nicht ewig gleich«.[69] Man kann sich von ihnen lösen.

Nur auf diesem Weg des therapeutischen *Innewerdens und Erinnerns des eigenen Kindheitsdramas* könnten Eltern und Erzieher verhindern, daß sie aus Unwissenheit und Unbewußtheit zu Tätern an ihren Kindern werden. Nur so könne eine Gesellschaft längerfristig lernen, Gewalt am Kind – und sei sie noch so subtil – nicht mehr zu entschuldigen und zu bagatellisieren. Eine neue Sensibilität für die kindlichen Ausdrucksformen, etwa der Phantasie und des Spiels, könnte entstehen. Erwachsene könnten etwas begreifen davon, daß kindliche Spiele, phantasierte Erlebnisse, Zeichnungen und Träume symbolisch die Kränkung durch die Eltern ausdrücken und verarbeiten. Von einer solchen therapeutischen Kultur der Kinder könnten Eltern lernen.

[66] Ebd. 29.
[67] Ebd. 28.
[68] Ebd. 31.
[69] Ebd. 31.

Es fällt für Eltern und Erzieher nicht leicht, *Alice Millers* radikale *»Identifikation mit dem mißhandelten Kind«*[70] nachzuvollziehen. Ihr Plädoyer für eine die Integrität des Kindes achtende Erziehung schreckt vor Generalisierungen, Appellen und Beschuldigungen nicht zurück, so jedenfalls sehen es die Kritiker. Doch unbestreitbar bleibt nach Abzug des medienwirksamen militant-provokativen Beiwerks eine bedenkenswerte Hinsicht auf die Kindheit als einer außerordentlich gefährdeten, krisenanfälligen und krisenverursachenden Phase des menschlichen Lebens übrig. In dieser Hinsicht und in der damit verbundenen Anwaltschaft für die Würde des Kindes trifft sich *Alice Miller* nicht nur mit den meisten Vertretern der Entwicklungspsychologie, sondern reklamiert, unbeabsichtigt, aber unüberhörbar, genuin christliche, ja jesuanische Einstellungen zum Kind.

(3) Religiöse Erziehung, die krank macht

Angesichts der fundamentalen Option für das Kind, die der in Jesus von Nazaret erschienene Gott vornimmt, gehört es zu den »himmelschreienden Sünden«, wenn Kinder von ihren Eltern und Erziehern »im Namen Gottes« gedemütigt, mißachtet und mißhandelt werden. Es ist keine Frage: In den christlichen Familien wird bis zum heutigen Tag der *Name Gottes mißbraucht zur Unterdrückung, Disziplinierung und Zerstörung von Kinderseelen*. Zur Strafe beten müssen, bei dem durch mangelndes Bravsein beleidigten Gott tief in der Schuld zu stehen, ob kindlichen Ungehorsams die Strafe Gottes fürchten müssen, das sind keine an den Haaren herbeigezogenen »Gotteserfahrungen« von Kindern.[71] Sie begegnen dabei dem (Ab-)Gott ihrer Väter und Mütter, der tragischerweise – und das gehört zur Schuldgeschichte der christlichen Kirchen – auch in manchen Seelsorgspraktiken verkündigt wurde. Ein Gott, der mit der menschlichen Feindseligkeit, Kälte und Rache, die in Eltern und auch Seelsorgern da ist, bekleidet wird, ist nicht der Gott Jesu. »Gott« wird hier, um es in einem biblischen Bild zu sagen, auf eine Stufe gestellt mit »Herodes, der dem Kind nach dem Leben trachtet« (Mt 2,13).[72]

Einen solchen erbarmungslos strengen Gott kann ein Kind letztlich nur zutiefst fürchten und hassen. Religiöse Erziehung zeitigt hier nicht nur *»Religionsverlust«*[73] oder *»Gottesvergiftung«*[74], sie macht sich der seelischen und

[70] *H. E. Richter*, in: *A. Miller*, Leiden an der Kindheit, 30.
[71] Vgl. z. B. *D. Scherf*, Der liebe Gott sieht alles.
[72] Vgl. zur tiefenpsychologischen Auslegung der Kindheitsgeschichte Jesu: *E. Drewermann*, Tiefenpsychologie und Exegese, Bd.1, 502–529.
[73] Vgl. *E. Ringel/A. Kirchmayr*, Religionsverlust durch religiöse Erziehung, auch die Replik darauf: *G. Virt/A. Biesinger*, Religionsgewinn durch religiöse Erziehung.
[74] *T. Moser*, Gottesvergiftung.

damit personalen Verwüstung des Kindes schuldig. Die *»ekklesiogene Neurose«*[75] umschreibt wissenschaftlich distanziert diesen im Namen einer mißverstandenen Religion verübten Mord an der Seele des Kindes und dessen fatale Folgen.

Aber man sollte nicht nur an solche vergleichsweise spektakulären Vergehen denken, wenn vom Mißlingen der religiösen Erziehung die Rede ist. Vieles deutet darauf hin, daß sich über das Elternhaus hinaus in die konventionelle *Kinderpastoral* unbemerkt Ideologien eingeschlichen haben, die dem Kind schlichtweg nicht gerecht werden und es auf subtile Weise demütigen. Insbesondere gilt es in diesem Zusammenhang zu bedenken, ob die Kinder in der Pastoral wirklich um ihrer selbst willen vorkommen oder nur insofern, als sich mit ihnen kirchlich-gemeindliche Vollzüge demonstrieren und stabilisieren lassen. *Herbert Poensgen* jedenfalls erhebt den Vorwurf: »Der kirchlichen Pastoral geht es in der Begegnung mit Kindern vielfach um ihre eigene Selbstbehauptung, d.h. um das Gewinnen der Kinder für die Aufrechterhaltung der Gemeindefunktionen. Deswegen richtet sich das Hauptaugenmerk auf die Buß-, Kommunion- und Firmvorbereitung... Der Eigenwert der Kindheit, die fremdprophetische Kraft, die im Verhalten und im Reden der Kinder oft deutlich wird, wird kaum wahrgenommen«.[76] Statt dessen sei eine Erziehungsauffassung anzutreffen, die die *Kinder zu Objekten degradiert*, indem man meint, in sie vorwiegend durch religiöse Information investieren zu müssen, um Bestand und Erhalt der Kirche für heute und morgen zu sichern. Die Kinder selbst, ihr Erleben, ihre Sorgen, ihre Fragen und ihre Ängste gerieten darüber in Vergessenheit. Auf diese Weise schreibe die Pastoral mit an der Psychopathologie der Kinder, und man dürfe sich nicht beklagen, wenn verantwortungsbewußte Eltern und spontan reagierende Kinder sich dieser Art von Pastoral immer mehr entziehen.

Einwände gegenüber krankmachender religiöser Erziehung und verletzender Kinderpastoral kritisieren auf der Ebene des Glaubens die Spirale von Verdrängung elterlicher Traumata und Demütigung des Kindes, von der bei *Alice Miller* die Rede ist. Nötig ist deshalb auch hier, daß christliche Eltern und Seelsorger ihren eigenen kindheitlichen Verletzungen auf den Grund gehen, um sich den Kindern wirklich so zuzuwenden, wie es dem Geist Jesu entspricht.

[75] Vgl. dazu: *A. Görres*, Pathologie des katholischen Christentums. – *J. Rattner*, Tiefenpsychologie und Religion, 211–229. Auch *R. Egenter/P. Matussek*, Ideologie, Glaube und Gewissen. – *H. Hark*, Religiöse Neurosen.

[76] *H. Poensgen*, Seelsorge im Kinderkrankenhaus im Bereich einiger katholischer Diözesen, 394f.

(4) Erziehen im Stil Jesu

In den Texten des NT begegnet Jesus als einer, der jeglicher Mißhandlung von Kindern eine entschiedene Absage erteilt: »Wer einen von diesen Kleinen, die an mich glauben, zum Bösen verführt, für den wäre es besser, wenn er mit einem Mühlstein um den Hals im tiefen Meer versenkt würde« (Mt 18,6). Er warnt davor, Kinder links liegenzulassen: »Hütet euch davor, einen von diesen Kleinen zu verachten!« (Mt 18,10). Mehrfach ist in den Evangelien die Rede davon, daß er die Kinder segnete (Mk 10,13–16; Mt 19,13; Lk 18,15–17).

Um zu veranschaulichen, was im Reich Gottes zählt und wie man in das »Himmelreich« hineinkommt, fordert er auf, »umzukehren« und zu werden wie die Kinder, denn »wer so klein sein kann wie dieses Kind, der ist im Himmelreich der Größte« (Mt 18,3). In der Praxis des Reiches Gottes, in die Jesus einführt, haben das *Kindsein und die Achtung vor dem Kind einen herausragenden Platz*. Es wundert deshalb nicht, daß Jesus sich selbst mit einem Kind identifiziert: »Er stellte ein Kind in ihre Mitte, nahm es in seine Arme und sagte zu ihnen: ›Wer ein solches Kind um meinetwillen aufnimmt, der nimmt mich auf‹« (Mk 9,36).

In den Texten der Evangelien wird das Kind, sowohl das im Stall von Betlehem geborene, wie auch jedes Kind, gesehen als jemand, *worin Gott selbst begegnet*. Im Kind leuchtet das Geheimnis eines Gottes auf, der sich mit der Abhängigkeit, Gefährdetheit und Hilfsbedürftigkeit menschlicher Existenz voll identifiziert. Jesus lädt, von diesem Gott kündend, ein, das Kleine, Schwache, Unfertige und Minderwertige, das »Kindliche« der eigenen wie der fremden Existenz anzunehmen, weil solche Praxis Gottes Handeln entspricht. Dort, wo die kindliche, ja »infantile« Seite der Person nicht verleugnet wird, wo einer es wagt, als Erwachsener »Kind zu werden«[77], kommt er dem Geheimnis Gottes und seiner selbst näher. Die Psychologie *Carl Gustav Jungs* hat deshalb wohl zu Recht das *Kindsymbol*, wie es in Träumen und in den Mythen der Völker begegnet, zu den *Urbildern des Selbst* bzw. der *Ganzheit* gezählt.[78] Im Kind wird unserer Seele vor Augen geführt, wo unser Weg herkommt, wo er hinführt, wie wir ihn zu gehen haben und wie wir dabei zu uns selbst stehen dürfen.

Kinder erzählen somit den Eltern viel vom Gott Jesu. Umgekehrt vermag den Kindern in der Liebe durch Vater und Mutter – sie gelingt nur, wenn Eltern ihre Kindheitsgeschichte einigermaßen verarbeiten – aufzugehen,

[77] *M. Kassel* interpretiert Abrahams Opferung des Sohnes (Gen 22,1–14) als archetypischen Prozeß, der dem gleichkommt, den *A. Miller*, aber auch die Tiefenpsychologie insgesamt als Begegnung mit der eigenen, verdrängten Kindheit beschreibt. Vgl. *M. Kassel*, Biblische Urbilder. Tiefenpsychologische Auslegung nach C. G. Jung, 234–257.

[78] Vgl. *C. G. Jung*, Gesammelte Werke 9/I, 165–195.

wer Gott für sie sein könnte. Man kann deshalb von einer *wechselseitigen Exegese der Generationen* sprechen.

Im Rahmen einer solchen wechselseitigen Exegese läßt sich auch die *Taufe eines Kindes* einmal unter einem vielleicht ungewohnten Gesichtspunkt betrachten: In ihr kommt, unbeschadet anderer Kennzeichnungen, symbolisch zum Ausdruck, was Eltern und Kindern auf ihrem gemeinsamen Weg in der Familie bevorsteht, was sie ängstigt und in gefährliche Tiefen hinabzuziehen droht, aber auch, wie sie auf ein gutes Leben in Frieden miteinander hoffen dürfen, weil Gott selbst sie in allem hält. Wenn Eltern ihr Kind der Unheimlichkeit des Wassers ausliefern – für die Tiefenpsychologie symbolisiert das Wasser die Ambivalenz des gefährlichen und lebenspendenden Unbewußten –, dann geht auch das Kind in ihnen diesen Weg zum Abgrund und von dort zur Rettung. Das, was in ihnen aus den Tagen der Kindheit verdrängt wurde und nicht zulässig erschien, wird stellvertretend mitgetauft. Sie werden eingeladen, die Wahrheit ihres Lebens, zu der eben auch vielfältige Verletzungen aus den Tagen der Kindheit zählen, anzunehmen. *»Taufe«* ist so, elementartheologisch betrachtet, die *Antwort des Glaubens auf die Krise der Kinder und der Eltern*. Beiden wird gesagt, daß die Fragmente ihres noch ausstehenden und schon zurückliegenden Lebens vor Gott sein dürfen.

5
VERLAUF SEELISCHER KRISEN

(1) Psychologische Verlaufskonzepte

Der Versuch, den Verlauf seelischer Krisen zu beschreiben, hat zu einer Reihe von Phasenkonzepten geführt. Eines der ersten legte *Caplan*[79] vor. Er unterscheidet vier Phasen:

1. Zunächst greift der Betroffene angesichts der belastenden Situation auf die gewohnten und *in der bisherigen Lebensgeschichte erfolgreichen Problemlösungen* zurück.

2. Wenn die üblichen Bewältigungsmechanismen sich als untauglich erweisen, erhöht sich der Angstpegel. Das *Gefühl der Hilflosigkeit und Minderwertigkeit wächst*.

3. *Notfallreaktionen* werden unter Aufbietung der inneren Ressourcen mobilisiert. Unter Umständen werden bisher nicht geübte Sichtweisen und Lösungsansätze ausprobiert.

[79] *G. Caplan*, Principles of preventive psychiatry. Vgl. auch *C. Kulessa*, Zur Theorie der Krise, 69f.

4. Dauert die problematische Situation weiter an, so tendiert die betroffene Person zu *unrealistischen und irrationalen »Lösungen«*. Scheitert auch dies, kommt es zu einem psychischen *Erschöpfungszustand*.

Ein vergleichbarer Krisenverlauf, der jedoch die emotionale Seite stärker betont, findet sich bei *Bowlby*[80]: Kinder leben beim Verlust der Mutter (maternal deprivation) die Phasen: *»Protest«*, *»Verzweiflung«* und *»Gleichgültigkeit«* durch.

Auf den Suizid spezifiziert, beschreibt *Pöldinger*[81] drei *Stadien der präsuizidalen Entwicklung:* Auf eine Phase der *»Erwägung«*, geprägt von Aggressionsstau und Wahrnehmungsverengung, folgt eine Phase der *»Ambivalenz«*, wo der Suizid offen angekündigt wird. Der Betreffende richtet hierbei eigentlich einen Appell nach Kontakt und Hilfe an seine Umgebung. Schließlich treten in einer *Phase des »Entschlusses«* (»Ruhe vor dem Sturm«) indirekte Suizidankündigungen, etwa in Form von Vorbereitungshandlungen, auf.

Ein besonders differenziertes, empirisch validiertes Phasenmodell der seelischen Krise entwickelte *Erika Schuchardt*.[82] Auch wenn bei ihren Untersuchungen Krisenerfahrungen bei der *Konfrontation mit Behinderung und schwerer Krankheit* im Vordergrund stehen, darf bei den von ihr beschriebenen Phasen eine darüber hinausreichende generelle Gültigkeit vermutet werden[83].

Nach *Schuchardt* ist eine Abfolge von drei Stadien mit insgesamt acht Phasen festzustellen (s. Abb. 6):

(I) Rational fremdgesteuertes Eingangsstadium: Es setzt ein mit einem kritischen Ereignis, z. B. Unfall oder der »Hiobsbotschaft«, Krankheit bzw. Behinderung betreffend. In der ersten Reaktion überwiegt die *Ungewißheit (1. Phase)*. Man fragt, was eigentlich geschehen ist, und versucht dennoch so weit als möglich das Ereignis im Ungewissen zu belassen. Freilich nötigen die Reaktionen der Umwelt, z. B. in Form ärztlicher Diagnosen, dann doch, die *Gewißheit (2. Phase)* des kritischen Ereignisses wenigstens rational-kognitiv zur Kenntnis zu nehmen. Gleichzeitig wird jedoch eine verstärkte emotionale Abwehr aufgebaut, die weiterhin veranlaßt, das Unabwendbare und seine Folgen abzuleugnen. *Schuchardt* beobachtete, daß die Umwelt fast ausnahmslos die Verleugnung bekräftigt: »Ärzte, Pädagogen, Seelsorger, aber auch Freunde vertrösten, verschweigen, verschonen und verbauen

[80] *J. Bowlby*, Die Trennungsangst, 413ff.
[81] *W. Pöldinger*, Die Abschätzung der Suizidalität. Vgl. auch: *E. Stengel*, Selbstmord und Selbstmordversuch. – *A. Reiner / C. Kulessa*, Ich sehe keinen Ausweg mehr. – *W. Feuerlein*, Selbstmordversuch oder parasuizidale Handlung.
[82] *E. Schuchardt*, Krise als Lernchance. – *Dies.*, Warum gerade ich ...? – *Dies.*, Soziale Integration Behinderter. Eine übersichtliche Darstellung des von *E. Schuchardt* konzipierten Phasenmodells findet sich in: *Dies.*, Jede Krise ist ein neuer Anfang, 27–31.
[83] *E. Schuchardt*, Krise als Lernchance, 195.

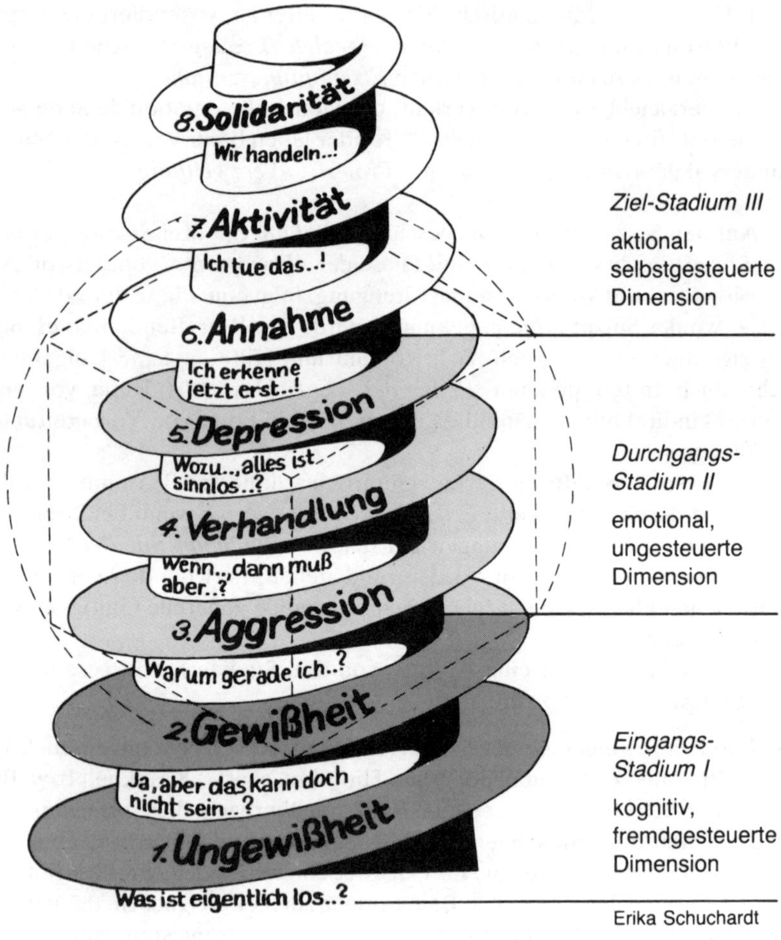

Abb. 6: Krisenverarbeitung als Lernprozeß in acht Spiralphasen nach Erika Schuchardt

damit den Weg einer eigenen ›Wahrheits-Entdeckung‹«[84]. Es verwundert deshalb nicht, daß viele Menschen den Lernprozeß der Krisenverarbeitung hier bereits abbrechen und oft ein Leben lang alle Kraft aufwenden müssen, der bedrohlich empfundenen Wahrheit auszuweichen.

(II) Emotional ungesteuertes Durchgangsstadium: Die im Verstand erfaßte Nachricht sickert allmählich in tiefere Bewußtseinsschichten und wird auch

[84] *E. Schuchardt*, Jede Krise ist ein neuer Anfang, 28.

emotional zur Kenntnis genommen. Das hat zur Folge, daß »oft vulkanartig und völlig ungesteuert« *Aggressionen (3. Phase)* in alle Richtungen hervorbrechen: gegen Freunde und Familie, gegen sich selbst, gegen das Schicksal. Fatalerweise werden diese Aggressionen von der Umwelt häufig mißdeutet und mit Vorwürfen an den Betroffenen beantwortet. Auf diese Weise kommt ein Teufelskreis von Angriff und Gegenangriff in Gang, der alle Beteiligten zusätzlich mit Schuldgefühlen belastet. In einer *4. Phase* setzen »*Verhandlungen*« mit den Ärzten, dem Schicksal, »mit Gott und der Welt« ein. Man reist durch das »Ärzte-Welt-Warenhaus«. In den von *Schuchardt* untersuchten Biographien wurden im Durchschnitt dreiundzwanzig Ärzte konsultiert. Oder man begibt sich auf »Wunder-Such-Wege«: In zwei Drittel der Biographien wurden Wallfahrten geschildert.[85] Am Ende der Verhandlungsphase steht neben dem seelischen Bankrott manchmal auch der materielle. Es beginnt eine *(5.) Phase* tiefer *Depression*, in der Gefühle der Sinnlosigkeit und der Trauer überwiegen. Betrauert wird »rezipierend« die verlorene Gesundheit oder der Wunsch, ein nichtbehindertes Kind zu haben, »antizipierend« das, was man vermutlich künftig wird aufgeben müssen: Freunde, Kollegen, sozialen Status, das Leben als Ganzes. Nach Beobachtungen *Schuchardts* brachen zwei Drittel der von ihr untersuchten Menschen spätestens hier ihren »Lernprozeß« ab und verharrten lebenslang in Aggression, Verhandlung und Depression.

(III) Aktional selbstgesteuertes Zielstadium: Nur ein Drittel der untersuchten Personengruppe erreichte die *6. Phase: »Annahme«*. Hier kommt in Blick, »was man mit dem, was noch da ist, tun kann«[86]. Es geht auf, daß mit dem Verbliebenen immer noch ungenutzte Gestaltungsmöglichkeiten bestehen. Daraus entwickelt sich in einer *7. Phase »Aktivität«*, die häufig in Selbsthilfe- und Initiativgruppen, auch in politische Organisationen einmündet. In einer *8. Phase »Solidarität«* beginnt das Ich von sich selbst abzusehen und wird fähig, im Wir gemeinsame, oft auch gesellschaftliche Verantwortung zu übernehmen.

Beim »Lernprozeß der Krisenverarbeitung«, wie ihn *Schuchardt* beschreibt, spielt in allen Phasen die *Kommunikation* eine herausragende Rolle. Sprache und Interaktion bilden für die Betroffenen die entscheidende Chance, von einer Phase zur anderen voranzuschreiten und das Zielstadium der »Annahme«, »Aktivität« und »Solidarität« zu erreichen.

Unverkennbare Parallelen weist dieses Konzept zu den von *Elisabeth Kübler-Ross*[87] beschriebenen *Phasen des Sterbens* auf. Aus einer Vielzahl von Gesprächen mit Sterbenden rekonstruiert sie eine typische Erlebnisabfolge:

[85] Ebd. 29.
[86] Ebd. 30.
[87] *E. Kübler-Ross*, Interviews mit Sterbenden.

(1) Nicht-Wahrhaben-Wollen und Isolierung (»Nicht ich!«)
(2) Zorn (»Warum ich?«)
(3) Verhandeln (»Vielleicht doch nicht« oder »Jetzt noch nicht«)
(4) Depression (»Was bedeutet diese Situation für mich?«)
(5) Zustimmung (»Ja, ich kann mein Schicksal annehmen!«).

Bei allen diesen Phasenkonzepten, sei es die Verarbeitung des Mutterverlustes, die Genese der Suizidhandlung oder die Konfrontation mit Behinderung, Krankheit und Sterben betreffend, scheint ein durchgängiges Erlebnisthema vorherrschend: *Verlust und Abschied.* Es geht folglich bei den Phasen der Krise in einem hohen Maß um den ambivalenten Prozeß des Trauerns.

(2) Phasen der Trauer

Verena Kast, Therapeutin aus der Schule *C. G. Jungs*, sieht *»Trauerarbeit«* als elementare Aufgabe im menschlichen Individuationsprozeß: »Wir müssen nicht nur einen geliebten Menschen in den Tod hinein, sondern auch uns ins Leben hinein freigeben, freigeben etwa für einen anderen Menschen; ebenso müssen wir auch Aspekte von uns sterben lassen, wenn ihre Zeit um ist, müssen auf Liebgewordenes in unserem Leben verzichten, wenn die Zeit dafür vorbei ist. Wenn wir das nicht tun, dann bleiben wir an Vergangenem hängen, und das bedeutet, daß wir uns vor der Zukunft verschließen, daß wir nicht mehr wirklich weiterleben. Auch in diesen Situationen müssen wir trauern.«[88]

Aus ihrer therapeutischen Erfahrung heraus konstatiert *Verena Kast*, »daß Verlusterlebnisse zuwenig betrauert wurden und daß sie dadurch zu Mitauslösern von depressiven und psychosomatischen Erkrankungen werden konnten.«[89]

Die Verweigerung und die Vernachlässigung der Trauer, aus welchen Gründen auch immer, bedingt den Ausfall eines schöpferischen Prozesses auf der Ebene der Persönlichkeit. Nicht selten wird es zur Grundfrage einer seelsorglichen Begleitung, ob es gelingt, vergessene und versäumte Trauerarbeit nachzuholen. Hier wie im »normalen« Trauerprozeß stellt sich eine Reihe von *Aufgaben*[90], die der Trauernde mit Hilfe der Umwelt, vor allem auch einer seelsorglichen Begleitung zu bewältigen hat. Insbesondere muß das widersprüchliche Gefühlswirrwarr aus Verlassenheit, Schuld, Enttäuschung und Zorn zum Ausdruck gebracht werden. Die eingetretene Realität

[88] *V. Kast*, Zur Bedeutung der Trauer, 206.
[89] Ebd. 205.
[90] Vgl. *Y. Spiegel*, Der Prozeß des Trauerns. – *Ders.*, Der Prozeß des Trauerns in pastoralpsychologischer Sicht. – *V. Kast*, Zur Bedeutung der Trauer, 206.

verlangt nach Aussöhnung. Der Verstorbene muß einen angemessenen Platz in der Erinnerung finden. Schließlich bedarf es der Neuorientierung in der Welt der Lebenden.

Bei all dem ist der Trauernde weitgehend auf sich allein gestellt und hat mit »Vermeidungsreaktionen« seiner Umwelt zu rechnen.[91] Im schlimmen Fall wird er tabuisiert wie der Tod selber. Hier kommt die *»Unfähigkeit zu trauern«*[92], die für die moderne Gesellschaft symptomatisch ist, zum Vorschein. Sie hat zur Folge, daß dem Trauernden nachhaltig suggeriert wird, er müsse sich unter Kontrolle haben. Seine Gefühle sind unerwünscht. Der ökonomisch ertraglose, emotionale Prozeß des Trauerns hat in der leistungsorientierten Gesellschaft keinen Platz. Mit dieser Verdrängung von Tod und Trauer hängt nach Meinung der Gesellschaftskritiker auch die Institutionalisierung des Sterbens im Krankenhaus zusammen. Die Konfrontation mit dem Tod des andern und dahinter mit dem eigenen Tod wird auf diese Weise konsequent vermieden. Dies trägt wesentlich dazu bei, daß die »Fähigkeit zu trauern« immer mehr verkümmert.

Um so dringlicher stellt sich die seelsorgliche Aufgabe, den im Widerspruch zu den gesellschaftlich gültigen Maximen Trauernden durch alle Phasen hindurch zu begleiten. Damit dies gelingen kann, ist die Kenntnis der wichtigsten *Stadien des Trauerns* eine unerläßliche Voraussetzung. Wir halten uns in der Beschreibung der Phasen des Trauerns an die bereits erwähnte Darstellung *Verena Kasts*[93]. Sie verdankt, wie andere Abhandlungen zur Trauer, viel der bahnbrechenden Arbeit *Yorick Spiegels*.[94] Zwei Gründe sprechen in unserem Rahmen für *Kast's* Konzeption. Zum einen wird an einer brisanten Stelle im Trauerprozeß, wo es um die Gefühlsdynamik des Trauerns geht, psychologisch differenzierter argumentiert, zum andern baut sie zur Praxis der seelsorglichen Begleitung deutlichere Brücken, indem sie besonders die Gefahren und Folgen des »Steckenbleibens« im Trauerprozeß beschreibt.

Verena Kast unterscheidet vier nicht streng voneinander getrennte Phasen:

1. Die Phase des Nicht-Wahrhaben-Wollens,

Der Verlust wird verleugnet, der Trauernde fühlt sich starr vor Entsetzen: »Es darf nicht wahr sein, es ist alles nur ein böser Traum«. Diese Phase,

[91] *P. M. Zulehner*, Heirat, Geburt, Tod, 200ff.
[92] *A. Mitscherlich*, Die Unfähigkeit zu trauern.
[93] *V. Kast*, Zur Bedeutung der Trauer im therapeutischen Prozeß. – *Dies.*, Trauern. Phasen und Chancen des psychischen Prozesses.
[94] *Y. Spiegel*, Der Prozeß des Trauerns.

von *Yorick Spiegel*[95] als »Schockphase« bezeichnet, ist meistens kurz. Sie kann wenige Stunden oder Tage dauern. Trauernde sind in dieser Zeit nur schwer ansprechbar. Es zeigen sich Anzeichen eines Zusammenbruchs der subjektiven Welt.

Angehörige sind meist bemüht, solchen emotionalen Zusammenbruch zu verhindern, und stellen sich so unbeabsichtigt dem Gelingen des Trauerprozesses in den Weg. Menschen, die auf die Phase des Nicht-Wahrhaben-Wollens fixiert bleiben, die also von Anfang an die »Kontrolle« behalten müssen, verdrängen die Emotionalität des Verlustes. Ihr Gefühlsleben wird vom Todesereignis abgespalten und sucht sich die Bindung an ein anderes Objekt. Nicht selten – *Kast*[96] verweist hier auf *Bowlby* – findet die verdrängte Emotionalität in Form psychosomatischer Beschwerden ihren Ausdruck. Der Einstieg in die Trauerarbeit wird hier nicht geleistet.

Ohne weder für diese noch für die folgenden Phasen eine detaillierte *Methodik der Trauerbegleitung* vorzulegen[97], wird deutlich, daß es am Anfang des Trauerprozesses vor allem darauf ankommt, dem »Zusammenbruch« der subjektiven Welt und dem damit verbundenen Schock Raum zu geben. Ausgiebige verbale »Tröstungen« stabilisieren oft unbeabsichtigt die Verleugnung der Realität; sie täuschen nicht selten eine Bewältigung dieser Grenzerfahrung vor, wo zunächst jeder Mensch, auch der Seelsorger, in Sprachlosigkeit versinkt. Was dem Seelsorger zusammen mit den Angehörigen möglich ist: sich im gemeinsamen, in der Tradition des Glaubens geformten *Gebet* angesichts des Überwältigtseins durch Verlust und Schrekken, sich der Hoffnung über den Tod hinaus zu nähern. Im Wissen um die im Gebet ansichtig werdende »Ordnung Gottes« kann dem Chaos der Gefühle, das über den Trauernden hereinbricht, »regressiv« Raum gegeben werden. Im rituell geformten Gebet wird dem Trauernden die Versicherung gegeben, er darf sich seinen Gefühlen überlassen, ohne daß »alle Welt« zusammenstürzt; er darf sich trotz seiner subjektiven »Ordnungslosigkeit« in der Ordnung Gottes wissen. Damit wird der Trauernde zum Ausdruck seiner Gefühle ermutigt.

2. Die Phase der aufbrechenden Emotionen

Nach der sozial einigermaßen abgestützten Phase der kontrollierten Beherrschung der Emotionen in den ersten Tagen nach dem Tod bricht nun ein

[95] *Y. Spiegel* hebt von der anfänglichen Schockphase eine eigene »Kontrollierte Phase« ab, die seiner Ansicht nach spätestens mit der Abreise der Verwandten nach der Beerdigung endet.

[96] Vgl. *V. Kast*, Zur Bedeutung der Trauer im therapeutischen Prozeß, 208.

[97] Hilfreiche Anregungen für die Methodik der Trauerbegleitung finden sich neben den erwähnten Publikationen von *Y. Spiegel, V. Kast, P.M. Zulehner* u. a. bei: *R. Bärenz*, Die Trauernden trösten. – *T. Brocher*, Wenn Kinder trauern. – *R. Lindner*, Begleitung Trauernder. – *K.-J. Twer*, Hingehen. Sterbende begleiten. – *K. Thomas*, Warum Angst vor dem Sterben?

Chaos der Gefühle über den Trauernden herein: Trauer, Wut, Freude, Zorn, Angst, Schuld und Ruhelosigkeit werden durcheinander erlebt. Eine solche Eruption der Gefühle bedeutet ein elementares Durchgangsstadium der Bewältigung. Es muß entgegen dem gesellschaftlich verordneten Verhaltenstrend, sich unter Kontrolle haben zu müssen, dem Trauernden ermöglicht werden, sich seinem Schmerz, aber auch dem Zorn und der Angst »hinzugeben«.

Für die *praktische Gesprächsbegleitung* in dieser Phase ist es wichtig, die tabuisierten und vom Trauernden selbst nur zaghaft gezeigten Gefühle vor allem des Zorns und der Schuld nicht zu blockieren. *Zorn und Aggression* stellen sich beim Trauernden ein, wie bereits *Freud* zeigen konnte, ob der Enttäuschung, vom geliebten Verstorbenen allein gelassen zu werden. Es handelt sich um eine ganz »natürliche« Reaktion, innerlich dem Toten vorzuhalten, daß er einen mit der Mühsal des Lebens »lieblos« hat sitzen lassen. Dieses innere und aggressionsbesetzte Erleben wird im Trauerprozeß meist vorschnell übergangen, mißverstanden und damit nicht bereinigt. Der Seelsorger sollte deshalb sehr genau auf Signale bei seinem trauernden Gesprächspartner achten, die seine Enttäuschung und Wut anzeigen, wie z. B. »trotziges« Widersprechen oder Selbstbeschuldigungen wegen der »schlimmen« Gedanken dem Verstorbenen gegenüber.

Die aufkommenden Gefühle des Zorns können eine Quelle der *Schuldgefühle* bilden, die bei Trauernden verstärkt anzutreffen sind. Vor allem aber werden solche Schuldgefühle genährt durch die Beziehung zum Verstorbenen, wie sie zu Lebzeiten bestand. Angesichts des Todes bekommen sie etwas Radikales, denn kein Gespräch kann mehr das Versäumte wegdiskutieren, keine Tat Geschehenes wiedergutmachen. Die erlebten Schuldgefühle verweisen auf das, was zwischen zwei Menschen ungeklärt geblieben ist.

Seelsorgliche Begleitung sollte sich hüten, über Schuldgefühle vorschnell »rituell«, durch die Beichte, hinwegzugehen. Viele Seelsorgegespräche zeigen, daß die *Beichte* ohne einen begleitenden Gesprächsprozeß das Aufkommen echten Schulderlebens und echter Bußgesinnung zudeckt und dem Trauernden verwehrt, seine Schuld und sich selbst anzunehmen. Worauf es ankommt, das ist zuallererst das *»Wiederbeleben« der alten Beziehung* zum Verstorbenen. Der Seelsorger kann ermutigen zu erzählen, wie es zu Lebzeiten des Angehörigen war, wie man ihn erlebte, welche Konflikte es gab und wie man sie löste. Er kann den Gesprächspartner anregen, zum Seelsorger zu sprechen, so wie er zum Verstorbenen gesprochen hätte. Womöglich versetzt er sich, die Ich-Form gebrauchend, in die Rolle des Verstorbenen. Alles, was der »Rekonstruktion« der abgebrochenen Beziehungswelt dient, fördert das Bearbeiten der Schuldgefühle. Am Ende eines langen Weges mag, wie es in dem eingangs erläuterten Beispiel von dem auf die Schuld fixierten alten Lehrer gezeigt wurde, die Beichte stehen. In ihr kann sich der

Trauernde mit seiner menschlichen Begrenztheit, die ihn trotz besten Wollens in Beziehungen immer schuldig werden läßt, in das »Haus der Gnade Gottes« hineinbegeben, weil nur dort seine unendliche Sehnsucht, als Schuldiger liebenswürdig zu sein, ans Ziel kommt.

Zu übersehen ist im Zusammenhang mit den aufbrechenden Emotionen auf keinen Fall, daß das *kirchliche Begräbnisritual*[98] eine außerordentlich *»therapeutische« Funktion* aufweist. In ihm kommen die ambivalenten Gefühle zur Darstellung. So symbolisiert z. B. das Hinablassen des Sarges durchaus auch etwas von der Aggressivität, die im Angehörigen da ist: Der Tote, der sich »aus dem Staub gemacht hat«, wird »in den Staub geschickt«. Gleichzeitig werden Blumen auf den Sarg und auf das Grab gelegt, die noch einmal die ganze Zuneigung und Zärtlichkeit, die man für den lieben Angehörigen empfindet, aufleben lassen. Wesentlicher Akt des Begräbnisrituals ist es natürlich, daß hier angesichts der Hoffnungslosigkeit, die mit dem Tod in die Welt der Hinterbliebenen eingebrochen ist, ein Zeichen der Hoffnung gesetzt wird. Das Kreuz auf dem aufgeschütteten Erdhügel und die Worte des Zelebranten, die die Symbolik des Rituals christlich »vereindeutigen«, bringen hoffend und glaubend zum Ausdruck, daß im Tod dieses Menschen sich die *Auferweckungspraxis Gottes* wiederholt, so wie er sie an Jesus von Nazaret geübt hat.

Dort, wo einer vorschnell mit der Beichte etwa über die aufkeimenden Schuldgefühle hinweggetröstet wird, wo Aggressionen dem Verstorbenen gegenüber unterdrückt werden und wo aus mangelnder pastoraler Nachdenklichkeit heraus dem Angehörigen die »Härte« des christlichen Begräbnisrituals erspart wird, kann eine fatale Fixierung auf die Phase der aufbrechenden Emotionen gefördert werden. Schuldgefühle beispielsweise verwandeln sich dann in Depressionen, sie bilden fortan eine Art »chronische Trauer«.

3. Phase des Suchens, Findens und Sich-Trennens

Über das Zulassen der vielfältigen Emotionen gelangt der Trauernde in eine Phase des Suchens. Der Verstorbene wird bewußt in bestimmten Zimmern, in von ihm bevorzugten Landschaften, auf Fotographien, in von ihm benutzten Gegenständen, aber auch unbewußt in Träumen und Phantasien gesucht. Der Zusammenstoß mit der Alltagsrealität, vor allem die Frustration des körperlichen Kontaktbedürfnisses bewirkt, daß der Trauernde zunehmend lernt, die Verbindung zum Verstorbenen immer mehr als eine veränderte zu empfinden. Damit wird aber auch zugelassen, daß sich der Verstorbene selbst – das Bild, das man von ihm hat – ändern darf. Manchmal kann erst in dieser Phase zugegeben werden, daß in der realen Beziehung

[98] Vgl. *P. M. Zulehner*, Heirat, Geburt, Tod, 226–228.

zum Verstorbenen Probleme bestanden haben. Wenn es gelingt, sie weiter aufzuarbeiten, kann man den anderen aus der zentralen Rolle, die er im eigenen Leben gespielt hat, zunehmend entlassen.

Eine der Schwierigkeiten dieser Phase besteht darin, in der Wiederannäherung an den Verstorbenen hängenzubleiben und die Trennung zu umgehen. Dies ist dann der Fall, wenn der *Verstorbene idealisiert* wird oder die Widrigkeiten des gegenwärtigen Alltags nach Art eines »Familienmythos« mit dem Tod des Angehörigen verknüpft werden: »Wenn Vater/Mutter/mein Mann oder meine Frau noch leben würden...!« Nur wenn es gelingt, auch die Chancen, die sich durch den Tod eines geliebten Menschen auftun, zu nutzen, wird die Trauer zu einem kreativen *Wachstumsprozeß der Persönlichkeit.* Vielleicht entdeckt eine Frau, daß die Abwesenheit eines in jeder Hinsicht »hilfsbereiten« Ehemannes ihr ermöglicht, mehr Selbständigkeit und Eigenverantwortung zu entwickeln. Vielleicht entdeckt ein Ehemann, daß eine ganze Menge an »weichen« Seiten in ihm mit dem Tod seiner Frau zum Vorschein kommt, die er bisher nicht so in sich spürte. Alles das sind Möglichkeiten, die Menschen zusätzlich zu dem, was der Verstorbene irreversibel in ihnen geweckt hat, durch den Tod des anderen auszubauen und zu gestalten: Trauer – auch ein kreativer Prozeß!

In der *seelsorglichen Begleitung* wird man die *Wiederannäherung an den Verstorbenen*, z. B. das Träumen von ihm, als Schritt in eine gute Richtung bestätigen. Freilich wird der Seelsorger auch darauf achten müssen, daß der Trauernde sich allmählich von den »Symbolen«, in denen der Tote »fortlebt«, verabschiedet. Er kann ermutigen, die Kleider des Verstorbenen wegzugeben, seine Schränke auszuräumen oder womöglich die Wohnung der neuen Situation anzupassen. Solange nichts von dem verändert werden darf, wie es zu Lebzeiten des Verstorbenen war, hat der Trauernde noch nicht zum »Sich-Trennen« gefunden.

Eine gute Hilfe in dieser Phase ist es für den Trauernden, wenn er Zugang hat zu den z. T. verschütteten *kirchlich-rituellen Formen des Trauerns*. Daß früher am dritten, siebten und dreißigsten Tag nach dem Begräbnis sowie am Jahrestag des Todes für den Verstorbenen zusammen mit den Hinterbliebenen eine Messe gefeiert wurde, hat tiefen therapeutisch-diakonalen Sinn. Es nötigt zur Erinnerung, nicht nur an den Verstorbenen, sondern vor allem auch an das Begräbnis selbst, wo man den Toten unwiederbringlich der Erde, aber auch Gottes Gnade anvertraut hat. Der an den Gottesdienst anschließende Besuch am Grab konfrontiert deutlich mit der realen Gegebenheit, daß der geliebte Angehörige aus diesem Leben getreten ist und das Leben ohne ihn gemeistert werden muß. Die Pflege des Grabes oder auch die Bestellung des Grabsteins mögen für manche Trauernde ebenfalls Akte sein, wo sie sich symbolisch darin einüben, ohne den anderen zu leben und ihn zugleich in Erinnerung zu behalten.

4. Phase des neuen Selbst- und Weltbezugs

Der Verlust ist akzeptiert, der Verstorbene ist zu einer inneren Figur geworden. Man ist ausgesöhnt mit ihm und mit seinem Tod. »Es wird bewußt, was in der Beziehung zum Verstorbenen in einem angesprochen wurde, was er aus uns herausgeliebt hat, und was wir durch den Verlust der Beziehung ja nicht verlieren.«[99] Damit werden neue Beziehungen, neue Rollen, neue Verhaltensmuster, neue Lebensstile möglich. Sie sind geläutert durch die Erfahrung, daß jede Beziehung, jedes Einlassen auf das Leben vom Tod infiziert ist, aber auch durch das Wissen, daß Verluste zu ertragen zwar schwer, aber möglich ist, und daß darin neues Leben verborgen ist.

Das Problem dieser Phase und damit der Fixierung auf sie besteht darin, *sich nicht mehr ganz binden zu wollen*, um nicht wieder den Preis der Bindung, den die Trauer bildet, zahlen zu müssen. So lebt man denn in einem eigenartigen Spannungszustand: Auf der einen Seite wünscht man die volle Teilhabe am Leben, einschließlich der Hingabe in eine Beziehung, auf der anderen Seite nagt die Angst, im Fall einer Trennung erneut die Schmerzen des Verlustes tragen zu müssen.

Für den Seelsorger könnte die *Leitlinie seines Handelns* hier heißen: den betreffenden Menschen ermutigen, Ja zum Leben zu sagen, »weil Gott es mit uns lebt«. Darin ist eingeschlossen, daß Gott auch die Abschiede, die in unsere Geschichte hineinverwoben sind, mit uns lebt.

Auf den *gesamten Trauerprozeß* hin gesehen, wird der Seelsorger in seiner Begleitungspraxis, die wir hier vorgreifend auf die spätere Thematik mit anvisiert haben, mit vielschichtigen *Erwartungen der trauernden Angehörigen* zu rechnen haben. Verlauf und Klima der Trauerbegleitung werden unmerklich, aber dennoch nachhaltig von dem beeinflußt, wie sie den Seelsorger als den Repräsentanten der Kirche an dieser Lebenswende wahrnehmen.[100] Da gibt es, bei distanzierten Christen sehr ausgeprägt, die *»reduzierte Erwartung«*, der Seelsorger möge lediglich als *»Beerdiger«* fungieren und damit allenfalls noch in einer magischen Weise einen jenseitigen Schutzschild angesichts der sichtbar gewordenen Endlichkeit und Brüchigkeit der Existenz vergegenwärtigen. Weiter ist eine *»konventionelle Erwartung«* zu konstatieren, die den *»Gemeindepfarrer«* als Vertreter der Kirche akzeptiert, der vor allem »feierlich« Religion im bürgerlichen Kontext inszenieren soll. Die *»traditionsgeleitete* Erwartung« an den *»Seelsorger«* geht in der Regel von älteren, kirchentreuen Menschen aus, die den Trost der Kirche mittels Gebet und anderer Formen der religiösen Kommunikation wünschen. Schließlich ist die *»personale Erwartung«* nach dem *»Begleiter«* da, der sich über das Begräbnis hinaus einfühlend auf die durcheinandergeratene Innenwelt der Angehörigen einlassen soll.

[99] *V. Kast*, Zur Bedeutung der Trauer im therapeutischen Prozeß, 208.
[100] Vgl. *R. Bärenz*, Die Trauernden trösten, 45.

Es bedarf eines hohen Maßes an pastoraler Sensibilität, die z. T. fragwürdigen Motive der Angehörigen, ohne zu kränken, sanft und »gewaltfrei« zu enttäuschen. Am angemessensten geschieht es bereits dadurch, daß in den Texten der Liturgie der Tod unmißverständlich christlich gedeutet wird. Im persönlichen Trauergespräch sollte der Seelsorger darauf achten, daß er nicht »doktrinär«, sondern authentisch, seinen eigenen Glauben nicht verschweigend, von dem Gott Jesu Christi spricht, der von den Toten auferweckt.

(3) Pastoraltherapeutische Relevanz

Auch wenn man aus den allgemein gehaltenen Phasenkonzepten nur mit Einschränkungen auf konkrete Kriseninterventionen schließen kann, so lassen sich aus unserer kursorischen Durchsicht doch zwei grundlegende pastoraltherapeutische Folgerungen ableiten:

1. Krisen wirken sich auf allen psychischen Ebenen aus. Sie beherrschen das Denken, die Gefühle, das Handeln und das Glauben. Nach Auskunft der Trauerforschung wird vor allem die emotionale Seite sowohl vom Betroffenen als auch von der Mitwelt im Verarbeitungsprozeß am stärksten vernachlässigt. Gerade in den Anfangsphasen des Krisenverlaufs sollte die seelsorgliche Begleitung deshalb auf die oftmals *verdrängten Gefühle* achten und zu ihrem Ausdruck ermutigen.

2. Die verschiedenen Phasenkonzepte sehen im Verarbeitungsprozeß der Krise ein »epigenetisches Prinzip« am Werk. Erst wenn eine Phase voll durchschritten ist, kann zur nächsten vorangegangen werden. Jedes Übergehen und Abkürzen dürfte zur Chronifizierung der jeweiligen Phase beitragen. Für die pastorale Begleitung ergibt sich daraus, wie am Beispiel der Trauerbegleitung illustriert, *prozeßorientiert* und *phasenspezifisch* zu agieren. In manchen Phasen der Krise ist die angemessene »Kommunikation« das mittragende Schweigen, in manchen das aufmerksame Einfühlen, in anderen die authentische Verkündigung, wieder in anderen die liturgische Feier. Mißlingt die *phasengerechte Kommunikation*, wirkt dies krisenverschärfend.

Wie bereits angedeutet, wird man an den verschiedenen Phasenkonzepten kritisch anmerken, daß sie die Vielfalt der seelischen Krisen allzu generell über einen Kamm scheren. Mit Blick auf den skizzierten Prozeß des Trauerns und der Krisenverarbeitung ist darüber hinaus zu fragen, ob nicht gerade die je *individuelle Persönlichkeitsstruktur* den Krisenverlauf und die einzelnen Phasen erheblich modifiziert. Die Persönlichkeitspsychologie kann darüber Auskunft geben und damit zu einer personnahen seelsorglichen Begleitung in Lebenskrisen beitragen.

6
PERSÖNLICHKEIT UND KRISENERFAHRUNG

Will der Seelsorger seinen Gesprächspartner in dessen manchmal geradezu »bizarren« Wahrnehmungen, Ängsten, Aggressionen, Wunschvorstellungen, Symptomen und Reaktionen im Zusammenhang einer seelischen Krise verstehen, kann ihm dieses äußerst schwierige Unternehmen leichter gelingen, wenn er wenigstens ansatzhaft charakteristische Handlungs- und Reaktionsabläufe kennt, die für bestimmte *»Persönlichkeitstypen«* wahrscheinlich sind. Aus dem weiten Feld der Persönlichkeitspsychologie erscheinen unter dieser Hinsicht die Modelle von *Fritz Riemann* und *Hans Jürgen Eysenck* einigermaßen ergiebig.

(1) »Grundformen der Angst« (F. Riemann)

Fritz Riemann, Psychotherapeut und Astrologe, konzipiert in seinem in mehreren Auflagen erschienen Buch »Grundformen der Angst«[101] eine Typologie, die von zwei »Grundantinomien« der menschlichen Existenz ausgeht: *Wandel – Dauer, Selbstwerdung – Selbsthingabe*. Er entdeckt diese Ur-Tendenzen nicht nur im Menschen selbst[102], sondern als Astrologe sieht er sie im gesamten Kosmos wirksam. Sie hätten ihre transpersonalen Entsprechungen in der Fliehkraft (Wandel), in der Schwerkraft (Dauer) und in den Kräften der Rotation (Drehung der Erde um die eigene Achse – Selbstwerdung, Drehung um die Sonne – Selbsthingabe).

Diese allumfassende Prämisse – hier liegt einer der wissenschaftlichen Schwachpunkte des Konzepts – gibt den Ausgangspunkt für eine Typenlehre der Angst ab. *Riemann* betrachtet es als Lebensaufgabe jedes Menschen, seine polaren Grundtendenzen nach Wandel und Dauer, nach Selbstwerdung und Selbsthingabe ausgewogen zu realisieren. Im Lauf der individuellen Entwicklung komme es aber, so seine Argumentation, zu Verabsolutierungen des einen oder anderen Pols und damit zu einer Abkehr vom Gegenpol. Wer die Dauer verabsolutiere, vernachlässige, ja ängstige sich vor dem Wandel, wer einseitig die Selbstwerdung lebe, fürchte sich vor der Selbsthingabe. Den jeweiligen Polen der Grundantinomien lassen sich somit Grundformen der Angst – Angsttypen – zuordnen, die sich – mit Ausnahme der Schizoidie – an die *klassischen Neuroseformen* anlehnen:

[101] *F. Riemann*, Grundformen der Angst.

[102] Die Rückführung der Angstformen auf die zwei Antinomien Wandel – Dauer, Selbstwerdung – Selbsthingabe erscheint relativ willkürlich gewählt. Es gibt noch andere Grundtendenzen und Antinomien im seelischen Leben, z. B. Macht, Besitz, Liebe, Aggression, Leistungsmotivation. *Maslow* beispielsweise entwickelt eine differenzierte »Bedürfnishierarchie«, die mit den *Riemannschen* Grundantrieben wenig gemeinsam hat. Vgl. *A. H. Maslow*, Motivation und Persönlichkeit.

– *Angst vor der Dauer: Hysterie,*
– *Angst vor dem Wandel: Zwang,*
– *Angst vor der Selbstwerdung: Depression,*
– *Angst vor der Selbsthingabe: Schizoidie.*

Die Tatsache, daß *Riemann* letztlich bei der psychoanalytischen Klassifikation der Neurosen[103] landet, erweist die zweifelhafte Begründungsanleihe bei der Astrologie eigentlich als überflüssig. Sieht man von diesem unnötigen Ausflug in die kosmischen Sphären ab, so liegt mit den »Grundformen der Angst« eine Fortführung und Vertiefung von *Freuds* psychogenetischer Auffassung der Charakterentwicklung vor. Bekanntlich leitet der Begründer der Psychoanalyse Neurose und Charakter von der frühkindlichen Entwicklung der Libido und Aggression her, von der oralen, analen und phallischen Phase. Der zwanghafte Charakter beispielsweise entsteht demnach aus einer Fixierung auf die anale Phase und deutet auf eine mißglückte Reinlichkeitserziehung, in der das Kind in seinen Autonomiebestrebungen verletzt wurde. *Riemanns* Verdienst ist es, die *Psychogenese* als Kriterium der Charakterbildung bestätigt, die *Angst* als einen Kern charakterlicher Eigenart akzentuiert und eine *polare Zuordnung* der Charaktere geleistet zu haben. Hinzu kommt, daß er die einzelnen Charaktere detailliert beschreibt, ihre jeweilige *seelische Gefährdung*, ihren *lebensgeschichtlichen Hintergrund*, ihr *Verhältnis zu Liebe, Aggression und Religion*. Am letztgenannten Punkt knüpft *Eugen Drewermann*[104] an, wenn er die einzelnen Angsttypen in Zusammenhang bringt mit *Grundformen der Verzweiflung*, wie sie *Sören Kierkegaard* aus existentieller Sicht dargestellt hat.

Einen Überblick über die »Grundformen der Angst« gibt Abb. 7[105].

1. Der schizoide Charakter

Nach *Riemann* verabsolutiert der Schizoide die *Selbstwerdung* und hat *Angst vor der Selbsthingabe*. Kennzeichnend ist deshalb für ihn ein ausgeprägtes »Eigendasein«, er genießt es, über längere Zeit allein zu sein. Auf seine Mitmenschen wirkt der Schizoide kühl, zurückhaltend und *distanziert*. Ihm näherzukommen ist dadurch erheblich erschwert. Zwischen ihm und der Mitwelt klafft eine *»Kontaktlücke«*. Auf emotionale Beziehungen vermag er sich, wenn überhaupt, nur über den Weg sachlicher Inhalte einzulas-

103 Vgl. hierzu *L. J. Pongratz*, Hauptströmungen der Tiefenpsychologie, 141–149.

104 Vgl. *E. Drewermann*, Strukturen des Bösen, Bd. 3, 460–479. – *Ders.*, Psychoanalyse und Moraltheologie, Bd. 1, 128–162.

105 Die kurze Kennzeichnung der einzelnen Typen benennt an erster Stelle jeweils ein Charakteristikum, das *B. Langmaack/M. Braune-Krickau*, Wie die Gruppe laufen lernt, herausstellen. Sie übertragen die »Grundformen der Angst« auf das Verhalten in Gruppen und kommen so zu der Unterscheidung: distanzierter Typ (schizoid), zugewandt-helfender Typ (depressiv), ordnend-bewahrender Typ (zwanghaft), überschwenglich-schwungvoller Typ (hysterisch). In der weiteren Kennzeichnung nimmt das Schema jeweils Bezug auf *F. Riemanns* psychoanalytische und *E. Drewermanns* existentialistische Interpretation.

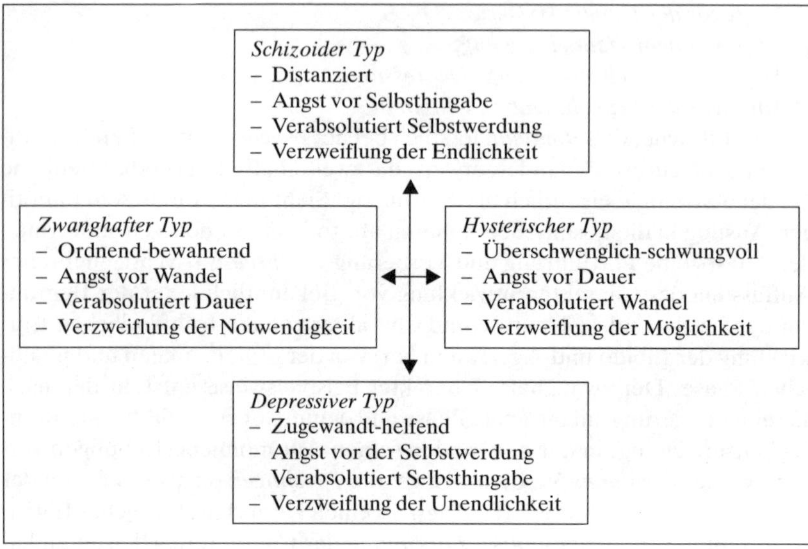

Abb. 7: »Grundformen der Angst«

sen. Dann tritt seine Kontaktscheu etwas zurück, und verhalten kommen auch Gefühle zum Vorschein.

Weil er die Nähe zu anderen meidet, fehlt es dem Schizoiden an wirklichkeitsangemessenen Vorstellungen von anderen und von sich. Sein Defizit an Rückmeldungen und Korrekturen, wie sie für ein realistisches Selbstbild notwendig sind, kann dazu führen, daß er in Scheinwirklichkeiten und Einbildungen gerät, bis hin zu *wahnhaften Vorstellungen*. Der Schizoide lebt in dem Zweifel, ob Erlebnisse und Eindrücke nur seiner Innenwelt angehören oder ob sie einen Grund in der äußeren Wirklichkeit haben. Er ist sich seiner Wahrnehmungen nicht sicher, sind sie bloße Projektionen oder realitätsgerechte Abbildungen.

Diese Ungewißheit aktiviert ein Verhaltensrepertoire zur Sicherung der Orientierung: die Schärfung der Sinnesorgane und des Intellekts und die Ausschaltung der Gefühle. Schizoide sind *kritische und scharfe Beobachter* (»Radarsensibilität«) selbst der leisesten Nuancen im Gespräch, für Gruppen durchaus auch konstruktiv mit ihrer klaren, unsentimentalen Haltung.[106]

Eugen Drewermann sieht in der Schizoidie die *»Verzweiflung der Endlichkeit«*. Ein solcher Mensch ist ausschließlich auf sein endliches Selbst fixiert und kann sich nicht im Unendlichen festmachen, wie es seiner Bestimmung und Möglichkeit als personales Wesen entspricht. Dies hat zur Folge,

[106] Vgl. *B. Langmaack/M. Braune-Krickau*, Wie die Gruppe laufen lernt, 121.

daß der Schizoide bei aller Selbstkonzentration an sich selbst vorbeilebt. Die entscheidende Frage seiner Existenz lautet folglich, ob er fähig wird, sich in seiner Daseinsangst »in Gott zu retten, sich selbst als sein Geschöpf anzunehmen und so die Kraft zu gewinnen, das Endliche und Unendliche zu vereinen.«[107] Sein Glaubensweg führt von der Selbstvergötzung zum Annehmen der Geschöpflichkeit aus der Hand Gottes.

Lebensgeschichtlich wird laut *Riemann* dieser Charakter begründet durch die frühkindliche Erfahrung, lästig, störend und unerwünscht zu sein, als ganze Person oder in einzelnen seelischen oder körperlichen Wesensmerkmalen. Das Kind erfährt in seiner Angewiesenheit auf andere und in seiner Hilflosigkeit nicht die nötige Konstanz in der Zuwendung. Dies kann dadurch gegeben sein, daß Eltern ihrem Kind unzuverlässige Pflege angedeihen lassen, es zu oft und zu lange allein und emotional verhungern lassen. Schizoide Persönlichkeiten oder im schlimmsten Fall schizophrene Psychotiker waren nach Meinung *Riemanns* in ihrer Kindheit oft *»mutter- und vaterlose« Kinder*, wobei nicht so sehr an psychischen als vielmehr an psychischen Ausfall der Eltern zu denken ist. Pathogen wirken nach Meinung *Riemanns* auch jene Eltern, »die gleichsam in das Kind einbrechen, sein Bedürfnis nach Ruhe und Alleinsein überrennen, indem sie sich zuviel mit ihm beschäftigen ... ihm keine Möglichkeit zu seinen Eigenimpulsen lassen.«[108] Das Kind wird »dann bereits im ersten Ansatz seiner Weltzuwendung gestört und gleichsam auf sich selbst zurückgeworfen«.[109] Im schlimmsten Fall erlebt das Kind Eltern, die beide Extremhaltungen in ihrer Erziehung abwechselnd oder gleichzeitig praktizieren. Insgesamt ist demnach für die Schizoiden jene frühkindliche Traumatisierung kennzeichnend, die *Erikson* als *»Urmißtrauen«* bezeichnet.

Aus der knappen und allgemeinen Charakterisierung wird deutlich, daß der Schizoide in *Krisensituationen* wohl dazu neigen wird, seine *Gefühle »draußen« zu lassen* und nur mit dem *Verstand* die Dinge ordnen zu wollen. Er wird möglicherweise in seinem Selbststand so verunsichert sein, daß er Wirklichkeit und Phantasie durcheinanderbringt, und er wird kaum die Verästelungen eines kritischen Lebensereignisses auf seine soziale Mitwelt hin sehen, sie folglich auch kaum um Hilfe bitten.

Für den *begleitenden Seelsorger* stellt sich so vor allem die Aufgabe, überhaupt eine Beziehung zum »schizoiden« oder »distanzierten« Typ herzustellen. Dabei darf er sich durch offene und verdeckte Vorbehalte des Gesprächspartners nicht entmutigen lassen. Im Prozeß der Begleitung wird der Seelsorger im weitesten Sinn sowohl zum *Anwalt der Gefühle* des anderen als auch *der Realität* werden müssen. Je stärker der Schizoide sich auf beides

[107] *E. Drewermann*, Strukturen des Bösen, Bd. 3, 474.
[108] *F. Riemann*, Grundformen der Angst, 38.
[109] Ebd. 37.

einlassen kann, um so mehr löst er sich von der selbstfixierten Daseinssicherung und wird letztlich offen für den unendlichen Gott.

2. *Der depressive Charakter*

Als Gegentypus zum schizoiden wird von *Riemann* der depressive Charakter vorgestellt. Der Depressive *verabsolutiert die Selbsthingabe und hat Angst vor der Selbstwerdung*. Das bedeutet, daß für Menschen dieses Typs einzelne Bezugspersonen – Eltern, Ehepartner, Kinder – überwertig werden. Man fühlt sich auf sie angewiesen, ja: ohne sie nicht lebensfähig. Der Depressive zahlt folglich (fast) jeden Preis, sich die Zuwendung des anderen zu erhalten. Vor allem verzichtet er im Zusammenleben auf die Durchsetzung eigener vitaler Bedürfnisse bis hin zur Selbstaufgabe. Dies zeigt sich beispielsweise darin, daß er Auseinandersetzungen aus dem Weg geht, Fordern und Nein-Sagen aus seinem Verhaltensrepertoire streicht. Depressive sind äußerst *friedfertige, hilfsbereite und zuvorkommende Menschen*, die ihre Aggression schlecht nach außen kanalisieren können. Angegriffen wird statt dessen schonungslos die eigene Person in Form von *Selbstvorwürfen und Selbstbeschuldigungen*. Das daraus resultierende *Minderwertigkeitsgefühl* verlangt nach Ausgleich und Wiedergutmachung, häufig in Form von »Leistung«. Folglich findet sich in der depressiven Charakterstruktur eine ausgeprägte *Leistungsorientierung*. Das unerreichbar Beste erscheint gerade gut genug – in der Schule, im Beruf, in der Ehe, im sozialen Einsatz für andere, im religiös-moralischen Handeln. Weil man angesichts des verinnerlichten irrealen Leistungsanspruchs immer wieder als »Versager« scheitert, halten *Minderwertigkeitsgefühle* und erneute Selbstanforderungen den Teufelskreis in Gang. Depressive stehen, da sie aus ihrer seelischen Dynamik heraus *»helfen« müssen*, um vor sich bestehen zu können, in der Gefahr, von anderen ausgenutzt zu werden.

In existentieller Hinsicht[110] leidet der Depressive an der *»Verzweiflung der Unendlichkeit«. Er scheut die Konkretheit des Endlichen* und des eigenen Selbst und flieht statt dessen in die Unendlichkeit. Seine geheime Sehnsucht zielt darauf, alles Endliche, also auch das eigene Selbst abzustreifen und ins Unendliche zu verströmen. Nur durch solche Selbstvernichtung und das Bemühen, Gott ähnlich zu werden, glaubt er sich zum Menschsein berechtigt. Schon durch sein Dasein fühlt sich der Depressive schuldig und kann nicht darauf vertrauen, daß Gott diese Welt und das konkrete Menschsein in seiner Endlichkeit und Unvollkommenheit annimmt.

Für die *lebensgeschichtliche Psychogenese* des depressiven Charakters wird von *Fritz Riemann* vor allem auf drei unterschiedliche traumatische Szenerien der frühen Kindheit verwiesen:

[110] Vgl. *E. Drewermann*, Strukturen des Bösen, Bd. 3, 469–471.

- Eltern, die das Kind klein halten und *auf die stillende Mutterbrust fixieren*, d.h. alle Widrigkeiten des Lebens von ihm fernhalten wollen, legen den Grund für spätere depressive Regressionen in Abhängigkeit und Unselbständigkeit.
- *Übermäßige erzieherische Strenge*, bis hin zu Feindseligkeit, lassen im Kind ein unausrottbares Gefühl der Minderwertigkeit aufkommen.
- Die *Unterdrückung der für die Ablösung von den Eltern lebensnotwendigen aggressiven und autonomen Impulse* führt zu Selbstaggression in Form von Schuldgefühlen und Selbstablehnung.

Auf eine Darstellung der krisenspezifischen Handlungsmuster des depressiven Charakters sowie der besonderen Interventionen bei der seelsorglichen Begleitung sei hier verzichtet. Sie wird ausführlich geleistet, wo am Beispiel der Neurose »Depression« Möglichkeiten der Seelsorge erörtert werden.

3. Der zwanghafte Charakter

Beim Zwanghaften ist das *Bedürfnis nach Beständigkeit, Dauer und Sicherheit* besonders ausgeprägt. Sein Bestreben zielt darauf, es möge alles so bleiben, wie es ist. *Jeder Wandel ängstigt* ihn, allem Neuen mißtraut er. *Riemann* bezeichnet ihn als den »Trockenkursler« des Lebens, der Wagnis und Risiko scheut und sich für alle Eventualitäten, auch die unwahrscheinlichsten, meint wappnen zu müssen. Er gleicht jenem Mann, von dem ein Witz erzählt, wie er in den Himmel kommt. Dort erblickt er zwei Türen mit der Aufschrift »Tor ins Himmelreich« und »Tor zu Vorträgen über das Himmelreich«. Unser Mann geht durch die zweite Tür.

Zwanghafte Menschen halten an wiederkehrenden Familienritualen (feste Zeiten, Tagesplan etc.) hartnäckig fest. Sie können nicht »Ja«-sagen zu Werden und Vergehen, nicht dazu, daß »alles in Fluß ist«. Sie haben *Angst vor der Vergänglichkeit* und leben in der Illusion, sich ihr in den Weg stellen zu können. Zwangsrituale, -handlungen, -gedanken sind so zu sehen als der aussichtslose Versuch, die Angst vor dem Wandel durch *Wiederholung des Gleichen* in geradezu magischer Weise zu bannen. Nicht selten gerät das gesamte seelische Leben einer Person, aber auch einer ganzen Familie in den Sog von *Zwangsritualen*, von Kontroll- und Waschzwängen.

Nach *Riemann* neigt der Zwanghafte zu *Geiz, Pedanterie* und *»leeren Floskeln«*. Weil er auch in partnerschaftlichen Beziehungen Gefühle recht »sparsam« dosiert, pedantisch über Geld, Zeit und Zuwendung in Gedanken »Buch führt«, fühlen sich Partner vom Zwanghaften oft abgewertet und gedemütigt. Es scheint, daß der Zwanghafte mit seiner Pedanterie und Perfektionswut viel angestautes *aggressives Potential* an seiner Umwelt auslebt.

In *Eugen Drewermanns* existentieller Deutung leidet der Zwanghafte an der *»Verzweiflung der Notwendigkeit«*. »Das Selbst des so Verzweifelten erstickt gewissermaßen in dem Zwang, immer nur das Notwendige atmen zu müssen und keinen Raum zur eigenen Entfaltung zu besitzen. Indessen sind es nicht die Notwendigkeiten der Wirklichkeit an sich, die das Selbst erstikken, sondern das Subjekt selbst, das die Wirklichkeit auf die Notwendigkeit reduziert.»[111] In seiner Gefangenschaft des Müssens und Sollens erscheint dem Zwanghaften auch Gott nichts anderes als eine Chiffre für die totale Notwendigkeit. Nur im echten Glauben vermag diese verzweifelte Daseinssicherung gegen die Angst überwunden zu werden. Der Glaube an Gott gibt den »Mut zur eigenen Freiheit, zum Gebrauch seiner Phantasie, zum Wagnis und zur Hoffnung der Möglichkeiten gegenüber dem niederdrückenden Gang der Notwendigkeit«[112], denn »Gott ist dies, daß alles möglich ist.«[113] Im Glauben ist dem Menschen ein Raum der Freiheit eröffnet, der ihm Hoffnung, Zuversicht und Werden ermöglicht.

Lebensgeschichtlich bedeutsam für die Genese des zwanghaften Charakters ist im Verständnis der Psychoanalyse die *anale Phase* im Alter von zwei, drei Jahren. Wo ein Kind im Zusammenhang mit der Reinlichkeitserziehung sehr früh sauber sein muß und das »Schmutzig-Werden« streng geahndet wird, kommt es zu Angst und Schuldgefühlen im Erlebnisfeld von Schmutz und Unordnung, aber auch von Eigenstrebung und Selbständigkeit. Die Angst vor elterlicher Strafe wird in einem *strengen Über-Ich* verinnerlicht, und der Zwanghafte versucht, sie mittels Planung, Kontrolle und Pedanterie gar nicht aufkommen zu lassen. *Perfektion und Pünktlichkeit* verknüpfen sich zudem mit der Erwartung, von seinen Mitmenschen Bestätigung zu erhalten, ähnlich wie man von seiner Mutter für pünktliches und »ordentliches« Funktionieren bestätigt wurde. Der Zwang stellt sich so dar als eine frühe, rigoros anerzogene Ordnung, in der alle Impulse des Lebendigen verboten bleiben.

In kritischen Lebenssituationen wird der Zwanghafte, soviel läßt sich aus der kurzen Kennzeichnung seines Charakters schlußfolgern, in *»ordnendbewahrenden«*[114] Handlungsschemata Zuflucht suchen. Er wird bis zum Exzeß am Alten und Gewohnten festhalten. Nur so, glaubt er, könne er dem hereinbrechenden Chaos wehren. Seine »Bearbeitung« der Krise spielt sich stark im Kopf ab. Er tut sich schwer, sich seinen Gefühlen zu überlassen und in neue Ordnungen und Gegebenheiten einzuwilligen.

Dem Seelsorger kommt in der *Begleitung* die Aufgabe zu, den Zwanghaften vom Diktat seines strengen Über-Ich – es mag sich auch in skrupulöser, ängstlicher Fixiertheit auf religiöse Gebote und Übungen äußern – wenigstens ein Stück weit zu erlösen. Der »kritische« Punkt dürfte darin liegen,

[111] Ebd. 477.
[112] Ebd. 478.
[113] *E. Drewermann*, Strukturen des Bösen, Bd. 3, 478, zitiert hier *S. Kierkegaard*, Die Krankheit zum Tode, 39.
[114] Vgl. *B. Langmaack/M. Braune-Krickau*, Wie die Gruppe laufen lernt, 123.

ob es dem Seelsorger gelingt, seinem eigenen Glauben an einen *Gott der Freiheit, der Gnade und der Liebe* Gehör zu verschaffen angesichts der privaten Zwangsreligion des Gesprächspartners, dessen rachsüchtig strafender Gott, ganz Abbild der erlebten Eltern, regelmäßig wiederholte Opfer verlangt. Wenn es der Seelsorger zu Wege bringt, diese nach Meinung *Freuds* der Religion prinzipiell eingestiftete zwanghafte Infektion hinter sich zu lassen, vermag er den zwanghaften Menschen zu bewegen, sich immer mehr von der von ihm so bevorzugten »Sachebene« zu lösen, sich stärker seinen Gefühlen zu überlassen, mit sich zu experimentieren, auch auf die Gefahr hin, Fehler zu machen, und das Leben mit gutem Gewissen zu genießen. Der Zwanghafte erlebt dann, daß das von ihm so gefürchtete Chaos keineswegs eintritt, sondern im Gegenteil, das Leben durch den Raum des Möglichen und Offenen erst menschlich wird.

4. Der hysterische Charakter

Der hysterische Charakter ist erkennbar an der *Überbetonung von Wandel, Risiko und Freiheit*. Er hat *Angst vor Einschränkung*, Festlegung, Tradition und Gesetzmäßigkeit. Für ihn ist *alles im Fluß* und muß im Fluß bleiben. Er lebt in der ständigen Erwartung des Neuen. Pünktlichkeit, vorausschauendes Planen sind ihm fremd. Der Hysteriker hat seine eigene Logik, die die Welt der Tatsachen nicht unbedingt anerkennt. So finden sich bei ihm oft *irreale Wunderhoffnungen:* Irgendwie wird es schon weitergehen oder anders werden. Durch eine Art Vogel-Strauß-Reaktion – Kopf in den Sand stecken – hofft er, Schwierigkeiten und Krisen zu meistern. Unangenehmes wird verdrängt, es herrscht die subjektive Überzeugung vor, das Leben schulde einem unbeschwertes Glück und die umgehende *Erfüllung aller Wünsche*. Solche illusionäre Suche nach dem ungetrübten Glück, das ohne Anstrengung in den Schoß fallen soll, gestaltet die Lebensgeschichte des hysterischen Charakters oft zu einer sprunghaften und diskontinuierlichen Reise von Neuem zu Neuem.

Ein weiteres Charakteristikum des hysterischen Charakters besteht in der starken *»Konversion« des Psychischen ins Körperliche. Freud* spricht von der Hysterie geradezu als von der »Konversionsneurose«. Hysteriker »symbolisieren« ihre seelische Problematik in dramatischen *psychosomatischen* Krankheiten: in Lähmungen, Ohnmachtsanfällen, Migräne u. a. Der ganze Körper wird so noch mehr als bei anderen zum Medium der Mitteilung. Das gilt aber nicht nur für die Mitteilung der Freude und Zuneigung. Hysterische Charaktere können wie sonst niemand in Ekstase geraten, sie sind die leidenschaftlich Liebenden.

Von *Eugen Drewermann* wird der hysterische Charaktertyp mit der *»Verzweiflung der Möglichkeit«* und dem *»Fehlen der Notwendigkeit«* in Zusammenhang gebracht. Das existentielle Problem eines solchen Menschen besteht in einem »phantastischen Spiel mit Möglichkeiten, die indessen nie Wirklichkeit werden dürfen; das Ende ist, daß das Individuum mit Haut und Haaren selbst eine Fata Morgana geworden ist«.[115] Bei tieferer Analyse gibt sich die Daseinsflucht des Hysterikers folglich als Sehnsucht nach und Angst vor der Notwendigkeit zu erkennen. Letztlich kann auch die hysterische Verzweiflung nur im Glauben an Gott geheilt werden; denn ohne Gott gerät die menschliche Freiheit in eine Bindungslosigkeit, in der es der Mensch versäumt, seinem Leben konkrete Gestalt und Mitte zu geben. Zudem vermag nur der Glaubende davon abzulassen, den Mitmenschen illusionär zu vergötzen, wie es für den Hysteriker charakteristisch ist. Wer seine letzte Glückssehnsucht auf Gott setzen kann, vermag den anderen daraus zu entlassen, Gott sein zu müssen.

Der *lebensgeschichtliche Hintergrund* des hysterischen Charakters ist in traumatischen Erfahrungen während der phallisch-ödipalen Phase im Alter von vier bis sechs Jahren zu suchen. Mehrere erzieherische Fehlhaltungen können nach *Fritz Riemann* in dieser Zeit hysterisches Verhalten fördern:

- Der *Mangel an Führung und Vorbild*, der das Kind nicht in die Grundordnungen des Lebens einführt. In einem schillernd-chaotischen Milieu, wo heute verboten wird, was morgen erlaubt ist, gewinnt das Kind kaum Halt und Orientierung.
- *Die Unklarheit in den elterlichen Geschlechtsrollen.* Wenn die Mutter mit ihrem Frausein nicht ausgesöhnt ist und statt dessen einen betont »männlichen« Habitus pflegt oder wenn der Vater seine weibliche Seite zugunsten seiner dominant-männlichen Züge verkümmern läßt, dann bekommt das Kind kein tragfähiges Vorbild für seine eigene Geschlechtsrolle, es kann Mann- bzw. Frausein nicht wirklich lernen.
- *Das Kind muß als Partnerersatz herhalten.* In unglücklichen Elternehen wird das Kind, vor allem das Einzelkind, in eine Rolle geschoben, die es überfordert. Der Sohn wird etwa zum Tröster oder Verbündeten der Mutter, die vom Vater enttäuscht ist. Es werden ihm Dinge anvertraut, die noch nicht zu seinem Alter gehören. Das Kind verliert so die Möglichkeit, eine gesunde Beziehung zum andersgeschlechtlichen Elternteil aufzubauen. Das hat zur Folge, daß das Kind ein Nebeneinander von Erwachsensein- und Kindsein-müssen erlebt und in eine Rolle gedrängt ist, die seinem Wesen nicht entspricht, es fühlt sich zutiefst verunsichert.

Der lebensgeschichtliche Hintergrund läßt erkennen, daß sich hysterische Personen schwertun, eine klare Identität auszubilden. Ihre *Identitätsdiffusion* spiegelt die chaotische, psychische Welt der Herkunftsfamilie wieder: wechselnde Koalitionen, unklare Grenzen zwischen Kindern und Erwachsenen, zwischen Mann-sein und Frau-sein, unstetiger und widersprüchlicher Erziehungsstil, verschwommene Leitbilder.

[115] *E. Drewermann*, Strukturen des Bösen, Bd. 3, 476.

Wie von *Riemann* angedeutet, wird der hysterische Charaktertyp in *kritischen Lebenssituationen* dazu neigen, das Widrige und Belastende solcher Ereignisse möglichst zu übersehen oder zu überspielen. Seine Abwehr konflikthafter Situationen artikuliert sich auch in mehr oder minder dramatischen »Somatisierungen«. Der Hysteriker wird zudem dazu tendieren, in der Lösung von Problemen mit seiner eigenen Bemühung relativ zurückhaltend zu bleiben.

Für den *seelsorglichen Begleiter* kommt es folglich darauf an, den zur »Hysterie« neigenden Gesprächspartner zu einer realistischen Sicht des Problems hinzuführen, so daß er weder der »Blindheit« dem Problem gegenüber noch übertriebenen Kurzschlußhandlungen verfällt. Auf lange Sicht braucht der »Hysteriker« von seiten des Seelsorgers die *motivierende Ermutigung*, die ihn über die recht schnell eintretenden Phasen des Erlahmens im Verfolgen der Ziele hinweghilft. Weiter scheint vom Seelsorger mehr als bei anderen Gesprächspartnern konstante *Standfestigkeit* verlangt, so daß er nicht unversehens in die Verhaltensspiele, zu denen der Hysteriker neigt, hineingezogen wird, sondern klares und *orientierendes Gegenüber* bleibt.

5. *Kritische Würdigung*

Neben den eingangs angedeuteten Einwänden – mangelnde empirisch-wissenschaftliche Begründung, überflüssiger Rekurs auf astrologische Antinomien – ist weiter kritisch anzumerken: In der Alltagswirklichkeit kommen die geschilderten Typen in Reinkultur nicht vor. Das ist im Konzept, nach dem jeder Mensch über alle vier Grundstrebungen verfügt, auch nicht vorgesehen, man muß also von vornherein mit *»Mischtypen«* rechnen. Solchen, die personale Realität angemessener abbildenden mehrpolaren Angsttypen widmet *Riemann* allerdings wenig Aufmerksamkeit. Theoretisch ergeben sich, wenn man im Schema der sich gegenseitig ausschließenden Grundstrebungen und der ihnen zugeordneten Neurosen bleibt, vier »Mischtypen« der Angst:
- schizoid-zwanghafter Typ
- schizoid-hysterischer Typ
- depressiv-zwanghafter Typ
- depressiv-hysterischer Typ.

Falls man mit dem jeweils erstgenannten charakterlichen Element ein Überwiegen im Vergleich zum zweitgenannten andeuten will, so erweitert sich der Kreis der Mischtypen auf insgesamt acht. Trotz der gewichtigen Einwände liegt mit den »Grundformen der Angst« ein hervorragendes *Aufmerksamkeits- und Suchraster* für seelsorgliche Beratungsgespräche vor. Es erlaubt dem Seelsorger, auf Menschen in Lebenskrisen gezielter und individueller hinzuhören und hinzuschauen. Hinzu kommt, daß die Zentrierung des menschlichen Charakters um die Urerfahrung der Angst einen sehr plausiblen Anknüpfungspunkt für eine tiefere *existentielle Typologie* bildet. In diesem Licht betrachtet, begegnet in den in die Neurose hineinreichenden Grundformen der Angst eine *Phänomenologie der Verzweiflung*, aus der einzig und allein der Glaube herauszuführen vermag. So gibt die Charakterologie *Riemanns* nicht nur einen Einblick in das Krisenrepertoire des Depressiven oder Hysterikers, sondern sie läßt auch etwas von der abgrundtiefen Krisenhaftigkeit, Angst und Verzweiflung des menschlichen Lebens insgesamt, sofern es sich in der Gottferne vollzieht, erkennen.

(2) Extraversion – Introversion und Emotionale Stabilität – Labilität (H. J. Eysenck)

Hans Jürgen Eysenck gilt als Vertreter eines streng experimentell-statistischen Vorgehens in der Persönlichkeitspsychologie. Die Methode, die er und andere Forscher wie etwa *R. B. Cattell*[116] anwenden, um zu Persönlichkeitstypen zu kommen, ist die in der psychologischen Diskussion nicht unumstrittene *Faktorenanalyse*. Vereinfacht ausgedrückt handelt es sich hierbei um ein mathematisches Verfahren, das korrelierende Meßbereiche bündelt und dadurch eine meist unüberschaubare Vielzahl von Testdaten auf wenige Faktoren oder Dimensionen reduziert.[117]

Auf der Basis umfangreicher Faktorenanalysen kommt *Eysenck*[118] nun zu vier übergeordneten Persönlichkeitsmerkmalen. Sie stellen empirisch abgesicherte, relativ stabile, voneinander abgrenzbare Persönlichkeitsbereiche dar, in denen sich Menschen voneinander unterscheiden und die die Grundmerkmale der Typisierung ausmachen sollen. Die Graphik (Abb. 8)[119] gibt einen Überblick über die von Eysenck ermittelten Persönlichkeitsdimensionen »Extraversion – Introversion« und »Emotionale Stabilität – Labilität«.

1. Extraversion – Introversion

Diese Persönlichkeitsdimension gilt in der psychologischen Forschung als relativ gut gesichert. Sie hat in verschiedene psychodiagnostische Verfahren, z. B. in das bekannte »Freiburger Persönlichkeits-Inventar« (FPI), Ein-

[116] Vgl. *R. B. Cattell*, Factor analysis. – *Ders.*, Personality theory growing from multivariate quantitative research.

[117] Vgl. zur Diskussion um die Faktorenanalyse in der Persönlichkeitsforschung: *H. Mogel*, Persönlichkeitspsychologie, 32f.

[118] *H. J. Eysenck*, The structure of human personality. – *H. J. Eysenck/S.J. Rachmann*, Neurosen – Ursachen und Heilmethoden.

[119] Vgl. *Ch. Michel/F. Novak*, Kleines psychologisches Wörterbuch, 337.

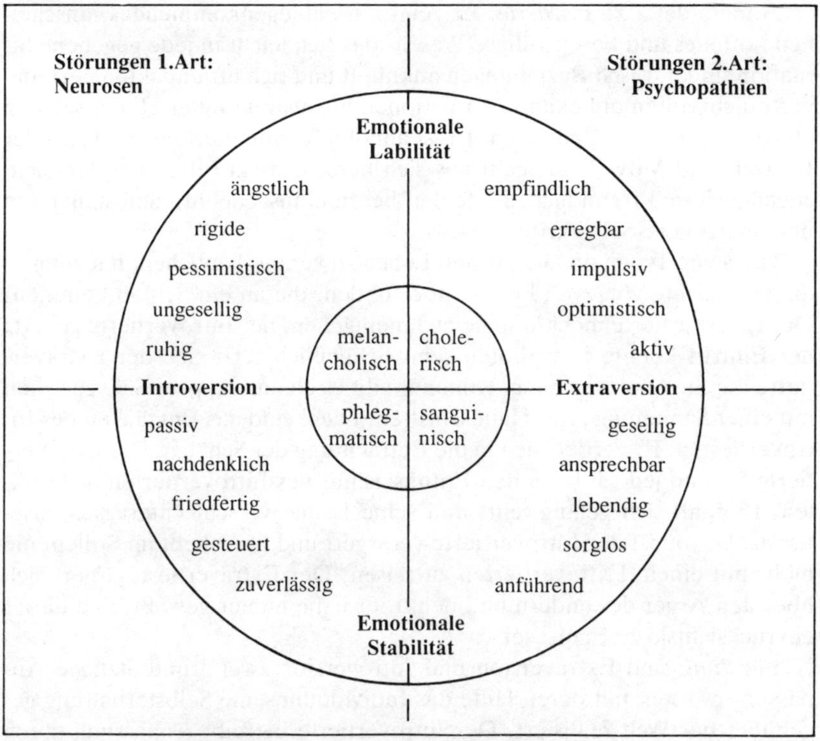

Abb. 8: Die Persönlichkeitsdimensionen »Extraversion – Introversion« und »Emotionale Labilität – Stabilität« nach Eysenck

gang gefunden und verfügt über eine bemerkenswerte Tradition. Als einer der ersten hat *Carl Gustav Jung* eine Typologie formuliert, die auf der Unterscheidung von Extraversion und Introversion aufbaut. Er benutzte dazu allerdings noch nicht das faktorenanalytische Instrumentarium, wie es später bei *Eysenck* der Fall ist.

Nach *C. G. Jung*[120] zeigt der *Introvertierte* ein zögerndes, reflexives, zurückgezogenes Wesen, »das sich nicht leicht gibt«, »vor Objekten scheut«, sich immer in der Defensive befindet und sich gern versteckt hinter mißtrauischer Beobachtung. Er bewältigt sein Dasein, indem er sich abgrenzt, entzieht und verteidigt. Er wirkt oft verschlossen, scheu, schwer zu durchschauen. Es fällt ihm schwer, Kritik zu ertragen. Erlebnisse von persönlicher Bedeutung werden lange behalten, besonders solche mit Lob und Tadel. Der Introvertierte neigt zu Überempfindlichkeit und hat eine Tendenz, alles persönlich zu nehmen.

[120] *C. G. Jung*, Gesammelte Werke, Bd. 6. – Vgl. auch *L. J. Pongratz*, Hauptströmungen der Tiefenpsychologie, 318ff.

Anders der *Extravertierte*. Er zeigt ein entgegenkommendes, anscheinend offenes und bereitwilliges Wesen, das sich leicht in jede gegebene Situation findet, rasch Beziehungen anknüpft und sich oft unbekümmert und vertrauensvoll in unbekannte Situationen hinauswagt unter Hintansetzung etwaiger möglicher Bedenken. Er ist am Objekt orientiert, wendet sich der Umwelt und Mitwelt zu, geht aus sich heraus, wirkt offen, empfänglich, zugänglich und freundlich. Es fehlen bei ihm ausgedehnte Selbstanalysen und überzogene Selbstkritik.

Um seine Typen im alltäglichen Leben zu veranschaulichen, hat *Jung* [121] die Geschichte von zwei Freunden erfunden, die an ein Schloß kommen: Der Extravertierte möchte sogleich hineingehen, der Introvertierte zögert; der Eintritt könnte ja verboten sein. Schließlich setzt sich der Extravertierte durch. Aber zu seinem Kummer gibt es da nur ein paar Säle zu sehen mit einer Sammlung alter Handschriften. Diese sind das Entzücken des Introvertierten. Er vertieft sich in die Betrachtung der Schätze. Der extravertierte Freund jedoch kann den Enthusiasmus des Introvertierten nicht teilen. Er fühlt sich gelangweilt, und seine Laune verschlechtert sich zusehends. Davon ist der Introvertierte verärgert und beschließt im Stillen, nie mehr mit einem Extravertierten zu reisen. Der Extravertierte ärgert sich über den Ärger des andern und denkt, er habe immer gewußt, daß dieser ein rücksichtsloser Egoist sei.

Für *Jung* sind Extraversion und Introversion zwei grundsätzliche Anpassungsweisen, mit deren Hilfe das Individuum seine Selbsterhaltung gegenüber der Welt realisiert. Der Introvertierte betreibt Anpassung durch Verteidigung und Abschließung, der Extravertierte durch Angriff und Kontakt.

Hans Jürgen Eysenck greift auf *Jungs* charakterologische Unterscheidung zurück und versucht sie *empirisch-experimentell* zu begründen. Er beschreibt auf dem Hintergrund umfangreicher Testuntersuchungen die beiden Persönlichkeitstypen wie folgt: »Personen, bei denen Introversion stark ausgeprägt ist, sind im Gegensatz zu Extravertierten häufig zurückhaltend im Umgang mit anderen Menschen, haben ein geringeres Bedürfnis nach aufregenden Erlebnissen, sind eher rigide (= starr, wenig umstellungsfähig) in ihrer Wahrnehmung, haben häufiger Minderwertigkeitsgefühle, oft ein hohes Anspruchsniveau, sind häufiger schüchtern und verhalten sich in der Verfolgung von Zielen beständig. Im Gegensatz dazu zeigen Extravertierte ein stärkeres Reizbedürfnis, sind realistischer und angepaßter in ihren Zielsetzungen, haben eine geringere Gewissensausprägung, sind sozial aufgeschlossen, aktiv und kontaktfreudig.«[122] Kein großer Unterschied zu *Jung*

[121] *C. G. Jung*, Gesammelte Werke, Bd. 7, 60f.

[122] *H. J. Eysenck*, zit. nach: *N. Kühne/M. Gewicke/J. Priester/M. Sudhues/G. Tiator*, Psychologie für Fachschulen und Fachoberschulen, 159.

was die Kennzeichnung der Typen betrifft. Interessant ist aber nun *Eysencks* ätiologische Begründung.

Die Differenzen im Persönlichkeitsmerkmal Introversion – Extraversion gingen zurück auf angeborene Tendenzen des Zentralnervensystems. Auf Grund solcher genetisch bedingter Unterschiede komme es zu einem je spezifischen *»Erregungs-Hemmungsgleichgewicht«*. Introvertierte sind physiologisch – das ist nicht identisch mit emotionalem Erleben – leichter »erregbar«. Ihr Nervensystem reagiert auf Außenreize schneller und nachhaltiger. So konnte man beobachten, daß bei einem Luftstoß an das Auge Introvertierte nicht nur schneller mit dem Lidschlagreflex reagieren, sondern diese Reaktion auch mit den in diesem Moment gegebenen Reizbedingungen nachhaltiger verknüpfen. Sie »erlernen« leichter als Extravertierte mit Reflexen auf zunächst neutrale Reize zu antworten. Lernpsychologisch betrachtet sind sie *leichter konditionierbar*.

Hans Jürgen Eysenck argumentiert weiter: Menschen mit ihrer unterschiedlichen Konditionierbarkeit treffen im Lauf ihres Lebens auf bedrohliche und tatsächlich verletzende Situationen. Sie reagieren mit Schmerzempfindungen und entwickeln Furcht vor ähnlichen Situationen. Introvertierte neigen aber nun auf Grund ihrer erhöhten physiologischen Erregbarkeit dazu, schneller und nachhaltiger bedingte Reaktionen auszubilden, d.h. sie werden in solchen traumatischen Situationen sehr viele zufällige und nebensächliche Situationsmerkmale mit Angst- und Furchtreaktionen verknüpfen und einprägen. Sie werden folglich auf viel mehr, auch unangemessene Angstauslöser konditioniert als die Extravertierten, sie lernen, Furcht zu haben, wo der Extravertierte nicht den Hauch einer Angst verspürt.

Eysenck vertritt die Auffassung, daß der *Prozeß der Sozialisierung*, in dessen Verlauf dem Individuum die Forderungen der Gesellschaft »aufgezwungen werden«, einen Lernvorgang darstellt, der dem Erlernen des bedingten Lidschlags gleicht: *Sozialisierung ist Konditionierung*. Das Kind lernt, verbotene, bestrafte und damit angstbesetzte Situationen zu vermeiden. Mehr solcher Situationen prägen sich beim Introvertierten ein. Er wird schneller und nachhaltiger sozialisiert als der Extravertierte. *Eysenck* bringt es auf den mißverständlichen Nenner: Introvertierte haben ein ausgeprägteres Gewissen, »weil das Gewissen ein bedingter Reflex ist«.[123] Was hier mit Gewissen bezeichnet wird, ist freilich allenfalls vergleichbar mit dem *Freud*'schen Begriff des Über-Ich, nicht jedoch mit dem theologischen Verständnis von Gewissen.

Die empirische Persönlichkeitsforschung geht von der Hypothese aus, daß Merkmale wie Introversion – Extraversion *»normalverteilt«* sind, d.h. nur wenige Personen können als extrem intro- oder extravertiert gelten. Die

[123] *H. J. Eysenck*, Persönlichkeitstheorie und Psychodiagnostische Tests, 21.

Mehrzahl ist in einem Mittelbereich zwischen den beiden Polen einzuordnen.

Auf *religiöser Ebene* ist bei der Dimension Introversion – Extraversion an die komplementäre Polarität von »vita contemplativa« und »vita activa«, von »ora et labora«, von Mystik und Politik zu denken. Fast scheint es, daß sich die beiden grundlegenden persönlichkeitspsychologischen Ausprägungen auch im Religiösen abbilden. Hier jedoch ist im verbindenden »und« ein ganzheitliches religiöses Gestaltungsziel anzutreffen, das die individuelle Person auffordert, gerade die in ihr weniger ausgeprägte Seite zu kultivieren.

2. Emotionale Stabilität – Labilität

Wie aus der schematischen Darstellung hervorgeht, ist die Persönlichkeitsdimension *»Emotionale Labilität – Stabilität«* unabhängig von der Dimension »Extraversion – Introversion« zu sehen. Menschen mit starker (labiler) Emotionalität sind in Gefühlen und Affekten leicht erregbar und heftig, aber auch äußerst verletzbar und sehr empfindlich. Sie tendieren zu gefühlsbetontem Verhalten.

In der Begründung der unterschiedlichen Ausprägung von Emotionalität verweist *Eysenck* wiederum auf Anlagefaktoren, die das vegetative Nervensystem konstituieren. Vegetativer Labilität entspräche so eine hohe Emotionalität.

Mit Hilfe der beiden Dimensionen Extraversion – Introversion und Emotionale Labilität – Stabilität kann *Eysenck* eine recht plausible *Einteilung psychischer Störungen* geben. Er unterscheidet Störungen erster und zweiter Art.

Störungen erster Art liegen vor bei Menschen mit hoher Emotionalität und hoher Introversion (vgl. Graphik). Zu diesen Störungen zählen Ängste verschiedenster Art, wie sie sich hauptsächlich im Zusammenhang mit neurotischen Depressionen, Phobien und Zwängen finden. Ursächlich hierfür ist die ausgeprägte soziale Konditionierbarkeit.

Störungen zweiter Art sind gegeben bei Menschen mit hoher emotionaler Labilität und starker Extraversion. Diese Persönlichkeitsstruktur äußert sich in der Neigung, gesellschaftliche Normen zu übertreten und sich in auffälliger Weise unsozial bis aggressiv zu verhalten. Es handelt sich folglich um psychopathische Störungen, bedingt durch die mangelnde Konditionierung von Regeln und Normen.

Ergänzend bleibt anzufügen, daß *Eysenck* neben den Störungen erster und zweiter Art eine dritte Störungskategorie kennt, die er mit der Dimension *»Psychotizismus – Nichtpsychotizismus«* erfaßt. Näheres dazu im Zusammenhang mit der seelischen Krankheitslehre (Nosologie).

3. *Pastoraltherapeutische Handlungskonsequenzen*

Zur *introvertierten Art der »Krisenbewältigung«* gehört es, die Dinge mit sich selbst auszumachen. Sich einem anderen anzuvertrauen in dem, was ihm den Schlaf raubt, fällt dem Introvertierten schwer. Er fürchtet, man könne ihn ohnehin nicht verstehen. Wie *Eysenck* zeigen konnte, hat der Introvertierte mehr Belastungen zu verarbeiten als ein anderer. Er hat zuviel »gelernt«: zu viele Ängste, zu viele Schuldgefühle, zu viele Normen und Regeln. Die *seelsorgliche Begleitung* muß folglich bei Introvertierten, die in eine Krise oder *»Störung erster Art«* geraten, zunächst einmal mit hoher Ängstlichkeit und Gehemmtheit rechnen. Einer konstanten, bis in die kleine Geste hineinreichenden Aufmerksamkeit und Wertschätzung kann es gelingen, die Angst dem Seelsorger gegenüber zu mindern. Vor allem aber kommt es darauf an, das Übermaß an konditionierter Ängstlichkeit auf Normen und Regeln hin zu *»desensibilisieren«*. *Eugen Drewermann* formuliert es provokant, wenn er für die Seelsorge an jenen Christen, deren Glaube vom Müssen und Sollen überfrachtet ist, allen Ernstes fordert, sie solle eine Art *»Anleitung zur Unmoral«*[124] sein.

Der *Extravertierte* tendiert in kritischen Lebenssituationen dazu, *»nach außen zu gehen«*. Er wird die Lösung eines Problems deshalb weniger bei sich suchen, sondern bei anderen: in der Geselligkeit, in der Auseinandersetzung oder in gehetzter Aktivität. Er wird sich schwertun, belastende Widerfahrnisse als Anfrage an den persönlichen Lebensstil und als Chance zu innerem Wachstum zu begreifen. Hinzu kommt ferner, daß Extravertierten im Fall hoher emotionaler Labilität die Orientierungsmöglichkeit an sozialen Regeln und Normen nur wenig zur Verfügung steht, so daß sie in Lebenskrisen Gefahr laufen, Probleme unkontrolliert und aggressiv an der Umwelt auszuleben.

In der *seelsorglichen Begleitung* Extravertierter, die an einer *»Störung zweiter Art«* leiden, bedarf es vor allem einer »sympathischen« Einfühlung, die den »persönlichen Anteil« des Extravertierten an einem Konflikt oder einer Krise nicht übergeht, sondern damit behutsam, aber unmißverständlich konfrontiert. Dort, wo ein Mangel an sozialen Regeln vorliegt, sollte der Seelsorger, *Eysenck*'s Erklärungen »im Hinterkopf«, jede Art von Verurteilung unterlassen. Menschen mit extravertierter und emotional labiler Veranlagung haben es ja gerade in einem vernachlässigenden Milieu besonders schwer, ein Mindestmaß an sozialen Normen zu erlernen. Von diesen Normen abweichendes Verhalten ist folglich nicht Ausdruck »innerer Bosheit«, sondern versäumter und *vorenthaltener Lernprozesse*. In der seelsorglichen Begleitung käme es im weitesten Sinn darauf an, in kleinen Schritten die im Sozialisationsprozeß *versäumten sozialen Regeln nachzulernen*.

[124] *E. Drewermann*, Psychoanalyse und Moraltheologie, Bd. 1, 79–104.

Lernpsychologische und verhaltenstherapeutische Kenntnisse könnten für den Seelsorger hier hilfreich sein.

(3) Fazit des persönlichkeitspsychologischen Zugangs zur seelischen Krise

1. Der persönlichkeitspsychologische Zugang zur seelischen Krise, wie er exemplarisch am Konzept *Riemanns* und *Eysencks* referiert wurde, leistet einen Beitrag dazu, in der seelsorglichen Begleitung den Gesprächspartner wahrzunehmen als eine *individuelle Person*, mit eigener Lern- und Lebensgeschichte, mit eigener Reaktionsweise in seelischen Krisen, mit ganz spezifischer Ansprechbarkeit auf Hilfsmaßnahmen von seiten der Umwelt. Von den psychologischen Typologien aus, die notwendigerweise immer auch verallgemeinern, muß allerdings solche absolute Individualität jeder Person in weiteren Akten erst erschlossen werden. Typologien handeln von den individuellen Unterschieden zwischen Personen, sie vereinfachen sie aber auch.

2. Im Bemühen, die Individualität seines Gesprächspartners zu begreifen, schließt der Seelsorger an die Praxis Gottes an, von dem Jesus sagt, daß unsere *Namen bei ihm verzeichnet* stehen (Lk 10,20) und sogar die Haare auf unserem Kopf bei ihm gezählt sind (Mt 10,30; Lk 12,7).

3. Typologien des Charakters machen *Wahrscheinlichkeitsaussagen*, der Depressive, Zwanghafte, Schizoide, Extravertierte oder Introvertierte werde sich im Sinn seines Typus in Lebenskrisen verhalten. Vor allem von der Sozialpsychologie wird die Verhaltensvorhersage, wie sie die Persönlichkeitspsychologie betreibt, in Frage gestellt. Es wird ins Feld geführt, daß es, wie eine Vielzahl von Experimenten belegt, nicht nur an den personspezifischen Eigenschaften liegt, wie sich einer verhält, sondern vor allem auch am *situativen Kontext*. Ob einer extravertiert von sich spricht oder introvertiert schweigt, das hängt sehr wesentlich davon ab, mit wem er es zu tun hat und welche Reaktionen er darauf von anderen erfährt. Die Persönlichkeitspsychologie betont dagegen einseitig, daß einer sich unabhängig von der Situation, in der er sich befindet, gemäß seiner introvertierten oder extravertierten, seiner depressiven und phobischen Struktur verhält. Diese monokausale Begründung des Handelns, das Denken »in Individuen«, wird von der Sozialpsychologie ergänzt durch ein *Denken in Wirkungsnetzen*, in Systemen. Die Persönlichkeitspsychologie wird in solchem »Systemdenken«, wo persönliche Eigenart und situativer Kontext beachtet werden, nicht überflüssig, aber doch relativiert.[125]

4. An den persönlichkeitspsychologischen Systemen *Riemanns* und *Ey-*

[125] *H. Mogel*, Persönlichkeitspsychologie, 97–140.

sencks wird deutlich, daß das krisenspezifische Leiden und Handeln einer Person geprägt ist durch eine lange *Psychogenese*, einschließlich seelischer Traumatisierung. Lebenskrisen bringen diese Psychogenese und deren charakterliches Resultat zum Vorschein. Sie führen so gesehen an den *Kern der Person* heran, an das, was eine depressive, schizoide, introvertierte oder extravertierte Entwicklung letztlich ausmacht. Damit eröffnet die Krise die Chance, den lebensgeschichtlich und charakterlich geprägten Kern der eigenen Person kennenzulernen und zur »Wendezeit« der seelischen Biographie zu gestalten.

5. Auf die *seelsorgliche Begleitung* in Lebenskrisen hin gesehen, erscheint bedeutsam, daß mit den »Grundformen der Angst«, aber auch mit »Introversion – Extraversion« elementare *Formen der Beziehungsgestaltung* verknüpft sind. Der Zwanghafte, der Depressive, der Hysterische, der Schizoide, der Introvertierte wie der Extravertierte, sie machen dem Seelsorger ein ganz spezifisches *»Beziehungsangebot«*. Es kommt darauf an, die jeweilige besondere Eigenart dieses Angebots zu erkennen und darauf differenziert zu antworten.[126] Gelingen kann eine differenzierte Antwort nur, wenn der Seelsorger sich seinerseits seiner besonderen charakterlichen Eigenart bewußt ist und um die »kritischen« Bezirke und Gefährdungen seines »Typs« weiß. Beispielsweise wird ein *zwanghaft disponierter Seelsorger* darauf achten müssen, daß er einen depressiven Gesprächspartner durch »Perfektionserwartungen« nicht permanent in dessen erlebter Minderwertigkeit verstärkt. Bereits hier wird erkennbar, daß seelsorgliche Begleitung nicht angemessen geleistet werden kann, wenn nicht der Seelsorger selbst in seinem persönlichen Suchen Begleitung erfährt.

6. Die charakterologischen Konzepte *Riemanns* und *Eysencks* unterstreichen, daß die Genese der »normalen« wie der neurotischen Psyche von prinzipiell ähnlichen Faktoren bedingt ist. Der Unterschied liegt lediglich in der Intensität der erfahrenen Prägung. So gesehen besteht für jeden Menschen die Gefahr, im Lauf seines Lebens vor allem bei der Konfrontation mit kritischen Lebensereignissen in die *Zone seelischer Erkrankung* zu geraten. Welche Art von Störung einer entwickelt, ob Depression, Zwang, Phobie, Störungen erster oder zweiter Art, das ist präfiguriert durch seine spezifische charakterliche Psychogenese. Die persönlichkeitspsychologische Betrachtung der seelischen Krise leitet somit über zur Nosologie, der Lehre von den psychischen Störungen.

[126] *E. Jaeggi*, Wir Menschenbummler, 79ff, betrachtet es als die größte und schwierigste Kunst des Therapeuten, das spezifische Beziehungsangebot des Klienten aufzugreifen.

7
PSYCHISCHE ERKRANKUNG ALS LEBENSKRISE

Im Zusammenhang der seelischen Krise ist es unabdingbar, von den psychischen Störungen zu handeln, in die Menschen im Verlauf ihrer Lebensgeschichte aus vielfältigen Gründen geraten können. Es läßt sich zeigen, daß Störungen des psychischen Lebens wie etwa Neurosen, psychosomatische Beschwerden, Psychosen oder »Borderline-Erkrankungen« z. T. den mißlungenen Versuch darstellen, kritische Lebenssituationen zu bewältigen. Im neurotischen oder psychotischen Erleben und Handeln selbst tut sich jedoch für den Betroffenen eine neue Quelle des Leidens auf, die die Krise verschärft und perpetuiert.

In unserem Versuch, eine pastoralpsychologische Kairologie für die seelsorgliche Begleitung in Lebenskrisen zu entfalten, können nur ausgewählte Elemente des weiten, in Psychiatrie und Klinischer Psychologie diskutierten Feldes der »Nosologie« betrachtet werden. Angezielt ist mit unserer eklektischen Hinsicht, die *Berührungsangst* des Seelsorgers vor dem »Verrückten«, Behinderten und Kranken, die Menschen häufig empfinden, zu mindern. Dort, wo diese Angst überwunden ist, wird der Weg frei für eine Pastoral, die an Jesu Handeln orientiert ist. Kennzeichen seiner Praxis ist unzweifelhaft das vorbehaltlose *»Berühren« des Kranken, »Besessenen« und »Verrückten«.*

(1) Psychische Störung als Abweichung von der Norm

Eine seelische Störung wird immer dann »diagnostiziert«, wenn in irgendeiner Form eine Normabweichung vorliegt. Nicht nur aus theoretischen, sondern auch aus Gründen angemessener pastoraler Praxis ist hier auf eine klare Unterscheidung jener Normbegriffe und Norminstanzen zu achten, die im Spiel sind, wenn jemand als »psychisch gestört«, »neurotisch«, »psychotisch« oder »anormal« bezeichnet bzw. »stigmatisiert« wird.

Die Klinische Psychologie[127] hebt mindestens fünf »Normen« voneinander ab:

- Die *statistische Norm* orientiert sich an der Häufigkeit. Normal ist auf dieser Normebene das, was am häufigsten vorkommt, abnorm das, was unüblich, selten ist.
- Die *soziokulturelle Norm* geht vom Grad der Anpassung an soziale Nor-

[127] Vgl. *J. Schenk*, Abweichendes Verhalten. – *H. Benesch*, dtv-Wörterbuch zur Klinischen Psychologie, Bd. 1, 39–42. – *L. J. Pongratz*, Lehrbuch der Klinischen Psychologie, 51–65.

men der entsprechenden Bezugsgruppe aus. Letztlich entscheidet die betreffende Bezugsgruppe oder Gesellschaft, ob einer die dort gültigen Normen erfüllt oder von ihnen abweicht. Die soziokulturelle Norm ist somit äußerst schillernd und relativ. Was bei Punkern als normal gilt, z. B. Irokesenhaarschnitt, wird in einem katholischen Priesterseminar als unerträgliche Normabweichung erlebt.

- Die *subjektive Norm* bringt die Übereinstimmung mit der eigenen Wertvorstellung, dem Selbstbild oder Ideal-Selbst ins Spiel. Abnormität ist auf dieser Ebene zu definieren als das subjektive Empfinden, krank oder gestört zu sein.
- Die *fachliche Norm* besagt, daß hier auf die mehr oder weniger angstbesetzte Frage des einzelnen, ob sein Verhalten noch als normal angesprochen werden kann, von fachlich kompetenter Seite eine Antwort gegeben wird, auch mit Hilfe von Tests (Testnorm). Fachliche Normierung geschieht so auf der Basis von Theorien der Wissenschaft. Dennoch gehen auch in diese »objektiv« erscheinende Normierung eine Reihe von verzerrenden Faktoren ein, so daß oft die Grenze zur
- *ideologischen Normierung* hin überschritten wird. Z. B. neigt die fachliche Normierung zur Überinterpretation: Sie vermutet Krankheiten, wo keine sind. Sie nimmt psychisches Erleben selektiv wahr, so daß es konsonant wird mit vorherrschenden Theorien etc.

»Abnormes oder krankes Verhalten« ist demnach ein äußerst vielschichtiges und fragwürdiges Etikett. Es kann sich sowohl auf eine einzelne Norm als auch auf eine Mischung der Normebenen beziehen. Schon diese Tatsache sollte Grund genug sein, mit Begriffen wie »Neurose«, »Psychose«, »Verhaltensstörung«, »seelische Krankheit« etc. im seelsorglichen Gespräch sehr vorsichtig umzugehen. Der Berater wird auch sehr wach darauf achten, wo die dominante normierende Instanz eigentlich zu suchen ist, die ein Zustandsbild als »krank« oder »abnorm« definiert. Die übrigen Normebenen könnten dieser Instanz durchaus widersprechen. Es kann einer in den Augen seiner Bezugsgruppe »verrückt« erscheinen, statistisch, subjektiv und fachlich gesehen jedoch ganz »normal« sein. Das Problem ist dann nicht der »identifizierte Patient«, sondern die »identifizierende« Bezugsgruppe.

Normen sind in der Regel so definiert, daß zu ihnen ein gewisser Toleranzspielraum gehört. Erst wenn dieser Toleranzbereich überschritten ist, wird ein Verhalten als abnorm eingestuft, wobei die verwendeten Begriffe den Grad der Normabweichung anzeigen können. In der »fachlichen Normierung«, also in Psychiatrie und Klinischer Psychologie, wird eine sehr starke Normdifferenz als Psychose, eine etwas geringere Normabweichung als Neurose charakterisiert. Aber dies ist keineswegs als das einzige Unterscheidungskriterium zwischen den beiden Hauptformen der seelischen Erkrankung anzusehen.

(2) Woran sind Psychosen erkennbar?

In der gültigen psychiatrischen Klassifikation, der sog. ICD-Liste, unterscheidet man bei den Psychosen sehr generell *»organische und andere Psychosen«*.[128] Kennzeichnend für die *»organischen« oder »exogenen«* Psychosen ist die Tatsache, daß ein körperlicher Befund für das psychische Leiden, wie etwa bei seniler Demenz, erstellt werden kann.

Anders bei den *endogenen Psychosen*, die die zweite Gruppe repräsentieren. Endogen besagt eigentlich nur »von innen kommend«, drückt also eine recht vage Ursachenkenntnis aus.[129] Im allgemeinen sind bei endogenen Psychosen keine äußeren Auslöser, auch keine eindeutigen körperlich begründbaren, organischen Ursachen auffindbar. Man nimmt in der Psychiatrie heute eine *multifaktorielle Genese* der endogenen Psychosen an. Erbliche Disposition, Stoffwechselstörungen und familiäre Umwelt scheinen, wechselseitig miteinander verflochten, die endogene Psychose zu konstituieren. Wie die einzelnen Faktoren zu gewichten sind, das ist bis heute unklar. *Schizophrenie* und die *manisch-depressive Erkrankung*, auch als »affektive Psychose« bezeichnet, gelten als die Hauptformen der endogenen Psychose. »Das Fehlen einer natürlichen Erklärung (z. B. belastende Situation, körperliche Erkrankung) führt zu einer ganz besonderen Dimension unseres Verhältnisses zu solchen Menschen: dem Unerklärlichen haftet zugleich etwas Unheimliches an, was uns neugierig macht und auch in Schrekken versetzen kann. Das unberechenbar erscheinende Verhalten verunsichert uns...«[130] Wahrscheinlich waren unter den »Besessenen« und »Hexen«, die verbrannt wurden, viele endogene Psychotiker.

Woran sind Psychosen erkennbar? Für den Seelsorger, dem in der Regel kein psychodiagnostisches Instrumentarium zur Verfügung steht, können folgende Indizien hilfreich sein, psychotische Erkrankungen zu erkennen:[131]

(1) *Schweregrad*
Die psychische Störung und Beeinträchtigung erreicht einen starken Ausprägungsgrad.

(2) *Wahn / Realitätsverlust*
Häufig sind wahnhafte Zustände, Realitätsverlust (Halluzination), als »fremdgesteuert« empfundene Ich-Einschränkungen, Gedächtnisstörungen, Zerfahrenheit und ähnliches besonders auffällig.

[128] *R. Tölle*, Psychiatrie, 18–22.
[129] Der vagen Ursachenkenntnis wird in neueren Revisionen der ICD-Liste dadurch Rechnung getragen, daß man nicht mehr von endogenen, sondern schlicht von »anderen« Psychosen spricht. Vgl. *R. Tölle*, Psychiatrie, 18.
[130] *K. Wirsing*, Psychologisches Grundwissen für Altenpflegeberufe, 231.
[131] Vgl. *L. J. Pongratz*, Hauptströmungen der Tiefenpsychologie, 133 ff. – *R. Tölle*, Psychiatrie, 165 ff. – *H. Benesch*, dtv-Wörterbuch zur Klinischen Psychologie, Bd. 2, 206–211.

(3) *Ganze Person betroffen*
Im Gegensatz zu anderen psychischen Störungen wirken sich Psychosen auf den meisten psychischen Funktionsebenen wie Denken, Gedächtnis, Wahrnehmung, Emotion, Motorik, Sprache etc. aus. Die ganze Person scheint in Mitleidenschaft gezogen, wobei freilich einzelne Symptome stärker hervortreten können.

(4) *Mangelnde Krankheitseinsicht*
Dem Psychotiker fehlt häufig die »Krankheitseinsicht«. Es ist ihm kaum möglich, zu sich und seiner Störung reflexiv Stellung zu nehmen.

(5) *Alltäglichen Lebensanforderungen nicht gewachsen*
Psychotisch Kranke sind oft nicht mehr in der Lage, den alltäglichen Lebensanforderungen (z. B. berufliche Tätigkeit) nachzukommen.

(6) *Nicht mehr nachvollziehbar*
Vom »normal« empfindenden Seelenleben her erscheint psychotisches Verhalten als unverständlich und nicht mehr nachvollziehbar.

Paradigmatisch für psychotische Erkrankungen sei im Folgenden etwas näher auf die Schizophrenie eingegangen.

(3) Schizophrenie

Im Rahmen pastoralpsychologischer Supervision berichtet ein Seelsorger aus mehreren Begegnungen mit einem schizophrenen Gesprächspartner:

Herr S. ist ca. 25 Jahre alt, hat fünf Semester Theologie studiert und wollte damals auch ins Priesterseminar eintreten, weil er sich zu einer besonderen Aufgabe berufen fühlte. Wegen seines instabilen Gesundheitszustandes wurde er dort jedoch abgewiesen. Die Idee seiner Berufung hat Herr S. bis heute freilich nicht aufgegeben, auch wenn er sich zwischenzeitlich auf andere Berufsfelder hin zu orientieren schien – er arbeitete einige Zeit in einer Fabrik und vorübergehend als Pfleger in einem Altenheim. Vor allem wenn es ihm »schlecht« geht, stellen sich verstärkt Gedanken, seine »besondere Berufung« betreffend, ein.

Er ist in solchen Phasen dann subjektiv fest davon überzeugt, ihm sei es auferlegt, »in besonderer Weise das Werk Jesu in unserer Zeit fortzusetzen«. Er habe eine Eingebung gehabt, die ihn dazu anhalte, einen großen Jesusfilm zu inszenieren, und er solle darin die Hauptrolle spielen. Dieser Film werde schlagartig die Menschen erschüttern, »so daß sie wieder zu beten anfangen«. Manchmal habe er den Eindruck, er sei vom Schicksal bestimmt, wie Jesus zu leiden.

Von Visionen, Eingebungen und »Stimmen« berichtete Herr S. mir noch öfters. Zum Beispiel begann er einmal das Gespräch: »Heute möchte ich eine Prophezeiung machen. Ich werde am kommenden Freitag mit dem Auto auf der Strecke von H. nach M. an einer ganz bestimmten Kurve verunglücken.« Auf meine Frage, woher er diese Gewißheit nehme, gab er zur Antwort, »Die« hätten ihm das mitgeteilt. Wer »Die« seien, könne er nicht genau sagen, sie stünden aber wohl auf der Seite der Polizei und der Psychiater. Er fühle sich diesen Stimmen oder fremden Mächten hilflos ausgeliefert, sie hörten alles mit, beobachteten ihn rund um die Uhr und legten fest, was er zu tun habe. Manchmal quälten sie ihn regelrecht, indem sie von ihm verlangten, seine Mutter und seine Schwester, zu denen er ein recht gutes Verhältnis habe, zu »bestrafen«.

Herr S. führt seit einigen Jahren ein Tagebuch, mindestens acht oder zehn dicke großformatige Hefte hat er in letzter Zeit vollgeschrieben. Immer wenn er zu mir zu einem Gespräch kommt, schleppt er in einer Tasche diese Tagebuchhefte mit. Einmal erklärte er mir, er könne sie nicht zu Hause liegenlassen, weil »Die« ihm sie dann in seiner Abwesenheit wegnehmen würden. Im Zusammenhang mit den Tagebüchern ist weiter auffällig, daß Herr S. mit unwahrscheinlicher Genauigkeit Ereignisse seiner Geschichte in den letzten Jahren datieren kann.

Herr S. macht einen schmächtigen bis hageren Eindruck. Auf meine Frage, ob er regelmäßig esse, antwortete er, manchmal müsse er fasten, weil »Die« es von ihm forderten, er halte sich dann oft tagelang allein in seinem Zimmer auf, gehe nicht aus dem Haus, spreche mit niemandem und beschäftige sich mit seinen Gedanken. Wenn er in dieser Zeit aus dem Haus ginge, könne es ihm passieren, daß er in ein Gasthaus gehen »müsse«. Er wisse aber im selben Moment, daß »Die« ihn dafür büßen ließen.

Ich kenne Herrn S. mittlerweile schon einige Jahre und erlebe, wie er nach Phasen tiefer Verwirrtheit und Beunruhigung oft recht unvermutet wieder »normal« wird. Zu Beginn einer solchen »normalen« Phase, die z. T. mehrere Monate anhalten, erklärte er mir, daß ihm das Gespräch mit mir sehr geholfen habe, wieder »herauszufinden«. Meinen Beitrag zu seiner vorübergehenden Genesung vermag ich nicht zu beurteilen, ich sehe meine Hilfe als zusätzliche Stütze zur psychiatrischen Behandlung, die Herr S. laufend erhält.

In der psychiatrischen Klassifikation zählt die Schizophrenie, um dieses Krankheitsbild handelt es sich zweifellos bei Herrn S., zu den endogenen Psychosen. Eine allgemeine Charakterisierung dieser seelischen Krankheit benennt vieles, woran auch Herr S. leidet: »Der schizophrene Patient hat die Fähigkeit verloren, sich abzugrenzen. Häufig fühlt er sich von außen, von Dritten oder von übersinnlichen Mächten gesteuert. Er fühlt sich durch Wände und Türen hindurch beobachtet und oft von fremden Sendern bestrahlt, die ihm Befehle geben, was er zu tun habe. Der schizophrene Mensch fühlt sich ausgeliefert. Er nimmt sich nicht mehr als eigenständige

Person wahr, sein Ich ist gespalten. Er kann Wesentliches nicht mehr vom Unwesentlichen unterscheiden. Seine Wahrnehmung ist gestört. Bisweilen hört er Stimmen, obwohl keiner mit ihm spricht. Er fühlt sich berührt, obwohl ihn niemand anfaßt. Er nimmt Gerüche wahr, die es nicht gibt. Sein Denken geht seltsame, oft wahnhafte Wege. Sein Verhalten kann sehr auffällig sein. Solche Patienten kapseln sich mitunter von ihren Mitmenschen sehr stark ab oder reagieren mit extremen, oft unverständlichen Gefühlen. Nicht immer sind die Störungen so alarmierend. Oft wirkt der Betroffene eher sonderbar als krank...«[132]

In der psychiatrischen Fachliteratur[133] wird vor allem hervorgehoben, daß es sich bei der Schizophrenie um eine *»Ich-Störung«* oder genauer: um eine *»Ich-Bedrohung«* handelt. Bedroht ist das Ich in seinen wichtigsten Dimensionen:

(1) In der *Ich-Vitalität*: Der Schizophrene zweifelt manchmal an der eigenen Lebendigkeit. Manche für Außenstehende bizarr anmutende Verhaltensweisen des Schizophrenen sind zu sehen als der verzweifelte Versuch, sich seiner leiblichen Lebendigkeit zu vergewissern. Das »Fasten« des Herrn S. kann man so verstehen als das krampfhafte Bemühen, seinen Leib und dessen vitale Bedürfnisse zu spüren, nach der inneren Logik: »Wenn ich Hunger habe, dann lebe ich noch.« Sogar Suizidversuche von Schizophrenen werden von manchen Psychiatern[134] gedeutet als der Versuch, sich des eigenen Lebens zu vergewissern: Wenn noch Blut aus den aufgeschnittenen Adern fließt, dann lebe ich noch!

(2) In der *Ich-Aktivität*: Sie betrifft die Gewißheit, daß ich selbst und niemand anders mein Erleben, Handeln, Denken, Fühlen bestimme und steuere. Aus dem Bericht des Seelsorgers geht hervor, daß sich Herr S. in dieser Dimension seines Ich-Bewußtseins besonders bedroht fühlt: Er hört Stimmen, hat Eingebungen, »Die« haben ihn in der Hand und verlangen von ihm zu fasten, zu leiden, zu bestrafen, ja sogar zu »verunglücken«. In psychiatrischer Hinsicht erscheint auch »Besessenheit«, wo einer glaubt, der Teufel habe in ihm das Sagen, als Symptom bedrohter oder gestörter Ich-Aktivität.

(3) In der *Ich-Konsistenz*: Gemeint ist damit die Gewißheit, daß ich ein einheitliches, seelisch und körperlich konsistentes Wesen bin, das einem zusammenhängenden Lebensverband angehört. Wenn Herr S. auf der einen Seite eine »besondere Berufung« in sich spürt und auf der anderen Seite sich von bösartigen Mächten geknebelt fühlt, dann kommt darin seine seelische Zerrissenheit, seine »bedrohte Ich-Konsistenz« zum Ausdruck. Manchmal »erleben« Schizophrene, daß Teile ihres Körpers sich auflösen oder nicht

132 *Aktion psychisch Kranke* (Hrsg.), Gestörte Einheit, 14.
133 Vgl. dazu vor allem *Ch. Scharfetter*, Schizophrenie, 54–61.
134 Ebd. 57.

mehr zu ihnen gehören. Auch hierin handelt es sich um die subjektiv erlebte Bedrohung, seine personelle Ganzheitlichkeit zu verlieren.

(4) *In der Ich-Demarkation*: Sie betrifft die Fähigkeit, sich selbst als Ich vom Nicht-Ich abzugrenzen, einen Eigenbereich des Fühlens, Denkens, Handelns zu umreißen. Herr S. wird uns geschildert als ein Mensch, der Eigenes und Fremdes nicht mehr unterscheiden kann: was er will und was andere wollen, was er fühlt und was andere fühlen. Als Folge solchen Realitätsverlustes, im Wahn um »Die« besonders erkennbar, stellt sich eine Tendenz zum Rückzug aus der sozialen Realität bis hin zur tagelangen Isolation ein. Der Rückzug aus der Wirklichkeit der Mitmenschen kann sogar soweit gehen, daß auf die Beteiligung an der Sprache der Umwelt verzichtet wird. Der Schizophrene versucht hierbei offensichtlich nichts anderes, als sich gegen die erlebte Bedrohung, das Fremde und das Nicht-Ich könnten sein Ureigenes, sein Ich fortschwemmen, zu sichern.

(5) *In der Ich-Identität*: Damit ist die Gewißheit der eigenen personalen, physiognomischen, sexuellen und biographischen Beständigkeit gemeint. Die Tagebücher des Herrn S. und sein hypersensibles Erinnerungsvermögen für z. T. ausgesprochene Nebensächlichkeiten seiner Biographie machen deutlich, wie gefährdet er sich im Festhalten seiner Geschichte erlebt. Fast scheint es so, als wolle sich Herr S. mit Daten und Tagebüchern einreden: Wenn ich mich früherer Ereignisse erinnern kann, bin ich heute derselbe, als der ich schon damals gelebt habe. Die Bedrohung seiner personalen Identität zeigt sich auch darin, daß Herr S. sich als eine zweite Jesusfigur erlebt, der die Menschen neu glauben lehrt. Manche Schizophrene leben in der Vorstellung, eine Persönlichkeit der Geschichte, ein Tier oder ein Monster zu sein. In solchen »Identitätsanleihen« kommt offensichtlich der verzweifelte Versuch zum Ausdruck, ein Mindestmaß wenigstens irgendeiner Identität für sich zu retten.

Wenn man sich als Helfer und Seelsorger diese Dimensionen der Ich-Störung vor Augen führt, dann eröffnet sich ein Zugang zum Schizophrenen. Seine Krankheit wird »verstehbar«. Sein Verhalten erscheint nicht schlechthin verrückt und unsinnig, sondern der Wahnsinn tut seinen Sinn kund. Ihn gilt es herauszufinden. Auch die verletzte und gekränkte Seele hat ihre Logik. Letztlich begegnet in der Schizophrenie der verzweifelte und tragische Versuch, sich selbst aus der existentiellen Ich-Bedrohung zu retten. Solche Sicht der Schizophrenie hat bedeutsame Konsequenzen für die *Hilfsmaßnahmen nicht nur des Arztes, sondern auch des »stützenden« Seelsorgers*:

(1) Der Seelsorger sollte mutig jene »archaische« Barriere überspringen, die sich dem Kontakt mit dem »Verrückten« in den Weg stellt. Unsere *Berührungsangst* vor dem Nicht-normalen hat wohl zu tun mit der tiefsitzenden, aber abgewehrten Ahnung in jeder Menschenseele: Von mir zum Verrückten ist es nur ein kleiner Schritt. Keiner ist gänzlich gefeit gegen das

Versinken in der Nacht seelischer Verwirrung. Die »geistige Umnachtung« schlummert in jedem und kann jeden infizieren und ganze Gesellschaften in ihren Sog ziehen. Oder ist es nicht Wahnsinn, ein Arsenal der Zerstörung anzuhäufen, das alles Leben auf diesem Planeten zigmal und unrevidierbar vernichten kann? Ist es nicht kollektiver Wahnsinn, einen Planeten zu plündern ohne Rücksicht auf kommende Generationen? Ist es nicht Wahnsinn, wenn wir unsere Biosphäre zugrunde richten, nur um des momentanen Komforts willen? Was wir abwehren, nicht zur Kenntnis nehmen wollen, wenn wir den Schizophrenen oder den Depressiven abschieben, ist unser eigener Wahnsinn, unsere eigene Schwäche, Anfälligkeit und Infiziertheit.

Die Begleitung des seelisch Kranken bedeutet deshalb immer auch eine Auseinandersetzung mit den eigenen tiefsitzenden Gefährdungen, Ängsten und Vorurteilen. Nur so ist der Schritt zum anderen hin möglich. Nur so kann man entdecken, daß Einfühlung auch in den Wahnsinn des anderen möglich ist. Je mehr es gelingt, das »Verrückte« zu berühren, mit ihm in Kontakt zu kommen, um so deutlicher eröffnet sich auch so etwas wie ein Sinn im vermeintlich Unsinnigen. Pastorales Mitgehen mit dem Schizophrenen darf sich folglich nicht damit begnügen, den anderen in die Psychiatrie zu überweisen. Ergänzend zur fachärztlichen Betreuung kann der Seelsorger, wie im Fallbericht geschildert, wertvolle Hilfe leisten.

(2) Eine hilfreiche therapeutische und seelsorgliche Grundhaltung dem Schizophrenen gegenüber zeichnet sich nach dem Schizophrenie-Forscher *Scharfetter*[135] aus »durch ein verläßliches Begleiten in Güte und Treue, und durch die Bereitschaft, dem Patienten die nötige Freiheit zu lassen, ihn nicht auf die eigenen Ideologien und Konzepte zurechtzustutzen und auch seinen Leib in die Therapie einzubeziehen.« Der Begleiter solle seiner Meinung nach gemäß der bedrohten Ich-Dimensionen *»therapeutisch stützend«* eingreifen. Er könne die bedrohte Ich-Vitalität bzw. -Konsistenz beispielsweise dadurch stärken, indem er im Gleichklang mit dem Patienten atmet, sich bewegt, steht, geht oder greift. Denkbar wäre auch, den im Wahn abgespaltenen Anteilen der Ich-Identität und der Ich-Aktivität dadurch »Heimatrecht« in der Psyche zu verschaffen, indem man den »Stimmen« oder den »fremden Mächten« Sprache gibt, d. h. den Gesprächspartner auffordert, per »ich« in der Rolle dieser abgespaltenen Ich-Anteile zu sprechen und gemeinsam mit dem Seelsorger darauf zu antworten. Weil, entgegen der landläufigen Ansicht, Schizophrenie nicht nur »endogen«, im Sinn von »organisch«, bedingt ist, sondern solcher Veranlagung durch entsprechende beziehungsgeschichtliche Erfahrungen zur Manifestation verholfen wird, ist es angebracht, in Gesprächen mit Schizophrenen auch auf dessen soziale Umwelt, wie sie durch Ehe, Familie oder Beruf konstituiert ist, einzugehen. Nach *Scharfetter* sollte man allerdings den Schizophrenen nur sehr behut-

[135] Ebd. 61.

sam in einer therapeutischen Beziehung fordern. Sie darf ihm aber auf keinen Fall vorenthalten werden, wie dies in manchen »Behandlungen« noch der Fall sei, wo der schizophren genannte Mensch auf eine »biochemische Fabrik« oder eine »Anwendungsstätte für Psychopharmaka« reduziert werde.

(3) Für den Seelsorger ist es gut zu wissen, daß er sich in »bester Gesellschaft« befindet, wenn er Kontakt mit dem Schizophrenen aufnimmt. Nach Meinung mancher Exegeten[136] hat *Jesus* selbst, im Licht der modernen Klinischen Psychologie gesehen, Schizophrene geheilt. Die *»Heilung des Besessenen von Gerasa«*, wie sie Markus erzählt (Mk 5,1–20), ist dafür ein Beispiel. Hier leidet einer daran, daß ein »unreiner Geist« von ihm Besitz ergriffen hat, also jemand in seiner Ich-Identität massiv bedroht ist. Er ist nicht mehr Herr seiner selbst, sondern fremde Mächte hausen in ihm. Solche Selbstentfremdung hat ihn auch sozial isoliert, ja vom Leben der Gemeinschaft hinausgeworfen, so daß er, in der Bildersprache der Bibel, mehr bei den »Grabhöhlen«, d.h. in der Nähe des Todes, zu finden ist als bei den Lebenden. Seine Mitmenschen können weder begreifen, warum er unaufhörlich schreit und sich mit Steinen malträtiert (Bedrohte Ich-Vitalität). Ihre einzige Reaktion darauf ist, ihn in Fesseln und Ketten zu legen und aus ihrer Gemeinschaft zu entfernen. Mit diesem Exkommunizierten und Verrückten nimmt Jesus Kontakt auf. Er fragt ihn: »Wie heißt du?« Jesu Frage zielt auch hier, wie in vielen anderen biblischen Szenen, auf den kritischen Fokus einer Person, hier ist es die bedrohte und zerstörte Ich-Identität. Bedenkenswert am Stil Jesu ist nun, wie er es nicht nur bei der Diagnose »eine Legion unreiner Geister« beläßt, sondern mit den Dämonen in einen Dialog tritt, ihnen schließlich erlaubt, hervorzukommen und in Schweine einzufahren. Das abgespaltene, verdrängte »Säuische« der Psyche, so ist man psychotherapeutisch geneigt zu sagen, darf sich zeigen, darf sich austoben, damit es im Meer des Unbewußten versinken kann.

In einer solch therapeutisch-seelsorglichen Deutung der Perikope wird auch verständlich, warum Jesus dem Geheilten merkwürdigerweise verbietet, sich ihm anzuschließen. Jesus rät ihm statt dessen, gemäß seiner persönlichen Problematik »nach Hause zurückzukehren«, will besagen: in das »Haus seiner Person«, seiner Herkunft, seiner Familie und seiner Gemeinschaft, in dem er bisher fremd war. Denn darin bestehen wohl für den an »unreinen Geistern« Leidenden, für den »Besessenen« wie für den Schizophrenen der Wille Gottes und die Nachfolge Jesu, durch die wiedergewonnene »Ich-Identität«, wofür die Perikope das treffliche Bild »Rückkehr in

[136] An exegetischen Publikationen, die die Heilung des Besessenen von Gerasa (Mk 5,1–20) in Zusammenhang mit Schizophrenie-Heilung bringen, sind u. a. zu nennen: *E. Drewermann*, Tiefenpsychologie und Exegese, Bd. 2, 246–277. – *M. Kassel*, Sei, der du werden sollst, 102–110. – *O. Knoch*, Dem, der glaubt, ist alles möglich, 267–280, v.a. 271.

sein Haus« gebraucht, die Großtaten und das »Erbarmen« Gottes zu verkünden (Mk 5,20).

(4) Psychodynamik der Neurose

Nach *Ludwig J. Pongratz*[137] sind unter *Neurosen* »die sozialbedingten und sozialrelevanten Störungen des psychischen Lebens« zu verstehen. Das Adjektiv »sozialbedingt« verweist dabei auf Konflikte in früheren Jahren, die unbewältigt geblieben sind. Entwicklung und Lernfähigkeit wurden dadurch gehemmt. Erziehungsschäden (Traumalehre) und erlerntes Fehlverhalten werden von Psychoanalytikern wie Lernpsychologen als *soziogene* Ursachen der Neurose angesehen. Die überwiegende Mehrzahl der Neurosen äußert sich in einem Mangel an Bewältigungsmöglichkeiten bei Anforderungen, Belastungen und Konflikten. Hinzu kommen gedrückte Stimmungslage – eine depressive Komponente ist in jeder Neurose – und scheinbar unerklärliche Ängste. *Freud*[138] sieht gerade die Angst, neben dem Konflikt, als den Fokus der Neurose.

Im Gegensatz zur Psychose bleibt die Neurose mehr auf den emotionalen und motivationalen Bereich begrenzt, wenngleich mit nachhaltigen Wirkungen auf die soziale Kontaktgestaltung (sozialrelevant). Jede Neurose ist so auch eine Beziehungsstörung zur Mitwelt hin. Sie greift jedoch, anders als die Psychose, nicht so sehr auf persönlichkeitskonstituierende seelische Funktionen wie Denken, Gedächtnis, Ich-Bewußtsein oder Motorik über.

Als weitere Abgrenzung zur Psychose ist die Tatsache zu sehen: Neurotisch Leidende sind zur *»Krankheitseinsicht«* befähigt. Wer in einer Neurose lebt, erfährt manche seiner Verhaltensweisen als abnorm, empfindet sich als gestört, leidet darunter und kann sagen, woran er leidet. Im Gegensatz zum Psychotiker kann der Neurotiker zu seinem Kranksein Stellung beziehen. Er fragt beispielsweise im Beratungsgespräch: »Ist das noch normal, was ich tue und empfinde?«

Als wesentliches Kriterium der Neurose gilt in der psychiatrischen Fachliteratur die Ansprechbarkeit auf psychotherapeutische Behandlung.[139] Dabei sollte freilich nicht übersehen werden, daß auch bei nichtneurotischen

[137] *L. J. Pongratz*, Lehrbuch der Klinischen Psychologie, 66.

[138] Bekanntlich hat *Freud* seine Auffassung über die Angst mehrfach modifiziert. In seiner »dritten« Angsttheorie, dargestellt in »Neue Folge der Vorlesungen zur Einführung in die Psychoanalyse« (1933, GW XV), vertritt er die These, daß die Person zeitlebens traumatisch an bestimmte Entwicklungsereignisse wie Geburt, Trennung, Kastrationsvorstellungen etc. gebunden sei. Mit der Angst wird auf neuerliche traumatische Situationen beim ersten Anzeichen antizipierend reagiert. Die Neurose sei nun zu sehen als der Versuch, aufkommende Angst vor traumatisch besetzten Triebregungen zu bewältigen. Vgl. *H. Benesch*, dtv-Wörterbuch zur Klinischen Psychologie, Bd. 1, 103f. – *H. W. Krohne*, Theorien der Angst.

[139] Bekanntlich sieht *Sigmund Freud* in der Fähigkeit, Übertragungen auszubilden, eine wesentliche Voraussetzung für die psychotherapeutische Behandlung. Diese Fähigkeit sei bei Psychotikern

Störungen einfühlendes Gespräch und mitmenschliche Zuwendung sehr entscheidend sind. Zudem geschieht »Psychotherapie« nicht nur im Beratungszimmer des professionellen Therapeuten. Vielmehr vermag ein heilendes Klima in der Familie, im Berufskollegium, in der kirchlichen Gemeinde und im pastoralen Gespräch vieles von der Not des neurotisch Leidenden zu wenden.

Insbesondere die Psychoanalyse hat das Verständnis der Neurose gefördert. Nach wie vor kann durch ihre Auffassung von der neurotischen Psychodynamik die pastorale Sensibilität der Seelsorger erheblich gewinnen. Folgende Merkmale des Neurotischen gilt es demnach zu beachten:[140]

(1) *»Trauma«*
Das erste Merkmal der Neurose ergibt sich aus der sog. *Traumalehre*. Zur Neurose gehört ein auslösendes, verletzendes, stark affektbesetztes Erlebnis, das in den Jahren der frühen Kindheit im Kontext oraler, analer und ödipaler Entwicklungsthematik sich ereignet und aus der Eltern-Kind-Beziehung erwächst. Selten führt aber schon ein einziges Erlebnis zur Traumatisierung, vielmehr ist es ständig wiederkehrendes Erziehungsverhalten, das vom Kind nicht adäquat verarbeitet werden kann. Was ein Kind in dieser Zeit vor allem traumatisiert, ist »fehlende Liebe (Ablehnung), halbe Liebe (teilweise ja, teilweise nein) und falsche Liebe«.[141] Letztere besteht häufig in einem »possessiven« Ausgreifen auf das Kind, wo Eltern nicht bereit sind, ihr Kind von Anfang an als eigenständige Person anzuerkennen, die abgegrenzt und immer mehr unabhängig von den Eltern sich entwickelt.

(2) *Verdrängung*
Die »normale« Reaktion auf erfahrene Ablehnung und Mißachtung ist Zorn und Aggression. Auch das Kind empfindet den Eltern gegenüber Haßgefühle. Es kann sie jedoch nicht ausleben, weil es existentiell auf den in der Regel immer noch vorhandenen Rest an Liebe von seiten der Eltern angewiesen ist. Es *muß* die Aggressionen den verletzenden Eltern gegenüber, die damit verbundenen Ereignisse und Schmerzempfindungen *verdrängen*. Das Kind hält auf diese Weise ein Idealbild von den Eltern aufrecht und belegt alle seine Haßregungen ihnen gegenüber mit Verbot und Tabu, sicherlich auch noch einmal durch Erziehungseinflüsse gefördert. Solche kindheitliche Urverdrängung von aggressiven und abgewiesenen libidinösen Impulsen bildet den Kristallisationskern, an den sich alle späteren Verdrängungen von enttäuschten Wünschen, Schmerzen, Wut- und Zorngefühlen anlagern.

nicht entsprechend ausgeprägt. Vgl. dazu *L. J. Pongratz*, Hauptströmungen der Tiefenpsychologie, 135f.

140 Vgl. zum Folgenden: *L. J. Pongratz*, Hauptströmungen der Tiefenpsychologie, 127–149. – *Ders.*, Lehrbuch der Klinischen Psychologie, 66ff. – *E. Ringel/A. Kirchmayr*, Religionsverlust durch religiöse Erziehung, 13ff. – *H. Benesch*, dtv-Wörterbuch zur Klinischen Psychologie, Bd. 2, 120–128.

141 *E. Ringel/A. Kirchmayr*, Religionsverlust durch religiöse Erziehung, 14.

(3) *Angst*
Die Verdrängung gelingt im Fall der Neurose immer nur unvollständig, sie ist *mißglückt*. Die verdrängten Aggressionen und libidinösen Triebregungen tendieren dazu, wieder ins Bewußtsein einzudringen. Auf diese Weise bedrohen und beunruhigen sie das Bewußtsein der Person. Irrationale, unerklärliche Angst entsteht, die sich z. T. an Personen oder Objekte bindet, z. B. als Angst vor engen Räumen (»Klaustrophobie«), vor Tieren, vor bevorstehendem Untergang u. ä.

(4) *Minderwertigkeitsgefühl*
Ein Kind, das sich abgelehnt fühlt, »fragt« intuitiv nach den Gründen. Es wird, wie im Zusammenhang mit der Verdrängung bereits angesprochen, sich selbst für die erfahrene Kränkung beschuldigen, um das existentiell notwendige Elternideal zu retten. Auf diese Weise entsteht im Kind ein tiefes Mißtrauen dem eigenen Wert gegenüber. *Alfred Adler* spricht von einem Minderwertigkeitskomplex des Kindes, der zusätzlich zu den erfahrenen elterlichen Abwertungen durch die erlebte Kleinheit, Schwäche und Abhängigkeit verstärkt werde.

(5) *Schuldgefühle*
Wer genötigt ist, seine Eltern zu hassen, bei dem entwickeln sich Schuldgefühle, deren Quelle unerklärlich erscheint. Obwohl der Wunsch, den Eltern Böses anzutun, nicht in die Tat umgesetzt wird, genügt er offensichtlich, um tiefe Schuldgefühle im Kind zu erzeugen. Tragisch sind diese Schuldgefühle insofern, als das Kind an seinen Aggressionen letztlich unschuldig ist und sich damit nur in einem natürlichen Reflex der elterlichen Kränkung gegenüber zur Wehr setzt. Die in der Beziehung zu den Elternfiguren der Kindheit entstandenen Minderwertigkeits- und Schuldgefühle bleiben über den Weg der Über-Ich-Bildung für das weitere psychische Leben relevant.

(6) *Selbstbestrafungstendenz*
Schuldgefühle drängen nach Sühne. Die Psychoanalyse kennt mehrere Formen der »Entschuldigung« durch Selbstbestrafung: die Unfähigkeit zu genießen, die Arbeitssucht, das Leiden an einer psychosomatischen Krankheit, die Selbstaggression der Depression oder gar des Suizids, oder ganz einfach das »Lebensskript« des Pechvogels, der von Mißerfolg zu Mißerfolg eilt. Der Neurotiker läuft ständig seinen eigenen Ohrfeigen nach, meint *Alfred Adler*[142] lapidar.

(7) *Wiederholungstendenz*
Jeder neurotische Mensch hat eine mehr oder weniger traumatische Kindheit hinter sich, auf die er fixiert bleibt. Kennzeichen der Neurose ist es, daß

[142] Zit. nach: *E. Ringel/A. Kirchmayr*, Religionsverlust durch religiöse Erziehung, 16.

die Konstellationen, Traumatisierungen, Verdrängungen, Ängste und Schuldgefühle der Kindheit immer wieder neu, in der Lebensgeschichte wiederholt werden müssen. Der Neurotiker kann nicht anders, als unbewußt seine Umwelt zu Mitspielern in der Wiederholung seines Kindheitsdramas zu machen. Betroffen davon sind vor allem der Ehepartner – auf ihn wird die frühe Beziehung zum gegengeschlechtlichen Elternteil übertragen –, die Kinder, aber auch Berufskollegen und Freunde. Nach dem psychoanalytischen Verständnis von Neurose ist es keine Frage, daß für einen Seelsorger auch die Gemeinde das Feld abgeben kann, in dem er eine frühe Traumatisierung austrägt. Der Neurotiker handelt demnach aus der unbewußten Sehnsucht heraus, Vater und Mutter zu finden, die die versäumte Liebe zum Kind nachholen. Diese Sehnsucht bleibt aber in den wiederholenden Inszenierungen unerfüllt, weil der Neurotiker auf seine »Mitspieler« auch die verdrängten Aggressionen, die er den Eltern gegenüber hegt, überträgt und sie somit letztlich dahin manövriert, sich ähnlich wie die Eltern der Kindheit zu verhalten.

(8) *Regression*
In der Wiederholungstendenz ist bereits angesprochen, daß der Neurotiker immer wieder in seine frühe Kindheit zurückkehren muß. Er sucht mit seinen »Wiederholungen« jene Situationen auf, die ihn gekränkt haben und die er bis heute nicht abschließen konnte. Für den Analytiker ergeben sich manchmal aus der speziellen Symptomatik, d. h. aus Zwangshandlungen, psychosomatischen Erkrankungen, Depressionen, Suchttendenzen etc., Hinweise auf die kritische frühkindliche Entwicklungsphase. Infantile Fixierung und permanente Regression in die Kindheit verhindern, daß der betroffene Mensch »progressiv« seine personalen Entwicklungsmöglichkeiten ergreift.

(9) *Symptom*
Im Symptom kommt der seit der Kindheit schwelende *Konflikt* zwischen Trieb und Abwehr, auch zwischen der empfundenen Aggression und deren Verbot zum Ausdruck. Wie ausgeführt, stellt die Verdrängung eine Pseudolösung dar, bei der weder die Triebwünsche noch deren Abwehr voll zum Zuge kommen. Beide drängen weiter auf Erfüllung. Im Symptom werden nun die sich widerstreitenden Kräfte symbolisch dargestellt und gleichzeitig »ersatzweise« befriedigt.

In jedem Symptom findet sich dementsprechend ein triebhafter Impuls und gleichzeitig dessen Aufhebung. Der Psychosomatiker[143] beispielsweise,

[143] Als Begründer der modernen Psychosomatik gelten *Georg Groddeck* (1866–1934) und *Franz Alexander* (1891–1964). Anschließend an *Freuds* Konversions-Hypothese vertreten sie die Auffassung, daß »Psychosomatosen« ähnlich wie die Neurosen aus seelischen Konflikten hervorgehen. Aufschwung erhielt die Psychosomatik durch die sog. *ganzheitliche Medizin*, bei der ganz auf der Linie *Alexanders* und *Groddecks* körperliche Krankheit als Chance gesehen wird, selbstzerstöreri-

der an einer Herzneurose oder einem Magengeschwür leidet, erfüllt sich unbewußt den unbefriedigten Wunsch nach Zuwendung, Aufmerksamkeit und Rücksichtnahme. Über den Weg der Krankheit nötigt er seiner Umwelt etwas von der vermißten Fürsorge ab, die ihm Kinder, Ehepartner, Berufskollegen und – ganz am Anfang – die eigenen Eltern nicht gewährten. Nicht selten nimmt solches psychosomatische Herzleiden auch die Züge aggressiver Wunscherfüllung an. Man »rächt sich« durch besondere Wehleidigkeit und Hilfsbedürftigkeit. Aber bei all dem bleiben sowohl die libidinösen wie die aggressiven Triebimpulse weit hinter der ersehnten Einlösung zurück. Ihre neurotisch-unbewußte Erfüllung kann nicht genossen werden. Jeder Ansatz von bewußtem Genuß würde neuerliche Schuldgefühle auf den Plan rufen. Und zudem: Das Kranksein erdrückt jede Art von Befriedigung und Erfüllung mit bleiernem Gewicht. Das neurotische Symptom erscheint so als ein lähmender Kompromiß zwischen Trieb und Abwehr.

(10) *Krankheitsgewinn*
Mit dem Kompromiß hängt es zusammen, daß neurotische Symptome »*Ersatzbefriedigungen*« darstellen. Das hat zur Folge, daß der Neurotiker nicht nur an seinen Symptomen leidet, sondern – wie am Beispiel des Psychosomatikers illustriert – daraus auch Vorteile zieht. *Freud* spricht deshalb vom »Krankheitsgewinn«, der in jeder Neurose liegt. Daraus wird verständlich, warum neurotisch gestörte Menschen sich nur schwer und unter Widerständen von ihrem Leiden trennen können.

Eine solche Kennzeichnung der Neurose, wie sie auf dem Boden der Psychoanalyse gewachsen ist, findet keine ungeteilte Zustimmung. Man kritisiert an ihr die mangelnde empirische Begründung der ätiologischen Konstruktion. Insbesondere von verhaltenstherapeutischer Seite[144] wird die These vom unbewußten *Konflikt*, der hinter der Symptomatik schwelen soll, abgelehnt und statt dessen ein Lernmechanismus für das neurotische Verhalten angenommen. Von anderen Kritikern[145] wird der psychoanalytischen Auffassung von Neurose vorgehalten, sie propagiere die Individualisierung und Personalisierung des seelischen Leidens und hebe damit die

sche Lebenseinstellungen bei sich selbst zu entdecken. Hier wird postuliert, daß Migräne, Bluthochdruck, Asthma, Bandscheibenschäden, Hautleiden, Schwerhörigkeit, Herzinfakt und z. T. auch Krebs nicht als isolierte organische Krankheitsprozesse anzusehen seien, sondern eng mit den Lebenszielen und mit dem Lebensstil der betreffenden Person zusammenhängen. Auch wenn bis heute kaum eindeutige Entsprechungen zwischen seelischen Erlebnisformen und körperlicher Erkrankung behauptet werden können, besteht in den Kreisen der ganzheitlichen Medizin kein Zweifel am prinzipiellen Zusammenhang. Für eine »ganzheitliche Seelsorge« bedeutet dies, die Leiblichkeit des anderen wirklich ernst zu nehmen. Dazu gehört auch, ihn behutsam in der Entdeckung jener krankmachenden Lebenseinstellungen zu begleiten, die ihn körperlich-organisch leiden lassen. Vgl. zur Psychosomatik: *L. J. Pongratz*, Hauptströmungen der Tiefenpsychologie, 127–133. – *F. Teegen*, Ganzheitliche Gesundheit. – *R. Stalmann*, Psychosomatik.

[144] Vgl. *L. J. Pongratz*, Lehrbuch der Klinischen Psychologie, 158ff.

[145] Vgl. *H. Keupp*, Normalität und Abweichung.

Anklage gegen gesellschaftliche Lebensbedingungen auf, die seelisches Leiden immer auch vorbringt.

Hinzu kommt die Anfrage, ob die nur »sozial-bedingte« Neurose nicht doch einer Fiktion gleichkommt. Muß nicht, ähnlich wie bei den endogenen Psychosen, auch bei der Genese der Neurose mit einer vielfältigen Wechselwirkung verschiedener, vor allem auch dispositioneller Faktoren gerechnet werden? Diese Hypothese wird unterstützt durch eine Beobachtung der neueren Psychiatrie, daß viele Patienten nicht in die herkömmlichen nur neurotischen oder psychotischen Kategorien passen. Ihr Zustandsbild bewegt sich im Grenzbereich von Psychose und Neurose. Man spricht deshalb von einem *»Borderline- oder Grenzfall-Syndrom«*.[146] Charakteristisch erscheinen hierfür Symptome wie

- unangemessene und unkontrollierte Wutausbrüche,
- exzentrische und unberechenbare Verhaltensweisen,
- Depression und die Unfähigkeit, sich in ein soziales Beziehungsnetz einzufügen,
- selbstzerstörerische Tendenzen bis zur Selbstverstümmelung, auch in Form von Drogensucht, Alkoholismus, Eßsucht, Spielsucht, sexueller Promiskuität,
- chronisches Gefühl der Einsamkeit und Langeweile,
- gelegentlich psychotische Episoden mit Halluzinationen und Sinnestäuschungen von kurzer Dauer,
- mangelndes Ich-Gefühl, Unsicherheit über die eigene Identität in Bezug auf Geschlechtsrolle, Lebensziele, Beziehungen, Werte, Loyalitäten.

Der deutsch-amerikanische Psychoanalytiker *Otto Kernberg*[147] hat den letzten Punkt als das zentrale Problem der Grenzfall-Persönlichkeit herausgearbeitet: *keine stabile Identität, kein sicheres Ich-Gefühl*. Demnach gelingt es heute vielen Menschen nicht, zu einem starken Ich zu finden, das gemäß dem *Freud*schen Persönlichkeitsmodell zwischen den Triebwünschen des Es und den Moralansprüchen des Über-Ich vermitteln könnte. Eine permanente Identitätskrise sei die Folge.

Auf den ersten Blick konträr zur Borderline-Persönlichkeit erscheint eine andere, zunehmend verstärkt diagnostizierte Variante des Neurotischen bzw. Psychotischen: der krankhafte *Narzißmus*.[148] Haben Grenzfall-Persönlichkeiten Mühe, sich überhaupt ihres Ichs zu vergewissern, so sind Narzißten in illusionärer Übersteigerung von der Einmaligkeit, Größe und Bedeutung ihres Ichs überzeugt. Beide sind sich folglich in einem Punkt ähnlich: Sie leiden an einer Ich-Störung.

[146] Vgl. *H. Ernst*, Das Borderline-Syndrom, 26. – *H. Kohut*, Narzißmus. – *H. Wahl*, Narzißmus? Von Freuds Narzißmustheorie zur Selbstpsychologie.

[147] *O. Kernberg*, Borderline-Störungen und pathologischer Narzißmus. – *Ders.*, Objektbeziehungen und Praxis der Psychotherapie.

[148] Vgl. *L. J. Pongratz*, Hauptströmungen der Tiefenpsychologie, 140ff. – *H. Wahl*, Narzißmus?

Nach den neueren Ich-psychologischen Konzepten verbirgt sich also auch hinter dem Narzißmus eine entwicklungsbedingte Ich-Schwäche. Die krankhafte Selbstliebe bildet den untauglichen Versuch, sich vor der gefürchteten »Objektwelt« mit ihren Anforderungen und Versagungen zu schützen. Offensichtlich konnten hierin in der Kindheit keine konstruktiven Erfahrungen gesammelt werden. Die Folgen davon sind u. a. geringe Frustrationstoleranz und mangelnde Fähigkeit zum Triebaufschub oder Triebverzicht. Manche Pädagogen[149] meinen unter der jungen Generation diesen narzißtischen, »neuen Sozialisationstypus« verstärkt beobachten zu können.

Für Kulturkritiker[150] ist das Aufkommen des Narzißmus Ausdruck der angestiegenen *Grundangst*. Die Tendenz zu »egoistischem« Rückzug erwachse demnach aus der verstärkten Sorge um die Selbsterhaltung. Viele narzißtische Erscheinungen in unserer Kultur und in unserem Denken seien Reaktionen auf apokalyptische Bedrohungen, die uns und unseren Kindern täglich in Wort und Bild vor Augen geführt werden. Der Narzißmus stelle den Versuch dar, die erlebte Ohnmacht ins Gegenteil zu verwandeln: in Allmachtsphantasien. Nur so glaube offensichtlich das gefährdete Ich seine Angst vor dem Untergang verscheuchen zu können.

Aus *religiöser Sicht* bekundet eine narzißtische Kultur und Gesellschaft eine enorme *Gottesbedürftigkeit*. Der sich allmächtig wähnende, am Gotteskomplex leidende Mensch kann letztlich nur geheilt werden, wenn er lernt, sich vom mütterlichen und väterlichen »Objekt« schlechthin, von Gott lieben zu lassen. Freilich wird ihm in der Beziehung zu Gott genau das in die Quere kommen, was ihn auch im Verhältnis zu den Mitmenschen scheitern läßt: Es fällt ihm schwer, sich von Gott lieben zu lassen und ihn zu lieben, weil seine Fähigkeit zur »Objektbeziehung« insgesamt nicht wachsen konnte.

Berücksichtigt man die Ich-psychologischen Modifikationen, wie sie mit den Theoremen der Borderline-Störung und des krankhaften Narzißmus vorliegen, so erscheint die psychoanalytische Neurosenlehre als ein brauchbares Modell, das eine Vielzahl von neurotischen Phänomenen zu erfassen und zu erklären vermag. Sie liefert zudem bewährte praktische Ansatzpunkte für psychotherapeutische und seelsorgliche Hilfe.

[149] Vgl. *H. Häsing / H. Stubenrauch / T. Ziele*, Narziß – Ein neuer Sozialisationstypus?
[150] Vgl. *H. Ernst*, Das Borderline-Syndrom, 20–27.

(5) Zeitkrankheit Depression

Die Medizinstatistiker[151] haben für den deutschen Durchschnittsbürger ein *Risiko von 20%* errechnet, einmal in seinem Leben an Depression zu erkranken. Man schätzt, daß zwei, womöglich gar drei Millionen Bundesbürger an behandlungsbedürftigen Depressionen leiden. Demnach träten Depressionen zehnmal so häufig auf wie die Schizophrenie. Bei allem Vorbehalt solchen epidemiologischen Daten gegenüber – sie basieren oft auf fragwürdigen Erhebungspraktiken – scheint die Depression die Krankheit der Epoche zu sein: nicht Krebs, nicht Aids, nicht Rheuma.

Erich Fromm[152] sieht in der Depressivität ein typisches *Charaktermerkmal des modernen Menschen*: »Wir sind eine Gesellschaft notorisch unglücklicher Menschen, einsam, von Ängsten gequält, deprimiert, destruktiv und abhängig«. Darüber könne auch nicht der exzessive Hang zu Genuß und Konsum hinwegtäuschen. Dies sei lediglich das manische Begleitsymptom einer durch und durch depressiven Grundstimmung.

Die gesellschaftskritische Diagnose wird gestützt durch *soziokulturelle* Vergleiche[153]: Anderswo sind Depressionen auch heute noch rare Krankheiten. In Italien beispielsweise werden sie nur halb so häufig festgestellt, die im Gefolge depressiver Entwicklung auftretenden Suizidhandlungen betragen ein Drittel der deutschen. In vielen afrikanischen und asiatischen Sprachen gibt es angeblich nicht einmal ein Wort für depressive Stimmungszustände.

Viele Depressionsforscher leiten daraus die These ab, daß Depressionen der Preis für die »Segnungen« der Leistungsgesellschaft seien. Sie würden verursacht durch unsere Art zu erziehen, zu arbeiten und zu leben. Für diese recht generelle Vermutung spricht die Tatsache, daß nach den Erhebungsdaten die mittleren und »besseren« Kreise, die Aufsteiger und jene, »die es zu etwas bringen wollen«, von Depressionen verstärkt betroffen sind.

Der *depressive Charakter*, so *Lenné*[154], spiegle genau die »Eigenschaften wider, die den ›Musterdeutschen‹ des Wirtschaftswunders auszeichnen«. Dem Depressiven gingen Leistung und Ordnung über alles, er sei ehrgeizig und gewissenhaft. Im Beruf stelle er höchste Anforderungen an sich, das habe jedoch auch zur Folge, daß der hohe Leistungsanspruch eng mit einer tiefen Angst vor dem Versagen gekoppelt sei. In persönlichen Krisenzeiten, wenn er krank, alt oder arbeitslos werde, sei der Depressive hoffnungslos überfordert.

[151] Vgl. *L. J. Pongratz*, Hauptströmungen der Tiefenpsychologie, 148. – *Der Spiegel*, Depression ist Wut, Wut gegen sich selbst, 193.
[152] Zit. nach: *Der Spiegel*, Depression ist Wut, Wut gegen sich selbst.
[153] Ebd. 193.
[154] Ebd. 195.

Eine *»typische Depressionskarriere«*, gewachsen in einem gesellschaftlichen Milieu, in dem das »Vorwärtskommen« und die Leistung eine große Rolle spielen, schildert eine Broschüre[155] über seelische Krankheiten:

Marianne Grünbaum braucht viele Jahre, bis sie begreift, daß sie zu Depressionen neigt. Sie wächst auf in einer eher kleinbürgerlichen Familie. Der Vater ist Kaufmann, ein lebenslustiger Rheinländer, die Mutter Sprechstundenhilfe, eine pflichtbewußte Preußin. Beide wollen, daß Marianne es besser haben soll als sie, vor allem, daß sie eine bessere Arbeit mit einem höheren gesellschaftlichen Ansehen haben soll. Sie beschließen, daß ihre Tochter Lehrerin werden soll.

Von Kind an hört Marianne von ihren Eltern ständig: »Du kannst nur etwas werden, wenn du besser bist als die anderen.« Ihre Mutter macht zusammen mit ihr Schulaufgaben. Wenn die andern aus der Klasse auf der Straße spielen, muß Marianne mit ihrer Mutter Lesen und Schreiben üben.

Freundschaften gehen schnell kaputt. Marianne darf nicht zum Spielen aus der Wohnung. Sie darf nicht zu Kindergeburtstagen gehen. Sie wird in ihrer Klasse die beste, aber sie ist einsam. Wenn das Wochenende beginnt, fühlt sie sich zu Hause wie auf einem Friedhof. Obwohl sie in der Klasse keine Freundinnen hat, freut sie sich auf den Montag. Alles ist besser als die ständige Paukerei mit ihrer Mutter.

Marianne Grünbaum ist froh, als sie endlich mit dem Studium beginnen kann, mit ihrer freien Zeit jedoch weiß sie nichts anzufangen. Sie hat es nicht gelernt, diese Zeit für sich angenehm zu gestalten. So verbringt sie ihre Wochenenden in ihrem Zimmer und paukt. Das gibt ihr Sicherheit. Nur wenn sie genug gearbeitet hat, fühlt sie sich einigermaßen wohl.

Als sie ihre erste Stelle als Grundschullehrerin in einem kleinen Dorf antritt, merkt sie, daß sie eigentlich unendlich müde ist. Sie fühlt sich schlapp, kraftlos, unfähig, Unterricht zu halten, antriebslos. Trotzdem schleppt sie sich zu ihrer Arbeit. Wenn sie ihre Unterrichtsstunden hinter sich gebracht hat, legt sie sich ins Bett.

Der Arzt, den sie auf die Empfehlung ihres Schulleiters hin schließlich aufsucht, verschreibt ihr Medikamente, die sie aus ihrer traurigen Stimmung herausreißen. Langsam geht es ihr wieder besser. Nachdem sie die Sommerferien bei ihren Eltern verbracht hat, fühlt sie sich wieder gut. Doch das hält nicht lange vor. Ihr Schulleiter geht in Pension, und bei seinem Nachfolger fühlt sie sich nicht wohl. Sie hat das Gefühl, er finde ihre Arbeit nicht gut, er sei unzufrieden mit ihr. Sie hat jedoch nicht den Mut, ihn zu fragen, ob das, was sie festzustellen meint, auch den Tatsachen entspricht. In ihrer Vorstellung wird ihr vermeintliches Versagen immer schwerwiegender. Sie liest nichts mehr. Sie hat Angst vor Geräuschen. Wenn ihre Nachbarn mit den Türen

[155] *Aktion psychisch Kranke*, 6.

knallen, zittert sie vor Angst. Sie hat überhaupt Angst vor der Zukunft, vor dem Leben. »Wenn mir das Dach über dem Kopf zusammengestürzt wäre, dann wäre ich froh gewesen, daß alles vorbei ist. Dann hätte ich auch nicht mehr darüber nachdenken müssen, ob es besser wäre, wenn ich gar nicht auf der Welt wäre«, sagt sie heute. Damals dachte Marianne Grünbaum daran, sich das Leben zu nehmen...

Was hier an einem fiktiven Fallbeispiel beschrieben wird, handelt genaugenommen von der *neurotischen Depression*. Die Depressionsforscher sind sich weitgehend darin einig, daß hierbei psychogene Faktoren für die Genese hauptverantwortlich sind, vor allem ein leistungsfixiertes Erziehungsmilieu, das Versagensängste und Minderwertigkeitsgefühle erzeugt. Aber die neurotische Depression ist beileibe nicht die einzige Form der Depression. Die Psychiatrie kennt eine verwirrende Vielfalt von depressiven Zuständen und Verlaufsformen. Keine zwei Experten scheinen darin übereinzustimmen, wie sich Depressionen klassifizieren lassen, was zu ihrer Symptomatik gehört, wie sie entstehen und wie sie zu behandeln sind.

Die folgende Klassifikation (Abb. 9) depressiver Zustände, die der bekannte Baseler Depressionsforscher *Paul Kielholz*[156] vorgenommen hat, ist deshalb nicht uneingeschränkt akzeptiert. Gleichwohl vermag sie dem Seelsorger einen orientierenden Überblick zu geben.

Depressive Störungsformen werden hier entlang einer Skala angeordnet, die durch Erscheinungsbild, Ätiologie und Therapie definiert ist. Im einzelnen grenzt *Kielholz* voneinander ab:

(1) *Normale Trauer:* Sie ist als eine natürliche Reaktion auf den Verlust einer geliebten Person zu sehen.

(2) *Reaktive Depression* stellt die »Reaktion« depressiv disponierter Persönlichkeiten auf kritische Lebensereignisse, körperliche und seelische Überlastung dar.

(3) *Neurotische Depression* tritt bei anhaltenden Konflikten oder Belastungen auf und ist grundgelegt in vorausliegenden traumatischen Erfahrungen der Biographie (vgl. Neurose).

(4) *Depressive Persönlichkeit:* In der Literatur findet sich keine klare Einordnung dieses Begriffs. Einerseits wird eine Beziehung zu den depressiven Psychosen behauptet, andererseits erfolgt eine Gleichsetzung mit dem depressiven Charakter (z. B. nach *Riemann*).

(5) *Endogene Depressionen* treten in unterschiedlichen Verlaufsformen auf, u. a. in der bipolaren Phasenabfolge von Manie und Depression. Neben körperlichen Schmerzsymptomen sind Tagesschwankungen und Wahnideen

[156] *P. Kielholz*, Diagnose und Therapie der Depression für den Praktiker, 17.

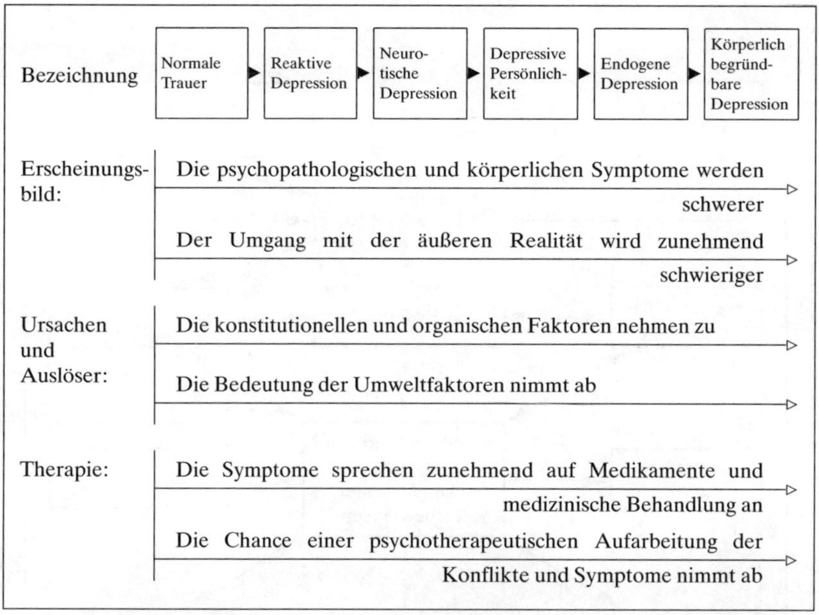

Abb. 9: Klassifikation depressiver Zustände nach P. Kielholz

(Versündigungs-, Krankheits- und Verarmungswahn) charakteristisch (vgl. Psychose).[157]

(6) *Körperlich begründbare Depressionen* gehen zurück auf strukturelle Veränderungen des Gehirns oder auf extracerebrale Erkrankungen und endokrine Umstellungen, die sich auf psychischer Ebene auswirken (Kreislaufkrankheiten, Schwangerschaft etc.).

Für die seelsorgliche Beratung ist vor allem eine genauere Kenntnis der *Psychodynamik der neurotischen Depression* nützlich. Im folgenden wird sie anhand einer schematischen Übersicht (Abb. 10) näher ausgefaltet.

Nach der psychoanalytischen Auffassung[158] liegt der neurotischen Depression ein frühkindlicher Verlust der elterlichen Bezugsperson zugrunde. Das Kind erfährt insbesondere in der »extrauterinen« Frühzeit eine die seelische Integrität beeinträchtigende Versagung vitaler Bedürfnisse. Aus der *»Mutterdeprivation in der frühen Kindheit«* resultiert eine Fixierung auf das verlorene »Liebesobjekt«, die sich in den späteren Lebensphasen durchhält und immer wieder neu, ausgelöst durch z. T. geringfügige *kritische Lebensereignisse*, reaktiviert wird. Unbewußt identifiziert und bewertet der Depressive viel von dem, was ihm widerfährt, als Neuauflage der frühen

[157] Vgl. *R. Tölle*, Psychiatrie, 231–258.
[158] Vgl. *L. J. Pongratz*, Hauptströmungen der Tiefenpsychologie, 148.

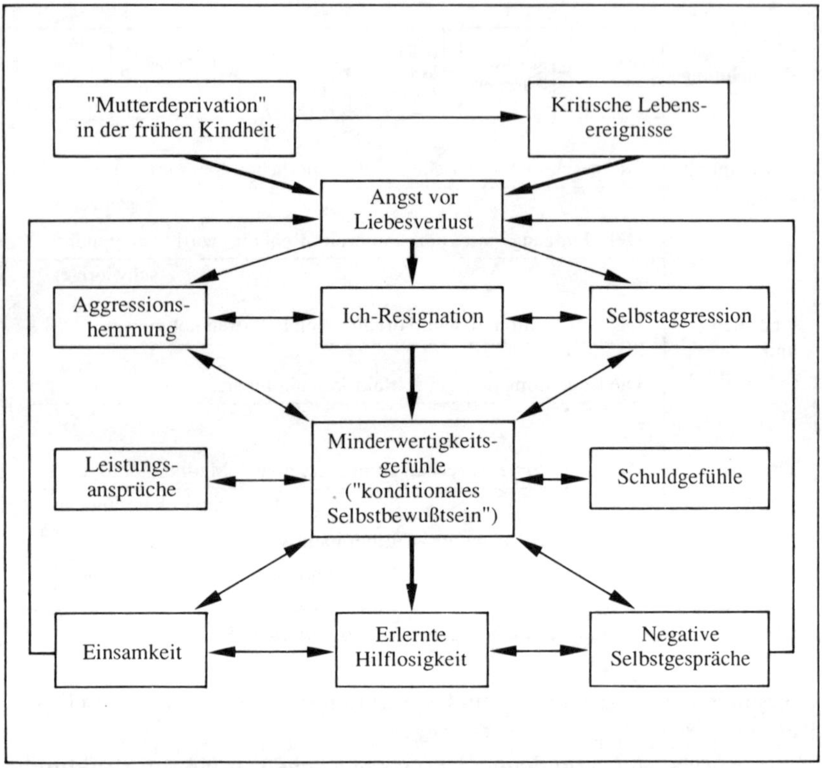

Abb. 10: Psychogramm der neurotischen Depression

traumatischen Erfahrung. Der erlittene Verlust des Liebesobjektes hat sich tief in sein seelisches Leben eingegraben, und jede Zurückweisung, jede Kritik, jede Nichtbeachtung wird vom Depressiven gelesen mit der unbewußten Brille der frühen Frustration. Er fürchtet in solchen Situationen einen neuerlichen Verlust an Achtung, Aufmerksamkeit und Geliebtwerden, der ihm den Boden unter den Füßen wegzieht. Der *Angst vor dem Liebesverlust*[159] versucht der Depressive mit allen Mitteln zu begegnen.

Ein naheliegender, aber letztlich selbstzerstörerischer Weg ist der Verzicht auf jegliche Art von Aggression. In der Logik der depressiven Psyche wird ein Bedingungszusammenhang von der Art konstruiert: »Wenn ich niemandem weh tue, wenn ich es allen in allem recht mache, dann haben sie keinen Grund, mich nicht zu lieben«. Verstärkt wurde diese *Aggressionsgehemmtheit*[160] häufig durch erzieherische Grundhaltungen der Eltern. Wenn

[159] Vgl. *F. Riemann*, Grundformen der Angst, 59–104.
[160] *D. Eicke*, Die Klagen sind Anklagen, 60.

ein Kind trotzt, wütend, frech und »unausstehlich« ist und dabei massiv mit Liebesverlust bestraft wird, dann »lernt« es, daß Nichtbravsein und Aggression den Verlust des Liebesobjektes zementieren. Solange es »gut« ist, kann es wenigstens Hoffnung haben, Liebe zu gewinnen. Infolgedessen konstituiert sich in der depressiven Persönlichkeit eine unüberwindliche Barriere Aggression, auch lebensnotwendiges »Zugehen« – das bedeutet Aggression dem Wortsinn nach – auf Mitmenschen und neue Lebenssituationen zu zeigen. Es fällt Depressiven schwer, anderen Wünsche abzuschlagen, »nein« zu sagen, Forderungen zu stellen, Bitten zu äußern und für sich einzustehen. Völlig unfähig erleben sie sich, sich aggressiv und offen zur Wehr zu setzen.

Fatal wirkt sich solche Aggressionshemmung im Hinblick auf die Ablösung von den elterlichen Bezugspersonen und damit auf die *Ich-Werdung* aus. Es gelingt diesen Menschen nicht, vor den Eltern und vor sich selbst so »böse« zu sein, »Vater und Mutter zu verlassen« – und damit unterbleibt ein zentraler Schritt der Individuation. Der lebenslang geübte Verzicht auf Selbstbehauptung und Durchsetzung macht aus dem Depressiven auf den ersten Blick einen *friedliebenden* Menschen, aber es ist nicht Tugend, sondern Not, er kann gar nicht anders. Sein Repertoire im sozialen Zugehen auf andere, im Sich-Wehren, auch darin, Niederlagen nach außen gerichtet abzureagieren, verkümmert immer mehr.

Dabei sammelt sich gerade beim Depressiven ein hoher Pegel an Aggressivität, wenn man der These von *Dollard/Miller* folgt, daß vor allem Frustrationen Aggressionen zeitigen. Das fängt beim Depressiven schon mit dem frühkindlichen Verlust des Liebesobjektes an. Die daraus resultierende Wut dem versagenden Liebesobjekt gegenüber kann nicht ausgelebt werden, das Kind fürchtet, ob seines hilflosen Angewiesenseins, letztlich auch auf die versagende Mutter, um seine Existenz. Es kommt deshalb, so die Psychoanalyse, zu einem Umschlag der Anklagen, vom verlorenen Liebesobjekt weg auf die eigene Person, in Gestalt von Selbstvorwürfen, Selbstvernichtungswünschen und *Selbstaggressionen*.[161]

Hand in Hand mit der Umkehrung der Aggressionsrichtung geht eine zunehmende Identifikation mit dem versagenden Mutterobjekt: Die verinnerlichte versagende, strafende und fordernde Elterninstanz (Über-Ich) sorgt für eine Perpetuierung der Selbstanklagen und Selbstbeschuldigungen. *Schuldgefühle* bekommen von einem strengen Über-Ich her beim Depressiven immer wieder neue Nahrung. Depressionen, so läßt sich mit den Psychoanalytikern sagen, sind nichts anderes als Aggressionen gegen die eigene Person. Am augenfälligsten wird diese Selbstaggression dort, wo einer Hand an sich legt, aber auch im schleichenden Selbstmord, den der Trinker oder Süchtige begeht. Auch »Arbeitssucht« ist so gesehen eine Form der Selbstaggression.

[161] Ebd. – Vgl. auch *L. J. Pongratz*, Hauptströmungen der Tiefenpsychologie, 148.

Nun besteht weitgehend Einigkeit unter den Psychoanalytikern, daß ein gewisses Maß nach außen kanalisierter Aggressivität einen unverzichtbaren Baustein der Ich-Entwicklung bildet. Im Trotz, im Sich-Wehren und im Wütend-werden erlebt sich das Kind als Zentrum und Quelle einer Aktion, erprobt seinen eigenen Willen und spürt, daß es trotz seiner Kleinheit etwas von der überragend erlebten Macht der Erwachsenen in sich trägt. Jede überzogene Unterdrückung dieser ich-konstruktiven Aggression demütigt das Kind, läßt es nicht »erwachsen« werden, »bricht ihm das Rückgrat«. Es kommt zu einer *»Ich-Resignation«*. Der Depressive bleibt fixiert auf diese frühe Unterdrückung ich-naher Regungen, er verdrängt und verleugnet sich zunehmend. Er verzichtet, wie *Riemann* sagt, auf die Selbstwerdung und lebt ganz in der *Selbsthingabe*. Er »opfert« sich für andere im wahrsten Sinn des Wortes auf. Allem, was zu ihm genuin gehört, mißtraut er, lehnt es ab und wagt nur zu leben auf dem Boden der anderen Person. Der Depressive ist ausgewandert aus dem Land seiner Wünsche und Bedürfnisse, sie sind ihm zutiefst suspekt, er hat verlernt, für sich zu wünschen und zu wollen.

In einer falsch verstandenen *Spiritualität* wird solche depressive Ich-Resignation mit der christlichen Tugend der *Demut* verwechselt. Demut besagt alles andere als Verzicht auf Selbstverwirklichung. Demütig sein kann eigentlich nur der, der ein starkes Zutrauen zu sich selber hat und in der Gewißheit lebt, daß er innerlich so stark, so reich und so geliebt ist, daß der bewußte Verzicht auf ihm Zustehendes ihn in neue, noch reichere seelische Welten trägt. Wer gedemütigt ist, darf nicht zuerst nach Demut streben, er geht sonst an seinem Leben vorbei. Bezeichnenderweise sagt Jesus zum reichen und nicht zum armen Jüngling: »Verkaufe alles, was du besitzt...« (Mt 19,21). Der Weg der Nachfolge gestaltet sich demnach entsprechend der persönlichen »Gegebenheiten«. Es widerspricht der »Pastoral Jesu« ganz und gar, von jemandem, der nichts an Selbstliebe in Händen hat, zu verlangen, in diesem fundamentalen Leiden »demütig« zu verharren, und darin den Willen Gottes zu erblicken.

Durch den Verzicht auf eigene Lebenswünsche gerät der Depressive immer mehr in die *Abhängigkeit* anderer Menschen. Auf sie setzt er bzw. »überträgt« er seine Hoffnung, doch noch geliebt zu werden, ohne sie fühlt er sich nicht lebensfähig und den Widrigkeiten des alltäglichen Lebens nicht gewachsen. Sein eingeschränktes Repertoire im Zugehen auf andere zwingt ihn, sich an andere anzuklammern.

Der frühe Verlust des Liebesobjektes, das mangelnde Zulassen ichnaher Regungen, die permanente Selbstzerstörung, das Sich-angewiesenfühlen auf andere konstruieren beim Depressiven ein Selbstbild, das von *Minderwertigkeits- und Schuldgefühlen* geprägt ist. Er betrachtet sich als Versager. Um wenigstens ein Mindestmaß an Selbstachtung, aber auch an mitmenschlicher Achtung zu retten, erlegt er sich auf, gute und beste *Lei-*

stungen[162] zu erbringen. Nur so glaubt er sich seines Wertes vergewissern zu können, nur so, unter dem Joch der Leistung, kann er sich lieben und hält sich für andere liebenswert. Der Wert der eigenen Person steht und fällt so mit dem Einlösen von Soll- und Muß-Forderungen.

Manche Depressionsforscher[163] meinen, daß die Leistungsfelder, auf denen der Depressive sich abrackert, heute anders aussehen als früher. War es früher mehr das religiös-moralische Gut-Sein, so stünde heute die berufliche und wirtschaftliche Leistung, das Vorwärtskommen im Vordergrund. Die Folgen sind jedoch die gleichen: Da in Anbetracht der abgrundtiefen Selbstverachtung das Wertvakuum unendlich groß ist, bedarf es unendlich vieler und unendlich guter Leistungen, um sich aufzuwerten. Angesichts solcher *»Riesenansprüche« an die eigene Person* kann einer nur scheitern. Gleichzeitig erfüllt er damit jene Prophezeihungen, die er sich selbst ständig gibt: ein Versager zu sein.

Das Gefühl, dem nicht zu entsprechen, wie man in den Augen der anderen sein sollte, bildet einen wesentlichen Teil der *negativen Selbstgespräche und Selbstkognitionen*[164] von Depressiven. In ihnen spiegelt sich weniger die Realität, sondern deren Zerrbild wieder. Depressive ziehen Folgerungen aus Ereignissen und Situationen, die unangebracht sind, sie stützen ihre Gedanken und Urteile auf aus dem Kontext gerissene Details, sie generalisieren Einzelereignisse, sie über- und unterschätzen die Bedeutung von Ereignissen, aber auch ihre eigenen Fähigkeiten, sie benennen Ereignisse ungenau. Ein Depressiver mag beispielsweise sagen, daß er von seinem Vorgesetzten fertiggemacht worden sei, in Wirklichkeit hat ihn dieser nur auf einen Fehler hingewiesen. Seine Selbstabwertung wirkt wie ein Filter, der ihn alles, was ihm begegnet, nur deuten läßt als Kritik an der eigenen Person. Damit stabilisiert sich bei ihm die Grunderfahrung, so, wie er ist, einem Sollwert nicht zu entsprechen. Im verhaltenstherapeutischen Depressionsmodell[165] wird der Veränderung dieser inneren Selbstgespräche und der damit verbundenen negativen Erwartungshaltung große Aufmerksamkeit gewidmet.

Aus solchen depressiv gebahnten kognitiven Strukturen geht auch das Erleben einer großen Hilflosigkeit hervor, an der eigenen Situation selber irgendetwas ändern zu können. *Seligmann*[166] spricht von einer *erlernten*

[162] Vgl. *N. Hoffmann*, Depressives Verhalten. – *Ders.*, Depression, Angst und Hoffnungslosigkeit überwinden.

[163] *G. Liersch*, Depression und Glaube: Empirische Forschungen, kasuistische Erfahrungen, Folgerungen. – *G. Hole*, Der Glaube bei Depressiven.

[164] *A. T. Beck*, Depression.

[165] Vgl. *N. Hoffmann*, Depressives Verhalten. – *E. M. Steinmeyer*, Depression. Ätiologie, Diagnostik und Therapie. – *D. Widlöcher*, Die Depression. – *R. Battegay*, Depression. Psychophysische und soziale Dimension. – *A. T. Beck* u. a., Kognitive Therapie der Depression.

[166] *M. E. P. Seligmann*, Helplessness. – Vgl. *N. Hoffmann*, Depressives Verhalten. – *H. Benesch*, dtv-Wörterbuch zur Klinischen Psychologie, Bd. 1, 148.

Hilflosigkeit beim Depressiven. Sie gehe auf Situationen zurück, in denen eine Person erfährt, daß Reagieren zwecklos ist (z. B. Deprivation in der frühen Kindheit). Diese Erfahrung führe dann dazu, daß einer auch dann keine Einflußmöglichkeiten sieht, wenn sie real existieren. Er fühlt sich letztlich seinem Schicksal hilflos ausgeliefert. Ein Depressiver erlebt sich wie Sysiphus, dem die Götter ein grausames Los auferlegt haben. Gleich ihm arbeitet er sich, beladen mit Sollen und Müssen, den Berg hoch, um doch immer wieder, oben halbwegs angekommen, hinabzusacken in das Tal der Minderwertigkeit. Aus dieser Knechtschaft zu entrinnen sieht der Depressive keine Möglichkeit. Es fehlt ihm das Vertrauen, die Bedingungen seines Erlebens kontrollieren zu können. Er glaubt nicht daran, wenigstens in Teilbereichen seines »Glückes Schmied« zu sein.

Auf einen weiteren Aspekt macht die Verhaltenstherapie aufmerksam. Depressive erleben ihre Mitmenschen als Quelle der Verletzung und Kritik; mit anderen zusammensein bedeutet für sie, sich würdig erweisen zu müssen, heißt Prüfung und Anstrengung. So sehr sie sich an die anderen klammern, sie haben Angst vor ihnen. Sie tendieren zum Rückzug und zur sozialen Abkapselung. Depressive leiden an der *Einsamkeit*, und sie produzieren sie zum großen Teil selbst. Dadurch, daß sie vielen sozialen Kontaktsituationen aus dem Weg gehen, stellt sich bei ihnen mit der Zeit ein *Defizit an sozialen Fähigkeiten*[167] ein. Sie verlieren die »Übung«. In empirischen Untersuchungen wurde nachgewiesen, daß Depressive weniger positive Rückmeldungen an andere geben. Die Folge davon: Sie werden dadurch auch weniger in Kontaktfelder eingebunden als Nichtdepressive. Ihre Rückzugstendenz erhält in den wenigen sozialen Kontakten, die sie haben, immer wieder eine ungünstige Verstärkung. Das Training sozialer Fertigkeiten nimmt deshalb in manchen Depressionsbehandlungen einen breiten Raum ein.

Im Mittelpunkt psychotherapeutischer Bemühungen steht in der Regel das beeinträchtigte Selbstbild des Depressiven. Überwunden werden soll seine krankmachende Einstellung: Wenn ich gut bin, etwas leiste, auf mich verzichte, dann wird man mich lieben, dann darf ich mit mir zufrieden sein! Der Depressive braucht folglich die glaubwürdige Zusage: Es darf dich geben, so wie du bist! Du brauchst nicht erst eine Menge an Vorleistungen erbringen, um liebenswert zu sein! Eine solche für den Depressiven befreiende Zusage kann ihm bis zu einem gewissen Grad die *»bedingungslose Annahme«* (Rogers) geben, die er von einem Psychotherapeuten erfährt. Aber letztlich stößt die unendliche Sehnsucht des Menschen nach einer uneingeschränkten »Aufwertung« an die Grenzen des mitmenschlichen Gebens. Dieser letzte, alle Abwertung des Alltags überdauernde Selbstwert kann nur im Glauben erfahren werden.

[167] *P. M. Lewinsohn*, A behavioral approach to depression. – *N. Hoffmann*, Depression, Angst und Hoffnungslosigkeit überwinden, 3.

Der Seelsorge kommt deshalb in der Therapie der Depression, auch in der Überwindung des zutiefst depressiven Klimas einer Leistungsgesellschaft, eine nicht delegierbare Rolle zu. Sie hat an die Stelle der deprimierenden Leistungsmoral die *Spiritualität der Gnade* zu setzen. Die Menschen in der christlichen »Kontrastgesellschaft« wissen sich befreit vom Joch des Leistenmüssens, um vor sich bestehen zu können. Diese »Kultur der Gnade« begegnet auf Schritt und Tritt in den Geschichten der Bibel, die vom Menschsein im Angesicht Gottes erzählen. Beispielhaft ist hierfür die *Geschichte vom brennenden Dornbusch (Ex 3;4)*.[168]

Sie handelt von *Mose*, der sich minderwertig wähnt, wie ein Dornbusch in der Wüste – zu nichts nütze, allenfalls gefährlich für andere. In der Vision vom brennenden Dornbusch macht dieser depressive Mensch die entscheidende Gotteserfahrung. Gott fängt gerade in ihm Feuer, er hat gerade auf ihn sein Auge geworfen. Vor Gott muß er sich deshalb nicht erst selbst gut machen, im Gegenteil: Er darf sich nackt und bloß zeigen, für Gott ist er so gut genug. Auf dem Boden Gottes weiß er sich befreit vom depressiven Gesetz des Leistenmüssens und der Selbsterlösung.

Makarowski[169] faßt Gottes »Depressionstherapie« am Menschen noch einmal treffend zusammen: »Die Unbedingtheit, mit der Gott für den Menschen ist, befreit diesen von dem Gesetz der Leistung. Damit wird gerade dem Depressiven, der sich vor allem auf Grund eigener überhöhter Leistungsansprüche zu disqualifizieren droht, das unbedingte Recht zugesprochen, er selbst zu sein, seinem Gefühl der Verlorenheit steht die göttliche Annahme gegenüber; seinem Wunsch nach Vollkommenheit die Bejahung trotz eigener Mängel, seinen Ablehnungstendenzen die Möglichkeit der Selbst-Annahme«.

Weil Seelsorge nichts anderes im Auge hat, als das »Handwerk Gottes« zu tun, hat sich das seelsorglich-therapeutische Helfen in der Krise der Depression an Gottes Depressionstherapie zu orientieren. Verlangt ist nicht weniger, als ein einladendes *»Haus der Gnade«* zu bauen, in das der Depressive sich einzutreten getraut und in dem er sich wohlfühlen kann. Es soll ihm dort so ergehen wie Mose auf dem Boden Gottes, er soll alle Anstrengungen, aus sich etwas machen zu müssen, ablegen, er soll sich »nackt und bloß« zeigen dürfen und dabei die tiefe Gewißheit haben: »Ich bin gut, so wie ich bin. Ich darf mich lieben!« Etwas von diesem therapeutischen Klima der Gnade sollte die seelsorgliche Begegnung ausstrahlen. Dann bahnt sich wie von selbst ein Weg zu den Quellen dieser Gnade, von denen das Handeln des Seelsorgers kündet.

[168] Vgl. zum Folgenden *E. Drewermann*, Tiefenpsychologie und Exegese, Bd. 1, 379–392.
[169] *K. D. Makarowski*, Seelsorgliche Begegnung mit Depressiven, 269.

8 KRISE – SITUATION DES MENSCHEN VOR GOTT

Unser fragmentarischer Versuch, eine pastoralpsychologische Kairologie der menschlichen Krise zu entwerfen, führte bereits mehrfach und notwendigerweise über eine nur humanwissenschaftliche Argumentation hinaus. Vom psychischen Leiden und von den mühsamen Suchwegen des Gekränkten läßt sich offensichtlich nur angemessen handeln, wenn immer wieder die menschliche Situation im größeren Kontext des Glaubens betrachtet wird. Die Krise ruft so unabweisbar die *religiös-existentielle Frage* auf den Plan: Wer ist der Mensch? Warum muß der Mensch leiden?

Im Rahmen unserer pastoralpraktischen Zielsetzung kann und soll hier keine umfassende fundamentaltheologische Anthropologie ausgebreitet werden. Vielmehr ist lediglich stichpunktartig die Grundlinie christlicher Daseinsinterpretation in Erinnerung zu rufen. Auf solche Weise wird in *Analogie und Korrelation zur humanwissenschaftlichen Diagnose* theologisch gedeutet, was die Krise des Menschen im Kern ausmacht.[170]

Im Licht des Glaubens betrachtet, besteht die Krise des Menschen letztlich in der Entfernung von Gott, in der *Aufkündigung der Gemeinschaft mit ihm*. Nach der bildhaften Wahrheit der biblischen Schöpfungsgeschichten ist der Mensch nicht aus dem Zufall der Evolution oder aus dem Dunkel des Nichts hervorgegangen, sondern aus Gottes schöpferischer Liebe. Der Gott der Beziehung schafft sich damit ein Gegenüber, das von ihm als ein liebendes Du gedacht ist, Ebenbild seines Wesens. Mitgegeben ist ihm deshalb, um der Liebe Gottes im Modus der Liebe antworten zu können, der Raum der Freiheit, die Möglichkeit, ja und nein zum Du-Sein in der Partnerschaft mit Gott zu sagen. Mensch-Sein heißt von daher, mit Gott zusammensein und doch von ihm verschieden sein, als freier Partner mit Gott zusammenwirken und doch ganz selbst sein. »Das Bild vom ›Garten Eden‹ (vgl. Gen 2,8, 10, 15; 3,24) ist darum v.a. ein Bild der gelingenden Gemeinschaft (communio) zwischen Menschen und Menschen, Menschen und Welt, Menschen und Gott.«[171] Es erzählt jenen Urtraum Gottes von der ans Ziel gekommenen Sehnsucht nach dem Menschen und den Urtraum des Menschen von der Sehnsucht nach Gott.

Nach den biblischen Schöpfungserzählungen ist aber nun die Gemeinschaft Gott-Mensch zerrissen. Der Mensch mißtraute seinem Partner Gott. Er konnte nicht glauben, daß Gott ihm alle Möglichkeiten bot. Diese Aufkündigung der Gemeinschaft nennt die Bibel *Sünde*. Sie meint damit die

[170] Vgl. zum Folgenden: *G. Bitter/W. Fürst*, Conditio humana.
[171] Ebd. 611.

Entfremdung von Gott, von sich selbst, von den Mitmenschen und der Welt. Durch die Sünde, Akt der menschlichen Freiheit, stellt sich der Mensch außerhalb des heilenden Lebenskreises der Gottesbeziehung. Betrachtet man die Menschheitsdiagnose der biblischen Urgeschichte genauer, dann gehört freilich auch zur Schuldgeschichte die fatale *Dynamik der Angst*[172]. Zum einen stellt sie sich ein als Folge der Abkehr von Gott. Das Leben in der Gottferne gerät zu einer endlosen Kette von Bedrohung, Gefährdung und Furcht: vor dem Zu-kurz-Kommen, der Unterdrückung durch die Mitmenschen, dem Nicht-geliebt-Sein, der existentiellen Not, der Krankheit und – hinter allem – vor dem Tod. Zum anderen erscheint die Angst als Triebfeder der Abkehr von Gott, ohne daß damit jegliche Verantwortlichkeit für das Aufkommen dieser Angst vom Tisch gewischt wäre. In seiner »selbstgemachten«, seiner Freiheit entspringenden Angst, ihm sei von Gott etwas vorenthalten, versucht sich der Mensch auf ein unmögliches Wie-Gott-Sein zu entwerfen. Damit ist ein circulus vitiosus in Gang gesetzt, wo die Angst neuerliche Angst und Verzweiflung gebiert.[173]

Trotz der aufgekündigten Gemeinschaft gibt Gott seine liebende Beziehung zum Menschen nicht auf. Er bleibt der Menschheit treu und ist weiter darauf aus, seine Sehnsucht nach dem Menschen ans Ziel zu bringen. In *Jesus Christus* ist diese Bemühung Gottes um den Menschen in ihr entscheidendes Stadium eingetreten. In ihm ist ein neuer Lebenskreis der Nähe Gottes zu den Menschen eröffnet, in dem der Mensch mit sich, mit seinen Mitmenschen und mit Gott Frieden schließen kann.

So zeigt sich im Licht des Glaubens, daß die Situation des Menschen letztlich nicht von der Krankheit zum Tode geprägt ist, sondern von der *unbeirrbaren Treue Gottes zum Menschen*. Aus dieser Perspektive läßt sich folglich für unser kairologisches Schlüsselwort festhalten: Krise ist *Situation des Menschen mit Gott*. Weder in den vielfältigen Ängsten vor dem Endlich-Sein noch in der Krise der Trauer oder der Depression steht Gott abseits. Im Verborgenen und unerkannt geht er zur Seite.

Das hat für die Deutung der Krise eine wichtige Konsequenz. Jede Verteufelung des Menschseins ob der unausweichlichen Verstrickung in Krisen, Endlichkeit und Tod, jede Verzweiflung am Leben ist, von Gottes mitgehender Treue her besehen, unangebracht. Ja, die eigentliche Daseinsschuld besteht darin, Gottes Treue angesichts menschlichen Leidens und mensch-

[172] Vgl. *E. Drewermann*, Sünde/Schuld. – *Ders.*, Strukturen des Bösen, Bd. 3, 540–562.

[173] Über die Frage, wie sich Sünde und Angst zueinander verhalten, wird im Rahmen der Debatte um *Eugen Drewermanns* tiefenpsychologische Schriftauslegung diskutiert. Meines Erachtens wird bei den Anfragen an *Eugen Drewermann* ein psychologisch nicht haltbarer »naturaler« Angstbegriff unterstellt, so als ob die Person sowohl für ihre Angst als auch die daraus hervorgehende Sünde völlig unverantwortlich wäre. Besteht nicht die Sünde gerade darin, in der Angst zu verharren, wo ihre Überwindung möglich wäre? Vgl. dazu: *W. Kasper*, Tiefenpsychologische Umdeutung des Christentums?, 11f. – *H. J. Lauter*, Theologische Anmerkungen zum Werk Eugen Drewermanns, 27–31. – *G. Lohfink/R. Pesch*, Tiefenpsychologie und keine Exegese, 36.

licher Endlichkeit nicht wahrhaben zu wollen. Es ist die Weigerung, »die Endlichkeit des Daseins nicht vom Unendlichen her anzunehmen, sondern umgekehrt die unendliche Bestimmung des Daseins aus Angst dahin mißzuverstehen, daß man die Endlichkeit des Daseins in einem fiktiven Wie-Gott-sein-Wollen glaubt vermenschlichen zu müssen.«[174] Der Gegenbegriff und die alternative Haltung zur Krise und zur Sünde ist deshalb der *Glaube*. Die Krise gibt sich damit auch als Chance zu erkennen, in der Annahme seiner selbst, wie sie der Glaube ermöglicht, voranzuschreiten.

[174] *E. Drewermann*, Sünde/Schuld, 154.

TEIL IV
»DA KAM JESUS HINZU UND GING MIT IHNEN« – KRITERIEN UND KRITIK SEELSORGLICHEN MITGEHENS IN LEBENSKRISEN

Nach der Emmausgeschichte besteht der erste Schritt seelsorglicher Begleitung im Hinzukommen und Mitgehen. Damit ist die Grundbewegung aller Seelsorge und – ihr vorausliegend – die Basisinitiative Gottes selbst angesprochen: sich an die Seite dessen zu begeben, der »blind« und »traurig« unterwegs ist.

Unsere pastoralpsychologischen Überlegungen zum »Hinzukommen und Mitgehen« versuchen folglich zunächst eine *theologische Zielvergewisserung dieser Koinonia-Bewegung* in der Seelsorge. Dabei ist es unerläßlich, auf die Menschwerdung Jesu Christi, sein Leben, Sterben und Auferstehen einzugehen; denn in ihm als dem Ursakrament des mitgehenden Gottes leuchtet Gottes unbeirrbare Parteinahme für den gekränkten und leidenden Menschen am anschaulichsten auf. Daran hat das Mitgehen der Kirche und ihrer Pastoral Maß zu nehmen. Zu bedenken ist deshalb auch, wie gerade in einer mystagogisch-therapeutischen Seelsorge Gottes Hinzukommen und Mitgehen durchscheinen kann.

Ein zweiter, kritischer Fragenbereich schließt an die theologische Programmatik an: Wie steht es mit der *faktischen Verwirklichung des heilenden Hinzukommens und Mitgehens in der Pastoral heute?* Bei der Antwort darauf gilt es sowohl die strukturellen Gegebenheiten der Pastoral wie die Praxis des einzelnen Seelsorgers mit dem theologischen Programm zu konfrontieren. Insbesondere soll an einem Fallbeispiel seelsorglicher Begleitung gezeigt werden, wie schwierig sich im konkreten Seelsorgsgespräch das Hinzukommen gestaltet, welche Ängste beim Seelsorger hierbei auf den Plan treten und wie seine ganze Persönlichkeit mit ihrer je individuellen Biographie im Spiel ist, wenn er hinzukommt oder sich distanziert. In einem eigenen Abschnitt wird deshalb eine *»Psychodiagnose« der typischen Seelsorgerpersönlichkeit* versucht.

Ein abschließendes Kapitel handelt von den Möglichkeiten, Hinzukommen und Mitgehen zu lernen. Vor allem soll darauf eingegangen werden, wie im Rahmen *pastoralpsychologischer Ausbildung* Ängste und Traumatisierungen von Seelsorgern bearbeitet werden können und wie sie dadurch fähiger werden, Menschen in Lebenskrisen hilfreich zu begleiten.

1

THEOLOGISCHE ZIELVERGEWISSERUNG FÜR DAS SEELSORGLICHE HINZUKOMMEN UND MITGEHEN IN LEBENSKRISEN

(1) Der Mensch in der Krise ist Gottes Anliegen

1. Das »Glaubensbekenntnis« des AT

Die Glaubenserfahrung »Der Mensch in der Krise ist Gottes Anliegen« zieht sich wie ein roter Faden durch die Schriften, in denen Juden und Christen Gottes Geschichte mit ihnen dokumentiert sehen und erinnern. Wenn das »Glaubensbekenntnis« der Israeliten »Jahwe ist unser Gott« (vgl. Jos 24,16ff; 1 Kön 18,21ff; u.a.) erklärt werden soll, so kann dies im Verständnis der alttestamentlichen Schriften nicht anders geschehen, als daß man erzählt, wie Jahwe das Volk aus den tiefsten Krisen immer wieder herausgeführt hat, wie er es befreite von der Mühsal und Bedrängnis in Ägypten und in ein Land brachte, »wo Milch und Honig überfließt«: »Ein umherirrender Aramäer war mein Vater. Er zog nach Ägypten und hielt sich dort als Fremdling mit wenig Leuten auf. Aber er ward dort zu einem großen, starken und zahlreichen Volk. Doch die Ägypter mißhandelten uns. Sie quälten uns und legten uns harten Frondienst auf. Da schrien wir zu Jahwe, dem Gott unserer Väter. Jahwe erhörte unser Rufen und sah unsere Qual, unsere Mühsal und Bedrängnis. Und Jahwe führte uns aus Ägypten heraus mit starker Hand und ausgestrecktem Arm, mit großen, furchterregenden Taten, Zeichen und Wundern. Er brachte uns an diese Stätte und gab uns dieses Land, das von Milch und Honig überfließt« (Dtn 26,5–9).

Von Jahwe sprechen hieß für den Israeliten, seine eigene Geschichte, eingebettet in die Geschichte des Volkes, erzählen, und wie Jahwe mit »starker Hand und ausgestrecktem Arm, mit großen, furchterregenden Taten, Zeichen und Wundern« in diese Geschichte eingegriffen hat, gerade dann, wenn sie ausweglos, »aporetisch«, erschien. Jahwe – das ist der Gott, der hinzukommt und mitgeht, der *»Ich-bin-da«*.

2. Gottes Menschwerdung in Jesus Christus – Einstieg Gottes in die menschliche Krisengeschichte

Indem Gott in Jesus Christus Mensch geworden ist, hat er selbst sich mit der krisenanfälligen menschlichen Natur bekleidet und diese damit radikal bejaht. In Jesus Christus hat Gott folglich sein Hinzukommen und Mitgehen auf die Spitze getrieben. Es gibt »seither keine menschliche Dimension mehr, die grundsätzlich gottlos und gottfern wäre ... Gott hat in Jesus Christus alles Menschliche angenommen und geheiligt«.[1] Dies hat Konsequenzen für das Christus- und Selbstbild des Glaubenden.

Die Glaubensaussage von der Menschwerdung Gottes in Jesus Christus schließt ein, ja fordert, Jesus Christus nicht nur »monophysitisch« als »wahren Gott«, sondern auch als *»wahren Menschen«* zu denken. Unser Glaube an die in Jesus Christus geschehene Erlösung hängt ganz entscheidend davon ab, daß wir ohne Einschränkung anerkennen, »daß Jesus Christus im Fleisch gekommen ist«, wie es der 1. und 2. Johannesbrief ausdrücken (2 Joh 7; 1 Joh 4,3). Nur wenn wir von Jesus ganz elementar zu erzählen vermögen, wie Reifungsprozesse, Ängste, Entscheidungen, Krisen und kritische Lebensereignisse auch seine Biographie säumen, können wir Hoffnung schöpfen, daß auch unsere krisenanfällige Natur vor Gott Gnade gefunden hat und von ihm angenommen ist. Wir müssen folglich bei unserer Annäherung an Jesus »unten«, auf der Erde, einsetzen und nicht im Himmel, in Raum und Zeit, nicht in der Ewigkeit, bei *Jesu Fragen und Suchen, bei seinem inneren Weg und seinen Krisen*, bei Jesu Leiden, Sterben und Auferstehen.[2]

Freilich ist es für viele Gläubige nicht selbstverständlich, die menschliche Natur Jesu voll zur Kenntnis zu nehmen und im Glaubensbewußtsein gelten zu lassen. Es habe sich, so *Maria Kassel*, »eine Scheu herausgebildet, sich ernsthaft vorzustellen, was es konkret heißt, daß an Jesus nicht nur als ›wahren Gott‹ geglaubt wird, sondern daß er auch als ›wahrer Mensch‹ gelebt hat, wie das Dogma beides formuliert.«[3]

Psychologisch betrachtet, dürfte die *Verdrängung der menschlichen Natur Jesu* damit zusammenhängen, daß das »Böse«, Zerstörerische, Triebhaft-Animalische, auch das Krisenhafte und die Todesverfallenheit, das in der eigenen Innenwelt gespürt wird, von vornherein und unabänderlich als »unheilbar widergöttlich« deklariert wird. Solche »Verzweiflung« an der eigenen unaufhebbaren Schlechtigkeit mit der tiefsitzenden Selbstbeschuldigung, und dem Verdacht der eigenen Unerlösbarkeit hat mit einiger Sicherheit ihre biographische Wurzel in Verletzungen im Zuge der erfahrenen religiösen Sozialisation. Die Folgen dieser seelischen Beschädigungen auf das Selbst- und Gottesbild sind fatal. Es erscheint einem solchen Menschen in seiner inneren Psycho-Logik als undenkbar, jene verabscheuungswürdige Seite seiner selbst, die vor den eigenen Eltern keine Gnade gefunden hat, würde vor Gott Gnade finden. Weil nun aber das Bild von der eigenen Person bei diesen gekränkten und an sich selbst verzweifelnden Menschen so stark an der eigenen »Bösartigkeit« und Unzulänglichkeit festgemacht ist, entsteht daraus die Tendenz, die menschliche Natur insgesamt als aus-

[1] *Deutsche Bischofskonferenz* (Hrsg.), Katholischer Erwachsenenkatechismus, 157.
[2] *H. Zahrnt*, Jesus aus Nazareth, 10.
[3] *M. Kassel*, Der menschliche Weg Jesu, 120.

schließlich »verdorben« und »sündig« zu verteufeln. Der Mensch als Gottes Ebenbild und Gottes Menschwerdung in Jesus Christus erscheinen im Rahmen solchen Unglaubens unvereinbar mit dem erlebten Selbstbild. Man kann im Klima totaler Selbstablehnung und Verzweiflung am Menschsein nicht zugestehen, in Jesus seien auch diese Schattenseiten des Lebens, die man in sich ein Leben lang verdammt hat, von Gott gewürdigt worden. Letztlich bekundet jedes Verschweigen und Verdrängen der menschlichen Natur Jesu in der subjektiven wie kirchlichen Glaubenswelt, daß die »Erlösung« noch nicht in Gang gekommen und der Mensch immer noch sich selbst, d.h. seiner Angst, Schuld und Todesverfallenheit, überlassen ist. Versuchen wir deshalb, dem »wahren Menschsein« Jesu ein wenig nachzuspüren.

Ohne die Evangelien als Biographie oder Psychogramm Jesu mißzuverstehen, ist unverkennbar, wie sie in eigentümlicher Verflechtung mit der messianischen Dimension ein ausgesprochen *»menschliches« Jesusbild* zeichnen. Jesus scheint in den Evangelien gar nicht anders denkbar als einer, der mit sich selbst ringt, der auf der Suche nach seiner Sendung ist, der Reifungsprozesse durchmacht und der durch Krisenerfahrungen immer mehr zu einem inneren Einssein mit sich und dem Vater findet, was die Zeitgenossen schließlich so beeindruckt, daß sie ihn als »vollmächtig« charakterisieren (vgl. Mt 9,8; Mk 11,28; Lk 20,2).

In den synoptischen Evangelien gibt es vor allem drei herausragende Stellen, in denen kritische Wendepunkte im seelischen Entwicklungsprozeß Jesu zur Sprache gebracht werden.[4] Es sind dies die Versuchung Jesu vor seinem öffentlichen Auftreten, das Messiasbekenntnis des Petrus bei Caesarea Philippi, zu einer Zeit, als sich Auseinandersetzungen mit den jüdischen Autoritäten abzuzeichnen beginnen, und das Ringen mit dem Vater im Garten von Gethsemane vor seiner Gefangennahme.

Paradigmatisch sei kurz auf die *»Versuchung« Jesu*, wie sie Markus sehr dicht und psychologisch außerordentlich tiefsinnig erzählt, eingegangen. Es heißt bei Mk 1,12–13: »Danach trieb der Geist Jesus in die Wüste. Dort blieb Jesus vierzig Tage lang und wurde vom Satan in Versuchung geführt. Er lebte bei den wilden Tieren, und die Engel dienten ihm.« Von den Synoptikern wird übereinstimmend die »Versuchung Jesu« nicht zufällig an den Beginn des öffentlichen Auftretens gestellt. Es scheint, als wollten sie damit ausdrücken, daß Jesus erst nach langen Phasen des Ringens, auch der Krise, dazu herangereift ist, den Willen des Vaters mit Macht zu vollbringen, daß ihm die Kraft zum Heilen, zum Verkündigen, zur Parteinahme für die Armen, kleinen Leute, Zöllner und Sünder sowie für den letzten »Gehorsam« am Kreuz nicht zugeflogen, sondern erst aus Phasen der inneren Orientierung erwachsen ist.

[4] Vgl. *M. Kassel*, Der menschliche Weg, 122.

Markus gebraucht sehr eindrucksvolle Bilder, wenn er den inneren Krisen- und Klärungsprozeß Jesu beschreibt, von »Wüste«, »Satan«, »wilden Tieren« und »Engeln« ist die Rede. Wie ist das zu verstehen? Sehr treffend bezeichnet der Evangelist den Ort, wo eine radikale Selbstbegegnung, wie wir sie für Jesus am Beginn seines Wirkens annehmen müssen, als *Wüste* – ein Ort der Stille ebenso wie der Leere, der Entbehrung wie der Gefahr, ein Ort am Rand des Lebens, dort, wo Grenzerfahrungen gemacht werden. Es ist offensichtlich eine innerseelische Gesetzmäßigkeit, daß die Selbstbegegnung nur dann möglich wird, wenn man alles Überflüssige, das ablenkt und von der Mitte wegführt, hinter sich läßt. So auf das Elementare seiner selbst verwiesen, kann man zu seinem inneren Kern vorstoßen. Nicht von ungefähr fordert der Vater der modernen Psychotherapie, *Sigmund Freud*[5], für die »psychotherapeutische Kur«, daß sie in der »Entbehrung« erfolgen solle. Nur so entgehe man der Täuschung über sich selbst. Nach Markus ist der Zeitpunkt zum Wüstengang nicht beliebig gegeben. Es muß einer soweit sein, und er muß sich dem Drängen des Geistes, der in die Wüste treibt, überlassen.

Was passiert in der Wüste mit Jesus, mit uns? Nach Markus geschieht im Rahmen der Wüstenerfahrung die Versuchung. In engem Zusammenhang damit, ja als Erläuterung der Versuchung ist in einer symbolischen Auslegung das Bild von den *»wilden Tieren«* zu sehen. Das Leben bei den wilden Tieren darf hier nicht einfach als anschauliche Ausschmückung des Fernseins von den Menschen[6] überlesen werden, sondern die tiefe seelische Wahrheit dieses Bildes gilt es zur Kenntnis zu nehmen. In der Mythologie und Traumsymbolik stehen die »wilden Tiere« für jene innerseelischen Anteile, die sozusagen das »Tier in uns« ausmachen: Triebhaftes, Zerstörerisches, Animalisch-Unersättliches, Aggressives, Lebensgier, Beutelust und Rivalität. Matthäus und Lukas gestalten das, was die wilden Tiere für Jesus speziell bedeuten, noch aus und bringen es in einen direkten Zusammenhang mit dem Satanischen[7]:

- aus Steinen Brot zu machen, d. h. das Reich Gottes mit materieller Wohlfahrt gleichzusetzen, den Menschen nur als Brotesser zu definieren und sich selbst als sozialen Revolutionär mißzuverstehen, so verlockend eine solche Sendung angesichts der sozialen Ungerechtigkeiten erscheinen mag,
- sich von der Zinne des Tempels zu stürzen, d. h. durch Wunder und spek-

[5] *S. Freud*: »Die analytische Kur soll, soweit dies möglich ist, in der Entbehrung – Abstinenz – durchgeführt werden«. Zit. nach: *L. J. Pongratz*, Lehrbuch der Klinischen Psychologie, 280. Die »Abstinenzregel« wird von *Freud* begründet mit der Gefahr der Symptomverschiebung im Rahmen der Therapie, d. h. der Patient sollte sich nicht (vorzeitig) als wiederhergestellt betrachten, bevor er nicht seinen tieferen Konflikten auf den Grund gegangen ist.

[6] So etwa zu lesen im Mk-Kommentar von *J. Schmid*, Das Evangelium nach Markus, 26.

[7] Vgl. dazu: *H. Zahrnt*, Jesus aus Nazareth, 56ff.

takuläre Taten die Menschen zu blenden, um so als der große, gefeierte, religiöse Magier dazustehen, ein Guru, dem die Masse zujubelt,
- den Satan anzubeten, d. h. Gott zu entthronen und das Irdische, die Reiche der Welt, höher zu achten. Jesus will kein politischer Herrscher oder Messias sein.

Für Jesus gewinnen so die wilden Tiere, denen er in der Abgeschiedenheit der Wüste bei sich begegnet, Konturen von tiefsitzenden, gefährlichen, in die animalische Triebnatur des Menschen hineinreichenden Wünschen nach Macht, nach Bestätigung, nach Besitz. Mit dieser dunklen Seite seiner selbst setzt sich nach Aussage des Markus-Evangeliums Jesus auseinander, so intensiv, daß dafür der Ausdruck steht: »er lebte« oder »war« mit den wilden Tieren. Ein wichtiges Element ist hier angedeutet: »Leben« mit den wilden Tieren besagt alles andere, als sie zu töten. Im Gegenteil: Die Vision, die Markus im Einklang mit Jesaja (11,6–9; 65,25) zeichnet, besteht in einer friedlichen Koexistenz mit den wilden Tieren. *Eugen Drewermann*[8] diagnostiziert es in der Interpretation dieses Bildes als »eine der furchtbarsten Zumutungen für einen Menschen, des Tierischen in seiner Natur innezuwerden und es nicht abzutöten«. Was nötig ist und sich in solchen von Markus geschilderten Wüstenzeiten ereignen kann, ist die Domestizierung der dunklen Seiten, nicht ihre Abtötung, sie sollen in Dienst genommen werden für die erkannte Lebensaufgabe.

Nur auf den ersten Blick mag es befremden, daß Markus Jesu Leben bei den wilden Tieren in einem Atemzug mit den *Engeln* erzählt. Und doch steckt ein tiefer Sinn darin. Es wird damit zum Ausdruck gebracht, daß derjenige, der es wagt, seinen wilden Tieren zu begegnen, sie am Leben zu lassen und zu zähmen, in die von den Engeln repräsentierte Zone Gottes gerät. Damit ist gleichzeitig gesagt, daß der Prozeß wahrer Selbstbegegnung, der bis an die Grenzen des für einen Menschen Zumutbaren gehen kann, immer auch ein Weg zu Gott ist. Bezeichnender Weise wird in der Traumsymbolik der Engel nicht nur als Wesen der göttlichen Sphäre gesehen, sondern auch als Idealbild für den je eigenen Lebensentwurf des Träumers.

Man mag fragen, *woher einer die Kraft nehmen soll,* das Dunkle, Animalische, Aggressive, Zerstörerische, Eigensüchtige und Triebhafte der eigenen Innenwelt anzunehmen. Der Evangelist gibt auch darauf eine Antwort.[9] Derjenige ist dazu in der Lage, zu dem wie zu Jesus, der Versuchung vorausgehend, von Gott her gesagt worden ist: »Du bist mein geliebter Sohn, an dir habe ich Gefallen gefunden« (Mk 1,11). Mit der Menschwerdung Gottes in Jesus ist zur dunklen, schuldhaften wie krisenhaften Seite jedes Menschen dieses Wort von Gott gesagt. Indem Gott Mensch geworden ist, ist er

[8] *E. Drewermann*, Das Markusevangelium, Bd. 1, 151.
[9] Vgl. ebd. 155.

zum Menschen in einer Weise hinzugekommen, die jeden Verdacht der Distanz widerlegt. Er »identifiziert« sich mit dem Menschen, auch in der Krise.

3. Jesu Hinzukommen und Mitgehen

Was die Menschwerdung Jesu im Kern bedeutet, wird anschaulich ausgefaltet in Jesu Handeln. Es ist vom Anfang bis zum Ende Hinzukommen und Mitgehen mit den »Verlorenen«. Wenn man folglich die Menschwerdung Jesu, aber auch das Hinzukommen des Auferstandenen, wie es die Emmausgeschichte erzählt, näher begreifen will, gilt es *auf den Jesus vor Golgotha und Emmaus zu blicken.* Seine vorösterliche Weise des Hinzukommens und Mitgehens bildet den ausführlichen Text dafür, was die Emmauslegende im Stichwort bündelt.

Die Evangelien erzählen mit einer Fülle von Beispielen, wie Jesus sich in Beschlag nehmen läßt von den Armen, den Schuldiggewordenen, den Kindern, den Sinnsuchenden und den Kranken:

- Er tritt in Kontakt mit dem Besessenen und seinen dunklen, dämonischen Anteilen, mit denen die Mitmenschen nicht anders umzugehen wissen, als den Armen in Fesseln zu legen und zu den Grabhöhlen abzuschieben (Mk 5,1–20).
- Er läßt sich von der unreinen Frau berühren und riskiert dabei, in den Augen der patriarchalischen Gesetzeshüter selbst als »Unreiner« dazustehen. Erst durch dieses riskante Hinzukommen und Mitgehen vermag er der Frau zu ihrem fraulichen Selbstwert zu verhelfen (Mk 5,21–34).
- Ähnlich sein Hinzukommen und Mitgehen mit der Ehebrecherin. Jesus hält an ihrer Seite aus und macht sich an ihrer Stelle zur Zielscheibe der Steinwürfe und Tötungslust (Joh 8,1–16).
- Er kommt hinzu, als der Mann mit der verdorrten Hand zurückstehen soll hinter unmenschlichen Sabbatgeboten und liturgischen Ritualen. Indem Jesus den armen Außenseiter vom Rand in die Mitte stellt, holt er ihn aus der sozialen Todeszone ins Leben zurück. Zugleich demonstriert er unverwechselbar den Standort Gottes als unbeirrbar an der Seite der Leidenden (Lk 6,6–11).

Bei all diesen dichten und riskanten Ereignissen von Nähe und Berührung ist unabweisbar zu erkennen, wie hier Gottes Parteinahme für die Leidenden durchleuchtet. In Jesu Praxis des Hinzukommens und Mitgehens ist die *Basileia Gottes* nahegekommen (Mk 1,15; Lk 4,14–30; 21,29–31). Daß Kranke geheilt und Verlorene wiedergefunden, daß Schulden erlassen und Außenseiter an den Tisch geholt werden, darin besteht das Reich Gottes.

4. Das Kreuz von Golgotha – Zeichen des Hinzukommens und Mitgehens

Jesu Mitgehen mit den Menschen, auch hinein in die Verstrickung in Leid und Tod, findet seinen unüberbietbaren Ausdruck im *Kreuz von Golgotha*. Er identifiziert sich mit dem menschlichen Todesschicksal und geht den Weg des Menschen bis zum bitteren Ende. Was im Stall begonnen hat, endet am Galgen.[10] Nicht deutlicher kann bekundet werden, daß Gott in Jesus radikal Mensch geworden ist und das Menschsein zu seiner Angelegenheit gemacht hat. Und all dies aus unbegreiflicher Liebe zum Menschen.

Etwas weiteres kommt hinzu. Christen glauben, daß durch Jesu Leiden und Tod den Menschen ein *neuer Zugang zu Gott eröffnet* ist. Sie wissen sich »erlöst«. Indem Jesus das Kreuz auf sich nimmt, läßt er zu, daß sich an ihm alle Bosheit und Sünde der Menschheit zeigen und festmachen darf. Erst dadurch, daß er als der absolut Gute und Sündelose sich für die Sünde der Menschen zur Verfügung stellt, kann die Verirrung und Gottferne des Menschen wirklich zum Vorschein kommen und überwunden werden. An ihm durchlaufen die Menschen noch einmal das Stadium der Sünde und kommen gleichzeitig darüber hinaus. Denn nun hat einer die Schuld der Menschheit auf seine Schultern genommen und aus der Welt hinausgetragen. Neues Menschsein im Umkreis Gottes wird möglich.[11]

Schließlich wird durch den Gekreuzigten von Golgotha von Gott unüberbietbar gesagt, daß Leid und Todesverfallenheit nicht das letzte Wort über die menschliche Existenz bilden. Er hat Jesus von den Toten auferweckt und damit das Menschsein insgesamt neu definiert. Weil Christen Jesus als einen der Ihren erkennen, in ihm einen »wahren Menschen« sehen, wird das *Kreuz zur Erinnerung nach vorne:* Auch an ihnen, so glauben sie, wird Gott das Wunder der Auferstehung tun. In Jesu Tod und Auferstehung ist Gott zum Menschen in seiner Schuldverstrickung und Todesverfallenheit wirklich »hinzugekommen« und wird ihm die Treue halten.

5. Jesus Christus – Ursakrament des Hinzukommens und Mitgehens Gottes

Die ersten Christen erzählen deshalb, wenn sie ihr Urbekenntnis zu Jesus Christus ausfalten wollen, von dem Gott, der an ihnen so handeln wird wie an Jesus: »Jesus (ist der) Christus, der aus dem Geschlecht Davids, der aus Maria stammt, der wahrhaft geboren wurde, aß und trank, wahrhaft verfolgt wurde unter Pontius Pilatus, wahrhaft gekreuzigt wurde und starb vor

[10] *W. Jens*, Am Anfang der Stall, am Ende der Galgen.

[11] Das Erlösungshandeln Jesu Christi wird hier, unbeschadet anderer Interpretationen, in Analogie zur therapeutischen Intention, die Übertragung des Ratsuchenden zuzulassen und auszuhalten, gedeutet. Vgl. dazu: *E. Drewermann*, Das Markusevangelium, Bd. 1, 45–80.

den Augen derer, die im Himmel, auf der Erde und unter der Erde sind, der auch wahrhaft auferweckt wurde von den Toten, da ihn sein Vater auferweckte; nach diesem Vorbild wird uns, die wir glauben, sein Vater auch so auferwecken in Christus, ohne den wir das wahre Leben nicht haben«.[12]

Jesus Christus ist so der Anführer der Menschheit auf ihrem Weg hinein in das Leben, das von Gott kommt. Aus seiner Auferweckung erwächst die Hoffnung, daß wir als seine Brüder und Schwestern »Miterben« seiner Auferstehung und der damit verbundenen radikalen Heilung geworden sind. Alle Geschichte ist von nun an »Einholung der Auferweckung«[13] durch die vielen. In Jesus Christus begegnet so Gottes heilende Absicht für alles Menschliche und die Schöpfung insgesamt. Er ist das Ursakrament des Hinzukommens und Mitgehens.

Das in Jesus Christus in Gang gekommene Heil schafft sich um so mehr Raum, je stärker sich Menschen ihm anschließen, denn »wenn jemand in Christus ist, dann ist er eine neue Schöpfung: Das Alte ist vergangen, Neues ist geworden« (2 Kor 5,17).Wer sich also von Jesus Christus ergreifen läßt, wer ihn im Glauben wie die blutflüssige Frau »berührt«, der erhält als Geschenk eine neue Sichtweise seines Lebens, er wird von Grund auf geheilt. Krisen und Krankheiten, Verletzungen und Kränkungen bekommen eine neue Bedeutung, sie sind hineingenommen in Gottes Neudefinition menschlichen Lebens.

(2) Mystagogische Kirche – Sakrament des mitgehenden Gottes

1. Mitgehende Kirche

Jene, die mit Jesus Christus in Berührung gekommen sind und aus seinem Geist leben, bringen Gottes Hinzukommen und Mitgehen in die Zeiten und Lebensräume der Menschen hinein. An ihrem Leben und Handeln ist ablesbar, wie Gott selbst seinen Standort an der Seite der Menschen sieht. Die *Gemeinschaft der Gläubigen ist somit Zeichen, Sakrament des mitgehenden Gottes*.[14] Die Kirche bildet die Verortung, das Anwesen seiner Praxis der Koinonia. Sie macht anschaulich und bringt voran, was Gott in der Auferweckung Jesu Christi begonnen und in Aussicht gestellt hat, daß er »nach diesem Vorbild« auch an uns handelt.

Für das Selbstverständnis der kirchlichen Pastoral ist die Einsicht in den ekklesialen Zeichen-Charakter fundamental. Seelsorge macht anschaulich,

[12] Dies ist das Glaubensbekenntnis des Ignatius von Antiochien, entstanden um 115: *G. Baudler*, Einführung in symbolisch-erzählende Theologie, 33f.
[13] *P. M. Zulehner*, Gemeinde, 53.
[14] Vgl. LG 1.

daß Gott in der Geschichte der Menschheit und jedes einzelnen längst gegenwärtig ist, schon lange bevor »Kirche« tätig wird. Die Kirche »importiert« nicht das Heil in die Lebensgeschichten der Menschen, sondern sie bringt Gottes Heilshandeln, das von Anfang an am Werke ist, zum Vorschein. Ihre Aufgabe ist deshalb nicht zuerst, womöglich noch obrigkeitlich, Gottes Gnadenstrom an den Mann oder an die Frau zu bringen, auch nicht, ihn bei »Unwürdigkeit« zu unterbinden, sondern »expressiv« Gottes immer schon stattfindendes Mitgehen darzustellen. Sie hat deshalb vor allem in das Geheimnis einzuführen, das das Leben jedes Menschen vor Gott immer schon ist.[15] Nach pastoraltheologischem Verständnis wird diese mäeutisch-therapeutische Aufgabe am angemessensten realisiert in einer *mystagogisch-heilenden Seelsorge*.

2. *Mystagogisch-heilende Seelsorge*

Ursprünglich, etwa in den Mysterienkulten von Eleusis, Delphi oder Epidauros, bedeutete Mystagogie Einweihung in ein heiliges Geheimnis. Immer war damit ein ganz bestimmter Weg der Reinigung und psychosomatischen Heilung verbunden.[16] In der altchristlichen Theologie wird der Begriff übernommen für die *katechetisch-liturgische Einführung der Neugetauften. Cyrill von Jerusalem*[17] hält um 350 seine berühmten fünf »mystagogischen Katechesen«, Predigten für Erwachsene, die zuvor in der Osternacht die Taufe empfangen hatten. Man darf wohl den gesamten Prozeß von Katechumenat, Osternachtfeier und Sakramentenspendung als altchristliche Mystagogie bezeichnen.[18]

Eine Neubelebung erfuhr der Begriff in unserem Jahrhundert einmal durch die sogenannte *Mysterien-Theologie*[19] (*O. Casel*, *J. Corbon)*, sodann durch den theologischen Ansatz *Karl Rahners*[20] und seiner Schüler. Die liturgische Mysterientheologie suchte – in der Ablehnung eines einseitig rationalistischen Denkens – die Gotteserfahrung im »Mysterien-Kult«, das ist vor allem die Feier der Eucharistie, zu verankern.[21] Die Theologie *Karl Rahners* kommt von einer anthropologischen Perspektive zum Begriff der Mystagogie. Der Mensch wird gesehen als »vor dem absoluten Geheimnis« stehend: »Es waltet in jedem Leben ein Unsagbares: das Geheimnis. Dieses ist nicht der Rest an Noch-nicht-Durchschautem oder Noch-nicht-Getanem

[15] Vgl. *P. M. Zulehner*, Von der Versorgung zur Mystagogie.
[16] Vgl. *H. J. Thilo*, Die therapeutische Funktion des Gottesdienstes, 70–79.
[17] Vgl. *O. Perler*, Kyrillos von Jerusalem.
[18] Vgl. *B. Gertz*, Mystagogie.
[19] Vgl. *V. Warnach*, Mysterientheologie. – *J. Corbon*, Liturgie aus dem Urquell. – *A. Schilson*, Theologie als Sakramententheologie.
[20] Vgl. u. a.: *K. Rahner*, Die Notwendigkeit der neuen Mystagogie, 528–534.
[21] Vgl. *B. Gertz*, Mystagogie, 83.

und -Verwirklichtem, sondern dessen Voraussetzung und tragender Grund. Denn eben der Vorgriff über jedes konkrete Denkbare und Verwirklichbare hinaus, die grundsätzliche Unbegrenztheit jeder Bewegung der Erkenntnis und Freiheit durch ein Einzelnes, Bestimmtes, endgültigen Haltepunkt Bedeutendes ist die Bedingung der Möglichkeit und der Eigenart menschlichen Daseinvollzugs«.[22] Indem der Mensch versucht, in die Tiefen seiner Person dieses Geheimnis mehr zu schauen als zu ergründen, das letztlich Gott für ihn ist, überwindet er seine Selbst- und Gottvergessenheit. Diese mystische Schau und die Einführung in sie betrachtet *Rahner* als ein Gebot der Stunde:[23] »Der Fromme von morgen wird ein ›Mystiker‹ sein, einer, der etwas ›erfahren‹ hat, oder er wird nicht mehr sein ...«[24]

Karl Rahner stützt seine Option für eine neue Mystagogie auf *zentrale »Glaubensgrundsätze«*:

1. »Die Welt als ganze ist von vornherein schon unter der *Heilsdynamik Gottes*, die Gott durch sich selber, durch seine Selbstmitteilung in die Welt immer und überall eingestiftet hat, die er in Hinblick auf Christus auch durchhält, trotz der individuellen und kollektiven Sünde der Welt.«[25] Das bedeutet dann auch: Nicht nur jede geschichtliche Situation der Welt und der Menschheit insgesamt, sondern jedes einzelne Menschenleben ist von allem Anfang an bereits umfangen vom unbeirrbaren Heilswillen Gottes.

2. »Deshalb ist auch die *Erbsünde* nicht einfach das zeitlich dem Heilshandeln Gottes vorausliegende bleibende Existential grundlegender Art des Menschen und der Menschheit. Sie ist vielmehr die Beschreibung einer Unheilssituation, wie sie vom Menschen her allein, unabhängig von der Heilstat Christi, existieren würde. Theologisch recht verstanden ist die Erbsünde somit ein Existential, das bleibend in einem dialektischen Verhältnis zu dem ebenso universalen und bleibenden unentrinnbaren Existential der Begnadetheit des Menschen – natürlich im Modus des Angebots an seine Freiheit – existiert. Man kann also in einem wahren Sinn im voraus zur freien Entscheidung des Menschen von einem ›simul iustus et peccator‹ reden, wobei der eigentliche Akzent auf dem iustus liegen müßte.«[26] Anders gesagt: Durch den radikalen »umfangenden Heilswillen« Gottes ist die Gebrochenheit und Aporie menschlicher Existenz nicht vollends aufgehoben, auch nicht die menschliche Freiheit der Entscheidung einfachhin außer Kraft gesetzt. Dieser Heilswille ist aber doch so mächtig am Werk, daß er im Weg des Menschen und seinem Handeln zum Tragen kommt.

[22] *K. Rahner*, Schriften zur Theologie, Bd. IX, 163.
[23] Vgl. zum Mystagogiebegriff bei *K. Rahner*: *Ders.*, Die Notwendigkeit einer neuen Mystagogie. – *K. P. Fischer*, Gotteserfahrung, Mystagogie in der Theologie Karl Rahners und in der Theologie der Befreiung.
[24] *K. Rahner*, Schriften zur Theologie, 22.
[25] *Ders.*, in: *P. M. Zulehner*, »Denn du kommst unserem Tun mit deiner Gnade zuvor...«, 41.
[26] Ebd. 41.

3. Ausgangspunkt kirchlicher Seelsorge ist deshalb ein universaler *»Heilsoptimismus«*, den es gilt gegen einen weitverbreiteten Heilspessimismus ins Feld zu führen. Dem modernen Menschen, der, wenn man seinen Verdrängungen auf den Grund geht, zutiefst davon überzeugt ist, »daß alles schief ausgeht... hätte die Kirche eine Herrlichkeit zu verkünden, und eine Unbesiegbarkeit, die in ihm schon gegeben ist und die er nicht wahrhaben will. Es ist also eine Botschaft der Freude, der Befreiung, des Lebens, also des Lachens, die eben zunächst einmal – obwohl sie die Aussage über die wahre Wirklichkeit des Menschen selber ist – auf Skepsis stößt und scheinbar der gängigen und als selbstverständlich angenommenen Erfahrung des Menschen widerspricht.«[27]

4. Aufgabe der Kirche ist es folglich nicht, das Heil zu »importieren«, sondern die unzerstörbare Leidenschaft Gottes für den Menschen zu spiegeln. Sie wird versuchen, »Anschauungsmodell« dafür zu sein, wohin Gottes Lebensabsicht mit dem Menschen letztlich zielt.

Im Rahmen dieses von *Karl Rahner* vertieften ekklesiologischen Selbstverständnisses ist es nicht belanglos, *wie die Kirche von Gottes Absicht erzählt*, ob belehrend und demütigend oder befreiend und heilend. Mystagogie meint deshalb eine Seelsorge, die wenigstens ansatzhaft realisiert, wovon sie inhaltlich spricht. Der Mystagoge »erzählt« gerade dadurch am überzeugendsten vom unbeirrbaren Hinzukommen und Mitgehen Gottes, indem er selbst treu und unbeirrbar mit den Krisen des anderen mitgeht. So vermag aufzugehen, daß Gott als der Heilende im Herzen des einzelnen und der Welt schon da ist. Und indem der Mystagoge den Blick auf dieses virulente Heilswirken Gottes im Leben der Menschen lenkt, verstärkt er es.

Eine mystagogische Seelsorge kennt folglich *zwei miteinander verflochtene Zielrichtungen*. Sie will den Menschen vor das Geheimnis seiner Geschichte mit Gott führen, und zugleich soll damit ein Prozeß gesamtpersonalen Heilwerdens in Gang kommen. Mystagogie schließt damit bei ihrem Hinzukommen und Mitgehen an den einzig relevanten Maßstab an, der mit der Praxis Jesu vorliegt und zu der er die Seinen auffordert: »Er sandte sie aus, das Reich Gottes zu verkünden und zu heilen« (Lk 9,2). Verkündigung und Heilung sind folglich die Kennzeichen einer mystagogisch-heilenden Seelsorge, die dem Hinzukommen und Mitgehen Jesu entspricht.

Zu fragen ist: Wie steht es um die faktische Verwirklichung des mystagogisch-heilenden Hinzukommens und Mitgehens in der Pastoral heute?

[27] Ebd. 43f.

2
WIRD DAS HINZUKOMMEN UND MITGEHEN HEUTE VERSÄUMT?

An einer gefährlichen Küste, die schon vielen Schiffen zum Verhängnis geworden war, befand sich vor Zeiten eine kleine, bescheidene, aber doch mit dem Nötigsten ausgerüstete Rettungsstation. Ihr guter Ruf, daß hier rund um die Uhr aufmerksam gewacht wird, beruhte auf einer Hand von Freiwilligen, die ohne Rücksicht auf ihr Leben sich bei Wind und Wetter auf die tosende See hinauswagten, um Schiffbrüchige zu bergen. Viele der Geretteten und Leute aus der Umgebung spendeten Geld, um die Station zu unterstützen. Man kaufte neue Boote, schulte neue Mannschaften, und bald war aus der einfachen Station ein bestausgestattetes, ja komfortables Rettungscenter mit Clubhaus und allerlei Freizeiteinrichtungen geworden. Dies brachte es mit sich, daß immer weniger Freiwillige bereit waren, mit auf die gefährlichen Bergungsfahrten zu gehen. Also heuerte man fremde Besatzungen an, die mit den clubeigenen Booten hinausfuhren. Groß und deutlich prangte weiterhin das Clubabzeichen am Bug der Rettungsboote, und über dem Clubhaus strahlte das Vereinswappen hell erleuchtet. Besonders hoch ging es her, wenn eines der zahlreichen Clubjubiläen gefeiert wurde, da war alles auf den Beinen, was auf sich hielt.

Just während eines solchen Festes scheiterte vor der Küste ein großes Schiff, und die angeheuerten Seeleute kehrten mit Bootsladungen frierender, durchnäßter und halbertrunkener Passagiere zurück. Noch während der Anlandung der Schiffbrüchigen bildete sich aus den verschiedenen Abteilungsleitern des Clubbetriebes ein Komitee zum Krisenmanagement. Es wurde der Beschluß gefaßt, daß die Jubiläumsfeier und der Clubbetrieb ungestört weiterlaufen sollten. Die Schiffbrüchigen sollten solange im Freien bleiben, bis Zelte herangeschafft seien. Auf diese Weise sollte auch vermieden werden, daß die teuren Clubeinrichtungen durch die Fremden, unter denen man allerlei zwielichtiges Gesindel vermutete, in Mitleidenschaft gezogen würden.

Einige Clubmitglieder zogen aus diesen leidigen Vorfällen und aus der mangelnden Rettungsbereitschaft der Einrichtung die Konsequenzen. Sie traten aus oder gründeten ein eigenes Center. Doch auch hier wiederholte sich die alte Geschichte. Wenn man heute diese Küste besucht, findet man längs der Uferstraße eine Reihe exklusiver Clubs. Immer noch wird sie vielen Schiffen zum Verhängnis – doch die meisten der Schiffbrüchigen ertrinken.

Diese sehr hart urteilende Parabel, die sinngemäß *Theodore Wedel*[28] nacherzählt ist, wirft eine beunruhigende Frage auf: Wird die Rettung Schiffbrü-

[28] *Th. O. Wedel*, Evangelism – the mission of the church to those outside her life. – Vgl. auch die Version von *H. J. Clinebell*, Modelle beratender Seelsorge, 9f.

chiger, d.h. die Begleitung von Menschen in Lebenskrisen, im »Clubbetrieb« des Rettungscenters Kirche schlichtweg vergessen? Damit ist der massive Vorwurf verbunden, daß die faktische pastorale Praxis der seelsorglichen Hilfe in Lebenskrisen dem skizzierten theologischen Programm nicht annähernd entspricht.

Dem gilt es nachzugehen durch Sammeln von Fakten, Erheben von Hintergründen und Vorschlägen zur Abhilfe.

(1) Randereignis »Seelsorge»? – Kritische Anfragen an die pastorale Praxis angesichts der Lebenskrisen der Menschen

Der Pastoraltheologe *Josef Goldbrunner*[29] konstatierte 1971 in einem Buchtitel: *»Seelsorge – eine vergessene Aufgabe«*. Er meinte damit, daß ein Seelsorgsmodell, bei dem der Seelsorger tatsächlich als kundiger Fachmann für die seelische »Innenwelt« anzutreffen ist, immer mehr verdrängt worden sei zugunsten einer »Außenwelt-Sorge«. Seine Feststellung gibt jedenfalls Anlaß zu der auch heute aktuellen, kritischen Frage: Welchen Stellenwert nimmt die seelsorglich-heilende Begleitung von Menschen in den Krisen ihres Lebens unter den verschiedenen pastoralen Tätigkeiten ein? Noch schärfer gefragt: Ist das »Hinzukommen« in den Ausweglosigkeiten des Lebens überhaupt im Bewußtsein der Christen, der Seelsorger und der kirchlichen Institutionen als zentrales pastorales Desiderat und Ereignis verankert, oder beschäftigt man sich lieber mit »Clubjubiläen«?

1. Empirische Fakten

Zunächst weisen die empirischen Fakten eine *große Nachfrage nach seelsorglichen »Rettungsaktionen«* aus. Die Umfragen unter Christen mit unterschiedlicher Nähe zur Kirche bestätigen seit den 70er Jahren wiederholt eine deutliche Erwartung nach persönlicher Seelsorge, nach individueller Hilfe in den verschiedenen Lebenssituationen und Lebensnöten.[30] Die positive Einstellung zu Hausbesuch und persönlicher Seelsorge ist überraschend groß. Dies geht sogar soweit, daß man die »ideale Kirche« vorrangig in Verbindung bringt mit der Sorge, »daß die Menschen nicht vereinsamen«[31]. Die Kirche wird demnach immer noch als eine »Rettungsstation« gesehen, von der man sich, wenn das Lebensschiff zu kentern droht, Hilfe erhofft.

[29] *J. Goldbrunner*, Seelsorge – eine vergessene Aufgabe.

[30] Vgl. *G. Schmidtchen*, Priester in Deutschland. – *Ders.*, Was dem Deutschen heilig ist. – *H. Hild*, Wie stabil ist die Kirche? – *P. M. Zulehner*, Kirche und Priester zwischen Auftrag Jesu und den Erwartungen der Menschen. – *Ders.*, Religion im Leben der Österreicher.

[31] *P. M. Zulehner*, Das Gottesgerücht, 53.

Wie wird dieser Erwartung auf seiten der Seelsorge entsprochen? Die zunehmende Einrichtung kirchlicher Beratungsstellen, die zahlreichen Kurse für Seelsorger in pastoraler Gesprächsführung und die Flut einschlägiger Publikationen lassen ein wachsendes Interesse an seelsorglicher Begleitung in Lebenskrisen vermuten. Besonders ausgeprägt ist dieses Interesse ohne Zweifel bei den angehenden Seelsorgern. Befragte *Priesteramtskandidaten* räumen persönlichen Glaubensgesprächen, pastoralen Hausbesuchen und helfender Begleitung (seelsorgliche Sprechstunde) die höchste Priorität ein, vor Liturgie und Predigt.[32] Dem entsprechen auch die von Theologiestudenten vorrangig vorgebrachten Motive ihrer Berufswahl. Sie kreisen mehr oder minder nah um das am häufigsten genannte *Motiv: den Menschen helfen*.

In ähnlicher Weise äußern sich auch junge *Pastoralassistenten und -referenten*.[33] Befragt, was unter 17 aufgelisteten Tätigkeiten ihre »beliebteste« sei, gaben sie mit großem Abstand der »pastoralen Beratung« den Vorzug. In eklatantem Gegensatz steht freilich dazu das faktische Ausmaß dieser Tätigkeit in ihrem Beruf. Auf die pastorale Beratung entfällt von ihrem gesamten beruflichen Zeitbudget die wenigste Zeit. Im Klartext heißt das: Sie kommt allenfalls am Rande vor. Ein eigenartiges Auseinanderklaffen von Wunsch und Wirklichkeit!

Ähnliche Ergebnisse erbrachte eine unstandardisierte Befragung von *jungen Seelsorgern*, die ich im Vorfeld eines Kurses zum Thema »Seelsorgliche Hilfen in Lebenskrisen« durchführte.[34] Die Ergebnisse auf die Frage »Wie häufig werden Sie als Helfer in Lebenskrisen angegangen?« stimmen nachdenklich. Die Befragten, 25 Kapläne und Pastoralassistentinnen und -assistenten, führen pro Woche etwa ein seelsorglich helfendes Gespräch, Krankenbesuche eingeschlossen. In der Regel bleibt es pro Gesprächspartner bei einem einzigen Gesprächskontakt. *Längerfristige, kontinuierliche Begleitungsvorgänge finden praktisch nicht statt.* Das deutet darauf hin, daß das jeweils einzige Gespräch nicht unbedingt als gelungen gelten kann. Die befragten Kursteilnehmer gaben auch an, daß sie am Mißlingen vieler Gespräche leiden, daß sie Angst haben vor vielen Gesprächen und vor bestimmten Gesprächspartnern und daß sie für einen Seelsorger zu wenige persönlich helfende Gespräche hätten. Der Ernstfall der Seelsorge, das persönliche Gespräch, ein Ort der Enttäuschung für die Seelsorger?

Auch wenn dieses Ergebnis nicht berechtigt, es auf die Seelsorger insge-

[32] Vgl. *G. Schmidtchen*, Umfrage unter Priesteramtskandidaten, 3, Tab. 2.

[33] *M. Gartmann*, »Laien«-Theologen in der Gemeindepastoral.

[34] Der geringe Umfang der Stichprobe, die nicht repräsentative Auswahl der Teilnehmer sowie die nicht weiter überprüfte Itemformulierung berechtigen nur zu sehr vorsichtigen Schlußfolgerungen. Gleichwohl wird der bei einer ausführlichen standardisierten Untersuchung *Besiers* an evangelischen Pastoren ermittelte Eindruck bestätigt, daß das persönlich beratende Gespräch vergleichsweise selten vorkommt. Vgl. *G. Besier*, Seelsorge und Klinische Psychologie.

samt zu generalisieren, so wirft es doch ein bezeichnendes Schlaglicht. Es scheint, daß gerade junge Seelsorger noch deutlicher die Erwartung der Menschen nach persönlicher Begleitung spüren und daß sie auch die Not bei sich wahrnehmen, dem nicht gerecht zu werden. Bei *älteren Seelsorgern* – Ergebnisse liegen vor für Priester aus den Weihejahrgängen 1966–1970 sowie 1931–1935 – wird zum Befragungszeitpunkt die Bedeutung seelsorglicher Beratung und Hausbesuche relativ gering eingeschätzt.[35] Dies läßt vermuten, daß sie noch weniger als bei den Jungen faktisches Ereignis der Pastoral ist. So befindet sich die *Einstellung vieler Seelsorger in einem deutlichen Gegensatz zu den Erwartungen der Menschen.*[36]

2. *»Religionsunterricht« statt Seelsorge?*

Es wäre unzutreffend, dieses Vergessen der Seelsorge einseitig den Seelsorgern allein anzulasten. Vielmehr muß man von einem *»strukturellen Vergessen«* sprechen, d.h. es haben sich im Feld der Pastoral, aus welchen Gründen auch immer, Prioritäten und Stile durchgesetzt und institutionalisiert, die die therapeutisch-seelsorgliche Begleitung in den Hintergrund treten ließen.

Zu dem vielschichtig ineinander verwobenen Bündel von Ursachen und Wechselwirkungen, die das strukturelle Vergessen der Seelsorge begünstigen, gehört zweifellos die Tendenz, *Pastoral auf die »Wort-Verkündigung« einzuengen* und zu reduzieren. Die gesamte Seelsorge gerät so in den Sog einer einseitigen »Verbalisierung« und »Pädagogisierung« des Glaubens.[37]

Nicht nur, daß unsere Gottesdienste manchmal zu wahren Verbalorgien ausufern – *Alfred Lorenzer* hat das eindringlich mit Blick auf die Liturgiereform des Zweiten Vatikanums kritisiert[38] –, es scheint ein tiefes Mißverständnis auf die Seelsorge hin damit verbunden. Kurz gesagt besteht es in der naiven Theorie, die theologisch »richtige« Verkündigung, in eins gesetzt mit didaktischer Aufbereitung und sprachlicher Übermittlung theologischer Information, sei schon wirksame seelsorgliche Hilfe. Aus einer solchen Verkennung der seelischen Abläufe des Heilens und Geheiltwerdens heraus wird die Pastoral wie ein groß angelegter Religionsunterricht inszeniert, in dessen Mittelpunkt Katechismuswissen und das Durchnehmen von theologischen Themen stehen.

Unter der Hand wird – überspitzt formuliert – davon ausgegangen, daß

[35] Vgl. *G. Schmidtchen*, Priester in Deutschland, 160, Tab. A 34.

[36] Vgl. zu diesem Resümee der empirischen Untersuchungen: *R. Bärenz*, Verkündigung als Lebenshilfe, 72. – *M. Benker*, Pastorale Hinweise zum Hausbesuch, 63.

[37] *Lorenzer* spricht von der »Pädagogisierung des Kultes« und der »Verbalisierung des Numinosen«: *A. Lorenzer*, Erweiterte Fassung meines Vortrags über »Das Konzil der Buchhalter«, 164.

[38] *Ders.*, Das Konzil der Buchhalter.

Menschen, so informiert und indoktriniert, mit dem »depositum fidei« im Kopf, gewappnet wären, ihre Depression, ihr Eheproblem oder ihre Midlife-Krise zu meistern. Die Seelsorge aus der Ferne tritt an die Stelle eines nahen persönlichen Begleitens, bei dem der Seelsorger sich mit seinem authentischen Glauben riskiert.

Um nicht mißverstanden zu werden: Gewiß braucht das Leben der Gemeinden wie der Glaube des einzelnen Christen die theologische Information, die Predigt, den Hirtenbrief, auch den im Katechismus zusammengefaßten Glaubenskonsens der Kirche. Aber all das darf nicht dazu führen, daß die Verbreitung einer Lehre an die Stelle des »Heilens aus dem Geist Gottes« heraus tritt. Eine solche *doktrinale Pastoral* hätte die Gewichte von Verkündigung und Heilung, wie sie von Jesus maßgeblich verteilt wurden, unzulässig verschoben.

3. Abwertung der Laien-Seelsorge?

Ein weiterer Grund für das Vergessen der Seelsorge in der Pastoral dürfte in der nach wie vor gegebenen *Priester- bzw. Kleruszentriertheit pastoraler Vorgänge* liegen. Aus Gründen, die hier nicht nachgezeichnet werden können[39], hat sich innerhalb der Kirche ein *»pastorales Grundschisma«*[40] ereignet, in dessen Gefolge eine »geheime Demarkationslinie«[41] zwischen Priestern und Laien aufgerichtet wurde. Die Kirche wurde nahezu identisch mit den Priestern. Ihnen und damit der Kirche stehen die Laien, das Volk gegenüber. Gefördert wurde die Gleichsetzung von Kirche und Priester durch archaische, menschheitsalte Erwartungen der »Leute« an die Religion. Der vom Volk abgehobene, mit den jenseitigen Mächten vertraute »Priester« sollte mittels des bergenden Schildes der heiligen Rituale und Symbole die Gefährdungen des Lebens abwehren. Das Nichtalltägliche, die fremdartige Sprache, die andersartige Person mit ihrem heiligen Wissen, all das wurde und wird begriffen als »Fahrzeug« in die sichere Welt Gottes. Eine solche, vom Volk erwartete und von einer fragwürdigen Amts- und Kirchentheologie geförderte Zweiteilung in Priester einerseits und Volk Gottes andererseits zeitigte ein verhängnisvolles Verständnis der »geistlichen Gnadengaben«. Dem Priester wurden einseitig die meisten Charismen, vor allem das der allein heilstiftenden Seelsorge, zuerkannt, dem Volk Gottes, den Laien auf der anderen Seite aberkannt. Dies hatte zur Folge, daß die *Laien-Seelsorge in ihrer Heilsmächtigkeit als relativ bedeutungslos und zweitrangig* im Vergleich zur priesterlichen Seelsorge erachtet wurde, bis hin zu der Behauptung, daß es eine Seelsorge von

[39] Vgl. dazu: *P. M. Zulehner*, Das geistliche Amt des Volkes Gottes, 195–207.
[40] Ebd. 196ff.
[41] Vgl. *P. M. Zulehner/J. Fischer/M. Huber*, »Sie werden mein Volk sein«, 31.

Laien eigentlich nicht gäbe und diese deshalb auch nicht berechtigt seien, den Titel Seelsorger zu führen.[42]

Von dieser Abwertung der Laien-Seelsorge sind bis heute jene Christen betroffen, die in den kirchlichen Beratungsstellen und in den Einrichtungen der Caritas seelsorglich-begleitend tätig sind. Hier arbeitet eine Vielzahl von Erzieherinnen, Krankenschwestern, Altenpflegern, Sozialarbeitern, Heilpädagogen und Psychologen qualifiziert als Seelsorger. Ihre Domäne ist wirksames therapeutisches Helfen, das unverkennbar an die konkrete Heilungspraxis Jesu anschließt. Und doch wird ihr diakonisches Handeln im kirchlichen und gesellschaftlichen Bewußtsein kaum mit Seelsorge identifiziert.[43] Daraus resultiert eine höchst beunruhigende Diskrepanz: Auf der einen Seite wurde der Seelsorgs-Klerus in einer eigentümlichen Weise seelsorglich inkompetent, die seelsorglich kompetenten Laien finden in der Kirche nicht die gebührende Anerkennung.[44]

4. Trennung von Heil und Heilung?

Die Marginalisierung der therapeutischen Laien-Seelsorge zeitigt *fatale Folgen für das Lebens- und Glaubenswissen der Kirche* insgesamt. Existentielle Erfahrungen aus den Emmausgängen, die Menschen zu gehen haben, wenn ihre Ehe zerbricht, wenn Kinder zu Leidtragenden der Eltern werden, wenn Depressionen das Leben verdunkeln oder wenn die Sucht zum erbärmlichen Ausdruck der Lebenssehnsucht wird, bleiben einer kirchlichen Theologie und Verkündigung, die ihre Aufgabe »supranaturalistisch« auf eine Jenseits bezogene Heilsseelsorge verkürzt, weitgehend verschlossen. Die Ernstfälle des Lebens und was einer erzählen kann, wenn ihm darin der Auferstandene begegnet, sind aus der Verkündigung dieser Kirche ausgesperrt. Eine solche Kirche meldet sich dann nur noch mit moralischen Appellen statt mit befreienden Heilszusagen zu Wort, wenn Menschen scheitern.

Kritiker halten dieser schismatisch gebrochenen, nur auf jenseitiges Heil

[42] Darüber wurden in verschiedenen deutschen Diözesen Kontroversen geführt. Vgl. Das kirchliche Amtsblatt für das Bistum Fulda, Nr. 111/1984. – *R. Zerfaß*, Menschliche Seelsorge, 91, Anm. 11.

[43] Vgl. *R. Zerfaß*, Priester und Laien in der Seelsorge, in: *Ders.*, Menschliche Seelsorge, 77. – *N. Mette*, Gemeinsam im Dienst einer evangelisierenden Pastoral, 222ff.

[44] Das Vergessen der Seelsorge in der Kirche hängt sehr eng mit dem »pastoralen Grundschisma« und seiner Ideologie, daß eigentliche, heilsbedeutsame Seelsorge nur von den Priestern geschehen könne, zusammen. Seelsorglich-therapeutisches Klima kann folglich nur (wieder-)gewonnen werden, wenn dieses Schisma immer mehr überwunden wird. Ein Meilenstein dafür wurde in der Volk-Gottes-Theologie des Zweiten Vaticanums gelegt, mit ihrer Betonung des gemeinsamen Priestertums aller Gläubigen (LG 10–12). »Von daher ergibt sich, daß Amtsträger und Laien nicht verschiedene, sondern dieselbe Aufgabe haben, die Sendung Jesu Christi als Kirche in dieser Welt weiterzuführen. Sie tun nicht Verschiedenes, sondern das Gleiche, allerdings in unterschiedlicher Verantwortlichkeit, von unterschiedlichen Positionen im Volk Gottes aus, deshalb auch mit unterschiedlichen Akzenten, in unterschiedlichen Räumen«: *R. Zerfaß*, Menschliche Seelsorge, 74.

fixierten Kirche einen tiefen Glaubwürdigkeitsverlust vor. Sie rede vom Heil, ohne es wirkungsvoll zu praktizieren. Ihre *Heilsverkündigung sei erschreckend erfahrungsleer* geworden und zu einer Worthülse erstarrt. Sie betreibe eine verbale Vertröstung auf ein jenseitiges Heil und versage bei der konkreten Heilung von Lebensnöten und Verletzungen im Hier und Jetzt.

Nach *Paul Matussek*[45] verwundert es deshalb nicht, daß die Menschen einer solchen existentiell gebrochenen Seelsorge, der zur Leerformel erstarrten kirchlichen Heilslehre den Rücken kehren und sich auf die Couch der erwiesenermaßen heilenden *Psychoanalyse* begäben. Es sei einfach die Überzeugungskraft der Wirksamkeit. Verglichen mit den Predigten, Exerzitien, Religionsstunden, Einkehrtagen, Bußübungen und Sakramenten der Kirche verändere die Psychotherapie den Menschen eindeutig. Der »lege artis« analysierte Klient sei nicht nur arbeitsfähiger, ehrlicher, gerechter, sondern vor allen Dingen auch liebesfähiger. Damit erreiche die Psychoanalyse im Prinzip das, was dem Christentum im Ganzen nicht geglückt sei. Die Herausforderung der Psychoanalyse für das Christentum bestünde deshalb auch nicht in erster Linie in ihrer Religionskritik als vielmehr in ihrer Fähigkeit, Menschen zum geglückteren Menschsein zu verhelfen.

Auch wenn man dieses »Preislied« auf die uneingeschränkte Effektivität psychotherapeutischen Heilens, das *Matussek* anstimmt, aus guten Gründen nicht mitsingen kann, so weist er indirekt doch der Seelsorge damit einen Weg. Die theologische und kirchliche Rede vom Heil kann nur dadurch glaubwürdig werden, daß Menschen im Raum der Kirche, in kirchlichen Gruppen, in der Begegnung mit entsprechend »begabten« Christen wirkliche Heilung aus den konkreten Nöten erfahren. Wenn solche Erfahrungen der Heilung im Raum des Glaubens gemacht werden, dann gewinnt die Rede von einem umfassenden, alle Todesverfallenheit überwindenden Heil erst Sinn. Alle Heilung hier und jetzt kann erkannt werden als Vorgeschmack des endgültigen Heils.

Zudem: Erst eine solche Pastoral, die nicht nur das Heil von der Kanzel verkündet, sondern die Krankheit und Kränkung des anderen zu heilen versucht, ist *jesuanisch*. Gottes Basileia, die er verkündet, war eine enorm realistische Angelegenheit. »Er verkündete das Evangelium vom Reich und heilte im Volk alle Krankheiten und Leiden« (Mt 4,33). Zu Recht ist deshalb eine *therapeutische Theologie*[46] *und Seelsorge* zu fordern, in der das Heil als konkrete Heilung des erkrankten und gekränkten Menschen deutlich zu machen ist.

[45] *P. Matussek*, Seelsorge heute: Aus der Sicht eines Psychotherapeuten.
[46] *E. Biser*, Die glaubensgeschichtliche Wende, 242ff.

5. *Gemeinde ohne Subjekte?*

Die therapeutisch-seelsorgliche Begleitung von Menschen in Lebenskrisen, in den pastoraltheologischen Lehrbüchern der Einzelseelsorge zugerechnet, mag auch deshalb im Bewußtsein der Theologie und Pastoral in den Hintergrund getreten sein, weil sie ganz offensichtlich *zum vorherrschenden pastoralen Zielbegriff »Gemeinde« kontrastiert*. Es lassen sich sehr plausible innerkirchliche wie soziokulturelle Entwicklungen angeben, die zu Recht die Gemeindepastoral und damit einen neuen Begriff von Gemeinde in den Vordergrund rückten.[47]

Innerkirchlich erhielt die *Gemeindetheologie* starke Impulse von der »Communio-Ekklesiologie« des II. Vatikanums. Wenngleich sie letztlich unvermittelt blieb mit der auch vom Konzil vertretenen »hierarchologischen Ekklesiologie«[48], so eröffnete sich doch eine neue Sicht des »Volkes Gottes«. Die Aufbruchbewegungen der lateinamerikanischen Kirche (Basisgemeinden, Befreiungstheologie) sowie in unserem Raum die Gemeinsame Synode der Bistümer in der Bundesrepublik Deutschland verhalfen dieser neuen Volk-Gottes-Theologie zu einem gewissen Durchbruch, deren praktische Realisierung jedoch nicht in gleichem Maß in Gang gekommen scheint. Die in solchen kirchlichen Entwicklungen formulierte Volk-Gottes-Theologie hebt die unableitbare Glaubensautorität aller hervor. Die fundamentale Gleichheit aller Mitglieder des Volkes Gottes liegt, diesem Verständnis nach, jeder institutionellen Ausfaltung der verschiedenen Ämter voraus. Dies bedeutet, daß das in der Gemeinde versammelte Volk Gottes nicht eine Masse von Gläubigen bildet, die einer das Wort, die Sakramente und die Lebensführung der Christen kontrollierenden Hierarchie gegenübersteht.[49] Vielmehr könne nur dann von einer Communio-Kirche gesprochen werden, wenn in ihr das Volk zusammen mit den Amtsträgern Entscheidungen trifft.[50] Eine starke neutestamentliche Stütze findet diese Zuordnung von Volk Gottes und Amt in der paulinischen Gemeindekonzeption, die davon geprägt ist, daß der Gemeinschaft der Glaubenden vor Ort alle Charismen zu ihrer Auferbauung von Gott geschenkt sind: »Ihr seid an allem reich, euch fehlt keine Gnadengabe« (1 Kor 1,5.7).

In der *pastoralen Programmatik* fanden die Volk-Gottes-Theologie und die Communio-Ekklesiologie ihren Niederschlag bei uns vor allem in der Forderung der Synode: »Aus einer Gemeinde, die sich pastoral versorgen läßt, muß eine Gemeinde werden, die ihr Leben im gemeinsamen Dienst aller und in unübertragbarer Eigenverantwortung jedes einzelnen gestal-

[47] Vgl. zum Folgenden: *S. Knobloch*, Missionarische Gemeindebildung, 162–198. – *P. M. Zulehner*, Gemeinde. – *Ders.*, Pastoraltheologie, Bd. 2, Gemeindepastoral.
[48] Vgl. *S. Knobloch*, Missionarische Gemeindebildung, 170.
[49] *L. Boff*, Was bedeuten theologisch »Volk Gottes« und »Volkskirche«?, 518.
[50] Ebd. 518.

tet.«[51] »Aus einer Gemeinde, die sich versorgen läßt, muß eine Gemeinde werden, die ihr Leben verantwortlich selbst mitgestaltet.«[52] War die bisherige Pastoral gekennzeichnet durch eine »Kirche für das Volk«, so sollte nach der Intention der neuen Gemeindetheologie an ihre Stelle eine »Kirche des Volkes« treten. Je stärker Gemeinden zu Subjekten des Glaubens und Handelns werden, je weiter sie auf dem Prozeß ihrer »Ekklesiogenese« vorankommen, um so stärker werden sie zu einer »Verortung« der Auferweckungspraxis Gottes.

Besondere Dringlichkeit erhielt die Suche nach einer neuen Sozialform der Christengemeinde durch geistige, ökonomische, soziale und politische Veränderungen der letzten Jahrzehnte, die man unter dem Begriff der *Säkularisierung* zu fassen versuchte.[53] Im Zuge der dabei ausgelösten und noch andauernden Entflechtung von Staat, Kirche, Gesellschaft und Individuum kam es zu einer »Verdunstung von Kirchlichkeit« und zu einem neuen, »auswahlchristlichen« Typus[54] von Religiosität und Kirchenzugehörigkeit. Mit einer einseitig »obrigkeitlichen Pastoral« schien die zu einer »Bürgerreligion«[55] mit einem katastrophalen Mangel an Folgen im Bewußtsein der Menschen verflachte christliche Botschaft nicht mehr belebbar. Das Programm »Gemeinde als Kirche des Volkes« signalisiert so den Abschied von einer Volks- und Service-Kirche, wo die Menschen durch priesterliche Experten von oben herab betreut werden. »Gemeinde« wird nun begriffen als die Keimzelle echten christlichen Lebens.

Eine solche Gemeinde wirkt damit gleichzeitig jener ausgeprägten *»Privatisierungstendenz«*[56] entgegen, die von Gesellschaftskritikern als Symptom der Zeit diagnostiziert wird. Sie unterbricht damit den gesellschaftlich eingenisteten Mechanismus der alltäglichen Fremdbestimmung des Individuums in den Produktionsprozessen. Gefordert ist diese Unterbrechung deswegen, weil zunehmend deutlich wird, daß die private Welt der Familie, der Partnerbeziehung und der Freizeit heillos überfordert ist, den unerfüllten Glückserwartungen gerecht zu werden. »Gemeinde« im skizzierten Sinn arbeitet so dem krankmachenden Klima einer von Leistung, Konsum und Haben infizierten Gesellschaft entgegen. Gleichzeitig versucht sie die Verharmlosung der christlichen Botschaft durch die ihr eigene Praxis zu überwinden. Sie erzählt die alten Hoffnungsgeschichten, in denen dem vielfältig ins Leben verwobenen Tod Widerstand geleistet wird, sie vergegenwärtigt in ihren Symbolhandlungen Gottes Lebensabsicht mit dem Menschen, sie

[51] *Gemeinsame Synode der Bistümer in der Bundesrepublik Deutschland.* Die Pastoralen Dienste 1.3.2.
[52] *Gemeinsame Synode der Bistümer in der Bundesrepublik Deutschland.* Rahmenordnung für die pastoralen Strukturen und die Leitung und Verwaltung... Teil I, 3. Abschnitt.
[53] Vgl. *P. M. Zulehner*, Gemeinde, 60ff.
[54] Vgl. *P. M. Zulehner*, Auswahlchristen: Volkskirche – Gemeindekirche – Parakirche, 109–137.
[55] *J. B. Metz*, Jenseits bürgerlicher Religion.
[56] *P. M. Zulehner*, Gemeinde, 63f.

praktiziert einen geschwisterlichen Umgangsstil, der die Entfremdung überwindet, und sie setzt sich ein für jene, die arm an Lebenschancen sind.

Diese in der Gemeinde virulente Vision von einem guten Leben in Frieden stellt die unverzichtbare Antwort des christlichen Glaubens auf die Krisen- und Krankheitssymptome der modernen Gesellschaft dar. In gewisser Weise bildet die echte christliche *Gemeinde jenen Ort der Koinonia*, wo Menschen hoffen dürfen, wirklich auf den Weg der Heilung und des Heils zu gelangen. Die Gemeinde-Idee ist deshalb pastoralpsychologisch in keiner Weise zu kritisieren, sondern – mit Blick auf die pastoraltheologische Diskussion – zu präzisieren.

Bei den gemeindetheologischen Konzeptionen der letzten Jahre bleibt die programmatische Forderung nach der »Subjektwerdung der Gemeinde« nicht selten eigentümlich abstrakt und blaß, weil darunter nicht ausdrücklich genug die *Verwirklichung des einzelnen unter den Augen Gottes* verstanden wird. Der Würdename des Subjekts kommt eigentlich nur der Person zu.[57] Dieser einzelne, konkrete Mensch ist es, nicht die Gemeinde, der glaubt, liebt, leidet, hofft, Widerstand leistet oder geschwisterlich handelt. Er soll unter den Augen Gottes Subjekt werden, seine Verletzungen ausheilen und die Freiheit der Kinder Gottes entdecken können. Solange die pastorale Programmatik um den vergleichsweise abstrakten Zielbegriff Gemeinde kreist und dabei nicht ausdrücklich die Subjektwerdung des einzelnen, freilich in Gemeinschaft mit anderen, meint, wird eine heilende Seelsorge nicht als pastoral dringlich erkannt. Denn die Frage nach der Heilung stellt sich nicht so sehr auf der Ebene der Gemeinde, sondern in der konkreten Begegnung mit der gekränkten namentlichen Person.

Hinzu kommt, daß dort, wo die Sorge um eine abstrakte Subjekthaftigkeit der Gemeinde an die Stelle der Subjektwerdung des einzelnen tritt, der einzelne mit dem Begriff und Programm »Gemeinde« religiös enteignet würde. Nicht mehr um ihn als leibhaftigen Menschen, um ihn als Ebenbild Gottes ginge es, sondern um eine kollektivistisch betrachtete Masse oder Organisation.

Zusammenhängen mag eine solche Ausblendung der je konkreten, einmaligen Person, ihrer unverwechselbaren religiösen Biographie und ihres individuellen Heilwerdens mit der Vorliebe pastoraltheologischer Reflexion und Planung für das Flächendeckende, Alle-Erfassende, Allgemeine, Abstrakte, Einheitliche.[58] Es kommt hier auch deutlich zum Vorschein, daß die anhaltende Berührungsangst gegenüber der Psychologie und Psychotherapie, die sich ja vorrangig mit dem je individuellen Erleben, Handeln und Heilwerden befaßt, in Theologie und Pastoral das Vergessen des einzelnen fördert, mit den entsprechenden Folgen: »Die Gefahr liegt auf der Hand: je

[57] Vgl. *R. Zerfaß*, Menschliche Seelsorge, 88ff.
[58] Vgl. *H. J. Venetz*, Die vielgestaltige Kirche und der eine Christus, 41.

weniger sich die Kirche (als Amtskirche wie als Ortskirche) auf das konkrete Leben einläßt, um so feierlicher drohen ihre Gesten zu werden; und je feierlicher, desto komischer, was die ›Revanchen des Lebens‹ herausfordert: das Lachen, die Parodie, oder einfach die Distanzierung.«[59]

Den einzelnen konkreten Menschen hinter allen Gemeindezielen zu sehen – eine ausgesprochen jesuanische Hinsicht –, das bedeutet nicht ein Plädoyer für die private Pflege des »Seelengärtleins«, auch keine Aufforderung, sich pastoral mit der konstatierten Privatisierung des religiösen Lebens abzufinden. Vielmehr ist der Weg der Kirche, auch wo es um die Veränderung der krankmachenden Verhältnisse einer Gesellschaft und um die Überwindung ihrer Struktur gewordenen Ungerechtigkeiten geht, der *konkrete Mensch*.

Die Programmatik der Gemeindetheologie erscheint, so gesehen, ergänzungsbedürftig. Die Subjektwerdung der Gemeinde, als *Ekklesiogenese* bezeichnet, muß, noch mehr als bisher der Fall, pastoral ausbuchstabiert werden auf den einzelnen hin. Die gemeindliche Ekklesiogenese ist noch deutlicher als personale *Christogenese* zu begreifen, wo der einzelne in therapeutisch-mystagogischen Prozessen gemeindlicher Seelsorge das Geheimnis seines Lebens entdeckt, ganz so wie die Emmausgänger den Auferstandenen als Zielpunkt ihres (Lebens-)Weges erkannt haben.[60]

Auch darin könnte die von Lukas erzählte Geschichte maßgebend sein, daß der Aufbruch nach Jerusalem, d.h. zur Gemeinde, immer über Emmaus führt, wo einer zuerst in der treuen Begleitung eines anderen, bei seinen enttäuschten Hoffnungen und bei seinen durchkreuzten Lebensplänen stehenbleiben kann. Erst dann vermag er nach Jerusalem aufzubrechen.

6. Heil-lose Theologie?

Insofern Theologie den Glauben und die Praxis der Kirche reflektiert, muß unsere Hypothese vom Vergessen der therapeutischen Dimension der Pastoral auch im Spiegelbild theologischer Aussagen und Entwicklungen betrachtet werden. Wir fragen folglich: Gibt es Anzeichen dafür, daß dem Vergessen der heilenden Seelsorge ein *theologisches Vergessen der heilenden Dimension des Glaubens und der Praxis der Kirche* korrespondiert? Sollte sich diese Frage bejahen lassen – und wir werden einzelne Indizien dafür angeben –, so wäre die Theologie in gleicher Weise wie die pastorale Praxis herausgefordert, ihr therapeutisches Erbe wiederzuentdecken.

1. Ein erstes Indiz für ein Ausblenden der therapeutischen Dimension in

[59] *S. Knobloch*, Missionarische Gemeindebildung, 176.

[60] Daß beide Ansätze zu verknüpfen sind, zeigt *G. Schneider*, Grundbedürfnisse und Gemeindebildung.

der Theologie betrifft das *Christusbild*. Die Anrufung Jesu *Christi als Arzt, (»Christus-Medicus«)*, die zu den beliebtesten Redewendungen der Frühzeit zählte, verschwand weitgehend aus dem christlichen Vokabular und machte einer christologischen Heilslehre – Soteriologie – Platz.[61] Besonders deutlich ist der Verlust des anfänglichen, ausgesprochen therapeutischen Jesusbildes in der *theologischen Sicht der Heilungswunder*. Sie wurden immer mehr »unter dem Druck der polemischen Herausforderung, in einer Weise akzentuiert, daß sie argumentativ gegen die Angriffe der Gegner eingesetzt werden konnten. Dadurch aber wurde die in ihnen noch nachwirkende Heilszusage zu einer Aussage über die von Jesus getätigte Heilsmacht Gottes«.[62] Anders gesagt: Indem man mit den Heilungswundern den Nachweis der göttlichen Natur Jesu führte, zerstörte man das Bild von Jesus, dem Heiler. Denn nun erscheinen die leidenden Menschen des Evangeliums nur noch als Objekte, an denen Jesus seine Göttlichkeit zu beweisen hatte, die aber als wirkliche Adressaten seines heilenden Handelns nicht mehr gemeint waren. Jesu Heilpraxis rückte damit immer weiter weg von den erfahrenen und erlittenen Nöten der Menschen. Sie wurde im Bewußtsein der Gläubigen identifiziert mit magisch-göttlichem Handeln, an den menschlichen Naturgesetzen vorbei. So überrascht es nicht, daß bei nicht wenigen Christen der »Heiland« zur Projektionsfläche irrealer Wunderhoffnungen avancierte, die die durch Christus möglich gewordenen Heilungsprozesse der Selbstannahme – auch in der Krankheit – hier und jetzt in fataler Weise vergessen lassen.

Die einseitige Inanspruchnahme der Heilungswunder für den Nachweis der göttlichen Natur Jesu hatte auch *fatale Folgen für das Seelsorgsverständnis* in der Nachfolge Jesu. Seelsorge ist in diesem Begründungszusammenhang von Heilungswunder und göttlicher Natur von einer heilenden Seelsorge dispensiert. Denn was nur der »göttliche Heiland« allein vermag, nämlich zu heilen, das kann nicht Auftrag einer von Menschen zu leistenden Seelsorge sein. Indem das Heilen der göttlichen Natur Jesu zugeschrieben wird, wird Jesus als Vorbild für eine heilende Seelsorge dramatisch entschärft. Um so notwendiger scheint es heute, Jesus als einen Heiler mit menschlicher Praxis, »Jesus als Psychotherapeut«[63], wiederzuentdecken, der herausfordert, ihm darin nachzufolgen.

Theologisch hätte dies zur Konsequenz, die *Exegese der Wunderheilungen Jesu* nicht mit der dogmatischen *Zwei-Naturen-Lehre* mißverständlich zu vermengen. Keine theologische Logik verlangt eine Deutung der Heilungswunder Jesu in dem Sinn, daß hier Naturgesetze durchbrochen wer-

[61] Vgl. *E. Biser*, Die glaubensgeschichtliche Wende, 242ff. – *C. Schneider*, Geistesgeschichte des antiken Christentums I, 722–726.

[62] *E. Biser*, Die glaubensgeschichtliche Wende, 243.

[63] Vgl. *H. Wolff*, Jesus als Psychotherapeut.

den.[64] Solche Interpretationen mögen zwar dem Bedürfnis entgegenkommen, hiermit »Beweise« der Göttlichkeit Jesu in der Hand zu halten. Sie entsprechen jedoch nicht der *Logik der Menschwerdung Gottes*. Wenn Gott Mensch geworden ist – und wir bekennen im Glauben seine radikale Selbstentäußerung in unser irdisches Menschsein hinein –, dann stünde es gerade in einem inneren Widerspruch dazu, würde Gott das ihm so wichtige Heilen und Geheiltwerden an der menschlichen Natur vorbei vollziehen. Es kann deshalb die in einem anderen Kontext formulierte Zwei-Naturen-Lehre[65] nicht dafür in Anspruch genommen werden, für die Wunderheilungen Jesu göttliche Natur als ursächlich zu reklamieren. Die Sinnspitze der Zwei-Naturen-Lehre bzw. der hypostatischen Union besteht ja nicht darin, eine Erklärung für die von Jesus gewirkten Wunderheilungen zu liefern, auch nicht in einer ontologischen Aussage. Vielmehr formulierte hier das *Konzil von Chalcedon*, nach langwierigen theologischen Entwicklungsprozessen, in der Sprachregelung seiner Zeit das biblisch bezeugte Geheimnis Gottes, das in seinem unbegreiflichen Willen besteht, mit dem Menschen in Beziehung zu sein.[66] Die Zwei-Naturen-Lehre kann folglich nur in der Weise in den Auslegungszusammenhang der Heilungswunder Jesu einbezogen werden, daß man in ihnen die Beziehungsabsicht Gottes zum Vorschein bringt. Man kann dann auf dieser Linie die Heilungen Jesu begreifen als *Ausdruck der heilenden Beziehungsabsicht Gottes zum Menschen* hin, die in Jesu Heilpraxis an ihr Ziel kommt.

Für die therapeutische Praxis der Kirche hat diese Sicht der Heilungswunder Jesu Folgen. Sie ist unausweichlich aufgefordert, Gottes heilende Beziehungsabsicht in »jesuanischer Heilpraxis« zur Erfahrung zu bringen. Das konkrete Heilen kann nicht länger unter Inanspruchnahme der Zwei-Naturen-Lehre von der Seelsorgspraxis der Kirche ausgesperrt werden. Vielmehr liefern Jesu Heilungen, die sich mit natürlichen Heilmethoden erhellen lassen, ein Modell, dem es nachzuhandeln gilt.

2. Die Problematik der Wunderheilungen und die damit einhergehende Entleerung des ursprünglich therapeutischen Christusbildes verdeutlichen ein bereits im Zusammenhang mit der Geschichte der Pastoralpsychologie beklagtes, grundlegendes Entwicklungsdefizit des christlichen Glaubensverständnisses. Aus der ursprünglichen Erfahrung des Glaubens, der heilt und in dem die heilende Kraft Jesu Christi wirksam begegnet, wurde eine *Glaubenslehre*, ein doktrinales Lehrstück.[67]

Dies führte nicht nur zu einer eigentümlichen rationalistischen, lebensleeren Verdünnung der Heilsbotschaft und zu ihrer Verkürzung auf jenseiti-

[64] Vgl. zur neueren exegetischen Auseinandersetzung mit den Wundern im NT: *O. Knoch*, Dem, der glaubt, ist alles möglich. – *E. Drewermann*, Tiefenpsychologie und Exegese, Bd. 2, 43–245.
[65] Vgl. *B. J. Hilberath/Th. Schneider*, Jesus Christus/Christologie, 252f.
[66] Ebd. 252–254.
[67] Vgl. *E. Biser*, Die glaubensgeschichtliche Wende, 242ff.

ges Seelenheil. Es gewann vor allem auch die *ethisch-moralische Seite des Glaubens an Gewicht*, eine Tendenz, die nicht nur nach Meinung der Tiefenpsychologie wenig therapeutisches, aber viel kränkendes Potential freisetzt. Zwar wurde in der Soteriologie, mit Blick auf pelagianische und semipelagianische Tendenzen, immer wieder klargestellt, daß »im Heilwerden des Menschen alle Initiative bei Gott liegt«[68], doch gelang es nicht, die unlösbare Spannung, die zwischen dem allgemeinen, universellen, von allem Anfang an mächtigen Heilswillen Gottes und der heilsnotwendigen freien Glaubensantwort des Menschen besteht, offenzuhalten. Die in Jesus Christus vermittelte Heilszusage Gottes wurde statt dessen immer stärker auf die Seite der *heilsnotwendigen Werke des Glaubens* verschoben. Im Bewußtsein vieler Christen wurde so, entgegen dem ursprünglichen Sinn der Heilsbotschaft, das Heil des Glaubens einseitig an menschliche Vorleistungen, an Sündelosigkeit und Tugendhaftigkeit, an Sollen und Müssen gebunden. Glaube wurde auf diese Weise nicht selten deformiert zum *Instrument der moralischen Überforderung*, wurde *Quelle religiöser Neurosen* statt seelischer Heilung.

3. Ein Weg für die Wiedergewinnung der therapeutischen Dimension der Theologie besteht ohne Zweifel darin, die aktuell wirksame *Heilszusage der biblischen Glaubensurkunden* zu heben. Dies ist gleichbedeutend mit einem Abbau der Barrieren, die von einer einseitig historisch-kritischen Exegese um die Evangelien herumgezogen wurden. Dabei kann es keinesfalls darum gehen, hinter die literarkritische und formgeschichtliche Kompetenz der Textbefragung zurückzugehen, vielmehr gilt es darüber hinaus sensibel zu werden für die *therapeutische Mitgift*, die in den Texten schlummert. Es wurde im Zusammenhang der Emmauslegende schon darauf hingewiesen, daß diese heilende Qualität der Gottesgeschichten zu uns herüberspricht, wenn es gelingt, eine Brücke zu bauen von den heutigen seelischen Erfahrungen, wie etwa des tiefen Mißtrauens der eigenen Existenz gegenüber, zur seelischen Innenwelt der erzählten Personen wie des erzählenden Autors. Daß Gottes Heilszusage an Mose auf unsere eigene Depressivität antwortet, daß Jesu Wort zur Tochter des Jairus »Steh auf!« uns ermutigt, unserem Leben eigene Gestalt zu geben und daß Jesu Friedenszusage an die kranke Frau in unsere Unzufriedenheit hineinspricht, das gilt es auch in der Schriftauslegung in Erinnerung zu bringen.

4. Dem Anliegen, eine therapeutische Dimension der Theologie und Seelsorge wiederzugewinnen, mag es nicht unbedingt zuträglich sein, eine *johanneische Konzeption des seelsorglichen Gesprächs* als modellhaft herauszustellen.[69] Die von Johannes berichteten Gespräche Jesu mit Nikodemus (Joh 3,1–21) oder der Frau am Jakobsbrunnen (Joh 4,6–26) entbehren

[68] *O. Semmelroth*, Heil, 632.
[69] Vgl. *R. Bärenz*, Verkündigung als Lebenshilfe, 84f.

zwar nicht einer mystagogisch-therapeutischen Komponente, doch kommt sie auf Grund der lehrhaft-christologischen Intentionen des Johannesevangeliums[70] hier nicht so zur Geltung wie in den synoptischen Heilungsgeschichten. Eine einseitig johanneische Konzeption des Seelsorgegesprächs stünde so in der Gefahr, die vorherrschende, bereits als unjesuanisch kritisierte Katechismuspastoral, die die Vermittlung einer Lehre betreibt, theologisch einseitig in den Vordergrund zu rücken.

5. Zur Wiederentdeckung ihrer ureigenen therapeutischen Dimension wird die Theologie auch zu prüfen haben, ob nicht manche Formen einer *»theologia crucis«*[71] dem Ausblenden heilender Prozesse in Spiritualität und Seelsorge Vorschub leisten. So sehr dem Kreuz Jesu »für das christliche Leben eine unmittelbar existentielle Bedeutung«[72] zukommt, so zutreffend christliche Existenz als Kreuzesnachfolge zu beschreiben ist (vgl. Mk 8,34; 2 Kor 4,10–11), das Kreuz Jesu läßt sich auch mißbrauchen zur billigen Vertröstung und damit zur subtilen Verweigerung, zum leidenden Mitmenschen in der Art Jesu hinzuzukommen und mitzugehen. Die christliche Konsequenz aus dem Leiden Gottes am Kreuz besteht nicht vorrangig darin, den anderen aufzufordern, sein Kreuz aus der Hand Gottes demütig anzunehmen, sondern zuallererst darin mitzuwirken, menschliches Leiden soweit als möglich zu begrenzen und zu beheben. Erst dann, wenn wir alles getan haben, was in unseren Kräften steht, werden wir das Kreuz Christi zur Deutung dessen heranziehen dürfen, was wir an Leid beim besten Willen nicht verändern können. In dieser Situation vermag das Kreuz den Menschen in der Nacht des Leidens und Sterbens aufzurichten; im Blick auf den gekreuzigten Jesus darf er »gegen alle Hoffnung voll Hoffnung« sein (vgl. Röm 4,18).[73] Theologisches Reden vom Kreuz sollte unmißverständlich diese Schrittfolge einhalten, andernfalls vergißt sie Gottes Grundbewegung, die auf die Überwindung des Leidens und nicht auf das Sich-Abfinden mit dem Leiden zielt.

Unsere knappe Analyse der faktischen pastoralen Praxis erlaubt, ohne die Ausnahmen von der Regel zu übersehen, den Schluß, daß die therapeutisch-seelsorgliche Begleitung im Gesamt der pastoralen Tätigkeiten eine eher nachgeordnete Rolle spielt. Strukturelle und theologische Gründe erschweren dem Seelsorger heute das »Hinzukommen und Mitgehen« und damit, die Koinonia hin zum konkreten Menschen in den vielfältigen Krisen des Lebens als seine vorrangige Sache zu betrachten und zu pflegen. Nicht wenige Seelsorger leiden unter der von ihnen selbst gespürten Diskrepanz zwischen dem, was als vorrangig erkannt wird, und dem, was der Alltagsbetrieb der Pfarrei verlangt.

[70] Vgl. *O. Knoch*, Begegnung wird Zeugnis, 91.
[71] Vgl. *D. Wiederkehr*, Kreuz/Leid.
[72] *Deutsche Bischofskonferenz* (Hrsg.), Katholischer Erwachsenenkatechismus, 193.
[73] Ebd. 193f.

Allerdings – und damit rückt eine betont pastoralpsychologische Perspektive ins Blickfeld – sind die Gründe für die Schwierigkeit des Hinzukommens und Mitgehens neben den strukturell und theologisch ungünstigen Rahmenbedingungen auch in der Person des Seelsorgers selbst, in seinen verborgenen, tiefsitzenden Ängsten, in seinen unerfüllten Wünschen, in seinem Selbstbild, kurz: in seiner seelischen Innenwelt zu suchen. Davon und welche Formen der Distanzierung daraus hervorgehen und bis in die konkrete Begleitungspraxis hineinwirken, handelt der nächste Abschnitt.

(2) Vom Fernbleiben und Weggehen in der seelsorglichen Begleitung

Bevor wir auf die biographisch gewachsenen Persönlichkeitsanteile von Seelsorgerinnen und Seelsorgern eingehen, die zum Mißlingen helfender Gespräche beitragen, sollen die *Manifestationen dieses Mißlingens* an einem Beispiel betrachtet werden. Es wird daran erkennbar, wie die guten Vorsätze zum Helfen, zum Hinzukommen und Mitgehen, unter der Hand, unbemerkt und unbeabsichtigt, sich in ihr Gegenteil verkehren können. Der Grund für diese tragische Metamorphose liegt in der Tatsache, daß viele der wertvollen Helfermotive unbewußt und mit fragwürdigen Nebenmotiven angereichert sind. Nur der Emmausgang in die eigene Persönlichkeit vermag dann den Seelsorger vor den subtilen Formen des Fernbleibens und Weggehens im seelsorglichen Gespräch zu bewahren, davor, daß die Nebenmotive der Angst den Kurs bestimmen.

1. »Ich seh' schon fast gar nichts mehr...«
– Von der Schwierigkeit des Hinzukommens

Frau M. ist seit einem halben Jahr Mitarbeiterin eines studentischen Arbeitskreises »Kontakt mit alten Menschen«. Ihr wurde damals Frau H. als Betreuungsperson zugeteilt. In der Regel besucht Frau M. die alte Dame einmal in der Woche, aber die Besuche verlaufen wenig erfreulich, so daß sie überlegt, ob der Kontakt »noch einen Sinn hat«.

B: Besucherin, Frau M.

H: Frau H.

(1) H: Ach, stellen Sie sich vor, am Donnerstag hat der Arzt gesagt, daß man mich in den Augen nicht operieren kann. Sie wissen doch, ich hab auf beiden Augen »nen grauen Star und es wird immer schlechter. Ich seh« schon fast gar nichts mehr, ich kann gar nicht mehr allein auf die Straße gehen. Die Autos, die seh' ich überhaupt nicht mehr. Die fahr'n nur so hinten an mir vorbei an den Fersen. Einkaufen, das

kann ich gar nicht mehr. Früher, ja, da ist das schon noch gegangen. Aber jetzt, ich kann gar nicht mehr aus dem Haus. Und...

(1) B: *Ja, aber Frau H., für das Einkaufen bin ich ja gekommen, das mach' ich ja jede Woche einmal. Ich hole Ihnen ja praktisch alles, was Sie brauchen.*

(2) H: *Ja, aber Sie kommen nur einmal in der Woche und sehen Sie, ich soll dann – da braucht man so zwischendrin was, und da ist halt dann gar niemand da, den ich so schnell schicken könnte, und wenn ich da mal einen Teppich kaufen will, weiter weg, Sie haben da doch auch nicht soviel Zeit, daß Sie da immer mitkönnen.*

(2) B: *Ja, Frau H., da dürfen Sie überhaupt keine Hemmungen haben, da müssen Sie halt eine Nachbarin ansprechen und ich glaub' die Leut...*

(3) H: *Ach, die Nachbarin, ne, wissen Sie, die mag ich nicht fragen, die Frau A., die kommt schon immer, aber die mag ich nicht, Sie kennen die Frau ja nicht, die tut immer so schön, wenn jemand da ist, aber dann wenn man sie braucht, dann kommt sie wieder gar nicht. Die mag ich einfach nicht fragen, und sonst kommt überhaupt niemand.*

(3) B: *Ja, Frau H., neulich war doch die Frau von der Frankfurter Straße da, und mit der waren Sie doch auch auf dem Friedhof...*

(4) H: *Ach ja, die, die kommt ganz selten mal – da ist sie mal gekommen. Aber dann hat sie vor einer Woche gesagt, sie kommt, aber dann ist sie doch nicht gekommen und, auf die ist einfach kein Verlaß. Und die sagt immer, sie sei so krank, die markiert das bloß, und das mag ich gar nicht. Ich bin aber doch wirklich krank, da sagt der Arzt auch immer, ich mag das gar nicht, wenn man einfach so markiert. Die meint immer, sie sei so..., und dann sagt sie immer, daß sie so zittert, stellen Sie sich vor, sie sagt, sie hätte diese schlimme Krankheit da, das ist doch gar nicht wahr.*

(4) B: *Aber es ist doch gut, wenn diese Frau kommt, da haben Sie doch wenigstens ein bißchen Unterhaltung!*

(5) H: *Ach was, die erzählt doch immer bloß von ihrer Krankheit, und wissen Sie – Unterhaltung? Und dann kommt sie ja ganz selten, so zweimal im Jahr. Und sonst bin ich eigentlich immer ganz allein, ich kann ja auch nicht aus dem Haus, kann ja auch niemanden besuchen.*

(5) B: *Frau H., neulich war aber doch ein Mädchen da, das für Sie einkaufen wollte?*

(6) H: *Ach die, ach ne, wissen Sie, in den Ferien, als Sie da nicht da waren, da ist die dann gekommen, und ich habe gesagt, ich gebe ihr zwanzig Mark im Monat und dann soll sie mir jede Woche einkaufen. Aber die war ja nur einmal da und außerdem, die hat ja soviel verlangt, die hat da im ›Albrecht‹ eingekauft, und ich hab' das hinterher ausgerechnet, das hat vielleicht drei Mark gekostet und ich hab ihr fünf Mark gege-*

ben, und dann hat sie gesagt, das wäre alles, soviel hätte es schon gekostet. Und dann hat sie mir das eine Väschen da geklaut... und im Fernsehen bei XY kommt immer, man darf denen einfach nicht mehr trauen. Schauen Sie, da hab' ich mich von einem heimfahren lassen, das darf man ja nicht tun, ich weiß schon, aber da kann ich so schlecht gehen und dann hat mich halt der Mann heimgefahren, und dann ist er halt noch mit hereingegangen – und wissen Sie, dann hatte ich plötzlich solche Angst, der hat so komisch geschaut und, und der XY, der bringt da ja auch immer, und dann wollte er Telefongeld haben. Dann habe ich plötzlich Angst gekriegt und dann dachte ich, Mensch, der will dich ermorden. Und dann hab' ich gesehen, daß er die Hand in der Tasche hat, und dann hab' ich gedacht, oh, wenn der dich jetzt erschießt. Und dann habe ich gesagt, oh nein, ich hab' überhaupt kein Geld da. Oder nein, er wollte 100 Mark wechseln, da hab' ich gesagt, 100 Mark hab ich schon lange nicht mehr gesehen. Da hab' ich 20 Pfennig, die kann ich Ihnen vielleicht geben. Der hat die Hand in der Tasche gehabt, ich hab' so richtig Angst gehabt, ich dachte, er erschießt mich jetzt gleich.

(6) B: Aber Frau H., Sie müssen doch nicht immer gleich das Schlechteste annehmen, wenn da jemand kommt, ich mein...

(7) H: Aber das hab' ich ganz bestimmt gesehen...

(7) B: Aber, da kann man doch niemand mehr trauen, ich mein, so schlimm ist doch die Welt wirklich nicht und ich mein, Sie müssen halt aufpassen.

(8) H: Ja, aber gucken Sie, ich hab' das ganz bestimmt gesehen. Ich weiß, der hatte die Hand in der Tasche und... ich hab' das einfach gesehen, und der hat mich so angeschaut, so richtig durchdringend, da hab' ich richtig Angst gekriegt.

(8) B: Aber vielleicht hat er nur, ich hab ja auch manchmal die Hände in der Tasche, das hat doch überhaupt noch nichts zu bedeuten! Frau H., Sie dürfen nicht so mißtrauisch sein, auf der anderen Seite dürfen Sie natürlich auch nicht leichtsinnig sein, aber Sie haben die Türe ja immer verschlossen und fragen, wer da ist, wenn's klingelt und so. Ich mein, das ist natürlich schon gut, aber gar zu mißtrauisch mein ich, darf man auch nicht sein, weil...

(9) H: Aber der im Fernsehen sagt immer, man soll an der Tür aufpassen, man soll gar niemanden reinlassen und sehen Sie, da kommen oft Vertreter, jetzt haben sie wieder eine neue Tour, jetzt fragen sie einfach, wenn ich sage nein, ich brauch nichts, dann fragen sie einfach, wohnt in dem Haus noch irgend jemand, und sagen irgend einen Namen, bloß, daß sie weiterschwätzen können, daß ich dann die Tür aufmache, und dann kommen sie gleich herein, dann tun sie gleich den Fuß rein und dann kommen sie schon rein. Und dann, die wollen

bestimmt was, das ist die neue Tour, die fragen einfach, ob da jemand wohnt, oder fragen einfach, wo da jemand ist...

(9) B: *Frau H., das muß doch nicht unbedingt sein. Sie glauben wirklich zuviel, was da im Fernsehen kommt. Dem blöden Zimmermann tät ich wirklich nicht alles glauben.*

(10) H: *Aber, der hat schon so oft, das ist ja alles wahr, was der sagt. Und ich seh' das alles im Fernsehen, was er da bringt.*

(10) B: *Soviel Pech kann doch ein Mensch nicht auf einmal haben, Frau H., also wirklich, ich glaub' Sie sind einfach zu mißtrauisch. Ich finde, ein bißchen Vertrauen müßte man zu den Leuten schon haben.*

(11) H: *Oh, Sie kennen die Leute nicht, die sind ja so schlecht, und vor allem die, die da so an die Tür kommen. Die jungen Männer, da gibt es ja ganz nette. Und die Studenten, die sind wirklich immer sehr nett, wenn sie einen über die Straße führen.*

(11) B: *Ja, auch anderen, Frau H., das dürfen Sie nicht nur so einseitig sehen. Es gibt genug nette Leute, die Ihnen helfen wollen. Sie müssen halt auch ein bißchen auf die Leute zugehen, müssen sie fragen. Im Haus würde Ihnen bestimmt jemand gern was mitnehmen. Wenn Sie nicht fragen, die Leute kommen nicht von allein.*

(12) H: *Ach nein, wissen Sie, die im Haus mag ich einfach nicht stören. Die wollen das auch nicht so und...*

Um beurteilen zu können, was in diesem Gespräch die eigenartige Gereiztheit der beiden Frauen bewirkt, die sich gegenseitig suchen und doch nicht finden, erscheint es sinnvoll, in einem ersten Analyseschritt die *seelische Befindlichkeit der alten Frau* genauer zu charakterisieren.

Bereits in ihren ersten Worten klingt – verschlüsselt zwar, aber aus dem weiteren Verlauf des Gesprächs doch begreifbar – an, was Frau H. bewegt. Sie sagt, sie sehe fast gar nichts mehr und könne deswegen gar nicht mehr allein aus dem Haus. Hinzu komme, daß auch eine Operation den zunehmenden Verlust des Augenlichts nicht beheben könne. Zu dieser von ihr beklagten weit fortgeschrittenen *Blindheit* stehen jedoch einige Beobachtungen im Widerspruch: Sie kann offensichtlich noch sehr gut Fernsehsendungen verfolgen, sie kann auch Geldstücke unterscheiden, sie sieht genau, daß ein Mann die Hand in der Tasche hat, und offensichtlich begibt sie sich trotz ihrer fast totalen Blindheit auf die Straße (11 H.).

Dieser merkwürdige Gegensatz zwischen ihrer Selbstschilderung und ihren faktischen Verhaltensweisen ist auffällig. Es liegt nahe, in ihrer »Blindheit« nicht einfach nur eine physische Sehschwäche zu erblicken, sondern an diese nicht in Abrede zu stellende Beeinträchtigung des Augenlichtes haben sich offensichtlich *psychische Probleme angelagert*, die die »Blindheit« so widersprüchlich schillern lassen. Vergegenwärtigt man sich ihre bitteren und enttäuschten Äußerungen über ihre Mitmenschen, die im weiteren Gesprächsverlauf fallen, so gewinnt die »Blindheit« Konturen. Sie wird zum *körperlichen Symbol seelischer Gekränktheit und Verbitterung*. Sie will von den Menschen nichts mehr (»hören« und) »sehen«. Sie hat genug »gesehen«. Sie wendet ihr Angesicht ab von Menschen, die sie tief verletzt und gekränkt haben. Dabei spürt man, daß es nicht die Frau von der Frankfurter Straße, der Mann, der sie nach Hause fährt, oder die Studentin, die ihr die Vase klaut, ist, die ihr den Grund dieser Kränkung liefern. Ihre Verletztheit reicht tiefer und weiter zurück, sie wird offensichtlich durch solche Ereignisse nur immer wieder neu entzündet. Indem sie »blind« wird, drückt sie ihre ganze Abwendung von einer Welt aus, die ihr vieles von dem, was ein Mensch von anderen erwarten darf, schuldig geblieben ist.

Aber das ist nur die eine Seite. Ihre Blindheit ist zugleich ein *Appell*, ein Hilferuf an die Mitwelt, die lang ersehnte und stets verweigerte Zuwendung doch noch zu bekommen. Als Blinde hat sie geradezu ein Recht, daß man auf sie »Rücksicht« nimmt, sich ihr zuwendet und sie umsorgt. Und nach allem, was wir zu hören bekommen, hat auch eine Reihe von Menschen diesen ihren Appell gehört und ist ihm gefolgt: die Nachbarin, ein junger Mann, Studenten, die Frau von der Frankfurter Straße und auch die Besucherin. Aber dennoch scheinen all diese hilfsbereiten Menschen nicht in der Lage, gegen die Gekränktheit der Frau anzukommen. Im Gegenteil, bei aller Zuwendung, die sie ihr geben, sie liefern ihr »in ihren Augen« *immer wieder neue Anlässe der Enttäuschung und der Anklage*. Jeder, der ihren Hilferuf hört und ihm folgt, kommt so über kurz oder lang auf die Anklagebank.

Auch wenn sie ihren Besuchern Vorhaltungen macht, daß sie zu wenig da seien oder finstere Absichten gegen sie hegten, kommt ihr ihre »Blindheit« zustatten; denn als Mensch, der es schwer hat, darf sie mit einiger Berechtigung von ihren Besuchern eine gewisse *Toleranz* erwarten, ihre Vorwürfe zu ertragen. Freilich wird das dann auch zur Folge haben, daß all diese Besucher eines Tages frustriert von soviel ungerechter Anschuldigung wegbleiben. Und damit bestätigt sich erneut, was sie schon immer von den Menschen erlebt hat: Man kann sich auf niemanden verlassen, man kann niemandem trauen.

Wenn man folglich ihre ersten Sätze hört, daß sie auf beiden Augen immer schlechter sieht, dann ist in dieser Aussage eigentlich schon alles versammelt, was Frau H. bewegt und was sie im weiteren Verlauf des Gesprächs in immer neuen Variationen zu Gehör zu bringen versucht. Sie gibt damit der Besucherin die Botschaft: »Ich bin von den Menschen sehr gekränkt worden, so daß ich nichts mehr hören und sehen will. Aber vielleicht gibt es noch eine kleine Hoffnung, daß man sich mir zuwendet, wie ich es mir immer gewünscht habe. Du bist so eine Hoffnung. Doch rechne damit, daß ich an dir alle meine Gekränktheit festmache. Hoffentlich bist du stark genug, meine Verbitterung auszuhalten, vor allem dann, wenn ich dich zum Lohn für deine Mühe ungerechterweise beschuldige!«

2. *Formen der Distanzierung*

Wie reagiert nun die Besucherin auf diese gar nicht so ungewöhnliche Befindlichkeit? Wie beantwortet sie die »Botschaft« der alten Frau? Verschiedene Reaktionsweisen[74] lassen sich voneinander abheben, die aber alle im Grunde Frau H. nicht erreichen.

(1) Konfrontieren mit objektiven Tatsachen

Der jungen Seelsorgerin ist es erkennbar darum zu tun, die *Dinge richtig zu stellen*. Wenn Frau H. äußert, es komme überhaupt niemand zu ihr (3 H.), dann weist die Besucherin darauf hin, daß doch neulich erst die Frau von der Frankfurter Straße dagewesen sei (3 B.). Sie agiert damit nach der Maxime: Was objektiv richtig ist, kann auch im helfenden Gespräch nicht falsch sein! Und doch gilt es für den Seelsorger, sich von diesem naiven Alltagspositivismus, daß nur die Dinge und Ereignisse, die wirklich sind, zählen, zu verabschieden.

In der seelischen Innenwelt sind nicht einfachhin die Fakten von Belang, sondern die *subjektive Deutung*, die wir diesen Fakten geben.[75] Dem antiken Philosophen *Epiktet* wird der Aphorismus zugeschrieben: »Nicht die Dinge an sich sind es, die uns beunruhigen, sondern die Meinung, die wir über diese Dinge haben!«[76] Damit spricht er eine Einsicht aus, die vor allem von der modernen *Wahrnehmungspsychologie*[77] bestätigt wird: Die Wirklichkeit, die wir erleben, ist eine subjektiv konstruierte Wirklichkeit, in dem Sinn, daß wir die Fakten und Ereignisse mit einer subjektiven Bedeutung versehen. Unsere innere Erlebniswelt setzt sich folglich aus einer Vielzahl solch kognitiv-emotionaler Bedeutungsstrukturen zusammen, die die objektiven Fakten filtern, einordnen, aber auch verzerren.

Wenn Frau H. es subjektiv so erlebt, daß niemand für sie da ist, trotz der verschiedenen Besucher, die bei ihr regelmäßig vorbeikommen, dann gilt es, diese ihre Deutung der Besuche zuzulassen.[78] So schwer es der Seelsorgerin fällt, sie hat ernst zu nehmen, was Frau H. empfindet, daß die Kontakte, die sie hat, einschließlich denen zu Frau M., ihr Gefühl, alleingelassen zu sein, nicht beheben.

Was geschieht, wenn das subjektive Empfinden permanent mit dem Verweis auf die objektiven Fakten beantwortet wird, ist im Gesprächsverlauf

[74] Vgl. zu den ungünstigen Interventionen im helfenden Gespräch: *A. P. Goldstein*, Methoden zur Verbesserung von Beziehungen.

[75] Vgl. dazu die köstliche »Geschichte mit dem Hammer«, in: *P. Watzlawick*, Anleitung zum Unglücklichsein, 37f. Auch: *P. Watzlawick/J.H. Weakland/R. Fisch*, Lösungen, 116–134. – *Ders.*, Die Möglichkeit des Andersseins, 37–43.

[76] Zit. nach: *P. Watzlawick*, Die Möglichkeit des Andersseins, 38.

[77] Vgl. *R. Droz*, Wahrnehmung, 750–751.

[78] Das Einfühlen in die subjektive Erlebniswelt des anderen wird v.a. von der Klientenzentrierten Gesprächspsychotherapie betont. Vgl. etwa: *R. Tausch/A.-M. Tausch*, Erziehungspsychologie, 178–213.

erkennbar. Die beiden Gesprächspartnerinnen verstricken sich heillos in ein *»Ja-aber-Spiel«*[79], das ohne Ende fortgeführt werden könnte. Beide führen letztlich ihren je eigenen Monolog, Frau H. auf der Ebene der subjektiven Eindrücke, Frau M. auf der Ebene der objektiven Fakten, eine Brücke zueinander ist nicht erkennbar.

Gewiß hat der Berater im Prinzip der *»Anwalt der Realität«* zu sein – eine Auffassung, die sich in der psychoanalytisch geprägten Beratung findet.[80] Aber auch hier ist nicht einfachhin gemeint, jemandem die richtige »objektive« Sicht auf alle möglichen Fakten beizubringen. Vielmehr zielt der Begriff »Realität« vor allem auf die Wahrnehmung der verdrängten Traumata in der eigenen Geschichte sowie auf die Aussöhnung mit einem Leben, das unsere infantilen Riesenansprüche enttäuscht. So gesehen käme es in der Begleitung von Frau H. darauf an, daß die Seelsorgerin deren innere Welt gelten läßt, ihr subjektives Erleben der Einsamkeit ebenso wie ihre Anklage, und sie immer mehr an jene schmerzhaften Ereignisse heranführt, an die ihre Verbitterung letztlich dunkel erinnert. »Konfrontieren« mit der schmerzlichen und deswegen verdrängten »Realität« des eigenen Lebens – eine Konfrontation, die also ebenfalls in der je subjektiven Innenwelt bleibt –, das ist die hilfreiche Form von Konfrontation[81] in der seelsorglichen Begleitung. Sie gelingt, wenn die Beziehung zwischen Seelsorger und Gesprächspartner dafür tragfähig genug ist.

(2) Mit »guten« Ratschlägen belehren

Eine oft geübte Intervention in Alltags- wie Seelsorgsgesprächen ist der gutgemeinte Versuch, dem Ratsuchenden für seine Probleme *Lösungen zu geben*.[82] Auch die junge Seelsorgerin bedient sich dieses Mittels, um Frau H. zu »helfen«: »Sie müssen halt auch ein bißchen auf die Leute zugehen, müssen sie fragen...!« (11 B.) oder »Sie müssen doch nicht immer gleich das Schlechteste annehmen...« (6 B.); oder »Sie müssen halt aufpassen...« (7 B.). Eigentlich erscheint es sehr plausibel, wenn die Besucherin der Klage von Frau H. Lösungsvorschläge entgegensetzt, und doch zeigt sich bei näherem Hinsehen, daß dieses Verständnis von Beratung als Abfolge von Frage und Rat-geben, der innerseelischen Situation des Ratsuchenden nicht gerecht wird. Insbesondere die Beratungskonzepte der Gesprächspsychotherapie und der tiefenpsychologischen Schule empfehlen dem Berater eine

[79] Vgl. *E. Berne*, Spiele der Erwachsenen.

[80] Vgl. *H. Thilo*, Beratende Seelsorge. – *K. Winkler*, Tiefenpsychologisch orientierte Seelsorge, 102–112.

[81] Vgl. zur Konfrontation in der Seelsorge: *E. Drewermann*, Psychoanalyse und Moraltheologie, Bd. 2, 226–290.

[82] Vgl. *N. Hoffmann/K.E. Gerbis*, Gesprächsführung in psychologischer Therapie und Beratung, 47–61. – *J. Schwermer*, Das helfende Gespräch in der Seelsorge, 42–45. – *R. Tausch/A.-M. Tausch*, Erziehungspsychologie, 332–373. Sie charakterisieren »Dirigierung – Lenkung« als »eine wenig förderliche Dimension«.

weitgehende Abstinenz[83], was Lösungsvorschläge betrifft, aus guten Gründen:

- Lösungsvorschläge nehmen die oft jahrelange *Suche des Gesprächspartners* nach Auswegen nicht ernst. Er hat in der Regel schon sehr viel seelische Energie aufgewendet, einen Weg zu finden. Wenn der Seelsorger ihm nun innerhalb kürzester Zeit die Lösung geben kann, erklärt er den Gesprächspartner indirekt zum Dummkopf und lebensuntüchtigen Zeitgenossen. Schnelle Lösungen werten die vorausgegangenen Bemühungen des anderen ab und verletzen ihn.
- Mit jedem Lösungsvorschlag übernimmt der Seelsorger eine *Verantwortung*, die er eigentlich nicht übernehmen kann. Er macht sich zum Experten für die Lebensgeschichte und den Lebensentwurf des anderen und erdrückt damit die aus der inneren Selbstreflexion des anderen erwachsende, ganz persönliche Lösung. Wenn der Rat gebende Berater sich prüft, wird er feststellen, daß er eigentlich immer nur Vorschläge unterbreiten kann, die allenfalls für ihn selbst hilfreich wären. Je mehr er den anderen begreift, um so deutlicher wird ihm, daß die Lösungen des Beraters der individuellen Innenwelt des anderen nicht gerecht werden. Vorschnelle Lösungsvorschläge sind so ein Indiz dafür, daß der Berater beim anderen noch nicht angekommen ist.
- Lösungsvorschläge fördern beim Gesprächspartner Gefühle und Haltungen von *Hilflosigkeit, Ohnmacht und Abhängigkeit*, deretwegen er oft gerade den Berater aufsucht. Der Gesprächspartner erlebt sich ganz in einer Arzt-Patient-Beziehung, wo sich Sachverständiger und unwissender Laie gegenübersitzen. Die therapeutische Aktivität und Bemühung wird ganz an den medizinischen bzw. psychologischen Experten delegiert. Der Gesprächspartner selbst begibt sich in die passive Rolle dessen, der seinen seelischen Prozeß abwartend von außen her beobachtet, in ähnlicher Weise, wie er die Reparatur seines Autos in der Werkstätte verfolgt. Er wird in dieser asymmetrischen Arzt-Patient-Beziehung als handelndes Subjekt immer mehr an den Rand gedrängt und zum Objekt einer apersonalen Seelenreparatur gemacht. Mit Recht wehren sich Gesprächspartner gegen diese Verobjektierung und Bevormundung, indem sie sich den Vorschlägen des Beraters offen oder versteckt widersetzen. Auf solche Weise kommt eine neue Variante des »Ja-aber-Spiels« in Gang, bei dem der eine Ratschläge unterbreitet, der andere sie beständig verwirft. Das Ende dieses unendlichen Spiels besteht meist im Abbruch der Beziehung.
- Lösungsvorschläge üben *Druck* auf den Gesprächspartner aus. Er kann in die Situation geraten, fürchten zu müssen, die Zuwendung des Seelsorgers zu verlieren, wenn er dem Ratschlag nicht nachkommt. Wenn sich

[83] Vgl. zur »Abstinenzregel« der Psychoanalyse: *L. J. Pongratz*, Lehrbuch der Klinischen Psychologie, 280f.

dann für den Gesprächspartner herausstellt, daß der vorgeschlagene Weg – aus welchen Gründen auch immer – nicht gangbar ist, mag er womöglich dem Seelsorger Fortschritte vortäuschen, wo keine sind. Diese Unehrlichkeit, erwachsen aus der Angst, den Seelsorger zu enttäuschen, erzeugt wiederum *Schuldgefühle*, die die ursprüngliche Problematik des Gesprächspartners verschärfen.

- Lösungsvorschläge nehmen für den Gesprächspartner leicht die Gestalt von *Vorschriften, von Geboten und Verboten* an. Damit schließen sie in seinem Erleben an dem an, was ihn in der seelischen Entwicklung oft erst krank werden ließ: Restriktionen und Sanktionen, Sollen und Müssen, Dirigierung und Lenkung.[84] Der Seelsorger arbeitet dann mit seinen gutgemeinten Ratschlägen, ohne es zu wollen, dem »Über-Ich« des anderen zu und nicht seiner Ich-Werdung, wie es das Ziel der Beratung sein sollte.
- Lösungsvorschläge *treiben aber auch den Seelsorger selbst in die Enge*. Es besteht die Gefahr, daß der von ihm favorisierte Lösungsvorschlag seine Wahrnehmung des Gesprächspartners beeinträchtigt. Er sieht und hört dann nur noch das, was seiner Diagnose, seiner Hypothese und seiner Medikation entspricht. Damit unvereinbare Mitteilungen werden ausgefiltert und abgewehrt. Auf solche Weise wird der Seelsorger für den Gesprächspartner zu einem blinden Spiegel, in dem dieser sich nicht mehr erkennen kann.

Daß trotz dieser schädlichen Konsequenzen vorschnelle Ratschläge und monologisierende Belehrung in der seelsorglichen Begleitung immer wieder eine Versuchung darstellen, hat vor allem mit zwei Beweggründen zu tun. Zum einen ist, nicht zuletzt aufgrund der »Verschulung« unserer Gesellschaft, die Meinung weit verbreitet, daß auch in seelischen Dingen *Wissen* alles sei. Diese Vorstellung trügt, sie kommt einer naiven Persönlichkeitstheorie[85] gleich, nach der unser Handeln monokausal von der Erkenntnis geleitet sei. Schon ein Blick auf das Alltagsverhalten zeigt, daß wir den Einfluß der kognitiven Einsicht unzutreffend überschätzen: Alle, die heutzutage rauchen, »wissen«, daß sie damit ihr eigenes Leben und das anderer gefährden, und doch hält sie dieses Wissen von der Sucht nicht ab.[86] Es gibt offensichtlich Wirkfaktoren für unser Handeln, die nicht auf der Ebene der Einsicht liegen.[87] Der Appell an die Einsicht oder an den Willen erreicht diese anderen, unbewußten, entscheidenden Wirkungsfaktoren kaum.

[84] Vgl. *R. Tausch/A.-M. Tausch*, Erziehungspsychologie, 332–373.

[85] Vgl. *N. Kühne/M. Gewicke/J. Priester/M. Sudhues/G. Tiator*, Psychologie für Fachschulen und Fachoberschulen, 22.

[86] Der Zusammenhang von Kognition und Handeln, auf den dieses Beispiel zielt, wird u. a. von »Konsonanz-Dissonanz-Theorien« zu erhellen versucht. Vgl. *D. W. Johnson/R.P. Matross*, Methoden der Einstellungsänderung. – *F. Heider*, The psychology of interpersonal relations. – *L. Festinger*, A theory of cognitive dissonance.

[87] Vgl. die sog. »Latenzannahme« der Psychoanalyse: »Die entscheidenden Determinanten des Ver-

Ein zweiter Grund ist in der Persönlichkeit des Beraters zu suchen. Als Experte angefragt zu sein, der Rat weiß, das kommt so manchem *unerfüllten, narzißtischen Wunsch nach Anerkennung und Ansehen* zugute. Dessen Erfüllung schlägt man sich als Berater ab, wenn man die vom Gesprächspartner aufgedrängte Rolle, als Experte für ihn zu agieren, verweigert. Begleitung kann folglich nur gelingen, wenn der Seelsorger seinen verborgenen Wünschen nach Anerkennung und Macht gegenüber in wacher Askese abstinent bleibt.[88]

(3) Verallgemeinern, Bagatellisieren, Kritisieren, Ironisieren

Wie das angeführte Gesprächsbeispiel zeigt, gibt es noch eine *Reihe anderer Interventionsformen*[89], die einer heilenden Beziehung unzuträglich sind. Die Seelsorgerin beantwortet so z. B. die subjektive Angst der Gesprächspartnerin vor Betrügern mit der *verallgemeinernden bzw. bagatellisierenden Feststellung*[90]: »Soviel Pech kann doch ein Mensch nicht auf einmal haben...« Was geschieht hier? Frau H. wird in ihrem ganz persönlichen Empfinden nicht ernst genommen, sondern statt dessen wird ihr eine allgemeine Lebenserfahrung präsentiert, die sie als den ganz unmöglichen Ausnahmefall von der Regel bloßstellt. Solche Abwertung verbaut Beziehung und führt den Gesprächspartner von seinem konkreten Erleben weg zu einer allgemeinen, theoretischen Erörterung oder setzt ihn – wie Frau H. – unter Druck, sich wegen seines individuellen Erlebens rechtfertigen zu müssen.

Es gibt sehr wohl die hilfreiche Verallgemeinerung, von *C. G. Jung*[91] wird sie als *»Amplifikation«* bezeichnet. Sie zielt aber – im Gegensatz zum angeführten Gesprächsbeispiel – nicht auf eine Entwertung des subjektiv Erlebten, sondern auf dessen Aufwertung. Der Therapeut ermutigt den anderen, indem beide assoziativ und symbolisch das Erinnerte und Geträumte erweitern, noch tiefer in das subjektiv Erlebte hineinzugehen.

Wenn der Seelsorger verallgemeinert, bagatellisiert, kritisiert, in ironische Bemerkungen verfällt oder pausenlos fragt, macht er damit offenkundig, daß er zum anderen auf Distanz geht. Die tieferen Gründe seiner Abkehr vom anderen liegen in seiner Persönlichkeit, die es anscheinend nicht erträgt, wenn ganz bestimmte Gefühle, Fragen, Konflikte oder Einstellun-

haltens sind unbewußt.« *D. Rapaport*, Die Struktur der psychoanalytischen Theorie, 50. – Vgl. *L. J. Pongratz*, Lehrbuch der Klinischen Psychologie, 243 f.

88 *N. Hoffmann/K.E. Gerbis*, Gesprächsführung in psychologischer Therapie und Beratung, betonen zu Recht, daß dies nicht bedeuten kann und darf, ins andere Extrem zu verfallen und seine eigene Insuffizienz zu beteuern: 58.

89 Vgl. *A. P. Goldstein*, Methoden zur Verbesserung von Beziehungen.

90 Vgl. zum Verallgemeinern und Bagatellisieren: *N. Hoffmann/K.E. Gerbis*, Gesprächsführung in psychologischer Therapie und Beratung, 50. – *R. Tausch/A.-M. Tausch*, Erziehungspsychologie, 120–123.

91 Vgl. *C. G. Jung/A. Jaffé*, Erinnerungen, Träume, Gedanken, 408. – Vgl. auch: *L. J. Pongratz*, Hauptströmungen der Tiefenpsychologie, 383–385.

gen beim Gesprächspartner aufkommen. Die entscheidende Suchrichtung für den Seelsorger, will er seine Interventionen in der seelsorglichen Begleitung verbessern, liegt so in der Klärung seiner unbewußten und angstbesetzten Motive.

3. »Blinde Passagiere« in der seelsorglichen Begleitung

Unsere Analyse ungünstiger Interventionen in der seelsorglichen Begleitung führt von der vordergründigen Handlungsebene weg zu tieferen Determinanten des Handelns. Damit ist auch angedeutet, daß wir es nicht so selbstverständlich vermögen, Abwertungen, Verallgemeinerungen, Appelle oder Belehrungen zu unterlassen, wie wir es uns vornehmen. Wir sind hier Gefangene unserer selbst: gefangen in bestimmten Wahrnehmungsschemata, Einstellungen, Rollen, Selbstaufträgen, Ängsten, Gekränktheiten und Verdrängungen. Die folgende Graphik – vergleichbar mit dem Bild des Eisbergs, bei dem das Wesentliche unter der Wasseroberfläche liegt – illustriert den Zusammenhang von »oberflächigem« Handeln und tieferen Motiven:

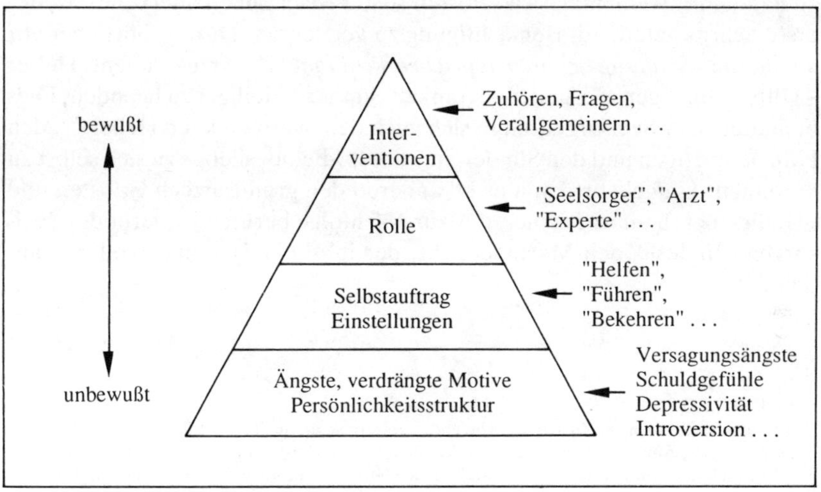

Abb. 11: Ebenen pastoraltherapeutischer Intervention

Die Graphik verdeutlicht, daß für die Ebene des Handelns die anderen, unter der Oberfläche liegenden Ebenen »fundamental« sind. Insbesondere die Ebene der unbewußten Motive (Ängste, Gekränktheiten, verdrängte Wünsche) bedarf der Selbsterfahrung, um den anderen hilfreich begleiten zu können. *Hermann Stenger*[92], der ausführlich diese Seite der Seelsorger-

[92] *H. Stenger*, Dienen ist nicht nur dienen, 82–87.

persönlichkeit beschreibt, spricht von *»blinden Passagieren«*, die ausfindig gemacht, an Bord geholt und in Dienst genommen werden müssen, um die Fahrt des Helferbootes voranzubringen. Er hebt mit Blick auf die Einzelseelsorge vor allem drei mögliche »blinde Passagiere« hervor:

(1) Der Wunsch, Macht über andere auszuüben

Dieser Wunsch stammt, so *Hermann Stenger*[93] mit Verweis auf die neuere Narzißmusliteratur, aus unerfüllten Bedürfnissen der frühen Kindheit und wird durch Situationen, die ihrer Natur nach Überlegensein und Unterlegensein enthalten, wiederbelebt, so eben auch im Beziehungsgefälle von Seelsorger – Ratsuchender. Das *archetypische Umfeld* sowie die spezifisch katholische Beziehungsdefinition der *Beichte* als Richter-Angeklagter-Relation wirken in die Dynamik der Einzelberatung hinein, auch wenn es den Beteiligten nicht bewußt ist.

Für das Gelingen der Beratung ist es nun unerläßlich, sich als Seelsorger zu seiner Macht, die durch den kirchlichen Auftrag, die gesellschaftliche Zustimmung zur Seelsorgerrolle, durch theoretisches Wissen, berufspraktisches Können und gläubige Identität zuwächst, zu bekennen und »machtvoll zu handeln«. Wenn man sich selbst in seiner Mächtigkeit anerkennt, ist der erste Schritt getan, auf Bemächtigung zu verzichten. Dazu gehört aber vor allem, die *»Spaltung der archetypischen Positionen«*[94] Arzt – Patient, Helfer – Hilfsbedürftiger, Gesunder – Kranker, Sünder – Heiliger zu beenden. Dies bedeutet: Der Seelsorger hat in sich auch den »verwundeten Heiler«[95], den Hilfsbedürftigen und den Sünder, in wahrer »Feindesliebe« zu sich selbst zu erkennen. Umgekehrt kann er im anderen den grundsätzlich Erlösten und »Heiligen« sehen. »Als einer, der zur Nachfolge berufen ist, lernt der Seelsorger von Jesus den Machtverzicht, der ihn befähigt, machtvoll zu handeln.«[96]

[93] Ebd. 83, Anm. 2.

[94] Ebd. 84.

[95] Von daher wird auch der Zielbegriff »Heilende Seelsorge«, der meinen Ausführungen zur Pastoralpsychologie zugrunde liegt, weiter geklärt. Er enthält die Aufforderung an den Heiler-Seelsorger zur selbstkritischen Anfrage nach seinen narzißtischen Größenphantasien. Seriöse Berater und Seelsorger, deren therapeutisches Selbstverständnis entsprechend geläutert ist, werden deshalb nicht äußern, sie hätten einen Menschen »geheilt«. Sie sprechen von ihrer Tätigkeit bescheidener, weniger großartig und damit auch ungefährlicher für sich und ihre Klienten. Wirkliche »Heiler-Seelsorger«, die um ihre Verwundungen wissen, verweigern sich gerade jenen irrealen, in die Zonen des Archetypischen hineinreichenden Erwartungen des Ratsuchenden, die *Fritz Perls*, Grundlagen der Gestalt-Therapie, 62, so charakterisiert: »Ihm (dem Ratsuchenden) erscheint der Therapeut wahrscheinlich ... als ein Märchengott, der nur mit seinem magischen Fächer wedeln muß, um das Tier in einen schönen Jüngling mit wohlgebildeten Zügen, großgewachsen, mit Geld und Charme im Überfluß gesegnet, zu verwandeln.« »Heilende Seelsorge« zeichnet sich gerade dadurch aus, daß der »Heiler« sich seinen eigenen Verletzungen stellt und auf jede Art von magischer Heilungsattitude verzichtet. Er heilt, indem er sich als Bruder und Schwester auf Seinesgleichen einläßt und mit ihnen zusammen die Annahme des endlichen Menschseins versucht.

[96] *H. Stenger*, Dienen ist nicht nur dienen, 85.

(2) Der Wunsch, Anerkennung und Liebe zu gewinnen

Dieser elementare Wunsch des Menschen darf nicht zugunsten einer zweifelhaften Selbsthingabe obsolet gemacht werden, womöglich mit Verweis auf das von *Paulus* überlieferte Wort des Herrn: »Geben ist seliger als Nehmen« (Apg 20,35). Denn »dieses Wort bedeutet nicht, daß Nehmen unselig ist, sondern daß Nehmen ebenfalls selig ist«.[97] Der Beweis dafür ist aus dem Verhalten des Apostels selbst abzulesen, der stolz und demütig zugleich feststellen kann: »durch die Gnade Gottes bin ich, was ich bin, und sein gnädiges Handeln ist an mir nicht ohne Wirkung geblieben« (1 Kor 15,10). Von *Paulus* kann so der Seelsorger lernen, daß Geben und Nehmen, Selbstlosigkeit und Selbstliebe keine Gegensätze sein müssen, sondern daß auch der Seelsorger seinen Wunsch nach Anerkennung und Liebe sich eingestehen und soweit als möglich erfüllen darf.

Freilich birgt die Situation der Einzelberatung die Gefahr, sich unterschwellig, in *ausnützender und ausbeuterischer Weise Anerkennung und Liebe auf Kosten des hilfesuchenden Gesprächspartners zu verschaffen.* Die Gefahr ist dort reduziert, wo eine realistische Selbstanerkennung den Seelsorger davor bewahrt, nur selbstlos sein und seine narzißtischen Bedürfnisse als blinde Passagiere unter Deck schicken zu müssen. *Hermann Stenger* verweist in diesem Zusammenhang darauf, daß Beratung oft genug den Gegensatz von Geben und Nehmen hinter sich läßt, daß also der Seelsorger, im nachhinein gesehen in Umkehrung der Rollen, sich als der Beschenkte erfährt und es eigentlich nicht nötig hat, sich die Anerkennung auf dunklen Wegen zu erschleichen. Der letzte Verzichtgrund für einen Mißbrauch dieses Wunsches ist in der Tatsache zu suchen, daß der Seelsorger sich von Gott restlos geliebt weiß, von ihm beim Namen gerufen wurde, zu seinem auserwählten Geschlecht und Volk gehört (1 Petr 2,9 f).

(3) Der Wunsch, Leben zu erleben

Zum »blinden Passagier« wird dieser berechtigte Wunsch dann, wenn sich in das Motivbündel des Dienens und Helfens das Bedürfnis einschleicht, *»aussaugend« am Leben anderer zu partizipieren*, um das eigene, trostlose Leben zu vitalisieren. Auf diese Weise wird das Leben des Seelsorgers zu einem Surrogat, zu einem Leben aus zweiter Hand, und verliert an Originalität, die für die Beratung unabdingbar ist. Nach *Hermann Stenger* bewahrt es den Seelsorger vor dem Abgleiten in dieses Ersatzleben, wenn er »Ausschau hält nach dem ›Leben in Fülle‹, wie der Wächter Ausschau hält nach dem Morgenrot«.[98]

[97] Ebd. 85.
[98] Ebd. 87.

Was *Hermann Stenger* hier vorlegt, ist der bemerkenswerte Versuch, das von *Wolfgang Schmidbauer*[99] so genannte *»Helfersyndrom«* pastoral-theologisch zu erhellen. Hier wie dort wird deutlich, daß dem Helfen nicht nur ideale Motive innewohnen und daß es wesentlich darauf ankommt, die fragwürdigen, altruistischen Beweggründe bei sich zu ergründen, damit sie nicht zum eigenen und fremden Schaden in der Beratungsbeziehung die Oberhand gewinnen.

4. »Gegenübertragung« – das Störmanöver der »blinden Passagiere«

Wenn es nicht gelingt, die »blinden Passagiere« an Deck zu holen und in Dienst zu nehmen, so steht zu erwarten, daß sie mit allerlei *Störmanövern* die Fahrt des Helferbootes zu bremsen und vom richtigen Kurs abzubringen trachten.[100] Ein Beispiel für die »subversive« Wirkung der unbewußten Helfermotive bietet das Gespräch der jungen Studentin mit Frau H.

Einige Äußerungen der Besucherin klingen so, als ob sie aus folgendem *inneren Monolog* heraus gesprochen wären: »Diese Frau H., sie meint mich, wenn sie sagt, sie habe niemand, der sie versteht oder dem sie trauen kann. Das kann ich nun wirklich nicht auf mir sitzen lassen. Sie muß doch sehen, daß ich jetzt für sie da bin, daß ich ihr auch sonst alles abnehme, wo ich kann. Das grenzt schon an Bosheit, nicht sehen zu wollen, was ich für sie tue. Deswegen opfere ich nun wirklich nicht meine Zeit, um mir dann noch sagen zu lassen, ich täte zu wenig für sie. Nein, da hab ich Besseres zu tun...!«

Die Seelsorgerin fühlt sich *persönlich durch die Äußerungen von Frau H. gekränkt*. Dabei kann Frau H. auf Grund ihrer tiefsitzenden Verbitterung und Enttäuschung gar nicht mehr anders zu Menschen sprechen. Jeder, der ihr begegnet, bekommt von dieser Verbitterung etwas ab, die Studentin ebenso wie alle anderen Besucher. Jeder wird von ihr als Mitspieler in das Stück von Klage und Anklage einbezogen. An ihnen und mit ihnen inszeniert sie immer wieder aufs neue, wie in einem Wiederholungszwang, ihre weit zurückliegenden und nicht erledigten Enttäuschungen und Verletzungen. Die Seelsorgerin wird von ihr mit all dem kostümiert, was in ihrem Drehbuch für diese Rolle vorgeschrieben ist.

Und die Seelsorgerin? Sie zieht sich unversehens die Kostüme an, ganz so, wie es im Stück von Frau H. vorgesehen ist. Angegriffen und beleidigt verteidigt sie sich und fügt dabei Frau H. neue Verletzungen durch Abwertungen oder ironische Bemerkungen zu. Das Drama hat für Frau H. sein Ziel erreicht. Sie ist wieder einmal in dem bestätigt worden, was sie immer

[99] *W. Schmidbauer*, Die hilflosen Helfer. – *Ders.*, Unsere kranken Therapeuten.
[100] Vgl. *I. Baumgartner*, Helfen zwischen Selbstsucht und Selbstlosigkeit, 20–22.

schon wußte: »Mich kann niemand verstehen, man kann niemand trauen, alle lassen mich allein!«

Warum läßt die Besucherin sich von der Gekränktheit der alten Frau selbst so kränken? Die Antwort darauf ist bei den »blinden Passagieren« zu suchen. Es scheint, daß sie vor allem einem *unerfüllten Wunsch nach Anerkennung* zum Opfer fällt. Mehrmals fordert sie Frau H. auf, den Besuchern und damit auch ihr »Vertrauen zu schenken« (B 6,7,8,10,11). Die Erwartung, von Frau H. etwas geschenkt zu bekommen, hat offensichtlich ihr Engagement, ohne daß es ihr bewußt ist, stark bestimmt. Was sie zu lernen hätte, wäre die »Enttäuschung« zu ertragen, daß das seelsorgliche Gespräch nicht zu dem Ort gemacht werden darf, wo die eigenen unerfüllten Wünsche nach Anerkennung, Lob und Bestätigung in Erfüllung gehen. Wenn sie in dieser Hinsicht »erwartungslos« in das Gespräch mit Frau H. hineinginge, könnte sie die Klage und Anklage der alten Frau hören als das, was es ist: als der Hilferuf, jemand möge sie aus ihrem endlos zu wiederholenden Spiel erlösen. Für eine solche abschließende Inszenierung wäre es nötig, die Seelsorgerin ließe sich *bewußt* zur Mitspielerin machen – und fiele zur rechten Zeit aus der Rolle, indem sie ihrer beider Beziehung anspricht.

Was hier mit dem Bild der »Inszenierung« verdeutlicht wird, bezeichnet die Psychoanalyse als das Zusammenspiel von *Übertragung und Gegenübertragung*. Übertragung ist dabei zu verstehen als die Neigung, »in einer neuen Begegnungssituation mit Verhaltens- und Gefühlsmustern zu reagieren, die aus einer bereits in der frühen Jugend durchlebten Begegnungssituation mit Schlüsselfiguren stammen. So werden Menschen, die in ihrer frühen Jugend oft durch Schlüsselfiguren in Stich gelassen worden sind, Beziehungen anknüpfen, in der Erwartung, wieder im Stich gelassen zu werden... Wir könnten auch sagen, daß etwa vom 12. Lebensjahr an jede Begegnung, die ein Mensch im Gespräch hat, im Unbewußten eine Zweitbegegnung ist.«[101]

Auch der Seelsorger oder Berater zeigt nun diese Neigung zur Übertragung, weil auch er nichts anderes als ein Mensch in Grenzen, mit Gefühlen, Gekränktheiten, Konflikten und Verletzungsgeschichte ist. Seine Übertragungsreaktionen, die durch den Gesprächspartner ausgelöst werden, benennt die Psychoanalyse[102] als Gegenübertragung.

Es ist klar, daß es beim Seelsorge-lernen, um die Tendenz der Gegenübertragung zu verringern, nicht einfach darum gehen kann, die unerledigten Situationen der eigenen Biographie aus der Welt zu schaffen, vielmehr sollte der Seelsorger ein waches Gespür für seine »wunden Punkte« und

[101] *H. J. Thilo*, Beratende Seelsorge, 45f. – Vgl. auch *H. Musaph*, Technik der psychologischen Gesprächsführung.

[102] Vgl. *L. J. Pongratz*, Hauptströmungen der Tiefenpsychologie, 181f.

seinen »Schatten« entwickeln, so daß er seine Gesprächspartner damit nicht unbewußt infiziert.[103]

Um die eigene Tendenz zur Gegenübertragung besser identifizieren zu können, kann folgende Liste[104] von *Erscheinungsformen der Gegenübertragung* hilfreich sein:

- Wenn ich starkes Mißbehagen, Traurigkeit, Verzweiflung oder – im Gegenteil – Schwärmerei, Begeisterung, Erregung in Gegenwart eines Gesprächspartners empfinde.
- Wenn ich plötzliche Aufwallungen von Interesse oder Ablehnung bei meinen Begegnungen mit ihm habe und lange und heftig mit ihm diskutiere.
- Wenn seine Kritik und seine Vorwürfe mich stark treffen und verletzen.
- Wenn ich eine lebhafte und bewußte Befriedigung über sein offenes Lob, seine Zeichen von Zufriedenheit, Anerkennung und Zuneigung empfinde.
- Wenn ich nicht in der Lage bin, eine Haltung, die er von mir erwartet (z. B. eine beruhigende, ermutigende, lobende, autoritäre) zu verweigern.
- Wenn ich eine stetige Abhängigkeit in meinem Bezug zum Klienten fördere, wenn ich ständig beruhigend auf ihn einrede.
- Wenn ich mich genötigt sehe, ihm zu helfen, indem ich mich in sein gesellschaftliches Leben einmische, an seiner Stelle Initiativen ergreife (z. B. Arzt anrufen), meinen persönlichen Einfluß ins Spiel bringe, um ihm Schwierigkeiten aus dem Weg zu räumen.
- Wenn ich den Ratsuchenden ermutige, sich aggressiv von einem Bezug zu befreien, gegen den er aufbegehrt (Familie, Vorgesetzter, Ehepartner).
- Wenn ich Gleichgültigkeit zeige, was die näheren Umstände der Beratungen angeht (Verspätung, Wahl des Zimmers, Festlegung von Terminen) oder umgekehrt die materiellen Details mit besonderer Pünktlichkeit und Sorgfalt behandle.
- Wenn ich meinen Freunden und Mitbrüdern gern von dem Gesprächspartner erzähle, seine Bedeutung, seine Verdienste, seine Persönlichkeit hervorhebe, oder wenn ich ironisch und zynisch von ihm spreche.
- Wenn ich ständig in Erfahrung bringen will, ob die Dinge in seinem Fall auch gut ausgehen, ob er meinen Ratschlägen folgt; wenn ich die Verbindung mit ihm möglichst lange aufrechterhalten will.
- Wenn ich von meinem Gesprächspartner träume.

Die für Seelsorger »typischen« wunden Punkte, die ihn zum Fernbleiben und Weggehen veranlassen, kommen noch differenzierter in Blick, wenn

[103] Vgl. *H. Stenger*, Der Seelsorger als Vermittler möglicher Glaubenserfahrungen, 155f.
[104] *K. Frielingsdorf/G. Stöcklin*, Seelsorge als Sorge um Menschen, 52f.

wir das Bild von den »blinden Passagieren« auffüllen mit den Ergebnissen der empirischen Psychodiagnostik zur Persönlichkeitsstruktur von Seelsorgern.

3
WIE GEEIGNET SIND SEELSORGER ZUM HINZUKOMMEN UND MITGEHEN?

Die folgenden Überlegungen beziehen sich im Wesentlichen auf junge hauptamtliche Seelsorger, vor allem auf Priester, Pastoralassistentinnen und -assistenten sowie auf Theologiestudentinnen und -studenten, die einen dieser beiden Seelsorgsberufe anstreben. Die Einschränkung auf diesen Personenkreis und die damit nahegelegte paradigmatische Erörterung ist durch forschungspraktische Gegebenheiten geboten: Für die genannten Berufsgruppen liegen die klarsten empirischen Daten vor. Bei der Analyse der Ergebnisse zeigt sich aber auch, daß die Persönlichkeitsstruktur dieser Seelsorgerinnen und Seelsorger keineswegs als exzeptionell anzusehen ist, sondern sich in ähnlicher Form bei anderen helfenden Berufen findet, so daß hier wohl implizit auch die Persönlichkeitsstruktur der übrigen Seelsorgsberufe zur Sprache kommt.

(1) Psychodiagnostische Testergebnisse zur Persönlichkeitsstruktur von Seelsorgern

In einer *empirischen Studie*[105] untersuchte ich 216 Personen (82 Priesteramtskandidaten, 27 Priester, 68 Laien-Theologiestudenten/-innen, 39 Pastoralassistenten/-innen bzw. Laien in der Seelsorge) mit verschiedenen psychodiagnostischen Verfahren:

(1) *Unsicherheitsfragebogen von R. Ullrich/R. Ullrich*[106]

Damit werden vor allem »soziale Ängste« gemessen, die in die Dimensionen »Fehlschlag- und Kritikangst«, »Kontaktangst«, »Nicht-fordern-können«, »Schuldgefühle« und »Anständigkeit« skaliert sind.

(2) *Freiburger-Persönlichkeits-Inventar (FPI) von Fahrenberg, Selg und Hampel*[107]

[105] *I. Baumgartner*, Seelsorgliche Kompetenz als pastoralpsychologisches Bildungsziel. – *Ders.*, Priester für eine heilende Seelsorge.

[106] *R. Ullrich/R. Ullrich*, Der Unsicherheitsfragebogen.

[107] *J. Fahrenberg/H. Selg/R. Hampel*, Das Freiburger Persönlichkeitsinventar FPI.

Dieser im deutschen Sprachraum wohl am häufigsten benutzte objektive Persönlichkeitstest enthält 12 bipolare Skalen: Nervosität, Aggressivität, Depressivität, Erregbarkeit, Geselligkeit, Gelassenheit, Dominanzstreben, Gehemmtheit, Offenheit, Extraversion, Emotionale Labilität (Neurotizismus), Maskulinität. Die Antworten des Probanden müssen als Selbstschilderung bzw. als Einstellung zu sich selbst aufgefaßt werden.

(3) *Picture-Frustration-Text (P-F-Test) von Rosenzweig*[108]

Dieser projektive Persönlichkeitstest zielt auf unbewußte Verhaltenstendenzen in alltäglichen Konfliktsituationen. Zwei tiefenpsychologische Konstrukte, Identifikation und Projektion, bilden zusammen mit der Aggressions-Frustrations-Hypothese von *Dollard* u.a.[109] die psychologische Grundlage des Tests. Dem Probanden wird eine Reihe von Konfliktsituationen in Art von Comicbildern geboten, wobei er aufgefordert ist, sich identifizierend mit der frustrierten Person, die leeren Sprechblasen auszufüllen. Durch den auf unbewußte Schichten tendierenden Meßanspruch ergänzt dieser Test die beiden Fragebögen.

Für die Gesamtstichprobe (N=216) erbrachte die Untersuchung bei den einzelnen Tests eine Reihe signifikanter Ergebnisse[110] (● = signifikante Abweichung von der Testnorm, d.h. hier unterscheiden sich Seelsorger von anderen Personen ihrer Altersgruppe).

Der *Unsicherheitsfragebogen* führte in vier von sechs Dimensionen zu aussagekräftigen Resultaten (Abb. 12):

(1) Die untersuchten Seelsorger und Theologiestudenten zeigen eine ziemliche *»Angst vor Blamagen, Mißerfolg, Kritik und öffentlicher Beachtung«* (V 01).[111]

(2) *Sie tun sich schwer, »nein« zu sagen* (V 04). Laut Testmanual drückt ein hoher Wert auf dieser Skala eine »übergroße *Nachgiebigkeit* gegenüber Anforderungen anderer«[112] aus. »Auseinandersetzungen werden ›um des lieben Friedens willen‹ vermieden, Ärger wird lieber geschluckt, als offen geäußert.«[113] Von den Testautoren wird diese Skala in Zusammenhang gesehen mit *»Überanpassung«*, *»Vermeidung emotionaler Nähe«*, *»Bindungsangst«*.[114]

[108] Vgl. *H. Hörmann/W. Moog*, Der Rosenzweig P-F-Test. Die Testauswertung in der Untersuchung lehnt sich an die neue Standardisierung des Tests von *U. Rauchfleisch*, Handbuch zum Rosenzweig Picture-Frustration Test (PFT), an.

[109] *J. Dollard/L.W. Doob/N.E. Miller/O.H. Mowrer/R.R. Sears*, Frustration and aggression.

[110] Die einzelnen Hypothesen und mathematisch-statistischen Auswertungsschritte sind der empirischen Studie: *I. Baumgartner*, Seelsorgliche Kompetenz als pastoralpsychologisches Bildungsziel, 201–258, zu entnehmen.

[111] *R. Ullrich/R. Ullrich*, Der Unsicherheitsfragebogen, 12.

[112] Ebd. 13.

[113] Ebd. 13.

[114] Ebd. 13.

		Testnorm 0,5 1
V01	**Fehlschlag- und Kritikangst** z.B. "In Diskussionen fallen mir immer erst nachher die richtigen Argumente ein!" "In Gegenwart von Autoritätspersonen bin ich immer verwirrt!" "Es fehlt mir an Selbstvertrauen!"	0,5 •
V02	**Kontaktangst** z.B. "Ich muß öfters gegen meine Schüchternheit ankämpfen!" "Ich finde es schwierig, andere zu loben oder ein Kompliment zu machen!" "Ich finde es schwierig, mit einem Fremden ein Gespräch zu beginnen!"	0,3
V03	**Nicht-Fordern-Können** z.B. "Wenn mir jemand ins Wort fällt, fordere ich ihn auf, mich ausreden zu lassen!" "Es ist mir gleichgültig, was andere Leute über mich denken!" "Ich kann Kritik leicht und offen äußern!"	0,2
V04	**Nicht-Nein-Sagen-Können** z.B. "Ich unterlasse alles, was Widerspruch herausfordern könnte!" "Ich vermeide möglichst unangenehme Auseinandersetzungen, auch wenn sie notwendig wären!" "Bei Meinungsverschiedenheiten bin ich immer der erste, der nachgibt!"	0,7 •
V05	**Schuldgefühle** z.B. "Es fällt mir schwer, falsche Rechnungen zu bemängeln!" "Wenn ich einem Bettler nichts gebe, habe ich Schuldgefühle!" "Einem armen Hausierer kaufe ich immer etwas ab!"	0,7 •
V06	**Anständigkeit** z.B. "Es ist mir äußerst unangenehm, in einer Gesellschaft unpassend gekleidet zu sein!" "Es ist mir äußerst peinlich, bei einer Veranstaltung zu spät zu kommen!" "Auch wenn ich einen Freund dringend brauche, würde ich ihn nie spät abends anrufen!"	0,4 •

Abb. 12: Mittelwerte für die Gesamtstichprobe im Unsicherheitsfragebogen

(3) Sie tendieren zu *Schuldgefühlen*, wenn sie Ansprüche anderer, besonders bedürftiger und zuvorkommender Menschen nicht erfüllen.[115]
Nach *Ullrich/Ullrich*[116] habe sich in experimentellen Untersuchungen gezeigt, daß Menschen mit hohen Werten auf dieser Skala *Angst vor Blickkontakt* haben.
(4) Sie legen Wert auf *»Anständigkeit«*, die sich in »überhöflicher Beachtung von Normen« und »übergroßer Peinlichkeit« bei der Verletzung von Anstandsregeln zeigt.[117]

Insgesamt lassen sich die untersuchten Probanden in der Mehrzahl aufgrund ihrer signifikanten Unterschiede zu anderen Personen eher als *»sozial ängstlich«* charakterisieren. Betrachtet man die beiden Untergruppen Kleriker (Priester und Priesteramtskandidaten) und Laien (Pastoralassistenten/-innen und Laien-Theologiestudenten/-innen), die in sich jeweils eine starke persönlichkeitspsychologische Homogenität aufweisen, getrennt, so ergeben sich einige – geringfügige – Unterschiede.[118] *Priesteramtskandidaten* weisen erhöhte Werte auch in der Skala *»Kontaktangst«* auf. Sie sind noch deutlicher als Laien-Theologen auf *»Anständigkeit«* bedacht, Neinsagen gelingt ihnen noch etwas schwerer.

Die *Ergebnisse des FPI* ergeben folgendes Bild:

(1) Aus testkritischen Erwägungen[119] steht am Beginn der FPI-Auswertung die Skala V 15 *»Offenheit«*. Die untersuchten Seelsorger, Kleriker wie Laien, weisen hier erhöhte Werte auf. Dies deutet darauf hin, daß einige Fragen des Tests die Probanden vor das Problem der sozialen Erwünschtheit ihrer Antwort stellen. Es wird offensichtlich »gelöst« mittels *»Verschlossenheit«*. Sie ist zu sehen als die weitgehende *Unfähigkeit, kleine Schwächen und Fehler sowie unerwünschte Triebimpulse bei sich wahrnehmen zu können*. Von dieser »Verdrängungstendenz« sind besonders *spontane, aggressive und depressive Impulse* der eigenen Person betroffen (vgl. V 08, V 09, V 10).
(2) Seelsorger sind insgesamt eher *introvertiert* (V 16), noch stärker die Priesteramtskandidaten, die – korrelierend mit Introversion – noch zu »Gehemmtheit« (V 14) und »geringerem Kontaktbedürfnis« (V 11) neigt.
(3) Fast 90% der untersuchten Probanden lehnen einen aggressiv-forschen Umgangsstil ab (V 13 »Dominanzstreben«) und bevorzugen statt dessen eine *nachgiebige und nachsichtige Haltung* – eine Parallele zu den Ergebnissen des Unsicherheitsfragebogens.
(4) Signifikant ist auch die Ausprägung in den inhaltlich zusammenhängen-

115 Ebd. 14.
116 Ebd. 14.
117 Ebd. 14.
118 *I. Baumgartner*, Seelsorgliche Kompetenz als pastoralpsychologisches Bildungsziel, 251.
119 Vgl. *J. Fahrenberg/H. Selg/R. Hampel*, Das Freiburger Persönlichkeitsinventar FPI. – *I. Baumgartner*, Seelsorgliche Kompetenz als pastoralpsychologisches Bildungsziel, 239f.

Nach der Testnorm erwartete Häufigkeitsverteilung (in %)	25	25	25	25		
Quartilwert	4	3	2	1		
V07 **Nervosität** psychosomatisch gestört	33	38	16	13	psychosomatisch nicht gestört	•
V08 **Aggressivität** spontan aggressiv, emotional unreif	18	13	35	35	nicht aggressiv, beherrscht	•
V09 **Depressivität** mißgestimmt, selbstunsicher	20	18	26	36	zufrieden, selbstsicher	•
V10 **Erregbarkeit** reizbar, leicht frustriert	15	18	34	32	ruhig, stumpf	•
V11 **Geselligkeit** gesellig, lebhaft	22	35	19	25	ungesellig, zurückhaltend	
V12 **Gelassenheit** selbstvertrauend, gutgelaunt	13	18	32	37	irritierbar, zögernd	•
V13 **Dominanzstreben** reaktiv aggressiv, sich durchsetzend	2	11	32	55	nachgiebig, gemäßigt	•
V14 **Gehemmtheit** gehemmt, gespannt	24	33	25	18	ungezwungen, kontaktfähig	
V15 **Offenheit** offen, selbstkritisch	15	22	25	38	verschlossen, unkritisch	•
V16 **Extraversion** extravertiert	9	21	37	33	introvertiert	•
V17 **Emot. Labilität** emotional labil	23	29	16	32	emotional stabil	
V18 **Maskulinität** typisch männliche Selbstschilderung	28	13	21	38	typisch weibliche Selbstschilderung	•

Abb. 13: Häufigkeitsverteilung (%) und Mittelwerte für die Gesamtstichprobe im Freiburger Persönlichkeitsinventar.

den Skalen *»Nervosität«* (V 07), *»Gelassenheit«* (V 12) und *»Maskulinität«* (V 18). Die untersuchten Seelsorger erleben sich zum überwiegenden Teil als *schüchtern, leicht enttäuschbar*, mit *wenig Selbstvertrauen*. Sie registrieren bei sich deutlicher als andere Menschen *körperliche Beschwerden* und *psychosomatische Allgemeinstörungen* wie Pulsunregelmäßigkeiten, Schwindelgefühle, kalte Hände und Füße, Lampenfieber und Wetterfühligkeit.

(5) In der Skala *»Emotionale Labilität«* (V 17), auch als »Neurotizismusskala« bezeichnet, finden sich weder für die Gesamtgruppe noch für eine der untersuchten Untergruppen signifikante Hinweise dafür, Seelsorger als psychisch labiler oder »gefährdeter« als andere Menschen einstufen zu müssen.

Die für den psychologischen Laien auf den ersten Blick schwer überschaubaren *Ergebnisse*[120] *des P-F-Tests* (Abb. 14) lassen zwei markante Feststellungen über die untersuchten Seelsorger bezüglich ihrer *Reaktionen bei Frustrationen im Alltag* zu:

(1) Die Mehrzahl der Probanden neigt dazu, bei solchen Enttäuschungssituationen in einer ersten Reaktionsphase die eigene Person und noch mitbeteiligte Personen möglichst aus dem Spiel zu lassen. Man versucht die Angelegenheit auf Distanz zu halten (V 31). *Affekte bleiben dabei blockiert* (V 19), *man verleugnet den Frustrationscharakter der Situation* (V 20), vermeidet direkte verbale Angriffe und Auseinandersetzungen und nimmt die unangenehme Situation widerstandslos hin, wobei die *Enttäuschung verdrängt* wird (V 21,22,23,24).

(2) Die weitere »Verarbeitung« solcher Alltagsfrustrationen geschieht bei den untersuchten Personen in einer starken *Wendung gegen die eigene Person* (»intropunitiv«), in Form von *Selbstkritik* (V 29,23,40) und *depressionsaffinen Schuldgefühlen* (V 38). Aggressive Durchsetzung und Selbstbehauptung erscheinen mit ihrem auf soziale Anpassung ausgerichteten Handlungsstil weitgehend unverträglich. Gemäß der Testlogik ist dieser weitgehende Verzicht auf nach außen kanalisierte Aggressivität im Zusammenhang mit einem *starken Über-Ich* zu sehen.[121]

Bei aller gebotenen Zurückhaltung vor unzulässiger Generalisierung läßt sich nach den Ergebnissen des Unsicherheitsfragebogens, des FPI und des P-F-Tests das Bild der wahrscheinlichen Seelsorgerpersönlichkeit zusammenfassend charakterisieren. Im Folgenden werden dazu noch einmal thesenartig die wichtigsten psychodiagnostischen Merkmale hervorgehoben, mit Ergebnissen anderer Untersuchungen konfrontiert und in ihrer Bedeutung für das Selbsterleben des Seelsorgers interpretiert.[122]

[120] Vgl. zur Auswertung des P-F-Tests: *U. Rauchfleisch*, Handbuch zum Rosenzweig Picture-Frustration Test (PFT), Bd. 1, 57f.

[121] Ebd. 40.

[122] Vgl. *I. Baumgartner*, Seelsorgliche Kompetenz als pastoralpsychologisches Bildungsziel, 258–274, 288–311.

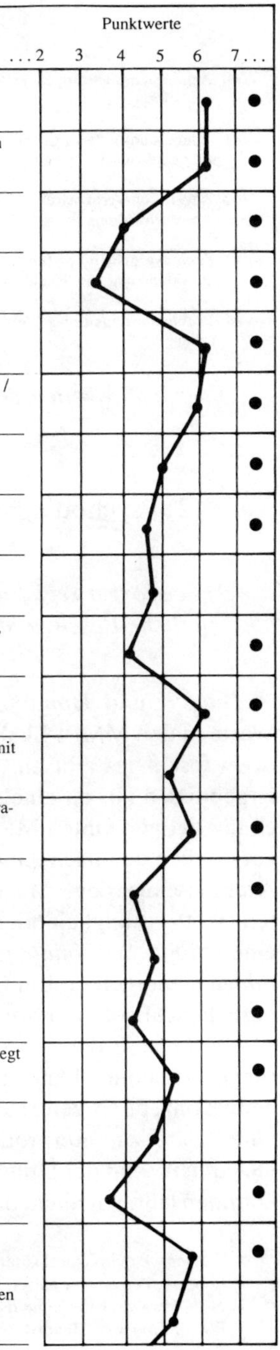

V19 **Affektive Blockierung (E')**: geringer Realitätsbezug / Hilflosigkeit in Konfliktsituationen

V20 **Verleugnungstendenz (I')**: Leugnung bzw. positive Umdeutung von Frustration / Verleugnung sozialer Konflikte / gehemmt in affektiver Äußerungsfähigkeit

V21 **Bagatellisierungstendenz (M')**: Abschwächen, Verharmlosen von Frustrationen, Ausweichen vor sozialen Konflikten

V22 **Aggressive Durchsetzung (E)**: offene Aggression, Kritik, Selbstbehauptung / Affektausbrüche

V23 **Selbstkritik (I)**: Selbstbestrafungstendenz, überschnelles Zurückweichen vor der Umwelt

V24 **Aggressionsvermeidung (M)**: Ausweichen vor Auseinandersetzung / frustrierende Personen werden von Schuld freigesprochen, Aggressionsverdrängung

V25 **Anspruchshaltung (e)**: Infantile Riesenansprüche, Problemlösung von anderen verlangt

V26 **Überanpassung (i)**: Bemühen um eigene Lösung von sozialen Konflikten / Eigeninitiative um Auseinandersetzung mit Umwelt zu vermeiden

V27 **Passivität (m)**: Lösung von Konflikten wird von irgendwelchen zufälligen Umständen erwartet / Bequemlichkeit

V28 **Extrapunitivität (Kat. E)**: Umweltorientiert / Aktionen nach außen, auf andere Personen gerichtet

V29 **Intropunitivität (Kat. I):** Auf die eigene Person orientiert / Aktionen auf das eigene Ich gerichtet

V30 **Impunitivität (Kat. M)**: Vermeiden jeglicher Auseinandersetzung mit sich und anderen / sich in bestehende Situationen fügen

V31 **Hindernisdominanz (O–D)**: Bei der Auseinandersetzung mit Frustrationen steht das Hindernis stark im Vordergrund

V32 **Ich-Bezug (E–D)**: In sozialen Belastungssituationen dominiert der Bezug auf das eigene Ich

V33 **Lösungsorientierung (N–P)**: In Konfliktsituationen stark auf Lösung orientiert

V34 **Aggressive Verteidigung (E)**: Wenn dem Pb etwas zur Last gelegt wird, leugnet er Schuld und Verantwortung scharf ab

V35 **Verantwortungs-Ablehnung (I)**: Wenn dem Pb etwas zur Last gelegt wird, gibt er die Schuld zu, führt sie jedoch auf unvermeidbare Umstände zurück

V36 **Schuldrückweisung (E+I)**: Verteidigung gegen Schuldvorwürfe / geringe Differenzierung des Über-Ich / sich bewahren / Abschieben von Verantwortung

V37 **Reine Außenweltaggression (E–E)**: starke offene Aggression gegen andere

V38 **Reine Selbstaggression (I-I):** Empfindliches Über-Ich / Selbstbestrafung

V39 **Freisprechen von Schuld(Kat. M+I)**: sowohl von anderen Personen als auch von der eigenen Person

V40 **Aggressionsrichtung-Index (E/I):** Umweltaggression im Verhältnis zur Selbstaggression

V41 **Aggressionsäußerungs-Index (E/M):** Expansivaggressive Strebungen zu Aggressionsverdrängung

V42 **Aggressionsverarbeitungs-Index (E/e):** Direkte Aggression zu Anspruchshaltung (kanalisierte Aggression)

V43 **Schuldverarbeitungs-Index (E–E/E+I):** Offene direkte Aggression zu Aktivierung von Schuldgefühlen in Frustrationssituationen

V44 **Problemlösungs-Index (i/e):** Anstrengungsbereitschaft zu Anspruchshaltung

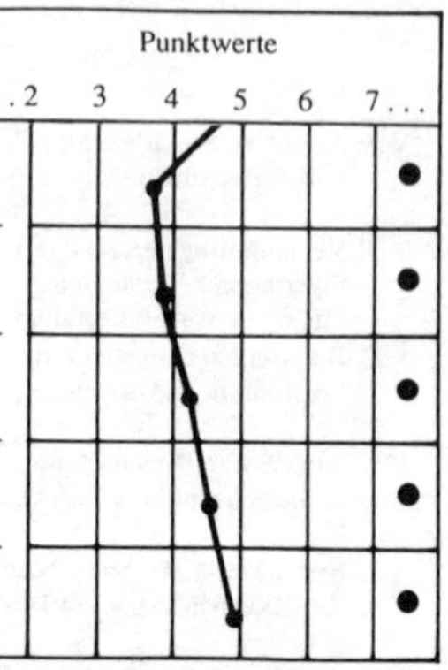

Abb. 14: Mittelwerte in den P-F-Test-Skalen (Gesamtstichprobe) im Vergleich zur Testnorm (M=5)

(2) Psychodiagnostische Thesen zur wahrscheinlichen Seelsorgerpersönlichkeit

1. Seelsorger registrieren bei sich deutlicher als andere Menschen körperliche Beschwerden und psychosomatische Allgemeinstörungen (FPI: V 07).

Dittes[123] und *Dunn*[124] stellen bei Seminaristen und Priestern erhöhte Werte in den MMPI-Skalen »Maskulinität – Femininität« und »Hypochondrie« fest. Dies gibt eine deutliche Parallele zu den hier referierten FPI-Ergebnissen ab, da eine weitgehende inhaltliche und statistische Entsprechung der genannten MMPI- und FPI-Skalen nachgewiesen ist.[125] Seelsorger erleben demnach häufiger als andere Kopfschmerzen, Schlafstörungen, Atembeschwerden, Magenschmerzen, Müdigkeit, Herzunregelmäßigkeiten, Wetterfühligkeit oder Verspannungszustände. Es besteht offensichtlich eine *erhöhte Sensibilität für körperliche Reaktionen*, die mit *Insuffizienzgefühlen* einhergehen. Ein Großteil der Seelsorger sieht sich demnach als körperlich nicht voll funktionstüchtig, als nicht »stark« genug.

Die Genese dieses beeinträchtigten »Körperbildes« könnte mit Erfahrungen zusammenhängen, die *Alfred Adler*[126] für die Entstehung der in seinem Konzept so zentralen *»Organminderwertigkeit«* vermutet. Sehr verkürzt wäre zu interpretieren, daß bereits die kindliche Erfahrung der »Kleinheit« und der Unterlegenheit im Kind Minderwertigkeitsgefühle aufkommen läßt, vor allem dann, wenn durch entsprechend abwertende elterli-

[123] *J. E. Dittes*, Psychological Characteristics of Religious Professionals, 455.
[124] *R.F. Dunn*, Personality patterns among religious personnel: A review, 133.
[125] *V. Hobi/A. Klär*, Eine gemeinsame Faktorenanalyse von MMPI, FPI und 16 PF.
[126] Vgl. *L. J. Pongratz*, Hauptströmungen der Tiefenpsychologie, 213 ff.

che Erziehungshaltungen dem Kind seine Unzulänglichkeit beständig demonstriert wird. Körperliches Insuffizienzerleben wäre folglich in dieser Perspektive als Festhalten und Wiederholen früher Minderwertigkeitserfahrungen, als Fixierung auf frühe »narzißtische Kränkungen« zu sehen. *Adler* betrachtet die Minderwertigkeitsgefühle als Motor für *»Kompensationen«* in Form von überhöhtem Leistungs- und Vollkommenheitsstreben – eine These, die für die untersuchte Personengruppe nicht ganz abwegig sein dürfte.

Es liegt auf der Hand, daß das in der Skala Nervosität zum Ausdruck kommende Mißtrauen dem »Bruder Leib« gegenüber sich nicht verträgt mit der christlichen Botschaft von der Erlösung des ganzen Menschen. Die Menschwerdung Christi, in diesem Zusammenhang muß man den »starken« johanneischen Ausdruck »Fleischwerdung« unbedingt hinzudenken, erhebt den *Leib zum Geschenk Gottes* und fördert die Hoffnung nicht auf die Befreiung vom Leib, sondern auf seine Vollendung.[127] Der Christ und damit jeder Seelsorger darf demnach seinen Leib uneingeschränkt annehmen, braucht ihn nicht verteufeln und in falschverstandener Askese kasteien oder bekämpfen. Er hat es auch nicht nötig, ob der Insuffizienzen seines Leibes Schuldgefühle zu empfinden oder sie mit Kompensationen zu beantworten.

Freilich, das Problem ist hier weniger ein Mangel an theologischer Doktrin als vielmehr ihre Umsetzung in die je individuelle Psyche. Für das Wachsen einer ganzheitlichen, individuellen Glaubensgestalt wäre es deshalb förderlich, der Seelsorger könnte seine Insuffizienzgefühle als Manifestationen seiner psychischen Verfassung wahrnehmen, er könnte darin die unbewußten Botschaften seiner Psyche hören. Dort, wo die Sprache des eigenen Körpers so verstanden wird, eröffnet sich ein Weg zu den fixierten Verletzungen der Psyche und von hier zu einer neuen Beziehung zur Unvollkommenheit des Leibes. Auf diese Weise vermag der Leib zum Sprachrohr der Erlösung zu werden: An ihm ist Gottes Einverständnis mit menschlicher Insuffizienz abzulesen.

2. Seelsorger sind mehr introvertiert, mit geringerem Bedürfnis nach sozialem Kontakt (FPI: V 16).

Daß Theologen mehr als andere Menschen zur Introversion neigen, gehört zu den schon sehr früh und mittlerweile mehrfach bestätigten Ergebnissen der pastoralpsychologischen Diagnostik.[128] Seelsorger gehen demnach eher auf *Distanz zu Menschen*, fühlen sich nicht so stark zu sozialen Beziehungen hingezogen, haben ein *geringeres Kontaktbedürfnis*.

[127] *D. Mieth*, Praktisches Wörterbuch der Pastoralanthropologie, 643.

[128] Vgl. *J. E. Dittes*, Psychological Characteristics of Religious Professionals, 455. – *W. Mönikes*, Zur

Dieses Ergebnis ist bemerkenswert, weil es zu den Anforderungen des Seelsorgerberufes und seiner »Kontaktpflicht« in einem starken Kontrast steht. Unterstrichen wird der Gegensatz noch, wenn man zur Introversionsneigung der Seelsorger die mehrfach konstatierte »soziale Ängstlichkeit« mitbedenkt.

3. Seelsorger erleben ein vergleichsweise starkes Ausmaß an »sozialer Angst« (U-Fragebogen) in Form von »Fehlschlag- und Kritikangst«, »Kontaktangst«, »Nicht-nein-sagen-können«. Sie neigen zu Überhöflichkeit, Nachgiebigkeit und Gehemmtheit im sozialen Kontakt, verbunden mit Schuldgefühlen (U-Fragebogen, FPI).

Parallelen zu den erhöhten Werten in sozialer Angst finden sich u. a. bei *Kunert*[129], *Byers*[130], *Breimeier*[131], *Van Vurst*[132] und *Kirchmayr*[133]. *Dittes*[134] bestätigt die starke *Anpassungsbereitschaft an soziale Regeln* bis hin zur »Unterwürfigkeit gegenüber Autoritätspersonen« bei gleichzeitiger *gering ausgebildeter »Autonomie«*[135]. *Golden*[136] berichtet von der Schwierigkeit der Theologen, »nein« zu sagen. Nach *Strommen*[137] empfinden sie mehr *Schuldgefühle* als andere. In einer zusammenfassenden Wertung von Introversion und sozialer Ängstlichkeit kommen *Kennedy/d'Arcy*[138] zu einem Resümee, das auch für deutsche Seelsorger zutreffend scheint: »Durch die Menge psychologischer Tests hat sich eine seltsame Tatsache über den typischen amerikanischen Seminaristen herausgestellt. Während er ein starkes Verlangen hat, anderen Menschen zu helfen, hat er doch eine

Analyse von Rollenkonflikten ehemaliger Priester der römisch-katholischen Kirche, 115. – *A. Gonzales*, A study on Mexican minor seminarians. – *B. Laurier*, The relation of introversion – extroversion to vocational preference. – *R. J. Mc Carthy*, Personality traits of seminarians. – *O. J. Strunk*, Interest and personality patterns of preministerial students. – *K. Sward*, Temperament and religious experience. – *M. O. Reindl*, The relationships between attitudes toward obedience and personality characteristics measured by the A-A Reaction study and the Gordon Personal Profile. – *A. P. Byers*, A study of family relations as determinants of vocational choice among ministers of the American Lutheran Church: A test of Ann Roe's theory. – *K. H. Breimeier*, Relationships between various psychological measures in use at theological seminaries. – *H. N. Malony*, Current Perspectives in the Psychology of Religion.

129 *K. M. Kunert*, The psychological concomitants and determinants of vocational choice.

130 *A. P. Byers*, A study of family relations as determinants of vocational choice among ministers of the American Lutheran Church: A test of Ann Roe's theory.

131 *K. H. Breimeier*, Relationships between various psychological measures in use at theological seminaries.

132 *R. van Vurst*, An investigation of the counseling relationships between clergymen and young churchmen.

133 *A. Kirchmayr*, Zur psychischen Situation von Theologiestudenten. – *H. N. Malony*, Current Perspectives in the Psychology of Religion.

134 *J. E. Dittes*, Psychological Characteristics of Religious Professionals, 452.

135 Ebd. 452.

136 *E. S. Golden*, Psychological problems of the clergy.

137 *M. Strommen*, Concerns of youth.

138 *E. D. Kennedy/P.F. d'Arcy*, Wachsen und Reifen des Priesters im Lichte der Psychologie.

eingefleischte Hemmung, mühelos mit anderen Beziehungen aufzunehmen. Während er seine Berufswahl doch wesentlich damit begründet, daß er an die Menschen herankommen will, findet er dies doch für sehr schwierig, weil er schüchterner und unsicherer ist als seine Kameraden. Der Seminarist indessen hält viel von Eigenschaften wie Selbstbeherrschung und Selbstzucht...«

Ohne auf die vielfältigen Theorien der Angst, ihre psychologische und philosophisch-theologische Deutung näher einzugehen, sei auf die innerseelische Dynamik sozialer Ängstlichkeit kurz hingewiesen. Angst vor mitmenschlichen Kontaktsituationen bewirkt *Vermeidungsverhalten*, man geht dem angstbesetzten Zusammentreffen mit Menschen aus dem Weg. Mag im unmittelbaren Anschluß an eine traumatische Erfahrung dieses soziale Fluchtverhalten berechtigt und verständlich erscheinen, so wird mit der Zeit daraus eine inadäquate Lebensstrategie. Lernpsychologisch läßt sich zeigen, daß andauerndes Vermeidungsverhalten die Angst stabilisiert. Der »Vermeider« flüchtet nämlich nicht nur vor einer möglichen Traumatisierung, sondern auch vor allen angenehmen und aufbauenden Kontakten. Damit entgeht ihm die Lernerfahrung, daß Zusammensein mit Menschen auch bereichernd und heilend sein kann. In schlimmen Fällen kann sich die soziale Ängstlichkeit zu einer regelrechten »Agoraphobie« entwickeln, wo einer oft ein ausgeklügeltes System aufgebaut hat, um sich vor dem Kontakt mit Menschen zu schützen.[139]

Für die Praxis der seelsorglichen Begleitung ist dieses Ergebnis bezüglich der sozialen Ängstlichkeit von Seelsorgern sehr wichtig. Es lassen sich daraus einige begründete Vermutungen[140] über den von Seelsorgern bevorzugten Stil des Hinzukommens und Mitgehens ableiten:

- Seelsorger werden nahe mitmenschliche *Kontakte eher als mühsam* empfinden und ihnen aus dem Weg gehen. Sie beschränken sich eher auf pastorale Pflichtkontakte und sind darin bemüht, es allen recht zu machen.
- Sie werden im seelsorglichen Gespräch verstärkt versucht sein, zu *distanzierenden Interventionen* wie Belehren, Konfrontieren mit objektiven Tatsachen, Lösungen aufdrängen, Sprechen per »man« oder »wir« etc. Zuflucht zu nehmen. Sie fürchten, sie könnten im Gespräch dem anderen »zu nahe treten«.
- Sie fühlen sich von den Sorgen des anderen *stark unter Druck* gesetzt und

[139] Vgl. *G. Bartling/S. Fliegel/W. Fliegenbaum/R. Krause*, Angst. Wer sie durchsteht, wird sie los, 26ff.

[140] Vgl. *I. Baumgartner*, Seelsorgliche Kompetenz als pastoralpsychologisches Bildungsziel, 283–285. An Hand zweier exemplarischer Beratungssituationen wurde in dieser Untersuchung auch das Beraterverhalten getestet. Es zeigte sich, daß insbesondere pastoralpsychologisch nicht ausgebildete Probanden sehr ausgeprägte distanzierende Interventionen praktizieren, die mit Erhöhung des Ausbildungsstandes immer mehr zurücktreten.

können nur schwer seinen irrealen Riesenerwartungen Widerstand entgegensetzen.

- Dort, wo ein Seelsorger eine pastoralpsychologisch bewährte Methode des Begleitens wie etwa das *einfühlende Verbalisieren* nach *Rogers* lernt, besteht die Gefahr, daß sie primär herhalten muß, *mit der eigenen Kontaktangst* im Augenblick des therapeutischen Dialogs *fertigzuwerden*. Die Methode bewirkt, so pervertiert, das Gegenteil von dem, was sie intendiert: Die Begegnung von Person zu Person findet nicht statt, weil der Seelsorger sein Gesicht hinter der Maske »Methode« verbirgt.[141]

Pastoralpsychologische Ausbildungsversuche haben folglich sehr intensiv bei der sozialen Ängstlichkeit der Seelsorger anzusetzen, sie einerseits soweit als möglich zu überwinden, andererseits auch die Not dieser Ängste zu verwandeln in echte Tugenden, die dem Seelsorger gut zu Gesicht stehen: »Friedensliebe«, Verzicht auf Rechthaberei, Taktgefühl, das sich nicht aufdrängt, meditativ-spirituelle Lebenskultur.

4. Seelsorger zeigen bei sozialen Konflikten des Alltags verstärkt personneutrale und personferne Reaktionsmuster (P-F-Test).

Diese Eigenschaft fügt sich in die konstatierte soziale Ängstlichkeit ein, weil das personferne und personneutrale Reagieren im Grunde der Angst vor dem anderen entwächst. Der P-F-Test spezifiziert diese soziale Angst auf Konfliktsituationen. Hier neigen Seelsorger, wie beschrieben, dazu, *sich und andere möglichst aus dem Spiel zu lassen. Dodson*[142], der Theologiestudenten ebenfalls mit dem P-F-Test untersuchte, konnte dieses Ergebnis bestätigen. Der verhängnisvolle Zusammenhang des personfernen Reagierens mit der in der seelsorglichen Begleitung praktizierten *»Abwehr von Nähe«* ist augenfällig. Gerade die seelsorgliche Beratung verlangt eine ganze Menge »Konfliktfähigkeit«, um dem »Widerstand« des Gesprächspartners »Stand« zu halten.

5. Seelsorger tun sich schwer, kleine Schwächen und Fehler bei sich angemessen wahrzunehmen und »offen« mitzuteilen (FPI, »Offenheit«).

Übereinstimmend damit berichtet *Dittes*[143] erhöhte K-Werte im MMPI, die Antworttendenzen zu sozialer Erwünschtheit anzeigen. Die Unfähigkeit, eigene kleine Schwächen und Fehler wahrzunehmen und zuzugeben, berührt offensichtlich einen wunden Punkt in der Seelsorgerpersönlich-

[141] Vgl. ebd. 292–297.
[142] *F.J. Dodson*, Personality factors in the choice of the Protestant ministry as a vocation.
[143] *J. E. Dittes*, Psychological Characteristics of Religious Professionals, 21.

keit.[144] Nach der Logik der Tiefenpsychologie verweist solche *Verdrängung »fehlerhafter« Seiten* im eigenen Persönlichkeitsbild auf kindheitliche Verletzungen, die durch die Testfragen reaktiviert werden.

Es ist anzunehmen, daß hier sehr früh *libidinöse, aggressive und autonome Es-Impulse verletzt, sanktioniert und als unvereinbar mit dem Ich-Ideal internalisiert wurden*. Dies hat zur Folge, daß beim Auftauchen solcher Impulse die Person mit Angst reagiert. Sie wiederum veranlaßt alles zu unternehmen, den triebhaften Störenfrieden zu entkommen. Abwehr und Verdrängung in vielfältiger Form sollen dies gewährleisten.

Eine auf den Abwehrmechanismus der Projektion zurückgreifende Variante begegnet bei dem neuerdings unter Theologiestudenten verstärkt diagnostizierten Typus der *»ideologischen Persönlichkeit«*[145]. Die ideologische Einstellung dient als *unbewußte Schutzmaßnahme* gegen die Angst vor dem Überschwemmtwerden durch die genannten Triebimpulse.[146] Gekoppelt ist deshalb die ideologische Überzeugung mit der oft extremen Verdrängung von Sexualität, Aggressivität, Macht und Geltungswünschen. Ein realitätsfernes, wirklichkeitsverzerrendes Ich- und Weltbild stellt sich ein, das mit ausgeprägtem Dogmatismus, Fundamentalismus bis hin zu fanatischer Verfolgung Andersdenkender aufrechterhalten werden muß.[147] Ideologischen Persönlichkeiten mangelt es an einem starken »Brückenbauer-Ich«[148], das zwischen den Impulsen des Es und den Anforderungen des Über-Ich vermitteln könnte. Solche Ich-Schwäche verleitet zur Identitätsanleihe bei autoritären Führerfiguren, zur Intoleranz gegenüber Prozessen des Lernens, zur Unfähigkeit, Offenes und Ungeklärtes auszuhalten.

Es liegt auf der Hand, daß die seelsorgliche *Begleitungspraxis durch ideologische Anteile des Seelsorgers massiv belastet*, ja zum Scheitern verurteilt ist. Wie soll derjenige, der den eigenen Schatten, alles Unvollkommene und Bruchstückhafte und jede lebendige Energie bei sich abwehren muß, offen sein für die tieferen Leiden, Enttäuschungen und Sehnsüchte der Menschen? Aber auch ein Seelsorger, der – ohne daß man ihn als »ideologisch« charakterisieren muß – kleine Schwächen und Fehler bei sich nicht wahrnehmen und zulassen kann, wird sich beim Hinzukommen und Mitgehen schwertun, denn er ist für den Gesprächspartner nicht als endlicher Mensch, als Bruder unter Brüdern und Schwestern erkennbar.

[144] Vgl. auch *A. Kirchmayr*, Zur psychischen Situation von Theologiestudenten, 343.

[145] Vgl. dazu u. a.: *P. M. Zulehner*, Wider die Resignation in der Kirche, 19–26. – *H. Stenger*, Kompetenz und Identität, 58f. – *G. Hole*, Fundamentalismus, Dogmatismus, Fanatismus: Der Konsequenzzwang in der Persönlichkeitsstruktur und die Chance der Toleranz. – *K. Schaupp*, Eignung und Neigung.

[146] Vgl. *H. Stenger*, Kompetenz und Identität, 58.

[147] Vgl. *G. Hole*, Fundamentalismus, Dogmatismus, Fanatismus: Der Konsequenzzwang in der Persönlichkeitsstruktur und die Chance der Toleranz.

[148] Vgl. *L. Szondi*, Schicksalsanalytische Therapie. – *H. Wahl*, Christliche Ethik und Psychoanalyse. – *W. Huth*, Glaube, Ideologie und Wahn.

»Offenheit« und Selbstkongruenz stellen so Lern- und Wachstumsziele dar, die in die Mitte der Person hineinreichen. Wenn einer es schließlich wagt, sich mit seinen unvollkommenen Seiten zu zeigen, gibt er mehr, als alle Worte von Gottes Gnade es vermögen, ein Beispiel dafür, wie wir trotz unseres Versagens erhobenen Hauptes unter Gottes Augen wandeln dürfen.

6. Seelsorger neigen dazu, aggressive Triebimpulse gegenüber anderen aus dem Bewußtsein zu verdrängen. Sie »verarbeiten« ihre Aggressionen in starker unbewußter Wendung gegen die eigene Person, in Form von Selbstkritik und depressionsaffinen Schuldgefühlen (FPI, P-F-Test).

In weitgehender Übereinstimmung mit dieser These konstatiert *Dodson*[149] bei Theologiestudenten eine ausgeprägte »intropunitive« Aggressionsverarbeitung, einhergehend mit Schuldgefühlen und Angst vor sexuellen und feindseligen Impulsen. Ähnliches berichtet *Schröder*[150], wenn er auf Grund von Rorschach-Test-Ergebnissen Theologiestudenten als mehr passiv, konformistisch und »unbewußte Aggressionsgefühle streng kontrollierend« charakterisiert. Auch *Dittes*[151], *Bier*[152] und *Kania*[153] bestätigen indirekt die Verdrängung aggressiver Triebimpulse, wenn sie für die von ihnen untersuchten Theologengruppen erhöhte Werte in der MMPI-Validitätsskala K vermerken. *Strommen*[154] wiederum erwähnt auf Grund seiner Untersuchungen die Neigung von Theologen zu Selbstvorwürfen, die depressionsinduzierend wirken.

Psychologisch gesehen besteht eine enge *Wechselwirkung zwischen Verdrängung der Außen-Aggression, Intropunitivität und Depression*. Die moderne Depressionsforschung, angeregt durch die tiefenpsychologische Neurosenlehre, konnte zeigen, daß dort, wo eine weitgehende Aggressionshemmung vorliegt, die depressiv getönte Selbstbeschuldigung und Selbstabwertung zunimmt.

Ein christlich kultivierter Umgang mit Aggressivität-Depressivität hat anzusetzen bei einer *»Rehabilitierung der Aggression«*. Man sollte, wie es in einem bestimmten christlichen Erziehungsmilieu allzu schnell geschah, Aggression nicht mit moralischer Bösartigkeit gleichsetzen. Die menschliche Aggressivität zeigt zwar in der Tat eine sehr destruktive Seite, zu der Haß

149 *F.J. Dodson*, Personality factors in the choice of the Protestant ministry as a vocation.

150 *C. E. Schröder*, Personality patterns of advanced Protestant theology students and physical science students.

151 *J. E. Dittes*, Psychological Characteristics of Religious Professionals, 455.

152 *W.C. Bier*, A comperative study of a seminary group and four other groups on the MMPI.

153 *W. Kania*, An investigation of the K-scale of the MMPI as a measure of defensiveness in Protestant theological seminary students. – *Ders.*, Healthy defensiveness in theological students.

154 *M. Strommen*, Concerns of youth.

und Menschenfeindlichkeit bis hin zur Vernichtung des anderen gehören. Sie enthält aber darüber hinaus eine ganze Menge an *lebensförderlichen* Elementen. So ist sie Motor für Aktivität und Produktivität, für die Fähigkeit, »an alle Objekte der den Menschen umgebenden Welt, an die anderen Menschen, an die anderen Lebewesen, an die unbelebten Gegenstände und Dinge aktiv gestaltend heranzugehen« (»aggredi«)[155], eine *»Voraussetzung der Individuation«*[156].

Theologisch läßt sich die Ambivalenz der menschlichen Aggression in der *Polarität von Gottesebenbildlichkeit* – der Mensch, der an die Welt, an das Leben gestaltend-schöpferisch herangeht – *und Erbsünde* – der Mensch, der seiner selbst entfremdet Leben zerstört – denken. *Lindner*, der diese theologische Interpretation der Aggression ausfaltet, sagt: »Diese theologische Zuordnung bewahrt mich davor, im Gespräch und in der Auseinandersetzung mit der Aggressionsforschung aus einem theologisch-anthropologischen Abseits heraus zu argumentieren, in dem Aggression nur böse sein kann. Eine solche Zuordnung erlaubt es mir überhaupt erst, die Aggression in ihrer Ambivalenz im Erleben und Denken zuzulassen, um sie kritisch zu prüfen und zu unterscheiden, ohne der Gefahr zu erliegen, entweder vom Wunschbild des sich selbst erlösenden oder dem Angsttraum des in allen seinen aggressiven Regungen bösen Menschen bestimmt zu sein.«[157]

Eine solche theologische Basis könnte wesentlich zu einer »Rehabilitierung« der Aggression, zu einer Entdeckung ihrer »lebensgestaltenden« Seite beitragen. So gesehen entspricht einer christlich-rehabilitierten Aggression die blinde Zerstörungswut ebensowenig wie der Rückzug von den Menschen (Egression), das selbstzerstörerische Hineinfressen der eigenen Wut, das nur stille Dulden, der zweifelhafte Verzicht auf das Ergreifen des je persönlichen Lebensentwurfs, die heteronome Abhängigkeit oder der totale Verzicht auf Widerständigkeit gegenüber aussaugenden Erwartungen. Die eigene, in Gottesebenbildlichkeit verankerte Aggressivität lebensgestaltend zu kultivieren, ist so die Aufgabe des Christen wie des Seelsorgers. Eine solchermaßen christlich kultivierte Aggressivität bildet gleichzeitig eine entscheidende Therapie der Depressionsanfälligkeit, zu der nicht wenige Seelsorger neigen.

Im Zusammenhang von Aggression – Depression ist noch einmal daran zu erinnern, daß das »Hinzukommen« im wahrsten Sinn des Wortes einen »aggressiven« Vorgang darstellt, der *mutiges Zugehen* ebenso umfaßt wie eine gewisse Widerständigkeit und »Fähigkeit zur Enttäuschung«. Fehlen diese *therapeutisch unverzichtbaren »aggressiven« Kompetenzen*, läßt sich

[155] *W.-V. Lindner*, Seelsorger und Aggression, 34.
[156] *Ch. Meves*, Aggression als Not und Notwendigkeit, 57.
[157] *W.-V. Lindner*, Seelsorger und Aggression, 36.

der Seelsorger statt dessen in depressiver Haltung alle nur erdenklichen Lasten aufbürden, führt dies zur eigentlichen Enttäuschung des anderen, weil letztlich keine Hilfe geschieht.

(3) Zur Psychogenese der Seelsorgerpersönlichkeit

Was die seelische Biographie der Seelsorger und Seelsorgerinnen betrifft, so sind in der pastoralpsychologischen Fachliteratur mehr Hypothesen und Vermutungen als verläßliche und verifizierte Theorien anzutreffen. Meist bezieht man sich zur Erklärung auf psychoanalytische Entwicklungskonzepte, ohne sich jedoch, wie es wünschenswert wäre, auf empirische Untersuchungen, etwa zum Erziehungsstil in den Herkunftsfamilien der Seelsorger stützen zu können. Die folgenden, thesenhaft gehaltenen Bausteine eines Erklärungskonzeptes – aus verschiedenen Studien[158] zusammengetragen – sind deshalb mit einem »hypothetischen Vorbehalt« zu lesen.

1. Verglichen mit anderen Menschen wachsen Seelsorger häufiger in Familien auf, in denen die Mutter gegenüber dem Vater als Erziehungs- und Bezugsperson des Kindes stark dominiert. Der Vater, so wird vermutet, sei häufig psychisch – er überläßt die Erziehung der Kinder ganz der Mutter – für das Kind abwesend. Dies führe vor allem in Zusammenhang mit frühkindlichen »Verschmelzungswünschen«[159] und ödipalen Fixierungen zu einer starken *Bindung des Kindes an die Mutter*[160]. Besonders ausgeprägt wird das für die Persönlichkeit des priesterlichen Seelsorgers konstatiert.[161]

Die These von der Mutterbindung der Seelsorger, speziell der Priester, gehört zwar zu den klassischen psychogenetischen Erklärungen der Seelsorgerpersönlichkeit, doch ist zu fragen, ob sie nicht zunehmend für den jüngeren Klerus auf schwachen empirischen Beinen steht. Besonders hier macht sich der fast vollständige Mangel an neueren Untersuchungen zum familiären Erziehungsmilieu und zur Geschwisterkonstellation[162] in den Her-

[158] *J. E. Dittes*, Psychological Characteristics of Religious Professionals. – *E. D. Kennedy/P.F. d'Arcy*, Wachsen und Reifen des Priesters im Lichte der Psychologie. – *T.R. Bennett*, Some sociological considerations on motivation for the ministry. – *A. Wheelis*, The quest for identity. – *H. Wahl*, Empathie als diakonische Praxis. – *K. D. Hoppe*, Gewissen, Gott und Leidenschaft. – *K. G. Rey*, Das Mutterbild des Priesters. – *A. Godin*, Psychologie de la vocation.

[159] *H. Wahl*, Empathie als diakonische Praxis, 169.

[160] Vgl. *J. E. Dittes*, Minister on the spot. – *K. G. Rey*, Das Mutterbild des Priesters. – *H. Wahl*, Empathie als diakonische Praxis.

[161] *K. G. Rey*, Das Mutterbild des Priesters.

[162] Es wäre interessant, auf empirisch-wissenschaftlicher Grundlage zu erfahren, ob die Geschwisterkonstellation in den Seelsorgerfamilien sich nicht doch so nachhaltig verändert hat, daß zunehmend Einzelkinder statt »älteste Geschwister« den Weg zum Seelsorgerberuf finden. Vgl. zur Geschwisterkonstellation: *W. Toman*, Familienkonstellation. Der Mangel empirischer Überprüfung von Hypothesen über Psychogramm und Psychogenese der Seelsorgerpersönlichkeit fällt besonders in *E. Drewermanns* Behauptung auf, die Priester (und Kleriker) hätten eine Familiengeschichte hinter sich, die sie zu einer »ontologischen Unsicherheit« disponiere. Abgesehen davon, daß »ontologische Unsicherheit« in der Psychodiagnostik ein absolut ungebräuchlicher Terminus ist – *Drewermann*

kunftsfamilien der Seelsorger bemerkbar. Es läßt sich deshalb kaum ausmachen, ob der gesellschaftlich geprägte Wandel der Familie, etwa hin zur Ein- und Zweikindfamilie, die zunehmende Berufstätigkeit der Mütter, die daraus resultierende »großelterliche und väterliche Erziehung«, der Wegfall religiös-kirchlichen Sozialdrucks und dergleichen mehr die vorherrschende These von der Mutterbindung der Seelsorger nicht doch erheblich modifizieren.

2. Seelsorger kommen, so wird angenommen, häufiger aus Familien, in denen die Eltern ihre Kinder früher und stärker an die Erwachsenenrolle und die damit verbundenen Wertvorstellungen heranführen. In diesem Erziehungsmilieu wurden die Kinder nachhaltig zum *Brav-sein*, Aufpassen auf jüngere Geschwister, zu Fleiß, Gehorsam, vorbildlichem Betragen, Meiden schlechter Gesellschaft und zum »religiösen Gut-sein« angehalten. Man vermutet, daß hier nicht selten der »Herr-Gott« als bedrohlich-strafende Instanz zur Disziplinierung des Kindes von den Eltern eingesetzt wird. Im Kontext der frühkindlichen *Über-Ich-Bildung*[163] und der dabei sich ereignenden Identifikation mit den (strafenden) Elternfiguren komme es zu einer mehrfachen Internalisierung. In die Inneninstanz werden sowohl die *elterlichen Forderungen* (Ich-Ideal) als auch die damit verbundenen *Strafandrohungen* (Schuldgefühle) übernommen. Die vom Kind erlebte »elterliche Allmacht« lebt als *Größenphantasie* weiter.

Die These von der *»Über-Ich-Bindung«* in der Genese der Seelsorgerpersönlichkeit erklärt recht plausibel die in den empirischen Tests festgestellten Charakteristika der Aggressionshemmung, der Unfähigkeit, kleine Schwächen und Fehler zuzugeben, der depressiven Anpassungsbereitschaft, der ausgeprägten Schuldgefühle, der starken Soll- und Mußvorstellungen und des beeinträchtigten Selbstwertgefühls.

3. Diese Kinder, von *Dittes*[164] als »kleine Erwachsene« bezeichnet, erleben, so die Hypothese, daß ihre anerzogenen Stärken sie in der Gruppe der Gleichaltrigen nicht unbedingt beliebt machen. Sie erfahren sich ob ihrer Verantwortungsbereitschaft zwar respektiert, aber nicht wirklich akzeptiert. Für Zuneigung und Angenommensein bleiben sie so in stärkerem Maß auf die Familie angewiesen. Hier jedoch zählt weiterhin die Maxime, daß Liebe nur um den Preis einer Gegenleistung in Form von »Gutsein«, Anpassung an die familiären Ideale und Werte, zu haben ist. Daraus resultiert eine

ließ sich durch eine Romanfigur *Sartres* zu dieser Formulierung anregen –, genügt es aus der Sicht diagnostischer und empirischer Psychologie auf keinen Fall, sich auf Eindrücke, Vermutungen und wenige, evtl. nicht repräsentative, Einzelbeobachtungen zu verlassen. Die daraus abgeleiteten, weitreichenden und äußerst kleruskritischen Schlußfolgerungen und Verallgemeinerungen *Drewermanns* sind deshalb aus der Sicht empirisch-diagnostischer Psychologie kaum zu diskutieren: *E. Drewermann*, Kleriker.

[163] Vgl. *H. Pompey*, Die seelsorgliche Begegnung mit hoffnungslos Leidenden, 26ff.

[164] *J. E. Dittes*, Minister on the spot.

starke *Familienbindung* bzw. -abhängigkeit. Im Erlebniszusammenhang von »Liebe nur auf Vorleistung« werden deshalb schon sehr frühzeitig unzulässige, mit Liebesentzug und Strafangst besetzte Verhaltensweisen wie Aggressivität, Trotz, Verantwortungslosigkeit, Unordentlichkeit, Verfolgen eigener Wünsche und Ungehorsam ausgeblendet. Die Unterdrückung dieser ich-nahen, auf Selbständigkeit gerichteten Regungen kommt einer seelischen Urverletzung gleich, deren Schmerz und Wut mittels Idealisierung der Eltern verdrängt werden muß, um als von den Eltern abhängiges Kind seelisch überleben zu können.[165]

Die hier vorgestellte Hypothese wirft ein erklärendes Licht auf die empirisch erhobene Depressionsanfälligkeit von Seelsorgern, auf die Neigung, eigene Wünsche zu dämonisieren, auf das »konditionale Selbstbewußtsein«[166], sich nur auf Grund einer Vorleistung für liebenswert zu halten, aber auch auf die ausgeprägte Tendenz, sich für andere verantwortlich zu fühlen und Autoritäten zu »idealisieren«.

4. Im jugendlichen Alter gelingt es diesen mehrfach »gebundenen« Kindern nur mühsam, *sich zu »lösen«*, insbesondere aus der Mutterbindung. Es zeigt sich nun folgenschwer, daß sie keine Erfahrung darin sammeln konnten, »bös« und ungehorsam zu sein und sich dabei dennoch geliebt zu fühlen. Sie bringen es nicht übers Herz, den Eltern das anzutun, sie und all ihre Erwartungen zu »verlassen«.

Das tiefenpsychologische Hypothesengerüst führt an dieser Stelle die sog. »Manifestationsannahme«[167] ein, die besagt, daß die unerledigten Kindheitsreste unbewußt in Erscheinung treten u. a. in den »Wahlen« der Person. Die Berufsentscheidung zum Seelsorger wäre so zu sehen als eine unbewußte Wiederholung der in der Kindheit erlebten Beziehungsmuster. Freilich ereignet sich solche *»Wiederkehr des Verdrängten«* nicht ohne Ziel, es besteht in der diffusen Hoffnung, die Traumatisierung auf diese Weise zu überwinden. Daß der Seelsorgerberuf als Wahl für Menschen mit dieser besonderen »Vorgeschichte« überhaupt in Frage kommt, wirft ein bezeichnendes Licht auf die »subliminal wahrgenommene« Gestalt des Berufes. Auf der Ebene der unbewußten Motive ist offensichtlich das Seelsorgersein deswegen attraktiv, weil in ihm die eigene Verletzungsgeschichte und die Hoffnung auf ihre heilende Überwindung am besten untergebracht werden können. Wir werden deshalb zu prüfen haben, welche theologischen, »leutereligiösen«, christentümlichen oder evtl. archetypischen Ausgestaltungen den Seelsorgerberuf so anziehend für Menschen mit dieser spezifischen Psychogenese machen.

[165] Vgl. *A. Miller*, Bilder einer Kindheit.
[166] *A. Hammers*, Ein kognitiv-integrativer Ansatz der Psychotherapie.
[167] *L. J. Pongratz*, Lehrbuch der Klinischen Psychologie, 273ff.

(4) Seelsorgerpersönlichkeit und »ekklesiale Kollusion«

Nach dem tiefenpsychologischen Hypothesengerüst kommt es auf unbewußter Ebene zu einem geheimen Zusammenspiel – *Kollusion*[168] – zwischen unerledigten und verdrängten Kindheitsresten in der Seelsorgerpersönlichkeit einerseits und bestimmten, vom Seelsorger wahrgenommenen »kirchlichen« Ausstattungen des Berufes andererseits. So können im Priesterbild, wie es über die Jahrhunderte hinweg in der Theologie, in der Frömmigkeitsgeschichte und im Bewußtsein der Gläubigen gewachsen ist, die verdrängten biographischen Verletzungen, wenn sie unbearbeitet geblieben sind, ziemlich nahtlos untergebracht werden. Es kann einer den Priesterberuf neurotisch für die Abwehr der Wahrheit seines Lebens ausbeuten, und er wird dabei nicht selten unterstützt von magischen, archetypischen, christentümlichen, leute- und bürgerreligiösen Priesterbildern der Christen, die aber wenig mit dem Priester- und Gemeindebild des NT zu tun haben, wie es unmißverständlich in der Communio-Ekklesiologie des Konzils anzutreffen ist. Wenn also solche fragwürdige Priesterbilder in Primizpredigten[169], in bürgerreligiösen Vorstellungen oder gar in kirchlichen Verlautbarungen begegnen, besagt das noch lange nicht, daß sie auch vor der Volk-Gottes-Theologie des NT bestehen können. Wo eine verwundete Seelsorgerpersönlichkeit mit ekklesialen und pseudochristlichen Verzerrungen des Berufsbildes eine problematische Allianz eingeht, dürfte auch das heilende Hinzukommen und Mitgehen des Seelsorgers schwer beeinträchtigt sein.

Im Folgenden einige Beispiele für solche gefährlichen Kollusionen, die zeigen, wie jenseits der bewußten Berufsmotive theologische Wahrheiten, segensreiche Symbolisierungen und bewährte Lebensstilisierungen mißbrauchbar sind.

1. Die mitgebrachte matriarchale Fixierung des Seelsorgers kann kollusiv weitergeführt werden durch die *Bindung an die »Mutter Kirche«*. Diese an und für sich wunderbare Symbolisierung »Mutter Kirche« bietet sich demjenigen, der bereits mutterfixiert ist, als gefährliches Übertragungsobjekt dar, wo die Mutterbindung am Ersatzobjekt Kirche regressiv erneuert wird. Es darf deshalb einem Seelsorger nie eine »Totalidentifikation mit der Mutter Kirche« als Entwicklungsziel angetragen werden, allzu sehr würden hier die alten, infantilen Verschmelzungswünsche wiederbelebt und verfestigt. »Sentire cum ecclesia« gelingt nur dort, wo einer beim Mitfühlen eigenständige, individuelle Person bleibt.

[168] Psychotherapeutische Aufmerksamkeit erfuhr dieser Begriff in der Diagnose von partnerschaftlichen Beziehungsmustern durch *J. Willi*, Die Zweierbeziehung. Im Zusammenhang von Seelsorgerpersönlichkeit und Seelsorgerbild gebraucht *H. Wahl*, Empathie als diakonische Praxis, diesen Begriff.

[169] Eine Fundgrube für das auch heute noch, allen theologisch anderslautenden Akzentsetzungen zum Trotz, unterschwellig anhaltende Priesterbild, bildet *J. Brosseder*, Das Priesterbild in der Predigt.

2. Die Mutter-Kind-Dyade, die durch die Einbeziehung des »störenden«, aber für die gesunde Selbstentwicklung unverzichtbaren Dritten – des Vaters –, nicht zur »Triangulierung« geöffnet werden konnte, kann im Priesterberuf ebenfalls kollusiv wiederholt werden. Die *Aussperrung des störenden Dritten* und die Neuauflage der Mutter-Kind-Dyade ereignen sich dort, wo der Fremde, der Andersdenkende, der kirchlich-Distanzierte, der Gescheiterte, der aus der Kirche Ausgetretene als Adressat der Seelsorge ausgeklammert wird, wo alle emanzipatorisch-kritische Bewegung, alle kritischen Einsprüche von außen und alle Pluralität verteufelt werden.[170] Ein dyadisch gebundener Seelsorger wird sich verdächtig wohlfühlen in einer Kirche, die den störenden Dritten aussperrt, er wird, ohne es zu merken, zum Anwalt einer Insider-Kirche, die sich vom Außenseiter nicht mehr prophetisch beunruhigen läßt.[171] Und gehört nicht dann Gott selbst zu den ausgesperrten Dritten?

3. Aus der Kindheit mitgebrachte *Allmachts- und Größenphantasien* erfahren dort eine Wiederbelebung und problematische kirchliche Ausstaffierung, wo der Priester ausschließlich als *»Stellvertreter Jesu Christi«* oder als *»Mittler zwischen Gott und den Menschen«*[172] charakterisiert wird. Hier werden Minderwertigkeitsgefühle und die daraus resultierende Identifikation mit den omnipotenten Eltern kompensatorisch in einem neutestamentlich nicht gestützten Priesterbild untergebracht. Die mitgeschleppte narzißtische Kränkung aus der Kindheit des Priesters und obrigkeitlich eingefärbte Idealisierung des Priesterberufs verhindern die Erfüllung eines priesterlichen Dienstamtes als Bruder unter Brüdern und Schwester, der sich neutestamentlich auszeichnet durch die Karriere nach unten, in dem er den anderen die Füße wächst.

4. Das einsozialisierte strenge *»Herrschergewissen«* findet dort ein reiches, jedoch ganz und gar unjesuanisches Bestätigungsfeld, wo Seelsorge mit *Disziplinierung durch Gebote, Verbote und Strafandrohungen* verwechselt wird. Nicht nur, daß hier ein erschreckend unchristliches Gottesbild – ganz Abbild fordernder und strafender Eltern – zum Vorschein kommt, es mischen sich in diese Drohbotschaft aggressive Anteile. An den »Pfarrkindern« der »Pfarrfamilie« – eine Sprache, die den psychologisch behaupteten Zusammenhang von Herkunftsfamilie und Berufsfeld des Seelsorgers unterstreicht – kann man mittels einer Über-Ich-fixierten Seelsorge subtil Rache nehmen für die erlittenen Kränkungen in der Herkunftsfamilie. Hier, in einer belehrenden oder beschuldigenden Verkündigung, in der »Glaubensüberprüfung« anläßlich der Taufe eines Kindes oder in der Aussperrung der »Sünder« von den Sakramenten, erwachen verdrängte Aggressionen zum

[170] Vgl. *H. Wahl*, »Priesterbild« und »Priesterkirche« in psychologischer Sicht, 174.
[171] Vgl. *K. Baumgartner/M. Langer* (Hrsg.), Mit Außenseitern leben.
[172] Vgl. *J. Brosseder*, Das Priesterbild in der Predigt, 151ff.

Leben, die ursprünglich den eigenen Eltern galten, aber dort nie zum Zuge kommen durften.

5. Die *introvertierte Distanzierungstendenz* wird kollusiv beantwortet durch das verbreitete und gemeindetheologisch zu kritisierende *Priesterbild vom »heiligen Außenseiter«*[173], der der Gemeinde gegenübersteht. Die Not der sozialen Ängstlichkeit wird zur heroischen Tugend erhoben. Legitimiert wird hier in zweifelhafter Weise eine Seelsorge aus der Ferne heiliger Abgeschiedenheit, das Fernbleiben und Weggehen.

6. Die *depressive Opferung des Selbst* wird kollusiv gestützt durch ein Seelsorger-Ideal, das geprägt ist von *totaler Verfügbarkeit, geistlichem Aktivismus, unerlöster Arbeitswut und dem Helfersyndrom*, dem anderen auf der Stelle alle Last abnehmen und gleich dem Gottesknecht auf die eigenen Schultern laden zu müssen. Solcher selbstvergessene Aktivismus und Altruismus, die Vorstellung vom »Priesterleben als Opferleben« führt den auf Grund seiner Psychogenese bereits depressionsanfälligen Priester noch mehr in solche Psychodynamik hinein.

Wenn man diesen gewiß sehr kritischen Hypothesen einige Berechtigung einräumt, dann stellt sich damit die prinzipielle Frage: Sind die Seelsorger angesichts ihrer Psychogenese, ihrer verwundeten Persönlichkeitsstruktur und der unweigerlich erfolgenden ekklesialen Kollusion überhaupt in der Lage zu einer Seelsorge im Sinn eines heilenden Hinzukommens und Mitgehens? Besteht nicht die Gefahr der psychischen Infektion, die den Heilungssuchenden mehr schädigt als befreit?

(5) Sind die Seelsorger zur Seelsorge geeignet?

Bei der Antwort auf diese Frage sind zunächst einige *psychologische Klarstellungen* nötig, bevor wir zu theologischen Überlegungen übergehen.

Die psychologischen Testuntersuchungen zur Persönlichkeitsstruktur von Seelsorgern schieben auf der Basis von Mittelwertsvergleichen einen *»wahrscheinlichen« Persönlichkeitstypus* in den Vordergrund, der im Einzelfall so nicht vorkommt; der einzelne weist lediglich eine Tendenz zu diesem Typus auf. Dabei kann nicht übersehen werden, daß auch eine nicht zu vernachlässigende Anzahl der untersuchten Seelsorger ganz untypisch im Vergleich zum geschilderten wahrscheinlichen Seelsorger zu charakterisieren ist. In der zitierten empirischen Studie[174] erwiesen sich so z. B. ca. ein Drittel der Seelsorger als ausgesprochen »extravertiert«, ebensoviele erleben sich psychosomatisch in keiner Weise insuffizient, ca. 27% haben keine Pro-

[173] Ebd. 156. – Vgl. *H. Wahl*, »Priesterbild« und »Priesterkirche« in psychologischer Sicht, 173.
[174] *I. Baumgartner*, Seelsorgliche Kompetenz als pastoralpsychologisches Bildungsziel.

bleme mit der »Offenheit«, und 29% »verarbeiten« ihre Frustrationen durchaus nach außen kanalisiert.[175]

Weiterhin ist in psychologischer Argumentation noch einmal an ein wichtiges Testergebnis zu erinnern: *Seelsorger sind nicht seelisch gestörter oder gefährdeter als andere Menschen auch.* Wer die ausgesprochen »misanthropische« Terminologie und die betont nosologische Suchrichtung der Psychodiagnostik kennt, weiß, daß das Persönlichkeitsprofil wohl jeder Berufsgruppe – ob der Beamten, Wirtschaftsfachleute, Mediziner, ja der Psychologen selbst – in je besonderer Weise markant ausfallen wird.[176]

Somit überrascht es auch nicht, daß die aufgezeigte Persönlichkeitsstruktur und Psychogenese der Seelsorger keineswegs als besonders exzeptionell anzusehen ist. Sie findet sich mit einigen spezifischen Abweichungen *auch bei anderen »Helferberufen«. Wolfgang Schmidbauer*[177] diagnostiziert bei ihnen ein *»Helfersyndrom«*, das u. a. darin besteht, daß »Schwäche und Hilflosigkeit, offenes Eingestehen emotionaler Probleme nur bei anderen begrüßt und unterstützt wird, während demgegenüber das eigene Selbstbild von solchen ›Flecken‹ um jeden Preis freigehalten werden muß«.[178] Der Helfer gerät in die Gefahr, »sich mit dem Klienten auf der Ebene seines eigenen Gefühls eines ›abgelehnten Kindes‹ zu verbünden und ihm seine persönliche Lösungsmöglichkeit anzubieten«.[179] *Schmidbauer* sieht im Mittelpunkt des Helfersyndroms die Depression und macht zudem in Helferinstitutionen ähnliche institutionsbezogene Kollusionen aus, wie sie für die kirchliche Situation beschrieben wurden. Nicht unerwähnt bleiben soll seine Intention bei der Analyse der Helferpersönlichkeit, weil sie auch als Motto über der psychodiagnostischen Erhellung der Seelsorgerpersönlichkeit stehen könnte. »Mir scheint, daß schätzenswerte menschliche Eigenschaften nicht an Wert verlieren, wenn ihr Zustandekommen genauer untersucht wird. Es geht mir auch nicht darum zu zeigen, daß dem Helfen-Wollen ein letzten Endes egoistisches Motiv unterliegt... Es geht gerade nicht darum, durch den Hinweis auf die vielfältigen Schwierigkeiten und Konflikte der Angehörigen ›helfender‹ Berufe (Erzieher, Ärzte, Psychotherapeuten, Geistliche, Lehrer) das Idealbild des perfekten Helfers zu entwikkeln. Einfühlendes Verständnis für Schwächen und Mängel – eigene und fremde – ist gerade die Voraussetzung wirksamer Hilfe.«[180]

Damit macht der Autor auf einen Zusammenhang aufmerksam, der in

[175] Es wäre zu bedenken, ob man von diesem Befund ausgehend nicht eine differenziertere Typologie der Seelsorgspersönlichkeiten entwerfen könnte, in der unterschiedliche »Typen«, mit je eigener Persönlichkeitsstruktur, Psychogenese und Kollusionsneigung voneinander abgehoben werden.

[176] Vgl. *J. P. Janssen / H. Gabler*, Sind Psychologiestudenten unter Studienanfängern eine »Negativauslese«?

[177] *W. Schmidbauer*, Die hilflosen Helfer. – *Ders.*, Unsere kranken Therapeuten.

[178] Ebd. 55.

[179] Ebd. 55.

[180] Ebd. 53.

der Psychotherapie und Seelsorge fundamental ist: *Nur was einer in sich angenommen hat, kann er auch bei anderen annehmen. Carl Gustav Jung*[181] hat dies sehr eindringlich herausgestellt:

»Daß ich den Bettler bewirte, daß ich dem Beleidiger vergebe, daß ich den Feind sogar liebe im Namen Christi, ist unzweifelhaft hohe Tugend. Was ich dem Geringsten meiner Brüder tue, habe ich Christo getan. Wenn ich nun aber entdecken sollte, daß der Geringste von allen, der ärmste aller Bettler, der Frechste aller Beleidiger, ja der Feind selber in mir ist, daß ich selber des Almosens meiner Güte bedarf, daß ich mir selber der zu liebende Feind bin, was dann? Dann dreht sich in der Regel die ganze christliche Wahrheit um, dann gibt es auf einmal keine Liebe und Geduld mehr, dann sagen wir zum Bruder in uns ›Rakka‹, dann verurteilen wir uns und wüten gegen uns selbst. Nach außen verbergen wir es und leugnen es ab, diesem Geringsten von uns je begegnet zu sein. Und sollte Gott es selber sein, der in solch verächtlicher Gestalt an uns herantritt, so hätten wir ihn tausendmal verleugnet, noch ehe überhaupt ein Hahn gekräht hätte. Wer mit Hilfe der modernen Psychologie nicht nur hinter die Kulissen seiner Patienten, sondern vor allem hinter seine eigenen geblickt hat, und das muß jeder Therapeut, der nicht ein naiver Schwindler ist, getan haben, der muß gestehen, daß es das Allerschwierigste, ja das Unmöglichste ist, sich selber in seinem erbärmlichen So-sein anzunehmen. Schon der bloße Gedanke daran kann einen in Angstschweiß versetzen. Deshalb zieht man mit Vergnügen und ohne Zögern das Komplizierte vor, nämlich das Nichtwissen um sich selbst und die geschäftige Bekümmerung um andere, um deren Schwierigkeiten und Sünden. Dort winken sichtbare Tugenden, die die anderen und einen selbst wohltätig täuschen. Man ist, Gott sei Dank, sich selbst entlaufen.«

C. G. Jung hat mit der *»Feindesliebe zu sich selbst«* eine Brücke gebaut, wie ein Seelsorger seine Verletzungen im Licht des Glaubens sehen kann. Die talmudische Tradition weiß ebenfalls von diesen Zusammenhängen, wenn sie in einer tiefsinnigen Legende, die *Henry Nouwen*[182] und *Rolf Zerfaß*[183] erschlossen haben, den Messias im *Bild des »verwundeten Arztes«*, der unter den Armen sitzt, mit Wunden bedeckt, charakterisiert. Freilich, so die Legende, machen ihn seine Wunden nicht total hilflos und unansprechbar. »Die andern binden ihre Wunden alle zugleich auf, und nachher verbinden sie sie wieder. Er aber bindet immer nur eine Wunde auf und verbindet sie anschließend sofort, denn er sagt sich: Vielleicht werde ich gebraucht! Ich muß immer bereit sein, damit ich keinen Augenblick Zeit verliere!«[184]

Ein Bild, das sehr treffend beschreibt, wie der Seelsorger mit seinen

[181] *C. G. Jung*, Die Beziehung der Psychotherapie zur Seelsorge, 24–27.
[182] *H. Nouwen*, The wounded healer.
[183] *R. Zerfaß*, Der Seelsorger – ein verwundeter Arzt.
[184] Ebd. 78.

Wunden umgehen könnte. Zu allererst hat er seine Wunden gelten zu lassen, darf sie ernst nehmen. Was über die seelische Gefährdung von Seelsorgern, ihre Mutterbindung, ihre Depressionsanfälligkeit oder ihre Angst vor nahen Beziehungen diagnostiziert wurde, muß nicht einfach, mit welchen rationalisierenden Begründungen auch immer, abgewehrt werden. Sonst geht dem Seelsorger der ganz entscheidende Ausgangspunkt seines Helfens verloren. Denn nur von den eigenen Wunden her, so deutet die Legende an, kann er sich den Wunden der anderen nähern. Nur wenn er sich auch selbst als heilungsbedürftig erlebt, vermag er die Sorge um die Wunden der anderen einigermaßen freizuhalten von gefährlicher Selbsttäuschung und Selbstvergötzung. Die Legende spricht nicht einer Wehleidigkeit das Wort, die tagaus tagein nichts anderes mehr kennt, als seine eigenen Wunden zu pflegen. Vielmehr unterscheidet sich der »messianische« Seelsorger gerade darin, daß er – sich seiner Wunden bewußt – handlungsfähig und ansprechbar bleibt. Beides schließt einander nicht aus, sondern bedingt sich gegenseitig.

Sehr treffend und in Übereinstimmung mit der talmudischen Tradition kommt dies auch in *Hebr 5,2* zum Ausdruck, wo von »unserem« Hohenpriester die Rede ist, der mit den Unwissenden und Irrenden leiden kann (metriopathein), *»da auch er der Schwachheit unterworfen ist«.*[185] Mitleiden, »Sich-in-rechtem-Maße einfühlen« – so läßt sich das Metriopathein an dieser Stelle begreifen – gelingt folglich dem Seelsorger, der um seine »Schwachheit« weiß und seinen »Schatten« (*C. G. Jung*) angenommen hat. Nur »wenn ich den Mut habe, bei mir selbst in die Tiefe hinabzusteigen, kann ich auch meinen Mitmenschen helfen, sich dieser Tiefe zu stellen«.[186] Mit dem Seelsorger selbst muß also ein Emmausgang stattfinden, bei dem er seinen Schatten, seine »durchkreuzten Lebenspläne«, seine Verletzungen und seine »wilden Tiere« bearbeitet und unter die Heilszusage Gottes stellt.

Rolf Zerfaß[187] weist zu Recht darauf hin, daß hier Mut gefordert ist, standzuhalten und vor sich nicht zu flüchten. Nur dann, wenn man seine eigene *Schwachheit und Armut als Teil seiner selbst anerkannt hat*, wird einem das Problem des anderen nicht in Angst und Panik versetzen, sondern man wird sich ihm furchtlos zuwenden können. Die eigene Schwachheit erweist sich dann als Stärke, als »Eignungskriterium für die Seelsorge«, wie *Paulus* sich rühmt: »Wenn ich schwach bin, bin ich stark« (2 Kor 12,10). Dieser vielfältig angefochtene Paulus kann mit einer unerhörten Gelassenheit auf seine Schwachheit und »Trübsal« blicken, weil er weiß, sie hat vor Gott Ansehen gefunden. »Darum rühmen wir uns der Trübsale, weil wir wissen, daß die Trübsal Geduld wirkt, die Geduld Bewährung, die Bewäh-

[185] *H. Stenger*, Der Seelsorger als Vermittler möglicher Glaubenserfahrungen, 158.
[186] *R. Zerfaß*, Der Seelsorger – ein verwundeter Arzt, 78.
[187] Ebd. 79.

rung Hoffnung; die Hoffnung aber läßt nicht zuschanden werden, weil die Liebe Gottes ausgegossen ist in unsere Herzen durch den Heiligen Geist, der uns gegeben worden ist« (Röm 5,5).

Daß diese *Liebe Gottes ausgegossen ist in unsere Herzen*, darin besteht gerade für den depressionsanfälligen Seelsorger eine ungeheuer befreiende Botschaft. Er braucht seine Wünsche nicht zu dämonisieren, er muß sich nicht ständig mit Vollkommenheitsansprüchen unter Druck setzen, und er muß sich nicht selbst durch geistlichen Aktivismus »aufopfern«. In seinem »schwachen«, »minderwertigen«, »unvollkommenen« Herzen ist die Liebe Gottes »vorleistungslos« ausgegossen. Ganz so, wie es *Gott in seiner »Depressionstherapie« Mose in der Dornbuschvision* erfahren läßt (Ex 3;4). Er darf vor Gott seine Schuhe ausziehen und sich nackt und bloß zeigen, weil er auf dem Boden Gottes steht, wo nicht die selbstverkrümmte Vollkommenheitsfixierung zählt, sondern zu allererst die Tatsache, daß Gott einem Ansehen gibt.

Von der Glaubenstatsache aus, daß sich der Seelsorger mit all seiner Gekränktheit vorbehaltlos in das Haus der Gnade Gottes eingeladen weiß, ist nach dem zu fragen, was er anstreben soll, um seine *Befähigung zum Hinzukommen und Mitgehen weiter zu fördern*.

Noch einmal ist an den »verwundeten Messias« zu erinnern, der darauf verzichtet, alle seine Wunden auf einmal heilen zu wollen, sondern geduldig nimmt er sich jeweils nur eine vor, um so jederzeit abrufbereit zu sein für Hilfesuchende. Wird er so jemals seine Wunden ganz ausheilen können? Wohl kaum, aber das würde ihn ja auch gleichzeitig völlig ungeeignet machen zum Seelsorger: ganz perfekt, unverletzt, strotzend vor Gesundheit und Kompetenz. Offensichtlich ist eine *eigentümliche Doppelbewegung* verlangt. Auf der einen Seite gilt es die eigenen Wunden geduldig zu versorgen, um so bereit für den Anruf der Hilfesuchenden zu sein, auf der anderen Seite sollte man sich in wahrer »Feindesliebe zu sich selbst« mit den eigenen unverheilbaren Wunden, entstellenden Narben und schmerzenden Mängeln gelassen anfreunden.

Für die Eignung des Seelsorgers heißt dies, daß er sich durchaus das Ideal pastoraler Begleitungskompetenz, wie sie die verschiedenen »Kriterienkataloge«[188] zeichnen, vor Augen halten darf, ohne sich von der »destruktiven Kraft der Ideale« erdrückt fühlen zu müssen. Er weiß, daß die *vollständige personale wie pastorale Identität letztlich eine »eschatologische« Größe* darstellt. Die eigentliche Kunst des Hineinwachsens in eine solche je individuelle pastorale Kompetenz besteht dann darin, sich durch Studium, Praxisbe-

[188] Vgl. zur Eignung nach kirchenamtlichen Dokumenten: *A. Arens*, Kriterien der Eignung für den pastoralen Dienst, 36–68. – *F. Wulf*, Kriterien der Eignung. Kritisch setzen sich mit der eignungsdiagnostischen und motivierenden Funktion solcher Kriterienkataloge auseinander: *K. Berkel*, Eignungsdiagnostik, 147–149. – *I. Baumgartner*, Seelsorgliche Begleitung als pastoralpsychologisches Bildungsziel, 139–144.

gleitung, aber auch durch Sich-Helfen-lassen um eine gediegene pastorale »Fähigkeitskompetenz«[189] zu bemühen und gleichzeitig die eigenen, *unaufhebbaren Mängel gelassen gelten zu lassen.*

Rolf Zerfaß[190] hat in diesem Zusammenhang die Seelsorger an *Johannes Tauler* († 1361) verwiesen, der ca. 600 Jahre vor *C. G. Jung* mit ungeheurem Freimut in einem drastischen und zugleich tiefsinnig-tröstlichen Bild sagen konnte: »Das Pferd macht den Mist in dem Stall, und obgleich der Mist Unsauberkeit und üblen Geruch an sich hat, so zieht doch dasselbe Pferd denselben Mist mit großer Mühe auf das Feld, und daraus wachsen der edle schöne Weizen und der edle süße Wein, die niemals so wüchsen, wäre der Mist nicht da. Nun, dein Mist, das sind deine eigenen Mängel, die du nicht beseitigen, nicht überwinden noch ablegen kannst, die trage mit Mühe und Fleiß auf den Acker des liebreichen Willens Gottes in rechter Gelassenheit deiner selbst. Streue deinen Mist auf dieses edle Feld, daraus sprießt ohne allen Zweifel in demütiger Gelassenheit edle, wonnigliche Frucht.«[191] Pastoralpsychologisch gesehen ist so vor allem derjenige zum Seelsorger geeignet, der sich diesem »bemühten« und zugleich »gelassenen« Umgang mit seinen eigenen Schwächen öffnen kann, in dem Wissen, daß Gott mit ihm lebt.

Ein weiterer, in der Eignungsdiskussion etwas vernachlässigter Gesichtspunkt ist von Belang. Die Eignung des Seelsorgers hängt eng zusammen mit der *»Eignung der Gemeinden«*. Im Kontext der Psychogenese der Seelsorgerpersönlichkeit wurde darauf aufmerksam gemacht, daß die verdrängten Verletzungen des Seelsorgers in einer Art »ekklesialer Kollusion« kirchlich und gemeindlich wiederbelebt und verstärkt werden. Gefordert ist somit Wachstum auf beiden Seiten: eine *»Koevolution«*[192] *von Seelsorger und Gemeinde*. Nur wenn der Seelsorger bei seiner Wachstumsbemühung ein kirchliches Umfeld vorfindet, das ihn nicht regressiv behindert, sondern zur Progression ermutigt, kann er Kompetenz gewinnen. Seine pastorale Identität ist ja nicht einfach nur ein aus sich selbst heraus erzeugtes Produkt, sondern sie ist darauf angewiesen, »wahre«, d. h. einer Gemeinde auf dem Boden des NT entsprechende Seelsorgerbilder aufgreifen und einbauen zu können. Verlangt ist dann auf seiten der Gemeinden, den Seelsorger, insbesondere den Priester, als Bruder und Mann der Gemeinde anzunehmen und ihn nicht archetypisch[193] als »heiligen Außenseiter« aus der Gemeinde hinauszuhe-

[189] *H. Stenger*, Kompetenz und Identität, unterscheidet die »ekklesial vermittelte Zuständigkeitskompetenz« von der »individuell zu erwerbenden Fähigkeitskompetenz«.

[190] *R. Zerfaß*, Menschliche Seelsorge, 67.

[191] *J. Tauler*, Predigten I, 43 f.

[192] »Koevolution« wird von *J. Willi* als Komplementärbegriff zu »Kollusion« im Zusammenhang der Ehetherapie gebraucht. Vgl. *J. Willi*, Koevolution. Die Kunst gemeinsamen Wachsens.

[193] *H. Wahl* gibt zu bedenken, ob nicht mit der unkritischen Archetypisierung des Priesters das neutestamentliche Seelsorgerbild verraten werde zugunsten unchristlicher religiöser Idealforderungen. Vgl. *H. Wahl*, »Priesterbild« und »Priesterkirche« in psychologischer Sicht, 181–185.

ben. Gefordert ist auch der Mut der Christen zur je eigenen Subjekthaftigkeit. Sie haben ihre undelegierbare Berufung zur Teilhabe an Jesu Christi Priester-, Königs- und Prophetenamt, die jede Art von offener oder verdeckter Herrschaftsstruktur in den Gemeinden als unbiblisch erweist, mutig zu leben. Eine solch heilende Gemeinde, in der die Christen ihre Berufung ergreifen, ermöglicht es dem Seelsorger, seine Verletzungen auszuheilen, statt sie »kollusiv« zu vertiefen. Das seelische Wachstum des Seelsorgers korrespondiert so unmittelbar der »Subjektwerdung« der Christen in den Gemeinden.

4
HINZUKOMMEN UND MITGEHEN LERNEN

Soll im Seelsorger, angesichts seiner seelischen Verwundungen, die Fähigkeit zum Hinzukommen und Mitgehen wachsen, bedarf es bestimmter »heilsamer« Bedingungen, während der Phase des Theologiestudiums, der Zeit der Berufseinführung und in den späteren Jahren der beruflichen Tätigkeit. Die folgenden Überlegungen zum Wachsen pastoraler Begleitungskompetenz konzentrieren sich auf den spezifisch *pastoralpsychologischen Beitrag*, der im günstigen Fall eingebunden in das Theologiestudium und die verschiedenen Vorgänge pastoraler Praxisberatung Studenten und Seelsorger in ihrem personal-spirituellen und pastoral-praktischen Bemühen voranbringen könnte. Ich greife hier vor allem auf Erfahrungen zurück, die ich als Pastoralpsychologe in der Seelsorgerausbildung mache.

(1) durch Pastoralpsychologie in der Phase des Theologiestudiums

1. Ebenen des Lernens

Pastoralpsychologie zielt vor aller Vermittlung von psychologischer Information und therapeutischer Handlungskompetenz auf einen *inneren Emmausgang des Seelsorgers* selbst. Es soll einer hier einen geschützten Ort vorfinden, wo er stehenbleiben kann bei dem, was ihn »traurig« macht. Hier ist er eingeladen zum »Erinnern, Wiederholen, Durcharbeiten« dessen, was an unerledigten Verdrängungen in seiner Seele ein Schattendasein fristet und in gefährlichen Kollusionen im Beruf wiederkehren könnte. Pastoralpsychologische Selbsterfahrungskurse können helfen, die Tabuisierung der eigenen Verletzungen durch Eltern in der Familie und Präfekten im Knabenseminar aufzugeben und den Schmerz und den Zorn, den man bisher nicht zu fühlen wagte, zu fühlen.[194] Auf diese Weise vermag einer frei zu werden für das Studium der wahren Hoffnungen. Es wird ihm möglich, in die Auslegung der Schrift, wie sie die Theologie betreibt, auch sein Leben hineinzulesen.

So geht es bei der pastoralpsychologischen Ausbildung um eine Art *Exodus*, ganz so, wie es eine chassidische Geschichte[195] als Lebensaufgabe für jeden Gottesfürchtigen beschreibt:

»Rabbi Sussja lehrte: Der Ewige – gepriesen sei ER – sprach zu Abram: Zieh du aus deinem Land, aus deinem Geburtsort, aus dem Haus deines Vaters in das Land, das ich dir zeigen werde. So spricht der Ewige – gepriesen sei ER – zu uns: Zuerst löse dich aus allem, was du dir selber angetan hast. Sodann löse dich aus allem, was deine Mutter dir angetan hat. Danach löse dich aus allem, was dein Vater dir angetan hat. So erst bist du frei für das, was ich dir antun werde.«

An diese spirituelle Grundintention schließen pastoralpraktische Zielsetzungen an. Die Ausbildungsteilnehmer sollen in der *Handlungsfähigkeit des Hinzukommens und Mitgehens* wachsen. Im einzelnen zählt dazu:[196]

- sich in die Situation des anderen hineinzuversetzen,
- genau zuzuhören und wahrzunehmen, was der andere inhaltlich, nonverbal oder »symbolisch« mitteilt,
- dem Gesprächspartner angemessen zurückzugeben, was man von seiner inneren Welt verstanden hat,
- sich für die Person und Lebensgeschichte des anderen zu interessieren,
- in der seelsorglichen Beziehung dem anderen Platz zu lassen, sich zu entfalten und mitzuteilen,
- Menschen in Lebenskrisen auch längerfristig zu begleiten,
- sich selbst klar und verständlich mitzuteilen,
- seine »kritischen Punkte« und Grenzen in der Beziehung zum Gesprächspartner zu kennen und zu akzeptieren,
- auch dann handlungsfähig zu bleiben, wenn man sich vom anderen enttäuscht oder gekränkt fühlt,
- Lob und Zustimmung anzunehmen,
- seine Gesprächspraxis durch Gedächtnisprotokolle zu kontrollieren,

[194] Das Nacherleben des Kindheitsschmerzes ist für die psychoanalytische Schule ein unerläßlicher Schritt zur Heilung. Darauf hat in letzter Zeit v. a. *A. Miller* mit provokanten Thesen aufmerksam gemacht. Vgl. *A. Miller*, Das Drama des begabten Kindes und die Suche nach dem wahren Selbst. – *Dies.*, Am Anfang war Erziehung.

[195] *M. Buber*, Die Erzählungen der Chassidim, 385.

[196] Der folgenden Liste liegt eine Übersicht über die »Voraussetzungen für den pastoralen Beruf« zugrunde, die in der Diözese Trier entwickelt und mir von Prof. Dr. A. Hammers zur Verfügung gestellt wurde. In Abschnitt »1. Pastorale Befähigung« wird unter 1.1. die »Arbeit mit Einzelnen« behandelt. Diese Trierer-Liste wurde von mir in einigen Punkten modifiziert und ergänzt.

– Gruppen der Supervision oder Praxisbegleitung für die Verbesserung seiner Begleitungspraxis zu nutzen,
– dem anderen um dessentwillen zu helfen und nicht vorrangig um Anerkennung zu erhalten,
– authentisch von seiner Verortung im Glauben zum Gesprächspartner zu sprechen,
– die Lebenssituation des anderen mit Glaube und Evangelium in Beziehung zu bringen,
– den seelsorglich-therapeutischen Dialog in der Symbolsprache des Glaubens (Gebet, biblische Texte, Sakramente) in angemessener Weise fortzusetzen.

Solche Handlungsfähigkeiten stellen emotional-kommunikative Wachstumsziele dar, die nur zu einem gewissen Teil durch das Studium pastoralpsychologischer Theorie in Blick kommen. Es bedarf dazu vor allem eingehender Selbsterfahrung und längerfristiger Praxisbegleitung. Diese *drei Lernebenen* – spirituell-kommunikative Persönlichkeitsbildung, pastoralpsychologisches Theoriestudium und exemplarische Einübung in einzelne Handlungsfelder – sind bestimmend für pastoralpsychologische Ausbildungskurse und Curricula.

2. Curriculum der Pastoralpsychologie

Paradigmatisch sei in diesem Zusammenhang kurz von dem *pastoralpsychologischen Curriculum* berichtet, wie ich es seit 1975 in Passau anbiete.[197] Einen Überblick geben die beigefügte Grafik und die nachfolgende Erläuterung (Abb. 15).

(1) *Kommunikation und spirituelle Lebenskultur*

Erfahrungen mit pastoralpsychologischer Ausbildung haben gezeigt, daß es, um die erwünschten Lernprozesse beim Seelsorger in Gang zu bringen, eines ausgedehnten, langfristig angelegten Zeitrahmens bedarf.[198] Es hat sich als günstig erwiesen, möglichst in den ersten Semestern des Theologiestudiums bereits zu beginnen, wobei nicht das Erlernen pastoraler Methoden, sondern sehr eindeutig die eigene Person im Mittelpunkt der Reflexion und Gruppenarbeit stehen sollte. Auf diese Weise wird der Gefahr einer oberflächlichen, nicht-integrierten Aneignung pastoralpsychologischer Methoden und Inhalte vorgebeugt.

Drei Elemente stehen in diesen, unter verschiedenen Titeln angebotenen Kursen auf dem Programm:

[197] Vgl. dazu die von *H. Stenger* zusammengetragene Übersicht über »Kompetenz- und identitätsfördernde Initiativen«, in: *Ders.* (Hrsg.), Eignung für die Berufe der Kirche: Klärung – Beratung – Begleitung, 241–285.

[198] Vgl. *I. Baumgartner*, Seelsorgliche Kompetenz als pastoralpsychologisches Bildungsziel, 280. 285.

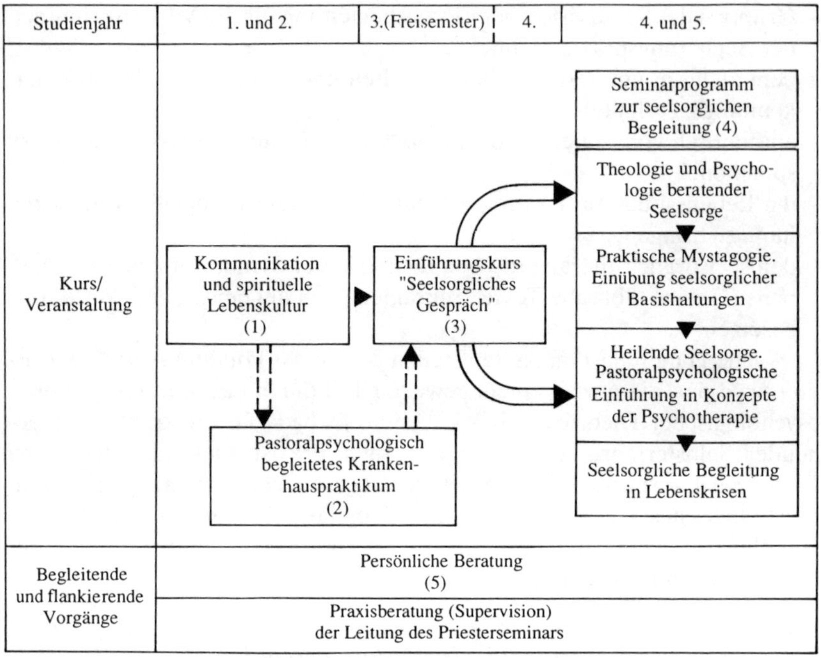

Abb. 15: Pastoralpsychologie in der ersten Ausbildungsphase (Theologiestudium)

- Die eigene Glaubensgeschichte, eingebettet in die Erfahrungen mit Eltern, Seelsorgern und Gemeinde zur Kenntnis zu nehmen und zu bringen.
- Aus der Reflexion der vielschichtigen Herkunft eine eigenständige spirituelle Lebensplanung für den studentischen Alltag zu entwickeln, zu der auch eine geistig-geistliche »Arbeitskultur« gehört.
- Durch Kommunikation in der Gruppe der Kollegen zu lernen, sich anderen zu öffnen und dabei die Rückmeldung der anderen für seinen Wachstumsprozeß zu nutzen. Damit wird vor allem die Fähigkeit, Konflikte zu bewältigen, Pluralität zu tolerieren, sich selbst und andere realistisch wahrzunehmen, mit Kollegen »gemeindlich« umzugehen, gefördert.

(2) *Pastoralpsychologisch begleitetes Krankenhauspraktikum*

Studenten mit den in den vorausgehenden Kursen gemachten (Selbst)-Erfahrungen sind zu einem mehrwöchigen Krankenhauspraktikum eingeladen. Unter der Leitung von in Klinischer Seelsorge ausgebildeten Krankenhausseelsorgern werden konkrete Gespräche der Teilnehmer in der »Supervisionsgruppe« reflektiert.

(3) *Einführungskurs »Seelsorgliches Gespräch«*

Dieser Basiskurs in seelsorglicher Gesprächsführung wird für Theologiestudenten (Priesteramtskandidaten und Laien-Theologiestudenten) im 4.

Studienjahr angeboten. Auch hier spielen, ähnlich wie in (2), praktische Übung und Selbsterfahrung eine große Rolle. Jeder Teilnehmer führt im Rahmen der Kurswoche ein seelsorgliches Gespräch mit einem Altenheimbewohner. Die dabei gemachten Erfahrungen werden in Einzelarbeit und Gruppengesprächen reflektiert. Der je persönliche Gesprächsstil soll bewußt werden und eine erste Sensibilisierung für die Dimensionen des partnerzentrierten Hörens und Sprechens erfolgen. Es wird Raum gegeben, sich mit der angestrebten beruflichen Identität als Seelsorger auseinanderzusetzen.

(4) *Seminarprogramm zur seelsorglichen Begleitung*

Die Teilnehmer des Basiskurses (3) sind eingeladen, ihre seelsorgliche Gesprächskompetenz sowohl durch theologische und psychologische Theorie als auch durch praktische Übungen zu vertiefen. Dazu wird ein viersemestriges pastoralpsychologisches Seminarprogramm an der Theologischen Fakultät[199] unter den Titeln angeboten:

- Theologie und Psychologie beratender Seelsorge
- Praktische Mystagogie. Einübung seelsorglicher Basishaltungen
- Heilende Seelsorge. Pastoralpsychologische Einführung in Konzepte der Psychotherapie
- Seelsorgliche Begleitung in Lebenskrisen.

Es wird Wert darauf gelegt, daß im Seminar eine Integration von Theologie und Psychologie sowohl auf der Ebene der Theorie als auch der Selbsterfahrung geschieht. In »Seminararbeiten« erfolgt eine weiterführende Auseinandersetzung mit pastoralpsychologischen Fragestellungen.

(5) *Persönliche Beratung*

Jedem Teilnehmer an der pastoralpsychologischen Ausbildung steht die Möglichkeit offen, bei pastoralpsychologisch geschulten Beratern persönliche Beratung und gegebenenfalls Psychotherapie in Anspruch zu nehmen. Insbesondere im Anschluß an Kurseinheiten erwächst bei einzelnen Teilnehmern nicht selten das Bedürfnis nach einer tiefergehenden spirituell-psychischen Klärung.

3. Ergebnisse

Wie wirkt sich pastoralpsychologische Ausbildung, wie sie in diesem und in ähnlichen Curricula erfolgt, auf die Persönlichkeit und die pastorale Kompetenz der Teilnehmer aus? Die Antwort auf diese Frage kann auf empirische Fakten verweisen, die mit Hilfe psychodiagnostischen Instrumenta-

[199] Die Einbindung der Pastoralpsychologie in das Lehrangebot der Theologischen Fakultät wurde entscheidend gefördert vom derzeitigen Inhaber des Lehrstuhls für Christliche Gesellschaftslehre und Pastoraltheologie, Prof. Dr. Ehrenfried Schulz.

riums erhoben wurden.[200] Es zeigt sich, daß erst die Teilnahme an längerfristigen Ausbildungsprogrammen sowie insbesondere an Selbsterfahrungselementen und Übungen erwünschte Veränderungen erbringen. Kognitive Aneignung in Form von Vorlesung, Seminaren oder »Selbststudium« einschlägiger Fachliteratur allein reicht nicht aus, um in Richtung der angezielten Qualifikation voranzukommen. Im einzelnen liegen empirische Ergebnisse für drei Bereiche vor, wobei man die methodische Problematik psychodiagnostischer Veränderungsmessung[201] nicht übersehen sollte:

(1) Pastoralpsychologisch ausgebildete Seelsorger und Theologiestudenten zeigen im Vergleich zu ihren nicht ausgebildeten Kollegen eine signifikant stärkere Ausprägung an *»Offenheit«*, wie sie mit dem FPI erfaßt wird.[202] Sie sind demnach eindeutig besser in der Lage, eigene Schwächen und Fehler wahrzunehmen und zuzugeben. Auf Grund der hohen Korrelation von »Offenheit« mit den Skalen »Aggressivität« und »Depressivität« ist gleichzeitig eine verstärkte *(»Selbst-)Wahrnehmung aggressiver und depressiver Impulse* bei den ausgebildeten Probanden festzustellen. Dieser sich abzeichnende depressions-präventive Effekt pastoralpsychologischer Ausbildung geht einher mit *Selbstbildveränderungen im Leistungssektor*. Pastoralpsychologisch ausgebildete Seelsorger setzen sich nicht mehr so stark unter Druck, »vollkommen« sein oder es allen recht machen zu müssen. Sie fühlen sich, wie signifikante Unterschiede im P-F-Test[203] zeigen, nicht mehr in dem Maß genötigt, Enttäuschungen durch übertriebene Selbstanklagen »intropunitiv« zu verarbeiten, sondern es gelingt ihnen jetzt, »personnäher« zu reagieren. Solcher Zuwachs an Offenheit, Selbstakzeptanz und »Personnähe« trifft den Fokus der seelischen Problematik von Seelsorgern. Sie sind auf den Weg gebracht, Nächstenliebe zu sich selbst zu praktizieren, ihre »wilden Tiere« zu domestizieren und ihre »blinden Passagiere« an Deck zu holen. Indem sie diese Seite der Person mit Hilfe pastoralpsychologischer Begleitung anzunehmen und weiterzuentwickeln lernen, geschieht Öffnung für das, »was Gott ihnen antun will«.

(2) Pastoralpsychologische Ausbildung führt zu einer signifikanten Profilierung der Seelsorger im Bereich der pastoralen *Gesprächskompetenz*, wie sie insbesondere von der Gesprächspsychotherapie beschrieben wird.[204] Pastoralpsychologisch Ausgebildete können sich signifikant besser, so jedenfalls ist auf der Basis der Bearbeitung von Lückentexten[205] zu folgern, in

[200] Vgl. *I. Baumgartner*, Seelsorgliche Kompetenz als pastoralpsychologisches Bildungsziel, 275–287.
[201] Vgl. ebd. 285–287.
[202] Ebd. 275–280.
[203] Ebd. 280–283.
[204] Ebd. 283–285.
[205] Hier wurden den Probanden Gesprächsäußerungen (»Verbatims«) von Klienten vorgelegt mit der Aufforderung, eine seelsorglich hilfreiche Antwort darauf zu geben. Zur Problematik, aus solchen schriftlichen Antworten auf das reale Gesprächsverhalten in der Beratungssituation zu schließen vgl. *G. Roloff*, Partnerzentrierte Gesprächsführung für zukünftige Lehrer.

andere einfühlen und das Verstandene mitteilen. Korrespondierend mit der Zunahme der empathischen Fähigkeiten ist eine *Reduzierung der im Pastoral Counseling ungünstigen Interventionen* zu verzeichnen: Distanzierung, Dirigierung-Lenkung, Konfrontieren mit objektiven Tatsachen. Damit ist überzeugend belegt, daß Teilnehmer an pastoralpsychologischen Kursen nicht einfach neue Methoden auf ihren gewohnheitsmäßigen Gesprächsstil aufpfropfen, sondern tiefgreifender umlernen.

Schwierigkeiten scheint es den Seelsorgern, auch nach längerfristiger Ausbildung, zu machen, sich echt und selbstkongruent einzubringen, ohne dabei dem Gesprächspartner Raum wegzunehmen. Zudem stellt sich für sie die neue Aufgabe, die mit dem neuen Gesprächsstil erlebte Askese im bisher gewohnten Reagieren zu verinnerlichen, indem eine »zweite Spontaneität« entwickelt wird.[206]

Auch wenn eine seelsorglich-therapeutische Kompetenz noch nicht in allen Belangen realisiert ist, so ist die erreichte *»Einfühlungsfähigkeit«* grundlegend. Über weite Strecken der seelsorglichen Begleitung vermag »Einfühlung« mit Echtheit und Achtung, eingebunden in eine therapeutische Grundhaltung, Menschen in Lebenskrisen entscheidende Hilfe zu geben. Hier ist für viele Seelsorger eine erste bewußt reflektierte Methode des »Heilens« gelernt worden, die den Blick auf eine weitere Aneignung seelsorglich-therapeutischer Kompetenz lenkt. Seelsorgern ist damit ein Weg eröffnet zu einer jesuanischen Praxis, in der dem konkreten Heilen, in eins mit der Verkündigung der Basileia Gottes, eine zentrale Rolle zukommt.

(3) Die pastoralpsychologischen Ausbildungskurse werden von der überwiegenden Zahl der Teilnehmer als sehr positiv beurteilt. Die bereits beruflich tätigen Seelsorger erklären, daß sie mit dieser Ausbildung einen *Zuwachs an beruflicher Zufriedenheit* verspüren.[207] Bemerkenswert ist hierbei, daß die Berufszufriedenheit deutlich mit der Intensität der Ausbildung wächst. Gewiß sollte man diesen Befund aufgrund möglicher Antworttendenzen in Richtung »kognitiver Konsonanz« – wer Zeit und Geld in eine Ausbildung investiert, neigt dazu, Aufwand und Effekt subjektiv stimmig zu machen – nicht überschätzen. Bedenkt man jedoch, daß der subjektive Eindruck der Teilnehmer durch objektive Daten gestützt wird, dann verfügt der bekundete Zuwachs an Berufszufriedenheit durchaus über ein realistisches Fundament.

[206] Vgl. dazu *J. Schwermer*, Psychologische Hilfen für das Seelsorgegespräch, 62. – *F. Schulz von Thun*, Bleiben se Mensch, Herr Psychologe!, 12.

[207] Vgl. *I. Baumgartner*, Seelsorgliche Kompetenz als pastoralpsychologisches Bildungsziel, 310–311.

4. Erfahrungen

Neben den empirischen Fakten, die ein Plädoyer für den Ausbau pastoralpsychologischer Ausbildung geben, sind Eindrücke und Erfahrungen zu berichten, in denen Bedingungen ansichtig werden, damit der pastoralpsychologische Beitrag zum Wachsen des Seelsorgers »ankommen« kann.

(1) Eine erste Rahmenbedingung betrifft das institutionelle Umfeld der Ausbildung. Es liegt auf der Hand, daß die angezielten Fähigkeiten einer heilenden Seelsorge dann besonders gut wachsen können, wenn sie außerhalb der Kurse Verstärkung erfahren. Eine besondere Rolle kommt hier, soweit die Ausbildung mit Priesteramtskandidaten zu tun hat, dem *Priesterseminar* zu. In der Ausbildung wird immer wieder die Erfahrung gemacht, daß die Kursteilnehmer offensichtlich im Priesterseminar einen Kommunikationsstil pflegen oder lernen, der den intendierten Qualifikationen der Pastoralpsychologie nicht immer entgegenkommt. Es muß mit der besonderen Männerwelt, die hier erlebt wird, zu tun haben, daß Gefühle nur sehr verschlüsselt ausgedrückt werden und die eigene Geschichte ziemlich tabuisiert gehandhabt wird. Wann »erinnern« Priesteramtskandidaten in einem geschützten und angstfreien Forum ihre Kindheit und Jugend und die darin erlebten Verletzungen? Wann sprechen sie über ihre Eltern, nicht allgemein, sondern ganz persönlich, so daß darin auch die Enttäuschungen mit ihnen aufkommen können? Wäre nicht zuallererst ein »Grundkurs im Glauben« für die angehenden Seelsorger wichtig, wo sie über die eigene Glaubensgeschichte sprechen lernen, über die darin auch vorgekommene »Gottesvergiftung« und den »Religionsverlust«, den sie bei aller Gottesverwurzelung erfahren haben? Gibt es in den Priesterseminaren diese therapeutische Kultur des Erinnerns und Erzählens, wo einer sich wirklich seinen Wunden zuwenden darf, ohne befürchten zu müssen, »unten durch« zu sein?

Wenn das Heilen der mitgebrachten Verletzungen ausfällt, dann besteht die Gefahr, daß das Priesterseminar, ohne es zu wollen, zu einem mächtigen kollusiven Faktor wird, der die unbewußten Traumatisierungen verstärkt. Es würde einer dann im Seminar nicht viel mehr lernen, als in der besonderen Männerwelt des Klerus zurechtzukommen sowie die theologischen und spirituellen Angebote ideologisch auszubeuten für die Abwehr der eigenen Verletztheit. Die Chance des Priesterseminars besteht, nach den Erfahrungen pastoralpsychologischer Ausbildung, darin, angehenden Seelsorgern zu helfen, über ihre kindheitlichen Traumatisierungen und Fixierungen hinauszuwachsen. Dies ist eine wesentliche Bedingung für qualifiziertes Hinzukommen und Mitgehen.

(2) Eine weitere Rahmenbedingung pastoralpsychologischer Ausbildung betrifft das *Theologiestudium*. Es hat sich als günstig erwiesen, wenn diese Kurse mit dem Studium der Theologie, insbesondere *mit der Prakti-*

schen Theologie verzahnt sind. Auf solche Weise wird den Studenten signalisiert, daß Pastoralpsychologie für den Erwerb einer pastoralen Kompetenz sehr wesentlich ist.[208] Entscheidender aber noch scheint die Akzentuierung zu sein, die das Theologiestudium durch das Prinzip der Pastoralpsychologie erhält, Inhalte und Themen sehr eng mit der Person des Studierenden in Zusammenhang zu bringen. Dazu besteht nicht nur im Hinblick auf eine spätere »ganzheitliche« pastorale Identität Anlaß, sondern die aktuelle Lebenssituation der Studenten verlangt danach sehr dringend.

Die Phase des Theologiestudiums ist ja für die meist aus sehr »religiösen« Elternhäusern stammenden Studenten[209] als eine Zeit des persönlichen Umbruchs zu betrachten, wo sich eine Emanzipation vom religiösen Habitus der Herkunftsfamilie und Herkunftsgemeinde ereignet.[210] Vor allem die theologische Wissenschaft selbst wird als kritischer Einspruch gegen manche mitgebrachten religiösen Denk- und Handlungsmuster empfunden. Hinzu kommen der studentische Freiheitsspielraum und die zunehmende Aneignung eines studentischen Frömmigkeitsstils. Alles das begünstigt zwar den Aufbau der Identität eines Theologiestudenten, gleichzeitig jedoch bedingt es eine erhebliche *Entfremdung von der eigenen Geschichte und Herkunft*. Bei diesem hier nur in Stichworten angedeuteten Umbau des eigenen Hauses, einschließlich seiner »Glaubensräume« und pastoralen Motivationen, ist der Student von seiten der universitären Theologie weitgehend alleingelassen. Der einzelne mit seiner individuellen Glaubensbiographie, mit seinen Verletzungen und Hoffnungen, mit seinen Dispositionen und seiner »Angst vor der Kirche«[211] kommt in einem auf theologische Wissensvermittlung angelegten Studienbetrieb nur am Rande vor. Die Folge davon ist, daß die individuell-biographische sowie die emotional-spirituelle Seite der Person nicht mit den theologisch-wissenschaftlichen Theorien in einen integrativen Austausch gerät. Theologie und Person bleiben einander fremd. Es verwundert deshalb auch nicht, daß solches Theologiestudium die Gefahr zeitigt, das angesammelte, aber nicht integrierte theologische Wissen in einer Seelsorge nach dem Schema des Religionsunterrichts weiterzugeben. Man hat es nicht anders gelernt.

Pastoralpsychologische Ausbildung greift dieses Defizit herkömmlichen Theologiestudiums auf und versucht, wenigstens in Ansätzen, die je eigene Person des Studierenden ins Spiel zu bringen. In ihren Seminaren und Kur-

[208] Pastoralpsychologie, die nur in der Zeit nach dem Theologiestudium dem Seelsorger begegnet, wäre noch mehr, als *Zerfaß* dies für die Fächergruppe der Praktischen Theologie kritisiert, zum methodischen »Dessert« der Theologie degradiert. Vgl. *R. Zerfaß*, Zur Organisation des Studiums der Praktischen Theologie, 65.

[209] Vgl. *G. Schmidtchen*, Priester in Deutschland. – *W. Marhold* u.a., Religion als Beruf. – *W. Herrmann*, Die Angst der Theologen vor der Kirche.

[210] Vgl. *W. Herrmann*, Die Angst der Theologen vor der Kirche.

[211] Ebd.

sen werden theologische Inhalte und pastorale Methoden immer auch mit der individuellen Glaubensgeschichte, mit der konkreten Erlebniswelt studentischer Identität und mit der mitgebrachten, noch ungestalteten seelsorglichen Motivation in Kontakt gebracht. Es wird, widerständig gegen universitär gebahntes Rationalisieren, nach dem *je persönlichen Anteil an Gesprächsverläufen und Praktikumserfahrungen* gefragt. Es ereignet sich in der Pastoralpsychologie folglich *mystagogisch-narrative Theologie*[212], wenn sie die je eigene Glaubensbiographie und -erfahrung reflektiert als einen Teil der großen Heilsgeschichte Gottes mit den Menschen.

Auf dem Hintergrund einer solchen im pastoralpsychologischen Kurs erlebten therapeutischen Seelsorge an ihm selbst wird ein Theologiestudent angeregt, sich noch mehr um heilende Kompetenz zu bemühen, etwa indem er sich einzelne Methoden moderner Psychotherapie aneignet. Auf diese Weise setzt bei ihm ein Prozeß ein, wo er das Theologie-studieren immer deutlicher als Seelsorge-lernen begreifen kann. Er entdeckt, daß das Entscheidende pastoraler Praxis nicht die theologischen Inhalte, sondern die Person des Seelsorgers ist, die diesen Inhalten ein einladendes, heilendes und menschliches Gesicht gibt.

(3) In den pastoralpsychologischen Kursen wird nicht nur über seelsorgliche Begleitung gehandelt, sondern hier wird *Begleitung praktiziert.* Nicht anders sind die zitierten Veränderungsprozesse in der persönlichen Einstellung der Teilnehmer zu erklären. Denn nur wenn Echtheit, Annahme, Einfühlung, Ernstnehmen und Achtung vor der Person des anderen realisiert sind, vermag er sich nach übereinstimmender Auskunft der Psychotherapie auf den Weg der Veränderung zu begeben. Pastoralpsychologie agiert offensichtlich glaubwürdig in dem Sinn, daß bei ihr Inhalts- und Beziehungsaspekte[213] einander entsprechen. Sie löst das, wovon sie inhaltlich spricht, durch ihre teilnehmerzentrierte Methodik ein.

Das pastoralpsychologische Seminar hier und jetzt ist somit als der *Ernstfall des Hinzukommens und Mitgehens* definiert.[214] Bereits hier ist zu beobachten, zu reflektieren und einzuüben, was die seelsorgliche Begleitung von Menschen an Problemen und Aufgaben mit sich bringt: Konflikte, Ängste, Enttäuschungen, Kritik, aber auch Kooperation, Bestätigung, Erfahrungen des unverdienten Vertrauens und des Heilwerdens. Hier und nicht außerhalb oder später ist der Ort, wo das Hinzukommen und Mitgehen mit dem Kollegen praktiziert oder verweigert wird. Hier ist der Augenblick, authentisch von sich und seinem Glauben zu sprechen oder es zu versäumen. Mit anderen Worten: Es wäre eine Illusion der Ausbilder und Teilnehmer zu

212 Vgl. *F. X. Kaufmann/J.B. Metz*, Zukunftsfähigkeit, 157f.

213 Vgl. *P. Watzlawick/J.H. Beavin/D.D. Jackson*, Menschliche Kommunikation.

214 *Rolf Zerfaß* fordert dies für jede Art theologischer Wissensvermittlung. Vgl. *R. Zerfaß*, Zur Organisation des Studiums der Praktischen Theologie, 76.

meinen, all das gelinge später, wenn es nicht anfanghaft hier und jetzt in der Ausbildungssituation Gegenstand des Bemühens war.

Was hier in der pastoralen Praxis eines Kurses, einer Gruppe sich ereignet, ist die *Erfahrung von Gemeinde*. Denn nicht anders kommt ihre viel zitierte Subjektwerdung zustande, als daß sich ihre Mitglieder mit ihrem individuellen Sosein riskieren, gegenseitig ernst nehmen und in der Kraft des Glaubens gelten lassen. Die pastoralpsychologische Ausbildung verfolgt die Absicht, Geschmack an einer solchen Gemeinde zu machen.

(2) durch Berufseinführung und Praxisberatung

1. Konzept der Berufseinführung

In der zweiten Ausbildungsphase kommt der Pastoralpsychologie noch deutlicher, als dies in der Zeit des Theologiestudiums möglich war, die Aufgabe zu, konkrete pastorale Praxis zu begleiten. In Passau gibt es dafür drei Vorgänge, in denen pastoralpsychologische Praxisbegleitung sich ereignet: »Pastoralkurs«, »Werkwoche« und »Berufseinführung« (Abb. 16).

(1) Mit der Übernahme in das *Pastoraljahr*[215] beginnt für die Teilnehmer die

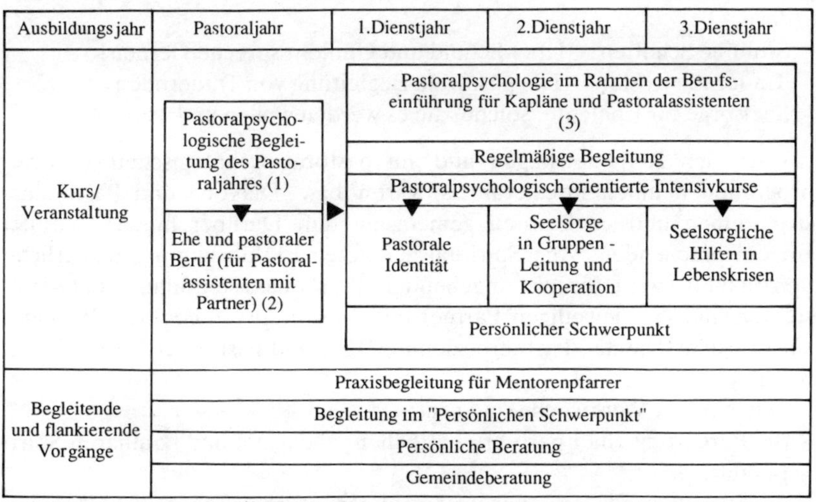

Abb. 16: Pastoralpsychologie in der zweiten Ausbildungsphase

[215] In manchen Diözesen sind dafür zwei Jahre anberaumt. Vgl. zur Fortbildung in der zweiten Bildungsphase: *H. J. Groß*, Fort- und Weiterbildung von Seelsorgern.

konkrete Erfahrung in einem seelsorglichen Beruf, als angehender Priester oder Pastoralassistent. Das Pastoraljahr will das Hineinwachsen in die konkreten Tätigkeitsfelder dadurch erleichtern, daß Praktikums- und Theoriephasen einander abwechseln.

Aufgabe der Pastoralpsychologie im Pastoraljahr ist es vor allem, die *Teilnehmer in ihren ersten Praxiserfahrungen zu beraten*. Dem dienen, eingestreut in die Praktikumsphasen, einzelne »Reflexionstage«, an denen Berichte und pastorale Gesprächsprotokolle der Teilnehmer in der Gruppe besprochen werden. Wichtig ist dabei, daß der je »persönliche Anteil« des Berichterstatters beim Gelingen oder Mißlingen eines pastoralen Vorgangs angstfrei in Blick kommt.

In den Theoriephasen ist die Pastoralpsychologie neben Pastoraltheologie, Liturgik, Homiletik etc. im Fächerangebot ausführlich mit vier Wochenstunden vertreten. Hier wird die Praxisreflexion der Teilnehmer fortgeführt und verstärkt mit pastoralpsychologischer Theorie in Verbindung gebracht. In Abstimmung mit dem Programm in Pastoraltheologie werden folgende Themenbereiche behandelt:
- Heilen in der Seelsorge? Eine vergessene Dimension im Alltag der Seelsorge wiederentdecken!
- Kinder taufen! – Wie die Symbole der Taufe Antwort auf die Fragen der Eltern geben.
- Kranke heilen durch Gespräch? – Ganzheitliche Seelsorge im Geiste Jesu.
- Stumme Schatten! – Über Schuld und Umkehr sprechen lernen!
- Trauernde trösten! – Die pastorale Begleitung von Trauernden.
- Seelsorge für Eheleute, solche, die es werden wollen und waren.

(2) An den Reflexionstagen und am pastoralpsychologischen Theorieprogramm nehmen Priesteramtsanwärter bzw. Diakone und Pastoralassistentinnen und -assistenten gemeinsam teil. Darüber hinaus, parallel zur entsprechenden, vom Spiritual geleiteten Einführung in priesterliche Spiritualität, wird für die angehenden Pastoralassistentinnen und -assistenten und ihre jeweiligen Partner eine *pastoralpsychologische Werkwoche* mit dem Thema »Partnerbeziehung/Ehe und pastoraler Beruf« angeboten.

Ziele dieser Werkwoche sind u. a.:
- die Förderung einer partnerschaftlichen, ehelichen und familiären Spiritualität,
- die reflektierende Annäherung an ein persönliches Lebens- und Arbeitskonzept für hauptamtliche Laien in der Kirche,
- die Förderung der jeweiligen Partnerbeziehung durch psychologische Hilfen.

(3) Seit 1979 gibt es in der Diözese Passau eine »Berufseinführung für Prie-

ster und Pastoralassistenten«[216] in den ersten drei Dienstjahren. Sie umfaßt pro Jahr 18 Tage »Regelmäßige Begleitung«, sechs Tage »Persönlicher Schwerpunkt« und zwei Intensivkurse von jeweils drei Tagen Dauer. Pastoralpsychologische Intentionen der vorausgehenden Ausbildungskurse werden hier praxisbezogen fortgeführt.

Die *»Regelmäßige Begleitung«* erfolgt weitgehend in kontinuierlichen Gruppen mit ca. zehn Teilnehmern und einem ausgebildeten Praxisberater. Zwei Wege werden bei der Reflexion gegangen: von der pastoraltheologischen Theorie zur eigenen Praxis (themenzentrierte Selbsterfahrung), und: von der eigenen, in »Fallberichten« präsentierten, eigenen Praxis zur pastoraltheologischen Reflexion (Fallbesprechung). Prinzipiell ist das ganze Feld der beruflichen und persönlichen Identität potentielles Thema der regelmäßigen Begleitung. Wert wird jedoch darauf gelegt, daß nicht nur über Pastoral theoretisiert wird, sondern daß der je persönliche Anteil bei einem Thema zur Sprache kommt.

Von den insgesamt sechs *Intensivkursen* der Berufseinführung sind drei mehr oder weniger pastoralpsychologisch ausgerichtet:

- »Pastorale Identität«: Im Mittelpunkt steht die biblische Vergewisserung pastoralen Handelns. Selbsterfahrung an biblischen Texten, sowie die persönliche Glaubensgeschichte in ihrer Bedeutung für das pastorale Handeln zu erkennen, das wird hier vorrangig angezielt.
- »Seelsorge in Gruppen – Leitung und Kooperation«: Ziel ist die Förderung der sozial-kommunikativen Kompetenz für die Gestaltung pastoraler Gruppenprozesse.
- »Seelsorgliche Hilfen in Lebenskrisen«: An Hand mitgebrachter Gesprächsprotokolle der Teilnehmer, durch Selbsterfahrungsübungen und pastoralpsychologische Theorieelemente soll die in den Jahren des Theologiestudiums grundgelegte pastoraltherapeutische Gesprächskompetenz weiter vertieft werden.

Der *»persönliche Schwerpunkt«* richtet sich vor allem an Teilnehmer des dritten Berufsjahres. Es wird erwartet, daß sie in einem bestimmten pastoralen Teilgebiet eine vertiefte Kompetenz anstreben und dieses Teilgebiet in der Zulassungsarbeit zur Zweiten Dienstprüfung behandeln. Hier ist also noch einmal die Möglichkeit gegeben, eine spezifisch pastoralpsychologische Fragestellung aus der Erfahrung der Praxis heraus zu bearbeiten.

2. Pastoraltheologische Begründung

Die pastoralpsychologische Praxisbegleitung der jungen Seelsorger, wie sie im Pastoraljahr, in der Werkwoche und in der Berufseinführung ge-

[216] Vgl. *F. Lummer*, Berufseinführung für Priester und Pastoralassistenten in der Diözese Passau. – *P. M. Zulehner*, Berufseinführung. Neue Aufgabe für eine Universität.

schieht, erweist sich als zwingende Notwendigkeit. Insbesondere sprechen folgende Gründe für eine solche Art des Seelsorgelernens:

(1) Der unaufhaltsam stattfindende *Kirchenwandel*[217] verordnet dem Seelsorger eine Neudefinition seiner Aufgaben und fordert damit eine neuartige Qualifikation, die den veränderten Verhältnissen Rechnung trägt. Der angesprochene Wandel ist plakativ zu kennzeichnen als Bewegung von der Besucherkirche zur Beteiligungskirche, von einem klerikal-statischen Kirchenbild zu gemeindlicher Ekklesiogenese und von einer liberalen zu einer messianischen Kirche. Nicht überall ist dieser Trend in gleicher Weise in Gang gekommen, so daß mit hoher »Ungleichzeitigkeit« bei Christen, Gemeinden und den Seelsorgern selbst zu rechnen ist. Sie alle sind auf dem Weg unterschiedlich weit vorangeschritten.

Für den jungen Seelsorger hat das gravierende Folgen. Er findet auf seiner Suche nach einer pastoralen Identität keine klar umrissenen, fertigen und beständigen Berufsbilder mehr vor. Denn das zu Zeiten einer klerus-zentrierten, obrigkeitlichen Seelsorge[218] bewährte Berufsverständnis erweist sich in vielem als untauglich für eine Kirche in der gewandelten Situation. Die Zeiten sind endgültig vorbei, wo der Kaplan in das fertige Haus einer Pastoral einziehen konnte, er ist gefordert, es in je eigener Weise neu zu bauen. Für den Pastoralassistenten ist diese Forderung nach »Konstruktion der beruflichen Identität« noch dadurch verschärft, daß sein Beruf von vornherein weitgehend traditionslos ist.

In Anbetracht des »Kirchenwandels«, der gleichzeitig einen veränderten Standort der Kirche zur Gesellschaft anzeigt, werden für den Seelsorger *personal-kommunikative Fähigkeiten* entscheidend. Gefragt ist der Seelsorger, der authentisch von seiner Geschichte mit Gott Auskunft geben kann, der erzählen kann, wie in seinem Leben das Kreuz vorkommt, wie er der Erlösung bedürftig ist und wie er in seinem Alltag das Wunder der Auferstehung als Vorgeschmack der endgültigen Auferstehung am Ende der Tage erfährt. Die Menschen wünschen sich den Seelsorger, der keine Angst hat, sich zur rechten Zeit persönlich zu äußern und *Nähe zuzulassen*. Verlangt ist jedoch auch die Fähigkeit, die »Ungleichzeitigkeit« und Pluralität in den Gemeinden wie in der Kirche insgesamt zu ertragen und geduldig, wie Paulus in Korinth, voranzubringen hin auf den einen Gott, den einen Geist, den einen Herrn, die eine Taufe... (1 Kor 12,13; vgl. auch Eph 4,5f). Solche Fähigkeitskompetenz wird nicht mit der Weihe verliehen, auch nicht im Theologiestudium einfach erworben, sondern sie kann nur gewonnen werden durch langfristige gemeindenahe Beratung und Begleitung.

(2) Wirksames pastorales Handeln in den heutzutage *komplexen sozialen*

[217] Vgl. *P. M. Zulehner*, Berufseinführung und Kirchenwandel.
[218] Vgl. *O. Rutz*, Obrigkeitliche Seelsorge.

Wirklichkeiten ist nur unvollständig in die Zeit des Theologiestudiums hinein antizipierbar. Es läßt sich nicht mit allen Implikationen in einer Seminarsitzung oder Vorlesung, auch nicht in einer »pastoralpsychologischen Übung« vorwegnehmen, wie das ist, wenn man beim Taufgespräch gegen das laufende Fernsehgerät ansprechen soll, wenn man eine Jugendvesper mit viel Elan vorbereitet hat, und es kommt niemand, wenn man eine junge Mutter beerdigen muß, die sich das Leben genommen hat. Solche Erfahrungen brauchen einen geschützten Ort, wo sie besprochen und verarbeitet werden können. Dies gelingt erwiesenermaßen nicht für sich allein am Schreibtisch, sondern am besten in der Gruppe einfühlender und dabei zugleich kritischer Kollegen und Begleiter.

In den übrigen Sozialberufen, die ähnliche menschlich bedrängende Erfahrungen machen, haben sich *Supervision, Praxisberatung und Selbsterfahrung* als unverzichtbare Wege der Berufseinführung und -begleitung herausgebildet. Man hat in der Psychotherapie, in der Sozial- und Heilpädagogik, bei Lehrern, Ärzten und Richtern deutlich erkannt, daß für ein überzeugendes Handeln wenigstens phasenweise Praxisbegleitung nötig ist. Warum sollte es beim Seelsorger anders sein?

(3) Junge Seelsorger befinden sich am Beginn ihres Berufes in einer *kritischen Lebensphase*.[219] Gefordert ist von ihnen in hohem Maß Trauerarbeit. Es gilt sich zu verabschieden vom Studienkollegen, vom Zimmernachbarn im Priesterseminar, von vertrauten Gewohnheiten, von beruhigenden Alltagsritualen, von der Rolle als Student, von der rezipierenden Existenzform. Dieser Abschied verbraucht seelische Energie.

Hinzu kommt der ängstliche Zweifel auf die neue Lebenssituation hin: Ist der eingeschlagene Weg der richtige? Wird er in ein weites und beglükkendes Land führen, oder endet er eines Tages in der Sackgasse? Werde ich entdecken können, daß das Studium der Theologie und der damit verbundene Beruf meiner Begabung entspricht? Werde ich bei den neuen Kollegen, beim Klerus willkommen sein? – Eine Frage, die vor allem Pastoralassistentinnen und -assistenten bewegt! – Werde ich meine Spiritualität, wie sie mir in den Jahren des Studiums und des Priesterseminars zugewachsen ist, leben können, oder muß ich fürchten, daß mich die religiöse Welt der Gemeinden zurückwirft auf den Punkt, wo ich vor dem Studium stand? Kapläne fragen sich: Werde ich das Leben ohne Partner und Kinder nicht nur aushalten, sondern in der Ehelosigkeit Chancen des personalen Wachstums entdecken können? Pastoralassistenten, deren Berufsbeginn oft mit der Anfangsphase in Ehe und Familie zusammenfällt, fragen: Werden wir das fertigbringen, was wir einander versprochen haben, uns in guten wie in

[219] Vgl. *F. Kamphaus*, Die Einführung der Priester in den Gemeindedienst, 47. – *W. Herrmann*, Die Angst der Theologen vor der Kirche. – *P. Krusche*, Die Berufsperspektive im Studium der Praktischen Theologie.

schlechten Tagen zu achten und zu lieben? Und bei allen ist mehr oder weniger bewußt die Frage da: Wie komme ich bei den Leuten an? Werde ich mit ihnen jenen Kirchentraum verwirklichen können, den ich in den Zeiten des Theologiestudiums zu träumen gelernt habe? In der Tat gibt es am Übergang vom Studium zum Beruf eine »Angst des Theologen vor der Kirche«[220], die sich bei aller Erwartung des Neuen, bei allem Tatendrang zu Wort meldet.

In den Zusammenkünften des Pastoraljahres und der Berufseinführung ist Raum, der Trauer und der Angst, aber auch der Erwartung und der Hoffnung Sprache zu geben und Mut zu schöpfen.

(4) Von Zeit zu Zeit den *Alltag der Pastoral zu unterbrechen* ist eine unerläßliche *»Glaubensbewegung«*. Von Jesus selbst berichten die Evangelien, daß er sich Zeit genommen hat zum Innehalten und zur Vergewisserung seines Weges. Es mag ungewohnt erscheinen, aber bei genauerem Hinsehen entdeckt man in den Evangelien auch den in dieser Weise »lernenden Jesus«[221]. So ist wohl anzunehmen, daß er eine gewisse Zeit in der Nähe Johannes des Täufers verbracht und von ihm eine Art »Berufseinführung in die endzeitliche Fragestellung« erhalten hat.[222] Auch im Wüstenaufenthalt, »bei den wilden Tieren«, ereignete sich ein entscheidender »beruflicher« Klärungsprozeß für seine Sendung. Darüber hinaus ist berichtet, daß er sich während der Zeit seines öffentlichen Wirkens aus der unmittelbaren Präsenz bei den Menschen immer wieder zurücknahm, um mit sich allein zu sein und zu beten. Nach der Speisung der Fünftausend etwa fordert er die Jünger auf, »ins Boot zu steigen und an das andere Ufer vorauszufahren. Inzwischen wollte er die Leute nach Hause schicken. Nachdem er sie weggeschickt hatte, stieg er auf einen Berg, um in der Einsamkeit zu beten. Spät am Abend war er immer noch allein auf dem Berg« (Mt 14,22–24). In diesen Phasen des Rückzugs, wo er trotz der wartenden Menge sich Zeit für die Vergewisserung seiner Sendung nimmt, geschieht jenes Lernen, das der Hebräerbrief[223] rückblickend meditiert: »Obwohl er der Sohn war, hat er durch Leiden Gehorsam gelernt« (Hebr 5,8).

Es spiegelt Jesu Lernprozeß wieder, wenn er auch die Jünger zu solchen Exodusbewegungen auffordert. Es scheint, daß er hierin einen geradezu gesetzmäßigen Zusammenhang erblickt: Von Gott kann einer nur dann glaubwürdig verkünden und handeln, wenn er immer wieder Klärung und Gewißheit schöpft aus der Gegenbewegung, weg von den Menschen hin zu Gott und zu sich selbst. Es mutet deshalb wie die *»Gründungsurkunde« pastoraler Berufseinführung und Praxisbegleitung* an, was in Mk 6,30–32 von

[220] *W. Herrmann*, Die Angst der Theologen vor der Kirche.
[221] Vgl. *W. Bruners*, Das Lernen in der Nachfolge Jesu.
[222] Vgl. *J. Becker*, Johannes der Täufer und Jesus von Nazareth.
[223] Vgl. *F. Schröger*, Der Verfasser des Hebräerbriefes als Schriftausleger, 122 f; 229.

der Rückkehr der zu Heilung und Verkündigung ausgesandten Jünger erzählt ist: »Die Apostel versammelten sich wieder bei Jesus und berichteten ihm alles, was sie getan und gelehrt hatten. Da sagte er zu ihnen: Kommt mit an einen einsamen Ort, wo wir allein sind, und ruht ein wenig aus. Denn sie fanden nicht einmal Zeit zum Essen, so zahlreich waren die Leute, die kamen und gingen. Sie fuhren also mit dem Boot in eine einsame Gegend, um allein zu sein.«

Vieles lehrt diese unscheinbare Szene, vor allem dies: Der Seelsorger darf sich *Zeit nehmen zum »Essen«*, zum Ausruhen und zum Allein-sein mit sich und seinen »Apostelkollegen«. Er muß nicht rastlos tätig sein, auch wenn draußen die Leute Schlange stehen. Nicht einmal Jesus selbst hat es sich auferlegt, in Anbetracht der kurzen Zeit seines öffentlichen Wirkens jeden Augenblick soviel wie möglich unter den Menschen zu sein, Krankheiten zu heilen, Dämonen zu vertreiben und das Evangelium zu verbreiten. Um all das »wahr« ins Werk setzen zu können, braucht es die gelegentliche »Fahrt ans andere Ufer«, den Wechsel von Sprache und Stille, von Mitteilung und Einkehr, von Handeln und Sein, von Bewahrung und Bewährung, von Ausatmen und Einatmen.[224]

Kommt dieser Lebensrhythmus abhanden, dann besteht die Gefahr eines baldigen *»Burn-out-Syndroms«*, eines beruflichen Ausgebranntseins[225], wo die latente Depression voll durchbricht und Desinteresse am Leben und den Mitmenschen sich breitmacht. Bereits *Bernhard von Clairvaux*[226] schreibt über die selbstzerstörerischen Folgen mangelnden »Ausrastens« an seinen früheren Mönch Papst Eugen III.: »Ich fürchte, daß Du, eingekeilt in Deine zahlreichen Beschäftigungen, keinen Ausweg mehr siehst und deshalb Deine Stirn verhärtest; daß Du Dich nach und nach des Gespürs für einen durchaus richtigen und heilsamen Schmerz entledigst. Es ist viel klüger, Du entziehst Dich von Zeit zu Zeit Deinen Beschäftigungen, als daß sie Dich ziehen und Dich nach und nach an einen Punkt führen, an dem Du nicht landen willst. Du fragst, an welchen Punkt? An den Punkt, wo das Herz hart wird. Frage nicht weiter, was damit gemeint sei; wenn Du jetzt nicht erschrickst, ist Dein Herz schon so weit... Ja, wer mit sich selbst schlecht umgeht, wem kann der gut sein? Denk also daran: Gönne Dich Dir selbst. Ich sage nicht: tu das immer, ich sage nicht: tu das oft, aber ich sage: tu es immer wieder einmal. Sei wie für alle anderen auch für Dich selbst da, oder jedenfalls sei es nach allen anderen.«

In der Praxisberatung des Pastoraljahres und der Berufseinführung könnte etwas von dem jesuanischen Lebensprinzip aufkommen, daß heilende Seelsorge nicht in der Rastlosigkeit, im pausenlosen Einsatz und in

[224] Vgl. *E. Drewermann*, Das Markusevangelium, 426.
[225] Vgl. *I. Baumgartner*, Helfen zwischen Selbstsucht und Selbstlosigkeit, 21.
[226] *Bernhard von Clairvaux*, Gotteserfahrung und Weg in die Welt, 73–77.

der totalen Unabkömmlichkeit sich ereignet. Hier kann – unter Umständen mit Widerstreben – gelernt werden, daß es einer pastoralen Häresie gleichkommt, zu meinen, was wir nicht tun, sei nicht getan. Praxisberatung, die die berufliche Praxis immer wieder unterbricht und reflektiert, setzt somit dem Seelsorger und der Gemeinde, die er an diesem Tag verläßt, das deutliche Signal: Wir brauchen und können das Reich Gottes nicht aus eigener Kraft schaffen, aber unser Beitrag dazu sollte aus Erfahrungen kommen, die wir bei der »Bootsfahrt in einsame Gegenden« machen.

3. Erfahrungen der Berufseinführung

Was bei einer solchen Art des Seelsorgelernens *»herauskommt«*, läßt sich verständlicherweise nicht nur auf der Ebene psychodiagnostischer Fakten berichten. Gleichwohl ist anzunehmen – weil die Arbeitsweise hier sich mit der in den vorausgehenden pastoralpsychologischen Kursen weitgehend deckt –, daß »Offenheit«, »Selbstakzeptanz«, »kommunikative Kompetenz« und »Berufszufriedenheit« entscheidend profitieren. Überzeugender als alle Testergebnisse drückte es ein Teilnehmer aus. Er malte im Rahmen einer Auswertungsrunde nach drei Jahren Berufseinführung am Tageslichtprojektor ein Bild: Auf der Straße von seinem Pfarrort nach Passau fährt ein kleiner Lieferwagen. Dasselbe Auto, nun jedoch vergleichsweise groß, fährt auf dem Weg zurück. Er erläuterte das Bild, mehr mit Gesten als mit Worten: »So klein bin ich oft nach einigen Wochen ›Pfarrei‹ zur Berufseinführung gefahren, und so« – er machte eine Gebärde, die sagen sollte: so groß, so stark, so aufgebaut – »bin ich wieder nach Hause gefahren!«

Gewiß, solche personnahe Praxisbegleitung besteht nicht nur aus aufbauenden Sternstunden, lädt nicht nur ein zum unverbindlichen, gemütlichen Erfahrungsaustausch, sondern bringt auch vielfältigen *Konfliktstoff*. Antransportiert wird er zum einen aus der beschriebenen kritischen Lebenssituation des Berufsanfängers am Übergang vom Theologiestudenten zum Seelsorger, zum anderen aus der Enttäuschung durch die pastorale und kirchliche Wirklichkeit, die den subjektiv zurechtgelegten Idealbildern oft erheblich widerspricht. Solche Enttäuschungen durch mißglückte Religionsstunden, durch »Erfolglosigkeit« in der Jugendarbeit, durch mangelnde Kooperation im Team der Seelsorger, durch Desinteresse der Christen an Gottesdienst und Predigt, durch fehlende Kompetenz und fast völligen Ausfall an Bestätigung erzeugen *Ärger, Gekränktheit und Zorn*. Es ist verständlich, daß der junge Seelsorger dazu neigt, solche Affekte bei sich abzuwehren, würden sie doch, so seine Angst, die getroffene Berufsentscheidung in Frage stellen. Die Folge davon ist die Tendenz, diese Emotionen auf Personen und Vorgänge der Ausbildung und Berufsbegleitung *zu übertragen*. Es gehört zu den Aufgaben pastoraler Praxisbegleitung, die mitgebrachten Kränkungen der Seelsorger aufkommen zu lassen, auch wenn sie sich nur »indirekt«, an »Ersatzobjekten« äußern können, durch überzogene Kritik an Kollegen, an den Praxisbegleitern, an der kirchlichen Obrigkeit, am Personalreferenten der Diözese und ähnlichen Übertragungsfiguren. In einem weiteren Schritt kommt es darauf an, diese projektiven Anklagen widerständig und einfühlsam zu »befreien« in wirkliche *Klagen* – eine urmenschliche Regung, der nicht nur in den Psalmen ein Existenzrecht zugesprochen werden darf. Wer es sich erlaubt zu klagen, wer dabei erfährt, daß er in der Gruppe der Kollegen getragen ist, der vermag auch anders als derjenige, der auf die Abwehr seiner Enttäuschungen aus einem fragwürdigen spirituellen Optimismus heraus fixiert ist, neuen Mut zu schöpfen, der vermag aus der Krise zu lernen.

Nicht zu übersehen ist auch das Konfliktpotential, das von der Praxisbegleitung selbst für manche Teilnehmer ausgeht. Hier werden *Erwartungen nach Theorien*, nach fertigen Lösungen, nach dem, was man anwendungsreif, schwarz auf weiß mit nach Hause nehmen kann, enttäuscht. Sicherlich gehört gediegene Wissensvermittlung zu den Grundpfeilern des Lernens. Aber die Probleme der Teilnehmer sind am allerwenigsten durch mangelndes Wissen bedingt. Dennoch ist die Versuchung mancher Teilnehmer groß, auf den gewohnten und bequemen Weg des *Lernens im »Habenmodus«* auszuweichen. *Hermann Stenger*[227] schreibt dazu: »Ein Lernender, der auf das Haben hin orientiert ist, speichert Informationen, um sie zu ›besitzen‹ und sie zu ›verwenden‹... Die Gefahr bei dieser Art tendenziösem Lernen besteht darin, daß das übernommene Wissen nicht Bestandteil der eigenen Gedankenwelt und des eigenen Lebenswissens wird. Inhalt und Lernender bleiben einander fremd. Inhalte werden nicht zum Lebensgehalt. Sie werden eingekauft und wieder verkauft.«

In der pastoralpsychologischen Praxisbegleitung wird dagegen ein *»Lernen im Seinsmodus«* angestrebt. »Auf das Sein hin orientiert hat der Lernvorgang eine völlig andere Qualität. Im Lernenden geht eine tiefgreifende Auseinandersetzung vor sich, zwischen dem, was er an Lebenswissen, an Erfahrung, an Problemen und Fragen mitbringt, und den neuen Inhalten, die auf ihn zukommen. Er ist kein passives Auffangbecken für Worte, Begriffe und Gedanken, sondern er hört und empfängt auf aktive und produktive Weise. In existentieller Anteilnahme bahnt sich eine kreative Verarbeitung an.«[228] Diese auf das Sein bezogene Art des Lernens fragt bei einem Thema, einer Frage hartnäckig nach dem eigenen Anteil. Hier wird den Teilnehmern die »milde Frustration« zugemutet, die eigene Person ins Spiel zu bringen. Daß das nicht Preisgabe des inhaltlichen Lernens oder gar von klaren Positionen zugunsten subjektiver Beliebigkeit bedeutet, drückte ein Teilnehmer im Anschluß an einen Intensivkurs so aus: »Ich empfand es als

[227] *H. Stenger*, Der Beitrag der Theologischen Fortbildung zur Identität der pastoralen Berufe.
[228] Ebd.

lasch, wie begonnen wurde. Aber dann war ich erstaunt, wie dieser Herr P. (Praxisbegleiter) nachfragte, präzise Arbeitsaufträge gab, wie er Glaubwürdigkeit anfragte, Verbindung zum eigenen Leben forderte, aber auch unerbittlich immer wieder auf den Text, die Bibelstelle, zeigte.«[229]

Einer Diözese, einer Kirche steht es gut zu Gesicht, wenn sie sich zu einer solchen Art von »*Seelsorge am Seelsorger*« entschließt. Sie signalisiert damit dem jungen Kaplan, dem Gemeindereferenten oder der Pastoralassistentin: »In dieser kritischen Phase deiner Lebensgeschichte zählst du für uns nicht nur als Manövriermasse für Seelsorgsstellen, um eine flächendekkende pastorale Versorgung sicherzustellen, sondern uns liegt daran, und wir wünschen dir, daß dein Lebensprojekt in dieser Kirche gut vorankommt.« Solche Botschaften sind nicht nur für das »Sentire-cum-ecclesia«[230] der jungen Seelsorger, das hoffentlich nicht in eine gefährliche »Totalidentifikation mit der Kirche« ausartet, entscheidend, sondern sie entsprechen schlicht und einfach dem, was Brüder und Schwestern in einer geschwisterlichen Kirche voneinander erwarten dürfen.

4. Praxisberatung

In der Praxisberatung oder pastoralen Supervision[231] erfahren Seelsorger Begleitung in kritischen Ereignissen ihrer Praxis. Ihre Fähigkeit zum Hinzukommen und Mitgehen soll dadurch weiter wachsen können. Von den Zielen und Methoden her betrachtet ist Praxisberatung damit über weite Strekken deckungsgleich mit der Berufseinführung, nur daß eben nun die *Probleme von erfahrenen Seelsorgern* zur Sprache kommen. Es geht folglich um Erfahrungen, wie sie zwei Kapläne exemplarisch berichten:

– »Ich hatte zusammen mit unserer Pastoralreferentin eine adventliche ›Frühschicht‹ für Jugendliche der Gemeinde vorbereitet. Wir hatten dazu jede Menge von Texten, Liedern und Methoden zusammengestellt, an Hand derer wir jeweils bestimmte Glaubensthemen den Jugendlichen nahebringen wollten. Zu unserer großen Enttäuschung brachten die zahlrei-

[229] *E. Mayer*, Persönliche Lernerfahrungen in einem Intensivkurs, in: Berufseinführung für Priester und Pastoralassistenten in der Diözese Passau (Hrsg.), Berufseinführung – Grundkurs im Glauben (Manuskript), 13–15.

[230] In der Betriebs- und Organisationspsychologie wird neuerdings der Zusammenhang zwischen »Betriebsklima – Firmenkultur« einerseits und »personaler Förderung« der Mitarbeiter andererseits betont. In der »Kirche als Organisation« gelten ähnliche empirisch erhärtete Gesetzmäßigkeiten. Vgl. *R. Höhn*, Die innere Kündigung im Unternehmen. – *L. V. Rosenstiel/M. Stengel*, Identifikationskrise? – *U. Nuber*, Innere Kündigung: Sollen doch mal andere ran!

[231] Vgl. hierzu u.a.: *H. Andriessen*, Pastorale Supervision. – *Ders.*, Praxisberatung für Seelsorger. – D. v. Caemmerer, Praxisberatung (Supervision). – *M. Ringshausen-Krüger*, Die Supervision in der deutschen Sozialarbeit. – *M. Sayer*, Seelsorge, Seelenführung und pastorale Praxisberatung. – *F. Siegers*, Praxisberatung in der Diskussion. – *Akademie für Jugendfragen Münster*, Supervision im Spannungsfeld zwischen Person und Institution. – *U. Plessen/S. Katz*, Supervision in Beratung und Therapie.

chen Teilnehmer der Frühschicht unseren Absichten ein ziemliches Desinteresse entgegen. Sie sahen als Hauptereignis der Frühschicht das sich anschließende gemeinsame Frühstück. Ich hatte den Eindruck, die kamen nur, um zu frühstücken...«

- Ein Kaplan legt in der Supervisionsgruppe ein Gespräch in einem Krankenzimmer vor. Es stellt sich heraus, daß er immer dann, wenn die Gesprächspartner »persönlich« werden, ausweicht und das Gespräch auf Sachthemen führt. Als er vom Supervisor und den Kollegen auf diese bislang von ihm nicht wahrgenommene Tatsache aufmerksam gemacht wird, erzählt er, wie besetzt er sei mit allem Möglichen, das der Betrieb der Pfarrei von ihm verlange, so daß er eigentlich gar nicht richtig zuhören könne...

In beiden Fällen lautet die *Grundfrage der Praxisberatung* ähnlich:

- Wie kann der Kaplan im Rahmen der Frühschicht so zu den Jugendlichen hinzukommen und mit ihnen gehen, daß sie die kritische Phase des Übergangs von Elternhaus und Kindheit zum Erwachsensein, zu Beruf, Partnerschaft und Leben ohne die Eltern aus den Zusagen des Glaubens heraus meistern können?
- Wie kann der Seelsorger am Krankenbett so mit den Kranken zusammensein, daß sie aus dieser Begegnung sich selbst, ihre Krankheit und ihre Lebensgeschichte im Licht der Geschichte Gottes mit ihnen zu sehen und anzunehmen vermögen?

In der Praxisberatung kommt es darauf an, den Seelsorger jeweils in die Richtung einer Antwort – seiner Antwort – voranzubringen. Es kann hier nicht auf die Fülle von Interventionsformen und Methoden eingegangen werden, die in den verschiedenen Supervisionskonzepten zum Einsatz kommen. Exemplarisch seien lediglich zwei Anregungen für den vom Supervisanden anzufertigenden *Praxisbericht*, »seelsorgliches Gespräch« und »pastorales Projekt« (z.B. »Frühschicht«) betreffend, angeführt (Abb. 17, 18).

Bereits durch das Anfertigen eines Berichts geschieht eine erste persönliche Reflexion des seelsorglichen Vorganges. Der Supervisand geht vorbereitet in die Supervisionsgruppe, in der er gezielte Rückmeldungen erfragen kann. Dadurch erfolgt eine weitere Klärung und Bearbeitung des vorgelegten Problems.

Je nach konzeptueller Ausrichtung durchläuft der *Prozeß der Praxisberatung* mehr oder weniger ausgeprägte Phasen mit unterschiedlicher *Aufgabenstellung für den Berater*:[232]

1. Orientierungsphase

(1) Anliegen des Supervisanden klären!

(2) Anliegen konkretisieren!

[232] Vgl. *U. Plessen/S. Katz*, Supervision in Beratung und Therapie, 68–95.

1) Kurze Charakterisierung des Gesprächspartners (Lebensgeschichtliche Daten; Ihr allgemeiner Eindruck)!
2) Versuchen Sie die für Sie wesentliche(n) Passage(n) des Gesprächs im Wortlaut wiederzugeben!
3) Versuchen Sie das zentrale »Lebensthema«, das den Gesprächspartner zur Zeit bewegt, in einem Satz zusammenzufassen!
4) In welche Bereiche dieses Lebensthemas konnten Sie sich gut, in welche weniger gut einfühlen?
5) Wenn Sie im nachhinein Ihre Rolle ansehen, könnten Sie sich als Seelsorger bezeichnen?

Abb. 17: Reflexionsfragen zum seelsorglichen Gespräch

I. Daten

(1) Wie kam es zu Projekt / Sitzung etc. / *Vorgeschichte*
(2) Was haben Sie von wem gehört? (Telefonate, Vortreffen mit Personen aus dem »System«) / *»Beziehungsnetz«*
(3) *Ziel* des Projekts / Sitzung / Gesprächs?
(4) Wie wurde geplant? / *Planung*
(5) *Verlauf:*
- Was geschah?
- Keine Wiederholung der Planung!
- Exemplarische Verbatims
- Beobachtungen: Wer schwieg, dominierte, störte etc.?
- Wie haben Teilnehmer auf Vorgaben, Methoden, Zielsetzung reagiert?
- Wie wurde die Sitzung beendet?

II. Auswertung

(1) Was ist aus den ursprünglich geplanten Zielen geworden? / *Zielkontrolle*
(2) Wie angemessen waren die eingesetzten *Methoden*?
(3) Wie sehen Sie Ihre eigene *Rolle*?
(4) Was haben Sie in den verschiedenen Phasen des Projektes / der Sitzung empfunden? (evtl. »Simultan-Dokumentation« / *Subjektives Erleben*
(5) Welche *Interventionsabsichten* haben Sie für das weitere Vorgehen?

III. Fragen an die Praxisberatung / Supervision

Was soll in der Praxisberatung / Supervision vorrangig erörtert werden?

Abb. 18: Projektbericht in der Praxisberatung/Supervision[233]

2. Informationsphase

(1) Orientiert am Anliegen des Supervisanden nach zweckmäßigem und auffälligem Verhalten suchen!
(2) Sich wiederholendes, typisches Verhalten bestimmen!
(3) Zusammenhänge zwischen Verhalten des Supervisanden und dem Verhalten des Klientensystems herstellen!

[233] Angeregt wurden diese Fragen durch unveröffentlichte Supervisionsmaterialien von Frau *M. Ringshausen-Krüger.*

3. Gewichtungsphase

(1) Eindrücke ordnen!
(2) Ungeklärte, »kritische« Punkte zusammenfassen!
(3) Eventuell an Tafel, Plakatwand oder ähnlichem festhalten!
(4) Prüfen, auf welcher Ebene (Arbeitsorganisation, Rolle, Selbstauftrag, persönliches Wertsystem, Persönlichkeit) das Problem vorrangig angesiedelt ist!

4. Rückmeldephase

(1) Eindrücke zum Beobachtungsauftrag wiedergeben!
(2) Rückmeldung geben, was aus den bisherigen Interventionen als besonders förderlich für den Verlauf des Projekts angesehen wird!
(3) Unter Umständen veränderungswürdige Strategien und Einstellungen des Supervisanden ansprechen!
(4) Zusammen mit Supervisanden eventuell einen neuen Lernschritt formulieren!

5. Kontrollphase

(1) Klären, was der Supervisand mit seinem Lernschritt machen will! Zeit geben!
(2) Konkretion des Lernschrittes mit Supervisand entwickeln!
(3) Realisierungschancen im Rollenspiel überprüfen!
(4) Modifikationen auf Grund der Rollenspielerfahrungen vornehmen!

6. Abschluß

Die Sitzung der Praxisberatung/Supervision ist beendet, wenn der Supervisand den Eindruck hat, handlungsfähig zu sein.

Vor allem in der »Gewichtungsphase« wird sich herauskristallisieren, auf welchen *Ebenen* das Problem verstärkt angesiedelt ist. Manchmal fehlt es dem Supervisanden an einfachen Methoden der Arbeitsorganisation. Manchmal führen überhöhte oder unrealistische Zielvorstellungen (Selbstauftrag, Rolle) zum Scheitern eines Vorhabens. Und immer werden natürlich persönliche Eigenheiten, die mit der eigenen Biographie und Individualität zusammenhängen, im Spiel sein. Praxisberatung ist freilich keine Therapie, so daß die Bearbeitung solcher unbewußten Anteile nicht unbedingt Ziel jeder Praxisberatung ist. Es gilt, was zur Abschlußphase gesagt wurde: Nicht dann ist die Praxisberatung beendet, wenn »die Kohlen aus dem Keller geholt sind«, sondern wenn der Supervisand den Eindruck hat, in dem von ihm vorgebrachten Praxisfall handlungsfähig zu sein. Einen Überblick über mögliche Ebenen der Praxisberatung gibt Abb. 19:[234]

[234] Vgl. *I. Adam/E.R. Schmidt*, Umgang mit Zeit, 9.

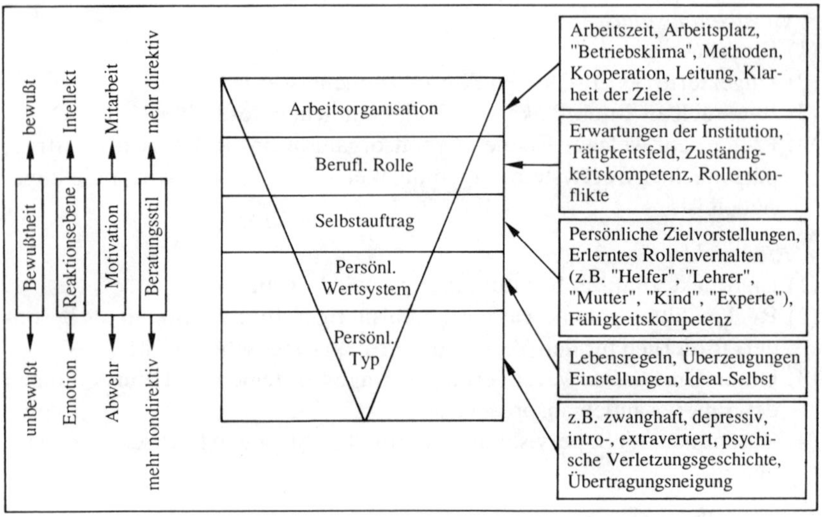

Abb. 19: Interventionsebenen in der Praxisberatung

Daß Praxisberatung und Supervision – wir grenzen sie nicht streng voneinander ab – auf unterschiedlichen Ebenen ansetzen können, wird nicht von allen Beratern geteilt. Insbesondere der *psychoanalytische Ansatz*[235] insistiert auf der Bearbeitung der unbewußten Persönlichkeitsanteile. Die Deutung der latenten, unbewußten Motive, Übertragungsphänomene, Widerstände, Fehlwahrnehmungen und das Durcharbeiten der traumatischen Sozialisationserlebnisse stehen hierbei im Mittelpunkt des Lernprozesses. So sehr gerade in Anbetracht der Kollusionsneigung der Seelsorger solche analytische Beratung sinnvoll und nützlich erscheint, die ausschließliche Fixierung auf das je persönliche Unbewußte bedeutet auch eine Verengung. Strukturelle und institutionelle Gegebenheiten geraten aus dem Blickfeld. Zudem suggeriert dieser Ansatz dem Supervisanden womöglich eine starke Therapiebedürftigkeit, die in ihm Minderwertigkeitsgefühle aktiviert. Er sieht sich dann unter Druck, dem »Normalmaß« entsprechen zu müssen. Insgesamt wird die Ursachenanalyse und Problemlösung hier einseitig im Innenleben des Seelsorgers gesucht.

Demgegenüber ist der *Stabilisierungsansatz* pragmatischer und offener in der Diagnose. Supervision soll, dieser Auffassung zufolge, die Arbeitsmotivation des Seelsorgers erhalten bzw. wiederherstellen, Enttäuschungen erklären und abbauen sowie zum »Weitermachen« ermutigen.[236] In vielen

235 Vgl. *G. Wittenberger*, Supervision zwischen Psychoanalyse und Sozialarbeit. – Vgl. zur Unterscheidung der verschiedenen Supervisionsansätze: *J. Eckl*, Supervision in der Sozialarbeit als Modell einer pastoralen Supervision.
236 Vgl. *N. Huppertz*, Supervision, 25.

Fällen mag diese Stabilisierung angebracht sein, Ängste werden verringert, Unsicherheit wird aufgefangen, die quälende Fixierung auf unlösbare Probleme wird aufgebrochen, und damit tritt gerade bei akuten Krisen des Seelsorgeberufs eine Entspannung ein. Die Gefahr des Stabilisierungsansatzes besteht freilich in seiner langfristig fragwürdigen Funktion als »Sedativum«. Beim Seelsorger bleiben dann innovatorische Impulse auf der Strecke, selbstgenügsame Anpassung kann zum Hauptziel der Beratung werden. Bei den Verantwortlichen in den Diözesen mag sich, wenn alles wie »geölt« durch Praxisberatung »läuft«, die realitätsferne Illusion einstellen, es sei in der Pastoral alles in Ordnung. Der Sand im Getriebe, der zu Veränderungen auch auf institutioneller Ebene veranlaßt, wird übersehen.

Der *innovatorische Ansatz* legt Wert auf kritische Reflexion und Einübung neuer Handlungsansätze, neuer Zielsetzungen und neuer Wege. »Ausgangspunkt ist nicht so sehr die Hilfe zur Lösung vorhandener Konflikte, Probleme, beruflicher Alltagssituationen, die allein nicht lösbar erscheinen, als vielmehr Hilfe zur Einführung geplanter neuer Impulse, die die Praxis und die darin agierenden Personen und Strukturen verändern sollen.«[237] Supervision ist nach dieser Auffassung nicht nur »Krisenmanagement«, sondern »Entwicklungshilfe« für einzelne und Institutionen.

Wie in anderen Bereichen dürften auch bei der pastoralen Praxisberatung die *Integration verschiedener Ansätze* und deren flexible Handhabung den Fragen der Seelsorger am besten gerecht werden. Auf jeden Fall bieten Praxisberatung und Supervision unverzichtbare Orte, wo Seelsorger in ihrer Fähigkeit des heilenden Hinzukommens und Mitgehens wachsen können. Damit dieser Reifungsprozeß zielsicher bleibt, bedarf es beim Seelsorger wie beim Supervisor der kontinuierlichen Orientierung an der Praxis des Hinzukommens und Mitgehens, die Gott selbst in Jesus Christus an den Tag legt.

[237] *H. Lander*, Demokratisierung durch Partizipationshandeln mit Hilfe des Lerninstrumentes der Supervision, 267.

TEIL V
»ER FRAGTE SIE...« – DIAKONISCH-HEILENDE SEELSORGE UND PSYCHOTHERAPIE

1
DIAKONIE ODER: WENN GOTT AUFSCHEINT IN UNSEREN TATEN

(1) Die diakonische Intervention: »Er fragte sie...« (Lk 24,17)

Die Emmauslegende schildert nach dem »Hinzukommen und Mitgehen« die erste Intervention des Auferstandenen mit den prägnanten Worten (Lk 24,17): »Er fragte sie: Was sind das für Dinge, über die ihr auf eurem Weg miteinander redet? Da blieben sie traurig stehen.« Sehr dicht und zutreffend ist hier gesagt, worin die Aufgabe eines seelsorglichen Begleiters besteht: Er hat anzufragen. Freilich geht es dabei nicht um Informationsfragen, auch nicht um einen theologisch-intellektuellen Diskurs – dies käme einem pastoralen »Kunstfehler« gleich. Seine Fragen zielen auf den *Kern des gelebten Lebens,* auf »durchkreuzte Lebenspläne«, auf Enttäuschungen, Verwundungen und Lebenshoffnungen. Wer so auf den Fokus seines Lebens hin mäeutisch angefragt wird, muß zwangsläufig bei dem stehenbleiben, was ihn traurig macht. Er kann es nicht mehr einfach übergehen, sondern wird angehalten zum »Ausrasten«, aber auch zum *»Erinnern«* und zur *»Trauerarbeit«*. Erst über einen solchen mühsamen wie heilsamen Prozeß wird er frei für das Studium der wahren Lebenshoffnungen.

Die Emmauslegende deutet an, daß das Heilwerden, von Lukas ineinsgesetzt mit dem Sehen des Auferstandenen, kein leichter Prozeß ist. Er verlangt vom Menschen in der Krise, sich den lebensgeschichtlichen Verletzungen mutig zuzuwenden. Entscheidendes hängt deshalb von der *Kompetenz des Begleiters* ab, von seiner Fähigkeit, die Lebensfrage ganz individuell auf den anderen hin zu stellen, von seiner Fähigkeit, »Stand« zu halten, wenn der andere »blind« an der Wahrheit seines Lebens vorbeisieht, von seiner Fähigkeit, sich einzufühlen in das Leiden und die Tränen des anderen und sich zu belasten mit fremder Last.

Begleitung, wie sie hier verlangt ist, ereignet sich folglich im Rhythmus von Einfühlen und Fragen, von Wahrnehmen und Dazwischen-Treten (»Intervenieren«), von Sehen und Tun. In der christlichen Glaubenstradition trägt diese qualifizierte Zuwendung zum konkreten, in vielfacher Hinsicht »armen« Menschen den Namen *Diakonie*[1]. Der Diakon im Geiste Jesu Christi zeichnet sich dadurch aus, daß er die Intervention Gottes mitmacht, die auf das Leben der Armen, der Kranken, der Sünder, der Außenseiter und der kleinen Leute zielt.

[1] Vgl. zum Folgenden u.a.: *R. Zerfaß*, Wenn Gott aufscheint in unseren Tagen. – *Ders.*, Kirchliche Praxis im Horizont der Gottesherrschaft oder Der Selbstvollzug der Kirche in Wort, Sakrament und sozialem Dienst. – *Ders.*, Organisierte Caritas als Herausforderung an eine nachkonziliare Theologie.

(2) Die Wurzel der Diakonie: Gott für die Menschen

Die Wurzel der christlichen Diakonie ist Gott selbst, der sich als *»Freund des Lebens«* (Weish 11,26) dem Menschen in dieser Welt und auf seinem ganz individuellen, oft genug beschwerlichen Lebensweg zuwendet – in Liebe. Er ist seiner ausweglosen Notlage mit der gleichen Sensibilität und Entschlossenheit zugetan, wie er dem Elend seines Volkes als ganzem sein Auge, Ohr und Herz öffnet: »Ich habe das Elend meines Volkes in Ägypten gesehen, und ihr Wehklagen über die Gewalt ihrer Unterdrücker habe ich gehört. Ich kenne ihre Leiden. Ich bin herabgestiegen, um sie der Hand der Ägypter zu entreißen« (Ex 3,7). Er kann seine Hände nicht in den Schoß legen, wenn Menschen leiden. Sein ganzes Trachten geht dahin, die Unterdrückten, die Deprimierten, die Verkümmerten und Geplagten wieder aufzurichten: »Der Herr richtet alle Gebeugten auf« (Ps 145,14). Und er will nichts anderes, als sie herauszuführen aus ihrer Not und Entfremdung »in ein schönes, weites Land, in ein Land, wo Milch und Honig fließen« (Ex 3, 8), in eine Heimat also, wo dem vormals Armen alles in Fülle zur Verfügung steht, was des Menschen Herz ersehnt. Am deutlichsten hat Gott seine diakonische Grundgesinnung in seinem Sohn Jesus Christus zu erkennen gegeben. In Jesu Menschwerdung, seinem Handeln und Auferstehen ist Gottes Standort auf der Seite der gebeugten und vom Tod gezeichneten Menschen anschaulich geworden. Jesus Christus ist »das Abbild seines Wesens« (Hebr 1,3), Ursakrament seiner Liebe. Darum ist in der Person Jesu am verläßlichsten studierbar, wie Diakonie nach der Art Gottes aussieht.

(3) Jesus Christus: Diakonie als Gottesauslegung

Bereits die Tatsache, *daß Gott in Jesus Christus Mensch wird*, trägt zutiefst diakonischen Charakter. »Er entäußerte sich und wurde wie ein Sklave und den Menschen gleich. Sein Leben war das eines Menschen« (Phil 2,7). Nicht deutlicher konnte Gott seine Sympathie für den Menschen, der »arm dran« ist, zeigen, indem er sich auf eine Stufe mit ihm stellt – auf die unterste Stufe. Durch diese Selbstentäußerung, frei geschenkte Tat seiner Liebe, hat er den Menschen zu sich emporgehoben. Denn nun ist »alles, was ist« und was es um das Leben der Menschen ist, neu definiert. Alles hat sich zur »Wohnung Gottes« (Offb 21,3) gewandelt. Es ist offenbar geworden, was man von ihm immer schon geahnt hat: »Du liebst alles, was ist, und verabscheust nichts von allem, was du gemacht hast, denn hättest du etwas gehaßt, so hättest du es nicht geschaffen. Du schonst alles, weil es dein Eigentum ist, Herr, du Freund des Lebens« (Weish 11,23–26). In der Menschwerdung Gottes hat sich so unüberbietbar bestätigt, was in der Erschaffung der Welt aufleuchtet: Er ist den Menschen und seinen Situationen als »Freund des Lebens« zugetan, auch dann noch, wenn Menschen sich schwertun, sie als Anwesen Gottes zu erkennen und anzunehmen. Alle Zweifel, die da fragen lassen: »Was ist der Mensch, daß du an ihn denkst, oder der Menschensohn, daß du dich seiner annimmst?« (Hebr 2,6), sind ausgeräumt. Dadurch, daß Gott wahrhaft »im Fleische gekommen ist« (1 Joh 4,2), einer von unserem Fleisch und Blut geworden ist, hat er die menschliche Situation mit ihrer Zwangsläufigkeit zu Krise, Krankheit und Tod auf eine neue Grundlage gestellt. Sie ist in allen Facetten von Gott geheiligt und angenommen. Menschsein ist damit auch für die Menschen liebenswert geworden, es gibt seitdem nichts mehr in ihrem Leben, was nicht Gnade vor ihm fände.

Ihre unverwechselbare Sprache hat Gottes diakonische Grundgesinnung im *Handeln Jesu* gefunden. Unmißverständlich will Jesus, daß Blinde wieder sehen, Lahme gehen, Aussätzige rein werden, Taube hören und Armen gesagt wird, daß sie willkommen sind (Mt 11,5). Den ganz konkreten Leiden an Leib und Seele gilt seine heilende Tat. Dafür ist ihm kein Weg zu weit, kein Mensch zu gering. Wie ein Hirte dem verlorenen Schaf, so geht er dem Menschen, der sich selbst verloren und den alle verloren geben, nach (Mt 18,12–14). Er ergreift Partei für die, die keine Lobby haben: die Geächteten, die Kranken, die Sünder, die Kinder, die Armen, die Gebeugten und die kleinen Leute.

Jesu diakonische Praxis, wie sie in den Heilungsgeschichten, eingebettet in die Topik von Wundererzählungen, begegnet, trägt markante Züge:

- Jesu diakonische Heilpraxis beginnt mit dem *Wahrnehmen*. Er hat Augen und Ohren, ein Gespür für die Not der Menschen: »Als der Herr die Frau sah, hatte er Mitleid mit ihr...« (Lk 7,13); oder: »Als er ausstieg und die vielen Menschen sah, hatte er Mitleid mit ihnen« (Mk 6,34). Seine Wahrnehmung macht ihn zum Sympathisanten der Suchenden, er ist der barmherzige Samariter, der sieht, mitfühlt und hilft (Lk 10,25–37).
- Wenn Jesus heilt, so geschieht das nicht nach Art einer Fernheilung. Vielmehr ist dies ein *personnahes, beziehungsdichtes Geschehen*. In seinem Handeln gibt es keine Gesundung an Leib, Seele und Gottesbedürftigkeit ohne echte Begegnung. Die gelungene Beziehung ist die Basis und das Wesen seiner Heilpraxis. Deshalb berichten die Evangelien auch sehr ausführlich, wie Jesus mit den Kranken und Ausweglosen in Beziehung tritt. So berührt er etwa den Aussätzigen, der als unberührbar abgeschrieben ist und um den die Frommen gewöhnlich einen Bogen machen: »Jesus streckte die Hand aus, berührte ihn und sagte: Ich will es – werde rein!« (Mt 8,3). Indem er in Kommunikation tritt mit jenen, die die Herzenshärte der Frommen exkommuniziert, holt er sie aus der Todeszone des sozialen Ausschlusses zurück in das Leben. Sein Handeln bekennt: Erst wenn einer vom anderen mit liebenden Augen, mit Gottes

Augen angeschaut, von einer liebenden Hand berührt und mit einer liebenden Stimme angesprochen wird, kann er wieder zum Menschen werden, wird er sich selbst und den anderen zurückgegeben.

- Jesu diakonische Heilpraxis ist *»Karriere nach unten«*. Einen Aussätzigen zu berühren und sich von einer unreinen Frau berühren zu lassen, das ist für einen Mann im jüdischen Kulturkreis, der auf sich hält, entwürdigend. Aber offensichtlich gibt es für die Suchenden und für den Heiler keinen Weg außer diesen: sich auf der gleichen, auf der untersten Stufe zu begegnen. Für den, der diakonisch heilen will, gilt: Wer der Größte ist, soll der Kleinste sein (Mk 9,35). »Denn auch der Menschensohn ist nicht gekommen, um sich dienen zu lassen, sondern um zu dienen und sein Leben hinzugeben als Lösegeld für viele« (Mk 10,45). Besonders augenfällig kommt dieser von Jesus gepflegte Platzwechsel zum Ausdruck, wenn er *anderen die Füße wäscht*. Diakonie ist Sklavendienst, bedeutet, sich zum letzten Dreck hinunterzubeugen, die Hände schmutzig zu machen und fremdbestimmen zu lassen. Der andere, mit seiner Schuld, Kränkung und Sünde, gibt den Ton an. Was der Kranke und Gekränkte am liebsten verbergen würde, weil er sich dessen nur zu schämen vermag und bei dessen Offenbarwerden er fürchtet, jedes Recht auf Leben verwirkt zu haben, dem wendet sich Jesus in liebevoller Sorge zu. Er weiß darum, daß er den Finger auf die Wunde legen muß, um an den Kern des seelischen und körperlichen Leidens heranzukommen. Deshalb berührt er den Aussätzigen, deshalb tritt er in Dialog mit den Dämonen (vgl. Mk 5,1–20), mit seelischen Anteilen einer Person, die diese bei sich nur noch als teuflisch und »säuisch« ablehnen kann.
- Wer sich so diakonisch selbst entäußert, *riskiert Kopf und Kragen*. Er hat mit der Abwehr des Verwundeten zu rechnen, er ist mit Tod und Teufel in gefährlicher Weise auf Du und Du, er findet sich mit einem Mal in Widerspruch zum Establishment. Er ist schließlich allein auf weiter Flur. So ergeht es auch Jesus: »Die Schriftgelehrten und Pharisäer gaben acht, ob er am Sabbat heilen werde; sie suchten nämlich einen Grund zur Anklage gegen ihn« (Lk 6,7). Mit seiner Heilpraxis gerät er notwendigerweise in Konflikt mit jenen Kräften, deren Interesse es nicht sein kann, daß der Verdorrte aufblüht und der Gebeugte sich aufrichtet.
- Jesuanische Diakonie erfolgt *ohne Hintergedanken*. Da soll nichts subtil demonstriert, nichts autoritär bewiesen, niemand gegen seinen Willen verpflichtet werden. Sie ist nicht Vorstufe der eigentlichen Rede von Gott, die dann um so unausweichlicher an den Mann oder an die Frau gebracht werden könnte, wenn einer vorher eine Wohltat erfahren hat. Seine Diakonie ist bereits Gottesauslegung in Vollgestalt. Als die Johannes-Jünger fragen, ob er der von Gott Gesandte sei, verweist er deshalb zuerst und vor allem auf seine diakonische Praxis: »Blinde sehen wieder, Lahme gehen, und Aussätzige werden rein; Taube hören, Tote

stehen auf, und den Armen wird das Evangelium verkündet« (Lk 7,22). Und Lukas erläutert lapidar an dieser Stelle, wo die Auslegung Gottes durch Jesus zur Debatte steht: »Damals heilte Jesus viele Menschen von ihren Krankheiten und Leiden, befreite sie von bösen Geistern und schenkte vielen Blinden das Augenlicht« (Lk 7,21). Hiermit ist von Gott, dem Freund des Lebens, alles gesagt. Wer heilt, spricht wahr und unverkürzt von Gott.

Eine unüberbietbare Steigerung erfährt Gottes diakonisches Mitfühlen mit den Menschen durch *Tod und Auferweckung Jesu Christi*. Im Kreuz treibt er sein Mitleiden auf die Spitze. »Jesus hat in seiner Passion den Abgrund des Leidens bis zum bitteren Ende am Kreuz erfahren. Gott aber hat diesen gekreuzigten Jesus auch durch das äußerste Leiden und die letzte Verlassenheit hindurch gehalten und ihn ein für allemal der Macht des Todes entrissen... Der Gekreuzigte ist so zum Tod des Todes und für alle zum ›Anführer des Lebens‹ (Apg 3,15; 5,31; vgl. Heb 2,10) geworden.«[2] Damit ist in voller Konsequenz offenbar geworden, worauf Gottes mitgehende Diakonie abzielt: auf die Überwindung des Todes und aller Todesinfiziertheit im Leben der Menschen. Seine Auferweckungspraxis, an Jesus Christus prototypisch vollzogen, will unzweifelhaft allen Menschen das Tor zum Himmel – Inbegriff eines Lebens in Fülle vor und nach dem Tod – öffnen. So dürfen auch wir hoffen: »Gott hat den Herrn auferweckt; er wird durch seine Macht auch uns auferwecken« (1 Kor 6,14). »Wie Christus durch die Herrlichkeit des Vaters von den Toten auferweckt wurde, so sollen auch wir als neue Menschen leben. Wenn wir nämlich ihm gleich geworden sind in seinem Tod, dann werden wir mit ihm auch in seiner Auferstehung vereinigt sein« (Röm 6,4).

(4) Diakonie der Christen: Wenn Gott aufscheint in unseren Taten

Wenn Christus den Menschen gleich geworden ist, dann kommt es den Menschen zu, sich ihm zu öffnen und zu antworten. Für sie gilt, was *Paulus* von sich sagt: »Christus will ich erkennen und die Macht seiner Auferstehung und die Gemeinschaft mit seinem Leiden; sein Tod soll mit prägen. So hoffe ich, auch zur Auferstehung von den Toten zu gelangen« (Phil 3,10). Christus gleichförmig werden bis in seinen Sklavendienst hinein, das schließt ein, sich seine diakonische Gesinnung anzueignen. Gerade darin drückt sich die Einswerdung mit Christus aus, daß Christen davon austeilen, was sie im reichen Maß empfangen haben: die Güte Gottes. »Eure Güte werde allen Menschen bekannt« (Phil 4,5).

[2] *Gemeinsame Synode der Bistümer in der Bundesrepublik Deutschland*, Unsere Hoffnung, 22.

Der Weg zu Christus führt folglich immer auch zum Nächsten. Somit ist die *Nächstenliebe die Nagelprobe der Gottesliebe*. Das II. Vatikanische Konzil formuliert diesen untrennbaren Zusammenhang unter Hinweis auf das erste und wichtigste Gebot mit den Worten: »Von der Heiligen Schrift werden wir belehrt, daß die Liebe zu Gott nicht von der Liebe zum Nächsten getrennt werden kann... und wenn es ein anderes Gebot gibt, so ist es in diesem Wort inbegriffen: Du sollst deinen Nächsten lieben wie dich selbst... Demnach ist die Liebe die ›Fülle des Gesetzes‹ (Röm 13,9–10; 1 Joh 40,20)«.[3] Man kann deshalb wiederum mit den Konzilsvätern sagen: »Lebendiger und wirklicher Glaube, Gottesliebe und Gottesdienst erweisen sich in dem durch die Notlage des Nächsten geforderten materiellen Geben, in persönlicher Hilfe und Fürsorge (Joh 1,27; 2,15–17; 1 Tim 5,8; Hebr 6,10; 13,16; vgl. 1 Kor 13,2; Gal 5,6)«.[4]

Im Austeilen des Empfangenen zeigt sich das Christsein, in dieser Geste des Schenkens und Sich-Verschenkens wird anschaulich, was es heißt, in der »Macht seiner Auferstehung« (Phil 3,10) zu stehen. Im Lieben der anderen teilen sich Christen als österliche Menschen mit: »Wir wissen, daß wir vom Tod zum Leben hinübergeschritten sind, weil wir die Brüder lieben; wer nicht liebt, der bleibt im Tod« (1 Joh 3,14). So erweist sich die dienende Zuwendung zu den Schwestern und Brüdern, und gemeint sind zuallererst die »Geringsten aller Brüder«, als Kennzeichen der Jünger Christi. Gleichförmig werden mit ihm bedeutet deshalb nichts anderes, als gleichförmig zu werden mit seiner liebenden Gesinnung: »Liebt einander! Wie ich euch geliebt habe, so sollt auch ihr einander lieben« (Joh 13,34).

Die in Christus sind, wissen sich aufgefordert zu den *Werken der Barmherzigkeit*, in denen das Erbarmen Gottes aufscheint (Jak 2,1–13; 5,1–6; Mt 25,31–46; Gal 5,19–21). Wenn der Menschensohn in seiner Herrlichkeit wiederkommt, dann wird nichts anderes zählen als dies, ob einer im Geplagten, Gebeugten, Hungrigen und Gefangenen Gott selbst lieben gelernt hat – uneigennützig und selbstverständlich: »Denn ich war hungrig, und ihr habt mir zu essen gegeben; ich war durstig, und ihr habt mir zu trinken gegeben; ich war fremd und obdachlos, und ihr habt mich aufgenommen; ich war nackt, und ihr habt mir Kleidung gegeben; ich war krank, und ihr habt mich besucht; ich war im Gefängnis, und ihr seid zu mir gekommen... Amen, ich sage euch: Was ihr für einen meiner geringsten Brüder getan habt, das habt ihr mir getan« (Mt 25,35–40). Bruderdienst ist Gottesdienst und Gottesauslegung in einem. Und das Überraschende dabei: Die so lieben, sind sich dessen gar nicht bewußt: Sie werden erstaunt fragen: »Herr, wann haben wir dich hungrig gesehen und dir zu essen gegeben...?« (Mt 25,37–39). Diakonisches Heilen bedeutet nicht, beständig Gott im Munde zu führen oder das

[3] *Gaudium et spes*, 24.
[4] Ebd. 24

eigene Tun als Handeln Gottes krampfhaft zu verbalisieren, sondern es geschieht dann, wenn einer dem leiblich und seelisch hungernden Mitbruder zu essen gibt, selbstverständlich und selbstlos.

(5) Konturen diakonisch-heilender Seelsorge

Der knapp skizzierte bibeltheologische Befund muß als Maßstab für eine diakonisch-heilende Seelsorge der Kirche gelten. Vergegenwärtigen wir uns die Konturen einer solchen Pastoral noch einmal: *Diakonie ist*
- dienend-helfende und damit zugleich heilende Praxis,
- die aus dem Motiv des Gleichförmig-werdens mit Christus erwächst,
- sich ohne Berührungsangst den Wunden und Kränkungen der geringsten Brüder zuwendet,
- ohne Hintergedanken handelt,
- aus Elend und Ausweglosigkeit herausführt, aufatmen läßt und zur vollen Personwerdung unter den Augen Gottes ermutigt,
- die Gottesdienst und Gottesauslegung in einem bedeutet.

Von solcher Diakonie ist festzuhalten, daß sie nicht nur Angelegenheit der Diakone oder speziell dafür delegierter Caritasmitarbeiter ist. Sie ist *Sache der ganzen Kirche*. Bereits eine alte syrische Kirchenordnung aus dem 5. Jahrhundert sagt sehr treffend vom Diakon: Er ist »Sinnbild der ganzen Kirche»[5]. Nur eine dienende Kirche, die als Ganzes ihr Auge auf den Armen und Gekränkten geworfen hat und sich von ihnen zum Intervenieren genötigt fühlt, darf sich Kirche Jesu Christi nennen.[6]

Darüber hinaus legt die bibeltheologische Reflexion nahe, Diakonie nicht als Vorfeld der eigentlichen Seelsorge, wo dann der Bibelspruch oder die Katechese besser landen kann, mißzuverstehen. Diakonie ist bereits *Vollform der Verkündigung und des Gottesdienstes*, ist unverkürztes Sakrament der Liebe Gottes. Das »Mehr« bzw. das Proprium christlichen Sorgens besteht nicht darin, daß die helfende Zuwendung explizit und verbal eingeholt wird als Ereignis im Raum der Kirche und des Glaubens. Diakonie verliert nichts von ihrer wahren Gottesauslegung, wenn dabei die Rede

[5] Vgl. *R. Zerfaß*, Wenn Gott aufscheint in unseren Tagen, 101.

[6] In der pastoraltheologischen Reflexion wird man sich zunehmend der fatalen Ausgrenzung der Diakonie aus den Gemeinden, der Pastoral und der Theologie bewußt. *Rolf Zerfaß*, Die Funktion der Caritas und ihrer Einrichtungen für die Kirche, attestiert der kirchlichen Caritas lediglich eine Alibi-Funktion für diakonisches Bewußtsein in den Gemeinden. Er kritisiert das Fehlen theologischer Gesprächspartner für die Caritas-Mitarbeiter, dies freilich nicht, um mit einer höchst ärgerniserregenden Arbeitgeber-Theologie moralische Standards einzufordern, sondern vor allem um der diakonischen Bewußtseinsbildung der Theologen selbst willen. Von einer vor Ort ausbuchstabierten »Theologie der Betten und des Rollstuhls« (168) könnte die Kirche insgesamt lernen, daß sie »keine Kirche der Gesunden und Starken, die etwas für die Kranken und Schwachen tun, eine Art religiöser Lions-Club« ist, »vielmehr ein ›Patientenkollektiv‹, wo alle krank und alle zugleich gesund genug sind, mit der eigenen freien Schulter die Last des andern zu tragen (Gal 6,2)« (171).

nicht ausdrücklich auf Gott kommt. Im Gegenteil, das Helfen stünde dann in der Gefahr, nicht mehr den anderen wirklich zu meinen, sondern die eigene Bilanz an Bekehrungen. Entscheidend bleibt also, ob ich den anderen spüren lassen kann, daß es mir wirklich um ihn geht. Dieses Beziehungsgeschehen kann auf der Inhaltsebene dann noch einmal, wenn der Kairos sich bietet, expliziert werden als mein Glaube und meine Hoffnung auf Gott, aber das ist sekundäre Zugabe.

Das *»Mehr« diakonischen Helfens* im Gegensatz zum profanen Intervenieren ist ein anderes. Es ereignet sich auf seiten des Seelsorgers und rückt ins Blickfeld, wenn er beginnt, mit den Augen des Glaubens auf den anderen zu schauen. Es ist dann gegeben, »wenn er im Gesicht des Klienten zu suchen beginnt, was Gott selber ihm durch diesen Menschen sagen will. Ihm selber – wie wenn er in der Bibel zu blättern beginnt und in einer Perikope sucht, was Gott ihm sagen könnte.«[7] Diakonische Seelsorge bedeutet somit für den Seelsorger, sich von den »lebenden Dokumenten des Glaubens« (*Boisen*), die die Menschen sind, wirklich ansprechen zu lassen und sie als Quelle des Glaubens und der Hoffnung zu sehen. *Henry Nouwen* schreibt hierzu: »Das Paradox der Seelsorge besteht darin, daß wir den Gott, den wir bringen möchten, im Leben der Menschen finden werden, denen wir ihn bringen möchten. Nur wenn der Seelsorger lernt, die seelsorgliche Beziehung als eine vitale Quelle seines eigenen Glaubens und seiner eigenen Kontemplation zu betrachten, kann er selbst von dem betreut werden, den er betreut.«[8]

Folglich kann nur der als »Diakon« gelten, der sich bei der Begleitung des anderen selbst in Bewegung bringen läßt und *den Armen als Ort der Offenbarung Gottes* für sich zu erkennen bereit ist. Diakonie bedeutet demnach beides: Trösten und getröstet werden, so wie es Paulus in Röm 1,11 ausdrückt: »Ich komme, um euch zu trösten und um bei euch getröstet zu werden.« Wer den Diakon tröstet, das ist Gott, in den Lumpen der Armen.

(6) Das diakonisch-heilende Potential der Psychotherapie

Diakonisch-heilende Seelsorge hat sich zu orientieren an der befreienden Auferweckungspraxis Jesu. Als wichtige Charakteristika konnten wir darin erkennen:
– das *Anschauen und Wahrnehmen* des Gebeugten und Geplagten, des Blinden und Lahmen, der Besessenen und Deprimierten,

[7] *R. Zerfaß*, Kirchliche Praxis im Horizont der Gottesherrschaft oder Der Selbstvollzug der Kirche in Wort, Sakrament und sozialem Dienst, 231.

[8] *H. Nouwen*, zit. nach: *R. Zerfaß*, Kirchliche Praxis im Horizont der Gottesherrschaft oder Der Selbstvollzug der Kirche in Wort, Sakrament und sozialem Dienst, 233.

– die *Kontaktaufnahme* mit dem, was einer sonst nicht einmal mit spitzen Fingern berühren würde,
– die *Selbstlosigkeit* des helfenden Tuns – alles ist Geschenk, ohne daß noch eine Rechnung oder ein dickes Ende aussteht,
– das *Intervenieren auf den Fokus* des Lebensproblems hin.

Für den Seelsorger sind dies Kriterien und Lernziele, an denen er sich ausrichten kann. Vor allem aber enthalten sie die Weisung, sich auf Prozesse einzulassen, die solche Fähigkeiten bei ihm zunehmend gedeihen lassen. Es ist keine Frage, daß hierbei der Seelsorger »viel Hilfe erfahren kann von der Psychologie« und Psychotherapie, wie es in einem offiziellen Auslegungstext des Konzilsbeschlusses über die Priesterausbildung heißt.[9]

(1) *Die Wahrnehmung des »Blinden, Lahmen, Geächteten und Gebeugten«*, die Sensibilität für die Nöte der Menschen, und was ihre Seele zerfrißt, kann mit Hilfe der Psychologie und Psychotherapie kompetenter gelingen. Die »Armen« und Besessenen, denen die heilende Tat Jesu galt, das sind heute die Depressiven, die Süchtigen, die Schizophrenen, die Suizidgefährdeten, die Psychiatriepatienten, die psychisch Kranken, deren Angehörige und alle, die in den Krisen des Lebens zu scheitern drohen. Diakonie heißt heute deshalb besonders, in Orientierung an der Praxis Jesu und den Erwartungen der Menschen, sich diesen seelisch Suchenden beizugesellen. Sensibel sein für ihre Not kann freilich nur der, der gelernt hat und geübt ist, sie zu sehen und zu hören. Darin aber scheint es ein großes Defizit in der Pastoral zu geben. Viele Seelsorger konnten sich in ihrer Ausbildung dieses Auge und Ohr für die seelischen Nöte und ihre Dynamismen, wie sie sich auf den ganzen Menschen und seine Mitmenschen auswirken, nicht aneignen. Sie nennen sich Seelsorger und fühlen sich doch als Unkundige in seelischen Angelegenheiten. Die Psychologie und Psychotherapie mit ihrem differenzierten Lebenswissen um die Krisenerfahrungen der Menschen kann hier Abhilfe schaffen. Sie vermag den Seelsorger zu sensibilisieren für Zusammenhänge etwa von Krise und Aggression, von seelischer Verletzung und Symptom, von Verlust und Trauer, Emotion und Kognition. Wer sich solche Zusammenhänge wenigstens rational angeeignet hat und um sie weiß, wird sie auch beim anderen klarer wahrnehmen und bearbeiten können. Mehr denn je verlangt heutzutage kompetentes diakonisch-therapeutisches Helfen psychologisches Fachwissen.

(2) Die Hilflosigkeit der Seelsorger in seelischen Angelegenheiten, ihre mangelnde Fähigkeit, dem anderen die Lebensfrage zu stellen und in Kontakt zu treten mit dessen Verletzungen, hat jedoch ihre Hauptursache nicht in fehlendem Wissen von psychologischer Theorie. Sie ist in erster Linie bedingt durch mangelnde Kenntnis der eigenen Person, ihre unbewußten

[9] Ratio Fundamentalis Institutionis Sacerdotalis, zit. nach: *A. Arens/H. Schmidt* (Hrsg.), Priesterausbildung und Theologiestudium (Nachkonziliare Dokumentation Bd. 25), 94.

Wünsche, Gekränktheiten und Kollusionen. Der Seelsorger, der anderen helfen will, ist deshalb zuerst auf sich selbst verwiesen, darauf, *sich kennenzulernen und anzunehmen*. Wer sich auf Diakonie, die auf das seelische Leben zielt, einläßt, wird entdecken, daß er selbst zuerst des »Almosens seiner Güte«[10] bedarf. Das Anschauen der eigenen Verwundungen und das Annehmen der eigenen Grenzen ist unersetzbare Bedingung einer gelingenden seelsorglichen Diakonie. Psychotherapie ist deshalb für den Seelsorger nicht nur ein Instrument, um andere zu heilen, sondern zuerst und vor allem ein Fahrzeug in die eigene Psyche. Sie vermag den Seelsorger zu sich selbst zu bringen. Und dort wird einer, wiederum mit Hilfe der Psychotherapie, sich damit vertraut machen müssen, daß auch er ein Bettler ist und eigentlich nur von seiner Armut austeilen könnte, wenn er nur sich selbst hätte.

(3) Den Aussätzigen zu berühren und sich von ihm berühren zu lassen, sich zum letzten Dreck hinunterzubeugen und sich die Hände schmutzig zu machen, sich vom anderen führen zu lassen, wohin man nicht will, das ist Diakonie, und zugleich ist dies der *Kern der psychotherapeutischen Intervention*. Wer ein wenig um das Ringen in psychotherapeutischen Sitzungen und beratenden Gesprächen weiß, wird bestätigen, wie all dies dem Helfer an die Substanz geht. Sich vom anderen bestimmen zu lassen, sich zur Verfügung zu stellen als einer, an dem der Gekränkte endlich seine Kränkung festmachen darf, ohne daß sie den Helfer verletzt und in die Enge treibt, dies mag man als beraterische Kunst betrachten, es ist noch mehr: Bereitschaft, sich verkennen zu lassen. Hinzu kommen der Mut und die Ausdauer, dem anderen immer wieder nahezutreten, insbesondere jenen Anteilen seiner Psyche, die er selbst am meisten von sich weist und ganz und gar liebensunwürdig findet. Solche Art von psychotherapeutischer Intervention, die an die diakonischen Gebärden Jesu bei der Berührung des Aussätzigen und bei der Fußwaschung seiner Jünger anschließt, kann ein Seelsorger gewiß nur approximativ, aber durchaus mit dem biblischen Kriterium übereinstimmend, lernen, wenn er sich mit der Praxis der Psychotherapie in ihren verschiedenen Formen vertraut macht.

(4) Schließlich vermag die Seelsorge von der Psychotherapie und ihren Erfahrungen zu lernen, *was Gott ihr durch die seelisch Suchenden zu sagen hat*. Erfahrungen, die Menschen machen, wenn ihre Ehe scheitert oder die Depression das Leben verdunkelt, sind für eine diakonische Gemeinde immer auch Botschaften Gottes an sie. Deshalb kann es sich weder die Gemeindepastoral noch das kirchlich-pastorale Bewußtsein insgesamt leisten, die Kränkungen und Krisen der Menschen an die Berater der Caritas und an profane Psychotherapeuten zu delegieren. Damit würden die lebenden Dokumente der Mitteilung Gottes selbst, sein Evangelium, aus der Kirche hinausdelegiert. Wenn also die Seelsorge in Dialog tritt mit Psychotherapie,

[10] *C. G. Jung*, Die Beziehung der Psychotherapie zur Seelsorge, 24.

dann holt sie nicht nur viele im kirchlichen Dienst arbeitende Berater und Psychotherapeuten in den Kommunikationszusammenhang der Seelsorge hinein, sie qualifiziert das, was sich zwischen seelisch leidenden Menschen und ihren Helfern ereignet, als unverzichtbare prophetische Mitteilung Gottes an seine Kirche. Nur eine Pastoral, die also psychotherapeutisch erfahren ist, diese Erfahrung von Leid und Heilung als Gottes Botschaft meditiert, kann glaubwürdig vom Heil in Predigt und Verkündigung sprechen.

Natürlich wirft das all jene im Zusammenhang mit den Aufgaben der Pastoralpsychologie[11] erörterten Fragen auf, wenn der Seelsorger sich bei seiner diakonischen Intervention an Psychologie und Psychotherapie orientiert. Nicht wenige Seelsorger und Christen werden besorgt fragen:

- Wie kann Psychotherapie mit ihrem profanen Menschenbild, das von der Gottesfrage ausdrücklich absieht, für christliche Seelsorge hilfreich sein?
- Wird durch Psychotherapie und Psychologie Seelsorge nicht aufgelöst zu einem rein weltimmanenten Geschehen?
- Wird Seelsorge, die sich auf Psychotherapie einläßt, nicht dazu verleitet, lediglich zum psychischen Funktionieren zu befähigen und das ganzheitliche Heilen aus dem Glauben zu vergessen?

Die Antwortversuche auf solche Fragen und die damit verbundenen Vorbehalte führen jedoch nicht weg, sondern hin zur Psychotherapie. Es bedarf einer gewissen *Kenntnis der psychotherapeutischen Konzepte*, um sie in ihrer Bedeutung für die Seelsorge ausloten zu können. Gewiß wird dann deutlich, daß sie vieles enthalten, was nicht mit einer diakonisch-therapeutischen Praxis im Geiste Jesu Christi vereinbar ist. Aber ebenso unverkennbar wird sich herausstellen, daß bei *Freud, Jung, Rogers, Perls u. a.* in einem zeitgenössischen und profanen Sprachgewand vieles von dem aufbewahrt ist, was auch diakonische Seelsorge anzielt. Somit ist der Dialog mit Psychotherapie immer auch kritisches Abwägen, freudiges Erkennen und beständiges Anfragen und Sich-Anfragen-lassen.

Die folgenden Ausführungen handeln von diesem spannungsreichen, kritischen *Dialog mit Psychotherapie*. Exemplarisch wird näher auf Psychoanalyse, Verhaltenstherapie, Klientenzentrierte Gesprächspsychotherapie und Familientherapie eingegangen. Bei der Auswahl dieser Psychotherapieformen standen hauptsächlich drei Kriterien im Hintergrund: (1) Bewährtheit, (2) Repräsentanz für die gegenwärtige Psychotherapie und (3) seelsorgliche Relevanz.

(1) Wenn sich eine Psychotherapieform wie die Psychoanalyse seit bald 100 Jahren mit Erfolg behauptet, dann ist das, allen kritischen Einwänden zum Trotz, ein Zeichen für ihre *Bewährtheit*. Die Gesprächspsychotherapie und die Verhaltenstherapie können ebenfalls auf eine lange, ca. 50jährige

[11] Vgl. Teil I, 2 (1).

Tradition zurückblicken, beide haben darüber hinaus ihre therapeutische Praxis immer wieder der strengen Effektivitätskontrolle mittels empirischer Messungen unterzogen und dabei ihre zumindest für bestimmte Störungen unzweifelhafte Wirksamkeit bewiesen.

(2) Die Familientherapie repräsentiert in besonderer Weise *»moderne« Psychotherapie*. Hier finden sich Elemente der Psychoanalyse, der Gesprächspsychotherapie, der Verhaltenstherapie und der Kommunikationstherapie zu einer Therapieform integriert, die für die »eklektische« Pragmatik der Psychotherapie heute kennzeichnend ist. Sie stellt wenigstens andeutungsweise eine Verbindung zu dem auch seelsorglich bedeutsamen Feld der Gruppentherapien her, auf deren Erörterung hier verzichtet werden muß, weil sie den Rahmen dieser Studie sprengen würde.

(3) Da es darauf ankommt, mit dem »Fahrzeug« der Psychotherapie ans Ziel »wahrer« Seelsorge zu kommen, interessieren vor allem solche Psychotherapieformen, die bereits die Bewährungsprobe ihrer *seelsorglichen Relevanz* bestanden haben oder denen man sie mit einiger Berechtigung zutrauen kann. Sowohl Psychoanalyse wie auch Gesprächspsychotherapie sind aus dem Feld seelsorglicher Beratung nicht mehr wegzudenken. Die Verhaltenstherapie, auch in ihrer neueren kognitiven Ausrichtung, muß sich diesen Platz erst noch erkämpfen, wenngleich sie und die Familientherapie längst in den Erziehungs- und Eheberatungsstellen der Kirchen ein seelsorgliches Kryptodasein führen. Dies berechtigt, sie – mehr als bisher – auch in der pastoraltheologischen Reflexion zur Kenntnis zu nehmen.

Ohne Anspruch auf Vollständigkeit sollen bei den genannten Therapieformen jeweils wesentliche theoretische Grundlagen, Methodik der Therapie, implizites Menschenbild sowie Chancen und Grenzen pastoralpsychologischer Rezeption zur Sprache kommen. Neuere Versuche, unterschiedliche Psychotherapiekonzepte in einem integrativen Modell miteinander zu verbinden, veranlassen uns, nach bewährten, übergreifenden diakonisch-therapeutischen Haltungen Ausschau zu halten und sie elementartheologisch zu reflektieren.

2
PSYCHOANALYSE UND DIAKONISCH-HEILENDE SEELSORGE

(1) Psychoanalytische Theorie im Überblick

Sigmund Freud (1856–1939) hat sein Lebenswerk mit einem Bild veranschaulicht: »Was ich gefunden habe, ist wohl weder ein Kreuzer noch eine Million, sondern ein Klumpen Erz mit unbekannt wie vielen edlen Metallen.«[12] *Albert Görres* kommentiert diese Selbsteinschätzung des Begründers der Psychoanalyse: »Die Psychoanalyse ist teilbar. Sie ist weder ein Organismus, noch ist sie aus einem Guß. Wenn sie ein Klumpen Erz ist, der wertvolle und wertlose Bestandteile enthält, dann ist eine milde Ambivalenz die beste Vorbereitung für ein sachgerechtes Urteil.«[13]

Bis zum heutigen Tag sind in dem immensen Lebenswerk dieses Mannes die wertvollen und wertlosen Anteile keineswegs eindeutig voneinander geschieden, ja es fällt außerordentlich schwer, den »Erzklumpen« der Psychoanalyse, auf dem sich eine mittlerweile jahrzehntelange kontroverse Geschichte abgelagert hat, überhaupt aufzuschließen; allzuviel Heterogenes, Widersprüchliches scheint miteinander verwachsen. Und doch bedarf es solcher »Aufschließung«, um zu einem »sachgerechten Urteil« für die Seelsorge zu kommen, so daß sie die »wertvollen Bestandteile« um der Menschen willen in ihr diakonisch-heilendes Handeln integrieren kann.

Freud selbst bietet in seiner Schrift »Zur Geschichte der Psychoanalyse« als Schlüssel zum Verständnis seiner Theorie den Begriff der *Verdrängung* an: »Die Verdrängung ist... der Grundpfeiler, auf dem das Gebäude der Psychoanalyse ruht.«[14] Gewiß ist sie nicht der einzige Zugangsweg, aber doch einer, wie *Ludwig Pongratz*[15] zeigen konnte, der die wichtigsten Elemente der Psychoanalyse berührt.

Was versteht man unter Verdrängung? *Freud* stieß auf das Phänomen der Verdrängung in seinen Behandlungen. Er meinte zu bemerken, wie sich seine Patienten gegen das Bewußtwerden vergessener, unangenehmer Erlebnisse wehrten. Es müsse, so schlußfolgerte er, ein und dieselbe Kraft sein, die jetzt eine Erinnerung verhindere und die früher eben diese Erinnerung verdrängt habe. In seinem ersten großen systematischen Werk »Die Traumdeutung«[16] definiert er die Verdrängung folglich als eine *»Erinnerungsabwehr«*. »Verdrängung« und »Abwehr« werden von ihm eine Weile gleichsinnig gebraucht, später verstand er die Abwehr als Oberbegriff, die Verdrängung als den gefährlichsten und wirksamsten Mechanismus der Abwehr.

Freud nimmt eine *Urverdrängung* an, die wie ein magnetischer Kern alle späteren Verdrängungen, alles das, was vom Bewußtsein abgewiesen wird, anziehe.[17] Bedeutsam im Hinblick auf die Neurosenlehre ist seine Unterscheidung von *»vollständiger«* und *»mißglückter Verdrängung«*.[18] Im Fall

[12] *S. Freud*, Aus den Anfängen der Psychoanalyse, 11.
[13] *A. Görres*, Methoden und Erfahrungen der Psychoanalyse, 11.
[14] *S. Freud*, Gesammelte Werke (GW), Bd. X, 25ff.
[15] Vgl. *L. Pongratz*, Hauptströmungen der Tiefenpsychologie, 5–194.
[16] *S. Freud*, Die Traumdeutung, Gesammelte Werke, Bd. V, 606.
[17] *S. Freud*, Gesammelte Werke, Bd. X, 25ff.
[18] Vgl. dazu *L. Pongratz*, Hauptströmungen der Tiefenpsychologie, 16–19.

der vollständigen Verdrängung wird das Bewußte von den mit ihm unvereinbaren Triebwünschen nicht oder allenfalls nur in sehr belastenden Konflikt- und Versagungssituationen gestört. Die Gefahr der »*Wiederkehr des Verdrängten*« ist gering. Die totale Verdrängung gehört im klassischen Modell der Psychoanalyse zur normalen Entwicklung. So werden vor allem der Ödipuskomplex und die inzestuösen Wünsche fast vollständig verdrängt. Dies geschieht mittels Identifizierung mit der Elternautorität, die als introjiziertes Über-Ich weiterlebt. Bei der mißglückten Verdrängung hat sich weder der Triebwunsch noch die Abwehr voll durchgesetzt, so daß ein unbewußter Konflikt zwischen beiden bestehen bleibt, der den Herd für eine neurotische Symptomatik bildet.

Diese knappen Andeutungen zum dynamischen Begriff der Verdrängung verweisen auf die wichtigsten Aspekte der *Freud*'schen Theorie. *Ludwig Pongratz*[19] benennt sie mit folgender Begrifflichkeit:
- Subjekt der Verdrängung – Persönlichkeitslehre
- Objekt der Verdrängung – Triebtheorie
- Zeit der Verdrängung – Entwicklungspsychologie
- Ort der Verdrängung – Lehre vom Unbewußten
- Kultur als Verdrängungsmacht – Soziallehre
- Folgen der Verdrängung – Neurosenlehre
- Aufhebung der Verdrängung – Psychoanalytische Therapie.

1. Subjekt der Verdrängung – Persönlichkeitslehre

Die Frage nach dem Subjekt der Verdrängung wird von *Freud* in seiner Schrift »Das Ich und das Es« (1923)[20] dahingehend beantwortet, daß es das »Ich« sei, das verpönte Triebregungen verdränge. Das Ich verdrängt aber nicht aus eigenem Antrieb, sondern im Auftrag des Über-Ich. Dieses fungiert in *Freud*s System als der Repräsentant und gestrenge Wächter der introjizierten Gebote und Verbote der Autoritätspersonen, der Moral und Konvention, der Kultur und Gesellschaft. Verdrängt werden die Triebregungen des Es. Damit sind die drei Instanzen seines *Strukturmodells*[21] *der Person* genannt, die er in einem dynamischen bis konflikthaften Verhältnis zueinander sieht.

Das *Ich* wird von *Freud* vor allem als verdrängende Instanz charakterisiert, wobei es nicht nur den Auftrag des Über-Ich erfüllt, sondern in einer

[19] Ebd. 20–194.
[20] *S. Freud*, Das Ich und das Es, in: Gesammelte Werke, Bd. XIII, 237–289.
[21] Man kann in *Freuds* Konzeption zwei topische Modelle unterscheiden. Im ersten (1900) grenzt *Freud* drei Systeme des psychischen Apparates voneinander ab: Unbewußtes, Vorbewußtes und Bewußtes. Beim zweiten Modell aus dem Jahr 1923 handelt es sich um die hier referierte Instanzenlehre. Vgl. dazu auch: *J. Schwermer*, Den Menschen verstehen, 55–57. Die Graphik *W. J. Schramls* versucht beide Modelle zu verbinden.

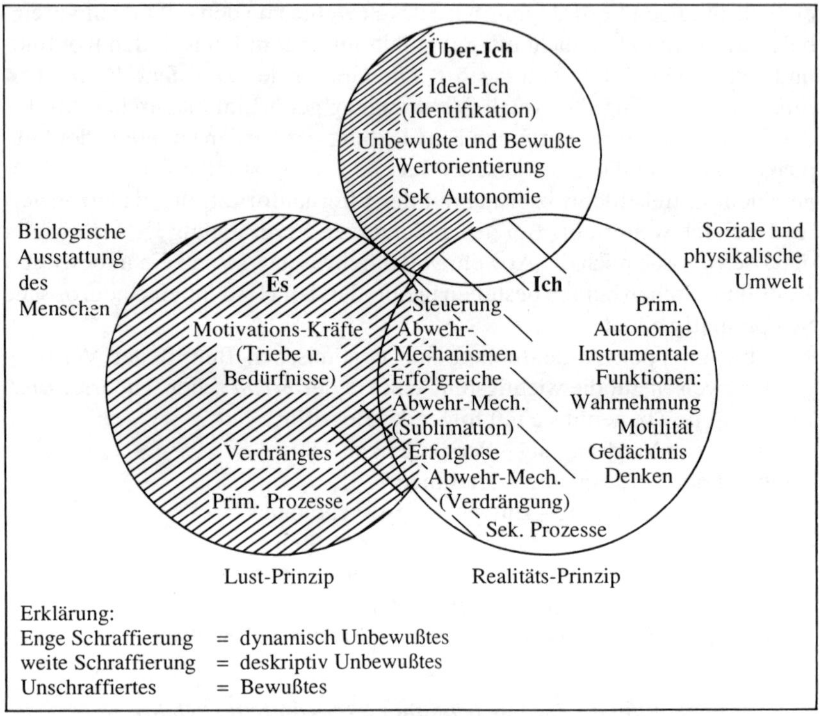

Abb. 20: Psychoanalytisches Persönlichkeitsmodell nach Walter Schraml[22]

»dreifachen Dienstbarkeit« steht. Es hat im Konflikt zwischen Über-Ich – (Moralitätsprinzip) und Es (Lustprinzip) zu vermitteln und darüber hinaus die Forderungen der Außenwelt (Realitätsprinzip) zur Geltung zu bringen. Solche Vermittlung des Ich zielt auf einen Kompromiß zwischen den Konfliktfronten, der freilich manchmal nur in der Form einer neurotischen Lösung gelingt.

Das Ich hat sich, so *Freud*, aus dem Es heraus entwickelt, es ist wie dieses nicht energie- oder trieblos. Er spricht sogar von einem »Ich-Trieb«, den er als Selbsterhaltungstrieb oder auch als »narzißtische Libido« bezeichnet.[23] Ein hohes Maß davon sei der »primäre oder normale Zustand«. Die narzißtische Selbstliebe kann aber auch pathogen werden, wenn der Großteil der Gesamtlibido den »Objekten«, d. h. den Personen der Umgebung entzogen und auf das Ich gewendet wird. »Die narzißtische Selbstliebe hat ihr Vorbild in der griechischen Gestalt des Narkissos, des Sohnes einer Nymphe. Er

[22] *W. J. Schraml*, Einführung in die Tiefenpsychologie für Pädagogen und Sozialpädagogen, 110. Die schraffierten Flächen geben unterschiedliche Grade der Unbewußtheit wieder.
[23] Vgl. *L. Pongratz*, Hauptströmungen der Tiefenpsychologie, 21–23.

verschmähte die Liebe der Nymphe Echo, die aus Kummer zum Felsen versteinert; nur ihre Stimme ist geblieben. Narkissos selbst erblickte sein Bild im Spiegel einer Quelle, worauf er in ungestillter Liebe zu seinem Spiegelbild entbrannte. Schließlich wurde er in eine Blume, die Narzisse, verwandelt (Ovid).«[24]

Mit der Einführung eines »primären, narzißtischen Ich-Triebes« hat *Freud* das Lehrgebäude der Psychoanalyse bereichert und zugleich verkompliziert, wie die psychoanalytische Diskussion bis zum heutigen Tag belegt. Nun war es nötig, zwischen narzißtischen Neurosen, die durch libidinöse Ichbesetzungen entstehen, und Psychoneurosen, die auf Triebverdrängung zurückgehen sollen, zu unterscheiden. Narzißtische Neurosen werden dabei in der Nähe der Psychosen angesiedelt, so daß das Theorem des Narzißmus von der klassischen Neurosenlehre in die Psychosenlehre überleitet.

Die *Entstehung des Ich* geht auf Wahrnehmungserfahrungen zurück, die das Es im Kontakt mit der Außenwelt macht. Es ist der unter dem Einfluß der Außenwelt, unter Vermittlung der Wahrnehmung veränderte Teil des Es. Das Ich entsteht demnach in der Begegnung mit der Welt, mit »Objekten«. Eine nicht unwesentliche Rolle bei der Genese des Ich spielt auch der *Körper*. »Das Ich ist vor allem ein körperliches ...«[25] *Freud* charakterisiert das anfängliche Ich als ein »Körper-Ich«; der Körper bleibt ein Leben lang der Anker unserer Identität.

Der Begründer der Psychoanalyse sieht das Ich nicht nur als eine Instanz des »psychischen Apparates« neben Es und Über-Ich. Das Ich repräsentiert vielmehr die *Gesamtperson*, es ist »eine zusammenhängende Organisation der seelischen Vorgänge in der Person«[26], also etwas Ganzheitliches, Integrierendes. Auf diese Auffassung vom Ich konnten sich dann die späteren Selbsttheoretiker (*H. Hartmann, H. Kohut, O. F. Kernberg u. a.*) berufen, die ein Selbst annehmen, das mit dem Ich als Instanz nicht mehr identisch ist.

Obwohl mit ihm verwandt, bildet das *Es* die entscheidende Gegenmacht zum Ich. *Freud* sieht das Es als »das große Reservoir der Libido«[27], in dem sich alle angeborenen *Triebe und Affekte*, aber auch das *archaische Erbe* von Familien, Rassen und Nationen tummeln. Alle Inhalte des Es sind *unbewußt*, vor allem auch jene Es-Anteile, die als Verdrängtes mit dem Es zusammenfließen. *Freud* charakterisiert dieses unbewußte Es als frei von Gegensätzen, irrational, alogisch, primitiv, nicht zeitbezogen. Das Verhältnis von Ich und Es habe man sich mit dem Bild von Reiter und Pferd vorzustel-

[24] Ebd. 22.
[25] *S. Freud*, Gesammelte Werke, Bd. XIII, 253f.
[26] Zit. nach: *L. Pongratz*, Hauptströmungen der Tiefenpsychologie, 24.
[27] *S. Freud*, Gesammelte Werke, Bd. XVI, 86.

len: »Das Ich gleicht... im Verhältnis zum Es dem Reiter, der die überlegene Kraft des Pferdes zügeln soll, mit dem Unterschied, daß der Reiter dies mit eigenen Kräften versucht, das Ich mit geborgten. Dieses Gleichnis trägt ein Stück weiter. Wie dem Reiter, will er sich nicht vom Pferd trennen, oft nichts übrig bleibt, als es dahin zu führen, wohin es gehen will, so pflegt auch das Ich den Willen des Es in Handlung umzusetzen, als ob es der eigene wäre.«[28]

Neben dem Es und der bei *Freud* nicht weiter konturierten Außenwelt wird das Ich mit den Forderungen des *Über-Ich*[29] konfrontiert. Dieses entsteht im Zuge des ödipalen Konflikts durch *Introjektion* des Inzestverbotes, anderer Gebote und Verbote sowie der damit verbundenen Strafangst. Das Über-Ich ist so eine *Kontrollinstanz*, die die gesellschaftlichen und kulturellen Normen in der Person vertritt. Wie streng dieses Über-Ich ausgeprägt ist, das hängt von den erzieherischen Eingriffen während der kindlichen Libido-Entwicklung ab, es ist so in hohem Maß ein Erziehungsprodukt. Ist das Über-Ich streng, rigoros, grausam, triebfeindlich, dann wird es zum »Urheber aller Neurosen«[30], Moral steht so gegen Trieb.

Das Ich hat, nach *Freud*, bei seiner Vermittlungsaufgabe zwischen den Triebwünschen des Es und den moralisch-kulturellen Forderungen des Über-Ich (und der Außenwelt) verschiedene Instrumente zur Verfügung, die *Abwehrmechanismen*.

Sie dienen dazu, den Konflikt zwischen Über-Ich und Es zu lösen. Zugleich soll damit die Angst des Ich vor einer Frustration der Triebwünsche und der Über-Ich-Forderungen bewältigt werden. Abwehrmechanismen helfen dem Ich, die verhinderten, nicht zulässigen Es-Impulse in eine andere Richtung zu lenken und dadurch die Angst vor diesen Impulsen zu mindern. Je schwächer nun das Ich, um so stärker wird es von den Forderungen des Über-Ich und von Es-Impulsen überflutet, um so mehr wird es zum Einsatz von Abwehrmechanismen genötigt. Da Abwehrmechanismen einen hohen seelischen Aufwand bedeuten und die Kräfte außerordentlich stark absorbieren, ohne daß dabei eine durchweg befriedigende Konfliktlösung und Angstreduktion zustande kommt, gerät die abwehrende Psyche immer stärker in einen Zustand der Belastung und Störung. Dazu kommt, daß jeder Abwehrmechanismus die Beziehung zu den Mitmenschen (zur Außenwelt) in Mitleidenschaft zieht, so daß auch von dieser Seite her der seelische Krisenzustand in der Regel noch verschärft wird.

Abwehrmechanismen sind unbewußte Vorgänge und deshalb moralisch weder als gut noch als schlecht einzuordnen. Wertungen und Appelle, sich

[28] *S. Freud*, Gesammelte Werke, Bd. XIII, 253.
[29] Vgl. *L. Pongratz*, Hauptströmungen der Tiefenpsychologie, 26–29.
[30] Ebd. 29.

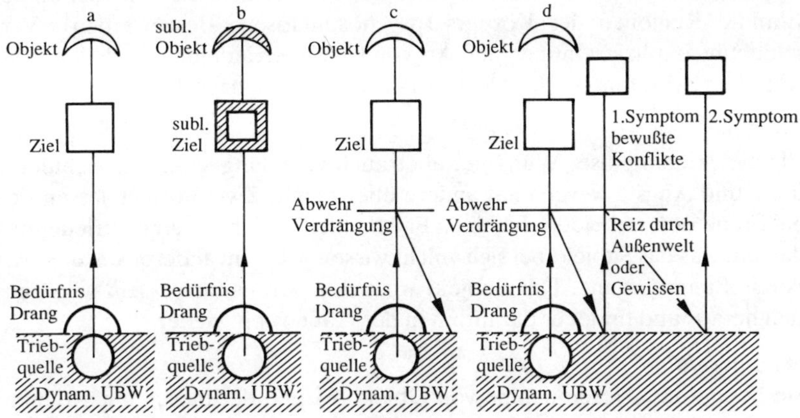

a) Modell der Trieb- oder Motivationsdynamik
b) Sublimation = sozio-kulturelle Anpassung der Triebwünsche
c) Abwehr (Verdrängung) von gefährlichen oder unerlaubten Triebwünschen
d) Symptomentstehung

Abb. 21: Dynamik von Abwehr und Symptomentstehung nach W. J. Schraml[31]

anzustrengen, sind folglich nach dem Verständnis der Psychoanalyse denkbar ungeeignete Mittel, einem »abwehrenden« Menschen zu helfen.

Anna Freud hat in ihrer Schrift »Das Ich und die Abwehrmechanismen«[32] die wichtigsten Formen der Abwehr zusammengestellt, es sind vor allem:

(1) *Verdrängung*
Auf sie wurde bereits hingewiesen. Sie ist der wichtigste Abwehrmechanismus und eigentlich bei jeder Art von Abwehr mit im Spiel. Peinliche, unakzeptable Triebregungen (z. B. Todeswunsch gegen Eltern) werden vom Bewußtsein abgewiesen und ins Unbewußte abgedrängt. Die Verdrängung gelingt jedoch meist nie voll. Das energetische Potential der Triebwünsche drängt weiter auf Befriedigung, der Konflikt zwischen Es und Ich (Über-Ich), zwischen Trieb und Abwehr erscheint nur gemildert, nicht gelöst.

(2) *Verschiebung*
Libidinöse Energie ist nicht an ein bestimmtes Objekt gebunden, sie kann wandern und sich bald hier, bald dort festsetzen, sich dieser, dann wieder jener Vorstellung bedienen. Musterfälle der Libidoverschiebung sind anzutreffen bei neurotischen Symptomen. Libido bindet sich hier beispielsweise

[31] *W.J. Schraml*, Einführung in die Tiefenpsychologie für Pädagogen und Sozialpädagogen, 64.
[32] *A. Freud*, Das Ich und die Abwehrmechanismen. – Vgl. zu der folgenden Übersicht der Abwehrmechanismen auch: *P. G. Zimbardo*, Psychologie, 411.

an phobische Objekte, an Zwangsrituale, an die eigene Person oder an bestimmte Regionen des Körpers (psychosomatische Beschwerden). Verschiebung impliziert immer eine Art von Ersatzbefriedigung, auch dem neurotischen Symptom ist ein solcher Ersatzcharakter anzusehen.[33]

(3) *Projektion*
Eigene Triebimpulse, Wünsche, aber auch Unzulänglichkeiten, Schuldgefühle und Ängste werden auf andere übertragen. Zwei Formen lassen sich bei Freud unterscheiden. Im einen Fall handelt es sich um eine Verleugnung dessen, was das Subjekt bei sich »nicht wissen will«, im anderen um eine Art Ausstoßungsvorgang. Das Subjekt wirft das, was es nicht »sein will«, aus sich heraus und findet es daraufhin in der Außenwelt wieder.[34]

(4) *Introjektion*
Sie besagt die »Hereinnahme von Objekten« und der diesen innewohnenden Qualitäten in die seelische Innenwelt. Insbesondere im Zuge der Überwindung des Ödipuskomplexes werden die Verbote der Elternautorität introjiziert und zum Über-Ich ausgestaltet.

(5) *Isolierung*
Dieser Begriff meint die Abspaltung einer Vorstellung, eines Gedankens, eines Verhaltens, Affektes von ihrem Zusammenhang, ihren assoziativen Beziehungen.[35] Besonders bedeutsam ist im Kontext der Neurosen die Isolierung von Affekten und Bedeutungen, die von den dazugehörigen traumatischen Erfahrungen der Vergangenheit abgetrennt sind.

(6) *Reaktionsbildung*
Angstbeladene, unbewußte Wünsche werden abgewehrt, indem gegenteilige Reaktionen und Verhaltenstendenzen getätigt werden. Ordnung und Korrektheit mag so manchmal uneingestandene Wünsche nach Unordnung und Trotz anzeigen.

(7) *Verkehrung ins Gegenteil*
Auch hier handelt es sich um eine »Reaktionsbildung«. Sie betrifft die Verwandlung von Liebe in Haß und umgekehrt. In der Erziehung können z. B. Haßgefühle gegenüber einem unerwünschten und ungeliebten Kind durch übertriebene Verwöhnung und Überfütterung abgewehrt werden.

(8) *Wendung gegen die eigene Person*
Am deutlichsten ist sie als Selbstaggression zu beobachten, z. B. als Sich-Kratzen, Sich-Schlagen, Haareausreißen, Nägelkauen. Auch zwangsneurotische Symptome wie Händewaschen bis zur Hautschädigung, Grübeln bis

[33] Vgl. *L. Pongratz*, Hauptströmungen der Tiefenpsychologie, 30f.
[34] Ebd. 33.
[35] Ebd. 35.

zur Verzweiflung oder Putzen bis zur Erschöpfung sind als »Wendung gegen die eigene Person« zu interpretieren. Im Verständnis der Psychoanalyse werden hier subjektive Schuldgefühle durch Selbstbestrafung abgewehrt.[36]

(9) *Ungeschehen machen*
Magische Zwangsrituale sollen eine gestörte Ordnung wiederherstellen oder bedrohliche Erfahrungen und Eindrücke auslöschen.

(10) *Verleugnung*
Durch die Weigerung, die unangenehme Wirklichkeit wahrzunehmen, schützt sich die Person vor unakzeptablen Triebwünschen. »Oft bezieht sich die Verleugnung auf die frühkindlichen Objektbeziehungen. Enttäuschung, Wut, Empörung gegenüber Eltern und Erziehern werden verleugnet durch die Überzeugung, diese hätten es ja immer gut gemeint.[37]

(11) *Rationalisierung*
Sie bedeutet das verstandesbezogene Rechtfertigen eines Verhaltens, das als verboten empfunden wird. Uneingestandene Motive werden hier ersetzt durch zulässige, aber zugleich unzutreffende Begründungen. Auch Religion, Moral, Ideologien und Philosophie können, nach *Pongratz*[38], »Quellen von Rationalisierungen« sein, womit sich etwa destruktive und aggressive Triebregungen ummünzen und ausleben ließen.

(12) *Regression*
Damit ist das Zurückfallen in frühere Formen des Erlebens infolge schwerer Belastung gemeint. So ist bei Kindern nicht selten im Zusammenhang mit der Geburt eines Geschwisters eine Regression in Form von Einnässen, Daumenlutschen, Nägelkauen u. ä. zu beobachten. Erwachsene »regredieren« z. B. in trotziges oder süchtiges Verhalten.

(13) *Kompensation*
Dieser vor allem von *Alfred Adler* hervorgehobene Abwehrmechanismus besteht in dem Versuch des Ich, tatsächliche oder eingebildete Schwächen durch besondere Leistungen und Anstrengungen auszugleichen.

(14) *Sublimierung*
Für *Freud* steht fest, daß verdrängte Triebenergie nicht nur das Schicksal einer neurotischen Symptombildung erleiden müsse. Sie könne auch in sozial und kulturell wertvolles Handeln transformiert werden. Er schreibt dazu: »Wir kennen einen weit zweckmäßigeren Vorgang der Entwicklung, die sogenannte Sublimierung, durch welche die Energie infantiler Wunschregungen nicht abgesperrt wird (wie bei der Verdrängung, Verf.), sondern

[36] Ebd. 36.
[37] Ebd. 37.
[38] Ebd. 38.

verwertbar bleibt, indem den einzelnen Regungen statt des unbrauchbaren ein höheres, eventuell nicht mehr sexuelles Ziel gesetzt wird. Gerade die Komponenten des Sexualtriebes sind durch solche Fähigkeit zur Sublimierung, zur Vertauschung ihres Sexualzieles mit einem entlegeneren und sozial wertvolleren, besonders ausgezeichnet. Den auf diese Weise gewonnenen Energiebeiträgen zu unseren seelischen Leistungen verdanken wir wahrscheinlich die höchsten kulturellen Erfolge.«[39]

Die Sublimierungstheorie ist vielfach kritisiert worden: Sollen Religion, Kunst, Wissenschaft, Beruf nur Sublimierung von Triebenergie und keine eigenständigen Leistungen des Geistes sein? Bereits hier, an einem Teilaspekt seiner Persönlichkeitslehre, wird deutlich, wie *Freud* Widerspruch, auch von religiöser Seite, herausfordern mußte. Davon wird noch zu handeln sein. Die Persönlichkeitslehre der Psychoanalyse insgesamt, von *Freud* nicht als einheitlicher Guß, sondern in mehrfachen Anläufen, Korrekturen und Hinsichten entwickelt, rückte im Anschluß an *Freud* vor allem das Ich ins Blickfeld. Im Mittelpunkt der Diskussion stand die Frage nach der *Autonomie des Selbst*, ob es nur ein »Abkömmling des Es« sei oder über ein eigenes Energiepotential verfüge. *Freud* selbst gab zur autonomen und ganzheitlichen Auffassung des Ich bereits Anstöße.

2. Objekt der Verdrängung – Triebtheorie

Damit ist der dynamische und energetische Gesichtspunkt der Psychoanalyse angesprochen, denn Psychoanalyse ist vor allem Triebpsychologie, sie versucht Triebschicksale zu klären.[40] Auch diesen Aspekt seiner Theorie hat *Freud* mehrfach erweitert, korrigiert und umformuliert.

Anfänglich konzentrierte er sich besonders auf die Sexualtriebe, worunter er jegliche körpergebundene Lustempfindung verstand. Mit dieser sehr weiten Fassung des Sexualtriebs war es ihm möglich, auch von einer Sexualität des Kindes zu sprechen, die sich in oraler, analer oder ödipaler Weise manifestiere. Die Sexualtriebe werden von *Freud* zunächst deutlich von den Selbsterhaltungs- und Ich-Trieben unterschieden.[41] Zu ihnen rechnete er Hunger, Durst, Reiz- und Bewegungsdrang, Verteidigung, Angriff, Macht, Geltung, Bewahrung des Selbstwertgefühls, Anpassung, Selbststeuerung, Selbstdurchsetzung, Selbstverwirklichung.

In »Jenseits des Lustprinzips« (1920)[42] trifft *Freud* eine *Neueinteilung der Triebe*. Die *Sexualtriebe*, auch als »Objektlibido« bezeichnet, werden mit den *Selbsterhaltungstrieben*, als Lebenstrieb und »narzißtische Ich-Liebe«

[39] *S. Freud*, Gesammelte Werke, Bd. VIII, 58.
[40] Vgl. *J. Schwermer*, Den Menschen verstehen, 57.
[41] *L. Pongratz*, Hauptströmungen der Tiefenpsychologie, 54.
[42] *S. Freud*, Jenseits des Lustprinzips, Gesammelte Werke, Bd. XII, 1–69.

charakterisiert, unter dem Begriff des *Eros* zusammengefaßt. Damit wollte Freud vor allem die »Einung« der beiden Triebaspekte hervorheben. Denn Selbstliebe und Objektliebe gingen ineinander über, wie schon in der griechischen Mythologie angenommen, wo die Sehnsucht nach dem anderen Geschlecht mit der Suche nach der verlorengegangenen »besseren Hälfte« des eigenen Wesens erklärt wurde.[43]

Als Gegenmacht zu den Lebenstrieben des Eros taucht in der revidierten Triebtheorie der *»Todestrieb«*[44] auf. Als Indizien für eine auf die »Leblosigkeit« hinzielende menschliche Strebung gelten für *Freud* der Masochismus, die Depression, der Wiederholungszwang, die Selbstaggression, vor allem aber auch die nach außen gerichtete Aggression und der Sadismus. Die beiden letzteren repräsentieren in besonderer Weise den Destruktionstrieb. Die Psychoanalyse nimmt an, daß Eros und Todestrieb vermischt miteinander auftreten können. Beispiele dafür liefern vor allem sexuelle Perversionen wie *Masochismus* und *Sadismus*.

Auch die Triebtheorie *Freuds* ist vielfach kritisiert worden. Man nahm Anstoß an der Zerstörung der »Illusion von der engelgleichen, sexuellen Unschuld des Kindes«[45], man hielt ihm »Pansexualismus« vor, und man vermißte die Unterscheidung von »vitalen Bedürfnissen, die uns treiben, und Werten, die uns ziehen«.[46] Wenngleich *Freud* zeitlebens an der Bedeutung des Sexualtriebes, als Libido nicht nur auf genitale Sexualität eingeengt, für die Charakterentwicklung, für seelische Gesundheit und Krankheit festgehalten hat, wenngleich er sich »Vollkommenheitsstreben« nur als sublimierte Verdrängung von Triebwünschen vorstellen konnte, gibt es, laut *Pongratz*[47], was die Triebtheorie betrifft, auch den »unbekannten *Freud*«, dem es auch hier um nichts anderes geht als um die Aufhellung und Therapie seelischer Erkrankung.

3. Zeit der Verdrängung – Entwicklungspsychologie

In den drei Abhandlungen zur Sexualtheorie (1905)[48] hat *Freud* als erster eine *Phasenlehre der kindlichen Entwicklung* vorgelegt. Sie befaßt sich mit der Entwicklung der Sexualtriebe in dem schon erwähnten weitgefaßten Verständnis. An aufeinanderfolgenden libidinösen Phasen werden unterschieden:

[43] Ebd. 62.
[44] Vgl. auch: *S. Freud*, Abriß der Psychoanalyse, Gesammelte Werke, Bd. XVII.
[45] Vgl. *L. Pongratz*, Hauptströmungen der Tiefenpsychologie, 53.
[46] Ebd. 71.
[47] Ebd. 71.
[48] *S. Freud*, Gesammelte Werke, Bd. V. – Vgl. auch: *L. Pongratz*, Hauptströmungen der Tiefenpsychologie, 71ff.

(1) Die orale Phase
Erogene Zone ist der Mund, Quelle der Befriedigung das Saugen an der Mutterbrust. Der Säugling ist, so *Freud*, zuerst ein »Mundwesen«, was auch darin zum Ausdruck kommt, daß er alles Erreichbare in den Mund steckt. Diese orale Phase dauert ungefähr ein Jahr. Sie endet, wie alle folgenden Phasen, nicht abrupt, auch wenn sich in der Zwischenzeit bereits ein anderes Organ zur Triebbefriedigung anbietet.

(2) Die anale Phase
In dieser Zeit wird die Ausscheidung als besonders lustvoll erlebt. Erogene Zone ist der Anus. Es erfolgen im Zusammenhang mit der analen Phase auch erste Auseinandersetzungen mit den kulturellen Normen. Sie begegnen dem Kind in Form einer Reinlichkeitserziehung, gegen die das Kind opponieren kann. Es erfährt, daß es im »Hergeben« und »Behalten« ein Machtmittel gegenüber den Eltern besitzt, mit dem es sie treffen kann. Wegen dieser aggressiven Komponente charakterisiert *Freud* diese Phase auch als eine »anal-sadistische«.

(3) Die phallische Phase
Hier deutet sich bereits die Endgestalt des Sexualtriebes an. Im Vordergrund steht die kindliche Form der Auseinandersetzung mit der eigenen Geschlechtszugehörigkeit. Sie ereignet sich in der je besonderen Beziehung zu Vater und Mutter. *Freud* bringt diese Beziehungsstruktur mit Blick auf die psychosexuelle Entwicklung des Jungen auf den Begriff *»Ödipuskomplex«* oder *»Ödipuskonflikt«*. Gleich der griechischen Sagengestalt des Ödipus richtet der Junge libidinöse Energie auf die Mutter, während der Vater Ziel der Aggression wird.

Sicherlich darf man diese Triebwünsche der phallischen Phase nicht mit dem Erleben des Erwachsenen gleichsetzen. Auch ist, so *Pongratz*[49], die Beziehung zu beiden Elternteilen während des ödipalen Konflikts ambivalent. In den Rivalitätsgefühlen gegenüber dem Vater bleiben immer auch die Bewunderung und Zuneigung des Kindes bestehen, in das Verhältnis zur Mutter mischt sich auch Feindseliges, weil sie dem Totalitätsanspruch nach ausschließlicher Liebe nicht nachkomme. Trotz dieser Einschränkungen gehört der Ödipuskomplex mit zu den am meisten kritisierten Theoremen der *Freud*'schen Psychologie.

(4) Latenzzeit
Mit der Bewältigung der phallischen Phase und des Ödipuskonflikts erfährt die »praegenitale« kindliche Entwicklung einen gewissen Abschluß. In der Zeit von 6–14 Jahren treten, so *Freud*, sexuelle Interessen in den Hintergrund. Es setzt eine ausgesprochene Lernzeit ein, in der sich das Kind die

[49] *L. Pongratz*, Hauptströmungen der Tiefenpsychologie, 74.

kulturspezifischen Normen, die sozialen Werte und Wertungen sowie »Kulturtechniken« (Lesen, Schreiben etc.) aneignet.

(5) Die genitale Phase
Der Ödipuskonflikt tritt noch einmal auf, der Jugendliche muß aber erfahren, daß er in seiner Liebe zur Mutter auf kulturelle Ablehnung stößt. Nach einer Phase des Widerstands und der Opposition löst er sich zunehmend vom »Libidoobjekt« Mutter und von der Autorität des Vaters. Er orientiert sich auf die Partnerin außerhalb der eigenen Familie und versucht, kulturelle Leitwerte und Normen sich selbständig und kritisch anzueignen. Auf dieser genitalen Stufe der Sexualität werden die Partialtriebe der praegenitalen Phase integriert, und es kommt zu einem gewissen Reifezustand der Sexualität.

Die Psychoanalyse vertritt die Theorie, daß die psychosexuelle Entwicklung unmittelbaren Einfluß auf die *Charakterprägung* ausübt. *Freud* hat diese Auffassung in seiner 1908 erschienenen Schrift »Charakter und Analerotik«[50] exemplarisch ausgeführt. Sie wurde weiterentwickelt von seinen Schülern *K. Abraham, O. Fenichel, E. Jones, W. Reich u. a.* Als typologisches Kriterium dient dabei die Fixierung auf eine der genannten Phasen. Solche Fixierung kommt durch exzessive Versagung, aber auch exzessive Befriedigung der jeweiligen phasenspezifischen Triebwünsche zustande. Im einzelnen werden unterschieden:

- Der *orale Charakter*, der nach *Karl Abraham*[51] oral-rezeptiv oder oral-aggressiv ausgeprägt sein kann. Er kreist um die Problematik des Bemuttertwerdens und des »Einverleibens«.
- Der *anale Charakter* fällt auf durch die Eigenschaftstrias Ordentlichkeit, Sparsamkeit und Eigensinn. Auch mißtrauische und feindselige Wesenszüge sind kennzeichnend. Als Fixierung auf die anale Phase wird auch der sog. »urethrale Charakter« beschrieben, der durch »brennenden Ehrgeiz, die Sucht, sich jedes Erfolges zu rühmen«,[52] und Ungeduld hervortrete.
- Unzulänglich ist die Bedeutung der *phallischen Phase* für die Charakterentwicklung beschrieben. Plausibel erscheint, wie es *Fritz Riemann*[53] praktiziert, den *»hysterischen Charakter«* mit dieser Phase in Zusammenhang zu bringen.
- Vom genitalen Reifungszustand geprägte Charaktere sind, nach *Ludwig Pongratz*[54] und *Erich Fromm*, freundlich, liebevoll, aufgeschlossen, hinreichend selbstsicher, sie haben die Fähigkeit, sich durchzusetzen, ohne andere rücksichtslos wegzustoßen, sie berücksichtigen das Wohl der Mitwelt und sind bereit, dafür Opfer zu bringen.

[50] *S. Freud*, Gesammelte Werke, Bd. VII, 201–209.
[51] *K. Abraham*, Psychoanalytische Studien. – Vgl. *L. Pongratz*, Hauptströmungen der Tiefenpsychologie, 79f.
[52] *L. Pongratz*, Hauptströmungen der Tiefenpsychologie, 79.
[53] *F. Riemann*, Grundformen der Angst, vgl. III,6(1) der vorliegenden Studie.
[54] *L. Pongratz*, Hauptströmungen der Tiefenpsychologie, 80.

Besonders populär ist die psychoanalytische Charakterlehre durch die von *Fritz Riemann*[55] beschriebenen *»Grundformen der Angst«* geworden, die auch in dieser Studie kritisch referiert wurden.

Charakterprägung als Fixierung auf eine bestimmte, vor allem praegenitale Phase der libidinösen Entwicklung wird von *Freud* nicht nur als Möglichkeit, sondern als wahrscheinliches Schicksal gesehen. Er vertritt damit die Auffassung, daß der Mensch mit fünf oder sechs Jahren im wesentlichen geprägt ist und alle spätere Entwicklung nur zum Vorschein bringt, was als Triebschicksal unter dem Einfluß der Erziehung festgelegt wurde. Die charakterliche Fixierung kann, so die Psychoanalyse, auch durch Therapie nicht gänzlich ausgelöscht, sondern lediglich gemildert und modifiziert werden.

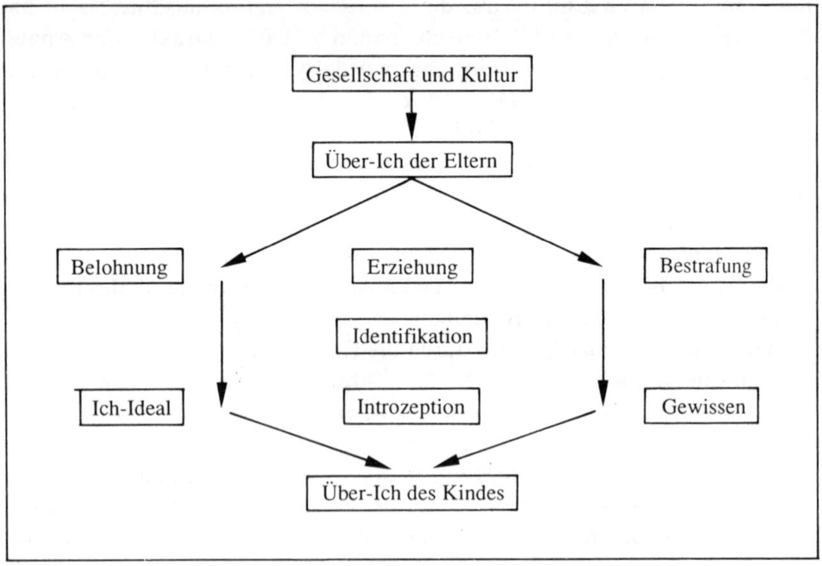

Abb. 22: Stammbaum des Über-Ich[56]

In enger Verknüpfung mit der Entwicklung der Sexualtriebe formuliert *Freud* auch den »Stammbaum des Über-Ich«[57] (Abb. 22). Damit tritt zur individuell-libidinösen Perspektive die gesellschaftlich-erzieherische hinzu. Entwicklung wird hier als ein Sozialisationsprozeß beschrieben, bei dem Normen, Werte und Rollen der Gesellschaft angeeignet werden. Als wichtige Stationen der Sozialisation werden von *Freud* die Identifizierung mit der elterlichen Autorität, die den Ödipuskonflikt überwindet, sowie die In-

[55] *F. Riemann*, Grundformen der Angst.
[56] *L. Pongratz*, Hauptströmungen der Tiefenpsychologie, 81.
[57] Vgl. *L. Pongratz*, Hauptströmungen der Tiefenpsychologie, 81–83.

trozeption gesehen. Das Kind leistet, in der Sprache der Psychoanalyse, einen *»Triebverzicht«* und nimmt kulturelle Forderungen an. Die erwünschten und belohnten Verhaltensweisen leben im Über-Ich als Ich-Ideal weiter, die unerwünschten und bestraften als »Angst- und Schuldgewissen«. Der Erziehung kommt in der Ausbildung eines angemessenen, d.h. nicht zu strengen, aber auch nicht zu schwachen Über-Ich eine entscheidende Rolle zu.

Die psychoanalytische Entwicklungslehre[58] ist bestimmt vom *Prinzip des Hervorganges*: Was einer heute ist, ist er gestern geworden. Von hier aus wird verständlich, warum im Fall seelischer Erkrankung der Weg zurück, durch Erinnerung und biographische Analyse, in der psychoanalytischen Therapie so großen Raum einnimmt.

4. Ort der Verdrängung – Die Lehre vom Unbewußten

Freud unterscheidet in seinem ersten topischen Modell *Unbewußtes, Vorbewußtes und Bewußtes.* »Bewußt ist alles, was kognitiv präsent ist, beobachtet und wahrgenommen werden kann.«[59] Solche Wahrnehmung kann sich auf Gegenstände oder – als »Ich-Bewußtsein« – auf die eigene Person richten.

Vorbewußtes ist vom Unbewußten durch die »Zensur« getrennt, es bildet eine Art Durchgangsstation für verpönte und verdrängte Triebregungen, die verwandelt zum Bewußtsein kommen können.

Unbewußtes kann nur durch besondere Einwirkungen wie etwa Psychotherapie bewußt werden. »Es ist eine wesentliche Entdeckung der Psychoanalyse, daß dem Menschen viele, oft entscheidende Wurzeln seines Tuns verborgen sind.«[60] *Rapaport*[61] bringt die psychoanalytische Auffassung vom Unbewußten auf den Nenner: »Die entscheidenden Determinanten des Verhaltens sind unbewußt.« Inhalte des Unbewußten sind die im Zuge der psychosexuellen Entwicklung erfolgenden Urverdrängungen, die sich daran anlagernden späteren Verdrängungen, aber darüber hinaus die eshaften Regungen (Triebe) sowie die in Märchen, Mythen, Sagen oder im Traum vorkommende Ursymbolik. Letztere hat *C. G. Jung* in Fortführung des bei *Freud* vorwiegend persönlich gefaßten Unbewußten in seiner *»Lehre von den Archetypen«* weiter ausgefaltet und als *»kollektives Unbewußtes«* bezeichnet. Nach *Freud* manifestiert sich das »persönliche Unbewußte« in

[58] Die psychoanalytische Entwicklungslehre wurde von *E. H. Erikson*, Identität und Lebenszyklus, über Kindheit und Pubertät hinaus auf die ganze Lebensspanne erweitert. Dabei tritt deutlicher als bei *Freud* der soziokulturelle Aspekt der Entwicklung in Form von phasenspezifischen Lebensaufgaben hervor. Vgl. Teil III,3.

[59] *L. Pongratz*, Hauptströmungen der Tiefenpsychologie, 93.

[60] Ebd. 95.

[61] *D. Rapaport*, Die Struktur der psychoanalytischen Theorie, 50.

vielfacher Weise: in Fehlleistungen, Träumen, Übertragungen und neurotischen Symptomen. Dazu wird im Zusammenhang der psychoanalytischen Therapie noch zu handeln sein.

Am Begriff des Unbewußten ist kritisch anzufragen, ob er nicht allzusehr als Zauberwort, das alles Unverstandene erklären will, eingeführt und gebraucht wird.[62] Es handelt sich beim Unbewußten um eine rekonstruierte, erschlossene Größe, die als solche nicht beobachtet oder bewiesen werden kann – ein nachträglicher Erklärungsbegriff. Gleichwohl sollte *Freud*s Auffassung, daß die eigentliche Wirklichkeit hinter der vordergründigen Oberfläche verborgen ist und sich symbolisch mitteilt, einen Ansatzpunkt für die Theologie bieten, mit ihm ins Gespräch zu kommen.

5. Kultur als Verdrängungsmacht – Soziallehre

Das Thema »Trieb und Kultur« durchzieht sehr viele der Schriften *Freud*s. Ausdrücklich handelt er darüber in »Totem und Tabu« (1912)[63], »Zeitgemäßes über Krieg und Tod« (1915)[64], »Massenpsychologie und Ichanalyse« (1921)[65], »Die Zukunft einer Illusion« (1927)[66], »Das Unbehagen in der Kultur« (1930)[67] und in seinem Briefwechsel mit *Albert Einstein* »Warum Krieg« (1933)[68]. Eingebunden in die Sozial- und Kulturpsychologie bedenkt *Freud* auch das für Theologen besonders relevante Thema der Religion. Für ihre Geburt aus dem Ödipuskonflikt, aber auch für die Genese des kulturtypischen Inzestverbotes konstruiert *Freud* die umstrittene Urhordentheorie. Beides, Religion und Urhordentheorie, wird in einem späteren Gedankengang erörtert, so daß wir uns hier auf *Freud*s Sublimierungsthese zur Kultur beschränken können. Kultur ist demnach ein Produkt verdrängter und dann sublimierter Triebwünsche. Gleichzeitig ist sie »personalisiert« im Über-Ich der ihr Angehörenden und eine mächtige *Verdrängungsinstanz*. Triebverzicht schafft Kultur, Kultur als Wertsystem der Gesellschaft nötigt zum Triebverzicht.

In den Bereich der Soziallehre gehört auch *Freuds* Enttabuisierung der heilen Familie.[69] Er entdeckt hinter den Vorhängen Ödipusdramen, Inzest- und Todeswünsche, ein Gewoge von miteinander vermischten Gefühlen, von Liebe und Haß, von Eifersucht und Geschwisterrivalität. Bei dieser schonungslosen Analyse familiärer Dynamik geht es ihm keineswegs um die

[62] Neuerdings hat vor allem *D. E. Zimmer*, Tiefenschwindel, die Psychoanalyse wegen ihres Begriffs vom Unbewußten, der eigentlich nichts erkläre, angegriffen.
[63] *S. Freud*, Gesammelte Werke, Bd. IX.
[64] *S. Freud*, Gesammelte Werke, Bd. X.
[65] *S. Freud*, Gesammelte Werke, Bd. XII.
[66] *S. Freud*, Gesammelte Werke, Bd. XIV.
[67] *S. Freud*, Gesammelte Werke, Bd. XIV.
[68] *S. Freud*, Gesammelte Werke, Bd. XIV.
[69] Vgl. *L. Pongratz*, Hauptströmungen der Tiefenpsychologie, 109–111.

Auflösung der Institutionen von Ehe und Familie, vielmehr um deren Humanisierung. *Freud* tritt für eine *sexuelle Erziehung* ein, um junge Menschen besser auf die Ehe vorzubereiten. Er hebt sehr klar hervor, daß die Abwertung der Frau einen gesellschaftlichen Skandal darstellt und doch von der Gesellschaft permanent betrieben wird. Bereits an diesen wenigen Stichworten lassen sich *Freuds* nachhaltige gesellschafts- und kulturkritische Anstöße erahnen.

In seinen Beiträgen zur *Massen- und Gruppenpsychologie*[70] analysiert er besonders, beunruhigt durch die politische Entwicklung, das Verhältnis von Führer und Masse. Er meint, die Furcht vor dem Urvater-Ersatz »Führer« forme sich in die Illusion um, von ihm geliebt zu sein. Auch Identifizierung und Suggestion begünstigten eine blinde Gefolgschaft gegenüber der patriarchalischen Führerfigur.

Im Themenfeld *»Glück und Kultur«*[71] kommt ein Teil seiner pessimistischen Lebensphilosophie zum Vorschein. Zum Glück gehöre die Abwesenheit von Schmerz und Unlust, dies könne freilich nur im Gegensatz zur Welt und als episodisches Phänomen vom einzelnen erfahren werden. Zu einem solchermaßen gefährdeten und begrenzten Glück könne durchaus das *Lieben und Geliebtwerden* beitragen, aber auch hier sei das Unglück hineingewoben: »Niemals sind wir ungeschützter gegen das Leiden, als wenn wir lieben, niemals hilfloser unglücklich, als wenn wir das geliebte Objekt oder seine Liebe verloren haben.«[72] Zu den Quellen des Glücks zähle auch die *Berufsarbeit*, ohne daß man die Entfremdung durch Arbeit unterschätzen dürfe: »Besondere Befriedigung vermittelt die Berufstätigkeit, wenn sie eine frei gewählte ist, also bestehende Neigungen fortführt.«[73] Weitere Wege zum Glück führten auch über eine angemessene *Abtötung der Triebe*, weil sie letztlich nie ganz befriedigt werden könnten. Die *Religion* könne nur insofern zum Glück beitragen, als das Einbezogensein in die »allgemeine Neurose Religion« viele Menschen vor der individuellen Neurose bewahre.

Triebfeindliche Kultur und Gesellschaft seien die Hauptschuldigen für die *Abwesenheit des Glücks* im Leben vieler Menschen: »Man fand, daß der Mensch unerotisch wird, weil er das Maß an Versagung nicht ertragen kann, das ihm die Gesellschaft im Dienste ihrer kulturellen Ideale auferlegt, und man schloß daraus, daß es eine Rückkehr zu den Glücksmöglichkeiten bedeute, wenn diese Anforderungen aufgehoben oder sehr herabgesetzt würden.«[74] Freilich bedeute die Herabsetzung der Schranken für den Eros auch die Gefährdung des Zusammenlebens durch den nun ebenfalls aufbrechen-

[70] Ebd. 111f.
[71] Ebd. 113–115.
[72] *S. Freud*, Das Unbehagen in der Kultur, zit. nach: *L. Pongratz*, Hauptströmungen der Tiefenpsychologie, 113.
[73] Ebd.
[74] Ebd. 115.

den Aggressions- und Selbstvernichtungstrieb. Die Schicksalsfrage der Menschen bestünde darin, ob der ewige Eros sich gegen den ebenso unsterblichen Gegner Aggression behaupten könne.

6. Folgen der Verdrängung – Neurosenlehre

Die wichtigsten psychoanalytischen Gesichtspunkte zur Entstehung und Auswirkung der Neurose wurden bereits im dritten Teil dieser Studie dargestellt, so daß hier nur noch stichpunktartig an wesentliche Aspekte erinnert zu werden braucht. Neurosen

- gehen aus einem »Wurzelgeflecht« *traumatischer Erfahrungen* hervor, das zurückreicht bis zu den »Urszenen« der Kindheit,
- zeigen einen ungelösten *Konflikt zwischen Trieb und Abwehr* an, der im neurotischen Symptom in Form eines Kompromisses »gelöst« wird,
- bringen eine verhüllte *Ersatzbefriedigung* des unerfüllten Triebwunsches, auch als *»Krankheitsgewinn«* bezeichnet, mit sich,
- nötigen zu einer bestimmten *Symptomwahl*, zu der vor allem die Traumatisierungen der oralen, analen oder phallischen Phase in spezifischer Weise praedisponieren, oder zu der die im phylogenetischen Erbe angelegte Symbolsprache anregt (z. B. Sexualsymbole),
- kommen einer *»Wiederkehr des Verdrängten«*, einer zwanghaften Wiederholung früher Beziehungsmuster gleich,
- sind in ihrer Entstehungsdynamik der betreffenden Person *unbewußt* und werden in ihren symptomatischen Auswirkungen als äußerst leidvoll erfahren.

Freud unterscheidet *Aktual- und Psychoneurosen*.[75] Erstere seien auf organisch-chemische Stoffwechselstörungen zurückzuführen und somit physiologisch, nicht psychologisch erklärbar. Auf die Psychoneurose treffen die angeführten Merkmale zu; sie werden von *Freud* in »Übertragungs-« und »narzißtische Neurosen« untergliedert. Die *Übertragungsneurose* veranlasse den Patienten, während der Therapie auf den Analytiker vergangene Emotionen zu übertragen und an ihm zu bearbeiten. Die Fähigkeit, Übertragungen auszubilden, bildet so eine wesentliche Voraussetzung der Therapierbarkeit durch Psychoanalyse. Sie fehlt bei den narzißtischen Neurosen, wo die Libido ganz auf das Ich konzentriert bleibt.

Von dem *Freud*-Schüler *E. Glover*[76] werden noch *Symptom- und Charakterneurosen* unterschieden, je nachdem, ob die neurotische Problematik an einem einzelnen Symptom oder in der charakterlichen Grundausrichtung stärker hervortritt. Auch die Differenzierung in *Psychosomatosen* und *Psychoneurosen* ist anzutreffen, um die heute gehäuft diagnostizierten

[75] Vgl. *L. Pongratz*, Hauptströmungen der Tiefenpsychologie, 125ff.
[76] *E. Glover*, The neurotic Charakter, 11–30.

psychosomatischen »Konversionen« von den übrigen Neurosen abzuheben. Als die klassischen Formen der Psychoneurosen gelten in der Psychoanalyse *Hysterie*, *Zwang*, *Phobie* und *Depression*, die jedoch in der psychotherapeutischen Praxis nicht immer scharf voneinander getrennt werden können.

Nach *Ludwig Pongratz* insistiert die neuere Psychoanalyse nicht mehr auf der sexuellen Ätiologie der Neurosen. Das Normen- und Wertebewußtsein habe sich geändert – wozu nicht zuletzt *Freud* selbst wesentlich beigetragen hat – und neue, nicht minder wirksame Quellen der Neurosen seien erwachsen wie »uneingestandene Existenzangst, verdrängte Aggressivität, unzulänglich kompensierte Minderwertigkeitsgefühle, unerträgliche Leistungszwänge, abgewehrte Gefühle, mißlingende mitmenschliche Beziehungen, verkannte ethische und religiöse Bedürfnisse u. dgl.«.[77]

7. Aufhebung der Verdrängung – Psychoanalytische Therapie

Wenn Neurosen aus der Verdrängung von Triebwünschen, Vorstellungen und Affekten hervorgehen, dann besteht ihre Heilung in der Aufhebung der Verdrängung. Um dieses Ziel zu erreichen, wurden innerhalb der Psychoanalyse verschiedene Methoden entwickelt und geschärft.

Freud selbst löste sich schon sehr bald von der zeitgenössischen »Elektrotherapie« zur Behandlung seelischer Krankheiten. Unter dem Einfluß *Charcots* und *Breuers* fand er zur *Hypnose*, deren »kathartischer« Effekt ihm im Aussprechen der belastenden Gefühle und Ereignisse während des hypnotischen Zustands gegeben schien. Die mangelnde Hypnotisierbarkeit mancher Patienten sowie das Ausbleiben von Einfällen auch bei Unterstützung durch eine »Druckprozedur« auf bestimmte Kopfpartien veranlaßten ihn immer mehr, den »Widerstand« der Patienten in den Mittelpunkt seiner therapeutischen Aufmerksamkeit zu rücken.

In der Psychoanalyse haben sich nach *Pongratz*[78] folgende, nicht scharf voneinander abzugrenzende Methoden durchgesetzt, um die verdrängten Triebregungen und Traumatisierungen über die Schwelle des Widerstands zu heben:
- Einfallsmethode
- Erinnern, Wiederholen, Durcharbeiten
- Widerstandsanalyse
- Übertragungsanalyse
- Traumanalyse,
- Deutungsmethode.

[77] *L. Pongratz*, Hauptströmungen der Tiefenpsychologie, 123.
[78] Ebd. 172ff.

(1) Einfallsmethode

Einen illustrativen Eindruck von dieser Methode gibt die sog. *Grundregel*, zu der *Freud* seine Patienten zu Beginn der Behandlung verpflichtet. Sie lautet: »Noch eines, ehe Sie beginnen. Ihre Erzählung soll sich doch in einem Punkte von einer gewöhnlichen Konversation unterscheiden. Während sie sonst mit Recht versuchen, in Ihrer Darstellung den Faden des Zusammenhanges festzuhalten und alle störenden Einflüsse und Nebengedanken abweisen, um nicht, wie man sagt, aus dem Hundertsten ins Tausendste zu kommen, sollen Sie hier anders vorgehen. Sie werden beobachten, daß Ihnen während Ihrer Erzählung verschiedene Gedanken kommen, welche Sie mit gewissen kritischen Einwendungen zurückweisen möchten. Sie werden versucht sein, sich zu sagen, dies oder jenes gehört nicht hierher, oder es ist ganz unwichtig, oder es ist unsinnig, man braucht es darum nicht zu sagen. Geben Sie dieser Kritik niemals nach und sagen Sie es trotzdem, ja gerade darum, weil Sie eine Abneigung dagegen verspüren. Den Grund für diese Vorschrift – eigentlich die einzige, die Sie befolgen sollen – werden Sie später erfahren und einsehen lernen. Sagen Sie also alles, was Ihnen durch den Sinn geht. Benehmen Sie sich so, wie zum Beispiel ein Reisender, der am Fensterplatz des Eisenbahnwagens sitzt und den im Inneren Untergebrachten beschreibt, wie sich vor seinen Blicken die Aussicht verändert. Endlich vergessen Sie nie, daß Sie volle Aufrichtigkeit versprochen haben, und gehen Sie nie über etwas hinweg, weil Ihnen dessen Mitteilung aus irgendeinem Grunde unangenehm ist.«[79]

Um die Einfälle zu erleichtern, läßt *Freud* seine Patienten auf einer *Couch* liegen, während er am Kopfende der Couch außerhalb des Blickfeldes des Patienten Platz nimmt. Begründet wird dieses eigenartige Arrangement mit der im Liegen sich einstellenden ablenkungsfreien Entspannung, die den Fluß der Einfälle und Erinnerungen bis hin zur gefühlshaften und gedanklichen Regression in die Erlebnissituation des Kindes fördere. Sie entlaste zudem den Therapeuten, wenn er nicht ständig Blickkontakt halten müsse. Er könne sich intensiver auf das vom Klienten produzierte Material konzentrieren.

(2) Erinnern, Wiederholen, Durcharbeiten

Über den entscheidenden Traumatisierungen, die in den ersten fünf Lebensjahren passieren, liegt der Schleier des Vergessens. Ziel der Therapie ist es, die Erinnerungslücken aufzufüllen und zur »Wahrheit« der eigenen Person und ihrer Geschichte vorzudringen. Der *»Kampf um die Erinnerung«*[80] ist deshalb im Verständnis der Psychoanalyse unbedingte therapeutische Notwendigkeit.

Erinnerungen treten im Rahmen der Therapie in verschiedenen Gestal-

[79] *S. Freud*, Gesammelte Werke, Bd. VIII, 468.
[80] *A. Mitscherlich*, Der Kampf um die Erinnerung.

ten auf. Neben den verbal erzählten, subjektiven Erinnerungen des Patienten besitzen vor allem seine *Symptome* erinnernde Qualität; sie sind, so *Freud*, »Erinnerungssymbole«. Auch sog. *»Deckerinnerungen«* spielen eine wichtige Rolle. So erinnerte sich z. B. ein Patient *Freuds* an einen frisch gedeckten Tisch mit einer Schüssel Eis darauf. Im Laufe der Therapie stellte sich heraus, daß dies für den Patienten als Erinnerungssymbol für den als Kind erlebten, erschütternden Tod der Großmutter fungierte.[81] Deckerinnerungen decken das verdrängte Trauma zu und zugleich auf. Schließlich trägt das gesamte Verhalten des Patienten gegenüber dem Therapeuten erinnernden Charakter. »Der Analysierte erzählt nicht, er erinnere sich, daß er trotzig und ungläubig gegen die Autorität der Eltern gewesen sei, sondern er benimmt sich in solcher Weise gegen den Arzt.«[82]

Erinnern bedeutet in der psychoanalytischen Therapie nicht einfach nur kognitive Auffüllung von Gedächtnislücken, die Aufhebung von Unwissenheit oder verstandesbezogene Bewußtmachung. Es geht vielmehr um einen betont emotionalen, ja *ganzheitlichen Erinnerungsprozeß* der Person. *Freud* hatte bereits in den »Studien über Hysterie« erkannt: »Affektloses Erinnern ist fast immer wirkungslos; der psychische Prozeß, der ursprünglich abgelaufen war, muß so lebhaft als möglich wiederholt in statum nascendi gebracht und dann ausgesprochen werden. Dabei treten – wenn es sich um Reizerscheinungen handelt, diese – Krämpfe, Neuralgien, Halluzinationen – noch einmal in voller Intensität auf und schwinden dann für immer«.[83]

Sind die verdrängten Verletzungen diesermaßen erinnert und wiederholt, müsse man dem Kranken Zeit lassen, die bewußtgewordenen Erlebnisse in ihren Auswirkungen auf das bisherige Leben, auf die Beziehung zur eigenen Person und zu den Mitmenschen, auf die Berufsarbeit und die gesamte Lebensentfaltung zu bedenken und zu vertiefen.

(3) Widerstandsanalyse

Widerstand ist im Verständnis der Psychoanalyse alles, was den Fortgang der Therapie stört und sich gegen den Gesundungsprozeß sträubt.[84] Besonders beachtenswert ist, nach *Freud*, der *»Übertragungswiderstand«*. Er besagt: Auf den Therapeuten werden Gefühle, Affekte und Verhaltensweisen übertragen, die in der Beziehung zu Eltern, Geschwistern und anderen bedeutsamen Personen erworben wurden. Er erscheint nun als der unterdrükkende Vater, die versagende Mutter oder das bevorzugte Geschwister.

Unter *»Verdrängungswiderstand«* versteht man alle unbewußten Reaktionen, die sich der Aufklärung der Symptome und der Aufhebung der ver-

[81] *S. Freud*, Gesammelte Werke, Bd. I, 535.
[82] *S. Freud*, Gesammelte Werke, Bd. X, 128.
[83] *S. Freud*, Gesammelte Werke, Bd. I, 4.
[84] Vgl. *L. Pongratz*, Hauptströmungen der Tiefenpsychologie, 177.

drängten Wünsche widersetzen. Er erwächst aus einem »Krankheitsgewinn«, den jede Neurose bietet, auch aus Schuldgefühlen, die die Krankheit als beständige Sühneleistung benötigen.

Es gibt bestimmte *Indizien für den Widerstand*, wie etwa das Ausbleiben von Erinnerungen, Träumen und Einfällen, das mangelnde Engagement für die Therapie, Zu-spät-kommen, Vergessen von Therapieterminen, nachlässige Honorarentrichtung, aber auch die Sterilität in der Sprache oder das Wiederholen alter Klagen. Der Therapeut muß behutsam versuchen, die verschiedenen Formen des Widerstands zum Thema des therapeutischen Dialogs zu machen. Dabei hat er aber auch zu prüfen, ob es sich nicht um einen berechtigten Widerstand handelt, den er selbst durch sein Verhalten beim Patienten hervorgerufen hat. Er darf nicht vorschnell alles, was die Therapie ins Stocken bringt, dem Widerstand des Klienten anlasten und sich gegen jegliche Kritik panzern.

Die Psychoanalyse ist der Auffassung, daß sowohl der Widerstand als auch die im Folgenden angesprochene Übertragung Phänomene darstellen, die auch außerhalb der Therapiesituation die sozialen Beziehungen nachhaltig prägen.

(4) Übertragungsanalyse

Übertragungen »sind Neuauflagen, Nachbildungen von Regungen und Phantasien, die während des Vordringens der Analyse erweckt und bewußt gemacht werden sollen, mit einer für die Gattung charakteristischen Ersetzung einer früheren Person durch die Person des Arztes.«[85] In der Übertragung aktualisiert und wiederholt sich, ähnlich wie im Widerstand, das in der Vergangenheit gelernte unbewußte Repertoire im Umgang mit den Eltern und anderen relevanten Personen. Während im Widerstand die negativen Beziehungselemente vorherrschen (Übertragungswiderstand), sind mit Übertragung im engeren Sinn die positiven Emotionen wie Zuneigung, Vertrauen, Respekt, Bewunderung, auch Verliebtheit auf den Therapeuten hin gemeint. Sie dürfen sich unter der aufmerksamen Wahrnehmung des Therapeuten entfalten und bilden für Therapeut und Klient ein entscheidendes Vehikel zu den verdrängten Beziehungserfahrungen der Kindheit. Auf die Gefahr der Gegenübertragung, d. h. der Therapeut überträgt seinerseits auf den Patienten in seiner Kindheit gelernte unbewußte Affekte, wird in der Psychoanalyse immer wieder hingewiesen. Durch ausführliche Lehranalysen soll diese Gefahr möglichst reduziert werden.

(5) Traumanalyse

Träume bilden für *Freud* die »via regia« zum Unbewußten. In »Die Traumdeutung«[86] entwickelt er, im Gegensatz zu den vorherrschenden »Leibreiz-

[85] *S. Freud*, Gesammelte Werke, Bd. V, 279.
[86] *S. Freud*, Die Traumdeutung, Gesammelte Werke, Bd. III.

theorien«, die These, daß im Traum die verdrängten Wünsche und Ängste der Person sich bildhaft zu Wort melden (Abb. 23).

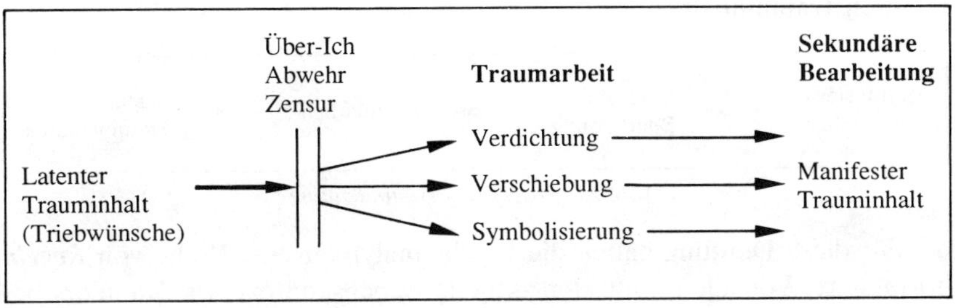

Abb. 23: Entstehung des Traums

Die vom Bewußtsein abgewiesenen, weil Angst auslösenden Vorstellungen drängen im Schlaf, wenn die Intensität der Zensur nachläßt, ins Bewußtsein. Sie würden jedoch, kämen sie in dieser unverstellten Form zu Bewußtsein, den Schlafenden sofort wecken. Der Traum ist nun der *»Hüter des Schlafes«*, indem er die *»latenten Traumgedanken«* – das sind die verdrängten Triebregungen – tarnt und verwandelt in die *»manifesten Trauminhalte«*, also in jene Bilder, die der Träumer erinnern kann. Durch solche Verschlüsselung der eigentlichen Triebregungen, auch als *»Traumarbeit«* bezeichnet, wird die Zensur umgangen und der Schlaf gewährleistet.

An Haupttechniken kommen in der Traumarbeit zum Einsatz: *»Verdichtung«* (Eigenschaften mehrerer Personen werden auf eine Figur hin verschmolzen), *»Verschiebung«* (Austausch von wesentlichen und unwesentlichen Aspekten) und *»Symbolisierung«* (Ersetzung der libidinösen und aggressiven Triebwünsche durch Symbole). Die Symbolisierung greift vor allem auf interkulturelle gleichartige *Sexualsymbole* zurück, auf Phallussymbole wie Stöcke, Schirme, Stangen, Türme, Bäume, Maste, Bleistifte, Messer, Lanzen, Gewehre, Wasserhähne, Springbrunnen usw., auf weibliche Symbole wie Gruben, Höhlen, Gefäße aller Art, Schachteln, Flaschen, Dosen, Koffer, Kisten, Taschen, Mappen, Schuhe, Schränke, Öfen, Zimmer, Schiffe, Kirchen, Schnecken, Muscheln, Landschaften, Wald, Wasser usw.

Man hat zu Recht diese eindeutige Entsprechung zwischen Symbol und Gegenstand kritisiert. Symbole sind vieldeutiger, auch personspezifischer und nicht einfach eine bloße Wiedergabe eines schon bekannten Dinges oder Vorganges. Vor allem *C. G. Jung* hat das tiefenpsychologische Symbolverständnis entscheidend erweitert.

Durch *»sekundäre Bearbeitung«* wird das, was durch Verdichtung, Verschiebung und Symbolisierung produziert wurde, in einen halbwegs sinnvollen Zusammenhang, in den »manifesten Trauminhalt«, gebracht. Der Traum erweist sich so letztendlich als eine, wenn auch kompromißhafte

Wunscherfüllung, als Manifestation von Verdrängungen, als Produkt des Kampfes zwischen Trieb und Über-Ich. In der *Traumdeutung* kommt es nach *Freud* darauf an, den umgekehrten Weg zu gehen, vom manifesten zum latenten Trauminhalt.

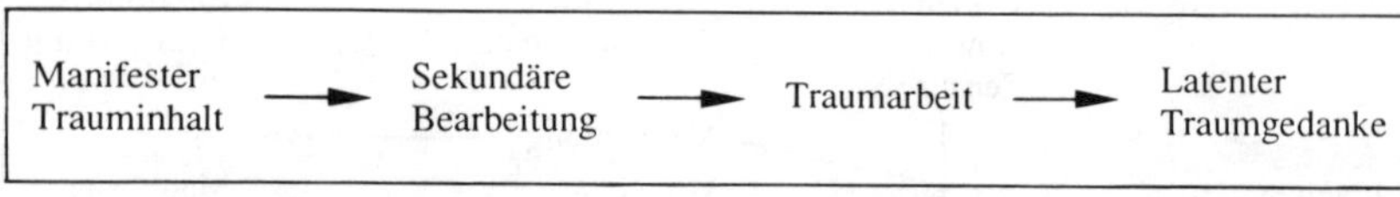

Abb. 24: Prozeß der Traumdeutung

Für diese Deutung haben die Psychoanalytiker eine Reihe von *Regeln* formuliert. Vor allem muß der aktuelle Lebenskontext des Träumers berücksichtigt werden, um den Traum personbezogen interpretieren zu können. Die eigentliche Deutungsarbeit ist auch weniger vom Therapeuten als vom Klienten selbst zu leisten. Ziel der Traumdeutung ist der Rückgang zu den Quellen der Krankheit, d.h. zu den latenten Wünschen, die seit den Kindertagen uneingestanden und unerfüllt geblieben sind.

Freuds Traumtheorie löste eine ganze Reihe experimenteller Untersuchungen aus. Sie konnten im Kern die von ihm erkannte Bedeutung des Traums für die Verarbeitung von Affekten, Traumatisierungen und Konflikten nicht widerlegen. Dem Traum wird in der Psychoanalyse nach wie vor eine *diagnostische wie therapeutische Funktion* zugestanden.

(6) Deutungsmethode
Nicht nur im Zusammenhang der Träume spielt die Deutung bei der psychoanalytischen Therapie eine Rolle. Sie ist in allen angeführten Therapiemethoden als wesentliche therapeutische Aktivität enthalten und soll Bewußtmachung und Durcharbeiten der verdrängten Triebregungen fördern.

Objekt der Deutung sind neben den Träumen die Einfälle des Patienten, seine unbeabsichtigten »Fehlleistungen« im Alltag (Vergessen, Verlieren, Versprechen), seine neurotischen Symptome, seine Biographie und sein Verhalten in der Therapie (Übertragung, Widerstand). Durch den Prozeß der Deutung sollen sie vom unbewußten auf bewußtes Niveau gehoben werden, wobei es einige Verläßlichkeitskriterien[87] für das Zutreffen der Deutung gibt. So soll sich die Deutung in die Persönlichkeitsstruktur und Lebensgeschichte des Patienten einfügen, in seine aktuelle Situation hineinsprechen, seinen derzeitigen Lebenskontext berücksichtigen, ihm unmittelbar einleuchten und am therapeutischen Erfolg gemessen werden.

Diese knappe Übersicht über die therapeutischen Methoden der Psychoanalyse kann nicht abgeschlossen werden ohne Erwähnung der sog. *Abstinenzregel.*[88] Sie richtet sich an den Klienten wie an den Therapeuten. Der

[87] Vgl. *L. Pongratz*, Lehrbuch der Klinischen Psychologie, 287.
[88] Ebd. 280.

Klient soll während der psychoanalytischen Kur, soweit dies möglich, Abstinenz gegenüber jedweder Art von Ersatzbefriedigung üben, um nicht einer Symptomverschiebung zu erliegen. Der Therapeut hat sich jeder direkten Beeinflussung und weltanschaulichen Indoktrination zu enthalten, denn »der Kranke soll nicht zur Ähnlichkeit mit uns, sondern zur Befreiung und Vollendung seines eigenen Wesens erzogen werden«[89], so *Freud*. Und an anderer Stelle betont er: »Wir haben es entschieden abgelehnt, den Patienten, der sich um Hilfe suchend in unsere Hand begibt, zu unserem Leibgut zu machen, sein Schicksal für ihn zu formen, ihm unsere Ideale aufzudrängen und ihn im Hochmut des Schöpfers zu unserem Ebenbild, an dem wir Wohlgefallen haben sollen, zu gestalten.«[90] Hier kommt etwas vom Ethos der Psychoanalyse zum Ausdruck, das in einem bestimmten Menschenbild wurzelt.

(2) Das Menschenbild der Psychoanalyse

Es gibt kaum einen Aspekt der Psychoanalyse, der nicht heftigst kritisiert und nicht ebenso vehement verteidigt worden wäre. Man wirft *Freud* u.a. vor, daß er den Trieb an die Stelle des Geistes setze, höhere menschliche Regungen zum Derivat der Sexualität erkläre, für das Seelenleben der Gesunden ausschließlich an den Kranken Maß nehmen oder wenige Einzelfälle bei der Theoriebildung wissenschaftlich unseriös verallgemeinere. *Salter*[91] faßt seine Einwände gegen die Psychoanalyse in drei Postulaten zusammen, die er bei ihr glaubt entdecken zu können:
- Wie es auch immer aussieht – das ist es nicht!
- Wenn man es messen kann – dann ist es etwas anderes!
- Wie es auch immer ist, es ist bestimmt nichts Nettes!

Dieses süffisante Resümee wie auch alle anderen Kontroversen um die Psychoanalyse spitzen sich im Kern auf das *Bild vom Menschen* zu, das man bei ihr mehr oder weniger deutlich wahrnimmt und mit dem man sich nicht einverstanden erklären will. M.E. können die wesentlichen Gesichtspunkte der psychoanalytischen Anthropologie und Ethik auf drei Formeln verdichtet werden:

(1) Subjekt statt Objekt
(2) Mut zur Tragik statt Vertröstung
(3) »Wahrheit« statt Religion.

Diese Markierungen des Menschenbilds der Psychoanalyse lassen sich aus *Freuds* Werk, aber auch aus seiner Biographie herausarbeiten.

[89] *S. Freud*, Gesammelte Werke, Bd. XII.
[90] *S. Freud*, Gesammelte Werke, Bd. XII, 190.
[91] Vgl. *D. Revenstorf*, Persönlichkeit, 113.

1. Subjekt statt Objekt

Sigmund Freud[92] war zeitlebens tief beeindruckt von den Naturwissenschaften. Die Lehre *Charles Darwins* faszinierte ihn schon zur Gymnasialzeit, auch Chemie, Physik und vor allem die zeitgenössische Humanmedizin, die sich als angewandte Naturwissenschaft begriff. Es überrascht deshalb nicht, daß er während seines Medizinstudiums physikalische und zoologische Veranstaltungen besuchte. Sechs Jahre lang (1876–1882) arbeitete er im physiologischen Labor von *Ernst von Brücke*, legte Hunderte von Rückenmarksquerschnitten von Aalen an, beobachtete sie durchs Mikroskop, verglich, zählte, war ganz Naturwissenschaftler, verschrieben dem Experiment und der Messung. Das Credo dieser *empirisch-positivistischen Forschung* hatte sein Lehrer *Brücke* zusammen mit *Ludwig Helmholtz* und *Du Bois-Reymond* in einem Manifest 1847 proklamiert. Hier heißt es u. a., die Unterzeichneten wollten »die Wahrheit geltend machen, daß im Organismus keine anderen Kräfte wirksam sind, als die gemeinen physikalisch-chemischen«.[93] Der Mensch sei demnach nichts anderes als Materie, die chemisch-physikalischen Gesetzen gehorcht, meßbar und berechenbar, so wie man jedes andere Objekt dieser Materie experimentell-mathematisch auf einen Nenner bringen kann.

Obwohl in dieser Welt des *naturwissenschaftlichen Materialismus und Positivismus* groß geworden und ihr glühender Verehrer, mußte *Freud* erkennen, daß die hier geltenden Prinzipien sich bei der Erforschung der seelischen Krankheiten und ihrer Ursachen als unzulänglich erwiesen. Die verschiedenartigen neurotischen Symptome, die ihm in seiner Praxis begegneten, schienen ihm nicht mehr zur Gänze auf Gesetze der Chemie und Physik reduzierbar. Wie schwer er sich von seinen naturwissenschaftlichen Kategorien verabschieden konnte, schimmert in seiner Theorie immer wieder durch.[94] Von seelischer »Energie«, von den »Triebkräften der Anziehung und Abstoßung« oder vom »psychischen Apparat« ist da die Rede. Wenn auch nicht immer in der Terminologie, so doch in der Methode und damit auch im Bild vom Menschen entfernt *Freud* sich jedoch immer mehr von der materialistisch-positivistischen Naturwissenschaft.

Wo andernorts Hunderte von Objekten nach allen Regeln der empirischen Kunst gemessen und verrechnet werden, begnügt er sich mit ganz wenigen *Einzelfällen*, um Theorien nicht nur über das kranke Seelenleben, sondern auch über Gesunde, ja die Kultur und Gesellschaft insgesamt aufzustellen. Dem positivistischen Messen stellt er letztlich die Begegnung von

[92] Vgl. zu *Freuds* Biographie: *E. Jones*, Das Leben und Werk von Sigmund Freud. – *L. Pongratz*, Hauptströmungen der Tiefenpsychologie, 5–12.
[93] Vgl. *M. Wertheimer*, Kurze Geschichte der Psychologie, 69.
[94] Vgl. dazu auch: *J. Scharfenberg*, Einführung in die Pastoralpsychologie, 89f.

Person zu Person gegenüber. Die *»identifikatorische Einfühlung«*[95] in den anderen und in sich selbst liefert ihm die Daten, die sich einer exakten Messung entziehen. Wo andere nur neurotische Symptome sehen, erkennt er unter der Oberfläche *verborgene, unbewußte Konflikte* am Werk, sieht sie gar als den eigentlichen Fokus der Krankheit. Symptome erscheinen ihm nichts anderes als Zeichen, symbolische Mitteilungen aus einer abgeblendeten Seite der Person, als Kundgaben verdrängter Triebe, uneingestandener Wunden und vergessener Erfahrungen aus den Tagen der Kindheit. Über das *symbolisch geschärfte Wahrnehmen* hoffte er, der unbewußten, eigentlichen Wirklichkeit des Menschen näherzukommen.

Freuds Begeisterung für die Naturwissenschaft ist so im Kern nicht auf seine Psychologie übergesprungen, hier erweist er sich *indirekt und ungewollt als Kritiker der Naturwissenschaft*. Er bezieht mit seiner Psychoanalyse Stellung gegen ein Menschenbild, das eindimensional nur Sichtbares und Meßbares, auf Chemisches und Physikalisches Zurückführbares, nur die Gesetze der Materie gelten läßt. Er reklamiert als eigentliche Wirklichkeit des Menschen eine psychische, hintergründige, die sich nicht vollständig auflösen läßt in Körperliches.

In seiner Idee vom Menschen spielen *Beziehungen*, spielt die *je persönliche Geschichte*, die freilich beide die Signatur der Verletzung und Kränkung tragen, eine große Rolle. Solche *Traumatisierungen*, in Beziehungen zugezogen, in der je persönlichen Geschichte erlitten und im neurotischen Symptom nachwirkend, können – so *Freud* – zu einem gewissen Teil emotional und sprachlich rekonstruiert werden. Damit wird der leidende Mensch, der sich selbst fremd und von seiner Geschichte getrennt erlebt, sich selbst zurückgegeben. Diese Idee vom Menschen als Wesen, das in Beziehungen wächst und im *Bewußtwerden der eigenen Geschichte* zum Subjekt erwacht, setzt er der Reduktion des Menschen auf objekthafte Materie entgegen. Freilich ist nicht zu übersehen, daß auch die therapeutisch gereifte Persönlichkeit nach *Freud* nicht über jenen beschränkten Freiheitsraum hinausgelangt, der mit dem Triebschicksal über die menschliche Existenz verhängt ist. Sie vermag jedoch bis an diese Grenze zu gehen.

2. Mut zur Tragik statt Vertröstung

Was kommt zum Vorschein, wenn der Mensch sich mit Hilfe der Psychoanalyse auf den Grund geht? Es ist, um es mit *Salter* zu sagen, in der Tat nichts Nettes. Da wimmelt es nur so von Konflikten, Ängsten, Egoismen, animalischer Triebhaftigkeit, Feindseligkeiten bis hin zu Todeswünschen. Ist das die ganze Realität des Menschen? Und wenn es so wäre, wie sollte der Mensch je mit dieser Erkenntnis leben können, ohne zu verzweifeln?

[95] Vgl. *J. Scharfenberg*, Einführung in die Pastoralpsychologie, 18ff.

Führt die Psychoanalyse ihre Patienten nicht erst recht in einen trostlosen Zustand, gegenüber dem die vortherapeutische Unaufgeklärtheit als zwar krankhafte, aber geradezu glückhafte Unbeschwertheit erscheinen muß? Um es vorweg zu sagen: *Freud* traut dem Menschen zu, sich der dunklen Realität seiner selbst zu stellen und damit zu leben, ohne zu verzweifeln. Der Konflikt, die Angst und die Unersättlichkeit des Triebs gehörten zur *menschlichen Natur*, und das Übel sei nicht ihre Wahrnehmung, sondern die *Täuschung* über sie.

Eine Quelle solcher *wenig optimistischen und zugleich heroischen Sicht vom Menschen* ist für *Freud* die *Antike*, vor allem die griechisch-hellenistische Philosophie.[96] Bei *Sophokles*, *Plato* und der Stoa fand er jenes Menschenbild, das ihm aus der Seele sprach. Ihre Philosophie wurde für den jüdischen Agnostiker *Freud* eine Art Ersatzreligion, der er huldigte.

Er stimmt *Sophokles* zu, wenn dieser in seiner Tragödie, wo er den mythischen Stoff der Ödipussage verarbeitet, der Königin Jokaste in den Mund legt: »Denn viele Menschen sahen auch im Traume schon sich zugesellt der Mutter: Doch wer alles dies für nichtig achtet, trägt die Last des Lebens leicht.«[97] Mit Inzestträumen und all dem ist »nicht leicht zu leben«, das war in der Tat *Freuds* Ansicht. Seine Devise: besser ein Wissen um die Tragik des Lebens als das dumpfe Dahindämmern im Gefängnis der Unwissenheit.

Nicht weniger anregend als die griechischen Dramatiker war für *Freud* die *Philosophie Platons*. In seiner Schrift über den Staat unterscheidet er *drei Seelenteile* – Vernunftseele, Mutseele, Begierdeseele -, die in *Freud*s Instanzenlehre wieder auftauchen. Sehr anschaulich, mit dem nämlichen Bild, das *Freud* gebraucht, schildert *Platon* die Dynamik der Menschenseele. Sie gleiche der »zusammengewachsenen Kraft eines geflügelten Wagengespannes und seines Lenkers«[98]. Der Lenker sei die Vernunft- oder Geistseele, die beiden Rosse verkörperten die zwei anderen Seelenteile, das edlere den muthaften, das unedlere den triebhaften Seelenteil. Ganz ohne Frage komme es darauf an, der Vernunft- oder Geistseele die Zügel in die Hand zu geben. – »Wo Es ist, soll Ich werden«, wo Unbewußtes Bewußtes, sollte *Sigmund Freud*, ganz auf den Spuren *Platons*, propagieren.

Im *Höhlengleichnis*[99] sieht *Platon* den Menschen gekettet an eine Bank, von der aus er nur die Schattenbilder der wahren Gegebenheiten erkennen könne. Aufgabe des Philosophen sei es, den Menschen aus dieser Welt des Scheins und der Abbilder zu befreien und zur Wahrheit zu führen. Die

[96] Vgl. zum Menschenbild der Psychoanalyse: *H. Brunner*, Von der Bibel keine Spur...? Neben der griechischen Mythologie und Philosophie schöpft *Freud* aus vielen anderen Quellen. So läßt sich z. B. eine Verbindungslinie zu Spinoza ziehen. Vgl. *A. H. Wucherer-Huldenfeld*, Beiträge zur Philosophie Sigmund Freuds.

[97] Zit. nach: *L. Pongratz*, Hauptströmungen der Tiefenpsychologie, 76.

[98] Zit. nach: *J. Hirschberger*, Geschichte der Philosophie, Bd. 1, 119.

[99] Vgl. *J. Hirschberger*, Geschichte der Philosophie, Bd. 1, 103f.

Höhle erscheint als das vorweggenommene Bild für den *in seinem Unbewußten gefangenen Menschen.* Die Führung zur *Wahrheit*, das ist auch das Programm der Psychoanalyse.

Bedeutsam für *Freud* war sicherlich auch *Platons* Eros-Lehre. Der *Eros* entspringe der irdischen Armut und der Sehnsucht nach göttlichem Reichtum, sei also ein Konfliktwesen, das über das Nur-Vernünftige hinauswolle. Er entzünde sich an körperlicher Anmut, werde in allem Lieben gesucht und sei Wegweiser zum wahrhaft Guten. *Freud* knüpft daran an, wenn er von der *Sublimierung des Eros* spricht und diesem umgewandelten Trieb die höchsten Blüten der Kunst, Kultur und Menschlichkeit zutraut.

In der *Stoa* fand *Freud* in besonderer Weise seine »Religion«. Bei ihr suchte er Zuflucht in seinen persönlichen Leiderfahrungen. Denn schon sehr früh wurde ihm bewußt, daß er selbst an jenen Krankheiten litt, von denen er seine Patienten zu befreien hoffte: an zwangsneurotischen Symptomen, einem Vater-Trauma, an Bakterienfurcht, an Zahlen-Aberglaube, an Todesahnungen und Nikotinabhängigkeit. Er war sich im klaren darüber, daß er weder psychisch noch charakterlich über seinen Patienten stand.[100] Diesen Gedanken von der gleichartigen Zerrissenheit und Konflikthaftigkeit aller Menschen fand er ebenso in der *Stoa* wie das Vertrauen, auch bei seinen Patienten eine gleichermaßen hochentwickelte *Fähigkeit zum Ausharren und zur Selbstanalyse* annehmen zu dürfen. Die Erfahrung, als Therapeut vom Leiden selbst betroffen zu sein, machte ihn zum Sympathisanten der Leidenden. So ernst nahm er die Verwandtschaft zwischen Patient und Therapeut, daß er meinte, Gegenmaßnahmen (vgl. Gegenübertragung) ergreifen zu müssen, um sich nicht gegenseitig psychisch zu infizieren.[101]

Die stoische Philosophie war ihm Trost bei den Anfechtungen von außen – er blieb zeitlebens ein akademischer Außenseiter –, aber auch von innen – jahrelang hatte er qualvolle Schmerzen auf Grund eines Gaumenkrebses zu ertragen. Bei all dem suchte er sich an einem Spruch *Marc Aurels* aufzurichten: »Du mußt sein wie ein Fels, an dem alle Wogen zerbrechen!«[102] – Affekte sollten sublimiert und damit unschädlich gemacht werden. Auf keinen Fall sollten sie den Menschen davon abhalten, *»Das Seinige zu tun«*, ein Lebensmotto, das bereits über *Platons* »Staat« steht, das die Tugendlehre der *Stoa* widergibt und dem *Freud* sich innerlich verbunden fühlte. »Das Seinige tun« umfasse auch die Weisheit, dem Notwendigen seine Zustimmung nicht zu versagen, ganz so wie es *Seneca* im Aphorismus ausdrückt: »Wenn du einwilligst, führt dich das Schicksal, wenn nicht, zwingt es dich!«

*Freud*s Menschenbild erscheint wie der späte Nachklang auf die helleni-

[100] *Freud* versuchte in verschiedenen »selbstanalytischen« Anläufen, seine psychische Problematik zu bewältigen, so u. a. in »Die Traumdeutung«, wo er den Tod des Vaters verarbeitete; auch der Briefwechsel mit *W. Fließ* trägt selbsttherapeutische Züge. Vgl. *M. Krüll*, Freud und sein Vater.

[101] Vgl. zu *Freuds* Verhältnis zur Stoa: *H. Brunner*, Von der Bibel keine Spur...? 77f.

[102] Ebd. 77.

stische Philosophie. Sie lieferte ihm nicht nur Anregung zu seinem Entwurf der Psychoanalyse, sondern sie war ihm in der stoischen Ausprägung Lebensweisung.

Bis zum letzten, endgültigen Akt hat *Sigmund Freud* seine stoische Lebensphilosophie konsequent gelebt. 1938 mußte er als Jude Wien, wo er 77 Jahre seines Lebens verbracht hatte, verlassen, um nicht Gefahr zu laufen, von den Nazis in ein Konzentrationslager deportiert zu werden. Er ging nach London. Ein knappes Jahr darauf verstarb er. »Am letzten Tag erinnerte *Freud* seinen Arzt an die Bedingungen, unter denen sie ihren Vertrag abgeschlossen hätten: immer die Wahrheit gesagt zu bekommen und *Freud* vor unnötiger Quälerei zu bewahren. Mit seinen letzten Worten wandte sich *Freud* an Schur. ›Sie haben mir damals versprochen, mich nicht im Stich zu lassen, wenn es soweit ist. Das ist jetzt nur noch Quälerei und hat keinen Sinn mehr.‹ Dann bat er darum, seine Tochter Anna zu informieren; all das sagte er in vollem Bewußtsein. Er erhielt eine Injektion Morphium, die nach einem langen Schlaf wiederholt werden mußte, und er starb am 23. September 1939 um 3.00 Uhr morgens.«[103] Etwas Tragisch-heroisches, fast Sokratisches in der Zustimmung zur Notwendigkeit des Todes liegt über diesem Sterben. Und zugleich spiegelt sich darin auch jener latente Hauch von Untröstlichkeit, der *Freuds* Lebenswerk und Menschenbild doch letztlich durchzieht.

(3) Psychoanalyse und Religion

Obschon *Freud* aus einer jüdischen Familie stammte, die mit dem Chassidismus in Verbindung stand, und er in seiner Kindheit durch ein katholisches Kindermädchen mit den religiösen Vorstellungen des einfachen Volkes in Berührung kam, ist er praktisch areligiös aufgewachsen. Religiöse und theologische Fragestellungen blieben ihm deshalb auch zeitlebens fremd, wie er selbst bekennt. Religion ist für *Freud* nicht anders denkbar denn als *Religion des einfachen Mannes und Bürgers*. Daß ihm hier bei den kleinen und großen Leuten oft genug nur Zerrbilder und Deformationen eigentlicher jüdisch-christlicher Religiosität begegneten, hielt ihn nicht davon ab, von hier aus auf das Wesen aller Religion zu schließen, ganz so, wie er am kranken Seelenleben auch das Wesen der psychischen Gesundheit ablesen zu können meinte. Für ihn gibt es nur eine Religion, und die diagnostiziert er als *krankmachend*. Sie täusche den Menschen über den »wahren« Sachverhalt seines Lebens hinweg und bedürfe deshalb der Überwindung durch »Aufklärung«.[104] An die Stelle der Religion habe die Vernunft zu tre-

[103] *M. Grotjahn/J.V. Scheidt*, Freud im Spiegel seiner Biographen, 219.

[104] *Freuds* Menschenbild bezieht neben dem Humanismus platonischer und stoischer Prägung wesent-

ten, vorzüglicher Weg dazu sei die Wissenschaft, allen Disziplinen voran die Psychoanalyse.[105]

Bereits in »Zur Psychopathologie des Alltagslebens« (1904) erklärt er mit Entschiedenheit: »Ich glaube in der Tat, daß ein großes Stück der mythologischen Weltauffassung, die weit bis in die modernen Religionen hinein reicht, nichts anderes ist als in die Außenwelt projizierte Psychologie«.[106] Die Religiosität weise *Ähnlichkeiten mit der Neurose und Paranoia* auf. In »Zwangshandlungen und Religionsübungen« (1907) präzisiert *Freud* das neurotische Element der Religion mit dem *Symptom des Zwanges*. Er neige dazu, so äußert er, »die Zwangsneurose als pathologisches Gegenstück zur Religionsbildung aufzufassen, die Neurose als eine individuelle Religiosität, die Religion als eine universelle Zwangsneurose zu bezeichnen.«[107] Damit waren die entscheidenden Weichen gestellt: Von der Kennzeichnung der Religion als Zwangsneurose führt der Weg hin zur These, die Entstehung der Religion verdanke sich individuell wie kollektiv einem *»Vater-Komplex«*.

In »Totem und Tabu« (1912)[108] rekonstruiert *Freud* einen abenteuerlichen *Urzeitroman*, mit dem er glaubte die Entstehung der Religion und Sittlichkeit erklären zu können. Die urzeitliche Menschheit habe in Horden unter der Herrschaft eines tyrannischen Ur-Vaters gelebt. Ihm allein gehörten alle Frauen der Horde. Die Söhne dagegen mußten sich ihre Frauen außerhalb suchen, sie wurden vom Urvater vertrieben, ja kastriert oder auch umgebracht. Eines Tages taten sich die ausgeschlossenen Söhne zu einem Männerbund zusammen, erschlugen den Vater und verzehrten ihn. Nach der Tat überkamen sie jedoch Schuldgefühle, worin ihre bei allem Haß ebenfalls vorhandene Liebe zum Vater durchbrach. Infolge der nachträglich erkannten Liebe zum Vater trafen sie eine Übereinkunft, die das Inzesttabu enthielt; sie sollten nur noch Frauen außerhalb des Clans heiraten dürfen. Die Vatertötung feierten sie alljährlich durch eine Totenmahlzeit, wo das Totemtier als Erinnerungssymbol an den geliebten (und gehaßten) Vater verzehrt wurde. Das Totemtier genoß über das Jahr hindurch göttliche Verehrung.

Mit dieser »Ätiologie«[109] meinte Freud deutlich machen zu können, daß

liche Anregungen aus der Philosophie der Aufklärung. Vgl. *E. Fromm*, Sigmund Freuds Sendung, 174. – *R. Bock*, Psychoanalyse, 116.

105 Vgl. *J. Rattner*, Tiefenpsychologie und Religion, 11–48. – *H. Küng*, Freud und die Zukunft der Religion.

106 *S. Freud*, Gesammelte Werke, Bd. IV, 287.

107 *S. Freud*, Gesammelte Werke, Bd. VII, 138.

108 *S. Freud*, Gesammelte Werke, Bd. IX.

109 *H. Thielicke*, Mensch sein – Mensch werden, 451, kritisiert *Freuds* Fixierung auf die Frage nach der Psychogenese: »Die Erklärung aus dem Woher statt eines Verstehens aus dem Wozu führt aber stets zur Verfehlung der anthropologischen Pointe, weil so der Mensch aus jenen Bezügen gelöst wird, die ihn zum Subjekt einer Entscheidung machen.«

der später erdachte Gott des Monotheismus »der in den Himmel erhobene Urvater«[110] sei. *Angst und Schuldgefühle* prägten die Einstellung zu ihm. In der *Erbsündenlehre* des Judentums und Christentums scheine das »Urverbrechen« gewissermaßen verschleiert auf, der Opfertod Christi als Sühneleistung gehe daraus als religiöse Idee hervor. Im Christentum sei es dadurch, angeregt vor allem durch *Paulus*, zu einer Umwandlung von der Vaterreligion zu einer Sohnesreligion gekommen. So werde im *Abendmahl* der christlichen Kirchen totemistisch an die Tötung des Vaters und die Sühne durch den Sohn erinnert. Die Juden dagegen, die sich dieser Entschuldung nicht anschlossen, stünden in den Augen der Christen als die doppelten Gottesmörder da, auf die die christlichen Gesellschaften in einer zweitausendjährigen Verfolgungsgeschichte alle eigene Schuld und Destruktivität glaubten abwälzen zu können.[111]

Letztlich mündet die These über die Entstehung der Religion in die *Annahme eines universellen Ödipuskomplexes*, wie *Freud* selbst abschließend bemerkt: »So möchte ich zum Schluß dieser mit äußerster Verkürzung geführten Untersuchung das Ergebnis aussprechen, daß im Ödipuskomplex die Anfänge von Religion, Sittlichkeit, Gesellschaft und Kunst zusammentreffen, in voller Übereinstimmung mit der Feststellung der Psychoanalyse, daß dieser Komplex den Kern aller Neurosen bildet, so weit sie bis jetzt unserem Verständnis nachgegeben haben. Es erscheint mir als eine große Überraschung, daß auch diese Probleme des Völkerseelenlebens eine Auflösung von einem einzigen Punkte her, wie es das Verhältnis zum Vater ist, gestattet sollten.«[112] Im Ödipuskomplex verschmelzen für *Freud* die Anfänge von Neurose und Religion.

Eine weitere Quelle der neurotischen Religion und der religiösen Neurose sieht *Freud* neben dem Ödipuskomplex im *»Elternkomplex«* des kleinen, hilflosen Kindes, das von Vater und Mutter getröstet werden will: »Im Elternkomplex erkennen wir ... die Wurzel des religiösen Bedürfnisses, der allmächtige, gerechte Gott und die gütige Natur erscheinen uns als großartige Sublimierungen von Vater und Mutter, viel mehr: als Erneuerungen und Wiederherstellungen der frühkindlichen Vorstellungen von beiden. Die Religiosität führt sich biologisch auf die langanhaltende Hilflosigkeit und Hilfsbedürftigkeit des kleinen Menschenkindes zurück, welches, wenn es später seine wirkliche Verlassenheit und Schwäche gegen die großen Mächte des Lebens erkannt hat, seine Lage ähnlich wie in der Kindheit empfindet und deren Trostlosigkeit durch regressive Erneuerung der infantilen Schutzmächte zu leugnen sucht.«[113] Die *Kränkung des natürlichen Narzißmus*

[110] Zit. nach: *J. Rattner*, Tiefenpsychologie und Religion, 17.
[111] Diesen Religionsvergleich stellt *Freud* u. a. in: Der Mann Moses und die monotheistische Religion (1939), Gesammelte Werke, Bd. XVI, an.
[112] *S. Freud*, Gesammelte Werke, Bd. IX, 188.
[113] *S. Freud*, Gesammelte Werke, Bd. XIII, 195.

durch Krankheit, Unglück, Leid und Tod wird demnach durch die Religion »illusionär«, d. h. durch die Flucht in eine *Wahnvorstellung* von einer übermenschlichen Schutzmacht sublimiert. Der »Vater im Himmel« erlaube in infantiler Weise den Traum von einem geschützten Leben weiterzuträumen, individuell wie kollektiv. Aber letztlich sei dieser Traum ein »Wahngebilde«, das die Menschen zum Zweck eines *»Narkoseglücks«* errichtet hätten.[114] Gewiß gelinge es der Religion, indem sie die Menschen in ihr kollektives System einbeziehe, ihnen gelegentlich die individuelle Neurose zu ersparen, aber die »Technik der Religion« bestehe darin, »den Wert des Lebens herabzudrücken«.[115] So käme es darauf an, das religiöse Stadium in der personalen wie gesellschaftlichen Entwicklung hinter sich zu lassen.

In seiner populären Altersschrift »Die Zukunft einer Illusion« (1927), wo er diese Idee von der religiösen Selbsttäuschung näher ausfaltet, beschwört er ein Heilmittel gegen die Religion: die *Aufklärung durch Wissenschaft*, denn »unsere Wissenschaft ist keine Illusion. Eine Illusion aber wäre es zu glauben, daß wir anderswoher bekommen könnten, was sie uns nicht geben kann.«[116] Unsere Zeit, die immer mehr auch die Negativfolgen der Aufklärung durch Wissenschaft zu spüren bekommt, ist da um einiges skeptischer geworden.

In den letzten Jahren beschäftigte sich *Freud* eigentümlicherweise mit der biblischen Gestalt des *Mose*. Bereits 1914 hatte er in »Der Moses des Michelangelo«[117] diesen als Heldenfigur gezeichnet, der »verächtlich-zürnend« auf ein »imaginäres Gesindel« blicke, »das nicht warten und nicht vertrauen will, und jubelt, wenn es die Illusion des Götzenbildes wieder bekommen hat«.[118] *Josef Rattner*[119] interpretiert diese Mosedarstellung *Freud*s als autobiographisch. *Freud* selbst empfinde sich als der große Gesetzgeber, der die Tafeln des reinen Gesetzes in einsamer Forscherarbeit gemeißelt habe. *Adler* und *Jung* dagegen, die jungen Apostaten der Psychoanalyse, gäben sich mit dem Publikumsgeschmack zufrieden.

[114] Den Projektionsvorwurf gegenüber der Religion weist *H. Zahrnt* mit dem Gedanken zurück, daß Projektion nicht eine Nicht-Existenz der dahinterstehenden Wirklichkeit aussage. Er empfiehlt, tiefer nach der unausrottbaren Gottessehnsucht und Transzendenzbereitschaft des Menschen, die sich in der Projektion zu Wort meldet, zu fragen: »Für den christlichen Glauben gründet diese Transzendenzbereitschaft des Menschen darin, daß Gott den Menschen nach seinem Bilde geschaffen hat (1 Mose 1,27). Nur darum ist der Mensch überhaupt fähig, Bilder von Gott zu entwerfen, die einige Aussicht auf Analogie besitzen«: *H. Zahrnt*, Gott kann nicht sterben, 89. – Vgl. auch: *Ch. Kolbe*, Heilung oder Hindernis, 18–71.

[115] Auf die Religion bezogen äußert *Freud*: »Ihre Technik besteht darin, den Wert des Lebens herabzudrücken und das Bild der realen Welt wahnhaft zu entstellen, was die Einschüchterung der Intelligenz zur Voraussetzung hat. Um diesen Preis, durch gewaltsame Fixierung eines psychischen Infantilismus und durch Einbeziehung in einen Massenwahn gelingt es der Religion, vielen Menschen eine individuelle Neurose zu ersparen.« In: Das Unbehagen in der Kultur (1930), Gesammelte Werke, Bd. XIV, 443.

[116] *S. Freud*, Gesammelte Werke, Bd. XIV, 380.

[117] *S. Freud*, Gesammelte Werke, Bd. X.

[118] *S. Freud*, Gesammelte Werke, Bd. X, 175.

[119] *J. Rattner*, Tiefenpsychologie und Religion, 42.

In »Der Mann Moses und die monotheistische Religion« (1939)[120] wird das Mosethema erneut aufgegriffen. Hier zeigt sich immer deutlicher, daß diese Figur für *Freud* eine *selbstanalytische Funktion* gewonnen hatte. Mose wird als Prototyp eines Urvaters gesehen, der verhaßt und geliebt zugleich von den Israeliten getötet worden sei. Seine Leistung bestünde darin, die Lehre Echnatons – den Ein-Gott-Glauben – aus Ägypten herausgetragen zu haben. Zu diesem Schluß kommt *Freud*, indem er die biblischen Texte gleich einem kollektiven Traum deutet. Mehr aber als an religionsgeschichtlicher Rekonstruktion war *Freud* an etwas anderem interessiert. Er schuf sich in diesem »Moseroman«, wie er das Buch nannte, seinen eigenen Mythos, mit dem er hoffte, angesichts des heraufziehenden Genozids seine Identität als Jude bestimmen zu können. *Mose* und *Sigmund Freud* verschmelzen zu einer Einheit. *Rattner* kommentiert: »Sein ›Familienroman‹ griff nach den Sternen und begnügte sich nicht damit, die Familienkonstellation ein wenig zu korrigieren; die Deszendenzlinie mußte schon bis zu *Echnaton* und *Mose* hinaufführen, um den heroischen Ansprüchen dieser hochgespannten Seele einigermaßen Genüge zu tun.«[121]

So begegnen wir in den Altersschriften einem Agnostiker, der in seltsamer Widersprüchlichkeit einerseits daran festhält, Religion müsse durch Aufklärung überwunden werden, und der andererseits gerade zur Deutung der eigenen Existenz ausgerechnet die religiöse Übertragungsfigur sucht, in der er sich am besten wiederzufinden glaubt.

(4) Der Beitrag der Psychoanalyse für eine diakonisch-heilende Seelsorge

1. Die Rezeption fand nicht statt

Die unverhohlen geäußerte *Religionskritik Sigmund Freuds* stellte gewiß das größte Hindernis dar, seinen Entwurf in der kirchlichen Theologie und Seelsorge zu rezipieren. Einer der ersten, der sich vom Aufschrei der in ihrem religiösen Selbstverständnis durch die Psychoanalyse Gekränkten nicht anstecken ließ, war der Schweizer Pfarrer *Oskar Pfister*. Er erkannte, daß in der *Freud*schen Darstellung von Religion eine in allzu vielem zutreffende Beschreibung der Zerrformen und Deformationen des Glaubens vorlag, die es verdiente, zur Kenntnis genommen zu werden. Die Psychoanalyse schien ihm ein Weg, Menschen zu einer *geläuterten Religiosität* und damit zur größeren Fülle des Glaubens zu führen. *Pfisters* über dreißig Jahre hinweg dauernder, von freundschaftlicher Verbundenheit getragener Briefwechsel mit *Sigmund Freud* zeigt zwar, wie gründlich

[120] *S. Freud*, Gesammelte Werke, Bd. XVI.
[121] *J. Rattner*, Tiefenpsychologie und Religion, 48.

Freud – von *Pfister* immer wieder liebevoll bis hartnäckig auf sein »anonymes Christsein« angesprochen – seine psychoanalytische Methode mißverstand als ein neutrales, nur der strengen Wissenschaft verpflichtetes »unparteiisches Instrument, dessen sich der Geistliche wie der Laie bedienen kann, wenn es nur im Dienste der Befreiung Leidender geschieht. Ich bin sehr frappiert, daß ich selbst nicht daran gedacht habe, welche außerordentliche Hilfe die psychoanalytische Methode dem Seelsorger leisten kann, aber es geschah wohl, weil mir als bösem Ketzer der ganze Vorstellungskreis so ferne liegt«.[122] Aber trotz der z. T. naiven und fragwürdigen Züge, die die *»Analytische Seelsorge« Pfisters* trug, umreißt sie die Chancen und Möglichkeiten, die für Theologie und Seelsorge in der Psychoanalyse liegen. *Freud*s Diktum freilich, »Was wir so treiben, ist Seelsorge im besten Sinn«[123], mußte zunächst kirchlichen Seelsorgern vielfach als Hohn erscheinen. Erst in den letzten Jahren hat sich ein entkrampfteres, wenngleich von Turbulenzen nicht ungetrübtes Verhältnis von Psychoanalyse und Seelsorge bzw. Theologie eingestellt, das jedoch von einem wirklichen Dialog noch weit entfernt ist.

Wie bereits im Zusammenhang mit der Geschichte der Pastoralpsychologie angedeutet, erweckten insbesondere *lehramtliche Stellungnahmen* den Eindruck, daß ein Dialog mit der atheistischen und spätaufklärerischen Psychoanalyse für Christen nicht führbar sei. Bei genauer Hinsicht zeigt sich jedoch, daß etwa die Erklärungen *Pius XII.*[124] aus den Jahren 1953 und 1958 Psychoanalyse nicht durchweg ablehnen, sondern »nur taxativ die Bedingungen einer erlaubten Verwendung der Analyse aufzählen«.[125] Auch das Monitum s. officii von 1961, von *Johannes XXIII.* erlassen, betrifft eher disziplinäre Randfragen und kann nicht als prinzipielle Absage an die Psychoanalyse ausgelegt werden, wenngleich aus bestimmten Interessen heraus immer wieder so verfahren wird.

Für den kirchlichen Umgang mit Psychoanalyse und Psychologie bilden die Äußerungen des *Zweiten Vatikanischen Konzils* eine verläßliche und gediegene Basis. Hier wird den »menschlichen Künsten und Wissenschaften in ihrem Bereich eine rechtmäßige Eigengesetzlichkeit«[126], also auch der Psychoanalyse, zugestanden. Für sie gilt in gleicher Weise, was das Konzil insgesamt von der Psychologie sagt: »In der Seelsorge sollen nicht nur die theologischen Prinzipien, sondern auch die Ergebnisse der profanen Wissenschaften, vor allem der Psychologie und Soziologie, wirklich beachtet und angewendet werden...«, um zu »einem reineren und reiferen Glau-

[122] *S. Freud/O. Pfister*, Briefe 1909–1939, 13. – Vgl. auch: *H. Wahl*, Therapeutische Seelsorge als Programm und Praxis, 419.
[123] *S. Freud*, Gesammelte Werke, Bd. XIV, 293.
[124] AAS 1953, 278–286; 1958, 268–282.
[125] *G. Griesl*, Psychoanalyse und beratende Seelsorge, 109.
[126] Gaudium et spes, 59.

bensleben« zu kommen.[127] Dies sollte auch nicht vergessen werden, wenn in der Kontroverse um eine tiefenpsychologische Interpretation der Bibel jeglicher Wert der psychoanalytischen Theorie für Theologie und Seelsorge insgesamt von manchen Theologen stark bezweifelt wird.[128]

Fragen wir also mit jener Gelassenheit, die die Konzilsväter vor gut zwanzig Jahren aufbrachten, worin der Beitrag der Psychoanalyse für Theologie und Seelsorge liegen könnte? Um ihn zu entdecken, ist es wohl nötig, mit der Bereitschaft, sich selbst in seiner Glaubensgestalt und Glaubenspraxis anfragen zu lassen, an die Psychoanalyse heranzugehen. Solche Begegnung mag schmerzlich, ja eine narzißtische Kränkung bedeuten[129], aber alles Heilsame führt diesen Geschmack mit sich, das war schon die Erfahrung des Volkes Gottes, die es mit der Botschaft der Propheten machen mußte, das ist bei modernen Propheten nicht anders. Nach einem Diktum des evangelischen Psychoanalytikers *Joachim Scharfenberg* gehört der Entwurf *Sigmund Freuds* zweifellos zu den großen »Fremdprophetien«[130] für Christen und Seelsorger heute.

2. Diagnose pathogener Religiosität

Freuds narzistische Kränkung des religiösen Bewußtseins besteht wohl zuallererst darin, daß er schonungslos den Schleier der Täuschung von Haltungen, Praktiken, Gewohnheiten und Pflichtübungen zieht, die sich als »religiös« ausgeben, aber allzuoft nur (zwangs-)neurotische Ritualisierungen und Abwehrformen darstellen.[131] So mag sich in manchem ritualisierten Schuldbekenntnis mehr Verdrängung und Abwehr von Schuld ereignen als wirkliche Bereitschaft zur Umkehr, die ja im Licht wahrer Gläubigkeit darin besteht, Gott zuzutrauen, daß er auch dem Sünder Ansehen gibt.

Was *Freud* kritisiert, ist eine *Religion mit katastrophalen Folgen*, wo der Name Gottes zur Rechtfertigung für Gewalt gegen Andersdenkende her-

[127] Gaudium et spes, 62.

[128] Vgl. dazu die Auseinandersetzung um *E. Drewermann*, z. B.: *G. Lohfink/R. Pesch*, Tiefenpsychologie und keine Exegese.

[129] *Freud* selbst attestiert seiner Psychoanalyse die Funktion einer epochalen Kränkung, vergleichbar mit den Entdeckungen *Kopernikus'* und *Darwins*. Durch *Kopernikus* mußte der Mensch zur Kenntnis nehmen, daß die Erde nicht der Mittelpunkt des Weltalls, sondern ein unscheinbares Staubkorn im unendlichen Kosmos sei. *Charles Darwin* habe den Menschen zu einem Vetter des Affen degradiert. »Die dritte und empfindlichste Kränkung aber soll die menschliche Größensucht durch die heutige psychologische Forschung erfahren, welche dem Ich nachweisen will, daß es nicht einmal Herr ist im eigenen Hause, sondern auf kärgliche Nachrichten angewiesen bleibt, von dem, was unbewußt in seinem Leben vorgeht.« In: *S. Freud*, Gesammelte Werke, Bd. XI, 294f.

[130] *E. Nase/J. Scharfenberg* (Hrsg.), Psychoanalyse und Religion. – Vgl. dazu: *H. Wahl*, Therapeutische Seelsorge als Programm und Praxis, 419.

[131] Vgl. zu den Formen pathologischer Religiosität: *W. Rebell*, Psychologisches Grundwissen für Theologen, 159ff. – *I. Baumgartner*, Psychologie und Glaube, 330f.

halten muß, wo Religion zum Disziplinierungsinstrument in den Händen von Machthabern verkommt, wo Gott nur ein anderer Name für ein strenges, knechtendes Über-Ich ist.

Freuds Religionskritik ist für Christen nicht einfach damit abzutun, daß er ja eine ganz und gar unzutreffende Vorstellung vom Wesen des Glaubens erkennen lasse. Ihm ging es nicht um das theologische Gedankengebäude, sondern um die real existierende Religion seines Kindermädchens und seiner Haushälterin. Diese Religion der kleinen Leute, aber auch der »Bürger« legt er auf die psychoanalytische Couch und diagnostiziert sie in manchen Aspekten als Feind geglückten Lebens, als pathogen. Er klagt nicht den »religiös Kranken« an, sondern ein bestimmtes System von Religion, das krank macht. Seine Religionskritik ist ein Plädoyer gegen jegliche Form kränkender Seelsorge.

3. Kritik repressiver religiöser Erziehung

Besondere Aufmerksamkeit widmet die psychoanalytische Religionskritik der *religiösen Erziehung*. Es ist zweifellos ihr Verdienst, bestimmte Formen religiöser Erziehung ihres inhumanen Charakters überführt zu haben. Sie erinnert damit Christen daran, daß die Worte und Symbole des Glaubens mißbrauchbar sind zur Unterdrückung von Kinderseelen, zur elterlichen und pastoralen Machtausübung, ja daß sie Menschen in gravierenden Fällen in die »religiöse Neurose«[132] und – was eben so schlimm ist – in den »Religionsverlust«[133] treiben können. Die Psychoanalyse mahnt damit ein, was erfahrene Eltern und Seelsorger schon immer beachtet haben, daß die religiöse Personwerdung mit der seelischen Personwerdung aufs engste verknüpft ist. Gleichzeitig fordert sie Christen auf zum »Erinnern, Wiederholen, Durcharbeiten« ihrer religiösen Verletzungsgeschichte.

Aufsehen erregte vor einigen Jahren die religiöse Selbstanalyse des Psychoanalytikers *Tilman Moser*, niedergelegt in seinem Buch *»Gottesvergiftung«*.[134] Sie sprach – wie das Echo darauf zeigte – nicht wenigen Menschen aus der Seele. In einer dramatisch-anklagenden Weise rechnet der Autor mit seiner religiösen Erziehung und mit seinen Eltern – ein »frommes« evangelisches Pastorenpaar – ab. Er schleudert Gott, den man ihm in den Kindertagen andressiert hat, seinen Zorn vor die Füße. So tief reicht

[132] Vgl. *E. Schätzing*, Die ekklesiogenen Neurosen. – *A. Görres*, Pathologie des katholischen Christentums. – *Ders.*, Kennt die Psychologie den Menschen? – *H. Hark*, Religiöse Entwicklung und psychische Schwierigkeiten. – *Ders.*, Religiöse Neurosen, 55–61.

[133] Vgl. *E. Ringel/A. Kirchmayr*, Religionsverlust durch religiöse Erziehung. – *G. Virt/A. Biesinger*, Religionsgewinn durch religiöse Erziehung.

[134] *T. Moser*, Gottesvergiftung. – Vgl. auch die ähnlich »zornigen« religiösen Autobiographien: *D. Scherf* (Hrsg.), Der liebe Gott sieht alles. – *N. C. Kaser*, erstkommunion oder die gewaltsame begegnung mit gott.

seine »Gottesvergiftung«, daß er trotz des Erkennens, daß Gott bei ihm mißbraucht wurde für Erbarmungslosigkeit, Sadismus, Lebensfeindlichkeit, Familienkitt und Beziehungsersatz, von Gott nichts mehr wissen will: »Es ist ungeheuerlich, wenn Eltern zum Zwecke der Erziehung mit dir paktieren, dich zu Hilfe nehmen bei der Einschüchterung wie bei der Vermittlung fiktiver Geborgenheit. Es ist genauso ungeheuerlich, wie wenn dich Herrschende zu Hilfe nehmen bei der Knechtung ihrer Völker. Aber deine Geschichte ist ja nichts anderes als die Geschichte deines Mißbrauchs. Du bist ein Geschöpf des Mißbrauchs menschlicher Gefühle. Ich weiß, das haben dir inzwischen viele gesagt, ich will es trotzdem noch einmal vor dich hinschleudern, weil ich weiß, wie viele gleich mir noch immer an dir leiden. Für viele meiner Generation bist du jedenfalls immer noch die Quelle gebrochener Unterwürfigkeit und quälender Selbstzweifel, auch wenn sie es schon gar nicht mehr wissen ...[135] Du mußt dir jetzt andere zur Wohnung suchen, weil ich ohne den ungebetenen Gast weiterleben möchte und meinen inneren Raum vielleicht für Menschen brauche, denen ich, neben dir und mir, zu wenig Platz gelassen habe.«[136]

4. Klärung des Gottesbildes

Tilman Moser und mit ihm die psychoanalytische Religionskritik stellt ein *Gottesbild* in Frage, das nichts anderes enthält als den *ins Jenseits projizierten autoritären Vater*, der dann als dämonisches Über-Ich, als Ober-Kontrolleur über die Fehltritte des Menschen unerbittlich wacht und Buch führt. In der vehementen Ablehnung eines solchen Gottesbildes, das die Gottesvergiftung zeitigt, kann auch der Glaube deutlicher erkennen, daß Gott nicht identifiziert werden darf mit den realen Vätern.[137] Wie in der mitmenschlichen Beziehung bedarf es dann auch in der Gottesbeziehung des Hinauswachsens über das Stadium der Übertragungen. Die psychoanalytische Kritik fordert somit auf, in Gott auch Nichtväterliches, also auch *mütterliche und geschwisterliche Züge* zu entdecken. Sie legt sogar nahe zu fragen, ob nicht die Gottesbeziehung das Stadium familiärer Übertragung insgesamt, also auch das Bild vom mütterlichen und geschwisterlichen Gott übersteigen müßte, weil sonst Gott immer wieder nur regressiv, als Ersatzfigur der Kindheit, erkannt werden könne.

Jesu Wort »Wer Vater oder Mutter mehr liebt als mich, ist meiner nicht würdig« (Mt 10,37) wäre dann so zu verstehen, daß wir in Gott jenes Du zu suchen haben und finden können, das alle mitmenschlichen, sogar familiä-

[135] *T. Moser*, Gottesvergiftung, 46.
[136] Ebd. 98.
[137] Vgl. zum Verhältnis Vaterbild – Gottesbild und zur Entwicklung des Gottesbildes: *B. Grom*, Religionspädagogische Psychologie des Kleinkind-, Schul- und Jugendalters, 343–359.

ren Beziehungsstrukturen und Beziehungserneuerungen transzendiert. Die psychoanalytische Kritik fragt Christen an, ob sie von Gott nicht zu gering denken, wenn sie sich ihn nur in den übertragungsanfälligen Begriffen von Vater und Mutter vorstellen können. Sie regt an, zu einer Gottesbeziehung eigener Qualität voranzuschreiten, wo Gott, im Gegensatz zu dem ambivalenten Eltern-Du, als das in jeder Hinsicht gute und verläßliche Du gesehen wird. Unsere Gottsuche ginge demnach, psychoanalytisch betrachtet, solange in die Irre, als sie Gott nur als Vater oder Mutter kennt, sie landet unweigerlich bei einem Vater- und Muttterersatz der ödipalen Kindheit. Es ginge folglich darum, Gott als jenes »Du« zu entdecken, zu dem unsere Beziehungssehnsucht, zum Ausdruck gebracht in Vater- und Mutter-Sehnsucht, letztlich hinzielt und in unverfälschter Weise Antwort bekommt. Diesem Gott kann man dann, »wenn man Vater und Mutter um seinetwillen verlassen hat«, wieder mit Jesus »Vater« nennen, weil sich in dieser, unsere Beziehungsbedürftigkeit schlechthin symbolisierenden Anrede dann nicht mehr nur die Sehnsucht nach dem realen Vater, auch nicht nach der Mutter, spiegelt, sondern nach jenem absoluten Du, dem unser »unruhiges Herz« zustrebt.

5. Psychoanalytische Seelsorge

Der Wert der Psychoanalyse besteht für die *Pastoral* unzweifelbar im besonderen Maß in den ganz praktischen Anregungen für die seelsorgliche Beratung und Begleitung sowie für die pastorale Beziehungsgestaltung insgesamt. Es wäre wünschenswert, möglichst viele Seelsorger hätten gediegene Kenntnisse über das, was im Zusammenspiel von *Übertragung und Gegenübertragung* sich ereignet, was in unbewußten Äußerungsformen an seelischer Not zu Tage tritt, was *neurotische Symptome* anzeigen, was die besonderen *kindlichen Entwicklungsphasen* an erzieherischer und religionspädagogischer Antwort verlangen, in welcher *symbolischen Sprache* sich Angst, Schuld, Tragik, aber auch Heilung aussprechen und darüber, wie vieles von der Wahrheit des Lebens abgewehrt wird. Die Psychoanalyse könnte in der Tat jene »Seelenlosigkeit« überwinden, die aus manchen pastoralen Programmen und theologischen Entwürfen spricht, wo die Psyche des Menschen nicht selten auf Wille und Verstand reduziert wird. Seelsorger und Christen könnten von ihrem »Symbolwissen« wieder lernen, sensibel zu werden für die Zeichen des Glaubens, denn wie keine andere Psychologie und Wissenschaft lehrt die Psychoanalyse den *Blick hinter die Dinge und Fakten*, ein Anliegen, das sie zum Verbündeten der Seelsorge machen müßte, auch wenn beide Unterschiedliches hinter der vordergründigen Wirklichkeit erkennen.

Eine diakonisch-heilende Seelsorge »more psychoanalytico« könnte der Pastoral wieder *Kompetenz in den entscheidenden Lebensaporien* der Menschen zurückgeben.[138] Es geht dabei nicht um eine Konkurrenz zur professionellen Psychoanalyse, viel eher ist bei einer psychoanalytisch orientierten Seelsorge an alltägliche pastorale Begegnungssituationen in der Jugendgruppe, im Pfarrgemeinderat, in der Schulklasse oder bei der Geburtstagsfeier zu denken, wo man etwas von der »gleichmäßig schwebenden Aufmerksamkeit« und von der »identifikatorischen Erkenntnis« praktizieren kann, von der die Psychoanalyse spricht. Psychoanalytische Seelsorge meint auch alltägliche Gespräche des Seelsorgers, wo er behutsam Übertragungen berücksichtigt und wo er die »Abstinenzregel« beherzigt, was soviel wie Verzicht auf deplazierte Bekehrungsversuche heißt. *Rainer Kunze*[139] schildert ein solches im psychoanalytischen Sinn abstinentes Pfarrhaus als Ort, wo man sein »darf« und nicht beten »muß«:

»Wer da bedrängt ist findet
mauern, ein
dach und
muß nicht beten«

Solche menschliche und »sympathische« Seelsorge läßt sich von der Psychoanalyse durchaus lernen, darüber hinaus werden sich hoffentlich immer wieder seelsorglich besonders begabte, mit dem Charisma des Therapeuten ausgestattete Seelsorger finden, die in der Lage sind, in differenzierter Weise Menschen bei besonderen seelischen Störungen mit den Mitteln der Psychoanalyse zu helfen, so daß Gott in ihrem Leben aufscheinen kann.

6. Psychoanalytische Schriftauslegung

Ein neuerdings besonders aktuelles Feld psychoanalytischer Wirkungsgeschichte ist die *Exegese* der Heiligen Schrift.[140] Ohne auf diese Kontroverse hier einzugehen, ist zu fragen: Was sollte daran verkehrt sein, von Erfahrungen her, die in Psychotherapie und therapeutischer Seelsorge gemacht werden, die Bibel zu lesen? Warum sollte sie dadurch nicht auch und in einer heute vielleicht besonders dringlichen Weise zum Sprechen gebracht werden? Wird damit nicht dem Wort Gottes wieder der existentielle Ernst verliehen, den viele Menschen in manch anderen Auslegungen schmerzlich vermissen?

Was sollte verkehrt daran sein, bei solcher Auslegung mit dem »Traum«, d. h. bei den Bildern und Symbolen der Psyche zu beginnen, in dem Wissen, daß Erfahrungen der Angst und der Erlösung nicht einfach nur als historische Protokolle zu Papier gebracht werden könnten? Was spricht überzeu-

[138] Vgl. *H. J. Thilo*, Beratende Seelsorge. – *K. Winkler*, Tiefenpsychologisch orientierte Seelsorge. – *J. Schwermer*, Den Menschen verstehen, 69–78.
[139] *R. Kunze*, Die wunderbaren Jahre, 171.
[140] Gemeint ist vor allem die Kontroverse um *Eugen Drewermann*.

gender für die »Wahrheit des Glaubens«, bei solcher Auslegung entdekken zu können, daß die Bilder der Bibel genau auf unsere tiefenseelischen Urfragen antworten und daß in sie unendlich viel von den Urerfahrungen der Menschheit eingeschmolzen ist? Nirgendwo behauptet eine tiefenpsychologische Exegese, daß an die Stelle des Kreuzes der »Ödipuskomplex« zu setzen sei. Im Gegenteil, indem sie mit den Mitteln der Psychoanalyse die Bibel interpretiert, betreibt sie gerade auch *Kritik der Psychoanalyse* und weist sie auf ihre Grenzen hin. Sie lädt ein, nicht die tragische Botschaft der Psychoanalyse, sondern die Frohe Botschaft von der Überwindung aller menschlichen Tragik in Jesus Christus zu vernehmen und zu ergreifen.

7. Grenze und Weg der Rezeption

Damit sind wir bei den *Grenzen* der Psychoanalyse für die Seelsorge angelangt. Sie liegen zweifellos in der Richtung von *Freud*s *Menschenbild*. Wir haben erörtert, daß es nicht frei ist von Reduktionen, ideologischen Verzerrungen und daß es, bei allem Wahrheitsethos, die tragisch-heroische Zustimmung zu einem blinden Schicksal predigt. Als Inbegriff eines solchen Menschenbildes kann der *»Ödipuskomplex«* gelten, wo unter Rückgriff auf einen antiken Mythos dem gekränkten Menschen heute nahegelegt wird, wie der Held der Sage alle Zerrissenheit und alle Tragik bis in den Tod hinein auszuhalten, weil das eben das Geschick des Menschen immer schon gewesen sei und sein werde. Es bliebe ihm gar nichts anderes übrig, gleich Ödipus Schicksal und Schuld durch die Eiswüste unserer Erdentage zu ertragen.

Mit diesem Menschenbild kann sich der christliche Glaube nicht anfreunden. Der Ödipuskomplex als letztes Interpretament menschlicher Existenz fordert den Widerspruch heraus. Der Christ wird an die Stelle des antiken Mythos aus seinem Lebenswissen heraus *Christus, den Gekreuzigten*, setzen. In Tod und Auferstehung Jesu Christi weiß er alle Tragik, alle Verlassenheit und Todesinfiziertheit überwunden. Diesen entscheidenden Einspruch des Kreuzes gegen die Tragik des Ödipusmythos hat im übrigen der erste psychoanalytisch orientierte Seelsorger, Pfarrer *Oskar Pfister*, bereits an die Psychoanalyse herangetragen.[141]

Joachim Scharfenberg hat die Anregung *Pfisters* aufgegriffen und ausdifferenziert. Er liefert in seinem Entwurf einer Pastoralpsychologie eine für Seelsorger akzeptierbare Rezeption der Psychoanalyse. Auf sie sei zum Schluß dieses Abschnitts kurz hingewiesen. *Scharfenberg* erkennt in der Psychoanalyse einen »fünfgliedrigen hermeneutischen Zirkel«:

[141] Vgl. *J. Scharfenberg*, Einführung in die Pastoralpsychologie, 40f.

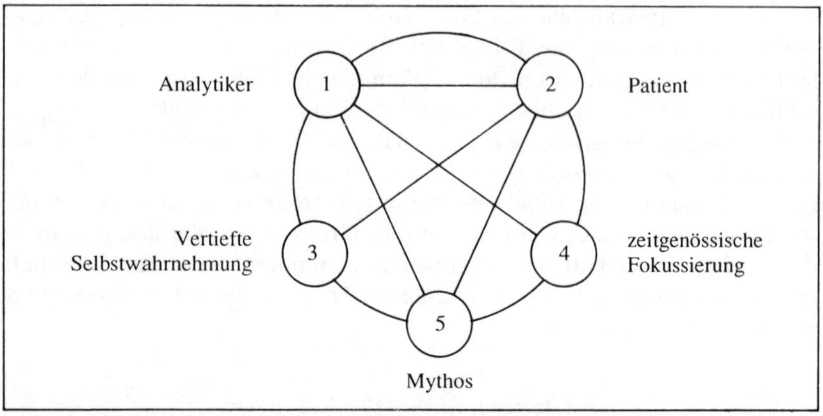

Abb. 25: Hermeneutischer Zirkel der Psychoanalyse[142]

»Der Analytiker (1) und sein Patient (2) sind durch das Wechselspiel von Übertragung und Gegenübertragung... zusammengeschlossen. Dies zwingt den Analytiker zu einer vertieften Selbstwahrnehmung (3), durch die er Konflikte und Probleme des Patienten auch bei sich selbst zu entdecken vermag. Die Wahrnehmung des Patienten wird durch die Fokussierung auf ein zeitgenössisches Problem (4) strukturiert, zu deren Benennung der Oedipus-Mythos der Überlieferung (5) herangezogen wird.«[143] Erklärungsbedürfig in dem ansonsten plausiblen Aktionsschema der Psychoanalyse ist der Begriff »zeitgenössische Fokussierung«. Damit meint *Scharfenberg* einen in der jeweiligen gesellschaftlichen Situation besonders ausgeprägten und verbreiteten Konflikt, eine Neurose oder krisenhafte Erlebnisform. *Freud* hat dementsprechend bekanntlich die Sexualverdrängung als gesellschaftliches Problem fokussiert, die neuere Psychoanalyse, wie sie etwa in der Logotherapie *Viktor Frankl*s begegnet, sieht das Hauptproblem unserer Tage in der »Sinnverdrängung«. Auch *Pfister* wäre wieder zu nennen, der in einer Art theologischer Psychologiekritik den »Materialismus des Denkens, Fühlens und Handelns« anprangert und eine Liebe einmahnt, in der Menschen nicht als ausbeutbare Objekte gesehen werden. Der von ihm diagnostizierte pathologische Fokus der Zeit ist die Liebesunfähigkeit, die Angst und Aggression gebiert.[144]

Nun bleibt, wie unsere vorausgehenden Überlegungen hinreichend ergaben, eine psychoanalytische Hermeneutik solange reduktionistisch, als sie den Ödipus-Mythos zum einzigen Interpretament zeitgenössischer wie individueller Erkrankung erhebt. Der Verstehenszirkel bedarf gerade an dieser Stelle einer neuen inhaltlichen Füllung und Korrektur. *Scharfenberg* legt

[142] Ebd. 32.
[143] Ebd. 32.
[144] Ebd. 40–43.

deshalb einen *zweiten, nun christlichen Verstehenszirkel der Psychoanalyse* vor, der das Grundschema beibehält und an die Stelle des antiken Mythos die christlichen Symbole, verdichtet auf das Zentralsymbol des Kreuzes, setzt.

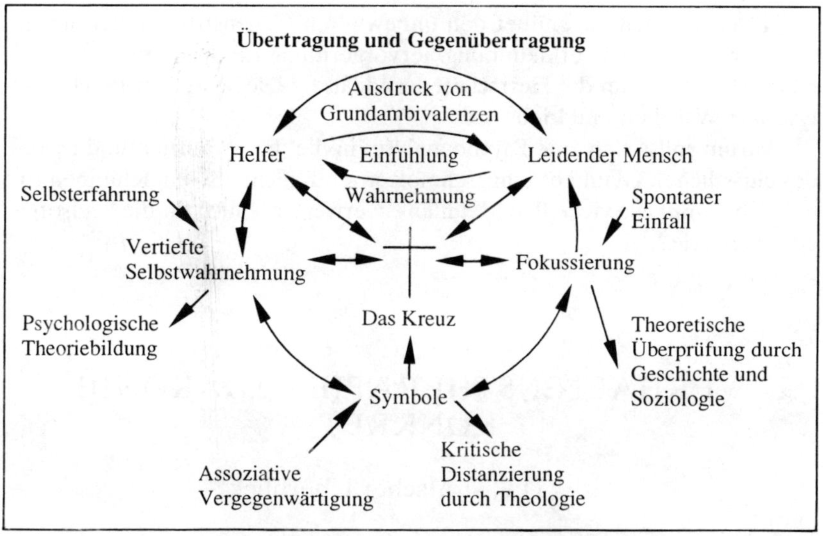

Abb. 26: Verstehenszirkel einer christlichen Psychoanalyse[145]

Ohne das Schema im einzelnen zu erläutern, ist erkennbar, daß mit der Einführung des christlichen Zentralsymbols der ganze Verstehens- und Beziehungszusammenhang psychoanalytischen Vorgehens in allen seinen Gliedern eine Neu-Interpretation erfährt: Der leidende Mensch weiß sich in seiner Krankheit von Gott getragen, der Analytiker oder Seelsorger kann sich als Werkzeug Gottes begreifen, durch das Gottes Auferweckungspraxis geschieht, seine »vertiefte Selbstwahrnehmung« kann selbstkritisch Maß nehmen an Jesu heilendem Handeln, und die Fokussierung des Leidens wird nach den Formen des »Unglaubens« und der »Sünde« fragen, von denen Menschen heute strukturell wie individuell besonders betroffen sind. Schließlich vermag das Symbol des Kreuzes den »Aktionsrahmen« in der Weise zu sprengen, daß Helfer und leidender Mensch in ihrer wechselseitigen Bezogenheit und in der Begrenztheit ihrer Heilsbemühung sich umgriffen wissen von der immer schon in Aktion befindlichen Heilpraxis Gottes.

Auf eine solcher Art gefüllte, ja vorangebrachte Psychoanalyse träfe in der Tat zu, was *Oskar Pfister* von ihr sagt: »Die Aufgabe der seelsorglichen Psychoanalyse – und alle Psychoanalyse ist nichts anderes als Seelsorge im

[145] Ebd. 225.

weitesten Sinn – stimmt mit den Forderungen der christlichen Ethik vollkommen überein. Sie besteht in der Re-Integration der Liebe, in der Beseitigung der unbewußten Lebenslüge, in der Einbeziehung gewisser seelischer Energien unter der Leitung des Gewissens, der Vernunft und Liebe, somit in einer Gesamtversittlichung der Persönlichkeit, in der Sicherung der sittlich-religiösen Freiheit gegenüber den unbewußten Gegenströmungen, im Ersatz der durch Triebverklemmung hervorgerufenen Passivität durch maximale Aktivität unter der Herrschaft des Ideals... Die Mittel der Psychoanalyse sind Wahrheit und Liebe.«[146]

Warum sollte sich eine Psychoanalyse, in die die »Wahrheit und Liebe« des christlichen Glaubens eingeschmolzen sind, nicht als »ein Klumpen Erz mit unbekannt wie viel edlen Metallen«[147] erweisen – auch für die Seelsorge, gerade für sie?

3
VERHALTENSTHERAPIE – DIAKONIE KONKRET

(1) Historischer Überblick

Die Verhaltenstherapie entwickelte sich aus einem gewissen *Widerspruch zur Psychoanalyse* heraus. Sie bemängelte an den Konzepten der Tiefenpsychologie vor allem die empirisch unzureichend überprüften Hypothesen über unbewußte Strukturen und Prozesse der Person sowie die weithin fehlende Effektivitätskontrolle im therapeutischen Vorgehen. Die Verhaltenstherapie wollte hier Abhilfe schaffen und bezog sich von Anfang an sehr eng auf die *empirisch-experimentelle Psychologie*. Vor allem die Ergebnisse der Lernpsychologie, wie sie von *Pawlow, Thorndike, Skinner* u.a. erbracht wurden, bilden eine ihrer bedeutsamsten Grundlagen. Daneben wurden aber in den letzten Jahren auch immer mehr die Erkenntnisse anderer empirisch-experimenteller Forschungszweige wie etwa der *Kognitions- und Sozialpsychologie* berücksichtigt. Gerade diese eindeutig empirisch-experimentelle Ausrichtung hat, trotz zahlreicher Vermittlungsversuche, zu einem bis heute andauernden Spannungsverhältnis zwischen Verhaltenstherapie und Tiefenpsychologie geführt.

Anders als bei der Psychoanalyse läßt sich der *Beginn der Verhaltenstherapie*[148] auch nicht mit einem einzigen Namen in Verbindung bringen. Viel-

[146] Zit. nach: *E. Ringel/A. Kirchmayr*, Religionsverlust durch religiöse Erziehung, 89.
[147] Vgl. 2 (1).
[148] Vgl. zur Geschichte der Verhaltenstherapie: *H. Benesch*, dtv-Wörterbuch zur Klinischen Psychologie, Bd. 2, 379–382. – *H. Reinecker*, Grundlagen der Verhaltenstherapie, 1–5.

mehr sind es verschiedene Forscher, wie *H. J. Eysenck, M.B. Shapiro, J. Wolpe* u. a., die Anfang der 50er Jahre ziemlich gleichzeitig darangingen, die Erkenntnisse der experimentellen Lernpsychologie systematisch im Bereich der Psychotherapie anzuwenden. Die *»lange Vergangenheit«* der Verhaltenstherapie, d. h. die wissenschaftlich noch nicht reflektierte Verhaltensänderung durch Anwendung lernpsychologischer Prinzipien reicht jedoch wesentlich weiter zurück. Der gesunde Menschenverstand wußte seit jeher um Methoden, mit denen sich *unerwünschte Gewohnheiten abbauen* und neue, angemessenere aufbauen ließen. Nicht weniges davon wurde dann in der modernen Verhaltenstherapie aufgegriffen und wissenschaftlich systematisiert.

Hans Jürgen Eysenck[149] erinnert in diesem Zusammenhang an *Domesthenes*, der nach dem Bericht Plutarchs an einem Schulter-Tic gelitten haben soll. »Dieser Tic führte dazu, daß er seine Schulter alle paar Minuten in einem Krampf hochziehen mußte. *Demosthenes* heilte sich selbst durch eine frühe Version einer verhaltenstherapeutischen Technik, genannt ›Aversionstherapie‹. Er befestigte ein scharfes Schwert über seiner Schulter, so daß er sich jedesmal eine Wunde an der Schulter zufügte, wenn der Tic auftrat. Plutarch erzählte, daß die Therapie innerhalb weniger Tage erfolgreich war.«

Blaise Pascal (1623–1662)[150] nimmt den zentralen Gedanken der lernpsychologischen Konditionierungstheorie und der auf ihr aufbauenden Verhaltenstherapie vorweg, wenn er sagt: »Gewohnheit ist eine zweite Natur, welche die ursprüngliche zerstört.« Und *Rainer Maria Rilke* (1875–1926)[151] findet für die lebensgestaltende Kraft der menschlichen Gewohnheit, der ein Großteil der Aufmerksamkeit der Verhaltenstherapie gilt, die weisen Worte: »Denn ob etwas im Leben werden kann, das hängt nicht von den großen Ideen ab, sondern davon, ob man sich aus ihnen ein Handwerk schafft, ein Tägliches, etwas, was bei einem aushält bis ans Ende.« Auch *Goethe*[152] ist zu erwähnen. In »Dichtung und Wahrheit« beschreibt er eine systematische Selbstgewöhnung bei phobischen Reaktionen. Man könnte die Reihe der »Vorläufer« der modernen Verhaltenstherapie fortsetzen. Es würde sich so noch deutlicher herausstellen, daß Verhaltenstherapie nicht nur eine »Erfindung« der Psychologen ist, sondern daß sie lediglich auf dem Hintergrund der theoretischen Erkenntnisse der experimentellen Psychologie manche alte Verfahrensweise in neuem Gewand präsentiert.

Einer der ersten *Psychologen*, der sich mit der Anwendung der neu entdeckten, am Tierexperiment gewonnenen Lerngesetze der Konditionierung

[149] In: *H. Benesch*, dtv-Wörterbuch zur Klinischen Psychologie, Bd. 2, 381.
[150] Ebd. 381.
[151] Ebd. 381.
[152] Ebd. 381.

in der Psychotherapie befaßte, war *John Broadus Watson* (1878–1958).[153] Er arbeitete, zusammen mit *Rosaly Rayner* und *Mary Cover Jones*, auf der Grundlage der *Pawlow*schen Reflexologie (Klassische Konditionierung) an der *Überwindung von erlernten Angstreaktionen*. Durch seine entschiedene Leugnung der Existenz von Bewußtseinsprozessen – er betrachtete lediglich das beobachtbare Verhalten als Forschungsgegenstand der Psychologie – wurde er zu einem Mitbegründer des *Behaviorismus*.[154] *Watsons* Experimente, bereits um 1920 durchgeführt, fanden jedoch keine kontinuierliche Fortsetzung und therapeutische Anwendung, so daß man ihn eher unter die Vorläufer als unter die Begründer der Verhaltenstherapie einreihen muß.

Erst in der Mitte der 50er Jahre setzen Bemühungen ein, die Lernpsychologie erneut für therapeutische Zwecke zu nutzen. In England gebraucht um diese Zeit der aus Deutschland emigrierte *Hans Jürgen Eysenck*[155] als einer der ersten die Begriffe *»behaviour modification«* und *»behaviour therapy«*. Er verstand darunter den systematischen praktischen Einsatz der Lerntheorien, um seelische Störungen zu beseitigen. Etwa zur selben Zeit forderte *M. B. Shapiro*[156], bereits bei der Therapie gestörten Verhaltens nicht nur auf die Lerntheorien zurückzugreifen. Es käme vielmehr darauf an, im Einzelfall sehr präzise die Bedingungen, die zu einer seelischen Störung führten, auf dem Hintergrund *vielfältiger psychologischer Theorien und Methoden* zu diagnostizieren und zu therapieren. Er begründete mit dieser Auffassung innerhalb der Verhaltenstherapie das Vorgehen bei der sog. Verhaltensanalyse und förderte die bis heute beobachtbare Tendenz, die theoretischen Grundlagen über die Lerntheorie hinaus auszuweiten.

In Südafrika entwickelte *Joseph Wolpe*[157] auf der Basis der lerntheoretischen Ergebnisse *Clark Hulls* ab 1952 eine Methode zum Angstabbau, *»systematische Desensibilisierung«* genannt. Sie bildet bis heute ein Standardverfahren der Verhaltenstherapie.

In den Vereinigten Staaten wurden vor allem die Lernexperimente *B. F. Skinners*[158] für die Verhaltenstherapie bedeutsam. Auf Grund von Tierexperimenten, vor allem mit Tauben, gelangte er zu Theorien, mit denen er glaubte, die zukünftige *Auftrittswahrscheinlichkeit einer Reaktion* voraussagen zu können. Sie hänge einzig und allein von der Konsequenz ab, die in der bisherigen Lerngeschichte auf die betreffende Reaktion hin vorherrschend war. Konsequenzen, die zu einem angenehmen Zustand des Orga-

[153] *J. B. Watson*, Psychology as the behaviorist views it. – Vgl. *H. Benesch*, dtv-Wörterbuch zur Klinischen Psychologie, Bd. 2, 379.

[154] *J. B. Watson*, Behaviorism.

[155] *H. J. Eysenck*, Learning theory and behaviour therapy. – *Ders.*, Behaviour therapy and the neuroses. – *H. J. Eysenck/S.J. Rachman*, Neurosen – Ursachen und Heilmethoden.

[156] Vgl. *H. Benesch*, dtv-Wörterbuch zur Klinischen Psychologie, Bd. 2, 380.

[157] *J. Wolpe*, Experimental neuroses as learned behavior.

[158] *B.F. Skinner*, The behavior of organisms. – *Ders.*, Science and human behavior. – *Ders.*, Verbal behavior. – *H. G. Holland/B.F. Skinner*, The analysis of behavior.

nismus beitrugen, stabilisierten und verfestigten eine Reaktion, andere Konsequenzen, wie Bestrafung, führten zu ihrer Reduzierung. *Skinner*s behavioristisches Modell der Verhaltensbeschreibung und -verdrängung wirkte sich nicht nur auf die Verhaltenstherapie aus – er selbst war nie psychotherapeutisch tätig -, sondern hinterließ auch nachhaltige Spuren im pädagogischen Sektor, etwa in Form des programmierten Lernens.

Seit den Anfängen in den 50er Jahren haben sich das Forschungsfeld und das methodische Repertoire der Verhaltenstherapie erheblich erweitert.[159] Charakteristisch ist für sie nach wie vor der enge Bezug zur experimentellen Grundlagenforschung in der Psychologie. Es hat sich auch die Auffassung *Shapiros* durchgesetzt, daß man bei der Erklärung seelischer Störungen über den Zaun der behavioristischen Lernpsychologie hinausblicken müsse. Man greift so heute verstärkt auf Erkenntnisse der Kognitions- und Sozialpsychologie, z. T. auch der Physiologie und Biologie zurück. Es scheint somit durchaus berechtigt, von einer *»kognitiven Wende«* in der Verhaltenstherapie zu sprechen. Das Verdikt mancher Kritiker, Verhaltenstherapie sei Behaviorismus schlimmster Prägung, sei »Rattenpsychologie«, geht an der Realität der Verhaltenstherapie heute voll vorbei.

(2) Theoretische Grundlagen

Nach wie vor bilden die Lerntheorien ein wesentliches Fundament der Verhaltenstherapie. Die klassische Konditionierung, das instrumentelle und operante Konditionieren, kognitive Lerntheorie und das Lernen am Modell haben der Entwicklung der Verhaltenstherapie entscheidende Impulse gegeben.

1. Die klassische Konditionierung

Der russische Physiologe *I. P. Pawlow* (1849–1936)[160] wollte die Quantität und zeitliche Verteilung der Speichelabsonderung bei Hunden feststellen. Er entdeckte dabei, eher zufällig, daß seine Versuchstiere nicht nur auf das Vorsetzen von Futter, sondern schon auf das Erscheinen des Versuchsleiters und beim Anblick des Versuchskäfigs mit verstärkter Speichelsekretion reagierten. *Pawlow* schloß daraus, daß neutrale Reize, die gleichzeitig (Prinzip der Kontiguität) mit dem natürlichen und ursprünglichen Auslöser (Futter) auftreten, dieselbe Reaktion herbeiführten. In weiteren Experimenten koppelte *Pawlow* Licht- und Glockensignale mit dem *»unkonditio-*

[159] Vgl. zum derzeitigen Stand der Verhaltenstherapie: *H. Reinecker*, Grundlagen der Verhaltenstherapie, 25–37.
[160] Vgl. *T. Kussmann*, Pawlow und das klassische Konditionieren.

nierten« Futterreiz, und schließlich lösten die *»bedingten« Signale* allein die Speichelabsonderung aus. Die Tiere hatten gelernt, auf ein bisher neutrales Signal hin mit einer reflexhaften Reaktion zu antworten.

Die verhaltenstherapeutische Relevanz der Lernversuche *Pawlows* erkannte als einer der ersten der schon erwähnte *J. B. Watson*. Zusammen mit *R. Rayner*[161] wollte er in dem berühmten *Experiment mit dem kleinen Albert* zeigen, daß Angstreaktionen und Phobien beim Menschen auf genau dieselben Reflexprinzipien zurückzuführen seien, wie sie bei den *Pawlow*schen Hunden auftraten.

Albert war ein elf Monate alter Junge, gesund, unproblematisch und nicht ängstlich. Das einzige, was ihn aufzuregen schien, waren plötzliche laute Geräusche. Er spielte gern mit weißen Mäusen, Kaninchen und anderen Pelztieren. Er faßte sie an und zeigte dabei keinerlei Furchtreaktionen. Während des Experiments ertönte stets ein lautes Geräusch, wenn Albert seine Hand nach einem Kaninchen ausstreckte. Albert erschrak, zuckte zusammen. Nach mehreren gleichzeitigen Darbietungen von Geräusch und Tier zeigte Albert schließlich schon Furcht, sobald ihm das Tier nur gezeigt wurde. Der vorher neutrale Stimulus war zu einem Schrecksignal geworden.

Schematisch lassen sich die einzelnen Phasen dieses Experiments so darstellen:

I. Phase	S (Neutraler Stimulus: Kaninchen)	→	0 R (Keine Angstreaktion)
II. Phase	UCS (Unkonditionierter Stimulus: Gong, lautes Geräusch)	→	UCR (Unkonditionierte Reaktion: Erschrecken, Angst)
III. Phase	UCS +S (Kontiguität) (Gong + Kaninchen)	→	UCR (Angst)
IV. Phase	CS (Konditionierter Stimulus: Kaninchen)	→	CR (Konditionierte Reaktion: Angst)

Abb. 27: Phasen der Angstkonditionierung im Experiment von J. B. Watson/R. Rayner

Im Mittelpunkt des »Lernens« dieser Phobie steht die gleichzeitige, mehrmalige Darbietung (Kontiguität) des unkonditionierten (UCS) und neutralen Reizes (S). Es kommt dabei zu einer Anbindung des neutralen Stimulus (Kaninchen) an einen natürlichen (reflexhaften) Angstauslöser (lautes Geräusch). Der neutrale Reiz übernimmt schließlich die angstauslösende Funktion. Er ist zu einem konditionierten Reiz (CS) geworden.

Nach dem Experiment hatte Albert nicht nur Angst vor Kaninchen, sondern auch beim Anblick anderer Tiere und pelziger Gegenstände, wie z. B.

[161] *J. B. Watson/R. Rayner*, Conditioned emotional reactions.

Watte, Bart und Pelzmantel der Mutter. Die Angstreaktion *»generalisierte«* über das Angstobjekt »Kaninchen« hinaus auf ähnliche Gegenstände, ja auf Umweltelemente jeglicher Art, die zum Zeitpunkt des Experiments gegeben waren (Raum, Personen, Tageszeit etc.).

Mit diesem Experiment war für die Lerntheoretiker ein wichtiger Beweis dafür erbracht, *daß Phobien und Neurosen überhaupt erlernt*, also weder angeboren noch durch Traumatisierungen in der Libidoentwicklung oder durch Verdrängungen bedingt seien. *Pawlow* konnte sogar bei seinen Versuchstieren »neurotische« Verhaltensweisen experimentell herbeiführen (Experimentelle Neurose). Die Frage, die sich logischerweise für die Lernpsychologen daraus ergab, lautete folglich: Wie können Lernprozesse gezielt so gestaltet werden, daß es zu einem »Verlernen« der Neurose oder Angstreaktion kommt?

Albert selbst kam nicht mehr in den Genuß der von *Watson* geleiteten und von *Mary Cover Jones*[162] durchgeführten therapeutischen Experimente zum Verlernen von Angst. *Jones* berichtet von einem Jungen namens *»Peter«*, der ähnlich wie Albert eine Kaninchenphobie hatte, die auf Ratten, Pelze, Felle, Federn und dergleichen generalisiert war. Peter wurde mit den Methoden der *sukzessiven Annäherung* und der *sozialen Nachahmung* behandelt. *Jones* ging von der Beobachtung aus, daß Angst (Erregung) unvereinbar ist mit dem Zustand körperlicher Entspannung (ein Organismus ist entweder entspannt oder erregt, aber nicht beides zugleich). Während der Junge Süßigkeiten aß (= Zustand der Entspannung), brachte sie ein Kaninchen im Käfig so nah an den Jungen heran, wie er dies zuließ. Diese Situation wurde oftmals wiederholt, wobei der Käfig immer näher zu dem Kind hingeschoben wurde, bis es auch keine Angst mehr zeigte, wenn der Käfig unmittelbar neben ihm stand. Daraufhin wurde das Kaninchen während des Essens ohne Käfig ins Zimmer gebracht, und das wurde so oft wiederholt, bis der Junge angstfrei das Kaninchen streicheln konnte.

Auch dieses *»therapeutische Experiment«* verlief im Prinzip nach dem Schema der klassischen Konditionierung. An einen natürlichen, »unbedingten« Stimulus, der nach Art eines Reflexes »Entspannung« auslöst, in diesem Fall: »Essen der Lieblingsspeise«, wird sukzessiv der erlernte angstauslösende Reiz (Kaninchen) angebunden, bis schließlich letzterer nicht mehr Angst, sondern Entspannung hervorruft. *Joseph Wolpe* hat dieses Verfahren 30 Jahre später verfeinert und unter dem Begriff *»Systematische Desensibilisierung«* in das verhaltenstherapeutische Methodenrepertoire eingebracht.[163]

Die klassische Konditionierung erschien den frühen Reflexologen und

[162] *M. C. Jones*, A laboratory study of fear: The case of Peter. – Vgl. auch: *L. J. Pongratz*, Lehrbuch der Klinischen Psychologie, 295 f.
[163] Ebd. 296.

Behavioristen der überzeugende Beweis für die nachhaltige Wirkung von Erziehungs- und Umwelteinflüssen in der psychischen Entwicklung. Man glaubte damit die einseitige Auffassung von der Anlagebedingtheit aller menschlichen Fähigkeiten und Störungen zurückweisen zu können. Jedoch verfiel man in das andere Extrem, nämlich in die Vorstellung von der *Machbarkeit der menschlichen Psyche*, unabhängig vom mitgebrachten Erbe.

Die spätere Forschung zur Klassischen Konditionierung konnte erstaunlich viele Zusammenhänge, wie etwa das *Erlernen der Sprache* als »Signalsystem« (*Pawlow*), plausibel erklären. Man konnte auch präzisere Angaben machen zur Kopplung von unbedingtem und neutralem Reiz (UCS + S). Wenn z. B. neutrale Reize wenige Augenblicke vor dem unbedingten Reiz dargeboten werden, dann wird die Konditionierung am schnellsten ausgebildet. Insgesamt hat sich jedoch gezeigt, daß die Klassische Konditionierung bei weitem nicht die Komplexität von Störungen des Erlebens und Verhaltens beim Menschen ausreichend zu erklären vermag.

2. *Instrumentelles und operantes Konditionieren*

Etwa zur gleichen Zeit wie *Pawlow* in Rußland experimentierte *Edward Lee Thorndike* (1874–1949)[164] in Amerika mit Tieren im Labor. Dazu hatte er einen »Problemkäfig« gebaut, in den er z. B. hungrige Katzen sperrte. Die Tiere konnten durch eine Glaswand das Futter außerhalb des Käfigs sehen. Aber erst durch das Ziehen einer Schlaufe war es ihnen möglich, den Käfig zu öffnen und zum Futter zu gelangen. Die Katzen rannten anfangs ziellos im Käfig hin und her, kratzten an verschiedenen Stellen und versuchten mit Krallen und Zähnen eine Öffnung zu schaffen. Früher oder später fanden sie dabei zufällig die Schlaufe und zogen daran. Die Tür des Käfigs ging auf, und die Katzen konnten zum Futter gelangen. Bei neuerlichen Wiederholungen des Experiments brauchten die Tiere immer weniger Versuche, um aus dem Käfig zu kommen. Sie hatten schließlich durch *»Versuch und Irrtum«* (trial and error) gelernt, die Tür umgehend zu öffnen, sobald sie eingesperrt wurden.

Aus solchen tierexperimentellen Beobachtungen konzipierte *Thorndike* 1913 das sogenannte *»Effekt-Gesetz«*. Man spricht dabei auch vom *»Lernen am Erfolg«* oder vom *»instrumentellen Konditionieren«*. Die Tiere lernen – so seine Theorie –, daß unter bestimmten Gegebenheiten (Reizen) bestimmte Handlungen (Instrumente) zur Erreichung eines Ziels erfolgreich (»effektiv«) sind. Das Effektgesetz besagt folglich: Die Verbindung zwischen Reiz (S) und Reaktion (R) wird verstärkt, wenn diese Reaktion zu einem für den Organismus befriedigenden Zustand geführt hat. Anders aus-

[164] Vgl. *K. Foppa*, Lernen, Gedächtnis, Verhalten, 332–336. – *J. Schwermer*, Den Menschen verstehen, 174f.

gedrückt: *Jene Verhaltensweisen, die erfolgreich waren, werden beibehalten.* Das Umgekehrte, daß bestrafte Verhaltensweisen immer mehr ausgeklammert werden, läßt sich jedoch nicht so ohne weiteres schlußfolgern. Eine Vielzahl von Lernexperimenten hat eher ergeben, daß *Bestrafung* die Ausführung einer Handlung zwar unterdrücken kann, aber das unangemessene Handlungsrepertoire keineswegs löscht.

Beim *Vergleich von klassischer und instrumenteller Konditionierung*[165] fallen bedeutsame Unterschiede auf. Das klassische Konditionieren erklärt in erster Linie das Erlernen neuer Stimuli und Signale, mit denen aus dem Organismus reflexhaft Reaktionen abgerufen werden. Die Reaktionen selbst werden nicht besonders erlernt, sie sind bereits vorhanden, sie werden lediglich mit neuen Auslösern verknüpft. Insgesamt erscheint der Organismus als ziemlich passives System, das reflexhaft bestimmte Reaktionen freisetzt. Anders beim instrumentellen Konditionieren: Hier ist die Aktivität des Organismus stärker hervorgehoben. Nach dieser Auffassung zeigt der Organismus eine Vielzahl verschiedener Verhaltensweisen, von denen einzelne durch Versuch und Irrtum zum Erfolg führen, verbessert und beibehalten, andere, weniger erfolgreiche, ausgesondert werden. Das instrumentelle Konditionieren sieht so im lernenden Organismus die Fähigkeit verankert, sich durch den Erwerb und die Optimierung neuer Verhaltensweisen der Außen- und Innenwelt aktiv anzupassen.

B.F. Skinner[166] knüpft mit seiner Theorie der operanten Konditionierung an der Vorstellung von einem durchweg *aktiven Organismus* an. Er richtet sein Augenmerk, im Gegensatz zum instrumentellen Konditionieren, nicht nur auf die durch Reize hervorgerufenen Reaktionen, oder, wie er es nennt, »respondev, wie er es nennt, »respondenten« Verhaltensweisen. Der Organismus, so *Skinner*, befinde sich vielmehr mit einer gewissen Beständigkeit in spontaner Aktivität, deren Auslöser oft völlig unbekannt seien. Solche spontanen, von einem spezifischen Reiz oder Ziel unabhängigen Verhaltensweisen bezeichnet *Skinner* als *»operant«*. Sie würden vom Organismus ohne ersichtlichen Grund produziert und emittiert.

Entscheidend dafür, mit welcher Häufigkeit bestimmte operante Verhaltensweisen auftreten, ist nach *Skinner* nicht der vorausgehende Reiz, sondern die auf die Reaktion folgende Konsequenz. Häufig auftretende Verhaltensweisen seien, so sagt er, durch entsprechende Konsequenzen verstärkt worden (reinforcement). Führen dagegen die Konsequenzen zu einem selteneren Auftreten, spricht er von *Löschung* (extinction). Genaugenommen könne man nur an der Auftretenshäufigkeit einer Verhaltensweise ablesen,

[165] Vgl. *J. Schwermer*, Den Menschen verstehen, 175.

[166] *B.F. Skinner*, Science and human behavior (dt.: Wissenschaft und menschliches Verhalten). – Vgl. *J. Schwermer*, Den Menschen verstehen, 176–180. – *A. Werner/W. Butollo*, Skinner und das operante Konditionieren, 189–249. – *K. Foppa*, Lernen, Gedächtnis, Verhalten, 356–358.

ob sie verstärkende oder löschende Konsequenzen in der vorausliegenden Lerngeschichte hatte. Letztlich betrachtet *Skinner* die *Persönlichkeit als eine Folge von Verstärkungen und Löschungen* operanter Verhaltensweisen. Verhaltensstörungen und Neurosen erscheinen somit als Produkte ungünstiger und unbeabsichtigter Verstärkungsmechanismen.

In der Therapie des gestörten Verhaltens kommt es, nach dieser deskriptiven Theorie, folglich darauf an, jene Verstärkungsmechanismen, die im Einzelfall am Werk waren und sind, exakt zu erkunden, zu analysieren und transparent zu machen. Auf der Basis einer solchen *Verhaltens- und Verstärkeranalyse* lassen sich dann gezielt Verstärker- und Löschungspläne entwikkeln, die zur Änderung oder zum Neuerwerb von angemesseneren Verhaltensweisen führen sollen, wie es etwa bei der Therapie von Eßstörungen oder Suchtverhaltensweisen praktiziert wird. Therapie, aber auch ihr verwandte (heil-)pädagogische Maßnahmen werden hier begriffen als genau geplante und kontrollierte Experimente zugunsten der »verhaltensgestörten« Person.

Sowohl das instrumentelle wie das operante Konditionieren, beide werden oft nicht voneinander unterschieden, lassen sich nach *Kanfer*[167] mit einer schematischen *Verhaltensgleichung* verdeutlichen (Abb. 28). Vor allem das instrumentelle Konditionieren geht davon aus, daß das Verhalten (R) durch Reizsituationen (S) hervorgerufen wird. Dabei werden Prozesse im Organismus (O) nicht geleugnet, jedoch von den deskriptiven Behavioristen (*Skinner*) als unbekannt und nur unzulänglich beschreibbar charakterisiert. Der Organismus erscheint ihnen als *»black box«*, über deren Wirkung auf die Reaktion (R) man nur Vermutungen anstellen könne, die Variable O sei deshalb nicht weiter differenzierbar. Was man jedoch beobachten könne, sei die respondent oder operant auftretende Reaktion R. Über ihre Auftretenshäufigkeit entscheidet die Konsequenz (K). Wenn eine bestimmte Reaktion regelmäßig bestimmte, positive oder negative Konsequenzen hat, so prägt sich diese Verbindung, auch als Kontingenz (C) bezeichnet, ein. Die Verhaltensgleichung lautet folglich: $R = f(S, O, C)$.

Je nachdem, ob die Kontingenzen C und die in ihnen zur Geltung kommenden Konsequenzen K einen bestätigenden oder aversiven Charakter haben und ob sie im Anschluß an eine Reaktion dargeboten oder entfernt werden, lassen sich vier Abfolgen[168] mit unterschiedlicher Wirkung auf die Auftretenshäufigkeit einer Reaktion unterscheiden:

a) Positive Verstärkung
Für sie ergibt sich die schematische Verhaltensgleichung: $S \rightarrow O \rightarrow R \rightarrow C^{+} \rightarrow R\uparrow$; das besagt: Im Anschluß an ein Verhalten R setzt eine angenehme

[167] *F.H. Kanfer*, Verhaltenstherapie, 1–18. – Vgl. auch: *K. Hauss*, Medizinische Psychologie im Grundriß, 152.
[168] Vgl. *H. Reinecker*, Grundlagen der Verhaltenstherapie, 117.

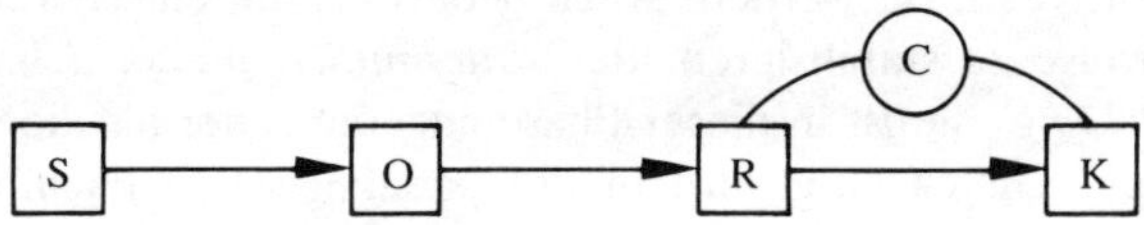

S: Innere und äußere Reize / Situation
O: Organismus / biologische und charakterliche Eigenheiten
R: Beobachtbare Verhaltensweisen / Reaktionen
K: Konsequenzen / Belohnung und Bestrafung
C: Kontingenz

Abb. 28: Modell des instrumentellen bzw. operanten Konditionierens

	Darbietung	Entfernung
Bestätigende Konsequenzen C+	Positive Verstärkung Folge: R↑	Bestrafung/ Löschung Folge: R↓(?)
Aversive Konsequenzen C–	Bestrafung Folge: R↓(?)	Negative Verstärkung Folge: R↑

Abb. 29: Formen des Verstärkungslernens
(R↑ bedeutet, daß eine Zunahme, R↓ eine Abnahme der Häufigkeit der entsprechenden Reaktionen zu erwarten ist.)

Konsequenz ein. Sie hat zur Folge, daß die so verstärkte Verhaltensweise nach dem Effektgesetz in Zukunft wahrscheinlich häufiger auftritt.

In der verhaltenstherapeutischen und pädagogischen Literatur nimmt die positive Verstärkung einen breiten Raum ein. Man unterscheidet so etwa *soziale Verstärker* (z. B. Lob, Streicheln, Blickkontakt), *materielle Verstärker* (z. B. Geschenke, Süßigkeiten), *Handlungsverstärker* (z. B. Kinobesuch, Reise, Lesen) und *Zeichenverstärker* (Geld, Punkte, Noten ; sie drükken »zeichenhaft« Belohnung aus). Von *»primären Verstärkern«* spricht man, wenn hiermit primäre Bedürfnisse befriedigt werden (z. B. Essen, Wärme), *»sekundäre Verstärker«* sind dagegen Reize, deren bekräftigende Bedeutung erworben wurde. Man hat Bedingungen formuliert, unter denen positive Verstärkung im Rahmen von *Therapie und Erziehung*[169] besonders erfolgreich ist. Dies ist u. a. dann der Fall, wenn die positive Verstärkung unmittelbar, im Anschluß an das Auftreten einer erwünschten Handlungsweise, gegeben werde, wenn sie ein echtes Bedürfnis befriedige und wenn bereits kleine Schritte, die in Richtung des gewünschten Handlungsreper-

[169] Vgl. zum Folgenden: *P. Innerhofer*, Kleine Psychologie für Eltern. – *I. Florin/W. Tunner*, Behandlung kindlicher Verhaltensstörungen.

toires weisen, verstärkt werden. Auch bedarf es, um eine bereits gelernte Verhaltensweise zu stabilisieren, der *»intermittierenden«, d. h. gelegentlichen Verstärkung*. Sie ist in dieser Phase angemessener als die »Jedesmal-Verstärkung«. Gleichzeitig wird in der pädagogischen Fachliteratur auf mögliche Fehler beim positiven Verstärken hingewiesen. So ist häufig z. B. bei Eltern eine *»Ja-aber-Verstärkung«* anzutreffen, Bestätigung mit Strafe gekoppelt, was die verhaltensaufbauende Wirkung der Verstärkung weitgehend außer Kraft setzt.

Bei aller mechanistischen Terminologie der Lernpsychologie sollte man im Zusammenhang mit der positiven Verstärkung nicht übersehen, daß hier im Grunde urmenschliche *Gesten der Bestätigung*, der Anerkennung und der Zuneigung angesprochen sind. Sie begegnen hier terminologisch verfremdet und sicherlich in ihrem personalen Charakter reduziert, aber letztlich behauptet die Lernpsychologie mit der positiven Verstärkung nichts anderes, als daß der Mensch nur durch die *Bestätigung des anderen* zur Person werden kann. Im übrigen erscheint die Methodik der Bestätigung, die von der Lernpsychologie sehr differenziert entfaltet wird, gerade auch für *religiöse Erziehung* hilfreich.

b) Negative Verstärkung

Für sie gilt die Formel: $S \rightarrow O \rightarrow R \rightarrow \not{C}^{-} \rightarrow 1\ R\uparrow$. Auch die negative Verstärkung führt, ähnlich wie die positive, zu einer *erhöhten Wahrscheinlichkeit einer Handlung* (R). Sie darf folglich nicht, wie es manchmal geschieht, mit der Bestrafung in einen Topf geworfen werden. Als negative Verstärkung sind Handlungskonsequenzen zu bezeichnen, die zur Beendigung einer bislang als Belastung empfundenen Situation ($\not{C}^{-}$) beitragen. Solche negative Verstärkung ist beispielsweise gegeben, im Fall von *Alkoholgenuß bzw. -abhängigkeit*. Nicht selten erfolgt der Griff zur Flasche in der Anfangsphase der Abhängigkeit auf Grund von Streß und anderweitiger seelischer Anspannungen. Der Genuß von Alkohol mindert wenigstens für Augenblicke den psychischen Belastungszustand. Dies hat lernpsychologisch zur Folge, daß im Laufe der Zeit eine *Kontingenz zwischen Alkoholgenuß und Reduktion von Spannung* gebahnt wird, die die Abhängigkeit von der Flasche forciert. Das Trinken erfährt auf diese Weise eine negative Verstärkung mit der Folge, daß es zur Gewohnheit für Psyche und Organismus wird.

Gewiß »erklärt« die negative Verstärkung nur einen Teilaspekt des Suchtverhaltens.[170] Man kann sich jedoch bereits aus dieser fragmenthaft erhellten Genese der Sucht unschwer vorstellen, daß es außerordentlich schwierig sein dürfte, den Organismus von Verhaltensweisen zu entwöhnen, die ihm eine gewisse, wenn auch mit selbstzerstörerischen Folgen einherge-

[170] Vgl. zum Alkoholismus u. a.: *H. Benesch*, dtv-Wörterbuch zur Klinischen Psychologie, Bd. 1, 69–82. – *K. Antons/W. Schulz*, Normales Trinken und Suchtentwicklung. – *H. Harsch*, Hilfe für Alkoholiker und andere Drogenabhängige. – *W. Feuerlein* u. a., Alkoholismus.

hende, Linderung seines Spannungszustands verschaffen. Die Verhaltenstherapie hat sich gerade bei der Behandlung der außerordentlich therapieresistenten Alkoholabhängigkeit als relativ erfolgreich erwiesen.[171]

c) Bestrafung/Löschung

Die hier relevante Verhaltensgleichung $S \rightarrow S \rightarrow O \rightarrow R \rightarrow \not{C}^{+} R \rightarrow \not{C}^{+} \rightarrow R\downarrow$ besagt: Auf ein Verhalten R folgt eine Konsequenz, die einen bislang als befriedigend empfundenen Zustand beendet ($\not{C}^{+}$). Man bezeichnet diese Abfolge als *Belohnungsentzug*, auch als *Löschung* (durch Belohnungsentzug). Nach der deskriptiven Theorie der operanten Konditionierung führt Belohnungsentzug zu einer *Verringerung in der Auftrittswahrscheinlichkeit* der betreffenden Handlung. Zu berücksichtigen ist allerdings gerade im pädagogischen Feld[172], daß der Löschungseffekt nicht sofort und stetig eintritt. Man muß vielmehr damit rechnen, daß unerwünschte kindliche Verhaltensweisen, denen die bislang meist unbewußt und unbeabsichtigt gegebenen, in der Regel sozialen Verstärker entzogen werden, *zunächst noch häufiger* auftreten und erst nach dieser kritischen Steigerungsphase abnehmen. An einem Beispiel verdeutlicht: *Wut und Trotzanfälle* eines Kleinkindes (»Trotzalter«), die bisher eine erhöhte Aufmerksamkeit von seiten der übrigen Familienmitglieder erfuhren, treten bei konsequentem Verzicht auf diese Art der Verstärkung – auch Schimpfen und Bestrafen kann gerade von vernachlässigten Kindern als Verstärkung empfunden werden – zunächst häufiger auf. Erst nach einer Phase des gesteigerten Trotzverhaltens, die Eltern meist erheblich an der Effektivität des eingeschlagenen Weges zweifeln läßt und nicht selten zum Abbruch der pädagogischen Maßnahme führt, pendelt sich die Rate der Wut- und Trotzanfälle auf ein »normales« Maß ein. Beim lernpsychologisch verfaßten Abbau von solchen unerwünschten kindlichen Handlungsmustern ist überdies zu beachten, daß parallel zum Belohnungsentzug im Zusammenhang mit kindlichem Trotz durch positive Verstärkung harmonische und weniger aggressionsgetönte Verhaltensweisen beim Kind aufgebaut werden. Im übrigen sollten Eltern und Erzieher wissen, daß das *Trotzalter* eine natürliche und notwendige Phase der Ich-Entwicklung und der Erkundung der Ich-Grenzen darstellt, die rigoros zu unterbinden das Kind zentraler Entwicklungschancen berauben würde.

d) Bestrafung

Sie läßt sich auf die lernpsychologische Formel bringen: $S \rightarrow O \rightarrow R \rightarrow C^{-} \rightarrow R\downarrow$ (?). Im Anschluß an eine bestimmte Handlung R setzt ein *aversiver Reiz* (Strafreiz C^{-}) ein. Zwar unterstellt die Formel als Folge dieser Bestrafung ein geringeres zukünftiges Auftreten dieser Handlung, doch ist das nur bei vordergründiger Betrachtungsweise der Fall. Die *Problematik der Be-*

171 Vgl. *H. Benesch*, dtv-Wörterbuch zur Klinischen Psychologie, Bd. 1, 80.
172 Vgl. *P. Innerhofer*, Kleine Psychologie für Eltern, 91–100.

strafung besteht lernpsychologisch darin, daß bestrafte Verhaltensweisen lediglich (kurzfristig) unterdrückt werden, und daß an ihrer Stelle kein alternatives erwünschtes Handlungsrepertoire aufgebaut wird. So kommt es, daß nach dem Wegfall oder Ausbleiben der Bestrafung die unerwünschte Handlung relativ rasch wieder auftreten kann.

Strafe als Erziehungsmittel zeitigt zudem eine Reihe *ungünstiger Nebeneffekte*:

- Sie kann, gerade bei vernachlässigten Kindern, die Wirkung positiver Verstärkung annehmen (»Jetzt habe ich endlich erreicht, daß sich die Eltern mit mir beschäftigen«). Strafe stabilisiert und verfestigt dann, entgegen der Intention des Erziehers, die unerwünschten Handlungsweisen.
- Sie löst beim Kind Gefühle der Ablehnung und der Angst gegenüber dem Erzieher aus. Damit werden die familiären und zwischenmenschlichen Beziehungen erheblich belastet.
- Es hat sich gezeigt, daß durch Strafe nicht nur unerwünschte Verhaltensweisen, sondern auch ähnliche, durchaus angebrachte Handlungstendenzen gehemmt werden können. Wenn etwa kindliche Aggressivität rigoros unterdrückt wird, dann können damit gleichzeitig auch Aktivität, Unternehmungslust, Bewegungsfreude und Selbstbewußtsein schwer beeinträchtigt werden.
- Je mehr gestraft wird, um so größer wird die Gefahr beim Kind, unerwünschtes Ausweichverhalten (z. B. Lügen) auszulösen. Auch ist beobachtbar, daß häufig bestrafte Kinder nicht mehr auf normale, ruhige Unterhaltung reagieren.
- Für den strafenden Erzieher besteht die Gefahr, daß er sich in Wut und Haßgefühle hineinsteigert und daß er seine unbewußten seelischen Gekränktheiten am Kind abreagiert. Er verliert damit für das Kind an der erzieherisch sehr bedeutsamen Vorbildfunktion, ja er wird zum Modell für Gewalt und Destruktion.

Und dennoch wird es keine Erziehung geben, die ohne Strafsituationen zwischen Eltern und Kind verläuft. Im günstigen Fall wird Strafe von Eltern und Erziehern als der äußerst seltene *Ausnahmefall* unter den Erziehungsmaßnahmen praktiziert, nicht selten mit einem schlechten Gewissen und dem Empfinden, eine erzieherische Niederlage erleben zu müssen. Eine realistische Pädagogik hat in den letzten Jahren, angeregt nicht zuletzt durch die Lernpsychologie, wieder hervorgehoben, daß Strafe, bei allem Bemühen, sie zu vermeiden, oft »als die letzte Lösung, die uns einfällt, akzeptiert werden«[173] muß. »Eine geringe Strafe kann oft größere Strafe verhindern.«[174]

Eine Strafsituation ist, nach Auskunft der einschlägigen pädagogischen

[173] Ebd. 68.
[174] Ebd. 68.

Ratgeber, insbesondere dann gegeben, wenn ein Kind durch sein Verhalten sein Leben, seine Gesundheit oder die Sicherheit anderer Menschen in Gefahr bringt (z. B. Zündeln, Mißachtung von Verkehrsregeln). Mit der Strafe wird zwar kein Zuwachs an Einsicht erreicht, doch hilft man dem Kind insofern, als es in Zukunft aus Angst vor Strafe sich und andere nicht mehr so leicht in Gefahr bringt.

Für den seltenen Ausnahmefall der Strafe sollte der Erzieher nach dieser pädagogischen Auffassung eine Reihe von *»Regeln«* beachten. So verlangt Strafe ein hohes Maß an *Selbstkonfrontation des Erziehers*, um das Kind nicht zum Objekt für das Ausleben eigener Gekränktheit zu machen. Zudem muß ein wirksamer Strafreiz im je besonderen Fall erst gesucht und gefunden werden. Strafe sollte auch möglichst rasch auf das unerwünschte Verhalten folgen, um die Gefahr der Generalisierung des Strafreizes auf andere Handlungsweisen zu mindern.

Einen Ausweg aus der Strafe, den viele Erzieher mit ihrer natürlichen Intuition schon immer gegangen sind, benennt die lernpsychologisch orientierte Pädagogik mit dem Begriff *»Time out«*. Man versteht darunter den vorübergehenden *»sozialen Ausschluß«*, auch eine Unterbrechung der angespannten Situation. Eltern und Erzieher mit einem natürlichen Einfühlungsvermögen in ihre Kinder wissen z. B., daß man bei Wut- und Trotzanfällen dem Kind dadurch eine Brücke aus der emotionalen Sackgasse bauen kann, wenn man es ablenkt, mit ihm nach draußen geht oder an eine andere Bezugsperson verweist. Solche Time-out-Maßnahme ist folglich nicht als Strafe, vielmehr als Hilfestellung angesichts des vom Kind erlebten emotionalen Ausnahmezustands zu sehen. Diese Art der helfenden Intervention steht dem Erzieher besser zu Gesicht als die Strafe.

Unsere Erörterung der Theorie des instrumentellen und operanten Konditionierens stellte bereits die Verbindung zur therapeutischen bzw. pädagogischen Praxis her. Gerade im Licht solcher Praxisreflexion zeigen sich die Chancen dieser Lerntheorie, ihre vielfältigen Anregungen für das ganz konkrete Vorgehen, aber auch ihre *Grenzen*. Sie leistet in ihrer strengen behavioristischen Ausprägung kaum eine Erhellung der unterschiedlichen Motive, Gefühle und Gedanken, die im Kind oder im seelisch leidenden Menschen vorhanden sind und die in »Verhaltensstörungen« zum Ausdruck kommen. Wenn etwa ein Kind Eßstörungen entwickelt, einnäßt, stiehlt oder eine Schulphobie aufbaut, dann kann das auch als ein Signal an die Umgebung verstanden werden, daß es durch familiäre oder anderweitige innere Konflikte überlastet ist. Die Einfühlung in die innere Welt des anderen ist nicht unbedingt die Domäne der verhaltenstherapeutischen Pädagogik. Sie konzentriert sich statt dessen stärker auf die beobachtbaren Symptome und deren Beseitigung.[175] Damit erweist sich die am operanten und

[175] *L. J. Pongratz* bringt den »Neurosenbegriff« der Verhaltenstherapie mit Bezug auf *H. J. Eysenck*

instrumentellen Lernen ausgerichtete Verhaltenstherapie als *ergänzungsbedürftig*. Das Lernen am Modell und vor allem die kognitiven Lerntheorien stellen die Verhaltenstherapie auf eine breitere, sowohl »innere« Prozesse der Person wie ihre soziale Einbindung berücksichtigende Basis.

3. Lernen am Modell

Das *Imitations- oder Beobachtungslernen*, wie man diese Lerntheorie auch bezeichnet, stellt neben operanter und klassischer Konditionierung eine dritte bedeutsame Grundlage der Verhaltenstherapie dar. In der Mitte der 60er Jahre setzte sich in der lernpsychologischen Forschung immer mehr die Erkenntnis durch, daß auch Einsicht, Denken, Beobachtungs- und Nachahmungsprozesse, also deutlicher personal verfaßte Fähigkeiten, sehr wohl objektiv untersucht werden können. Bahnbrechend waren hier die Arbeiten von *Mowrer, Rotter, Bandura u. a.*[176] Die von ihnen konzipierte *»sozial-kognitive Lerntheorie«*[177] bringt zum Ausdruck, daß der Mensch nicht nur lernt, wenn er für kleine Schritte belohnt und bestraft wird, sondern indem er von anderen Verhaltensmuster durch Beobachtung und Nachahmung übernimmt.

Beim Lernen am Modell sind nach *Bandura*[178] drei Prozesse beteiligt. Der lernende Beobachter muß relevante Verhaltenseigentümlichkeiten des Modells *wahrnehmen* (Kognition), über einen gewissen Zeitraum im Gedächtnis *speichern* (symbolische Kodierung) und sie motorisch, sprachlich oder anderweitig *»tätigen«*. In allen Phasen des Nachahmungslernens spielen Motivationen, Verstärkungen, aber auch Geschicklichkeit und Funktionslust eine erhebliche Rolle.

Die Forschungen zum Modellernen haben eine Reihe von *Bedingungen* erbracht, unter denen Nachahmungsprozesse besonders ausgeprägt stattfinden. So werden etwa bevorzugt jene Verhaltensweisen nachgeahmt, mit denen eine andere Person erfolgreich ist. Der lernende Beobachter eignet sich hierbei ein Verhaltensrepertoire an, als ob er selbst und nicht nur das Modell positiv verstärkt worden wäre. Man spricht deshalb in diesem Zusammenhang auch von *»stellvertretender Verstärkung«*. Sie besitzt einige Relevanz für das Lernen von Aggression und Gewalt durch Video und Film. Die Beobachtung von »erfolgreicher Gewalt« zeitigt demnach einen erhöhten Nachahmungseffekt, wie *Bandura* und seine Mitarbeiter[179] in einer Vielzahl von Untersuchungen an Kindern und Jugendlichen bestätigen konnten. Sie

auf den Nenner: »Das Symptom ist die Neurose. Es liegt nicht noch etwas ›dahinter‹ oder ›darunter‹.« In: Lehrbuch der Klinischen Psychologie, 161.

[176] Vgl. *H. Benesch*, dtv-Wörterbuch zur Klinischen Psychologie, Bd. 2, 387.

[177] *A. Bandura*, Sozial-kognitive Lerntheorie. – *Ders.*, Principles of behavior modification.

[178] *A. Bandura*, Sozial-kognitive Lerntheorie.

[179] Vgl. *A. Bandura/D. Ross/S.A. Ross*, Imitation of film-mediated aggressive models. Mittlerweile ist

stellten auch fest, daß von Aggression prinzipiell eine enthemmende Wirkung auf den Beobachter ausgeht.

Weiterhin konnte gezeigt werden, daß vor allem jene Personen als nachahmungswerte Modelle gelten, die den Beobachter häufig und wirksam *verstärken*, in der Regel sind sie identisch mit Personen, zu denen er eine starke *emotionale Bindung* unterhält (Eltern, Geschwister, Freunde). Eine nicht unwesentliche Rolle spielt auch die wahrgenommene *Macht* des Modells. Personen, die dem Beobachter als mächtig, häufig abgelesen an Statussymbolen und sozialem Prestige, erscheinen, werden vorrangig nachgeahmt. Zudem werden jene Personen eher als Vorbild angesehen, von denen man den Eindruck hat, daß sie *den eigenen Einstellungen nahestehen*.

Die verhaltenstherapeutischen und heilpädagogischen Konsequenzen dieser und anderer Ergebnisse über das Nachahmungslernen sind sehr vielfältig. Sie können z. B. herangezogen werden, um überängstlichen Kindern am Vorbild anderer Kinder den *Abbau von Angst* zu ermöglichen.[180] Es kann auf dem Hintergrund der aufgezeigten Nachahmungsmechanismen aber auch die Notwendigkeit begründet werden, Menschen aus permanent pathogen wirkenden Nachahmungsbedingungen, wie etwa gewalttätigen oder süchtigen Milieus, herauszuführen, um sie überhaupt erst therapieren zu können. Zudem weist das Lernen am Modell Therapeuten, Erzieher und Seelsorger nachdrücklich darauf hin, daß ihrem *Vorbild* eine Schlüsselrolle bei der Realisierung ihrer Ziele zukommt.

4. Kognitive Lerntheorien

Eine wichtige Korrektur erfuhr der strenge Behaviorismus eines *Watson* und *Skinner* vor allem durch die *kognitive Lerntheorie E. C. Tolmans* (1886–1959).[181] Er konnte zeigen, daß das Verhalten von Individuen nicht nur von den Verhaltenskonsequenzen Belohnung und Bestrafung abhängt, sondern *zielorientiert und zweckgerichtet* ist. Der Organismus reagiert, so *Tolman*, nach dem »Prinzip des kleinsten Aufwands«, d. h. der kürzere Weg zum Ziel werde bevorzugt. Im Rahmen der Zielfindung präge sich der Organismus nicht so sehr Bewegungsabfolgen ein, sondern zum Ziel führende Zeichen. Er lege sozusagen eine *»kognitive Landkarte«* an, lerne Bedeutungen von Ereignissen, Zeichen, die ihm die Richtung zum Ziel anzeigen. Eine wichtige Rolle spielt in *Tolmans* Konzept deshalb der Begriff der *Erwartung*. Die wiederholte Erfahrung, daß ein bestimmter Weg zum Ziel führt, bewirke, daß der Organismus feste Erwartungen darüber aufbaut,

die Wirkung medialer Gewalt differenzierter erforscht. Vgl. die Übersicht bei: *R. Kohnstamm*, Praktische Psychologie des Schulkindes, 98–111.

180 *M. Weber*, Grundfragen der Psychologie, 131.

181 *E. C. Tolman*, Cognitive maps in rats and men. – Vgl. auch: *K. Foppa*, Lernen, Gedächtnis, Verhalten, 358–366.

mit den einmal sich als erfolgreich erwiesenen Reaktionen wiederum ans Ziel zu gelangen.

Der Ansatz *Tolmans* wurde von verschiedenen Forschern aufgegriffen und differenziert. Auf die vorgestellte Verhaltensgleichung bezogen, handelt es sich bei diesen Konzepten um eine Konturierung der von *Skinner* als »black box« bezeichneten Variable 0 der Prozesse im lernenden Organismus. Zu den Vertretern einer solchen kognitiven Lerntheorie gehört neben Namen wie *Kanfer, Rotter, Miller, Galanter, Pribram, Mahoney, Breger* und *Mc Gough*[182] auch *Walter Mischel*[183]

Seine Theorie sieht das Handeln des Menschen als eine Interaktion zwischen Person und Situation. Er charakterisiert deshalb sein Konzept auch als eine *»interaktionistische Persönlichkeitstheorie«*. Nach *Mischel* ist das Verhalten oder Handeln der Person entscheidend davon geprägt, wie sie eine Situation wahrnimmt und kognitiv deutet. Je nach Vorerfahrung werden Reizsituationen »kognitiv transformiert«. Die damit der Situation gegebene Deutung entscheidet darüber, mit welcher Reaktion die Person antwortet. Im Handeln kommen folglich nicht einfach Persönlichkeitseigenschaften der Person zum Zuge, vielmehr haben die »kognitiven Moderatoren« eine vermittelnde Funktion zwischen Persönlichkeit und Situation. Die »kognitiven Stile«, wie man die Ereignisse, sich selbst und die anderen sieht, müssen folglich die therapeutische Aufmerksamkeit beanspruchen, sie lassen sich auch entsprechend modifizieren.

Mischel hält eine Reihe von Personvariablen für bedeutsam, die im Spiel sind, wenn eine Person auf bestimmte Situationsanreize reagiert:

(1) Kognitive Konstruktionskompetenz
Darunter wird die Fähigkeit verstanden, Informationen in aktiver Weise zu ordnen, daraus Erkenntnisse zu gewinnen und Verhaltensweisen vorausschauend zu entwerfen. Diese Fähigkeit ist abhängig von der Intelligenz, von sozialer und geistiger Reife, sowie vom Grad der Ich-Entwicklung.

(2) Verschlüsselungsstrategie und persönliche Konstrukte
Sie stellen ein System von Vorstellungen, Begriffen und Konstrukten dar, mit deren Hilfe die Wirklichkeit bearbeitet und gefiltert wird. Auf diese Weise werden Informationen einem Selektionsvorgang unterworfen und den personspezifischen Deutungsschemata angepaßt. Ein illustratives Beispiel für solche persönliche Konstrukte und ihre pathogene Wirkung liefert *Albert Ellis* mit den von ihm so genannten *»irrealen Ideen«*, naive Alltagstheorien, die krank machen, wie etwa »die Meinung, es sei für jeden Er-

[182] Vgl. *H. Benesch*, dtv-Wörterbuch zur Klinischen Psychologie, Bd. 2, 388.
[183] *W. Mischel*, Personality and assessment. – *Ders.*, Toward a cognitive social learning reconceptualization of personality. – Einen informativen Überblick über die Theorie *Mischels* gibt: *J. Schwermer*, Den Menschen verstehen, 211–228.

wachsenen absolut notwendig, von praktisch jeder anderen Person in seinem Umfeld geliebt oder anerkannt zu werden«.[184]

(3) Erwartungen
Es handelt sich hierbei um je *persönliche Hypothesen*, die die Folgen auf bestimmte Reizkonstellationen und auf das eigene Tun zum Gegenstand haben. Jede Person verfügt über solche subjektiven Vorstellungen vom Charakter »Wenn, dann«. Erhält das Subjekt keine neuen Informationen in einer Situation, dann treten die bereits vor der Situation erlernten Erwartungsstrukturen uneingeschränkt in Kraft. Das Subjekt wählt dann jene Handlungen, die ihm den größten Erfolg versprechen. Besonders augenfällig ist dies beim Neurotiker. Wie im Zusammenhang mit der *Depression* ausgeführt wurde, spielen in seinem Erleben unrealistische Erwartungen eine große Rolle. Der Depressive erwartet durch den Verzicht auf eigene Wünsche und eigenes Wollen die Zuwendung und Anerkennung der anderen. Seine Tendenz zum sozialen Rückzug verwehrt es ihm aber gleichzeitig, aus den fehlgeschlagenen Erwartungen die richtigen Schlüsse zu ziehen, so daß *sich seine unangemessenen Erwartungsstrukturen verfestigen*. Die kognitive Lerntheorie *Mischels* hebt mit dem Begriff der Erwartung besonders hervor, daß wir alle Wahrnehmungsinhalte bereits mit bestimmten Hypothesen belegen, was daraus für uns eintreten könnte. Wir geben uns *»Prophezeiungen«* und setzen alles daran, daß sie zutreffen (Sich-selbst-erfüllende Prophezeiungen). Wie bereits angedeutet, bietet sich hier aber auch ein therapeutischer Ansatzpunkt. In der *»kognitiven Verhaltenstherapie«*[185] wird versucht, durch Informationen, Rollenspiele und viele andere Maßnahmen illusionäre Erwartungen, die nicht selten den Kern der seelischen Störungen bilden, zu ersetzen durch realistischere.

(4) Subjektive Bewertungen
Wie die Person auf bestimmte Reizbedingungen reagiert, das hängt nicht nur von den Folgen ihres Verhaltens, die sie erwartet, ab, sondern wie sie diese Folgen *bewertet*. Ähnlich wie bei den Erwartungen handelt es sich bei diesem emotionalen Bewertungsprozeß um ein Lernprodukt, abhängig von Erfahrungen mit sich und seiner Umwelt. Von den Bewertungen der angenommenen Folgen gehen motivierende oder auch abschreckende Wirkungen auf die Person aus. Auch hier läßt sich zur Illustration noch einmal an die depressive Problematik erinnern. Der Depressive neigt dazu, wie vor allem *Beck*[186] zeigen konnte, Befürchtungen etwa über Verluste als Tatsachen zu bewerten oder den geringsten Widerspruch des anderen bereits als

[184] *A. Ellis*, Die rational-emotive Therapie, 64.
[185] Vgl. *M. J. Mahoney*, Kognitive Verhaltenstherapie.
[186] *A. T. Beck*, Depression. – *M. Frese/R. Schöfthalter-Rühl*, Kognitive Ansätze in der Depressionsforschung.

niederschmetternde Ablehnung zu interpretieren. Die verheerenden Folgen solcher unzutreffender Bewertungen liegen auf der Hand. Sie bestätigen den Depressiven in seiner bereits vorgefaßten Meinung von sich selbst, ein Pechvogel und absolut verachtenswert zu sein. Die kognitive Therapie der Depression setzt bei einem solchen von unzutreffenden Bewertungen geprägten *Selbstbild* an.

(5) Übergreifende Pläne und selbstregulative Systeme
Sie gestalten die Durchführung komplexer Verhaltenssequenzen. Es geht hierbei um die weitergesteckten *Ziele der Person*, wie etwa einen bestimmten Beruf zu ergreifen oder in bestimmter Weise das Familienleben zu gestalten. Der Mensch steuert, nach *Mischel*, sein Handeln gemäß seinen Zielen und seinem Anspruchsniveau durch *Selbstlob, Selbstverstärkung*, aber auch *Selbstkritik* und *Selbstbestrafung*. Solche Selbststeuerung einschließlich der entsprechenden symbolischen Belohnung und Bestrafung überwindet auch starke situative Zwänge und wirkt sich in hohem Grad auf die emotionale Befindlichkeit aus. Hat die Person in ihren Augen Erfolg, dann gewinnt sie daraus Mut und neuen Schwung. Im Fall des Mißerfolgs nimmt sie dagegen nur noch Negatives wahr und zweifelt an den eigenen Fähigkeiten. Bei solchen übergreifenden Plänen lassen sich Prioritätsregeln ausfindig machen, die die Reihenfolge einzelner Operationen festlegen. Auch Selbstinstruktionen und kognitive Reiztransformationen spielen eine wichtige Rolle. Zudem hängt das Erreichen des gesetzten Ziels von *»Selbstkontrolle«* ab, auch sie läßt sich therapeutisch fördern.

Mischels Modell des kognitiven Lernens überwindet sehr deutlich den traditionellen Behaviorismus, der die menschliche Persönlichkeit als »black box« betrachtete. Er *kritisiert* zugleich eine *eigenschaftstheoretische Auffassung* von der Person, daß sie in ihrem Handeln lediglich angeborene oder erworbene konsistente Persönlichkeitszüge realisiert, unabhängig von der jeweiligen Situation. Für *Mischel* steht fest, daß die Person in ihrem Handeln nicht nur Situationen und andere Personen beeinflußt, sondern zugleich von ihnen bestimmt wird (Interaktion), wobei der Kognition eine »moderierende« Funktion zukommt. Er hat dabei gewiß nicht das Ganze der Person und Gesellschaft, ihrer Entwicklung und ihrer Suche nach Sinn und Erfüllung in Blick bekommen, aber dennoch trugen seine Überlegungen dazu bei, der empirischen Psychologie ein angemesseneres Menschenbild zurückzugeben: den Menschen als Wesen zu begreifen, das sich selbst und seine Umwelt gestalten kann und darum für beides Verantwortung trägt.[187]

[187] Vgl. *J. Schwermer*, Den Menschen verstehen, 228.

(3) Verhaltenstherapeutische Methodik

Wenn neurotische Störungen, wie die Verhaltenstherapie annimmt, durch vielfältige klassische, operante, soziale und kognitive Lernprozesse erworben sind, dann bedarf es zu ihrer Überwindung ebenfalls solcher Lernabläufe, gezielt und systematisch durchgeführt. Dieses Grundaxiom der Verhaltenstherapie führte nicht nur zu einer Fülle von Einzelverfahren, sondern kristallisierte auch einen ganz bestimmten Krankheits- und Therapiebegriff heraus.

1. Krankheitsbegriff der Verhaltenstherapie

Mit der Psychoanalyse des Mediziners *Sigmund Freud* war es üblich geworden, auch in der Psychotherapie einen *medizinischen Krankheitsbegriff*[188] zugrunde zu legen. Seelische Erkrankungen, allen voran die Neurose, werden von der Psychoanalyse in ihrer Ätiologie und Therapie in unverkennbarer *Analogie zur körperlichen Erkrankung* charakterisiert. Man nimmt vor allem, ähnlich wie in der somatischen Medizin, einen inneren, tiefer liegenden Krankheitsherd an, der sich in einzelnen Symptomen äußert. Für die Psychoanalyse besteht dieser Fokus der Krankheit in einem *innerseelischen Konflikt* (ätiologische These), wobei diese entscheidende Ursache des neurotischen Erlebens und Verhaltens der betroffenen Person nicht bewußt sei (Latenz-These). Die unbewußten Quellen der Neurose seien im Lauf der Psychogenese in der frühen Kindheit ausgebildet worden. Damit wird die Neurose sehr entscheidend auf den Patienten lokalisiert. Er ist der alleinige Krankheitsträger, und nicht etwa auch irgendwelche gesellschaftliche Strukturen. Die Behandlungstechnik habe deshalb auf die Bewußtmachung und Verarbeitung des individuellen, unbewußten Konflikts zu zielen. Als wichtige Wege dazu gelten die Interpretation von Einfällen, Träumen, Fehlhandlungen, Produktionen und dergleichen (Technische These). Als Forschungsweg zur Theoriebildung habe man die sog. *»klinische Methode«* zu praktizieren, die in phänomenologischer Beschreibung (identifikatorische Einfühlung) in Verbindung mit interpretativer Erklärung von Einzelfällen besteht (Methodische These).

Von diesem, hier sehr komprimiert wiedergegebenen medizinischen Krankheitsbegriff der Psychoanalyse unterscheidet sich die verhaltenstherapeutische Auffassung fundamental. In ihrem als *»sozialwissenschaftlich«* charakterisierten *Krankheitsmodell*[189] – auch von *»Neurosenbegriff 2. Ord-*

[188] Vgl. *D. Graessner*, Verhaltenstherapie, 71–73. – *L. J. Pongratz*, Lehrbuch der Klinischen Psychologie, 158ff.
[189] Vgl. *D. Graessner*, Verhaltenstherapie.

nung«[190] ist in diesem Zusammenhang die Rede – gelten wesentlich andere Prämissen. Die Verhaltenstherapie verzichtet vor allem auf die Annahme eines »dahinter« oder »darüber« liegenden Konflikts. *Das Symptom, und nichts sonst sei die ganze Neurose.* Zur wissenschaftlichen Erklärung genügten im wesentlichen die Lern- und Kognitionstheorien, der Rückgriff auf unbewußte Konflikte sei artifiziell und unökonomisch. Zudem könnten neurotische Verhaltensweisen nicht nur in der Kindheit, sondern in jedem Lebensabschnitt erlernt werden. Auch sei zu berücksichtigen, daß solche Lernprozesse aus der Interaktion des Patienten mit seiner Umwelt entstammen. Dies habe für die therapeutische Technik zur Konsequenz, daß sie eine Modifikation des unangepaßten Verhaltens anzuzielen habe, wobei insbesondere die systematische Löschung oder Dekonditionierung signifikante Effekte zeitige. Der Therapeut habe zudem bei der Zielfindung der Therapie mit dem Patienten zusammenzuarbeiten, um herauszufinden, »ob die Veränderung der Verhaltensweisen des Patienten als Anpassung an die gesellschaftlichen Normen gerechtfertigt ist oder ob versucht werden soll, den Patienten in seinem Anderssein zu belassen und ihn gegen den Normdruck der Gesellschaft widerstandsfähig zu machen.«[191] Als Forschungsmethoden kommen im Krankheitsmodell der Verhaltenstherapie hauptsächlich Experiment und Statistik in Frage.

Bei aller offensichtlichen Differenz der beiden Auffassungen gibt es auch Überschneidungen und Gemeinsamkeiten, z. B. erklären beide Seiten die Neurose als etwas *Erworbenes*. Auch gibt *Ludwig Pongratz*[192] mit Recht zu bedenken, ob man symptomatisches Verhalten von der Persönlichkeit so ohne weiteres unterscheiden könne und ob nicht jede Verhaltensänderung zugleich Persönlichkeitsänderung bedeute. Die faktische Praxis sowohl der Psychoanalyse wie der Verhaltenstherapie dürfte zudem von ständigen »Grenzüberschreitungen« gekennzeichnet sein, wie aus einzelnen Berichten[193] hervorgeht. In der Abhebung des verhaltenstherapeutischen Krankheitsmodells von einem medizinisch-psychoanalytischen würde dann in erster Linie eine Tendenz sichtbar, der Verhaltenstherapeuten zuneigen. Diese Tendenz, die mit »Symptombehandlung« nur unzulänglich charakterisiert wäre, kommt auch mehr oder weniger in den Techniken oder Verfahrensweisen der Verhaltenstherapie zum Ausdruck.

[190] *L. J. Pongratz*, Lehrbuch der Klinischen Psychologie, 161 ff.
[191] *D. Graessner*, Verhaltenstherapie, 73.
[192] *L. Pongratz*, Lehrbuch der Klinischen Psychologie, 164.
[193] Vgl. z. B.: *E. Jaeggi*, Wir Menschenbummler.

2. *Einzelne Verfahren*

Hellmuth Benesch[194] unterscheidet in seiner Übersicht über die verhaltenstherapeutischen Verfahrensweisen nicht weniger als 45 Techniken. So ist beispielsweise die Rede von In-vivo-Behandlung, Emotionaltraining, Selbstinstruktionstraining, Selbstsicherheitstraining, Aversionstherapie, Gedankenstoppen, Programmtherapie, systematische kognitive Umstrukturierung u. ä. Das Feld der unterschiedlichen Vorgehensweisen erscheint außerordentlich differenziert. Im Folgenden seien exemplarisch einige Techniken kurz skizziert:

(1) Die Verhaltensanalyse

Ziel der Verhaltensanalyse ist die Diagnose derjenigen Bedingungen, die das Problemverhalten eines Patienten regulieren. Sie geht in der Regel der eigentlichen therapeutischen Technik voraus bzw. erfolgt parallel zum Therapieprozeß. Bezugnehmend auf die Verhaltensgleichung von *Kanfer*, hat beispielsweise *Schulte*[195] ein Schema für Diagnose und Therapieplanung in der Verhaltenstherapie vorgelegt, das u. a. vorsieht:

- *Analyse des symptomatischen Verhaltens:* Welche Bedingungen gehen der problematischen Verhaltensweise voraus, welche folgen ihr? Inwieweit gelingt eine Selbstkontrolle des Symptoms? Wie entstand es? Bestehen Zusammenhänge zwischen einzelnen Symptomen? ...
- *Zielanalyse:* Welche Folgen hätte eine mögliche Symptomveränderung für den Patienten, seine sozialen Beziehungen und für seine Sozialpartner? Was soll erreicht werden? ...
- *Therapieplanung:* Welche Verfahren erscheinen erfolgversprechend? Durch welche Kontrollmessungen soll der Therapieprozeß beobachtet werden? ...

Die exakte Verhaltensanalyse dient dazu, Therapie als ein streng kontrolliertes Experiment zugunsten des Patienten durchführen zu können, wie es der theoretische Anspruch der Verhaltenstherapie vorsieht.

(2) Systematische Desensibilisierung[196]

Sie gilt als klassische Technik zum Abbau von Ängsten (Phobien). Ihr Prinzip beruht darauf, daß gleichzeitig eine mit der Angst unvereinbare Reaktion, in der Regel Entspannung, angeregt wird. Unter der Voraussetzung, daß dieser Entspannungszustand stärker ist als die Angstreaktion, kommt es sukzessiv zu einer Löschung der Angst. In der Praxis findet zum Zwecke der

[194] *H. Benesch*, dtv-Wörterbuch zur Klinischen Psychologie, Bd. 2, 396f.

[195] *D. Schulte*, Ein Schema für Diagnose und Therapieplanung in der Verhaltenstherapie, 75–104.

[196] Vgl. *D. Graessner*, Verhaltenstherapie, 78–81. – *L. J. Pongratz*, Lehrbuch der Klinischen Psychologie, 328. – *H. Benesch*, dtv-Wörterbuch zur Klinischen Psychologie, Bd. 2, 399f. – *I. Florin/W. Tunner*, Therapie der Angst. – *F.H. Kanfer/A.P. Goldstein* (Hrsg.), Möglichkeiten der Verhaltensänderung.

Entspannung vor allem die *»progressive Relaxation«* von *Jacobson*[197] Anwendung, eine Technik, bei der der Patient einzelne Muskelpartien kurz anspannt und darauf entspannt. Des weiteren konstruieren Therapeut und Patient zusammen eine Reihenfolge der angstauslösenden Situationen in dem zu behandelnden phobischen Bereich (»Angsthierarchie«). Jene Situationen, die gemäß dieser Reihung am wenigsten Angst auslösen, stehen am Beginn der Therapie, die am stärksten angstbesetzten am Schluß. Am Beispiel der Prüfungsangst eines Studenten läßt sich eine solche Angsthierarchie, einschließlich der personspezifischen, subjektiven »Angstwerte« illustrieren:[198]

100 Lesen der Prüfungsaufgabe und Nicht-Verstehen der Fragestellung
90 Betreten des Prüfungsraums
85 Warten vor dem Prüfungsraum
80 Begrüßen von Kommilitonen, die vorbeigehen
75 Betreten des Universitätsgebäudes, wo die Prüfung stattfindet
70 Sichtkontakt mit dem Universitätsgebäude
60 Sichtkontakt mit Bibliothek oder Mensagebäude
50 Auf dem Weg von Wohnung zu Universität
40 Verlassen der Wohnung am Prüfungstag
30 Am Morgen des Prüfungstages (Frühstück)
20 Am Morgen des Prüfungstages (Erwachen)
10 Am Abend vor der Prüfung

Bei der eigentlichen Desensibilisierung versetzt der Therapeut den Klienten in tiefe Entspannung und bittet ihn, beginnend mit den untersten Situationen, sich genau vorzustellen, wie er sich etwa am Abend vor der Prüfung fühlt, woran er denkt, was er tut. Tritt bei dieser Vorstellung keine Angst mehr auf, wird zur nächsthöheren Angststufe vorangeschritten, bis hin zur unmittelbaren Prüfungssituation. Eine nicht in jedem Fall gegebene Bedingung für das Gelingen der Systematischen Desensibilisierung scheinen die *Vorstellungsfähigkeit* des Klienten sowie die *Ansprechbarkeit auf Entspannungspraktiken* zu sein. Zudem sind die Grenzen dieser Methode dort anzunehmen, wo nicht mehr eine äußere, identifizierbare Situation die Angstquelle bildet (Phobie), sondern unbestimmbare, diffuse Ängste vorherrschen.

(3) Shaping, Chaining, Prompting, Fading[199]

Diese Gruppe verhaltenstherapeutischer Methoden ist besonders bei der Behandlung von kindlichen Verhaltensstörungen, aber auch in Elterntrainingsprogrammen anzutreffen. Wesentliches wurde dazu bereits im Zusammenhang mit der operanten Konditionierung gesagt.

[197] Vgl. dazu: *I. Florin*, Die Praxis der Systematischen Desensibilisierung, 243–252.
[198] Vgl. *D. Graessner*, Verhaltenstherapie, 79.
[199] Vgl. *L. J. Pongratz*, Lehrbuch der Klinischen Psychologie, 331 f.

Shaping meint die Verstärkung von kleinen Schritten, auch von Vorstufen, die in Richtung des gewünschten Verhaltens weisen.

Chaining (Verhaltensverkettung) ist der schrittweisen Verhaltensausformung sehr ähnlich. Das erwünschte Verhalten wird ebenfalls in kleine Schritte aufgeteilt, und jeder Teilerfolg wird verstärkt. Die Übungskette beginnt jedoch nicht mit dem ersten, sondern mit dem letzten Glied. So brachte man mit dieser Methode schwer retardierte Kinder beispielsweise dazu, selbständig zu essen, sich anzukleiden, zu baden, auf die Toilette zu gehen, einzukaufen. Sukzessive setzt man vor jede Belohnung (Süßigkeiten etc.) neue Verhaltensweisen als Bedingung.[200]

Prompting[201] besagt, daß der Therapeut oder Erzieher immer dann mit direkten Hilfen interveniert, wenn der Klient oder das Kind beim Üben kurz davor ist, Fehler zu machen, Mißerfolge zu erleben oder den Mut zu verlieren. Damit steigt die Möglichkeit der positiven Verstärkung, die Lernmotivation wird durch den Erfolg gehoben.

Fading stellt in gewissem Sinn das Gegenteil zum Prompting dar: Man versteht darunter, daß sich der Therapeut oder Erzieher mit seinen Interventionen sukzessive zurücknimmt. Wichtig ist, daß dieses Sich-Ausblenden flexibel erfolgt und im Fall eines sich anbahnenden Mißerfolgs wieder auf Hilfen zurückgegriffen wird.

(4) Aversives Konditionieren[202]

Es beruht auf dem nicht eindeutig gesicherten Ergebnis der operanten Konditionierung, daß »bestrafte« Verhaltensweisen in Zukunft seltener auftreten. Aversive Konditionierung wird therapeutisch zum Abbau schwer behandelbarer Störungen wie Sucht, auch sexueller Perversionen angewandt. Meist wird sie in der Weise durchgeführt, daß im Anschluß an die ausgeführte unerwünschte Handlung ein unangenehmer oder noxischer Reiz gesetzt wird, etwa in Form Übelkeit erregender Medikamente oder elektrischer Schocks. Die mit der Aversionstherapie verknüpften Erfolgserwartungen haben sich, wie kritische Untersuchungen[203] belegen, nicht erfüllt. Zudem wurden immer lauter ethische Bedenken ins Feld geführt, die die Aversionstherapie als inhuman ablehnen.

(5) Selbstsicherheitstraining

Angezeigt ist diese Methode bei ausgeprägten sozialen Ängsten wie der Unfähigkeit, eigene Wünsche zu artikulieren, andere um Hilfe anzugehen oder in Gegenwart anderer Menschen einigermaßen selbstsicher aufzutreten. Ähnlich wie bei der Systematischen Desensibilisierung werden mittels einer

[200] Ebd. 331.

[201] Vgl. *P. Karoly*, Operante Methoden, 220–260, hier 238–240.

[202] Vgl. *J. Sandler*, Aversive Methoden, 309–349. – *D. Graessner*, Verhaltenstherapie, 82f. – *L. J. Pongratz*, Lehrbuch der Klinischen Psychologie, 332.

[203] Vgl. *D. Graessner*, Verhaltenstherapie, 83.

gründlichen Verhaltensanalyse zuerst die problematischen Situationen identifiziert. *Ullrich/Ullrich*[204], die ein sehr differenziertes *»Assertiveness-Programm«* vorlegen, haben dazu einen Fragebogen konstruiert, der u. a. Items enthält wie:

- Ich habe immer das Gefühl, andere Leute zu belästigen, wenn ich sie um eine Auskunft bitte!
- Ich unterlasse alles, was Widerruf herausfordern könnte!
- Wenn mir jemand ins Wort fällt, fordere ich ihn auf, mich ausreden zu lassen!
- Ich bin zu höflich, um in einem Restaurant ein schlechtes Essen zu beanstanden!
- Es ist mir äußerst unangenehm, in einer Gesellschaft unpassend gekleidet zu sein!
- Ich wage es nie, offen zu sagen, was mir an anderen nicht gefällt!
- Ich habe ständig Angst, daß ich etwas Falsches sagen oder tun könnte!
- Es ist mir äußerst peinlich, bei einer Veranstaltung zu spät zu kommen!
- Es fällt mir schwer, jemandem zu sagen, daß ich ihn mag!

Auf der Basis solcher Testuntersuchungen sowie der Ergebnisse von Anamnese und Exploration wird dann, wiederum vergleichbar mit der Systematischen Desensibilisierung, eine Hierarchie der kritischen Situationen erstellt. Jede der Situationen wird mit dem Therapeuten eingehend in ihren Bedeutungsgehalten für den Patienten durchgesprochen und soweit als möglich im Rollenspiel, aber auch im realen sozialen Feld trainiert. Weil es hierbei sehr wesentlich auf Verstärkung des erfolgreichen Verhaltens wie auch auf Lernen am Modell ankommt, wird das Selbstbehauptungstraining auch in Gruppen durchgeführt.

(6) Selbstkontrollverfahren[205]

In diesen Techniken kommt sehr deutlich die »kognitive Wende« der Verhaltenstherapie zum Ausdruck. Im wesentlichen kann man zwei Strategien unterscheiden: Verfahren, die ein *offenes Verhalten mit Selbstverstärkung beantworten*, und solche, die mit *verdecktem Verhalten*, also mit personspezifischen Gedanken, Bewertungen und Erwartungen arbeiten. Mit Erfolg werden Selbstkontroll- bzw. Selbstmanagement-Methoden eingesetzt bei der Überwindung von Schüchternheit und Ängstlichkeit. *Kanfer*[206] empfiehlt u. a.: »Falls der Patient vor bestimmten Situationen Angst hat, kann der Therapeut einen Vorwand suchen, um den Klienten dazu zu bringen, bislang vermiedene Verhaltensweisen auszuführen. So kann man z. B. einem Patienten, der sich vor sozialen Situationen ängstigt, eine ganz spezi-

[204] *R. Ullrich/R. Ullrich*, Das Assertiveness-Training-Programm ATP. – *Dies.*, Der Unsicherheitsfragebogen.
[205] Vgl. *M. Hartig*, Selbstkontrolle. – *Ch. Hecht*, Kognitive Verhaltenstherapie.
[206] *F. H. Kanfer*, Selbstmanagement-Methoden, 350–406, hier 376.

fische Aufgabe geben, damit er diese Furcht überwindet. Für einen extrem schüchternen Klienten wurden folgende Aufgaben entwickelt: ›Er sollte in ein Café gehen, eine Tasse Kaffee trinken und gleichzeitig die Häufigkeit und die Art der Interaktionen zwischen den anderen Gästen der Nachbartische für 15 Minuten protokollieren‹.« Diese Ablenkungsmanöver sollten dazu beitragen, die Bedenken des Patienten (verdecktes Verhalten) zu zerstreuen, es könnte, wenn er in ein Lokal geht, etwas Schreckliches passieren. Zudem erfährt der Klient im Erledigen der Aufgabe ein Erfolgserlebnis, das ihn in seinem neuerworbenen Verhaltensrepertoire bestätigt. »Selbstkontrolle« besteht in diesem Beispiel darin, daß der Klient die mit dem Therapeuten vereinbarten »Hausaufgaben« durchführt, sich dabei voll auf die Protokollierungsaufgabe konzentriert und im Therapieverlauf Veränderungen seines »inneren Dialogs« bezüglich der angstbesetzten Situationen registriert und ausweitet.

Bei der verhaltenstherapeutischen *Behandlung des Rauchens*[207] wird u. a. eine Kontrolle der das Rauchen auslösenden Stimuli angezielt. Der Raucher sollte durch *sukzessive Verminderung der Rauchsituationen* zum Nichtraucher werden. Zudem bittet man ihn beispielsweise, die Zigarettenschachtel an schwer erreichbaren Stellen in der Wohnung, die Zündhölzer entfernt von den Zigaretten aufzubewahren und vor dem Anzünden der Zigarette jedesmal erst ein Stück Kaugummi zu kauen, eine bestimmte Rauchermütze aufzusetzen und ähnliches. *Kanfer* berichtet von Klienten, denen er eine derartige Prozedur abverlangte, daß sie das Rauchen einstellten, »weil es ihnen einfach viel zu mühsam war, den ganzen Kram vorzubereiten«.[208]

(7) Selbstinstruktionen[209]

Bereits in den Selbstkontrollverfahren wird »verbal-symbolischen Selbstverstärkern«[210] wie »Das habe ich gut gemacht!«, »Das war prima!« und ähnlichen positiven Äußerungen über sich selbst eine große Aufmerksamkeit geschenkt. Sie sollen an die Stelle von verbaler Selbstkritik und Selbstbestrafung treten, die häufig bei Klienten anzutreffen sind. Die Veränderungen des »inneren Selbstgesprächs« beim Klienten rückten für die kognitive Verhaltenstherapie[211] in den letzten Jahren immer mehr in den Blickpunkt. Ob es sich um Verhaltensweisen wie Rauchen, Eßsucht, übermäßiger Alkoholkonsum, um Lern- und Schulprobleme, um Partnerschaftskonflikte, um

[207] Vgl. ebd., 381. – *F. H. Kanfer/J. S. Phillips*, Die klinische Anwendung von Selbstkontrollverfahren, 127–143, hier 134–138.

[208] *F. H. Kanfer*, Selbstmanagement-Methoden, 381.

[209] Vgl. *D. Meichenbaum*, Methoden der Selbstinstruktion, 407–450. – *Ders.*, Kognitive Faktoren bei der Verhaltensmodifikation, 203–219.

[210] *F. H. Kanfer*, Selbstmanagement-Methoden, 383.

[211] Vgl. v. a.: *M. J. Mahoney*, Kognitive Verhaltenstherapie.

Rede- und Prüfungsangst oder um Depressionen[212] handelt, es gibt wohl keinen Bereich der verhaltenstherapeutischen Praxis, wo nicht zunehmend der innere Dialog des Klienten besondere Aufmerksamkeit erfährt. Sehr ausgeprägt ist dies in der *»Rational-emotiven Therapie«* von *Albert Ellis*[213] der Fall, die eine enge Verwandtschaft mit der kognitiven Verhaltenstherapie aufweist. Wie bereits erwähnt, geht es hierbei vor allem um die Modifikation von handlungssteuernden Bewertungen, verdichtet in bestimmten »irrationalen Ideen« der Person. Die Vertreter dieser und anderer Selbstinstruktionsmethoden können sich auf eine alltägliche Erfahrungstatsache berufen: Nicht selten bestimmt das, was die Leute zu sich selbst sagen, das, was sie tun.

(4) Das Menschenbild des Behaviorismus

Die Entdeckung des Subjekts, der personalen Innenseite des Verhaltens, die sich mittlerweile in der Verhaltenstherapie vollzogen hat, läßt alle Einwände gegen ihr angeblich behavioristisches Menschenbild genaugenommen ins Leere laufen. Die Verhaltenstherapie hat sich von dem mechanistischen und positivistischen Denken des Behaviorismus heute so deutlich abgesetzt, daß ihre *behavioristische Anfangsphase* als weit zurückliegende, die Gegenwart verfehlende Episode erscheint.[214] Dennoch gehört der Behaviorismus, wenn nicht zur Gegenwart, so doch zur Geschichte der Verhaltenstherapie. Ihre Wurzeln reichen in dieses Menschenbild hinein, und es gibt durchaus auch heute, trotz der Wende zum Subjekt, die Gefährdung für die Verhaltenstherapie, in ein solches Menschenbild zurückzufallen. Wenn im Folgenden vom Behaviorismus die Rede ist, dann geschieht dies nicht in dem Sinn, daß hier das aktuelle Menschenbild der Verhaltenstherapie zur Gänze gezeichnet wäre, sondern daß darin ihre möglichen *Gefährdungen* in Blick kommen.

Als *Begründer des Behaviorismus* gilt der schon bekannte *J. B. Watson*[215], als einer seiner vehementesten Verfechter *B.F. Skinner*[216]. So wenig wie eine einheitliche Lerntheorie gibt es eine einheitliche Theorie des Behaviorismus. Bereits *Watson*[217] schlug eine Unterscheidung in einen *metaphysischen und methodischen Behaviorismus* vor. Die erste Form lehnt die

212 Vgl. *M. Frese/R. Schöfthaler-Rühl*, Kognitive Ansätze in der Depressionsforschung. – *A. T. Beck*, Cognitiv therapy; Nature and relation to behavior therapy. – *Ders.*, Kognitive Therapie der Depression.

213 *A. Ellis*, Die rational-emotive Therapie.

214 Vgl. *M. J. Mahoney*, Kognitive Verhaltenstherapie, 19.

215 *J. B. Watson*, Psychology as the behaviorist views it. – *Ders.*, Behaviorism.

216 Vgl. v. a.: *B. F. Skinner*, About behaviorism.

217 Vgl. *M. J. Mahoney*, Kognitive Verhaltenstherapie, 20ff.

Existenz einer »Seele« und psychischer Zustände ab und führt alle menschliche Aktivität auf Drüsensekretionen und Muskelbewegungen zurück. Man hat sie deswegen akademisch auch als »radikalen Behaviorismus« charakterisiert. Der methodische Behaviorismus dagegen beschäftigt sich in erster Linie mit Verfahren und Methoden psychologischer Forschung. Neben *Watsons* Einteilung wird in der Literatur[218] auch noch ein *molekularer von einem molaren Behaviorismus* unterschieden, wobei mit diesen Attributen der Gegenstandsbereich behavioristischer Forschung angesprochen ist. Molekulare Behavioristen wie *Watson*, *Hull, Guthrie* und *Skinner* befassen sich hauptsächlich mit Reiz-Reaktionseinheiten und verwerfen Theorien über kognitive Prozesse. Der molare Behaviorismus dagegen, ihr bedeutendster Vertreter ist *Tolman*, läßt auch zwischen Reiz und Reaktion vermittelnde, organismische und kognitive Prozesse gelten.

Ohne hier den vielfachen philosophischen und wissenschaftstheoretischen Fragen, die sich mit dem Behaviorismus stellen, im einzelnen nachgehen zu können, sei im Folgenden auf drei Prinzipien aufmerksam gemacht, die die meisten Anhänger des Behaviorismus vertreten.[219]

1. Objektivismus

Damit ist das *behavioristische Wissenschaftsideal* angesprochen. Psychologie hat es nach dieser Auffassung mit greifbaren, sinnenfälligen, beobachtbaren und meßbaren, in dem Sinn: »objektiven« Dingen zu tun, und nur mit diesen. Die Begriffe »Seele« oder »Bewußtsein« werden als Gegenstand der psychologischen Forschung abgelehnt. *Watson* vertritt die Ansicht, daß alle psychischen Vorgänge reduzierbar seien auf Muskelbewegungen und Drüsensekretionen, letztlich auf physikalische und chemische Prozesse.

Ein solcher »Muskelzuckismus«, wie die Spötter dazu anmerkten, ist nun nicht die Erfindung *Watsons*, sondern hat viele Vorfahren in der Philosophiegeschichte. *Watson* steht hier in der Tradition eines *materialistischen Monismus*, der die lange, in der Philosophiegeschichte immer wieder aufgeflammte Kontroverse, in welchem Verhältnis Seele und Körper zueinander stehen, ob und wie sie aufeinander einwirken, damit beantwortete, daß er die Existenz einer Seele überhaupt leugnete und die ganze Realität als durch und durch körperlich erklärte. *Demokrit* und *Lamettrie* etwa sind diesem materialistischen Monismus zuzurechnen.[220] Sein Wiederaufleben im Behaviorismus hat eine ganz entscheidende Ursache im *Aufblühen der Naturwissenschaften* des 19. Jahrhunderts. 1842 veröffentlichten die Naturwissen-

[218] Vgl. *M. Wertheimer*, Kurze Geschichte der Psychologie, 163.
[219] Vgl. *L. J. Pongratz*, Lehrbuch der Klinischen Psychologie, 307–309.
[220] Vgl. *M. Wertheimer*, Kurze Geschichte der Psychologie, 26.

schaftler *Du Bois-Reymond, Brücke, Helmholtz* und *Ludwig* ihr berühmtes, bereits zitiertes Manifest, das die Psychologie bis hin zu *Freud* außerordentlich stark beeinflußt hat.[221] Darin heißt es: »In den Organismen sind keine anderen Kräfte wirksam als die bekannten der Physik und Chemie. In jenen Fällen, die zur Zeit nicht durch diese Kräfte erklärt werden können, muß man entweder die spezifische Art und Weise ihrer Wirkung durch Anwendung physikalisch-mathematischer Methoden herausfinden oder neue Kräfte annehmen, die den chemisch-physikalischen Kräften, welche der Materie innewohnen, im Rang gleichgestellt sind und auf die Kräfte der Anziehung oder Abstoßung zurückgeführt werden können.«

Nach der Auffassung des radikalen Behaviorismus erscheint es unsinnig, von einer Seele zu sprechen, die außerhalb physikalisch-chemischer Beschreibungskategorien liegt. Daß damit auch ein *metaphysischer Atheismus* verbunden scheint, diesen Eindruck vermittelt *Skinner*[222], wenn er sagt: »Wenn Sie mit ›Seele‹ etwas anderes als physikalisch-biologische Prozesse meinen, dann leugne ich ihre Existenz.«[223] Dennoch scheint seine Position weniger einem metaphysischen als einem methodischen Behaviorismus zuzuneigen.[224] Es kommt ihm vor allem darauf an, Gedanken, Gefühle und ähnliches aus der naturwissenschaftlichen Erforschung des Verhaltens auszuklammern, weil sie nur schwer meßbar und beobachtbar seien. In einer gewissen Widersprüchlichkeit zur Leugnung der Existenz einer »Seele« verwahrt er sich dagegen, er würde die Existenz von nicht meßbaren Wirklichkeitsbereichen prinzipiell bestreiten.

Die Nachwirkungen dieses unterschiedlich ausgeprägten Materialismus bzw. Positivismus, daß nur das objektiv Beobachtbare Gegenstand der psychologischen Forschung sein könne, begegnet u. a. in der verhaltenstherapeutischen Theorie psychischer Störungen, wie sie *Eysenck* konzipierte. In deutlicher Frontstellung zur Psychoanalyse – *Freud* erscheint ihm alles andere als ein Anhänger des oben zitierten Manifests – proklamiert er: »Das Symptom ist die Krankheit. Mit anderen Worten: Symptome sind nicht eigentlich symptomatisch für irgend etwas. Sie sind vielmehr einfache konditionierte, autonome oder Skelettmuskelreaktionen, die schlecht angepaßt sind und beseitigt werden müssen.«[225]

Gerechterweise muß man darauf hinweisen, daß sich die moderne Verhaltenstherapie von diesem strengen Objektivismus deutlich wegentwickelt hat. Zwar orientiert sie sich nach wie vor am Verhalten (behavior) des Menschen, jedoch umfaßt der *Begriff Verhalten* mittlerweile einen sehr komplexen, keineswegs den einfachhin meßbaren Gegenstandsbereich. »Verhal-

[221] Ebd. 69.
[222] *B.F. Skinner*, zit. nach: *M.J. Mahoney,* Kognitive Verhaltenstherapie, 25.
[223] Ebd. 25.
[224] Vgl. *B.F. Skinner*, Wissenschaft und menschliches Verhalten.
[225] *H. J. Eysenck*, Neue Wege der Psychotherapie, 235.

ten« schließt so physiologische, emotional-subjektive, motivational-affektive, verdeckte kognitive und verbal-kognitive Aspekte mit ein. In nicht wenigen verhaltenstherapeutischen Konzepten wird der Begriff des Verhaltens überhaupt, der eine keineswegs mehr angemessene Assoziation zu den Tierexperimenten der frühen Behavioristen wachruft, weitgehend zurückgenommen und statt dessen von Handlungen, Bewertungen, Gefühlen, Wahrnehmungen etc. gesprochen. Somit vollzieht sich offensichtlich nicht einfach nur eine kognitive, sondern auch eine *personale Wende* in der Verhaltenstherapie.

2. *Mechanismus*

Das mechanistische Axiom lautet in der Version des Behaviorismus: *Verhalten ist gelernt*, vor allem nach den Gesetzen der Konditionierung, der Generalisierung, der Kontiguität und der Verstärkung. Diesen gesetzmäßigen Prozessen gegenüber sei der Mensch weitgehend passiv; anders ausgedrückt: Er ist von außen her determiniert, Produkt seiner Umwelt. Solchen Determinismus und die damit verbundene Ideologie der totalen Machbarkeit von Glück und Unglück bringt *Watson* mit seiner berüchtigten Behauptung auf den Punkt: »Gebt mir ein Dutzend gesunde Säuglinge mit geraden Gliedern und meine eigene, nach besonderen Regeln geschaffene Welt, um sie darin aufzuziehen, und ich garantiere euch, daß ich irgendeines aufs Geratewohl herausgreife und aus ihm jede Art Spezialist mache, die ich wähle – Arzt, Richter, Künstler, Kaufmann, ja – Bettler und Dieb, ohne Rücksicht auf seine Talente, Neigungen, Fähigkeiten, Berufungen und die Rasse seiner Vorfahren.«[226] Ähnlich überzogener pädagogischer Optimismus, basierend auf einer einseitigen Umwelttheorie der psychischen Entwicklung, begegnet auch bei *B. F. Skinner*. In seinem Zukunftsroman »Walden Two«[227] zeichnet er die *Utopie einer Gesellschaft*, in der systematische Lernprozesse einen Zustand des Glücks und der Zufriedenheit erzeugen sollen.

Gegen diese mechanistische Ansicht vom Menschen haben sich seit jeher kritische Stimmen[228] erhoben, die die *Personalität des Menschen* reklamieren. Sie bringen in Erinnerung, daß der Mensch weder als technische Maschine (»Man as a Robot«) noch als instinktgesteuertes und reflexhaft reagierendes Tier (»Rattenpsychologie«) erschöpfend beschreibbar ist. *Skinner* allerdings verwahrt sich entschieden gegen solche Unterstellungen.[229] Er fordert, statt nebulos von Freiheit und Menschenwürde zu sprechen, sie gezielt durch praktisches, wissenschaftlich gesichertes Handeln zu

[226] *J. B. Watson*, Behaviorism, 104.
[227] *B.F. Skinner*, Walden Two, dt.: Futurum zwei.
[228] Vgl. die berühmte Kontroverse zwischen *Skinner* und *Rogers*: *T. W. Wann* (Ed), Behaviorism and Phenomenology. – Vgl. auch: *D. H. Ford/H.B. Urban*, Systems of Psychotherapy.
[229] Vgl. dazu: *J. Schwermer*, Den Menschen verstehen, 176f.

realisieren. Gewiß hat der Glaube an die »Allmacht der Verstärkung« in den letzten Jahren innerhalb der Verhaltenstherapie und der von ihr inspirierten Pädagogik den Rückzug angetreten. Aber die Idee bzw. Ideologie, den Menschen durch therapeutische Reparatur an die je gegebenen Lebensverhältnisse anpassen zu können und damit allen seinen Lebenswünschen entsprochen zu haben, ist nach wie vor eine der Gefährdungen der Verhaltenstherapie.

3. Operationalismus

Der Operationalismus ist als ein Kind des *Neopositivismus* anzusehen, dem ein ganz bestimmtes *Wissenschaftsideal*[230] vorschwebt. Ähnlich wie in der Physik und den übrigen Naturwissenschaften sollten prinzipiell nur jene Aussagen den Rang wissenschaftlicher Gültigkeit besitzen, die sich auf beobachtbare Sachverhalte bezögen. Nur was sinnlich faßbar, der objektiven Kontrollierbarkeit zugänglich sei, könne auch Gegenstand der Forschung sein. Diese objektiven Tatbestände müßten mittels konkreter und wiederholbarer »Operationen« intersubjektiv nachgeprüft, verifiziert oder falsifiziert werden. Als Prüfungsinstrument käme ausschließlich das *Experiment* in Frage. Es allein könne über das Zutreffen oder Nichtzutreffen von Hypothesen entscheiden. Die so gewonnenen Daten habe man einer mathematischen Verarbeitung – im Bereich der Psychologie kommt dabei die *Statistik* mit ihren Wahrscheinlichkeitsaxiomen in Betracht – zu unterziehen. Für Handlungspläne, wie sie in der Psychotherapie und Pädagogik vonnöten seien, sollte man nur auf solche experimentell erhärtete Theorien zurückgreifen.

Mit dieser hier sehr verkürzt wiedergegebenen Auffassung von psychologischer Theoriebildung und Praxis reiht sich der Behaviorismus in den modernen *Positivismus* ein. Es ist zweifellos das Verdienst der genannten psychologischen Forschungsmethode, psychische Phänomene sowie Praktiken der Psychotherapie objektiver Messung erschlossen zu haben. Gleichzeitig wird damit auch der ethische Anspruch erhoben, daß gerade im Bereich der Psychotherapie und Pädagogik, um des betroffenen Menschen willen, nicht der subjektive Eindruck des Helfers für eine Methode den Ausschlag geben dürfe, sondern objektiv erhärtete Fakten. Zudem wird für den Prozeß der Therapie eine fortlaufende *Rechenschaftsablage* über die Effektivität des Vorgehens gefordert. – Ein Postulat, dem man sich gerade angesichts der Flut fragwürdiger Heilpraktiken auf dem Psychomarkt nicht verschließen kann.

Es ist allerdings nicht zu übersehen, daß der Operationalismus sowohl im

[230] Vgl. *M. J. Mahoney*, Kognitive Verhaltenstherapie, 27ff. – *L. Pongratz*, Lehrbuch der Klinischen Psychologie, 309.

Bereich der Psychologie als auch in den Naturwissenschaften, dort, wo er mit dem Anspruch einer absoluten Metatheorie auftritt, sich gegen den Menschen kehrt. An die Stelle der verantwortungsbewußten Entscheidung des Subjekts tritt dann der *Glaube an die Allwissenheit der Daten*. Die Beachtung des *subjektiven Faktors*, der in jedes experimentelle Design eingeht, sowie die subjektive Verantwortung des Forschers, seinem Tun ethische Prinzipien zugrunde zu legen, geraten dabei leicht ins Hintertreffen. Der »tödliche Fortschritt«, den uns u.a. dieses positivistische Wissenschaftsideal beschert hat, gibt von der impliziten Enteignung des Subjekts, die mit ihm einhergeht, fatale Auskunft.

Wie bereits im Zusammenhang mit der Psychoanalyse erörtert, die ja voll vom Verdikt des Operationalismus betroffen ist, haben Psychologie und Psychotherapie *beide Pfade* zu beschreiten, die subjektive Einfühlung in den Einzelfall, auch als phänomenologische, idiographische[231] oder »klinische«[232] Methode charakterisiert, ebenso wie die objektive, empirisch-experimentelle Überprüfung von psychologischen Theorien, als nomothetisches[233] Vorgehen bezeichnet. Nach Meinung verschiedener Autoren[234] besteht zwischen beiden Richtungen kein Ausschließungsverhältnis, sondern Komplementarität.

(5) Verhaltenstherapie und Seelsorge

Bei der Verhaltenstherapie mag sich die Frage stellen, ob sie überhaupt irgendwelche Berührungspunkte hin zur Seelsorge aufweist. Liegen nicht zwischen den Tierexperimenten *Pawlows* oder *Skinners* und dem, was der Seelsorger in der Begleitung des gottesbedürftigen Menschen anstrebt, Welten, die jeden Dialog von vornherein zum absurden Unterfangen verurteilen? Haben Systematische Desensibilisierung und die Verkündigung der Botschaft vom Heil in Jesus Christus irgendeinen gemeinsamen Nenner, der den Austausch von Verhaltenstherapie und Seelsorge sinnvoll erscheinen läßt?

1. Der Dialog steht noch aus

In der Tat wirkt auf den ersten Blick die Verhaltenstherapie pastoral ungleich weniger relevant als die Psychoanalyse. Die Methode *Freuds*, durch Deutung der »dahinter« liegenden Ursachen die psychische Krankheit zu

231 Vgl. *T. Herrmann*, Lehrbuch der empirischen Persönlichkeitsforschung, 45f.
232 *L. J. Pongratz*, Lehrbuch der Klinischen Psychologie, 393–403.
233 Vgl. *T. Herrmann*, Lehrbuch der empirischen Persönlichkeitsforschung, 44ff.
234 Vgl. *L. J. Pongratz*, Lehrbuch der Klinischen Psychologie, 391. – *D. H. Ford/H.B. Urban*, Systems of Psychotherapy.

heilen, weist wenigstens eine gewisse Analogie zum hermeneutischen Vorgehen des Seelsorgers auf, wenn er den Menschen »mystagogisch« einzuführen versucht in das Geheimnis der hinter allem waltenden Wirklichkeit Gottes. Anders die Verhaltenstherapie: Sie gibt vor, auf hermeneutische, existentielle Erschließung irgendwelcher transempirischen Wirklichkeitsbereiche vollständig zu verzichten, auch wenn ihr das, wie noch zu zeigen sein wird, nie ganz gelingt. Dieses methodische Selbstverständnis der Verhaltenstherapie, ihre ausdrückliche Konzentration auf beobachtbares und meßbares Verhalten und Erleben hat jedoch wesentlich zu einer *skeptischen Distanz* der Theologen und Seelsorger ihr gegenüber geführt.

Hinzu kommt, daß die Methoden der Verhaltenstherapie ob ihres »klinischen« Charakters für den Alltag der Gemeindeseelsorge vielfach ungeeignet, ja abwegig erscheinen. Verhaltenstherapie wird so auf seiten der Pastoral, wenn sie überhaupt zur Kenntnis genommen wird, zur *Angelegenheit psychotherapeutischer Spezialisten* erklärt, zu denen sich Seelsorger in der Regel nicht zählen. Es verwundert deshalb nicht, daß ein Dialog zwischen Verhaltenstherapie und Seelsorge, wenigstens im katholischen Bereich, bisher nicht stattgefunden hat.

Dabei wäre ein Austausch gerade in Anbetracht der Tatsache dringlich, daß in zahlreichen *psychologischen und psychosozialen Beratungsstellen in kirchlicher Trägerschaft* ganz selbstverständlich Verhaltenstherapie mit Erfolg praktiziert wird. Solche verhaltenstherapeutische Beratungspraxis bedarf einer pastoral-theologischen Reflexion und Würdigung, um die Hilfe, die hier Christen an ihren Mitmenschen leisten und die Notleidende erfahren, als diakonisch-heilende Seelsorge in das Bewußtsein der Kirche, der Gemeinden und der Berater selbst zu heben.

Ohne Zweifel könnten auch Seelsorger in den Gemeinden, die oft als erste Ansprechpartner für Menschen in seelischen Nöten fungieren, von der Verhaltenstherapie gewinnen, ohne das Proprium ihrer Seelsorge preisgeben zu müssen. Nötig erscheint freilich dazu vor allem der *Abschied von Klischees und Vorurteilen* gegenüber der Verhaltenstherapie. Ein kritisches Interesse, das gegenüber dem Menschenbild der Verhaltenstherapie einen eindeutigen Standpunkt bezieht, könnte die angemessene Haltung kennzeichnen.

2. Ein problematischer Vermittlungsversuch

Als bislang einziger nennenswerter Versuch im deutschen Sprachraum, Verhaltenstherapie und Seelsorge miteinander ins Gespräch zu bringen, ist eine Publikation des evangelischen Theologen *Gerhard Besier*[235] zu erwähnen. Mit seinem Buch *»Seelsorge und Klinische Psychologie«* (1980) erregte

[235] *G. Besier*, Seelsorge und Klinische Psychologie.

er in den Kreisen der Pastoralpsychologie einiges Aufsehen, insbesondere deswegen, weil er die Verhaltenstherapie als kritischen und z. T. *polemischen Hebel gegen die übrigen psychotherapeutischen Richtungen* innerhalb der Deutschen Gesellschaft für Pastoralpsychologie benutzte. Damit ließ er die in der Psychologie im Abklingen begriffene Debatte um die Effektivität von Psychoanalyse und Verhaltenstherapie, vorbei an den vielfältigen Integrationsbemühungen psychotherapeutischer Forschung, innerhalb der Pastoralpsychologie wieder aufleben.

Ein Hinweis zunächst zu dem von *Besier* bevorzugten Begriff *»Klinische Psychologie«* anstelle von »Verhaltenstherapie«. Klinische Psychologie[236] kann als ein feststehender Terminus zur Bezeichnung einer psychologischen Fachdisziplin angesehen werden, die keineswegs nur in der Klinik ihr Forschungs- und Praxisfeld sieht. Das Adjektiv »klinisch« meint vielmehr eine bestimmte Art und Weise, Psychotherapie zu betreiben, bei der die Evaluation des therapeutischen Handelns im Mittelpunkt steht.[237] Besonders charakteristisch ist dieses *Bestreben nach empirisch-experimenteller Überprüfung* der Wirksamkeit des angewandten Repertoires zweifellos in der Verhaltenstherapie, so daß Klinische Psychologie und Verhaltenstherapie von *Besier* mit einem gewissen Recht synonym gebraucht werden. Allerdings kann diese Gleichsetzung nur dann aufrechterhalten werden, wenn das Kriterium der Evaluation nur an die experimentell-statistische Methode gebunden bleibt und nicht auch der phänomenologischen Methode zugestanden wird. *Ludwig Pongratz*[238] jedenfalls will das Adjektiv »klinisch« und damit den Anspruch überprüften wirksamen Vorgehens in der Therapie nicht nur der Verhaltenstherapie allein zugestehen. Er entdeckt auch bei der idiographischen Methode der Psychoanalyse Elemente der Kontrolle und Rechenschaftsablage.

Damit bewegen wir uns bereits mitten in der von *Besier* ausgelösten Kontroverse. *Besier* hält der Pastoralpsychologie und der von ihr geförderten Seelsorgspraxis vor, daß sie sich zuwenig auf empirisch gesicherte Daten und Methoden stütze und daß sie einer, in der Klinischen Psychologie selbstverständlichen *Effektivitätskontrolle* (»Verpflichtung zur Rechenschaftsablage«) aus dem Weg gehe. Er fordert deshalb: »Wenn es richtig ist, daß das Evangelium des Gekreuzigten zuallererst den Kranken gilt, dann muß es doch im Interesse diakonischen Handelns liegen, sich wertfreier, empirisch validierter Methoden zu bedienen, um den unter Leidensdruck Stehenden möglichst effektiv zu helfen. Auf Theorien zu verzichten, die sich fortwäh-

[236] Vgl. die Definition von *L. J. Pongratz*, Lehrbuch der Klinischen Psychologie, 47: »Klinische Psychologie ist jener Zweig der Psychologie, der die sozialbedingten und sozialrelevanten Störungen des psychischen Lebens und deren Modifikation in Forschung, Lehre und Praxis zum Gegenstand hat. Ihre praktischen Aufgaben sind Diagnostik, Therapie und Prophylaxe.«

[237] Vgl. *T. Schall*, Seelsorge und Klinische Psychologie, 398.

[238] *L. J. Pongratz*, Lehrbuch der Klinischen Psychologie, 392–406.

rend selbst ›dem Risiko des Scheiterns an den Tatsachen aussetzen‹ – am Ende gar zugunsten einer Theorie, die sich gegen jegliche Kritik immunisiert –, hieße ethisch unverantwortlich handeln und wäre unvereinbar mit dem Proprium kirchlicher Seelsorge ... ›Pastoralpsychologie‹ kann darum auch nur heißen: Die sachgemäße Anwendung nomothetischer ›Sozialtechniken‹ im pastoralen Handlungsfeld.«[239]

Genaugenommen sind es vor allem zwei Gründe, die *Besier* für eine Rezeption der Klinischen Psychologie ins Feld führt.

(1) Der erste betrifft die *»Verpflichtung zur Rechenschaftsablage«*, der sich die Verhaltenstherapie in seinen Augen deutlicher als etwa die Psychoanalyse unterziehe. Wenn sich Verhaltenstherapie immer wieder »dem Risiko des Scheiterns an den Tatsachen« aussetze, lasse sie einen ethischen Anspruch erkennen, der alles andere als ein Hindernis darstellen sollte, sie in diakonisches Handeln zu integrieren. Unbestritten ist zweifelsohne die Forderung des Evangeliums – zum Ausdruck gebracht in der Pastoral Jesu –, seelisch leidenden Menschen wirksam zu helfen. Und »Wirksamkeit« darf weder nur vom Seelsorger subjektiv und projektiv behauptet noch obsolet gemacht werden mit Hinweis darauf, daß Erfolg keiner der Namen Gottes sei. Dies wäre pastoraler Zynismus, eigene *mangelnde Kompetenz zu spiritualisieren*, und damit dem Leidenden die Hilfe, die er von einer Pastoral, die den Namen Gottes im Munde führt, erwarten darf, zu verweigern. Zu Recht weist allerdings *Heinrich Pompey*[240] darauf hin, daß die Rechenschaftsablage allein noch nicht das Kriterium der spezifisch seelsorglichen Hilfe beanspruchen kann. Durch Glaube und Gnade auf der Seite des Seelsorgers wie des Beistandsuchenden verfüge die vom Seelsorger angewandte psychologisch begründete Praxis über eine andere Qualität und Effizienz, die nicht psychologisch-empirisch, wohl aber durch Glaubenserfahrung Evidenz erhalte. *Pompey* plädiert dafür, die seelsorgliche Begleitung mit den Augen des Glaubens zu sehen – eine Perspektive, die eine »Verpflichtung zur Rechenschaftsablage« durchaus nahelegt, jedoch in ihrer Eigenart über den Rahmen empirisch-psychologischer Effektivitätskontrolle hinausweist.

(2) Eine zweite Begründung für die Rezeption der Verhaltenstherapie bzw. der Klinischen Psychologie liefert *Besier* mit dem Attribut ihrer *»Wertfreiheit«*. Damit ist das Menschenbild der Verhaltenstherapie angesprochen. Es wird von *Besier* ins Feld geführt, daß sich Verhaltenstherapie jeglicher hermeneutischer Aussagen über die Existenz des Menschen enthalte. Sie nehme nur deskriptiv »begrenzte Verhaltensweisen«[241] in den Blick – und verzichte auf Wertungen, die auf bestimmten Menschenbildern basierten.

[239] *G. Besier*, Seelsorge und Klinische Psychologie, 21.
[240] *H. Pompey*, Rezension zu: *G. Besier*, Seelsorge und Klinische Psychologie, 248.
[241] *G. Besier*, Zur Theoriebildung Praktischer Theologie, 389.

Die Verhaltenstherapie und die von ihr geprägte Klinische Psychologie sei vielmehr als ein wissenschaftliches Paradigma zu betrachten, das im Gegensatz zur Psychoanalyse *keine »Gesamtdeutung von Weltwirklichkeit«*[242] anstrebe und von daher geradezu »angewiesen auf die Grundaussagen theologischer Anthropologie oder einer Anthropologie anderer Provenienz«[243] bleibe. Sie verzichte darauf, feststellen zu wollen, wer der Mensch sei. Anders als die Psychoanalyse, die den Menschen zu den psychogenetischen Ursachen seines Leidens zu führen trachte und damit existentielle Hermeneutik betreibe, könne in der wertfreien Praxis der Verhaltenstherapie, von fragwürdigen Menschenbildern unverstellt, die Frage nach dem »Stehen des Menschen vor Gott«[244] aufkommen. Sie weiche, weil keinem anderen vorgängigen Sinnsystem verpflichtet, vor der Erschütterung nicht aus, die Menschen angesichts dieses Erkennens erfahren. Somit rechne eine von der Seelsorge aufgegriffene, mit christlicher Anthropologie gefüllte Verhaltenstherapie durchaus mit der dem Glauben innewohnenden Weise, sich selbst annehmen zu können.

Die Position *Besier*s, Klinische Psychologie impliziere kein eigenes Menschenbild, läßt sich mit Blick auf die Geschichte dieser Disziplin nicht so ohne weiteres aufrechterhalten. Gewiß ist der Behaviorismus in der Verhaltenstherapie, der in ihrer Anfangsphase noch sehr deutlich erkennbar war, weitgehend zurückgetreten und hat einem *weltanschaulichen Indifferentismus*, einer als Wertfreiheit empfundenen Abstinenz in Fragen des Menschenbildes Platz gemacht. Jedoch ist unverkennbar, daß unter der Hand, unreflektiert, dennoch Konturen eines Menschenbildes aufscheinen, die nicht unbedingt mit einer christlichen Anthropologie vereinbar sind. So zeigt die Verhaltenstherapie trotz ihrer kognitiven und personalen Wende eine Tendenz, die *mechanistische »Seelenreparatur«* oder auch die Anpassung an die Lebensverhältnisse als die Heilung aller menschlichen Krankheit und Bedürftigkeit zu überschätzen. Den Menschen als sinnsuchendes Wesen mit einer religiösen Ursehnsucht zu begreifen, erscheint der Verhaltenstherapie, wie manchen anderen Psychotherapieformen auch, fremd. *Heinrich Pompey* sieht deshalb eine klare Differenz zwischen Verhaltenstherapie und Seelsorge, wenn er resümiert: »Außerdem ist die Heilsgeschichte Gottes mit seinem Volk wie mit dem einzelnen ein Beziehungsgeschehen und nicht ein seelentechnischer Vorgang... Unbestritten sind wertvolle Beiträge einer Verhaltenstherapie denkbar, doch die erlebte Sinnleere einer Beziehung zu Gott, die Wertlosigkeit der Beziehung zu einem Mitmenschen und die Hoffnungslosigkeit einer Situation u.ä. sind kaum durch

[242] Ebd. 389.
[243] Ebd. 389.
[244] Ebd. 389. *G. Besier* bezieht sich auf *G. Sauter*, Seelsorge zwischen psychologischer Theorie und theologischer Anthropologie. Vortrag auf der Loccumer Akademietagung über »Seelsorge und Psychologie« im Dezember 1981.

Psychotechniken allein, wohl aber durch menschliche Begegnungserfahrungen zu heilen. Noch steht der Beweis aus, daß die Verhaltenstherapie die allein selig machende Methode unter den psychologischen Theorie- und Praxisangeboten für eine helfende und heilende Seelsorge ist.«[245]

Besiers Verdienst besteht darin, Verhaltenstherapie und Seelsorge zum *Dialog* veranlaßt zu haben.[246] Seine Einschätzung der Verhaltenstherapie berücksichtigt zu wenig deren *inhärentes Bild vom Menschen* und attestiert ihr vorschnell »Wertfreiheit«, so daß sie sich geradezu für eine Füllung mit theologischer Anthropologie anböte. Demgegenüber führt der Weg der Seelsorge zur Verhaltenstherapie, wie bei der Psychoanalyse auch, über die *theologische Kritik der ideologischen Anteile* der Verhaltenstherapie, wie sie in ihrem expliziten und impliziten Menschenbild anzutreffen sind. Anders ausgedrückt: Verhaltenstherapeutische Seelsorge weiß um die Abläufe von Verstärkung und Löschung, aber sie sieht darin nicht naturhafte Determinismen der menschlichen Existenz, sondern kann sie begreifen als Attribute eines Menschseins, das Gottes Züge trägt und von daher letztlich bestimmt ist.

3. Anregungen der Verhaltenstherapie für eine diakonisch-heilende Seelsorge

Wahrscheinlich wird der Gemeindeseelsorger wenig mit den sehr spezifischen Techniken, die für eng umgrenzte Störungen des Erlebens und Verhaltens konzipiert sind, anfangen können. Die Therapie von Sprach- oder Eßstörungen liegt in der Regel nicht in seinem Zuständigkeitsbereich. Der Beitrag der Verhaltenstherapie für die Gemeindeseelsorge ist deshalb weniger in einzelnen Techniken als vielmehr in den in ihnen zur Geltung kommenden Prinzipien der Veränderung und Wandlung zu suchen. Sie können sowohl die diakonisch-heilende Begleitung von Menschen in Lebenskrisen bereichern als auch ein therapeutisches Klima in der Gemeindepastoral überhaupt fördern.

(1) Ein durchgängiges Prinzip verhaltenstherapeutischer Praxis lautet: *Veränderung in kleinen, konkreten Schritten* – ganz so, wie es bei der Systematischen Desensibilisierung oder beim Selbstsicherheitstraining praktiziert wird. Für die Seelsorge ist damit die Einladung gegeben, im Rahmen ihrer »mystagogischen« Begleitung ebensolche kleine, konkrete Schritte im Auge zu behalten. Die großen Ratschläge, wie man Gott näherkommen könne, gleichen jenen Vorsätzen, mit denen bekanntlich der Weg zur Hölle gepflastert ist. Das, was *hier und jetzt* konkret getan werden kann, ist entscheidend.

[245] *H. Pompey*, Rezension zu: *G. Besier*, Seelsorge und Klinische Psychologie, 247ff.
[246] Vgl. auch *I. Baumgartner*, Rezension zu: *G. Besier*, Seelsorge und Klinische Psychologie.

Daß mit dem »kleinen, konkreten Schritt« nicht einfach nur die Methode der seelsorglichen Begleitung zur Debatte steht, sondern vielmehr die heute von vielen Menschen so schmerzlich empfundene Diskrepanz zwischen Reden und Handeln der Christen und damit ihre Glaubwürdigkeit, bestätigt *Franz Kamphaus*:[247] »Darin offenbart sich der Krebsschaden der Christenheit, der unser ganzes Reden unglaubwürdig macht, daß Reden und Tun, Glaube und Leben auseinanderklaffen... Unser Engagement erschöpft sich zumeist im Wissen. Wenn es an die Konsequenzen geht, ist uns der Atem ausgegangen. Worte wie ›dienende Kirche‹, ›Kirche der Armen‹, sind in aller Munde von rechts bis links. Aber sie verändern nichts, sie bleiben zumeist folgenlos. Sie wirken wie ein ideologischer Überbau über eine unveränderte Praxis. Sie erwecken den Eindruck, als sei das Problem durch Reden zu erledigen. Es stellt sich nicht einmal ein schlechtes Gewissen ein.«

Kleine konkrete Schritte, ein allem Lebendigen innewohnendes sanftes Wachstumsgesetz, das bedeutet auch eine *Absage an eine »Alles-oder-Nichts«-Ideologie*, die lieblos über das Wenige, auch in der religiösen Lebenskultur der Menschen heute, hinweggeht und statt dessen, ohne sich am bereits Erreichten zu freuen, krampfhaft einmahnt, was zu einer »vollkommenen« Glaubenspraxis noch alles fehlt. Das Reich Gottes, im Leben des einzelnen wie der Gemeinden, erwächst aus dem Kleinen, *wie ein Senfkorn* (Lk 13, 18–21).

(2) Die Verhaltenstherapie versteht unter Veränderung und Heilung ein streng *kontrolliertes, planmäßiges Vorgehen* zugunsten der hilfesuchenden Person. Wer anderen helfen will, braucht nach verhaltenstherapeutischer Auffassung einen Plan. Er muß eine genaue Bestandsaufnahme der problematischen Situation vornehmen, er braucht eine klare Festlegung der anzusteuernden Ziele, er hat die Wege zum Ziel abzuwägen, und er ist genötigt, laufend zu kontrollieren, ob der Veränderungsprozeß zielführend verläuft.

In vielem mag sich Seelsorge einem solchen planmäßigen Vorgehen entziehen. Aber auch dort, wo es möglich wäre, wie etwa bei der Durchführung pastoraler Projekte oder bei der Arbeit des Pfarrgemeinderates und nicht zuletzt in der seelsorglichen Beratung, begegnet man nicht selten einer *skeptischen Abneigung*, systematisch zu planen und zu überprüfen, ob man das, was man wollte, erreicht hat.[248] Statt dessen trifft man eher auf eine Vorliebe für den großen theologischen Gedanken, das Theoriegebäude und die pastorale Vision. Fragwürdig legitimiert wird der Verzicht auf Planung, Erfolgskontrolle und damit einhergehend auf das Erlernen des praktischen pastoralen Handwerks, manchmal mit dem Theologumenon, daß Gott

[247] *F. Kamphaus*, »Schöne Worte sind zuwenig«, 1.

[248] Es entspricht u. a. den Prinzipien der »Gemeindeberatung«, zu einer planvollen pastoralen Praxis anzuleiten. Gemeindeberater berichten, daß dies im pastoralen Feld häufig ein ungeübtes und ungelerntes Vorgehen sei. Vgl. *I. Adam/E. R. Schmidt*, Gemeindeberatung.

selbst am Werk sei und es nicht in unserer Verfügbarkeit stünde, ob er das Gelingen schenke oder nicht. Wir seien nichts als *»unnütze Knechte«* (Lk 17,10); und man müsse es dem Wirken des Heiligen Geistes überlassen, wo er wirken will. Wer so spricht und meint, daraus die Qualität der eigenen Praxis als zu vernachlässigende Größe abtun zu dürfen, läßt eine erschreckend defizitäre Selbstachtung erkennen und denkt gering von Gott selbst, der den Menschen in Jesus Christus als seinen Sohn angesprochen hat. Warum sollte das rettende Handeln Gottes, das als freie, allem menschlichen Handeln vorausliegende Tat der Liebe anzusehen ist, völlig vorbei am ernsthaften Bemühen des Menschen sich vollziehen? Warum sollte es ausgerechnet mit pastoraler Planlosigkeit, blindem Aktionismus und Verzicht auf Rechenschaftsablage einhergehen? Wird hier nicht die eigene Nachlässigkeit in der Ausübung des pastoralen Handwerks fromm, aber mit Gottes Achtung gegenüber dem menschlichen Bemühen unvereinbar, verbrämt? Nach Lk 17,10 dürfen sich erst diejenigen »unnütze Knechte«[249] nennen, die von sich sagen können: Wir haben alles getan, was uns befohlen wurde, »wir haben nur unsere Schuldigkeit getan«. Eine zielorientierte, planvolle Praxis scheint mehr in diese Richtung der »Schuldigkeit« zu weisen als ein desinteressierter pastoraler Laissez-faire-Stil. Auch bei aller geplanten Vorgehensweise weiß sich ein Seelsorger davon entlastet, das Heil »machen« zu müssen. Er darf sich als freundschaftlich eingeladener Mitarbeiter Jesu Christi betrachten: »Nicht mehr Knechte nenne ich euch, sondern Freunde« (Joh 15,15).

Die Verhaltenstherapie mit ihrer im Vergleich zu Theologie und Pastoral ausgeprägten Vorliebe für die ganz konkrete, systematisch geplante und durchgeführte Praxis könnte dem Seelsorger zu ebensolcher Praxis Anregung geben. Von ihr ließe sich lernen, wie Handeln – nicht nur Denken – zugunsten des anderen aussieht. Sie könnte anstiften zur umsichtigen *zielorientierten Praxis der Barmherzigkeit*, die ja nach Auskunft des Gleichnisses vom barmherzigen Samariter (Lk 10,25–37) nicht in einer Theorie über den Nächsten besteht, sondern im kompetenten, folgerichtigen Handeln. Zuerst gilt es, die Not des unter die Räuber Gefallenen *wahrzunehmen* (Bestandsaufnahme) und die angemessene *Erste-Hilfe-Maßnahme* zu tätigen. Sodann ist vorausschauend zu *planen*, wie andernorts die Behandlung weitergeführt werden kann. Dabei ist eine *realistische Einschätzung* der vorhandenen (auch finanziellen) Mittel und Kompetenzen gefordert. Schließlich wird der Helfer »wiederkommen« (Lk 10,35), d. h. *kontrollieren*, ob die beabsichtigten Heilungsziele erreicht wurden. Solche Kontrolle des Erreichten und »Rechenschaftsablage« sind im Bereich der Seelsorge nicht wie in der Verhaltenstherapie mit empirischer, womöglich testdiagnostischer Untersuchung gleichzusetzen. Man wird hier auch biblisch-theologische

[249] Vgl. *K. Baumgartner*, Einführung.

Kriterien in die pastorale Gewissenserforschung einbeziehen und an der diakonischen Praxis Jesu Maß nehmen.

(3) Unter den verhaltenstherapeutischen Methoden ragt, was ihre seelsorgliche Relevanz betrifft, zweifellos die *Verstärkung* in ihrer vielfältigen Nuancierung heraus. Von ihrer Kenntnis läßt sich mit Sicherheit viel gewinnen für die *religiöse Erziehung*. Weil Erziehung im Glauben zunächst keine besondere Erziehung neben oder über der normalen Erziehung meint, sondern einen integrierten Aspekt der Erziehung überhaupt darstellt[250], ist beim Prinzip der Verstärkung an die personale *»elementare« Bestätigung des Kindes* als ein Wesen mit einmaliger Individualität und Zukunft, auch mit einer einmaligen Gottesgeschichte zu denken. Sie zu praktizieren, angeleitet durch die differenzierten Vorschläge zur Verstärkung von seiten der Verhaltenstherapie, darin besteht zuallererst religiöse Elementarerziehung. Darauf aufbauende, weiterführende religionspädagogische Zielvorstellungen, wie beispielsweise »Vertrauen auf Gott«, »Freude am Religiösen«, »Ermutigung zum Menschsein«, bedürfen immer des Prinzips der Verstärkung kleiner Schritte, auch des *Lernens am Vorbild* des Erziehers.

»Verstärkung« als ein universales Prinzip des personalen Wachsens ist neben dem religionspädagogischen Bereich auch in allen anderen pastoralen Handlungsfeldern von Bedeutung. Hingewiesen sei exemplarisch auf pastoraltheologische bzw. homiletische Versuche, die *Predigt als einen Ort der Verstärkung zu begreifen.*[251] Dabei liefert die Lernpsychologie Mittel und Wege, damit das verkündete Wort beim Hörer wirksamer ankommen kann. Von fünf Predigtstufen wird ausgegangen: Motivation, Problemdarstellung, Versuch und Irrtum, Lösungsangebot, Lösungsverstärkung. Im Zuge der »Lösungsverstärkung« ist beispielsweise ein »Predigtnachgespräch« sehr geeignet.

Predigtaufbau nach einem lernpsychologischen Schema nimmt nur einzelne Aspekte in Blick und klammert gewiß wesentliche Gesichtspunkte, wie etwa Predigt als Kommunikationsvorgang oder die Persönlichkeit und die nonverbalen Botschaften des Predigers, aus. Auch ist der Einwand *Möllers*[252] ernst zu nehmen, Gottesdienste seien »Stunden des Ausatmens und Aufatmens, weil sie nicht durch Aktionsprogramme, Lernprozesse oder kreative Aufgaben verzweckt sind, sondern die Gemeinde zu Füßen von Jesu Wort ausruhen und von dem Leistungsstreß der Woche aufatmen lassen.« Verstärkung in der Predigt steht dem nicht im Weg. Sie kann das »Ausatmen und Aufatmen« ebenso fördern, wie sie auch vermag, die im Hörer vorhandenen kritischen Einsprüche gegen einen Alltag, der ihn nicht mehr

[250] Vgl. *E. Schulz*, Religiöse Elternbildung als Lebenshilfe.
[251] Vgl. *W. Rebell*, Psychologisches Grundwissen für Theologen, 249ff. – *H. Arens*, Die Predigt als Lernprozeß. – *R. Zerfaß*, Grundkurs Predigt 1. Spruchpredigt.
[252] *C. Möller*, Seelsorglich predigen, 165.

atmen läßt, zur Sprache zu bringen und zuzuspitzen. Die Lernpsychologie ist hier lediglich ein Mittel. Was der Prediger inhaltlich mit seiner Predigt anzuzielen hat, das muß er aus einer anderen Quelle schöpfen.

(4) Wie ihr klassisches Verfahren, die Systematische Desensibilisierung, zeigt, geht die Verhaltenstherapie vielfach sehr *körpernah* vor. Durch körperliche Entspannung soll sukzessiv die Angstreaktion reziprok gehemmt werden. Ein solches Lebensprinzip der Körpernähe, das im anfänglichen Behaviorismus vereinseitigt worden sein mag, könnte auch für die seelsorgliche Begleitung von Menschen, die der Geschichte Gottes mit ihnen auf die Spur kommen wollen, dienlich sein, denn wir *glauben auch mit dem Leib*. Von den Meistern des inneren Weges wurde solches schon immer gewußt, und viele bewährte spirituelle Praktiken berücksichtigen dies. So legt etwa das Stundengebet dem Beter einen Atmungsrhythmus auf, der körperlich entspannt und damit frei macht für die tiefere religiöse Erfahrung. Die Verhaltenstherapie mit ihrer Vorliebe für die ganz konkrete, körpernahe Übung könnte dazu ermutigen, auch den »Bruder Leib« glauben zu lassen und ihn nicht einseitig zugunsten eines intellektualisierten Glaubens, der nur den Verstand sucht, zu vergessen.

(5) Theologische Kritik, so angemessen sie gerade gegenüber dem inhärenten Behaviorismus und »Gotteskomplex« der Verhaltenstherapie auch sein mag, sollte nicht engstirnig von »Rattenpsychologie« sprechen. Ein solches Vorurteil brächte seinerseits ein zweifelhaftes christliches Bild vom Menschen zum Vorschein, wenn darin nicht auch die *existentielle Verwobenheit des Menschen mit allem Geschöpflichen* Platz hätte. Die Evolutionstheorie, die ja auch zunehmend theologisch gewürdigt wird, hat uns nachhaltig darauf aufmerksam gemacht, daß der Mensch in vielem verwandt ist mit den übrigen Kreaturen der Schöpfung. Dies nimmt ihm nichts von seiner Würde, verkleinert nicht seine Gottebenbildlichkeit und erniedrigt auch in keiner Weise die Menschwerdung Gottes. Im Gegenteil, gerade daß Gott selbst in Jesus von Nazaret Mensch geworden ist, bestätigt die Schöpfung in ihrer Ganzheit, es ist ein Ja zu einer Schöpfung im Prozeß, als deren geschichtlich vorweggenommener Zielpunkt Jesus Christus selbst erscheint. Dieses grundlegende Existential der Person, von allem Geschaffenen in besonderer Weise von Gott angesprochen zu sein, »daß alles auf Erden auf den Menschen als seinen Mittel- und Höhepunkt hinzuordnen ist«, wie das Zweite Vatikanische Konzil[253] feststellt, das darf nicht dazu verführen, seine Geschöpflichkeit und Verwandtschaft mit aller Kreatur zu verleugnen. Bei aller Würde, die ihm die Partnerschaft Gottes verleiht, ist dieser *Mensch eben auch konditionierbar* – wie Ratten, Tauben oder andere Lebewesen. Solche Wahrheit könnte eine pastoralpsychologische Auseinandersetzung mit der Verhaltenstherapie wieder zum Bewußtsein bringen. Wir sind trotz

[253] Gaudium et spes, 12.

unserer vielfältigen Chancen zur personalen Freiheit phylogenetisch in manchen Reaktionsmechanismen verankert, die uns mit der übrigen belebten Schöpfung verbinden. Vielleicht sind wir dieser ökologischen Wahrheit gegenüber, die einer narzistischen Kränkung unseres Wunsches nach Größe und Besonderheit gleichkommt, heute aufgeschlossener, angesichts der Zerstörung der Natur und unserer Lebensgrundlagen, zu denen z. B. auch der tierische Artenreichtum gehört. Mit dazu beigetragen hat die menschliche Hybris, die wähnte, mit der eigenen Rationalität ganz und gar jenseits naturhafter Zusammenhänge zu stehen. Die christliche Anthropologie, hier rekurrierend auf die biblischen Schöpfungsberichte, hat die Geschöpflichkeit des Menschen und damit seine Verbindung hin zu allem Geschaffenen nie in Abrede gestellt. Die Verhaltenstherapie erinnert mit ihren Konditionierungstheorien, gewonnen im Tierexperiment, an diese Seite des menschlichen Wesens. Umgekehrt wird die Verhaltenstherapie von derselben christlichen Anthropologie auf die entschiedene Verkürzung im Bild vom Menschen aufmerksam gemacht, falls sie in der phylogenetischen Verwandtschaft die einzige humane Bestimmungsgröße sehen sollte.

4
GESPRÄCHSPSYCHOTHERAPIE ALS PASTORAL COUNSELING

(1) Carl R. Rogers und die Geschichte der Klientenzentrierten Gesprächspsychotherapie

Die Klientenzentrierte Gesprächspsychotherapie geht auf *Carl R. Rogers* zurück und ist eng mit der Biographie dieser durchaus faszinierenden Persönlichkeit verknüpft.

1. Biographische Skizze

Carl Ransom Rogers[254] wurde 1902 in Oak Parks, USA, geboren. Zusammen mit vier Brüdern und einer Schwester wuchs er in einem, wie er selbst urteilt, recht autoritären Erziehungsmilieu auf, geprägt von einer strengen *protestantisch-calvinistischen Arbeitsethik*. Gefühle waren in der Familie wenig gefragt. Früh wurde ihm der Sinn für das Geschäftliche beigebracht

[254] Vgl. zum Folgenden: *C. Rogers*, Entwicklung und gegenwärtiger Stand meiner Ansichten über zwischenmenschliche Beziehungen. – *E. Zundel*, Die Kraft des Vertrauens, 49f.

und daß es nötig sei, sich von anderen Leuten fernzuhalten, um nicht verdorben zu werden. Ganz perfekter Christ konnte man, so *Rogers* in der Erinnerung, auch so nicht werden, irgendwie sündig blieb man immer.

Als wichtige Station seiner Ablösung von dieser Mentalität erwähnt *Rogers* eine Chinareise, die er als Delegierter eines Vereins christlicher junger Männer unternahm und die ihn ein halbes Jahr von zu Hause fernhielt. Auf dieser Reise sei er erwachsen geworden, sicherer, unabhängiger auch von den religiösen Vorstellungen seiner Eltern.

Für den Geschmack seiner Familie viel zu früh, heiratete er als 22jähriger und übersiedelte mit seiner Frau nach New York, um Theologie zu studieren, *liberale protestantische Theologie*. Aber lange hielt es ihn nicht am theologischen Seminar. »Es schien mir entsetzlich, mich zeit meines Lebens zu denselben Glaubenssätzen bekennen zu müssen, damit ich in meinem Beruf bleiben konnte.«[255]

Rogers wechselte zur pädagogischen Hochschule mit den Schwerpunkten *Klinische Psychologie und Erziehungswissenschaft*. Nach Abschluß des akademischen Studiums fand er als Stipendiat an einer Erziehungsberatungsstelle in New York ein Tätigkeitsfeld, das seiner Ausbildung entsprach. Die »Philosophie« dieses Instituts bezeichnet er in seinen autobiographischen Aufzeichnungen als *»ekklektischen Freudianismus«*.[256] Er stand ihr äußerst reserviert gegenüber. Dennoch ging aus der praktischen Arbeit an diesem Erziehungszentrum seine Doktorarbeit, ein Persönlichkeitstest für Kinder, hervor. Darin verband er seine Erfahrung in der Beratung mit der mathematisch-naturwissenschaftlichen Auffassung von Psychologie, wie sie an den Hochschulen üblich war (und ist).

1928 bekam *Rogers* eine feste Anstellung an der Erziehungsberatungsstelle (Child Study Department) in Rochester, ein Jahr später wurde er Direktor der psychologischen Abteilung an der dortigen Einrichtung. Er blieb es 10 Jahre, bis 1939. Wie er es in New York gelernt hatte, erstellte er in dieser Zeit mit seinen Mitarbeitern für die ca. sechs- bis siebenhundert Kinder, die pro Jahr in seiner Abteilung angemeldet wurden, Diagnosen, entwarf Behandlungspläne und forderte für Problemfamilien soziale Vorsorge und Kontrolle – Vorstellungen, die der *Skinner*schen Verhaltenstherapie recht nahe kamen, die er später so vehement bekämpfte. Aus dieser seiner therapeutischen »Lehrzeit« blieb ihm vor allem haften: »Eine günstige Umgebung erlaubt dem Kind, gesund zu sein«.[257]

Was seine therapeutische Beratungsmethode betraf, so experimentierte er mit allen möglichen Formen. An den meisten fand er gravierende Mängel, vor allem an der Psychoanalyse. Sie schien ihm zu teuer, zu zeitaufwen-

[255] *C. Rogers*, zit. nach: *E. Zundel*, Die Kraft des Vertrauens, 49.
[256] Ebd. 49.
[257] Ebd. 50.

dig, nicht genügend auf das Hier und Jetzt des Kindes bezogen und vor allem ungenügend wissenschaftlich überprüft.

Gegen Ende seiner Rochesterzeit stieß er auf die *»Beziehungstherapie«* des Freud-Schülers *Otto Rank*. Dessen Methode, sich bei der Beratung nicht allzu massiv einzumischen und statt dessen sich auf die eigenen Entwicklungskräfte des Kindes zu verlassen, sowie *Ranks* Definition der therapeutischen Beziehung als wachstumsfördernde Umgebung – das sprach ihn sehr an.

Zur *therapeutischen Schlüsselerfahrung*, so erzählt er, wurde für ihn der Fall einer Frau, Mutter eines mongoloiden Kindes, der er in vielen Gesprächen vergeblich klarzumachen versuchte, daß ihr Kind wenig bildungsfähig und auf lange Sicht besser in einem Heim untergebracht sei. Als er die Gespräche beenden wollte, weil es eigentlich nichts mehr zu beraten gab, fragte ihn die Frau unvermittelt: »Nehmen Sie auch Erwachsene in Beratung?« Als *Rogers* bejahte, begann ein fruchtbares und wirkliches Gespräch. Die ganze Misere ihrer Ehe und ihres unbefriedigten Lebens brach aus der Frau heraus. Es wurde seine erste, durchaus erfolgreiche *»Gesprächs-Therapie«*. Er erlebte hier: Indem er über das enge diagnostizierte Beratungsproblem hinaus offen und ansprechbar blieb, indem er Richtung und Führung des Gesprächs weitgehend der Frau überließ und auf seine überlegene Expertenrolle verzichtete, konnte er hilfreich sein.

In der Folgezeit (1939–1963) arbeitete er, mittlerweile auch ein unkonventioneller und erfolgreicher Buchautor, als Professor an den Universitäten von Ohio, Chicago und Wisconsin. 1942 formulierte er in *»Counseling and Psychotherapie«*[258] seine Grundideen von der Beratungsbeziehung: Im Mittelpunkt steht der Klient. Seine Gefühle sind wichtiger als abstrakte Erkenntnisse, das Gegenwärtige wichtiger als das Vergangene, sein Wachsen und Reifen als ganzer Mensch wichtiger als ein isoliertes Problem. Vor allem hat der Klient das Recht, seine Lebensziele und die Wege dahin selbst zu wählen, und er kann das auch, wenn er zu einer gewissen Einsicht in sich selbst gekommen ist.

1951 erscheint *»Client-centered Therapy«*[259]. Das Prinzip der therapeutischen *»Nondirektivität«* wird vertieft und konkretisiert durch die Konzentration auf die *Gefühlswelt* des Klienten. Die Klientenzentrierte Gesprächstherapie erhält als theoretischen Unterbau die Lehre vom *»Selbstkonzept«*. An diesem Begriff versucht *Rogers* das zu erklären, was seine Therapie in der Persönlichkeit des Klienten bewirken soll: eine neue Sichtweise seiner selbst, der Lebensziele und der Beziehung zu den Mitmenschen.

In den Jahren 1957–62 kommt es zu einer Ausdifferenzierung der therapeutischen Grundhaltungen. *Rogers* definiert auf dem Hintergrund empiri-

[258] *C. R. Rogers*, Counseling und Psychotherapy.
[259] *C. R. Rogers*, Client-centered Therapy.

scher Analysen einer Vielzahl von *Tonbandprotokollen* aus therapeutischen Sitzungen die *notwendigen und hinreichenden Bedingungen* für konstruktive Veränderungen in der Therapie. Es sind die Therapeutenhaltungen Echtheit[260], Wertschätzung[261] und Einfühlung[262].

Er avanciert mit seinem Therapiebegriff zunehmend zu einem Repräsentanten der *»Humanistischen Psychologie«*. In der Auseinandersetzung mit dem Lernpsychologen und Behavioristen *Skinner*, der behauptet, »Der Mensch ist das Produkt seiner Umgebung, er handelt, wie er handeln muß, aber so, als ob er nicht gezwungen wäre«[263], unterstreicht *Rogers* die humanistische Position: »Meine Erfahrung macht es mir unmöglich, die Realität und Bedeutung der menschlichen Entscheidung zu leugnen. Für mich ist es keine Illusion, daß der Mensch Architekt seiner selbst ist, daß Veränderungen dem Wunsch danach entspringen, nicht der Konditionierung.«[264] Dem reduktionistischen Menschenbild vom »man as a robot« stellt er die Vision vom »man as a pilot« gegenüber.

Seine therapeutischen Vorstellungen fördern zunehmend eine Konzeption von Therapie, die später als *»Erlebenstherapie«* bezeichnet wird. Nicht mehr nur die genaue Verbalisierung der Gefühle des Klienten sei entscheidend, sondern der Prozeß der Selbsterfahrung in der therapeutischen Situation sollte beide umfassen, Klient und Therapeut. Die Interventionsmöglichkeiten des Therapeuten werden weniger dogmatisch gesehen, auch Techniken anderer therapeutischer Schulen werden zulässig, wenn sie nur den Klienten sich selbst näherbringen und die Intensität der zwischenmenschlichen Begegnung Therapeut-Klient fördern.[265]

Mit 61 Jahren (1963) nimmt *Rogers* ein Angebot des Western Behavioural Science Institut nach La Jolla, San Diego/Kalifornien, an. Und hier, im Pensionsalter, beginnt für *Rogers* noch einmal eine erstaunliche Etappe seiner persönlichen Entwicklung, seiner schriftstellerischen Produktivität und Popularität. Die *Arbeit mit Gruppen* rückt deutlich ins Zentrum seines Schaffens. Er wird zum Anreger und verehrten Mentor der *»Encounterbewegung«*. Die Prinzipien der therapeutischen Zweierbeziehung – Nondirektivität, Echtheit, Wertschätzung, Einfühlung, Hier und Jetzt, Selbstexploration des gegenwärtigen Erlebens –, sie werden jetzt auf die Gruppe übertragen.

260 »The therapist is congruent or integrated in the relationship«: *C. Rogers*, The necessary and sufficient conditions of therapeutic personality change, 95.

261 »The therapist experiences unconditional positive regard for the coient«: *C. Rogers*, The necessary and sufficient conditions of therapeutic personality change, 95.

262 »The therapist experiences an empathic understanding of the client's internal frame of reference and endeavors to communicate this experience to the client«: *C. Rogers*, The necessary and sufficient conditions of therapeutic personality change, 95.

263 *E. Zundel*, Die Kraft des Vertrauens.

264 Ebd.

265 Vgl. *F.-G. Pavel*, Die Entwicklung der Klientenzentrierten Gesprächspsychotherapie in den USA von 1942–1973.

Rogers geht noch einen Schritt weiter. Er beschränkt sich nicht nur auf die Arbeit mit Kleingruppen, er wagt sich auch an *pädagogische Institutionen, an Schulen, Universitäten*, auch ein Jesuitenkolleg ist darunter. Er versucht, mit seinen Vorstellungen von einem Lernen, das selbstgesteuert und mit anderen zusammen erfolgen sollte, in die Institutionen hineinzuwirken.[266] Er schlägt vor, Examen und Diplome abzuschaffen, weil sie zu Machtverhältnissen zwischen Lehrenden und Lernenden führten, die den *Lernprozeß* verhindern, zudem suggerierten sie die Vorstellung von einem erreichten Endpunkt des Lernens, wo doch einer am fortlaufenden Prozeß seiner Entwicklung interessiert sein sollte. In den sechziger Jahren fand *Rogers* dafür offene Ohren. Heute scheint davon allerdings nur wenig übriggeblieben zu sein, weniger jedenfalls, als es sich die Anhänger dieser »neuen« Lernphilosophie erträumt hatten.

Rogers selbst dagegen blieb ihr bis ins hohe Alter hinein treu. Auch mit 80 läßt er sich anregen von neuen Themen. Er beschäftigt sich mit dem *Übersinnlichen*, mit der *Friedensproblematik*, auch mit dem, was auf ihn zukommt, mit dem *Tod*. In einem Fernsehinterview 1984 sagt er: »Wenn der Tod kommt: Ich habe keine Angst. Ich habe auch keinen Drang, dieses oder jenes noch zu tun. Ich tue, was ich vermag. Wenn der Tod kommt, bin ich vorbereitet.« *Carl R. Rogers* starb am 4. Februar 1987 im Alter von 85 Jahren.

Seine Biographie läßt eine Persönlichkeit erahnen, die zeitlebens auf der Suche nach dem eigenen Weg war, die sich mutig von ausgeschrittenen Lebensfeldern, aber auch überholten Leitideen verabschieden konnte, geradezu den biographischen Bruch bewußt in Kauf nahm, um so in neue Dimensionen vorzustoßen. Bewegt wurde seine Suche immer auch von den Themen der Zeit. Für nicht wenige Zeitgenossen, die sich in Psychotherapie, Beratung, Erziehung, Bürger- und Friedensbewegung engagierten, war *Carl R. Rogers* eine Leitfigur. Seine Themen waren auch die ihren. Manche der »Fortschrittlichen« der letzten Jahrzehnte haben wie er gedacht und seine Stichworte aufgegriffen. Daß er »Mode« wurde, es lag auch am »Zeitgeist«.

Er selbst jedenfalls suchte immer wieder den Anschluß an tiefere Wurzeln. So erwähnt er in seiner Selbstdarstellung einen Spruch *Laotses*, »mir vielleicht der liebste«, wie er bekennt, »er faßt viele meiner tieferen Überzeugungen zusammen: Wenn ich vermeide, mich einzumischen, sorgen die Menschen für sich selber, wenn ich vermeide, Anweisungen zu geben, finden die Menschen selber das rechte Verhalten, wenn ich vermeide, zu predigen, bessern die Menschen sich selber, wenn ich vermeide, sie zu beeinflussen, werden die Menschen sie selbst«.[267]

[266] *C. R. Rogers*, Freedom to learn (dt.: Lernen in Freiheit).
[267] *C. R. Rogers*, Entwicklung und gegenwärtiger Stand meiner Ansichten über zwischenmenschliche Beziehungen.

2. Entwicklungsphasen der Gesprächspsychotherapie

Die Tatsache, daß *Rogers* seine Vorstellungen von der Therapie immer als vorläufig betrachtete, immer wieder neu formulierte und weiterentwikkelte, macht es schwierig, von »der« Gesprächspsychotherapie zu reden. Sie ist alles andere als ein dogmatisches, abgeschlossenes Regel- und Theoriesystem, obgleich sie als solches häufig dargestellt wird. Die Biographie *Rogers*' verdeutlicht, daß die Entwicklung der Gesprächspsychotherapie unterschiedliche Phasen durchlaufen hat.[268]

(1) Die Phase der *nichtdirektiven Psychotherapie*. Sie läßt sich etwa von 1940–1950 datieren. Die permissive therapeutische Beziehung, die frei von dirigistischen Interventionen ist, steht im Vordergrund.

(2) Die *»gefühlsverbalisierende« Phase*, von 1950–1967. Die mehr auf kognitive Einsicht in die Problemlage des Klienten bedachten Aktionen des Therapeuten treten fast völlig zurück. Größte Bedeutung wird der Auseinandersetzung des Klienten mit seiner Gefühlswelt beigemessen. Der Therapeut ist bemüht, durch Echtheit, Wertschätzung und Einfühlung den Klienten in seiner Selbstexploration zu fördern. Die Prozesse der Veränderung in der Therapie beschreibt *Rogers* am Begriff des Selbstkonzepts.

(3) *Die »Erlebenstherapie«*, seit 1967. Angeregt durch *Rogers* kommt es zu einer erweiterten Sicht der therapeutischen Beziehung. Klient und Therapeut lassen sich beide auf einen Prozeß der Selbsterfahrung ein. Das Interventionsrepertoire wird erweitert, zulässig ist alles, was die Intensität der Beziehung zwischen Therapeut und Klient fördert und was beide sich selbst näher bringt. Der Therapeut gilt als sensitiver »Facilitator« für eine intensive mitmenschliche Begegnung auch in Gruppensituationen, die in dieser Phase verstärkt zum Handlungsraum der Gesprächstherapeuten geworden sind.

Bereits aus dieser stichwortartigen Übersicht über die Geschichte der Gesprächspsychotherapie ergibt sich eine wichtige Konsequenz für ihre seelsorgliche Anwendung: Wenn Gesprächspsychotherapie in der Pastoral rezipiert wird, dann hoffentlich eine Gesprächspsychotherapie auf dem aktuellen Stand, nicht eine aus der nondirektiven oder gefühlsverbalisierenden Phase der 50er und 60er Jahre.[269]

[268] Vgl. *J. Howe/W.-R. Minsel*, Gesprächspsychotherapie. Die Kraft des Guten, 312ff. – *F.-G. Pavel*, Die Entwicklung der Klientenzentrierten Gesprächspsychotherapie.

[269] Vgl. *A. Hammers*, Neuere Entwicklungen in der klientenzentrierten Gesprächspsychotherapie und ihre Bedeutung für die Seelsorge.

(2) Die Kraft zum Guten – Das Menschenbild der Gesprächspsychotherapie

1. Humanistische Prämisse

Rogers hebt immer wieder hervor, daß seine Auffassung von Psychotherapie in einem ganz bestimmten »humanistischen« Bild vom Menschen wurzele. Anthropologie, Philosophie und Ethik bilden deshalb für ihn wesentliche Bezugspunkte bei der Formulierung psychotherapeutischer Prinzipien. Psychotherapie, wie *Rogers* sie begreift, ist deshalb alles andere als eine nur psychotechnische Intervention, sie hat den Charakter personaler Begegnung, ganzheitlicher Förderung bis hin zu existentieller Selbstfindung. Diesen weitgespannten psychotherapeutischen Auftrag entnimmt er der *humanistischen Prämisse*[270]: Die menschliche Natur ist grundsätzlich als positiv und konstruktiv, vernünftig und fähig zur Selbsterkenntnis anzusehen. Von Natur aus gut, tendiert der Mensch letztendlich immer wieder zum Guten. Er trägt eine innere *»Kraft zum Guten«* in sich, die ihn bestrebt sein läßt, sich selbst und anderen gegenüber ein förderliches, »realistisches« Verhalten zu entwickeln. Die innere Kraft des Guten und zum Guten bewirkt, daß jeder im Innersten seines Wesens sich auf das je größtmögliche Maß an Selbstgestaltung hinzubewegen versucht.

Wenn es trotz dieser inneren Kraft zur *»Selbstaktualisierung«* zu Fehlentwicklungen im seelischen Leben kommt, was *Rogers* als verbreitetes Faktum diagnostiziert, so ist damit die innere Tendenz zur Selbstaktualisierung nicht widerlegt, sie läßt sich vielmehr auch noch unter der Decke des destruktiven und neurotischen Handelns erkennen. Er erläutert: »Ich möchte an diesem Punkt nicht mißverstanden werden. Ich habe kein euphorisches Bild von der menschlichen Natur. Ich weiß, daß Individuen aus Abwehr und innerer Angst sich unglaublich grausam, destruktiv, unreif, aggressiv, asozial und schädlich verhalten können. Es ist dennoch einer der erfrischendsten und belebendsten Aspekte meiner Erfahrung, mit solchen Individuen zu arbeiten und die starken positiven Richtungsneigungen zu entdecken, die sich auf den tiefsten Ebenen bei ihnen wie bei allen finden.«[271]
Diese »positiven Richtungsneigungen« kristallisieren sich, so *Rogers*, um so deutlicher heraus, je verstehender und akzeptierender man den Menschen begegnet. Sie werden dann fähig, ihre aggressive und destruktive Seite positiv in die Gesamtpersönlichkeit zu integrieren.

Die Gründe für die mangelnde Integration der Persönlichkeit liegen für *Rogers* in einer ungünstigen menschlichen Umgebung. Sie entsteht, wenn

[270] Vgl. zum Folgenden: *C. R. Rogers*, Entwicklung der Persönlichkeit. – *Ders.*, Die Kraft des Guten.
[271] *C. R. Rogers*, Entwicklung der Persönlichkeit, 42.

viele Personen einer Gesellschaft von ihrem inneren Kern abgeschnitten sind. Diese *»Dissoziation«* vom inneren Kern geschieht im Laufe einer Erziehung, in der von außen her dem Individuum Überzeugungen aufoktroyiert werden, ohne daß es auf Grund eigener Erfahrung deren Nützlichkeit und tieferen Sinn bewerten kann. Das Vertrauen auf die eigenen lebendigen Erfahrungen wird dadurch erschüttert, und das Kind verliert den Zugang zu sich selbst. Es lernt seiner inneren Natur immer mehr zu mißtrauen, seine Intuition verkümmert, der Weg zu den tiefsten ureigenen Bedürfnissen wird verbaut. Es kommt zu einer tiefgreifenden Entstellung seines eigentlichen Wesens. Dissoziation, so ist zu schlußfolgern, ist als ein Sozialisationseffekt zu sehen, der dann eintritt, wenn die Kraft zum Guten und die seelische Tendenz, die bestmögliche Gestalt seiner selbst zu finden, beim Kind mißachtet werden. Die Dissoziation vieler – so schließt sich der Teufelskreis – stärkt inhumane Sozialisationsbedingungen, ein Klima des unsozialen und destruktiven Verhaltens, in dem Neurosen, soziales Elend und Kriege gedeihen können.

Weil die Dissoziation der Dreh- und Angelpunkt jeglicher Pathologie, individueller wie gesellschaftlicher, darstellt, gilt es, ihr den Nährboden zu entziehen. Dabei gibt es viele Ansatzpunkte. Eltern müssen befähigt werden, ihren Kindern Liebe und Geborgenheit zu schenken, ohne daß sie ihre Zuwendung an bestimmte Voraussetzungen und Bedingungen knüpfen.[272] Vor allem aber ist die Politik als wichtiges Betätigungsfeld zu betrachten, damit die Anzahl der »ganzheitlichen« Personen zunimmt. Jeder einzelne, der der doppelbödigen Moral in Erziehung und öffentlichem Leben entgegentritt, der den Wunsch nach Authentizität in sich spürt und danach handelt, fördert die *neue Gesellschaft* und den *neuen Menschentyp*.

Der neue Menschentyp, den *Rogers* heraufkommen sieht, gibt der Person den Vorrang vor der Institution, weil diese bürokratisch, nach starren Regeln die Bedürfnisse der Menschen verwaltet und sie damit verfehlt. Der neue Mensch betrachtet es nicht als Hauptziel seines Lebens, materielle Güter zu erwerben. Im Einklang mit einer respektvollen Haltung gegenüber der Natur entwickelt er eine gesunde Skepsis gegenüber einem blinden wissenschaftlichen und technologischen Fortschritt um jeden Preis. Er vertraut mehr seiner eigenen Erfahrung als der äußeren Autorität.

Indem er auf seine Gefühle achtet und darüber kommuniziert, gewinnt er Zugang zu seinem inneren Kern und trägt zu Intimität und Gemeinschaft in den sozialen Beziehungen bei. »Selbsterfahrung« und »harmonische Politik zwischenmenschlicher Beziehungen« fallen damit in eins. Insgesamt kommt es darauf an, »es dem menschlichen Indivi-

[272] *C. R. Rogers*, Die Kraft des Guten, 275f.

duum zu ermöglichen, in einer ständigen vertrauensvollen Beziehung zu der formenden Aktualisierungstendenz in sich zu wachsen und sich zu entwickeln.«[273]

2. Geistesgeschichtlicher Kontext

Zweifellos vertritt *Rogers* damit, wenn schon kein euphorisches, so doch ein außerordentlich *optimistisches Menschenbild*. In seiner Anthropologie begegnen unübersehbar wesentliche Elemente, aus denen der *amerikanische Traum* gemacht ist: Respekt für die Person, Toleranz und Akzeptieren von Unterschieden, Vertrauen in die Fähigkeit des anderen, Verantwortung für das eigene Verhalten und der unerschütterliche Glaube an die Potentiale des Individuums.[274]

Eine zeitgeschichtliche Parallele zum Menschenbild, wie es *Carl Rogers* zeichnet, liegt nach Auffassung von *Barrett-Lennard*[275] mit der *Politik des New Deal* vor, wie sie von Präsident *Roosevelt* ab 1933 in den USA betrieben wurde. Auch hier wurden die positiven Fähigkeiten des Individuums, die sich unter entsprechenden Bedingungen zeigen würden, sehr hoch angesetzt. »Roosevelt glaubte an den Menschen und wollte, daß sie auch an sich glaubten. Er war letztlich von der Vernunft und Konstruktivität des Menschen überzeugt.«[276] *Barrett-Lennard* kommt zusammenfassend zu dem Schluß: »Die persönlichen Parallelen zwischen Rogers und Roosevelt sowie das Klima, das Roosevelt responsiv schuf, sind so gewichtig, daß dadurch erst die Konzeptbildung und die frühe Entwicklung der klientenzentrierten Psychotherapie ermöglicht wurden«.[277]

Für die »spätere« klientenzentrierte Psychotherapie und ihre Anthropologie scheint solche Übereinstimmung mit dem politischen Klima allerdings nicht mehr ungebrochen gültig. *Rogers* kritisierte sehr deutlich inhumane Auswüchse der amerikanischen Lebenskultur, vor allem jene puritanisch eingefärbte Erfolgsideologie, daß Besitz und Karriere gottgefällige Angelegenheiten seien, an denen wie an einer irdischen Skala der Pegelstand an Schätzen im Himmel abzulesen sei. Die Vergötzung des persönlichen Erfolgs um jeden Preis wollte ihm nicht als Basis humanen Handelns einleuchten. Dabei ließen sich gerade die von ihm als Eckpfeiler seiner Anthropologie betrachteten Begriffe »Entfaltung der inneren Potentiale« oder »Selbstaktualisierung« ohne große Umwege mit der von ihm kritisierten Erfolgsideologie in einen Topf werfen. Er verstand sie freilich viel inner-

[273] Ebd. 277.
[274] Vgl. *G. Barrett-Lennard*, Inkubation und Geburt der klientenzentrierten Psychotherapie, 16–35.
[275] *J. Howe/W.-R. Minsel*, Gesprächspsychotherapie, 319. – *G. Barrett-Lennard*, Inkubation und Geburt der klientenzentrierten Psychotherapie, 31.
[276] *G. Barrett-Lennard*, Inkubation und Geburt der klientenzentrierten Psychotherapie, 31.
[277] Ebd.

licher, geistiger, moralischer, und nicht als Aufforderung zu rücksichtslosem Egoismus.

Philosophiegeschichtlich läßt sich nach *Ludwig Pongratz*[278] für das Menschenbild der Gesprächspsychotherapie eine Spur verfolgen, die zu dem schon erwähnten *Freud*-Schüler *Otto Rank* (1884–1939) führt. Dieser hatte eine bemerkenswerte Willenslehre entwickelt, die *Rogers* im Kontext von *Rank*s »Beziehungstherapie« kennenlernte. Der Wille, so *Rank*, sei als Kraft zu verstehen, die mit Hilfe von Trieb und Affekt die Persönlichkeit gestaltet, er sei Bildner der Persönlichkeit, im Dienst der Individuation und Selbstwerdung, Ursprung der individuellen Wahrheit. Die Anklänge zum Begriff der »Selbstaktualisierung des inneren Kerns« bei *Rogers* sind unüberhörbar. »Wollte man von Rank weiter zurückgehen, dann würde man wohl auf die Philosophie von A. Schopenhauer und F. Nietzsche stoßen und weiter auf die Philosophie des deutschen Idealismus, vor allem auf J. G. Fichte und seine Lehre vom Ich, das spontan und autonom sich selbst setzt und das Nicht-Ich. Unüberhörbar sind die Anklänge an die Ideen von J. J. Rousseau. Vermutlich besteht aber zu diesen geistigen Ahnen der Rogers'schen Anthropologie nur ein indirekter Weg, nämlich über Rank, der ein vielbelesener Philosoph war.«[279]

Rogers selbst äußert sich zu den Wurzeln seiner Philosophie noch in anderer Richtung. »Eine Aussage vereint zwei meiner liebsten Denker. *Martin Buber* bemüht sich, das taoistische Prinzip des ›wu-wei‹ zu erklären, das tatsächlich die Aktion des ganzen Organismus darstellt, aber in seiner vollendeten Form so mühelos geschieht, daß es oft das Prinzip des ›Nichthandelns‹ genannt wird, eine ziemlich irreführende Bezeichnung. *Buber* sagt, indem er dieses Konzept erklärt: In das Leben der Dinge eingreifen, bedeutet, ihnen wie sich selbst Schaden zuzufügen ... Wer sich jemandem auferlegt, hat die große, verborgene Macht ... Der vollendete Mensch ... greift nicht in das Leben der Wesen ein, er erlegt sich ihnen nicht auf, sondern er ›verhilft allen Dingen zu ihrer Freiheit‹ (LAOTSE). Durch seine Einheit lenkt er sie gleichfalls zur Einheit, er befreit ihre Natur und ihre Bestimmung, er setzt das Tao in ihnen frei (BUBER, 1957). Ich nehme an, daß mein Bemühen um Menschen zunehmend darauf gerichtet war, ›ihre Natur und ihre Bestimmung‹ zu befreien.«[280] Der Menschen »Natur und Bestimmung zu befreien« – dieses Handlungsprinzip durchzieht unverkennbar seine mäeutische Auffassung von Psychotherapie, er weiß sich damit im Einklang mit dem *»dialogischen« Menschenbild* des jüdischen Religionsphilosophen.[281]

278 *L. Pongratz*, Lehrbuch der Klinischen Psychologie, 344.
279 Ebd. 344.
280 *C. R. Rogers*, Entwicklung und gegenwärtiger Stand meiner Ansichten über zwischenmenschliche Beziehungen, 21.
281 Vgl. *A. Zottl*, Erfahrung und Gegenwärtigkeit.

Rogers war überzeugt, daß die wesentlichen Eckpfeiler dieses Menschenbildes in jener neuen Strömung der Psychologie, der er sich zurechnete, bewahrt würden: in der *Humanistischen Psychologie*. Befragt nach den Richtungen, innerhalb derer seine Philosophie entstanden sei, meint er: »Ich zögere, eine solche Richtung zu etikettieren, doch ich assoziiere damit Adjektive wie phänomenologisch, existentiell und personzentriert, Begriffe wie Selbstaktualisierung, Entwicklung und Entfaltung, Persönlichkeiten (in den USA) wie Gordon Allport, Abraham Maslow, Rollo May.«[282]

Die Humanistische Psychologie formierte sich 1962 mit der Gründung der »Association for Humanistic Psychology« und hatte zum Ziel, ein Gegengewicht zu den damals vorherrschenden psychologischen Konzepten zu bilden. *Abraham Maslow, Carl Rogers, Charlotte Bühler u.a.* verstanden ihre Vereinigung als »dritte Kraft« gegenüber den tiefenpsychologischen und behavioristischen Schulen. Drastisch bringt der erste Präsident der Gesellschaft, *J. Bugenthal*, das kämpferische Programm auf den Nenner: »Wir Humanistischen Psychologen sind es leid, Psychologen zu sein, wenn Psychologie darin besteht, den Menschen als eine größere weiße Ratte oder einen langsameren Computer zu betrachten.«[283]

Man fordert das Ende der bisherigen Wissenschaftspraxis in der Psychologie, wo mit endlosen Erhebungen isolierter Daten und Fakten meist banale Einzelaspekte menschlichen und tierischen Verhaltens nur wenig erhellt würden. Statt dessen sei der Mensch als Ganzes zu sehen, vor allem auch in seinen tieferen und höheren Regungen. Solche Kritik richtet sich vor allem gegen den Behaviorismus, wie er bei den Lernpsychologen vorherrscht(e). Der Psychoanalyse wird angekreidet, daß sie den Menschen als letztlich irrationales Wesen konzipiere, das unwiderruflich seiner Vergangenheit, seinen Trieben und seinem Unbewußten ausgeliefert sei.

Humanistische Psychologen, allen voran *Carl Rogers*, plädieren statt dessen für eine ganzheitliche Sicht des Menschen. Vor allem seine höheren personalen Vollzüge und seine konstruktiven Potentiale sollten nicht weiter aus der psychologischen Theorie vom Menschen ausgeblendet bleiben. In ihren psychologischen und therapeutischen Konzepten finden deshalb bisher vernachlässigte Dimensionen einen festen Platz: die schöpferischen Kräfte der Person, ihr stetiges Wachsen zu der ihr gemäßen guten Gestalt (finale Dimension), ihre Orientierung an humanen Werten, ihre Fähigkeit zur Selbststeuerung, ihre Offenheit für transzendente Erfahrungen.

Es wird aus theologischer Perspektive noch zu erörtern sein, ob damit tatsächlich der anthropologische Reduktionismus der Psychologie überwunden ist und ob Humanistische Psychologie entgegen ihrer ganzheitli-

[282] *C. R. Rogers*, Entwicklung der Persönlichkeit, 15.
[283] *J. Bugenthal*, zit. nach: *M. Völker*, Kann man die Menschen humanisieren?, 34.

chen Programmatik letztlich nicht doch wieder bei einem sehr amputierten Menschenbild landet. Vor dieser kritischen Auseinandersetzung jedoch zunächst ein Überblick über die Persönlichkeitstheorie *Carl Rogers'*.

(3) Das subjektive Selbstkonzept – Die Persönlichkeitstheorie der Gesprächspsychotherapie

Die Veränderung in Beratung und Therapie zielt für *Rogers* nicht auf eine vordergründige äußere Anpassung oder Modifikation von ungünstigen Verhaltensweisen. Im Mittelpunkt seiner Psychotherapie steht vielmehr eine Revitalisierung der inneren Selbststruktur einer Person. Sein Standpunkt ist: Wenn die Person befähigt wird, auf seine innere Tendenz zur Selbstaktualisierung zu hören, mit ihr in Kontakt zu kommen und danach zu handeln, wird sie damit in einem Zuge auch in ein harmonisches Verhältnis zu ihrer Umwelt gelangen. Sie wird von selbst jene Verhaltensweisen ausbauen, die einem guten Klima in ihren sozialen Beziehungen dienlich sind, man braucht sie ihr nicht antrainieren und ankonditionieren.

Rogers hat den Prozeß solcher Revitalisierung der inneren Struktur noch näher beschrieben. Er stellt dabei das »Selbst«, genauer: das *»Selbstkonzept«* in das Zentrum seiner Betrachtungen. An ihm vollzieht sich das Ereignis des seelischen Wachsens. Es ist der eigentliche Schauplatz seiner Psychotherapie und deshalb »eines der zentralen Konstrukte« seiner Theorie.[284]

1. Genese und Formen des Selbstkonzeptes

Das Selbstkonzept ist als eine »organisierte Konfiguration von Wahrnehmungen des Selbst, die für das Bewußtsein zulassungsfähig sind«[285], zu sehen. Man kann es auch als das »Schema«[286] oder Bild eines Menschen von sich selbst bezeichnen, mithin als eine Einstellung zu sich selbst und zur Welt. Es setzt sich zusammen aus der Wahrnehmung der eigenen Charakteristika und Fähigkeiten, aus der Wahrnehmung der Beziehungen zu anderen und zur Umwelt und aus Zielen und Idealen, die für die eigene Person bedeutsam sind.

Deutlicher wird dies noch, wenn wir Ich-Aussagen betrachten, die in einem Test zur Feststellung des Selbstkonzepts vorkommen. Sie konkretisieren und illustrieren, was gemeint ist:

– »Ich fühle mich oft erniedrigt...

[284] *C. R. Rogers*, zit. nach: *H.-P. Brauns*, Persönlichkeitstheorie von Rogers, 204. Vgl. auch: *Ders.*, A theory of therapy, personality and interpersonal relationship, as developed in the client-centered framework. – *Ders.*, Entwicklung der Persönlichkeit – Psychotherapie aus der Sicht eines Therapeuten.

[285] *L. J. Pongratz*, Lehrbuch der Klinischen Psychologie, 345.

[286] *R. Tausch*, Das psychotherapeutische Gespräch, 174.

– Ich bin impulsiv ...
– Ich bin eine feindselige Persönlichkeit ...
– Ich zweifle an meinen sexuellen Kräften ...
– Ich habe eine warme emotionale Beziehung zu andern ...
– Ich fühle mich unwohl, wenn ich mit andern spreche ...
– Ich bin sexuell attraktiv ...
– Ich fühle mich gelöst, und es belastet mich nichts ...
– Manchmal glaube ich, daß ich nie so sein werde, wie ich sein möchte ...
– Manchmal habe ich den Eindruck, daß sich andere über mich lustig machen ...
– Meistens bin ich so entmutigt, daß ich richtig erstaunt bin, wenn ich doch einmal etwas geleistet habe ...
– Das, was ich tue, ist zumeist richtig!«[287]

Bei *depressiven Personen* begegnet man einem Selbstkonzept, das von Sätzen bestimmt wird wie:
– Ich bin an allem schuld!
– Ich kann gegen die Probleme nichts tun!
– Ich bin völlig hilflos!
– Ich bin sehr krank!
– Ich muß immer nachgeben!

Wie entsteht das Selbstkonzept einer Person? Es läßt sich an einem Beispiel erläutern: Im Selbstkonzept von Frau N., 50, verheiratet, Mutter von zwei Kindern, finden sich außerordentlich »körpernahe« negative Überzeugungen von sich selbst: »Ich schau nicht gut aus!«, »Ich bin zu rot im Gesicht!«, »Ich muß mich immer sehr stark schminken, damit die Leute nicht merken, daß ich keine reine Haut habe!«. In den therapeutischen Gesprächen berichtet sie, daß sie zur Zeit der Pubertät und danach unter einer starken Akne gelitten habe, und deshalb nicht, wie andere Mädchen ihres Alters, gern zum Tanzen gegangen sei. Sie fürchtete, wegen ihres Aussehens »sitzengelassen« zu werden. Sie wisse nicht mehr genau, wie sie da drüber hinweggekommen sei. Jedenfalls habe sie die Sache mit der Akne lange Zeit vergessen. Erst vor etwa zwei Jahren sei es ihr wieder eingefallen. Sie war damals gerade beim Friseur gewesen und habe fast eine Stunde unter der Trockenhaube verbracht, zu lange wohl, so daß ihre Haut auf der Stirn und auch im Gesicht etwas gerötet gewesen sei. Als sie auf die Straße trat, begegnete, ihr eine Freundin, und deren erstes Wort war: »Wie siehst denn Du aus!« Zu Hause sei sie sofort zum Spiegel gerannt, und sie fand die Bemerkung der Freundin bestätigt: Sie sähe unmöglich aus, wegen der geröteten Haut und auch sonst. Seit diesem Ereignis gehe sie wieder weniger unter die Leute, sie habe sich vom Hausarzt eine Salbe verschreiben lassen, die sie täglich auf die entzündeten und »unreinen« Hautpartien auftrage, aber vor

[287] *Buttler & Haigh*, 1954, zit. nach: *L. J. Pongratz*, Lehrbuch der Klinischen Psychologie, 346.

allem leide sie seelisch an ihrer körperlichen Erscheinung. Es sei fast wieder so, wie in ihrer Jugend, als sie diese Akne hatte.

In Frau N. hat sich aus einzelnen, bis in die Kindheit und Jugend zurückreichenden, konkreten Erfahrungen ein ausgesprochen körpernahes Selbstbild und Selbstkonzept entwickelt, das auf den Satz »Ich schau unmöglich aus!« verdichtet ist. Darin wird sprachlich – symbolisch aufs engste verknüpft mit dem psychosomatischen Symptom der Hauterkrankung – komprimiert erinnert, was sie über sich und die Beziehung zur Welt und zu den Menschen gelernt hat.

Das Selbstkonzept ist demnach ein *Lernprodukt*, Resultat von Erfahrungen, geformt in der Auseinandersetzung mit der Umwelt. Solche Lerneinflüsse können nach *Rogers* das individuelle, charakteristische Sosein einer Person in einem Maß überformen, daß sie seelische Eigenteile verleugnet, eigenen Wahrnehmungen mißtraut, sich vorgefertigter Verhaltensmuster bedient oder auf der Basis angenommener, fremder Werte lebt. Das Selbstkonzept weist dann deformierte, gestörte Anteile auf. *Rogers* unterscheidet deshalb zwischen einem normalen und gestörten Selbstkonzept, zwischen Ideal- und Real-Selbst.[288]

Ein *»normales« Selbstkonzept* liegt vor bei einer Person, die Erfahrungen angstfrei aufnehmen und verarbeiten kann. Sie bleibt so in einem ständigen Prozeß, ist offen und in Übereinstimmung mit den neuen Erfahrungen. Nichts wird ausgeblendet oder abgewehrt. *Rogers* spricht deshalb im Zusammenhang des »normalen« Selbstkonzepts auch von »effective person« oder von »fully functioning person«.[289] Eine solche Person sei offen für ein Maximum an Kommunikation, ihr Handeln basiere auf einem Maximum an Realitätserfahrung, sie sei frei von größeren Konflikten und Spannungen und erfreue sich einer gewissen inneren Harmonie. »Normales« Selbstkonzept und die Ziele seelischer Entwicklung sind folglich als weitgehend identisch zu verstehen.

Die »Normalität« einer »fully functioning person« zeigt sich nach *Rogers* in folgenden Charakteristika:[290]

1. Offenheit gegenüber Erfahrungen, keine Abwehr;
2. Genaue und differenzierte Symbolisierung von Erfahrungen;
3. Kongruenz zwischen Selbststruktur und Erfahrung;
4. Flexibilität der Selbststruktur;
5. Lokalisation von Bewertungen und Entscheidungen primär im Selbst;
6. Bedingungslose positive Wertschätzung des eigenen Selbst;
7. Kreative Anpassung an neue Situationen;

[288] Vgl. zu diesen Unterscheidungen: *H. P. Brauns*, Persönlichkeitstheorie von Rogers. – *L. J. Pongratz*, Lehrbuch der Klinischen Psychologie, 345–351.

[289] *C. R. Rogers*, Die klient-bezogene Gesprächstherapie, 417–458.

[290] *C. R. Rogers*, zit. nach: *M. Vogel*, Therapieziele, 255.

8. Erfolgreiche Verhaltensregulation, orientiert an eigenen Bedürfnissen;
9. Unverzerrte Realitätswahrnehmung;
10. Leichte Korrektur von Fehlentscheidungen;
11. Ungehindertes Annehmen und Geben positiver Wertschätzung;
12. Reife und befriedigende soziale Interaktion.

»Dieser eigenwillige Begriff von *Normalität*, so ist kritisch anzumerken, erklärt praktisch die überwiegende Mehrzahl der Menschen als therapiebedürftig. Damit gibt sich die Gesprächspsychotherapie ohne Zweifel als eine Anhängerin einer soziokulturellen Idee zu erkennen, die mittlerweile als »Therapiegesellschaft»[291] oder als »Therapismus«[292] in Verruf geraten ist und als Krisensymptom der Zeit diagnostiziert wird. Zudem dürfte von diesem Idealbild der Normalität auf den Therapiebedürftigen eine entmutigende Wirkung ausgehen. Er wird über kurz oder lang erkennen müssen, daß auch bei größter Anstrengung »Normalität« nicht erreichbar ist und er also weiterhin der Therapie bedarf.

Das *gestörte Selbstkonzept* ist dadurch gekennzeichnet, daß es Einflüsse aus der eigenen Person und aus der Umwelt nicht adäquat aufnimmt und verarbeitet. Bestimmte Wahrnehmungen, Gefühle, Gedanken oder Einsichten werden, weil mit Angst besetzt, abgewehrt. *Rogers* hebt zwei Formen der Abwehr besonders hervor: die *Ignorierung*, sie wird als bewußt forciertes Nicht-zur-Kenntnis-nehmen der Realität verstanden, und verzerrende *»Symbolisierung«*, die unbewußte Umdeutung negativer und angstbesetzter Erfahrungen meint.

Neben Angst und Abwehr führt das gestörte Selbstkonzept den *Konflikt* mit sich.[293] Da es ein von außen aufgepfropftes Fremdprodukt ist, steht ihm das personale, individuelle Selbst, das »weiß«, was es eigentlich will, gegenüber, es wird durch die fremden Gegentendenzen gehemmt. Hinzu kommt, daß das von außen aufgedrängte, personfremde Selbstkonzept in sich noch einmal konflikthaft gespalten ist. Denn die Außeneinwirkungen, vor allem die Einflüsse der Erziehung, sind häufig keineswegs einheitlich. Unstimmigkeiten, Inkonsequenzen und Heiß-Kalt-Bäder im Erziehungsstil erhöhen die Zwiespältigkeit und Entfremdung des Selbst. Ein durch Konflikte, Abwehr und Angst überfremdetes Selbstkonzept steht der Entfaltung des inneren Kerns im Wege.

»Ideal-« und »Real-Selbst« sind ähnlich zu sehen wie das normale und das gestörte Selbstkonzept. »Ideal-Selbst« und »Real-Selbst« beziehen sich jedoch auf den *Prozeß der Therapie*, sie beschreiben deren Ausgangs- und Zielpunkt. Das *Real-Selbst* bezeichnet das Bild, das der Klient zu Beginn

[291] *K. M. Michel/T. Spengler* (Hrsg.), Die Therapiegesellschaft (= Kursbuch 82). – *M. L. Gross*, Die psychologische Gesellschaft.
[292] *H. v. Hentig*, Gruppenverführung.
[293] *L. J. Pongratz*, Lehrbuch der Klinischen Psychologie, 347.

der Therapie von sich hat, teils »realistisch« wahrgenommen, teils mit Illusion, Riesenansprüchen, Verzerrungen, Ignorierungen und Vorurteilen durchsetzt. Das *Ideal-Selbst* dagegen repräsentiert die echten und erreichbaren Ziele der Person, denen sich das zu Beginn der Therapie negativ getönte Real-Selbst annähern soll und kann (Abb. 30).

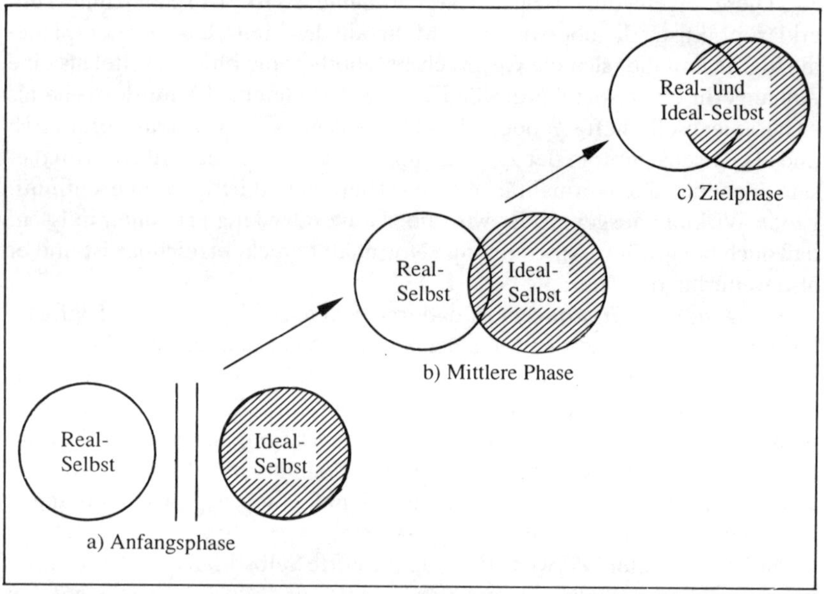

Abb. 30: Real- und Idealselbst im Therapieverlauf

Therapie besteht folglich darin, einen Prozeß in Gang zu bringen, bei dem reales und ideales Selbst immer mehr zur Deckung kommen. Bei einem Zwangsneurotiker beispielsweise finden sich zu Beginn der Therapie starke Real-Selbst-Anteile, die sich in der Selbstinstruktion ausdrücken: »Ich darf nichts falsch machen, sonst passiert etwas Fürchterliches«. Sein Ideal-Selbst erkennt als »idealen« Stil, mit Fehlern zu leben: »Ich brauche nicht perfekt zu sein!« Im Laufe der Therapie erfolgt nun eine allmähliche Annäherung dieser Positionen. Das anfängliche Realselbst geht immer mehr im anvisierten Idealselbst auf. »Ich möchte zwar möglichst fehlerfrei sein, aber wenn ich mal einen Fehler mache, ist das auch nicht so schlimm!«

Gewiß, Therapie als Neu-Konstitution des Selbstkonzepts ist in diesem Beispiel sehr vereinfacht wiedergegeben. Dennoch kommt Wesentliches zum Ausdruck: Therapie besteht für die Gesprächspsychotherapie vordergründig nicht darin, um im Beispiel zu bleiben, die objektive Fehlerquote eines solchen zwanghaften Menschen zu reduzieren, auch nicht darin, frühkindliche Traumatisierungen etwa aus der analen Phase ausfindig zu machen, sondern darin, eine andere subjektive Hinsicht, eine andere Einstellung zu sich und zur eigenen Fehlerhaftigkeit zu gewinnen. Der Klient soll sich am Ende der Therapie anders, mit größerer Selbstakzeptanz und freier von fragwürdigen verinnerlichten Vollkommenheitsansprüchen sehen und aufnehmen können.

2. *Die subjektive Wirklichkeit*

Damit rückt ein entscheidender Gesichtspunkt des Selbst-Konzepts, wie es *Rogers* entwickelt, ins Blickfeld, nämlich: Die für das psychische Leben einer Person relevante Wirklichkeit ist nicht die Welt der objektiven Fakten, sondern die *subjektiv wahrgenommene Wirklichkeit.* Anders gesagt: Was uns bewegt, ist nicht die Realität an sich, sondern das Bild, das wir uns von ihr und uns selbst machen, die Be-deutung, die wir allem verleihen.[294]

Mit diesem Axiom reiht sich *Rogers* in eine philosophische und psychologische Tradition ein, die bis *Plato* zurückreicht. In seinem Höhlengleichnis – wir erwähntes es bereits im Zusammenhang mit dem psychoanalytischen Begriff des Unbewußten[295] – hat dieser die Möglichkeit des Erkennens der »objektiven«, für ihn »idealen« Wirklichkeit sehr in Frage gestellt. Abbilder, Schattenbilder zögen vor unserem Auge vorüber, der Zugang zu den Dingen an sich sei unserem Erkennen verschlossen. Der römische Philosoph *Epiktet* vertritt deshalb den pragmatischen Standpunkt, das Nachdenken über die Dinge an sich hintanzustellen, denn »Nicht die Dinge an sich sind es, die uns beunruhigen, sondern die Meinung, die wir über diese Dinge haben.« Auch *Shakespeare*[296] pflichtet dem bei, wenn er einer seiner Dramenfiguren in den Mund legt: »An sich ist kein Ding gut noch schlecht, das Denken macht es erst dazu.« Ähnlich äußert sich *Schopenhauer*[297], indem er den Sinn der Erkenntnislehre *Kants* auf den Nenner bringt, »daß die Zweckmäßigkeit erst vom Verstand in die Natur gebracht wird, der demnach ein Wunder anstaunt, das er erst selbst geschaffen hat«.

Die moderne Wahrnehmungspsychologie hat in einer Vielzahl von Experimenten nachgewiesen, daß wir unsere Wirklichkeit und das, was sie für uns bedeutet, durch unsere Wahrnehmung aktiv konstruieren. Schon einfache optische Täuschungen, wie z. B. ein sogenanntes »Kippbild«, bei dem man in ein und dasselbe Reizfeld, beinahe nach Belieben, zwei völlig unterschiedliche »Bilder« hineinsehen kann, führen uns die subjektive Gestaltung unserer wahrgenommenen Welt vor Augen. Wir betreiben, wenn wir

[294] Vgl. *C. R. Rogers*, Entwicklung der Persönlichkeit, 418. *Rogers* spricht im Zusammenhang der subjektiven Erfahrungswelt auch von einem »internen Bezugsrahmen«: Vgl. ebd. 418f. – Vgl. dazu: *H.-P. Brauns*, Persönlichkeitstheorie von Rogers, 198.

[295] Vgl. Teil V,2 (2) 2.

[296] Zit. nach: *P. Watzlawick / J. H. Weakland / R. Fisch*, Lösungen, 119.

[297] Ebd. 121f.

sehen und hören, alles andere als objektives Abbilden der Realität. Vielmehr sehen und hören wir bevorzugt das, was wir sehen und hören wollen, was wir gewohnt sind und was uns interessiert. Wir wehren in der Wahrnehmung unangenehme Dinge ab, wir wählen aus, verzeichnen und verharmlosen, wie es unsere individuelle seelische Disposition eben nahelegt. Somit tragen die wahrgenommenen Dinge, Personen und Welten immer das Gesicht unserer Erwartungen, Interessen, Bedürfnisse, Ängste und deren Entwicklungsgeschichte. Was wir wahrnehmen, entspricht dann allenfalls einer Art Kompromiß zwischen »Reizgegenstand« und unserer motivationalen Struktur.

Rogers hebt nun hervor, daß das Selbst einer Person, als Konfiguration solcher subjektiven Wahrnehmungen definiert, nicht auf die absolute oder objektive Realität reagiert, sondern auf die wahrgenommene. Wie das im alltäglichen Seelenleben aussieht, hat *Paul Watzlawick*[298] mit spitzer Feder aufs Korn genommen. Die »Geschichte mit dem Hammer« deckt unser aller Reagieren auf die selbsterdachte und -konstruierte soziale Realität auf:

»Ein Mann will ein Bild aufhängen. Den Nagel hat er, nicht aber den Hammer. Der Nachbar hat einen. Also beschließt unser Mann, hinüberzugehen und ihn auszuborgen. Doch da kommt ihm ein Zweifel: Was, wenn der Nachbar mir den Hammer nicht leihen will? Gestern schon grüßte er mich nur so flüchtig. Vielleicht war er in Eile. Aber vielleicht war die Eile nur vorgeschützt, und er hat etwas gegen mich. Und was? Ich habe ihm nichts getan; der bildet sich da etwas ein. Wenn jemand von mir ein Werkzeug borgen wollte, ich gäbe es ihm sofort. Und warum er nicht? Wie kann man einem Mitmenschen einen so einfachen Gefallen abschlagen? Leute wie dieser Kerl vergiften einem das Leben. Und dann bildet er sich noch ein, ich sei auf ihn angewiesen. Bloß weil er einen Hammer hat. Jetzt reicht's mir wirklich. – Und so stürmt er hinüber, läutet, der Nachbar öffnet, doch bevor er ›Guten Tag‹ sagen kann, schreit ihn unser Mann an: ›Behalten Sie sich Ihren Hammer, Sie Rüpel!‹«

In der Tatsache der subjektiv gestalteten Wahrnehmung der Wirklichkeit liegt nun aber nicht nur die Gefahr des Realitätsverlustes, sondern vor allem auch die *»Möglichkeit des Andersseins«*.[299] Wenn wir es im psychischen Leben weniger mit Wirklichkeit schlechthin zu tun haben, sondern viel mehr mit unseren Bildern und Deutungen der Realität, dann läßt sich die Umdeutung als therapeutischer Schlüssel gebrauchen, die im Verständnis von *Rogers* freilich mehr vom Klienten selbst als vom Therapeuten zu erfolgen hat. Daß solche Umdeutung der wahrgenommenen Wirklichkeit einer tiefgreifenden *Umwertung* nahekommt, unterstreicht *Rogers*, wenn er, bezogen auf den Prozeß der Therapie, erläutert: »Indem das Individuum mehr von sei-

[298] *P. Watzlawick*, Anleitung zum Unglücklichsein, 37.
[299] *P. Watzlawick*, Die Möglichkeit des Andersseins.

nen organischen Erfahrungen hinsichtlich seiner Selbst-Struktur wahrnimmt und akzeptiert, merkt es, daß es sein gegenwärtiges Wertsystem, das sehr weitgehend auf Introjektionen beruht, durch einen fortlaufenden organismischen Wertungsprozeß ersetzt.«[300] Ohne auf die hier mit angesprochene Wertproblematik, die sich unweigerlich mit der Zielorientierung einer Therapie stellt, kritisch eingehen zu können, kommt in dieser Äußerung von *Rogers* zum Ausdruck, daß Gesprächspsychotherapie einen neuen »Wertungsprozeß« beim Klienten einleiten will. Das Adjektiv »organismisch« hebt dabei auf die dem personalen »Organismus« innewohnende »Selbstaktualisierungstendenz« ab.

Rogers bezieht sich mit diesem Verständnis von Psychotherapie auf eine psychologische Grundbedingung menschlicher Existenz, nämlich die, daß wir unsere Welt und unser In-der-Welt-Sein erst durch einen kognitiv-emotionalen Akt der Be-deutung konstituieren. In Fortführung der Überlegungen *Rogers*' ist mit Relevanz für die Psychotherapie zu bedenken, daß der einzelne die Deutungen nicht einzig und allein aus sich selbst hervorbringt, sondern dabei auf den breiten Strom der Lebensdeutung vieler in einer Kultur und Gesellschaft zurückgreift. Er partizipiert an der gesellschaftlich geformten Deutungsweise und prägt sie gleichzeitig mit. Was in unserer Gesellschaft an Sinnangeboten für den einzelnen bereitliegt, ist folglich Ergebnis der – sich immer auch wandelnden – Lebensdeutung vieler. Parallel zur subjektiven Konstruktion der Wirklichkeit, wie sie im Zentralbegriff des Selbstkonzepts von *Rogers* ausgesagt ist, muß man deshalb, im Einklang mit der Wissenssoziologie, von einer *»gesellschaftlichen Konstruktion der Wirklichkeit«*[301] sprechen.

Noch eine abschließende Anmerkung: *Rogers*' Theorie vom Selbstkonzept als Bild von der eigenen Person, als Einstellung zu sich und der Welt und als Fokus der therapeutischen Bemühung begegnet auch andernorts, wenn auch nicht in der gleichen Terminologie, so doch der Sache nach. Erinnert sei an *Ludwig Binswangers* Begriff des »Weltentwurfs« oder an *Medard Boss'* »Daseinsmodus«.[302] Parallelen finden sich im Terminus »Lebensskript«[303], der in *Alfred Adlers* Individualpsychologie einen zentralen Platz einnimmt. Auch die schon erwähnte Rational-emotive Therapie von *Albert Ellis* mit ihrer Auffassung von »Ideen« der Person, die kognitive Verhaltenstherapie mit ihrem Konzept von »inneren Selbstgesprächen« und »Selbstverbalisationen« der Person (*Meichenbaum, Beck*) sowie die *Transaktionsanalyse*[304] mit dem Begriff »Grundüberzeugung der Person« sind in diesem

300 *C. R. Rogers*, Die klient-bezogene Gesprächstherapie.
301 *P. L. Berger / T. Luckmann*, Die gesellschaftliche Konstruktion der Wirklichkeit.
302 Vgl. *L. J. Pongratz*, Lehrbuch der Klinischen Psychologie, 346.
303 Vgl. *H. Ansbacher / R. Ansbacher*, Alfred Adlers Individualpsychologie.
304 *T.A. Harris*, Ich bin o.k., Du bist o.k.. Eine Einführung in die Transaktionsanalyse. – *A. B. Harris / T.A. Harris*, Einmal o.k., immer o.k.. Transaktionsanalyse für den Alltag.

Zusammenhang zu nennen. Offensichtlich besteht eine gewisse Einigkeit unter den therapeutischen Schulen, daß Psychotherapie vor allem am Selbstbild und an der Einstellung zu sich selbst anzusetzen hat.

(4) Therapeutische Basishaltungen

Die »Reorganisation des Selbst«[305], jene Bewegung vom realen zum idealen, vom gestörten zum normalen Selbstkonzept, bildet nach *Rogers* das Ziel der Therapie. Wie ist es erreichbar? Welche »Techniken«, Methoden und Haltungen muß der Therapeut realisieren, um diesem Ziel näherzukommen? Diese Fragen sind nicht nur für die professionelle Psychotherapie von Belang, sondern sie führen, wie noch zu zeigen sein wird, mitten in die *konkrete Praxis einer diakonisch-heilenden Seelsorge* hinein. Es erscheint deshalb angebracht, an dieser Stelle die therapeutischen – wir können hinzufügen: seelsorglichen – Basishaltungen ausführlicher zu behandeln, vor allem auch deshalb, um den im Bereich der Seelsorge mittlerweile verbreiteten Mißverständnissen hier zu begegnen.

1. Von der Nondirektivität zur therapeutischen Trias

Die Frage nach den notwendigen und hinreichenden Bedingungen für psychotherapeutische Heilprozesse sowie für seelisches Wachstum überhaupt hat *Carl Rogers* zeitlebens beschäftigt. Die Geschichte der Gesprächspsychotherapie mit ihren einzelnen unterschiedlichen Phasen spiegelt wider, daß die Antworten darauf unterschiedlich ausfielen und bis heute nicht abgeschlossen sind.

Schon sehr früh, in seinem ersten Buch, bekennt sich *Rogers* zu einer Haltung, die sich über alle Nuancierungen und Differenzierungen in den späteren Phasen durchhält. Unter dem Titel »Die erste und wichtigste Technik« nimmt er dabei Bezug auf den von ihm geschilderten »Fall Barbara« und kommt dann zu der zusammenfassenden Schlußfolgerung für die Therapie: »Diese am Fall Barbara illustrierte Reorientierung und Reorganisation des Selbst ist zweifellos das Hauptziel der Beratung. Daher ist es nur natürlich, daß die Frage gestellt wird, wie der Berater dieses gesteigerte Selbstverstehen, diese Reorientierung auf neue Ziele fördern kann. Die Antwort muß für den Übereifrigen enttäuschend ausfallen. Die wichtigste Technik besteht in der Ermutigung zum Ausdruck von Einstellungen und Gefühlen, bis sich das einsichtige Verstehen spontan und von selbst einstellt. Einsicht wird häufig durch Bemühungen des Beraters, sie hervorzurufen, verhindert und bisweilen unmöglich gemacht... Das Hauptziel des Beraters

[305] *C. R. Rogers*, Die nichtdirektive Beratung.

ist es also, dem Klienten zu helfen, daß er jede Abwehr, jedes Gefühl, Einstellungen nicht ausdrücken zu können, und jede Angst vor Kritik, Ratschlag oder Anordnung des Beraters fallen läßt. Wenn dieses Ziel erreicht wird, ist der Klient im Stande, die gesamte Situation in ihrer Realität zu sehen, ohne sich rechtfertigen oder schützen zu müssen. Dann kann er Beziehungen deutlich sehen und die bis dahin verborgenen Impulse in sich selbst erkennen. Dieser Handlungsablauf verlangt vom Berater große Zurückhaltung. Der Grund dafür ist einfach. Während der Klient sich in dem Beratungsinterview immer mehr offenbart, gelangt der Berater zur Einsicht in die Probleme des Klienten. Nicht selten sind ihm gegen Ende des ersten oder zweiten Kontakts bereits die wichtigsten Reaktionsschemata des Klienten relativ klar. Die meisten Berater, ob Psychiater, Psychologen, Erziehungsberater oder Fürsorgeberater, geraten nunmehr in größte Versuchung, dem Klienten dieses Schema zu erklären, ihm seine Handlungen und seine Persönlichkeit zu interpretieren... Je genauer und zutreffender die Interpretation, desto größer die Wahrscheinlichkeit, daß der Klient ihr mit Abwehr und Widerstand begegnet. Der Berater und seine Interpretationen werden etwas, vor dem der Klient Angst hat. Für den Berater bedeutet es einen wichtigen Schritt nach vorn, wenn er dieser Versuchung, allzu schnell zu interpretieren, widersteht und erkennt, daß Einsicht eine Erfahrung ist, die der Klient nicht übernehmen kann, sondern selbst machen muß. Man könnte in der Tat sagen, daß es für den weniger erfahrenen Berater sicherer und befriedigender ist, wenn er zur Förderung von Einsicht keine interpretierenden oder besonderen Techniken verwendet. Wenn der Berater die Einstellung des Klienten angemessen erkennt, ihm bei der Klärung von Gefühlen hilft und den freien Ausdruck fördert, dann stellt sich neue Einsicht von selbst ein und kann vom Berater als solche anerkannt werden.«[306]

Der Therapeut, Helfer oder Seelsorger ist nach *Rogers'* Erfahrung dann hilfreich, wenn er sich mit seinen Deutungen, Fragen, Interpretationen zurückhält und statt dessen Raum und Ermutigung gibt, daß der Gesprächspartner selbst neue Einsichten entdecken kann. In der Gesprächspsychotherapie wurde dieses *Prinzip der Nondirektivität* gerade in der Anfangsphase ihrer Entwicklung besonders betont. Nicht wenige Helfer, vor allem, wenn sie mit Gesprächspsychotherapie nur oberflächlich vertraut waren, leiteten daraus den inneren Selbstauftrag ab: »Als Helfer darf ich dem anderen nicht zu nahe treten, das ist wider die Regeln der Kunst.« Es zeigte sich, daß mit dem therapeutischen Axiom der Nondirektivität Helfer ihre eigene »Angst vor Nähe« zur Tugend erhoben und sich ein Alibi für ihr distanziertes und manchmal desinteressiertes Beraterhandeln verschafften. *Rogers* soll über die Mißverständnisse und den Mißbrauch, die das Prinzip

[306] Ebd.

der Nondirektivität auslöste, so irritiert gewesen sein, daß er diesen Begriff in der Folgezeit tunlichst vermieden hat.

In das Zentrum der gesprächspsychotherapeutischen Praxis rückte zunehmend ein anderes, mittlerweile klassisches Prinzip: die *therapeutische Grundhaltung mit den drei Dimensionen Echtheit, Wertschätzung und Einfühlung*. Es handelt sich hier weniger um eine additive Summe als vielmehr um eine unauflösliche, ganzheitliche Trias von Haltungen, die nicht isoliert voneinander realisiert werden können. Gelingt es dem Helfer, diese therapeutische Grundhaltung ganzheitlich und ausreichend an den Tag zu legen, dann vermag der Ratsuchende in einen förderlichen psychischen Prozeß einzutreten. »Je mehr der Klient den Therapeuten als real oder echt, als einfühlend, als ihn uneingeschränkt wertschätzend wahrnimmt, um so mehr wird sich der Klient von einer statischen, gefühllosen, festgelegten, unpersönlichen Art des Funktionierens entfernen und um so mehr auf eine Funktionsweise zubewegen, die gekennzeichnet ist durch ein flüssiges, wechselndes, akzeptierendes Erleben differenzierter persönlicher Gefühle«.[307]

Rogers und die gesprächspsychotherapeutische Forschung hat mit einer Fülle empirischer Analysen von Tonbandprotokollen psychotherapeutischer Gespräche den Beleg zu erbringen versucht, daß die genannte Trias von Haltungen die notwendige und hinreichende Bedingung psychotherapeutischen Handelns darstelle. Damit gebührt *Rogers* und der Gesprächspsychotherapie das Verdienst, erstmals um eine empirisch-experimentelle Aufhellung des Therapiegeschehens bemüht gewesen zu sein. Daß Echtheit, Wertschätzung und Einfühlung für konstruktive Veränderung in Psychotherapie, Beratung und Seelsorge notwendig sind, das ist bis heute unbestritten, allerdings wird bezweifelt, daß sie für die Behandlung aller psychischen Störungen ausreichen.[308] Die erwiesene Notwendigkeit von Echtheit, Wertschätzung und Einfühlung, um konstruktive Veränderungen beim anderen in Gang zu setzen, sollte auch für Seelsorger Argument genug sein, um sie differenziert bemüht zu sein.

2. Echtheit

Nach *Rogers* ist Echtheit »die grundlegendste unter den Einstellungen des Therapeuten«[309]. Unter Echtheit ist zu verstehen, daß »der Therapeut in

[307] *C. R. Rogers*, Burning a person, zit. nach: *H. Benesch*, dtv-Wörterbuch zur Klinischen Psychologie, Bd. 1, 231.

[308] Vgl. *W.-R. Minsel/I. Langer*, Forschung in client-centered Gesprächspsychotherapie. Sie erwähnen an weiteren wirksamen Therapeutenvariablen u. a.: Tiefe der Interpretation, sprachliche Aktivität, Spezifität und Konkretheit, Ansprechen der augenblicklichen Befindlichkeit, Überzeugungsfähigkeit, Konfrontation, aktives Bemühen, innere Anteilnahme, Pausierung, Achten auf ätiologisch wichtige Personen.

[309] *C. R. Rogers*, Therapeut und Klient, 30.

der Beziehung zu seinem Klienten er selbst ist, ohne sich hinter einer Fassade oder Maske zu verbergen....daß der Therapeut sich dessen, was er erlebt oder leibhaftig empfindet, deutlich gewahr wird, und daß ihm diese Empfindungen verfügbar sind, so daß er sie dem Klienten mitzuteilen vermag, wenn es angemessen ist... es bedeutet, daß es sich um eine direkte, personale Begegnung mit dem Klienten handelt, eine Begegnung von Person zu Person. Es bedeutet, daß der Therapeut er selbst ist und sich nicht verleugnet.«[310]

Genaugenommen lassen sich an diesem Verständnis von Echtheit vier verschiedene Aspekte herausheben:

(1) *Selbstkongruenz*
Der Therapeut ist in jeder Phase des Gesprächs wirklich das, was seine Äußerungen vorgeben. Er hat Zugang zu seinem inneren Erleben, zu seinen Gefühlen bis hin zu seinen leibhaften Empfindungen. Die Seite, die er seinem Gegenüber zeigt, stimmt mit seiner inneren Befindlichkeit überein. Er spaltet im Augenblick des Gesprächs nicht wesentliche Anteile seines psychischen Erlebens ab, ignoriert oder verdrängt sie, sondern bleibt mit großer Aufmerksamkeit mit sich in Kontakt.

(2) *Verzicht auf professionelle Fassade*
Der Therapeut gibt der Versuchung nicht nach, dem Klienten gegenüber lediglich eine Rolle zu spielen. Daß diese Versuchung groß ist, liegt auf der Hand. Der Klient erwartet vom Therapeuten die Rolle des Experten, der kompetent, mächtig und wissend ist und aus dieser Position heraus stellvertretend für ihn das Problem löst. Der Therapeut, der diese zugewiesene Rolle verweigert, enttäuscht zunächst den Klienten, aber gleichzeitig verhindert er damit, daß sich der Klient von ihm abhängig, sich klein und inkompetent macht. Indem der Therapeut die Rolle des überlegenen Experten zurückweist, stärkt er den Klienten in seinem Selbstwertgefühl und bringt ihn auf den Weg, sich selbst, stärker als bisher, zu vertrauen.

Neben der Versuchung zum Expertengehabe gibt es für Helfer, die häufig therapeutische Gespräche führen, die Gefahr der *»deformation professionellen«*. Sie verlieren das spontane Interesse am Anderssein des anderen, er wird zum schon dagewesenen Fall. Ein therapeutischer Jargon ersetzt den natürlichen und »normalen« Umgangston. Diese Gefahr ist vor allem dort gegeben, wo der Berater therapeutische Methoden wie etwa das Verbalisieren von Gefühlen als enges Korsett betrachtet, das er sich nicht zur rechten Zeit abzulegen getraut. Sein Stil bekommt dann etwas Rigides, Zwanghaftes, seine Begegnung mit dem anderen gerät zum floskelhaften Ritual. Es bleibt deshalb eine ständig wiederkehrende Aufgabe für den Helfer, die Diskrepanz zu überbrücken zwischen dem persönlichen intuitiven Handlungs-

[310] Ebd. 30–31.

stil und dem objektiv als hilfreich ausgewiesenen Repertoire. Solange das einfühlende Reagieren einem selbst als »gekünstelt« vorkommt, dürfte eine therapeutische Wirkung sehr zweifelhaft sein. Ich signalisiere dann dem Gesprächspartner ein Verstehen und Begreifen, das bei mir nicht im ausgedrückten Maß gegeben ist. Fernziel für jeden, der Psychotherapie und diakonisch-heilende Seelsorge lernt, bleibt wohl, sich eine »zweite« Spontaneität und Natürlichkeit zu erwerben, wo therapeutische Methoden so in die eigene Persönlichkeit integriert sind, daß sie authentisch zu einem dazugehören.

(3) *Transparenz*
Dieser Aspekt spricht die Frage an, inwieweit der Therapeut seine Gefühle in der Therapie zeigen darf. *Rogers/Truax*[311] schildern folgende kritische Situation: »Wenn ich spüre, daß ich mich in den Kontakten mit diesem Klienten gelangweilt fühle und dieses Gefühl andauert, dann glaube ich, bin ich es ihm und unserer Beziehung schuldig, ihm dieses Gefühl mitzuteilen. Dasselbe würde gelten, wenn ich mich vor einem Klienten fürchten würde, oder wenn meine Aufmerksamkeit so auf meine eigenen Probleme konzentriert ist, daß ich ihm kaum zuhören kann.« Eine solche »transparente« Äußerung des Therapeuten ist nur dann therapeutisch sinnvoll, wenn sie beide, Klient und Therapeut, in ein tieferes Erleben hineinführt, wenn also beide sich auf die Suche begeben, was den Therapeuten »langweilt« und warum. Die Antwort darauf ist ja völlig offen. Es kann sein, daß der Klient den Therapeuten an eine Situation oder Person erinnert, die bei ihm Langeweile ausgelöst hat, es kann auch sein, daß der Klient ohne innere Beteiligung spricht, zu sich selbst auf Distanz geht, so daß sein eigentliches Problem gar nicht zur Sprache kommt. Der Therapeut erreicht mit seiner Intervention eine Klärung der kritischen oder gestörten Phase in der Beziehung zwischen Therapeut und Klient.

Eines sollte jedoch bei aller »Transparenz« des Therapeuten nicht in Vergessenheit geraten. Es geht nicht um seine Probleme in der Therapie, um seine Langeweile, seine Ängste, seine Erlebnisse, sondern um die des Klienten. Deshalb ist mit Transparenz nicht gemeint, daß der Therapeut alles, was er in sich aufkommen spürt und erlebt, thematisiert. Er hat abzuwägen, ob das, was er im Moment erlebt, so bedeutungsvoll für die Beziehung zum Klienten ist, daß er es ansprechen muß.

(4) *»Selbst-Öffnung« (self-disclosure)*
Hiermit ist vor allem der *Stil* gemeint, in dem der Therapeut seine innere Erfahrungswelt zum Ausdruck bringt. *Rogers* hat dabei die Vorbildwirkung auf den Klienten hin im Auge. Indem der Therapeut per »ich« auf sein eigenes aktuelles Erleben bezogen spricht, ist er für den Klienten ein *Modell der*

[311] *C. R. Rogers/C. B. Truax*, The therapeutic conditions antecedent to change, 57.

»Selbstöffnung«. Der Klient kann damit unter der Hand beobachten, wie man mit seiner inneren Welt in Beziehung stehen und davon mitteilen kann. »Selbstöffnung«, die hier gemeint ist, sollte jedoch nicht so mißverstanden werden, als ob der Therapeut es dem Klienten, der ihm soviel Persönliches anvertraut, »schuldig« sei, auch etwas von sich zu berichten, um das Vertrauen des Klienten zu ihm zu »belohnen«. Solche und andere Motive der »Selbstöffnung« bedürften einer kritischen Reflexion beim Therapeuten.

Echtheit, so wie *Rogers* sie versteht, bedarf also einer inneren Bemühung des Therapeuten, seine hintergründigen und unterschwelligen Motive, Ängste und unbewußten Anteile zu entdecken. In der Gesprächstherapie ist es deshalb Konvention, daß das Lernen von Therapie zu einem überwiegenden Teil in der *Selbsterfahrungsgruppe* geschieht und auch die Praxis der Therapie laufend in einer *Supervisionsgruppe* angeschaut wird. Ziel solcher Gruppen ist es, dem einzelnen angehenden oder praktizierenden Helfer die Möglichkeit zu geben, sich mit seinen »blinden Flecken« im Spiegel der Gruppe zu erkennen.

Barrett-Lennard[312] hat in einem Verhaltensinventar ausgefaltet, wie »Echtheit und Unechtheit des Therapeuten« beim Gesprächspartner ankommen. Auf den selbstkongruenten Therapeuten hin – wir können es ohne weiteres auf den Seelsorger übertragen – wird der Gesprächspartner Feststellungen zustimmen wie:

- Er ist ungezwungen und fühlt sich wohl in unserem Beziehungsverhältnis.
- Ich fühle, daß er völlig echt und aufrichtig zu mir ist.
- Ich fühle fast immer, daß seine Äußerungen genau das ausdrücken, was er fühlt und denkt.
- Er vermeidet nichts, was in unserem Beziehungsverhältnis wichtig ist.
- Er drückt mir gegenüber seine wahren Eindrücke und Gefühle aus.
- Bereitwillig drückt er mir gegenüber alles aus, was in ihm vorgeht – auch seine Gefühle sich selbst oder mir gegenüber.
- Er ist ganz offen er selbst in unserem Beziehungsverhältnis.
- Ich habe nicht gemerkt, daß er irgendwelche Gefühle, die er mir gegenüber hat, vor sich selbst zu verbergen sucht.

Echtheit ist nicht realisiert, wenn der Gesprächspartner zu Feststellungen neigt wie:

- Ich spüre, daß er mir gegenüber eine Rolle spielt oder eine Fassade zeigt.
- Es macht ihn verlegen, wenn ich nach bestimmten Dingen frage oder über sie spreche.
- Er möchte mich glauben lassen, daß er mich mehr mag oder versteht, als es tatsächlich der Fall ist.
- Manchmal fühlt er sich ganz und gar nicht wohl in seiner Haut, aber wir machen weiter und lassen es uns nach außen nicht anmerken.

[312] *G. Barrett-Lennard*, zit. nach: *R. Tausch,* Gesprächspsychotherapie, 129.

- Manchmal fühle ich, daß ihm nicht bewußt ist, wie seine wirklichen Gefühle zu mir sind.
- Manchmal habe ich das Gefühl, daß seine äußeren Reaktionen und Äußerungen mir gegenüber ganz verschieden davon sind, wie er innerlich fühlt.
- Was er mir sagt, gibt oft einen falschen Eindruck von seinen Gedanken und Gefühlen zu diesem Zeitpunkt.
- Ich glaube, daß er Gefühle hat, die unsere Beziehung erschweren und die er mir gegenüber nicht äußert.

Man kann die Therapeutenvariable Echtheit auch in eine Stufenfolge bringen und als »Schätzskala« an konkrete Gespräche anlegen. *Josef Schwermer*[313] formulierte für Seelsorger in Anlehnung an *Truax* eine Skala zur Variable Echtheit mit fünf Stufen (Abb. 31).

Rogers sieht gerade in der Echtheit eine Grundlage mitmenschlicher Begegnung, die weit über die therapeutische Situation hinaus Gültigkeit hat. »Im alltäglichen Umgang miteinander: zwischen Ehe- und Liebespartner, zwischen Schüler und Lehrer, Arbeitgeber und Angestellten oder zwischen Kollegen ist wahrscheinlich Kongruenz das wichtigste Element. Solche Echtheit schließt ein, daß sie den anderen wissen lassen, wo sie gefühlsmäßig sind. Sie kann Auseinandersetzung einschließen und das persönliche Bekennen und das offene Ausdrücken sowohl negativer wie positiver Gefühle. Auf diese Weise ist Echtheit eine Grundlage, auf der man... miteinander leben kann.«[314]

3. Wertschätzung

Mit »positiver Wertschätzung und emotionaler Wärme«, wie *Reinhard und Annemarie Tausch*[315] formulieren, ist eine weitere unabdingbare Basishaltung für das Gelingen therapeutischer wie seelsorglicher Gespräche angegeben. *Rogers* vertritt die Auffassung, »daß die helfende Person um so effektiver sein wird, je höher sie die andere schätzt. Für mich heißt das, die andere Person achten – ihre Meinungen, ihre Gefühle, ihre Person. Es bedeutet eine nicht-besitzergreifende Anteilnahme. Es bedeutet ein Akzeptieren des anderen Individuums als eine eigenständige Person, eine Hochachtung vor ihm, dem Wert aus eigenem Recht zukommt. Also, was wir damit sagen wollen, ist, daß die helfende Person diesen anderen als einen unvollkommenen Menschen mit vielen Gefühlen und vielen Möglichkeiten wertschätzt. Und ich glaube, je mehr man seine Wertschätzung, seine anteilnehmende Einstellung lebt, um so mehr ist das der Ausdruck einer eigent-

313 *J. Schwermer*, Psychologische Hilfen für das Seelsorgegespräch, 12.
314 *C. R. Rogers*, Eine neue Definition von Einfühlung, 48.
315 *R. Tausch/A.-M. Tausch*, Erziehungspsychologie.

1	*Das, was der Seelsorger sagt, entspricht nicht dem, was er denkt und fühlt.* Er vermeidet es – bewußt, oder aber auch, ohne sich dessen bewußt zu werden –, seine wahren Gefühle und Empfindungen zu zeigen. Er nimmt sich z. B. zusammen, damit man ihm seinen Ärger nicht anmerken soll – man spürt ihn jedoch deutlich an der Art, wie er spricht und wie er sich gibt. Er fühlt sich angegriffen, sucht sich im Grunde zu verteidigen, ohne es zuzugeben.
2	Der Seelsorger äußert sich zwar korrekt, so wie man es von ihm erwartet, *ohne aber wirklich bei der Sache zu sein.* Er erledigt das Gespräch in gewohnter Weise, es ist für ihn eine Routinesache.
3	*Der Seelsorger scheint* zwar offen zu sprechen, erweckt *jedoch* beim Partner das ungute Gefühl, daß er möglicherweise doch anders denkt und fühlt. Er wirkt nicht überzeugend.
4	*Er gibt keinen Anlaß,* etwas anderes zu vermuten, als was ausgedrückt und dargestellt wird.
5	*Man spürt deutlich,* daß der Seelsorger ganz hinter dem steht, was er sagt und was er tut. Er ist wirklich er selbst. Alles, was er ausspricht, stimmt mit seiner Überzeugung überein. Unangenehme Gefühle und Erfahrungen werden nicht verleugnet, verdrängt oder vertuscht, sondern als solche zur Kenntnis genommen. Es ist nicht erforderlich, daß der Seelsorger über sich selbst spricht.

Abb. 31: Skala zur Beurteilung von Echtheit/Selbstkongruenz

lichen, tragfähigen Zuversicht und eines Vertrauens in die Fähigkeit des Menschen.«[316]

Zwei Gesichtspunkte werden demnach von *Rogers* mit dieser Haltung angesprochen. An erster Stelle steht das *Achten* der Meinungen, Gefühle, Erlebnisweisen und Erfahrungen des anderen. Gefordert ist, daß der Helfer den anderen wirklich ernst nimmt als *individuelle, namentliche Person* mit einer ganz individuellen Lern- und Lebensgeschichte, mit einem ganz individuellen, einmaligen Lebensentwurf und mit einer ganz individuellen Glau-

[316] *C. R. Rogers*, Rückblick auf die Entwicklung meines therapeutischen und philosophischen Denkens, 29.

bensgestalt. Die Achtung und der Respekt vor dem anderen als einem einzigartigen Wesen mit personaler Würde stehen am Anfang der therapeutischen Beziehung.

Wenn der andere so individuell, so einmalig ist, wenn sein seelischer Weg so in seinem Personkern verankert ist, kann Beratung nicht darin bestehen, so ist es weiter aus der Äußerung *Rogers'* zu entnehmen, ihm von außen her fremde Lebenskonzepte zu präsentieren oder gar ihn zu missionieren. Die akzeptierende Grundhaltung fordert vielmehr ein hohes Maß an *Vertrauen auf die Möglichkeiten des anderen*, auf »die Kraft des Guten« in ihm. Wenn ich »beim anderen bin«, der einen Rat sucht, dann denke ich nicht für ihn und auch nicht über ihn, sondern ich denke und fühle mit ihm und traue ihm zu, aus sich heraus seinen ihm gemäßen Weg zu finden.

Für viele Berater und Seelsorger ist dies der schwierigste Punkt. Ein Berater drückt seine Erfahrung damit so aus: »Immer wieder diese Fragen von Klienten: Wie sie weitermachen sollen, wie sie das Problem lösen sollen... Und dann fragt man sich: Hat man ein Recht, die Klienten hilflos zu lassen, wenn man ihnen den Weg nach draußen zeigen könnte?... Und hier geht es durchs Nadelöhr... Keiner kann es dem andern abnehmen, sein Leben selbst in die Hand zu nehmen...«[317] Die nondirektive, aus der Achtung vor der Individualität des anderen erwachsende Zurückhaltung mit Ratschlägen und Lösungen bewahrt den Berater davor, den Ratsuchenden von sich abhängig zu machen oder auf das eigene Leitbild festzulegen.

Für den Berater ist es nicht einfach, solche freigebende Anteilnahme zu realisieren. Allzu leicht schleichen sich in seine Wertschätzung unbewußte und unterschwellige Bedingungen ein, die er dem Gesprächspartner signalisiert – durch die Art, wie er zuhört, wie seine Augen aufleuchten, wenn der andere bestimmte Einstellungen äußert, durch sein mißbilligendes Kopfschütteln, seine Ungeduld oder durch sein Überhören bestimmter Themen. Auf diesem Weg, viel häufiger als durch explizite Mitteilungen, lenkt der Berater den Erlebnisstrom des Gesprächspartners unter Umständen so sehr in eine Richtung, daß zentrales authentisches Erleben und Suchen des anderen verhindert werden. Das Gespräch braucht dagegen die Atmosphäre: Hier darf alles aufkommen und da sein, was zu dir gehört. Du darfst es zeigen und brauchst keine Angst davor zu haben, der Berater könnte es mißbilligen! Bedingungslose Wertschätzung bedeutet folglich für den Berater die innere Haltung: »Ich nehme Anteil!«, und nicht: »Ich nehme Anteil, wenn... es mich nicht beunruhigt, es mit meiner Weltanschauung übereinstimmt, wenn du Fortschritte in der Bewältigung deines Problems machst... und, und...!«.

Ein *hohes Ausmaß positiver Wertschätzung* liegt vor, wenn der Berater oder Seelsorger mit Wärme das akzeptiert, was der Gesprächspartner äu-

[317] *E. Zundel*, Die Kraft des Vertrauens, 50.

ßert, ohne die Akzeptierung und Wärme von Bedingungen abhängig zu machen. In diesem Fall könnte der Gesprächspartner folgenden Feststellungen über den Berater zustimmen:[318]

- Ob ich zufrieden oder unzufrieden mit mir selbst bin, das ändert nichts an der Art, wie er mir gegenüber fühlt.
- Ich kann oder könnte ihm offen Kritik oder Wertschätzung entgegenbringen, ohne dadurch seine Gefühle zu mir wirklich zu ändern.
- Seine Haltung mir gegenüber bleibt dieselbe: Er ist nicht das eine Mal zufrieden mit mir und das andere Mal voller Kritik oder unzufrieden.
- Wie sehr er mich gern hat oder nicht gern hat, ändert sich durch nichts, was ich von mir erzähle.
- Er ist ehrlich an mir interessiert.
- Ich fühle, daß er mich wirklich schätzt.
- Er achtet mich als Person.

Positive Wertschätzung und emotionale Wärme *fehlen*, wenn der Gesprächspartner zu folgenden Feststellungen kommt:

- Das Interesse des Beraters an mir wechselt, je nachdem, was ich sage oder tue.
- Er hat zu einem Zeitpunkt eine bessere Meinung von mir als zu einem anderen, je nach meinem Verhalten.
- Er möchte, daß ich eine bestimmte Art von Persönlichkeit bin.
- Manches an mir mag er gern, und dann gibt es anderes, das er nicht gern mag.
- Wenn ich zeige, daß ich ärgerlich auf ihn bin, so wird er auch ärgerlich auf mich oder ist verletzt.
- Er ist ungeduldig mit mir.
- Er ist gleichgültig mir gegenüber.
- Er findet mich ziemlich langweilig und uninteressant.
- Er mag mich nicht wegen der Art, wie ich bin.
- Manchmal empfindet er Geringschätzung und Verachtung für mich.

Der Berater oder Seelsorger wird deshalb darauf bedacht sein, alle Regungen in seinem Innern, die ihn zu ungewollten, abwertenden Signalen verleiten könnten, bewußt wahrzunehmen. Er wird sich z. B. mit den unmerklichen Erwartungen auseinandersetzen müssen, die er zwischen den Zeilen an den Gesprächspartner heranträgt, mit seinen Erwartungen nach Erfolg und der unbewußten Hoffnung auf Belohnung. Wertschätzung gelingt offensichtlich nur in dem Maß, wie der Berater sich über seine »Helfermotive« Klarheit verschafft hat. Anders ausgedrückt: Es kann einer den anderen nur soweit annehmen, wie er sich selbst angenommen hat. *C. G. Jung* sagt: »Man kann nichts ändern, das man nicht annimmt. Verurteilung befreit nicht, sie unterdrückt... Er (der Berater) kann dies aber nur dann

[318] *R. Tausch*, Gesprächspsychotherapie, 118f.

wirklich tun, wenn er zuerst sich selber in seinem So-sein angenommen hat«.[319]

Sich selbst annehmen darf nicht zum therapeutischen Imperativ der Art idealisiert werden, als müßte der Seelsorger eine durch und durch problemfreie Persönlichkeit sein. Kein Mensch könnte einem solchen Ideal entsprechen. Vielmehr sollte der Seelsorger um seine problematischen Bezirke und um die »blinden Flecken« in seiner Persönlichkeit wissen. Dies ist schon ein wichtiger Schritt zur Selbstannahme. Je selbst-bewußter der Seelsorger ist, um so mehr wird er das Suchen des anderen fördern, um so weniger wird er den anderen in die eigenen Ängste, Unsicherheiten und Verwirrtheiten hineinziehen. Er wird mit Geduld und Gelassenheit dem anderen zur Seite stehen und ihm damit Vertrauen zu sich selbst einflößen.

Auf ein weiteres mögliches Mißverständnis ist hinzuweisen: Wertschätzung und Anteilnahme bedeuten nicht Zustimmung. Der Ratsuchende darf ruhig die Ansicht des Seelsorgers wissen, nur soll sie nicht so gesagt sein, daß damit der Gesprächspartner den Eindruck bekommt, er müsse sich diesem Standort annähern. Doch erfahrene Berater wissen: In der Regel interessiert den Gesprächspartner die Ansicht des Beraters gar nicht so sehr, wie dieser oft meint. Wenn es gelingt, den Gesprächspartner in seinem Selbsterleben zu fördern, dann ist das für ihn viel fruchtbarer und führt ihn viel besser auf seinen Weg, als lediglich die Ansichten eines anderen zur Kenntnis nehmen zu müssen.

Josef Schwermer[320] hat, in Anlehnung an *Truax*, auf den Seelsorger hin eine Skala konzipiert, die noch einmal in unterschiedlichen Stufen die Grundelemente und »Klippen« der Wertschätzung hervorhebt (Abb. 32).

4. Einfühlung

Diese Therapeutenvariable ist im Laufe der Geschichte und Rezeption der Gesprächspsychotherapie mit unterschiedlichen Begriffen bezeichnet worden, wie z. B. »Spiegeln«, »Verbalisierung emotionaler Erlebnisinhalte«, »aktives Zuhören«, »empathisches Verstehen«. Auch *Rogers*' Auffassungen darüber haben sich verändert. Eine neuere Beschreibung aus seiner Feder hebt die *Prozeßhaftigkeit der »Empathie«* hervor:

»Die als empathisch bezeichnete Art des Umgangs mit anderen hat verschiedene Seiten. Empathie bedeutet, die private Wahrnehmungswelt des anderen zu betreten und darin ganz und gar heimisch zu werden. Sie beinhaltet, in jedem Augenblick ein Gespür zu haben für die sich ändernden gefühlten Bedeutungen in dieser anderen Person, für Furcht, Wut, Herzlichkeit, Verwirrung oder was auch immer sie erlebend empfindet. Empa-

[319] Zit. nach: *H. Stenger*, Verwirklichung unter den Augen Gottes, 136.
[320] *J. Schwermer*, Psychologische Hilfen für das Seelsorgegespräch, 15.

1	Der Seelsorger *nimmt den Partner nicht ernst oder wertet ihn ab.* Er traut ihm nichts zu, übernimmt allein die Verantwortung, urteilt über ihn, erteilt Ratschläge nach eigenem Gutdünken, ohne den Partner anzuhören, bestimmt nach eigenen Maßstäben, was der andere zu tun hat.
2	Der Seelsorger *nimmt den Partner zwar äußerlich an,* aber er antwortet mechanisch und routiniert, ohne besondere Anteilnahme, ohne nach den Empfindungen und Gefühlen des anderen im Ernst zu fragen.
3	Dem Seelsorger liegt etwas am Partner, er möchte ihm helfen, er fühlt sich *für ihn* verantwortlich. Seine Sorge hat jedoch einen *besitzergreifenden, verpflichtenden* Unterton, sie zwingt den Partner zu falscher Rücksichtnahme auf den Seelsorger und engt ihn dadurch ein.
4	Der Seelsorger nimmt tiefen Anteil am Leben und Ergehen des Partners. Er fühlt sich nicht nur für den Partner verantwortlich, sondern auch *dem* Partner: Er respektiert die Entscheidungen des Partners. Der Partner verliert die Wertschätzung des Seelsorgers nicht, wenn er eigene Wege geht. *Jedoch läßt die Wertschätzung und Zuwendung des Seelsorgers etwas nach,* wenn der Partner dem Seelsorger unerwünschte Richtungen bevorzugt oder ihn durch Rückschläge enttäuscht.
5	Der Seelsorger achtet den Partner als freie Person, respektiert Abwehr, erträgt Rückschritte oder Entscheidungen in eine von ihm selbst bevorzugte Richtung ohne Minderung der Zuwendung. Er macht *die Zuwendung nicht von Bedingungen abhängig.* Er nimmt Anteil an den Freuden und Erfolgen wie an den Rückschlägen und Enttäuschungen des Partners. Er nimmt den Partner so an, wie er ist.

Abb. 32: Skala zur Beurteilung des Merkmals »Positive Wertschätzung und emotionale Wärme«

thie bedeutet, zeitweilig das Leben dieser Person zu leben; sich vorsichtig darin zu bewegen, ohne vorschnell Urteile zu fällen; Bedeutungen zu erahnen, deren sie selbst kaum gewahr wird; nicht aber, Gefühle aufzudecken versuchen, deren sich die Person gar nicht bewußt ist, dies wäre zu bedrohlich. Sie schließt ein, daß man die eigenen Empfindungen über die Welt dieser Person mitteilt, da man mit frischen und furchtlosen Augen auf Dinge blickt, vor denen sie sich fürchtet. Sie bedeutet schließlich, die Genauigkeit eigener Empfindungen mit der anderen Person zusammen zu überprüfen und sich von ihren Reaktionen leiten zu lassen. Der Therapeut ist für die Person der vertraute Begleiter in ihrer inneren Welt, indem er sie auf die möglichen Bedeutungen in ihrem Erlebnisfluß hinweist, hilft er ihr, sich auf einen Bezugspunkt zu konzentrieren, die Bedeutungen stärker zu erleben und im Erleben selbst Fortschritte zu machen.«[321]

Empathie umfaßt, wenn man *Rogers'* Definition genauer aufschlüsselt, einen recht vielfältigen Vorgang. Keinesfalls ist damit gemeint, die inhaltlichen Äußerungen des Gesprächspartners echohaft zu wiederholen. Einem Bekannten, der erzählt, daß er morgen eine Prüfung zu bestehen habe, wird man nicht antworten: »So, morgen hast du eine Prüfung.« Vielmehr wird man mindestens »einfühlend« sein Gefühl im Hinblick auf die Prüfung ansprechen oder zu erkunden versuchen: »Hast du Angst davor? Hängt für dich sehr viel vom Bestehen dieser Prüfung ab?« Man wird im alltäglichen, noch mehr im therapeutischen Gespräch die *Bedeutung*, die der betreffende Sachverhalt für den Gesprächspartner hat, mit seiner Aufmerksamkeit anpeilen. Der Begriff »Bedeutung« trifft den Fokus der Aufmerksamkeit besser als etwa »Gefühl« oder »emotionaler Erlebnisinhalt«. In »Bedeutung« ist stärker enthalten, wie der Gesprächspartner den Sachverhalt sieht – also auch ein kognitiv-deutender Aspekt –, auch mit welchen Gefühlen und Affekten er einhergeht und darüber hinaus: welche Erinnerungen, Geschichten sich dazu einstellen, welche Personen einem in den Sinn kommen.

Die Aufmerksamkeit des Therapeuten oder Seelsorgers richtet sich folglich nicht nur auf die Fakten, die der Klient mitteilt, auch nicht nur auf die Emotionen allein, sondern er versucht dessen gesamtes *subjektives Erleben* im Zusammenhang seiner Äußerung in Blick zu bekommen und differenziert wahrzunehmen.

Nach *Rogers* kommt es bei solchem »accurate empathic understanding«[322] entscheidend darauf an, daß der Helfer mit den wechselnden Bedeutungen, die sich beim Ratsuchenden im Laufe eines Gesprächs einstellen, akzeptierend, ohne Ablehnung und Abwehr, mitgeht, mit Freude und Zuversicht ebenso wie mit Enttäuschung, Traurigkeit, Furcht, Wut oder Ärger. Das ausgedrückte Gefühl anzuerkennen sei für den Berater etwas vom Schwierigsten.

Indem der Helfer Bedeutungen und Gefühle zuläßt und anspricht, deren sich der Gesprächspartner schämt oder ängstigt, bahnt er dem anderen den Weg zurück und zugleich nach vorne. Vieles hängt deshalb davon ab, wie der Berater die beim anderen wahrgenommenen Empfindungen und Bedeutungen zur Sprache bringt, ob aggressiv-aufdeckend oder taktvoll-annehmend.

Bei seinen Mitteilungen an den Gesprächspartner ist der Helfer keineswegs von der Grundhaltung der Echtheit dispensiert. Er steht folglich auch

[321] *C. R. Rogers*, Empathie – eine unterschätzte Seinsweise, 79.
[322] *C. R. Rogers*, The therapeutic relationship: Recent theory and research, zit. nach: *R. Tausch*, Gesprächspsychotherapie, 79.

in der Verpflichtung, angemessen auszudrücken, was sich bei ihm selbst an Empfindungen über die Welt des Klienten einstellt. Er weist damit den anderen auf mögliche Bedeutungen in dessen Erlebnisfluß hin, die er bisher nicht so empfunden hat, und bringt damit dessen Prozeß des Selbsterlebens voran. Empathie, wie sie die neuere Gesprächspsychotherapie versteht, fordert demnach den *Berater in seinem individuellen Empfinden* und ist alles andere als roboterhaftes Verbalisieren, wie es manchmal fälschlich aufgefaßt wurde. Das hat zur Konsequenz, daß es nicht die einzig richtige therapeutische Antwort oder Verbalisierung auf eine Äußerung eines Gesprächspartners geben kann. Es hängt sehr wesentlich vom subjektiven Erleben des Therapeuten, von dem, was in diesem Moment an ihm an Empfindung da ist, ab, wie die »echte« Verbalisierung zu lauten hat. Man kann darum auch nicht einfachhin in publizierten »Modellgesprächen« lernen, wie man optimal »einfühlt«, allenfalls ist hier das formale Prinzip von Empathie studierbar, wo der Therapeut versucht, sowohl für einen Augenblick »das Leben des anderen zu leben« und zugleich eigenständige, selbst-bewußte Person zu bleiben.[323]

Dieses Element der Echtheit in der Empathie beantwortet auch die von Seelsorgern häufig gestellte Anfrage an gesprächspsychotherapeutisch orientierte Beratung, wie hier der *Glaube* zur Sprache gebracht werden könne. Ohne der ausführlichen Erörterung der Verkündigung im seelsorglichen Gespräch[324] vorzugreifen, läßt sich bereits an dieser Stelle unserer Überlegungen festhalten, daß »der Glaube« im helfenden Dialog immer nur als *Glaube des Helfers oder Seelsorgers*, also persönlich, authentisch, in der »Ich-Form« verkündet werden kann. Er kann zudem immer nur als wirkliche Antwort des Seelsorgers auf die verbale und nonverbale Mitteilung des Gesprächspartners gegeben werden, nicht monologisierend, nicht indoktrinierend oder direktiv-lenkend, sondern person- und situationsbezogen.

Einfühlendes Verstehen ist in *verschiedener Intensität* realisierbar. Eine Schätzskala von *Carkhuff*[325], hier auf seelsorgliche Gespräche übertragen, kann das differenziertere Wahrnehmen der unterschiedlichen Intensitätsgrade oder Stufen erleichtern (Abb. 33).

Hervorzuheben ist die Definition von *Stufe 5*: Die Äußerungen des Seelsorgers drücken das Erleben des Klienten tiefer aus, als er es selbst konnte. Der Seelsorger bietet neue Sprachsymbole, treffendere Bilder an, die das Erleben des Gesprächspartners voranbringen. Mechanisches »Spiegeln«

[323] Sehr gut kommt diese bipolare Verortung des Helfers in einem der von *H. v. d. Geest* gesammelten »Beispiele gelungener Seelsorge« zum Ausdruck. Therapeutischer Dialog und innere Erlebniswelt der Seelsorger werden in dem Gesprächsprotokoll »Ein Herzinfarkt – Behutsamer Umgang« in vorbildlicher Weise offengelegt. Vgl. *H. v. d. Geest*, Unter vier Augen, 39–45.

[324] Speziell mit Verkündigung in gesprächstherapeutisch orientierter Seelsorge befaßt sich: *H. Lemke*, Verkündigung in der annehmenden Seelsorge.

[325] Carkhuff, zit. nach: *R. Tausch*, Gesprächspsychotherapie, 296.

1	Die Äußerungen des Seelsorgers befassen sich entweder nicht mit den verbalen oder nicht-verbalen Äußerungen des Gesprächspartners oder reduzieren sich deutlich, indem sie bedeutsam weniger Gefühlsinhalte kommunizieren, als dieser selbst äußerte. Der Seelsorger zeigt nicht einmal, daß ihm die offen ausgedrückten Oberflächengefühle des Partners bewußt sind. Er mag gelangweilt oder uninteressiert sein, oder er geht von einem vorgefaßten Bezugspunkt aus, der den des Partners völlig ausschließt.
2	Der Seelsorger geht zwar auf die vom Gesprächspartner geäußerten Gefühlsinhalte ein, aber er läßt bemerkenswerte Affekte außer acht, die der Partner kommuniziert. Der Seelsorger mag einiges Bewußtsein der augenscheinlichen Oberflächengefühle des Partners zeigen; aber seine Äußerungen setzen das affektive Niveau herab und verzerren die Bedeutung. Er mag seine eigenen Vorstellungen mitteilen, die jedoch nicht mit dem übereinstimmen, was der Partner äußert.
3	Die Äußerungen, mit denen der Seelsorger auf die von Klienten geäußerten Gefühlsinhalte eingeht, sind im wesentlichen austauschbar mit den Äußerungen des Gesprächspartners, da sie im wesentlichen dieselben Affekte und Bedeutungen ausdrücken. Der Seelsorger mag mit treffendem Verständnis auf die Oberflächengefühle des Partners eingehen, aber er geht nicht auf die tieferen Gefühle ein, oder er mißversteht sie.
4	Die Äußerungen des Seelsorgers tragen sichtbar zu dem bei, was der Gesprächspartner sagt, indem sie gefühlsmäßige Erlebnisinhalte tiefer ausdrücken, als der Gesprächspartner selbst es konnte. Der Psychotherapeut kommuniziert sein Verständnis der Äußerungen des Gesprächspartners auf einem tieferen Niveau und befähigt damit den Partner, Gefühle zu erfahren und/oder auszudrücken, die er vorher nicht ausdrücken konnte.
5	Die Äußerungen des Seelsorgers bereichern bedeutsam die Gefühle und die Bedeutungen der Äußerungen des Gesprächspartners, 1. indem sie die Gefühlsinhalte tiefer ausdrücken, als der Partner selbst es konnte, oder 2. indem sie im Falle fortschreitend tiefer Selbstexploration des Gesprächspartners vollständig mit ihm gehen in dessen tiefsten Augenblick. Der Seelsorger geht mit Genauigkeit auf alle tieferen sowie oberflächlicheren Gefühle des Gesprächspartners ein. Er ist »zusammen« mit dem Gesprächspartner oder »auf seiner Wellenlänge«. Seelsorger und Gesprächspartner können dazu übergehen, bisher unerforschte Bereiche menschlicher Existenz zu erforschen.

Abb. 33: Skala zur Einschätzung von Einfühlung

gilt demnach als Kunstfehler. Das Bemühen um akkurate, »tiefere« Benennungen des Erlebten kennt allerdings auch Gefahren. Der Partner kann sich verbessert und damit abgewertet fühlen, er kann unter Umständen das Gefühl bekommen, es werde ihm etwas unterstellt an Emotionen oder Anschauungen, die er so bei sich nicht erlebt. Dies ist vor allem dann der Fall, wenn der Helfer Gefühle aufzudecken versucht, deren sich der Partner noch gar nicht bewußt ist.

Nach *Barrett-Lennard*[326] können auch Personen, die sich wirklich verstanden fühlen, folgende Feststellungen bestätigen:
- Der Seelsorger sucht zu verstehen, wie ich die Dinge sehe.
- Er weiß fast immer ziemlich genau, was ich meine.
- Gewöhnlich spürt oder erkennt er, was ich fühle.
- Er versteht oft, was ich meine, auch wenn ich Schwierigkeiten habe, es auszudrücken.
- Er versteht gewöhnlich alles, was ich meine.
- Er erfaßt ganz genau, was die Dinge, die ich erlebe, für mich bedeuten.
- Wenn ich gefühlsmäßig betroffen bin oder erregt oder verwirrt, so kann er meine Gefühle genau erkennen, ohne selbst aus dem Gleichgewicht zu geraten.

Wenn die Gesprächspartner sich nicht verstanden fühlen, dann werden sie hingegen folgenden Beschreibungen zustimmen:
- Er mag zwar meine Worte verstehen, aber er versteht nicht die Art und Weise, wie ich fühle.
- Er betrachtet das, was ich sage, von seinem Gesichtspunkt aus.
- Seine eigenen Einstellungen zu einigen Dingen, die ich sage oder tue, hindern ihn, mich zu verstehen.
- Manchmal denkt er, daß ich auf bestimmte Art und Weise fühle, weil das seine Art zu fühlen ist.
- Vieles von dem, was ich denke oder fühle, bemerkt er nicht.
- Manchmal glaubt er, daß ich in einer bestimmten Angelegenheit sehr viel stärker empfinde, als ich es tatsächlich tue.
- Er bemerkt nicht, wie sehr ich gefühlsmäßig an Dingen beteiligt bin, über die wir sprechen.
- Seine Äußerungen sind oft so schablonenhaft starr, daß ich in keinen tieferen Kontakt zu ihm kommen kann.

Rogers betont, daß gerade das empathische Einfühlen in bestimmten Situationen besonders verlangt ist, weil es hilft und tröstet: »Es gibt nach meiner Erfahrung nach Situationen, in denen Empathie – einfühlendes Mitgehen mit dem anderen – den höchsten Vorrang hat. Wenn der andere verletzt, verwirrt, beunruhigt, ängstlich, entfremdet, verstört ist; oder wenn er oder sie an seinem/ihrem Wert zweifelt, über seine/ihre Identität unsicher ist, dann ist Verstehen gefordert. Die sanfte und sensible Gesellschaft der Haltung eines einfühlenden Gegenübers – natürlich begleitet von den beiden anderen Haltungen – schafft Erhellung und Heilung.«[327]

[326] Zit. nach: *R. Tausch*, Gesprächspsychotherapie, 84f. – Vgl. auch: *J. Schwermer*, Psychologische Hilfen für das Seelsorgegespräch, 17.
[327] *C. R. Rogers*, Eine neue Definition von Einfühlung, 48.

(5) Selbsterleben – Der ausgelöste Prozeß

Im Gesprächspartner wird, falls es dem Helfer gelingt, die Trias von Echtheit, Wertschätzung und Einfühlung zu realisieren, eine Reihe von Prozessen und Effekten ausgelöst. Was die allgemeine Lebenserfahrung vermuten läßt, bestätigt auch die gesprächspsychotherapeutische Forschung: Wer einen Partner erlebt, der ihm aktiv zuhört, der sich bemüht, einen zu begreifen und dies nicht nur vorspielt, der einen mit seinem bemühten Zuhören und Rückfragen sanft, aber unnachgiebig mit sich selbst konfrontiert, der findet Wege aus der Krise, und mit ihm geschieht *seelisches Wachstum* in vielfacher Hinsicht:

(1) Durch die annehmende Grundhaltung des Helfers wird eine Reihe von *Lernprozessen*[328] beim Gesprächspartner in Gang gebracht. Er lernt z. B. über Themen zu sprechen, die bei ihm angstbesetzt sind. Und indem er dies in der angstfreien Atmosphäre der helfenden Beziehung tut, kommt es, lernpsychologisch gesehen, zu einer Desensibilisierung von Ängsten. Der Gesprächspartner lernt darüber hinaus durch Beobachtung am Modell »Berater«, wie man seine innere Welt, einschließlich dessen, was man am liebsten wegschieben möchte, anschauen, zulassen und zur Sprache bringen kann. Auch erwirbt er sich in der Lernsituation der Beratung zunehmend die Fähigkeit zu unterscheiden, wo das Problem genauer liegt, welche konkreten Auslöser Angst erzeugen, oder was er eigentlich erreichen will und was nicht.

(2) Empirische Ergebnisse[329] der gesprächspsychotherapeutischen Forschung berichten von weiteren Wirkungen beim Gesprächspartner, wenn ihm beim Helfer Echtheit, Wertschätzung und Einfühlung begegnen:

- Seine *Verteidigungshaltung* nimmt zusehens ab,
- er äußert sich mehr über *gegenwärtige* als über vergangene *Erlebnisinhalte*,
- er beschäftigt sich *gefühlsintensiver* mit seinen Bezugspersonen.

Bereits diese wenigen Fakten verweisen in die von *Rogers* anvisierte Richtung, daß durch die triadische therapeutische Grundhaltung des Helfers das reale und gestörte Selbstkonzept des Ratsuchenden sich immer mehr auf ein *ideales bzw. »normales« Selbst* hin entwickelt.

(3) Im Einklang mit den psychotherapeutischen Forschungsergebnissen scheint Gesprächspsychotherapie vor allem *Selbstachtung* und *Selbstannahme* zu fördern. Indem der Berater das große Bedürfnis nach Zuwendung

[328] Vgl. *J. Helm*, Wirkungsbedingungen im psychotherapeutischen Gespräch, 61 ff. – *Ders.*, Gesprächspsychotherapie, 43 ff. – *D. G. Martin*, Learning-based client-centered therapy, dt.: Gesprächspsychotherapie als Lernprozeß. – *J. Schwermer*, Das helfende Gespräch in der Seelsorge, 45–51. – *H. Benesch*, dtv-Wörterbuch zur Klinischen Psychologie, Bd. 1, 235 f.

[329] Vgl. dazu den Überblick in: *H. Benesch*, dtv-Wörterbuch zur Klinischen Psychologie, Bd. 1, 234–236.

und Nähe, das leidende Menschen angesichts ihrer Angst, ihrer Konflikte, ihrer Minderwertigkeits- und Schuldgefühle erleben, befriedigt, gleicht er ihr großes Defizit an Selbstachtung aus. Er lädt den Gesprächspartner mit seiner zugewandten Grundhaltung zu der Selbstinstruktion ein: Wenn mich der Berater oder Seelsorger akzeptiert, so wie ich bin, dann darf ich mich genauso auch selbst akzeptieren! Wenn solche Selbstakzeptanz sich Bahn gebrochen hat, dann müssen auch Fehler, Schwächen oder Ängste nicht mehr abgewehrt, sondern sie können zur eigenen Person gehörig wahrgenommen und ausgehalten werden. Wachsende Selbstannahme geht, nach Auskunft der Gesprächspsychotherapie, einher mit einem Zugewinn an Selbständigkeit. Es kommt, gefördert durch die freundlich-optimistische und zutrauende Einstellung des Helfers, zu einer Rückbesinnung auf die eigenen Möglichkeiten. Der Gesprächspartner ist mehr als vor der Therapie selbst um die Lösung seiner Probleme bemüht. Er zeigt insgesamt ein größeres *Selbstvertrauen*.[330] Die genannten Wirkungen stellen sich weder in unüberbietbarer Vollständigkeit noch sofort oder völlig überraschend ein. Es hat sich in der Praxis der Gesprächspsychotherapie eine durchschnittliche Anzahl von sechs bis fünfundzwanzig Gesprächen von jeweils 45 Minuten Dauer, bei einem Gespräch pro Woche, als Bedingung herauskristallisiert, um merkliche positive Veränderungen bei einem Klienten nachweisen zu können.[331]

(4) Ein wichtiges Indiz für den Therapeuten, ob der anvisierte Beratungserfolg eintritt, ist dabei die als *Prozeßvariable »Selbstexploration« und* (teilweise identisch) *»Selbsterleben«* (»experiencing«) bezeichnete Aktivität des Gesprächspartners.[332] Selbstexploration bedeutet, »daß der Klient über sich selbst, besonders über seine spezifisch persönlichen inneren Erlebnisse spricht, sich über sie klarer wird oder, daß er sich wenigstens deutlich um Klärung bemüht.«[333] Der Gesprächspartner erkundet dabei seine innere subjektive Welt, seine Wahrnehmungen, Reaktionen, Einstellungen, Ziele, Wünsche, Hoffnungen und Befürchtungen. Er bewegt sich in dieser Welt wie ein Forscher, der neue Wege durch bekanntes und unbekanntes Gelände sucht. Solche »Selbstexploration führt zu neuen Einsichten. Man entdeckt unbewußte Ängste, verborgene Absichten, längst vollzogene Entscheidungen oder auch unbegründete Hemmungen und neue Möglichkeiten.«[334]

Eine Skala[335] verdeutlicht die verschiedenen *Stufen der Selbstexploration*. Überdies kann sie als grobes Instrument dienen, mit dem der Seel-

[330] Vgl. *R. Tausch*, Gesprächspsychotherapie, 269.
[331] *H. Benesch*, dtv-Wörterbuch zur Klinischen Psychologie, Bd. 1, 236.
[332] Vgl. *R. Tausch*, Gesprächspsychotherapie, 235ff.
[333] Ebd. 243.
[334] *J. Schwermer*, Psychologische Hilfen für das Seelsorgegespräch, 26.
[335] Vgl. *R. Tausch*, Gesprächspsychotherapie, 288.

1	Der Gesprächspartner spricht nicht über persönliche Inhalte, entweder weil er keine Gelegenheit dazu hat, oder weil er aktiv das Gespräch darüber vermeidet, auch wenn ihm das vom Berater nahegelegt wird. Er vermeidet z. B. jede Selbstbeschreibung, Selbstexploration oder direkte Äußerung von Gefühlen, die ihn dazu bringen könnten, sich selbst gegenüber dem Berater zu öffnen.
2	Der Gesprächspartner geht auf die persönlich bedeutsamen Inhalte ein, die der Berater ihm zuführt, aber er macht es nur mechanisch und ohne wirkliche Gefühle zu zeigen; z. B. spricht er nur über die Inhalte, ohne den Versuch zu machen, näher und tiefer auf die Bedeutung der Inhalte einzugehen, oder ohne das Bemühen, damit verbundene Gefühle zu offenbaren.
3	Der Gesprächspartner bringt das Gespräch von sich aus auf persönlich bedeutsame Inhalte, aber er macht es mechanisch und ohne den Ausdruck echter Gefühle; z. B. wirken die Art und gefühlsmäßige Ferne, mit der der Gesprächspartner über seine Gefühle spricht, wie ein mechanisches Hersagen.
4	Der Gesprächspartner führt das Gespräch auf persönlich bedeutsame Inhalte mit Spontaneität und gefühlsmäßiger Nähe; z. B. entsprechen die Stimmqualität und andere Merkmale des Gesprächspartners dem von ihm geäußerten Gefühl.
5	Der Gesprächspartner ist deutlich aktiv und spontan bemüht, neue Gefühle zu erfahren und Erfahrungen über sich und seine Umwelt zu machen; z. B. sucht er nach neuen Gefühlen und Erfahrungen, die ihn selbst und seine Umwelt betreffen, auch wenn er es zur Zeit vielleicht angstvoll und versuchsweise tut.

Abb. 34: Skala zur Einschätzung von Selbstexploration

sorger einigermaßen abschätzen kann, ob sein Gesprächspartner im Prozeß und damit in der Veränderung seines Selbstkonzepts Fortschritte macht.

Ein hohes Maß an Selbstexploration und »Experiencing« zeigt sich folglich im lebendigen Erforschen der je subjektiven Bedeutung von Erlebnissen. Wie *Gendlin* [336] mit der von ihm entwickelten *»Focusing«-Methode* ausführt, kann der Prozeß des Selbsterlebens noch stärker forciert und in die Hand des Klienten gelegt werden. Mittels bestimmter (Selbst-) Instruktionen soll der Klient sich bewußt auf die emotionale Bedeutung seiner Probleme einlassen und »alles, was kommt, willkommen«[337] heißen. Lernpsychologisch handelt es sich hier um eine spezielle Form der Desensibilisie-

[336] *E. T. Gendlin*, Focusing.
[337] Ebd. 153.

rung von Problemen. Mit dem Focusing rückt die Gesprächspsychotherapie, ähnlich wie Untersuchungen zu ihren Lerneffekten, in eine gewisse Nähe zur Verhaltenstherapie.

(6) Kritische Anfragen

Die Gesprächspsychotherapie nach *Carl R. Rogers* ist aus den Methoden des Helfens, aus denen Psychotherapeuten, Heilpädagogen, Ärzte und Seelsorger schöpfen, nicht mehr wegzudenken. In vielen Einrichtungen, in denen beraten wird – unsere pluralistische Gesellschaft erzeugt bekanntlich einen erhöhten Beratungsbedarf –, wird ganz selbstverständlich auf die Klientenzentrierte Gesprächspsychotherapie zurückgegriffen. Beratung ist im Verständnis der helfenden Berufe weithin deckungsgleich geworden mit der Realisierung der Basishaltungen Echtheit, Wertschätzung und Einfühlung. Insbesondere das gesprächspsychotherapeutische Postulat von der recht verstandenen nondirektiven Vorgehensweise hat einen manipulativ-lenkenden Beratungsstil in seiner Wirksamkeit und ethischen Zulässigkeit in Frage gestellt. Das direktive Beratungskonzept wurde so in seiner naiven Handlungstheorie, daß in erster Linie Information und der Imperativ hilfreiche Interventionen wären, entscheidend korrigiert. Zweifellos hat damit die Gesprächspsychotherapie wie kaum eine andere Psychotherapieform den Beratungsbegriff und die Beratungsmethode der modernen sozialen Berufe geprägt.

Nun ist allerdings nicht zu übersehen, daß die Gesprächspsychotherapie, wie sie von *Rogers* entwickelt und wie sie sich in bald fünf Jahrzehnten ausformte, Positionen aufweist, die kritisch anzufragen, ja vom Standpunkt des Seelsorgers aus kaum akzeptierbar sind. Kritik an der Gesprächspsychotherapie, wie sie im Folgenden geübt wird, soll freilich nicht in der Weise mißverstanden werden, als solle hier diese Methode des Heilens aus Theorie und Praxis der Pastoral apologetisch ausgegrenzt werden. Durch Kritisierbares an der Gesprächspsychotherapie und an Psychotherapie überhaupt sollte sich kein Seelsorger und Theologe vorschnell legitimiert fühlen, um *Rogers*, *Freud u. a.* einen großen Bogen zu machen und den eigenen, eingefahrenen Seelsorgsstil unreflektiert und unkorrigiert weiterzubetreiben. Einwände gegen die Gesprächspsychotherapie wollen nicht den Zugang zu ihr verbauen, sondern im Gegenteil Wege auskundschaften, auf denen sich Seelsorge und Gesprächspsychotherapie begegnen können. Unsere kritischen Anfragen an *Rogers* konzentrieren sich auf zwei Punkte:

- Wird die Theoriebildung der Gesprächspsychotherapie dem Kanon empirisch-wissenschaftlicher Psychologie gerecht?
- Unterliegt das Menschenbild der Gesprächspsychotherapie, entgegen der ganzheitlichen Programmatik, nicht doch wieder einem anthropologischen Reduktionismus?

Ausgeklammert, weil z. T. bereits im Zusammenhang mit der gesprächspsychotherapeutischen Methode angesprochen, bleiben folglich mögliche Anfragen bezüglich Indikation und Effektivität[338] der Gesprächspsychotherapie.

1. Verengte Theoriebildung?

Rogers bekennt sich in der Therapieforschung zu einem *empirisch-nomothetischen* Wissenschaftsbegriff. Um Psychotherapie auf eine der experimentellen Forschung zugängliche Basis zu stellen und um Rechenschaft über die Wirksamkeit bestimmter Therapeutenvariablen geben zu können, führte er als erster das Tonbandprotokoll in die Psychotherapie ein. Auch wenn er damit ein bis dahin geltendes Tabu brach, machte er Psychotherapie objektiver Nachprüfung zugänglich.[339]

Die *empirische Validierung*, die *Rogers* verdienstvollerweise in der Therapieforschung praktiziert, vermißt der kritische Betrachter dagegen bei den übrigen Elementen seines Theoriegebäudes. Vor allem die von ihm vorgelegte Persönlichkeitstheorie entbehrt beinahe jeglicher empirischer Begründung. Begriffe wie »Selbstkonzept« und »Aktualisierungstendenz«, zentrale Theoreme wie die »Dissoziation« von Selbst und Realität, erweisen sich als behauptete, empirisch nicht abgesicherte Konstrukte.[340] Der Verzicht auf experimentell-empirische Begründung gerade im Bereich der Persönlichkeitstheorie trägt zu einer gewissen *Inkonsistenz* des gesamten Gebäudes der Gesprächspsychotherapie bei.

Kritiker halten *Rogers* nicht nur vor, daß er wichtige Elemente seines Konzepts ohne entsprechende wissenschaftliche Methodik formuliere, sondern auch eine Reihe von validierten Ergebnissen der experimentellen

[338] Verschiedene Autoren geben folgende Störbereiche an, wo Gesprächstherapie wirksam eingesetzt werden kann:
- Allgemeine Unsicherheit
- psychosomatische Beschwerden
- allgemeine Ängste
- soziale Kontaktstörungen
- sexuelle Schwierigkeiten
- Schwierigkeiten im Beruf
- familiäre Probleme.

Ausdrücklich gewarnt bzw. auf begrenzte Tauglichkeit aufmerksam gemacht wird lediglich für Personen mit
- Psychosen
- endogenen Depressionen
- schwerer Drogensucht
- chronischem Alkoholismus.

Vgl. *H. Benesch*, dtv-Wörterbuch zur Klinischen Psychologie, Bd. 1, 236.

[339] Vgl. *C. R. Rogers*, Counseling und Psychotherapy, dt.: Die nicht-direktive Beratung.

[340] Vgl. z. B. die Kritik von: *D. H. Ford/H.B. Urban*, Systems of Psychotherapy. – *H. Bommert*, Grundlagen der Gesprächspsychotherapie. – *J. Howe/W.-R. Minsel*, Gesprächspsychotherapie, Bd. 1, 379f.

Psychologie, die sein Theoriegebäude betreffen, fast vollständig ausklammere.[341] So wird der in seiner Persönlichkeitspsychologie zentrale Begriff der *Wahrnehmung*, einschließlich ihrer je subjektiven Kodierung, weitgehend an der modernen Wahrnehmungspsychologie, der Neurophysiologie und der Sozialpsychologie mit ihrer »social-perception«-Forschung, vorbeientwickelt.

Ins Gewicht fällt die Abstinenz der frühen Gesprächspsychotherapie gegenüber den wissenschaftlichen Forschungsergebnissen besonders bei der Beschreibung der *Entwicklung des Individuums* als Wesen mit durch und durch konstruktiver Tendenz von allem Anfang an. Ähnlich wie ein »Pflänzchen«[342], das unter günstigen Bedingungen und bei richtiger Pflege seine Wachstumskräfte entfalte, wird die menschliche Entwicklung gesehen: primär Ausfaltung dessen, was von Beginn an in nuce schon da ist. Es liegt in der Logik einer solchen *entwicklungspsychologischen Präformationstheorie*, daß Erziehung und Sozialisation ausschließlich als Freilegung des Vorhandenen und als Einstimmen auf den Prozeß der Selbstentfaltung des Kindes aufzufassen sind. Entgegen solcher Verabsolutierung der Anlage betont die neuere Entwicklungsdiskussion, angeregt bereits durch *William Stern*, neuerdings bestätigt durch *Sandra Scarr*[343], das Zusammenwirken von endogenen, exogenen und autogenen Entwicklungskräften mit entsprechenden erzieherischen Konsequenzen.

2. Der Mensch als »Selbst-Erlöser«?

Es gilt das humanistische Menschenbild der Gesprächspsychotherapie kritisch zu prüfen. Denn so berechtigt das Anliegen der Humanistischen Psychologie war, die an Behaviorismus und Psychoanalyse konstatierte Reduktion der Person zu überwinden, so fragwürdig erscheint, ob ihr dies in Form der Gesprächspsychotherapie tatsächlich gelungen ist.[344]

Die Kritik setzt vor allem an der Betonung der *Individualität* und des subjektiven Erlebens der Person ein. *C.F. Graumann*[345] hält der Gesprächstherapie vor, daß »die emphatische Betonung der individuellen Persönlichkeit und ihres subjektiven Erlebens, weniger ihres Handelns ... und, was noch schwerer wiegt, die Vernachlässigung ihrer Umwelt ... das Individuum in eine Isolation (drängen)«. Nun kam es *Rogers* gerade darauf an, die in den Augen der Behavioristen »black box« der menschlichen Psyche auszuleuchten, weil der Mensch unendlich viel reicher, komplexer, aber auch

[341] Vgl. *D. H. Fort/H.B. Urban*, Systems of Psychotherapy.
[342] Vgl. *E. Kwiatkowski*, Psychotherapie als subjektiver Prozeß, 26.
[343] *S. S. Scarr*, Individuelle Erfahrungsunterschiede: Anlage- und Umwelteinwirkungen auf die Entwicklung des Kindes.
[344] Vgl. *E. Kwiatkowski*, Psychotherapie als subjektiver Prozeß, 27f.
[345] *C.F. Graumann*, Psychologie – humanistisch oder human?, 44.

selbst-bewußter sei, als es die Theorien des Konditionierens und die psychoanalytische Trieblehre nahelegen. Seine Anthropologie möchte den Blick auf die reichhaltige subjektive Erlebniswelt lenken und die Individualität und Originalität solchen Erlebens gegen die Kollektivtendenzen verteidigen.

Nicht wenige Kritiker[346] meinen jedoch, daß diese Betonung der individuellen Innenseite des psychischen Lebens bei *Rogers* die Gestalt eines *gefährlich-utopischen Individualismus und egozentrischen Subjektivismus* annehme, wie man an verschiedenen Aspekten seiner Theorie ablesen könne:

- Als Ziel gesprächstherapeutischer Behandlung werde von *Rogers* die »fully functioning person« oder die »effective person«, charakterisiert als kräftiges, gesundes, reifes, autonomes, einzigartiges, sich selbst verwirklichendes Individuum gesehen. Bei solcher Zielsetzung bleibe die soziale Einbindung der Person und damit die Verwirklichung der jeweiligen Bezugspersonen des einzelnen außer Betracht.
- Als Therapeutikum zum anvisierten individualistischen Ziel biete die Gesprächstherapie wiederum nur das jeweilige individuelle Selbst des einzelnen an. Der Klient würde dadurch beständig vor sein inneres Erleben hingeführt, somit präsentiere man ihm zur Lösung aller Probleme immer wieder nur das je eigene Selbst. Es läge nahe, im Zusammenhang der Gesprächstherapie folglich von einer Selbst-Erlösungs-Ideologie zu sprechen.[347]
- Die in der Gesprächspsychotherapie implizit propagierte Selbsterlösung nähre unweigerlich eine hypertrophe Aufblähung seiner selbst: Das Ich oder Selbst des Klienten gerate in die Gefahr, irrealen Allmachtsphantasien zu erliegen. Es hege dann die trügerische Illusion, alles Leid, jede Grenze menschlicher Machbarkeit, jedwede Aporie unserer Existenz ließe sich mittels Selbstexploration aus der Welt schaffen. Somit werde die Unfähigkeit, zu leiden und die Endlichkeit des Lebens zu ertragen, noch verstärkt.
- Der von der Gesprächspsychotherapie propagierte private Blick auf die Ereignisse, das »besinnungslose Verharren im Selbst«[348], kehre alle Ursachenanalyse bei Problemen ins Innere. Real erfahrene Herrschaft würde in Seelen- und Körperbeherrschung kompensiert: Das »Gefühl im Bauch«[349] kultiviere reale Widersprüche lediglich als innerseelische Spannungen. Damit werde der Veränderung realer Verhältnisse der Boden entzogen. Gesprächspsychotherapie erreiche nichts anderes, als das Indi-

[346] Vgl. die Kritik *E. Kwiatkowskis*, Psychotherapie als subjektiver Prozeß, sowie *A. Gilles*, Rogers auf dem pädagogischen Prüfstand.

[347] Vgl. *H. Lemke*, Theologie und Praxis annehmender Seelsorge, 37. – *A. Rotzetter*, Selbstverwirklichung des Christen. – *M. Belok*, Humanistische Psychologie und Katechese, 89.

[348] *R. Winiarski*, Die Kraft des Guten.

[349] *J. Bopp*, Psycho-Kult – kleine Fluchten in die großen Worte, 68.

viduum soweit anzupassen, daß es die zerstörerischen Lebensverhältnisse einer Gesellschaft wieder eine Zeitlang aushalte. Sie fördere somit die »halbierte Person«, die – blind für ihre gesellschaftliche Verflochtenheit – in asozialer Attitude dem privaten Glück hinterherrenne. Nach *Gilles*[350] dränge sich die Behauptung auf, »daß die Klientenzentrierung trotz ihrer impliziten Toleranz und Caritas das autistische Milieu gegenwärtiger Lebensvollzüge nicht überwinden kann, sie führt vielmehr die serielle Strukturierung sozialer Situationen und Kontakte fort, statt die solidarischen Beziehungen zu initiieren, die – um mit Sartre zu sprechen – lebendige Gruppenpraxis bedeuten könnten.«

Einwände dieser Art werden seit Bestehen der Klientenzentrierten Gesprächspsychotherapie gegen sie ins Feld geführt. Die Kritiker müssen sich jedoch fragen lassen, ob sie sich mit der Behauptung, *Rogers*' Therapie und Menschenbild vertrete eine Selbsterlösungsideologie und stehe einer solidarischen »Gruppenpraxis« im Weg, nicht ihre eigene, verzerrte und schiefe humanistische Anthropologie zurechtgezimmert haben, um sie um so vehementer bekämpfen zu können.

Will man zu einem gerechten Urteil kommen, muß man sich das Grundanliegen der Gesprächspsychotherapie vor Augen halten. Ihr Interesse gilt primär und ursprünglich dem seelisch leidenden, ich-schwachen und sich selbst fremd gewordenen Menschen. Die Wiederherstellung seiner beschädigten Ich-Funktionen und die Wiedererlangung seines Selbstwertes und seiner Selbstakzeptanz dürfen ihm nicht mit dem zynischen und reichlich konstruierten Argument vorenthalten werden, daß Ich-Stärke die Gefahr des Egozentrismus enthalte. Mit der gleichen Logik kann man dem Verhungernden die Nahrung verweigern, weil Essen fett macht.

Zudem geschieht, wie die Erfahrung gesprächstherapeutischer Praxis zeigt, der Prozeß der psychischen Selbstfindung keineswegs im autistischen Milieu nach Art einer ausschließlichen Selbsttherapie. Es zieht sich hier keiner an seinen eigenen Haaren aus dem Sumpf. Vielmehr führt der Weg zu sich selbst über den anderen, in diesem Fall über den Therapeuten.

Dieser agiert entgegen simplifizierender Beschreibung nicht einfachhin als abbildender Spiegel, sondern als authentische, eigene Person, die sich selbst in den Dialog einbringt. Indem der Therapeut echt und einfühlend zugleich im Gespräch anwesend ist, nötigt er den Klienten, aus der Versponnenheit in sich selbst herauszutreten und auf den anderen zuzugehen. Der Therapeut erweist sich so als Anwalt von Realität und Sozialität. Gesprächspsychotherapie kann folglich gerechterweise nicht mit dem Etikett der Selbst-Erlösung, sofern man den Akzent auf das *Selbst* legt, versehen werden. Sie ist eine Therapieform, die die sicherlich vorhandenen, aber eben auch begrenzten Selbstheilungskräfte des einzelnen mit dem heilenden

[350] *A. Gilles*, Rogers auf dem pädagogischen Prüfstand, 75.

Potential des psychotherapeutischen Dialogs zusammenbinden will. Der Vorwurf der »Erlösungs«-Ideologie, der unterstellt, Gesprächspsychotherapie nähre, in gefährlicher Täuschung über ihre Möglichkeiten, im Klienten die Illusion, er könne sich hier auf dem Feld der Psychotherapie umfassend gegen alles menschliche Leiden sichern, ist damit freilich nicht ausgeräumt.

Bevor diesem theologisch besonders relevanten Einwand nachgegangen wird, noch eine kurze Anmerkung zu der Behauptung, Gesprächspsychotherapie verhindere »solidarische Gruppenpraxis«, verstanden als politische Veränderung krankmachender Verhältnisse. In solchem Zusammenhang ist auf die historischen Fakten zu verweisen. Mehr als Psychoanalyse und Verhaltenstherapie entwickelte die Gesprächspsychotherapie eine Sensibilität für inhumane Lebensumstände und destruktive Beziehungsformen. Die von *Rogers* mitinitiierte Encounterbewegung war durchaus als *lebendige politische Gruppenpraxis* gedacht, die lebensförderliche Milieus schaffen sollte. Daß das nicht im erwünschten Maß gelang, ja daß letztlich das Konzept der Gesprächspsychotherapie selbst darin Schaden nahm, darf im Rahmen dieser kritischen Anmerkungen nicht unerwähnt bleiben.

3. Psychotherapeutisches Heilmittel oder religiöse Heilslehre?

Spätestens mit der Encounterbewegung meldete die Klientenzentrierte Gesprächspsychotherapie den Anspruch an, sie sei »auf alle Bereiche zwischenmenschlicher Beziehungen anwendbar..., in denen das gesunde psychologische Wachstum als Individuum angestrebt wird«.[351] So wie der Therapeut in der Beratung, so sollte und könnte sich jeder seinen Mitmenschen gegenüber verhalten: hilfsbereit, einfühlend, wohlwollend, eindeutig. Psychotherapie, so die Botschaft, sollte zum *Allgemeingut*, zur Gewohnheit vieler werden. Das Feld der Anwendung schien unbegrenzt. Psychotherapie sollte sich im Alltag ereignen, im Kinderzimmer ebenso wie in der Schulklasse, in der Kirchengemeinde, im Krankenhaus, in der Strafanstalt und in der Weltpolitik. *Rogers* verschob damit die Grenze zwischen spezieller Psychotherapie und alltäglichen Lebensfeldern ganz entscheidend. Es ist gewiß eines seiner Verdienste, Psychotherapie aus einem geheimnisvollen Hinterzimmer an das Licht der Öffentlichkeit geholt zu haben. Es zeigt sich jedoch, daß Psychotherapie als öffentliches Ereignis nicht schadlos zu institutionalisieren war.

Zum einen gelangte solch öffentlich veranstaltete Psychotherapie nicht über das *Ghetto der Subkultur* hinaus. Der Imperativ, der dort herrscht: »Zeig deine Gefühle!« oder »Sei spontan!«, kultiviert in erster Linie privates Innenleben und dies in politisch abstinenten Zirkeln und Grüppchen, so

[351] *C. Rogers*, zit. nach: *H. W. Linster*, Gesprächspsychotherapie, 170.

der Eindruck von Kritikern.[352] Zum anderen erschien, soweit ihre Botschaft über die »Psychoszene« hinaus vernehmbar war, die Gesprächspsychotherapie als eine Art »Heilslehre«, ein »Psychokult« mit pseudoreligiösen Ingredienzien. Der Eindruck entstand, da werde jedem jegliche Absolution erteilt: »Du bist von Natur aus gut und sonst nichts!« Der paradiesische Seelenzustand sei nur eine Frage der Selbstexploration, der Friede eine Frage der zwischenmenschlichen Einfühlung. Glück und Heil seien machbar, einzig und allein in der Verfügbarkeit des Menschen. Die Utopie des schuldlosen, ungekränkten, »voll funktionierenden«, sich selbst genügenden Menschen jedoch muß, wo sie im Umfeld von Gesprächspsychotherapie und Encounterbewegung propagiert wird, als inhumane Heils- und Erlösungsideologie bezeichnet werden, die in eklatantem Widerspruch steht zu den menschlich unaufhebbaren Grenzen unserer Existenz.

Hinzu kommt: Die eigentliche Gesprächspsychotherapie nahm selbst *Schaden durch die Vulgarisierung*. Sie erschien vielen Interessenten als eine leicht zu lernende und zu praktizierende Methode, wo doch der Psychotherapeut, so das Mißverständnis, nicht recht viel mehr mitbringen müsse als den Willen, ein guter Mensch zu sein. Gesprächspsychotherapie schien gerade jenen Menschen auf die Seele geschneidert, die im altruistischen Helfen ihre Lebensaufgabe sehen. Und Helfen hat dabei den Beiklang von moralischer Verpflichtung, von Mitleid und Geben in Selbstlosigkeit, gepaart mit der Angst, vom anderen fordern zu müssen. Psychodiagnostisch gesehen, fielen gesprächspsychotherapeutische Prinzipien wie Einfühlung und Nondirektivität allzuoft auf einen depressiven Nährboden. In der gesprächspsychotherapeutischen Beratung wird dann jenes »milde Bad an freundlicher Unverbindlichkeit« inszeniert, in das der Ratsuchende – ergebnislos – eintauchen darf.[353] Die Öffnung der Tore für jedermann hat, so steht zu befürchten, die Gesprächspsychotherapie z. T. verwässert und in den Geruch einer oberflächlichen, immer richtigen, auch von Laien ohne weiteres ausübbaren Therapie gebracht.

Es scheint, daß die Gesprächspsychotherapie heute an einem *Wendepunkt* steht. Sie hat sich zu entscheiden zwischen einer seriösen, nur in besonderer Ausbildung erlernbaren Psychotherapie und einer allgemein menschlichen, für den Alltag gedachten Lebensweisung. Bezieht man mit ein, daß solche Lebensweisung nicht wenige pseudoreligiöse Elemente enthält, so lautet die Alternative für die Gesprächspsychotherapie: Illusionäre Heilslehre oder psychotherapeutisches Heilmittel. Es wäre ihr zu wünschen, sie könnte den Weg zu letzterem wieder stärker beschreiten.

[352] Vgl. *K. M. Michel/T. Spengler* (Hrsg.), Die Therapiegesellschaft (= Kursbuch 82).
[353] Vgl. *E. Jaeggi*, Wir Menschenbummler, 111f.

(7) Pastoral Counseling – Gesprächspsychotherapeutisch orientierte Seelsorge

1. Kennzeichnung

Unter *Pastoral Counseling* wird vor allem jene Form von »partnerzentrierter Seelsorge«[354] verstanden, die in *Carl Rogers* ihren »psychologischen Gewährsmann bzw. Gesprächspartner«[355] erblickt. Sie erwuchs aus der amerikanischen Seelsorgsbewegung, als deren bekannteste Vertreter *Anton T. Boisen, Richard C. Cabot* und *Russel L. Dicks* anzusehen sind. Als ihr Begründer gilt *Seward Hiltner*, der sein seelsorgliches Konzept unter dem gleichnamigen Titel »Pastoral Counseling«[356] publizierte.

Kennzeichnend für *Hiltners Pastoral Counseling*[357] ist der Versuch, empirische Psychotherapie, wie sie in Form der Gesprächstherapie *Carl R. Rogers'* vorlag, mit einer pastoralen Perspektive in Verbindung zu bringen. Es kam ihm darauf an, die klientenzentrierte Methodik, weniger die Auffassung von der Person, zu korrelieren mit einer Seelsorge, die ebenfalls von Echtheit, Empathie und unbedingter Annahme gekennzeichnet ist. In lukanischen Leitbildern fand *Hiltner* jenes Seelsorgsverständnis, an dem er sein »eduktives« Pastoral-Counseling ausgerichtet sehen wollte. Der Beispielerzählung vom Barmherzigen Samariter entnimmt er vor allem das seelsorgliche Prinzip, den anderen zuallererst so anzunehmen, wie er ist. Das Beispiel vom Hirten und dem verlorenen Schaf bringt für ihn zum Ausdruck, daß das Ernstnehmen des einzelnen und die ganzheitliche, liebevolle und bedingungslose Zuwendung zu ihm zentrale Intention evangeliumsgemäßer Seelsorge sind. Das Gleichnis vom verlorenen Sohn schließlich symbolisiert in den Augen *Hiltners* die Erfahrung des Glaubens, daß »Gott bereit ist zu vergeben, eine neue Chance zu geben und auf die Lebensrichtung des Menschen statt auf seine Leistung zu schauen«.[358]

Ohne hier differenziert auf *Hiltners* Ansatz eingehen zu können, lassen diese wenigen Hinweise bereits die *Problematik gesprächspsychotherapeutisch orientierter Seelsorge* erahnen. So erhebt *Howard Clinebell*[359] den Einwand, daß die für das klinische und psychotherapeutische Gebiet konzipierte Gesprächsform innerhalb der Gemeinde nur in Grenzen anwendbar sei. Sie korrigiere zwar, so derselbe Autor, mit ihrer nondirektiven Vorgehensweise paternalistische Ansprüche manch anderer Seelsorgsauffassung,

[354] *R. Riess* charakterisiert Pastoral Counseling mit diesem Begriff: *R. Riess*, Seelsorge, 186.

[355] *D. Stollberg*, Pastoral Counseling, 379. – Vgl. *ders.*, Therapeutische Seelsorge.

[356] *S. Hiltner*, Pastoral Counseling. – Vgl. zu Geschichte und Profil des Pastoral Counseling u.a.: *D. Stollberg*, Therapeutische Seelsorge. – *R. Riess*, Seelsorge, 186–244. – *H. Pompey*, Das seelsorgliche Gespräch und die Methode des Pastoral Counseling. – *H. Wahl*, Therapeutische Seelsorge als Programm und Praxis.

[357] Vgl. hierzu: *R. Riess*, Seelsorge, 211ff.

[358] *H. Hiltner*, Self-understanding through Psychology and Religion, 33.

[359] *S. H. Clinebell*, Basic Types of Pastoral Counseling, 28ff, 79ff.

doch bestehe die Gefahr der rigiden Anwendung mit der Konsequenz, daß der Seelsorger selbst und seine *Botschaft nicht erkennbar* blieben. *Dietrich Stollberg*[360] gar spricht vom »Fehlen der genuin theologischen Dimension« bei *Hiltner*. *Oden*[361] stützt diese Kritik, wenn er *Hiltner* vorhält, den theologischen Erkenntnisvorgang umzukehren. Er zeichne das Handeln Gottes in Analogie zum Heilungsprozeß einer Psychotherapie. Demgegenüber müsse man theologisch gerade umgekehrt das Annehmen des anderen in der Psychotherapie als Abbild von Gottes unbedingter Zuwendung deuten, denn sonst werde Gott letztlich als bloßes Therapeutikum mißbraucht. Mindestens ebenso schwer wiegt m.E. der Einwand, den *Richard Riess*[362] gegen *Hiltner* vorbringt, daß nämlich mit der Übernahme von *Rogers'* organologischen Begriffen wie Entwicklung, Ganzheit, Wachstum etc. *Hiltner* unter der Hand auch einem organologischen Verstehen des Lebens insgesamt zuneige, für dessen Funktionieren psychotherapeutische und in dieser Richtung funktionalisierte pastorale Techniken anzuwenden seien. Somit bliebe jener *weder psychotherapeutisch noch pastoral aufhebbare Rest* an Nichtheilbarem, Nicht-revidierbarem, alles fragmenthaft und unentfaltet Bleibende, deren Heilung nur wider Erwarten empfangen und eschatologisch erhofft werden kann, von der Überlegung ausgeklammert. »Für Hiltner und die Eduktive Seelsorge ist dieser Horizont, der neue Himmel und die neue Erde, kaum in Sicht.«[363]

Mit *Hiltners* eduktivem »Pastoral Counseling« liegt folglich ein erster, in vielem kritisierbarer Rohentwurf einer pastoralen Rezeption der Gesprächspsychotherapie vor, der gerade auch wegen seiner Problematik die Konzeptualisierung einer »beratenden« und »partnerzentrierten Seelsorge« außerordentlich gefördert hat. Bereits *Johnsons*[364] *»responsives Counseling«* versucht *Hiltners* Engführung in eine mißverständlich nondirektive Seelsorge zu vermeiden, indem es die Ich-Du-Beziehung, den Dialog in Rede und Gegenrede, in Theologie und Praxis der seelsorglichen Beratung stärker hervorhebt.

Über die amerikanische Seelsorgsbewegung faßte die methodisch an der Klientenzentrierten Gesprächspsychotherapie orientierte Seelsorge seit den 60er Jahren in *Europa* Fuß, anfangs vor allem in den Niederlanden[365] und dann auch in der BRD. Die Entwicklung hierzulande wurde besonders durch die Ausbreitung der Gesprächspsychotherapie selbst, die nicht zuletzt den Veröffentlichungen des Hamburger Psychologenehepaars *Reinhard*

360 *D. Stollberg*, Therapeutische Seelsorge, 108.
361 *T.C. Oden*, Contemporary Theology and Psychotherapie, 87.
362 *R. Riess*, Seelsorge, 244.
363 Ebd. 244.
364 *P. E. Johnson*, Psychology of Pastoral Care. – *Ders.*, Person and Counselor.
365 Zu erwähnen ist hier vor allem *H. Faber/E. v.d. Schoot*, Praktikum des seelsorglichen Gesprächs.

und *Annemarie Tausch*[366] zu verdanken ist, vorangebracht. Im Sog der gesprächspsychotherapeutischen Bewegung, wie sie an den psychologischen Instituten und Beratungsstellen einsetzte, natürlich kirchlicherseits mächtig angeregt durch die pastoralen Erneuerungsbemühungen des 2. Vatikanischen Konzils, hielt das Pastoral Counseling seit Beginn der 70er Jahre auch Einzug in die deutsche katholische Pastoraltheologie und die seelsorgliche Ausbildung. Die Mehrzahl der katholischen Pastoralpsychologen, die um eine reflektierte pastorale Rezeption der Gesprächspsychotherapie bemüht ist, hat sich mit den evangelischen Kollegen in der Sektion »Kommunikations- und Verhaltenspsychologie« der Deutschen Gesellschaft für Pastoralpsychologie zusammengeschlossen. Gemeinsam wurde von diesem Kreis ein *Ausbildungsgang in »Beratender Seelsorge«*[367] konzipiert, der an verschiedenen Institutionen angeboten wird.

2. Berührungspunkte zwischen Klientenzentrierter Gesprächspsychotherapie und Pastoral

Die gemeinsame Option für die Heilung des gekränkten und leidenden Menschen, die Psychotherapie und Seelsorge prinzipiell verbindet, wird im Fall der Gesprächspsychotherapie ergänzt durch ausgesprochen seelsorgsnahe Methodik und Begrifflichkeit. Solche Affinität mag mit dazu beigetragen haben, daß im Bereich der pastoralen Beraterausbildung die Gesprächspsychotherapie bevorzugt aufgegriffen wurde. Gleichzeitig ist jedoch zu bedenken, ob nicht in Anbetracht der offenkundigen Berührungspunkte die Unterschiede, die zwischen Beratender Seelsorge und Gesprächspsychotherapie bestehen, verwischt werden und wurden. Zunächst zu den Berührungspunkten:

(1) Zuallererst sind hier die therapeutischen *Grundhaltungen der Echtheit, Wertschätzung und Einfühlung* anzuführen. So wie *Rogers* sie ausgestaltet und realisiert sehen möchte, enthalten sie ohne Zweifel ein *hohes Maß an impliziter Christlichkeit*. Fast scheint es, als würde hier die Seelsorge – gleichsam von außen her – an ihre eigenen Tugenden erinnert, Tugenden der Barmherzigkeit, die womöglich in einer obrigkeitlichen und doktrinalen Seelsorge verdrängt und vergessen worden sind. *Heribert Wahl*[368] spricht deshalb mit Blick auf die pastorale Integration der therapeutischen Basishaltungen von einer »Aneignung verlorener (christlicher) Substanz, die ihr Heimatrecht verlor und auswandern mußte – in Aufklärung und Humanismus«. Aus der Humanistischen Psychologie und der Gesprächspsychothe-

[366] Vor allem die auflagenstarken Veröffentlichungen: *R. Tausch*, Gesprächspsychotherapie, und *R. Tausch/A.-M. Tausch*, Erziehungspsychologie, sind zu erwähnen.
[367] Anzufordern bei: Deutsche Gesellschaft für Pastoralpsychologie, Bismarckstr. 8, 3300 Braunschweig.
[368] *H. Wahl*, Therapeutische Seelsorge als Programm und Praxis, 423.

rapie kehre uns diese Substanz wieder, »nun allerdings methodisch ausgebaut und auch mit anderem vermischt«. Deswegen sei es an uns, diese Substanz »zu identifizieren, wiederzuerkennen und sie – in kritischer Prüfung (vgl. Thess 5, 21) – unserem pastoralen Tun wieder anzuverwandeln und kreativ weiterzuentwickeln.«

Einiges von diesem Desiderat ist seit den Tagen eines *Seward Hiltner* – ich erinnere an seinen Versuch, lukanische Leitbilder in Korrelation mit den therapeutischen Haltungen zu sehen – realisiert. Von Autoren wie *Heinrich Pompey*[369], *Hermann Stenger*[370], *Helga Lemke*[371], *Josef Schwermer*[372], *Manfred Belok*[373] *u. a.* liegen Versuche vor, »die eigene Substanz« in den von *Rogers* ausgegebenen Haltungen zu entdecken. Es zeigt sich, daß mit den therapeutischen Anregungen *Rogers*' ein tieferes Verständnis für die »Praxis des Himmels«, wie sie Seelsorge anzielt, eröffnet ist. Sehr viel hängt freilich bei der pastoraltheologischen Ausgestaltung der Grundhaltungen daran, sie nicht wie bei *Rogers* in einer transzendenzarmen Anthropologie, sondern in einem Menschenbild zu verankern, in dessen Mitte ein dem Menschen therapeutisch gesinnter und beziehungswilliger Gott steht.

(2) *Rogers'* Auffassung von Psychotherapie konvergiert in gewissem Maß mit einem sich immer mehr Bahn brechenden *mystagogischen* Seelsorgsverständnis. Insbesondere das formale Prinzip der *Mäeutik* ist hier wie dort anzutreffen. So versteht sich der Therapeut *Rogers* im Prozeß der Selbstwerdung des anderen als »Geburtshelfer«. Er spricht von dem Privileg, »Hebamme zu sein für eine neue Persönlichkeit, wenn ich voller Ehrfurcht der Entstehung eines Selbst, einer menschlichen Person, beiwohne – ein Prozeß, den ich als Grundvorgang einer Geburt begreife, zu dem ich einen wichtigen Beitrag leiste«.[374]

Dasselbe Bild gebraucht u. a. *Johann B. Metz*[375], wenn er programmatisch nach dem »Mäeutiker« für die Seelsorge heute ruft: »Muß der Theologe nicht immer mehr auch die Leute selbst zur Sprache bringen? Muß er nicht kirchlicher Mäeutiker des Volkes sein? Muß er nicht dafür einstehen, daß die Leute selbst dabei sein, mitmachen können, daß sie selbst zur Sprache finden, zum Subjekt der Kirche werden? Und all dies wiederum nicht etwa als bloße Aufklärungsarbeit, als Bildungs- und Informationshilfe, sondern um der Orthodoxie der Theologie willen? Kaum etwas nämlich braucht m.E. die Theologie mehr als die in Symbolen und Erzählungen der

369 *H. Pompey*, Das seelsorgliche Gespräch und die Methode des Pastoral Counseling.

370 *H. Stenger*, Der Seelsorger als Vermittler möglicher Glaubenserfahrungen.

371 *H. Lemke*, Theologie und Praxis annehmender Seelsorge. – *Dies.*, Verkündigung in der annehmenden Seelsorge.

372 *J. Schwermer*, Das helfende Gespräch in der Seelsorge. – *Ders.*, Psychologische Hilfen für das Seelsorgegespräch.

373 *M. Belok*, Humanistische Psychologie und Katechese.

374 *C. R. Rogers*, Client-centered Therapy, XI.

375 *J. B. Metz*, Kirche und Volk oder der Preis der Orthodoxie, 808.

Leute sich selbst niederschlagende religiöse Erfahrung, nichts braucht sie mehr, wenn sie nicht an ihren eigenen Begriffen verhungern will.«

Anders als bei *Rogers* gesellt sich bei *Metz* zu der Seelsorge um die Subjektwerdung der Person als Motiv für eine (pastorale) Mäeutik die Sorge um die »Orthodoxie der Theologie« hinzu. Es ist hier nicht unsere Aufgabe, Motive für die mäeutische Programmatik hier wie dort zu sichten, vielmehr soll gezeigt werden, wie bei beiden das methodisch-formale Prinzip der Mäeutik angezielt wird. *Rogers'*, von *Martin Buber* und *Laotse* inspiriertes mäeutisches Postulat, »nicht in das Leben der Wesen einzugreifen, sich ihnen nicht aufzuerlegen, sondern allen Dingen zu ihrer Freiheit zu verhelfen, ihre Natur und ihre Bestimmungen freizusetzen«[376], fand seinen Widerhall in einer nondirektiven Beratungsauffassung. Für die kirchliche Seelsorge und Theologie fordert *Metz* eine ähnliche Einstellung, wenn er der »bloßen Aufklärungsarbeit, der Bildungs- und Informationshilfe« eine Absage erteilt und statt dessen die in Symbolen und Erzählungen sich niederschlagende religiöse Erfahrung der Leute zur Sprache gebracht sehen möchte.

Zustimmung findet *Metz* mit seiner Forderung u. a. bei *Stefan Knobloch*, der für eine »missionarische Gemeindebildung« die Kategorie des Mäeutischen als unerläßlich erachtet. Er fügt *Metz'* Interpretation vor allem hinzu, daß mäeutische und missionarische Prozesse »nicht vom selbstgesetzten, sofortigen Zwang zum Erfolg stranguliert werden« dürfen, sondern ihr Wesentliches darin bestehe, »daß etwas beginnt«.[377]

Unterschiede zwischen gesprächspsychotherapeutischem und (pastoral-) theologischem Mäeutik-Verständnis bestehen unübersehbar in der Zielrichtung solcher Prozesse. Steht für *Rogers* die »Entstehung eines Selbst« im Mittelpunkt, so ist es für eine mystagogische Seelsorge das begreifende Hineinwachsen in jenes Geheimnis, das der Mensch vor Gott immer schon ist. Allerdings ist dieses nicht vorstellbar ohne ein der Glaubenserkenntnis korrespondierendes seelisches Wachsen, das *Rogers* als »Entstehung des Selbst« beschreibt. So wird eine mystagogische Seelsorge beides mäeutisch anzielen: das Werden der Person – unter den Augen Gottes.

(3) Nach *Carl Rogers* ist die psychisch entscheidende Wirklichkeit die *subjektiv gedeutete und in diesem Sinn »konstruierte« Wirklichkeit*. Eine solche Prämisse enthält für ihn gleichzeitig den therapeutischen Schlüssel, im Krisenfall einen Prozeß des Neu-sehens in Gang zu setzen, um zu einer der individuellen Person angemessenen Wirklichkeitskonstruktion zu kommen.

In gewisser Weise kann man auch den *Glauben (fides, quae creditur) als eine Neuinterpretation der Wirklichkeit* verstehen, so daß sich hier, wiederum in formaler Hinsicht, eine Entsprechung zur Gesprächspsychothera-

[376] *C. R. Rogers*, Entwicklung und gegenwärtiger Stand meiner Ansichten über zwischenmenschliche Beziehungen, 21.
[377] *S. Knobloch*, Missionarische Gemeindebildung, 217.

pie ergibt. Allerdings wird die je persönliche Glaubensdeutung der Wirklichkeit nicht nach den für *Rogers* gleichsam im Selbst schlummernden Deutungsmustern suchen, sondern das Neu-sehen als eine *Gabe und Wirkung des »Geistes der Wahrheit«* (Joh 14,17) erkennen. *Paulus* beschreibt in 1 Kor 2, 12–16 jene Weisheit, die aus dem Geist Christi kommt und in allem zu erkennen vermag, »was uns von Gott geschenkt worden ist«: »Wir aber haben nicht den Geist der Welt empfangen, sondern den Geist, der aus Gott stammt, damit wir das erkennen, was uns von Gott geschenkt worden ist. Davon reden wir auch, nicht mit Worten, wie menschliche Weisheit sie lehrt, sondern wie der Geist sie lehrt, indem wir den Geisterfüllten das Wirken des Geistes deuten. Der irdisch gesinnte Mensch aber läßt sich nicht auf das ein, was vom Geist Gottes kommt. Torheit ist es für ihn, und er kann es nicht verstehen, weil es nur mit Hilfe des Geistes beurteilt werden kann. Der geisterfüllte Mensch urteilt über alles, ihn aber vermag niemand zu beurteilen. Denn wer begreift den Geist des Herrn? Wer kann ihn belehren? Wir aber haben den Geist Christi.« Für Paulus geschieht somit die wahre Interpretation der eigenen Existenz aus dem Geist Gottes heraus. Hieraus resultiert ein neues Wahrnehmungsschema: An die Stelle der Sklavenperspektive tritt das Sehen aus der Position der »Sohnschaft«: »Denn ihr habt nicht einen Geist empfangen, der euch zu Sklaven macht, so daß ihr euch immer noch fürchten müßtet, sondern ihr habt den Geist empfangen, der euch zu Söhnen macht, den Geist, in dem wir rufen: Abba, Vater!« (Röm 8,15).

Schlägt man von diesen paulinischen Geist-Aussagen eine Brücke zur Pastoral, dann kann es in ihr um nichts anderes gehen, als Menschen von der Sklavenperspektive zu befreien und sie hinzuführen zu der befreienden Erkenntnis, daß ihre Wirklichkeit und ihre Lebensgeschichte Wirklichkeit und Geschichte eines liebenden Vatergottes mit ihnen sind. Seine Spitze findet solche glaubende »Umdeutung« und Neukonstruktion unserer Existenz in der *neuen Sichtweise des Todes*. Durch das Christusereignis trägt er nicht mehr das Signum der Verzweiflung, ist nicht mehr Ende der Lebenszeit, sondern Beginn neuen Lebens, denn »Er hat uns mit Christus auferweckt und uns zusammen mit ihm einen Platz im Himmel gegeben« (Eph 2,6), wir sind »Miterben« (Röm 8,17) seiner Auferstehung.

Gewiß muß solche Neuinterpretation vom einzelnen erst ergriffen werden. Entscheidend ist deshalb für ihn, daß er in der Erzählgemeinschaft der Christen immer wieder auf Erfahrungen mit dieser neuen Sichtweise menschlicher Existenz trifft. Solche erzählten Glaubenserfahrungen vieler, verdichtet in kirchlich bewahrten »Glaubenswahrheiten«, bilden dann eine Matrix, auf die er in seiner prozeßhaft sich vollziehenden, glaubenden Deutung seines Lebens Bezug nehmen kann.

Bei aller Affinität in formaler Hinsicht geschieht die je subjektive Neu-Interpretation der Wirklichkeit bei *Rogers* doch erheblich selbstbezogener, eingeschlossen in die engen Grenzen der nur eigenen Lebenserfahrung. *Ro-*

gers verzichtet offensichtlich weitgehend darauf, den transsubjektiven und transzendenten Mustern der Lebensdeutung »selbstfördernde« Kräfte zuzutrauen.

Somit erbringt unser Versuch, »Berührungspunkte« zwischen Gesprächspsychotherapie und Seelsorge zu benennen, in erster Linie methodisch-formale Entsprechungen. Zugleich lenkt er den Blick auf die erheblichen Differenzen zwischen beiden, die im wesentlichen in Richtung eines unterschiedlichen Menschenbildes liegen.

3. Differenzen im Bild vom Menschen

Die Kontroverse um eine gesprächstherapeutisch orientierte Seelsorge, wie sie im Pastoral Counseling bzw. in der »Beratenden Seelsorge« angezielt wird, entzündet sich an der Unvereinbarkeit bestimmter anthropologischer Positionen *Rogers'* mit einem christlichen Menschenbild. Neben der bereits kritisierten *Tendenz zur »Selbsterlösung«*, die den Glauben an die Allmacht der Person suggeriert, ist vor allem *Rogers' optimistisches Grundaxiom*, der Mensch sei von Natur aus durch und durch »gut«, im Horizont christlichen Lebenswissens in dieser uneingeschränkten Form zu korrigieren. In *Rogers'* Menschenbild bleibt wenig Platz für die Realität des unübersehbaren Leids, das Menschen einander zufügen, und es bleibt weitgehend sprachlos angesichts der existentiellen *Schuldverstrickung* des Menschen. Weder im Zusammenhang mit dem Begriff des Selbstkonzepts noch des therapeutischen Prozesses taucht das Thema der Schuld bei ihm auf.

Gewiß steht auch für eine christliche Anthropologie das »Existential der Begnadetheit des Menschen« über dem »Existential der radikalen Schuldbedrohtheit«. *Karl Rahner*[378] hat die polare Verflechtung des Menschen in beides, entgegen der humanistischen Reduktion auf eine nur gute Natur, sehr treffend zum Ausdruck gebracht. Ausgehend von dem Theologumenon der »Erbsünde«, das die Schuldgeschichte der Menschheit wie des einzelnen auf einen theologischen Begriff bringt, verdeutlicht er, daß damit nicht einfach das zeitlich dem Heilshandeln Gottes vorausliegende Existential grundlegender Art des Menschen gemeint ist. »Erbsünde« beschreibt vielmehr eine Unheilssituation, wie sie ohne die Heilstat Christi existieren würde. Weil nun aber vom Erlösungshandeln Christi her alles durchformt ist, muß im selben Atemzug mit der Erbsünde vom *Existential der Begnadetheit* gesprochen werden. Im voraus zu seiner freien Entscheidung für Gottes Gnade ist der Mensch sowohl als »gerechtfertigt« und zugleich als Sünder zu charakterisieren. Der Akzent bei dieser anthropologischen Grundformel »simul iustus et peccator« liegt freilich auf dem iustus.

Somit kennt *Rahner* und mit ihm die christliche Anthropologie durchaus

[378] *K. Rahner*, in: *P. M. Zulehner*, Denn du kommst unserem Tun mit deiner Gnade zuvor...«, 41.

einen *»Heilsoptimismus«*, der allerdings wenig mit *Rogers*' Idee vom nur guten Menschen gemeinsam hat. Zum einen trägt der »Heilsoptimismus« des Glaubens realistischere Züge. Die Verstrickung des Menschen in Schuld wird nicht geleugnet noch verdrängt. Das christliche Menschenbild rechnet mit dem die Seele des Menschen zerfressenden Verdacht, im letzten liebensunwürdig und verloren zu sein – und stellt dieser existentiellen Befürchtung die befreiende Vision von der universellen und unentrinnbaren Begnadetheit gegenüber, die aus der Heilstat Christi hervorgeht. Damit wird im Gegensatz zu *Rogers* der Mensch an einem zentralen Fokus seiner Angst nicht antwortlos gelassen. Vielmehr wird ihm zugesagt, daß für ihn gutes Leben in Frieden trotz der Verstrickung in Schuld möglich ist. Der Glaube ist zuerst und zuletzt frohe Botschaft.

Es scheint, daß sich auch das humanistische Menschenbild der Gesprächspsychotherapie von *Unschuldswahn und Schuldverdrängung* in der modernen Gesellschaft nicht ganz freimachen konnte. Damit kommt es bei ihr zu einer tragischen Täuschung über das Wesen des Menschen und in eins damit zu einer Täuschung über die Grenzen psychotherapeutischen Helfens. Denn wo die Schuldverstrickung vergessen oder als peripher erachtet wird, ist auch keine besonders hilfreiche Antwort darauf zu erwarten. Und selbst wenn diesem Existential der radikalen Schuldbedrohtheit im Menschenbild der ihm zustehende Platz eingeräumt würde, die Gesprächspsychotherapie hätte keine andere Vergebung anzubieten als die von Menschen immer nur *bedingt und begrenzt realisierbare empathische Annahme des Therapeuten*.

So sehr sich darin Wege zur Selbstannahme in der Schuld eröffnen mögen, so sehr auch Seelsorge davon nicht dispensiert werden kann, es handelt sich bei der von Menschen zustande gebrachten Annahme immer um eine gebrochene, vorläufige und fragmenthafte Antwort auf die unendliche Sehnsucht nach Angenommensein. Der Verdacht der Liebesunwürdigkeit kann hier nicht radikal ausgeräumt werden.

Christliches Lebenswissen erinnert demgegenüber daran, daß es für den schuldverstrickten Menschen radikal heilsam ist, die jämmerlichen Versuche der »Selbstentschuldigung« und die Hoffnung auf absolutes Angenommensein in der Empathie eines Mitmenschen zu überschreiten auf Gott hin. Das bedeutet in biblischer Sprache, sich endgültig *finden zu lassen von dem Gott, der das Verlorene sucht*.

Es ist deshalb mit *Manfred Belok*[379] und *Dieter Emeis*[380] zu fragen, ob nicht das Verschweigen der Möglichkeit, daß Menschen in Schuld sich nicht nur helfenden Gesprächspartnern, sondern auch dem Gott ihres Lebens zeigen und anvertrauen können, einen schwerwiegenden Verzicht auf Hilfe-

[379] *M. Belok*, Humanistische Psychologie und Katechese, 130.
[380] *D. Emeis*, Heilen in noch unheiler Welt, 635.

möglichkeiten darstellt. *Carl Rogers* schien dieses Defizit seiner Gesprächspsychotherapie durchaus zu spüren. Er äußerte einmal, »daß er in einer tiefen Begegnung mit einem anderen Menschen an die von ihm bislang unterschätzten Dimensionen des ›Transzendenten, des Unerwarteten‹ stößt.«[381] Das hat freilich nicht dazu geführt, daß er seine Gesprächspsychotherapie ausdrücklich auf diese Dimensionen hin offengehalten hätte. Sie unterscheidet sich in der Frage nach der Vergebung von Schuld mit ihrer Antwort in keiner Weise von den anderen Formen profaner Psychotherapie. Somit verlangt Gesprächspsychotherapie geradezu nach einer beratenden *Seelsorge*, nach einem *Pastoral Counseling*, wo diese Grundfrage aus der christlichen Sicht des Menschen beantwortet wird.

4. Pastoraltheologisches Profil

Der Versuch, im Dialog mit der Gesprächspsychotherapie eine spezifische Form einer beratenden Seelsorge, von *Hiltner* als Pastoral Counseling charakterisiert, zu entwickeln, wird nach den bisherigen Überlegungen einerseits erleichtert durch methodisch-formale Entsprechungen zwischen Gesprächspsychotherapie und Pastoral. Andererseits stellen sich diesem Unterfangen nicht unerhebliche Hindernisse angesichts des unterschiedlichen Menschenbildes in den Weg. Daraus ergibt sich für ein Pastoral Counseling, will es seinen eigenen Glaubensgrundlagen verpflichtet bleiben, die Konsequenz, das ob seiner »Transzendenzarmut« verengte Menschenbild der Gesprächspsychotherapie zu korrigieren und an seine Stelle die Vision vom »Menschen unter den Augen Gottes« zu setzen.

Die Grundzüge einer solchen christlichen Anthropologie zeichnet pointiert *Manfred Belok* nach, der dabei auf ähnliche Versuche *Helga Lemkes*[382] und *Heinrich Pompeys*[383] zurückgreift. Er konfrontiert zugleich dieses Menschenbild aus der Perspektive des Glaubens mit der anthropologischen Position *Carl Rogers*' (Abb. 35).

Als wesentlichen Ertrag einer solchen Gegenüberstellung darf man ansehen, daß die von *Rogers* konzipierten therapeutischen Basishaltungen nicht nur aus einem humanistischen Menschenbild abzuleiten sind, sondern daß sie in einer christlichen Anthropologie geradezu radikalisiert und in wahrer Weise humanisiert werden. Sie spiegeln hier Gottes Annahme des Menschen wieder und verweisen somit auf Gottes ureigene Praxis. »Annahme« erscheint somit als Inbegriff der liebenden Zuwendung dieses menschenfreundlichen Gottes, ist in die Tat gesetztes Wort Gottes.

[381] *M. Belok*, Humanistische Psychologie und Katechese, 79ff.
[382] *H. Lemke*, Theologie und Praxis annehmender Seelsorge, 38.
[383] *H. Pompey*, Caritas in der Ausbildung für pastorale Berufe: Inhalte und Ziele, 126–137. – *Ders.*, Beziehungstheologische Gesichtspunkte ehelicher Partnerschaft, 95–105.

	Der Mensch in der Sichtweise theologischer Anthropologie	in der Sichtweise *Carl R. Rogers'*
Urstand/ Natur (Organismus)	Der Mensch ist zugleich *Geschöpf und Ebenbild / Partner Gottes* und als solcher gut, konstruktiv und sozial; d. h. der Mensch ist von Gott mit der Fähigkeit zur erfüllenden Beziehung mit Gott, zu sich selbst (zu seinem Leib, seiner Seele und seinem Geist), zum Nächsten (die Ursprungsfamilie, die verschiedenen Lebensgruppen, Begegnungen mit einzelnen etc.) und zur Schöpfung (die materielle Welt, die belebte Natur, die Ordnungsstrukturen, die biologischen wie psychosozialen Lebensgesetze) ausgestattet.	Der Mensch ist von seiner *Grundnatur* her konstruktiv, sozial und verantwortlich für die Welt.
peccatum originale/ Sozialisationsschäden	Durch die *Abwendung von Gott* verliert der Mensch Freiheit und Geborgenheit. Un-Heil ist Störung und Zerstörung der Beziehung zu Gott (Sünde). Diese Störung in der Beziehung zu Gott hat ihre Auswirkungen in der Beziehung des Menschen zu sich, zum Nächsten und zur Schöpfung.	Durch negative Erfahrungen im *Sozialisationsprozeß* verliert der Mensch seine Freiheit und entwickelt destruktives Verhalten sich selbst und seinen Mitmenschen gegenüber.
Erlösung/ Selbstfindung	*Annahme* des Menschen *durch Gott* im *Christusgeschehen,* vor allem in zwischenmenschlicher Beziehung erfahrbar, gestaltet durch Annahme, Liebe und Wahrhaftigkeit. D. h., durch die Liebestat Gottes, seine Menschwerdung in Jesus Christus, seine Nähe mit uns in der äußersten Gottverlassenheit wie im Leiden des Todes und seiner Auferstehung wie Himmelfahrt ist unsere Beziehung zu Gott, die schuldhaft durch die Sünde zerstört war, wiederhergestellt worden.	Möglichkeit zur *Selbstaktualisierung* durch die Beziehung zum Gesprächspartner, gestaltet durch Akzeptieren, emotionale Wärme und Echtheit.
Neues Sein/ Selbstkongruenz	Der Mensch findet *durch Christus* zu einer neuen Beziehung *zu Gott, zu sich und zum Nächsten.* Aus neugewonnener Bindung an Gott gewinnt er Freiheit von ihn verknechtenden Zwängen und übernimmt Verantwortung für seine Welt, Gottes Schöpfung.	Der Mensch findet *zu einem konstruktiven* Selbst und seinen Mitmenschen zurück. Er gewinnt Freiheit von gesellschaftlichen Zwängen und übernimmt Verantwortung für die Welt.
Im Sein Werden/ Prozeß	Der durch *Christus erlöste Mensch* lebt weiter in Anfechtung auf Hoffnung hin. Die Vollendung und Erfüllung der Heilsbeziehung mit Gott, des Menschen zu sich und mit dem Nächsten steht eschatologisch noch aus, trotzdem sind wir aufgerufen, mit der Gnade Gottes schon jetzt zur Heilung der Beziehung beizutragen.	Die in der Gesprächsführung begonnene Selbstaktualisierung bleibt ein *Prozeß auf die Selbstkongruenz* hin.

Abb. 35: Theologische Anthropologie im Vergleich zum Menschenbild der Gesprächspsychotherapie nach Manfred Belok[384]

Der Seelsorger, der sich um Echtheit, Wertschätzung und Empathie bemüht, möchte folglich nicht nur psychotherapeutische Hilfe leisten, er will über seine Haltung das Angenommensein des anderen durch Gott transparent werden lassen. Darin ist das Bestreben eingeschlossen, die tiefergreifenden Lebensmöglichkeiten des Glaubens zu bezeugen und den Blick für sie zu öffnen. Dieses, im Vergleich zur Gesprächspsychotherapie signifikant andere Lebenspotential besteht darin, daß der Ratsuchende nicht mehr alles von sich oder von der Annahme des Therapeuten erhoffen muß, sondern seine *Hoffnung auf Gott setzen* darf. Der Seelsorger ermutigt sein Gegenüber, sich solches radikales Angenommensein durch Gott nicht nur sagen, sondern auch wirklich geben zu lassen. Gesprächsseelsorge solcher Art, die zur rechten Zeit in das Gebet einmünden mag, bewahrt den Gesprächspartner und den Seelsorger vor wechselseitiger Über-Erwartung und Über-Forderung.

Will man ein *Fazit* ziehen, so muß man die Bedeutung der Klientenzentrierten Gesprächspsychotherapie *Carl Rogers'* für die Seelsorge in ihrer profanen (Wieder-) Entdeckung der urchristlichen Haltung der Annahme des gekränkten, geängstigten und an sich selbst verzweifelten Menschen suchen. Gewiß vermag *Rogers* diese Annahme nur in Kategorien zu reflektieren, die die Sehnsucht des Herzens auf absolutes Angenommensein in Gott weitgehend ausklammern. Aber mit der äußerst differenzierten und sehr praxisorientierten Ausgestaltung der Haltung der Empathie leistet er der Seelsorge, in der die Epiphanie des annehmenden Gottes, wie er sich in Jesus den Menschen gezeigt hat, aufleuchten soll, einen unverzichtbaren Dienst. An der Gesprächspsychotherapie kann Seelsorge lernen, nicht nur von diesem empathischen Gott zu reden, sondern seiner annehmenden Praxis glaubwürdig nachzueifern.

So gilt in besonderer Weise von der Gesprächspsychotherapie, was *Albert Görres*[385] über eine bestimmte Art von Psychologie sagt: »Wo immer aber Psychologie mit Achtung, Klugheit und Güte vollzogen wird, dürfen wir vermuten und hoffen, daß hier eine Gottesnähe und Menschennähe waltet, die vielleicht dem Psychologen selbst noch verborgen ist«.

[384] *M. Belok*, Humanistische Psychologie und Katechese, 79ff.

[385] *A. Görres*, Kirchliche Beratung – eine dringende Antwort auf Symptome und Ursachen seelischer Krisen?, 31.

5
FAMILIENTHERAPIE – HEILENDE DIAKONIE IN BEZIEHUNGSNETZEN

(1) Entwicklungsskizze

1. Paradigmenwechsel in der Psychotherapie

Die Familientherapie oder *systemorientierte Psychotherapie*, wie man sie allgemeiner bezeichnet, begreift sich weniger als eine weitere Psychotherapieform neben anderen, sondern erhebt den Anspruch eines *neuen Denkmodells* (Paradigma) für die Psychotherapie überhaupt.[386] Im Gegensatz zur herkömmlichen Psychotherapie und Psychiatrie, wo der Patient weitgehend losgelöst von seinem sozialen Bezugssystem diagnostiziert und behandelt wird, betrachtet die systemische Therapie nicht nur denjenigen, der ein Symptom hat, als Patienten, sondern das nähere personale Umfeld, in dem der Symptomträger lebt, also die Paarbeziehung, die Familie oder eine noch größere soziale Einheit.

Im Mittelpunkt der Therapie steht demnach, im Fall der Familie, das komplizierte Beziehungsnetz, das Eltern und Kinder miteinander im Laufe der Jahre geflochten haben und in das sie sich, für sie unentwirrbar, verstrickt haben. Das »Symptom« eines Familienmitglieds ist dann nicht mehr nur sein Problem, sondern ein Alarmsignal für eine Störung im ganzen System. »Krank« ist im Verständnis der Familientherapie nicht das verhaltensgestörte Kind, der alkoholsüchtige Ehemann oder die depressive Ehefrau, sondern die ganze Familie. Manche Familientherapeuten sprechen im übrigen ungern von Krankheit, weil hier nach dem konventionellen Denkschema sich die Ursachensuche bevorzugt auf zurückliegende, organische oder dispositionelle, individuelle Gegebenheiten konzentriert. Sie betonen demgegenüber aktuelle, gegenwärtige und prozeßhafte Abläufe, Defizite in der Kommunikation und unbewußtes Zusammenspiel der Familienmitglieder hier und jetzt, wenn sie die Störungen in den familiären Beziehungen zu beschreiben versuchen.

Ein entscheidender Impuls für die Entdeckung des Systems im Bereich der Psychotherapie ging neben den *Systemtheorien* der Philosophie, Anthropologie, Biologie und Physik von nachhaltigen *Enttäuschungen* mit vorwiegend individualistisch ausgerichteten Psychotherapiemethoden aus. Nicht wenige Therapeuten, so schreiben *Augustus Napier/Carl A. Whitakker*[387], »entdeckten erst nach schweren Rückschlägen, daß die Familie ein System war«. Man habe so z. B. erlebt, daß Familien den Besserungsprozeß

[386] Vgl. *H. Stierlin/Rücker-Embden/N. Wetzel/M. Wirsching*, Das erste Familiengespräch, 8.
[387] *A. Napier/C.A. Whitacker*, Die Bergers, 64.

eines Kindes untergruben, unter allen Umständen ein Sündenbock-Kind benötigten und nach Gesundung des einen Kindes einem anderen diese Rolle aufzwangen. Allzuoft schien eine Ehe an der erfolgreichen Einzeltherapie eines der beiden Partner zu zerbrechen. Man ahnte, daß die »Frau des Alkoholikers keineswegs ein Ausbund an Gesundheit und Tugend war, wie sie selbst behauptete«[388], aber man hatte dafür kein geeignetes Analyse- und Behandlungskonzept zur Verfügung.

Aus Niederlagen und der Einsicht, daß »unglückliche Leute aus Familien kamen, wo es eine Menge unglückliche Leute gab«[389], haben einzelne Therapeuten, so *Napier/Whitacker*, gelernt, die Familienmitglieder in die Behandlung miteinzubeziehen. »Ein Psychiater traf die Familie seines Patienten zufällig an dessen Krankenbett, und was er dort an Vorgängen innerhalb der Familie beobachten konnte, fesselte ihn so sehr, daß er sich dort immer wieder zur Besuchszeit mit den Leuten traf. In einer Klinik für geistig behinderte Kinder arbeitete jemand mit einer Mutter und ihrem Kind zusammen; er spürte, daß die Eheschwierigkeiten der Eltern etwas mit den Problemen des Kindes zu tun hatten, und ließ auch den Vater an der Behandlung teilnehmen. Ein anderer Psychiater hatte genug über den Ehemann seiner Patientin gehört und bat sie, ihn das nächste Mal mitzubringen. Er kam, und bald nahmen regelmäßig beide Ehepartner an den Sitzungen teil. Dann hatte der Psychiater schließlich auch genug über die Kinder gehört und wollte sie auch bei den Sitzungen dabei haben.«[390]

Die Therapeuten entdeckten auf diese Weise, daß *Schwierigkeiten grundsätzlich »familienweise«* aufzutreten schienen. Sie lagen auch, wenn man genau hinblickte, weitgehend offen zu Tage – in der Art, wie die Familie organisiert war, wie die Familienmitglieder sich miteinander verständigten und wie ihre tägliche Interaktionen abliefen. »Betrachtete man, was zwischen den Leuten geschah, so wurden plötzlich Dinge verständlich, die vorher rätselhaft gewesen waren.«[391]

In das Psychotherapieverständnis dieser Therapeuten, so die zitierten Autoren weiter, sei auf solchem Weg »eine ganz neue Art, Menschen zu betrachten«[392], eingezogen. Allerdings bedeutete dieser Wandel in der Wahrnehmung noch nicht eine neue Behandlungsmethode. Erst mit der Zeit gelang es, Familien als ganze zu behandeln. Vor allem von den Familienmitgliedern selbst gingen erhebliche Widerstände aus. Sie standen auf dem Standpunkt, »daß doch John derjenige ist, der Schwierigkeiten hat oder macht«.[393] Familien seien, so beobachten *Napier/Whitacker*, »meist gern bereit, sich mit

[388] Ebd. 65.
[389] Ebd. 65.
[390] Ebd. 64f.
[391] Ebd. 65.
[392] Ebd. 66.
[393] Ebd. 67.

einem Therapeuten zu treffen und Fragen über den armen John oder die arme Mary zu beantworten, fangen aber die Fragen des Therapeuten an, sich auf die ganze Familie zu beziehen, und zwar nicht nur auf die Familie als ein Teil des Problems, sondern als das Problem, so breitet sich sehr schnell eine ängstliche Spannung aus. Stellen wir uns die verzweifelte Lage einer Familie zu Beginn einer Therapiesitzung vor, wenn der Vater gerade in der vergangenen Woche einen fast erfolgreichen Selbstmordversuch unternommen hat... Hatte die Familie vielleicht, stillschweigend und ohne daß jemand sich dessen bewußt war, beschlossen, daß sie alle besser dran wären, wenn Vater tot wäre? Es ist für die Familie – wie das aktuelle Problem auch aussehen mag – stets eine bestürzende Einsicht, daß sie als Ganzes daran beteiligt ist und daß jeder einzelne in einem bestimmten Maß für die Probleme mitverantwortlich ist. Die guten Seiten des Lebens zu teilen, ist eine Sache; aber die Schuld an den schlechten Seiten zu teilen, ist eine ganz andere.«[394]

Das Problem, Therapie-Motivation bei den vermeintlich nicht betroffenen Familienmitgliedern zu wecken, stellt sich in jeder familientherapeutischen Beratung neu und ist nicht generell zu lösen. Die eigentliche Behandlung selbst profitierte, entgegen dem Anspruch des Paradigmenwechsels und der damit verbundenen Kritik am herkömmlichen Vorgehen, sehr erheblich von den konventionellen therapeutischen Schulen wie Psychoanalyse, Verhaltenstherapie, Gesprächspsychotherapie, Psychodrama, Gestalttherapie oder Transaktionsanalyse. Ein kurzer Blick auf die Geschichte der Familientherapie zeigt, daß in das neue systemische Denken durchaus bereits bekannte Ansätze und Methoden integriert wurden.

2. Kurze Geschichte der Familientherapie

Zu den Wegbereitern und Wurzeln der Familientherapie[395] zählt, wie bei den meisten Psychotherapieformen mehr oder weniger der Fall, die *Psychoanalyse Sigmund Freuds*. Er hat durch seine Entwicklungslehre den Blick auf die Familie als Wirkursache psychischer Störungen überhaupt erst gelenkt. Daß psychische Störungen weder organisch noch endogen bedingt sein können, sondern als Produkt mißlungener Eltern-Kind-Beziehung ansehbar, war zu seiner Zeit eine neue Perspektive und nimmt eine wesentliche Einsicht der Familientherapie vorweg. Allerdings erscheinen bei *Freud* die Eltern nur als »Triebobjekte« der Libido des Kindes, als »ganz und gar unpersönliche Träger biologischer Artmerkmale... und rein gesellschaftlich determinierter Rollen«.[396] Ihnen wird weder in der psychoanalyti-

[394] Ebd. 68.
[395] Vgl. zur Geschichte der Familientherapie: *H. Benesch*, dtv-Wörterbuch zur Klinischen Psychologie, Bd. 1, 190f. – *I. Rücker-Embden-Jonasch*, Familientherapie, 284f. – *G. Jürgens/H. Salm*, Familientherapie, 388ff.
[396] *H. E. Richter*, Patient Familie, 47.

schen Phasenlehre noch in der praktischen Therapie eine differenzierte Aufmerksamkeit gewidmet, die das im Kern individualistische Krankheitsmodell der Psychoanalyse aufbrechen würde. *Freud*[397] sagt selbst: »Was die Behandlung der Angehörigen betrifft, so gestehe ich meine völlige Ratlosigkeit ein und setze auf deren individuelle Behandlung überhaupt wenig Zutrauen.« Erst in den 30er Jahren wurden erstmalig Familienangehörige in die psychoanalytische Behandlung miteinbezogen, ohne daß sich daraus eine Regel entwickelte. Mit Erstaunen nehmen wir dennoch heute zur Kenntnis, daß bereits 1936 in Lyon ein Psychoanalytikerkongreß mit dem Thema »Familien-Neurose und neurotische Familie« stattfand.[398] Insgesamt wurde jedoch durch die singulären Versuche, Familienangehörige mit dem Symptomträger zusammen zu behandeln, die individualistische Ausrichtung der psychoanalytischen Therapie kaum korrigiert.

Ähnlich verhält es sich mit der *Individualpsychologie Alfred Adlers*.[399] Er rückte mit dem Begriff der Geschwisterkonstellation die familiäre Dynamik, die von der Geburtsreihenfolge der Geschwister ausgeht, ins Blickfeld. Dabei zeigte er auf, daß vieles im späteren Lebensstil, in den Interessen, in der Berufs- und Partnerwahl durch die Beziehung zu den Geschwistern praefiguriert wird. Freilich blieb auch *Adler*, gerade was die Methode der Behandlung betrifft, einer betont individualistischen Perspektive, wie die Bezeichnung für seine Therapieform bereits nahelegt, verhaftet.

Auch *Carl Gustav Jung*, als ein weiterer Hauptvertreter der *Tiefenpsychologie*, ist zu erwähnen. Der von ihm geprägte Begriff »des Schattens« ließ sich familientherapeutisch nutzen, um unbewußte Projektionen und Rollenaufträge zwischen Eltern und Kindern zu beschreiben. Man spricht in der tiefenpsychologisch orientierten Familientherapie von der *»Delegation des Schattens«* und meint damit, daß Eltern eigene, verdrängte Wünsche an ihre Kinder weitergeben, bis hin zu unerfüllt gebliebenen Berufs- und Partnerwünschen, die diese dann zu leben haben.

Anregend für die Familientherapie war vor allem die sog. *Systemtheorie*, wie sie u. a. in der Soziologie (*Parsons, Luhmann)*, aber auch in der Psychologie – man denke an *Kurt Lewins* »Feldtheorie« und an die Gestaltpsychologie der »Berliner Schule« (*Wertheimer, Köhler, Kaffka*) – entwickelt wurde. Zwar wird »System« je nach Fachrichtung unterschiedlich definiert, durchgängig ist man sich jedoch darin einig, daß Systeme nicht nur durch Objekte und deren Eigenschaften gekennzeichnet sind, sondern vor allem durch die Beziehung der Objekte und deren Eigenschaften zueinander.[400] Für Systeme – und das läßt sich auch von dem sozialen System der Familie

[397] *S. Freud*, Gesammelte Werke, Bd. XI, 376–387, hier 380.
[398] Vgl. *H. E. Richter*, Familientherapie.
[399] Vgl. dazu: *L. J. Pongratz*, Hauptströmungen der Tiefenpsychologie, 279ff. – *W. Toman*, Familienkonstellation.
[400] Vgl. *P. Watzlawick/J.H. Beavin/D.D. Jackson*, Menschliche Kommunikation, 116.

aussagen – gilt das auf *Christian von Ehrenfels* (1859–1932) zurückgehende *»Gestaltgesetz«*: *Das Ganze ist mehr als die Summe der Teile*. Familie ist demnach nicht einfachhin als eine »Summe« von Personen zu sehen, sondern die Art und Weise ihrer wechselseitigen Beziehungen, Abhängigkeiten, Interaktionen und Regeln bestimmen die Familie als Ganzes wie auch ihre einzelnen Mitglieder. *Das Tun des einen ist so immer auch das Tun des anderen*. Bei der Analyse systemischer Abläufe, wie sie in Familien sich ereignen, erweist sich deshalb das lineare Denken in Ursache-Wirkungsketten als zunehmend inadäquat. An seine Stelle tritt ein *»Denken in Wirkungsnetzen«*.[401]

Die *Kommunikationspsychologie*, zu deren bekanntesten Vertretern *Paul Watzlawick* und *Gregory Bateson* zählen, stellte der Familientherapie Grundprinzipien der Kommunikation zur Verfügung, die für die Analyse und Veränderung von Familienstrukturen außerordentlich ergiebig waren, so z. B. das Prinzip, daß jede Kommunikation einen Inhalts- und einen Beziehungsaspekt enthält.[402]

Von der *Humanistischen Psychologie* gingen Impulse aus, die die ganzheitliche Orientierung der Familientherapie förderten, wenngleich gerade die »humanistisch« geprägte Gesprächspsychotherapie in ihrer Frühphase den Ganzheitsbegriff noch nicht auf soziale Systeme ausweitete, sondern mehr an die Ganzheit der Person dachte. Insbesondere *Gordons* nicht unproblematische Popularisierung der Gesprächspsychotherapie, die mit den auflagenstarken Titeln *»Familienkonferenz«*[403] und *»Lehrerkonferenz«*[404] verknüpft ist, strebte eine »klientenzentrierte« Hilfe für Familien- und »Schulsysteme« an. Die von *Rogers* später mitinitiierte *Encounter-Bewegung* richtete den therapeutischen Blick auf die Gruppe. Vieles von den Erfahrungen dieser und anderer gruppentherapeutischen Wege, wie etwa des *Psychodramas* (*Moreno*) oder der *Gestalttherapie* (*Perls*), konnte sich die Familientherapie zu eigen machen.

Zu den eigentlichen *Begründern* der Familientherapie zählt eine Reihe von Psychotherapeuten wie *John Bell, Virginia Satir, Carl A. Whitacker, Don Jackson, Nathan Ackerman* u. a. An der Vielzahl der »Mütter und Väter« der Familientherapie wird deutlich, daß an vielen Orten mit Beginn der 50er Jahre die Zeit für sie reif war. Beinahe gleichzeitig gingen Psychotherapeuten mit unterschiedlicher theoretischer Ausrichtung daran, mit Familien zu arbeiten. Anläßlich der ersten Zusammenkunft dieser Pioniere auf dem Gebiet der psychotherapeutischen Familienbehandlung prägte *M. Bowen* den Begriff »Familientherapie«[405], womit allerdings die bis heute andau-

[401] *G. Jürgens/H. Salm*, Familientherapie, 390.
[402] Vgl. *P. Watzlawick/J.H. Beavin/D.D. Jackson*, Menschliche Kommunikation.
[403] *T. Gordon*, Familienkonferenz.
[404] *T. Gordon*, Lehrer-Schüler-Konferenz.
[405] *I. Rücker-Embden-Jonasch*, Familientherapie, 285.

ernde Vielfalt, daß es *Ackerman*[406] zufolge »soviele Formen der Familienbehandlung wie Familientherapeuten gibt«, nicht überwunden war.

Es überrascht deshalb nicht, daß einzelne Autoren, die Familientherapie beschreiben, sich recht uneins über die wichtigsten Ansätze sind. *Hellmuth Benesch*[407] führt beispielsweise nicht weniger als 22 verschiedene *Formen von Familientherapie* an, darunter Strukturale Familientherapie (*Minuchin*), Sukzessive Familientherapie (*Satir*), Ehetherapie (*Haley*), Gestaltfamilientherapie (*Perls*), Analytische Familientherapie (*Boszormenyi-Nagy, H.E. Richter*), Interventionsgerontologie, Transaktionale Familientherapie (*Stierlin*). Andere begnügen sich mit zwei oder drei Hauptformen wie analytische, strukturelle strategische Familientherapie[408] oder »eher kommunikationstheoretischen« und »mehr psychodynamisch orientierten« Konzepten.[409] Wir beschränken uns auf einen exemplarischen Einblick in die Familientherapie und wählen dazu Elemente aus der z. T. psychoanalytisch ausgerichteten *Paartherapie* (*Mandel, Willi, Richter*) und der *»psychodynamischen« Familientherapie* (*Richter, Stierlin*).

(2) Paartherapie und Eheberatung

Auf dem Gebiet der Paartherapie, das fließende Übergänge zur Eheberatung aufweist, ist eine Fülle von methodischen und konzeptionellen Ansätzen vertreten. Insgesamt orientiert sich die Vorgehensweise meist an einer der bekannten Psychotherapieformen, die dann freilich auf die Situation der Paarberatung hin modifiziert wird. Auch die Integration unterschiedlicher psychotherapeutischer Methoden gehört hier zur verbreiteten Praxis. Verschiedene formale und inhaltliche Gesichtspunkte wie Dauer der Beratung, Beteiligung oder Beratungsthematik lassen eine gewisse Klassifizierung der paartherapeutischen Ansätze zu. Man kann so u.a. in Kurz- oder Langfristtherapie, Paar- oder Paar-Gruppen-Therapie, Kommunikationstraining und Sexualtherapie differenzieren.[410]

Die mehr psychoanalytisch ausgerichtete Paartherapie und Eheberatung, die im Folgenden kurz beleuchtet werden soll, greift von den Axiomen der Tiefenpsychologie vor allem die genetische Annahme auf, daß Störungen in der Paarbeziehung durch die je persönlichen Kindheitserfahrungen, genauer: durch die frühe Beziehung zu Vater und Mutter, grundgelegt sind. Die Auseinandersetzung mit der eigenen Familiengeschichte und wie sie in

[406] *N.W. Ackerman*, Family Therapy Today, 123, zit. nach: *I. Rücker-Embden-Jonasch*, Familientherapie, 285.
[407] *H. Benesch*, dtv-Wörterbuch zur Klinischen Psychologie, Bd. 1, 190–201, hier 195.
[408] *G. Jürgens/H. Salm*, Familientherapie, 391f.
[409] *I. Rücker-Embden-Jonasch*, Familientherapie, 290.
[410] *H. Benesch*, dtv-Wörterbuch zur Klinischen Psychologie, Bd. 1, 199.

die gegenwärtige Partnerschaftsproblematik hereinwirkt, das steht dann im Mittelpunkt der Behandlung. *»You should go home again!«*, diese von *Framo*[411] mit Blick auf die Familientherapie geprägte Aufforderung kann als wichtigste Wegweisung der analytischen Paartherapie für Menschen, die an verfahrenen und gescheiterten Beziehungen leiden, verstanden werden.

1. Beziehungsdiagnose: Übertragungsliebe und Kollusion

Besonders relevant erscheint für eine psychoanalytische Sicht der Paarbeziehung das Phänomen der Übertragung bzw. der *Übertragungsliebe*.[412] Was ist damit gemeint? Die Psychoanalyse begreift sowohl die Partnerwahl aus auch die Gestaltung der Partnerbeziehung als den unbewußten Versuch, die frühen Beziehungen, insbesondere zum gegengeschlechtlichen Elternteil, zu wiederholen. Demnach würde bevorzugt der zum Ehepartner gewählt, der die Fortsetzung und Wiederholung der frühen Beziehungsmuster unbewußt verspricht und zu gewährleisten scheint. Mit anderen Worten: Die Liebe entzündet sich dort, wo zwei aneinander *Vertrautes aus ihrer ersten Liebe* zu Vater und Mutter wiederentdecken und dabei erleben, daß jene vergangene Liebesgeschichte sich in der Gegenwart fortsetzen läßt.

Nun war jene erste Liebe keineswegs frei von *Konflikten und Enttäuschungen* – in *Freud*'s Theorie markiert der Begriff des Ödipuskomplexes exemplarisch die Leiden und Kränkungen der kindlichen Beziehung zu Vater und Mutter. In die Übertragungsliebe zum Partner gehen somit auch jene mitgebrachten Schmerzen und Enttäuschungen ein, die aus den Tagen der Kindheit als unerledigte und verdrängte Relikte im Unbewußten schlummern und die mit starker Dynamik auf Erledigung drängen. Die Liebe zum Partner reaktiviert folglich nicht nur die Gefühle der Geborgenheit in den Armen des Vaters und der Mutter, sie läßt unweigerlich auch die alten, unverheilten Wunden aus der Beziehung zu den Eltern aufleben, mehr noch: Die Partnerbeziehung wird über kurz oder lang zum unbewußten Forum, wo die nie gewagte und gelebte kindliche Wut dem enttäuschenden Vater oder der abweisenden Mutter gegenüber unterschwellig gewagt und gelebt wird. Gleichzeitig wird die Paarbeziehung mit der unausgesprochenen Erwartung überzogen, hier endlich jenes Maß an Geborgenheit und Wiedergutmachung zu bekommen, das einem in der ersten Liebe verweigert wurde.

Die Übertragungsliebe ist somit vor allem gekennzeichnet durch *Riesenerwartungen* nach Glück und Zuwendung, die den Partner heillos überfordern müssen. Auf eine solche Ehe läßt sich dann *Hölderlins* Wort über den Staat anwenden: Dadurch haben die Menschen die Ehe zu ihrer Hölle ge-

[411] *J. Framo*, Family of origin as a therapeutic resource for adults in Marital and Family Therapy.
[412] Vgl. u.a.: *E. Drewermann*, Psychoanalyse und Moraltheologie, Bd. 2, 38–77.

macht, daß sie sie zu ihrem Himmel machen wollten! Man sollte bei dieser, heute verstärkt zu konstatierenden Riesenerwartung an die Partnerbeziehung freilich die Tragik nicht übersehen, in der beide Partner gefangen sind. Sie können, solange sie die psychogenetische Quelle ihrer Wut und ihrer Riesenerwartung nicht kennen und sich ihr nähern, gar nicht anders, als sich gegenseitig zu überfordern, zu enttäuschen und zu verletzen. Gefangen und verstrickt in ihre unerledigte erste Liebe wiederholen sie geradezu zwanghaft und entgegen ihrer besten Absicht die alten leidvollen Beziehungsmuster.

Der Schweizer Psychotherapeut *Jörg Willi* entfaltet in seinem Buch »Die Zweierbeziehung. Analyse des unbewußten Zusammenspiels in Partnerwahl und Paarkonflikt«[413] die aus der Kindheit stammenden und in der Paarbeziehung fortgeführten Beziehungsmuster noch genauer. Er spricht dabei von *Kollusionen*. Verstanden wird darunter »ein uneingestandenes, voreinander verheimlichtes Zusammenspiel zweier oder mehrerer Partner auf Grund eines gleichartigen unbewältigten Grundkonfliktes... Der gemeinsame unbewältigte Grundkonflikt wird in verschiedenen Rollen ausgetragen, was den Eindruck entstehen läßt, der eine Partner sei geradezu das Gegenteil des andern. Es handelt sich dabei aber lediglich um polarisierte Varianten des gleichen«.[414] Man könne die Kollusion, so *Willi*, mit Schlüssel und Schloß vergleichen: Auf Grund ihrer jeweiligen kindheitlichen Urverletzung, die sich an verschiedenen Phasen der psychogenetischen Entwicklung festmachen läßt, kommt es in der Paarbeziehung zu einem *geheimen und konfliktreichen »Wiedererkennen«* der vom Grundkonflikt betroffenen Partner. *Willi*[415] unterscheidet vier verschiedene Kollusionen:

(1) *Die narzißtische Kollusion* kreist um das Thema der *Abgrenzung und Verschmelzung* zwischen den Partnern. In diesem Grundmuster gehen bei aller vordergründigen Gegenrichtung in der Strebung *Narzißt und »Komplementärnarzißt«* ein Ergänzungsverhältnis ein. Die Selbstinstruktion des Narzißten lautet: »Ich kann so grandios sein, weil du mich so schwärmerisch verehrst!« Der Komplementärnarzißt begegnet dem anderen nach der Maxime: »Ich kann dich so schwärmerisch verehren, weil du so grandios bist!« Im Paarkonflikt wird aus der Selbstinstruktion beim Narzißten: »Ich bin so bös und rücksichtslos, weil du mich so verpflichtest und festlegst!« – beim Komplementärnarzißten: »Ich verpflichte dich und enge dich ein, weil du so bös und rücksichtslos bist!« Narzißtische Kollusion verweist, nach *Willi*, auf eine primärnarzißtische Sehnsucht nach einem Urzustand, »in dem es noch keine Trennung zwischen Subjekt und Objekt gab, wo alles noch eins war im

[413] *J. Willi*, Die Zweierbeziehung.
[414] Ebd. 59.
[415] Ebd. 61–161.

Urgrund, im Mutterleib«.[416] Für Narzißten bestünden im Blick auf die Liebe nur zwei Möglichkeiten: »Entweder man gibt sich für den Partner auf, oder der Partner gibt sich für einen auf.«[417]

(2) Die *orale Kollusion* ist vom Thema *»Pflegen, Nähren, Einander-Umsorgen«* geprägt. Es herrscht in der Paarbeziehung die unbewußte Vorstellung vor, der eine habe als »Mutter« den anderen, von *Willi* als »Pflegling« bezeichnet, wie ein hilfloses Kind zu betreuen. So unbewußt wie die Rollenverteilung ist auch die Annahme der Partner, daß die Hilfsbereitschaft des einen unerschöpflich und frei von Anspruch auf Gegenleistung zu sein habe und der Hilfsbedürftige von allen Ansprüchen zur Selbsthilfe verschont werden müsse. Im Interaktionszirkel teilt der »Pflegling« dem anderen mit: »Ich kann mich so passiv umsorgen lassen, weil du so fürsorglich bist!« Die »Mutter« drückt aus: »Ich kann so fürsorglich sein, weil du so bedürftig bist!« Somit drängt der Pflegling die Mutter in die Pflegehaltung, während umgekehrt die regressive Hilfsbedürftigkeit verstärkt wird. Beide Partner überfordern und verkennen einander. Wut und Enttäuschung stellen sich ein, so daß sich ihre orale Kollusion immer mehr auf einen Interaktionszirkel einspielt, bei dem der »Pflegling« sagt: »Ich bin so unersättlich und undankbar, weil du so vorwurfsvoll und abweisend bist!«, während die Mutter antwortet: »Ich bin so vorwurfsvoll und abweisend, weil du so unersättlich und undankbar bist!« Die psychogenetische Ursache dieser Kollusion ist, wie im Kontext der psychoanalytischen Phasenlehre erörtert, in Traumatisierungen zur Zeit der oralen Phase zu suchen.

(3) In der *anal-sadistischen Kollusion* steht das *»Einander-ganz-Gehören«* im Mittelpunkt. *Willi* spricht auch von einer *»Herrscher-Untertanen-Kollusion«*, bei der ein aktiver und ein passiver analer Charakter zusammenspielen. Der aktive Partner signalisiert: »Ich kann in dieser Beziehung so autonom, aktiv und mächtig sein, weil du so abhängig, passiv, gefügig bist!« Und der passive Partner antwortet: »Ich kann so abhängig, passiv und verantwortungsfrei bleiben, weil du so autonom, stark und mächtig bist!« Der Umschlag in den Paarkonflikt tritt auch hier, wie in den anderen Kollusionsformen, durch die Wiederkehr des Verdrängten ein. So kann z. B. der aktive Partner von einer großen Angst vor Abhängigkeit überflutet werden, die er durch noch ausgeprägteres Machtgebaren zu übertönen versucht. Es pendelt sich dann ein Interaktionszirkel ein, bei dem der »Herrscher« sagt: »Ich bin so tyrannisch und versklavend, weil du dich mir entziehst und dich auf nichts festlegen läßt!« Und der »Untertan« reagiert: »Ich lasse mich auf nichts festlegen und verpflichten, weil du mich tyrannisieren willst!«

(4) In der *phallisch-ödipalen Kollusion* geht es um *Liebe als männliche Bestätigung* bzw. um die *»hysterische« Ehe*. Ausschlaggebend sind hier neu-

[416] Ebd. 67.
[417] Ebd. 73.

rotische Fehlhaltungen der Partner bezüglich ihrer *Geschlechtsrolle*. Nach Auffassung der tiefenpsychologischen Phasenlehre treten sie auf, wenn besonders in der phallisch-ödipalen Phase die geschlechtliche Identität nicht klar grundgelegt werden konnte, sei es, daß Eltern in übertriebener Weise an das Kind die Sorge herantrugen, es könnte als Junge nicht männlich genug, als Mädchen nicht weiblich genug sein, sei es, daß das Kind als Partnerersatz mißbraucht wurde. In der phallisch-ödipalen Paarbeziehung legt der Mann »seine Potenz in die Hände der Frau«.[418] Er fühlt sich aufgewertet, »wenn die Frau sexuell aus ihm einen Mann macht und ihm so über seine eigenen Potenzängste hinweghilft. Da er aber in seiner Potenz von ihrem Entgegenkommen abhängig ist, versagt er, sobald er sich der Unterstützung der Frau nicht mehr sicher fühlt. Diese Unterstützung fällt aber der Frau aus ihrer eigenen Problematik heraus schwer. Lautete der Interaktionszirkel bei der Partnerwahl vom Mann aus: ›Ich werde so potent, weil du mich so bestätigst!‹ und von der Frau her: ›Ich kann dich so bestätigen, weil du durch mich so potent wirst‹, so lautet der Interaktionszirkel im Paarkonflikt vom Mann aus: ›Ich bin so impotent, weil du mich so kastrierst‹, und von der Frau her: ›Ich kastriere und verachte dich so, weil du so ein impotenter Waschlappen bist!‹«[419] *Willi* hebt hervor, daß die Sexualität Symbolcharakter habe und hier das Problem männlicher und weiblicher Rollenerfüllung insgesamt zum Ausdruck komme.

Bei der Paardiagnostik müsse man, so der Autor, davon ausgehen, »daß jedes Ehepaar von allen vier erwähnten Grundthemen betroffen wird, also vom Thema ›Liebe als Einssein‹, ›Liebe als Einander-Umsorgen‹, ›Liebe als Einander-ganz-Gehören‹ sowie ›Liebe als männliche Bestätigung‹.«[420] Beim Paarkonflikt dürfte jedoch ein Akzent in Form eines ganz bestimmten Kollusionsmusters stärker hervortreten, ohne daß freilich die übrigen bedeutungslos würden.

Diese sehr plausible These, daß partnerschaftliche Beziehungsmuster nicht in kollusiven Reinkulturen, sondern in Mischformen in der konkreten Paarbeziehung anzutreffen sind, stellt im übrigen eine *ehetheologische Schlußfolgerung Eugen Drewermanns*[421] in Frage. Er vertritt die Auffassung von der prinzipiellen Unverträglichkeit bestimmter Charaktertypen in einer Paarbeziehung. So soll etwa die *Beziehung zwischen einem depressiven und einem zwanghaften Charakter* mit unausweichlicher Tragik scheitern, weil sich beide in einem ausweglosen Interaktionszirkel verstricken. Der zwanghafte Partner fordere vom anderen ständig die perfekte Leistung, und nur unter dieser Voraussetzung könne er ihn lieben. Der Depressive hingegen

418 Ebd. 153.
419 Ebd. 153.
420 Ebd. 159.
421 *E. Drewermann*, Psychoanalyse und Moraltheologie, 84–111.

erlebe sich in seinem tiefverwurzelten Minderwertigkeitsgefühl ganz von der Aufwertung des anderen abhängig. Gerade die jedoch kann ihm der Zwanghafte aus seiner eigenen Problemlage heraus nicht geben. *Drewermann* spitzt somit das Prinzip der Kollusion, das bei *Willi* keineswegs als unlösbar erscheint, dramatisch zu, indem er im Kollusionsfall prinzipielle Unverträglichkeit und damit Unheilbarkeit diagnostiziert. Zudem berücksichtigt er eben nicht, daß weder Charaktere noch Beziehungsmuster in Reinkultur auftreten. Die nur zwanghaft-depressive Beziehung kommt wohl einer Fiktion gleich. Somit bewegt sich auch seine Anfrage an das kirchliche Eherecht und an die Ehepastoral, ob man nicht diesen psychisch »unverträglichen« Ehepartnern von vornherein mangelnden Ehewillen bzw. fehlende Ehefähigkeit zubilligen und damit die Ungültigkeit ihrer Ehe zugeben müsse, auf psychologisch ungesichertem Fundament. Die pastorale Sorge um schwierig gewordene Ehen, die *Drewermann* bei seiner Anfrage leitet, ist damit freilich in ihrer Dringlichkeit nicht entschärft.

Eine *diakonisch verstandene Ehepastoral* wird zweifellos von der Praxis der Paartherapie viel gewinnen können. Ihre methodischen Anregungen falten im wesentlichen das »Go-home-again«, von dem *Framo* sprach, aus.

2. *Wachsen in der Paarbeziehung*

Für *Willi* steht die Therapie der Zweierbeziehung unter dem Programmwort »Gemeinsames Wachsen« – *»Koevolution«*.[422] Dazu gehöre bei jedem der Partner die allmähliche Einsicht in den eigenen Kollusionsanteil und seinen verdrängten, in der Herkunftsfamilie schlummernden Nährboden, und der Mut, sich von diesem Nährboden zu entbinden. Es käme entscheidend darauf an, das Wachsen nicht in einer falsch verstandenen *Selbstverwirklichungsideologie* auf Kosten des Partners, losgelöst von ihm oder gar gegen ihn, anzustreben. Denn Partnerbeziehungen sind ökologische Systeme. Das Zusammenspiel muß folglich so sein, »daß eine Balance möglich ist in der Entfaltung des eigenen Potentials und jenes des Partners. Das heißt: Jeder muß die Chance zum Wachstum behalten, aber er kann nicht einfach einseitig für sich wachsen, gegen den andern und ohne Rücksicht auf ihn, weil er sich damit die Basis für den gemeinsamen Prozeß zerstört. Als Partner kann er sich innerhalb der Beziehung nur soweit entfalten, wie es ihm gelingt, vom andern beantwortet zu werden. Eine Partnerbeziehung kann rasch absacken in eine Beziehung, in der der eine keine Entwicklungschancen mehr hat und in einem solchen Ausmaß unterdrückt oder eingeengt wird, daß er innerlich abstirbt. Es bedarf einer dauernden Wachsamkeit, um eine Balance zu ermöglichen, die beiden Entwicklungschancen läßt.«[423]

[422] *J. Willi*, Koevolution.
[423] *J. Willi*, Treue heißt auch sich selbst treu bleiben, 24.

Tiefenpsychologisch gesehen, kommt es für das Gelingen einer Partnerbeziehung darauf an, die am Anfang jeder Beziehung stehende *Übertragungsliebe immer mehr zu überwinden* und den Partner zu »erkennen« als den, der er in Wahrheit ist: nicht Ersatz-Vater oder -Mutter, nicht Pflegling oder Untertan, nicht Herrscher oder alleiniger Nährer, sondern ein einmaliges, namentliches Du. Die Tiefenpsychologie findet mit dieser Auffassung überzeugende Verbündete in der Lebensweisheit von *Märchen und Sagen* aller Völker. Ob es sich um den Suchweg von »Hänsel und Gretel«[424] oder um den des »Mädchens ohne Hände«[425] handelt, immer stößt man auf die Botschaft, die Eltern – tiefenpsychologisch: die internalisierten Elternbilder – zu verlassen, sie zu »verbrennen« und »sterben« zu lassen, weil anders offenbar der Durchbruch durch den Nebel der Übertragungsliebe und ihrer Mißverständnisse nicht gelingen kann.

Der mühsame Übergang von der Übertragungsliebe zur echten Liebe muß von jedem Partner selbst geleistet werden und ist nicht delegierbar. Denn der Unfriede, der aus der Übertragung wächst, ist in jedem und nicht nur im anderen. Somit kann das Maß des Friedens einer Ehe niemals besser ausfallen, als es der innere Friede jedes der Partner zuläßt. An *hilfreichen Wegen zum Frieden in der Ehe* hat sich für die Tiefenpsychologie u. a. das Hinhören auf die *Botschaft der Träume* bewährt. Vieles, was sich in der aktuellen Partnerbeziehung ereignet, und dessen Wurzeln in die Beziehung zu den Eltern zurückreichen, findet in den Träumen bildhaften Ausdruck. Sie liefern mit ihren oft unverständlichen Wort- und Satzfragmenten, die gleichwohl als geheimnisvolle Zauberworte erscheinen, Anstöße zum Miteinander-Reden, zum Erzählen und Erinnern. Die Botschaft der Träume kann durchaus den Weg von der infantilen Ehe zur Erwachsenen-Ehe für den, der sich dieser Sprache zu öffnen vermag, ebnen.

Karl Herbert Mandel[426], einer der bekanntesten deutschen Eheberater, empfiehlt für das gemeinsame Wachsen in der Ehe ganz selbstverständliche, aber offensichtlich in Ehen häufig vergessene »Methoden«. Sehr entscheidend sei die Bemühung, den anderen *nicht auf ein Phantasiebild festzulegen* und damit seine Entwicklungsmöglichkeiten zu vergewaltigen. Zum Abschied von diesem übertragungsgetränkten Phantasiebild gehöre die Einkehr bei sich selbst. Erst wenn wir mit uns selber in Frieden leben können, also auch das in uns annehmen, was uns mit Scham und Peinlichkeit berührt, seien wir in der Lage, uns mit der Realität des anderen ohne Projektion auseinanderzusetzen. Unvermeidlich werde man beim mühsamen Prozeß der Selbsterkenntnis auf eigene *Verstrickung in Schuld* stoßen. Hier fordert

[424] Vgl. zur Interpretation dieses Märchens u. a.: *C.-H. Mallet*, Kennen Sie Kinder? Wie Kinder denken, handeln und fühlen, aufgezeigt an vier Grimmschen Märchen, 20–66. – *M. Schäfer*, Märchen lösen Lebenskrisen, 27–42.

[425] Vgl. dazu u. a.: *E. Drewermann/I. Neuhaus*, Das Mädchen ohne Hände.

[426] *K. H. Mandel*, Frieden in der Ehe.

Mandel: »Wir müssen wieder schuldfähig werden«[427], d.h. das Böse in uns als Tatbestand anerkennen und nicht weiter, verführt durch »modisches Psychotherapie-Geschwätz«, leugnen. Wir müßten auch die Illusion aufgeben, daß Leid in diesem Leben vermeidbar sei und wir die Ehe davor absolut sichern können. Wenn wir unsere *Realitätsflucht*, die Forderung nach einer schmerzfreien Welt aufgäben und statt dessen immer wieder versuchten, so tapfer wie möglich mit dem Unvermeidbaren zu leben, blieben uns zwar nicht das Leid, vielleicht aber die Verzweiflung und der Unfrieden erspart. Die Realität anerkennen beinhalte das *Erkennen und Annehmen der eigenen Grenze wie der des Partners*. Dieses Ja zur menschlich begrenzten Wirklichkeit bewahre davor, sich und den anderen zu vergötzen oder zu verteufeln. Wenn man den anderen als menschlichen Partner gelten lasse, dann hätte das bisweilen zur Konsequenz, sich in der Ehe »das, was man sich sonst nicht bieten lassen würde, bieten (zu lassen)«.[428] *Demut und Opferbereitschaft* gegenüber dem Partner dürften jedoch nicht in der Weise mißverstanden werden, daß man auf Auseinandersetzungen verzichtet oder berechtigten Ärger einfach hinunterschluckt. Als heilsame Wege zum »Frieden in der Ehe« faßt *Karl Herbert Mandel* zusammen:[429]

- »Wir haben Zeit füreinander und erzählen aus unserem inneren Leben, aus unserer Geschichte!
- Wir vertrauen einander an, was uns mit Scham erfüllt!
- Wir äußern unsere Enttäuschung und unsere Wünsche!
- Wir meditieren gemeinsam!«

Vor allem aber betont er, *Liebe als ein »Geschenk der Gnade«* zu betrachten: »Will sie am Leben bleiben und immer wieder Höhepunkte der Lebendigkeit erfahren, dann muß sich die Liebe zur individuellen Person des Partners vertiefen. Sie ist als immer wieder neu zu erringendes, nie gesichertes Ergebnis geistig-seelischer Bemühungen beider Partner zu verstehen, als Frucht der Mühsal, aber letztlich doch als ein Geschenk der Gnade.«[430] Das sind in der Tat erstaunliche Sätze eines Psychotherapeuten, der mit seinen Büchern doch zuweilen den Eindruck erweckte, als sei Liebe zwischen Ehepartnern herstellbar, einzig und allein durch Verbesserung der Kommunikation.[431]

[427] Ebd. 80.
[428] Ebd. 78.
[429] Ebd., 109–117. – Vgl. dazu die von *M. L. Möller*, Sprachlos und beziehungsarm: Die große Einsamkeit zu zweit, 27, formulierten »Bedingungen einer guten Beziehung«. Es heißt hier u.a.: »Wir können lernen, von der wechselseitigen Unkenntnis auszugehen statt von der gleichen Wellenlänge..., unser gemeinsames unbewußtes Zusammenspiel wahrzunehmen..., regelmäßige wesentliche Gespräche als Kreislauf einer lebendigen Beziehung zu betrachten..., in konkreten Erlebnissen statt in Gefühlsbegriffen zu sagen, was wir meinen..., unsere Gefühle als unbewußte Handlungen mit geheimer Absicht zu verstehen...«
[430] Ebd. 117.
[431] Vgl. u.a.: *A. Mandel/K.H. Mandel/H. Rosenthal*, Einübung der Liebesfähigkeit. – *A. Mandel/K.H. Mandel/E. Stadter/D. Zimmer*, Einübung in Partnerschaft durch Kommunikationstherapie

Mandels Ausführungen sind eher als *präventive Wegweisungen* zu verstehen, wie man in Frieden miteinander alt werden kann. Sie liefern damit einen indirekten Einblick in die Eheauffassung und Zielsetzung mancher Eheberatung, geben jedoch keine Auskunft über den praktischen Verlauf einer Paartherapie. Um wenigstens exemplarisch einen Eindruck zu bekommen, wie (analytische) Paartherapie konkret vonstatten geht, sei ein Bericht zitiert, der die Vorgehensweise *Horst Eberhard Richters*[432] beschreibt.

»Zwei Wochen lang, jeden Tag zwei Stunden, trifft sich ein Ehepaar mit dem Therapeuten. Die Anfangsphase einer solchen Therapie in Ausschnitten: Ein 40jähriger Angestellter, eine 34jährige Hausfrau, seit 9 Jahren miteinander verheiratet, 2 Kinder von 7 und 3 Jahren. Er stottert, sie hat Magenschmerzen. Beide finden, daß sie ›so miteinander nicht weiterleben können‹.

Sie: – ›Du sprichst nicht. Ich muß dich zehnmal fragen, um von dir etwas zu hören!‹
– ›Du kritisierst mich dauernd. Ich kann dir nichts mehr recht machen!‹
– ›Mir fehlt bei dir Wärme und Sicherheit!‹
– ›Du schläfst wochenlang nicht mit mir!‹

Er: – ›Du läßt dich gehen! Du arbeitest ohne System!‹
– ›Du bist wahnsinnig mißtrauisch! Dabei habe ich in unserer ganzen Ehe kein Verhältnis mit einer anderen Frau gehabt!‹
– ›Du konzentrierst dich hundertprozentig auf mich. Schon mein Beruf ist dir zuviel. Ich fühle mich von dir dauernd auf die Füße getreten...‹

Der Therapeut interveniert: Beide mögen deutlicher sagen, was sie selber empfinden.

Er legt dar, daß er die Nachlässigkeit seiner Frau so erlebe, daß sie es ihm zu Hause nicht schön machen *wolle*. *Sie* unterstellt, daß er sich deshalb so wenig um sie kümmere, weil er sich nichts mehr aus ihr mache.

In der dritten Sitzung jammern beide. Jeder versichert, er hinge am anderen, und beide behaupten, der andere habe sich innerlich schon weit gelöst, denn sonst würde der andere sich doch nicht so schlimm benehmen. Der Therapeut konfrontiert beide mit dem Widerspruch, daß jeder die eigene Nähe zu dem Partner bekunde, ohne daß dieser darauf positiv reagiere. Keiner freue sich, obwohl er vom Partner genau das zu hören bekomme, was er angeblich vermisse.

und Verhaltenstherapie. Der Eindruck der unbegrenzten Machbarkeit der Beziehung geht nicht nur von den frühen Publikationen *Mandels* aus. Er legt sich mehr noch aus vielen anderen »Eheratgebern« nahe.

432 *R. Zundel*, Der Weg in die Politik, 31 b.

Als beide nach wie vor an ihren Vorwürfen kleben, interpretiert der Therapeut: »Wenn Sie einander nicht glauben wollen, daß der andere sich Ihnen noch positiv verbunden fühle, dann heißt das doch, daß jeder von Ihnen einen Vorwand sucht, um seine negativen Gefühle offen bekennen zu können. Jeder von Ihnen hat Impulse, vom Partner wegzugehen. Aber jeder möchte, daß der andere die Bombe zündet, damit er für die eigenen Impulse eine Entschuldigung hat.«

Beide schweigen betroffen und nachdenklich. Dann gesteht sie spontan, daß sie wirklich öfter daran denke, von ihrem Mann wegzugehen. Sie läßt jetzt ihre Wut auf ihn heraus, lenkt aber am Ende ein: Sie plane nicht ernstlich eine Scheidung, und im Grunde möge sie trotz allem ihren Mann. Er atmet erleichtert auf und bietet ihr – zum ersten Mal in der Therapie – eine Zigarette an. Sie nimmt an. In der nächsten Sitzung wagt er einzugestehen, daß auch er manchmal wünsche, daß sie die Bombe zünde und daß er dann gehen könnte.

In der mittleren Phase der Therapie kommt sehr oft die Kindheitsgeschichte der Partner zur Sprache. »Der Einzelne kann dadurch besser erkennen, woher die neurotisch beeinflußten Erwartungen stammen, die er in die Partnerbeziehung eingebracht hat... Es stellt sich zum Beispiel heraus, daß die Frau eigentlich eine schützende Vaterfigur sucht, während der Mann eine Nacherfüllung mütterlicher Fürsorge ersehnt. Beide verstehen jetzt, daß es sinnlos ist, den Partner mit Ansprüchen zu überfordern, denen er gar nicht gewachsen ist. Sie beginnen, sich wechselseitig mehr Selbstentfaltung zu gönnen. Die letzte Phase ist geprägt vom Versuch, eine erträgliche Art von Dialog herauszufinden und einzuüben.«

»Immer wieder«, so urteilt *Richter*[433], »erfahren zwei Partner, daß sie es viel leichter haben, einmal unverhüllt ausgedrückte aggressive Gefühle miteinander zu verarbeiten, als die Fortsetzung einer vielleicht jahrelang praktizierten Strategie länger zu ertragen, bei welcher jeder seine Aggressivität, sei es durch Kopfschmerzen, Frigidität, bedrückenden Pessimismus, zermürbende Pedanterie oder dergleichen maskiert hatte«.

Bereits dieses geraffte und verkürzte Therapieprotokoll, ergänzt mit paartherapeutischen Einsichten *Horst Eberhard Richters*, läßt etwas von der *Grundhaltung* und »Interventionsstrategie« des analytischen Eheberaters erahnen. Er ermöglicht vor allem Zutrauen, das dem Partner erlaubt, sich zu öffnen. Und er paßt auf, »daß nicht einer von beiden zu Schaden kommt, wenn er sich selbstkritischer über sich äußert und dem anderen ohne automatisch defensives Agieren zuhört«.[434] Man spürt, daß der Therapeut die Kunst der sokratischen Mäeutik beherrscht, wenn er etwa aus dem Gespräch plötzlich einen Satz, ein Wort herausgreift, es den beiden zurückgibt

[433] Ebd. 31 b.
[434] Ebd. 31 b.

als Kennwort, das ein unbewältigtes Lebensthema ausdrückt. Und er hat den Mut, widerständig zu sein, er fragt nach und verbaut die eingetrampelten Wege zum Ausweichen. Er hält Phasen tiefer Gefühlsbewegung der Partner aus, ihr Weinen, ihre Erschöpfung – und ihr Glück.

(3) Psychodynamische Familientherapie

In Gegenüberstellung zu den strukturalistischen Konzepten (*Minuchin*), die den Akzent auf die familiären Subsysteme, ihre Regeln und Abgrenzungen legen, spricht *Ingeborg Rücker-Embden-Jonasch*[435] von psychodynamisch orientierter Familientherapie, zu der u. a. die Analyse familiärer Rollen und Neurosen von *Horst Eberhard Richter* und das Konzept der transaktionalen Interaktionsmodi von *Helm Stierlin* gezählt werden.

1. Familiäre Rollen

Horst-Eberhard Richter hat in seinen Büchern »Eltern, Kind, Neurose« (1963) und »Patient Familie« (1970) eine *Typologie familiärer Rollen* erarbeitet, bei der vor allem der unbewußte Rollenauftrag, den Eltern einem Kind übermitteln, im Vordergrund steht. Unter Rolle wird das »strukturierte Gesamt der unbewußten elterlichen Erwartungsphantasien gemeint, sofern diese dem Kind die Erfüllung einer bestimmten Funktion zuweisen ...«[436] Als Quelle der elterlichen Erwartungsphantasien und Projektionen wird das Motiv gesehen, sich von eigenen mangelhaft bewältigten Konflikten zu entlasten. *Richter* diagnostiziert im familiären Beziehungsgeflecht, in der Triangulation von Mutter-Vater-Kind, das Kind häufig als den *»weinenden Dritten«*, an dem sich, als dem schwächsten Glied der Kette, das Verdrängte und Unbewältigte der Eltern auszeitigt. Kindliche bzw. familiäre Symptome entstehen, weil Eltern beispielsweise mit ihren Trennungsängsten nicht fertig geworden sind, die aus ihrer Beziehung zu Vater und Mutter herrühren und in der Partnerbeziehung neu entfacht wurden. Solche Eltern klammern sich dann an das Kind, ein symbiotisches, unfreies Verhältnis der gegenseitigen Manipulation entsteht, das die Reifung des Kindes außerordentlich erschwert. Dem Kind wird projektiv die Rolle der eigenen Eltern zugeschrieben, es wird zum *Elternsubstitut*. In ähnlichen Übertragungsmechanismen kann das Kind zum *»Gatten- oder Geschwistersubstitut«* gemacht werden. In all diesen Fällen wird das Kind nicht in seinem orginären Subjektsein anerkannt, sondern als Objekt elterlicher Konflikt- und Angstbewältigung, deren Mißlingen damit programmiert ist, benützt.

[435] *I. Rücker-Embden-Jonasch*, Familientherapie, 290.
[436] *H. E. Richter*, Eltern, Kind, Neurose, 73.

Von solchen Rollensubstitutionen unterscheidet *Horst-Eberhard Richter* die *»narzißtische Projektion«* der Eltern, die im Kind das »Abbild schlechthin«, das »ideale Selbst«, auch das »negative Selbst«, das »schwache Selbst« oder den »umstrittenen Bundesgenossen« sieht. Hierzu gehören demnach familiäre Dynamismen, wo Eltern die Kränkung durch eigenen mangelhaften Lebenserfolg stellvertretend über die Identifikation mit dem Kind aufheben wollen. Auch die *Abwehr der eigenen Schwäche und Schuld*, von dem das elterliche Selbstbild narzißtisch freigehalten werden soll, wird am Kind durchgeführt, indem man es in die Rolle des familiären *Sündenbocks* drängt.

2. *Familienneurosen*

Im Anschluß an die familiäre Rollentherapie entwickelt *Richter*[437] eine *Typologie von Familienneurosen*. Analog zur psychoanalytischen Klassifizierung der Individualneurose unterscheidet er zwischen *»familiären Symptomneurosen«* und *»familiären Charakterneurosen«*. Bei der ersten Störung »ernennt« die Familie ein Mitglied zum Symptomträger, um sich so vom familiären Konfliktdruck zu entlasten. Bei der familiären Charakterneurose versucht das Gesamtsystem der Familie durch entsprechende »Familienstile« die Konflikte zu bewältigen. In diesem Fall richten sich Familien nach jeweils relativ einheitlichen neurotischen Konzepten aus. In drei Formen, angelehnt an die psychoanalytische Charakterologie, werden die familiären Charakterneurosen eingeteilt: »angstneurotische«, »paranoide« und »hysterische Familie«.

Die *angstneurotische Familie*, als *»Sanatorium«*[438] etikettiert, entsteht, wenn ein phobisch-ängstliches Familienmitglied die Familie als Schutzwall gegen die bedrohliche Außenwelt aufbaut. Die Familie wehrt sich zunächst gegen diese Versuche, gibt dann aber um des lieben Friedens willen nach und zieht sich insgesamt in das Schonklima, vergleichbar einer Sanatoriumswelt, zurück. Die Familie funktioniert, aber ihr Lebensradius ist äußerst eingeschränkt. Mami, Papi und Bubi leben friedlich miteinander, aber die mitmenschlichen Kontakte nach außen, die sozialen Fähigkeiten und somit auch der Realitätsbezug der Familie verkümmern.

Die *paranoide Familie*, als *»Festung«*[439] tituliert, versucht, die feindseligen Impulse untereinander nach außen abzuleiten, indem die Realität wahnartig umgedeutet wird. Kennzeichnend ist eine kämpferische Besessenheit von fixen, wahnhaften Ideen und Ideologien. Die Familie wird zur Kampfgruppe, die missionarische Kreuzzüge gegen irgendwelche Feindbil-

[437] Vor allem in: *H. E. Richter*, Patient Familie. – *Ders.*, Familientherapie.
[438] Ebd. 73–90.
[439] Ebd. 90–107.

der startet. Auf den »äußeren Feind« können die unbewältigten Aggressionen im Innenraum der Familie abgelenkt und ein familiärer Solidarisierungseffekt in Gang gesetzt werden.

In der *hysterischen Familie*, als *»Theater«*[440] apostrophiert, gruppieren sich die Familienmitglieder meist um einen »hysterischen« Hauptdarsteller. Die kunstvoll konstruierte hysterische Szenerie dieser Familie bedeutet »nichts anderes als ein ängstlich verteidigtes Abwehrsystem gegen die Gefahren einer Depression«.[441]

Trotz der an vielen Fallbeispielen illustrierten Familientypologie gibt *Richter* nur sehr wenige Handlungsanweisungen für den Therapeuten. Gemäß seiner psychoanalytischen Denkweise sieht er die Aufgabe des Helfers darin, der Familie *»vorsichtig interpretierend«* zu einem besseren Selbstverständnis zu verhelfen. Dabei habe er sich an das familiäre System mit seinen Rollenzuweisungen und neurotischen Organisationsformen über bestimmte *Fragen* heranzutasten: »Wozu braucht diese Familie diese Störung? Was ist in dieser Gruppe ursächlich passiert, und wie geht sie jetzt mit dem Problem um? Will die Familie den inneren Konflikt durch Spaltung loswerden? Will sie ihn durch solidarische Verleugnung unterdrücken und evtl. nach außen projizieren? Macht sie Anstalten zu einem Selbstheilungsversuch? Strukturiert sie sich in der Weise um, daß ein Symptomträger entlastet wird? Organisiert sich diese Familie spontan aus dem Gefühl der Hilflosigkeit einen äußeren Beistand?«[442] Weiter betont *Richter* die Notwendigkeit, das durch »Spaltungsprozesse« (Symptomfamilie) unterbrochene oder wahnhaft bzw. hysterisch entleerte (charakterneurotische Familie) Gespräch in der Familie wieder anzuregen.

3. Transaktionale Interaktionsmodi

Helm Stierlin[443], einer der namhaftesten Vertreter der psychoanalytisch orientierten Familientherapie in der BRD, hat versucht, eine Familientheorie zu entwickeln, in deren Mittelpunkt *zentripetale und zentrifugale Familienkräfte* stehen. Zum Ausdruck kämen diese Kräfte in sog. *»transaktionalen Interaktionsmodi«*. In ihnen realisiert sich das Zusammenspiel von »Zug aus der Familie heraus« und »Kraft in die Familie hinein«, besonders wirksam und nachhaltig erfahren im Prozeß der Lösungen eines Kindes von den Eltern in der Pubertät.

[440] Ebd. 107–110.
[441] Ebd. 109.
[442] Ebd. 126.
[443] Vgl. u.a.: *H. Stierlin*, Eltern und Kinder. – *Ders.*, Von der Psychoanalyse zur Familientherapie. – *Ders.*, Das Tun des Einen ist das Tun des Anderen. – *Ders.*, Dynamische Familientherapie. – *Ders.*, Delegation und Familie. – *Ders.*, »Der liebevolle Kampf zwischen Festhalten und Loslassen. – *H. Stierlin/I. Rücker-Embden/N. Wetzel/M. Wirsching*, Das erste Familiengespräch. – Vgl. zum Folgenden auch: *H. Poensgen*, Die Befreiung einer verlorenen Beziehung. – *I. Rücker-Embden-Jonasch*, Familientherapie, 294ff.

In seinem Buch »Eltern und Kinder – Das Drama von Trennung und Ablösung«[444] unterscheidet *Stierlin* drei verschiedene Interaktionsmodi: Bindung, Ausstoßung und Delegation. Ergänzt werden diese Muster familiären Zusammenspiels durch zwei weitere Perspektiven, die als »bezogene Individuation« und als »Mehrgenerationsperspektive von Verdienst und Vermächtnis« bezeichnet werden.

(1) Bezogene Individuation
Der Mensch erlebt sich, so *Stierlin*, als getrennt und zugleich bezogen. Im Prozeß der Individuation des Kindes kann nun die Balance zwischen beiden Polen Störungen erfahren. Es kommt dann entweder zur Überindividuation, bei der sich Eltern und Kind starr und kommunikationsfeindlich voreinander abkapseln, oder zur Unterindividuation, wo die familiären Kommunikationspartner symbiotisch miteinander verschwimmen und auf die angemessene Abgrenzung verzichten. Entwicklungsziel des einzelnen Familienmitglieds ist eine »bezogene Individuation«, die unter Umständen durch die Interventionen eines Familientherapeuten gefördert werden muß. Vor allem hat die Familie zu lernen, daß jeder Individuationsfortschritt neue Kommunikations- und Versöhnungsleistungen bedingt. »In bestimmten Zeiten und auf bestimmte Weise müssen sich die sonst festen und schützenden Grenzen öffnen und Getrenntheit sich mit Gemeinsamkeit, Individualität mit Solidarität, Autonomie mit Interdependenz versöhnen.«[445] Mit dem Konzept der »bezogenen Individuation« möchte *Stierlin* aufzeigen, daß ein höheres Niveau an Individuation immer auch ein je höheres Niveau an Bezogenheit verlangt und ermöglicht. Damit will er »der bourgeoisen Tendenz entgegen(wirken), Individualität und Selbstverwirklichung ohne einen Bezug zu Interdependenz und Solidarität zu verstehen und daher zu verklären.«[446] – Ein Anliegen, das er mit dem christlichen Verständnis von Selbstverwirklichung durchaus teilt.

(2) Bindung und Ausstoßung
Diese Begriffe beziehen sich auf den *Intensitätsgrad der zentripetalen und zentrifugalen Kräfte in der Eltern-Kind-Beziehung*. Herrschen die zentripetalen Kräfte vor, dann überwiegt der *Bindungsmodus*. »Eltern und Kinder verhalten sich so nach der unausgesprochenen Annahme, daß die wesentlichen Befriedigungen und Sicherheiten nur innerhalb der Familie erlangt werden können.«[447] Auf der »Es-Ebene« tendieren bindungsorientierte Eltern zu übertriebenen Verwöhnungs- und Infantilisierungshaltungen dem Kind gegenüber. Auf der Ich-Ebene kommt es zu einem undifferenzierten

[444] *H. Stierlin*, Eltern und Kinder.
[445] *H. Stierlin/I. Rücker-Embden/N. Wetzel/M. Wirsching*, Das erste Familiengespräch, 18.
[446] Ebd. 10.
[447] *H. Stierlin*, Eltern und Kinder, 50.

Konsens zwischen Eltern und Kind, der der realitätsgerechten Selbstwahrnehmung des Kindes im Weg steht. Auf der Über-Ich-Ebene schießlich wird die Loyalitätsbereitschaft des Kindes ausgenutzt, so daß für das Kind der Gedanke an Trennung schon als schlimmes Vergehen erscheint. Die unbewußten Motive der Eltern, das Kind übermäßig zu binden, sind sehr vielfältig. »Ein Elternteil kann etwa darauf angewiesen sein, durch sein fortdauernd abhängiges Kind die Bestätigung zu erlangen, daß er freigebig und großzügig ist.«[448] Oder aber man wünscht vom Kind in Dankbarkeit zurückerstattet, was man an Liebe für es aufgewendet hat. In jedem Fall wird das Kind ausgenutzt, weil »es nicht die Gefühle und Motivationen seines Vaters bzw. seiner Mutter als das erfahren und benennen darf, was sie in Wirklichkeit sind, feindlich und abweisend«.[449] Die fatale Konsequenz ist für den Jugendlichen eine »folgsame Selbstbestimmung«[450], die seine Selbst- und Fremdwahrnehmung massiv beeinträchtigt und authentische Lebensplanung verhindert.

(3) Delegation
Hier wirken zentripetale und zentrifugale Kräfte gleichermaßen. Das Kind ist im Interaktionsmodus der familiären Delegation *einerseits stark an die Eltern gebunden (zentripetale Kräfte), andererseits wird es mit einem elterlichen Auftrag ausgesandt (zentrifugale Kräfte)*, um Befriedigungen für Vater und Mutter auf deren Es-, Ich- oder Über-Ich-Ebene einzuholen. Als Impulse für diese *unbewußte Aussendung des Kindes* kommen vor allem Enttäuschungen und Versäumnisse im Lebensentwurf der Eltern in Betracht. Dabei erscheint der Delegationsmodus keineswegs nur als Ich-Schwäche, sondern durchaus »positiv als Leistung, ja möglicherweise Opferleistung des Delegierten für seine Familie«.[451] Er entlastet die Familie von Angst, Schuld oder Schamgefühlen und ermöglicht u.U. auf diese Weise das Überleben der Gesamtfamilie oder eines Elternteils. So bewahren delegierte Jugendliche, indem sie zu Hause »Probleme anliefern«, ihre auf die Mutterrolle fixierte Mutter vor der »Leere-Nest-Depression«, sie übertönen die Angst der Eltern vor der Einsicht, sich gegenseitig fremd geworden zu sein, und sie »vitalisieren« Eltern, die ihr Lebenspotential im Schwinden begriffen fühlen.[452]

Man sollte nach *Stierlin* freilich nicht die *konstruktive, persönlichkeitsaufbauende Seite des Delegationsmechanismus* übersehen. »Indem wir uns delegieren lassen, erhält unser Leben Richtung und Sinn, es verankert sich in einer Kette von Verpflichtungen, die die Generationen überspannt. Als

[448] Ebd. 51.
[449] Ebd. 52.
[450] Ebd. 63.
[451] *H. Stierlin*, Dynamische Familientherapie, 99.
[452] *H. Stierlin*, Der liebevolle Kampf zwischen Festhalten und Loslassen, 24.

Delegierte unserer Eltern haben wir die Möglichkeit, unsere Loyalität und Integrität zu beweisen und Aufträge zu erfüllen, die nicht nur eine unmittelbar persönliche, sondern auch eine überpersönliche Bedeutung haben.«[453] *Erzieherisch* ist es geradezu notwendig, Delegationen in Form von Erwartungen, Forderungen und Aufträgen an das Kind heranzutragen, »damit es seine Welt strukturieren kann. Aber immer müssen Eltern sich fragen, ob diese Delegationen angemessen sind, ob sie das Kind überfordern, ob sie seinen Talenten und seinen Bedürfnissen, seinem Alter entsprechen – und vor allem ob ein Dialog über diese Delegationen möglich ist.«[454]

Gründe für das *Entgleisen des Delegationsprozesses* liegen vor allem auch in der Inkompatibilität verschiedener elterlicher Aufträge, sei es, daß Eltern, in sich gespalten, nach Art einer »Doppelbindung« Aufträge an das Kind weitergeben, wie etwa »Sei ungehorsam!«, »Werde endlich erwachsen!«, »Sei spontan!« etc., deren Ausführung das Kind in einer Beziehungsfalle einschließt, sei es, daß der Auftrag des einen Elternteils mit dem des anderen differiert und so das Kind in Loyalitätskonflikte stürzt.

(4) Mehrgenerationsperspektive von Verdienst und Vermächtnis
Angelehnt an *J. Boszormenyi-Nagy*, der wiederum der »Schicksalsanalyse« *Leopold Szondis* nahesteht, weitet *Helm Stierlin* das Delegationsprinzip rückwirkend auf *mehrere Generationen* aus. Sie alle seien durch ein unsichtbar wirkendes Band der Loyalität, der Verpflichtungen und Vermächtnisse miteinander verbunden. Solche Vermächtnisse können vielfältiger Art sein, wie etwa die gespürte Aufgabe, erlittenes Leid durch frühen Tod von Kindern durch besondere Aufopferung wiedergutzumachen oder eine »Familienschande« zu rächen oder zu büßen. Delegationen können somit aus früheren Generationen in die Familie getragen werden und über die subjektive Verdienst- und Schuldbilanz ihrer Mitglieder entscheiden.[455]

4. Handeln des Familientherapeuten

Die dynamische Familientherapie, wie sie von *Helm Stierlin* und auch von *Horst-Eberhard Richter* konzipiert ist, erscheint zunächst mehr als ein *Instrumentarium zur Familiendiagnostik*, weniger zur eigentlichen therapeutischen Intervention. Doch entspricht eine solche Grenzziehung in Diagnostik und therapeutische Technik nicht der Realsituation, wo beides miteinander verschränkt gefordert ist. Das Interesse des »diagnostischen The-

[453] *H. Stierlin/I. Rücker-Embden/N. Wetzel/M. Wirsching*, Das erste Familiengespräch, 25.
[454] *H. Stierlin*, Der liebevolle Kampf zwischen Festhalten und Loslassen, 24.
[455] Ein beachtenswertes Beispiel solch generationsübergreifender Delegation legt *M. Krüll*, Freud und sein Vater, vor. Sie sieht *Freuds* Biographie und Lebenswerk zentriert um den väterlichen und großväterlichen Auftrag, durch öffentliche Anerkennung und wissenschaftlichen Erfolg deren Abkehr vom praktizierenden Judentum und ihr Versagen als Familienoberhäupter vergessen zu machen.

rapeuten« zielt folglich auf die Analyse der Interaktionsmodi und sucht *»Indexpatienten«* im Familienganzen zu identifizieren. »Stellt sich letzterer als ein ausgebeuteter Delegierter dar, der versucht, seine ihn überfordernden und oft unversöhnbaren Aufträge getreulich auszuführen, sich aber andererseits dagegen wehrt und sich mit Hilfe des Symptoms an den ihn ausbeutenden Eltern rächt, so kommt dem Therapeuten die Aufgabe zu, in allererster Linie Verständnis für die Eltern zu zeigen.«[456] Die *therapeutische Empathie*, mit der sich der Helfer von der Diagnose der Fakten weg dem einzelnen zuwendet, hat aber auch dem Delegierten zu gelten.

Im Gegensatz zur Einzeltherapie sei hier eine nach den Worten *Boszormenyi-Nagys*[457] *»multidirektionale oder vielgerichtete Parteinahme«* vom Therapeuten gefordert – eine Haltung, die in dieser Formulierung freilich in der familientherapeutischen Diskussion nicht unumstritten ist. Zum einen kommt »Allparteilichkeit« einer Überschätzung therapeutischer Fähigkeiten gleich, zum anderen muß man fragen, ob ein derart die Koalitionen wechselnder Helfer die gestörte familiäre Kommunikation nicht noch mehr belastet als fördert. *Stierlin* verlangt denn auch, um Mißverständnisse zu vermeiden, den Akzent von der »vielgerichteten Parteinahme« auf *»innerlich beteiligte Unparteilichkeit«* zu legen.[458] Es gelte allen Familienmitgliedern mit gleicher Fairneß entgegenzukommen.

Die Diskussion um die »Parteinahme« bzw. »Unparteilichkeit« des Therapeuten zeigt wohl einen von den Kritikern konstatierten Mißstand der Familientherapie insgesamt an, daß die praktischen Handlungsanweisungen nicht mit dem Niveau der Familientheorie Schritt halten können. *Bucholz*[459] beklagt, daß die Konzeptionen *Stierlins* und anderer den »Therapeuten mit der Vielfalt, Unübersichtlichkeit und gelegentlichen Hektik familientherapeutischer Sitzungen allein ließen«. Zuzurechnen ist jedoch, wie aus dieser Kritik bereits hervorgeht, die unklare Profilierung familientherapeutischer Interventionen der Komplexität des vielgliedrigen Beziehungsnetzes einer Familie und ihrer generationenlangen Geschichte. Dies vermag auch der zur Regel gewordene Einsatz von Co-Therapeuten nicht wettzumachen, wenngleich damit das Spektrum der Diagnosen und Rückmeldungen erheblich erweitert und validiert wird. Fast scheint es, daß es tatsächlich gerade im Fall der Familientherapie einer besonderen Intuition bedarf, um sich in dem vielschichtigen Beziehungsnetz einer fremden Familie einigermaßen zurechtzufinden, einer Intuition, wie sie von den Pionieren der Familientherapie wie *Virginia Satir*[460] oder *Carl Whitacker*[461] immer wieder gerühmt wird.

[456] *I. Rücker-Embden-Jonasch*, Familientherapie, 297.
[457] *I. Boszormenyi-Nagy/J. L. Framo*, Intensive Family Therapy.
[458] *H. Stierlin*, Von der Psychoanalyse zur Familientherapie.
[459] *M. B. Bucholz*, Psychoanalytische Methode und Familientherapie, 6.
[460] *G. Jürgens/H. Salm*, Familientherapie.
[461] Vgl. *A. Napier/C.A. Whitaker*, Die Bergers.

Neben einer solchen empirisch nicht so ohne weiteres faßbaren *intuitiven Grundfähigkeit* des erfolgreichen Familientherapeuten werden weitere Haltungen und Fertigkeiten an ihm beobachtet:[462]

- »das Positive im Negativen oder das Konstruktive im Destruktiven zu erkennen und für alle deutlich zu benennen.«[463]
- »freischwebende Aufmerksamkeit«, d.h. »die Augen und Ohren des Therapeuten müssen praktisch zu jeder Minute bei allen Familienmitgliedern gleichzeitig sein...«[464]
- Kommunikation von Gedanken und Gefühlen in Gang zu bringen und zu erleichtern
- offen und klar der Familie seine Wahrnehmungen mitzuteilen und die Reaktion darauf zu überprüfen
- unbewußte Widerstände der Familie gegen Veränderungen zu erkennen und darauf zu reagieren
- den Schwächeren an seiner unbewußten Beteiligung an der Ausbeutung durch den Stärkeren zu hindern bzw. seinen Beitrag zum Ausbeutungsmechanismus offen herauszustellen.

Mehr als in anderen Psychotherapieformen wird aber in der Familientherapie vieles dem persönlichen Stil der Therapeuten anheimgestellt, zu deren »Erfolgsgeheimnissen« nach *Rücker-Embden-Jonasch*[465] auch eine gewisse *»Eloquenz«*, *»Extravertiertheit«* und andererseits eine *»zurückhaltende, introvertierte Zuhörfähigkeit«* zählen. Therapeuten, die stärker aktiv in das Familiensystem eingreifen, werden als *»Conductors«*, zurückhaltende, allenfalls interpretativ deutende als *»Reactors«* charakterisiert.[466]

Zusammenfassend kann man mit *Rücker-Embden-Jonasch*[467] die dynamische Familientherapie als »eine Therapie des ›Ent-bindens‹, der Demystifikation, des nachgeholten Trauerns um verlorene Personen, Objekte oder Ambitionen, ein Ausbalancieren der Konten von Schuld und Gerechtigkeit und eine Versöhnung besonders der Eltern mit ihren Eltern und schließlich ein Binden von Familienmitgliedern, die bislang ausgestoßen und keine echten emotionalen Bindungen erfahren haben, verstehen. Allgemein bedeutet dies eine Förderung der Individuation und Differenzierung, d.h. größere Autonomie jedes einzelnen Mitglieds, wobei gleichzeitig emotionale Bedürfnisse, Verpflichtungen und Rechte den anderen gegenüber neu zu überprüfen sind und eine Bezogenheit auf einer höheren Ebene wiederhergestellt werden muß.«

[462] Vgl. *I. Rücker-Embden-Jonasch*, Familientherapie, 300–302.
[463] Ebd. 300.
[464] Ebd. 301.
[465] Ebd. 297.
[466] Ebd. 297.
[467] Ebd. 301.

(4) Familientherapie und diakonisch-heilende Seelsorge – Aspekte eines noch ausstehenden Dialogs

1. Familientherapie im Spannungsfeld kontroverser Wege der Ehepastoral

Unter den erörterten Psychotherapieformen kann die Familientherapie als die jüngste gelten. Man ist geneigt, es vorrangig dieser Tatsache, daß sie sich im Konzert der Psychotherapiekonzepte erst relativ spät zu Wort gemeldet hat, zuzuschreiben, wenn ein *Dialog zwischen Familientherapie und Seelsorge noch kaum in Gang gekommen* ist. Bei näherem Zusehen erweist sich diese Ursachenanalyse für den noch ausstehenden Dialog jedoch als wenig plausibel. Zum einen gehört die Familientherapie trotz ihrer kurzen Geschichte schon seit Jahren zu den Vorgehensweisen, die aus den kirchlichen Ehe- und Familienberatungsstellen nicht mehr wegzudenken ist, zum anderen hätte kirchliche Pastoral, die im Schutz von Ehe und Familie seit jeher ein wichtiges Anliegen sieht, gerade die Familientherapie als willkommenen, gleichgesinnten Partner begrüßen müssen. Was läge deshalb näher, als die eingehende pastoraltheologische Reflexion der Familientherapie um diese, der Ehepastoral gleichgerichtet erscheinende Kraft für die Seelsorge noch mehr zu erschließen. Wenn statt dessen zwischen beiden Funkstille herrscht und Familientherapie pastoraltheologisch noch weitgehend unentdeckt ist, dann muß man tiefere Gründe und Motive annehmen, die einem Dialog im Weg stehen.

Ohne der multifaktoriellen Vielfalt der dialogverhindernden Zusammenhänge nachgehen zu wollen, scheint doch ein Grund besonders augenfällig. Die Familientherapie stellt an die kirchliche Ehe- und Familienpastoral die *kritische Anfrage*, ob sie in ihrer Sorge um die Erfüllung kirchlicher Ehenormen auch immer genügend auf der Seite jener Menschen, deren Ehe und Familie heillos zerbrochen sind, steht. Man wird mit Blick auf die Zielsetzungen der Ehepastoral nicht in Abrede stellen dürfen, daß beides, die Institution von Ehe und Familie zu schützen, etwa durch Hinweis auf die überlieferten und bewährten Normen des christlichen Zusammenlebens von Mann und Frau, und den in die Ehekrise geratenen Menschen zu helfen, etwa durch Beratung und Psychotherapie, Anliegen der Kirche ist. Freilich wird gerade der zweite Aspekt der ganz persönlichen Hilfe und Begleitung von manchen Seelsorgern und Theologen mißverstanden als Situation der Indoktrination und Normierung. Sie können sich einen Seelsorger, der einerseits nichts von der orientierenden Funktion der christlichen Ehenorm verschweigt und andererseits auf der Seite der an ihrer ehelichen Beziehung leidenden Menschen steht und dabei einer vor dem jeweiligen Gewissen zu verantwortenden Entscheidung zuarbeitet, nur sehr schwer vorstellen.

Theologen und Seelsorgern, die als Aufgabe der Ehe- und Familienpastoral einseitig die Einschärfung von Normen und theologischen Einsichten sehen und darin die einzige Form kirchlicher »Ehebegleitung« erblicken, wird die Familientherapie wohl als Agentin einer Liberalisierung und Auflösung der »Ehemoral« erscheinen. Ihr geht es ja bekanntlich darum, partnerschaftliche und familiäre Beziehungsnetze von Kommunikations- und Beziehungsstörungen zu befreien und Individuation und Solidarität zu ermöglichen. Dagegen betrachtet sie die Vermittlung moralischer Normen im Zusammenhang der Therapie nicht als ihre Aufgabe, ja als hinderlich für einen erfolgversprechenden Therapieverlauf. Somit muß die Familientherapie einer einseitig lehre- und normorientierten Ehe- und Familienpastoral suspekt vorkommen.

Eine pastoralpsychologische Auseinandersetzung mit der Familientherapie gerät folglich unweigerlich in die innerkirchliche Kontroverse um den rechten Weg der Ehe- und Familienpastoral, insbesondere auch um den angemessenen Umgang mit Menschen, deren Ehe scheitert und die in einer Wiederverheiratung eine ihnen aufgegebene Verpflichtung erblicken.[468] Die Familientherapie plädiert in der pastoralen Kontroverse eindeutig dafür, die Not der Menschen und ihre Selbstverantwortung für die eigene Lebensgestaltung vor der Erfüllung bestimmter Normen zu sehen. Sie unterstützt jene pastorale Position, die der mystagogischen Begleitung von Menschen in Ehekrisen, auch dann noch, wenn eine Ehe in die Brüche geht, den Vorrang einräumt vor der Vermittlung von Ehenormen. Wenn Familien- und Ehetherapie im pastoralen und theologischen Bewußtsein bisher kaum zur Kenntnis genommen wurde, dann hätte dies als ein Indiz dafür zu gelten, daß Pastoral und Theologie ihrerseits die mystagogische Perspektive auf Ehe, Familie und ihre Krisen erst noch genügend erlernen müssen.

2. Vorurteile auf Seiten der Familientherapie

Läßt die innerkirchliche Kontroverse um den rechten Weg der Ehepastoral den Dialog mit der Familientherapie kaum in Gang kommen, so wird er auf der anderen Seite dadurch erschwert, daß manche Familientherapeuten über ein sehr *unzulängliches Bild von Religion und Glaube* verfügen. Da wird z. B. »Religion« reichlich fragwürdig in Dienst genommen nach Art einer therapeutischen Technik neben anderen, da finden sich familientherapeutische Hinsichten auf Bibeltexte und kirchliches Leben, die äußerst »ideologieverdächtig« erscheinen.

Rueveni[469] etwa versucht das familiäre Netzwerk dadurch zu »mobilisieren«, indem er »neben anderen Techniken religiöse Zeremonien« anwendet. Besonders das *Beerdigungsritual* eigne sich seiner Auffassung nach

[468] *P. M. Zulehner*, Scheidung – was dann?
[469] *Rueveni*, Networking Families in Crisis, 76.

dazu, Familien mit selbstmordgefährdeten Mitgliedern in Bewegung zu bringen. Indem eine solche Familie die Beerdigung ihres Mitglieds im Rahmen eines familientherapeutischen Settings »inszeniert«, könnten die Beziehungen und Motive untereinander bewußt und neu strukturiert werden. Da die religiösen Rituale, wie alle Rituale, handlungsorientiert und nicht »kopflastig« seien, könnten sie helfen, Veränderungen im familiären Umgangsstil und Familiensystem herbeizuführen.

Pastoralpsychologisch wird man hier jedoch kritisch einwenden, daß religiöse Rituale ihrer Intention nach eine viel größere Reichweite haben als die Mobilisierung eingefahrener Kommunikationsmuster. Gerade das Beerdigungsritual will angesichts des Todes und der Trauer Gottes Treue über den Tod hinaus vergegenwärtigen und die Hinterbliebenen diesem treuen Handeln Gottes öffnen. Eine solche genuin religiöse Perspektive wird jedoch entscheidend ausgeblendet, wenn das Beerdigungsritual für eine suizidgefährdete Familie profan-psychotherapeutisch instrumentalisiert wird. Das religiöse Ritual wird reduziert auf eine Mobilisierungstechnik neben anderen und seines eigentlichen religiösen Verweisungscharakters auf das treue Handeln Gottes hin entleert. Die familientherapeutische Indienstnahme des religiösen Rituals als einer Impulstechnik verkennt völlig dessen spezifisch heilende Kraft, die gerade auch angesichts des natürlichen Todes wie des Suizids in einer Weise zu trösten und zu versöhnen vermag, die das Potential einer familientherapeutischen Sitzung übersteigt.

Ähnlich problematisch wie *Ruevenis* Versuch einer familientherapeutischen Instrumentalisierung der religiösen Rituale ist der Ausflug *Helm Stierlins*[470] in die religiöse Vorstellungswelt zu werten, den er in einem Essay über Mt 10,35–37 unternimmt. Er habe, so informiert er, das Neue Testament mit der Brille des Familientherapeuten gelesen und dabei Konturen und Motive eines explosiven Konflikts entdeckt. Besonders deutlich komme dieser in der genannten Perikope zum Ausdruck. Jesus fordere hier die *radikale Lösung der Beziehung zur Herkunftsfamilie*, weil sie unvereinbar sei mit der Loyalität ihm selbst und Gott gegenüber: »Denn ich bin gekommen, um den Sohn mit seinem Vater zu entzweien und die Tochter mit ihrer Mutter und die Schwiegertochter mit ihrer Schwiegermutter, und die Hausgenossen eines Menschen werden seine Feinde sein. Wer Vater oder Mutter mehr liebt als mich, ist meiner nicht würdig, und wer Sohn oder Tochter mehr liebt als mich, ist meiner nicht würdig« (Mt 10,35–37). Nach *Stierlin* gerieten Menschen, die diesem Ruf Folge leisten wollten, in unzählige Loyalitätskonflikte, weil sich die Bindung an die Herkunftsfamilie niemals leugnen ließe.

Ein ähnlicher Loyalitätskonflikt ergebe sich aus der in der Nachfolge Jesu geforderten »Entsagung der Welt« – *Stierlin* schlußfolgert hier als

[470] *H. Stierlin*, Die Christen in der Weltfamilie: Auserwählt zur Friedensstiftung?

christliche Haltung eine »Binnenliebe« – und der in gleicher Weise aufgetragenen »Weltliebe«, die zum Ausdruck gebracht sei in dem christlichen Programm, »Salz der Erde« oder »Licht der Welt« zu sein. Der familientherapeutische Bibelleser *Stierlin* fragt: »Wie aber soll diese Art von Binnenliebe, Binnenwärme und Binnensolidarität mit ihrer Abwehrhaltung gegen Außengruppen einer ganzen Welt ungezählter Gruppen Frieden bescheren?« Er diagnostiziert, daß die Christen, verstrickt in die Geschwisterrivalität der Weltfamilie, ihr Heil in der Auserwählung und Abkehr von der Weltfamilie und ihren drückenden Sorgen suchten. Dies mache sie »ungeeignet für die Rolle eines Supertherapeuten ...«

Die Überlegungen des Bibellesers *Stierlin* entbehren nicht einer gewissen Polemik. Auch ohne eine genauere Erkundigung in exegetischen Kommentaren, die man bei einer theologiekritischen Publikation erwarten darf, kann dem einigermaßen für die Botschaft des Neuen Testaments sensibilisierten Leser nicht verborgen bleiben, daß Jesus sich nicht als der Zertrümmerer, sondern vielmehr als »Heiler« zerrütteter Beziehungen – zwischen Männern und Frauen, zwischen Eltern und Kindern, zwischen Menschen und Gott – begreift. So liegt auch die Sinnspitze bei der zitierten Matthäusperikope nicht vordergründig in der Aufforderung zur familiären Feindschaft, sondern sie will bildhaft die Radikalität der Nachfolge unterstreichen, die sich in der Tat nicht verträgt mit der Vergötzung familiärer Beziehungen, wo Gott als entscheidender Bezugspartner des Menschen aus dem Auge verloren wird.

Zudem müßte für einen vorurteilsfreien Betrachter wahrnehmbar sein, daß christlicher Glaube weder als die Religion der Weltverneinung noch der Mißachtung der Weltfamilie etikettiert werden darf. In vielen Gegenden der Welt setzen sich Christen als mutige Anwälte für Gerechtigkeit und Befreiung ein. Gewiß mag der Einsatz mancher Getauften in vieler Hinsicht hinter der kundgegebenen Programmatik zurückbleiben, doch berechtigt das nicht, christlichen Glauben pauschal als gegen »die grundlegenden Lebensregeln, Rechte und Pflichten der Weltfamilie« gerichtet zu diffamieren.

Ein solch antireligiöser und antikirchlicher Affekt, über dessen motivationalen Hintergrund der Autor nichts offenlegt, erschwert zweifellos den Dialog der Seelsorge mit der Familientherapie. Zugleich jedoch zeigt sich an der unzureichenden Glaubensinterpretation *Stierlins*, wie notwendig der Abschied von Vorurteilen auf beiden Seiten ist, um zu einem förderlichen Dialog zwischen Seelsorge und Familientherapie zu kommen.

3. Die fremdprophetische Anfrage der Familientherapie

Entgegen der Auffassung *Stierlins* ist eine *konvergierende Option* von christlicher Seelsorge und Familientherapie für das Gelingen der mitmenschlichen Beziehungen unverkennbar. In der Hoffnung und in der helfenden Praxis, daß Partnerbeziehungen, Ehen, Familien und Gemeinschaften zu einem beziehungsreichen und geglückten Leben finden, verbinden sich familientherapeutische und seelsorgliche Ziele. Es liegt deshalb für die Pastoral nahe, sich von der in die gleiche Richtung zielenden Familientherapie anregen und kritisch anfragen zu lassen, wie umgekehrt die Pastoral der Familientherapie aufzuzeigen hat, daß gelingende Beziehungen unter den Menschen auf Gott selbst und seine Beziehungsabsicht verweisen.

Die Familientherapie kann, wenn man sie als kritischen Anreger hören will, die pastoralen Bemühungen um das Gelingen ehelicher und familiärer Beziehungen außerordentlich fördern. Wenn Christen in der Ehe »zu einem Leben in Frieden« von Gott berufen sind (1 Kor 7,15), dann besteht eine wichtige Aufgabe der Pastoral darin, diesem Frieden in der Ehe zuzuarbeiten. Wie die erörterten familientherapeutischen Konzepte durchweg nahelegen, führt der Weg über das »Nach-Hause-Gehen«, d. h. über das bewußte Erinnern und womöglich schmerzvolle Nacherleben der in der Kindheit erfahrenen Verletzungen der Partner. Nur über diesen Weg der Erinnerung zurück können die ehezerstörerischen Fallstricke der Übertragungsliebe allmählich durchtrennt werden, kann zukunftsfähige Hoffnung keimen, miteinander alt zu werden. Auch dort, wo sich die eheliche Beziehung mit dem Kind zur Familie geweitet hat, empfiehlt die Familientherapie den Eltern, in einen kathartischen Erinnerungsprozeß einzutreten, um sich soweit als möglich von unbewußten Rache-, Wiedergutmachungs- oder Belohnungsmotiven ihrem Kind gegenüber zu reinigen und nicht durch erziehungsfeindliche Delegationsmechanismen das Kind mit der eigenen Gekränktheit zu infizieren.

In allen ihren Anregungen ist die Familientherapie von der Überzeugung geprägt, daß Frieden in Ehe und Familie nur gelingt über den *Weg zurück* und über die Auseinandersetzung mit den *unbewußten Quellen* der sich dem gemeinsamen Wachsen in den Weg stellenden Konflikte. Dies könnte der Ehe- und Familienpastoral zu denken geben. Denn bei Christen und Seelsorgern ist nicht selten die Meinung anzutreffen, daß der Friede in Ehe und Familie vorrangig und allein eine *Sache des Willens* und der Anstrengung sei, zum Partner oder zu den Familienmitgliedern gut sein zu wollen. Die gute Absicht – der Ehewille – im Sinn einer verstandesorientierten Selbstüberprüfung und der bewußte Vorsatz zur ehelichen Treue werden von der Familientherapie gewiß nicht desavouiert (vgl. *Mandel*), aber dennoch als bei weitem nicht ausreichend angesehen. Mit der Familientherapie müßte man vielmehr sagen, daß der Ehewille und die »freie Treue aus dem Glauben«[471] sich gerade in der *Bereitschaft bekunden, den unbewußten Quellen der je persönlichen Übertragungsproblematik auf den Grund zu gehen*, etwa

[471] *P. M. Zulehner*, Scheidung – was dann?, 8

in einer Eheberatung, und den je eigenen unbewußten Anteil an zerstörerischen Kollusionen und Familienneurosen zu entdecken. Eine Ehepastoral, die nicht mehr nur an den Willen der Ehepartner appelliert, einander treu zu bleiben, oder womöglich nur noch mit erhobenem Zeigefinger Normen einzuklagen versucht, könnte durch die *Anerkennung der unbewußten Kräfte in Partnerwahl, Paar- und Familienbeziehung* eine neue, ihrer eigentlichen Intention gemäße Handlungsbasis gewinnen. Sie könnte dann beispielsweise junge Brautleute in Kursen anleiten, sich ihrer unbewußten familiären Herkunftsgeschichte zu stellen. Sie könnte aber auch dem verbreiteten statischen Ehebild, das die Ehe als einmal geschlossenen und damit in Zukunft zu haltenden Vertrag sieht, eine prozeßhafte Vorstellung entgegensetzen, wo Konflikte und Krisen der Beziehung als Chancen gemeinsamer Wandlung ergriffen werden. Eine solche *prozeßhafte Eheauffassung* entspricht am überzeugendsten dem christlichen Konsens, daß die Ehe als Sakrament zu gelten habe. Denn gerade dann kommt in einer Ehe die Liebe und Treue des lebendigen Gottes zum Ausdruck, wenn die Partnerbeziehung lebt und »voranschreitet« aus dem Vertrauen, daß Gott selbst auf diesem gemeinsamen Weg an der Seite geht.

Es scheint, daß die Familientherapie sehr konkret und wirklichkeitsnah ausbuchstabiert, wie *Ehe als Sakrament*, aber auch *Familie als »Hauskirche«*[472] sich ereignen. So könnte eine kritisch rezipierte Familientherapie die blinden Flecken im kirchlichen Ehe- und Familienbild auffüllen, wo manchmal Höchstforderungen und träumerischer Glanz in den Augen an die Stelle nüchterner Analyse treten. Manches Hirtenwort zu Ehe und Familie könnte griffiger und ergreifender ausfallen, wenn in ihm die ganz konkreten Prozesse einer Ehe und Familie, die zu erklären die Familientherapie bemüht ist, zugrunde gelegt wären. Manche Ehetheologie könnte personnäher konzipiert werden, wenn man die von der Familientherapie gehobene unbewußte seelische Dynamik in Ehe und Familie anerkennen würde. Und schließlich: Manche ganz und gar unjesuanische Verurteilung und Sanktionierung von in der Ehe Gescheiterten könnte unterbleiben, wenn eine durch die Familientherapie geförderte Sensibilität für die Verflechtung von Schuld und Tragik in den Ehen im kirchlichen und theologischen Bewußtsein wachsen würde.

4. Familientherapeutische Schriftauslegung

Als bemerkenswerter Versuch einer familientherapeutischen Schriftauslegung liegt eine Publikation *Herbert Poensgens*[473] über das *Gleichnis vom verlorenen Sohn* (Lk 15,11–32) vor. Im Licht der dynamischen Fami-

[472] Vgl. dazu: *E. Schulz*, Religiöse Elternbildung als Lebenshilfe, 195ff.
[473] Vgl. u.a.: *H. Poensgen*, Die Befreiung einer verlorenen Beziehung, 236–341.

lientherapie gewinnt dieser vertraute Text neue und überraschende Konturen.

Die familientherapeutische Analyse der im Gleichnis geschilderten Triade identifiziert den *älteren Sohn* als in einem pathologischen Bindungsmodus an den Vater verhaftet. Er verkörpert zugleich ein Lebenskonzept, ausgerichtet einzig und allein an gesellschaftlichen Erwartungen. Der *jüngere Sohn* dagegen lebt vor allem im Modus der Delegation, er erscheint vom Vater beauftragt zur Autonomie. »Indem der jüngere Sohn als Delegierter seinen Lebensweg versucht, sorgt er einerseits für Aufregung im elterlichen Milieu und schafft andererseits Unterstützung für den vom älteren Sohn angefochtenen Vater... Der jüngere Sohn wird unbewußt delegiert, um versäumte Erfahrungen des Vaters nachzuholen, genau darin dient er dem Vater als Kampfgefährten gegen den zu eng gebundenen Bruder.«[474] In der Logik dieser gewiß gewagten Delegationskonstruktion liegt es dann, wenn am jüngeren Sohn Schuldgefühle diagnostiziert werden, als er seiner Loyalität als Delegierter untreu geworden ist und sein gesamtes, vom Vater ererbtes Vermögen verloren hat.

Die *Rückkehr des jüngeren Sohnes* zum Vater ist im Licht der dynamischen Familientherapie keineswegs als mißlungener Versuch der Ablösung vom Vater zu sehen. Rückkehr bedeutet nicht Regression in die infantile Sohnrolle, sondern er kommt zurück als durch Individuationsprozesse Gestärkter. Er erkennt sich bewußt als Delegierter und kann sich zu der Lebenserfahrung bekennen, daß der Individuationsprozeß zugleich ein Schuldigwerden am Delegationsauftrag mit sich bringt.

Poensgen lehnt eine vorschnelle Gleichsetzung *Vater – Gott* ab, um die geschilderte Dynamik der familiären Beziehungsmuster stärker ausloten zu können. Er weiß sich damit im Einklang mit dem Text, wenn er einen ganz und gar *menschlichen Vater* im Gleichnis gezeichnet sieht, der delegiert, bindet und selbst des seelischen Wachstums bedürftig ist. Die Rückkehr des jüngeren Sohnes eröffnet dem Vater die Chance, zu entdecken und zu zeigen, welche Dimensionen des menschlichen Lebens, welche affektiv-körperliche Zärtlichkeit und welche *mütterlichen Seiten* in ihm eigentlich schlummern. Erst durch die Rückkehr des Sohnes wird er zum mütterlich-barmherzigen Vater. Er war es nicht immer schon.

In besonderer Weise wird aber der *ältere Sohn* durch die Rückkehr des Bruders konfrontiert. Erst jetzt wird er sich seiner Defizite innerhalb der familiären Konstellation bewußt, und die Lebensentscheidung, im Vaterhaus zu bleiben, gerät immer mehr in Zweifel. »Nun kann auch er erstmals seinen Bindungsmodus zum Vater überprüfen und in Frage stellen. Nun wird ihm klar, wie sehr das Loyalitätsverhalten dem Vater gegenüber ihn behindert hat, mit seinen Freunden ein Fest zu feiern, was auch heißen

[474] Ebd. 240.

könnte, zu seinen Freunden erfolgreiche Beziehungen aufbauen, d. h. Individuen und Werte außerhalb seiner Familie relativ frei von Schuldgefühlen besetzen zu können.«[475]

Nach *Poensgen* zielt die *Grundaussage des Gleichnisses auf emanzipatorisch verstandene Befreiung*. Angestoßen werde dieser Befreiungsprozeß bei allen Beteiligten der Familientriade durch das Weggehen und Zurückkehren des jüngeren Sohnes. Damit gerät das Beziehungsgefüge als ganzes in Bewegung und ermöglicht den einzelnen *Entwicklung zu größerer Autonomie*. Dieser ausgelöste Individuationsprozeß hat eine neue Praxis in der familiären Kommunikation zur Folge. So offenbart das Gleichnis, daß keiner für sich allein wächst, sondern das Tun des einen immer auch das Tun des anderen ist. Erst in der Beziehung zum jüngeren Sohn gewinnt der Vater an Größe und Menschlichkeit, erst durch die Konfrontation mit dem jüngeren Bruder vermag der ältere seine bisherige Lebensausrichtung in Frage zu stellen, erst durch die Beziehung zum delegierenden Vater vermag der jüngere Sohn den Weg der Individuation für sich zu ergreifen.

Die emanzipatorische Befreiung zu seelischem Wachstum wird vor allem initiiert durch die Delegation des jüngeren Sohnes. Im Weggehen und Ergreifen des eigenen Lebensentwurfs kann »Befreiung« und Heilung auf den Weg gebracht werden. Nur wer sich auf diese Delegation einläßt, kann erwarten, daß sich in seinen Beziehungen und in seinem Leben etwas ändert. Jedem im erstickenden Bindungsmodus Verharrenden, dem in familiäre und gesellschaftliche Fesseln Gebundenen, ist diese Erfahrung fremd. Die Delegation zur Individuation beinhaltet deshalb nach dem Gleichnis zugleich die Abkehr von dem System der Sanktionen, die Religion und Gesellschaft auferlegen, vom Nur-Sollen und Müssen, vom Diktat des »man« und von der Diktatur der ganz gewöhnlichen Konventionen.

Nach *Poensgen* fragt der Text damit auch nach der *Praxis unseres Umgangs miteinander* und stellt die pathologische Wirkung des Bindungsmodus in Beziehungen vor Augen. Angefragt sind somit familiäre Beziehungsstrukturen, aber auch solche auf gemeindetheologischer Ebene. Es bestünde der erhärtete Verdacht, daß immer dann, wenn kirchlich mit familiären Begriffen gearbeitet werde (Heiliger Vater, Kinder Gottes, Mutter Kirche, Brüder und Schwestern) und diese zur Beziehungsdefinition von Kirchenleitung – Kirchenvolk, Kerngemeinde – Fernstehende, Bischof – Priester herangezogen würden, vorwiegend ein einseitiger Bindungsmodus idealisiert und damit eine »große Projektion und Mystifizierung« über die Gebundenen ausgespannt werde. Der Text selbst wehrt sich gegen eine solche Indienstnahme und kann auch nicht in Anspruch genommen werden für die Verweigerung von Individuation, von eigener Verantwortung für den persönlichen Weg vor Gott.

[475] Ebd. 243f.

Der jüngere Sohn, der in besonderer Weise den Weg der Individuation, und dies durchaus in Loyalität zum Vater, geht, darf *keineswegs als der Sünder und Versager* gesehen werden. Denn wenn wir das Gleichnis auf Gott hin deuten, kann im Horizont jesuanischer Gotteserfahrung nur betont werden, daß Gott mit der Freiheit des Menschen auch sein Erwachsenen-Sein mitgesetzt hat. Gott will nicht den infantilen Menschen, sondern erwartet, daß er sein Subjekt-sein und die damit verbundene Freiheit realisiert.

Der Text verdeutlicht darüber hinaus, daß Beziehungsgeschichten, auch die mit Gott, *dynamisch*, nicht kalkulierbar, nicht planbar sind. Das Verhängnis des älteren Sohnes besteht gerade darin, nur auf die Statik der Beziehung zum Vater zu vertrauen und nichts mehr darin zu investieren. Man hat nach *Poensgen* nichts von dieser Gleichnisgeschichte und von der Gottesbeziehung verstanden, wenn man nicht für überraschende Wendungen und Innovationen, »Auszüge« und Disclosure-Erfahrungen offen ist: Kirche selbst charakterisiere sich schließlich als »wanderndes« Volk Gottes.

Besonders erwähnenswert ist der von *Poensgen* unternommene Versuch einer *Inhaltsanalyse von Predigten* zu Lk 15,11–32. Er kommt zu dem Ergebnis: »Keiner der Prediger identifiziert diese biblische Geschichte als Weg der Individuation«[476], vielmehr ist viel die Rede von der Schuld des jüngeren Sohnes, von der rechten Haltung des älteren und von der unverdient geschenkten Barmherzigkeit des Vaters. Die Geschichte wird ausgelegt nach dem einfachen Modell: Tat – Strafe – Vergebung. Als Gründe für das fast gänzliche *Vorherrschen einer Bindungsmoral* vermutet *Poensgen*, »daß hier die Prediger etwas ausdrücken, was für sie psychische und soziale Wirklichkeit ausmacht, weil sie selbst in solchen Bindungsmodi leben und denken«.[477] Es seien »gebundene Prediger« und »ältere Söhne«, die das Gleichnis benutzen, entgegen seiner inneren Tendenz, um den eigenen Lebensentwurf zu stützen und andere Entwürfe abzuwehren. Damit werde der biblische Text zur *Projektionsfläche* der eigenen verhärteten Lebens- und Glaubensgestalt, seine kritische Funktion unserem Leben und Glauben gegenüber ginge verloren.

Poensgens Versuch einer familientherapeutischen Auslegung des Gleichnisses vom verlorenen Sohn vermag durchaus eine überraschende Perspektive aufzutun. Dabei ist nicht so sehr die »Rehabilitierung« des verlorenen Sohnes das Neue – auch andere, moderne Auslegungen zielen in diese Richtung –, vielmehr konnten hier Kategorien, die in der Analyse und Heilung heutiger Beziehungsstrukturen sich bewährt haben, mit einem biblischen Text verknüpft werden. Damit wird der Text nicht familientherapeutisch überfremdet, vielmehr gewinnt er eine frappierende

[476] Ebd. 283.
[477] Ebd. 332.

Gleichzeitigkeit mit dem Hörer und Leser. Denn die Konflikte um Bindung und Lösung, um Delegation und Sich-Delegieren-lassen, das kennt er auch von sich. Im weitesten Sinn kann diese Art von Auslegung des Textes und damit das Gleichnis selbst für das zentrale Lebensthema der Individuation zu einer überzeugenden Lebensweisung werden. Zudem kommt über den familientherapeutischen Zugang die projektive Ausbeutbarkeit eines Bibeltextes durch die abgewehrten Seiten der Seelsorgerpersönlichkeit in Blick. Familientherapeutische Ansätze vermögen, wie die Untersuchung *Poensgens* unter Beweis stellt, das Feld der Exegese und der Homiletik durchaus zu bereichern.

5. Familientherapie im Licht christlicher Anthropologie

Im pastoraltheologischen Dialog mit der Familientherapie, den wir hier ansatzhaft versuchen, ist auch auf die Differenzen aufmerksam zu machen, die Familientherapie und eine auf den Grundlagen christlicher Anthropologie aufbauende Ehe- und Familienpastoral voneinander trennen. An zwei zentralen Erklärungskonstrukten der Familientherapie, nämlich an *Übertragung und Delegation*, lassen sich die unterschiedlichen Menschenbilder und damit verknüpft die divergierenden Auffassungen über die ehelichen und familiären Beziehungen exemplarisch aufweisen.

Wie bereits hinlänglich erörtert, wird familientherapeutisch unter *Übertragung* die unbewußte Wiederholung frühkindlicher Beziehungsmuster in der Partnerbeziehung verstanden. Dem Partner werde stellvertretend die Rolle von Vater und Mutter zugewiesen, er werde auf diese Weise als Elternsubstitut mißbraucht und in seiner unverwechselbaren Individualität schwerwiegend verkannt. Für das Gelingen von Paar- und Familienbeziehungen ist es in den Augen der Familientherapie unumgänglich notwendig, die Übertragungsliebe, in der vor allem auch Wut- und Rachegefühle sowie unerfüllte Riesenansprüche nach Geborgenheit enthalten sind, zu überwinden. Denn solange vom Partner alle Liebe und alles Glück erwartet, der Partner also vergötzt und vergöttlicht wird, kann die Beziehung zwischen Mann und Frau nicht gelingen.

Christliche Anthropologie wird dem von der Familientherapie vorgeschlagenen Weg, die vergötzenden Riesenansprüche und Übertragungen vom Partner zurückzunehmen, durchaus beipflichten können. Doch wird man aus der Sicht des Glaubens der Überlegung zuneigen, daß »Riesenansprüche«, wenn auch in deformierter und verschlüsselter Form, etwas von der *Sehnsucht des Menschen nach absoluter Geborgenheit in Gott* selbst zum Ausdruck bringen. Zu fragen ist dann, ob die Familientherapie, wenn sie die Rücknahme der »Riesenansprüche« propagiert und der darin verborgenen Sehnsucht nach einem unendlichen Du keinerlei Aufmerksamkeit widmet, unter der Hand der Liquidierung aller auf Gott gerichteten Hoffnung das

Wort redet. Werden hier nicht dem Menschen mit der Übertragung und den Riesenansprüchen zugleich auch seine Sehnsucht nach unendlichem Angenommensein und sein Streben nach dem Absoluten ausgetrieben?

Eine christlich verfaßte Familientherapie sieht gerade darin, daß Partner davon ablassen, sich als Vater- und Muttterersatz zu suchen, und sich freigeben zur gemeinsamen Individuation, einen Weg, auf dem ihnen Gott selbst entgegenkommt. Dies könnte vor allem dann geschehen – bei aller Unverfügbarkeit des Wirkens Gottes –, wenn sie nicht ihre unendliche Sehnsucht ermäßigen, sondern sie vom vergötzten Partner umlenken auf jenes absolute Du, das wir Gott nennen. Sie müßten lernen, das Vertrauen, das sie Vater und Mutter entgegengebracht haben und das sie am Partner wiederholen, von Menschen immer mehr abzulösen und im Absoluten festzumachen. »Denn nur von Gott her ist es möglich, zu einer dauerhaften, unauflöslichen Beziehung zueinander zu finden, denn nur in der Bindung an Gott kann ein Mensch den anderen so gelten lassen, wie er wirklich ist, ohne seine Person mit absoluten, vergöttlichenden Erwartungen aus dem Umkreis der Elternarchetypen zu überziehen.«[478] Nach *Eugen Drewermann*, der diese Überlegung weiter ausfaltet, liegt gerade darin das Geheimnis der wichtigen kirchlichen Lehre von der Ehe als Sakrament, daß man *zur Liebe und zur Ehe wirklich fähig wird nur im Glauben*.

Ähnlich wie bei der Übertragung wäre auch bei der *Delegation* zu fragen, ob dieser Begriff im Rahmen einer pastoralen Ehe- und Familienmystagogie nicht neu gefüllt werden müßte. Nach *Stierlin* eignet der Delegation zwar nicht das Störungspotential von Bindung und Ausstoßung, aber sie zählt doch zu den defizienteren Beziehungsmodi. Hier setzt die biblisch-theologische Kritik an, die darauf verweisen kann, daß in der biblischen Tradition immer wieder Beziehungen beschrieben werden, die im Kontext der Familientherapie als Delegation zu bezeichnen sind. So könnte man, wie *Herbert Poensgen* erörtert, die Menschwerdung bzw. die Sendung des Sohnes Gottes selbst durch den Vater als Delegation umschreiben, ohne dadurch freilich andere theologische Umschreibungen wie etwa die der Stellvertretung auszublenden. Es gehört zum biblisch-theologischen Erlösungsverständnis und daraus erwachsend zum christlichen Solidaritätsbegriff, daß »der eine für den anderen handelt, leidet, lebt...«[479] Der negativ getönte Delegationsbegriff *Stierlins* erhält so im Licht christlicher Anthropologie eine neue Qualität. Kennzeichnend für diesen neuen, biblisch-theologisch erhellten Delegationsmodus ist jedoch, daß hier nicht blind Aufträge erteilt und ausgeführt werden, sondern daß die Delegation *kommunikativ eingeholt* wird und somit der Freiheit des Delegierten verpflichtet bleibt. Besonders augenfällig ist das kommunikative Element wiederum in der biblisch geschilderten De-

[478] *E. Drewermann*, Psychoanalyse und Moraltheologie, Bd. 2, 67.
[479] *H. Poensgen*, Die Befreiung einer verlorenen Beziehung, 160.

legation Jesu durch den Vater, als deren kommunikative Lebensprinzipien von den Evangelien ausdrücklich das *Gebet*, aber auch die *Klage* am Kreuz geschildert werden. Auf dem Hintergrund eines biblisch-theologisch gefüllten Delegationsbegriffs mit seiner (meta-) kommunikativen Ausgestaltung wird man das Handeln und Leiden für die anderen nicht als defizienten Beziehungsmodus, wie es *Stierlin* nahelegt, disqualifizieren, sondern vielmehr gerade darin einen *Weg der Nachfolge* erblicken können.

Solche am Beispiel Übertragung und Delegation angedeuteten *Differenzen* zwischen Familientherapie und christlicher Anthropologie führen vor Augen, daß es ähnlich wie bei der Psychoanalyse oder Gesprächspsychotherapie pastoralpsychologisch darauf ankommt, familientherapeutische Ansätze in die Koordinaten eines christlichen Menschenbildes einzubinden. Mehr als bei den anderen Psychotherapieformen stehen hier die menschliche Beziehungsfähigkeit und die Beziehungsgestalt in Paarbeziehung, Ehe und Familie zur Debatte. Gerade im Hinblick auf Ehe und Familie wird man im Gespräch mit der Familientherapie an den »sakramentalen Charakter« der vor Gott geschlossenen Beziehungen erinnern müssen. Dies meint, daß die Ehepartner, Eltern und Kinder für ihren gemeinsamen Weg Gott als einen ihnen gut gesinnten und an ihrem Glück interessierten Begleiter wissen dürfen. Sie dürfen sich deshalb davon entlasten, einander alles sein zu müssen. Je mehr sie sich gegenseitig in ihrer menschlichen Begrenztheit gelten lassen und dennoch achten können, um so mehr werden sie für andere zu einer Lesehilfe für Gott und seine Art, mit uns Menschen umzugehen. An ihrer Beziehung scheint dann, menschlich gebrochen, aber doch unverkennbar durch, wie Gott selbst ein Gott in Beziehung ist. Es wird erahnbar, daß Mann und Frau gerade darin verwirklichen, was es heißt, Gottes Ebenbild zu sein, wenn in ihrer Beziehung Leben aufkommen kann. Sind ihnen Kinder geschenkt, dann vermögen sie in besonderer Weise als Boten Gottes kundzutun, daß er ein Gott beziehungsreichen Lebens ist und dies an die Menschen weiterschenken will.

6. Pastoraltheologischer Ausblick

Eine christlich rezipierte Familientherapie, um ein *Fazit* zu ziehen, könnte eine mystagogisch verfaßte Ehe- und Familienpastoral sensibilisieren für das dynamische, in wesentlichen Teilen unbewußt gewobene Beziehungsnetz von Paaren, Eltern und Kindern. Sie könnte anregen, sich heilend in dieses Netz, falls es Störungen unterliegt, nach Art der bereits pastoral bewährten Ehe- und Familienberatung hineinzubegeben. Solche Hilfe ist ein heute ungeheuer dringender Beitrag einer seelsorglichen Diakonie, gerade angesichts der Tatsache, daß jede dritte Ehe, und damit meist verbunden eine Familie, scheitert. Aus einer solchen sensiblen Nähe zu den in Beziehungen leidenden Menschen und aus dem Erleben ihrer unausrottbaren Sehnsucht nach einer absolut verläßlichen und Geborgenheit spendenden Beziehung kann die Ehe- und Familienpastoral wieder neu ihren unverzichtbaren Auftrag entdecken, Menschen auf den unendlich beziehungswilligen Gott aufmerksam zu machen, ja in der Art und Weise ihres Umgangs mit den in Beziehungen leidenden Menschen Gott selbst durchscheinen zu lassen. Eine dergestalt an der Beziehungssehnsucht des Menschen und an der Beziehungswilligkeit Gottes ausgerichtete Pastoral dürfte genügend Anregung geben, sie in einer *»Beziehungstheologie«* zu reflektieren.

6 INTEGRATIVES MODELL DIAKONISCHER PSYCHOTHERAPIE

(1) Fragestellung und Schwierigkeit

Die vier erörterten Konzepte der Psychoanalyse, Verhaltenstherapie, Gesprächstherapie und Familientherapie zählen zu den renommiertesten und bekanntesten Psychotherapieformen. Insbesondere bei ihnen sollte man erwarten dürfen, was bei den weniger etablierten Heilverfahren vielfach in Zweifel steht, daß genaue *Kenntnis über ihre Wirkung* vorliegt. Man sollte auch annehmen, daß nach Jahrzehnten der Psychotherapieforschung die Frage längst beantwortet ist, welche Psychotherapiemethode bei welcher Störung am besten hilft.[480] Und schließlich müßte doch die Forscher in Anbetracht des ausufernden Psychobooms mit immer wieder neuen Varianten von Therapie stark interessiert haben, was nun – über alle Formen von Psychotherapie hinweg – die grundlegenden, übergreifenden Heilfaktoren sind.

Ein Blick auf das außerordentlich komplexe Gebiet der *Psychotherapieforschung*[481] zeigt jedoch, daß weder die spezifische Wirkung von Techniken noch der Psychotherapievergleich noch die entscheidenden Heilfaktoren

[480] Besonders kontrovers wurde die Frage der Effektivität zwischen Vertretern von Verhaltenstherapie und Psychoanalyse geführt. *Hans Jürgen Eysenck* hält der Psychoanalyse vor, daß sie im Gegensatz zur Verhaltenstherapie innerhalb von zwei Jahren nicht einmal die Besserungsrate erreiche, die bei vergleichbaren Störungen im selben Zeitraum meistens von selbst eintrete. Wenn die Besserungsrate der psychoanalytisch behandelten Patienten unter der »spontanen Remission« läge, sei sogar anzunehmen, daß Psychoanalyse mehr schade als nütze. Die dadurch ausgelöste Diskussion dauert bis heute an. Neuere Untersuchungen kommen zu dem Schluß, daß die von *Eysenck* noch mit 66% angegebene Rate der spontanen Remissionen weit überschätzt sei und allenfalls bei 30% liege. Vgl. *H. J. Eysenck*, The Effects of Psychotherapy: An Evaluation, 319–324. – *A. Bergin*, The evaluation of therapeutic outcomes, 217–270.

[481] Vgl. u.a.: *H. Benesch*, dtv-Wörterbuch zur Klinischen Psychologie, Bd. 2, 212–225; 369–378.

mit überzeugenden Ergebnissen belegt sind. Bedingt ist dieser enttäuschende Forschungsstand durch die *methodischen Schwierigkeiten* bei den Untersuchungen. So bedarf es beispielsweise, um die Wirkung einer Behandlungsform exakt überprüfen zu können, einer Kontrollgruppe, die in Anzahl, demographischer Zusammensetzung, psychischen Beschwerden und vielfältigen anderen Variablen genau der Experimentalgruppe entspricht. Erst der *Vergleich von behandelter Experimental- und unbehandelter Kontrollgruppe* läßt eine Aussage über die Wirkung der Therapie zu. Ist schon eine solche Forderung nach der Kongruenz von Experimental- und Kontrollgruppe kaum zu erfüllen und ethisch fragwürdig, so müßte darüber hinaus sichergestellt sein, daß keine außertherapeutischen Einflüsse die Behandlungswirkung überdecken, mindern oder entstellen, denn sonst ließen sich Veränderungen im Zeitraum der Therapie nicht mehr eindeutig den Interventionen des Therapeuten zuordnen. Spätestens hier bewegt man sich auf der Ebene utopischer Forschungsstandards. Man muß folglich damit rechnen, daß empirischen Ergebnissen auf diesem Gebiet ein hohes Maß an Ungenauigkeit und begrenzter Aussagekraft anhaftet: Nicht wenige Untersuchungen, wie Metaanalysen[482] zeigen, lassen es an der nötigen Objektivität fehlen, d. h. man bestätigt sich durch entsprechende Datenselektion und -interpretation im Grunde das, was man von vornherein erwartet hat: Psychoanalytisch orientierte Forscher bescheinigen der Psychoanalyse die größte Wirksamkeit, Verhaltenstherapeuten der Verhaltenstherapie und so fort. Nur etwa ein Fünftel aller empirischen Studien auf dem Gebiet des Therapievergleichs erfüllt einigermaßen vertretbare Ansprüche an die Objektivität des Vorgehens. *Klaus Grawe*[483], der bei der Durchforstung von über dreieinhalbtausend Arbeiten zu dieser Einschätzung gelangt, macht darauf aufmerksam, daß auch die einigermaßen »objektiven« Studien sich nur schwer auf einen Nenner bringen lassen. Zu unterschiedlich sind die untersuchten Personengruppen, die gewählten Meßverfahren für den Therapieerfolg und die Art des Kontrollgruppenvergleichs.

(2) Ergebnisse zum Therapievergleich

Nur auf dem Hintergrund der enormen forschungsmethodischen Hindernisse sind die Ergebnisse zu sehen, die zur Frage des Therapievergleichs, der generellen Heilfaktoren und spezifischen Wirkung einzelner Techniken vorgelegt wurden:

[482] Vgl. *K. Grawe*, Vergleichende Psychotherapieforschung. – *M. Huber*, Nur Gewinner? – *K. Grawe*, Differentielle Psychotherapie I.
[483] Ebd. 39.

(1) In Metaanalysen[484], d.h. im Vergleich verschiedener Studien, wurde wiederholt bestätigt, *daß ca. 80% der Personen*, die sich einer Psychotherapie unterziehen, unabhängig welcher, eine *Besserung ihres Zustands* erfahren. Damit ist lediglich belegt, daß Psychotherapie wirkt – besser als Nichtstun. Beunruhigend für die Verfechter einer bestimmten Therapieform ist an diesem Ergebnis aber die Tatsache, daß keine Methode einer anderen signifikant überlegen sein soll. *Lester Luborsky*[485], der neben anderen zu diesem Fazit kommt, bemüht ein Zitat aus »Alice im Wunderland«, um dies zu kommentieren: »Alle haben gewonnen, und alle kriegen einen Preis.«

(2) Insbesondere die bisher nur z.T. veröffentlichte Studie von *Klaus Grawe*[486] konnte jedoch das Ergebnis vom ähnlichen Wirkungsgrad aller Psychotherapieformen doch erheblich differenzieren und dadurch falschen Schlußfolgerungen vorbeugen. Er wies nach, daß etwa *Gesprächspsychotherapie und Verhaltenstherapie in der Behandlung von Phobien* ein ähnliches Ausmaß an »Besserung« erzielen. Es gab jedoch deutliche Unterschiede im Muster der Auswirkung. Gesprächstherapie-Patienten veränderten sich im Zuge der Symptomveränderung zugleich auch in anderen Bereichen, während die verhaltenstherapeutische Wirkung deutlicher auf den Symptombereich begrenzt bleibt.

(3) Es zeigte sich in mehreren Metaanalysen[487], daß für den Therapieerfolg nicht allein entscheidend ist, welcher Therapierichtung ein Psychotherapeut angehört und welches Verfahren er wählt. Eine ganze Reihe *anderer Einflußfaktoren* stehen damit in vielfältig verflochtener Wechselwirkung, auf seiten des *Patienten* z.B.: die Art und Schwere der Störung, die Symptomdauer, biographische Traumatisierungen wie auch seine Schichtzugehörigkeit; auf seiten des *Therapeuten*: seine Persönlichkeitsstruktur, Berufserfahrung, sprachliche Aktivität, Überzeugungsfähigkeit u.a.

(4) Darüber hinaus ist mit einiger Gewißheit anzunehmen, daß in erfolgreichen Therapieverläufen relativ *ähnliche Faktoren* eine Rolle spielen, die mehr oder minder intuitiv zur Geltung gebracht werden. *Jerome D. Frank*[488] nennt fünf solcher Faktoren in der Reihenfolge ihrer Bedeutsamkeit:

- Jeder wirksamen Therapie liegt eine *vertrauensvolle Beziehung* zwischen Therapeut und Patient zugrunde.
- Jede Therapie bietet dem Patienten eine *überzeugende Erklärung* für sein Leben.

[484] Vgl. *J. Mintz/L. Luborsky/A.H. Auerbach*, Dimensions of psychotherapy. – *R. B. Sloane/F.R. Staples/A.H. Cristol/N.J. Yorkston/K. Shipple*, Psychotherapy versus behavior therapy. – Vgl. auch die Sammelreferate von *M. Huber, D. E. Zimmer*, Für alle ein Preis und ein Dämpfer.

[485] Zit. nach: *D. E. Zimmer*, ebd. 32.

[486] *K. Grawe*, Wirkungen von Psychotherapie. Vortrag auf dem Kongreß der Deutschen Gesellschaft für Psychologie, Heidelberg 1986, zit. nach: *M. Huber*, Nur Gewinner?, 42.

[487] Vgl. *H. Benesch*, dtv-Wörterbuch zur Klinischen Psychologie, Bd. 2, 376.

[488] Zit. nach: *D. E. Zimmer*, Für alle ein Preis und ein Dämpfer, 32. – *J. D. Frank/R. Hoehn-Sarie/D.I. Stanley/B.L. Liberman/A.R. Stone*, Effective ingredients of successful Psychotherapie. – *J. D. Frank*, Die Heiler.

- Jede Therapie macht dem Patienten durch Anweisung, Beispiel oder Selbsterfahrung *neue Informationen* über sich selbst zugänglich.
- Jede Therapie beschert *Erfolgserlebnisse*.
- Jede Therapie fordert *Gefühle* heraus.

Alle diese Faktoren wirkten, so *Frank*, der *Demoralisierung* entgegen, und genau das mache ihren heilenden Effekt aus. Man kann, wie es *Tiksoz B. Karasu*[489] versucht, diese Faktoren noch einmal bündeln. Dann erscheinen drei Bereiche von Belang, auf die Therapie hinzielt und die sie bearbeitet: Jede wirksame Therapie sei, nach *Karasu*, (zumindest am Anfang) *emotional aufwühlend*, bringe *kognitive Einsicht* und verändere *das Verhalten*. Sie ereigne sich demnach im Erfolgsfall auf allen drei genannten Ebenen: in Emotion (und Beziehung), Kognition und Verhalten.

(3) Verhältnis der Therapieformen zueinander: Komplementarität statt Gegensatz

Aus der plausiblen, allerdings empirisch nicht restlos erhärteten Analyse der Wirkfaktoren lassen sich Postulate und Desiderate für eine erfolgreiche Therapie, zumindest hypothetisch, ableiten. Sie konvergieren in der Forderung, Psychotherapie sollte den Patienten oder Ratsuchenden *ganzheitlich* in Blick nehmen. Er sollte in seinen emotionalen, kognitiven und aktionalen Potenzen und Beeinträchtigungen vom Therapeuten gesehen und verstanden werden. Beide hätten sich im optimalen Fall allen Ebenen des Erlebens in gleicher Weise zuzuwenden.

Betrachtet man die erörterten Psychotherapieformen unter dem Postulat der ganzheitlichen Perspektive auf die Person, dann wird man nicht in Abrede stellen können, daß in ihren Persönlichkeitsmodellen und Praxisanweisungen die genannten Ebenen mehr oder weniger explizit berücksichtigt werden. Es wird allerdings auch deutlich, daß jede der genannten Psychotherapieformen auf einer Ebene jeweils besonders akzentuiert agiert und sich darauf konzentriert. Die Psychoanalyse wäre demnach zu sehen als eine Therapieform, die sich verstärkt – nicht allein – der Einsicht (Kognition), d.h. Bewußtwerdung von verdrängten Traumatisierungen u.ä. zuwendet. Die Domäne der Verhaltenstherapie läge, ohne ihre kognitive Wende zu vergessen, auf der Ebene des Handelns, d.h. auf der Einleitung neuer Lernprozesse durch Übung, Verstärkung oder Modelldarbietung. Die Gesprächspsychotherapie mit ihrer Betonung der empathischen Einfühlung ließe sich stärker der Ebene der Emotionen zuordnen. Die Familientherapie schließlich, charakterisiert als integratives Konzept aus den verschiede-

[489] Zit. nach: *D. E. Zimmer*, Für alle ein Preis und ein Dämpfer, 32.

nen Psychotherapieformen, hätte Emotion, Kognition und Verhalten mehr oder minder im Auge und würde die »Ganzheitlichkeit« dahingehend erweitern, daß die »Beziehungen der Person« im therapeutischen Modell nicht vernachlässigt werden dürfen.

Wir hätten es demnach bei den beschriebenen vier Therapieverfahren nicht mit sich gegenseitig ausschließenden Zugängen zu tun, vielmehr mit einem komplementären Verhältnis. Dem stimmt *Ludwig Pongratz*[490] zu, wenn er mit Blick auf Psychoanalyse, Verhaltenstherapie und Gesprächspsychotherapie resümiert: »Sie stehen nicht zufällig nebeneinander, sondern greifen sinnvoll ineinander«. Er plädiert deshalb für »kombinierte« Vorgehensweisen, weil jede Psychotherapieform im Hinblick auf die psychische Störung ihre ganz bestimmte Domäne aufweise, die Tiefenpsychologie in der Behandlung des Störungsherdes, die Verhaltenstherapie in der Behandlung der Störungssymptomatik und die Gesprächspsychotherapie die Behandlung der zentralen Regulation im Sinn der Selbstaktualisierung.

Die Komplementarität der Psychotherapieformen, die sich unter dem Gesichtspunkt der personal-psychischen Ebenen sowie der Störungsdimensionen abzeichnet, erfährt eine gewisse Bestätigung durch die genauere Betrachtung faktischer Psychotherapie. Eine Untersuchung des Psychologischen Institutes (II) der Universität Würzburg[491] belegt, daß Psychotherapeuten in ihrer theoretischen und praktischen Orientierung meist nicht dogmatisch auf eine Schule festgelegt sind, sondern eine Integration verschiedener Verfahren anstreben. Sie sind in Theorie und Methode ausgesprochene Grenzgänger.

Die Psychotherapeutin *Eva Jaeggi* beschreibt aus eigener Erfahrung, wie sie im mehrdeutigen Feld der Psychotherapieformen sich von dieser und jener anregen ließ und wie sie letztendlich nur durch die unabgeschlossene Suchbewegung ihren Klienten gerecht werden konnte. In ihren autobiographischen Aufzeichnungen mit dem bezeichnenden Titel »Wir Menschenbummler« schildert sie ihren Weg von der Verhaltenstherapie zur Psychoanalyse, Gestalttherapie, Gesprächstherapie, Themenzentrierten Interaktion, Familientherapie – und zurück. Als Ertrag dieser Reise sieht sie u. a. die Annäherung in den theoretischen Ansichten zwischen den therapeutischen Schulen. Es klingt in Anbetracht der noch vor wenigen Jahren zu hörenden gegenseitigen Verdammungsurteile erstaunlich konziliant, wenn sie sagt: »Auch freue ich mich, daß Verhaltenstherapeuten das Wort ›unbewußt‹ nun nicht mehr zu scheuen haben wie der Teufel das Weihwasser. Kein Mensch, der sich intensiv mit seinen Mitmenschen befaßt, kann um dieses Wort und die dahinterstehende Realität herumkommen.«[492] Gleichwohl

[490] *L. J. Pongratz*, Lehrbuch der Klinischen Psychologie, 380.
[491] Ebd. 382–385.
[492] *E. Jaeggi*, Wir Menschenbummler, 150.

bricht sie auch eine Lanze für die Eigenständigkeit der Psychotherapieformen dafür, daß es unterschiedliche, einander ergänzende Zugänge zum seelisch leidenden Menschen gibt, mit der Folge, daß man sich schwertut, alles auf einen Nenner zu bringen. Sie schließt ihre autobiographische Skizze mit einem Plädoyer für die Mehrdeutigkeit auf dem Gebiet der Psychotherapie: »Natürlich lassen sich auf wirklich wichtige Fragen keine eindeutigen Antworten finden. Wer sich interpretierend mit seinem Gegenstand abgibt, muß Mehrdeutigkeit ertragen lernen. Das habe ich in meinem Beruf gelernt.«[493]

(4) Ein Modell integrativen Vorgehens

Als Beispiel eines Integrationsversuches, der keine Scheu vor dem Überschreiten schulenspezifischer Grenzen und zugleich die Bemühung um ganzheitliches Vorgehen erkennen läßt, kann der Ansatz *Alwin J. Hammers*[494] gelten. Ausgangspunkt seines integrativ-ganzheitlichen Konzepts bildet »die Tatsache, daß der Mensch von seiner Geburt an ständig vor der Notwendigkeit steht, Informationen aufzunehmen und zu verarbeiten«.[495] Unumgänglich eigne er sich im Zuge der Wahrnehmung und Verarbeitung bestimmte Schemata im Sinn *Piagets* an, mit deren Hilfe der Prozeß der Umweltanpassung kanalisiert und gesteuert wird. Solche Schemata der Anpassung und Verarbeitung seien nicht nur kognitiv strukturiert, sie erstreckten sich vielmehr pyramidal über alle Ebenen des Erlebens und Verhaltens. An solchen Ebenen, auf denen sich die Funktionsweise der erworbenen Schemata erschließen läßt, hebt *Hammers* hervor:

(1) *Ebene der Erkenntnis:*
Hier geschieht bewußte Strukturierung der Informationen.

(2) *Ebene des assoziativen Erlebens:*
Die klare Erkenntnis ist nicht mehr direkt greifbar, dafür dominieren Detailreichtum, plastische Bilder und Assoziationen als Beispiele der Erkenntnis. Diese sind von deutlichen Emotionen begleitet.

(3) *Ebene des Positionalerlebens:*
Es fehlen explizite Inhalte, vielmehr bezieht sich die Person in der zu verarbeitenden Situation nur noch auf die Position »Lust – Unlust«.

(4) *Ebene des Initialerlebens:*
Diese tiefste Stufe des Erlebens ist sowohl von Inhalten als auch Gefühlen frei, erlebt wird nur noch »Da ist etwas, und es ist wichtig«.

(5) *Ebene der muskulären Regulation:*

[493] Ebd. 153.
[494] *A. Hammers*, Ein kognitiv-integrativer Ansatz der Psychotherapie.
[495] Ebd. 75.

Muskuläre Prozesse fungieren als Träger komprimierter psychischer Prozesse.
(6) *Ebene der Stoffwechselprozesse:*
Drüsen- und Stoffwechseltätigkeit stehen in Interdependenz mit Fehlregulationen auf oberen Ebenen.

Als allgemeines *Strukturprinzip* dieser Ebene gilt: »Je höher die Ebene, um so bewußter, klarer, inhaltlich eingeengter, situationsbezogener, flexibler, willentlicher, gegenwartsbezogener, aufwendiger, autogenetisch jünger, weniger trainiert und leichter veränderbar sind die Prozesse und die sie steuernden Verarbeitungsregeln. Je tiefer die Ebene, um so bewußtseinsferner, diffuser, inhaltsloser, allgemeingültiger, starrer, autonomer, ökonomischer, zeitentrückter, autogenetisch älter, überlernter und automatisierter sowie veränderungsresistenter sind die Verarbeitungsprozesse.«[496] Der Organismus neige, so *Hammers*, dazu, in Streßsituationen auf tiefere, überlerntere und damit »sichere« Verarbeitungsmuster zurückzugehen. Zu Störungen komme es dann, wenn die gewählten Verarbeitungsmuster auf die gegenwärtige Realität nicht passen. Es werden dann alte, rigide und automatisierte Strukturen eingeklinkt, die eine angemessene Regulation der Person angesichts der anstehenden Aufgaben verhindern.

Aufgabe der Therapie ist es, die ineffektiven Schemata »von unten nach oben«[497] wieder zu entfalten, bis eine Regulationsebene erreicht ist, die wieder funktioniert. Der Therapeut hat mit diesem Modell der pyramidalen Regulationsebenen zugleich einige, allerdings sehr generelle Handlungsanregungen zur Verfügung. Z.B. ist zuerst einmal zu klären, auf welcher Ebene das Problem liegt »und ob es durch sachliche Information, durch systematische Untersuchung der Situation und gezieltes Verhalten zur Zufriedenheit des Klienten behoben werden kann. Nicht alles ist ›psychodynamisch‹, was den Leuten Schwierigkeiten macht.«[498] Es geht auch nicht darum, »möglichst schnell ›die Kohlen aus dem Keller zu holen‹«[499] – ein Fehler, den *Hammers* bei Anfängertherapeuten diagnostiziert. Vielmehr muß man den Klienten »zuerst einmal auf der Ebene ernst nehmen und abholen, auf der er im Moment verarbeitet«.[500]

Für Interventionen auf der Ebene des Assoziativerlebens – um exemplarisch einen Bereich herauszugreifen – schlägt *Hammers* für Klienten, die auf »externalem und gefühllosem« Niveau berichten, vor, behutsam in das gegenwärtige emotionale Erleben hineinzuführen. Dies kann etwa dadurch geschehen, daß der Therapeut den Klienten auf eine mögliche Diskrepanz in der persönlichen Bedeutung des Erzählten und der innerlich unbeteilig-

[496] Ebd. 81.
[497] Ebd. 81.
[498] Ebd. 83.
[499] Ebd. 83.
[500] Ebd. 83.

ten Ausdrucksform beim Erzählen aufmerksam macht. Oft ist im Klienten eine regelrechte Leere und Gefühllosigkeit da, die er allenfalls nur noch auf dem generellen Positionsniveau »angenehm – unangenehm« einschätzen kann. Gibt der Klient z. B. kund, daß er seine Gefühllosigkeit eher als diffus angenehm empfinde, »was durchaus sein kann, dann gilt es, das festzuhalten und zu akzeptieren. Etwa so: ›Ja komisch, das ist Ihnen gar nicht so unrecht, daß Sie jetzt nichts spüren. Das erinnert mich an die Spritze oder Narkose beim Arzt. Da ist es im Moment auch ganz gut, daß man nichts spürt, weil es sonst kräftig wehtun würde.‹ Paßt der Vergleich?«[501] Das Problem gerät auf den Tisch, und trotzdem fühlt der Klient sich nicht gedrängt. Es wird möglich, das externale und gefühllose Niveau zu verlassen.

Auf der Ebene des *Positionalerlebens* stehen körperlich gefühlte Bedeutungen im Mittelpunkt der therapeutischen Aufmerksamkeit. Hier geht es körpernah, relativ wort- und inhaltslos zu, so daß die hier angesiedelten Schemata weniger in verbal kontrollierten Mitteilungen bearbeitet werden können. Sie müssen vielmehr »oft herausgeholt und -geschrien werden«.[502] Ähnliches gilt noch mehr für die tieferen Schichten des Initialerlebens und der muskulären Regulation. Hier greift der integrativ-ganzheitliche Therapeut, falls er über eine gediegene Ausbildung auf diesem Gebiet verfügt, zu körpertherapeutischen Interventionen, die bestimmte, vom Klienten nur zaghaft gezeigte Bewegungen etwa verstärken. »Aus der Ganzheitlichkeit des Lebensprozesses ergibt sich... daß Bewegung direkt mit zum Prozeß gehört.«[503] Nur indem Bewegung und Gefühle, die zu einem alten, rigiden Schema dazugehören, belebt und nacherlebt werden, was zumeist mit dem Erwachen ehemals bitterer Erfahrungen verbunden ist, kann an *die Stelle eines destruktiven ein förderliches Regulationsschema* treten.

Besondere Aufmerksamkeit widmet *Hammers* in seinem integrativen Therapiemodell der *Therapeut-Klient-Beziehung*. Eine gute Beziehung zwischen beiden ist »kein Beiwerk, sondern die Basis aller konstruktiven Interventionen und Prozesse«.[504] Modell für die therapeutische Beziehungsgestaltung bleibt im Rahmen seines integrativen Psychotherapieansatzes eine recht verstandene *Orientierung an den Grundhaltungen der Gesprächspsychotherapie*. Dabei kommt es gerade auf das ganzheitliche Einfühlen und Verstehen des Klienten an. Der Therapeut »sollte möglichst deutlich erleben können, daß da jemand mit ihm geht, der, ohne mit ihm in seinen Problemen zu versinken, versteht und mitfühlt, was ihn bewegt, und der das darüber hinaus in seinem Körper spürt und auch in seinem Verhalten ausdrückt«.[505]

[501] Ebd. 87
[502] Ebd. 91.
[503] Ebd. 90.
[504] Ebd. 94.
[505] Ebd. 98.

Hammers Modell einer ganzheitlich-integrativen Psychotherapie erfüllt in Anbetracht der Auflösung der engen Schulgrenzen zwischen den Psychotherapieformen eine wichtige heuristische Funktion. Er zeichnet Umrisse eines Vorgehens, das Elemente aus verschiedenen Theorien und Handlungskonzepten der Psychotherapie in einen einander ergänzenden, pragmatischen Ordnungszusammenhang bringt. Mittels der Kombination verschiedener Verfahren können die Defizite der isolierten Anwendung einzelner Techniken weitgehend ausgeschaltet werden. Vom Standpunkt des Praktikers wirkt seine Theorie über die verschiedenen, miteinander verflochtenen Ebenen des Erlebens und Handelns und wie sich auf ihnen erlernte Schemata abbilden, brauchbar und hilfreich. Zumindest unterstreicht er mit dieser hypothetischen Konstruktion, daß jeder, der Psychotherapie betreibt, über eine möglichst »elaborierte« Theorie verfügen sollte, mit deren Hilfe er das eigene Vorgehen kritisch befragen und optimieren kann. Was freilich der von *Hammers* vorgeschlagenen Theorie der Regulationsebenen bislang fehlt, ist ihre empirische Evaluierung auf breiterer Basis. Dennoch schmälert das nicht von vornherein ihren Erklärungswert und ihre psychotherapeutische Brauchbarkeit.

Zu einem gewissen Teil behoben ist der Mangel der empirischen Überprüfung für den von *Hammers* zuletzt angesprochenen Aspekt: die Therapeut-Klient-Beziehung. Eine Reihe von vergleichenden Psychotherapiestudien[506] konnte nicht nur überzeugend belegen, daß die Wirkung von Psychotherapie entscheidend von der Qualität der Beziehung zwischen Therapeut und Klient abhängt. Es wurden darüber hinaus die wichtigsten notwendigen Charakteristika dieser Beziehung nachgewiesen.

Dieter Tscheulin[507] konnte zeigen, daß es im wesentlichen auf die bereits von *Carl R. Rogers* beschriebenen Grundhaltungen ankommt, um positive Veränderungen beim Klienten in einer Psychotherapie, unabhängig welchem theoretischen Paradigma sich der Therapeut verbunden fühlt, zu erzielen. Dieser schulenübergreifende Befund, der die notwendigen, nicht in jedem Fall hinreichenden Wirkfaktoren von Psychotherapie beschreibt, bildet eine durchaus verläßliche Basis für eine pastoraltherapeutische, diakonische Konzeption. Die pastorale Relevanz dieser Grundbedingungen heilender Prozesse wird dadurch noch entscheidend untermauert, daß sich elementartheologisch zeigen läßt, welch tiefe Entsprechung sie zu biblisch bezeugten Grundhaltungen Jesu und zu Haltungen des Glaubens aufweisen.

[506] Vgl. u. a.: *D. Tscheulin*, Gemeinsame Grundelemente in verschiedenen Psychotherapieformen. – *R. B. Sloane/F.R. Staples/A.H. Cristol/N.J. Yorkston/K. Whipple*, Psychotherapy versus behavior therapy. – *J. Mintz/L. Luborsky/A.H. Auerbach*, Dimensions of psychotherapy. – *J. D. Frank/R. Hoehn-Sarie/D.I. Stanley/B.L. Liberman/A.R. Stone*, Effective ingredients of successful Psychotherapie.

[507] *D. Tscheulin*, Gemeinsame Grundelemente in verschiedenen Psychotherapieformen, 116.

7
HEILEND EINANDER BEGEGNEN – BEWÄHRTE DIAKONISCH-THERAPEUTISCHE HALTUNGEN

Drei Schritte lassen sich bei der theologischen Reformulierung der therapeutischen Grundhaltungen jeweils gehen:
(1) Psychotherapeutische Erfahrung
(2) Elementartheologische Korrelation
(3) Pastoraltheologische Folgerung.

(1) Echtheit – Wahrhaftigkeit – Glauben

1. Psychotherapeutische Erfahrung

Echtheit oder Selbstkongruenz wird von *Carl Rogers* charakterisiert als Fähigkeit der Kontaktnahme und des *In-Kontakt-Seins mit sich selbst*. Dem echten Helfer gelingt es in einem hohen Maß, wesentliche Anteile seiner selbst, vor allem Problematisches und Konflikthaftes, Angstbesetztes und Tabuisiertes, nicht von sich abzuspalten, zu ignorieren oder zu verdrängen. Er hat Zugang zu dieser seiner dunklen Seite und kann mit Aufmerksamkeit bei allem, was sich im Erlebensfluß bei ihm einstellt, verweilen.

Echtheit bedeutet sodann *kommunikative Aufrichtigkeit*, den Verzicht auf alle Fassadenhaftigkeit und jegliche Versteckspiele. Der echte Helfer hat es nicht nötig, sich hinter seiner Rolle wie unter einer Maske (»Persona«) zu verbergen, sich hinter »Man« -und »Wir«-Floskeln oder langen Monologen zu verschanzen. Er vermag sich statt dessen dem Gesprächspartner so mitzuteilen, wie er wirklich in sich fühlt und erlebt. Es muß sich dann der andere nicht auf die Suche begeben, was der Helfer nun wirklich meint oder wer er tatsächlich als Mensch ist. Weil der echte Begleiter sich »wahr« zeigt – als der, der er wirklich ist –, kann der Ratsuchende ihn wahrnehmen. Dies bedeutet: Er kann sich auf den Helfer verlassen, ohne fürchten zu müssen, hintergangen oder enttäuscht zu werden. Echtheit meint im sozialen Kontakt folglich eine verläßliche Wahr-gabe und Wahr-nehmbarkeit, eine Wahrhaftigkeit den anderen gegenüber, die am eigenen So-sein unverfälscht Anteil gibt.

Carl Rogers schreibt einer solchen bis auf den personalen Grund reichenden Wahrhaftigkeit *Wirkungen* zu, die beiden, Therapeuten und Klient, zugute kommen: »Wenn ich meinem innersten intuitiven Selbst am nächsten bin, wenn ich irgendwie mit dem Unbewußten in mir in Berührung bin... dann scheint das, was ich tun mag, voll von Heilung zu sein, dann trägt mein bloßes Dasein zur Entlastung und Hilfe für den anderen bei.«[508] Diese Erfahrung, so *Carl Rogers*, mit Blick auf den Helfer, weiter, »könne nicht erzwungen werden, sie kommt, wenn er in der Lage ist, sich zu entspannen, und wenn er mit dem transzendenten Teil von sich in Berührung steht. In diesem Augenblick habe ich den Eindruck, daß mein innerer Geist nach außen vorgedrungen ist und den innersten Geist des andern berührt hat. Unsere Beziehung transzendiert sich und ist ein Größeres geworden...«[509] Echtheit, wie sie *Rogers* versteht, führt demnach den Helfer zu sich selbst, von da gewinnt er heilende Offenheit für den anderen, und beide befinden sich schließlich in einer »größeren« Beziehung.

2. Elementartheologische Korrelation

Die radikale, bis auf den Grund klare und transparente Wahrhaftigkeit im Sein und Sich-Mitteilen finden wir ohne Zweifel in *Jesus*, dem Heiler. Die Evangelien lassen, bei aller literarischen Überformung seiner Gestalt, eine Person durchscheinen, die mit sich selbst in Kontakt steht und an ihrem Sein frei und unverfälscht Anteil gibt.[510] So weist Lukas darauf hin, wie Jesus seine Gefühle äußert, daß er öffentlich weinte (Lk 19,41 – vgl. auch Joh 11,35) und in Ärger und Wut geriet (Lk 8,33). Markus schildert Jesu Verzweiflung und Mutlosigkeit (Mk 14,33). In gleicher Natürlichkeit konnte Jesus auch seine Sympathie und Freundlichkeit Menschen gegenüber ausdrücken, etwa dem reichen Jüngling gegenüber: »Da sah ihn Jesus an, und weil er ihn liebte, sagte er...« (Mk 10,21).

In der gleichen Perikope ist auch davon die Rede, wie Jesus sehr klar Attribute und Idealisierungen von sich weist, mit denen er sich innerlich nicht in Übereinstimmung fühlt: »Warum nennst du mich gut? Niemand ist gut außer Gott, dem Einen« (Mk 10,18). Solche *Klarheit und Transparenz*, die sein Wesen ausmachte, ließ ihn zum verläßlichen Boten Gottes werden. Erst dadurch, daß er selbst bis in seine letzte Tiefe hinein durchschaubar und erkennbar war, konnte er für die Menschen glaubwürdig von Gott reden. Es war offensichtlich, daß es bei seiner Verkündigung keine noch so subtile Doppelbödigkeit gab, sondern daß er selbst als Bote mit der Botschaft identisch war: »Wer mich sieht, sieht den Vater« (Joh 14,9). In ihm scheint und tönt durch (»personare«), unverstellt und glasklar, wer Gott ist. Das Johannes-Evangelium kann deshalb sein Wesen reflektieren, indem es ihn als das »Wort Gottes« bezeichnet. Er ist in seiner Person die wahre und unverkennbare Selbstmitteilung Gottes. Er kann folglich auch, wiederum in der

[508] Zit. nach: *W. Müller*, Menschliche Nähe in der Seelsorge, 53f. – *Ders.*, Menschliche Nähe in der Seelsorge, 39f.
[509] Ebd.
[510] Vgl. hierzu: *H. Brunner*, Von der Bibel keine Spur...?

Jesus-Reflexion des Johannesevangeliums, von sich sagen: »Ich bin der Weg und die Wahrheit und das Leben« (Joh 14,6). Indem er mit sich bis auf den Grund identisch und dabei mit Gott selbst eins ist, wird er zum Zeugen und zum Zeugnis Gottes.

Diese Transparenz, die Gott selbst wahrhaftig durchscheinen läßt, ist in der *Nachfolge Jesu* zu einer, wenn auch immer nur menschlich gebrochen realisierbaren Einladung an Christen geworden. Als Boten Gottes können sie seit den Tagen der Jünger nicht anders, als Gott, den sie in ihrem Leben wahrhaft erfahren haben, in ihrem Reden, Handeln und Sein weiterzusagen: »Was von Anfang an war, was wir gehört haben, was wir mit unseren Augen gesehen, was wir geschaut und was unsere Hände angefaßt haben, das verkünden wir: das Wort des Lebens. Denn das Leben wurde offenbar; wir haben gesehen und bezeugen und verkünden auch das ewige Leben, das beim Vater war und uns offenbart wurde. Was wir gesehen und gehört haben, das verkünden wir auch euch, damit ihr Gemeinschaft mit uns habt« (1 Joh 1,1–3). Das Wort der Wahrheit (2 Kor 6,78; Eph 1,13) kann nur so gesagt werden, »daß wir die Wahrheit üben in Liebe« (Eph 4,15), also im ganzen Sein (1 Joh 3,18) unserer Person, selbstkongruent. *»Täter« der Liebe und Wahrheit Gottes werden* (Joh 3,21). Nur so läßt sich die paulinische Aufforderung einlösen: »Lehre die Wahrheit unverfälscht und mit Würde« (1 Tit 2,7). Die Basis dafür bildet, daß die »Wahrheit Christi« in uns ist (2 Kor 11,10) und wir sie uns als Gabe des *»Geistes der Wahrheit«* (Joh 14,6; 14,17; 15,26; 16,13) schenken lassen.

3. Pastoraltheologische Folgerung

Selbsttransparenz, Durchlässigkeit, Durchsichtigkeit und Offenheit sind Begriffe, die umschreiben, was Echtheit und Wahrhaftigkeit, die an Jesus ausgerichtet sind, meinen. Letztlich geht es hierbei, mit Blick auf den Seelsorger, um *pastorale Identität*, ob einer das, was er tut und zu sein vorgibt, auch wirklich erfährt, erlebt, erleidet, ist und glaubt, ob einer als Seelsorger so bei sich ist, daß sich die Leute mit ihm auskennen und daß sie in seiner Nähe die Erfahrung machen: Hier lebt einer aus der Mitte seiner Person, und die ist Gott selbst. *Jürgen Werbick*[511] sieht diese glaubende Identität als Geschenk Gottes selbst: »Gott schenkt dem Glaubenden Identität, in dem Er zur differenzierenden und integrierenden, zur aufschließenden Mitte seines Lebens wird ...« Zu fragen wäre dann freilich, »wie Gott zur Mitte des menschlichen Lebens werden kann, ohne es zu entfremden; wie er auch den Ambivalenzen und Zwiespältigkeiten des menschlichen Lebens gerecht wird, so daß der Mensch nicht mehr gezwungen ist, sie zu verleugnen oder

[511] *J. Werbick*, Glaube im Kontext, 395.

gewaltsam aufzulösen.«[512] Es ist zum einen Aufgabe der Theologie, überzeugend – nicht nur auf abstraktem, spekulativem Niveau – kundzutun, »daß es dem Menschen zutiefst entspricht, seine Mitte nicht in sich selbst, sondern jenseits seiner selbst in Gott zu finden; daß der Mensch zur Identität mit sich selbst nur gelangen kann, wenn er zur göttlichen Mitte hin ›exzentrisch‹ wird und sich auf diese Mitte hin verläßt«.[513] Zum anderen kommt bei solcher Zentrierung außerhalb seiner selbst, die zugleich mit sich selbst kongruent und stimmig werden läßt, dem *Gebet* eine hohe Bedeutung zu, denn »im Gebet versammelt sich der Mensch auf eine Mitte hin, die jenseits seiner selbst liegt, im Gebet wird er ›exzentrisch‹. Zugleich erfährt er, daß Gott selbst es ist, der ihn sammelt und sich ihm als versammelnde, aus der Zerstreuung rettende Mitte schenkt...«[514] Nicht zuletzt im Gebet kann folglich jene pastorale Identität immer wieder neu gewonnen werden, wo die eigene Person sich entdeckt und zugleich als von Gott entdeckte begreift.

(2) Wertschätzung – Treue – Hoffnung

1. Psychotherapeutische Erfahrung

Bedingungslose Wertschätzung, wie sie in der Klientenzentrierten Gesprächspsychotherapie sehr differenziert reflektiert wird, bedeutet vor allem »ein Akzeptieren des anderen Individuums als eine eigenständige Person, eine Hochachtung vor ihm, dem Wert aus eigenem Recht zukommt«.[515] Damit ist zum einen anvisiert, den anderen *als unvollkommenen Menschen gelten zu lassen* und ihn so mit seinen Schwächen, destruktiven Gefühlen, Depressionen, Anklagen und Ideologien ehrlichen Herzens anzunehmen. Als zweiter Aspekt kommt hinzu, den anderen als eine *individuelle Person* mit einmaligem Lebensentwurf und Lebensweg anzuerkennen – bis zu der Konsequenz, daß ich als Berater oder Seelsorger davon Abstand nehme, ihn zu bevormunden, zu vereinnahmen oder ihm mein Lebenskonzept aufzuzwingen. Vielmehr bringe ich ihm *Vertrauen in seine noch unentdeckten Möglichkeiten* und Kräfte entgegen. Ein Vertrauen, das sich in allen Suchphasen des Partners treu durchhält und ihn darauf bauen läßt, selbst den ihm gemäßen, eigenen Weg finden und gehen zu können. All dem liegt die Überzeugung und Erfahrung zugrunde, daß einer erst dadurch (wieder) zum Menschen wird und neu zur Welt und zu sich kommt, wenn er von liebenden Augen angeschaut wird.

512 Ebd., 395.
513 Ebd. 395f.
514 Ebd. 395.
515 *C. R. Rogers*, Rückblick auf die Entwicklung meines therapeutischen und philosophischen Denkens, 29.

Unübersehbar verweist aus theologischer Perspektive die psychotherapeutische Haltung der Wertschätzung, wie auch schon die Echtheit, auf die *Praxis Jesu*. Bei allen heilenden Begegnungen, die die Evangelien von ihm erzählen, tritt als Grundzug hervor, daß Jesus sich jedem, und sei er noch so sündig, verschroben und gering, offen zuwendet, so daß der andere spürt, er und kein anderer ist gemeint. In vielen Beispielen ließe sich *Jesu bedingungslose Sympathie* für den anderen belegen. So beruft er etwa den *Matthäus* mit dem zweifelhaften Ruf des Zöllners in seinen Freundeskreis. Sogar in sein Haus begibt er sich zum Essen, und hinzu »kamen viele Zöllner und Sünder und aßen zusammen mit ihm und seinen Jüngern« (Mt 9,10).

Ähnlich verhält er sich dem *Oberzöllner Zachäus*[516] gegenüber (Lk 19,1–10). Jesus klagt ihn nicht an, *fordert keine Rechenschaft* über seine bisherige Lebensführung und sein Geschäftsgebaren, stellt auch keine Bedingung der Art: »Wenn du dich änderst, kehre ich in dein Haus ein!« Die Schrift sagt nur: »Er schaute hinauf«, wie ein Kleiner zu einem Großen, wie ein Bittsteller. Und dann kommt die Bitte: Kann ich heute bei dir übernachten? Hast du Platz für mich in deinem Haus? Dieser »Augen-blick« ändert alles: Zachäus, der sich ob seiner Kleinheit und Minderwertigkeit bis zum Oberzöllner und damit in die Einsamkeit der Habgier verstiegen hat, »stieg schnell herunter und nahm Jesus freudig bei sich auf« (Lk 19,6). Er fühlt sich dadurch, daß Jesus ihm zutraut, ihm gut sein zu können, an sein eigenes, auf dem Grund seines Herzens schlummerndes Gut-sein-wollen erinnert. Damit wird die in Zachäus verschüttete und längst verloschen geglaubte Kraft des Guten neu mobilisiert. Nun vermag er von den ausbeuterischen Geschäftspraktiken abzulassen und das betrügerisch Erworbene vierfach zurückzuerstatten. Diese bemerkenswerte Wandlung von der Existenzweise des Haben-müssens zum Gut-sein-können ist möglich geworden, weil dem Zachäus, der sich durch und durch wertlos und verloren wähnt, durch Jesus Ansehen und Wert zugesprochen werden.

Betrachtet man die Wertschätzung, die Jesus den Verlorenen, Armen, Kleinen, Kranken und Sündern gegenüber übt, genauer, dann fallen einige *Charakteristika* besonders auf:

– Jesu Wertschätzung bedeutet riskante Parteinahme für den einzelnen – *gegen unmenschliche gesellschaftliche Konventionen und Normierungen*. Wenn Jesus für die Menschenrechte des Außenseiters eintritt, dann konfrontiert er damit zugleich jene, die ihre Herzenshärte mit Gesetz und Norm legitimieren und den Sabbat über den Menschen stellen. Wer, wie Jesus, dem von Gesetz und Gesellschaft Exkommunizierten zu der ihm zustehen-

[516] Vgl. zum hier angeschlossenen Gedankengang: *R. Zerfaß*, Menschliche Seelsorge, 79–86. – *M. Belok*, Humanistische Psychologie und Katechese, 153f.

den Würde und Achtung verhelfen will, der darf und muß auch wider das veräußerlichte Gesetz am Sabbat heilen (Mk 3,1–6). Denn gerade darin wird der Sabbat – das Gesetz – in seinem Sinn offenbar, daß aus ihm dem Menschen Heilung und Heil erwachsen. Deswegen ist jener der größte Rabbi, der *am Sabbat* Wunder tun kann.[517] Nicht deutlicher konnte Jesus demonstrieren, was es um das Gesetz, alle Normen und Gebote ist: Sie sind dazu da, den Menschen geglücktes Leben zu ermöglichen und nicht, um sie in ein tödliches Gefängnis zu sperren. Deswegen darf der einzelne nicht zerrieben werden zwischen den Tafeln des Gesetzes, darf ihm nicht mit bleischweren Gewichten des Sollens und Müssens jeder Aufbruch in die »herrliche Freiheit der Kinder Gottes« (Röm 8,21) verwehrt werden.

– Jesu Wertschätzung drückt aus, daß er, mehr als der andere es im Augenblick vermag, *an die größeren Möglichkeiten in ihm glaubt*. Er vermittelt den Menschen, indem er sie ansieht, berührt, anspricht, die Überzeugung: »Du hast mehr Möglichkeiten, als du ahnst, ganz zu schweigen von den ungeahnten Möglichkeiten Gottes mit dir«.[518] Damit gibt er Hoffnung, daß ein verfahrenes Lebensgefährt wieder flott, eine gebrochene Lebenslinie wieder ganz, daß es mit einem überhaupt wieder gut werden kann. Indem er für den anderen diese Hoffnung stellvertretend hegt, vermag dieser selbst wieder Hoffnung zu schöpfen und ein neuer Mensch zu werden. Jesus lebt und bewirkt damit, was der Prophet von der Epiphanie Gottes verheißt: »Wie eine Mutter ihren Sohn tröstet, so tröste ich euch ... Wenn ihr das seht, wird euer Herz sich freuen, und ihr werdet aufblühen wie frisches Gras« (Jes 66,12–14). Denn Gott ist ein »Gott, der Hoffnung und Zukunft« (Jer 29,32) gibt.

– Seine diakonische Wertschätzung hält sich durch in Treue und läßt sich nicht abschrecken von dem Aussatz der Seele und des Körpers, den einer mitbringt. *Er verurteilt nicht*, wenn jemand im Ausgreifen auf das Leben schuldig wird, aus Tragik und auf der Suche nach Glück. So spricht er zur Ehebrecherin: »Hat dich niemand verurteilt, so will auch ich dich nicht verurteilen« (Joh 8,11). Wie der barmherzige Vater im Gleichnis zu seinem Sohn, steht er auch dann in Treue zum anderen, wenn dessen Weg in die Fremde, weg von sich selbst und von Gott führt (Lk 15,11–32). Er ist auch in

[517] Vgl. die von *Salcia Landmann* erzählte und von *E. Drewermann* wiedergegebene Geschichte von den drei Juden, die darüber stritten, wer der größte Rabbi sei. »›Mein Rabbi‹ erklärte der erste, ›denn er heilte ein krankes Mädchen.‹ ›Nein, mein Rabbi‹, behauptete der zweite, ›er vermehrte Brote, als das Volk hungerte.‹ ›Nein‹, sagte der dritte, ›hört das große Wunder. Wir fuhren an einem Freitag von Lublin nach Lodz, als der Zug in eine Schneewehe geriet und die Gleise erst freigeschaufelt werden konnten, als fast schon der Sabbat anbrach. Kein Rad mehr durfte sich bewegen. Doch die Frauen froren, und die Kinder wimmerten vor Hunger. Was tat da unser Rabbi? Er betete zu dem Allmächtigen und wirkte das größte Wunder. Er segnete uns alle, und dann – was soll ich sagen? Links stand der Sabbat, und rechts stand der Sabbat, aber mitten da durch fuhr der Zug!« Aus: *E. Drewermann*, Das Markusevangelium, 1. Teil, 294.

[518] Vgl. *R. Zerfaß*, Menschliche Seelsorge, 60.

dieser Art von geduldiger Treue Bote Gottes, von dem sein Volk oft genug erfahren hat, wie ihn *mütterliches Erbarmen* immer wieder überwältigt hat: »Wie könnte ich dich preisgeben, Efraim, wie dich aufgeben, Israel?... Mein Herz wendet sich gegen mich, mein Mitleid lodert auf. Ich will meinen glühenden Zorn nicht vollstrecken und Efraim nicht noch einmal vernichten« (Hos 11,8–9). Es gehört zu Gott und zu Jesus, unerschütterlich und ewig zu lieben: »Mit ewiger Liebe habe ich dich geliebt, darum habe ich dir die Treue bewahrt« (Jer 31,3). In Jesus macht Gott seinem Namen alle Ehre: »Ich bin für euch da«.

Jesu Wertschätzung, die sich in Liebe und Treue zeigt und die Hoffnung schenkt, weil ihre Quelle jenseits, in Gott liegt, wird zur *Gabe und Aufgabe der Christen*: »Darum bekleidet euch mit aufrichtigem Erbarmen, mit Güte, Demut, Milde, Geduld! Ertragt euch gegenseitig, und vergebt einander, wenn einer dem andern etwas vorzuwerfen hat. Wie der Herr euch vergeben hat, so vergebt auch ihr! Vor allem aber liebt einander, denn die Liebe ist das Band, das alles zusammenhält und vollkommen macht« (Kol 3,12–14). Die Basis ist auch hierfür: »Ihr seid von Gott geliebt, seid seine auserwählten Heiligen« (Kol 3,12).

3. Pastoraltheologische Folgerung

Wertschätzung, in der Praxis Jesu anzutreffen als unverwechselbare Parteinahme für den Armen, als riskante Anwaltschaft für den Vorrang des Menschen vor dem Gesetz, als bedingungslose Treue und als Vertrauen auf die Möglichkeiten Gottes im anderen, führt in die Mitte pastoraler Programmatik. Es geht um die Kontroverse, welche Frage der Menschen Seelsorge zuerst in ihrer Praxis einer Antwort zuführen soll: *»Wer darf ich sein?«* oder *»Was muß ich tun?«* Kritiker halten der kirchlichen Seelsorge vor, daß sie, entgegen der Botschaft des Evangeliums, einseitig auf die zweite Frage fixiert war und ist. Symptomatisch dafür sei der kirchlich-pastorale Umgang mit Schuld, etwa in der Beichtpraxis. »Das Ungeheuerliche daran ist«, so *Eugen Drewermann*[519], »daß das Christentum selbst lehrt: Menschen können erst wirklich ehrlich sein, wirklich offen von sich sprechen, auch überhaupt erst dann sich wirklich innerlich verändern, wenn sie in einem Feld voraussetzungsloser Gnade leben. Die wird, soweit ich sehe, vorausgesetzt, weil wir als Kinder getauft geworden sind. Sie taucht aber dann in der Kirche als Erfahrungsraum nicht mehr auf. Wir haben nicht den Ort, wo Menschen so sprechen können, daß das, was in der Taufe eigentlich geschieht – Veränderung eines Lebens, das nur tötet, das in sich selber völlig kaputt ist, so, daß es zum Leben hin sich öffnen könnte –, auch wirklich geschieht.« Kirchliche Pastoral muß sich in der Tat fragen lassen, ob sie in ihrer Art und

[519] *E. Drewermann*, Wort des Heils, Wort der Heilung, Bd. 1, 116.

Weise, zu predigen, Religionsunterricht zu erteilen, junge Paare auf die Ehe vorzubereiten, Menschen in tragischen Lebenskrisen, zu denen heute gehäuft auch Scheidungstragödien gehören, zu begleiten, genügend und vernehmlich den Menschen sagt: Gott steht auf Eurer Seite! Er kommt Eurem Tun mit seiner Gnade zuvor!? Befolgt die Pastoral wirklich in ihrer Praxis die eindeutige »Rangfolge der Glaubenswahrheiten«, daß Gottes erstes Interesse darin besteht, zu zeigen, daß er uns in seinen Händen hält? Er wartet nicht darauf, daß wir vorher unsere von ihm gewollte menschliche Unvollkommenheit in Perfektion verwandeln, indem wir alle möglichen Forderungen korrekt und präzise erfüllen.

Die erste Aufgabe der Seelsorge ist es deshalb nicht, die Menschen zu einem moralisch besseren, den Vorschriften entsprechenden Leben anzuhalten. Sie braucht auch die Menschen nicht vom Bösen erlösen, sie sind ein für allemal erlöst. Was sie zu tun hat, ist an die Praxis Gottes anzuschließen, und damit jedem einzelnen zu sagen und spüren zu lassen: »Es darf dich geben!« Solche Seelsorge geschieht dort, wo einer dem anderen von Herzen wünscht und sich dafür stark macht, daß er den aufrechten Gang als unfertiger und unvollkommener Mensch wagen kann. *Jörg Zink* hat dies, was Christen füreinander hoffen und wünschen dürfen, wunderbar ausgedrückt:

»Ich wünsche dir nicht,
daß du ein Mensch seist,
rechtwinklig an Leib und Seele,
glatt und senkrecht wie eine Pappel
oder elegant wie eine Zypresse.

Aber das wünsche ich dir,
daß du mit allem, was
krumm ist an dir,
an einem guten Platz leben darfst
und im Licht des Himmels,

daß auch,
was nicht gedeihen konnte,
gelten darf
und auch das Knorrige
und das Unfertige
an dir und deinem Werk
in der Gnade Gottes Schutz finden.»[520]

Dieser Wunsch hat uralte Tradition in der Kirche. Besonders greifbar, aber eben auch in bedenklicher Weise verzerrt und vergessen, ist er in dem kontroversen moraltheologischen Begriff der *Epikie*. Richtig verstanden ist

[520] *J. Zink*, Mehr als drei Wünsche, 32.

daraus ein mystagogischer Seelsorgsstil abzuleiten, der auf das Moralisieren verzichtet, der nicht die Norm über den Menschen stellt, sondern den einzelnen gelten läßt, in seiner unverwechselbaren, individuellen Gestalt, mit allem »Knorrigen und Unfertigen«.

Wie ist das zu verstehen? »Epikie«, so *Richard Egenter*[521], »wird gewöhnlich verstanden als Regel für das sittliche Verhalten in den Fällen, in denen ein geltendes Gesetz nicht sittlich verpflichtet. Weil das menschliche Gesetz dem Naturrecht und dem geoffenbarten göttlichen Willen untergeordnet ist und weil es nur den Normalfall ins Auge faßt, kann es im Einzelfall erlaubt, ja pflichtgemäß sein, unter Absehen vom Gesetzeswortlaut dem zu folgen, was die innere Gerechtigkeit (ratio institiae) und der gemeine Nutzen fordern« (Thomas von Aquin). »Im Minimalverständnis beschreibt Epikie folglich eine Art Notstandsrecht des einzelnen gegenüber den Lebensregeln der Kirche, die für ihn in seiner Situation nicht lebbar sind. Sie wird begriffen, als würde hiermit der seltene Ausnahmefall gesetzlich geregelt, daß eine bestimmte Situation in der Gesetzesformulierung unberücksichtigt geblieben sein könnte. Unausgesprochene Voraussetzung einer solchen Auffassung von Epikie ist eine fremdbestimmte Gesetzesmoral, in der das sittliche Moment der Freiheit im Grund keinen Platz hat.«[522]

Demgegenüber meint jedoch Epikie, wie insbesondere *Günther Virt* und *Paul M. Zulehner* zeigen konnten, in einer alten Tradition *kein Ausnahme-Prinzip, sondern den Normalfall des sittlichen Handelns*. Jeder ist dazu aufgerufen, das, wozu sein entfaltetes, auf sein individuelles Personsein bezogenes Gewissen ihn auffordert, in Freiheit zu realisieren. Grundlage für dieses Erwachsen-werden des Gewissens und die Überwindung heteronomer Gesetzesmoral ist, sich geliebt zu wissen: »Erst wo der Mensch sich bedingungslos in Liebe angenommen weiß... kann er den Willen eines anderen nicht nur dann und wann mit großer Anstrengung – aus letztlich doch egoistischen Motiven oder um den Preis der Selbstentfremdung, sondern aus innerer Freiheit und Freude verwirklichen.«[523]

»Jedes sittliche Handeln sollte folglich aus der Tugend der Epikie entspringen, also aus der Freiheit des Menschen, das Leben oder den Tod wählen zu können, die Einladung Gottes für das Leben anzunehmen oder auszuschlagen.«[524] Solche Freiheit meint nicht Entscheidung für das Billigere und Bequemere, vielmehr kommt es darauf an, herauszufinden, was das zur allgemeinen Norm verdichtete Lebenswissen der Christen für das je konkrete, individuelle Leben bedeutet, was Gott einem will. Die Ver-

[521] *R. Egenter*, Epikie, 934.
[522] *P. M. Zulehner*, Was gewinnen Beratung und Seelsorge durch ihre wechselseitige Beziehung?, 114.
[523] *G. Virt*, Epikie in psychoanalytischer Sicht, 125.
[524] *P. M. Zulehner*, Was gewinnen Beratung und Seelsorge durch ihre wechselseitige Beziehung?, 114.

antwortung, das für sich im Einlassen auf die von Christus erschlossenen Lebensmöglichkeiten zu entdecken, ist vom einzelnen nicht abzutreten an andere.

Dieses tiefere Epikie-Verständnis leitet hinüber zu einer Seelsorgshaltung, die als *mystagogisch* zu qualifizieren ist. Der Mystagoge begibt sich auf die *Suche nach dem einmaligen, unwiederholbaren Menschen* im anderen, der gerade in seiner Individualität Geschöpf Gottes und in dieser Einzigartigkeit zur Ewigkeit berufen ist. Er erinnert sich daran, daß jedes Menschen Name in Gottes Hand geschrieben ist und daß jeder in seiner Weise werden soll, wie ihn Gott gemeint hat, als er ihn schuf. Mystagogie will deshalb dazu beitragen, daß einer werden kann, der er in Wahrheit vor Gott ist. Eine chassidische Weisheit verdeutlicht diese Zielrichtung, der sich mystagogische Seelsorge verpflichtet fühlt: »Vor dem Ende sprach Rabbi Sussja: In der kommenden Welt wird man mich nicht fragen: Warum bist du nicht Moses gewesen? Man wird mich fragen: Warum bist du nicht Sussja gewesen?«[525]

Im Rahmen seelsorglich-mystagogischer Begleitung auf dem Weg der Selbstwerdung wird es vor allem darauf ankommen, *mit dem anderen zusammen* danach Ausschau zu halten, was Gott ihm an Möglichkeiten in die Seele gelegt hat. Allgemeine christliche Sollensgesetze, abgeleitet aus Wesensaussagen, werden dabei eine Hilfe sein. Sie stecken den Suchrahmen ab, innerhalb dessen sich die ganz individuelle Verwirklichung und Sinnfindung ereignen könnten. Nichts anderes ist im Kontext der Begleitung ihre Funktion: Hilfe zur Selbstfindung unter den Augen Gottes.

Der Seelsorger sieht sich folglich nicht primär als Propagandist oder Hüter der Norm, vielmehr versucht er mit dem anderen zusammen zu entdekken, was diese oder jene christliche Lebensregel für ihn, in Anbetracht seines einmaligen Lebensentwurfes und seiner individuellen Lebensgeschichte bedeuten könnte. Er wird sich als *Anwalt der Möglichkeiten und der Einzigartigkeit des anderen*, und nicht als Vertreter eines allgemeinen Wertmaßstabs betrachten. Als Mystagoge verzichtet er darauf, in der Begleitung des anderen das allgemeine Sollen und Müssen in den Vordergrund zu stellen. Denn sonst führt er den anderen nicht nur in aggressiver Weise vor sein beständiges Zurückbleiben hinter dem Gesollten, er entfernt sich aus seiner Nähe, legt personfremde Lasten auf und kränkt mehr, als er heilt.

Nicht selten wird es im Zuge der mystagogischen Begleitung nötig sein, um zum Vollzug der Freiheit, wie sie die Tugend der Epikie impliziert, hinzuführen, von der erbarmungslosen Diktatur internalisierter, im Zuge familiärer, aber auch religiöser Sozialisation erworbener Regeln zu befreien.

[525] *M. Buber*, Die Erzählungen der Chassidim, 394. – Vgl. *J. Johannwerner*, Die geistlichen Übungen des heiligen Ignatius von Loyola im Spannungsfeld von gelebter Erfahrung und gelehriger Anweisung, 56.

Unumgänglich ist eine solche *Suspension des infantilen und fremdgesteuerten Über-Ichs* im Fall der Neurose. Ein wichtiger Schritt der Heilung besteht hierbei gerade darin, daß einer die erhabenen Sätze und Prinzipien einer fragwürdig verzerrten Religion und Moral, die ihn ein Leben lang niederbeugten und nicht atmen ließen, relativiert. Der mystagogische Begleiter muß hier Wege ins bis dahin oft schlechterdings Verbotene eröffnen.

Aufs Ganze gesehen hat der Seelsorger folglich einen *Stellungswechsel* vorzunehmen: Er hat nicht die Menschen zu bessern, sondern ihnen nahezutreten; er hat ihr Leben nicht aus der Sicht der allgemeinen Sätze, Regeln und Verlautbarungen zu betrachten, sondern aus ihrer Perspektive und von den Möglichkeiten Gottes her. Kurzum: Er wird, soweit er es menschlich vermag, mit den Augen Gottes auf den Mitmenschen schauen, so wie Jesus den Oberzöllner Zachäus angeschaut hat.

Dieses freigegebene, der Freiheit und der Individualität des anderen verpflichtete »Anschauen« und Sorgen schließt nicht aus, daß ich ihm meine Lebenserfahrung als *meine Erfahrung mit Gott* anbiete – wie eine Brücke, die er benützen kann, aber nicht muß. *Henry Nouwen* sagt dies sehr treffend: »Seelsorge heißt nicht, nervös herumrennen und versuchen, Leute zu erlösen oder im letzten Moment durch eine gute Idee, eine kluge Beobachtung, einen praktischen Rat auf das richtige Gleis zu schieben. Nein, die Menschen sind erlöst, ein für allemal. Seelsorge heißt einfach dem Menschenbruder die eigene Lebenserfahrung anbieten, genaugenommen: sich selbst anbieten als eine Brücke, die er benützen kann, wie Paul Simon singt: Like a bridge over troubled water. Seelsorge meint den fortwährenden Versuch, die eigene Suche nach Gott, mit allen Anteilen von Mühe und Freude, Verzweiflung und Hoffnung, die dazugehören, denen verfügbar zu machen, die diese Suche nach Gott auch wagen möchten, aber nicht wissen wie.«[526] Im Zusammenhang mit der Verkündigung als heilender Begegnung werden wir dies noch näher ausfalten müssen.

(3) Empathie – Nähe – Liebe

1. Psychotherapeutische Erfahrung

»Empathie bedeutet, die private Wahrnehmungswelt des andern zu betreten und darin ganz und gar heimisch zu werden. Sie beinhaltet, in jedem Augenblick ein Gespür zu haben für die sich ändernden gefühlten Bedeutungen in dieser anderen Person, für Furcht, Wut, Herzlichkeit, Verwirrung oder was auch immer sie erlebend empfindet.«[527]

[526] Zit. nach: *R. Zerfaß*, Kirchliche Praxis im Horizont der Gottesherrschaft oder Der Selbstvollzug der Kirche in Wort, Sakrament und sozialem Dienst, 225.
[527] *C. R. Rogers*, Empathie – eine unterschätzte Seinsweise, 79.

Carl Rogers, der diese Charakterisierung der Empathie gibt, hebt damit hervor, daß es auf eine wirkliche *Nähe* zum anderen und seinem Erleben ankommt, eine Nähe, die fast den Eindruck entstehen läßt, als würde der Helfer vorübergehend das Leben dieser Person leben und zu seinem zweiten Ich werden. Dennoch darf er selbst nicht im anderen aufgehen, sondern sollte erkennbares Gegenüber bleiben, einen Schritt zurücktreten können, ohne den Kontakt zu verlieren. Sehr stimmig drückt *Heinrich Meng*[528] die vom Helfer geforderte Bewegung aus, wenn er von einem Dreiklang aus »Takt, Kontakt und Distanz« spricht.

Entscheidend für die therapeutische Fähigkeit, sich auf Nähe einzulassen und sie zuzulassen, ist, daß der Helfer selbst mit furchtlosen Augen auf die Empfindungen und Bedeutungen blicken kann, die dem anderen Angst machen und vor denen er den Blick abwenden möchte. Je weniger der Therapeut und Seelsorger sich beunruhigen lassen muß, psychoanalytisch gesprochen zur *Gegenübertragung* herausgefordert wird, um so mehr vermag er dem anderen ein Wegweiser sein, der im Dunkel vorangeht.

Schließlich genügt es nicht nur, Nähe im rechten Maß zu praktizieren und sich den Beunruhigungen des anderen mutig zu stellen. Der Helfer hat von dem, was er im Kontakt mit dieser Person wahrnimmt, in geeigneter Weise *mitzuteilen*. Er wird den anderen auf mögliche Bedeutungen in seinem Erlebnisfluß hinweisen und ihn dadurch anhalten, »sich auf einen Bezugspunkt zu konzentrieren, die Bedeutungen stärker zu erleben und im Erleben selbst Fortschritte zu machen«.[529]

Den anderen anzuhalten, sich auf einen Bezugspunkt oder Fokus zu konzentrieren, bedeutet folglich auch, dem *Ausweichen davor Widerstand entgegenzubringen*, heißt, den anderen zu ermutigen, sich mit sich selbst konfrontieren zu lassen. Gelingt diese empathisch gestützte Selbstbegegnung, dann vermag der andere immer mehr, sich auch in den bisher abgedunkelten Anteilen stärker zu erkennen und zu erleben. Sein Erlebensprozeß wird einer Art Geburt gleichen, wo durch die empathische Nähe sowie die mäeutische Anfrage des Helfers und seiner »Hebammenkunst« ein Mensch seelisch neu zur Welt kommt.

2. Elementartheologische Korrelation

Empathie, Nähe, Einfühlung, liebevolles »Fokussieren« des Wesentlichen, mäeutisches Anfragen, das sind Stichworte, die sich – unbeschadet der situationsbedingten, urgemeindlichen und redaktionell getönten Aussageabsicht der Evangelien – unschwer in der *Pastoral Jesu* wiederfinden lassen.

[528] Zit. nach: *H. Stenger*, Der Seelsorger als Vermittler möglicher Glaubenserfahrungen, 158.
[529] *C. R. Rogers*, Empathie – eine unterschätzte Seinsweise, 79.

– In der *Begegnung mit dem reichen Jüngling* kommt er empathisch und doch zielstrebig zu dem für diesen Menschen entscheidenden Punkt. »Wenn du vollkommen sein willst, geh, verkauf deinen Besitz und gib das Geld den Armen; so wirst du einen bleibenden Schatz im Himmel haben; dann komm und folge mir nach« (Mt 19,22). Wie sehr Jesus damit den Fokus des Ratsuchenden getroffen und in Bewegung gebracht hat, geht aus dessen Reaktion hervor: »Als der junge Mann das hörte, ging er traurig weg; denn er hatte ein großes Vermögen« (Mt 19,23).

– Zur *Frau am Jakobsbrunnen* sagte er, wiederum auf die entscheidende Bruchstelle ihres Lebens bezogen: »Geh, ruf deinen Mann, und komm wieder her!« (Joh 4,16). Er hat sie damit genau auf den wunden Punkt in ihrem Leben angesprochen: »denn fünf Männer hast du gehabt...« (Joh 4,18). Seine einfühlende und zugleich konfrontierende Intervention trifft in die Mitte ihres Lebens und was darin schiefgelaufen ist.

– Den *Gelähmten am Teich Betesda* »erkennt« er als einen, der schon lange krank war. Aber nicht nur, daß er genau die lebenslange Tragödie dieses Menschen erspürt und seine unausgesprochenen Hilferufe hört, er merkt auch sofort, daß einer nicht 38 Jahre lang passiv warten kann, bis er geheilt wird, wenn es da nicht eine ganz geheime innere Zustimmung gäbe, den Krankheitsgewinn als Gelähmter auszukosten. Deswegen stellt ihm Jesus die für ihn entscheidende Lebensfrage, die wie in einem Brennpunkt das versäumte vergangene Leben und die Entscheidung für die Zukunft hier und jetzt versammelt: »Willst du gesund werden?« (Joh 5,6).[530]

– Mit aufmerksamer Sensibilität erspürt er auch die Gedanken der Mißgunst, der Ablehnung und des Unwillens, die Menschen in seiner Umgebung hegen. Er kann sie *ohne Angst »verbalisieren«*. So etwa bei der Heilung des Gelähmten, von der Matthäus (Mt 9,1–8) berichtet: »Jesus wußte, was sie dachten, und sagte: Warum habt ihr so böse Gedanken im Herzen?« (Mt 9,4). Jesus erahnt den Ärger der Jünger, als die Frau ihm mit dem teuren Öl die Füße salbt: »Jesus bemerkte ihren Unwillen und sagte zu ihnen: Warum laßt ihr die Frau nicht in Ruhe?...« (Mt 26,10). Sehr genau registriert er, daß die Pharisäer und Schriftgelehrten auf ihn achtgeben, »ob er am Sabbat heilen werde; sie suchten nämlich einen Grund zur Anklage gegen ihn. Er aber wußte, was sie im Sinn hatten« (Lk 6,7). Genau das, was sie im Sinn haben, gibt er ihnen zurück. Und indem er ausspricht, was sie denken, konfrontiert er sie zugleich mit den größeren Möglichkeiten zu lieben, die auch in ihnen stecken: »Dann sagte Jesus zu ihnen: Ich frage euch: Was ist am Sabbat erlaubt: Gutes zu tun oder Böses, ein Leben zu retten oder es zugrunde gehen zu lassen? Und er sah sie alle der Reihe nach an...« (Lk 6,9–10).

Offensichtlich verstand es Jesus, hinter die Masken und Fassaden zu blik-

[530] Vgl. *H. Wolff*, Jesus als Psychotherapeut, 17ff.

ken, in das, was das Herz des anderen bewegt. Er »erkennt« die Menschen (Joh 2,24 f), was im Sprachgebrauch der Evangelien ein Sehen mit den Augen des Herzens, ein liebevolles Verstehen dessen, was den anderen im Kern seines Wesens ausmacht, meint.

So wie Jesus die Menschen »erkennt« und sich vom Vater erkannt weiß (Joh 14,11), so sollen auch seine Jünger einander begegnen. »Nehmt einander an, wie auch Christus uns angenommen hat, zur Ehre Gottes« (Röm 15,7). Dies bedeutet zugleich: »Einer trage des anderen Last; so werdet ihr das Gesetz Christi erfüllen« (Gal 6,2). Es kommt in einer solchen an Jesus ausgerichteten Weise des Erkennens darauf an, die Perspektive des anderen einzunehmen: »Wir dürfen nicht für uns selbst leben. Jeder von uns soll Rücksicht auf den Nächsten nehmen, um Gutes zu tun und (die Gemeinde) aufzubauen« (Röm 15,1f).

Insbesondere den Seelsorger sollte die Fähigkeit auszeichnen, *sich im rechten Maß einzufühlen*.[531] Der Verfasser des Hebräerbriefs schreibt vom »Hohenpriester«: »Er ist fähig, sich einzufühlen in die Unwissenden und Irrenden, da auch er selbst mit Schwachheit behaftet ist« (Hebr 5,2). Die biblische Ausdrucksweise gebraucht für das Einfühlen den sehr treffenden Begriff *»Metriopathein«* – sich im rechten Maß einfühlen. Dieses »Schlüsselwort« beleuchtet präzise die psychotherapeutische Erfahrung, daß der Dreiklang von Takt – Kontakt – Distanz und das mäeutische Anfragen in Liebe einen Balanceakt erfordern, der nach keiner Seite hin das Maß verlieren darf. Darüber hinaus liefert diese Perikope auch eine tiefe Begründung für die Fähigkeit des Metriopathein. Derjenige ist dazu in der Lage, der um seine Schattenseiten weiß und sich von seinen eigenen Verwundungen her ein Gespür für die Nöte des anderen bewahrt hat, ohne das Eigene infizierend in den anderen hineinzutragen.

Elementartheologisch läßt sich Empathie, wie sie in der Praxis Jesu aufleuchtet und in der biblisch-theologischen Reflexion seiner Person in den Gemeinden des Anfangs, wie etwa in der des Hebräerbriefverfassers, lebendig war, als Ausdruck der *Liebe*, die in Gott Vorbild und Quelle hat, charakterisieren. Solche einfühlende, nahetretende Liebe, die »langmütig, gütig, bedingungslos und nicht nachtragend ist (1 Kor 12,31b-13,13), steht in engem Zusammenhang mit Echtheit/Glaube und Wertschätzung/Hoffnung, ja bildet deren tragenden Grund: Denn die Liebe erträgt alles, glaubt alles, hofft alles, hält allem stand (1 Kor 13,7). Deswegen steht sie an erster Stelle in der Trias der christlichen Lebenspraxis: Vor allem aber liebt einander, denn die Liebe ist das Band, das alles zusammenhält und vollkommen macht (Kol 3,14).«[532]

[531] Vgl. *H. Stenger*, Der Seelsorger als Vermittler möglicher Glaubenserfahrungen, 158.

[532] *H. Pompey*, Beziehungstheologische Gesichtspunkte des Gelingens ehelicher Partnerschaft, 26ff. – *Ders.*, Theologisch-psychologische Grundbedingungen der seelsorglichen Beratung, 199f.

Die elementartheologische Erhellung der therapeutischen Empathie als Praxis der Liebe, die treu und nah[533] den Weg des anderen mitgeht, vermag unmittelbar auch das pastorale Begleitungshandeln zu inspirieren. Es kommt hier darauf an, sich so nah, so empathisch und so treu an die Seite des anderen zu begeben, daß Seelsorger und Begleiter sich auf einem einzigen, gemeinsamen Weg treffen. Der Seelsorger, der sich auf dieses riskante Unternehmen der Begleitung einläßt, muß damit rechnen, daß es ihn auf Wege führt, die er nicht gehen will. Nicht nur, daß er manches andere wird liegen- und stehenlassen müssen, wenn ihn einer nötigt, eine Meile mit ihm zu gehen. Und mit einer ist es, wenn man erst einmal im Gehen ist, nicht getan: »Wenn dich jemand nötigt, eine Meile mit ihm zu gehen, so geh mit ihm zwei!« (Mt 5,41).

Darüber hinaus wird vor allem seine ganze Person in den Sog der Ängste und Hoffnungen des anderen gezogen, so daß beim Seelsorger buchstäblich »alles« in Bewegung geraten kann. Nur wer einen gewissen *Selbststand* gefunden hat, wird, wenn an ihm Trauer, Wut, Zorn, Schmerz und Liebesphantasien festgemacht werden, nicht befürchten, verkannt zu werden und seiner selbst verlustig zu gehen. Wenn man dem Seelsorger *Paulus* folgt, bedarf es, damit der andere Leben und Rettung gewinnen kann, gerade der Bemühung, die einen am meisten ängstigen kann, sich vom anderen führen und in Beschlag nehmen zu lassen, »ihm alles zu werden«, ohne doch darin selbst unterzugehen: »Da ich also von niemand abhängig war, habe ich mich für alle zum Sklaven gemacht, um möglichst viele zu gewinnen. Den Juden bin ich ein Jude geworden, um Juden zu gewinnen; denen, die unter dem Gesetz stehen, bin ich, obgleich ich nicht unter dem Gesetz stehe, einer unter dem Gesetz geworden, um die zu gewinnen, die unter dem Gesetz stehen. Den Gesetzlosen war ich sozusagen ein Gesetzloser – nicht als ein Gesetzloser vor Gott, sondern gebunden an das Gesetz Christi -, um die Gesetzlosen zu gewinnen. Allen bin ich alles geworden, um auf jeden Fall einige zu retten. Alles aber tue ich um des Evangeliums willen, um an seiner Verheißung teilzuhaben« (1 Kor 9,19–23).

Voraussetzung der riskanten Empathie ist demnach, »von niemand abhängig« zu sein und in sich zu stehen. Dadurch wird es möglich, sich selbst zu verlassen, um ganz an die Seite der anderen Person zu gelangen, so daß sie einen gleichsam in ihr Szenario der Gesetzlichkeit wie der Gesetzlosigkeit, der Schwäche wie der Stärke, der Trauer wie der Neurose einbeziehen kann. Psychoanalytisch bedarf es bei solcher Empathie, die sich auf »zwei Meilen« einläßt und dabei »alles« werden will, der Fähigkeit, die Übertragungen und

[533] »Nähe und Treue« werden von *Pompey* als »Beziehungsstrukturen« charakterisiert, die auf die Seinsbedingungen von Raum und Zeit verweisen: *H. Pompey*, Beziehungstheologische Gesichtspunkte des Gelingens ehelicher Partnerschaft, 28f.

Widerstände des anderen auszuhalten. Der Seelsorger stellt sich hier gleichsam als eine Projektionsfläche zur Verfügung, an der der andere sich selbst wie in einem Spiegel erkennen kann. Für den anderen bedeutet dies, daß er im Seelsorger die Erlaubnis vorfindet, sich selbst bis in Zonen hinein nacherleben und ausleben zu dürfen, die ihm bisher als verbotenes Terrain erschienen. Erst dadurch, daß der Seelsorger dem Gekränkten »alles«, bis hinein in dessen Vater- und Mutterbild, wird, vermag er einen Weg zu weisen aus der Kränkung zur Versöhnung mit sich selbst.

Seine tiefste Begründung findet solche Empathie, wo sich der Seelsorger im Geflecht von Übertragungen selbst riskiert, im *Erlösungshandeln Gottes selbst*.[534] Was ist seine rettende Heilstat anderes, als daß er zuläßt, wie an ihm, der in sich die absolute Liebe ist, Lieblosigkeit, Angst, Destruktion und Bosheit der Menschen festgemacht und ausgelebt werden? Fast scheint es, als ob hier das gleiche Prinzip walte, daß die Sünde und das Böse der Menschen nur überwunden werden können, wenn sie sich am absolut Sündelosen in ihrer totalen Verderbnis zeigen dürfen. Christus stellt sich der Bosheit der Menschen »als leidender Gottesknecht«, wie ein »Sündenbock« und »Opferlamm« zur Verfügung.[535] Auf ihn kann alle Sünde übertragen werden, so daß die Menschen das Szenario und Stadium der Sünde und des Todes durchlaufen, verlassen und sich schließlich als Kinder des guten Gottes erkennen können.

Ein solches, am Prinzip von Empathie und Übertragung konzipiertes Erlösungsverständnis vermag alle Ambivalenz und Verleumdung vom Gottesbild fernzuhalten, daß er selbst durch die Sünde der Menschen zutiefst beleidigt und erzürnt sei und sich in seiner Rache nur durch das Blut seines Sohnes besänftigen ließe. Gott bleibt in diesem Deutungsversuch, der anderen theologischen Erlösungsbegriffen ihre Legitimität und Aussagekraft nicht abspricht, der durch und durch Gute, sich selbst und der Liebe zu den Menschen treu. Die Sünde dagegen stellt sich hier dar als Faktum einzig auf der Seite der Menschen. Ihnen, den von Sünde und Tod gezeichneten Menschen, gilt seine empathische Sorge, er läßt sich zur Übertragungsfigur dieser Verderbnis der Menschen machen bis zur letzten Konsequenz des Todes. Er stellt sich zur Verfügung und gibt sich ihnen hin.

[534] Die folgenden Überlegungen zum Erlösungsverständnis greifen einen Gedanken *Drewermanns* auf, mit dem er die zahlreichen Hinweise des Markus-Evangeliums auf die Notwendigkeit des Leidens und die Unerläßlichkeit des Kreuzes zu deuten versucht. Vgl. *E. Drewermann*, Das Markusevangelium, Bd. I. – Vgl. auch: *H. Kessler*, Erlösung/Soteriologie, 250f.: »Das endgültige Werk der Erlösung (Versöhnung und Vollendung) geschieht: (1) in der Bewegung Gottes auf die Welt zu durch die gehorsam-liebende Erniedrigung des Sohnes ins Menschsein (Inkarnation) zur Solidarität mit den Leidenden und Sündern (Wirken Jesu), ja bis zur Übernahme auch der Gottferne der Sünder (Passion) und (2) in der dadurch freigesetzten Gegenbewegung der Menschheit auf Gott zu in der Umkehrung, Aufrichtung und Erhöhung des Menschen zu Gott und so zur Freiheit der Liebe/des Sohnseins (beginnend im Wirken Jesu, verendgültigt in Tod und Auferstehung, expandierend im Geistwirken, universal vollendet in der Parusie).«

[535] Vgl. dazu: *E. Drewermann*, Das Markusevangelium, Bd. I., 72ff.

Christen erinnern sich dieses Gottes, der sich selbst hingibt und allen alles wird, in besonderer Weise in der Feier der Eucharistie. Daß Gott sich als Speise gibt, macht anschaulich und vertieft, wer er ist: einer, der uns erlaubt, als unvollkommene, sündige Menschen sein zu dürfen. So ernst ist es ihm mit dieser Erlaubnis, daß er dafür den Tod auf sich nimmt.

(4) Synopse: Heilend einander begegnen

Diakonisch heilende Praxis wird möglich, wenn Glaube, Hoffnung und Liebe im Leben der Christen Raum gewinnen. Mit dieser Art von Lebenskultur werden sie durchlässig für die Nähe und Treue Gottes und schaffen ein Klima, in dem Gebeugte, Deprimierte und Gekränkte aufatmen können. Ein Erlösungs- und Auferstehungs-Milieu entsteht, das in der christlichen Tradition Gemeinde genannt wird. Von einem solchen gemeindlichen Haus der Gnade, wo Menschen heilend einander begegnen[536], gilt, daß sie bevorzugter Ort der Ankunft Gottes ist. *Martin Buber* sagt: »Wir warten auf eine Theophanie, von der uns nichts bekannt ist, außer der Ort, und dieser Ort heißt Gemeinschaft«.[537] Wenn Menschen erlösend und heilend einander begegnen, weil sie sich auf Gemeinschaft und Beziehung zum Mitmenschen einlassen können, dann werden sie zum Instrument der heilenden Praxis Gottes.

Weil sich all das nicht an der Natur des Menschen vorbei, nicht in Absehung von seiner leib-seelischen Wirklichkeit und seiner menschlichen Verfaßtheit ereignet, bedarf erlösende Praxis der Verankerung in der natürlichen Lebenswirklichkeit. Die Psychotherapie bildet einen solchen Ankerplatz für die erlösend-heilende Praxis. Von ihr ist studierbar und lernbar, was es um die Natur des Menschen, seine Gekränktheit, Angst und Traurigkeit ist und wie Wege zur Heilung beschritten werden können. In den schulenübergreifenden Basishaltungen, die den christlichen Grundlagen erstaunlich korrespondieren, vermögen Christen und Seelsorger in hohem Maß zu entdecken, wie die heilende Diakonie Gottes in die Tat gesetzt werden kann.

[536] In ähnlicher Aussageabsicht spricht *H. Stenger* von »erlösend einander begegnen«. Vgl. *H. Stenger*, Verwirklichung unter den Augen Gottes, 190–199, hier besonders 196: »Im Licht des Glaubens gesehen ist also unser Begegnen eine heilende und erlösende Wirklichkeit, eine Form von täglichem gegenseitigen Dienst und zugleich Gottesdienst, ein Ort der Glaubenserfahrung und Glaubensbezeugung...«

[537] Zit. nach: *H. Stenger*, Der Seelsorger als Vermittler möglicher Glaubenserfahrungen, 161.

TEIL VI
»DEN SINN DER SCHRIFT ERSCHLIESSEN…« – WORT GOTTES, DAS HEILT

1
DER EMMAUSGANG ZUM HEILWERDEN FÜHRT ÜBER DIE DIAKONIE HINAUS

An diesem Punkt des Emmausganges stellt sich die berechtigte Frage: Wozu braucht es noch weitere Schritte auf dem Weg zum Heilwerden? Ist nicht bereits für den von Ängsten und Sorgen Geplagten alles erreicht, wenn er wieder, wie es ihm die diakonische Psychotherapie ermöglicht, aufatmen kann? Hat er darin nicht zugleich auch, wie wir zu bedenken gaben, das Wesentliche von Gottes Absicht mit ihm erfahren? Was könnten also weitere Schritte einer gelungenen diakonischen Psychotherapie noch hinzufügen?

Zwei unabweisbare Gründe veranlassen, der inneren Logik der Emmausgeschichte zuzustimmen, daß der *Idealweg der seelsorglichen Begleitung nicht zu Ende ist*, wenn alle Traurigkeit bearbeitet ist. Ein erster wird von Seelsorgern wie *Paulus* ins Feld geführt und betrifft den Begleiter selbst. Ein zweiter ist in den Urwünschen des Begleiteten zu suchen.

(1) »Ich glaube, darum rede ich« (2 Kor 4,13)

Die erste Antwort auf die aufgeworfene Frage »Warum Verkündigung?« führt zum Seelsorger selbst. Sie betrifft seine Identität als Christ, seine eigene Erfahrung mit Gott, seinen Glauben. Gemeint ist die durch vielfältige Alltagserfahrung abgesicherte Vermutung, daß einer das, was ihn selbst zutiefst berührt hat und heilwerden ließ, unmöglich verschweigen kann; denn wovon das Herz voll ist, davon geht der Mund über. Nicht anders ist es ja schon bei den Emmausjüngern: Sie können gar nicht anders, als zu erzählen, wie ihnen der Herr erschienen ist und sie dabei alle Blindheit und Traurigkeit hinter sich lassen konnten. *Wem der Herr begegnet ist, der muß davon berichten*, »sei es gelegen oder ungelegen« (2 Tim 4,2).

Im Glaubenden wird folglich eine Dynamik freigesetzt, die ihn veranlaßt, seine Geschichte mit Gott zur Sprache zu bringen. Es ergeht ihm wie *Petrus* und *Johannes*, die ihre Verkündigungspraxis, nach der Apostelgeschichte, damit begründen: »Wir können unmöglich schweigen über das, was wir gesehen und gehört haben« (Apg 4,20). Die eigene Erfahrung im Glauben drängt einen, vor jeder Bedürftigkeit des anderen, aber gewiß ihr korrespondierend, davon Kunde zu geben.

Nicht anders ist es bei *Paulus*[1], den seine Vision vor Damaskus nicht mehr zu Hause hält, sondern sein ganzes weiteres Leben hindurch Men-

[1] Vgl. hierzu: *E. Biser*, Der Zeuge, v.a. 23–49.

schen suchen läßt, denen er von seiner Erfahrung mit Christus, dem Gekreuzigten, erzählen kann. *Paulus* greift auf das Psalmwort (Ps 116,10): »Ich habe geglaubt, darum habe ich geredet« zurück, um seinen und der Jünger *Verkündigungsdrang* zu erklären: »Auch wir glauben, und darum reden wir« (2 Kor 3,13). Glauben, ohne davon reden zu dürfen, käme ihm als unerträgliche Strafe vor, so daß er sich selbst nur bedauern könnte: »Weh mir, wenn ich das Evangelium nicht verkünde!« (1 Kor 9,16). Darum bestehe auch gar kein Grund, so *Paulus*, sich dessen, was man aus einem inneren Drang heraus tun müsse, besonders zu rühmen: »Wenn ich nämlich das Evangelium verkünde, kann ich mich deswegen nicht rühmen; denn ein Zwang liegt auf mir« (1 Kor 9,16). Dies dürfe freilich nicht als Zwang mißverstanden werden, der aus innerer Unfreiheit käme, vielmehr sei darin ein *freigewählter Auftrag* zu erblicken, »der mir anvertraut wurde« (1 Kor 9,17). Solcher Redewille muß folglich als Gabe und Aufgabe zugleich gesehen werden.

Wer auf Grund der eigenen Erfahrung mit Gott einen unwiderstehlichen Zwang verspürt, davon Kunde zu geben, wird am allerwenigsten dann schweigen können, wenn er, wie *in der seelsorglichen Begleitung*, in die Geschichte(n) des anderen verwickelt wird. Nicht nur, daß ihm die fremde Geschichte die eigene Heilungsgeschichte mit Gott unabweisbar in Erinnerung ruft. Er glaubt, in den Geschichten des anderen dessen Frage nach Gott, und was es vor Gott um dessen Geschichte sein könnte, förmlich mit Händen greifen zu können. Deshalb wird beinahe jedes Wort des anderen ihm Worte aufdrängen, die dem Ratsuchenden von dem her antworten wollen, wie sich Gottes Treue und Liebe im eigenen Leben und den darin erlittenen Krisen bewährt haben.

Im übrigen wird solche Gotteserfahrung, von der man unmöglich schweigen kann, nicht nur ins Wort drängen, sondern auch das *Hinhören auf die Geschichten des anderen modifizieren*. Man wird begierig darauf, noch mehr für das eigene Leben von Gott zu erfahren – und dies aus den Geschichten des anderen. Wenn ich als Seelsorger *den Gekränkten und Deprimierten als Boten Gottes an mich* zu erkennen vermag, dann erhält jedoch mein »Zwang«, von Gott reden zu müssen, noch zusätzliche Nahrung.

»Ich glaube, darum rede ich!« – ein Satz von der Begründungskraft des cartesianischen »Cogito, ergo sum!«[2] sollte eigentlich ausreichen, den Emmausgang über die diakonische Psychotherapie hinaus zu konzipieren. Dies allein wäre Grund genug. Es gibt aber noch ein zweites, nicht minder mächtiges Motiv.

[2] Ebd. 142.

(2) Gottes Geschichte im Menschen, die zu Wort kommen will

Daß Gott zur Sprache kommt, liegt nicht nur in der Glaubenserfahrung des Seelsorgers allein begründet. Es ist als Wunsch, der freilich verschüttet und verstellt sein kann, beim Ratsuchenden in den Tiefen seiner Seele unüberhörbar da. Bedingt ist dieser Wunsch durch die *elementare Gottesbedürftigkeit* des Menschen, die um so mehr zum Vorschein kommt, je tiefer er alle Traurigkeit bearbeitet, je aufmerksamer er den letzten Fragen Gehör geschenkt hat und je mutiger er aller Angst auf den Grund gegangen ist. Die psychotherapeutische Diakonie bringt in ihrem gewiß schmerzhaften und unverzichtbaren Schritt des Erinnerns, Wiederholens und Durcharbeitens zu Tage, was es um den Menschen ist, wenn er sich seinem Wesen stellt: daß es ein erbärmliches Leben wäre, von keinem anderen Sinn zehren zu können als dem, letztlich unheilbar liebessüchtig zu sein und darin weder in Zeit noch in Ewigkeit Erfüllung zu finden. Gerade derjenige, der in den Prozessen der psychotherapeutischen Diakonie gelernt hat, hinter die Kulissen seiner Handlungen und Wünsche zu blicken, wird entdecken, daß keine blanke Psychotherapie ihn in seiner Unersättlichkeit nach Glück und Leben zu beruhigen vermag. Er gerät unweigerlich an die Schwelle, wo er zu fragen beginnt, wovon seine Handlungen und Lebenswünsche, die sich nach der leidlichen Versorgung seiner Wunden unabweisbar und jetzt mit voller Wucht zu Wort melden, sonst noch sprechen; ob es wirklich der Sinn alles Lebens ist, Lust empfinden, genießen und arbeiten zu können, wie ihm etwa *Freuds* Menschenbild einreden will. Vielleicht ahnt er, daß seine unendliche Sehnsucht nach Liebe und Heil nicht von dem begrenzten Liebespotential eines menschlichen Begleiters oder eines Partners allein gestillt werden kann, sondern daß es dafür *ein Du braucht, das alle menschlich begrenzte Liebesfähigkeit übertrifft*.

Es scheint schon richtig beobachtet, was *C. G. Jung* als Erfahrung seiner psychotherapeutischen Praxis kundtut: »Unter allen meinen Patienten jenseits der Lebensmitte, das heißt jenseits 35, ist nicht ein einziger, dessen endgültiges Problem nicht das der religiösen Einstellung wäre ... Und keiner ist wirklich geheilt, der seine religiöse Einstellung nicht wieder erreicht.«[3] Dies muß zwangsläufig die Erfahrung der Psychotherapie sein, daß in dem selben Moment, wo der Mensch zu sich kommt, er *vor die Frage gerät, wie er über sich hinauskommen kann*. Denn so zu fragen und dieser Frage nachzuleben, das ist sein Wesen. Sein Geheimnis besteht darin, daß alles, was er anpackt – für den, der es zu sehen vermag – nichts anderes bedeutet, als sich auf Gott zu »verlassen«, d. h. die Enge des eigenen Ich zu überschreiten und sich festzumachen im unendlichen Gott selbst; denn »unruhig ist unser Herz, bis es ruht in Gott« (*Augustinus*).

[3] *C. G. Jung*, Gesammelte Werke, Bd. 11, 362.

Es hieße dem anderen etwas absolut Heilendes vorzuenthalten, wollte man ausklammern, ihn auf die tiefere Matrix all seiner Motive und Sehnsüchte aufmerksam zu machen. Seelsorge, der es darum geht, daß der Mensch an Leib und Seele geheilt wird und in seinem ganzen Wesen aufatmet, kann gar nicht anders handeln, als die Lebensfrage »Wer bin ich und wer darf ich sein?«, sofern sie im anderen aufkommen konnte, implizit und explizit zu beantworten.

Die entscheidende Frage im Zusammenhang unseres Themas lautet deshalb nicht: Darf der Seelsorger in der heilenden Seelsorge auch von Gott reden? – Er wird als Glaubenserfahrener gar nicht anders können. Außerdem wird ihn der andere verschlüsselt zwar, aber unweigerlich danach fragen. – In den Mittelpunkt gerät folglich die *Frage nach der Methode*: Wie kann der Seelsorger von Gott reden, so daß beim anderen, wie bei den Emmausjüngern auch, das Herz in der Brust zu brennen anfängt?

Die folgenden pastoralpsychologischen Überlegungen können für die »Methode« der Verkündigung in der seelsorglichen Begleitung kaum mehr als einen groben Orientierungsrahmen liefern. Auch wenn wir uns ausdrücklich auf *Verkündigung im Gespräch von Person zu Person* beschränken und andere, im Bewußtsein vieler Seelsorger und Christen vorrangige oder gar als einzige eingestufte Verkündigungssituationen wie Predigt, Religionsunterricht, Bibelgruppe oder Glaubensseminar außer acht lassen, erscheint das Thema unendlich reichhaltig und kaum in den hier zur Verfügung stehenden Seiten zu bewältigen. Die dadurch aufgezwungene Konzentration auf ein paar wichtige Grundlinien nötigt zum Weglassen; so kann etwa nicht dem Begriff »Wort-Gottes«, wie er in biblischer oder systematischer Hinsicht gezeichnet wird, nachgegangen werden.[4] Auch läßt sich nicht ausführen, wie alle gemeindlichen Verkündigungssituationen in ganz ursprünglicher Weise im persönlichen Glaubensgespräch wurzeln. Doch wenigstens dies, so hoffe ich, mag deutlich werden, daß mit dem Gespräch von Angesicht zu Angesicht die eigentliche Ur-Szene der Verkündigung vorliegt und daß in ihr studierbar und lernbar ist, was letztlich gegeben sein muß, damit Verkündigung heilt.[5]

Es wird sich zeigen, daß dieser Schritt des Redens von Gott den anderen Schritten der heilenden Emmauspraxis weder in seiner Unverzichtbarkeit noch in seinem hohen Anspruch an die Fähigkeit des Begleiters in nichts nachsteht. Zweifellos Schwieriges ist vom Seelsorger verlangt. Er soll mithelfen, daß einer über sich hinauskommen kann und auf dem Boden wahrer menschlicher »Existenz« zu stehen kommt. So sehr jedoch hier die Mach-

[4] Vgl. dazu u. a.: *K. Kertelge*, Wort Gottes. – *E. Biser*, Wort Gottes.

[5] Verkündigung im seelsorglichen Gespräch wird in der pastoralpsychologischen Literatur eher spärlich thematisiert. Eine Ausnahme bildet insbesondere: *H. Lemke*, Verkündigung in der annehmenden Seelsorge. – *Dies.*, Mitteilen des Evangeliums und aktives Zuhören: eine Spannung in der annehmenden Seelsorge.

barkeit solcher Erfahrung sich als Last auf die Schultern des Seelsorgers zu legen scheint, in noch größerem Maß gilt es von vornherein festzuhalten, *daß solche Erfahrung gleichwohl unverfügbar und Geschenk ist.*

Und auch dies darf nicht vergessen werden, daß der Seelsorger selbst des heilenden Wortes Gottes bedürftig ist. Oft genug *wechselt die Verkündigungsrichtung* im Gespräch entscheidend: Der Seelsorger, der das Wort Gottes zu bringen wähnt, ist dann derjenige, der es in reichem Maß vom Kranken, Gebeugten oder Deprimierten empfängt. Sich in diese *Rolle des Empfangenden und Hörenden* einzuüben, das scheint deshalb die erste Lernstufe für einen Seelsorger, der das Wort Gottes verkündigen will. Er wird dabei entdecken, daß im Erzählen der Lebensgeschichte das Gespräch der Menschen mit Gott bereits in vollem Gange ist. Weil in den Geschichten die Gebete bereits mitschwingen, braucht der Seelsorger solches nicht erst ins Gespräch bringen, vielmehr wird er darauf achten, den Dialog der Menschen mit Gott nicht zu blockieren und – wo er es vermag – in diesen Dialog einzustimmen. Wir beginnen deshalb unsere Einführung in die heilende Verkündigungspraxis mit einer Art *exemplarischer Hörübung*[6] und versuchen möglichst genau zu verstehen, was eine über 80jährige Frau aus ihrem Leben sich selbst, Gott und dem Seelsorger erzählt.

2
GOTTES-GESCHICHTEN IN DEN GESCHICHTEN DER MENSCHEN VERNEHMEN

(1) »Wie der kleine Alfons gestorben ist...«

Frau B., 82 Jahre alt, erzählt aus ihrer Kindheit, wie sie den Tod eines jüngeren Bruders miterleben mußte.

Da war der kleine Alfons, der ist zwölf (1912) geboren, der ist mit vier Jahren gestorben. Da sind sie rein nach Erlangen. Da war dann der Vater auch immer mit drin. Der kleine Kerl, wie unser Benedikt heute. Dann hat er erzählt, er ist rein in eine schwarze Kammer gekommen. Das ist wahrscheinlich, daß er geröntgt wurde. Also, das hat einem schon wehgetan. Wenn ich da dran denke! Der ist drei Tage gestorben.

Der war so gesund, da war aber noch am Auge der Tumor, das Auge ist

[6] Vgl. zum Folgenden: *I. Baumgartner*, »Macht Gebete aus meinen Geschichten!«

dann rausgekommen. Unsere Leut' (Eltern) haben einmal gesagt: der ist einmal von der Bank runtergefallen und war auf einen Steinboden gefallen, daß er ›s davon gekriegt hätte. Der Arzt hätt‹ aber g'sagt, von dem käme es nicht. Und dann – und der hat so schöne Augen g'habt. Ein jedes hat dem Kind seine Augen bewundert. Dann hat der Vater probiert und hat das eine Auge zugehalten. Dann hat er gemerkt, daß er auf dem andern Auge nicht so richtig sieht. Dann sind sie rein in die Stadt zum Doktor. Dann hat der g'sagt: ›Das muß sofort entfernt werden, das ist ein Katzenauge!‹ Da mußt dir vorstellen, was das wieder geheißen hat. In Erlangen haben sie wieder gesagt, das sei nicht so schlimm, der kriegt ein Glasauge, ›das merkt niemand‹, haben die nachher getröstet.

Und dann war das Auge heraußen und er war wieder daheim. Jetzt haben sich in der Augenhöhle zwei so Hügel gebildet, jetzt mußt' er wieder rein, jetzt ist das wieder operiert worden und dann hat aber der schon g'sagt: ›also die Wurzeln gehen so weit, daß sie jetzt kein Glasauge mehr reinmachen können.‹ Jetzt sind die Wurzeln rein ins Gehirn gewachsen.

Nein, das Kindla! Das Bettla (Bettchen), das hat nur so gedampft vor Schwitzen und Temperatur! Ich mußt' drüben auf der Ofenbank schlafen. Kein Vorhang und nichts dran. Dann ist zur Nacht eine Eule, ein Käutzla, ran ans Fenster gepatscht, weil doch die Viecher auf das Licht zugangen sind. Und ich weiß noch, da war da drüben dem Nachbar seine Schwester, die Klostertante. Die war ja alle Jahre einmal da, die war grad da. Da hör' ich die Mutter, daß sie gesagt hat: ›Ich dächt‹ die Klostertante käm' zur Nacht einmal rüber', daß sie sie ein wenig ablöst... Dann ist das Kerla g'storben... (schweigt einige Augenblicke).

Und der war g'scheit. Der Vater hat auch erzählt, wie er mit ihm auf Erlangen gefahren ist. Ein jedes hat dem Kind was wollen geben. Und der hat jedem Rede und Antwort geben. Ja das war schon hart. Dann ist der Hans, sein älterer Bruder, immer runter mit einem Handwägerla (Handwagen) und hat ihn bei der Bahn dort abgeholt. Und dann nach Hause beim Friedhof dort, dann hat er gesagt: ›Jetzt wart' einmal, Hans! Wenn die Mama weint, will ich nicht mehr heim, ich bin ja nimmer schön!‹ Der hat das alles mitgekriegt, daß er jetzt kein Auge mehr drin hat... Da hat er so ein kleins Krügla g'habt, das hat er immer festg'halten...

Dann haben wir noch einmal einen gehabt. Nach vier Tagen ist der schon gestorben... Wenn man alles so überlegt...

Das weiß ich bloß noch: die sind im Haus getauft worden, wie der Herr Pfarrer gekommen ist und hat sie getauft...

Frau B. wurde als das älteste von zwölf Kindern einer Korbmacherfamilie geboren. Sie mußte erleben, wie nicht nur der kleine Alfons und zwei weitere Geschwister noch in der Kindheit verstarben, sondern wie auch die Mutter sehr früh den Tod fand. Sie selbst war damals 14 Jahre, und es fiel ihr wie selbstverständlich die Aufgabe zu, den Geschwistern die Mutter zu ersetzen. Ihr Lebensziel war von da an vorgezeichnet: Die Geschwister sollten nichts an häuslicher Geborgenheit und Ordnung entbehren müssen. Daß vier ihrer Brüder trotz des kargen Einkommens und der mutterlosen Kindheit »ins Studium« geschickt werden konnten, erschien ihr damals wohl wie ein stiller Triumph über die Macht des tragischen Schicksals. Sie erblickte darin den gerechten Lohn für ihre aufopferungsvolle Sorge um die Geschwister wie für ihren Verzicht auf eigene Berufs- und Lebensziele. Um so schlimmer muß sie die Tragödie getroffen haben, als alle vier Brüder durch Krieg und Unglücksfälle noch in jungen Jahren ums Leben kamen. Dieser Schicksalsschlag stellte im nachhinein ihre Lebensentscheidung, sich für die Geschwister zu »opfern«, auf eine eigene Familie, auf Mann, Kinder und Beruf zu verzichten, unabweisbar in Frage. Dies alles, der Tod der Mutter, der Brüder, und wie der Tod bereits von Kindheit an – so geschehen mit dem kleinen Alfons – in ihre Familie und ihr Leben eingegriffen hat, das muß immer wieder erzählt werden.

(2) Erinnern – sich der Traurigkeit stellen

Betrachten wir die Erinnerung von Frau B. an den frühen Tod des kleinen Alfons genauer. Es fällt auf, wie sie erzählt. Sie hat Mühe, in die Ereignisse, Erlebnisse und Bilder, die aus der Erinnerung auftauchen, eine gewisse logische Abfolge zu bringen. Vieles geht durcheinander: das Sterben, die Empfindung des todkranken Kindes, die Maßnahmen der Ärzte, die Sorge der Eltern, der zeitliche Ablauf des furchtbaren Geschehens, ihr damaliger Schlafplatz und ihre bis auf den heutigen Tag lebendig gebliebene Erschütterung. Bis hinein in die Erzählstruktur scheint sie ausdrücken zu wollen, daß dieser und jeder widerfahrene Tod von lieben Angehörigen alle Ordnungen des Lebens und des Erinnerns über den Haufen wirft. Es ist, als ob ihre Worte mühsam und zum wiederholten Mal versuchten, eine *Ordnung und damit Sinn* in diesen Tod zu bringen, um daraus das eigene Leben, so wie es sich seit jenen Tagen vollzogen hat, in Ordnung zu wissen.

Nebensächlichkeiten werden erinnert: die Eule, die ans Fenster stößt, das »Handwägerla« und das »Krügla«, das der kleine Alfons festgehalten hat, ihr damaliger Schlafplatz, die fehlenden Vorhänge. All diese anschaulichen und konkreten »Unwichtigkeiten« bilden für sie Anhaltspunkte – *Symbole* –, bei deren Vorstellung die damaligen Ängste und seelischen Qualen neu erwachen. Sie werden gebraucht als Fahrzeuge in die eigene Biographie, in eine z. T. fast 80 Jahre zurückliegende Welt, um hinzugelangen zu all dem unerledigten Schmerz, den dieser und andere Verluste in ihrem Leben hinterlassen haben.

Frau B. *konstruiert im Erzählen Dialoge nach*: Was die Mutter gesagt hat, oder wie der kleine Alfons mit dem Bruder spricht. Beziehungen werden lebendig. Indem sie den Angehörigen Rede und Antwort in den Mund legt, ihren Dialog im Präsens inszeniert, scheint sie über die Grenze des Todes hinwegzugehen. Sie spricht mit ihren lieben Toten und hört sie sprechen. Ihre Beziehung zu ihnen hat nicht aufgehört, sondern lebt weiter.

Zugleich tauchen aber mit den Stimmen und Worten der Lieben auch all die *Abschiede* auf, die sie mit ihnen erleiden mußte: der Tod der Mutter, des Vaters, der Geschwister in frühen und späteren Jahren. Wenn sie vom Sterben des kleinen Alfons, wie es die ganze Familie betroffen hat, erzählt, dann erinnert sie darin auch indirekt die *vielen Tode*, die sie erlebt hat und die ihr Leben geprägt haben. In die Trauer um den kleinen Alfons mischt sich so die Trauer um die Eltern, die Geschwister und *ihre eigenen, ungelebten, unwiederbringlich verlorenen Lebensmöglichkeiten*. Sie bringt zum Ausdruck, wie sich diese Todesfälle in ihr Lebensskript eingegraben haben, und daß sie immer wieder rekonstruiert werden müssen, um sich mit ihnen und der eigenen Geschichte aussöhnen zu können.

Auch diese kleine Nebensächlichkeit sollten wir nicht überhören: Die *Obrigkeit* wird noch in der Erzählung respektvoll mit Titel angeredet – »der Herr Pfarrer« –, und ihre Äußerungen werden in Hochdeutsch wiedergegeben. Wie sie vor den »großen Leuten« noch in der Nachkonstruktion voll Ehrerbietung auf Distanz geht, das sagt alles über die Position, in der sie sich selbst sieht und immer schon gesehen hat: *unten, bei den kleinen Leuten*. Aus dieser Perspektive zeichnet sie die Rolle des Arztes, wie er doziert, welche Hoffnung er macht und ob er die bittere Wahrheit tröstend und mitfühlend zu sagen versteht. Wenn sie den Tod ihres kleinen Bruders erinnert, befaßt sie sich folglich auch mit ihrem *sozialen Status*, unten gewesen und geblieben zu sein. Gewiß ein wunder Punkt ihrer Biographie, wo doch das mit viel Verzicht von ihrer Seite ermöglichte Studium der Brüder den gesellschaftlichen Aufstieg verhieß und dieser Familientraum wie eine Seifenblase zerplatzte.

In den Erinnerungen an das Sterben des kleinen Alfons scheint somit alles versammelt, was an Schmerz, an Verlust, an Enttäuschung, an Kränkung und Trauer in ihr Leben eingebrochen und bis heute noch gegenwärtig ist. Man ahnt, daß im *Erinnern ihrer Verletzungsgeschichte* kein nutzloses Jammern abläuft, sondern die Chance liegt, sich des eigenen gelebten Lebens zu vergewissern, sich mit den unerfüllt gebliebenen Träumen auseinanderzusetzen und über die schmerzenden Wunden hinwegzukommen.

Im »Kampf um die Erinnerung«[7] muß nach psychotherapeutischer Auffassung zu den Traumatisierungen der Kindheit zurückgegangen werden. Die Gefühle, die damals nicht gelebt werden konnten, gilt es nachzuleben: den Schmerz, den Zorn, die Schuld und die Trauer. Dann gelingt es leidlich,

[7] *A. Mitscherlich*, Der Kampf um die Erinnerung.

von der Position des Erwachsenen her, zur Wahrheit des Lebens, nicht in allem geliebt gewesen zu sein, Stellung zu beziehen. Nur wer seine verlorenen Paradiese erinnert und sich erlaubt, um sie zu trauern, kann mit sich selbst einigermaßen versöhnt leben.[8]

Frau B. bewegt sich folglich auf einer ausgesprochen heilsamen Spur, wenn sie vom Tod des kleinen Alfons erzählt und dabei nachgeholte Erinnerungs- und *Trauerarbeit* leistet. Es ist freilich auch zu beobachten, daß sie sich erst sehr tastend an die schmerzlichen Auswirkungen, die dieser Tod und der Tod der anderen Angehörigen auf ihre eigene Lebensplanung hatten, heranwagt. Sie traut sich noch nicht, um sich selbst zu trauern und um das, was aus ihr hätte werden können, wenn der Tod der Angehörigen nicht in ihrem Lebensskript so kräftig die Feder geführt hätte. Die Trauer um den kleinen Alfons ist, so gesehen, ein erster, heilsamer Schritt in noch wenig begangene Bezirke ihrer Psyche, dem noch weitere folgen müßten.

Und wo bleibt jetzt bei all dem, was sie aus ihrem Leben erinnert, ihre Geschichte mit Gott? Wie spricht sie hierbei mit Gott?, wie wir es in der Eingangshypothese postulierten. Ein Schlüssel zu dieser Frage liegt zum einen in dem gerade Ausgefalteten. Wenn überhaupt ein Thema, dann wird sie dieses ihr Lebensthema, das nach Art einer Deckerinnerung im Tod des kleinen Alfons sichtbar wird, vor Gott hintragen. Nichts anderes dürfte ihr Gebetstext sein. Zum anderen wird es offenkundig in einem bisher noch nicht näher betrachteten Aspekt ihres Erinnerns und Erzählens.

(3) Das »Übertragungsgebet« zum »fiktiven anderen«, der Gott heißt

Wer erinnert und erzählt, spricht nicht nur zu sich selber, sondern immer auch *zu einem anderen*, von dem er annimmt, daß er so zu ihm sprechen kann. Auch Frau B. tut dies. Sie richtet sich sogar an einer Stelle ausdrücklich an ihren Gesprächspartner. »Du mußt dir vorstellen...« Wäre es denkbar, daß mit einer solchen Anrede nicht einfach nur der zuhörende Gesprächspartner, sondern hinter ihm Gott selbst als Angesprochener gemeint ist? Über den Weg der *kritischen Rezeption des analytischen Übertragungsverständnisses* könnte man, wie im Folgenden gezeigt werden soll, in die Richtung einer solchen Hypothese gelangen.

Bekanntlich vertritt die Psychoanalyse mit dem Konzept der Übertragung die Auffassung, daß der Zuhörer für den Erzähler nicht nur als die namentliche Person fungiert, die er tatsächlich ist, sondern stellvertretend für all die Personen angesprochen wird, denen diese Geschichte einfach er-

[8] Vgl. *W. Schmidbauer*, Kindheit in Niederbayern, 10.

zählt werden muß, zuallererst erzählt werden muß – im Fall von Frau B.: der längst verstorbenen Mutter, dem toten Vater, den Geschwistern und mit wem sonst sie das Leben geteilt hat und teilt. Auf solche Weise wird der Hörer in eine vergangene Geschichte hineingenommen, die im Moment des Erzählens zur Gegenwart wird. Fast scheint es, als ließen sich die alten, nie zu Ende gebrachten Dramen des Erzählers gar nicht inszenieren, wenn es nicht den stellvertretenden Akteur und Rollenträger in der Person des Zuhörers gäbe. Auf ihn kann die nie versiegte Zuneigung, die man Vater und Mutter gegenüber empfand, übertragen werden, und an ihm kann man den Zorn, den man ihnen gegenüber nicht zu leben wagte, festmachen.

Ihre Hinwendung an den Zuhörer, die Frau B. mit den Worten »Du mußt dir vorstellen...« expressis verbis unterstreicht, zielt folglich über das reale Du des Zuhörers hinaus. Sie sucht hierbei, gemäß der psychoanalytischen Übertragungslogik, die geliebte Mutter, die sie mit den kleinen Geschwistern alleingelassen hat, den Vater, der den Tod der Lieben nicht verhindern konnte, die Geschwister, die ihr Opfer bereitwillig und selbstverständlich angenommen haben, und die Brüder, die durch ihren Tod alle Hoffnung auf sozialen Aufstieg zunichte machten.

Da der Zuhörer, so gesehen, wesentlich als Rollenträger und Stellvertreter für andere angesprochen wird, könnte man ihn auch als den *»fiktiven Anderen«*[9] bezeichnen. In ihm findet der Erzähler all jene repräsentiert und ansprechbar, mit denen er bis zum Augenblick nicht fertig ist. Von diesem Befund aus läßt sich die pragmatische These wagen: Wenn der Zuhörer als Stellvertreter für die Bezugspersonen der eigenen Geschichte ansprechbar ist, dann ließe er sich auch als geheimer Adressat für all das, was der Erzähler an Gott selbst richtet, denken. Im Zuhörer würde dann verschlüsselt *der fiktive andere, der Gott heißt*, angesprochen.

Gestützt werden kann diese These durch den in einem weiten Sinn *transzendierenden Charakter der Übertragung*. Hier wird der gewiß defizitäre und in vieler Hinsicht »gestörte« Versuch unternommen, die Grenze des Endlichen und Nur-Menschlichen zu überschreiten. Auch wenn dieser Versuch nicht zu einem religiös vertretbaren Gottesbild führen kann, ist er dennoch als elementare Strebung nach dem Unendlichen zu würdigen. Wie ist das zu verstehen? Eine Übertragung wie die von Frau B. macht den Zuhörer zum Repräsentanten weniger der realen, als vielmehr der »allmächtigen« Eltern. Sie und damit der Zuhörer werden gesehen als »Objekte«, denen man seine Ohnmacht und Wut entgegenschleudern kann ob des grausamen Schicksals, so als hätte es in ihrer Macht gelegen, all die Tode zu verhindern. Die Übertragungsfigur wird damit zugleich *zum grandiosen Hoffnungsträger* hochgehoben, an den der »Riesenanspruch« ergeht, alles Unheil wiedergutzumachen. Gerade darin, daß der Zuhörer in einer vom religiösen Stand-

[9] Vgl. *H. Luther*, Der fiktive Andere. Mutmaßungen über das Religiöse an Biographie.

punkt aus indiskutablen Weise vergötzt wird, ergibt sich die erzählende Erinnerung als Rede zu erkennen, die nicht nur den Menschen, sondern dahinter verborgen jene Macht sucht, die Menschen Gott nennen, ohne damit freilich den Gott Jesu Christi bereits im Auge zu haben.

Neben dem Attribut der Allmacht werden im Rahmen der Übertragung vom menschlichen wie absoluten Gegenüber zwei weitere Eigenschaften erwartet. Es sollte sich einmal liebevoll auf all die unerledigten Trauergeschichten einlassen und dabei den gespürten Liebesverlust durch vorbehaltlose Bejahung aufheben. Sodann käme ihm aber auch die Gegenrolle zu, sich als kritischer Widerpart zur Verfügung zu halten und sich als Adressat des Zorns und des Widerspruchs zu bewähren.

(4) Vom Gott der Übertragung zum absoluten Du

Der vom Erzähler konstruierte und im Zuhörer angesprochene *»Übertragungsgott«* darf nicht vorschnell, so wurde deutlich, mit dem Gottesbild des Glaubens identifiziert werden. Allzu sehr trägt der selbstgemachte Gott die ins Grandiose projizierten Züge der eigenen Eltern. Dieses gewiß fragwürdige Gottesbild sollte jedoch aus theologischer Perspektive nicht von vornherein verurteilt werden, denn es wäre sehr zu bezweifeln, ob in der Psychogenese eines Menschen jemals das Gottesbild des Glaubens bewußt aufkommen kann, wenn es nicht an den eigenen Eltern entwickelt werden darf.[10] Das Gottesbild der Übertragung wäre demnach vergleichbar einer Leitersprosse, auf der man einerseits Stand bekommen und sich festhalten kann, die man andererseits auf dem Weg zu einer angemessenen Vorstellung vom Gott Jesu Christi hinter sich lassen wird.

Deshalb kann sich die Pastoralpsychologie auch dem Vorschlag der Psychoanalyse nur bis zu einem gewissen Punkt anschließen, daß die Übertragung mit ihrem projektiven Gottesbild radikal überwunden werden muß, um zur Wahrheit der eigenen Geschichte vorzustoßen. Die *Differenz* wird deutlich, wenn man auf die Zielvorstellungen der psychoanalytischen Therapie blickt. Der Therapeut versucht dort bekanntlich, angesichts der irrealen Riesenerwartungen des Klienten das »Realitätsprinzip« zur Geltung zu bringen. Er will dazu ermutigen, die Sehnsucht nach vollem Geliebtsein endlich aufzugeben und sich mit der »Realität«, d. h. der Tragik, daß volle Geborgenheit nicht möglich ist, abzufinden. Der Erzähler wird folglich angestiftet, alle irrealen Ansprüche nach Liebe, Heil und Frieden von Menschen abzuziehen und sie letztlich zu liquidieren. Die Botschaft an den Rat-

[10] Vgl. u. a.: *B. Grom*, Religionspädagogische Psychologie des Kleinkind-, Schul- und Jugendalters, 150–174; 343–359. – *F. Oser*, Wieviel Religion braucht der Mensch? – *Ders./P. Gmünder*, Der Mensch, Stufen seiner religiösen Entwicklung.

suchenden ergeht: Laß alle Hoffnung danach, das verlorene Paradies der vollen Geborgenheit jemals finden zu können, fahren!

Auch eine pastoralpsychologisch orientierte Seelsorge wird das Ziel verfolgen, Riesenansprüche von Menschen – von Vater und Mutter wie vom Seelsorger – zurückzunehmen, weil Menschen dadurch vergötzt würden. Sie fragt jedoch kritisch dort an, wo die Psychoanalyse die *Sehnsucht des Menschen nach dem Unendlichen* diffamiert. Hat dies wirklich als das letzte Wort über den Menschen zu gelten, daß die Liebe, wie er sie ersehnt – absolut, unendlich und ewig – für immer unmöglich ist? Muß der Hauch von Ewigkeit, der die unersättliche Sehnsucht nach Geborgenheit immer schon durchzieht, wirklich liquidiert werden, weil unrealistisch, uneinlösbar, ein »Wahngebilde«? Könnte es nicht vielmehr sein, daß sich in den »unrealistischen Riesenansprüchen«, wie sie an den Therapeuten und Zuhörer herangetragen werden, verzerrt und entstellt zwar, aber doch unausrottbar, die tiefe Sehnsucht nach absoluter Geborgenheit und Unendlichkeit zu Wort meldet, die das menschliche Maß übersteigt und die nur in Gott selbst Erfüllung finden kann?

So gesehen trüge der »fiktive andere«, der im Spiel der Übertragung gesucht wird, nicht nur die ins Grandiose gesteigerten Züge von Vater und Mutter, sondern in ihm wäre verschlüsselt und mit vielem anderen vermischt das ganz andere Du, das Gott wirklich ist, stellvertretend und vorläufig angezielt. Die psychoanalytische Übertragungsauffassung korrigierend und weiterführend, käme es im Kontext des Glaubens darauf an, unsere *Riesenansprüche* nach absoluter Geborgenheit zu läutern von infantilen, symbiotischen Wünschen, sie von Menschen abzuziehen und sie bewußt *umzulenken auf Gott selbst*. Ihm allein ist im Glauben zuzutrauen, daß er absolut verläßlich, ohne neuerliche Kränkung und Enttäuschung, liebend und kritisch mit den unrealistischen und realistischen Riesenansprüchen verfährt. Er wäre als der eigentliche Adressat erkennbar, auf den von Anfang an unsere erzählten Geschichten von den verlorenen Paradiesen unseres Lebens zielen.

Kehren wir nach diesem kleinen Exkurs über die Frage, ob der »fiktive andere«, der in der Übertragung angesprochen ist, mit Gott identifiziert werden darf, zurück zur Erzählung von Frau B.. Läßt sich bei ihr wenigstens ansatzhaft erkennen, daß sie sich bei ihrem Erinnern nicht nur an den selbstgemachten Übertragungsgott wendet, sondern offen ist für den Gott des Glaubens? Eine solche Frage nach ihrem subjektiven Gottesbild ist gewiß in Anbetracht ihrer sehr kurzen Mitteilung nur mit vielen Einschränkungen, wenn überhaupt, zu beantworten.

Zwei Anmerkungen ihrerseits könnten jedoch gewisse Anhaltspunkte liefern. Zum einen ist da die *»Klostertante«* erwähnt, der vorgehalten wird, daß sie des nachts nicht herübergekommen sei, um die Mutter abzulösen. Frau B. scheint die Welt religiöser Praxis und Lebensentscheidung, wie es bei einem Eintritt in das Kloster offenkundig wird, vertraut. Freilich wird an der Stelle entschieden angefragt, wie Menschen, die in besonderer Weise als religiös ausgewiesen sind, die Not des Nachbarn übersehen können. Sollte hier womöglich Gott selbst angefragt sein, warum er angesichts des Sterbens des kleinen Kindes »nicht herübergekommen« ist und »abgelöst hat«? Jedenfalls wird mit dem Stichwort »Klostertante« der Blick einen Spalt freigegeben auf den ihr vertrauten Gott der Kirche und des Glaubens.

Zum anderen ist Frau B.s Abschlußbemerkung genauer zu bedenken. Fast zusammenhanglos »drangehängt« wirkt auf den ersten Blick die Mitteilung, daß *»die Kinder im Haus getauft worden«* sind, »wie der Herr Pfarrer gekommen ist und hat sie getauft«. Was soll dieser Satz am Ende ihrer Geschichte? Zweifellos bekundet sie damit, daß etwas Wichtiges von der ganzen Geschichte fehlen würde, wenn es ungesagt bliebe. Die Erinnerung an die Taufe der Kinder gehört demnach untrennbar zum Vorausgehenden dazu, um alles richtig verstehen zu können. Ist es dann nicht denkbar, daß sie mit dem unverzichtbaren Schlüsselwort »Taufe« verhalten andeutet, wie all diese furchtbaren Tode der Geschwister und der Angehörigen bei ihr die Religion mit ihren Symbolhandlungen, ihren Versprechungen, aber auch Enttäuschungen auf den Plan rufen und zugleich diesen *Gott des Glaubens anfragen*. Angesprochen wäre dann, so ließe sich von diesem Schlüsselwort aus rekonstruieren, in allem, was sie erzählte, Gott selbst: »Warum, Gott, hast Du sie sterben lassen, Deine Kinder, meine Kinder? Warst Du damals, bist Du heute an ihrer Seite? Bist Du vielleicht mit den Kindern, mit der Mutter, damals gestorben? Lagst Du schwitzend und vom Tod gezeichnet im Bettchen des kleinen Alfons?... Manchmal glaube ich es zu wissen. Dann wärst Du auch an meiner Seite gewesen, als ich mich für meine Geschwister opferte. Dann gingst Du auch mit mir auf den vorausliegenden Wegen. Mein Weg wäre auch Dein Weg!«

Ihre Klage in Anbetracht des unmenschlichen Maßes an Verlusten, an Kränkung und Trauer gälte dann Ihm. Mit wem sonst könnte sie auch über die allzu frühen Tode handeln, wenn mit Vater und Mutter, mit dem annehmend-kritischen Zuhörer gehandelt ist, als mit Gott selbst? Wem ihren Zorn entgegenschleudern? Wen sonst bei allem Alleinsein in der Trauer an ihrer Seite wissen? Wem sonst zutrauen, daß ihr Leben, so wie es gekommen ist, seine Ordnung hat? – Wenn nicht dem Herrn über Leben und Tod, der doch zugleich ihr und unser Bruder geworden ist und das Schicksal des Todes mit uns geteilt hat!

Das autobiographische Selbstzeugnis dieser »kleinen« Frau gäbe sich dann als eine Art *Confessio*, Klage- und Lobgesang, fletus und hymnus zugleich, zu erkennen, ganz so, wie es etwa die Confessiones des großen Augustinus sein wollen.[11] Indem sie ihre Geschichte zum Gebet macht, hängt sie ihr »unruhiges Herz« an Gott selbst, bis es Ruhe findet in ihm.

[11] Vgl. *H. Luther*, Der fiktive Andere – Mutmaßungen über das Religiöse an Biographie, 75f.

Sie führt damit in ihrer Weise vor Augen, wie *»elementare Gebete«* aussehen, die aus der eigenen Geschichte kommen und diese selbst zuallererst vor Gott hintragen, damit er sie heile. Nach *Elie Wiesel* könne eines Menschen Gebet gar nicht anders ausfallen. »Der Himmel weist das Gebet, das nicht die Grundbefindlichkeit des Menschen, seine Ängste und Leiden widerspiegelt, zurück; es ist ein totes Gebet.«[12]

(5) Hinhören, wie in den Geschichten der Menschen Gott dem Verkündiger selbst entgegenkommt

Wenn in den erzählten Geschichten der Menschen Gott bereits im Gespräch, ja eigentlicher Dialogpartner ist, dann ist der erste Akt der Verkündigung das *aufmerksame Hinhören*. Denn »wer aufmerksam und einigermaßen selbstvergessen Menschen zuhören kann, der hat schon einen guten Anfang gemacht in der wichtigsten aller menschlichen Grunderfahrungen, auf den Gott zu hören, der mit seinem Geschöpf unmittelbar spricht und handelt. Hat er doch für Alle vorgesehen, wie Paulus den Athenern sagt, ›daß sie Gott suchen sollten, ob sie Ihn ertasten und finden möchten, der doch keinem von uns fern ist. Denn in Ihm leben, bewegen wir uns und sind wir‹ (Apg 17,27 f).«[13]

Der Seelsorger wird auf *Schlüsselworte* achten, die ihm etwas vom verborgenen Dialog des anderen mit Gott kundtun. Solche Schlüsselworte, wie im angeführten Fall »die Klostertante« und »die Taufe«, müssen nicht unbedingt einer kirchlich-religiösen Erfahrungswelt und ihrem Sprachspiel angehören, sondern sie können ausgesprochen profan daherkommen. Und doch führen sie für den Erzähler oft einen ganzen religiösen Kosmos mit sich.

Der Begleiter mag sich in seiner Bemühung, im anderen das »Schlüssel- oder Zauberwort«, das für ihn Gott heißt, zu vernehmen, in dem bekannten Vierzeiler *Joseph von Eichendorffs*[14] erinnert fühlen:

»Schläft ein Lied in allen Dingen,
Die da träumen fort und fort,
Und die Welt hebt an zu singen,
Triffst du nur das Zauberwort.«

Es schläft auch ein Lied, eine *Lebensmelodie in den Menschen, die Gott heißt*, und den sie fort und fort träumen. Diesen ganz persönlichen Gottestraum des anderen zu hören, damit beginnt die heilende Verkündigung.

[12] *E. Wiesel*, Macht Gebete aus meinen Geschichten, 31 f.
[13] *A. Görres*, Kirchliche Beratung – eine dringende Antwort auf Symptome und Ursachen seelischer Krisen?, 31.
[14] *J. von Eichendorff*, Wünschelrute, zit. nach: *K. O. Conrady*, Das große deutsche Gedichtbuch, 382.

Wenn der Begleiter sich in solcher Weise hörend auf die verdeckten Lebensgebete des anderen einläßt, dann wird er selbst zugleich hellhörig für das, was Gott ihm durch die Gebete und Geschichten des anderen sagen will. Er sieht sich unweigerlich *verwickelt in seine eigene Geschichte mit Gott*. Seine »Lebensmelodie«, wie sie von Gott komponiert und ihn zum Thema hat, gerät in Schwingung. Und genau dies ist der entscheidende Hintergrund, von dem her der Seelsorger dann selbst von Gott reden kann.

3
VON DER EIGENEN GESCHICHTE MIT GOTT SPRECHEN

(1) »Er ist in unseren Herzen aufgeleuchtet« (2 Kor 4,6) – Sich an die eigene Gotteserfahrung erinnern lassen

Es kommt also vor jeder expliziten Gottesrede in der seelsorglichen Begleitung wesentlich darauf an, daß der Seelsorger in *Kontakt ist mit dem, was seine Geschichte mit Gott ausmacht*: Erfahrungen des Angenommenseins und der unverdienten Gnade, aber ebenso auch Verlassenheit und nagende Zweifel. Er brauchte den Zugang zu seinem »Damaskus-Erlebnis«, zu seiner Gottes-Vision, die bestimmt nicht immer solch ekstatischen Charakter hat wie bei Paulus, sondern oft eher einem leisen »Windhauch« gleicht. Er brauchte aber auch die Erinnerung an die »Saulus-Zeiten«, wo die Erfahrung mit Gott verdunkelt war. Nur wenn mir diese ganze Geschichte mit Gott, untrennbar damit verknüpft die Brüche und Krisen der eigenen Glaubensbiographie, einigermaßen zugänglich sind, vermag ich »selbst-kongruent« von Gott zu sprechen.

Den Ausgangspunkt bildet demnach die eigene Erfahrung mit Gott, daß »er in unseren Herzen aufgeleuchtet ist« (2 Kor 4,6), wie es Paulus auf dem Hintergrund seiner Geschichte mit Gott ausdrückt. Im übrigen darf Paulus als ein Vorbild dafür angesehen werden, wie ein Seelsorger mit seiner ganz persönlichen Gottesgeschichte vertraut sein kann, die Finsternis darin und die Sauluszeiten nicht verleugnen muß, und von da aus doch wesentlich und unverkürzt von Gott sprechen kann.

(2) Der Schatz in irdenen, nicht vollkommenen Gefäßen

Wenn Gott in unseren Herzen aufgeleuchtet ist, dann bedeutet dies nicht, daß damit unsere menschliche Defizienz und Unvollkommenheit schon jetzt vollständig aufgehoben wäre. In diesem Erdenleben vermögen wir zwar Spiegel seines Lichtes zu sein, aber wir weisen auch viele blinde Stellen auf, die nur wenig von seinem Licht, nur »rätselhafte Umrisse« (1 Kor 13,12) zu spiegeln vermögen. Paulus gebraucht noch ein anderes Bild. Er vergleicht Gottes Liebe mit einem Schatz. »Diesen Schatz tragen wir in irdenen Gefäßen; so wird deutlich, daß das Übermaß der Kraft von Gott und nicht von uns kommt« (2 Kor 4,7). Schatz und Gefäß, Licht und Spiegel – das sind Metaphern, die das Geheimnis reflektieren wollen, wie der vollkommene Gott sich im unvollkommenen Menschen mitteilen und in seinen Worten und Taten zur Sprache bringen kann. Daneben aber geben sie dem, der von Gott spricht, eine wichtige Orientierung.

Der Seelsorger darf sich von Gott selbst autorisiert wissen, diesen Schatz gültig weitergeben zu können. Es ist wirklich Gottes Wort, das sich durch ihn als Person, aber auch durch sein menschliches Wort ausspricht.

Darüber hinaus darf er und muß er sich mit dem Gedanken anfreunden, daß er ein ganz und gar *irdenes* Gefäß ist, in das sich hineinzubegeben es Gott gefallen hat. Dies hat für unseren Zusammenhang als erstes die Konsequenz: So sehr ich mich als Seelsorger oder Verkündiger bemühe, Gottes Wort durch mich gesagt, ist immer auch »irden«, menschliches Machwerk, das den Schatz entstellt und verkleinert. Das bedeutet: Das von mir als unvollkommenes Wesen gesprochene Wort Gottes enthält immer auch persönliche Anteile meiner menschlichen Unzulänglichkeit. Es kann kein Seelsorger in der Art eines personalen Totstellreflexes als Mensch vollständig *hinter das »reine« Wort Gottes zurücktreten*. Vielmehr steht sogar zu befürchten, wenn er dies versuchte und sich selbst als Person aus seiner Verkündigung ganz draußen lassen wollte, daß er damit das Wort Gottes erst recht entstellt und Worte der Heilung und des Heils verweigert. Denn einmal enthält er seinem Gesprächspartner vor, ob sich das, wovon er spricht, in seinem Leben bewährt hat. Zum anderen verleugnet er gerade das Entscheidende der Botschaft Gottes, *daß es Gott gefallen hat, in der menschlichen Unvollkommenheit aufzuleuchten und zu Wort zu kommen*.

Wenn der Seelsorger dies in der Art und Weise seiner Verkündigung selbst nicht zulassen kann und meint, seine Menschlichkeit verstecken und verbergen zu müssen, dann leitet er den Hörer nicht zum Glauben, sondern zum Unglauben an. Seine *zwischen den Zeilen gesagte Botschaft* würde das Grundleiden des anderen verstärken, sich in seiner Unvollkommenheit nicht annehmen zu können; denn nun würde ihm auch noch mit religiöser Autorität gesagt, daß Gott selbst nichts mit menschlicher Unvollkommenheit zu tun haben will.

(3) Sich nicht selbst verkündigen (2 Kor 4,5), und doch von sich reden

Man muß die gern zitierte Stelle des 2. Korintherbriefes (2 Kor 4,5) ganz lesen, um zu sehen, daß sie sich nicht, wie es manchmal geschieht, in Anspruch nehmen läßt für ein Plädoyer, der Seelsorger könne und müsse als Person vollständig hinter dem »reinen« Wort Gottes zurücktreten. Sie lautet unverkürzt: »Wir verkündigen nämlich nicht uns selbst, sondern Jesus Christus als den Herrn, uns aber als eure Knechte um Jesu willen« (2 Kor 4,5). Der Nachsatz *»uns aber als eure Knechte um Jesu willen«* darf nicht unterschlagen werden. Denn darin wird die Erkenntnis ausgesprochen, daß wir gar nicht anders können, als auch uns selbst in irgendeiner Form mitzusagen: wie wir uns angesichts der Begegnung mit Jesus Christus, dem Herrn, erleben, wie dies unsere Perspektive auf uns selbst und die Mitmenschen verändert hat, und wie wir von daher unsere Beziehung zu den Angesprochenen definiert sehen wollen. *Von Gott reden heißt folglich immer auch von sich selbst reden*. Nur so, wenn unsere Gottes-Rede zur rechten Zeit in die Ich-Form übergeht, wenn sie »echt« und »selbstkongruent« geschieht, vermag ihr der andere Glaubwürdigkeit abzugewinnen.

Worte des Heils und der Heilung können folglich nicht ohne den Zusammenhang mit der persönlichen Glaubenserfahrung gesprochen werden. Ohne daß ein solcher innerer Kontakt des Seelsorgers mit seiner eigenen Glaubenserfahrung immer wieder durchschimmert und auch im rechten Maß artikuliert wird, käme es zu erheblichen *Kommunikations- und Beziehungsstörungen* mit dem Gesprächspartner, wie die Kommunikationsforschung vermuten läßt. Vor allem würde eine Diskrepanz zwischen *Inhalts- und Beziehungsebene* eintreten, die alles andere als heilende Kraft entfaltet.[15]

An einem Beispiel sei es verdeutlicht: Ein Seelsorger mag eloquent und theologisch beschlagen davon sprechen, daß *Gott die absolute Liebe* ist und jeden Menschen annimmt, wie er ist. Diese inhaltlich völlig richtige Aussage des Glaubens wird aber erst dadurch als »wahr«, d.h. als verläßlich und glaubwürdig beim Gesprächspartner ankommen, wenn in seiner Rede auch die dem Inhalt entsprechende innere Erfahrung des Seelsorgers durchscheint. Wie die Kommunikationsforschung nahelegt, kommt dieser persönliche Erfahrungskontext in einer Fülle von *nonverbalen Signalen* auf der Seite des Verkündigers zum Ausdruck.[16] Er kommentiert faktisch, durch die Art und Weise seines Redens, Betonens, Schweigens, Aufblickens und Wegschauens, Beschwörens und Bekämpfens, Bestätigens und Verurteilens, laufend das, was er sagt. Die nonverbalen Botschaften, das zwischen

[15] Vgl. *P. Watzlawick*, Menschliche Kommunikation.
[16] Ebd. 53–56; 79–91.

den Zeilen Gesagte, legen dem Hörer nahe, wie er die Inhalte verstehen soll, sie entscheiden folglich über die Wirkung der Rede.

Man bezeichnet den unbewußt mitgelieferten Kommentar zum Inhalt der Rede als Beziehungsaspekt. Denn in ihm wird nicht nur der Inhalt nonverbal erläutert, sondern zugleich die Beziehung zum Hörer hin vom Sprecher her definiert. Auf unser Beispiel bezogen könnte eine theologische Rede vom Gott der Liebe, die die eigene Person und ihre Erfahrung mit diesem Gott völlig verschweigt, die Beziehung zum Zuhörer außerordentlich belasten. Ein solcher Seelsorger würde damit zum anderen auf der Beziehungsebene möglicherweise sagen:

- Was ich persönlich glaube, geht dich nichts an!
- Ich persönlich habe Gott anders erfahren, aber ich rede so, weil man mir das aufgetragen hat!
- Ich meine mit meiner Rede nicht dich und deine Fragen, sondern möchte dir zeigen, was ich alles weiß und kann!
- Ich möchte mich nicht näher auf deine Fragen und Nähe zu dir einlassen, darum doziere ich dir theologische Formeln!
- Du bist unwissend, deshalb muß ich dich belehren!
- Du hast dich religiös zu wenig informiert, und dies ist deine Schuld, die ich dir vorhalten muß!
- Wer so wenig wie du vom Glauben weiß, kann nicht darauf vertrauen, zu den Glaubenden und damit zu jenen, denen Gott in seiner Liebe zugetan ist, zu gehören! Ich gehöre dazu, du nicht!

Solche und ähnliche Beziehungsdefinitionen, wie sie unbewußt vom Verkündiger, der sich selbst »draußen« läßt, vorgenommen werden, erklären das inhaltlich Gesagte für null und nichtig. Es ist zwar die Rede von einem Gott der Liebe, der sich den Menschen zuwendet und durch den Seelsorger spricht. In der Art und Weise seines Sprechens tut sich jedoch ein Gott kund, der verurteilt, beschuldigt, auf Distanz geht und kränkt. Es ist kein Wunder, daß ein Ratsuchender einem solchen Seelsorger und seiner Gottesrede mißtraut. Sie hinterläßt nichts Einladendes und Verlockendes. Wie sollte da das Herz in der Brust zu brennen anfangen, wenn man den Eindruck vermittelt bekommt, daß den Verkündiger selbst das, was er sagt, kalt läßt?

Demgegenüber erweist sich *»wahre« Rede von Gott* darin, daß ein Funken der Liebe Gottes, von der die Worte des Seelsorgers inhaltlich handeln mögen, wenigstens ansatzhaft in der Art und Weise, wie er mit dem anderen spricht und mitgeht, aufleuchtet. *Inhalt und Beziehung müssen einander entsprechen*, soll das Wort Gottes ankommen. Dies ist vor allem deshalb für die Verkündigung so entscheidend, weil alle zentralen Glaubensbegriffe *Beziehungsbegriffe* sind.[17] Gnade, Friede, Rechtfertigung, Vergebung, Erlösung,

[17] Vgl. *H. Pompey*, Beziehungstheologische Gesichtspunkte des Gelingens ehelicher Partnerschaft. –

Auferweckung, Heilung, Glaube bezeichnen nicht Dinge oder Sachverhalte, sondern Beziehungsrealitäten. Schließlich gilt für die Christen Gott als ein durch und durch beziehungswilliger Bundesgott.

Wenn ich dem anderen so zu begegnen versuche, wie es von Gott, der ein Gott für uns sein will, in den von mir erzählten Geschichten gesagt ist, dann wird dieser Inhalt in diesem Augenblick Wirklichkeit. Die Geschichten und das, was sie erzählen, ereignen sich in der beiderseitigen Beziehung neu, sie werden hier und jetzt heilendes Wort Gottes. Es gibt in der seelsorglichen Begleitung keine heilende Verkündigung an der Beziehung der Beteiligten vorbei.

Das gilt es vor allem gegen ein sehr *verkürztes Verkündigungsverständnis* ins Feld zu führen, wo die beziehungsblinde und dozierende Vermittlung von abgepackten Glaubensinhalten in den Mittelpunkt rückt. Solche »Verkündigung« wäre, genau besehen, weniger am Heilwerden des anderen interessiert als an der Befriedigung eigener dunkler Bedürfnisse. Hier würden der eigene Standpunkt verschleiert und eine allgemeine Wahrheit benutzt, den anderen klein und mundtot zu machen. Über die Motive solch gewalttätiger Verkündigung, die mit dem paulinischen »gelegen oder ungelegen« fragwürdig kaschiert werden mag, kann man nur Vermutungen anstellen. Man könnte mit Blick auf die diagnostizierte Über-Ich-Fixierung mancher Seelsorger an einen einfachen Entlastungsmechanismus denken: »Wenn ich etwas Theologisches sage, bin ich ein guter Seelsorger!« Es käme dann bei solcher Art von Verkündigung eine ausgesprochen ängstliche, von Schuldgefühlen durchsetzte, fast zwanghafte Glaubenshaltung zum Vorschein, die den Zuhörer im Rahmen des eigenen neurotischen Szenarios mißbraucht. Eine Beziehung würde praktiziert, die den anderen zum Objekt der eigenen Entlastungsbedürfnisse degradiert. Dies würde gewiß auch seinen, im Gespräch mit dem Seelsorger in Blick gekommenen, unbewußten Dialog mit Gott mehr stören als voranbringen.[18]

R. Zerfaß, Kirchliche Praxis im Horizont der Gottesherrschaft oder Der Selbstvollzug der Kirche in Wort, Sakrament und sozialem Dienst, 178.

[18] Ähnliches gilt von der religiösen Deutung psychischer Erfahrungen um jeden Preis. *D. Stollberg*, Das Veilchen, 337, schreibt dazu: »Der Glaube, die Perspektive des Seelsorgers, wird auch in der gottlosesten Geschichte, ja gerade in ihr, den verborgenen Gott am Werk sehen. Aber er wird den Erzähler nicht durch eine entsprechende Deutung vorschnell vereinnahmen, weil auch der verborgene Gott ein Gott ist, der freiläßt, ja der gerade durch seine Verborgenheit mündig macht. Es ist nicht Sache des Seelsorgers, den verborgenen Gott ans Licht zu zerren, um den mündigen Bruder, die erwachsene Schwester in irgendeine Art von abhängiger Gotteskindschaft hineinzumanipulieren. Andererseits wird es Situationen geben, in denen das eindeutige Zeugnis von Jesus Christus im Zusammenhang mit dem, was hier erzählt worden ist, zur Sprache kommen muß.«

(4) »Nicht daß ich es schon erreicht hätte...« (Phil 3,12) – Nicht mehr geben, als man hat

Mit dem Gedanken, daß Gottes Wort sich in ein begrenztes irdenes Gefäß begeben hat, hängt es zusammen, daß unser Reden von Gott nicht mehr zum Ausdruck bringen kann, als wir in uns selbst erleben. Weder dürfen wir nur uns selbst verkünden (vgl. 2 Kor 4,5), noch können und dürfen wir von unserer Gotteserfahrung in unrealistischen Superlativen sprechen, die mit unserem Leben nicht gedeckt sind. Als Spitzenaussage wird ein Seelsorger allenfalls die Worte des Apostels *Paulus* mitsprechen können:

»Christus will ich erkennen und die Macht seiner Auferstehung und die Gemeinschaft mit seinen Leiden; sein Tod soll mich prägen. So hoffe ich, auch zur Auferstehung von den Toten zu gelangen. Nicht daß ich es schon erreicht hätte oder daß ich schon vollendet wäre. Aber ich strebe danach, es zu ergreifen, weil auch ich von Christus Jesus ergriffen worden bin. Brüder, ich bilde mir nicht ein, daß ich es schon ergriffen hätte. Eines aber tue ich: Ich vergesse, was hinter mir liegt, und strecke mich nach dem aus, was vor mir ist« (Phil 3,10–13).

Wir können diese Stelle des Philipperbriefes auf dem Hintergrund dessen, was über die diakonischen Grundhaltungen gesagt wurde, als eine ganz und gar *»echte«* Rede bezeichnen. Hier spricht einer authentisch, per »ich« von seiner Gotteserfahrung, und zugleich bleibt er »selbstkongruent« in Kontakt mit sich, so daß er nicht ein mehr an Christusförmigkeit vorgibt, als er in sich realisiert sieht. Er würde nicht nur sich selbst täuschen, sondern auch alle Adressaten seiner Rede. Ein Schelm ist, wer mehr gibt, als er hat. Dies gilt auch für den Seelsorger, wenn er von seiner Gotteserfahrung spricht.

4
VON GOTT GESCHICHTEN ERZÄHLEN...

Von der Mehrzahl der möglichen Verkündigungsformen im seelsorglichen Gespräch soll im Folgenden das Erzählen von biblischen Glaubensgeschichten näher betrachtet und in seiner heilenden Funktion ausgelotet werden. Zu fragen ist in diesem Zusammenhang u.a.: Worin liegt die heilende Kraft solcher Geschichten eigentlich? Wie angemessen ist das Erzählen der inneren Struktur des Glaubens? Worauf kommt es an, damit solche »Gottes-Geschichten« ihre heilende Kraft entfalten können, so daß sie nicht als Fremdkörper den Erlebnisfluß der seelsorglichen Begleitung gar stören, sondern einen zu sich und über sich hinausbringen?

(1) Heilende Kräfte in den erzählten Geschichten

Der Mensch ist nicht nur ein Geschichtenerzähler[19], er ist auch *ein passionierter Geschichtenhörer*, aus auf die Geschichten anderer. Es mag die Kultur des Erzählens heute verkümmert, an die Stelle des elaborierten Erzählens mögen Ratsch und Tratsch oder das Konsumieren der Illustrierten- oder Fernsehstory getreten sein, im Kern des sozialen Interesses findet sich dennoch ein nicht zu zerstörendes Bedürfnis nach Geschichten von Tod und Leben, von Leid und Liebe, von Konflikt und Versöhnung, von Angst und Beruhigung, von Tragik und Trost.

Vor jeder Konzentration auf den Inhalt der hier besonders interessierenden Glaubensgeschichten ist festzuhalten, daß das *Hören von Geschichten überhaupt* einem urmenschlichen Bedürfnis entspringt und zum Vollzug des Menschsein dazugehört. Würde in einem der Wunsch, Geschichten zu hören, erlöschen, oder würde er daran gehindert, so müßte man befürchten, daß er in seiner seelischen Integrität Schaden leidet. Nicht von ungefähr spielen Geschichten – etwa in Form von Märchen – gerade in der seelischen Wachstumsphase par excellence, in der Kindheit, eine enorme identitätsstiftende Rolle. Hier ist in besonderer Weise ablesbar, was wohl prinzipielle Gültigkeit auch für das seelische Leben der Erwachsenen hat, daß Geschichten in der Lage sind, in vielfältiger Weise das seelische Wachstum zu fördern. Worin liegt diese im weiten Sinn *therapeutische Funktion von Geschichten*? Mehrere heilende Aspekte lassen sich angeben.

1. Geschichten sprechen aus der Seele

Geschichten, die es in sich haben, sind so geartet, daß sie den Hörer in die Geschichte hineinlocken und er sich unversehens in ihr wiederfindet. Dies geschieht u.a. dadurch, daß man sich mit den Suchwegen, Ängsten, Fragen und Konflikten des »Helden« zu identifizieren vermag, daß es einem selbst ähnlich ergeht wie den erzählten Personen. *Die Geschichte spricht einem aus der Seele.* In ihr findet sich wie in einem Spiegel all das wieder, was man in sich erlebt, Gefühle der Zuneigung und Zärtlichkeit, Fragen des Mann- und Frau-Seins, des Erwachsenwerdens, der Krankheit und des Todes, Erfahrungen des Glücks wie der Ausweglosigkeit, Konflikte und Ängste, Zorn und Leidenschaft, Frieden und Versöhnung. All dieses, was oft mehr erahnt, gefühlt, ja nicht selten verdrängt und abgeschoben ist, führen Geschichten mit sich und bringen es zu Tage.

Indem einer in den Geschichten den gelebten und ungelebten Emotionen, den bewußten und unbewußten Motiven seiner Psyche begegnet, ergeht es ihm wie bei einem einfühlenden Zuhörer, er kann sich verstanden

[19] Vgl. *L. Wachinger*, »Der Mensch ist ein Geschichtenerzähler«.

und angenommen fühlen. Mehr noch: Geschichten, die von dem handeln, was einer oft genug bei sich nicht zur Kenntnis nehmen und klären, geschweige denn akzeptieren kann, geben dem, der sich in sie verstricken läßt, eine ganz *elementare Erlaubnis*, so fühlen und erleben zu dürfen, auch Zorn, aggressives und regressives Verlangen oder gar »Todeswünsche« geliebten Personen gegenüber haben zu dürfen – eine Erlaubnis, die gerade Märchen für Kinder in ihrer ödipalen Entwicklungsproblematik so anziehend macht.

2. Geschichten binden in die Erlebensgemeinschaft ein

Weil Geschichten über den Weg der Identifikation und Projektion einem gestatten, so zu empfinden, wie man empfindet, setzen sie nicht nur subjektive Erlebnistabus außer Kraft, sie verhelfen zugleich zu einer *Neudefinition des eigenen Standortes in der mitmenschlichen Gemeinschaft*. Denn mit der Geschichte wird einem gesagt: So wie du erlebst, fühlst und fragst, erleben, fühlen und fragen viele andere Menschen auch. Du stehst nicht allein, es gehört zum menschlichen Leben dazu, solches zu erfahren und mit sich herumzutragen! Auf solche Weise wird die tiefe Sorge gerade von Menschen in seelischen Krisenzuständen aufgegriffen und beruhigt, man sei mit seinem Erleben jenseits des »normalen« menschlichen Empfindens, man stünde bereits außerhalb der Erlebensgemeinschaft der Menschen. Die Befürchtung, nicht mehr dazuzugehören und mit der Mehrzahl der Menschen nicht mehr übereinzustimmen, wird gerade dadurch aufgefangen, daß Geschichten »heiße Eisen« der je subjektiven Biographie anpacken und damit bekunden: Dies sind nicht Fragen eines einzelnen, sondern vieler, wenn nicht gar aller Menschen. Bewährte Geschichten sind deshalb als eine Art *kollektiver Traum* zu sehen, die aufbewahren, was es um das Leben der Menschen ist und wie es gemeistert werden kann.[20] Zugleich lassen Geschichten Spielraum, *im Zusammenhang des Allgemeinen die individuelle Identität* zu erspüren.

3. Geschichten entlassen in die Freiheit

Wird dem Suchenden in der Beratung oder seelsorglichen Begleitung eine Geschichte angeboten, dann gibt man ihm nicht einfach eine schlichte Erklärung, auch nicht eine bloße eindimensionale Handlungsanweisung. Vielmehr wird ihm ein *weiter, offener Kontext* zugespielt, den er aufgreifen, in den er sich hineinbegeben und den er in seiner Weise auffüllen kann, aber nicht muß.[21] Er wird davon entlastet, nur von sich erzählen, der Erwartung des Helfers oder seinen eigenen entsprechen zu müssen. Es wird möglich,

[20] Vgl. *D. Stollberg*, Das Veilchen.
[21] Vgl. *L. Wachinger*, »Der Mensch ist ein Geschichtenerzähler«, 137.

unter dem Schutz der fremden Geschichte von der eigenen zu reden und im Symbol, das die Geschichte ist, das eigene, innere Erleben anzuschauen und zu erkunden. Auf diese Weise vermag einer ganz »unverbindlich«, ohne beim Gesprächspartner und bei sich selbst bereits im Wort zu stehen, in Gedanken Wege zu erproben, die der »Held« der Geschichte geht, Impulse zwanglos aufzugreifen. Indem der Helfer dem anderen eine Geschichte an die Hand gibt, entläßt er ihn und sich aus der Enge der Zweierbeziehung und eröffnet ihnen beiden ein Stück *Freiheit* und Subjektivität. Nun vermag jeder von ihnen sich selbst und das sie bedrängende Problem wenigstens für Augenblicke in die Geschichte hinein abzugeben und es daraus verwandelt zurückzunehmen.

4. Geschichten geben Hoffnung

Geschichten begnügen sich nicht damit widerzuspiegeln, was in den Tiefen der Seele an Widersprüchlichkeit und Aporie geahnt wird. Sie geben darüber hinaus Perspektiven, wie man damit menschlich zu leben vermag. Sehr wesentlich geschieht dies dadurch, daß Geschichten mit ihren fiktiven Begebenheiten, die zugleich die »Begebenheiten« des Hörers miterzählen, *den Rahmen seiner gewohnten Deutungen und Wertungen sprengen*. Neues, bisher nicht gekanntes Licht fällt auf die Fragen und Probleme. Man lernt mit anderen Augen die Realität und sich selbst zu sehen. Dies bedeutet auf der einen Seite den nicht selten schmerzhaften Abschied von gewohnten und vertrauten Deutungsschemata. *Trauerarbeit* wird zugemutet, Konfrontation und Anfrage erfolgt. Andererseits tun sich Wege auf, die bisher verschlossen und vergessen schienen. Geschichten *»provozieren«* mich, rufen heraus aus der Blindheit und verlocken zur Tat; sie handeln an mir und fordern mich zur Handlung auf.

Freilich präsentieren Geschichten ihre Handlungsmaxime nicht fertig zugeschnitten auf den individuellen Hörer und sein Problem. Sie erlauben und verlangen, den eigenen Weg erst aus der allgemeinen Orientierung zu erschließen. Existentielle Geschichten weisen deshalb eine Art *»Leerstelle«* auf, in die einzutreten der Hörer sich verleitet sieht.[22] Er wird aufgefordert, Position zu beziehen und Handlungskonsequenzen zu ergreifen. Auf solche Weise spinnen Geschichten etwas in die Zukunft hinein fort, wo bisher keine gangbare Zukunft offen schien. Sie bauen Brücken von der Vergangenheit und Gegenwart in die künftige Lebenszeit, sie bedeuten *»Erinnerung nach vorne«* und geben Hoffnung, daß alles gut werden kann.

[22] Vgl. *W. Stenger*, »Zwischen den Zeilen lesen«. – *W. Wink*, Bibelauslegung als Interaktion. – *G. Baudler*, Einführung in symbolisch-erzählende Theologie, 47. – *R. Zerfaß*, Kirchliche Praxis im Horizont der Gottesherrschaft oder Der Selbstvollzug der Kirche in Wort, Sakrament und sozialem Dienst.

Die hier angedeuteten »heilenden« Funktionen von Geschichten konvergieren in der Auffassung, daß Geschichten das Handeln des Therapeuten fortzusetzen und zu vertiefen vermögen.

Es bedarf keines ausdrücklichen Nachweises, daß die beschriebene heilende Kraft prinzipiell auch den im Raum des Glaubens erzählten Geschichten eignet – den biblischen Geschichten, den Heiligenlegenden, den religiösen Biographien der großen und kleinen Leute. Die These von der *heilenden Kraft der Glaubensgeschichten* ließe sich sogar noch ausweiten, wenn gezeigt werden könnte, daß *Glaube seiner inneren Struktur nach durch und durch »narrativ«* verfaßt ist. Dann träfe auf alle Aussageweisen des Glaubens zu, daß sie heilende Potenz in sich tragen. Dann wäre »Verkündigung des Glaubens« im Rahmen der seelsorglichen Begleitung wirklich unverzichtbar, weil notwendend.

Alles hängt deshalb an dieser Stelle unserer Erörterung von der Frage ab, ob der Glaube wirklich eine solche narrative Tiefenstruktur aufweist, so daß auf ihn die für Geschichten schlechthin skizzierten therapeutischen Attribute zutreffen. Bei der Erkundung der Narrativität des Glaubens müßten wir unweigerlich auch auf Hinweise stoßen, wie die Gottesgeschichten die Menschengeschichten überschreiten, weil die Heilung aus dem Glauben sich unserem Verständnis nach nicht im psychischen Gesunden erschöpft, freilich davon auch nicht abgekoppelt zu sehen ist.

(2) Die narrative Tiefenstruktur des Glaubens

Weil christlicher Glaube seinen Ursprung, seinen Bezugspunkt, sein Kriterium und sein Ziel in Jesus Christus hat, darum wird sich die Erkundung der narrativen Tiefenstruktur des Glaubens auf *Jesus Christus* zu konzentrieren haben, genauerhin auf jene Geschichten und jene Geschichte, die in der zum Eigennamen gewordenen Prädikation Jesus Christus zusammengezogen und verdichtet worden sind.[23] Zu fragen ist folglich, welche Rolle das Erzählen von Geschichten in der Praxis Jesu, wie sie in den Evangelien durchscheint, gespielt hat. Es geht also einmal um *Jesu Geschichten*. Zum anderen ist das Augenmerk auf die *Jesusgeschichten* zu legen, wie sie von den Evangelien angefangen über die Geschichte der Kirche hinweg bis zum heutigen Tag in der Kirche erzählt werden. Von der *»Erzählgemeinschaft« Kirche* ist zu handeln und davon, wie in ihr die Geschichten der Menschen, verflochten mit den tradierten Jesusgeschichten, zur Sprache kommen.

[23] Vgl. zum Folgenden: *E. Arens*, »Wer kann die großen Taten des Herrn erzählen?«

1. Jesu Geschichten – erzählte und erzählende Heilpraxis Gottes

»Er lehrte sie vieles in Gleichnissen« (Mk 4,2) – Was *Markus* hier über den Redestil Jesu berichtet, darf ohne Zweifel, auch wenn man die gemeindlich-kontextuellen Beweggründe der Schriftwerdung der Evangelien berücksichtigt, als die grundlegende Form der Verkündigung des historischen Jesus angenommen werden.[24] Seine *Gleichnisreden* erzählen in vielfältigen Beispielgeschichten, die der alltäglichen Lebenswelt seiner Hörer, der kleinen Leute, Landarbeiter und Tagelöhner, entnommen sind, was es um jeden von ihnen angesichts der angebrochenen Basileia Gottes ist. Es geht ihm nicht um eine »Lehre«, die man systematisch geordnet im Kopf haben und lernen muß. Vielmehr möchte er in den Hörern *etwas in Bewegung setzen*, so daß sie ihr Leben anders sehen lernen und anders zu leben beginnen.

Wenn Jesus etwa das *Gleichnis vom barmherzigen Samariter* (Lk 10,29–37)[25] erzählt, dann werden seine Hörer in die erzählte fiktionale Welt, die ihnen zugleich als ihre eigene sehr wohl vertraut ist, hineingezogen. Sie werden am Ende – fast gegen ihren Willen – so in das erzählte Geschehen verstrickt, daß sie sich mit einer Person zu identifizieren beginnen, mit der sie sich normalerweise gerade nicht identifizieren würden: mit einem Samariter. Ihr Herz gehört plötzlich dem sonst unbeliebten, religiös suspekten Halb-Ausländer, der sich menschlicher erweist als ihre gewohnten religiösen Leitfiguren. Die Zuhörer bekommen eine neue Sicht. Ihr Vorurteil gegen das »Gesindel« aus Samaria wird unterminiert; ihre gewohnten religiösen Denk- und Handlungsschemata geraten ins Wanken. Sie werden genötigt zu bedenken, daß der Gott Jesu, von dem nicht einmal ausdrücklich die Rede ist, womöglich nicht ein Gott nach der Art ist, wie ihn Priester und Leviten glaubhaft machen wollen, sondern ein barmherziger Gott, wie der Samariter selbst. Indem die Zuhörer – für sie selbst überraschend genug – sich mit dem Samariter identifizieren, geraten sie in den Faszinationshorizont des barmherzigen Gottes Jesu, der an ihnen – dies wird zur erregenden Hoffnung – genauso handeln könnte wie an dem Ausgeplünderten und halbtot Geschlagenen auf dem Weg von Jerusalem nach Jericho.

Jesu Gleichniserzählungen sind folglich alles andere als religiöse Unterhaltung oder moralisierende Unterweisung, sie sind *»kommunikative Hand-*

[24] Vgl. u. a.: *E. Arens*, »Wer kann die großen Taten des Herrn erzählen?«, 14. – *Ders.*, Kommunikative Handlungen. – *W. Harnisch*, Die Gleichniserzählungen Jesu. – *G. Baudler*, Jesus im Spiegel seiner Gleichnisse. – *H. Kahlefeld*, Die Gestalt Jesu in den synoptischen Evangelien, 55f. – *O. Knoch*, »Wer Ohren hat, der höre«.

[25] Vgl. *R. Zerfaß*, Kirchliche Praxis im Horizont der Gottesherrschaft oder Der Selbstvollzug der Kirche in Wort, Sakrament und sozialem Dienst, 165f.

lungen«[26], in denen befreiend-tröstende, aber auch provokative, damit im Vollsinn *»heilende«* Praxis geschieht. Eine solche durch die Gleichniserzählung auf den Hörer zu handelnde Praxis antwortet auf die konkrete Situation, in der sich Jesus und seine Adressaten befinden. Viele dieser Beispielerzählungen entzünden sich, wie jene vom barmherzigen Samariter auch, an aktuellen Konflikten mit religiösen Opponenten, die ihm seinen Umgangsstil mit den gesellschaftlich Exkommunizierten, Sündern, Zöllnern, Aussätzigen, Tagelöhnern, Frauen und kleinen Leuten ankreiden. In den Gleichnissen stellt er ihrer Wirklichkeitssicht und Gottesvorstellung seine Vision des Abba-Gottes gegenüber, nicht im theologischen Disput, sondern die erzählte Solidarität dieses Gottes mit den Sündern und Ausgestoßenen sogleich praktizierend. Die Differenz zwischen seiner erzählten und im Erzählen realisierten Praxis und der Praxis jener läßt sich nun nicht mehr wegdiskutieren.[27] Doch dies und welche Schlüsse daraus zu ziehen sind, bleibt ganz in die Freiheit des Hörers gestellt. Jesu Rede zwingt nicht, sie lädt vielmehr alle, Sympathisanten wie Opponenten, unterschiedslos ein, ihm in die von seinem Abba-Gott ausgehende Lebensdeutung und -praxis zu folgen.

Als wesentliche Kennzeichen, wie Jesus Geschichten erzählt, bleiben folglich festzuhalten: Er leistet sich *keine Rede von Gott außerhalb oder jenseits konkreter heilender und rettender Begegnung*[28]. Damit unterbindet er zum einen jeden noch so subtilen Versuch, den Gottesbegriff für Lieblosigkeit, Ausgrenzung und Kränkung von Menschen in Anspruch zu nehmen. Zum anderen zeigt er, daß Gottes heilendes Wort nicht anders gesprochen werden kann als in der *Tat*. Alles Reden von Gott, das nicht zugleich seine Pointe in der Diakonie hat, darf nicht beanspruchen, Gott wahr zur Sprache zu bringen. Und schließlich füllt er den in seinem Volk tradierten Gottesnamen vom Jahwe – »Ich bin, der ich bin bzw. der ich sein werde!« – in einer Weise, die genau an jene befreiende Praxis anknüpft, von der die alten Geschichten vom Auszug aus der Knechtschaft erzählen, ja, er gibt diesen Geschichten die in die Gegenwart seiner Hörer hereinreichende, gegen jegliche Knechtschaft widerständige Kraft zurück und löst sie von ihrer sklerotischen Erstarrung in lebensfeindliches Gesetzesdenken.

2. Jesusgeschichten – erzählende Kirche, erzählter Glaube

Man kann annehmen, daß bereits zu seinen Lebzeiten *Geschichten über Jesus* in Umlauf waren[29], die dann in die Evangelien einflossen: Geschichten

[26] Vgl. *E. Arens*, Kommunikative Handlungen. Diese Gleichnistheorie nimmt Bezug auf den grundlegenden Entwurf *H. Peukerts*, Wissenschaftstheorie – Handlungstheorie – Fundamentale Theologie.
[27] Vgl. *O. Fuchs*, Narrativität und Widerspenstigkeit, 94.
[28] Ebd. 92.
[29] Vgl. *E. Arens*, »Wer kann die großen Taten des Herrn erzählen?«, 18. – *F. Mußner u. a.*, Methodolo-

von Heilungen und Dämonenaustreibungen, wo er Kontakt aufnimmt mit abgeschobenen Randexistenzen, Geschichten von Tischgemeinschaften mit Sündern und Zöllnern, Konfliktgeschichten, die seine Auseinandersetzung mit religiösen Kontrahenten schildern, Berufungs- und Nachfolgegeschichten, Geschichten vom Andrang des Volkes, von Speisung und Abwehr messianischer Erwartung. Die ganze mündliche und schriftliche Erzähltradition von Jesusgeschichten hat ihre Mitte und ihr entscheidendes Agens in der Passionsgeschichte und der Erfahrung der Zeugen, dem am Kreuz Gestorbenen als einem Lebenden begegnet zu sein.

Jesu Geschichte, seine befreiend-heilende Praxis, seine Passion und seine Auferstehung, die den Inhalt der Jesusgeschichten bilden, läßt sich offensichtlich zutreffend *nur von ihrem Ende her erzählen*[30]. Dabei mußte die eklatante Diskrepanz einer Antwort zugeführt werden, wie es geschehen konnte, daß dieser Jesus, dessen Praxis der Basileia darin bestand, Exkommunikationen aufzuheben, Statusbarrieren niederzureißen und Gott für die armen und kleinen Leute zu behaupten, selbst exkommuniziert und verlassen am Kreuz endet. Angesichts dieser durch und durch gescheiterten Karriere, wo »am Anfang der Stall und am Ende der Galgen«[31] stehen, mußten sich seine Jünger fragen, ob die Behauptung des befreienden und treuen Gottes für ihn selbst keine Gültigkeit besaß. Hat gar sein schändlicher Tod seine Mitteilung der Wirklichkeit Gottes widerlegt und sein kommunikatives Handeln von Gott her der Lüge überführt?

Die Erzählung der Jünger, die den Kristallisationskern der Evangelien bildet, gibt hierauf eine klare Antwort. Sie bekundet und bezeugt, daß mit Jesu Hinrichtung sein Handeln, das von ihm Erzählte und er selbst nicht zunichte gemacht wurden und er – entgegen dem ersten Anschein – kein böses Ende genommen hat, sondern daß er von Gott endgültig bestätigt und gerettet ist. »Gott hat Jesus von den Toten auferweckt« (Röm 10,9; vgl. 1 Kor 6,14; 15,15)! In dieser ältesten, bereits im urchristlichen Gottesdienst anzutreffenden Bekenntnisformel wird verdichtet erzählt, was die Jünger gesehen und eingesehen haben, daß Jesus lebt.[32] *Bekenntnisformeln*, die *Akklamation »Jesus Christus«*, die verschiedenen *Christusprädikationen* und *Hoheitstitel*[33] konzentrieren das Zeugnis der Jünger. Sie sind *»konden-*

gie der Frage nach dem historischen Jesus. – *P.-G. Müller*, Der Traditionsprozeß im Neuen Testament.

[30] Vgl. *E. Arens*, »Wer kann die großen Taten des Herrn erzählen?«, 19.

[31] *W. Jens*, Am Anfang der Stall, am Ende der Galgen.

[32] Als »Urgestalt des Evangeliums« wird nach dem ziemlich übereinstimmenden Urteil der Exegeten 1 Kor 15,3–5 angesehen, die es gestatte, das ursprüngliche und älteste Kerygma zu »rekonstruieren«. Vgl. dazu u. a.: *H. Waldenfels*, Kontextuelle Fundamentaltheologie, 274–277. – *J. Kremer*, Das älteste Zeugnis von der Auferstehung Christi. – *F. Mußner*, Die Auferstehung Jesu, 60–80. – *A. Vögtle/R. Pesch*, Wie kam es zum Osterglauben? – *K. Lehmann*, Auferweckt am dritten Tag nach der Schrift, 17–157. – *E. Schillebeeckx*, Jesus, 307–312.

[33] *G. Kraus*, Der Mittler zwischen Gott und Mensch, zeigt auf, wie alle Hoheitstitel letztlich im Titel »Sohn« verdichtet sind.

sierte Geschichten«, die aus erzählter Geschichte stammen und nach Erzählung ihrer Geschichte verlangen.[34]

In den *Gemeinden der Kirche* als der umfassenden Erzählgemeinschaft des Glaubens werden Jesu Geschichten und Geschichte weitererzählt und weitergeführt. Dabei bringen die Erzähler – weil Erzählung gar nicht anders möglich ist – ihre eigenen Erfahrungen, Perspektiven und Interessen, ihren je persönlichen, gesellschaftlichen und kulturellen Kontext in die Jesusgeschichten ein. Eine *christlich-kirchliche Erzähltradition* entsteht, wo sich Geschichten der Hoffnung und der Verzweiflung, der Umkehr und der Schuld, des Aufbruchs und der Bedrängnis, der Erneuerung und Erstarrung mit den Jesusgeschichten verflechten. Die sie erzählen, legen sie aus in ihre Situation hinein, kontextualisieren sie, biegen sie bisweilen bürgerlich zurecht, versuchen sie restauriert stillzuhalten, »ziehen ihnen den apokalyptischen Stachel«, sperren sie in ein leeres Ritual, andere entfachen ihr Feuer aufs neue, geben den Jesus-, Christen- und Kirchengeschichten ihr innovatorisches Potential zurück, entfalten aus ihnen eine neue, selbst- und wirklichkeitsverändernde Brisanz.[35]

Immer wieder vollzieht sich auch, was bereits am Anfang der Jesusgeschichten beobachtbar ist, daß sie zusammengezogen wurden auf *»Kurzformeln des Glaubens«*[36], in denen sich das »Wesentliche des Christentums«[37] verdichtet, auf *Dogmen und Bekenntnissätze*, die die vielfältigen Erfahrungen der Menschen mit Jesus Christus konzentriert und konsenshaft festhalten wollen. So sehr die Gemeinschaft der Glaubenden auf solche *Konsenstexte* angewiesen ist, so notwendig erscheint es, daß ihr Lebensvollzug nicht in der Rezitation solcher Texte erstarrt. Vielmehr muß ihr Bekenntnis, ihre *»Lehre« immer wieder neu in Geschichten hinein verflüssigt*, kontextuell und innovatorisch transformiert werden. In jeder Epoche muß versucht werden, die Überlieferung von neuem der Errstarrung in die Doktrin sowie der Anpassung an den »Zeitgeist« abzugewinnen[38] und sie auf die Lebensgeschichten der Menschen befreiend und kritisch zu öffnen, denn nur in der Verflechtung beider kommen die Geschichten von Jesus Christus, dem Lebenden, an ihr Ziel.

Diese *Ergänzungsfähigkeit und Ergänzungsbedürftigkeit der Jesusge-*

[34] *E. Arens*, »Wer kann die großen Taten des Herrn erzählen?«, 20. – Vgl. *I. U. Dalferth*, Religiöse Rede von Gott, 659. – Vgl. auch: *M. Buber*, Werke, Bd. III, Schriften zum Cassidismus, 71: »Wunder, das man erzählt, wird von neuem mächtig. Kraft, die einst wirkte, pflanzt im lebendigen Wort sich fort und wirkt noch nach Generationen.«

[35] *E. Arens*, »Wer kann die großen Taten des Herrn erzählen?«, 21.

[36] Vgl. *L. Karrer*, Der Glaube in Kurzformeln.

[37] *H. Wagenhammer*, Das Wesen des Christentums. – *Ders.*, Das Wesen des Christentums ist »synesthiein«. – Angeregt wurden die »Konzentrationsversuche« in der Glaubenssprache wesentlich durch das Ökumenismusdekret des Zweiten Vatikanischen Konzils, wo in Nr. 11 von einer »Hierarchie der Wahrheiten« die Rede ist.

[38] Vgl. *O. Fuchs*, Narrativität und Widerspenstigkeit, 98.

schichten mit den erlebten und erzählten Geschichten der Menschen ist fundamental für das Erzählen der Kirche. »Daß sich die Gläubigen ihre biographischen Lebens- und Glaubensgeschichten erzählen können und dürfen, erhebt nämlich die Narrativität bzw. ›Geschwisterlichkeit‹ zum ›Existential‹ der Kirche selbst.«[39] Damit ist gemeint, daß der Träger des Umgangs mit kirchlicher Überlieferung jeder Christ in seinen sozialen Beziehungen ist, der sich und seine Lebensgeschichte in Berührung und Verflechtung mit dem Evangelium bringt. Erzählende Kirche bedeutet nicht eine »hierarchische Einbahnstraße«[40], wo eine von oben nach unten verlaufende »Kanalisierung christlicher Überlieferung das Kirchenvolk entmündigt und zum Verstummen bringt, und daß sich hinter der dadurch entstehenden ›Schweigemauer‹ ein ›lautloser Abfall‹, ein stummes, auch zum Protest nicht mehr fähiges Wegwandern der breiten Bevölkerungsschichten aus dem kirchlich überlieferten Glauben vollzieht.«[41] Entscheidend für die Menschen ist, daß sie die Möglichkeit haben, ihre Lebensgeschichte und ihren Alltag in Berührung mit dem Evangelium zu bringen und daraus die Überlieferungsgehalte neu in eigener Sprache zu formen und »zurückzuerzählen«. Aufgabe der kirchlichen und theologischen Institution ist es, dem einzelnen Menschen dazu zu verhelfen, daß ihm im Anschauen seiner eigenen Lebensgeschichte der Gott Jesu, den er seinen »abba« nennt, als der tragende Grund seines je eigenen profanen Lebens aufgeht und in je eigener theologischer Sprache kommunizierbar wird.[42]

Zentraler Inhalt, auf den alle Glaubensgeschichten ausgerichtet sind und mit dem die je eigenen Lebensgeschichten erzählend verknüpft werden, ist der *gekreuzigte und auferstandene Jesus*. Ihn als das Messianische des eigenen und fremden Lebens sehen zu lernen, das ist Ziel der Erzähltradition der Kirche. Glaube, Zu-sich-selbst- und Über-sich-hinaus-Kommen ereignen sich dort, »wo der Mensch von dem Bewußtsein erfaßt und umgetrieben wird, daß sein Leben und Schicksal, das Leben und Schicksal seiner näheren und ferneren Umgebung von einer Macht umgriffen ist, die nicht in letzter Weise steuerbar und verfügbar ist, und wo der Mensch dann darüber hinaus diese unverfügbare Macht seines je eigenen Lebens und seiner je eigenen Welt (die ihm oft auch als Dunkelheit und abweisendes Geheimnis gegenübertritt) aufhorchend wiedererkennt in den Erzählungen der Israeliten vom Auszug aus der ägyptischen Sklaverei, in den Geschichten von Aufbruch und Führung der Stammväter Israels, in den Prophetenschicksalen und zuletzt und unüberbietbar im toddurchbrechenden Leben und Sterben des Jesus aus Nazaret. Wo der in diesen Geschichten aufdämmernde, zu den

[39] Ebd. 100f.
[40] *E. Biser*, Das Wort von oben.
[41] *G. Baudler*, Einführung in symbolisch-erzählende Theologie, 15f.
[42] Vgl. ebd. 18.

Menschen sprechende, von den Gestalten der Bibel als ›Jahwe‹ und ›Abba‹ identifizierte und angesprochene Lebensgrund in einer befreienden ›disclosure‹ als identisch mit dem eigenen Lebensgrund erkannt und anerkannt wird, ereignet sich jene Übergabe des eigenen Lebenssinns und der eigenen Lebensdynamik an den aus den alten Geschichten sprechenden und als gegenwärtig-lebendig erfahrenen Gott und Vater Jesu, die den Glaubensakt und zentralen Glaubensinhalt (fides qua und fides quae) ganzheitlich umschließt.«[43]

Damit ist ein wichtiges Kriterium gegeben, das *Georg Baudler* pointiert zum Ausdruck bringt: »Alle Geschichten, Sagen, Lieder, prophetischen Reden, Briefe, Gleichnisse, Wundererzählungen, alle Dogmen- und Glaubensaussagen, die Glaubensbekenntnisse der kirchlichen Jahrhunderte, die Verehrung Mariens und aller Heiligen sind nur soviel wert, als sie mithelfen, den gekreuzigten Jesus als den Messias des je eigenen Lebens sehen und aneignen zu lernen; wo sie eine andere Funktion erfüllen, ist der Einsatz dieser Überlieferungselemente in letztlich götzendienerischer Weise gegen das Fundament des christlichen Glaubens gerichtet.«[44] Bei allem Erzählen der überlieferten Glaubensgeschichten kommt es vielmehr darauf an, mit Paulus *»nichts anderes zu kennen als den Messias Jesus und diesen als Gekreuzigten«* (1 Kor 2,2). Darin liegt das entscheidende Lebenswissen des Glaubens von dem sich heilend und tröstend zusagenden Gott, der unseren Aporien und Krisen verläßliche Antwort zu geben vermag.

Das Lebenswissen »gekreuzigter Jesus als Messias« verlangt danach, »daß ich mich ihm primär nicht reflektierend und beobachtend nähere, sondern einfühlend, nachempfindend, meine Existenz und Lebensgeschichte einbringend und mit ihm verflechtend. Ich darf also, wenn ich mich um eine möglichst intensive theologische Erkenntnis im Raum des Fundaments der christlichen Überlieferung bemühe, mich nicht in ›Klausur‹ zurückziehen, mich nicht abschirmen von den Freuden, Nöten und Sorgen des alltäglichen Lebens, wie sie etwa durch meine Kinder und meinen Lebenspartner, aber auch durch die sonstige Umwelt und durch meine eigenen alltäglichen Freuden, Nöte, Bedürfnisse an mich herangetragen werden.«[45] Glauben und Fortschritt im Wissen um das eigene Leben erfolgen demnach in einem unablässigen Wechsel von erkennendem Sich-Einlassen auf die eigene Daseinssituation und dem Sich-Erkennen-lassen durch jenes Lebenswissen, deren Mitte der »gekreuzigte Jesus als Messias« ist. Eine solche enge, dialogische und kritische Korrelation von eigener Lebensgeschichte und dem in den erzählten Jesusgeschichten gegebenen Lebenswissen kann beim einzelnen um so besser gelingen, je mehr ihm Theologie und Verkündigung solche korrelativen Wege bahnen.

[43] Ebd. 43.
[44] Ebd. 22.
[45] Ebd. 25f.

(3) Symbolisch-narrative Theologie

In der Theologie ist das Anliegen einer ausdrücklichen Verflechtung von Glaubensgeschichten und lebensgeschichtlichen Erfahrungen in neuerer Zeit wieder deutlicher zum Bewußtsein gekommen.

1. Anstöße und Anliegen

Zu erwähnen ist in diesem Zusammenhang u. a. der Ansatz *Paul Tillichs*, der in der evangelischen Systematischen Theologie über den schon mehrfach erwähnten Begriff der *Korrelation* das gegenwärtige Leben der Menschen einerseits mit der an den Menschen ergehenden übernatürlichen Offenbarung andererseits zu vermitteln versucht.[46] Auf katholischer Seite hat insbesondere *Karl Rahner*[47] einer anthropologischen Wende in der Theologie Bahn gebrochen, indem er dem *Verhältnis von Natur und Gnade* in seinem Lebenswerk breiten Raum gibt und dabei die Theologie darauf hinweist, bei ihren Aussagen über Gott »die ›existentielle‹ Situation des Menschen nie (zu) vergessen«.[48] Er trifft sich hier wiederum in einem breiten Konsens mit evangelischen Theologen, unter denen vor allem die theologisch-anthropologischen Ansätze *Wolfhart Pannenbergs*[49] und *Jürgen Moltmanns*[50] breite Beachtung gefunden haben. *Rahners* Programm, Natur und Gnade in der Theologie gleich deutlich zur Sprache zu bringen, fand nicht nur in »theologischen Anthropologien«[51] ihren Niederschlag, sondern wurde auf dem *Zweiten Vatikanischen Konzil* in gewisser Weise zum kirchlichen und theologischen Konsens und Desiderat erklärt. Die Pastoralkonstitution »Gaudium et spes« erkennt unzweifelhaft die Wichtigkeit einer theologischen wie pastoralen Verflechtung der Fragen der Menschen mit dem Wort Gottes, wenn sie sagt: »Zur Erfüllung dieses ihres Auftrages obliegt der Kirche allzeit die Pflicht, nach den Zeichen der Zeit zu forschen und sie im Licht des Evangeliums zu deuten. So kann sie dann in einer jeweils einer Generation angemessenen Weise auf die bleibenden Fragen der Menschen nach dem Sinn des gegenwärtigen und zukünftigen Lebens und nach dem Verhältnis beider zueinander Antwort geben.«[52] Man spricht in der Theolo-

[46] Vgl. *P. Tillich*, Systematische Theologie, Bd. I, 73–86. – Vgl. *M. von Kriegstein*, Paul Tillichs Methode der Korrelation und Symbolbegriff. – *J. Mader*, Kirche innerhalb und außerhalb der Kirchen. – *H. Waldenfels*, Kontextuelle Fundamentaltheologie, 409f.

[47] Siehe v. a.: *Karl Rahner*, Theologische Anthropologie, 618–627. – *Ders.*, Grundkurs des Glaubens, 35–142. – *Ders.*, Schriften zur Theologie (Beiträge zu anthropologischen Themen finden sich in fast allen Bänden).

[48] *K. Rahner*, Theologische Anthropologie, 626.

[49] *W. Pannenberg*, Was ist der Mensch? – *Ders.*, Anthropologie in theologischer Perspektive.

[50] *J. Moltmann*, Der gekreuzigte Gott. – *Ders.*, Mensch. – *Ders.*, Wer ist der »Mensch«?

[51] In letzter Zeit hat eine beachtliche Theologische Anthropologie vorgelegt: *O. H. Pesch*, Freisein aus Gnade.

[52] Gaudium et spes, 4.

gie heute von »Glaube im Kontext«[53] und konzipiert etwa eine »kontextuelle Fundamentaltheologie«[54] – all dies, um Theologie und Kirche vor der Gefahr anthropologischer und existentieller Belanglosigkeit zu bewahren, in die sie sich begäben, wollten sie Glaubensreflexion abgehoben von den Erfahrungen der Menschen üben.

Programmatisch zugespitzt wird das Anliegen kontextueller Theologie von *Johann Baptist Metz*[55] und *Harald Weinrich*[56] in der Forderung nach einer *»narrativen Theologie«*. Sie bedenken und appellieren mit pastoraler Konsequenz, daß die Botschaft vom Gott der Liebe und Güte nicht als satzhafte Wahrheit gesprochen werden kann angesichts eines verkrüppelten Kindes oder eines wegen seiner Überzeugung zu Tode gefolterten Menschen, sondern nur im engen Konnex der je erfahrenen und erlittenen Lebensgeschichte mit den Geschichten um den am Kreuz hingerichteten Jesus, der als Heil für die Armen erfahren wurde. Nur so, wenn der Hörer mit seiner Geschichte in die Jesusgeschichte einsteigen und sich in sie hinein vertiefen kann, dringt die tröstende Botschaft zu ihm. Daß es gerade das *Erzählen* des Glaubens ist, das den Hörer in solcher Weise zu verstricken und an ihm bereits in die Tat umzusetzen vermag, wovon inhaltlich gehandelt wird, an diese einzig adäquate Form der Rede von der Gottesherrschaft wieder erinnert und die kerygmatische Grenze der bloßen Glaubensinformation damit aufgewiesen zu haben, ist das Verdienst der »narrativen Theologie«.

Das Programm einer narrativen Theologie ist dennoch nicht unumstritten. Man fragt, ob es nicht zu »akademisch« formuliert war[57], um praktische Konsequenzen freisetzen zu können. Denn auch gut 15 Jahre nach seiner Veröffentlichung sei es so gut wie folgenlos geblieben und habe »bisher nicht zu einer Erneuerung der kirchlichen Erzählkultur geführt«.[58] Kritiker fragen, ob es nicht einer »Ausschaltung des Denkens und Begründens aus religiösen Kommunikationszusammenhängen«[59] das Wort rede, wenn alles Theologisieren auf Narrationen reduziert werde. Denn Theologie sei ein »sehr nachträgliches Geschäft«[60], wo eben nicht das Erzählen, sondern die verstandesmäßige Durchdringung der Glaubensprozesse (fides qua) und -inhalte (fides quae) im Mittelpunkt stehe. Demgegenüber wird angeführt, daß »narrative Theologie« sich zunächst als *theologische »Theorie des Er-*

[53] *J. Werbick*, Glaube im Kontext.
[54] *H. Waldenfels*, Kontextuelle Fundamentaltheologie.
[55] *J. B. Metz*, Kleine Apologie des Erzählens.
[56] *H. Weinrich*, Narrative Theologie. – *Ders.*, Rechtfertigung durch Geschichten.
[57] *R. Zerfaß*, Erzählter Glaube – erzählende Kirche, 9.
[58] *G. Lange*, Erzählen, Bd. 1, 390. – Vgl. auch: *B. Wacker*, Narrative Theologie. – *Ders.*, Zehn Jahre »Narrative Theologie« – Versuch einer Bilanz. – *G. Stachel*, Narrative Theologie oder Theorie und Praxis des Erzählens.
[59] *J. Meyer zu Schlochtern*, Glaube – Sprache – Erfahrung, 188.
[60] *B. Wacker*, Zehn Jahre »Narrative Theologie« – Versuch einer Bilanz, 25.

zählens« begreife, die gleichwohl zu erzählender Glaubenspraxis anregen will[61], selbst aber nicht unbedingt im Modus der Erzählung zu sprechen habe.

Mit religionspädagogischen Akzenten versehen und um die Dimension *des Symbolischen* vertieft wird das Anliegen der narrativen Theologie in *Georg Baudlers »Symbolisch-narrativer Theologie«*[62]. Er buchstabiert in überzeugender Weise die zentralen Symbolkomplexe des Glaubens, in die hinein die Jesusgeschichten der Kirche verschmolzen wurden und zu denen sie »geronnen sind«, aus auf gesellschaftlich-politische Lebensstilisierung, auf Mann- und Frau-sein, Partnerschaft, Elternschaft, letzte Fragen um Krankheit und Tod. *Baudler* möchte die untersuchten Überlieferungs- und Symbolgeflechte auf ihre *»anthropologisch-therapeutische Funktion«* hin[63] öffnen; freilich wird dies mehr als Desiderat beschworen denn konkret im Dialog mit dem therapeutischen Handlungswissen etwa der Psychologie durchgeführt.

2. Tiefenpsychologische Schriftauslegung – ein Beispiel symbolisch-narrativer Theologie

Entschieden therapeutisch ist dagegen *Eugen Drewermann* mit seinem Konzept einer tiefenpsychologischen Schriftauslegung ausgerichtet.[64] Ohne hier auf die mittlerweile unüberschaubare Kontroverse[65] um sein Werk aus-

[61] Vgl. *E. Arens*, Narrative Theologie und theologische Theorie des Erzählens. – *Ders.*, »Wer kann die großen Taten des Herrn erzählen?«, 26.

[62] *G. Baudler*, Einführung in symbolisch-erzählende Theologie. – *Ders.*, Korrelationsdidaktik: Leben durch Glauben erschließen. – *Ders.*, Den Glauben erzählen.

[63] *G. Baudler*, Einführung in symbolisch-erzählende Theologie, 232–242.

[64] Vgl. u.a.: *E. Drewermann*, Strukturen des Bösen. – *Ders.*, Das Markusevangelium. – *Ders.*, »An ihren Früchten werdet ihr sie erkennen«. – *Ders.*, »Ich steige hinab in die Barke der Sonne«. – *Drewermanns* Versuch einer tiefenpsychologischen Schriftauslegung ist keineswegs der erste dieser Art. Ansätze einer tiefenpsychologischen und allgemein-psychologischen Exegese finden sich u.a. bei: *J. Goldbrunner*, Die Nachtmeerfahrt des Jona. – *M. Kassel*, Biblische Urbilder. – *Dies.*, Sei, der du werden sollst. – *Dies.*, Das Auge im Bauch. – *Dies.*, Der menschliche Weg Jesu. – *L. Krinetzki*, Die erotische Psychologie des Hohen Liedes. – *R. Riess*, Psychologische Erwägungen zur Perikope von der Versuchung Jesu. – *A. Schreiber*, Die Gemeinde in Korinth. – *Y. Spiegel*, Doppeldeutig. – *Ders.*, Psychoanalytische Interpretationen biblischer Texte. – *G. Theißen*, Psychologische Aspekte paulinischer Theologie. – *H. Wolff*, Jesus als Psychotherapeut. – *Ders.*, Jesus der Mann. – *G. Wehr*, Wege zu religiöser Erfahrung. – *F. Künkel*, Die Schöpfung geht weiter. – *H. Harsch*, Psychologische Interpretation biblischer Texte? – Vgl. zur Geschichte der psychologischen Bibelauslegung: *W. Rebell*, Psychologisches Grundwissen für Theologen, 224–230.

[65] Aus der Vielzahl der Stellungnahmen zu E. Drewermann seien stellvertretend genannt: *G. Lohfink/R. Pesch*, Tiefenpsychologie und keine Exegese. – *J. Blank*, Die Angst vor dem Sturz ins Bodenlose. – *J. Goldbrunner*, Archetypen und Exegese. – *H.-J. Venetz*, »Mit dem Traum, nicht mit dem Wort ist zu beginnen«. – *H. Wahl*, Pastoralpsychologie – Eine Grunddimension Praktischer Theologie. – *H. Stenger*, Die Wiederentdeckung der Bilder. – *A. Görres/W. Kasper*, Tiefenpsychologische Deutung des Glaubens? – *H. J. Lauter*, Theologische Anmerkungen zum Werk Eugen Drewermanns. – *A. A. Bucher*, Tiefenpsychologie und Exegese? – *H. Poensgen*, Die Befreiung einer verlorenen Beziehung, 88–105. – *I. Baumgartner*, Psychologie und Glaube, 367f.

führlicher eingehen zu können, ist in unserem Zusammenhang einer narrativen Theologie zu sehen, daß es ihm darum geht, die *Geschichten der Bibel wieder zum Sprechen zu bringen für die von vielfältigen seelischen Leiden und Ängsten geplagten Menschen heute.* Als hermeneutischer Schlüssel, der sowohl die existentiellen Ängste der Menschen als auch die mit dem Jesusereignis gegebenen Antworten darauf ans Licht zu heben vermag, dient ihm die *Tiefenpsychologie Freud*scher und *Jung*scher Prägung. Er hält sie für »das entscheidende Nadelöhr, um alles theologische Sprechen von Schuld und Erlösung anthropologisch richtig einzufädeln«.[66] Damit soll »die christliche Sündenlehre nicht in Neurosenlehre« aufgelöst werden, sondern Psychoanalyse diene dazu, um in allen möglichen Formen seelischer Erkrankung zu erkennen, »was theologisch mit einem Leben inmitten einer Welt radikaler Gnadenlosigkeit gemeint ist«.[67] *Drewermann* hält die therapeutischen Erfahrungen der Tiefenpsychologie »für das heute wichtigste Modell zum Verständnis von Erlösung im christlichen Sinne, nicht um die Theologie zu verabschieden, sondern um ihr allererst wieder eine Zuständigkeit in den Fragen zurückzugeben, die im Leben eines Menschen über Gelingen und Mißlingen des Lebens im ganzen zu entscheiden pflegen«.[68]

Damit macht er darauf aufmerksam, daß die Erfahrungen der Menschen einerseits und die darauf zu gebenden Antworten des Glaubens andererseits der Theologie vielfach nicht unmittelbar zugänglich sind, sondern daß diese näher an den Menschen und an das Heilswissen des Glaubens hingelangt, wenn sie sich der Deutungs- und Lesehilfe der Tiefenpsychologie bedient.

Diese Intention wird mit zuweilen vehementen *Attacken gegen die historisch-kritische Exegese* und ihre – in den Augen *Drewermann*s – aufklärerische und rationalistische Mitgift, die mit ihrem Objektivitätsideal der Naturwissenschaft die Theologie der Wirklichkeit des Menschen entfremde, in die Tat umgesetzt. Man dürfe seiner Meinung nach allerdings auch nicht die unzweifelhaften *Verdienste der historisch-kritischen Exegese* übersehen, »ihren Mut zur Freiheit und zur Wahrheit«[69], den sie der Bibelauslegung »gegenüber dem kirchlichen Dogmatismus zurückgab«[70], ihrem »Bestreben, den Texten der heiligen Schrift in ihrer geschichtlichen Eigenart, in ihrer jeweiligen Form und in ihrer spezifischen Intention, so gut es geht, gerecht zu werden«.[71] »Aber gerade wenn man die historisch-kritische Methode ohne falsche Kompromisse und halbherzige Arrangements betreibt, merkt man, daß man mit ihr den (christlichen) Glauben zerstört, wenn man bei ihr

[66] *E. Drewermann*, »An ihren Früchten werdet ihr sie erkennen«, 10f.
[67] Ebd. 11.
[68] Ebd. 11.
[69] Ebd. 21.
[70] Ebd. 19.
[71] Ebd. 16.

stehen bleibt«.[72] In diesem Sinn sei es zu verstehen, »daß ich die historisch-kritische Exegese auf Schritt und Tritt voraussetze (Tiefenpsychologie und Exegese, II 760) und dennoch diese Methode bekämpfe, um sie zu überwinden«.[73] Dialektisches Denken ihr gegenüber sei angezeigt.

Tiefenpsychologische Schriftauslegung, wie sie *Drewermann* praktiziert, setzt bei den *Bildern und Symbolen der Schrift* an, ihrer existentiellen Innen-, nicht ihrer historischen Außenseite. Über diesen Weg will er den biblischen Texten zu einem, vielfach verlorengegangenen, existentiellen Ernst für die Nöte der Menschen heute verhelfen. Die Leser und Hörer der biblischen Erzählung sollen *»Gleichzeitige«* mit ihr werden, denn nach *Drewermann* antworten die bildhaften Texte der Schrift – als »Bilder der Erlösung« müsse man die Wunderberichte ebenso lesen wie die Legenden, Visionen, Gleichnisse oder geschichtlichen Berichte – auf tiefenseelische Urfragen und Urerfahrungen damals wie heute. Wenn man mit symbolischen Augen die Bibel lese, entdecke man darüber hinaus, daß sie vieles mit dem *menschheitlichen Lebenswissen*, wie es in Sagen und Mythen der außerjüdisch-christlichen Religionen aufbewahrt werde, gemeinsam habe.

Mit Hilfe der tiefenpsychologisch orientierten Exegese – ihre Regeln werden in Anlehnung an die *tiefenpsychologische Traumdeutung* entwickelt – kann *Drewermann* etwa den Auszug Israels aus Ägypten als Bild für den inneren Weg des Menschen begreifen, der beschritten werden müsse, um in das »gelobte Land«, d. h. zu sich selbst und in das Haus der Gnade Gottes zu kommen.[74]

In ähnlicher Weise, auf das seelische Erleben heutiger, vielfach seelisch leidender Menschen bezogen, interpretiert er die *Heilungswunder Jesu*. Sie erscheinen ihm als Befreiungsgeschichten, wo erzählt ist, wie Menschen mit ihrer seelischen Problematik auf Gott hin offen werden und sich von ihm durch Jesus ansprechen lassen. »Jesus wollte, daß Menschen, die nie eine Chance hatten, die nicht lesen und nicht schreiben konnten und die das Gesetz nicht kannten, von Gott in einer Sprache reden hörten, die ihre eigene ist. In einfachen Bildern, die nichts weiter lehrten als ein Stück Barmherzigkeit und Liebe.«[75] »Einem jeden Menschen wollte Jesus sagen: ›Was in dir lebt, ist gut. Gott, der dich gewollt und ins Dasein setzte, wußte, warum er dich gerade so geformt hat‹.«[76]

Drewermann hält mit seiner tiefenpsychologischen Schriftauslegung der historisch-kritischen Exegese, der Theologie, der Verkündigung und Pastoral insgesamt vor, daß sie weithin seelen- und gefühllos für die wirklichen Fragen der Menschen geworden seien und Gott nur noch in toten Begriffen,

[72] Ebd. 21.
[73] Ebd. 21.
[74] *E. Drewermann*, Tiefenpsychologie und Exegese, Bd. 1, 484–502.
[75] *E. Drewermann*, Wort des Heils, Wort der Heilung, 168.
[76] *E. Drewermann*, Übungen der Gnade, zit. nach: *A. Heller*, Wenn die Angst vergeht..., 17.

»in der Sprache Kanaans«[77], verwalteten. Solch massiver Vorwurf forderte die *Kritik* heraus. Sie erfolgte von Seiten verschiedenster Disziplinen: vor allem von Dogmatik, Moraltheologie, Pastoraltheologie und Pastoralpsychologie.

Die *Fachvertreter der historisch-kritischen Exegese* – auf ihre Einwürfe sei kurz eingegangen – halten ihm vor, daß er den »historischen Kern der Botschaft zertrümmere«[78], indem er »Gott ohne die geschichtliche biblische Offenbarung in den Archetypen der Seele wirksam (vgl. II, 762)«[79] erkläre. An die Stelle der geschichtlich in Jesus Christus ergangenen Heilsbotschaft träten bei *Drewermann* vorgegebene, in der Regel verschüttete Bilder der Erlösung in der Seele jedes einzelnen. Damit würde »der Gott der biblischen Offenbarung seiner Einzigartigkeit und Besonderheit beraubt und aus der Welt und ihrer Geschichte in das Innere der Seele verwiesen«.[80] Die Heilsgeschichte, die im historischen Jesus und seiner Auferstehung ihre Mitte habe, bleibe für *Drewermann* außer Sichtweite, belanglos und überflüssig, weil sich Gott dann allen Menschen in allen Religionen – »ubiquitär« – gleichermaßen enthüllt hätte, nämlich in den von ihm der Seele eingesenkten Archetypen.[81] Wer die Voraussetzung der geschichtlichen Erlösungstat Jesu Christi leugne, wie man es meint, bei *Drewermann* annehmen zu dürfen, »wer das geschichtliche Geschehen in Symbole auflöst oder darin nur eine mythische Wahrheit erblickt«[82], treffe den christlichen Glauben in seiner Herzmitte. Er setze sich dem Verdacht aus, »die Theologie zugunsten einer vagen Religiosität«[83] zu verabschieden, »die sich mit der Tiefenpsychologie zu einer modernen Gnosis verbündet«[84], zu einer Art »Universalreligion auf archetypischer Grundlage«[85], wie sie jener »seltsamen Literatur... von der Esoterik bis zur Lebenshilfe«[86] entspreche. So bestätige die tiefenpsychologische Schriftauslegung *Eugen Drewermann*s nur, was man in seinen übrigen Werken, etwa in »Psychoanalyse und Moraltheologie« immer wieder antreffe: Er betreibe »die *Inthronisation der Tiefenpsychologie als eine Metatheorie des Christentums und der Religion schlechthin*«.[87]

In seiner Antwort auf die Einsprüche der Kritiker weist *Eugen Drewermann* ganz entschieden den Vorwurf zurück, er ließe Zweifel aufkommen

77 *E. Drewermann*, »An ihren Früchten werdet ihr sie erkennen«, 24.
78 *J. Blank*, Die Angst vor dem Sturz ins Bodenlose.
79 *R. Schnackenburg*, Exegese und Tiefenpsychologie, 39.
80 Ebd. 39.
81 Ebd. 40.
82 Ebd. 40.
83 *G. Lohfink/R. Pesch*, Tiefenpsychologie und keine Exegese, 101.
84 Ebd. 101.
85 Ebd. 102.
86 Ebd. 7.
87 *D. Funke*, Ewige Urbilder?, 124.

daran, daß Jesus Christus als die Mitte des geschichtlich sich ereignenden Erlösungshandelns Gottes gesehen werden muß: »Eben deshalb ist mir die Person Jesu Christi absolut zentral, weil er der einzige ist, der durch die Angst von Gethsemane unsere Angst auf Gott hin geöffnet hat. Gerade weil ich die Angst als die eigentliche Kraft der Entfremdung des Menschen von Gott, von sich selbst und von der Welt, die uns umgibt, betrachte, zeige ich in all meinen Schriften, daß es für uns Menschen einer absoluten Person bedarf, um uns aus dem Kerker unserer selbst im Ghetto der Angst herauszuführen.«[88] Deshalb erscheine ihm »alles, inklusive des ›Skandalons des Kreuzes‹ notwendig und unerläßlich, was die Bibel von Christus berichtet«.[89]

Er denke, deutlicher könne man nicht mehr sagen, wie absolut zentral ihm gerade das *historische* Geschehen um Jesus Christus ist. Was er in Frage stelle, sei nicht die Geschichtlichkeit der Offenbarung, sondern die *historisch-kritische Methode* zur Auslegung der Geschichte von Jesus Christus. Seine Kritiker verwechselten bei ihren Angriffen die historische Methode der Erforschung von Geschichte mit der Geschichte selbst.

Weil es nicht möglich sei, den Inhalt der Offenbarung Gottes »objektiv«, auf der Ebene der Fakten zu finden, bediene er sich, im Gegensatz zur historischen Methode, *»symbolischer Erzählweisen«*.[90] Damit setze er auf der Ebene des Subjekts an, indem er nach der *Bedeutung* der Offenbarungsfakten für den Menschen frage. Wo es um die absolut existentielle Bedeutung von Fakten für den Menschen gehe, dürfe man sich nicht mit bloßer historischer Information – wie sie historisch-kritische Exegese hauptsächlich erbringe – begnügen.

Im Rahmen seiner »symbolischen Erzählweisen« spiele das *Archetypische* eine große Rolle, um die Wirklichkeit des Menschen und des Religiösen zu erreichen. Wer argumentiere, weil *Drewermann* dem Archetypischen einen hohen Rang für das Verstehen des Religiösen einräume, darum verleugne er die Geschichte, habe wenig verstanden vom Anliegen tiefenpsychologischer Schriftauslegung. Mit demselben Recht könne man sagen: »Künstlerisch, also verlogen, oder: geträumt, also nicht wirklich, oder: ein Sinnbild, also nicht sinnvoll.«[91] Bei aller gefährlichen Ambivalenz der archetypischen Bilder des kollektiven Unbewußten dürfe man sie nicht als »heidnisch« verteufeln. »Wieso sind die archetypischen Bilder der menschlichen Seele nicht Offenbarungen Gottes, nur weil sie vor Jahrmillionen schon in unsere Seele gesenkt wurden, als eben erst unser Geist zu erwachen begann? Und wieso sind sie nicht in sich selber ›christliche‹, sondern ›nur‹

[88] *E. Drewermann*, »An ihren Früchten werdet ihr sie erkennen«, 60.
[89] Ebd. 60f.
[90] Ebd. 99.
[91] Ebd. 106.

›heidnische‹ Symbole, wenn doch einzig diese archetypischen Bilder unserer Psyche uns zumindest eine Ahnung davon zu vermitteln vermögen, wer Jesus Christus wirklich ist?«[92]

Gerade die Selbstbegegnung auf der Ebene der Archetypen gebe das geschichtliche Christusereignis in seiner absolut zentralen Bedeutung für den Menschen zu erkennen. Die *Urbilder der Seele* müßten als das adäquate Sensorium, als die Kategorien der Psyche gesehen werden, mit denen sich überhaupt erst begreifen lasse, was es für einen selbst, für die Menschheit und für die Schöpfung bedeute, daß Gott Mensch geworden ist. Wenn die archetypischen Ausdruckssymbole sich in den Religionen der Menschheit ähneln, dann tue dies ihrer christlichen Erfahrungskraft keinen Abbruch, vielmehr sei gerade das als ein sicheres Indiz für die Menschlichkeit des Christentums zu sehen.[93]

Da das »Erkennen« des Christusereignisses sich auf der Ebene der Archetypen, also im Zentrum der Person ereigne, sei Glaube gar nicht anders denkbar denn als »Akt, in welchem man sich selbst annimmt als einen, der von Gott angenommen ist«[94]. *Selbstannahme bzw. Selbstfindung und Glaube* müßten folglich ineins miteinander gesehen werden. Wer von den Archetypen her, und damit auch von den seelischen Abgründen, von den Leiden und Ängsten der Menschen her auf den historischen Jesus blicke, der entdecke ihn »wohl kaum als Gegenstand eines theologischen Bekenntnisses zu dem im ›Kairos‹ erschienenen eschatologischen, messianischen Heilbringer...«[95], wie es *Drewermann* bei *Pesch* und *Lohfink* liest, »aber er wird Jesus von Nazareth möglicherweise als den Grund und den Anfang eines neuen Seins erfahren; er wird ›gleichzeitig‹ nicht mit der bekennenden Urgemeinde, wohl aber mit Jesus selber, in dem er augenblicklich mit seiner Existenz in dieselben Spannungen, Ärgernisse, Anfeindungen und Verfolgungen eintritt, der die wahre Gemeinde Christi immer wieder ihre eigene Entstehung verdankt«[96].

Die Diskussion, die *Eugen Drewermann* ausgelöst hat, rührt an das heute verbreitete Selbstverständnis der Exegese und darüber hinaus der Theologie insgesamt. Es geht nicht nur um eine »neue Verhältnisbestimmung von Bild und Wort, Religion und Offenbarung, religiöser Individuation und Glaubensgemeinschaft. Drewermanns Anliegen ist es, die allzu lange fatal vernachlässigten Pole wieder zur Geltung zu bringen: die Ebene des Bild- und Symbolhaften, des Mythischen, des religiösen Erlebens jedes einzelnen. Darin will er die für viele verschüttete Wahrheit der biblischen Bot-

[92] Ebd. 106.
[93] Vgl. ebd. 78–118.
[94] Ebd. 66.
[95] Ebd. 69.
[96] Ebd. 69.

schaft in ihrer Lebensbedeutung wieder erschließen.«[97] *Drewermann*s Impuls, so muß man mit dem Beirat der Konferenz der deutschsprachigen Pastoraltheologen, der in solcher Weise mit einer »Stellungnahme« an die Öffentlichkeit getreten ist, schlußfolgern, *»ist also pastoral und praktisch-therapeutisch«*.[98]

Das pastoralpraktische Anliegen wird von *Drewermann*, darin liegt sein innovatorischer Anspruch, nicht nur an die Praktische Theologie herangetragen, sondern an alle theologischen Fächer, zuallererst und mit Vehemenz an die Exegese. Zur Einlösung seines Programms, daß *Schriftauslegung Lebenshilfe aus dem Glauben sein soll*[99], genügt es seinem Verständnis nach nicht, biblische Geschichten historisch zu erschließen und sie dann in einen nicht mehr weiter ausbuchstabierten Zusammenhang mit den Lebenserfahrungen der Menschen heute abzugeben, eins dem anderen hinzuhalten, in der Hoffnung, es möge sich daraus schon eine lebensförderliche Konsequenz ergeben. *Drewermann* geht einen Schritt weiter. Er meint, man könne die aporetischen Geschichten der Menschen und die ihnen korrespondierenden heilenden Antwortgeschichten der Bibel erst in ihrer Tragweite begreifen und zu einem die ganze Person betreffenden Austausch führen, wenn man sich der Psychologie bediene, um in die Tiefen des Menschlichen hinabzusteigen. Ohne dieses Fahrzeug, dem man sich mit gebotener Vorsicht, in kritischem Zutrauen, anvertrauen soll, könne man heute nicht an jenes Ufer gelangen, wo der Mensch mit seinen Nöten und Sehnsüchten daheim ist. Alles theologische Reden und Erzählen bliebe belanglos und in den Wind gesprochen, wenn es nicht die Psychologie als Vehikel benutzte, um an den eigentlichen Kern des Menschseins, seine abgrundtiefe Angst und seine unheilbare Gottesbedürftigkeit heranzukommen. Gerade das symbolisch sehende Auge der Tiefenpsychologie könne die Exegese und die Theologie insgesamt lehren, was und wie von Gott und vom Menschen erzählt werden muß, damit einer in der Begegnung mit den Gottesgeschichten Gott, sich selbst und dabei der Wahrheit seines Lebens auf die Spur kommt.

3. Perspektiven für eine symbolisch-narrative Schriftauslegung tiefenpsychologischer Prägung

Inwieweit dieses pastorale Desiderat berechtigterweise an *gegenwärtige Exegese* – man würde sie verkennen, wollte man ihr ein ausschließlich historisches Interesse unterstellen und die pastorale Intention absprechen – herangetragen werden darf und ein Defizit einmahnt, muß zuerst von den Fach-

[97] *Beirat der Konferenz der deutschsprachigen Pastoraltheologen*, Mit *Drewermann* im Gespräch bleiben, 262.
[98] Ebd. 262.
[99] Vgl. ebd. 11.

vertretern der Exegese selbstkritisch beantwortet werden. Es ist nicht Sache fachfremder Disziplinen, wie etwa der Pastoralpsychologie, darüber zu befinden. Es wäre um der Sache des Gesprächs zwischen Theologie und Psychologie jedoch zu wünschen, die Kontrahenten könnten wechselseitig die berechtigten Anliegen der historisch-kritischen wie tiefenpsychologischen Schriftauslegung gelten lassen. *Josef Kardinal Ratzinger* hat hierfür eine Brücke gebaut, wenn er, angesprochen auf *Eugen Drewermann*, erklärt: »Psychoanalyse in Theologie und Schriftauslegung zu integrieren, ist in sich etwas Sinnvolles. Und ich glaube, daß Drewermann diesen Erfolg nicht hätte, wenn nicht der Exegese etwas fehlen würde. Sie ist vielleicht zu sehr in der Distanz des Historischen verblieben, und am Schluß fragt sich der Mensch, was hat das mit mir zu tun? Also, die Menschenkenntnis, die die Psychoanalyse hat, mit ins Spiel bringen, ist in sich etwas Gutes. Die Methode würde sich aber übernehmen, wenn sie darauf zielt, die in der Schrift berichteten Realitäten in Symbole des allgemein Menschlichen zurücksinken zu lassen. Dann würde der Gegenstand umgewandelt. Alles hängt also daran, die Methode nur als solche zur Wirkung zu bringen und dabei den Respekt vor dem Gegenstand nicht zu verlieren.«[100]

Ratzinger[101] macht in anderem Zusammenhang auf ein wichtiges Kriterium aufmerksam, das er explizit nur mit Blick auf die historisch-kritische Exegese entfaltet, das man jedoch analog auch auf die tiefenpsychologische Schriftauslegung übertragen könnte. Er empfiehlt der Exegese die *Selbstkritik ihrer philosophischen Implikationen*. Bei der historisch-kritischen Exegese bestünden sie in ihrem *der Naturwissenschaft angehörenden Wissenschaftsideal*, das an den Text den Anspruch einer ähnlichen Exaktheit und Gewißheit wie die Naturwissenschaft an ihre Objekte stelle. Diese unausgesprochene Voraussetzung, letztlich zurückgehend auf die Philosophie *Kants*, zwinge zur Reduktion des Religiösen »aufs Positive, aufs Empirische«.[102] Demgegenüber darf jedoch der Exeget »dem Menschen nicht die Fähigkeit absprechen, über die Kategorien der reinen Vernunft hinaus hörfähig zu sein, sich selbst in die offene und unendliche Wahrheit des Seins hinein zu übersteigen«[103], »weil Gott... in ihn hineindringen« kann[104]. Für die tiefenpsychologische Schriftauslegung bedeutet diese Aufforderung zur Selbstkritik sowohl die Absage an ihre, von den Anfängen der Psychoanalyse herrührenden *naturwissenschaftlichen Bindungen*, daneben jedoch die kritische Aufmerksamkeit gegenüber dem Ideal der Selbst- und Gotteserkenntnis durch *Erkenntnis einzig und allein des je eigenen Unbewußten*[105],

[100] Interview mit der Zeitung »Die Welt« vom 1. Juni 1988, 7
[101] Vgl. *J. Ratzinger*, Schriftauslegung im Widerstreit.
[102] Ebd. 33.
[103] Ebd. 36.
[104] Ebd. 37.
[105] Kritisch zu sichten wäre in diesem Zusammenhang auch das Menschenbild der *Jung*schen Psycholo-

wie gegenüber der Einengung des religiösen Erkennens auf den *therapeutischen Dialog*.[106] Vor allem aber ginge es hier, wie wir ausführlich erörterten, um eine kritische Auseinandersetzung mit jenen philosophischen Voraussetzungen der Psychoanalyse, die in das *tragische Menschenbild der Antike* hineinreichen.

Bei solcher Selbstkritik der je impliziten Voraussetzungen, wie *Ratzinger* sie vorschlägt, käme man zu einer Selbstvergewisserung der Exegese, bei der die Relativität des gewählten Standortes in Anbetracht der gesamten Tradition der Schriftauslegung aufginge. Festen Boden gewinnt man, und dies ruft *Ratzinger* als entscheidendes Kriterium in Erinnerung, wenn man die Texte »von der Ganzheit der geschichtlichen Bewegung und von der Ereignismitte Christus her« sieht.[107] Exegese »muß anerkennen, daß der Glaube der Kirche jene Art von Sympathie ist, ohne die sich der Text nicht öffnet. Sie muß diesen Glauben als Hermeneutik, als Ort des Verstehens anerkennen, der die Bibel nicht dogmatisch vergewaltigt, sondern die einzige Möglichkeit bietet, sie selber sein zu lassen«.[108] *Der Glaube der Kirche*, wie er sich in der gesamten Tradition ausgezeitigt hat, gibt demnach der Exegese den passenden Schlüssel in die Hand. Die Frage nach der historischen Bedeutung der Texte, ihrem »Sitz im Leben damals«, würde damit nicht überflüssig, auch nicht die Notwendigkeit, ihre gegenwärtige, »synchrone« Relevanz für das Leben heute aufzuzeigen. Dies alles bleibt jedoch auf jene *»diachrone« Zusammenschau* verwiesen, wie Menschen über die Zeit der Kirche hinweg einen Text als Frohbotschaft von Jesus Christus gelesen und erfahren haben. Verdichtet anzutreffen ist dieser Erfahrungsschatz im Glauben der Kirche.

Mit der »Communio« der Glaubenden, in synchroner und diachroner Gestalt, ist sowohl der historisch-kritischen Exegese als auch der tiefenpsychologischen Schriftauslegung ein Ort der Hermeneutik aufgezeigt, den beide noch deutlicher einnehmen könnten. Festzuhalten wäre dabei aller-

gie, auf das sich *Drewermann* vor allem mit dem Begriff des Archetypus bezieht. Auch müßte man anfragen, ob die Angst wirklich als das einzige Agens der Gottesbedürftigkeit und damit der Religion gesehen werden kann, wie *Drewermann* herausstellt. Wäre die »religiöse Motivation« nicht ebenso plausibel und noch viel überzeugender von dem positiven Existential der Begnadetheit und Gottebenbildlichkeit her zu denken, von daher, daß alles Menschliche immer auch schon verborgen die Handschrift Gottes trägt? *Drewermanns* Menschenbild muß sich eine gewisse negative Einseitigkeit vorhalten lassen. Vgl. *H. Poensgen*, Die Befreiung einer verlorenen Beziehung, 100.

106 Allerdings bleibt *Drewermann* mit Blick auf den therapeutischen Dialog und die heilend-helfende Kommunikation eigentümlich inkonsequent. Einerseits fordert er von Theologie und Pastoral solche Vorgänge als Orte der Heilung wie der Glaubenserkenntnis. Andererseits bleiben bei seinen Auslegungen Interaktionen weitgehend ausgespart. Er beschränkt sich auf »Subjektstufendeutung«, d. h. in den Texten erzählte Interaktionen werden vorzüglich als Bewegungen verschiedener subjektiver Anteile der Person gedeutet. Zudem verzichtet er darauf, Erfahrungen zu reflektieren, die Gruppen machen, wenn sie sich »interaktiv« und »kommunikativ« auf Texte einlassen. Vgl. z. B.: *W. Wink*, Bibelauslegung als Interaktion. – *M. Kassel*, Sei, der du werden sollst.

107 *J. Ratzinger*, Schriftauslegung im Widerstreit, 40.

108 Ebd. 43f.

dings, daß Exegese nicht in dogmatische Abhängigkeit gebracht werden darf. Ebensowenig wird mit dem Kriterium der »Communio« einer Neuauflage des nur historischen Interesses bei der Schriftauslegung, diesmal mit kirchen- und dogmengeschichtlichem Inhalt, das Wort geredet. Diese diachrone Communio bewahrt jedoch davor, sich nur der Synchronizität auszuliefern und dabei jene orientierende Kraft für das Heute zu vergessen, die von den Glaubensgeschichten der Christen früher herkommt und im Glaubenskonsens der Kirche verdichtet ist.

Für ein weiteres Kriterium, das sowohl historisch-kritischer Exegese wie tiefenpsychologischer Schriftauslegung aufgegeben ist, legt *Ratzinger* eine Spur, wenn er sagt: »Jede Auslegung verlangt ein ›Inter‹, ein Hineintreten und Dazwischensein, ein Mitsein des Interpreten. Die reine Objektivität ist eine absurde Abstraktion. Nicht der Unbeteiligte erfährt, sondern Beteiligung ist die Voraussetzung für Erkenntnis.«[109] *Hineintreten und Mitsein* mit einer biblisch-erzählten Geschichte heißt aber, sich als Person mit seiner eigenen Geschichte und Antwortbedürftigkeit in den Text hineinbegeben. Der glaubens- und lebensrelevanten Schriftauslegung würde dann auf keinen Fall eine distanzierende Trennung von Subjekt und biblischem Text gerecht, wo die subjektive Betroffenheit und Erfahrungswelt des Auslegers und die seiner Leser nicht mehr zur Sprache gebracht ist. Dies wäre an die historisch-kritische Exegese kritisch heranzutragen. Ebensowenig wird das verstehende Mit-sein mit dem Text durch eine »verschmelzende Vermischung« von Subjekt und Text geleistet, wo die begegnenden Inhalte nicht mehr in ihrem »Gegenüber-Sein« und der darin liegenden prophetischen Provokation gehört werden können. Das bildet die Gefahr tiefenpsychologischer Schriftauslegung.

Schließlich ist auf ein drittes Kriterium aufmerksam zu machen, das in historisch-kritischer wie tiefenpsychologischer Schriftauslegung zu bedenken wäre. Es betrifft beider *Theorie-Praxis-Verständnis* und damit die implizite Auffassung von Theologie. Unbeschadet der pastoralen Intention, die sowohl *Drewermann* als auch Exponenten der historisch-kritischen Exegese wie *Pesch* und *Lohfink* leitet, lassen sie einen Theologiebegriff erkennen, der die exegetischen Erkenntnisse zur Anwendung in der Praxis an die Fächer der Praktischen Theologie weiterreicht.[110] Demgegenüber könnte sich die Theologie als Ganzes und auch eine Teildisziplin wie die Exegese als *»praktische Wissenschaft«* (*Rahner*) oder als *»lebenspraktische Glaubensweisheit«* (*Fürst*)[111] begreifen, die die jeweilige Praxis selbst als unverzichtbaren Kontext des biblischen Textes bereits zu ihrem Reflexionsgegenstand erklärt und sich somit aus dem Elfenbeinturm der reinen Theorie herausbe-

[109] Ebd. 23.
[110] Vgl. *H. Wahl*, Pastoralpsychologie – Eine Grunddimension Praktischer Theologie.
[111] *W. Fürst*, Praktisch-theologische Urteilskraft.

gibt. Dies hätte beispielsweise zur Konsequenz, daß etwa *Pesch/Lohfink* zumindest paradigmatisch aufzeigen, wie eine »integrierte Gemeindepraxis« biblische Texte ins Heute auszeitigt und wie umgekehrt diese Praxis in den Texten immer wieder ein kritisches Korrektiv der eigenen Praxis findet. Analog wäre von *Drewermann* zu wünschen, er würde in dem von ihm anvisierten Praxisfeld des seelsorglich-therapeutischen Gesprächs noch deutlicher zeigen, wie von konkreten Begegnungssituationen her sich die Texte erschließen und wie diese tiefenpsychologischen Schrifterkenntnisse sich in konkreter seelsorglicher Gesprächspraxis bewähren. Nur auf diese Weise, indem Exegese wie Theologie insgesamt sich als »praktische Wissenschaft« begreifen, ließe sich ihre vielfach beklagte existentielle Belanglosigkeit für die wirklichen Fragen der Menschen beheben.

Damit sind wir wieder beim *zentralen Anliegen narrativer Theologie* angekommen. Es geht um die Frage, wie die Geschichten der Menschen mit den Geschichten der Bibel so in Kontakt kommen können, daß dabei die erzählte befreiend-heilende Praxis Gottes selbst Gestalt gewinnt. Menschen sollen ihre Geschichte(n) erzählen und sie dabei zugleich als Geschichte des treuen Gottes mit ihnen lesen können. Auch wenn die Vollgestalt der »Gottesherrschaft« in ihrem Leben und wie es sich als Glaubensgeschichte kundgibt, noch aussteht und ausstehen darf, sollten sie aus den Spuren Gottes in ihrer Geschichte soviel Vertrauen und Zuversicht schöpfen können, daß sie zu glauben vermögen, Auferstehung habe bereits hier und jetzt bei ihnen ihren Anfang genommen.

4. Kriterien und Wege symbolisch-narrativer Praktischer Theologie

Fassen wir noch einmal thesenartig wichtige *Kriterien narrativer Theologie*, wie sie sich in unserer fragmentarischen Durchsicht zu erkennen gab, zusammen, um Markierungen für die praktische Verwirklichung des Anliegens zu gewinnen.

(1) *Seelsorge, Gemeinde und Kirche* sind als Orte zu sehen, wo die Geschichten der Menschen und die Antwortgeschichten des Glaubens so in Korrelation und Austausch kommen, daß dabei die erzählte befreiend-heilende Praxis Gottes selbst Gestalt gewinnt.

(2) Im Zentrum der erzählten Glaubensgeschichten hat die *Geschichte von Jesus Christus* als dem heilenden Messias für jedes Menschen Geschichte zu stehen. Auf solche Weise will Erzählung des Glaubens zu Christus- und Gottesbegegnung einladen, will Raum geben für die Erfahrung jedes Menschenlebens, daß »ein Abgrund den anderen ruft« (Ps 42,8), der Abgrund der göttlichen Güte den Abgrund der menschlichen Endlichkeit.

(3) Da die erzählte Lebensgeschichte in vielfältiger Weise in den je persönlichen Erfahrungsschichten des Unbewußten und Emotionalen wurzelt, kann bei der Vermittlung von erfahrener und vergegenwärtigter Lebensge-

schichte mit den heilenden Antwortgeschichten des Glaubens die *Tiefenpsychologie* wertvolle Lese- und Übersetzungshilfen geben.

(4) In welcher Weise die Glaubensgeschichten auf Erfahrungen der Menschen damals wie heute antworten wollen, wird offenkundig, wenn durch historisch-theologischen Rückblick der *»Sitz im Leben«* und der historische Kontext einer biblischen Geschichte ans Licht gehoben sind.

(5) Die *Communio der Glaubenden* in ihrer synchronen wie diachronen Erstreckung bildet einen wichtigen hermeneutischen Schlüssel, um die im Leben vieler bewährte heilende Kraft einer biblischen Geschichte oder einer theologisch verdichteten Glaubenswahrheit zu treffen.

(6) Kirchliches Erzählen der Glaubensgeschichten ist wesentlich darauf angewiesen, daß der *Erzähler seine Verflochtenheit in diese Geschichte* mitteilt und damit den Standpunkt aufgibt, als stünde er als Subjekt dem Objekt »Text« gegenüber. Wo Theologie sich selbst als erzählend definiert, wird sie die je subjektive Betroffenheit des Erzählers und stellvertretend die der Hörer in ihren Geschichten zur Sprache bringen. Solche narrative Theologie ist zugleich als *Praktische Theologie* zu charakterisieren, weil sie Texte der Bibel immer nur im Zusammenhang ihres Kontextes der je gegenwärtigen Glaubenspraxis zur Sprache gebracht sehen möchte.

(7) Insgesamt kann »narrative Theologie« als ein Plädoyer dafür gesehen werden, die *»narrative Tiefenstruktur des Glaubens«*[112], die ihm viel mehr eignet als die logisch-diskursive Zugänglichkeit, wieder wahrzunehmen. Weil in der Mitte des Glaubens nicht ein Wort oder eine Schrift, sondern eine Person steht, die vom Gottesatem so durchweht ist, daß sie als Sohn Gottes erkannt wird, kann dieser Glaube immer nur weitergegeben werden, indem etwas von dem lebendigen menschlichen Gottesatem überspringt. Dies dürfte vorzüglich dort geschehen, wo der Mensch sich mit seiner ganzen Person und Geschichte in jenen einfühlenden und heilenden Dialog mit sich und anderen begibt, der mit »Erzählen« gemeint ist. »Will das Denken Gott denken, muß es sich im Erzählen versuchen.«[113]

Solch erzählende Praxis, die dann von einer »narrativen Theologie« reflektierend eingeholt werden könnte, ist die jeweils neu zu realisierende Aufgabe der Pastoral. Ein gutes Stück vorangekommen auf diesem Weg ist der von *Paul M. Zulehner*, *Josef Fischer* und *Max Huber* geschriebene »Grundkurs gemeindlichen Glaubens«.[114] Auch wenn die Phase des Erzählens der eigenen Lebensgeschichte[115] und das daran anschließende Finden eines »biblischen Ausdrucks« für die eigene Geschichte noch vertieft wer-

[112] Vgl. *J. B. Metz*, Glaube in Geschichte und Gesellschaft, 187. – *E. Arens*, »Wer kann die großen Taten des Herrn erzählen?«, 24.

[113] *E. Jüngel*, Gott als Geheimnis der Welt, 414.

[114] *P. M. Zulehner/J. Fischer/M. Huber*, »Sie werden mein Volk sein«. – Vgl. auch *J. Fischer*, Von der Chance, Bruder unter Brüdern und Schwestern zu werden.

[115] Vgl. *P. M. Zulehner/J. Fischer/M. Huber*, »Sie werden mein Volk sein«, 86ff.

den könnten durch das »Fahrzeug« der Psychologie und Psychotherapie, liegt hier doch ein ermutigendes Beispiel einer erzählenden Glaubenspraxis vor. Besonders hervorzuheben ist hierbei die Intention, daß das Volk seinen ursprünglichen Platz in der Kirche, seine undelegierbare Berufung aufspüren und entwickeln kann, das zu allererst um der Menschen selbst willen, aber auch um der Kirche willen, die den Traum von Gott, der mit unseren Geschichten lebt, glaubwürdig weitersagen will.

5
HEILENDE KRAFT DER GOTTES-GESCHICHTEN

Um heilende Kraft entfalten zu können, müssen die Gottesgeschichten so begegnen, daß sich mit ihnen die Aporien und Gekränktheiten des erlebten Lebens verknüpfen lassen. Dann passiert es, daß die befreiend-heilende Botschaft, die Jesus Christus ist, überspringt auf das je Erlebte und Erlittene; dann wird das Gefängnis der Krankheit und Krise gesprengt, weil aufgeht, Gott selbst hat sich mit unserem Kreuz identifiziert. Es gilt, was *Eugen Rosenstock-Huessy* sagt: »Der halbe Satz, die erste Hälfte des Satzes – das ist Jesus; die andere Hälfte ist der Gläubige. Erst beide zusammen bezeugen Jesus Christus. Denn nun ist er wahrhaftig auferstanden, weil du seinen Satz zu Ende sprichst.«[116] Dies bedeutet im Hinblick auf die Verkündigungspraxis: Die Gottesgeschichten erschließen sich immer nur im Kontext mit den Geschichten des Lebens.

Im Kern enthält die erste Hälfte des Satzes, die Gott spricht, eine Botschaft der Heilung, der Freude, des Lachens; sie ist *Frohbotschaft*. Wer sich in sie verstricken läßt, dem gehen die ungeahnten Möglichkeiten Gottes mit ihm auf, an die zu glauben auch in Ausweglosigkeit und Angst möglich erscheint. Hoffnung wächst. Er sieht sich eingeladen, das, was er vor Gott sein könnte und was davon bislang ungelebt blieb, zu ergreifen. Er beginnt glaubend Gott zu antworten.

Im wesentlichen lassen sich folglich zwei einander ergänzende Heilfaktoren unterscheiden, die in den erzählten Gottesgeschichten wirksam werden können und die den Begleitungsprozeß über den diakonisch-therapeutischen Dialog hinausführen:

(1) die absolute, weil von Gott herkommende *Erlaubnis zum endlich-unvollkommenen Menschsein*;

[116] *E. Rosenstock-Huessy*, Die Sprache des Menschengeschlechts, 416f., zit. nach: *R. Zerfaß*, Grundkurs Predigt 1, 84.

(2) die *Provokation zum wahren Menschsein*, die einlädt, die ungeahnten Möglichkeiten Gottes in einem selbst zu ergreifen.

(1) Erlaubnis zum Menschsein

Mit der visionären Sehkraft des religiösen und kulturellen Diagnostikers hat *Romano Guardini*[117] das Hauptproblem des modernen Menschen in das Programmwort von der *»Annahme seiner selbst«* gefaßt. Es ist hier nicht die Aufgabe, die Zeichen der Zeit im einzelnen zu deuten, die zu einer solchen Verdichtung auf die Not der Selbstannahme berechtigen. Eines ist unübersehbar: Gerade der Siegeszug der Psychotherapie, Symptom und Errungenschaft des modernen Menschen zugleich, zeigt, daß ihn nichts so stark bewegt wie die Frage: Darf ich der sein, der ich bin? Darf ich mich gern haben trotz meiner unverleugbaren Schattenseiten?

Die Urfrage, ob man berechtigt und erwünscht ist, bringt das Kind bereits mit auf die Welt, trägt sie an die Eltern heran und schüttelt sie das ganze Leben hindurch nicht mehr vollständig ab. Vor allem wenn diese Frage am Anfang von Vater und Mutter nicht möglichst positiv beantwortet wird, zieht sie das Leben des Erwachsenen in ihren Sog. Alles dreht sich dann nur noch darum, die nie gespürte Berechtigung zum Mensch-sein-dürfen sich selbst zu erarbeiten und zu erkaufen. Unverkennbarer Ausdruck dieses jämmerlichen Selbsterlösungsversuches sind in den Augen der Tiefenpsychologie neurotische Krankheitsformen, soziale Abweichungen, Projektionen, Verhaltens- und Beziehungsstörungen. Es liegt in der tragischen Natur dieses Urwunsches nach Berechtigung und Sein-dürfen vor jeder Vorleistung, daß man ohne seine leidliche Erfüllung nicht in Frieden mit sich und anderen leben, jedoch seine Erfüllung nicht selbst herbeizwingen kann. Sie wird einem von anderen, letztlich vom ganz anderen, der Gott ist, geschenkt.

Es wäre folglich Aufgabe der Christen, so mit den Menschen zusammenzusein, daß diese unbedingte Erlaubnis zum Sein-dürfen, wie sie von Gott herkommt, durchscheint und bei den Mitmenschen Raum gewinnen kann. Wenn heutzutage nicht wenige Menschen der Kirche den Rücken kehren und auf der anderen Seite sich in den Beratungsstellen der Psychotherapie lange Warteschlangen bilden, dann muß man das als eine beunruhigende Anfrage sehen, ob in Kirche und Gemeinden diese absolute Zustimmung Gottes, als endliche Menschen absolut berechtigt und erwünscht zu sein, genügend hörbar einander mitgeteilt wird. Die Christen haben sich selbstkritisch zu fragen, ob sie diese Erlaubnis, wie Gott sie gibt, in einer Weise

[117] *R. Guardini*, Annahme seiner selbst. – Vgl. dazu auch: *E. Biser*, Die glaubensgeschichtliche Wende, 113.

bekunden, daß einer das Gefühl haben darf, in seinem individuellen Sosein, mit Grenzen und Fehlern, angenommen zu sein – ohne Vorleistungen und Vorbedingungen, einfach deshalb, weil er Kind ein und desselben Vaters ist.

Die *Jesusgeschichten* sprechen von solcher Erlaubnis zum endlichen Menschsein, wie Gott sie gibt, klar und ohne Einschränkung:

– Wer schuldig wird, wie etwa die Ehebrecherin, darf nicht verurteilt werden; er hat sein Recht auf göttliches Ansehen nicht verwirkt (Joh 8,1–11).

– Niemand ist so unrein oder abscheulich, daß man ihn exkommunizieren oder zu den Unberührbaren bei den Gräbern draußen abschieben darf (Mk 1,40–45; Lk 8,26–39).

– Den kleinen Leuten, die nichts vorzuweisen haben und es zu nichts gebracht haben, denen gehört das Reich Gottes (Lk 6,20–26).

– Vor Gott zählt einer nicht wegen seiner religiösen Leistungen. Wer folglich das zwanghafte Gesetzesdenken zur Grundlage seiner Gläubigkeit machte, hätte nichts begriffen vom liebenden Vatergott. Bei ihm darf man sich wie der Zöllner zu seinem Mensch-sein und Versagen bekennen, ohne fürchten zu müssen, seine Liebe zu verlieren (Lk 18,9–14).

– Wer beim Ausgreifen auf das Leben scheitert, wie der verlorene Sohn, darf mit den offenen Armen des Vaters rechnen (Lk 15,11–32).

Diese Praxis der Barmherzigkeit, die Gebeugte aufrichtet, für den Sünder unverkürztes Daseinsrecht behauptet und keinen Unterschied macht zwischen groß und klein, gerecht und ungerecht, ist der provozierende Auftrag an die Christen, die Jesus nachfolgen. »Lernt, was es heißt: Barmherzigkeit will ich und nicht Opfer. Der Menschensohn ist nicht gekommen zu richten, sondern zu retten, was verloren ist« (Mt 9,13). In den Jesusgeschichten, die Christen einander erzählen, mehr noch, wie sie sie zu leben versuchen, müßte also etwas von der unbeirrbaren *Barmherzigkeit Gottes* aufleuchten.

Ihre »kommunikativen Handlungen«, zu denen das Verkündigen der Frohbotschaft zählt, dürfte nicht noch so heimlich mit einer Drohbotschaft sympathisieren, wo dann *an die erste Stelle des Sein-dürfens das Sein-und Tun-müssen* rückt. Maßstab ist die Botschaft Jesu. Sie geht von einer unzweifelhaften »Hierarchie der Wahrheiten« aus. Ihr erster Satz lautet: Gott stimmt dem Mensch-sein in Endlichkeit und Unvollkommenheit ohne Vorbedingung und Einschränkung zu. Die Frage, was muß ich tun? ist demgegenüber eine nachgeordnete Angelegenheit.[118] Nimmt christlicher Glaube diese *Hierarchie der Wahrheiten* ernst, dann wird offenkundig, daß sein Wesen nicht das Müssen und Sollen bilden, sondern das Dürfen: *Der Mensch darf Mensch sein im Angesicht Gottes*.

Nicht wenige Christen in den Gemeinden tun sich mit dieser Hierarchie

[118] Vgl. *E. Drewermann*, »An ihren Früchten werdet ihr sie erkennen«, 108f.

der Glaubenswahrheiten schwer. Jesu radikale Vergebungsbereitschaft, die den Unterschied zwischen Gerechten und Ungerechten ignoriert, empfinden sie als Zumutung; so könne es wohl nicht gemeint sein. Sie beginnen gekränkt zu fragen: »Wozu strenge ich mich ein Leben lang an, nach den Geboten zu leben und nicht zu sündigen, wenn mir dies alles bei Gott nichts einbringen sollte und er sowieso erlaubt, zu leben, wie man will?«

Ohne ihr Bemühen abzuwerten, ist jedoch zu bedenken, ob Menschen, die der Illusion anhängen, bei entsprechender Willensanstrengung sündelos leben zu können, nicht Opfer eines fragwürdigen Glaubens- und Moralverständnisses geworden sind, das man ihnen anerzogen hat. Nach *Erich Neumann*[119], einem Tiefenpsychologen der *Jung*schen Schule, haben diese Menschen das zweifelhafte Bild des *moralischen und religiösen Helden* als Ideal vor Augen, als könne der Mensch sich von sich aus zur Vollkommenheit und damit zu einer gott- oder engelgleichen Perfektion aufschwingen. Dieses Ideal gaukelt dem Menschen vor, er könne irgendwann vom Bösen völlig frei werden.[120] Damit wiegt er sich jedoch in einer gefährlichen Illusion, die bei ihm selbst und bei seinen Mitmenschen erheblichen Schaden anrichten kann. Es ist die Illusion, mehr als ein Mensch sein zu können.

Weil er beständig erfährt, daß auch bei noch so großer Anstrengung das Böse und Unvollkommene bei ihm selbst nicht auszurotten ist, bleibt ihm nichts anderes übrig, als starke *Schuldgefühle* zu empfinden, weil er hinter dem Gesollten so weit zurückbleibt. Gleichzeitig wird das Bestreben beherrschend, alles Negative der eigenen Person nicht zur Kenntnis zu nehmen, um die Kränkung, unvollkommen zu sein, nicht spüren zu müssen. Die Lebensausrichtung gewinnt Raum, *sein zu wollen wie Gott*.

Besonders verhängnisvoll wirkt sich nach Auffassung der *Jung*schen Schule solche Süchtigkeit nach dem nur guten Selbstbild auf das mitmenschliche Zusammenleben aus. Die nicht angenommene *Schattenseite der eigenen Person wird projiziert* auf andere.[121] Dort an den anderen kann man dann das Böse ohne Gefahr für sich selbst bekämpfen und liquidieren. Die Beseitigung des Splitters im Auge des Bruders wird zur kläglichen Lebensaufgabe, weil sich damit am Balken im eigenen Auge vorbeisehen läßt. *Sündenböcke* werden gebraucht, um sich des eigenen Wertes und der moralischen Überlegenheit vergewissern zu können. Was jedoch – in schlimmen Fällen, von denen die Geschichte voll ist, bis aufs Blut – verfolgt wird, ist das auf den anderen projezierte Böse, Minderwertige und Schwache der Verfolger selbst. Die Schattenprojektion erwächst demnach aus der Illusion von einem nur guten Selbstbild, das genährt wird durch einseitiges moralisch-

[119] *E. Neumann*, Tiefenpsychologie und neue Ethik. – Vgl. zum Folgenden auch: *M. Kassel*, Biblische Urbilder, 135ff.
[120] *M. Kassel*, Biblische Urbilder, 142.
[121] Ebd. 139–141.

religiöses Perfektionsstreben. Ihre fatale Auswirkung liegt darin, daß im Mitmenschen das eigene Böse bekämpft werden muß, weil es in der eigenen Person nicht als menschliche Realität anerkannt werden durfte.

Als Lösungsweg schlägt die Tiefenpsychologie, im Einklang mit dem Lebenswissen einer Vielzahl von Märchen, Mythen, Legenden und Sagen vor, *den projezierten Schatten zurückzuholen* und all das absolut Unerträgliche am anderen als sein Eigenes zu begreifen. Dies bedeutet: »sich selbst akzeptieren als einen versagenden, vielleicht kleinlichen, gar nicht imponierenden, sondern oft recht kläglichen Menschen. Den Schatten zu integrieren heißt deshalb auch, das Leiden am eigenen Unvermögen und der eigenen Enge auszuhalten und davor nicht die Flucht zu ergreifen.«[122]

An die Stelle des Vollkommenheitsideals im Sinn heldenhaften Perfektionsstrebens müßte nach Auffassung der *Jung*schen Psychologie gewissermaßen anthropologisch richtig das *Ideal von der Vollständigkeit der Person* treten, wo einer mit der weniger großartigen Seite seiner selbst zu leben lernt, wachsam gewiß, aber doch mit ihr rechnend. Er hätte die Illusion aufzugeben, ein durchweg hervorragender Mensch zu sein oder eines Tages werden zu können. Eine solche Illusion läßt ihn an der Realität seiner selbst scheitern und zerstört Beziehungen, wie die Projektion des Schattens verdeutlicht.

Bei aller Differenz, die zwischen dem Menschenbild der *Jung*schen Psychologie und dem des christlichen Glaubens besteht, scheint doch die Aufforderung zur *Integration des Schattens* christlichen Lebensweisungen erstaunlich zu korrespondieren. Selbstwerdung unter den Augen Gottes stünde demnach für denjenigen, der der geheimen Illusion anhängt, durch moralische Anstrengung werden zu können wie Gott, noch weithin aus. Er hätte die Bekehrung vom Pharisäer zum Zöllner noch vor sich. Er hätte erst noch zu erlernen, daß Jesu Weisung, vollkommen zu sein wie der Vater im Himmel, gerade darin ihre Sinnspitze findet, eigener wie fremder Unvollkommenheit vorbehaltlos zuzustimmen. Es käme gerade im Nachleben der Vollkommenheit des Vaters darauf an, sich selbst und den anderen barmherzig, in wahrer »Feindesliebe«, anzunehmen und sich vom Minderwertigen, Unansehnlichen, Häßlichen, Unfertigen und Schwachen im Menschen nicht abhalten zu lassen, *»vollkommen« im Vergeben zu werden.*

Daß dies alles andere als ein bequemer Weg ist, zeigt die Erfahrung von Psychotherapie und Seelsorge. Nichts scheint so mühsam und so schwer zu ertragen, als sich selbst zuzumuten, in manchem wenig großartig zu sein und damit rechnen zu müssen, daß das eigene Böse durchbrechen könnte. Bekehrung hieße folglich, Gott zuzutrauen, *daß er bei all unserer Unvollkommenheit ungeahnte Möglichkeiten* sieht, uns in sein Herz zu schließen. Diese Wahrheit unseres Lebens zu ergreifen und Gott von hier aus zu antworten,

[122] Ebd. 114.

ist Lebensaufgabe der Christen. Sie können sich dann mit dem Wissen, in Gott den absolut treuen Partner zu wissen, ohne Angst und Abwehr ihren Schattenseiten zuwenden, ihnen wachsam gegenüber sein, an ihnen arbeiten und das nicht Veränderbare daran der heilenden Kraft Gottes überlassen.

(2) Provokation zum wahren Leben

Eine Geschichte wie die von der Ehebrecherin (Joh 8,1–11) spricht nicht nur von dem unverbrauchbaren Ansehen, das wir bei Gott haben, das auch nicht durch unser Versagen aufgezehrt wird, sondern sie ruft auf, sich der barmherzigen, aller menschlichen Gerechtigkeitslogik widersprechenden Praxis Gottes anzuschließen. Jesus lädt ein, *die Schattenprojektion, die Richtermentalität und den Vollkommenheitsfanatismus, wie er es an den Schriftgelehrten und Pharisäern beobachtet, hinter sich zu lassen*. Ihr Vergehen besteht darin, daß sie an der schuldig gewordenen Frau unter der Maske der religiösen Frömmigkeit und der Staatsraison ihre eigenen Abgründe des Bösen ausleben und sich dabei noch in gottgefälliger Unschuld wähnen. Jesus tritt mit Entschiedenheit gegen eine solche unselige Allianz auf, wo institutionalisiertes Gesetz sich mit der Herzenshärte der Gesetzeshüter verbindet. Seine Konfrontation zielt auf die Überwindung der Heuchelei, die nicht mehr anerkennt, daß jeder mehr oder weniger schuldig ist vor Gott (Lk 7,41).

Die Jesusgeschichten, wie die von der Ehebrecherin, enthalten neben der Erlaubnis zum unvollkommenen Menschsein eine *kritische Provokation*, das gelebte Leben und, worauf es gründet, zu überprüfen und sich zu dem zu bekehren, was Gott von uns denkt. Gerade darin liegt heilende Kraft, daß sie herausfordern, sich den dumpf geahnten Verkehrtheiten des eigenen Lebens zu stellen und den Exodus aus dem Gefängnis der Selbstverkrümmung und der Illusion zu wagen. Von ihnen geht der prophetische Anruf aus, sich der Praxis der Liebe Gottes anzuschließen und dies als die von Gott geschenkte Möglichkeit mit einem selbst zum Wachsen zu bringen.

Damit zeichnen die Gottesgeschichten der Bibel eine *Vision vom guten Leben*, die den Rahmen des bisher Gewohnten sprengt. Sie votieren für eine Utopie und zukünftige Wirklichkeit, für das, was einer sein könnte. Zugleich fordern sie heraus, sich selbst zu überschreiten und auf Gott hin exzentrisch zu werden. Hoffnung keimt, über sich hinauskommen zu können.

6
PRAKTISCHE WEGE, HEILEND VON GOTT ZU ERZÄHLEN

Biblische Geschichten lassen sich im Rahmen der seelsorglichen Beratung in *vielfältiger Funktion* einsetzen, wie *Dietrich Stollberg*[123] berichtet: um Distanz zum Problem zu gewinnen, Alternativen zu bekommen, in schöpferische Bahnen zu gelangen, das erlebte Schicksal zu relativieren, seine Geschichte zu präzisieren, zu deuten, Brücken zu abgespaltenen Persönlichkeitsbereichen zu bauen, zu lachen, nachzudenken oder vom Grübeln wegzukommen. All dies sollte jedoch nicht über die Tatsache hinwegsehen lassen, daß mit den biblischen Geschichten eine Dimension in den Beratungs- und Psychotherapieprozeß ausdrücklich eingeführt wird, die Seelsorger und Berater in eine *neue Ordnung* stellt. Es wird mit den Geschichten gesagt: *Der eigentliche Therapeut unserer Ausweglosigkeiten und Gekränktheiten ist Gott selbst.* Seelsorger und Ratsuchender stellen ihr Bemühen in den Raum Gottes, entlassen und entlasten sich davon, alles an Heilung aus sich heraus zuwege bringen zu müssen. Mit den Gottesgeschichten leuchtet eine völlig neue Vision vom eigenen Leben auf, jene disclosure-Erfahrung wird möglich, daß auf dem Weg durch die Wüste Gott selbst an der Seite geht. Solche unverzichtbare heilende Wahrheit kann im Erzählen biblischer Geschichten – aber nicht nur hierbei – zum Vorschein kommen.

Die folgenden praktischen *Wegweisungen zum Erzählen von Gottesgeschichten* verstehen sich nicht als Rezepte, wie man das macht. Sie sollen vielmehr anregen, einen eigenen Stil des biblischen Erzählens und Verflechtens mit Lebensgeschichten zu entwickeln und zu erkunden.

(1) Wegweisungen

(1) Von Gott ist bereits in den Geschichten, die Menschen erzählen, implizit die Rede. Es kommt darauf an, die Gebete aus den Geschichten herauszuhören.[124]

(2) Wenn ich als Seelsorger in der seelsorglichen Begleitung von Gott spreche, dann nicht deshalb, weil ich mir selbst damit eine fromme Pflicht erfüllen will, sondern weil ich spüre, im anderen will etwas in dieser Weise zur Sprache gebracht werden.

(3) Gottesgeschichten kann ich nur dann wahr erzählen, wenn sie von mir sprechen und mir selbst etwas zu sagen haben.

[123] *D. Stollberg*, Das Veilchen, 337f.
[124] Vgl. *E. Wiesel*, Macht Gebete aus meinen Geschichten.

(4) Der Hörer der Gottesgeschichte soll spüren können: Hier wird meine Geschichte erzählt, es geht um mich!

(5) Mehr als durch Bibelworte erzählt der Seelsorger dem anderen durch Zuwendung, Zeit-haben und Sich-einlassen von der Erlaubnis zum Menschsein, die von Gott herkommt.

(6) »Halte dem anderen die Wahrheit wie einen Mantel hin, daß er hineinschlüpfen kann, und schlag sie ihm nicht wie einen nassen Lappen um die Ohren!« (Max Frisch)[125]

(7) Wer erzählt, sollte das »Weiße zwischen den Worten« nicht durch die »Moral von der Geschicht« auffüllen, denn damit würde er gerade den Freiheitsraum, daß man sich aus der Geschichte nehmen darf, was man brauchen kann, zuschütten.[126]

(8) Aus den erzählten Geschichten der Menschen und den damit verflochtenen Gottesgeschichten dürfen offene Gebete werden, weil alles Erzählen letztlich auf den fiktiven anderen, der Gott ist, zielt.[127]

(9) »Wer von Gott redet, kann seine Rede immer nur abbrechen. Denn von Gott ist niemals ausgeredet. Wer's dennoch tut oder versucht, gebe acht, daß er den Menschen Gott nicht ausredet!«[128]

(2) Statt einer Zusammenfassung: Gottesgeschichten

(1) Er hörte, wie seine Kinder sich unterhielten. »Weißt du, wie ich mir den lieben Gott vorstelle?« sagte eins zum anderen. »Ich stelle ihn mir vor wie den Papa oder wie den Bruder vom Papa!«

(2) »Morgen ist Christi Himmelfahrt!« sagt er zu ihr, und denkt dabei ans Einkaufen, weil doch am Feiertag die Geschäfte geschlossen sind. Der kleine Sohn hört es und fragt: »Gehen wir da hin?«

(3) »Oder würden Sie eine solche Geschichte erzählen, von einer türkischen Frau, die zwei Kinder hatte, als sie nach Deutschland kam, ihrem Mann nachgezogen, da hatte ihr Mann auch noch eins (ihn hatte eine deutsche

125 *M. Frisch*, zit. nach: *B. Sill*, »Sinn für die mögliche Wirklichkeit« (R. Musil), 157.

126 Vgl. *B. Sill*, »Sinn für die mögliche Wirklichkeit«, 157. – *R. Zerfaß* (Hrsg.), Erzählter Glaube – erzählende Kirche, 7: »Wie er Chassid wurde. Rabbi Mendel erzählte: Chassid bin ich geworden, weil es in meiner Heimat einen alten Mann gab, der hat Geschichten von den Zaddikim erzählt. Er hat erzählt, was er wußte, und ich habe gehört, was ich brauchte.« – Vgl. auch *W. Benjamin*: »Es ist schon die halbe Kunst des Erzählens, eine Geschichte, indem man sie wiedergibt, von Erklärungen freizuhalten«, zit. nach: *G. Lange*, Erzählen, 391.

127 Vgl. *E. Wiesel*, Macht Gebete aus meinen Geschichten.

128 *H. Zahrnt*, Westlich von Eden, 238.

Frau ein bißchen hereingelegt, und nun mußte er die Alimente zahlen, monatlich), sie ging putzen, und er hatte es ein bißchen mit der Lunge, sie bekam noch ein Kind, und sie hatte es mit den Nieren und konnte die Pille nicht vertragen, und eines Tages war sie schwanger, ihr Mann tobte – was soll man da machen –, es ist ihr alles so schwer auf's Gewissen gefallen, aber es ging nicht, sie hat die Schwangerschaft abgebrochen. – Was soll man da sagen? Was das ist, ist ja klar. Das haben die obersten Heeresleitungen ja verlautbart. Und wer etwas anderes sagt, mit dem reden wir erst gar nicht. Die Kirche ist doch kein Parlament. – »Da brachten die Schriftgelehrten und Pharisäer eine Frau und stellten sie in ihre Mitte und sagten: ›Meister, diese Frau ist auf frischer Tat...‹, das kennen wir, da verschwinden sie alle am Schluß. Aber erzählen Sie das einmal in diesem Fall. Da können Sie lange im Sand schreiben, da verschwindet keiner, weil man das, sagen sie, nämlich nicht vergleichen kann, während man es, ich meine das, was jene türkische Frau getan hat, mit Auschwitz und Treblinka wohl vergleichen kann, nicht wahr – so geht es leicht mit den Fällen und Gleichnissen.«[129]

(4) »In jenen Tagen versammelte Jesus von Nazaret Zöllner und Sünder um sich und erzählte ihnen eine Geschichte. Er sprach: Es lebte einst ein Mann, der hatte hundert Schafe. Eines Tages ging ein Schaf verloren. Da ließ er die Herde im Stich und machte sich auf die Suche nach dem verlorenen Schaf. Nach langer Mühe fand er es, und voll Freude trug er es auf der Schulter der Herde zurück.

Unter den Zuhörern befand sich aber eine junge Frau, die einen Beutel mit Münzen bei sich trug. Während Jesus seine Geschichte erzählte, fiel der Frau eine Münze aus dem Beutel und rollte ein Stück weit davon. Da sprang die Frau auf und lief hinter der Münze her, bis sie das Geldstück eingefangen hatte. Die anderen Zuhörer blickten tadelnd auf und sprachen zu Jesus: Herr, sage dieser Frau, sie solle uns nicht im Zuhören stören. Jesus lächelte und erzählte ihnen eine weitere Geschichte. Er sprach: Es lebte vor Jahren eine Frau, die besaß zehn Drachmen. Eines Tages ging ihr eine Drachme verloren. Da durchforschte sie das ganze Haus und leuchtete jeden Winkel ab, bis sie die verlorene Münze schließlich wiederfand. Und freudig rief sie die Freundinnen und Nachbarinnen zusammen und erzählte ihnen von der glücklich wiedergefundenen Drachme.«[130]

(5) Aus dem Abschiedsbrief eines Pfarrers an seine Gemeinde: »Nun ist es Zeit zu danken, daß ich bei Ihnen so lange Zeit (fast 17 Jahre) daheim sein durfte und daß Sie meine für manche sicher zu eifrige und aufdringliche Weise ertragen, ja mich mit Herzlichkeit verwöhnt haben. Kein Haus, keine Wohnungstür hat mir je den Eintritt verweigert. Und die durch irgendwel-

[129] *A. Stock*, Bilder – Geschichten – Bilder, 177.
[130] Ebd. 171.

che, mir verborgene, Umstände der Kirche und dem Sonntag Fernen waren nicht selten besonders liebenswürdig und zuvorkommend. Ich habe viel bei Ihnen gelernt, vor allem, nicht voreilig zu urteilen über sogenannte Kirchenferne. Viel Schönes könnte ich davon erzählen – was aber zwischen mir und Ihnen bleiben soll. Verzeihen Sie, wenn ich die letzten Jahre nicht mehr gesund genug war, Straße für Straße und Haus für Haus Sie zu begrüßen oder in der Gemeinschaft junger Gruppen zu weilen, wie ich es früher so gerne tat. Ich danke besonders denen, die mit mir zusammen – ihre Charismen (= von Gott geschenkte Gaben) gebrauchend – unseren Gottesdienst für die große Sonntagsgemeinde kostbar zu gestalten sich mühten oder durch ihren Dienst den Schwestern und Brüdern bis zum letzten Kranken die Botschaft vom gütigen Gott und vom erlösenden Jesus ins Haus brachten. Bei unserem Abschiedsessen neulich haben wir uns noch einmal gegenseitig angeschaut. Es waren hundert Helfer durch lange Jahre. Ich nenne niemand mit Namen. Einige werde ich freilich besonders ins Gebet einschließen müssen, in der Pfarrei wie im Dekanat. Sie wissen das selbst am besten. Es war für mich eine schöne Zeit in Ihrer Mitte. Gott vergelte Ihnen, was Sie über die Last des eigenen Lebens und der Familie und des Berufes hinaus mit mir in der Kirche Jesu zur Ehre Gottes und für die Menschen sich gemüht haben! In meinem Brevier liegt ein Verzeichnis Ihrer Namen. Ich möchte sie täglich im Gebet Gott vor Augen halten. Und, bitte, stehen Sie meinem Nachfolger treu zur Seite!

›Und laßt Euch die Fröhlichkeit nicht nehmen, weil Ihr Christus Jesus gehört!‹ (1 Thess 5,60)

Nehmen Sie jeden guten Tag dieser schönen Welt dankbar als Geschenk Gottes entgegen! Danken Sie Gott besonders für die Menschen, die er Ihnen zur Seite gegeben hat, damit Sie Ihr Leben bestehen können! Seien Sie nicht furchtsam ob vergangener Schuld Ihres Lebens! Wer seine Schuld erkennt und bekennt, ist frei in Jesus, der ›den Schuldschein, der gegen uns sprach, durchgestrichen und getilgt hat, indem er ihn an sein Kreuz geheftet hat‹ (Kol 2,14). Blicken Sie frei und frohgemut voraus! Fürchten Sie nicht den Tod – dahinter steht ›das Haus des Vaters‹ (Joh 14,2) – sichere Verheißung unseres Herrn Jesus in der Nacht beim Abschied – und die große Spielwiese Gottes, wo wir bei Gott, Jesus und Maria all die geliebten Menschen treffen werden, die uns im Tod vorausgegangen sind. Darum soll auch nicht das Leid und nicht der Tod liebster Menschen uns den Glauben und das Hoffen rauben können ...«

(6) Am Ende die Rechnung

Einmal wird uns gewiß
die Rechnung präsentiert
für den Sonnenschein
und das Rauschen der Blätter,

Einmal wird es Zeit,
daß wir aufbrechen und
bezahlen;
bitte die Rechnung

die sanften Maiglöckchen
und die dunklen Tannen,
für den Schnee und den Wind,
den Vogelflug und das Gras
und die Schmetterlinge,
für die Luft, die wir
geatmet haben, und den
Blick auf die Sterne
und für all die Tage,
die Abende und die Nächte.

Doch wir haben sie
ohne den Wirt gemacht:
Ich habe euch eingeladen,
sagt der und lacht,
soweit die Erde reicht:
Es war mir ein Vergnügen! [131]

[131] *L. Zenetti*, zit. nach: *R. Zerfaß*, Die Verantwortung der Kirche für den Einzelnen, 201.

TEIL VII
»DAS BROT BRECHEN...« – DIE HEILENDE KRAFT DER SYMBOLE DES GLAUBENS

Die Emmausgeschichte vertritt unverkennbar die Auffassung, daß das Heilwerden seine Zuspitzung erfährt, als der Herr mit den beiden Jüngern bei Tisch ist, das Brot nimmt, den Lobpreis spricht, das Brot bricht und es ihnen gibt (Lk 24,30). Jetzt gehen ihnen die Augen auf, und sie vermögen den Herrn zu sehen – wie damals, als er mit ihnen Mahl hielt. Die Blindheit ihres Herzens und alle Traurigkeit sind wie weggeblasen, weil sie das ganz und gar Unglaubliche erfahren: Er lebt und ist mit ihnen über den Grabenbruch des Todes hinweg zusammen. Ihr ganzes künftiges Leben, zum Anfang des Weges nach Emmaus nur noch als trostloses Dahin-Vegetieren vorstellbar, liegt mit einem Mal vor ihnen als das große Mahl, wo Er mitten unter ihnen ist, und Gaben Gottes sind da in Hülle und Fülle, vom Herrn selbst gesegnet und ausgeteilt.

All dies geschieht in der Liturgiegemeinschaft mit dem Auferstandenen. Sie wird freilich erst dadurch zum Ort der Vision und Wandlung, weil die Jünger mit Hilfe ihres Begleiters nichts ausgelassen haben auf dem Weg bis hierher: nicht den Weg zum Grab, nicht das Stehenbleiben bei dem, was traurig macht, nicht die Klärung ihres Lebens angesichts des am Galgen endenden Messias. Nun erst, nach diesem ihnen alles abverlangenden Anstieg kann es in der Liturgie aus ihnen heraus und über sie hereinbrechen, was sie seit seinem Hinzukommen und Mitgehen ganz unwirklich spürten, aber nicht zu hoffen wagten: Das Leben mit ihm geht weiter! Sie selbst sind damit vom Tod zum Leben übergegangen.

Wie solches unverfügbares Wunder der Auferstehung und Heilung in der Liturgie heute geschehen könnte, davon handeln die folgenden Gedanken. Es kommt uns dabei nicht darauf an, die vielfältigen Ausdrucksformen, Entwicklungslinien und Beweggründe der Liturgie, wie sie in der Theologie, insbesondere in der Liturgiewissenschaft[1], bedacht werden, auszubreiten. Auch nicht die lebenskritische Funktion und die Problematik religiöser Feier in einem säkularisierten gesellschaftlichen Kontext[2] sind unser vorrangiges Thema. Vielmehr möchten wir aus pastoralpsychologischer Perspektive das Emmaus-Mahl nach-denken: Wie können Eucharistie, Sakramente und christliche Symbolhandlungen jene heilende Kraft entfalten, die Sehen und »Aufbrechen« läßt? *Worin liegt das Heilende der religiösen Symbole*?

Es scheint, daß mit dem Schlüsselwort »Heilen« an die Symbole der Liturgie ein Attribut herangetragen wird, das es verdient, gehoben zu werden. Wahrscheinlich liegt auch hier, auf der Ebene der Liturgie und des Symbolischen, eine Variante des Vergessens der heilenden Dimension aller Seelsorge vor, die wiedergewonnen werden muß. Um so notwendiger ist es, sich

[1] Vgl. dazu u. a.: *H. B. Meyer* u. a., Gottesdienst der Kirche.

[2] Vgl. dazu: *P. M. Zulehner*, Ritual und Symbol in volkskirchlicher Situation. – *Ders.*, Ritus und Symbol in volkskirchlicher Situation. – *A. Hahn*, Kultische und säkulare Riten und Zeremonien in soziologischer Sicht. – *H. Tellenbach*, Zur Krise des Kultischen.

bei der Rekonstruktion der heilenden Kraft der Symbole des Glaubens und ihrer pastoralen Gestaltung vom Heilungswissen der Psychologie anregen zu lassen. Im Dialog insbesondere mit der Tiefenpsychologie könnte jene vielfach geforderte symbolische oder *»glaubensästhetische Kompetenz«*[3] bei Seelsorgern und Christen wachsen, die zu tiefergehenden Glaubenserfahrungen und zur überzeugenden Jüngergemeinde befähigt. Nur wenn sie Kundige in der Symbolsprache sind, in der Gott zum Herzen des Menschen spricht und sie zu ihm sprechen, wird die Liturgie zu einem Haus der Gnade, wo einer heil werden kann, weil er spürt: Gott stimmt seinem Menschsein uneingeschränkt zu.

Bevor wir uns am Thema »Symbol« auf die »Fremdprophetie« der Psychologie einlassen, sollten wir zunächst einige *Hindernisse* in Blick nehmen, die das Verstehen des Symbolischen im theologisch-pastoralen Raum erschweren.

1
SYMBOLE – NICHTS FÜR »BUCHHALTER«

(1) Was verlernt werden muß

(1) Wenn Theologen sich dem Themengebiet »Symbol« nähern, denken sie an das für sie Nächstliegende: an die vielen Symbole der Liturgie, an die Kerzen, an das Meßgewand, die Stola, das Wasser der Taufe usw. Vor allem die Älteren unter ihnen werden sich vielleicht an *Romano Guardinis*[4] Deutung der »heiligen Zeichen« erinnern, oder es kommt ihnen *Alois Winklhofer*[5] in den Sinn, der mit seinem kleinen Büchlein »Schöpfung und Liturgie. Naturdinge im liturgischen Dienst« die Symbolsprache der Liturgie für Volk und Klerus »verlebendigen« wollte. So naheliegend solche Assoziationen zum Bedeutungsfeld des Symbolischen sind, sie enthalten auch bereits eine *Einengung auf das Sakrale*, die gerade für den vielfach beklagten Verlust des Symbolverständnisses in der Kirche charakteristisch ist. Symbole kommen nicht nur in der Liturgie oder im Raum des Religiösen vor, sie sind zuallererst ein *»weltlich Ding«* – ubiquitär und universal. Es läßt sich zeigen, daß die Fähigkeit zum Symbolisieren eine typisch menschliche Fähigkeit ist, die über das Nur-animalische des Tieres hinausbringt und erst Mensch-werden

[3] Der Begriff wird von *H. Stenger*, Verwirklichung unter den Augen Gottes, 105–129, gebraucht. – Vgl. auch: *Ders.*, Bemerkungen zur liturgischen Kompetenz.

[4] *R. Guardini*, Von heiligen Zeichen.

[5] *A. Winklhofer*, Schöpfung und Liturgie.

läßt. Was also Theologen als erstes zu verlernen hätten, wenn sie sich mit Symbolen befassen, ist die ausschließliche Identifizierung von Symbol und Religion.

(2) Ein zweites ist dies: Symbole zeigen nicht nur die jenseitige Welt, das »Göttliche« in irdischer Gestalt an, etwa in »Brot und Wein« der Eucharistiefeier. Sie beziehen sich im gleichen Maß, wenn nicht gar zuerst und ursprünglich, auf die *seelische Innenwelt der Person*. Sie sprechen also nicht allein und ausschießlich vom Jenseits, sondern vom Diesseits, genauer: von einem Selbst. In Symbolen wird das zum Ausdruck gebracht, was in den unterschiedlichen Tiefen der Psyche, von der Ebene des Bewußten bis ins Unbewußte hinabreichend, den Menschen bewegt: Mehr als alle Worte vermag eine Umarmung oder ein Kuß dem anderen »symbolisch« zu sagen, was man für ihn fühlt. Die Tränen, die ein Kind vergießt, geben seine Enttäuschung über die schlechte Schulnote deutlicher kund als alles andere.

(3) Damit sind wir bei einem dritten Punkt, den es bei Eintreten in die Welt des Symbols zu verlernen gilt: Symbole sind nicht zuerst als Gegenstände, Dinge oder Sachverhalte zu denken, die auch noch eine andere, eben symbolische Bedeutung haben, wie beispielsweise in der Liturgie das Nahrungsmittel Brot symbolisch als »Gabe Gottes« oder als »Leib Christi« zu sehen ist. Wesentlich für das Begreifen der Symbole (und auch der Sakramente) ist, daß es hier nicht um Sachen und Dinge, »Materie« geht, sondern um *Handlungen*. »D.h. nicht Brot und Wein als Material sind charakteristisch, sind das Zeichen des Abendmahls, sondern das Essen ist das Zeichen. Nicht das Wasser ist das materielle Zeichen der Taufe, sondern die Waschung, die Zuwendung zum andern, indem ich ihn wasche, oder die Zuwendung, indem ich ihn salbe.«[6] Wir müssen deshalb im pastoralen Raum lernen, daß Symbole sich als *kommunikative Handlungen* ereignen, wo Interaktion geschieht, wo einer dem anderen etwas erzählt und an ihm handelt – wie bei einer Umarmung. Symbol ist nichts Statisches, sondern Geschehen zwischen Subjekten, Kommunikation.

(4) Das Vierte, von dem sich einer verabschieden muß, wenn er Symbole begreifen will, ist die Ignoranz des Verstandesmenschen, daß nur das zähle, was meßbar, berechenbar und logisch beschreibbar ist. Hier gelten nicht die Axiome der aristotelischen Logik: der Satz von der Identität, vom Nichtwiderspruch und vom ausgeschlossenen Dritten, sondern die *Logik des Herzens*. »In Bildern kann durchaus sonst Unvereinbares nebeneinander stehen, und gerade im Nebeneinander liegt die Aussage.«[7] Symbol meint eben nicht, worauf wir sonst in unserer technisierten und durchrationalisierten Welt Wert legen und was auch vor dem theologischen Denken nicht Halt

[6] *R. Zerfaß*, Kirchliche Praxis im Horizont der Gottesherrschaft oder Der Selbstvollzug der Kirche in Wort, Sakrament und sozialem Dienst, 245.
[7] *G. Kreppold*, Die Sprache der Bilder und Symbole, 324.

gemacht hat, daß alles in eindeutigen Begriffen wie in der Mathematik ausgedrückt werden kann. Im Symbolischen ist 3 mal 3 nicht nur 9, sondern »mehr« als 9.[8] Nur von der Position des ahnungslosen Positivisten, der allein die Welt der berechenbaren Tatsachen gelten läßt, kann man auf das Symbolische geringschätzig herabblicken: »Nur ein Symbol!« Aber in Wirklichkeit liegen die Dinge gerade umgekehrt: Nur dies, von dem sich sagen läßt: »Sogar ein Symbol!«, verdient es, ernst genommen zu werden, weil nur hier das Wesentliche der Person, ihre innere Erfahrung und ihre religiösen Hoffnungen, zur Sprache kommen. Das Symbol ist ein Schlüssel zum Verständnis des Menschen.

Beim Begreifen der Symbole ist natürlich nicht nur das Verlernen von Mißverständnissen und Engführungen gefordert. Vielmehr enthalten unsere Verlern-Anstöße bereits wichtige *Ansätze für ein angemessenes Symbolverständnis*. Vier Thesen sind angerissen:

1. Der Mensch symbolisiert nicht nur im Bereich des Religiösen, sondern immer und überall: Er ist ein *»animal symbolicum«*.

2. Symbole haben nicht nur die religiösen (oder gar nur dogmatischen) Zusammenhänge zum Thema, sondern zuerst und vor allem die *seelische (unbewußte) Innenwelt der Person*.

3. Symbole bilden nicht einfach »heilige Wahrheiten« ab, sondern sind *kommunikative Handlungen*, eine eigene Sprachform, in der Menschen einander erzählen, was sie unbedingt angeht.

4. Symbole stehen mit ihrer Fähigkeit, gleichzeitig Mehrdeutiges und Widersprüchliches auszusagen, in einem *Gegensatz zum vorherrschenden Denken* in einer technisierten Welt und sind von daher gefährdet. Ebenso können sie auch neurotisch reduziert werden.

Diese Thesen gilt es im Folgenden Schritt für Schritt zu entfalten.

(2) Der Mensch – ein »animal symbolicum«

Ernst Cassirer[9] charakterisiert den Menschen als »animal symbolicum«.[10] Im Gegensatz zum instinktgebundenen Tier ist der Mensch als ein *instinktverunsichertes Wesen* zu sehen, das nicht eindeutig, unausweichlich und immer gleich, wie es eben im Instinktprogramm vorgesehen ist, auf die Reize seiner Umwelt reagieren muß. Er ist *»weltoffen«* und erarbeitet sich in Kommunikation mit der Umwelt seine Wahrnehmungswelt selbst. Die Kommu-

[8] Hinzuweisen ist in diesem Zusammenhang gerade auch auf die reichhaltige Zahlensymbolik in verschiedenen Kulturen. Vgl. dazu: *M. Lurker*, Wörterbuch der Symbolik, 777–779.

[9] *E. Cassirer*, Ein Schlüssel zum Verständnis des Menschen, 37–40.

[10] Der von *E. Cassirer* geprägte Begriff wird hier gefüllt mit Überlegungen von *H. Kämpfer* zur Symbolgenese und von *J. Piaget* zur »kognitiven« Entwicklung des Kindes. Vgl. *J. Scharfenberg/H. Kämpfer*, Mit Symbolen leben, 33ff. – *J. Piaget*, Psychologie der Intelligenz.

nikation mit der Außenwelt verändert und gestaltet seine Innenwelt. Indem er mit den Dingen und Objekten der Welt umgeht, baut er an seiner seelisch-geistigen Wirklichkeit. Dabei ist ein Voranschreiten in den »Medien« der Kommunikation zwischen Mensch und Welt zu beobachten. »Das kleine Kind gewinnt Zugang zur Welt durch Berührung oder dadurch, daß es alles in den Mund nehmen will. Nach kurzer Zeit bekommen die Augen mehr und mehr Bedeutung. Durch Hinsehen beschäftigt sich das Kind mit Personen und Sachen. Schließlich erlernt es über das Sehen und Bezeichnen *Sprache*, wodurch es ihm möglich wird, in eine Auseinandersetzung mit der Welt zu treten, ohne die Gegenstände zu sehen oder zu berühren.«[11] Symbole – und d. h. in diesem Zusammenhang das Denken und Sprechen in Begriffen – stellen demnach einen geistesgeschichtlichen Entwicklungsschritt dar. Realität wird verdoppelt, es kann nun eine Situation nach Art einer »Probehandlung« im Kopf durchgespielt werden, ohne daß der Mensch blind der Situation ausgeliefert ist, das Bilden von *Analogien*, wie es Sprache und Denken bestimmt, ist möglich geworden.

Die Entwicklung der Sprache und des Denkens ereignet sich nun nicht in isolierter Auseinandersetzung eines Menschen mit seiner Umwelt. Vielmehr ist sie eingebettet in soziale Zusammenhänge, am Anfang besonders in die *Mutter-Kind-Beziehung*. Dabei zeigt sich, wie die Aneignung der Umwelt und zugleich der Spracherwerb sozial geformt werden. Das Wort »Mama« etwa gewinnt vielfältige *Bedeutungen*: Es steht für Wärme, Zärtlichkeit, Geborgenheit, gemeinsam erlebte Freuden, aber auch für Einschränkungen, Frustrationen, Ängste und vieles mehr. In den sprachlichen Symbolen wird somit nicht nur Gegenständliches verdoppelt, sondern es sind daran auch soziale und emotionale Erfahrungen angelagert. Dies hat zur Folge, daß der Mensch in den sprachlichen, aber auch nichtsprachlichen Symbolen sich in gewissem Sinn dauernd mit sich selbst über seine »Sozial-Geschichte« unterhält. Seine *Symbole repräsentieren in Beziehungen Erlebtes*, sie sind aus mitmenschlicher Kommunikation hervorgegangen und haben eine je spezifische Bedeutung für die individuelle Person. In ihnen bringt er laufend sich selbst ins Spiel.

Die sprachlichen Begriffe werden nun nicht in der Mutter-Kind-Dyade neu entwickelt, sondern sie liegen im sprachlichen System bereits vor. Sie werden angefüllt mit den je individuellen Erfahrungen in der Begegnung mit der Welt, im Zusammenhang von mitmenschlicher Beziehung. Dadurch ist *kommunikativer Austausch* möglich: Die je subjektiven Erfahrungen, die mit einem Begriff verbunden werden, sind bis zu einem gewissen Grade ähnlich. Weil Begriffe aber jeweils so offen und aufnahmefähig für die Vielfalt der Erlebnisse verschiedener Individuen sind, bewirken sie auch *Mißverständnisse*. Menschliche Kommunikation kann von daher mißlingen und

[11] *J. Scharfenberg/H. Kämpfer*, Mit Symbolen leben, 31.

scheitern, weil die ihr zugrunde liegenden »Symboleinheiten« außerordentlich vieldeutig sind, so vielfältig wie die individuellen Entwicklungsgeschichten.

Diese knappen Andeutungen zur Genese des Symbolsystems heben hervor, daß es sich bei der *Fähigkeit zur Symbolisierung* um eine spezifisch menschliche Eigenschaft handelt, mit der er sich vom Tier unterscheidet. Nur der Mensch vermag Symbole, Sinnbilder zu erzeugen, in denen er, wie in einem Spiegel, die ihn umgebende Welt, seine Beziehungen zu den Mitmenschen und sich selbst erblicken kann.

Auf dem skizzierten Hintergrund kann man sich der *Definition Alfred Lorenzers* anschließen, der unter Symbol versteht: »alle in Laut, Schrift, Bild oder anderen Formen zugänglichen Objektivationen menschlicher Praxis, die als Bedeutungsträger fungieren, also sinnvoll sind«.[12] Vier Aspekte seien daraus besonders festgehalten:

(1) Zum Bedeutungsträger oder Symbol kann buchstäblich *alles* werden, was mit der Person in irgendeiner Beziehung steht. Es gibt letztlich nichts in dem weiten Feld der »menschlichen Praxis« und ihren »Objektivationen«, das nicht vielschichtig mit Bedeutung zu versehen wäre. Alles, was einer »praktiziert«, sprachlich und nonverbal mitteilt, aus sich heraus freisetzt, aber auch wahrnimmt und erfährt, ist symbolisch und verweist auf anderes. Mit Blick auf die kirchlich-religiöse Praxis hieße das: Das Kapitel Symbole in der Kirche beginnt nicht erst bei den Sakramenten und dem Blasiussegen, sondern bereits bei der Automarke des Pfarrers, bei der Gastfreundschaft der Christen gegenüber Fremden, bei der Vorbereitung oder Nicht-Vorbereitung des Religionslehrers auf den Unterricht oder bei der verschlossenen Kirchentür am Sonntagnachmittag.

(2) Dadurch, daß Symbole »Objektivationen menschlicher Praxis« darstellen, wird das Subjekt im Gegenüber – also im Objekt – seiner selbst ansichtig. Im Symbol ist sozusagen das subjekthafte Erleben des Inneren zusammengebracht mit der sinnlich-wahrnehmbaren Welt draußen. Hier zeigt sich nach *Paul Tillich*[13], daß *»Subjekt Mensch und Objekt Welt*... in einem tiefen Grunde nicht getrennt, sondern vereint« sind. Diese verbindende Funktion entspricht der Wortbedeutung Symbol: Zusammengeworfenes, Zusammengefügtes.[14]

(3) Symbol *verweist auf anderes,* das über die Gegenständlichkeit des sinnlich Wahrnehmbaren hinausreicht. Es erschöpft sich nicht in vorder-

[12] *A. Lorenzer*, Das Konzil der Buchhalter, 23.

[13] *J. Heumann*, Symbol-Sprache der Religion, 44, interpretiert in dieser Weise einen zentralen Aspekt des *Tillich*'schen Symbolverständnisses.

[14] Ursprünglich bedeutete »Symbol« die auseinandergebrochene Spielmarke oder den auseinandergebrochenen Ring, deren Hälften zwei Freunde einander zum Abschied gaben. Jeder Teil erinnerte an die gemeinsame Freundschaft. Vgl. *G. Baudler*, Einführung in die symbolisch-erzählende Theologie, 52.

gründig Eigentlichem, sondern repräsentiert Individuell-psychisches oder gemeinschaftlich Erfahrenes. Damit deutet es auf Wirklichkeiten hin, die hinter dem Gegenständlichen liegen, tut dessen tieferen Sinn kund. Die Symboltheoretiker sprechen in diesem Zusammenhang von der *»Uneigentlichkeit«*[15] und vom *»Sinnvollen«*[16] des Symbols. Sie sind Sinnbilder, die zu denken geben.

(4) *»Zugänglichkeit«* als ein weiteres, von *Lorenzer* angedeutetes Kennzeichen meint die Tatsache, daß Symbole eine »hermeneutische Anstrengung« erfordern. Sie erschließen sich in ihrer Mehrdeutigkeit nicht von selbst allen, die mit ihm in Berührung kommen, sondern bedürfen der Entschlüsselung. Dies intendiert wiederum Kommunikation und *Gemeinschaft,* innerhalb derer Symbole verstehbar sind. Damit hängt auch zusammen, daß *Symbole vergehen* können, »weil sie in der Gemeinschaft, deren Ausdruck sie ursprünglich waren, keinen Widerhall mehr finden«.[17]

Diese prinzipiellen Kennzeichen bilden einen Orientierungsrahmen, mit dem wir uns nun dem psychologischen Verständnis der Symbole nähern können. Exemplarisch sei auf *Sigmund Freud*s Konzept sowie auf *Carl Gustav Jung*s Auffassung eingegangen. Wir versprechen uns hiervon wichtige Anregungen für die Wiederentdeckung der heilenden Kräfte in den religiösen Symbolen.

(3) Zur Psychologie der Symbole

1. Symboltheorie Sigmund Freuds

Das Interesse der Tiefenpsychologie[18], beginnend mit *Freud*s Psychoanalyse, konzentrierte sich von allem Anfang an auf *unverstandene Symbole*: auf Träume, Fehlleistungen und neurotische Symptome. In seinem ersten bedeutenden Werk, in der im Jahr 1900 erschienenen »Traumdeutung« versucht *Freud* den tieferen Sinn dieser eigenartigen Gebilde zu ergründen, die teils als komisch empfunden werden, aber andererseits doch eine Ahnung von Wichtigem und Belangvollem aufkommen lassen. Für *Freud* besteht kein Zweifel, daß sich dieses Widersprüchliche des *Traums* aus zwei konträren Anteilen seiner selbst nährt. Zum einen würden hier verschlüsselt und verstellt *libidinöse und aggressive Triebwünsche* in Szene gesetzt, die nicht bewußtseinsfähig sind. Solche Triebwünsche werden deshalb vom Bewußtsein abgewiesen – und damit rückt die andere Seite ins Blickfeld –, weil sie

[15] So *P. Tillich*, Gesammelte Werke, Bd. VIII, 142, vgl. dazu: *G. Baudler*, Einführung in die symbolisch-erzählende Theologie, 53.
[16] *H. Stenger*, Verwirklichung unter den Augen Gottes, 97f.
[17] *P. Tillich*, Wesen und Wandel des Glaubens, 55.
[18] Vgl. zum Folgenden: *J. Scharfenberg/H. Kämpfer*, Mit Symbolen leben, 46ff. – *J. Heumann*, Symbol-Sprache der Religion, 27–32.

von den durch Erziehung erworbenen *Norm- und Wertvorstellungen* nicht akzeptierbar waren. Sie sind verdrängt und ins Unbewußte abgeschoben worden. Im Traum nun erfahren diese verdrängten Wünsche eine neuerliche Manifestation. Über die sog. »Traumarbeit« (Verschiebung, Verdichtung, Verkehrung ins Gegenteil etc.) werden die latenten Trauminhalte verschlüsselt. Auf solche Weise vermögen sie die Zensur oder Abwehr mit ihren Wert- und Normvorstellungen zu umgehen. Im Traum kommt so in verstellter Form zu Bewußtsein, was einst verdrängt wurde, es findet eine Art Wunscherfüllung statt, die jedoch zugleich, weil unbewußt, auch Abwehr des Wunsches ist. Der Traum ist deshalb, so *Freud*, als eine Kompromißbildung zwischen Trieb und Abwehr, Erfüllung und Verweigerung eines Bedürfnisses zu sehen.

Von dem gleichen ambivalenten Charakter wie der Traum seien auch der Witz, die Fehlleistung (Vergessen, Verlegen, Verlieren, Sich-Versprechen etc.) und das *neurotische Symptom* gestaltet. Letzteres stellt einen unanstößigen Ersatzausdruck für einen verdrängten Triebimpuls, ein *Erinnerungssymbol* für schmerzlich-traumatische Szenen dar, die zwar im Unbewußten schlummern, aber im Symptom eine gewisse Triebabfuhr erhalten. So kann etwa in der Phobie »die symbolische Ersetzung des eigentlichen Angst-Objektes Vater, den man aber auch gleichzeitig liebt und dem man nicht leicht im Alltagsleben ausweichen kann, durch ein mehr oder weniger zufälliges anderes Objekt, wie etwa ein Pferd, erfolgen, das nun zum Angstauslöser wird und dafür sorgt, daß jede Begegnung oder Berührung mit ihm unter allen Zeichen des Entsetzens gemieden wird«.[19]

Die frühe Psychoanalyse war darüber hinaus der Auffassung, daß im Bereich der *kollektiven Symbole* eine ähnliche Dynamik herrscht wie bei den individuellen. Auch sie seien Erinnerungssymbole für Verdrängtes, Traumatisches und Angstbesetztes. Ähnlich wie im Einzelschicksal der Ödipus-Komplex, lasse sich auch eine menschheitliche Tragödie rekonstruieren, die der Verdrängung anheimgefallen sei und sich in den kollektiven Symbolen verschlüsselt zu Wort melde. In seiner hinlänglich bekannten und kritisierten *Urhordentheorie* stellt *Freud* eine Parallelität von Individualgeschichte und Menschheitsgeschichte her. Er meinte damit genügend begründet zu haben, warum in menschheitlichen Symbolen, gerade auch der Religion, eine ganze Reihe von *Sexualsymbolen* auftaucht.

Freuds Symbolauffassung wäre unvollständig, wollte man nicht auch an die *Übertragung* im Rahmen der Therapie erinnern. »Der Analytiker wird für den Patienten zum Symbol aller seiner ungelösten Kindheitskonflikte, und als ein solches Symbol kann er diesen Konflikten entsprechend emotional besetzt werden.«[20] Die Analyse gilt erst dann als gelungen, wenn die

[19] *J. Scharfenberg/H. Kämpfer*, Mit Symbolen leben, 53.
[20] Ebd. 57.

symbolische Kommunikation immer mehr ersetzt wird durch nichtsymbolische, wenn also der Patient nicht wie in einem Wiederholungszwang ständig die Rollen der Vergangenheit neu inszenieren muß, sondern er selbst hier und jetzt sein und dem Analytiker gleiches zugestehen kann.

Ernest Jones[21] bringt das Symbolverständnis *Freud*s auf die zutreffende Formel: »Nur was verdrängt ist, wird symbolisch dargestellt, nur was verdrängt ist, bedarf der symbolischen Darstellung.« Jedwede Art von Symbolik müßte demnach, weil der Neurose und Verdrängung verhaftet, überwunden werden: Denn *wer symbolisiert, ist krank, wer nicht symbolisiert, gesund*.

Dieses Symbolverständnis erscheint natürlich in der von *Jones* noch zugespitzten Form *wenig zielführend für eine pastoralpsychologische Symboltheorie*. Vor allem zwei Aspekte sind zu kritisieren. Zum einen reduziert *Freud* das »symbolfähige Material« ausschließlich auf verdrängtes Libidinös-Triebhaftes. Damit gibt er ein wichtiges Konstitutivum des Symbolbegriffs auf: An die Stelle der mehrdimensionalen Abbildung tritt die »eindeutige« Entsprechung: Symbole bedeuten immer Verdrängt-Libidinöses und nichts sonst. Kann man dann noch von einem Symbol sprechen, wenn es nur noch eines bezeichnet?

Zum anderen ist die *Gleichsetzung von Symbol und Symptom* zu kritisieren, weil damit jede progressiv-förderliche Funktion des Symbols ausgeblendet wird. Bei aller Einseitigkeit, die in *Freud*s Konzeption an dieser Stelle sichtbar wird, läßt sich daraus für den religiösen Bereich doch eine beachtenswerte Schlußfolgerung ableiten: Symbole, individuelle wie religiös-gemeinschaftliche, können zu Symptomen degenerieren. Sie zeigen dann nur noch seelische Störung und Regression an und verlieren jeglichen Gehalt an Progression und Lösung. Von dieser Gefahr der Verkehrung ins Neurotische sind auch die religiösen Symbole nicht ausgenommen.

2. *Symboltheorie Carl Gustav Jungs*

Als der Psychologe, der das moderne Symbolwissen, auch im Bereich der Religion, am stärksten beeinflußt hat, kann *Carl Gustav Jung*[22] gelten. Zu den Themen, in denen er sich mit seiner *Analytischen* oder *Komplexen Psychologie* immer mehr von *Freud*s Psychoanalyse entfernte, gehört auch die Symboltheorie. Sie ist aufs engste mit *Jung*s Auffassung von der Person, im besonderen ihrer unbewußten Anteile, verknüpft, so daß wir als erstes darauf eingehen müssen.

[21] Zit. nach: *J. Scharfenberg/H. Kämpfer*, Mit Symbolen leben, 57.

[22] Vgl. zum Folgenden v.a.: *J. Heumann*, Symbol-Sprache der Religion, 36–41. – *Ch. Kolbe*, Heilung oder Hindernis, 162ff. – *M. Kassel*, Biblische Urbilder, 89–188. – *J. Schwermer*, Den Menschen verstehen, 79–119. – *L. Müller/T. Seifert*, Analytische Psychologie. – *L. Pongratz*, Hauptströmungen der Tiefenpsychologie, 302–391.

In *Jungs* Konzept vom Aufbau der Psyche ist der *Schichtengedanke* sehr ausgeprägt. Seelisches Leben wird gesehen als von unterschiedlicher Zugänglichkeit, vergleichbar den Erdschichten, denen man sich in archäologischer Grabung nähert: Zugänglich sind zunächst nur die oberen Schichten des Bewußten, darunter verbergen sich tiefere, breitere Schichten des Unbewußten. Auf ihnen ruht das Bewußte, von ihnen bezieht die Psyche ihre Lebensenergie. *Das Unbewußte* bildet folglich in der Vorstellung *C. G. Jungs das Wesentliche der Psyche*. Dabei wird man dem Unbewußten nicht gerecht, wenn man es nur als Ort des Verdrängten, des Triebhaften, des Bösen, Bedrohlichen und Gefährlichen begreift und auf der anderen Seite das Ich-Bewußtsein zum höchsten Wert erklärt. Diese Fehleinschätzung spiegle nur die Seelenblindheit des modernen Menschen, der glaubt, er sei Herr im eigenen Haus, habe alles im Griff und könne alles Seelische ins Geistige überführen. Der eigentliche Wirkungsfaktor des seelischen Lebens ist das Unbewußte, es bildet den Ozean, auf der das Schifflein des Bewußtseins treibt. Zugang zu den Tiefen des Wassers zu gewinnen und sie für die Seelenreise nutzbar zu machen, ist wichtige Entwicklungsaufgabe des Menschen.

Hat *Jung* damit das Unbewußte gegenüber *Freud* bereits gewissermaßen rehabilitiert, indem er es als positive Lebenskraft und -grundlage charakterisiert, so nimmt er noch eine zusätzliche Ausweitung vor. Unbewußtes ist nicht nur eine ontogenetische, individuelle Größe, sondern jeder einzelne hat Anteil an einem *kollektiven Unbewußten*. Das persönliche Unbewußte reicht demnach hinein in stammesgeschichtliche, archaische Zusammenhänge der Menschheit. Dieses kollektive Unbewußte manifestiert sich auf individueller Ebene vor allem in Träumen, auf kulturell-gesellschaftlicher Ebene in den Kollektivträumen der Völker, also in Mythen, Märchen, Sagen und Religionen.

Als die zentralen Elemente des kollektiven Unbewußten sieht Jung die sog. *Archetypen*. Sie werden von ihm in einer begrifflichen Spannbreite charakterisiert, die von physikalischer über biologische und psychologische hin zu philosophisch-theologischer Bestimmung reicht. Diesen Beschreibungen und der daran sich entzündenden Kritik kann hier nicht nachgegangen werden.[23] Im Prinzip versteht man wohl *Jung* richtig, wenn er mit Archetypen vor allem *»Kernstücke menschlicher Lebensbewältigung«* bzw. »Urmuster menschlicher Verhaltensweisen«[24] meint. Sie werden vom Subjekt wie ein Urwille, wie Leitbilder zur Selbstgestaltung für die in jedem Leben anstehenden Fragen erlebt, betreffen folglich die Beziehung zur äußeren Natur und zu den Mitmenschen, das Problem von Gut und Böse, die Bewältigung von Konflikten, das Mann- und Frau-Sein, das Verhältnis der Generatio-

[23] Vgl. dazu v. a.: *L. Pongratz*, Hauptströmungen der Tiefenpsychologie, 336–338.
[24] Ebd. 338.

nen, die Übergänge in der Lebensgeschichte, die Bewältigung von Unglück, Krankheit und Tod, die Beziehung zum Transzendenten und die Frage nach dem Sinn des Lebens.

Archetypen, auch wenn sie bewußtseinstranszendent bleiben, beeinflussen das antwortende Verhalten, sie sind zielgerichtet, »entelechial«, im Dienst eines bestmöglichen Individuationsprozesses. Sie greifen die Urfragen des Menschen auf und bieten Lösungen an. Freilich bedarf es erst der schöpferischen Auseinandersetzung mit den archetypischen oder symbolischen Bildern, wie sie in Träumen, Mythen oder in der Volkskunst anzutreffen sind, um die je persönliche Lösung zu finden. Dabei hat man damit zu rechnen, daß diese schöpferischen Lebensmächte auch den Gegenpol mit sich führen: das Zerstörerische, Auflösende, Destruktive. Im *Archetypus des Schattens* hat *Jung* dies ausgeführt. Es stellt sich die Aufgabe, die archetypischen Kräfte in ihrer doppelten Valenz zur Kenntnis zu nehmen und ihre Energie zu nutzen.

Wo die dunkle Kehrseite des Archetypischen, verdichtet im Archetypus des Schattens[25], abgespalten wird, kann sie *projiziert* werden, und sie begegnet dann als bedrohliches Wesen, als Halluzination oder Wahnvorstellung. Die Analytische Psychologie faßt die in allen Kulturen vorkommenden Vorstellungen von Dämonen, Hexen oder Teufeln als *Personifizierungen unbewußter Triebkräfte* auf, die nicht selten als so gefährlich und so personfremd empfunden werden, daß sie der je eigenen Psyche, der sie eigentlich angehören, nicht inkorporiert werden können. Für die Individuation oder Selbstwerdung entscheidend wäre es, daß die abgespaltenen Schattenseiten wieder in die Person zurückgeholt werden.[26] Im *Archetypus des Selbst* wird diese *Ganzheit der Psyche*, die Gegensätzliches, das Schöpferische und das Zerstörerische, Anima- und Animus-Anteile, Licht und Schatten in sich vereint, repräsentiert. Sie ist Ziel der Personwerdung.

Diese kurze Skizze der *Jung*schen Persönlichkeitspsychologie gibt uns wesentliche Einblicke in seine *Symboltheorie*: Symbole sind für *C. G. Jung* Urbilder, *Erscheinungsformen des Unbewußten und seiner Kräfte*. Sie gehören der kollektiven wie der individuellen Psyche an. Darüber hinaus ist festzuhalten:

(1) Ein kollektives Symbol, als Ausdruck des Archetypischen zu charakterisieren, erfaßt, *was diese Menschengruppe betrifft*, wobei sich die Gruppe ihrer Betroffenheit nicht voll bewußt sein muß. Dabei enthält das Symbol einen *Überschuß an Bedeutung*, es drückt Unbekanntes und Ungeahntes aus.[27]

[25] Vgl. dazu v. a.: *C. G. Jung*, Gesammelte Werke, Bd. 9/II, 18f., die klare Kennzeichnung von *M. Kassel*, Biblische Urbilder, 135. – Auch *E. Neumann*, Tiefenpsychologie und neue Ethik.

[26] Vgl. dazu auch: *J. Goldbrunner*, Seelsorge – eine vergessene Aufgabe, 118–133.

[27] »Eine Auffassung, welche den symbolischen Ausdruck als bestmögliche und daher zunächst gar

(2) *Symbole unterscheiden sich von Zeichen*. Letztere stehen für bekannte Sachen und sind in Bewußtseinssprache übersetzbar. Das Symbol drückt dagegen eine unbekannte Wirklichkeit aus, die auf keine andere als eben die symbolische Weise erfaßt werden kann. Damit sind Symbole einer willkürlichen Hervorbringung oder Veränderung entzogen. Sie repräsentieren archetypisches Gut der Menschheit und sind wie dieses zeitlos, kulturübergreifend, zeitüberdauernd.[28]

(3) Symbole leben von den *Emotionen*, die Menschen mit ihnen verbinden. Dadurch werden sie »bedeutungsschwanger«, gewinnen Ausstrahlung und *numinose Faszination* – ein Attribut, das vor allem für religiöse Symbole von Belang ist. Es steht zu befürchten, daß durch *Rationalisierung*, wobei Symbolisches durch »Bekanntes« ersetzt wird, die Wirkung des Symbols leidet. Auch die Entzauberung der Welt durch den Fortschritt der Wissenschaft habe zum *Verlust des Symbolischen* beigetragen, weil jetzt die Bilder der Seele von den Gegenständen der Umwelt abgezogen werden. Damit verschwanden nach und nach die Symbole und verloren ihren lebensspendenden Charakter. Der Preis für eine solche rationalere Weltsicht ist, daß der Mensch nun den seelischen Mächten des Unbewußten unmittelbarer ausgeliefert, auf sich und seine Seele zurückgeworfen ist.[29]

(4) Symbole haben *Ausdrucks- und Eindruckscharakter*.[30] Sie geben Unbekanntes der individuellen wie der kollektiven Psyche kund. Zugleich aber dienen sie einem entelechialen Prinzip. Sie enthalten eine Botschaft, die schöpferisch erschlossen werden will und die auf Individuation hin voranbringt.

(5) In den individuellen Traumbildern, aber auch in den allegorischen Darstellungen der Kunst, in Mythen und religiösen Schriften begegnen nicht nur Abbilder sozialer Realität, von Personen oder Persontypen. Sie sind vielmehr Aussagen über allgemeinmenschliche, je *subjektiv erlebte seelische Anteile und Kräfte*. Man muß deshalb die individuellen wie kollektiven Bilder vor allem auf der *»Subjektstufe«* deuten und nicht nur auf der »Objektstufe« nach ihren Entsprechungen mit verschiedenen Personen fragen.[31]

(6) *Wesentliche Symbolkomplexe*, die Archetypisches ins Bild setzen und in individuellen Träumen wie in den Kollektivträumen der Menschheit eine Rolle spielen, sind:

– *Schatten*, das destruktive und negative Lebensprinzip, begegnet dem Träumer als gleichgeschlechtliches Wesen, als Gegenspieler, feindlicher

nicht klarer oder charakteristischer darzustellende Formulierung einer relativ unbekannten Sache erklärt, ist symbolisch«. *C. G. Jung*, Gesammelte Werke, Bd. 6, 515.

[28] Vgl. dazu: *J. Heumann*, Symbol-Sprache der Religion, 36f.

[29] Vgl. *Ch. Kolbe*, Heilung oder Hindernis, 185.

[30] *J. Jacobi*, Die Psychologie von *C. G. Jung*.

[31] Vgl. *J. Schwermer*, Den Menschen verstehen, 109f.

Bruder, Fremder; in der Bibel zählen zu den »Schattengeschichten« u. a. Kain und Abel, Jakob und Esau, Jesus und Judas.

- *Anima* (beim Mann) und *Animus* (bei der Frau) bezeichnen den gegengeschlechtlichen Anteil in jedem Menschen.
- Das *Selbst* als Ziel der Individuation zeigt sich in Symbolen wie König, Held, göttliches Kind, Heiland. Ganzheitssymbole werden dem Selbst zugeordnet: Kreis, Viereck, Mandala, Kreuz. Als eine *complexio appositorum* kann das Selbst auch als geeinte Zweiheit erscheinen, etwa als Held und Gegenspieler (St.Georg und Drache).[32]

Es ist der Symboltheorie *C. G. Jungs* zu verdanken, auf die *schöpferischen und wegweisenden Kräfte des Unbewußten* aufmerksam gemacht zu haben. Damit ermöglichte er auch der Theologie den Blick auf die Tiefendimensionen des Glaubens. In *Jungs* Symbolkonzeption erscheinen Religion und *christlicher Glaube* gerade dadurch von existentieller Bedeutsamkeit, *daß sie in der Modalität des Symbolischen und Archetypischen erzählen, was die Menschwerdung Gottes in Jesus Christus für den Menschen bedeutet*. Insbesondere *Eugen Drewermann*[33] versucht diese hier nur angedeutete und im Zusammenhang mit der tiefenpsychologischen Schriftauslegung erörterte Erhellung des Religiösen mit den Mitteln der *Jung*schen Psychologie. Er diagnostiziert in Theologie und Pastoral eine tief verankerte Abwehr und Unkenntnis des Unbewußten und seiner symbolbildenden Kräfte. Es geht ihm deshalb darum, die Botschaft von Jesus Christus (wieder) mit den archetypischen Tiefenschichten der Person zusammenzuführen und Theologie und Pastoral damit für die in seinen Augen »wirklichen Fragen« der Menschen zu öffnen.

(4) Die Sprache der Symbole

Nach der exemplarischen Erkundung bei psychologischen Symboltheorien können wir nun die Sprache des Symbols näher kennzeichnen. Sie ist auf keinen Fall zu sehen als ein Vorstadium des eigentlichen Sprechens, als eine pejorative Sprache, analog etwa dem Verhältnis von Kindersprache zur

[32] Vgl. zu der Diskussion, ob Christus als archetypisches Symbol des Selbst oder das Selbst als ein Symbol Christi zu sehen ist, *Ch. Kolbe*, Heilung oder Hindernis, 187–189. In seiner betont psychologischen Abgrenzung gegenüber jeglichen metaphysischen Aussagen über Gott bleibt *C. G. Jung* bei der Terminologie, daß auf der Ebene seelischer Erfahrungen sowohl von Christus als auch vom Selbst als psychischen Bildern zu reden ist, die beide für die unerfaßbare Ganzheit des Menschen stehen. Theologisch ist von einer anderen, unmißverständlichen Zuordnung auszugehen. Die Ganzheit des Selbst ist als eines neben anderen möglichen Symbolen für Christus zu deuten. Als solche vermögen die seelischen Ganzheitsbilder des Selbst eine Ahnung von der unauslotbaren Bedeutung des historischen Christusereignisses zu geben. Anders gesagt: Wir können Christus sehen, weil wir sein Bild in uns tragen. Freigesetzt wird dieses Bild durch die Wirklichkeit Christi, die außerhalb unser bei Gott existiert. Vgl. auch: *E. Drewermann*, »Ich steige hinab in die Barke der Sonne«, 157f.

[33] *E. Drewermann*, Tiefenpsychologie und Exegese, 2 Bde.

Erwachsenensprache. Sie ist eine eigene, ja *die Sprachform des Menschen*, die zu ihm wesentlich und nicht nur in frühen Kulturstadien gehört.

Im Symbol wird das, was einen unbedingt angeht, zur Sprache gebracht, also Erfahrungen der Freude und der Angst, der Liebe und Einsamkeit, der Hoffnung und der Verzweiflung, der Schuld und der Vergebung, des Lebens und des Todes. Symbole spiegeln so zuallererst innerseelische Realitäten wieder, sie sind *Projektionsträger für Innerseelisches*. Symbole besser verstehen heißt deshalb, die innerseelische Welt eines Menschen besser begreifen. Je mehr einer kundig ist in den Irrungen und Wirrungen, aber auch in den Freudentänzen der Seele, um so mehr geht ihm auf, was mit den individuellen und gemeinschaftlichen Symbolen gemeint ist. Daß dies kein peripheres oder esoterisches Wissen ist, betont *Erich Fromm*, wenn er – sinngemäß – sagt: Die wichtigste Fremdsprache, die ein Mensch zu lernen hat, ist die Sprache der Symbole.

Im *Unterschied zur diskursiv-argumentativen Sprache* richten sich die Symbole nicht an den Verstand, der abstrahiert, selektiert und die Dinge logisch nacheinanderreiht. Das Symbol *vergegenwärtigt ganzheitlich und simultan* verschiedenste, auch widersprüchliche und mehrdeutige Facetten der psychischen Realität. Deshalb muß der Versuch scheitern, Symbole »restlos« in diskursiv-argumentative Sprache zu übersetzen – ebensowenig wie sich die Fresken Michelangelos in der Sixtinischen Kapelle mit allen ihren Anmutungs- und Erinnerungsqualitäten in einem Kunstführer beschreiben lassen. Bild und diskursiv-argumentierender Text gehören zwei verschiedenen Sprachformen an. Diskursive Sprache und bildhafte Symbole sind jedoch nicht völlig voneinander getrennt, sie lassen sich als zwei Modi innerhalb eines weitgefaßten Symbolverständnisses begreifen, wie die folgende Unterscheidung verdeutlicht.

Mit *Hermann Stenger*[34], der hier auf *Alfred Lorenzer*[35], *Susanne Langer*[36] und *Ernst Cassirer*[37] Bezug nimmt, sind drei Arten von Symbolen voneinander abzuheben.

1. *Sprachlich diskursive Symbole,* wo wir »unsere Ideen nacheinander aufreihen müssen, obgleich Gegenstände ineinanderliegen; so wie Kleidungsstücke, die übereinander getragen werden, auf der Wäscheleine nebeneinander hängen«. In der Diskursivität können nur solche Gedanken zur Sprache gebracht werden, die sich dieser besonderen Ordnung fügen; »jede Idee, die sich zu dieser ›Projektion‹ nicht eignet, ist unaussprechbar, mit Hilfe von Worten nicht mitteilbar«.[38]

[34] *H. Stenger*, Verwirklichung unter den Augen Gottes, 100–102.
[35] *A. Lorenzer*, Das Konzil der Buchhalter, 28f.
[36] *S. K. Langer*, Philosophie auf neuen Wegen.
[37] *E. Cassirer*, Wesen des Symbolbegriffs.
[38] *S. K. Langer*, Philosophie auf neuen Wegen.

2. *Wortlos präsentative Symbole,* wo etwas ganzheitlich, sinnlich und simultan vergegenwärtigt wird. Bilder, ein Kunstwerk oder eine Musik sind Beispiele präsentativer Symbolik. Hier sind mehrere »Eigenheiten« ineinander verwoben und bilden zusammen doch ein Ganzes. Es hängt sehr wesentlich vom wahrnehmenden Beobachter ab, welche der vielen möglichen Bedeutungen er in das Symbol hineinlegt.

3. *Diskursiv-präsentativ gemischte Symbole*[39], wo Sprache und nonverbale Präsentation ineinander verflochten sind. Ein bestimmtes Wort, ein Text kann beispielsweise zum Erinnerungszeichen für zwei Liebende werden. Gedichte und Erzählungen, Dramen und Märchen, auch biblische Texte bedienen sich zwar diskursiver Mitteilung, doch entwickeln sie für den Hörer, indem sie Erinnerungen, Überzeugungen, ja Bekehrungen wecken, präsentativen Charakter.

Auch wenn hier die diskursive Sprache zu den Symbolen gezählt wird – sie hat ja Verweisungscharakter, ist »Objektivation« und »Bedeutungsträger« –, verbinden wir mit Symbolen gewöhnlich die *wortlos präsentativen und diskursiv-präsentativen Symbole*. Bei ihnen ist jenes ganzheitliche und simultane Element anzutreffen, das sie zu äußerst adäquaten Projektionsflächen für die gleichzeitig-vielschichtige innere psychische Welt macht.

J. C. Bachofen[40], einer der Wiederentdecker der antiken Symbolik im 19. Jahrhundert, hat demnach die präsentativen und die diskursiv-präsentativen Symbole (Mythos) im Auge, wenn er meint: »Zu arm ist die menschliche Sprache, um die Fülle der Ahnungen, welche der Wechsel zwischen Tod und Leben wachruft, und jenen höheren Hoffnungen, die der Eingeweihte besitzt, in Worte zu kleiden. Nur das Symbol und der sich ihm anschließende Mythos können diesen edleren Bedürfnissen genügen. Das Symbol erweckt Ahnungen, die Sprache kann nur erklären. Das Symbol schlägt alle Saiten des menschlichen Geistes zugleich an, die Sprache ist genötigt, sich immer nur einem einzigen Gedanken hinzugeben. Bis in die geheimsten Tiefen der Seele treibt das Symbol seine Wurzel, die Sprache hingegen berührt wie ein leichter Windhauch die Oberfläche des Verständnisses. Davon ausgenommen ist freilich die Sprache des Dichters, die hinter die Alltags-Abgegriffenheit des Wortes dringt und die seherisch mit ihrer Wurzel ebenfalls in die Tiefe der Seele, des Welthintergrundes und schließlich, wie Dante, bis in die Herzmitte Gottes, die goldene Rose, reicht. Jenes ist nach innen, dieses ist nach außen gerichtet. Nur dem Symbol gelingt es, das Verschiedene zu einem einheitlichen Gesamteindrucke zu verbinden. Die Sprache reiht Einzelnes aneinander und bringt immer nur stückweise zu

[39] Vgl. *H. Stenger*, Verwirklichung unter den Augen Gottes, 102.
[40] *J. J. Bachofen*, Oknos, der Seilflechter, zit. nach: *A. Rosenberg*, Einführung in das Symbolverständnis, 21f.

Bewußtsein, was, um allgewaltig zu ergreifen, notwendig mit einem Blicke der Seele vorgeführt werden muß, Worte machen das Unendliche endlich, Symbole entführen den Geist über die Grenzen der endlichen, werdenden in das Reich der unendlichen, seienden Welt. Sie erregen Ahnungen, sind Zeichen des Unsagbaren, unerschöpflich wie dieses, mysteriös wie notwendig und ihrem Wesen nach, wie jede Religion, eine stumme Rede – darin beruht die ergreifende Macht der mythischen Darstellungen.«

Genau solche *präsentative* Modalität zeichnet auch die *religiösen Symbole* aus. Sie verfügen damit über eine (Selbst-)Mächtigkeit (*Tillich*), die sie zum Projektionsträger für die vielschichtige und mehrdimensionale innere Welt erhebt, und zugleich liegt darin auch ihre Kraft, auf Religiöses zu verweisen, das ja ebenfalls jeweils von einem »Mehr« gegenüber dem Erkennen des Verstandes gekennzeichnet ist. Um so ernster ist die *Kritik* zu nehmen, die vor einiger Zeit von dem Psychoanalytiker *Alfred Lorenzer* gegenüber Tendenzen im kirchlich pastoralen Symbolverständnis geäußert wurde. Im besonderen hält er der Liturgiereform des II. Vaticanums unter dem Titel »Das Konzil der Buchhalter. Die Zerstörung der Sinnlichkeit«[41] vor, sie verkenne die Funktion religiöser Symbole und Riten, indem sie sie lediglich als *Anlässe der Pädagogisierung und Indoktrination* benutze. Das Symbol würde im Rahmen der Liturgie entleert, zugedeckt mit immer mehr Erklärungen, Homilien, Belehrungen und Verbalisierungen in diskursiver Theologensprache, die sich vorwiegend an den Verstand richten. Dieser gravierende Vorwurf, die Erklärung habe das Symbol abgelöst, hat zu einer beachtlichen Diskussion vor allem in Kreisen der Praktischen Theologie geführt.[42] Kritik und Diskussion rücken unzweifelhaft ins Blickfeld: Ein Glaube, der seine Symbole und Riten nicht mehr als religiöse Sprachform sui generis versteht, der den Symbolen des Gottesdienstes nicht mehr zutraut, daß sie auch ohne »Übersetzung« auf tiefere Wirklichkeit verweisen, hat aufgehört, den Menschen unbedingt angehender Glaube zu sein.

Für den Umgang mit Symbolen ist es deshalb fundamental, nicht rationalistisch, in Buchhaltermanier, heranzugehen, so als ließe sich der vordergründige Gegenstand, das Ding oder die Handlung eindeutig, differenzlos und ein für allemal stimmig mit dem Bedeuteten, also der tieferen Wirklichkeit, verrechnen. Symbole sind mehrdeutig und vielschichtig, so mehrdeutig und vielschichtig, wie eben die seelische und religiöse Welt des Menschen ist. Wer mit Symbolen umgeht, ist eingeladen, sich ihrem tieferen Sinn in vielfacher Hinsicht zu öffnen. Man muß folglich, um der Sprachform der Symbole gerecht zu werden und ihre Botschaft zu vernehmen, *damit aufhören, etwas bloß vordergründig wörtlich zu nehmen*. Das Wahrnehmungsin-

[41] *A. Lorenzer*, Das Konzil der Buchhalter. – *Ders.*, Erweiterte Fassung meines Vortrags über »Das Konzil der Buchhalter«.

[42] Vgl. Pastoraltheologische Informationen 3 (1983).

teresse richtet sich auf die tiefere Bedeutung des symbolisch Mitgeteilten. Und diese Bedeutung ist zu erschließen aus der seelischen Innenwelt, die ein Symbol zum Vorschein bringt. Dies hat zur Folge: »Alle äußeren Gegebenheiten und Inhalte sind – mindestens probeweise – so zu interpretieren, daß sie als symbolische Darstellung innerer Kräfte, Zustände und Zusammenhänge verstanden werden können.«[43] Die Regel muß lauten, daß, wie im Traum der Träumende in allen Gestalten und Dingen letztlich sich selber träumt und anschaut, so auch in den religiösen Erzählungen, Riten, Sakramenten der Mensch in der Gemeinschaft der Glaubenden träumt und anschaut, was Jesus Christus für seine eigentlichen Fragen und Nöte bedeutet.

Gerade dieser Gedanke, daß es in den Symbolen der Liturgie nicht nur um die Fragen der Menschen, sondern zugleich um die spezifisch christliche Antwort darauf aus dem Lebenswissen Jesu geht, muß im Zusammenhang von *Lorenzer*s Kritik erwähnt werden. Denn der Impuls zur Liturgiereform war ja gerade davon geprägt, diese *Botschaft von Jesus Christus* unverwechselbarer, für den heutigen Menschen verstehbarer auszusagen, etwa indem man die Symbolhandlung der Liturgie mit den biblischen »Erzählungen« in der Muttersprache verband. *Lorenzer* scheint demnach in seiner Liturgiekritik doch die unverzichtbar »zweite Seite« der Liturgie, das Lebenswissen Jesu Christi, zugunsten der Fragen der Menschen zu übersehen. Die Symbole der Liturgie sollen nicht nur allgemein menschliche Symbole, sondern Symbole des Glaubens sein.

(5) Unterscheidungen: Zeichen, Symbol, Klischee, Diabol

Vor allem die Symboltheorie *Sigmund Freud*s und *Carl Gustav Jung*s legte einige Unterscheidungen und Abgrenzungen nahe, die auch für religiöse Symbole von erheblicher Bedeutung sind. *Alfred Lorenzer*[44], *Joachim Scharfenberg/Horst Kämpfer*[45], *Hermann Stenger*[46] u. a. haben hier wichtige Klärungen vorgenommen.

1. Als erstes ist auf den Begriff *»Zeichen«* hinzuweisen. Im Deutschen gibt er sowohl das Griechische »Symbolon« als auch das Französische »Signal« wieder. Es handelt sich jedoch um zwei verschiedene Sachverhalte. *»Symbolon«* bedeutet soviel wie Symbol. Wenn *Romano Guardini* von heiligen Zeichen spricht, meint er die christlichen Symbole. Im Gegensatz dazu steht die Bedeutung von Zeichen als *Signal*. Ein Signalsystem wie die Verkehrsampel basiert auf absoluter *eindeutiger* Entsprechung, auf »one-to-

[43] *E. Drewermann*, Tiefenpsychologie und Exegese, Bd. I, 376.
[44] *A. Lorenzer*, Das Konzil der Buchhalter. – *Ders.*, Symbol, Sprachverwirrung und Verstehen.
[45] *J. Scharfenberg/H. Kämpfer*, Mit Symbolen leben.
[46] *H. Stenger*, Botschaft und Symbol.

one«-Beziehung. Rot bedeutet Stop und Grün Fahrt. Andere Bedeutungen sind nicht vorgesehen und würden das gesamte Verkehrssystem in ein arges Chaos stürzen. Gerade die uns heute besonders prägende Welt der Technik und Naturwissenschaft ist auf eindeutige Signale angelegt. Ähnlich verhält es sich im Tierreich, wo festgelegte Reiz-Reaktionsmuster das Überleben garantieren. In den verschiedenen Konditionierungstheorien wurde versucht, diese Zusammenhänge von Zeichen im animalischen Bereich zu erhellen.

Wie bereits an der Theorie *C. G. Jung*s angedeutet, kann das Muster der Technik zum internalisierten Muster einer Kultur und Gesellschaft werden. Dann treten an die Stelle der mehrdimensionalen Symbole – Abbilder der seelischen Innenwelt – eindeutige Zeichen. Die Repräsentanz des Seelischen wird eingeschränkt, und zu befürchten steht, daß damit die Kultivierung des Seelischen insgesamt verkümmert und verarmt.

2. Gegenüber den eindeutigen Signalen zeichnen sich *Symbole* durch ihre *Mehrdeutigkeit* aus. Theoretisch sind in einem Symbol alle Bedeutungsgehalte eines Vorgangs oder eines Objekts enthalten. Solche Komplexität nötigt zur Vereinfachung, und damit kommt es zur Gefahr, die mehrdeutigen *Symbole auf eindeutige Zeichen zu reduzieren*. Es ist genau diese Gefahr, die *Lorenzer* bei der Liturgiereform des II. Vaticanums ausgemacht hat.

3. Wie *Freud*s Symboltheorie zeigt, besteht aber auch noch nach einer anderen Richtung hin eine Gefährdung des Symbolischen. Sie wird von *Alfred Lorenzer* mit dem Begriff *Klischee* benannt. Es kommt dem nahe, was *Freud* unter *Symptom* versteht. Klischee besagt, daß der Bedeutungsreichtum, den ein Symbol, wie etwa das Vatersymbol, für einen Menschen oder eine Gemeinschaft einst hatte, eingeengt wird auf ein bedrohliches, angsterregendes, mit negativen Affekten einseitig besetztes Verständnis. Zurückzuführen ist diese Besetzung im individuellen Bereich auf unbewußt verdrängte Konflikte, die in den Klischeebildungen wie in einem Wiederholungszwang wiederkehren. So wären etwa eine Agoraphobie, hysterische Ohnmachtsanfälle oder psychosomatische Migräne als *individuelle Klischees* einzuordnen.

Auf gemeinschaftlicher, im besonderen *auf religiöser Ebene* kann es ebenfalls zu einer einseitig neurotischen Aufladung des Symbols kommen. So sehen etwa *Tilmann Moser* und mit ihm nicht wenige Menschen seiner Generation im Gottesbild nur strafende, autoritäre und kontrollierende Vater-Anteile. Daß im Gottesbild auch weibliche und mütterliche Züge enthalten sind und es damit weit über den autoritären Aspekt hinausreicht, das bleibt ausgeklammert. Religiöse Symbole können also, wie *Stenger*[47] etwa am Beispiel der vielfältigen *Mariensymbolik* gezeigt hat, zu Klischees

[47] *Ders.*, Verwirklichung unter den Augen Gottes, 113–120.

degenerieren. Sie verleiten dann zur *Regression* und nicht zur Progression. Sie reproduzieren dann nur noch traumatische und verdrängte Szenen, ohne sie über die Sphäre des Unbewußten hinauszuführen. Damit halten sie einzelne wie Gemeinschaften von seelischem Wachstum ab. Als *Indiz für Klischees* hebt *Lorenzer* ihre Unbewußtheit, das nur »gestische Ausagieren« und den Verlust des Kommunikativen hervor: »Klischeebestimmtes Verhalten ist als Teilhabe an einem Aktionsgefüge, d.h. einer ›Szene‹ zu bezeichnen, wobei sich das Spiel über den Kopf der Individuen hinweg durchsetzt. Klischeebestimmtes Verhalten ist Ausschluß aus der Sprachkommunikation. Auf dieser Stufe muß die Szene ›agiert‹ werden, sie kann weder als ›Situation‹ begriffen werden, noch auch kann das Verhalten (das eigene wie das andere) als ›Verhalten-in-Beziehung-zu‹ und d.h. als signifikante Geste verstanden werden.«[48] Damit ist auch noch einmal unterstrichen, daß Klischees Personen *zwanghaft binden* und sich einem freiheitlichen Umgang entziehen.

4. *Hermann Stenger*[49] hat in Übereinstimmung mit *Leonardo Boff*[50] für religiöse Klischees den sehr aussagekräftigen, dem Symbol komplementären Begriff *»Diabol«* geprägt. Darunter versteht er »ein ekklesiales Symbol, das seine Trägerschaft schlecht oder gar nicht erfüllt. Es schadet der Vermittlung der Botschaft. Es stiftet Verwirrung und Verfälschung.«[51]. Zum Diabol gleitet ein ekklesiales Symbol dann ab, wenn in ihm die eigentliche kerygmatische Frohbotschaft von Jesus Christus nicht mehr aufscheint und an seine Stelle etwa *Botschaften der Disziplinierung, der Belehrung oder auch der allgemein profan-therapeutischen Erbauung* treten. Nach *Stefan Knobloch*[52] kann es auch dadurch zur Diabolisierung kommen, »daß neues Lebenswissen neue Lebensverbindlichkeiten ausbildet, die vom bisherigen Symbol und seiner Inszenierung im Ritual nicht mehr hinreichend gedeckt sind. Bleibt es dennoch beim alten Ritual, dessen symbolisierter Inhalt sozusagen längst weitergezogen ist und mit anderen Inhalten amalgamierte, dann bleibt ein leeres Symbol und ein leeres Ritual zurück.« Das einstige Symbol »Mission« hat für ihn diesen Charakter eines Diabols angenommen, weil in ihm botschaftsfremde Interessen wie die »Zentralisierung und Hierarchisierung der Kirche«, die »Dogmatisierung des Glaubens«, die »Ritualisierung des Kultes« und die »Sanktionierung des sittlichen Verhaltens« an die Stelle des Evangeliums getreten sind.

Georg Baudler[53] vertritt die Auffassung, daß hauptsächlich aufgrund der sog. »einseitigen Kanalisierung« der christlichen Überlieferungssprache die

[48] *A. Lorenzer*, Sprachzerstörung und Rekonstruktion, 123f.
[49] *H. Stenger*, Verwirklichung unter den Augen Gottes, 105–129.
[50] *L. Boff*, Kleine Sakramentenlehre, 106–113.
[51] *H. Stenger*, Verwirklichung unter den Augen Gottes, 187.
[52] *S. Knobloch*, Missionarische Gemeindebildung, 212.
[53] *G. Baudler*, Einführung in symbolisch-erzählende Theologie, 175.

Symbole der christlichen Überlieferung für das Erleben der meisten Menschen, auch der sog. »praktizierenden Christen«, zu Klischees bzw. Diabolen erstarrt sind. Sie ließen sich nicht mehr unmittelbar zu Alltagsphänomenen und Alltagssituationen assoziieren und können »deshalb kaum mehr dazu dienen, konkrete Alltagskonflikte mit ihrer Hilfe zu bearbeiten. Lediglich die Jesusgestalt scheint eine Dynamik zu besitzen, die dieser geschichtlichen Tendenz zur Klischeebildung im Rahmen christlicher Überlieferung in gewisser Weise widerstand und widersteht.« Er plädiert deshalb nach nachdrücklich dafür, die Christusgestalt bei allen kirchlichen Symbolhandlungen deutlich in den Mittelpunkt zu stellen.

Diese Ausführungen aufgreifend, kann man schlußfolgern, daß die Diabolisierung oder *Klischeebildung religiöser Symbole mindestens von drei Seiten* her droht:

– *An religiöse Symbole bindet sich Neurotisches, Verdrängtes*, Symptomatisches in der Weise, daß nicht Bewußtwerdung, sondern weiterhin regressives Verdrängen gefördert wird.

– *Religiöse Symbole verlieren ihre Verbindung zu den Alltagserfahrungen der Menschen.* Sie sprechen dann nur noch religiös fremd, ohne mit den seelischen Tiefenschichten und ihren Urfragen und den damit verbundenen Emotionen in Zusammenhang zu kommen.

– *Religiöse Symbole entfernen sich von ihrem Mittelpunkt*, der in der befreiend-heilenden Gestalt Jesu Christi liegt.

Auf dem Hintergrund verschiedener Symboltheorien und Unterscheidungen können wir nun auf unsere an der Emmausgeschichte abgelesene Frage zu sprechen kommen: Wie können religiöse Symbole heilen?

2
WIE SYMBOLE HEILEN KÖNNEN

Wesentliche Zugänge zu einem heilenden Verständnis des Symbols eröffnet der französische Philosoph und Psychoanalytiker *Paul Ricoeur*[54]. Mit seiner Erweiterung und Umgestaltung der *Freud*'schen Symboltheorie stimmen auch betont therapeutische Symbolauffassungen überein, die u. a. von *Joachim Scharfenberg*[55] oder *Hans-Joachim Thilo*[56] vorgelegt wurden. Zu-

[54] Es geht hier nicht um eine philosophische Auseinandersetzung mit dem Gesamtwerk *P. Ricœurs*. Es soll lediglich über seine die Psychoanalyse erweiternde Symboltheorie berichtet werden.

[55] *J. Scharfenberg*, Einführung in die Pastoralpsychologie, 51–105. – *Ders.*, Psychoanalytische Randbemerkungen zur Taufe, 3–9.

[56] *H. J. Thilo*, Die therapeutische Funktion des Gottesdienstes.

nächst einige fragmentarische, für unser Thema jedoch zielführende Erläuterungen zur Theorie *Paul Ricoeurs*.

(1) Von der Regression zur Progression (P. Ricœur)

Nach *Ricœur*[57] ist das Symbol dem Bewußtsein in zweifacher Hinsicht »vorgegeben«. Einmal in Richtung auf Unbewußtes hin: Symbole repräsentieren verdrängte Kindheitstraumata. Im Zuge der psychoanalytisch rückwärtsgewandten Archäologie des Subjekts können sie entschlüsselt und überwunden werden. Damit entgeht das Subjekt ihrem regressiven Sog.

Ricœur geht aber nun an diese Stelle über *Freud* hinaus, er widerspricht dem Begründer der Psychoanalyse, daß damit bereits alles über das Symbol gesagt sei. Seiner Meinung nach gehört das Symbol nicht nur dem anderen *hinter dem Bewußtsein* an, sondern im gleichen Maß dem anderen *vor dem Bewußtsein*. Diese »zweite« Richtung bringt in Blick, daß das Wachstum der Person nicht nur von der Überwindung der verdrängten Vergangenheitsrelikte getragen wird, sondern ebensosehr von »Gestalten, Kategorien und Symbolen, die die Entwicklung nach Maßgabe einer progressiven Synthese lenken«[58]. Personwerdung geschieht in Symbolen, »die das Bewußtsein nach vorn ziehen, aus der Kindheit heraus«.[59]

Regression und Progression, Archäologie und Teleologie verschränken sich so dialektisch im Symbol. Kann man das *Freud*'sche Symbolverständnis auf die Formel bringen: frühe Traumatisierung – Verdrängung – Wiederkehr des Verdrängten im Symbol, so erweitert *Ricœur* auf das Prinzip: Traumatisierung – Verdrängung – Symbol als regressive Wiederkehr wie progressive Überwindung der Verdrängung.

Der französische Philosoph demonstriert dieses amplifizierte Verständnis exemplarisch am *Symbol-Komplex »Vater«*[60], der das zentrale psychoanalytische Theorem des Ödipuskonflikts aufgreift. Bekanntlich konstruiert *Freud* für die individuelle wie kollektive Psyche ein Triebschicksal, das die Söhne den Vater »töten« läßt. Insbesondere aus der Urtat der Söhne geht eine *religiöse Vater-Symbolik* hervor, die geprägt ist von regressiver Thematik: In immer wieder neu inszenierten religiösen Ritualen kehren die Tötungswünsche und die Schuldgefühle wieder. Gott-Vater wird zum Sinnbild des tyrannischen Unterdrückers, des Kampfes, des Vatermordes und der Schuldgefühle. Angereichert wird dieses kollektive religiöse »Symptom« durch die verdrängten individuellen Todeswünsche gegenüber den

[57] *P. Ricœur*, Die Interpretation. – *Ders.*, Hermeneutik und Psychoanalyse. Vgl. zum Folgenden: *J. Werbick*, Glaube im Kontext, 158–171. – *J. Heumann*, Symbol-Sprache der Religion, 45–48.
[58] *P. Ricœur*, Die Interpretation, 473.
[59] Ebd.
[60] *P. Ricœur*, Hermeneutik und Psychoanalyse, 315ff.

realen Vätern. *Freud*s Lösung des regressiven Vatersymbols zielt auf die Bewußtmachung der unbewußten Dynamik. Sowohl in der individuellen wie kollektiv-religiösen Psyche müsse alle Vater-Symbolik letztlich überwunden werden, um das Ich aus ihrem regressiven Sog zu retten.

Ricœur schlägt einen anderen Weg vor. Er sieht die Möglichkeit, das Vater-Symbol positiv weiterzuentwickeln, so daß es den Wachstumsprozeß der Person nicht nur nicht behindert, sondern voranbringt. Im Gegensatz zu *Freud* entdeckt er im *biblischen Vater-Gott-Bild* bereits ein solches progressives Symbol. Er stellt fest, daß der biblische Gott des Alten Testaments selten als Vater im Sinn einer biologischen Verbindung mit den Menschen in Erscheinung tritt. Die Vorstellung von einem Gott, der selbst Söhne und Töchter zeugt und diese beherrscht, ist der Bibel fremd. Damit wird Gott von Attributen physischer Vaterschaft abgehoben und insgesamt der Realität des Lebens stärker entrückt. Ausdruck dafür ist für *Ricœur* der sehr abstrakte Gottesname: Ich bin, der ich sein werde!, auch die Sicht des Menschen nicht als Sohn, sondern als Ebenbild Gottes. Dies trägt dazu bei, daß der biblische Gott für die Menschen weniger angsterregend und gefährlich erscheint. Es wird möglich, das Gottesbild mit anderen, mütterlich-warmen, sorgenden und zärtlichen Zügen aufzufüllen.[61] So sprechen die Psalmen und auch die Propheten von einem mütterlich-sorgenden Gott, der eine neue Zukunft für die Menschen aufrichten wird, Gott wird zum Garanten der Hoffnung und Zukunft. Er erscheint nicht mehr als Symbol für verzweifelten Protest, Kampf, Todeswünsche und Schuldgefühle.

Endgültig überwunden wird das ödipale Gott-Vater-Bild bei *Jesus*. Wenn er Gott als »abba« anspricht, dann schwingt hier nichts mehr mit von einer tyrannischen Schreckensherrschaft, sondern er ist der ver-söhnliche Vater, der die Herrschaft mit dem Sohn teilt. An die Stelle des mythologischen Vater-Symbols, das von Haß und Todeswunsch geprägt ist, ist in der Bibel der *Gott der Versöhnung und Liebe* getreten. Dies kommt auch darin unabweisbar zum Ausdruck, daß Jesus nicht auf dem Schlachtfeld im Kampf gegen den tyrannischen Vater stirbt, sondern aus Liebe zu den Menschen.

Jürgen Heumann faßt *Ricœurs* Korrektur der psychoanalytischen Vatersymbolik zutreffend zusammen: »Damit steht nicht die ödipale Wunschphantasie nach Überwindung des Vaters im Vordergrund des Symbols, sondern eigentlich ein Verlangen nach einer besseren Welt (Auferstehung)«.[62] Aus theologischer Perspektive ist der wegweisenden Konzeption *Ricœur*s freilich anzumerken, daß er religiöse Symbole philosophisch denkt und ihnen progressive Mächtigkeit aus sich heraus zutraut. Theolo-

[61] Vgl. *J. Heumann*, Symbol-Sprache der Religion, 47.
[62] *Ders.*, Symbol-Sprache der Religion, 48.

gisch wird man hier daran erinnern, daß auch Symbole wie das Vater-Symbol Offenbarung Gottes sind und von ihm in Dienst genommen werden für den historischen Prozeß seiner Selbstmitteilung. Gott kommt zur Sprache, indem er die Symbole der Menschen zu Zeichen seiner Wirklichkeit macht und die Gläubigen befähigt, diese Zeichen in seinem Geist zu deuten.

Nimmt man solche theologische Akzentverschiebung hinzu, daß im Symbolgeschehen Gott zuallererst der »kreativ« Handelnde ist, dann vermag *Ricœur*s Theorie den Weg zu weisen für ein *progressiv-heilendes Verständnis der religiösen Symbole*. Wie am Symbolkomplex Gott-Vater exemplifiziert, könnte man sich vorstellen, daß die Menschen mit ihrem unausweichlichen ödipalen Trauma gerade in dem Gott Jesu Christi, wie ihn die Geschichten der Bibel, die gottesdienstlichen Feiern oder die Gebete der Kirche – all dies sind symbolische Ausdrucksformen – erinnern, über ihre regressiven Vater-Affekte hinauswachsen können. Letztendlich treffen sie hier auf einen »mütterlichen« Vater, mit dem sie nicht, wie mit den irdischen Vätern, auf Leben und Tod konkurrieren müssen, sondern der ihnen mit seiner Liebe sagt, sie seien für ihn unverzichtbar wesentlich. Nichts mehr liegt ihm am Herzen, als daß sie leben. Im Vater-Gott selbst, wie er sich in Jesus Christus mitgeteilt hat, wird so das Vatertrauma überwunden.

Von einer solchen heilenden Kraft der Symbole des Glaubens muß im Folgenden noch ausführlicher die Rede sein.

(2) Symbol: Korrelation von Krise und Heilung

Was sich bei *Carl Gustav Jung* und *Paul Ricœur* schon andeutete, kann auf pastoralpsychologischer Ebene mit der These wiedergegeben werden: *Die kirchlich-religiösen Symbole, allen voran die Sakramente, greifen krisenhaft menschliche Grundsituationen und die darin erfahrenen Konflikte auf und bringen sie mit der ganzheitlichen Heilkraft des Glaubens zusammen.*

Dies bedeutet:[63] Religiöse Symbole »inszenieren« in einem heiligen Spiel ambivalente Urerfahrungen und Urfragen des Menschen und führen sie einer Antwort zu, die von Gott selbst gegeben wird. Wenn Christen in der Eucharistie Brot essen, wenn sie ihre Hand in Weihwasser tauchen, wenn sie sich mit dem Zeichen des Kreuzes bezeichnen, wenn sie einen Toten beerdigen, immer bringen die religiösen Symbole und Handlungen etwas von den gespürten Urgefährdungen des Menschseins zur Sprache und stellen diesen Gefahren und Aporien die heilende und schützende Macht Gottes entgegen. In den Symbolen ereignet sich somit eine *Korrelation von Lebenserfahrung und Antwort des Glaubens*. Die Ausweglosigkeit menschlichen Lebens wird mit der ausdrücklichen Erinnerung an Gottes zentrale Heilstat zusam-

[63] Vgl. *I. Baumgartner*, Psychologie und Glaube, 368–370.

mengebunden und entscheidend umgedeutet. Wenn also Christen liturgisch und symbolisch erzählen, wie Gottes Sohn in dem Bauhandwerker Jesus von Nazaret Mensch geworden ist, wie er sich auf Leid und Tod eingelassen hat und wie er am dritten Tag auferweckt wurde, dann geben sie damit ihrem eigenen Leiden, ihrer Angst vor dem Tod, ihrer ganzen Existenz eine neue Bedeutung. Sie wissen, wie die Emmausjünger, auf ihren Wegen und an den Übergängen des Lebens Gott an ihrer Seite. Die in ihr erinnerte und vergegenwärtigte Praxis Gottes macht so die *Liturgie selbst zu einem Ort der Heilung von Gott her*.

Formal psychologisch betrachtet sind demnach die religiösen Symbole vergleichbar mit *»Übergangsobjekten«*[64]. Analog, wie das kleine Kind mit dem Übergangsobjekt – einer Puppe oder einem Teddybär – die Loslösung von der Mutter-Kind-Symbiose zu bewältigen und die Trennung zu bearbeiten vermag, hilft das religiöse Symbol dem Erwachsenen, seine Konflikte religiös zu bearbeiten. Bei der Erzählung von Frau B., die wir im vorausgehenden Kapitel analysiert haben, wurde das ganz deutlich. Die Trauer um den kleinen Bruder, die übrigen Angehörigen und die verlorenen eigenen Lebensmöglichkeiten wurde von ihr in den anderen und größeren Zusammenhang der Taufe gestellt. Im religiösen Symbol der Taufe, das bei ihr wiederum als Symbol für die Welt Gottes insgesamt steht, ist für sie offensichtlich auf die Fragen und Nöte des Sterbens, des Abschieds und der zerbrochenen Hoffnungen eine heilsame Antwort vorfindbar. Sie lebt ganz selbstverständlich das von den Theologen akademisch als »Korrelation«[65] bezeichnete Lebenswissen des Glaubens: In der Welt Gottes kann all das in Ordnung kommen, was nach menschlichem Ermessen unrevidierbar und aussichtslos zerbrochen ist.

Wenn Frau B. an dieser Stelle ihrer Erzählung im Passiv formuliert: »Die Kinder sind im Haus getauft worden«, dann mag man vordergründig an den Pfarrer denken, der der Hauptakteur dieser Symbolhandlung war. Es hat aber auch einen tieferen Sinn, hier die Sprachform des Passivs zu gebrauchen. Die Heilung, die sich in Symbolhandlungen wie der Taufe kundtut, ist Tat Gottes, die den Menschen zum Empfangenden und Beschenkten macht. Damit drückt Frau B. in ihrer Weise etwas aus, was in manchen pastoralpsychologischen Überlegungen zur Heilkraft der religiösen Symbole übersehen wird. Ihre ganzheitlich heilende Wirkung sprengt den Rahmen immanenter psychotherapeutischer Kategorien. Hier wird Gott selbst als Therapeut tätig, der jene Lebenskränkungen heilen wird, die letztlich nur von ihm her geheilt werden können. Die Heilkraft der Symbole des Glaubens ist also

[64] *D. W. Winnicot*, Übergangsobjekte und Übergangsphänomene. – Vgl. dazu: *D. Funke*, Vom »Ding« zum Symbol, 31 ff. – *J. Scharfenberg*, Einführung in die Pastoralpsychologie, 91 f.

[65] Vgl. zu dem von *P. Tillich* im Kontext religiöser Symbole verwendeten Begriff »Korrelation« v. a.: *G. Baudler*, Einführung in symbolisch-erzählende Theologie, 49 ff. – *F. W. Niehl*, Korrelation.

nicht als eine besonders originelle Variante der Psychotherapie zu betrachten, sondern als Geschehen, bei dem der Mensch sich mit seinen Krisen ganz in die Welt Gottes hineinbegibt und sich von ihm beschenken läßt.

Das Erzählbeispiel von Frau B. deckt sich mit der Beobachtung *Joachim Scharfenberg*s, daß Menschen bevorzugt dann auf religiöse Symbole zurückgreifen, wenn sie ihre inneren Erfahrungen mitzuteilen versuchen. Dies geschieht in einem gewissen Maß gegenläufig zu der von Zweckrationalität gekennzeichneten Lebenskultur und ihrem Bilderverlust. *Scharfenberg* äußert im Einklang mit *C. G. Jung* die Befürchtung, daß die Bildung »von privaten Symbolen in Gestalt von psychoneurotischen Symptomen sich besonders dann einstellt, wenn der Betreffende nicht mehr an ein Symbolsystem mit Öffentlichkeitscharakter angeschlossen ist«.[66] In Abwandlung von *Freud*s Symboltheorie müßte man demnach sagen: *Wer keinen Zugang zu lebendigen religiösen Symbolen hat, ist zu psychoneurotischen Symbolen und Symptomen verurteilt*. Der Verlust der religiösen Symbolwelt, wie er sich in der von Zweckrationalität gekennzeichneten Kultur anzeigt, ginge dieser bedenkenswerten These zufolge einher mit einer Zunahme neurotischer Störungen.

Für die im weitesten Sinn heilende Funktion religiöser Symbole gibt *Scharfenberg* ein aufschlußreiches Beispiel: »Als ich einer Patientin, die sich schrecklich damit abmühte, einer sehr tiefen und frühen Erfahrung von verlorener Geborgenheit Ausdruck zu verleihen, sagte: ›Das ist für Sie wie eine Art verlorenes Paradies‹, war die überraschte Antwort: ›Sie meinen ernsthaft, daß ich nicht der einzige Mensch auf der Welt bin, der solche Erfahrungen hat?‹«[67] Schon dadurch also, *daß religiöse Symbole in Kommunikation einbinden* und Erfahrungen anderer vergegenwärtigen, wirken sie heilend. Sie führen zu der Einsicht: Ich bin nicht der einzige, der solches zu erleiden hat! Damit erlösen sie aus der tödlichen Einsamkeit und verbinden mit den Mitmenschen: Kommunikation geschieht.

Man kann nun fragen: *Was sind die Krisen, die letztlich nur von Gott her ganz ausgeheilt werden können* und die menschliches Helfen jeweils nur leidlich zu versorgen vermag? *Erik H. Erikson*[68] hat darauf in seiner Lutherbiographie eine Antwort aus der Sicht des Tiefenpsychologen versucht. Er sieht *drei menschliche Grundziele*, die aus urszenischen Kränkungen stammen und sich als Wachstumsaufgabe in den vielfältigen Krisen des Lebens zu Wort melden:

»Der Mensch, der – um es in den Worten des Paulus auszudrücken – ›durch einen Spiegel in einem dunklen Wort‹ sieht, findet sich in einer inne-

[66] *J. Scharfenberg*, Einführung in die Pastoralpsychologie, 92.
[67] Ebd. 92.
[68] *E. H. Erikson*, Der junge Mann Luther, 291 f, hier zit. nach: *J. Scharfenberg,* Einführung in die Pastoralpsychologie, 78f.

ren Welt, in der sich schattenhaft die Umrisse dreier Ziele abzeichnen, denen seine Sehnsüchte gelten. Eine dieser Sehnsüchte ist das einfache, inbrünstige Verlangen, mit wohltuenden Substanzen versorgt zu werden – eins zu sein mit einem mütterlichen Urgrund. Dieses Ziel wird durch das gütig und bejahend zugeneigte Gesicht der Barmherzigkeit symbolisiert, die dem Gläubigen die Gewißheit gibt, daß alle, die an ihre Brust zurückkehren, bedingungslos angenommen werden. In diesem Sinnbild ist die Entzweiung des autonomen Menschen für immer aufgehoben; vorbehaltlose Bejahung heilt seine Scham, nie versiegende, freigiebige Fürsorge seine Zweifel.

Ziel seiner zweiten Sehnsucht ist die väterliche Stimme des lenkenden Gewissens, die dem einfachen Paradies der Kindheit ein Ende setzt und tatkräftiges Handeln gutheißt und bestätigt. Aber sie weist ihn auch auf die Unabwendbarkeit schuldhafter Verstrickung hin und droht mit dem Wetterleuchten des Zorns. Den drohenden Ton dieser Stimme – wenn notwendig durch teilweise Unterwerfung und mancherlei Selbstbeschneidung – zu wandeln, ist das zweite drängende Verlangen, das religiösem Bemühen zugrunde liegt. Die Gottheit muß um jeden Preis dazu gebracht werden, kundzutun, daß sie in ihrer Gnade Schuld und Strafe um der Erlösung willen selbst geplant habe.

Schließlich zeigt der Spiegel das reine Selbst, den ungeborenen Kern der Schöpfung, in dem Gott ›ein lauter Nichts‹ ist, wie Angelus Silesius sagt... Dieses reine Selbst ist das Selbst, das nicht mehr an dem Konflikt zwischen Recht und Unrecht krankt, das keiner Fürsorge und keines Wegweisers zu Vernunft und Wirklichkeit mehr bedarf.«

Unüberhörbar klingt in diesen Überlegungen *Erikson*s an, »daß die Art, wie der Mensch seine krisenhaften Lebensübergänge erlebt, und die Art, wie sie in der religiösen Überlieferung gefeiert werden, zwei Seiten derselben Medaille sind, die sich wechselseitig auslegen«.[69] Mit anderen Worten: Bestimmte krisenhaft erlebte Urfragen des Menschen sind nur zu beantworten in der Gottesbeziehung, und es bedarf des Rituals und des Festes, um sich der Antworten Gottes zu vergewissern.

Ob mit den drei genannten Grundsehnsüchten, die *Erikson* postuliert, schon alles an menschlicher Konflikthaftigkeit eingefangen ist, mag dahingestellt sein. Man kann jedoch mit ihm annehmen, daß die menschlichen Grundkonflikte tatsächlich begrenzt sind. Sie wiederholen sich in ähnlicher Form immer wieder neu in jedem Menschenleben. *Joachim Scharfenberg*[70] bündelt diese *Grundprobleme* aus psychoanalytischer Perspektive in den polaren Begriffspaaren: Autonomie – Partizipation, Regression – Progression, Anpassung – Phantasie.

[69] Ebd. 79.
[70] Ebd. 56.

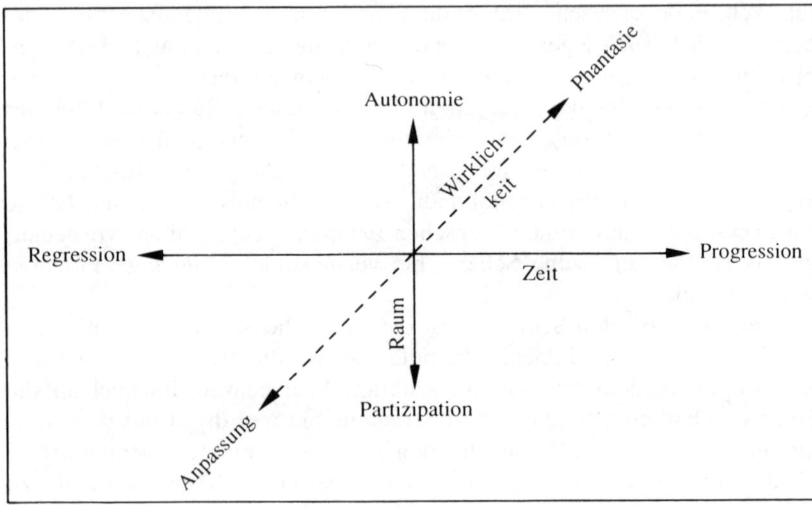

Abb. 36: Grundkonflikte menschlicher Existenz nach J. Scharfenberg

Er ordnet nun diesen Grundkonflikten und ihren Polen jeweils bestimmte psychologische und theologische Begriffe zu, verfolgt ihre Ausprägungen in Geschichte und Gesellschaft, in der individuellen Biographie, in Mythen und schließlich auch in den religiösen Symbolfeldern. Das Konfliktthema der Regression würde demnach aufgegriffen in »Schöpfungssymbolen«, Progression in »Symbolen der Wandlung«, Partizipation in »Zuwendungssymbolen«, Autonomie in »Zurechtbringungssymbolen« und Phantasie im »Schauen von Angesicht zu Angesicht« (Abb. 37).[71]

Mit einem solchen Ordnungsversuch sollte man kreativ und freiheitlich umgehen und ihm nicht alle möglichen Auslassungen und gewagten Generalisierungen anlasten. Er sollte lediglich dazu verhelfen, »die Dinge wieder etwas mehr zusammenzuschauen, die wir sonst säuberlich trennen. Vielleicht bekommt der eine oder andere gar Lust, sein eigenes Schema zu entwerfen? Es muß ja nicht unbedingt die Heisenbergsche Weltformel dabei herauskommen!«[72]

Stärker *theologisch* akzentuierte Korrelationsvorschläge unterbreitet *Georg Baudler*.[73] Er setzt *deduktiv* bei wichtigen Symbolkomplexen christlicher Überlieferung an und schließt von daher auf die ihnen entsprechenden menschlichen Grundsituationen. So versucht er etwa, das zentrale Glaubenssymbol vom gekreuzigten Messias Jesus »symbolisch-narrativ« zu

[71] Ebd. 220.
[72] Ebd. 221.
[73] *G. Baudler*, Einführung in symbolisch-erzählende Theologie, 117–258.

Phänomen	Verschmelzung	Beziehung	Ordnung	Aufbruch	Hoffnung
Konflikt	Unermeßlichkeit von Wünschen	Haß	Chaos	Realität	Resignation
Ambivalenz	Regression	Partizipation	Autonomie	Progression	Phantasie
Theol. Begriff	Schöpfung und Mystik	Erlösung und Liebe	Gesetz + Evangelium = Rechtfertigung	Heiliger Geist	Die letzten Dinge
Psychol. Begriff	Narzißmus schizoid	Objektbeziehung depressiv	Identifizierung zwanghaft	Identität Hysterie	Integration Reife
Biographie	Anfänge	Orale und anale Phase	Oedipale Phase	Pubertät	Erwachsensein
Geschichte und Gesellschaft	Zeitalter des Narzißmus?	Kapitalismus	Bürokratie	Subkultur Alternative Bewegung	Leiden und Tod
Mythen	Schöpfungsmythen	Die große Mutter	Rituale und Opfer	Befreiungsmythen	Apokalyptik
Symbolfelder	Schöpfungssymbole	Zuwendungssymbole	Zurechtbringungssymbole	Symbole der Wandlung	Das Schauen von Angesicht zu Angesicht

Abb. 37: Korrelation von Grundkonflikten und religiösen Symbolfeldern nach J. Scharfenberg

vergegenwärtigen, indem er daraus ein »politisch-gesellschaftliches Sinn- und Orientierungssymbol« ableitet. Der Symbolkomplex Trinität wird in Zusammenhang gebracht mit Fragen um Mann-Frau-Sein, Partnerschaft und menschlicher Sexualität. An den einzelnen Sakramenten, exemplarisch verifiziert an Taufe, Eucharistie und Ehe, wird ein »erfahrungsgeschichtliches Modell der Sakramentenkatechese« entwickelt. »Die Ehe-Katechese ist in diesem Sinne ein reflektierender Rückblick in die Geschichte des Kennenlernens, eine christlich informierte ›Relecture‹ jener Erfahrungsgeschichte, die in den Partnern den Entschluß zur Eheschließung reifen ließ.«[74] Die eigene Geschichte soll im Kontext des Sakramentes zusammengelesen werden mit der Geschichte von Jesus Christus. In den Symbolen der

[74] Ebd. 189.

Eschatologie und Protologie wird die menschliche Urfrage nach der »Hoffnung auf endgültiges Heil« bedacht. Und die Symbole der Mariologie – Jungfrau, Mutter – verknüpft *Baudler* mit »Impulsen zu befreiter Menschlichkeit«.

Die hier nur stichpunktartig angedeuteten Korrelationen weisen den Weg für ein im weiten Sinn *heilendes Symbol- und Sakramentenverständnis*. Sie sollen Orte sein, in denen der einzelne und die Gemeinschaft dem Christus-Medicus begegnen und von ihm sich sagen lassen, wie sehr Gott selbst Mitautor ihrer Geschichte ist und ihr Gelingen will. Damit dieser Ansatz *Baudler*s freilich pastoral fruchtbar werden kann, müßte man m.E. noch differenziertere Aufmerksamkeit auf die mit den Symbolkomplexen korrelierenden Grundsituationen richten. Es scheint unabdingbar, die Erfahrungen, die Menschen hier machen, mit Hilfe der Sozial- und Humanwissenschaften, allen voran der Psychologie, zu erschließen. Von daher könnten dann die von *Baudler* anvisierte *»Korrelationsdidaktik«* und Symbolkatechese im Dialog mit dem religiös-theologischen Symbolwissen zielsicher ansetzen.

(3) Heilende Sakramente – heilende Liturgie

Die kirchlichen Symbolhandlungen, verdichtet in den Sakramenten und der Liturgie, können als der vorzügliche Ort und Vorgang des Heilwerdens von Gott her gesehen werden. Dies rückten die vorausgegangenen Überlegungen ins Blickfeld. Wir sollten uns die heilende Funktion der Sakramente, die dem klassischen Grundsatz *»sacramenta propter homines«* entspricht, wenigstens exemplarisch vor Augen führen. Dies kann freilich nicht abgehoben vom *theologischen Verständnis der Sakramente* geschehen. Deshalb zunächst einige fragmentarische Kennzeichnungen, die nicht den Anspruch einer erschöpfenden Sakramententheologie erheben, wohl aber zu einem heilenden Verständnis dieser zentralen kirchlichen Symbolhandlungen hinführen wollen.

1. Therapeutisch-theologische Begründung

Folgende Aspekte, die den heilenden Lebenswert der Sakramente begründen, sind zu bedenken:

1. Als erstes ist an die *Geschichte und die Geschichten von Jesus Christus* zu erinnern. Seine Menschwerdung, sein heilendes Handeln an den Menschen, sein Sterben am Kreuz und seine Auferweckung von den Toten realisieren und veranschaulichen unüberholbar, wer Gott für die Menschen sein will: ein Du, das jedem einzelnen und der ganzen Menschheit mit all ihren Facetten absolut zustimmt. Die innerste Mitte des Jesus-Ereignisses ist also

die *Liebe Gottes* zu den Menschen. *Eugen Drewermann*[75] meditiert über sie: »Wohlgemerkt er (Gott, d.V.) liebt uns womöglich nicht, weil er uns nötig hätte, sondern genau umgekehrt, wir sind ihm nötig, weil er uns liebt. Nur durch die Liebe sind wir imstande, uns selber als Person zu formen, indem wir beginnen, an die eigene Bedeutung überhaupt erst zu glauben. Und vermutlich war dies die ganze Tat Jesu schon, als er auf Erden war, daß er die Menschen, die bis dahin sich fühlten wie Blätter im Wind, lehrte und es ihnen zur Erfahrung machte, sie seien etwas unverzichtbar Wesentliches für Gott. In der Liebe taucht man an den Punkt hinab, an dem man versteht, warum es all das gibt. Man begreift, wie Gott auf die Idee hat kommen können, es sollte all das sein, was uns ermöglicht, und schließlich sogar uns selber. Deshalb nennen wir diese Macht im Hintergrund, die wir nicht kennen, aber doch glauben, die Liebe selber, weil es einzig dieses menschliche Gefühl ist, das sich unendlich setzt und von dem her wir am Ende alles begreifen, was uns sonst vorkommen müßte wie ein Irrwitz, als die Widerlegung aller Logik und als die schiere Absurdität. Einzig in der Liebe ordnet sich alles.«

Auf die Sakramente bezogen bedeutet dies: Sie sind *Ausdruck der Leidenschaft Gottes für den Menschen*. In ihnen soll genau das aufleuchten, was in Jesus von Gott in die Tat gesetzt ist, daß Blinde sehen, Lahme gehen, Aussätzige rein werden, Benachteiligte aufatmen. Genau wie bei Jesus sollen Menschen wieder Mut zum Leben fassen, weil Gott selbst ihrem Menschsein zustimmt. Sie sollen in der Eucharistie oder in der Buße erahnen lernen: In der Liebe Gottes »ist das kleine Ich eines jeden so wichtig, daß der ganze Himmel darauf wartet«.[76]

2. Was die Theologie von Christus sagt, daß er das »Ursakrament« der Liebe Gottes zu den Menschen ist, das bescheinigt sie auch in analoger Weise der *Kirche*. Sie ist »in Christus gleichsam das Sakrament, das heißt Zeichen und Werkzeug für die innigste Vereinigung mit Gott wie für die Einheit der ganzen Menschheit«.[77] Das Neue Testament bringt diese innere Verbindung der Kirche mit Christus in vielen Bildern zum Ausdruck. Sie ist Leib Christi, Volk Gottes, Familie, Weinstock, Herde, Braut Gottes und Christi.[78] Von hier aus gesehen ist in ihr unfehlbar anzutreffen, wie Gott in seiner Liebe an den Menschen heilend handeln will.

Weil aber Kirche auch eine Gemeinschaft sündiger Menschen ist, ist diese heilende Absicht Gottes in ihr auch immer verdunkelt. Sie ist deshalb aufgerufen, gerade aus den *Medien der Liebe Gottes, die die Sakramente sind, alles Kränkende, Unterdrückende und Neurotisierende soweit als möglich auszuschalten*.

[75] E. Drewermann, Das Zeugnis der Liebe, 121.
[76] Ebd. 122.
[77] LG 1.
[78] Vgl. dazu: *W. Beinert*, Die heilende Seelsorge der Kirche in den Sakramenten, 91.

3. Sakramente sind Zeichen des heilend handelnden, also lebendigen und lebenschaffenden Gottes, der mit uns so umgehen will wie Jesus, als er Menschen berührte, mit ihnen zusammen war, Mahl hielt und redete. Deshalb sind auch die Sakramente nicht als statische Zeichen zu sehen, sondern sie bilden *kommunikative Handlungen*.[79] Dazu gehören nonverbale und verbale Anteile. Das Nonverbale, also z. B. das Salben mit Öl, das Austeilen des Brotes, das Waschen der Füße, das Handauflegen und das Handreichen, ist nicht etwas Nebensächliches, sondern konstitutiv, weil hier das Beziehungshandeln Gottes und der Kirche auflebt. Dazu kommt das *Wort*, das das Nonverbale nicht einfach nur klarstellt, sondern komplementär ergänzt. *Handlung und Wort legen sich gegenseitig aus*. Beziehungs- und Inhaltsaspekt sind auch bei der Kommunikationsform der Sakramente nicht voneinander zu trennen. Und auch hier gilt, was von jedem Heilvorgang zu sagen ist: Ohne gelungene Kommunikation keine Heilung.

4. Die Theologie hat den Kommunikationsvorgang der Sakramente dadurch zu schützen versucht, indem sie die Formeln *»ex opere operato«*, *»ex opere operantis«* und *»non ponentibus obicem«* einführte.[80] Ohne auf ihre theologiegeschichtliche und dogmatische Differenzierung einzugehen, darf man in ihnen die Intention sehen, *Sakramente als Begegnungssituationen* auszuweisen, wo die beteiligten Subjekte sich voll einbringen und ihr personales Subjektsein nicht draußen lassen. Geschützt werden soll die Subjektebene Spender-Empfänger: Ihre Kommunikation soll nicht zum Klischee verkümmern, wo Motive der Herrschaft oder der subtilen Kränkung sich ausbreiten. Geschützt werden soll die Beziehung des Empfängers zu Gott, daß er auch Ihm gegenüber sich als Subjekt zeigen kann und von Ihm sich in diese Rolle rufen läßt.

5. In den Sakramenten wird Vergangenes vergegenwärtigt und hergeholt. *Erinnert* werden Jesu Geschichte und Geschichten: das Abendmahl, seine Heilungen, seine Fußwaschung, sein Tod und seine Auferstehung. Gleichzeitig betreiben die Sakramente *Erinnerung unseres eigenen Lebens*: unsere Schuld, unser Vorbeileben am Lebensmodell Jesu, unsere Verzweiflung am Tod, unsere Sehnsucht nach unausrottbarem Geliebtsein, unsere Hoffnung auf ewiges Leben. Die Sakramente verflechten beides miteinander: Jesu Leben und unseres. Damit gewinnt unser Leben Perspektive. »Erinnerung nach vorn« geschieht. Wir entdecken in Tod und Auferstehung Jesu unser eigenes, künftiges Leben vorweggenommen: So wird Gott auch an uns endgültig heilend tätig werden.

[79] Vgl. dazu v. a.: *P. Hünermann*, Sakrament – Figur des Lebens. – *W. Jetter*, Symbol und Ritual, 140–199.

[80] Vgl. dazu: u. a.: *A. Ganoczy*, Sakrament. – *Ders.*, Einführung in die Katholische Sakramentenlehre. – *H. R. Schlette*, Sakrament, dogmengeschichtlich, systematisch, 456–465. – *L. Boff*, Kleine Sakramentenlehre. – *F. Courth*, Sakramente als Zeichen des Heiles. – *Th. Schneider*, Zeichen der Nähe Gottes. – *P. M. Zulehner*, Heirat, Geburt, Tod, 245 ff.

6. Damit ist unser *Leben jetzt neu definiert.*[81] Es ist ein Leben mit Gott. Die abgründigen Bedrohungen des Lebens, die in den Krisen sich zu Wort melden, sind in die Hand Gottes gelegt. Es darf von daher einer gegen alle Dunkelheit und Angst in die Zuversicht eines *Dietrich Bonhoeffer* einstimmen: »Von guten Mächten wunderbar geborgen, erwarte ich getrost, was kommen mag. Gott ist mit uns am Abend und am Morgen und ganz gewiß an jedem neuen Tag.«

7. Gleichzeitig erhält dadurch das Leben neue Richtung und Sinn.[82] Noch nicht ergriffene Möglichkeiten des »wahren Lebens« im Angesicht Gottes kommen in Blick. Der Mensch wird *provoziert, diese neuen Lebensmöglichkeiten zu ergreifen*, d.h. sich von dem unverfügbaren Gott selbst ergreifen zu lassen. Die Sakramente vermögen also auch dadurch fundamental zu heilen, daß sie den Menschen vor das hinführen, was er vor Gott sein könnte, und daß sie ihn einladen, immer mehr in das Bild, das Gott von ihm hat, hineinzuwachsen. Damit üben Sakramente eine heilsame *lebenskritische Funktion* aus.

8. Schließlich ist nicht zu übersehen, daß Sakramente all dies in Form eines *»heiligen Spiels«* inszenieren. Unsere ambivalenten Grundsituationen und Krisen werden dargestellt. Gottes zentrale Heilstat in Jesus Christus wird vergegenwärtigt, Erinnerung geschieht, die bergende Macht Gottes kommt in Blick, das Zukünftige unseres Lebens wird angeschaut, Einladung ergeht, die Möglichkeiten Gottes mit uns zu leben. All dieses ist Grund, gemeinsam zu feiern und Gott zu loben.

Man könnte nun jedes der sieben Sakramente und darüber hinaus alle übrigen Symbolhandlungen der Kirche betrachten, wie bei ihnen die angedachte *heilende Grundstruktur* vorkommt. Wir versuchen das paradigmatisch an Eucharistie und Taufe, den »sacramenta maiora« oder den »sacramenta principalia«, wie die mittelalterliche Theologie sie bezeichnete.[83] Zunächst soll die *heilende Funktion der Eucharistie* in einigen Aspekten skizziert werden, im daran anschließenden Kapitel geschieht dies am Beispiel der Taufe. Hier werden dann auch symbolkatechetische Konsequenzen zu erörtern sein.

2. Die heilende Kraft der Eucharistie

Ohne Zweifel ist in markanter Weise die heilende Kraft ekklesialer Symbolhandlungen in der Eucharistie zu ergründen. Man kann sie als den *»Königsweg« des Glaubens* sehen, wo »die großen Bilder des Lebens in uns festgemacht werden gegen die Übermacht der Bilder des Todes des Schreckens,

[81] Vgl. *P. M. Zulehner*, Heirat, Geburt, Tod, 245.
[82] Ebd., 249f.
[83] Vgl. *G. Baudler*, Einführung in symbolisch-erzählende Theologie, 197.

der Zerstörung um uns und in uns«.[84] Sie ist »Arznei des Lebens zur Heilung jeder Krankheit und zur Kräftigung jeden Fortschrittes und jeder Tugend«[85], wie es in einem Text aus der Väterzeit heißt. Und in den mittelalterlichen Klosterspitälern, wie etwa im noch erhaltenen »Hotel du Dieu« im burgundischen Beaune, wurde ein solches ganzheitliches Heilungsverständnis der Eucharistie wirklich kultiviert, indem der große Krankensaal mit den an der Wand aufgereihten Betten zugleich Gottesdienstraum war. Jeder Kranke hatte freien Blick zum Geschehen am Altar.

Aus vielerlei Gründen ist uns dieser innere Zusammenhang zwischen Kult und Heilung, der im Mittelalter, aber auch in den Asklepios-Heiligtümern der Antike, in den indianischen Schamanenheilungen oder in den Naturreligionen selbstverständlich war, weitgehend abhanden gekommen. Heiler und Priester waren hier in ein und derselben Person vereint. Vielleicht ist es aber auch die magische Beimengung, die sich in den christlichen Wallfahrtsorten und auch im »leutereligiösen« Verständnis der Sakramente noch findet, die skeptisch macht gegenüber einer allzu mystischen Gleichsetzung von Gottesdienst und Heilung. Könnten deshalb nicht gerade einige eher *empirisch-psychotherapeutische Sprechversuche über die Eucharistie* dazu beitragen, die auseinandergebrochene Ganzheit von Gottesdienst und Heilung wenigstens einmal »probehalber« wieder zusammenzufügen?

Analog zum Dreischritt psychoanalytischer Therapie und Beratung könnte auch der Gottesdienst als ein innerer Prozeß gesehen werden, der die Teilnehmer zum *»Erinnern, Wiederholen, Durcharbeiten«* bewegt.[86] Erinnert werden die unausweichliche *Schuldverstrickung* im Ausgreifen auf das Leben (Schuldbekenntnis) und die unerfüllte *Geborgenheitssehnsucht* (Kyrie) – beides von *Erikson* zu den Grundzielen menschlicher Existenz gezählt, die in der Beziehung zu Vater und Mutter aufbrechen und uns von Kindheit an ein Leben lang umtreiben. Im Erinnerungsgebet des *Gloria* wird der Blick gelenkt auf das verborgene, aber doch vom Anbeginn jedes Lebens an wirksame Urvertrauen, das Gott schenkt. *Lesung* und *Evangelium* »wiederholen«, was Menschen über die Zeiten hinweg von Gott her als heilende Antwort wichtig geworden ist. Indem die Geschichten vom heilenden Handeln Gottes erzählt und verflochten werden mit unserem Leben (Predigt), werden wir »Gleichzeitige« und treten in die erzählten Geschichten ein. Sie vermögen an uns zu handeln. Im *Credo* bindet sich der Gläubige in den tragenden Glaubenskonsens und Lebenszusammenhang der Gemeinde ein, und indem er sein »Ich glaube« spricht, »arbeitet« er in individueller Weise »durch«, was Gottes Möglichkeiten mit ihm sein könnten.

[84] *P. Cornehl*, Gottesdienst als Integration, 73.

[85] *Serapion von Thmuis*, Euchologion, zit. nach: *W. Beinert*, Die Heilende Seelsorge der Kirche in den Sakramenten, 97.

[86] Nach diesem Deutungsschema interpretiert *H. J. Thilo*, Die therapeutische Funktion des Gottesdienstes, 80ff, die eucharistische Feier.

Das *»Sursum corda«* der Präfation stimmt ihn darauf ein, nicht nur mit dem Verstand, sondern ganzheitlich, »mit dem Herzen« sich dem heilenden Handeln Gottes an ihm zu öffnen. Der *Altar*[87], der als »Grenzstein« die diesseitige und die jenseitige Welt verbindet, wird zum sichtbaren Zeichen, daß Gott auch in dieser unserer Welt und in unserem Leben am Wirken ist. Zugleich werden alle menschlichen Urszenen und unheilbaren Verwundungen, alle vom Menschen versuchten Heilungsversuche entgrenzt und transzendiert. *Menschliches wird in die Welt Gottes eingebunden.* Dies geschieht dadurch, daß hier das Ereignis Jesu Christi szenisch und zeichenhaft vergegenwärtigt wird: seine Art, Mahl zu halten, das Brot zu brechen und auszuteilen, sein Leiden, Sterben und Auferstehen. Indem Menschen sich im Essen des Brotes mit ihm vereinigen, begeben sie sich in die in ihm wirkende *Gottesnähe.* Erinnern, Wiederholen, Durcharbeiten erreicht einen »szenischen« Höhepunkt.

Insbesondere der *Mahlcharakter der Eucharistie* hat hochrangige, als im weiten Sinn »heilend« zu qualifizierende Funktion. Er »erinnert« an Jesu Mahlfeiern.[88] Sie waren zum einen geprägt von einer absoluten Zugewandtheit – *Empathie* zum anderen: Der Arme, der Hungernde an Leib und Seele, sollte satt werden. Und indem dem anderen die Nahrungsmittel Brot, Wein oder Fisch gereicht wurden, wurde ihm gesagt: Ich will, daß du lebst. Dein Leben ist mir wichtig! Damit geschieht mehr als nur Befriedigung des Nahrungstriebes. Es kann einer wieder beginnen, an den Wert und Sinn des eigenen Lebens zu glauben, weil er erfährt: Ich bin von jemandem, ja von diesem Mann Gottes, geliebt. Das eröffnet dem Leben neue Perspektiven. Wiederum wird jene Geborgenheitssehnsucht befriedet, die nach *Erikson* in uns seit den frühen »oralen« Muttererfahrungen lebt und nicht anders gestillt werden kann als vom nährenden Gott selbst. Kommunion ist Kommunikation, Überwindung der tödlichen Verhältnislosigkeit durch Gott selbst.

Sodann waren Jesu Mahlfeiern gemeinschaftliche *Versöhnungsereignisse*, Friedensfeste. Der Zöllner und der Zelot, der Arme und der Reiche, der Schriftgelehrte und der Ungebildete sind am gleichen Tisch versammelt, und alle Rangunterschiede und Konflikte vermögen nicht mehr zu trennen. Das messianische Friedensreich wird gleichsam empirisch greifbar vorweggenommen. Dieser hier gelingende Frieden symbolisiert augenfällig, daß es im Reich Gottes nichts Menschliches gibt, was verloren wäre. Es kann einer aufhören, seine von väterlichen Traumatisierungen herrührenden Schuldgefühle (*Erikson*) gegen sich und andere ins Feld zu führen, weil er zum großen Versöhnungsmahl Gottes geladen ist. Im gemeinsamen Essen wird *Frieden* besiegelt.

87 Vgl. dazu: *H. J. Thilo*, Die therapeutische Funktion des Gottesdienstes, 89ff.
88 Vgl. *G. Baudler*, Einführung in symbolisch-erzählende Theologie, 197–201.

Schließlich erinnert das eucharistische Mahl an Jesu *letztes Abendmahl* vor seinem Tod. Er hielt es nicht als »Henkersmahlzeit«, um durch die Betäubung der Sinne die Todesangst zu verjagen. Vielmehr vollzog er sie im Wissen des Kommenden und im Horizont des Todes in der gleichen Weise, wie er lebte: den Kelch des Weines und des Sterbens annehmend. Damit bringt sein Abschiedsmahl zum Ausdruck, daß auch die Lebensdunkelheiten in der Eucharistie Platz haben und sich im Lebenszusammenhang der großen Einladung Gottes aushalten lassen, ja, daß Essen und Trinken gerade angesichts des bevorstehenden Endes als Zeichen des *»Lebenswillens«* hinüberweisen auf Zukunft mit ihm nach dem Durchgang durch die Dunkelheit des Todes. Die Sehnsucht nach Gott, der jenseits des Todes auf uns wartet, von *Erikson* als drittes und eigentliches großes Lebensziel angedeutet, wird kultiviert und eschatologisch geöffnet.

Von daher wird verständlich, daß die Eucharistie als *Sinnbild der Auferstehung*[89] aufzufassen ist. Gestützt wird diese Sichtweise durch den Sachverhalt der Emmausgeschichte: Gerade im gemeinsamen Mahl erkennen die Jünger, daß Jesu Praxis über seinen Tod hinaus Bestand hat. Wer also das Herrenmahl mitfeiert und darin mit Christus ein Leib wird (1 Kor 10,17), der gerät mit ihm in den Horizont der Auferstehung. *Irenäus* kann deshalb erklären: »Wenn unsere Körper die Eucharistie empfangen, gehören sie nicht mehr der Verweslichkeit an, sondern haben Hoffnung auf Auferstehung«.[90] Die Eucharistie ist somit *»Arznei für die Unsterblichkeit«*, wie es in einem anderen Text der Vätertheologie heißt.

Neben der hochgradigen Erinnerung an Jesu Mahlpraxis ist noch auf einen anderen »heilenden« Aspekt des eucharistischen Mahles aufmerksam zu machen. Im Essen von Nahrung tritt der Mensch in den Kreislauf der Natur ein, er drückt mit seinem »oralen« Zugriff ein *Ja zur Schöpfung*, so wie sie ist, aus und überholt damit die Gott mißtrauende Protest-Oralität des alten »Adam«. Im Ergreifen der »Früchte der Erde« sagt er auch Ja zu sich, zu seiner Endlichkeit und zur »Arbeit«, die das Leben bringt. Deshalb bekunden das Essen des Brotes und das Trinken des Weines: Ich nehme dieses kreatürliche Leben, das ich bin und das mich umgibt, als Gabe und Aufgabe aus der Hand Gottes an! Dies ist die heilsame Unterweisung, die die Eucharistie an den Schöpfungsgaben von Brot und Wein auch erteilt.

Tiefsinnig meditiert *Origenes* im Anklang an die platonische Ideenlehre den »Unterricht«, den uns die irdischen Dinge wie das Brot und der Wein und die Schöpfung insgesamt von der Welt Gottes geben: »Diese sichtbare Welt enthält einen Unterricht über die unsichtbare Welt, und der irdische Bestand faßt in sich gewisse ›Gleichnisse der himmlischen Dinge‹, damit wir

[89] Vgl. dazu: *W. Beinert*, Die heilende Seelsorge der Kirche in den Sakramenten, 97.

[90] *Irenäus*, adv. haer. 4,28,5 (PG 7,1029 = Bkr, *Irenäus* II, 380), zit. nach: *W. Beinert*, Die heilende Seelsorge der Kirche in den Sakramenten, 97.

von den Dingen, die unten sind, aufsteigen können zu denen, die im Himmel sind. Nach dem Bilde der himmlischen Dinge gab der Schöpfer den irdischen Geschöpfen eine gewisse Ähnlichkeit, aus der ihre Mannigfaltigkeit leichter zusammengefaßt und durchschaut werden könnte. Und vielleicht hat Gott, wie er den Menschen ›nach seinem Bilde und Gleichnis‹ schuf, so auch den übrigen Geschöpfen die Ähnlichkeit mit himmlischen Urbildern gewährt, und vielleicht hat sogar jedes Irdische so sehr ein Gegenbild und eine Ähnlichkeit im Himmlischen, daß auch noch das Senfkorn, das kleinste unter allen Samenkörnern, sein Bild und seine Ähnlichkeit im Himmel besitzt... und so kann man auch von allen andern Dingen annehmen, seien es Samen, seien es Wurzeln oder Tiere, daß sie zwar auf der einen Seite den Menschen einen leiblichen Nutzen und Dienst gewähren, andererseits aber Gestalt und Bild des Unsichtbaren enthalten, aus denen die Seele angeleitet und erzogen werden kann, auch die unsichtbaren und himmlischen Dinge zu schauen.«[91]

Es zeigt sich bei unserem bewußt in der Schwebe gehaltenen »therapeutischen Sprechversuch« über die Eucharistie, daß hier keine spezifische Variante der Psychotherapie sich abspielt, auch wenn gewisse psychoanalytische Deutungskategorien verwendet wurden, sondern daß hier ein viel größeres Spiel gespielt wird. *Wir spielen das Drama unseres Lebens mit seinen ungestillten Sehnsüchten hinein in das Heilshandeln Christi*, das im Mahlhalten seinen verdichteten Ausdruck gefunden hat. Solche Verflechtung unserer Abgründe mit dem Abgrund der Liebe Gottes läßt uns Ja sagen zu uns und dieser Welt und nimmt vorweg, wo unser Weg hinführt und hinführen soll. Gerade darin besteht die von keiner menschlich inszenierten Psychotherapie zu stillende Heilungssehnsucht des Menschen.

Ein solcher Deutungsversuch wird gewiß immer vorläufig bleiben, weil er eben nicht den »Mehrwert« des Symbolischen restlos aussagen kann und braucht. Aber vielleicht regt er an, wie ähnliche Ansätze zum *Kirchenjahr*[92], zum *Stundengebet*[93] oder zum *Kreuzweg*, das geheime *»Curriculum vitae«*, das hier begegnet, noch mehr zu sich sprechen zu lassen.

[91] *Origenes*, Hohelied Kommentar III (G.S. VIII, 208f.), zit. nach: *A. Rosenberg*, Einführung in das Symbolverständnis, 14f.

[92] Vgl. *J. Scharfenberg*, Einführung in die Pastoralpsychologie, 79–82. – *A. Grün/M. Reepen*, Heilendes Kirchenjahr.

[93] Vgl. *H. J. Thilo*, Die therapeutische Funktion des Gottesdienstes, 97–109.

3
VOM SYMBOL ZURÜCK ZUR PASTORAL-THERAPEUTISCHEN DIAKONIE – AM BEISPIEL TAUFE

Die These, die wir hier bedenken und die keineswegs alle Aspekte der Taufe in Blick zu nehmen beansprucht, besagt: In der *Symbolhandlung Taufe* werden, wie bei den übrigen Sakramenten und liturgischen Zeichen auch, zwiespältige Urerfahrungen, die bewältigt werden müssen und nach Hilfe Ausschau halten lassen, zur Darstellung und mit der heilenden Kraft Gottes selbst in Zusammenhang gebracht. In der Taufe ist demnach nicht vorrangig die noch wenig erwachte Erfahrungswelt des Kindes Thema der symbolisch-heilenden Liturgie, sondern das innere *Erleben der Eltern*. Anders gesagt: Indem die Taufe sich der Urerfahrungen der Eltern annimmt, übt sie heilende Praxis am Kind.[94]

(1) Lebenskrise »Geburt«

Die Perspektive auf die innere Welt der Eltern, die ein Kind bekommen, kann nicht deutlich genug hervorgehoben werden. Theologie[95] und Pastoral übergehen nicht selten das psychische Erleben der Eltern – wie an einem exemplarischen Taufgespräch noch beobachtbar sein wird – und deuten sie »erfahrungsarm«, vorwiegend dogmatisch als »Aufnahme des Kindes in die Kirche«. Das ist sie sicherlich auch. Aber die theologische Qualifizierung der Taufe als Aufnahme des Kindes in das Volk Gottes ist erst im Vollsinn und in ihrer Tragweite einigermaßen begreifbar, wenn sie im Kontext der *Geburtserfahrung der Eltern* verstanden wird. Ihr Leben, an diesem wichtigen Punkt ihrer Biographie, will in der Taufe zur Sprache kommen. Erst dann wird sichtbar, daß die in der Taufe symbolisch inszenierte und gefeierte Aufnahme des Kindes in die Gemeinschaft des Volkes Gottes genau auf jene Aporien antwortet, die Eltern am Beginn ihres Weges mit einem Kind bewegen. Wenn Theologie und Pastoral die aporetische »perinatale« Erfahrungswelt der Eltern nur am Rande zur Kenntnis nehmen oder übergehen, stoßen sie mit ihrer Formel von der Aufnahme des Kindes in die Kirche auf Unverständnis bei vielen Eltern. Trotz aller theologisch richtigen Kennzeichnung der Taufe würde sie von der Pastoral selbst zum Klischee herabgemindert, weil die Sorgen der Menschen in ihr nicht so ernst genommen werden, wie es Gottes Absicht entspricht.

[94] Vgl. eine ähnliche Auffassung bei *P. M. Zulehner*, Heirat, Geburt, Tod, 150.
[95] Diese Tendenz findet sich z. B. bei *J. Brosseder*, Taufe/Firmung.

Wie sieht die innere Erfahrungswelt von Menschen, die Vater und Mutter werden, aus? Die *perinatale Psychologie*[96] und die moderne Entwicklungspsychologie geben darüber Aufschluß.

Vor der Geburt bewegt die Eltern nicht selten eine ziemliche *Angst*, es könnte zu Komplikationen und zu Behinderungen des Kindes kommen, an denen sie seelisch zerbrechen könnten. Die Angst ist keineswegs unbegründet, denn trotz enormer Fortschritte der praenatalen Medizin ist das Risiko von Schwangerschafts- und Geburtskomplikationen unverkennbar. Beispielsweise beträgt die Wahrscheinlichkeit einer Frühgeburt, wenn beide Eltern rauchen, 10%.[97] Daneben können u.a. Infektionskrankheiten, Strahlenschäden, Medikamente, toxische Umwelteinflüsse, Alter der Mutter, aber auch psychischer Streß zu Entwicklungsstörungen im Embryonal- und Fötalstadium führen.

Aber auch *Schuldgefühle* stellen sich ein, nicht genügend auf das Kind vorbereitet zu sein; Zweifel, ob man die eigene Identität als Mann oder Frau, auch den gemeinsamen Weg als Paar soweit vorangebracht hat, daß im Herzen Platz für ein Kind ist. Dahinein mischt sich die *Erwartung* auf ein Wesen, das zu einem gehören soll und das man gern haben will.

Die *Geburt* eines Kindes erfahren viele Eltern als ein *unverdientes Geschenk*. Das Kind erscheint ihnen, bei aller in der vorgeburtlichen Phantasie eingeübten Vertrautheit, als ein fremdes Wesen aus einer anderen Welt, als ein *»Bote Gottes«*. Sie haben das Gefühl, ein Kind geschenkt zu bekommen, das aber vom ersten Moment an bekundet, daß es nicht nur ihnen, sondern sich selbst und einem anderen angehört.

Nach der Geburt, in den ersten Wochen bereits, verblaßt das freudige Ereignis und macht nicht selten einem *Schockerlebnis* Platz. Das kleine, schreiende Bündel braucht beständige Pflege, behindert in der bisher gewohnten Unabhängigkeit und Freiheit, raubt den Schlaf und erzwingt tiefgreifende Umstellungen im beruflichen und partnerschaftlichen Alltag. Vor allem das erste, aber auch die anderen Kinder machen den Eltern zu schaffen und lösen bei ihnen uneingestandene, gesellschaftlich tabuisierte *Wut- und Haßgefühle* aus. Am liebsten würde man, wenn man der unbewußten Schattenseite nachgäbe, diesen kleinen konfliktschaffenden Eindringling in die leidlich strukturierte Zweierbeziehung »ersäufen« und die Geburt wieder ungeschehen machen.[98] Dahinein ragen unvergeßliche *Augenblicke des Glücks und der Freude*. Das Kind beginnt in den Eltern hervorzulocken, was in ihnen an ungelebten Möglichkeiten des Staunens, des Fühlens, der Zärtlichkeit und Kindlichkeit schlummert.

[96] Vgl. u.a.: *P.H. Mussen/I.J. Conger/J. Kagan*, Lehrbuch der Kinderpsychologie. – *M. Weber*, Grundfragen der Psychologie. – *H. Benesch*, dtv-Atlas der Psychologie, 287–288.

[97] *K. Müller*, Psychologie I und II, 115.

[98] Mütter beantworten diese affektierte Irritation nicht selten mit der sog. »Wochenbettdepression«. Vgl. *R. Tölle*, Psychiatrie, 246.

Ein solches auswegloses und zugleich über alles Bisherige hinausführendes, beängstigendes und zugleich beglückendes, einengendes und zugleich befreiendes, beraubendes und zugleich beschenkendes Ereignis erweist sich so im Licht der perinatalen Psychologie als wahrhaft *ambivalent*, als kritisches Lebensereignis, das der Bewältigung bedarf. Lösungen sind jedoch, wie pastoralsoziologische Analysen[99] verdeutlichen, heutzutage dadurch erschwert, daß Menschen auch hier wie in anderen Lebenskrisen vom pluralen Sinnangebot der Gesellschaft weitgehend *alleingelassen* werden. Sie müssen sich ihre gemeinsame Wir-Welt als junge Familie mit Kind in »privater« Anstrengung bauen und können vor allem nicht damit rechnen, die ambivalenten Gefühlserfahrungen der Geburt durch gesellschaftliche Hilfen bearbeiten zu können. Insbesondere mangelt es der pluralistischen Gesellschaft an therapeutischen Instrumentarien, wo die verdrängten Haßgefühle dem Neugeborenen gegenüber konstruktiv dargestellt und befriedet werden können. Daneben bekommen Eltern aber auch zu spüren, daß eine Leistungsgesellschaft sich schwertut, für Kind und junge Familie tatkräftige Sympathie zu entwickeln. Dies hat zur Folge, daß Eltern sich vor einer Aufgabe sehen, vor der sie nicht wenig Angst haben, ob es ihnen gelingen wird, mit dem Kind zusammen zu einem guten Leben in Frieden zu finden. Was hier helfen kann, wird nicht nur bei den Mitmenschen gesucht, sondern bei jener Macht, der man allen Schutz vor Gefährdungen zutraut.

(2) Taufe – Heilung in der Lebenskrise »Geburt«

Die Symbole der Taufe greifen die zutiefst verunsicherte, in die Krise geratene, zwiespältige innere Welt der Eltern auf. In der Taufe wird all das, was sich bewußt und unbewußt um das neugeborene Kind rankt, symbolisch nachgestaltet, belebt, zugelassen und bearbeitet.[100] Die Eltern *»ersäufen«* nun tatsächlich ihr Kind symbolisch im Wasser und geben damit ihrer Enttäuschung und Wut Ausdruck. Indem das Kind zurück in das Wasser geschickt wird, wird die *Geburt gleichsam ungeschehen gemacht*. Gleichzeitig handelt es sich aber auch um einen zärtlich-pflegenden Badevorgang, bei

[99] Vgl. *P. M. Zulehner*, Heirat, Geburt, Tod, 18–53, 233ff.

[100] Vgl. dazu auch: *J. Scharfenberg*, Psychoanalytische Randbemerkungen zur Taufe, 3–9. »Das zentrale Symbol der Taufe besteht im Eingetauchtwerden in Wasser, das von der Überlieferung als dem Sterben des alten und dem Wiederheraufkommen eines neuen Menschen gedeutet wird. Dieser zweigliedrige Vorgang trägt die Struktur der Doppeltheit von Abstoßung und Zuneigung, von Aus- und Eingliederung, von Tod und Leben, Antipathie und Sympathie. Wenn wir annehmen, daß diese Gefühlsambivalenz von Eltern, auch ihren kleinen Kindern gegenüber, die wir aus manigfachen Beobachtungen als gegeben voraussetzen können, in unserer Gesellschaft dadurch zu einem stärker unbewußten Konflikt geworden ist, daß nur die positiven Gefühle akzeptiert werden, die negativen aber verdrängt werden müssen, dann würde ein solches zweigliedriges Symbol sich vornehmlich zur Aufnahme und unbewußten Bearbeitung eben dieses Ambivalenzkonfliktes eignen.«

dem man dem Kind seine *Zuneigung und Liebe* zeigt. Wenn sie ihr Kind waschen, dann geschieht damit Reinigung von allen Makeln, mit denen sie, die Eltern, es im geheimen versehen haben (»Eindringling«, »Lebenshindernis«), *Schuld wird bearbeitet*. Indem sie das Kind dem Wasser übergeben, bringen sie ihren vollzogenen *Umkehrprozeß* zum Ausdruck, das Kind nicht als »Eigentum« zu betrachten und seinen eigenen Weg gehen zu lassen. Und bei all dem *»wiederholen« sie noch einmal eine Geburt*, sie erhalten ihr Kind als Geschenk aus dem Wasser zurück.

Wenn man diese »profan-therapeutische« symbolische Inszenierung der Geburt betrachtet, wird verständlich, warum sich wohl in den meisten Kulturen und Religionen ein Initiationsritus vergleichbar der christlichen Taufe findet.[101] Die »verwirrte« Seele der Eltern soll mit Blick auf ein gelingendes Leben des Kindes heil werden. Insbesondere im Rahmen der Psychologie *C. G. Jungs*[102] konnte gezeigt werden, daß das *Element des Wassers* ideal geeignet erscheint für die therapeutische Symbolhandlung in der Krise der Geburt. Es verfügt über eine »natürliche Mächtigkeit«, die es zum Symbolträger für all die unbewußten ambivalenten Gefühle und Handlungsintentionen gegenüber dem Kind macht, die Eltern empfinden. Es reinigt und infiziert, es belebt und tötet, es gebiert und nimmt zurück, es verwandelt und vernichtet. Man sieht in ihm eine *Entsprechung zum kollektiven Unbewußten*, mit dem Eltern und Kinder in der rituellen Begegnung mit Wasser ausdrücklich in Kontakt gebracht werden, so als sollte ihnen beruhigend und wegweisend gesagt werden, daß all das Ambivalente ihrer Geburtserfahrung hier ein Gegenüber hat und dem Menschlichen zutiefst angemessen ist.

Eine solche profan-therapeutische Deutung der Taufe wertet ihr christliches Verständnis nicht ab, sondern vermag sie erst in ihrer Reichweite in Blick zu nehmen. Mit anderen Worten: Was von der Psychologie *C. G. Jungs* her über die Taufe gesagt werden kann, ist die christliche Taufe auch, aber sie ist noch mehr: In ihr kommen Eltern und Kind nicht nur mit einem kollektiven Unbewußten in Kontakt, sondern mit dem Gott Jesu Christi. Das Eintauchen in Wasser und die übrigen Zeichen und Symbolhandlungen der Taufe *binden Eltern und Kind in die Welt Gottes ein*. Wie ist dies in der Taufe symbolisiert?

Bei der christlichen Taufe[103] – wir entfalten hier keine vollständige Tauftheologie – handelt es sich nicht nur um das »Eintauchen« in gewöhnliches Wasser. Wir haben leider im Gegensatz zu manchen Sekten nur noch ein dürftiges Rudiment dieses ausdrucks- und eindrucksstarken Vorgangs be-

[101] Vgl. u. a.: *T. Schneider*, Taufe.

[102] Vgl. *H. Barz*, Tiefenpsychologische Deutung der Taufe, 55–80.

[103] Vgl. zur Theologie der Taufe u. a.: *P. M. Zulehner*, Heirat, Geburt, Tod, 150–191. – *J. Brosseder*, Taufe/Firmung (hier weitere Literatur). – *A. Grün*, Taufstätten. – *J. Betz*, Taufe. – *T. Schneider*, Zeichen der Nähe Gottes.

wahrt. Das Wasser der Taufe ist in der *gemeindlichen Erinnerungsfeier* an die Auferstehung Jesu Christi geheiligt worden. Es ist hier zum Zeichen erklärt worden für die Praxis Gottes, die alle Todesinfiziertheit überwindet und auf ein Leben in Fülle für jeden einzelnen zielt. Von diesem Gott, der sich in Jesus Christus, seinem heilenden Handeln, seinem Mitleiden mit den Menschen und seiner Auferstehung am anschaulichsten ausgesprochen hat, kündet dieses Wasser. Es »erzählt« damit auch jene Geschichte von Jesu Taufe im Jordan, wo zu ihm von Gott her gesagt wurde: »Du bist mein geliebter Sohn, an dir habe ich Gefallen gefunden« (Mk 1,11). Solche von Gott her gesagte Zustimmung sollen Eltern gerade angesichts ihrer dunklen Schattengefühle dem Kind gegenüber mit dem Wasser der Taufe sich selbst zusagen lassen und auf ihr Kind hin nachsprechen lernen. Somit zeigt sich, daß das Wasser der Taufe vor allem auch *Symbolträger* nicht nur der unbewußten Gefühle der Eltern, sondern vor allem *der Praxis Gottes und Jesu Christi* ist. Wer mit dem Wasser der Taufe in Berührung kommt, kommt mit dem heilend gesinnten Gott Jesu Christi in Berührung. Damit wird das Leben der Eltern und des Kindes auf eine neue Grundlage gestellt, es ist ein Leben mit Gott, wie die Texte, die die Symbolhandlung mittragen, zum Ausdruck bringen. In der Taufe wird erkennbar, daß Geburt immer auch *Beginn eines neuen Lebens unter den liebenden Augen Gottes* ist.

Indem das Wasser an die Auferstehungsfeier der Gemeinde erinnert, symbolisiert es auch den Ort, an dem sich die lebensspendende Kraft Gottes in besonderer Weise entfaltet. Es ist die Versammlung des Volkes Gottes. Das Wasser der Taufe steht im Zusammenhang mit der Jesu Tod und Auferstehung erinnernden Gemeinde. Deshalb bedeutet die Berührung mit diesem Wasser immer auch Berührung mit der Gemeinde Gottes, ist Anschluß an die Kraftquelle Gemeinde.

In ähnlicher Weise wie am Wasser ließe sich an den übrigen Symbolen zeigen, wie Taufe die Lebenskrise Geburt von Gott her beantworten will.[104] So steht das *Kreuzzeichen* für die Übergabe des Kindes an Gott. Irdische Elternschaft und die Wirklichkeit göttlicher Vater- und Mutterschaft durchdringen sich. Die *Taufkerze* gestaltet den Übergang des Lebens vom Dunkel des Mutterschoßes zum »Licht der Welt« ebenso nach, wie die im *Eintauchen ins Wasser* bereits inszenierte Urerfahrung, daß nur im Aufsuchen und Aushalten der dunklen Schattenseiten menschlicher Existenz, die sich in der Elternschaft unüberhörbar zu Wort melden, gutes Leben im Licht des Friedens möglich ist. Zugleich ist es Symbol der Praxis Gottes, der in Jesus Christus Licht in der Finsternis jeden Lebens sein will. Somit zeigt diese Kerze an, daß auch dann noch, wenn die Zeit des individuellen Lebens immer mehr herunterbrennt, Gott selbst für ewiges Licht sorgt.

Zusammenfassend kann man sagen: Das von vielfältiger Verwirrung ge-

[104] Vgl. *H. J. Thilo*, Die therapeutische Funktion des Gottesdienstes, 124–128.

prägte kritische Lebensereignis Geburt eines Kindes wird für die Eltern in der Taufe mit allen unbewußten Facetten zur Darstellung gebracht und dem Gott Jesu Christi anvertraut. Eltern werden entlastet, für ihr Kind alles sein zu müssen, weil sie symbolisch in der Taufe erleben, *daß Gott selbst ihr Kind in sein Herz geschlossen hat und mit ihnen ist*. Es kommt für sie in Blick, daß sie sowohl im Umfeld der Geburt als auch in der künftigen Erziehungsaufgabe vor Gott und ihrem Kind »endlich« sein dürfen – mit Schattenseiten, die sich bei aller Bemühung immer auch in ihrer Liebe zum Kind einnisten. Angesichts des beiderseitigen Geburtstraumas und des bevorstehenden Weges als Familie erfahren sie von der *Heilkraft der Gemeinde Gottes*, die für sie Sympathie empfindet, weil sie daran glaubt, daß Gott selbst in einem Kind zur Welt gekommen ist. Solcher Glaube begründet in der Gemeinde eine diakonische Anwaltschaft für das Kind, die Eltern wirklich zu stützen vermag – in Mutter-Kind-Gruppen, in Baby-Sitter-Diensten, in Familienkreisen u. ä. Darüber hinaus hält diese Gemeinde in Erinnerung, daß Gott selbst dem Kind Vater und Mutter sein will.

Gewiß ist die Vision einer mit dem Kind und seinen Eltern sympathisierenden Gemeinde nicht immer genügend spürbar. Auch das Verständnis der Taufe als eines von Gott her heilenden Vorgangs ist bei Seelsorgern und Christen oft wenig entwickelt. Es wundert deshalb nicht, daß *Taufe manchmal klischeehaft* als kirchlicher Verwaltungsakt (»Taufschein«) mißverstanden wird und eine tiefere Einsicht in ihren Sinn bei vielen Eltern immer mehr schwindet.[105]

Zum Verdunsten der Taufmotivation mag auch das Fehlen einer eigenen tragfähigen *Theologie der Kindertaufe* beigetragen haben. Man hat mit entsprechender theologischer Konstruktion hier die Kategorien der Erwachsenentaufe zur Deutung herangezogen. Die Eltern und Paten versprechen stellvertretend für das intellektuell noch nicht gereifte Kind ein Leben nach dem Glauben, das dann vom Kind später noch einmal ratifiziert werden muß. Damit kommt nur marginal in Blick, was Eltern und Kind durch die Taufe *jetzt* an Beistand für die zwiespältige Situation der Geburt gewinnen können. Auch treten moralische und erzieherische Leistungsaspekte in den Vordergrund, die die Bewältigung der Krise Geburt zusätzlich zu belasten scheinen. Überdies brachte eine an Kind und Eltern z. T. vorbeikonstruierte einseitige Tauftheologie die *Verfestigung obrigkeitlicher Seelsorgsauffassung* mit sich: Nun mußte im Taufgespräch überprüft und prognostiziert werden, ob die Religiosität und Kirchlichkeit der Eltern eine der Taufe angemessene »Glaubensentscheidung« des Kindes später erwarten läßt oder nicht.

Die skizzierte pastoralpsychologisch orientierte Anregung zum Ver-

[105] Vgl. zum Rückgang der Taufziffern: *P. M. Zulehner*, Heirat, Geburt, Tod, 187f.

ständnis der Kindertaufe[106] hebt dagegen hervor, daß der Kirche in der Lebenskrise Geburt zuallererst ein *undelegierbarer Heilungsauftrag und eine in Gott selbst verankerte Heilungskompetenz zukommen.* Sie darf Eltern auf der Suche nach Heilung in ihrer Lebensaporie im Kontext der Geburt nicht allein lassen und die heilende Symbolhandlung der Taufe nicht zum Ort der Glaubensüberprüfung, der obrigkeitlichen Belehrung oder moralischen Wertung insgeheim umdefinieren. Die Sorge der Kirche um das bewußte Hineinwachsen der Menschen in den Glauben an den Gott Jesu Christi ist damit nicht gering geachtet. Doch ist zu fragen, ob die Krise von Menschen, wenn sie nach Hilfe Ausschau halten, dafür der rechte, d.h. jesusgemäße Ansatzpunkt ist.

(3) Von der Heilkraft der Taufsymbole zum Taufgespräch

Taufe als Ort der Heilung in der Krise Geburt – diese Perspektive hat auch Konsequenzen für das *Taufgespräch.* Auch hier geht es dann zuerst darum, die Ambivalenz- und Krisenerfahrung der Eltern, die ein Kind bekommen haben, zu heilen. Damit ist das Taufgespräch als ein therapeutischer Vorgang definiert; alle anderen pastoralen Motive müssen sich vor der unübersehbaren Heilungsbedürftigkeit der Eltern rechtfertigen, ob sie mit der Absicht, die der Gott Jesu Christi für Eltern und Kinder hegt, im Einklang stehen. Seelsorger müßten sich fragen, ob sie die heilende Praxis der Taufliturgie, die den heilenden Gott Jesu Christi selbst durchscheinen lassen will, auch *im Taufgespräch bereits auf den Weg bringen.* Von den Symbolhandlungen der Taufe her gesehen, kennt das Taufgespräch kein vorrangigeres Ziel: Eltern sollen in der Begegnung mit der annehmenden Seelsorge Gottes in Anbetracht ihrer Lebenskrise auf den Weg der Heilung kommen. Taufliturgie und -gespräch bilden zwei Seiten ein und derselben Medaille; das eine setzt sich im anderen fort.

1. Beispiel eines Taufgesprächs

Betrachten wir unter der Hinsicht, daß auch im Taufgespräch die seelische Krise der Eltern, wie in der Taufliturgie der Fall, heilender Aufmerksamkeit bedarf, ein konkretes Taufgespräch mit einem kirchlich distanzierten Ehepaar:[107]

[106] Vgl. dazu in die gleiche Richtung zielende Überlegungen von *P. M. Zulehner*, Heirat, Geburt, Tod, 172ff.

[107] Es ist entnommen aus: *A. Hammers*, Die Bedeutung der Psychologie in der pastoralen Praxis, 485–487.

S: Seelsorger M: Mann F: Frau

M: Wir möchten unseren Sohn zur Taufe am übernächsten Sonntag anmelden.

S: Zuerst einmal herzlichen Glückwunsch! Ist alles gut gegangen?

F: Ja, ich habe alles gut überstanden, und es ist ein prächtiges Kerlchen.

S: Sie haben ihn richtig gern.

M+F: Ja, aber sicher!

S: Schön! (kl. Pause) Sie sagten vorhin, daß der Termin für Sie schon feststeht und daß es für Sie selbstverständlich ist, daß Sie Ihr Kind taufen lassen.

M: Ja schon, die Verwandten sind ja schon alle eingeladen, und es ist ja für das Kind auch besser.

S: Sie glauben schon, daß es für den Kleinen Vorteile bringt, wenn er getauft ist.

M: Hm. Wir wohnen in einer Gegend, wo es nur einen katholischen Kindergarten und eine Konfessionsschule gibt. Und überhaupt wird das Kind ja später wohl schief angesehen, wenn es nicht getauft ist.

S: Es sind hauptsächlich äußere Gründe, die Sie zur Taufe bewegen. Sie möchten es Ihrem Kind in unserer Gesellschaft nicht schwerer machen als nötig.

M: Ja, genau. Es wird es so schon schwer genug haben.

S: Die Gründe, die Sie anführen, können schon bedeutend sein, je nach der Gegend, in der Sie wohnen. Ich frage mich darüber hinaus jedoch, was die Taufe in religiöser Hinsicht für Sie bedeutet.

M: Ja, wissen Sie, mit der Kirche haben wir es nicht so sehr. Meine Frau auch nicht (sie nickt).

S: Für Sie beide bedeutet Kirche nicht viel. Sie haben kaum einen Bezug dazu.

F: Wenn ich mir das ansehe in unserer Nachbarschaft, alles schwarze CDU-Wähler, wir sind die einzigen, die SPD wählen. Was wir da schon mitgemacht haben. Wir sind schon mehrfach als Kommunisten und Terror-Sympathiesanten beschimpft worden. Bis auf eine Familie sind alle gegen uns; so richtig feindselig und hinterlistig.

S: Das Verhalten der meisten Ihrer Nachbarn verletzt Sie, und Sie ärgern sich sehr über diese Leute.

M: Und dann rennen sie jeden Sonntag mit einem dicken Gebetbuch in die Kirche, und hinterher reden sie schlecht über uns und versuchen uns fertigzumachen.

S: Das ist es, was Sie aufregt und verbittert macht: Diese Leute bekennen sich als Christen, aber spüren bei ihnen keine Nächstenliebe, sondern das Gegenteil.

M: Genau so ist es, und mit so einer Kirche möchte ich nichts zu tun haben.

S: Kirche ist für Sie identisch geworden mit diesen negativen Erfahrungen, und Sie kommen nicht mehr los davon.

F: Es ist ja nicht nur das, woanders ist es ja nicht besser.

S: Wenn ich das ernst nehme, was Sie sagen – und ich habe keinen Grund, das nicht zu tun –, dann komme ich jetzt in große Schwierigkeiten mit der Taufe Ihres Kindes. Wenn ich mir klarmache, daß wir durch die Taufe Ihr Kind gerade als Mitglied in die Kirche aufnehmen, die Sie so unsympathisch finden, dann wehrt sich in mir einiges dagegen.

F: Aber wir können doch jetzt das Ganze nicht einfach ruck-zuck absagen. Das gibt doch einen Riesenaufstand in unserer Verwandtschaft!

S: Sie sind unter großem Druck dadurch, daß Sie praktisch schon alles arrangiert haben vor diesem Gespräch.

M: Garnicht auszudenken! (Frau nickt heftig. Kl. Pause)

S: Sie sind jetzt in einer schwierigen Lage – und mir gehts nicht anders. Für mich bedeutet eine Taufe sehr viel. In ihr nimmt Gott ein Kind in die Gemeinschaft mit ihm auf, und er sagt ohne Bedingung ja zu diesem Kind für immer. Und es wird auch in die Gemeinschaft derer aufgenommen, die an die Zusage dieses Gottes glauben. Für mich ist die Kirche diese Gemeinschaft, auch wenn ich wie Sie unter einigem leide, was mir an ihr nicht gefällt. Und wenn ich mir vorstelle, daß Sie da ganz anderer Meinung sind und keinen Bezug dazu haben, dann kommt mir die Befürchtung, daß ich übernächsten Sonntag etwas tue, was keinen rechten Sinn hat. Ich fang da etwas an, und sehe den Boden nicht, auf dem etwas wachsen kann. Das macht mich schon sehr unruhig.

M: Das ist ja zum Verrücktwerden (kl. Pause). Sicher, Sie nehmen das ernst, was wir sagen, und da ist es nicht mehr als fair, wenn wir dasselbe umgekehrt tun. Aber wir können doch unmöglich die Taufe absagen. Was machen wir denn da?...

2. Gesprächsanalyse

1. »Zuerst einmal herzlichen Glückwunsch!...«

»Am Anfang steht der Glückwunsch des Seelsorgers zur glücklichen Geburt des Kindes. Man hat freilich den Eindruck, daß hier eher einer *gesell-*

schaftlichen Konvention Genüge getan wird, als daß wirkliches Mitfreuen oder Interesse zum Ausdruck kommen. Gerade die spontane Antwort der Mutter läßt eine große Erleichterung und viel Dankbarkeit über das Kind spüren; all ihr Glück und ihre Freude schwingt mit, wenn sie von ihrem »prächtigen Kerlchen« spricht. Der Seelsorger steht diesem verhaltenen mütterlichen Gefühlsüberschwang recht hilflos gegenüber, er klammert sich fast krampfhaft an die *gelernte Technik des Verbalisierens*, und gerade dadurch wird sein Echo auf die Freude der Mutter zur Schablone, blaß und enttäuschend. All das, was es für die Eltern heißt, alles »gut überstanden zu haben«, was dieses Kind für ihre Beziehung bedeutet und was sie im Blick auf die gemeinsame Zukunft als Familie bewegt, bleibt liegen und verstummt in der »Technik« des Seelsorgers. Er selbst ist nicht erkennbar, daß er sich wirklich etwas erzählen lassen will, vom Glück, ein Kind zu bekommen, und von der Angst, es erziehen zu sollen.

Es scheint, daß er trotz oder gerade wegen der regelgerechten Verbalisierung das *Thema Mutter-Vater-werden wegschiebt* und sich nicht weiter darauf einlassen will. Ist es für ihn als (kinderlosen?) Seelsorger so angstbesetzt und tabuisiert, daß er es übergehen muß? Klammert er sich deshalb mit gutem Gewissen von vornherein an die für ihn ungeheuer beruhigende und ungefährliche Strategie, möglichst *ohne Umwege auf das »Eigentliche«* des Taufgesprächs zu kommen, das er wohl in der – gewiß unzureichenden – Religiosität und Kirchlichkeit der Eltern erblickt? Muß er sich womöglich gar in subtiler Weise an den jungen Eltern *mit einer »Glaubensüberprüfung« revanchieren*, weil sie ihn an seinen noch unbewältigten Verzicht auf das Vater-werden erinnern?

So kann man bereits bei der einleitenden »Glückwunschszene« erahnen, wo das Gespräch hinführt: Die Eltern kommen mit ihrer ambivalenten Geburtserfahrung nicht zur Sprache, ihr Erleben interessiert allenfalls am Rande; sie sprechen damit ins Leere. Der Seelsorger sieht das Eigentliche des Gesprächs in der Überprüfung der Taufmotive der Eltern. Dies kommt seiner *Angst vor dem Tabuthema »Geburt-Partnerschaft-Sexualität«* entgegen und scheint legitimiert durch die von ihm selektiv rezipierte Tauftheologie (opus operantis, non ponentibus obicem), daß ihn ein Kind-Bekommen nur unter der Hinsicht der Kirchlichkeit und Religiosität der Eltern zu interessieren braucht. So glaubt er sich berechtigt, das Gespräch auf das vermeintlich Eigentliche und Einzige umbiegen zu dürfen.

2. »Es sind hauptsächlich äußere Gründe ...«

Der Seelsorger hat *seine Tauftheologie, wie sie ihn selbst nicht beunruhigt*, gelernt. Die Unterscheidung zwischen äußeren und inneren, sprich profanen und kirchlich-religiösen, Taufmotiven ist ihm als pastoraltheologische

Redefigur geläufig.[108] Doch ist zu fragen, ob sich solche Unterscheidung in gute und weniger gute Beweggründe so ohne weiteres vornehmen läßt. Wie sollen Eltern, die im elaborierten kirchlich-theologischen Sprachcode nicht so bewandert sind wie der Theologe, ihre Taufmotive sonst zum Ausdruck bringen als durch Sätze wie: »es ist für das Kind auch besser...«, »wir möchten unseren Sohn taufen lassen...«?

Und wenn sie wirklich zunächst nur die äußeren Vorteile sehen, daß etwa das Kind sozial nicht diskriminiert und die Taufe nicht zum Zankapfel der Verwandtschaft wird: *Sind diese »äußeren« Gründe von vornherein »unreligiös«?* Bekunden die Eltern damit nicht, daß sie ihr Kind gern haben und es schützen wollen gegen jegliche Schädigung? Zählt diese Liebe »religiös« nicht? Sie mögen gewiß die Taufe als einen »heiligen Schild«[109] gegen alle Bedrohung oder als numinoses Vehikel in die schützende und sichernde Welt Gottes betrachten. Muß man aber von pastoraler Seite hier wirklich sofort den warnenden Zeigefinger heben, daß dies natürlich noch kein christlicher Umgang mit der Taufe sei, sondern magischer? Warum darf man nicht akzeptieren, daß auch christlicher Glaube in der religiösen Urbedürftigkeit des Menschen nach einer schützenden Macht Gottes wurzelt und nicht erst auf der Ebene des bewußten Nachdenkens des Christusereignisses einsetzt? Wenn man das urreligiöse Bedürfnis nach Schutz, Heil, Abwehr von Gefahr und nach der größeren »Liebesmacht« als nichtchristlich qualifiziert und damit aus der Erlebnisweite des Glaubens verjagt, macht man es unbehaust. Zugleich steht zu erwarten, daß das Christusereignis selbst in seiner Reichweite verkürzt, intellektualisiert und von den seelischen Erfahrungen der Menschen abgespalten wird.

Der Seelsorger muß sich deshalb einigen wichtigen *Fragen zu seiner Tauftheologie* und zu seinem Glauben stellen:

- Inwieweit kann ich die »religiöse Daseinserfahrung« dieser beiden Menschen annehmen und begrüßen, auch wenn sie mit meinem »christlichen, offenbarungsgebundenen Glauben«[110] nicht oder noch nicht übereinzustimmen scheint?
- Warum kann ich die »äußeren« Gründe nicht als anfanghaft christliche lesen, die meinen Taufvorstellungen sehr weit entgegenkommen?[111]
- Steht denn von vornherein fest, daß die vermeintlich nur »allgemein reli-

[108] Vgl. zu den Taufmotiven: *P. M. Zulehner*, Heirat, Geburt, Tod, 157–162.

[109] Ebd. 160f.

[110] *H. Stenger*, Der Seelsorger als Vermittler möglicher Glaubenserfahrungen, gebraucht diese Unterscheidungsbegriffe. *Ders.*, Verwirklichung unter den Augen Gottes, 22–36. – Vgl. auch ebd. 114f.

[111] Vgl. *P. M. Zulehner*, Heirat, Geburt, Tod, 163: »Es bringt auch nur Schaden, wenn man an ihren (der Eltern, d.V.) magischen Erwartungen erhaben Kritik übt. Vielmehr sollte es als Chance genützt werden, daß Motive wach sind, die eindeutig über innerweltliche profane Erwartungen hinausweisen.«

giösen« Gründe der beiden um so vieles unchristlicher sind als meine Motive, die ich hier mit der Taufe verbinde? Bin ich nicht, gemessen an der Praxis Jesu, mindestens ebenso »fernstehend« wie das junge Ehepaar, wenn ich beim Taufgespräch ihre Freuden, Fragen und Nöte übersehe und statt dessen prüfe, richte, belehre, herrsche?

- Warum kränkt mich der elementare Glaube der Eltern, der doch bereits viel christliche Substanz enthält: Liebe zum Kind und der Wunsch nach einem guten Leben für dieses Kind, die gegenseitige Achtung als Ehepartner, die Dankbarkeit einem »anderen« gegenüber angesichts der glücklichen Geburt, ihre Offenheit, Verwandten und Freunden an ihrem Leben und Feiern Anteil zu geben, ihr Wunsch nach der Taufe, ihre Bereitschaft, sich mit einem Mann der Kirche über ihre »Kirchen-Geschichte« auseinanderzusetzen ...?
- Was hindert mich, aus der erlebten Geburtserfahrung der Eltern ein Lob- und Dankgebet zu Gott zu machen, das die Eltern gewiß mitbeten würden, weil sie spüren, es ist ihr Gebet? Aber statt dessen meine ich, sie »ins Gebet nehmen« zu müssen, weil sie noch nicht die richtigen Sätze zur Tauftheologie im Kopf haben und hersagen können! Glaube ich wirklich, sie damit zum Glauben an den Gott Jesu Christi, der aufatmen läßt und heilt, verlocken zu können?

Die jungen Eltern hätten demnach dem Seelsorger vieles zu sagen, nicht nur er ihnen. Vielleicht will Gott selbst ihm durch die sog. Fernstehenden erzählen, welche Möglichkeiten der Liebe und des Glaubens in ihm noch wachsen sollen.

Man mag es Gewissenserforschung, Selbsterfahrung oder Metanoia nennen, was hier beim Seelsorger ansteht. Erkennbar wird, daß heilende Seelsorge angesichts der Lebenskrise Geburt nicht von irgendwelchen Techniken her zu erwarten ist, sondern davon, daß der Seelsorger selbst sich immer mehr *zur Praxis Jesu Kindern und ihren Eltern gegenüber bekehrt*. Er sollte bereit sein, seine eigenen Gekränktheiten immer mehr – von Gott her – heilen zu lassen, um damit nicht andere unbewußt zu infizieren und die Epiphanie Gottes zu verdunklen.

Hilfreich auf seinem Weg der Bekehrung mag es ihm sein, *sich theologisch über die Taufbedingungen zu vergewissern*. Hier wird, soweit es den Empfänger betrifft, nicht von Maximalforderungen nach christlicher Lebensstilisierung und Bewußtseinsbildung als Vorbedingung der Taufe ausgegangen, vielmehr wird vorrangig von dem gesprochen, *was auf seiten des Empfängers »genügt«* und was ihm geschenkt wird als Frucht der Taufe. Es »genüge« die Intention, »mindestens implizit das zu empfangen, was in der Kirche (als Taufe, d. V.) gespendet wird«.[112] »Will er das ausdrücklich nicht

[112] *J. Brosseder*, Taufe/Firmung, 169.

empfangen, was die Kirche als Taufe versteht, würde dadurch die gegen seinen Willen vollzogene Taufe ungültig.«[113]

Ohne hier noch einmal auf die Übertragung der »genügenden« Motive auf die Kindertaufe einzugehen, liegt wohl mit dem ausdrücklich an die Kirche gerichteten Wunsch der Eltern nach der Taufe ihres Kindes, wie im angeführten Beispiel der Fall, eine ausreichende Intention vor, die den Spender zum Taufen berechtigt, ja verpflichtet.

Wenn der Seelsorger meint, darüber hinaus noch Motivprüfung vornehmen zu müssen, muß er sich fragen, welche in pastorale Motive umgemünzten, dunklen Beweggründe ihn dabei leiten. Er muß sich bewußtmachen, ob er wirklich nur so die Glaubens- und eng damit verwoben: die Lebenssituation der Taufeltern verbessern kann.

3. »Mit der Kirche haben wir es nicht so sehr...«

In dieser Phase des Gesprächs, wo es um die Kirchenerfahrungen der jungen Eltern geht, erweist sich auf den ersten Blick die einfühlende Absicht des Seelsorgers als wohltuend. Er eröffnet damit Raum, daß lang angestaute *Verbitterung, Enttäuschung und Zorn* über die erlebten Lieblosigkeiten herausbrechen können. Vielleicht hätte er ihre Klage noch stärker bearbeiten und vertiefen können, wenn er sie mit Jesu Wort über die Pharisäer (Mt 23,1–39; Lk 11,37–54; 18,9–14) ins Bild gesetzt hätte. Damit wäre an dieser Stelle ein Kontext eingeführt worden, der sie hätte erkennen lassen, wie sehr sie hiermit in einer jesuanischen Erfahrung stehen.

Das hätte vom Seelsorger freilich die Bereitschaft verlangt einzugestehen, daß die *konkrete Kirchengemeinde*, wenn die Erfahrungen der Eheleute zutreffen, *nicht in allem identisch ist mit der Gemeinde Christi*. Er hätte, wiederum »theologisch«, artikulieren müssen, daß eine Gemeinde, die ausgrenzt, Vorurteile pflegt und verletzt, sich damit als Gemeinde Christi disqualifiziert und »ekklesial atheistische« Züge annimmt.

So sehr der Seelsorger sich den Regeln nach einzufühlen scheint, er versteht die Eltern an dieser Stelle doch nicht wirklich. Denn sonst würde er ihnen kaum *sein »Leiden an einigem an der Kirche« als schnelles Lösungsmodell* hinhalten, daß man das als guter Christ ertragen und akzeptieren müsse, weil genau diese Kirchengemeinde die Gemeinschaft Gottes sei.

Man kann die Eltern begreifen, daß sie sich weigern, ihr Kind einer solchen »Gemeinschaft« anzugliedern, von der sie bisher nur Verletzung

[113] Ebd., 168. – Vgl. auch: *P.M. Zulehner*, Heirat, Geburt, Tod, 184: »Nur für den Fall, daß sich Eltern entschieden gegen jegliche Form der religiösen Sozialisation aussprechen und selbst ihren Unglauben formell bekennen, wäre amtlich mit einem Taufaufschub zu rechnen. Aber auch in diesem Beispiel wäre die Entscheidung Gewissenssache der Eltern.«

erfahren haben. Für den Seelsorger scheint dies nicht nachvollziehbar. Er hat auch an dieser Stelle seine theologische Metanoia noch vor sich, daß die Kirche Gottes nicht deckungsgleich ist mit der Verwaltungseinheit Pfarrei und mit »bürgerreligiösen« Attituden, daß sie vielmehr und zuerst eine geistig gewirkte Größe ist, deren sichtbares Zeichen eben gerade nicht die sündige Ausgrenzungspraxis der Menschen ist. Wenn die Taufe die Aufnahme in die Christusgemeinschaft und damit verbunden in die »Gemeinschaft der Heiligen« ist, dann darf man die Taufe an dieser Stelle nicht veräußerlichen: Sie ist zuerst *Eingliederung in die geistige Christusgemeinschaft*, die in vielfältiger Kirchengestalt zeichenhaft sichtbar wird, am deutlichsten dort, wo die »Mahlpraxis« Jesu geübt wird, d. h. wo alle ausnahmslos und ohne Ausgrenzung sich willkommen fühlen dürfen. Kirche ausschließlich mit einer, noch dazu als verletzend erlebten, Pfarrei zu identifizieren, läßt sich, auch wenn der Seelsorger dabei »echt« und in der Ich-Form spricht, theologisch nicht legitimieren.

Der Seelsorger müßte sich fragen, warum er an dieser Stelle die Lieblosigkeit der Christen mit der impliziten Formel von der »Kirche der Sünder« entschuldigt und sich *vom »Kirchentraum« der Eheleute angegriffen fühlt*. Warum denkt er »Kirche« so ausgesprochen territorial als Pfarrei, also »äußerlich«? Weil es sein »Amtsbereich« ist? Auch an dieser Stelle hätten ihm die Eheleute Wichtiges zu sagen über sein Kirchenbild und seine Aufgabe als Seelsorger. Weil er diese Fragen noch nicht genügend vernommen hat, verhält er sich dem Ehepaar gegenüber, trotz der vordergründigen Einfühlung, genau so, wie sie es immer schon von den Christen der Pfarrei erleben: ausgrenzend, ja »hinterlistig«.

Oder soll man es nicht so hart benennen, wenn er sich erst in ihre Enttäuschungen mit der Kirche einfühlt, sie sich darüber immer mehr öffnen, und sie genau damit schließlich *in die Falle geraten*? Ihre Enttäuschung an der konkreten Pfarrei und die dabei erfahrenen Verletzungen werden zum Argument gegen sie und ihren Taufwunsch. So ist es weder mit der »Einfühlung« noch mit dem christlichen Metriopathein noch mit dem Taufgespräch gedacht, daß daraus ein Herrschaftsinstrument gemacht wird.

4. »... für mich bedeutet eine Taufe sehr viel«

Noch einmal: Was bedeutet Taufe? Doch das, daß Gott *von allem Anfang an* ja gesagt hat zu diesem Kind. Auch hier wäre die Vorstellung des Seelsorgers anzufragen, warum er Gottes Geschichte mit dem Kind erst beginnen lassen will, wenn er als Seelsorger mit der Taufhandlung tätig wird. Liebäugelt er hier mit einer *geheimen Allmachtsphantasie*, daß Gottes Wirken in seine Verfügbarkeit gestellt ist? Weiter hätte er zu prüfen, wie die Eltern das wenigstens ansatzhaft erfahren können, daß in der Taufe Gott »ohne Bedingung ja sagt zu diesem Kind für immer«? Drückt die Gesprächshaltung des Seelsorgers, der vorgibt, im Namen dieses Gottes zu sprechen, nicht das pure Gegenteil aus, *daß erst eine ganze Menge an Bedingungen erfüllt sein muß, bis Gott in der Taufe ja sagen kann zu diesem Kind*?

Dabei hat der Seelsorger »theologisch« natürlich vollkommen recht, daß Gott dieses Kind für immer annimmt. Zur »Glaubenswahrheit« wird solche Rede allerdings erst, *wenn in der Haltung des Seelsorgers Gottes bedingungslose Akzeptanz aufleuchtet.* Sein »Ja« ist Symbol des »Ja« Gottes. Dann könnte tatsächlich Gottes zuvorkommende Gnade in der Taufe gefeiert werden, und all dies, wovon wir im Zusammenhang der heilenden Kraft der Taufsymbole sprachen, könnte sich mächtig entfalten: daß die Eltern ihre ambivalenten Gefühle der Zuneigung und Ablehnung bei Gott in Ordnung wissen, daß sie ihr Kind als Geschenk Gottes sehen lernen und es ihm und sich selbst angehören lassen, daß alle Zukunft mit dem Kind ein Weg mit Gott ist. Die Taufe ihres Kindes könnte zum *»Fest der Geburt«* werden für Eltern, Verwandtschaft und für den Seelsorger, wo man Gott lobt und dankt, daß er in diesem Kind seine Liebe erzählt.

Eine solche *»Feier des Lebens«* in der kleinen Gemeinde Familie, die sich an diesem Tag in das Haus der größeren Gemeinde Gottes eingeladen weiß, birgt gute Chancen in sich, daß der Glaube der Eltern neu zu wachsen beginnt. Sie könnte für sie zu einer »Schlüsselszene« ihres Lebens, zu Neuanfang, ja »Wiedergeburt« werden.[114] Wenn sie im vorausgehenden Taufgespräch und dann in der Taufliturgie ganz unzweifelhaft erleben, daß Gott ihrem Kind und ihnen selbst Gutes will, dann werden sie ein wenig mehr offen für die Tradition des Guten insgesamt, die von Gott über Jesus Christus in die Kirche fließt und ihr Kind und sie selbst erfaßt. Solche Erfahrung des Angenommenseins von Gott könnte dann zum Ausgangspunkt werden, das eigene Leben auch mit seinen dunklen Seiten und der Verstrickung in das Böse kritisch zu erforschen und sich noch mehr nach den größeren Möglichkeiten Gottes mit ihnen »auszustrecken« (Phil 3,13). Das hier sich eröffnende nachfolgende *Taufkatechumenat der Eltern* könnte zur hoffnungsvollen Basis werden, daß auch ihr Kind sich im späteren Leben von den in der Taufe aufkeimenden Möglichkeiten Gottes mit ihm ausdrücklich ergreifen läßt.

[114] Vgl. *G. Baudler*, Einführung in symbolisch-erzählende Theologie, 201–205. Er erblickt gerade im Neubeginn, den Taufe symbolisiert, einen korrelativen Anknüpfungspunkt für die Erfahrung der Eltern und damit für die Taufkatechese.

3. Motivklärung beim Seelsorger

Wenn ich in der Analyse dieses Gesprächs immer wieder auf die *Motivklärung*[115] *beim Seelsorger* abziele, hat das seinen Grund in den Erfahrungen, die ich mit diesem und ähnlichen Taufgesprächen in seelsorglichen Ausbildungskursen gemacht habe. Manche Seelsorger fürchten, die Ebene der theologischen Inhalte und Begriffe zu verlassen und sich in die ambivalente seelische Erfahrungswelt der Eltern hineinzubegeben, weil man da, wie sie sagen, »schnell den Eltern zu nahe treten und sie kränken« könnte. Das Problem scheint mir gerade umgekehrt zu liegen. Wenn der Seelsorger auf die krisenhaften Mutter- und Vaterschaftserfahrungen der Eltern nicht eingeht, verletzt er, weil er sie abwertet. Zudem begibt er sich in Gefahr, die Taufe unversehens als Anlaß obrigkeitlicher Glaubensüberprüfung und Belehrung, also zur Herrschaft zu mißbrauchen. Er kränkt, wo er heilen sollte.

Zu bedenken wäre, ob die *Angst vor dem »Zunahe-treten«* nicht den Charakter einer ausgewachsenen *Projektion* an sich hat. Würde mancher Seelsorger nicht zuallererst sich selbst zu nahe treten, würde es nicht für ihn zu riskant und zu gefährlich, wenn er von Liebe, Sexualität, Kinderkriegen, von Geburt und tabuisierten Affekten sprechen müßte?

In einer Gruppe, die mit diesem Taufgespräch arbeitete, sagte einer der Teilnehmer, ein junger Priester: »Dieser Seelsorger erinnert mich an mich selbst, genau genommen an den Ärger, den ich immer empfunden habe, wenn im Priesterseminar Pastoralassistentinnen oder -assistenten mit ihren kleinen Kindern aufgetaucht sind. Mich hat das damals richtig wütend gemacht. Heute kann ich mich, so glaube ich wenigstens, an den Kindern anderer freuen.« Soll das Taufgespräch wirklich die heilende Praxis der Taufe selbst im Modus des Miteinander-Redens initiieren, dann bedarf es gewiß solcher Selbstprüfung beim verheirateten wie priesterlichen Seelsorger: Wie stehe ich zu Kindern, zu Partnerschaft, Sexualität, Vater- und Mutterschaft? Vielleicht sollte ein hauptamtlicher Seelsorger auch den Mut haben, wenn er sich in diesen Fragen persönlich noch nicht oder zeitweise nicht frei genug fühlt, das Taufgespräch jenen Frauen und Männern der Gemeinde anzuvertrauen, die über dieses Charisma verfügen.

[115] Die Notwendigkeit der Motivklärung schließt im übrigen an *Augustinus*' Einsicht über das Taufgespräch an: »Darum soll man sich nicht zu sehr den Kopf darüber zerbrechen, welche Lerninhalte dargeboten, in welchen Umfang die Heilsgeschichte ausgebreitet werden sollte oder wie man Abwechslung in den Unterricht bringen kann, indem manches kürzer und anderes länger behandelt wird – natürlich ohne Einseitigkeiten; vielmehr muß die größte Sorge sein, wie man erreichen kann, daß der, der im Glauben unterweist, dies mit Freude tut. Denn je mehr ihm dies gelingt, um so besser wird seine Katechese sein.« *Augustinus*, De catechizandis rudibus, zit. nach: *R. Zerfaß*, Menschliche Seelsorge, 143.

(4) Das durchgängig »Sakramentale« in Diakonie, Verkündigung und Liturgie

Eucharistie und Taufe erscheinen aus pastoralpsychologischer Sicht als ausgesprochen ganzheitlich heilende und »heiligende« Ereignisse, wo dem Menschen auf das, was ihn zutiefst bewegt und leiden läßt, von Gott her geantwortet wird. Der symbolische Modus dieser liturgischen Antwort ist in besonderer Weise geeignet, weil vielschichtig bedeutungsvoll, Gottes heilendes Handeln leib-seelisch erfahrbar zu machen. Der Mensch soll in der Feier der Sakramente Gott begegnen und heil werden. Sakramente machen anschaulich und vergegenwärtigen Gottes heilendes Handeln, wie es von Jesus Christus und seiner Praxis erzählt ist.

Damit ist auch gesagt, daß die Symbole der Sakramente keineswegs von sich aus zugänglich und identifizierbar sind.[116] Es bedarf erst der *Teilnahme an jener diakonisch-handelnden, bezeugend-erzählenden und gemeindlich-feiernden Traditionsgemeinschaft*, in der Symbole gewachsen sind und die die Grundlage für die in den Symbolen aufgehobene religiöse Erfahrung bildet. Mit anderen Worten: Christliche Symbole und Sakramente benötigen elementar einen lebendigen, gemeindlichen Glaubenskontext, aus dem heraus sie nur »wahr« und heilend freigesetzt und erfahren werden können. Es gibt keine Sakramente im christlichen Sinn, wenn es nicht ihnen korrespondierend eine lebendige Erzähltradition der Jesus-Geschichten, verflochten mit den Lebensgeschichten, gibt. Fällt ein solcher Erzählzusammenhang aus oder verliert jemand den Zugang dazu, dann gerät er in die Gefahr, Sakramente mit anderen, der Praxis Jesu fremden Inhalten zu füllen.

Unverzichtbar ist deshalb *für das rechte Verstehen der Sakramente, daß Menschen in der Kirche jene diakonisch-heilende Praxis antreffen, die auf Jesu Handeln verweist*, denn dann wird klar, welches Lebenswissen die Sakramente symbolisieren. Man kann deshalb von einem inneren Verweisungszusammenhang der Emmausmethoden Liturgie, Martyria und Diakonie sprechen. Keine ist ohne die beiden anderen zu denken oder zu realisieren. Das eine ragt in das andere hinein, und alle drei Methoden interpretieren sich gegenseitig. Dies bedeutet im übrigen auch, daß eine »Sakramentenkatechese« die entscheidende Mitte des Glaubens, das ist Jesus Christus als der von Gott gesandte Messias jeden Lebens, anzielen muß.

Weil nun, wie angedeutet, sowohl Diakonie als auch Martyria und Liturgie darüber hinaus, jeweils für sich aber auch als Ganzes, die heilende Praxis Gottes selbst durchscheinen lassen und »leibhaftig« symbolisieren, ist es be-

[116] Vgl. *P. M. Zulehner*, Ritus und Symbol in volkskirchlicher Situation, 41.

rechtigt, in ihnen »Sakramente«[117], d.h. Zeichen der Nähe Gottes[118], zu sehen. So ergibt sich *über den ganzen Emmausgang hinweg ein »sakramentales« Geschehen*: Bereits im diakonischen Bearbeiten der dunklen Seiten der Lebensgeschichte, dann aber auch im Verflechten der Gottesgeschichten mit den Aporien des Lebens und in der liturgischen Feier ist nichts anderes angezielt, als daß hier Wege zu Gott und mit Gott gebahnt werden. Dies ist der tiefere Sinn, *das Sakramentale, in allen diesen pastoraltherapeutischen »Interventionen«*.

Wo dieser durch und durch sakramentale Weg hinführt, davon handeln die abschließenden Gedanken.

117 Vgl. zu diesem weiten Sakramentsbegriff: *L. Boff*, Kleine Sakramentenlehre.
118 Vgl. *T. Schneider*, Zeichen der Nähe Gottes.

TEIL VIII
»DA GINGEN IHNEN DIE AUGEN AUF... SIE ERKANNTEN IHN... UND KEHRTEN NACH JERUSALEM ZURÜCK...« – VON DEN ZIELEN DER HEILENDEN SEELSORGE

Lukas beleuchtet das *Ziel des Emmausganges* auf *drei Ereignisebenen*:
(1) »Da gingen ihnen die Augen auf« (Lk 24,31a)
(2) »... und sie erkannten ihn« (Lk 24,31b)
(3) »Noch in derselben Stunde brachen sie auf und kehrten nach Jerusalem zurück« (Lk 24,33).

Es sind elementare, ja letztlich wesentliche Bezüge, die hier, als sich alles wandelt, betroffen sind: die *Beziehung zu sich selbst*, *zu Gott* und *zu den Mitmenschen*. Mit der zeitlichen Bestimmung »Noch in derselben Stunde« will die Geschichte betonen, wie die einzelnen Ereignisebenen und Beziehungsdimensionen außerordentlich eng zusammengehören. Sie sind alle im selben Moment im Umbruch. Nach der Logik der Emmauserzählung kann es folglich kein Sehend-werden auf das eigene Leben hin geben ohne Gotteserkenntnis; und beides kann nur wirklich und zukunftsfähig gelingen, wenn daraus eine neue Beziehung zu den Mitmenschen, zu den Schwestern und Brüdern, wächst.

Wiederum können wir nur fragmenthaft die vielschichtig miteinander verwobenen Ebenen der Auferstehungserfahrung und des Heilwerdens ausloten.

1
»DA GINGEN IHNEN DIE AUGEN AUF...« (Lk 24,31a) – SELBSTFINDUNG

Mit den Emmausgängern passiert etwas ganz Unerwartetes. Die Blindheit, die ihnen bislang den Blick auf das Kreuz von Golgotha, ihren Weg nach Emmaus, ihr Leben und ihre Zukunft verstellt hat, weicht. Die Wahrnehmung weitet sich, die Traurigkeit verschwindet. Nun vermögen sie alles, was sich bis jetzt, zum Augenblick des Brotbrechens, zugetragen hat, mit anderen Augen zu sehen. Ein völlig neues Licht fällt auf ihre Situation. Es wird in Umrissen sichtbar, wie blind sie bisher waren und wie von Grund auf alles doch ganz anders ist, als sie glaubten. Sie begreifen, wer Jesus für sie war und was es bedeutet, wenn das Leben mit ihm weitergeht. *Seine Auferweckung von den Toten ist auch ihre Auferweckung aus Blindheit und Traurigkeit.* Sie haben durch die Krise hindurch zu sich selbst gefunden.

Es mag problematisch erscheinen für die Auferstehungserfahrung, wenn auch nur für einen von drei Aspekten, den modernen Begriff der *»Selbstfindung«* zu verwenden. Und doch scheint es mir nötig, diesen und ihm verwandte Begriffe wie Personwerdung, Selbstverwirklichung, Identitätsfindung oder Annahme seiner selbst hier ins Spiel zu bringen. Auf solche Weise wird *im psychischen Erleben geerdet* und verankert, was der theologisch-rationale Begriff der Auferstehung auf der existentiellen Ebene für den suchenden und leidenden Menschen bedeutet.

Es geht um die ganzheitliche Verwandlung des Menschen, eine neue Sicht seines Lebens und seiner Beziehungen, möglich geworden durch Jesu Tod und Auferstehung. Anders gesagt: Jesu Tod und Auferstehung eröffnen dem Menschen eine bislang nicht gekannte Weise der *Zustimmung zu sich und seinem Leben*, weil es nun nicht mehr unter dem Diktat des Todes, sondern unter dem Zeichen des Lebens mit Gott, über den Tod hinaus, steht. Aller Endlichkeit, Vergänglichkeit und Begrenztheit dieses Lebens kann nun prinzipiell im Horizont der treuen Wegbegleitung Gottes über den Tod hinaus zugestimmt werden. Daraus kann für den Menschen in den Krisen des Lebens die entscheidende »Heilung« erwachsen: Gott steht in den Krisen des Lebens zur Seite, er ist mit uns vor unserem Zutun einverstanden.

Dies alles darf aber nicht nur als theologische Metapher begegnen, sondern muß *auf der Ebene des Fühlens, des Spürens und des Unbewußten* erfahrbar sein. Für eine solche individuelle *ganzheitliche Disclosure-Erfahrung*, die die eigene Person in einem neuen Licht sehen läßt, weil Christus als Begleiter begegnet, verwenden wir den Begriff Selbstfindung. Sie kann als die entscheidende Antwort auf den Fokus der menschlichen Krise, das ist der *Selbstverlust*, gesehen werden.

Für nicht wenige Diagnostiker der Moderne erscheint dieser Selbstverlust heute besonders konturiert. *Eugen Biser*[1] sieht das Problem der Gegenwart in der Frage aus der Paradiesgeschichte konzentriert: *»Wo bist du?«* (Gen 3,9). Dieser Anruf bringt das Wesen des Menschen auf den Punkt. Er ist einer, der auf der Suche ist nach Aufenthalt, nach Zuhause, nach einem Ort der Geborgenheit und Beheimatung und damit nach sich selbst. An keinem der gefundenen Orte wird er sich jemals ganz heimisch fühlen, und der Mut zu je neuem Aufbruch ist für ihn ebenso wichtig wie die vorübergehend gewonnene Zielruhe. Besonders verschärft wird, nach Ansicht *Bisers*, die Selbstsuche des Menschen angesichts der modernen, neuzeitlichen Lebensverhältnisse. Je mehr der Mensch sich im Zuge des kartesianischen Programms als Beherrscher der wissenschaftlich erforschten Natur, der technisch gemeisterten und bürokratisch verwalteten Welt inthronisierte, um so mehr verlor er sich selbst aus dem Auge. *Mit dem Fortschritt der Wissenschaft stürzten die Konstanten der menschlichen Selbstgewißheit ein.* Der Mensch verlor seine Stellung im Kosmos (*Kopernikus*), dann seine kreatürliche Ausnahmeposition (*Darwin*), des weiteren die Verfügungsgewalt über sich selbst (*Freud*) und damit in hohem Grade seine Identität. Eingespannt in die modernen Produktionsverhältnisse, funktionalisiert und manipuliert,

[1] *E. Biser*, Ist der Mensch, was er kann? – *Ders.*, Die glaubensgeschichtliche Wende, 80–87.

wurde er *sich selbst fremd*, leidet er an sich und der unüberbrückbar erscheinenden Differenz zwischen dem, was er ist und was er seiner inneren Strebung nach sein könnte.

Diese nur skizzenhaft nachgezeichnete Genese der Selbstentfremdung läßt sich ergänzen durch Einsichten der Psychologie *C. G. Jungs*[2]. Der Selbstverlust wird hier vor allem im Zusammenhang mit der Unfähigkeit zur Integration der dunklen Seiten der Person gesehen. Weil das Selbstbild von allen Anteilen des Schwachen, des Nicht-Idealen, des Triebhaft-animalischen, des Sterblichen und Unvollkommenen um jeden Preis freigehalten werden muß, kommt es nicht nur zur *Projektion des Schattens* auf die Mitmenschen, sondern zur fatalen Selbsttäuschung. Der Mensch verfehlt, nach *Jung*, seine ihm aufgegebene Ganzheit des Selbst und gerät in die Illusion, sich finden zu können, ohne die dunklen Seiten seiner Person zur Kenntnis nehmen zu müssen.

Eugen Drewermann[3] greift bei seiner Analyse der modernen Existenzproblematik, wie *Eugen Biser*, auf die Paradieserzählung zurück. Den Kern der heutigen Daseinsnot bildet für ihn die *Angst* in vierfacher Schattierung: als Angst vor der Unendlichkeit des eigenen Wesens, vor den Notwendigkeiten des Daseins, vor den nicht lebbaren Möglichkeiten und vor dem Endlich-sein. Aus ihr geht die Unfähigkeit zur Annahme seiner selbst hervor, Verzweiflung ist die Folge. *Eugen Drewermann* stützt sich bei dieser Diagnose auf die visionäre Sehkraft eines *Kierkegaard*, der wie kaum ein anderer die Verzweiflung des modernen Menschen, der sich selbst abhanden gekommen ist, zum Ausdruck gebracht hat. *Kierkegaard* legt einem solchermaßen am Leben Leidenden in den Mund: »Mein Leben ist zum Äußersten gebracht, ich ekle mich am Dasein, es ist geschmacklos, ohne Salz und Sinn... Man steckt den Finger in die Erde, um zu riechen, in welchem Land man ist. Ich stecke den Finger ins Dasein – es riecht nach Nichts. Wo bin ich? Was will das besagen: die Welt? Was bedeutet dieses Wort? Wer hat mich in dieses Ganze hineingenarrt und läßt mich nun da stehen? Wer bin ich?«[4] *Kierkegaard* wird mit der Beschreibung solch verzweifelter Daseinserfahrung unter dem Schatten der Angst für *Drewermann* zum Kronzeugen der Aporie des modernen Menschen. Seine Frage nach der Rechtfertigung laute nicht mehr in der Formulierung *Luthers*: »Wie finde ich einen gnädigen Gott?«, sondern: »Wieso bin ich berechtigt zum Leben? Was hat es für einen Sinn, daß es mich gibt? Darf es mich geben? Wer darf ich sein?«[5]

Diese wenigen, exemplarisch angeführten Stimmen konvergieren in der

[2] *C. G. Jung*, Gesammelte Werke, Bd. 9/I, 29f.

[3] *E. Drewermann*, Strukturen des Bösen.

[4] *S. Kierkegaard*, Die Wiederholung (1843), 62. – Vgl. dazu auch: *E. Biser,* Die glaubensgeschichtliche Wende, 82.

[5] *E. Drewermann*, Wort des Heils, Wort der Heilung, Bd. II, 152.

Diagnose Romano Guardinis[6], daß das Hauptproblem des modernen Menschen in der *»Annahme seiner Selbst«* besteht. Psychotherapie, Beratung und seelsorgliche Begleitung können das auf dem Hintergrund konkreter Begegnung von Person zu Person bestätigen. All diese Formen des Helfens lassen sich als Versuch sehen, den modernen Menschen die Annahme seiner selbst zu lehren und zu ihr anzuleiten.

Nicht zuletzt aus der Psychotherapie kann christliche Pastoral und Theologie wertvolle Anregungen für den Prozeß der Selbstfindung – hier gleichbedeutend mit Selbstannahme verstanden – gewinnen. So ist wohl zuallererst der im Umfeld der Tiefenpsychologie gewachsenen Erfahrung uneingeschränkt zuzustimmen, daß die Annahme seiner selbst *alles andere als einen bequemen Weg des Narzißmus oder Egoismus* meint. Zur Kenntnis zu nehmen, was in einem an abgespaltenen Triebimpulsen, an destruktiven und ungelebten Kräften schlummert, bedeutet tatsächlich eine *Zumutung vom Grade der Feindesliebe*. Sich selbst als des Almosens seiner Güte zu erkennen, das vermag einen durchaus in Angst und Schrecken zu versetzen.[7] Es kommt einem schmerzhaften Exodus gleich, sich mit seinen Schattenseiten anzufreunden. Ein Gang durch die Wüste steht bevor, »voller Ängste, ob es richtig war, aufzubrechen, einen Weg der Entbehrungen, der Erschöpfung und des Zweifels. ›Der Weg wird dich deine Unschuld, deine Wunschbilder und deine Gewißheit kosten‹, sagt *B. Kopp*. Das heißt: Wenn du dich aufmachst, wirst du erst merken, welchen Illusionen du dich bislang hingegeben hast, du wirst Unsicherheiten durchstehen müssen, und du wirst schuldig werden. Du kannst daheim bleiben; dann bewahrst du deine Unschuld und deine Sicherheiten, aber auch deine Illusionen ... Der Exodus beginnt mit der Frage: Welchen geheimen Profit habe ich davon, daß ich mich bisher zu keiner wirklichen Lösung aufraffen konnte/ wollte? In der Angst vor den Konflikten, die mir dann drohen, besteht mein Anteil an der Situation, in die ich geraten bin! Hier sitzt meine Sünde! Nicht die andern lassen mich verkommen, ich lasse mich verkommen ...«[8] *Rolf Zerfaß*, der dies mit Blick auf die Selbstfindung des Seelsorgers sagt, zeichnet den Weg zu sich selbst als den unbedingt notwendigen, soll menschliches Leben gelingen. Dies hat nichts mit Egoismus oder Selbstverwirklichung auf Kosten anderer zu tun.

Der psychotherapeutische Begriff der *Selbstverwirklichung*, wie er besonders im Umfeld der Humanistischen Psychologie und Gesprächspsychotherapie gebraucht wird, ist von anthropologischen Reduktionen gewiß nicht in allem frei. Zu bedenken ist dabei jedoch, daß zum einen die Psychologie gemäß ihrem Wissenschaftskanon auch bei der Formulierung ihres Selbstverwirklichungsbegriffs »transzendenzarm« bleiben muß, d.h. von

[6] *R. Guardini*, Annahme seiner selbst.
[7] Vgl. *C. G. Jung*, Die Beziehung der Psychotherapie zur Seelsorge, 24–27.
[8] *R. Zerfaß*, Menschliche Seelsorge, 51.

der Bezogenheit des Menschen auf Gott absieht. Zum anderen geht der Blick der Psychologie und Psychotherapie in besonderer Weise auf die seelischen Leiden der Menschen. Hier drängt sich fraglos die Feststellung auf, daß seelische Krankheit und Kränkung in der Regel nicht mit überzogener Selbstliebe und Egoismus einhergehen, sondern im Gegenteil mit abgrundtiefer Selbstablehnung.

Psychotherapie, wie die von *Carl Rogers* konzipierte Gesprächspsychotherapie, möchte deshalb dem Leidenden vor allem wieder zur Akzeptanz seiner selbst verhelfen. Realistische Einschätzung der eigenen Möglichkeiten und Grenzen, Annehmen der Wirklichkeit der eigenen Person sollten ebenso wachsen wie reife und befriedigende soziale Interaktion.[9] Wenn in der Psychotherapie von Selbstverwirklichung, Selbstaktualisierung o.ä. die Rede ist, dann meint das folglich nicht die Ermutigung oder Verleitung zum rücksichtslosen Egoismus.

In jenen Fällen, wo die krankhafte Selbstliebe, mit dem kontrovers diskutierten Begriff des *Narzißmus* belegt, den Krankheitsherd bildet, sieht sich die Psychotherapie aufgerufen, sie zu überwinden. An die Stelle der Verfallenheit an das Eigene will sie zur Fähigkeit verhelfen, sich selbst loszulassen, ohne dabei fürchten zu müssen, sich zu verlieren. Seriöse Psychotherapie möchte demnach zum Wachsen einer gesunden Ich-Stärke beitragen, ganz so, wie es in der Anlehnung an *Sigmund Freud* zu formulieren ist: »Wo Über-Ich und Es ist, soll Ich werden!«

Solche gesunde, mitmenschlich bezogene Ich-Stärke schließt eine ganze Reihe von Kompetenzen ein, die christlichen Lebenshaltungen entsprechen, wie *Wahrhaftigkeit*, *Treue*, *Verantwortung*, *Gerechtigkeit*, *Solidarität*, *Mitwirkung*, *Versöhnungsbereitschaft*. All dies kann, im Einklang mit dem psychologischen Befund, beim Glaubenden im hohen Maß aufkommen, wenn er das Hauptgebot der Liebe gerade auch in der Wendung auf die eigene Person ernst nimmt. »Du sollst deinen Nächsten lieben wie dich selbst!« (Mt 22,39).

Problematik und *Mißverständnis von Selbstverwirklichung* scheinen mir weniger bei den seriösen Formen der Psychotherapie zu liegen als bei der emanzipatorischen Rezeption dieses Begriffs in diversen gesellschaftlich-politischen Bewegungen. Hier ist nicht von der Hand zu weisen, daß die Idee der Selbstverwirklichung ihres ganzheitlich-personalen Wachstumscharakters entkleidet, mit Narzißmus und Egoismus verwechselt und solcher Art entstellt, als Parole mißbraucht wird. Den multifaktoriellen Zusammenhängen, die diese Entleerung des Begriffs zum zweifelhaften Klischee bewirken, kann hier nicht nachgegangen werden.

Mindestens ebenso problematisch wie die gesellschaftliche Entwertung erscheint allerdings die *Diffamierung von Selbstverwirklichung/Selbstfin-*

[9] Vgl. *M. Vogel*, Therapieziele, 255.

dung, wie sie im Kontext obrigkeitlicher Seelsorge geschieht. Die Selbstliebe gehört zu jenen Tugenden, die in einer derartig geprägten religiösen Erziehung und Pastoral am allerwenigsten wachsen können. Hier gilt es eine belastende Hypothek im Christentum abzutragen, wie *Josef Kardinal Ratzinger*[10] hervorhebt: »Der Egoismus ist zwar dem Menschen natürlich und ganz von selber da, aber keineswegs die Annahme seiner selbst. Den ersten muß man überwinden, das Zweite muß man finden, und es gehört gewiß zu den gefährlichsten Fehlern christlicher Pädagogen und Moralisten, daß sie nicht selten beides verwechselt und dabei das Ja zu sich selbst ausgetrieben, den Egoismus als die Rache des verleugneten Selbst aber nur um so gründlicher bestärkt haben – hier liegt nicht zuletzt die Wurzel dessen, was die Franzosen ›maladie catholique‹ nannten: Wer nur übernatürlich, nur selbstlos sein will, ist zwar am Schluß ich-los, aber alles andere als selbstlos... Sagen wir es einfacher und praktischer: Die Wurzel des Frohseins ist das Einverständnis des Menschen mit sich selber. Wer sich annehmen kann, dem ist das entscheidende Ja gelungen. Der lebt im Ja. Und nur wer sich annehmen kann, kann auch das Du annehmen, kann die Welt annehmen. Der Grund dafür, daß ein Mensch das Du nicht akzeptieren, mit ihm nicht ins reine kommen kann, liegt darin, daß er sein Ich nicht mag und dann erst recht nicht ein Du annehmen kann... denn wen oder was soll der schon mögen können, der mit sich selbst zerfallen ist?«

Nötig ist deshalb eine Unterscheidung der Geister. Reserviertheit dem Begriff Selbstverwirklichung und Selbstfindung gegenüber ist dort angebracht, wo er als fragwürdiges Klischee die Verfallenheit an das Eigene gesellschaftlich propagiert. Zum unverzichtbaren kritischen Zielbegriff avanciert Selbstfindung/Selbstannahme dort, wo alle Eigenliebe unter dem Vorwand der christlich geforderten Tugend der Selbstlosigkeit verteufelt wird. Die alte scholastische Theologie vermutet hier, in bemerkenswerter Übereinstimmung mit psychologischen Erkenntnissen, eine Art *»Werdescheu«*[11], als »Wurzelsünde der Trägheit« apostrophiert. *Thomas von Aquin* bringt sie mit der »Traurigkeit der Welt« in Zusammenhang, mit jener »Traurigkeit« also, die uns bereits als Bildwort für die Krise des Menschen in der Emmausgeschichte begegnete und die im Verständnis der modernen Klinischen Psychologie mit Depression wiederzugeben ist. *Trägheit* – »acedia« – ist als »Mangel an Hochgemutheit« zu charakterisieren. »Sie will sich das Große nicht zumuten, das der Natur des Christen gemäß ist. Sie ist eine Art von angsthaftem Schwindelgefühl, das den Menschen befällt, wenn er der Höhe innewird, zu der ihn Gott erhoben hat. Der in der Acedia befangene Mensch hat weder den Mut noch den Willen, so groß zu sein, wie er wirklich ist. Er möchte lieber weniger groß sein, um sich so der Verpflichtung der Größe zu

10 *J. Ratzinger*, Theologische Prinzipienlehre, 79f.
11 Vgl. *H. Stenger*, Verwirklichung unter den Augen Gottes, 79.

entziehen. Die Acedia ist eine pervertierte Demut; sie will die übernatürlichen Güter nicht annehmen, weil sie ihrem Wesen nach verbunden sind mit einem Anspruch an den Empfänger.«[12]

So sehr aber solche Interpretation der »Acedia« in einem Appell gipfeln mag, sich dem »Anspruch« zur Selbstwerdung zu stellen, in ebensolchem Maß ist zu betonen, daß es sich hier nicht um eine Angelegenheit der verkrampften Willensanstrengung handelt. Der Weg der Selbstannahme führt über die Entdeckung der Liebe und des *Sich-lieben-lassens*.

2
»UND SIE ERKANNTEN IHN« (Lk 24,31 b) – GOTTESERKENNTNIS

Josef Kardinal Ratzinger hat für den Weg der Selbstannahme sehr treffend ausgedrückt, was auch von der Psychotherapie geteilt wird:

»Die Unfähigkeit zum Ich bringt die Unfähigkeit zum Du hervor, so haben wir gesehen. Wie aber kommt ein Mensch dazu, sein Ich gelten zu lassen, ihm zuzustimmen? Das vielleicht Unerwartete zeigt sich: Er allein kann das überhaupt nicht. Er kann für sich selbst gar nicht ins reine mit sich selbst kommen. Sein Ich wird ihm nur akzeptabel dadurch, daß es zuerst von einem anderen Ich akzeptiert ist. Er kann sich selbst nur lieben, wenn er zuvor von einem anderen geliebt ist. Die Mutter teilt dem Kind nicht nur physisch das Leben zu, sondern erst indem sie das Weinen des Kindes im Lächeln aufnimmt und verwandelt, gibt sie es ihm vollends. Erst indem das Leben angenommen wird und sich als angenommen vorfindet, wird es annehmbar. Der Mensch ist das merkwürdige Wesen, das nicht nur der physischen Geburt, sondern der Gutheißung bedarf, um bestehen zu können. In dieser Tatsache gründet das Phänomen des sogenannten Hospitalismus. Wenn das erste Einverständnis mit dem Dasein versagt ist, wenn jenes psycho-physische Einssein zerrissen ist, durch das mit dem Leben das ›Ja, es ist gut, daß du lebst‹ tief in den Grund des Unbewußten hinabsinkt – dann ist die Geburt selbst unterbrochen, das Dasein nicht völlig konstituiert. Aber nicht nur der Hospitalismus gründet hier, sondern die Erschütterungen unserer Generation haben hier ihre Wurzel: Die Magie der Revolution ist längst nicht mehr bloß Aufbegehren gegen reparierbare Ungerechtigkeiten, sondern ein Einspruch gegen das Sein selbst, das seine Annahme nicht er-

[12] *J. Pieper*, Über die Hoffnung, 60. – Vgl. auch: *H. Stenger*, Verwirklichung unter den Augen Gottes, 79.

fahren hat, sich nicht angenommen und daher auch nicht annehmbar weiß. Damit der Mensch sich annehmen kann, muß ihm gesagt sein: gut, daß du bist – gesagt nicht mit Worten, sondern mit jenem ganzen Akt der Existenz, den wir Liebe nennen. Deren Wesen ist es ja, die Existenz des anderen zu wollen, sie gleichsam noch einmal hervorzubringen. Der Schlüssel zum Ich liegt beim Du; der Weg zum Du führt über das Ich ...

Der scheinbar so einfache Akt, sich selber zu mögen, mit sich selber einverstanden zu sein, wirft tatsächlich Fragen nach dem ganzen Weltall auf. Er wirft die Frage nach der Wahrheit auf: Ist es gut, daß ich bin; ist es gut, daß überhaupt etwas ist; ist die Welt gut? Wie wenige Menschen wagen heute noch von innen her diese Frage zu bejahen – zu glauben, es sei gut, daß sie sind. Darin gründet die Angst, die Trostlosigkeit, die sich so vieler zusehens bemächtigt.«[13]

Angst, Trostlosigkeit und die *Frage nach einem vorgängigen Seindürfen* lassen sich nach diesen außerordentlich »meditativen«, d.h. in die Mitte führenden Gedanken *Ratzinger*s nur überwinden in der Erfahrung des vorbehaltlosen Geliebtseins. Nicht minder bewegend setzt dies auch *Martin Buber* ins Wort und ins Bild: »Das Tier braucht nicht bestätigt zu werden, denn es ist, was es ist, unfraglich. Anders der Mensch: Aus dem Gattungsbereich der Natur ins Wagnis der einsamen Kategorie geschickt, von einem mitgeborenen Chaos umwittert, schaut er heimlich und scheu nach einem Ja des Sein-dürfens aus, das ihm nur von menschlicher Person zu menschlicher Person werden kann; einander reichen die Menschen das Himmelsbrot des Selbstseins.«[14]

Besonders im Zusammenhang der Psychotherapie, wo einer dem anderen das Ja zum Sein-dürfen möglichst klar und eindeutig zu sagen versucht, wird, wie kaum sonstwo, die Grenze der menschlichen Annahme des anderen schmerzlich spürbar. Auch bei noch so bemühter Akzeptanz – vielleicht gerade weil sie schon Ausdruck einer besonderen Bemühung ist – bleibt ein nicht zu überschreitender *Rest an Ablehnung und Alleinlassen*. Sowohl dieser offene Rest an Sehnsucht nach vorbehaltlosem Angenommensein als auch das vom anderen empfangene »Himmelsbrot« des Selbstsein-dürfens verweisen auf eine mitmenschliche Begegnung mit jenem *Du, das wir Gott* nennen. Von ihm allein her dürfen wir das uns gemäße Wort der Liebe erhoffen. Erwarteten wir es von Menschen, würden wir diesen Menschen vergötzen und der Liebe gerade dadurch Zug um Zug das Entscheidende nehmen. Aus der Freiheit des sich gegenseitig Mögens würden Abhängigkeit und Untertänigkeit. Weil Menschen, wenn sie füreinander alles sein wollen, sich nur gegenseitig zerstören können und ihre Liebe sich in eine andere Form des Hasses zwangsläufig verwandeln muß, bedürfen sie eines Du, das

[13] *J. Ratzinger*, Theologische Prinzipienlehre, 80.
[14] *M. Buber*, Urdistanz und Beziehung, 423.

ihnen alles werden kann und zugleich nicht in die Abhängigkeit und Selbstaufgabe zwingt.

Die Menschen haben deshalb *Gott unbedingt notwendig*. Jeder von ihnen, will er an seinem Menschsein nicht vorbeileben und seiner Sehnsucht Flügel und Ziel geben, darf sich als unausrottbar gottesbedürftig erkennen. Mit den Worten des Psalmisten könnte er sprechen: »Gott, du mein Gott, dich suche ich, meine Seele dürstet nach dir. Nach dir schmachtet mein Leib, wie dürres, lechzendes Land ohne Wasser. Darum halte ich Ausschau nach dir...« (Ps 63,1–3). Gottes Antwort läßt nicht auf sich warten. Es wird offenkundig, *daß des Menschen Sehnsucht nach Ihm nichts anderes ist als die Widerspiegelung der Sehnsucht Gottes nach dem Menschen*.

Das letzte, absolut tragfähige und über den Tod hinaus beständige und freigebende Wort der Zustimmung und des Sein-dürfens wird von Gott selbst gesprochen. So zeigt sich gerade dort, wo es dem Menschen am meisten um sich selbst, d. h. um seine Sehnsucht nach Angenommensein geht, im höchsten Maß seine Gottesbedürftigkeit. Und zugleich wird mit Blick auf den Gott Jesu Christi deutlich, wie Er das Wort der Liebe dem Menschen in die Mitte seines Herzens hineinsagen will. Indem der Mensch nach Selbstwerdung Ausschau hält und dabei auf seine unendliche Sehnsucht nach Liebe wie auf die absolute Aussichtslosigkeit, solches von Menschen zu erfahren, stößt, kommt ihm Gott entgegen. Gott findet den Menschen so wichtig und liebenswert, daß Er selbst um ihn gelitten hat. In Jesus Christus heißt Gott unsere Existenz, unser Sein und uns selbst uneingeschränkt gut: Du darfst sein! Es ist gut, daß es dich gibt!

Das bereits zitierte Wort des Cusaners faßt die hier gemeinte Doppelbewegung dicht zusammen, wenn er Gott betend erkennt: »Du sprichst mir ins Herz hinein: *Sei dein eigen, dann bin auch ich dein eigen!*«[15] Selbstwerdung und Gotteserfahrung fallen demnach in eins. Man kann von daher schlußfolgern: Indem der Mensch sich auf sich selbst hin und seine Sehnsucht nach Liebe, auf seine Frage nach dem Sein-dürfen, auf seine Angst, aber auch auf jene von Mitmenschen erfahrenen Wohltaten der Liebe, die *Martin Buber* als »Himmelsbrot« bezeichnet, versammelt, wird Gott selbst zum Mittelpunkt des Menschen. Dort, wo der Mensch am meisten bei sich ist, ist er auch bei Gott.

Um solche im Gebet erfahrene Einsicht *Nikolaus' von Kues* an dieser Stelle richtig zu verstehen, muß man die *Zuordnung der beiden Sätze* in ihrem eigentlichen Sinn erkennen. Die Konsequenz wird noch vor dem eigentlichen Grund angesprochen: Sich selbst zu ergreifen vermag der Mensch nur, wenn Gott sich ihm schenkt. Deshalb ist die Selbstwerdung nicht als die Bedingung für die Gottverbundenheit zu sehen, sondern diese ist Bedingung dafür, daß der Mensch überhaupt auf eine sich selbst nicht

[15] Dazu *E. Biser*, Ist der Mensch, was er kann?, 6.

verfehlende Weise er selbst sein kann. Gott ist es, der zur Selbstannahme verhilft und vor dem Absturz in Selbsterlösungsversuche bewahrt. Von ihm her wird die existentielle Grundfrage nach dem Seindürfen und dem Selbstannehmen in jener Gültigkeit und Reichweite beantwortet, wie wir sie uns insgeheim erträumen.

Das Wort des Kusaners und unser Schlüsseltext der Emmausgeschichte korrespondieren in dieser entscheidenden Einsicht miteinander. Auch hier bei Lukas wird die Gotteserkenntnis – »und sie erkannten ihn« (Lk 24,31b) – in eins gesetzt mit einer fundamentalen Selbsterfahrung: »Da gingen ihnen die Augen auf« (Lk 24,31a). Mit den Jüngern selbst geschieht Entscheidendes: Sie vermögen mit anderen Augen auf sich und ihr Schicksal zu sehen: Selbstannahme geschieht. Ähnlich wie im Wort des Kusaners ist auch hier die Gotteserkenntnis der Selbstannahme nachgereiht, nicht um eine zeitliche oder qualitative Rangfolge auszudrücken, sondern viel eher, um einem »mystagogischen Erzähl-Muster« zu entsprechen. Im Nach-denken des eigenen Weges erscheint *die Selbstwerdung als das Oben-auf-Liegende*, aber je weiter man sich in das Wunder des Heilwerdens hineinbegibt, um so überwältigender wird die Einsicht, daß *alle innere Wandlung Tat Gottes* selbst ist. Die innere Logik der Emmausgeschichte heißt deshalb: Die Jünger kommen nicht einfach aus sich selbst heraus, auch wenn ihr Ja dazu unabdingbar ist, zu sich selbst, sondern in dem Maß, wie sie sich von Gott selbst ergreifen und begleiten lassen.

Damit sind zwei bemerkenswerte Daten für den *Zusammenhang von Selbstfindung und Gotteserkenntnis mitgesagt*. Das eine betrifft die schon betonte Verflechtung vom Sehen Gottes, kulminierend in der Vision des Auferstandenen, mit der inneren Verwandlung des Menschen. Gotterkennen ist demnach kein isolierter geistiger oder kognitiver Akt, sondern *betrifft den ganzen Menschen*. Seine Wahrnehmung auf sich selbst, auf die Mitmenschen, auf Gott hin ändern sich, seine Traurigkeit weicht. Der Auferstandene wird demnach nicht mit dem Kopf – analysierend, beobachtend, feststellend etc. – geschaut, sondern *mit dem Herzen*. Und indem einer in dieser Weise Gott schaut, von ihm selbst ermöglicht, wird er ein anderer.

Ein zweites Datum betrifft das Lebenswissen der Emmausgeschichte, daß wohl der zu dieser Verwandlung des ganzen Menschen und zur Vision des Auferstandenen fähig wird, *der sich bereits auf eine Geschichte mit diesem Jesus eingelassen hat*, mit ihm durch Galiläa, aber auch nach Jerusalem und Golgotha gegangen ist.

Was die innere *Verwandlung des ganzen Menschen*, die mit der Erkenntnis Gottes einhergeht, bedeutet, hat *Paulus*[16] aus eigener Auferstehungserfahrung heraus auf die Formel gebracht: *»Nicht mehr ich lebe, sondern Christus lebt in mir«* (Gal 2, 20). Dies kennzeichnet prägnant die Selbstfindung

[16] Vgl. dazu: *E. Biser*, Der Zeuge, 49–75.

des Christen. Er kann zulassen, daß ohne eine Spur von Identitätsentfremdung Christus selbst in sein Herz hineinspricht. Damit geschieht es, daß alle Daseinslast, die den Menschen an der Zustimmung zu seinem Leben hindert, Christus gleichsam auf die Schultern nimmt und aus dem Leben hinausträgt. So führt anstelle des zerbrochenen, überforderten und sich selbst aufgebenden Ichs Christus die Regie. Er ist der Retter menschlicher Identität. Nicht mehr die Bewältigung des Lebens aus eigener Kraft ist abverlangt, sondern es darf sich einer dem Christus in sich überlassen. Für einen Leistungsdenker wie Paulus muß das einer Wendung um 180 Grad gleichgekommen sein. Alles, was bisher zu ängstigen vermochte, hat seinen Schrekken verloren für den, der sein Leben in dieser Weise Gott übereignet hat und gerade dadurch er selbst geworden ist. Eine fast paradoxe Seinsweise wird möglich: »Auch wenn unser äußerer Mensch aufgerieben wird, erneuert sich der innere von Tag zu Tag« (2 Kor 4,16). Wer sich Christus übereignet hat, verfügt über Maßstäbe, die ihn unabhängig davon machen, von den Menschen alle Anerkennung zu erwarten: »Wir gelten als Betrüger und sind doch wahrhaftig; wir werden verkannt und sind doch anerkannt; wir sind wie Sterbende und doch: Wir leben; wir werden geschlagen und doch nicht getötet; wir wirken niedergeschlagen und sind doch fröhlich. Man hält uns für arm, und wir machen doch viele reich, für Habenichtse, und wir besitzen doch alles« (2 Kor 6,8–10). Von Christus, der in uns lebt, kommt alle Zustimmung zum Sein-dürfen. Sie befähigt, gegen alle anderslautenden Einreden, sich selbst anzunehmen.

3
»NOCH IN DERSELBEN STUNDE BRACHEN SIE AUF UND KEHRTEN NACH JERUSALEM ZURÜCK« (Lk 24,33) – GEMEINDE

Es gehört zu den tiefen Einsichten der Emmausgeschichte, daß sie nicht bei der Mystik der Gottesschau und der damit verbundenen Selbstfindung stehenbleibt. Vielmehr spricht sie vom *Aufbruch der Jünger zu den Brüdern und Schwestern in Jerusalem* – noch in derselben Stunde. Ihr Weg führt zur *Gemeinde*. Damit drückt die Emmausgeschichte bildhaft aus, daß christlicher Glaube »prinzipiell«, also von Anfang an, »gemeindlich« ist. Wenn wir abschließend dieses wechselseitige Ergänzungsverhältnis von mystischer Gottes- und Selbsterfahrung des einzelnen und der geschwisterlichen Lebenskultur in der christlichen Gemeinde bedenken, dann ist keineswegs eine ausdifferenzierte Gemeindetheologie angezielt. Wir beschränken uns auf die bildhaften Aussagen der Emmausgeschichte zur Gemeinde und ihr Verhältnis zum einzelnen.

Als erstes Bild ist der *Ort des Ereignisses* noch einmal in Erinnerung zu rufen, von dem aus die beiden Emmausgänger nach Jerusalem aufbrechen. Es ist das gemeinsame Mahl mit dem Herrn in *Emmaus*. Könnte dies nicht heißen: Es gibt viele unterschiedliche Orte und Wege der Glaubens- und Gotteserfahrung, wo der auferstandene Christus begegnet, die abseits von Jerusalem liegen? Damit wäre gesagt: Die Geschichte eines Menschen mit Gott und sein Innewerden dieser Geschichte beginnen nicht erst, wenn sie in den Raum der Gemeinde einmünden und veröffentlicht werden, sondern es gibt vor und neben der Gemeinde die *verborgenen Christusbegegnungen*, die von ihr nicht hervorgebracht sind. Christlicher Glaube, Kirche – so dürfen wir dann die Emmausgeschichte verstehen – ereignen sich unverzichtbar in Gemeinden, sie erschöpfen sich jedoch nicht in ihnen.[17] Die Eigenständigkeit der Gotteserfahrung des einzelnen wird herausgehoben, zugleich aber wird gezeigt, daß sie noch nicht am Ziel ist, solange sie in der Privatheit, kommunikationslos, verbleibt. Sie drängt nach Gemeinschaft – Koinonia –, zu einem *Ort, wo das neue Sein-dürfen lebenspraktische Konsequenzen zeitigen kann*. Solche gemeindliche Zielrichtung ist ja bereits, bei aller Betonung des inneren Prozesses zum Heilwerden, in den vorausliegenden Stadien der Geschichte implizit mitgesagt: Es sind *zwei* Jünger, Jesus *gesellt* sich ihnen zu, sie *feiern miteinander* das Mahl. Auf ihr Zusammensein trifft Jesu Wort zu: »Wo zwei oder drei in meinem Namen versammelt sind, da bin ich mitten unter ihnen« (Mt 18,20). In gewisser Weise hat die Gemeinde bereits dort begonnen, wo die beiden einzelnen in der Begegnung mit Jesus heil werden.

Im Zusammenkommen mit den Jüngern in Jerusalem gelangt ihre Gottes- und Selbsterfahrung, aber auch die auf dem Emmausweg begonnene *Gemeindewerdung* an ihr Ziel. Sowohl die aus Emmaus zurückkehrenden als auch die in Jerusalem verbliebenen Jünger treten aus dem Raum der »Verschlossenheit« ihrer Glaubenserfahrung heraus und geben sich gegenseitig Anteil an dem, was sie erfahren haben. Eine *Vernetzung der Gotterfahrenen* geschieht. Damit gestalten sie nach und vergegenwärtigen ereignishaft jene Sammlungsbewegung des Volkes Gottes[18], die Jesus initiierte, indem er alle unterschiedslos zum Mahl lud.

Von dieser mit unterschiedlichen Glaubenserfahrungen – sei es, daß man aus Emmaus kommt, sei es, daß man in Jerusalem blieb – randvollen Gemeinde heißt es, daß sie einander *erzählten,* wie ihnen der Herr erschienen ist (V 34), »was sie unterwegs erlebt und wie sie ihn erkannt hatten« (V 35). Gemeinde ist also in hohem Maß *Erinnerungs- und Erzählgemeinschaft*. Je-

[17] Vgl. *P. M. Zulehner*, Gemeindepastoral.

[18] Vgl. dazu: *G. Lohfink*, Wie hat Jesus Gemeinde gewollt?

der darf gleich wichtig und würdig, gleich autorisiert und berufen seine Geschichte mit Gott erzählen. Jeder ist mit seiner Geschichte willkommen, auch wenn sie noch so unscheinbar, fremd, ungewöhnlich oder voller Irrwege, Umwege und Ungereimtheiten sein mag. Ein offenes, gegenseitig annehmendes, »ökumenisches« Milieu ist da, wo jeder, der zu diesem Kreis stößt, sich daheimfühlen darf – nicht daß man ihn mit der subtilen Herablassung dessen, der sich als Aristokrat des Glaubens dünkt, duldet, nein: Man freut sich an ihm, daß Gott ihn und seine Geschichte der Gemeinde hinzufügt. Es würde etwas Wesentliches fehlen, so wird es empfunden, wenn gerade derjenige, der sich klein und am Rand wähnt, nichts zu sagen hätte. Von Jesus haben sie es gelernt, *daß jeder in die Mitte kommen darf* – und dies versuchen sie miteinander zu leben. Indem sie so aufeinander hören und einander erzählen, bleiben Jesus und seine Praxis ereignishaft gegenwärtig. Sie beginnen darin eine Gabe des ihnen von Jesus zugesagten Geistes zu erblicken.

Im Gemeindetraum der Emmausgeschichte fällt auf, daß die versammelten Jünger einen *neuen, geistgewirkten Umgangsstil* pflegen können. Sie können, im Gegensatz zum gewöhnlichen Zusammensein, auf all das verzichten, was sonst gerade auch nach überstandenen Katastrophen an der Tagesordnung ist. *Kein Wort der gegenseitigen Anklage und Verurteilung* schleicht sich in ihre Erzählung. Anlaß dazu wäre genug vorhanden gewesen: Die einen haben schon im Garten von Gethsemane das Weite gesucht, andere haben sich etwas später davongemacht, auf Golgotha haben sie alle, bis auf ein paar Ausnahmen, die Flucht ergriffen; alle haben sie ihn verloren gegeben mit dem Tod. Und zwei haben die Konsequenz gezogen, indem sie nach Emmaus abzogen. Die Erzählgemeinschaft, die da in Jerusalem versammelt ist, ist dennoch kein Forum des Vorwurfs, der Schuldzuweisung und der Verdächtigung. Nicht, daß das Versagen voll und ganz vergessen wäre, sie halten es sich jedoch nicht gegenseitig vor. Damit steht ihr Umgangsstil im »Kontrast«[19] zu dem, was außerhalb geschieht. Ihre Gemeinschaft ist eine *Vergebungsgemeinschaft*.[20] Die Auferstehungsberichte des Johannes-Evangeliums zeichnen für diese »alternative« Praxis der Gemeinde im Horizont der Auferstehung noch deutlichere Konturen. Es heißt hier: »Jesus sagte noch einmal zu ihnen: Friede sei mit euch! Wie mich der Vater gesandt hat, so sende ich euch. Nachdem er das gesagt hatte, hauchte er sie an und sprach zu ihnen: Empfangt den Heiligen Geist! Wem ihr die Sünden vergebt, dem sind sie vergeben; wem ihr die Vergebung verweigert, dem sind sie verweigert« (Joh 20,21–23). *Wem der Herr erschienen ist, der kann vergeben*.[21] Nichts anderes, vor allem nicht eine Einladung zum Herrschen, ist mit diesem Wort gemeint.

[19] *G. Lohfink*, Wie hat Jesus Gemeinde gewollt? – Vgl. auch: *P. M. Zulehner*, Gemeindepastoral.

[20] Vgl. *E. Drewermann*, »Ich steige hinab in die Barke der Sonne«, 184–104.

[21] Der Zusammenhang zwischen Selbstannahme, Gottesbegegnung und gemeindlicher Vergebungs-

Indem also Christen einander und darüber hinaus den Menschen, mit denen sie zusammenkommen (Sendung), das Wort des Friedens, der Zustimmung und der Vergebung ohne jede Beimengung von Herrschaft, mehr in Taten als in Worten sagen, schließen sie an der Praxis Jesu und Gottes an. Die Begegnung mit ihnen, ihre Gemeinschaft wird zu einem Ort der Auferstehung mitten in diesem Leben. Im »Vergeben«, das vielfältige Gestalt haben kann, werden sie zu Boten Gottes. Hier sprechen sie den Menschen von Gott her genau jenes Wort zu, das am meisten ersehnt wird: Es darf dich geben als unvollkommenes, schuldiges, endliches Wesen mit Schatten und Unfertigem. Du verlierst angesichts der Brüche und Irrwege deines Lebens nichts an Liebenswürdigkeit! Das heilende Grundamt der Gemeinde besteht nach Auskunft der Osterberichte darin, das Handwerk Gottes zu tun, also »Theopraxis« zu üben: Menschen sollen aufatmen dürfen (Apg 3,20), sich aufrichten und das Haupt erheben können (Lk 21,28).

Im »Vergeben«-können, das sich dem Handeln Gottes an ihnen verdankt, wird wie in einem Brennpunkt ansichtig, was alle übrige Praxis der Auferstehungserfahrung durchzieht: Ihr Sein in Christus zeigt sich in der Liebe. In den Worten des 1. Johannesbriefes lautet dieser Zusammenhang: »Wir wissen, daß wir aus dem Tod in das Leben hinübergegangen sind, weil wir die Brüder lieben« (1 Joh 3,14). In der »Liebe« zu den Menschenbrüdern und -schwestern zeitigt sich das in Emmaus geschenkte Sein in Christus aus. Der Glaube der Emmausgänger kommt zum Ziel, wenn er sich gemeindlich auswirken darf.

Pastoralpsychologie will dazu beitragen, daß Menschen auf dem Weg von Jerusalem nach Emmaus sehend werden, den Herrn erkennen und in geschwisterlicher Gemeinschaft mit Wort und Tat erzählen, wie sehr Gott den Menschen heilen will und kann.

praxis ist offenkundig: Wer in der Begegnung mit Gott erfahren hat, daß ihm und seiner Unvollkommenheit zugestimmt wird, und wer daraus sich selbst anzunehmen gelernt hat, der kann auch andere mit ihren Schattenseiten annehmen. Vgl. dazu: *W. Müller*, Menschliche Nähe in der Seelsorge.

LITERATURVERZEICHNIS

Abraham, K., Psychoanalytische Studien. Gesammelte Werke in zwei Bänden, Frankfurt/M. 1969–1971.

Ackerman, N. W., Family Therapy Today, in: Family Process 9 (2/1970).

Adam, I.,/Schmidt, E. R., Theologie und Gruppendynamik oder: Wiederkehr des Verdrängten, in: Wege zum Menschen 27 (1975) 220–227.

Adam, I./Schmidt, E. R., Gemeindeberatung. Ein Arbeitsbuch, Gelnhausen – Berlin 1977.

Adam, I./Schmidt, E. R., Umgang mit Zeit, Gelnhausen – Freiburg i.Br. – Stein/Mfr. 1978.

Affemann, R., Krank an der Gesellschaft, Stuttgart [2]1968.

Akademie für Jugendfragen Münster (Hrsg.), Supervision im Spannungsfeld zwischen Person und Institution, Freiburg 1979.

Aktion psychisch Kranke (Hrsg.), Gestörte Einheit. Informationen über seelische Störungen, Bonn 1983.

Alt, F. (Hrsg.), Das C. G. Jung Lesebuch, Olten – Freiburg i.Br. 1983.

Amann, A., Moderne Formen der offenen Altenhilfe, in: *Reimann, H./Reimann H.* (Hrsg.), Das Alter. Einführung in die Gerontologie, Stuttgart 1983, 231–258.

Andreae, S./Pompey, H., Pastoralpsychologie, in: *Gastager, H. u.a.* (Hrsg.), Praktisches Wörterbuch der Pastoralanthropologie, Wien – Freiburg – Basel – Göttingen 1975, 814–816.

Andriessen, H., Pastorale Supervision. Praxisberatung in der Kirche, München – Mainz 1978.

Andriessen, H., Praxisberatung für Seelsorger, in: Lebendige Seelsorge 35 (1984) 308–315.

Ansbacher, H./Ansbacher, R., Alfred Adlers Individualpsychologie, München 1972.

Antons, K./Schulz W., Normales Trinken und Suchtentwicklung, 2 Bde., Göttingen 1976/1977.

Arens, A. Schmitz, H. (Hrsg.), Priesterausbildung und Theologiestudium (Nachkonziliare Dokumentation Bd. 25), Trier 1974, 68–263.

Arens, A., Kriterien der Eignung für den pastoralen Dienst, in: *Ders.* (Hrsg.), Pastorale Bildung, Trier 1976, 36–68.

Arens, E., Kommunikative Handlungen. Die paradigmatische Bedeutung der Gleichnisse Jesu für eine Handlungstheorie, Düsseldorf 1982.

Arens, E., Narrative Theologie und theologische Theorie des Erzählens, in: Katechetische Blätter 110 (1985) 866–871.

Arens, E., »Wer kann die großen Taten des Herrn erzählen?« (Ps 106,2). Die Erzählstruktur christlichen Glaubens in systematischer Perspektive, in: *Zerfaß, R.* (Hrsg.), Erzählter Glaube – erzählende Kirche, Freiburg – Basel – Wien 1988, 13–27.

Arens, H., Die Predigt als Lernprozeß, München 1972.

Arnold, F., Der Glaube, der dich heilt. Zur therapeutischen Dimension des christlichen Glaubens, Regensburg 1983.

Arnold, W., Person, Charakter, Persönlichkeit, Göttingen [3]1969.

Arnold, W., Angewandte Psychologie, Stutgart 1970.

Aronson, E./Pines, A. M./Ditsa, K., Ausgebrannt, in: Psychologie heute 10 (1983) 21–27.

Bach, U., Dem Traum entsagen, mehr als ein Mensch zu sein. Auf dem Weg zu einer diakonischen Kirche, Neukirchen – Vluyn 1986.

Bach, U., »Heilende Gemeinde«? Versuch, einen Trend zu korrigieren, Neukirchen – Vluyn 1988.

Bachofen, J. J., Oknos, der Seilflechter, Leipzig 1926.

Bärenz, R., Verkündigung als Lebenshilfe. Aufgaben und Chancen des Seelsorgegesprächs, in: *Ders.* (Hrsg.), Gesprächsseelsorge. Theologie einer pastoralen Praxis, Regensburg 1980, 69–136.

Bärenz, R., Die Trauernden trösten. Für eine zeitgemäße Trauerpastoral, München 1983.

Balint, M., Regression. Therapeutische Aspekte und die Theorie der Grundstörung, München 1987.

Baltes, P. B., Gerontologie, in: Die Zeit 32 (1984).

Bandura, A., Principles of behavior modification, New York 1969.

Bandura, A., Social learning theory, Englewood Cliffs 1977, dt.: Sozial-kognitive Lerntheorie, Stutgart 1979.

Bandura, A./Ross, D./Ross, S. A., Imitation of film-mediated aggressive models, in: Journal of Abnormal and Social Psychologie 66 (1963).

Bartling, G./Fliegel, S./Fliegenbaum, W./Krause, R., Angst. Wer sie durchsteht, wird sie los, in: Psychologie heute 6 (1979) 22–34.

Barrett – Lennard, G., Inkubation und Geburt der klientenzentrierten Psychotherapie, in: GwG-Info 51 (1983) 16–35.

Barz, H., Tiefenpsychologische Deutung der Taufe, in: *Ders.*, Selbst-Erfahrung. Tiefenpsychologie und christlicher Glaube, Stuttgart ^{2}1975.

Battegay, R., Depression. Psychophysische und soziale Dimension, Bern 1987.

Baudler, G., Einführung in symbolisch-erzählende Theologie. Der Messias Jesus als Zentrum der christlichen Glaubenssymbole, Paderborn – München – Wien – Zürich 1982.

Baudler, G., Korrelationsdidaktik: Leben durch Glauben erschließen, Paderborn 1984.

Baudler, G., Jesus im Spiegel seiner Gleichnisse, Stuttgart – München 1986.

Baudler, G., Den Glauben erzählen. Ein Beitrag zur Überwindung der Tradierungskrise im Christentum, in: Theologisch-praktische Quartalschrift 137 (1989) 8–16.

Baumgartner, I., Rezension zu: *G. Besier*, Seelsorge und Klinische Psychologie, in: Pastoraltheologie 70 (1981) 253–255.

Baumgartner, I., Seelsorgliche Kompetenz als pastoralpsychologisches Bildungsziel. Ein theoretischer und empirischer Beitrag zur pastoralpsychologischen Ausbildung von Seelsorgern, Passau 1982.

Baumgartner, I., Der Weg der Mystagogie. Gedanken zur seelsorglichen Begleitung, in: Pastoraltheologische Informationen 7 (1,2/1987) 149–168.

Baumgartner, I., Psychologie und Glaube. Orientierung und Gesprächsanregung, in: Pastoralblatt 40 (1988) 325–333 und 40 (1988) 366–371.

Baumgartner, I., Helfen zwischen Selbstsucht und Selbstlosigkeit. Wege zum seelischen Wachstum des Helfers, in: *Garhammer, E.* (Hrsg.), Menschenbilder. Impulse für helfende Berufe, Regensburg 1989, 15–28.

Baumgartner, I., Seelsorgliche Begleitung in Lebenskrisen, in: Lebendige Seelsorge 40 (1989) 36–42.

Baumgartner, I., Priester für eine heilende Seelsorge. Eine pastoralpsychologische Analyse und Anregung, in: *Garhammer, E.* (Hrsg.), Unnütze Knechte? Priesterbild und Priesterbildung, Regensburg 1989, 105–128.

Baumgartner, I., »Macht Gebete aus meinen Geschichten!« – Von der Heilsmacht des Erinnerns im Kontext des Glaubens, in: *Heller, A./Wiebel-Fanderl, O.* (Hrsg.), Religion und Lebensgeschichte der Leute – verstehen und seelsorglich begleiten, Wien/Passau 1989, 1–15.

Baumgartner, K. (Hrsg.), Das Seelsorgegespräch in der Gemeinde, Würzburg 1982.

Baumgartner, K., Theologische Aspekte des Seelsorgegesprächs, in: *Ders.* (Hrsg.), Das Seelsorgegespräch in der Gemeinde, Würzburg 1982, 40–54.

Baumgartner, K., Beichte und geistliche Begleitung, in: Lebendige Seelsorge 40 (1989) 29–32.
Baumgartner, K., Einführung, in: *Garhammer, E.* (Hrsg.), Unnütze Knechte? Priesterbild und Priesterbildung, Regensburg 1989, 11–13.
Baumgartner, K. / Langer, M. (Hrsg.), Mit Außenseitern leben. Eine Herausforderung für die Christen, Regensburg 1988.
Beck, A. T., Cognitiv therapy; Nature and relation to behavior therapy, in: Behavior Therapy 1 (1970) 184–200.
Beck, A. T., Depression, Philadelphia 1972.
Beck, A. T., Kongnitive Therapie der Depression, München – Weinheim 1986.
Becker, J., Johannes der Täufer und Jesus von Nazareth, Neukirchen-Vluyn 1972.
Beinert, W., Die heilende Seelsorge der Kirche in den Sakramenten, in: *Ders.* (Hrsg.), Heil und Heilen als pastorale Sorge, Regensburg 1984, 71–114.
Beirat der Konferenz der deutschsprachigen Pastoraltheologen, Mit Drewermann im Gespräch bleiben, in: Pastoraltheologische Informationen 8 (1988) 261–263.
Belok, M., Humanistische Psychologie und Katechese. Möglichkeiten und Grenzen der Rezeption der Anthropologie Carl R. Rogers' für eine diakonisch verstandene kirchliche Erwachsenenbildung, dargestellt an der ehevorbereitenden und -begleitenden Bildung, Münster 1984 (Diss.).
Benesch, H., dtv-Wörterbuch zur Klinischen Psychologie, 2 Bde., München 1981.
Benesch, H., dtv-Atlas zur Psychologie, Tafeln und Texte, 2 Bde., München 1987.
Benker, M., Pastorale Hinweise zum Hausbesuch, in: *Baumgartner, K.* (Hrsg.), Das Seelsorgegespräch in der Gemeinde, Würzburg 1982, 58–83.
Benn, G., Reisen. in: *Conrady, K. O.* (Hrsg.), Das große deutsche Gedichtbuch, Kronberg/Ts. 1977, 764.
Bennett, T.R., Some sociological considerations on motivation for the ministry, in: *Southard, S.* (Ed.), Conference on motivation for the ministry, Louisville 1959, 136–146.
Berger, P. L., Der Zwang zur Häresie. Religion in der pluralistischen Gesellschaft, Frankfurt a.M. 1980.
Berger, P. L. / Luckmann, T., Die gesellschaftliche Konstruktion der Wirklichkeit. Eine Theorie der Wissenssoziologie, Frankfurt 1970.
Bergin, A., The evaluation of therapeutic outcomes, in: *Bergin, A. E. / Garfield, S.* (Eds.), Handbook of Psychotherapie and Behavior Change, New York 1971, 217–270.
Berkel, K., Konfliktforschung und Konfliktbewältigung. Ein organisationspsychologischer Ansatz, Berlin 1984.
Berkel, K., Eignungsdiagnostik. Grundlagen beratender Begleitung, in: *Stenger, H.* (Hrsg.), Eignung für die Berufe der Kirche. Klärung, Beratung, Begleitung, Freiburg – Basel – Wien 1988, 135–194.
Berne, E., Spiele der Erwachsenen, Hamburg 1967.
Berthelsen, D., Alltag bei Familie Freud. Die Erinnerungen der Paula Fichtl, Hamburg 1987.
Bertsch, L. (Hrsg.), Theologie zwischen Theorie und Praxis. Beiträge zur Grundlegung der Praktischen Theologie, Frankfurt a.M. 1975.
Besier, G., Seelsorge und Klinische Psychologie. Defizite in Theorie und Praxis der »Pastoralpsychologie«, Göttingen 1980.
Besier, G., Zur Theoriebildung Praktischer Theologie, in: Wege zum Menschen 34 (1982) 385–391.
Betz, H. D., Ursprung und Wesen christlichen Glaubens nach der Emmauslegende (Lk 24,13–32), in: Zeitschrift für Theologie und Kirche 66 (1969) 7–21.
Betz, J., Taufe, in: Handbuch theologischer Grundbegriffe, Bd. 2, 614–630.
Bier, W.C., A comperative study of a seminary group and four other groups on the MMPI. Unpublished doctoral dissertation, Catholic University, 1948.
Biser, E., Das Wort von oben. Zum Problem der einseitigen Kanalisierung der inner-

kirchlichen Kommunikation, in: *Exeler, A. / Mette, N.* (Hrsg.), Theologie des Volkes, Mainz 1978, 120–139.
Biser, E., Der Zeuge. Eine Paulus-Befragung, Graz – Wien – Köln 1981.
Biser, E., Die glaubensgeschichtliche Wende. Eine theologische Positionsbestimmung, Graz – Wien – Köln 1986.
Biser, E., Auf dem Weg zu einer therapeutischen Theologie, in: Lebendige Seelsorge 38 (1987) 1–7.
Biser, E., Wort Gottes, in: Neues Handbuch theologischer Grundbegriffe, Bd. 4, 307–317.
Biser, E., Ist der Mensch, was er kann? Eine anthropologische Reflexion, in: Christ und Bildung 1 (1989) 3–7.
Bitter, G. / Fürst, W., Conditio humana, in: *Bitter, G. / Miller, G.* (Hrsg.), Handbuch religionspädagogischer Grundbegriffe, München 1986, Bd. 2, 606–620.
Blank, J., Die Angst vor dem Sturz ins Bodenlose, in: Streit um die Bibel. Wird der Kern der Botschaft zertrümmert? Publik-Forum-Sonderdruck 3 (1985) IV–VIII.
Blank, J., Jesus Christus (A. Bibeltheologisch), in: Neues Handbuch theologischer Grundbegriffe, Bd. 2, 226–239.
Bock, R., Psychoanalyse. Am Anfang war die Couch, in: *Petzold, H.* (Hrsg.), Wege zum Menschen. Methoden und Persönlichkeiten moderner Psychotherapie. Ein Handbuch, 2 Bde., Paderborn 1984, Bd. 2, 101–174.
Boff, L., Kleine Sakramentenlehre, Düsseldorf [2]1978.
Boff, L., Was bedeuten theologisch »Volk Gottes« und »Volkskirche«?, in: Concilium 20 (1984) 512–521.
Bommert, H., Grundlagen der Gesprächspsychotherapie, Stuttgart 1982.
Bopp, J., Psycho-Kult – kleine Fluchten in die großen Worte, in: Kursbuch 82 (1985) 61–76.
Boszormenyi-Nagy, I. / Framo, J. L. (Hrsg.), Intensive Family Therapy, New York 1965; dt.: Intensive Familientherapie, Reinbek 1975.
Bowlby, J., Die Trennungsangst, in: Psyche 15 (1961) 411.
Bowlby, J., Mutterliebe und kindliche Entwicklung, München 1972.
Brauns, H.-P., Persönlichkeitstheorie von Rogers, in: *Grunwald, W.* (Hrsg.), Kritische Stichwörter zur Gesprächspsychotherapie, München 1979, 196–213.
Breimeier, K. H., Relationships between various psychological measures in use at theological seminaries. MSB Occasional Papers, No. 1, December 1967.
Brocher, T., Wenn Kinder trauern. Wie sprechen wir über den Tod?, Zürich 1980.
Brosseder, J., Das Priesterbild in der Predigt, München 1978.
Brosseder, J., Taufe / Firmung, in: Neues Handbuch theologischer Grundbegriffe, Bd. 4, 167–182.
Brown, G. W. / Harris, T., Social origins of depression: A study of psychiatric disorder in women, London 1978.
Bruners, W., Das Lernen in der Nachfolge Jesu, in: *Bruners, W. / Schmitz, J.* (Hrsg.), Das Lernen des Seelsorgers. Identität – Zielsetzung – Handeln im pastoralen Dienst, Mainz 1982.
Bruners, W., Wie Jesus Glauben lernte, Freiburg 1988.
Brunner, H., Von der Bibel keine Spur...? Menschenbilder aus psychotherapeutischer Sicht, in: *Garhammer, E.* (Hrsg.), Menschenbilder, Impulse für helfende Berufe, Regensburg 1989, 68–78.
Brunner, H., Abstraktes Heil – Konkretes Heilen. Psychotherapie und priesterliches Selbstverständnis, in: *Garhammer, E.* (Hrsg.), Unnütze Knechte? Priesterbild und Priesterbildung, Regensburg 1989, 77–104.
Buber, M., Urdistanz und Beziehung, in: Werke, Bd. I: Schriften zur Philosophie, München – Heidelberg 1962.
Buber, M., Werke, Bd. I: Schriften zur Philosophie, München – Heidelberg 1962; Bd. II: Schriften zur Bibel, München – Heidelberg 1964; Bd. III: Schriften zum Chassidismus, München – Heidelberg 1963.

Buch, M. B., Psychoanalytische Methode und Familientherapie, Frankfurt a.M. 1982.
Bucher, A. A., Tiefenpsychologie und Exegese? Anmerkungen zum Psychologiekonzept Eugen Drewermanns, in: Herderkorrespondenz 3/1988, 114–118.
Bucholz, M. B., Psychoanalytische Methode und Familientherapie, Frankfurt a.M. 1982.
Bultmann, R., Die Geschichte der synoptischen Tradition, Göttingen [4]1964.
Burch, J., Recent bereavement in relation to suicide, in: Journal of Psychosomatic Research 16 (1972) 361–366.
Byers, A. P., A study of family relations as determinants of vocational choice among ministers of the American Lutheran Church: A test of Ann Roe's theory. Unpublished doctoral dissertation, University of North Dakota 1965.

Caemmerer, D.v. (Hrsg.), Praxisberatung (Supervision). Ein Quellenband, Freiburg 1970.
Caplan, G., Principles of preventive psychiatry, New York 1964.
Cassirer, E., Ein Schlüssel zum Verständnis des Menschen. Das Symbol, in: *Ders.*, Was ist der Mensch? Versuch einer Philosophie der menschlichen Kultur, Stuttgart 1960, 37–40.
Cassirer, E., Wesen des Symbolbegriffs, Darmstadt 1965.
Cattell, R. B., Factor analysis: An introduction and manual for the psychologist and social scientist, New York 1952.
Cattell, R. B., Personality theory growing from multivariate quantitative research, in: *Koch, S.* (Ed.), Psychology, a study of science, Vol. 3, New York 1959, 257–327.
Clairvaux, B.v., Gotteserfahrung und Weg in die Welt, hrsg. v. *Schellenberger, B.*, Freiburg i.Br. 1982.
Clinebell, H., Basic Types of Pastoral Counseling, Nashville–New York 1966; dt.: Modelle beratender Seelsorge, München-Mainz 1971.
Cobb, S./Kasl, S., Termination: The consequences of job loss, Washington 1977.
Conrady, C. O. (Hrsg.), Das große deutsche Gedichtbuch, Kronberg 1977.
Corbon, J., Liturgie aus dem Urquell, Einsiedeln 1981.
Cornehl, P., Gottesdienst als Integration, in: Handbuch der Praktischen Theologie, Bd. 3, Gütersloh 1983, 59–78.
Courth, F., Sakramente als Zeichen des Heiles, in: Lebendiges Zeugnis 38 (1983) 29–37.
Cumming, E./Henry, W. E. (Eds.), Growing old: The process of disengagement, New York 1961.

Daiber, K. F., Grundriß der Praktischen Theologie als Handlungswissenschaft. Kritik und Erneuerung der Kirche als Aufgabe, München 1977.
Dalferth, I. U., Religiöse Rede von Gott, München 1981.
Degwitz, R., Abgrenzung und Zuordnung von Theologie und Psychologie, in: Renovatio 44 (1988), 88–102.
Depression ist Wut, Wut gegen sich selbst, in: Der Spiegel 32 (1978) 51, 180–195.
Deutsche Bischofskonferenz (Hrsg.), Katholischer Erwachsenenkatechismus. Das Glaubensbekenntnis der Kirche, Kevelaer u. a. [3]1985.
Die Deutschen Bischöfe, Rahmenordnung für die Priesterbildung, Bonn 1978.
Die Deutschen Bischöfe, Rahmenstatuten und -ordnungen für Diakone und Laien im Pastoralen Dienst, Bonn 1979.
Dittes, J. E., Minister on the spot, Philadelphia 1970.
Dittes, J. E., Psychological Characteristics of Religious Professionals, in: *Strommen, M. P.* (Ed.), Research on Religious Development. A comprehensive Handbook, New York 1971, 423–481.
Dodson, F.J., Personality factors in the choice of the Protestant ministry as a vocation. Unpublished doctoral dissertation, University of Southern California 1957.
Döhner, O. (Hrsg.), Arzt und Patient in der Industriegesellschaft, Frankfurt 1973.
Dollard, J./Doob, L. W./Miller, N. E./Mowrer, O. H./Sears, R. R., Frustration und aggression, New Haven – London 1939.

Dreher, G., Auseinandersetzungen mit dem bevorstehenden Austritt aus dem Berufsleben, in: *Schubert, R.* (Hrsg.), Gerontoprophylaxe, Infektions- und Herzkrankheiten, Rehabilitation und Sozialstatus im Alter, Darmstadt 1970, 118–124.
Drewermann, E., Strukturen des Bösen. Die jahwistische Urgeschichte in exegetischer, psychoanalytischer und philosophischer Sicht, 3 Bde., Paderborn 1977/1978.
Drewermann, E., Psychoanalyse und Moraltheologie, 3 Bde., Mainz 1982/1983.
Drewermann, E., Sünde/Schuld, in: *Eicher, P.* (Hrsg.), Neues Handbuch theologischer Grundbegriffe, München 1985, Bd. 4, 148–155.
Drewermann, E., Tiefenpsychologie und Exegese, 2 Bde., Olten [2]1985.
Drewermann, E., Voller Erbarmen rettet er uns. Die Tobit-Legende tiefenpsychologisch gedeutet, Freiburg – Basel – Wien [3]1985.
Drewermann, E., Das Markusevangelium, 2 Bde., Olten–Freiburg i.Br. 1987/1988.
Drewermann, E., »An ihren Früchten werdet ihr sie erkennen«. Antwort auf Rudolf Peschs und Gerhard Lohfinks ›Tiefenpsychologie und keine Exegese‹, Olten – Freiburg i.Br. 1988.
Drewermann, E., Das Zeugnis der Liebe, in: Christ in der Gegenwart 41 (1989) 121–122.
Drewermann, E., »Ich steige hinab in die Barke der Sonne«. Meditationen zu Tod und Auferstehung, Olten – Freiburg 1989.
Drewermann, E., Wort des Heils, Wort der Heilung. Von der befreienden Kraft des Glaubens, 3 Bde., hrsg. v. *Marz, B.*, Düsseldorf 1989.
Drewermann, E., Kleriker. Psychogramm eines Ideals, Olten 1989.
Drewermann, E./Neuhaus, I., Das Mädchen ohne Hände, Olten 1981.
Droz, R., Wahrnehmung, in: *Arnold, W./Eysenck, H. J./Meili, R.* (Hrsg.), Lexikon der Psychologie, Freiburg – Basel – Wien 1972, Bd. 3, 750f.
Dunn, R. F., Personality patterns among religious personnel: A review, in: Catholic Psychological Record 3 (1965) 125–137.

Ebbinghaus, H., Abriß der Psychologie, Leipzig 1908.
Eckl, J., Supervision in der Sozialarbeit als Modell einer pastoralen Supervision, Eichstätt 1985 (Manuskript).
Egenter, R., Epikie, in: LThK, Bd. 3, 934–935.
Egenter R./Matussek, P., Ideologie, Glaube und Gewissen, München 1968.
Eicke, D., Die Klagen sind Anklagen, in: Psychologie heute 11 (4/1977) 56–61.
Ellis, A., Die rational-emotive Therapie. Das innere Selbstgespräch bei seelischen Problemen und seine Veränderung, München 1977.
Emeis, D., Heilen in noch unheiler Welt. Ein theologischer Beitrag zum Gespräch zwischen Psychiatrie und Seelsorge, in: Stimmen der Zeit 198 (1980) 627–636.
Erikson, E. H., Einsicht und Verantwortung. Die Rolle des Ethischen in der Psychoanalyse, Stuttgart 1964.
Erikson, E. H., Identität und Lebenszyklus, Frankfurt 1966.
Erikson, E. H., Der junge Mann Luther. Eine psychoanalytische und historische Studie, Frankfurt 1975.
Ernst, H., Das Borderline-Syndrom, in: Psychologie heute 10 (1983) 20–27.
Ernst, H., Die glorreichen Sieben. Howard Gardners Modell der sieben menschlichen Intelligenzen, in: Psychologie heute 12 (5/1985) 28–31.
Evans, R. I., Psychologie im Gespräch (Interview 23: *Erik Erikson*), Berlin–Heidelberg–New York 1979, 303–317.
Eysenck, H. J., The Effects of Psychotherapy: An Evaluation, in: Journal of Consulting Psychology 16 (1952) 319–324.
Eysenck, H. J., The structure of human personality, London 1953.
Eysenck, H. J., Learning theory and behaviour therapy, in: Journal of Mental Science 105 (1959) 61–75.
Eysenck, H.-J., Behaviour therapy and the neuroses, New York 1960.
Eysenck, H. J., Persönlichkeitstheorie und Psychodiagnostische Tests, in: Diagnostica 11 (1965) 3–27.

Eysenck, H. J., Neue Wege der Psychotherapie, in: *DGP* (Hrsg.), Bericht vom 15. Kongreß, Göttingen 1967, 222–238.
Eysenck, H. J. / Rachman, S. J., Neurosen – Ursachen und Heilmethoden, Berlin ²1968.

Faber, H. / Schoot, E. v. d., Praktikum des seelsorglichen Gesprächs, Göttingen ³1971.
Fahrenberg, J. / Selg, H. / Hampel, R., Das Freiburger Persönlichkeitsinventar FPI, Göttingen ²1973.
Fehlker, M., Selbstheilungshilfe durch Schamanismus. Eine Herausforderung an Pastoralpsychologie und kirchliche Sozialarbeit, in: Wege zum Menschen 36 (1984) 500–505.
Festinger, L., A theory of cognitive dissonance, Evanston, Ill. 1957.
Feuerlein, W., Selbstmordversuch oder parasuizidale Handlung, in: Der Nervenarzt 42 (1971) 127–130.
Feuerlein, W. u. a., Alkoholismus, Stuttgart 1975.
Fiedler, P. A. / Hörmann, G. (Hrsg.), Aktionsforschung in Psychologie und Pädagogik, Darmstadt 1978.
Filipp, S.-H., Kritische Lebensereignisse als Brennpunkte einer Angewandten Entwicklungspsychologie des mittleren und höheren Erwachsenenalters, in: *Oerter, R. / Montada, L.*, Entwicklungspsychologie. Ein Lehrbuch, München–Wien–Baltimore 1982, 769–788.
Finkenzeller, J., Die Lehre von den Sakramenten im allgemeinen (= HDG IV. 1a u. b), Freiburg – Basel – Wien 1980/1982.
Fischer, J., Über das Gottvorkommen in der heutigen Kirche. Wider den ekklesialen Atheismus, in: *Albus, M. u. a.* (Hrsg.), Nur der Geist macht lebendig, Mainz 1986, 29–37.
Fischer, J., Von der Chance, Bruder unter Brüdern und Schwestern zu werden. Ein Erfahrungsbericht aus der Bundesrepublik, in: *Hoffmann, P.* (Hrsg.), Priesterkirche, Düsseldorf 1987, 307–316.
Fischer, K. P., Gotteserfahrung, Mystagogie in der Theologie Karl Rahners und in der Theologie der Befreiung, Mainz 1986.
Flaubert, G., Madame Bovary. Vollständige Ausgabe. Aus dem Französischen übertragen von *Walter Widmer*, München o.J.
Florin, I., Die Praxis der Systematischen Desensibilisierung, in: *Florin, I. / Tunner, W.* (Hrsg.), Therapie der Angst. Systematische Desensibilisierung, München – Berlin – Wien 1975, 241–267.
Florin, I. / Tunner, W., Behandlung kindlicher Verhaltensstörungen, München ⁶1974.
Florin, I. / Tunner, W., Therapie der Angst, Systematische Desensibilisierung, München – Berlin – Wien 1975.
Foppa, K., Lernen, Gedächtnis, Verhalten. Ergebnisse und Probleme der Lernpsychologie, Köln 1965.
Ford, D. H. / Urban, H. B., Systems of Psychotherapy, New York 1967.
Framo, J., Family of origin as a therapeutic resource for adults in Marital and Family Therapy, You can and should go home again, in: Family Process 2 (6/1976).
Frank, J. D., Die Heiler. Über psychotherapeutische Wirkungsweisen vom Schamanismus bis zu den modernen Therapien, München 1985.
Frank, J. D. / Hoehn-Sarie, R. / Stanley D. I. / Liberman, B. L. / Stone, A. R., Effective ingredients of successful Psychotherapie, New York 1978.
Frese, M. / Schöfthaler-Rühl, R., Kognitive Ansätze in der Depressionsforschung, in: *Hoffmann, N.* (Hrsg.), Depressives Verhalten. Psychologische Modelle der Ätiologie und der Therapie, Salzburg 1978, 58–107.
Freud, S., Gesammelte Werke (GW), chronologisch geordnet, Bd. I–XVII, London 1940–52.
Freud, S., Aus den Anfängen der Psychoanalyse. Briefe an W. Fließ, Abhandlungen und Notizen aus den Jahren 1887–1902, London 1950.
Freud, S. / Pfister, O., Briefe 1909–1939, Frankfurt 1963.
Frielingsdorf, K., Ausbildung zum seelsorglichen Berater. Ein pastoralpsychologisches

Kursprogramm im TPI, in: *Bruners, W. / Schmitz, J.* (Hrsg.), Das Lernen des Seelsorgers, Mainz 1982, 100–110.
Frielingsdorf, K. / Kühnholz, W. u. a., Zur Situation der Pastoralpsychologie in der BRD, Tübingen 1978.
Frielingsdorf, K. / Stöcklin, G., Seelsorge als Sorge um Menschen. Pastoralpsychologische Modelle, Mainz 1976.
Fromm, E., Sigmund Freuds Sendung, Berlin 1961.
Fuchs, O., Die Praktische Theologie im Paradigma biblisch-kritischer Handlungswissenschaft zur Praxis der Befreiung, in: *Ders.* (Hrsg.), Theologie und Handeln, Düsseldorf 1984, 209–244.
Fuchs, O. (Hrsg.), Theologie und Handeln, Düsseldorf 1984.
Fuchs, O., Narrativität und Widerspenstigkeit. Strukturanalogien zwischen biblischen Geschichten und christlichem Handeln, in: *Zerfaß, R.* (Hrsg.), Erzählter Glaube – erzählende Kirche, Freiburg – Basel – Wien 1988, 87–126.
Fuchs, W., Todesbilder in der modernen Gesellschaft, Frankfurt 1969.
Fürst, W., Praktisch-theologische Urteilskraft. Auf dem Weg zu einer symbolisch-kritischen Methode der Praktischen Theologie, Zürich – Einsiedeln – Köln 1986.
Fürst, W., Der Weg der Kirche ist der Mensch. Personale Beratung als Wesenselement beziehungsstiftender Seelsorge, in: *Verband Katholischer Ehe-, Familien- und Lebensberater e.V.* (Hrsg.), Kontakt – Begegnung – Beziehung. Diagnostik und Intervention im Prozeß der Beratung, Jahrestagung 1988 in Augsburg, 162–197.
Fürst, W. / Baumgartner, I., Leben retten. Was Seelsorge zukunftsfähig macht, München 1990.
Funk, R., Frömmigkeit zwischen Haben und Sein, Zürich 1977.
Funke, D., Vom ›Ding‹ zum Symbol, in: Wege zum Menschen 38 (1986) 29–44.
Funke, D., Ewige Urbilder? Einige Anmerkungen zu Drewermanns tiefenpsychologischer Hermeneutik, in: Katechetische Blätter 113 (1988) 123–125.

Gärtner, H., Individualseelsorge in der Alten Kirche, in: Wege zum Menschen 34 (1982) 95–101.
Ganoczy, A., Einführung in die Katholische Sakramentenlehre, Darmstadt 1979.
Ganoczy, A., Sakrament, in: Neues Handbuch theologischer Grundbegriffe, Bd. 4, 94–104.
Garhammer, E., Ermunterungen zu einer riskanteren Praxis. Eine biblische Gewissenserforschung für Seelsorger, in: *Windisch, H.* (Hrsg.), Mut zum Gewissen. Einladung zu einer riskanten Seelsorge, Regensburg 1987, 163–183.
Gartmann, M., »Laien«-Theologen in der Gemeindepastoral, Düsseldorf 1981.
Gastager, H. (Hrsg.), Hilfe in Krisen. Wege und Chancen einer personalen Krisenintervention, Freiburg – Wien – Basel 1982.
Gastgeber, K., Die westliche Tradition der Einzelseelsorge, in: Lebendige Seelsorge 34 (1983) 103–107.
Geest, H.v.d., Unter vier Augen. Beispiele gelungener Seelsorge, Zürich ^{3}1986.
Gemeinsame Synode der Bistümer in der Bundesrepublik Deutschland. Beschlüsse der Vollversammlung, Freiburg 1976.
Gendlin, E. T., Focusing. Technik der Selbsthilfe bei der Lösung persönlicher Probleme, Salzburg ^{4}1984.
Gertz, B., Mystagogie, in: *Bitter, G. / Miller, G.* (Hrsg.), Handbuch religionspädagogischer Grundbegriffe, München 1986, Bd. 1, 82–84.
Gilles, A., Rogers auf dem pädagogischen Prüfstand. Kritische Bemerkungen zur Therapie und Praxis der Gesprächspsychotherapie, in: Neue Praxis 10 (1980) 66–80.
Glover, E., The neurotic Charakter, in: International Journal of Psychoanalysis 7 (1926) 11–30.
Godin, A., Das Menschliche im seelsorglichen Gespräch, München 1972.
Godin, A., Psychologie de la vocation: un bilan, Paris 1975.
Görres, A., Methoden und Erfahrungen der Psychoanalyse, München 1961.

Görres, A., Pathologie des katholischen Christentums, in: *Arnold, F.X. u.a.* (Hrsg.), Handbuch der Pastoraltheologie II, 1, Freiburg 1966, 277–343.
Görres, A., Zur Askese. Psychologische und psychotherapeutische Erfahrungen – Gedanken zur Meditation, in: *Arbeitskreis katholischer Schulen in freier Trägerschaft,* Materialien 5 (1984) 13–37.
Görres, A., Kennt die Psychologie den Menschen?, München ²1986.
Görres, A., Kirchliche Beratung – eine dringende Antwort auf Symptome und Ursachen seelischer Krisen?, in: *Sekretariat der Deutschen Bischofskonferenz* (Hrsg.), Kirchliche Beratungsdienste (= Arbeitshilfen 51), Bonn 1987, 5–31.
Görres, A./Kasper, W., Tiefenpsychologische Deutung des Glaubens? Anfragen an Eugen Drewermann (mit Beiträgen von H. Burkle, E. Dassmann, F. Furger, A. Görres, W. Kasper. R. Schnackenburg, J. Splett, J. Sudbrack), Freiburg – Basel – Wien 1988.
Goldbrunner, J., Seelsorge – eine vergessene Aufgabe. Über die Erwartungen der Gläubigen und die Arbeit des Priesters heute, Freiburg – Basel – Wien 1971.
Goldbrunner, J., Die Nachtmeerfahrt des Jona. Tiefenpsychologische Erwägungen zu Jona und seinem Fisch, in: Bibel und Kirche 27 (1972) 68–70.
Goldbrunner, J., Archetypen und Exegese. Zu Eugen Drewermanns ›Tiefenpsychologie und Exegese‹, in: Theologisch-praktische Quartalschrift 134 (1986) 201–203.
Golden, E. S., Psychological problems of the clergy. in: *Bier, W.C.* (Ed.), Psychological testing for ministerial selection, New York 1970, 209–238.
Goldstein, A. P., Methoden zur Verbesserung von Beziehungen, in: *Kanfer, F.H./Goldstein, A. P.* (Hrsg.), Möglichkeiten der Verhaltensänderung, München – Wien – Baltimore 1977, 17–55.
Gonzales, A., A study on Mexican minor seminarians. Masters thesis, Catholic University 1956.
Gordon, T., Lehrer-Schüler-Konferenz: wie man Konflikte in der Schule löst, Hamburg ³1977.
Gordon, T., Familienkonferenz, Hamburg 1978.
Gore, S., The influence of social support and related variables in ameliorating the consequences of job loss, University of Pennsylvania 1973.
Graeffe, S., Transpersonale Psychologie. Durch die Hölle ins Leben – und zurück, in: Psychologie heute 16 (4/1989) 58–63.
Graessner, D., Verhaltenstherapie, in: *Heinerth, K.* (Hrsg.), Einstellungs- und Verhaltensänderung. Ihre Theorie und Praxis in der Klinischen und Pädagogischen Psychologie, München 1979, 67–87.
Graumann, C. F., Psychologie – humanistisch oder human?, in: Psychologie heute 8 (1977) 40–45.
Grawe, K., Differentielle Psychotherapie I, Bern – Stuttgart – Wien 1976.
Grawe, K., Vergleichende Psychotherapieforschung, in: *Minsel, W./Scheller, R.* (Hrsg.), Brennpunkte der Klinischen Psychologie, München 1981, Bd. 1.
Greif, S., Konzepte der Organisationspsychologie, Bern 1983.
Griesl, G., Seelsorge oder Psychoanalyse?, in: Lebendige Seelsorge 26 (1975) 150–153.
Griesl, G., Die Grenzen der Psychotherapie, 1976 (Manuskript).
Griesl, G., Psychoanalyse und beratende Seelsorge, in: Lebendige Seelsorge 34 (1983) 108–110.
Grof, S., Topographie des Unbewußten, Stuttgart 1978.
Grof, S., Geburt, Tod und Transzendenz. Neue Dimensionen in der Psychologie, München 1985.
Grof, S., Das Abenteuer der Selbstentdeckung. Heilung durch veränderte Bewußtseinszustände, München 1987.
Groffmann, K. J./Schmidtke, A., Persönlichkeitspsychologische Grundlagen, in: *Pongratz, L. J.* (Hrsg.), Handbuch der Psychologie, Bd. 8: Klinische Psychologie, 1. Halbband, Göttingen – Toronto – Zürich 1977, 664–714.
Grom, B., Religionspädagogische Psychologie des Kleinkind-, Schul- und Jugendalters, Düsseldorf – Göttingen ²1986.

Groß, H. J., Fort- und Weiterbildung von Seelsorgern. Ein Entwurf aus der Sicht der Praktischen Theologie, Würzburg 1989.
Gross, M. L., Die psychologische Gesellschaft. Kritische Analyse der Psychiatrie, Psychotherapie, Psychoanalyse und der psychologischen Revolution, Frankfurt – Berlin – Wien 1984.
Grotjahn, M. / Scheidt, J. V., Freud im Spiegel seiner Biographen, in: Die Psychologie des 20. Jahrhunderts, Bd. III, Freud und die Folgen II, Zürich 1976, 197–225.
Grün, A., Taufstätten. Quellen des Lebens, Würzburg 1988.
Grün, A. / Reepen, M., Heilendes Kirchenjahr. Das Kirchenjahr als Psychodrama, Münsterschwarzach 1985.
Grundmann, W., Das Evangelium nach Lukas, Berlin 1984.
Grunert, E., Tiefenpsychologie und Exegese. Gedanken zu einem provozierenden Werk Eugen Drewermanns, in: Ordenskorrespondenz 27 (1986) 481–486.
Guardini, R., Von heiligen Zeichen, Mainz 1927.
Guardini, R., Annahme seiner selbst, (Würzburg 1960) Mainz 1987.

Haan, N., Coping and defending. Processes of self-environment organization, New York 1977.
Häfner, H., Krisenintervention in der ärztlichen Allgemeinpraxis, in: Medizin unserer Zeit 3 (1979) 144–150.
Härle, W., Krise in theologischer Sicht, in: Wege zum Menschen 29 (1977) 408–416.
Häsing, H. / Stubenrauch, H. / Ziehe T. (Hrsg.), Narziß – Ein neuer Sozialisationstypus?, Bensheim [4]1981.
Hahn, A., Kultische und säkulare Riten und Zeremonien in soziologischer Sicht, in: Anthropologie des Kults, Freiburg – Basel – Wien 1977, 51–81.
Hahn, F., Probleme historischer Kritik, in: Zeitschrift für die neutestamentliche Wissenschaft 63 (1972) 1–17.
Halbfas, H., Der Sprung in den Brunnen. Eine Gebetsschule, Düsseldorf 1981.
Hammers, A., Die Bedeutung der Psychologie in der pastoralen Praxis, in: Seminarium 3 (1978), 460–487.
Hammers, A., Neuere Entwicklungen in der klientenzentrierten Gesprächspsychotherapie und ihre Bedeutung für die Seelsorge, in: Wege zum Menschen 30 (1978) 147–158.
Hammers, A., Gesprächspsychotherapeutisch orientierte Seelsorge, in: *Scharfenberg, J.* (Hrsg.), Freiheit und Methode. Wege christlicher Einzelseelsorge, Göttingen – Wien 1979, 83–101.
Hammers, A., Ein kognitiv-integrativer Ansatz der Psychotherapie, in: GwG-Info 59 (1985) 74–102.
Hammers, A., Pastoralpsychologie. Eine kurze Standortbestimmung und Zielbeschreibung, in: Pastoralblatt 37 (1985) 354–360.
Hark, H., Religiöse Entwicklung und psychische Schwierigkeiten, in: Wege zum Menschen 34 (1982) 443–458.
Hark, H., Religiöse Neurosen. Ursachen und Heilung, Stuttgart 1984.
Harnisch, W., Die Gleichniserzählungen Jesu, Göttingen 1985.
Harris, T.A., Ich bist o.k., Du bist o.k.. Eine Einführung in die Transaktionsanalyse, Hamburg 1973.
Harris, A. B. / Harris, T.A., Einmal o.k., immer o.k.. Transaktionsanalyse für den Alltag, Hamburg 1985.
Harsch, H., Psychologische Interpretation biblischer Texte?, in: Wege zum Menschen 20 (1968) 281 ff.
Harsch, H., Hilfe für Alkoholiker und andere Drogenabhängige, München – Mainz [3]1979.
Hartig, M. (Hrsg.), Selbstkontrolle. Lerntheoretische und verhaltenstherapeutische Ansätze, München – Berlin – Wien [2]1975.
Hauss, K. (Hrsg.), Medizinische Psychologie im Grundriß, Göttingen [3]1981.
Havighurst, R. J. / Albrecht, R., Older people, New York 1953.
Hecht, Ch., Kognitive Verhaltenstherapie. Selbstmanagement-Therapie. Ich will mich än-

dern, in: *Petzold, H.* (Hrsg.), Wege zum Menschen. Methoden und Persönlichkeiten moderner Psychotherapie. Ein Handbuch, Paderborn 1984, Bd. II, 397–488.
Heider, F., The psychology of interpersonal relations, New York 1958.
Hellbrügge, T./Wimpffen, J. H.v., Die ersten 365 Tage im Leben eines Kindes, München 1973.
Heller, A., Wenn die Angst vergeht..., in: Wiener Blätter 126 (1988) 17–19.
Heller, A., »Nicht einmal berühren durfte ich ihn...« Krankenhausseelsorge: Bemühen, Menschen im Krankenhaus mit sich selbst, miteinander und mit Gott zu verbinden, in: Gottes Volk (B 8), Stuttgart 1988, 94–104.
Helm, J., Wirkungsbedingungen im psychotherapeutischen Gespräch, in: *Ders. u.a.*, Neurosenpsychologie, Berlin ²1978, 53–74.
Helm, J., Gesprächspsychotherapie. Forschung – Praxis – Ausbildung, Darmstadt 1980.
Hemel, U., Religonspädagogik im Kontext von Theologie und Kirche, Düsseldorf 1986.
Hentig, H.v., Gruppenverführung. Die mutwillige oder unbedachte Verallgemeinerung des therapeutischen Prinzips und ihre Folgen für die politische Kultur, in: psychosozial 3 (2/1980) 79–98.
Herrmann, T., Lehrbuch der empirischen Persönlichkeitsforschung, Göttingen ³1976.
Herrmann, W., Die Angst der Theologen vor der Kirche, Stuttgart 1973.
Hesse, H., Stufen, in: *Conrady, K. O.* (Hrsg.), Das große deutsche Gedichtbuch, Kronberg/Ts. 1977, 674.
Hetzer, H. (Hrsg.), Angewandte Entwicklungspsychologie des Kindes- und Jugendalters, Heidelberg 1979.
Heumann, J., Symbol-Sprache der Religion, Stuttgart – Berlin – Köln – Mainz 1983.
Hilberath, B. J./Schneider Th., Jesus Christus. B. Systematisch, in: Neues Handbuch theologischer Grundbegriffe, München 1984, Bd. 2, 240–256.
Hild, H. (Hrsg.), Wie stabil ist die Kirche?, Gelnhausen 1974.
Hiltner, S., Pastoral Counseling, Nashville – New York 1949.
Hiltner, S., Self-understanding through Psychology and Religion, Nashville – New York 1951.
Hirschberger, J., Geschichte der Philosophie, 2 Bde., Basel – Freiburg – Wien ⁸1965.
Hobi, V./Klär, A., Eine gemeinsame Faktorenanalyse von MMPI, FPI und 16 PF, in: Zeitschrift für Klinische Psychologie 2 (1973) 27–48.
Höhn, R., Die innere Kündigung im Unternehmen, Bad Harzburg 1986.
Hörmann, H./Moog, W., Der Rosenzweig P-F Test. Form für Erwachsene, Göttingen 1957.
Hoffmann, N., Depressives Verhalten. Psychologische Modelle der Ätiologie und der Therapie, Salzburg 1976.
Hoffmann, N., Depression, Angst und Hoffnungslosigkeit überwinden, in: Psychologie heute 11 (4/1977) 50–55.
Hoffmann, N./Gerbis, K. E., Gesprächsführung in psychologischer Therapie und Beratung, Salzburg 1981.
Hofmann, H. K., Psychonautik – Stop. Kritik an der »Gruppendynamik« in Kirche und Gemeinde, Wuppertal 1977.
Hofstätter, P. R., Psychologie, Frankfurt 1967.
Hohn-Kemler, L., Glauben – zu sich selbst kommen, in: Das Thema 28 (1986) 133–135.
Hole, G., Der Glaube bei Depressiven. Reihe: Forum der Psychiatrie. Neue Folge 4, Stuttgart 1977.
Hole, G., Fundamentalismus, Dogmatismus, Fanatismus: Der Konsequenzzwang in der Persönlichkeitsstruktur und die Chance der Toleranz, in: *P. M. Zulehner* (Hrsg.), Pluralismus in Gesellschaft und Kirche – Ängste, Hoffnungen, Chancen, Freiburg – München – Zürich 1988.
Holland, H. G./Skinner, B. F., The analysis of behavior, New York 1961, dt.: Analyse des Verhaltens, München 1972.
Holmes, T.H., Short-term intrusions into the lifestyle routine, in: Journal of Psychosomatic Research 14 (1970) 121–132.

Holmes, T.H. / Rahe, R. H., The social readjustment rating scale, in: Journal of Psychosomatic Research 11 (1967) 213–218.
Holzkamp, K., Kritische Psychologie, Frankfurt 1972.
Honsel, B., Der rote Punkt. Eine Gemeinde unterwegs, Düsseldorf 1983.
Hoppe, K. D., Gewissen, Gott und Leidenschaft. Theorie und Praxis psychoanalytisch orientierter Psychotherapie von katholischen Klerikern, Stuttgart 1985.
Horn, J. L., Systematisierung von Daten zur Entwicklung menschlicher Fähigkeiten über die Lebensspanne hinweg, in: *Baltes, P. B. / Eckensberger, L. H.* (Hrsg.), Entwicklungspsychologie der Lebensspanne, Stuttgart 1979, 263–307.
Horowitz, M., Psychological response to serious life events, in: *Hamilton, V. / Warburton, D. M.* (Eds.), Human stress and cognition, Chichester 1980, 235–264.
Howe, J. / Minsel, W.-R., Gesprächspsychotherapie. Die Kraft des Guten, in: *Petzold, H.* (Hrsg.), Wege zum Menschen. Methoden und Persönlichkeiten moderner Psychotherapie. Ein Handbuch, Paderborn 1984, Bd. I, 309–386.
Huber, M., Nur Gewinner?, in: Psychologie heute 14 (6/1987) 36–43.
Hünermann, P., Sakrament – Figur des Lebens, in: Anthropologie des Kults, Freiburg – Basel – Wien 1977, 98–134.
Huppertz, N., Supervision. Analyse eines problematischen Kapitels in der Sozialarbeit, Neuwied – Darmstadt 1975.
Huth, W., Glaube, Ideologie und Wahn. Das Ich zwischen Realität und Illusion, München 1984.

Illich, I., Die Nemesis der Medizin. Von den Grenzen des Gesundheitswesens, Reinbek 1984.
Innerhofer, P., Kleine Psychologie für Eltern, Landsberg am Lech 1983.

Jacobi, J., Die Psychologie von C. G. Jung. Eine Einführung in das Gesamtwerk, Olten – Freiburg [6]1971.
Jaeggi, E., Wir Menschenbummler. Autobiographie einer Psychotherapeutin, München 1986.
Janda, J., Rezension zu Eugen Drewermann, Tiefenpsychologie und Exegese, Bd. I, in: Theologisch-praktische Quartalschrift 133 (1985) 364.
Janssen, J.-P. / Gabler, H., Sind Psychologiestudenten unter Studienanfängern eine »Negativauslese«?, in: Psychologische Rundschau 25 (1974) 275–293.
Jaschke, H., Psychotherapie aus dem Neuen Testament. Heilende Begegnungen mit Jesus, Freiburg 1987.
Jens, W., Am Anfang der Stall, am Ende der Galgen, Stuttgart [3]1982.
Jetter, W., Symbol und Ritual. Anthropologische Elemente im Gottesdienst, Göttingen 1978.
Johannwerner, J., Die geistlichen Übungen des heiligen Ignatius von Loyola im Spannungsfeld von gelebter Erfahrung und gelehriger Anweisung, in: Lebendige Seelsorge 39 (1988) 56–64.
Johnson, D. W. / Matross, R. P., Methoden der Einstellungsänderung, in: *Kanfer, F. H. / Goldstein, A. P.* (Hrsg.), Möglichkeiten der Verhaltensänderung, München – Wien – Baltimore 1977, 56–102.
Johnson, P. E., Psychology of Pastoral Care. The Pastoral Ministry in Theory and Practice, Nashville – New York 1953.
Johnson, P. E., Person and Counselor, Nashville – New York 1967, dt.: Psychologie der pastoralen Beratung, Wien – Freiburg – Basel 1969.
Jones, E., Das Leben und Werk von Sigmund Freud, 3 Bde., Bern – Stuttgart 1960–62.
Jones, E. H. / Conrad, H. S., The growth and decline of intelligence, in: Genetic Psychology Monographs 13 (1933) 223–298.
Jones, M. C., A laboratory study of fear: The case of Peter, in: Pediatric Seminars 31 (1923) 308–315.
Jüngel, E., Gott als Geheimnis der Welt, Tübingen [3]1978.

Jürgens, G. / Salm H., Familientherapie. Fünf Freiheiten, in: *Petzold, H.* (Hrsg.), Wege zum Menschen, Paderborn 1984, Bd. 1, 387–450.
Jung, C. G., Gesammelte Werke, Bde. 1–18, Stuttgart 1958ff.
Jung, C. G., Psychologische Typen. Gesammelte Werke, Bd. 6, Zürich – Stuttgart 1967.
Jung, C. G., Die Beziehung der Psychotherapie zur Seelsorge, Gesammelte Werke, Bd. 11, Olten 1971, 24–27.
Jung, C. G., Symbole der Wandlung. Analyse des Vorspiels zu einer Schizophrenie, Gesammelte Werke, Bd. 5, Olten – Freiburg 1973.
Jung, C. G., Zur Psychologie westlicher und östlicher Religion, Gesammelte Werke, Bd. 11, Freiburg ²1973.
Jung, C. G., Aion. Beiträge zur Symbolik des Selbst, Gesammelte Werke, Bd. 9/II, Olten–Freiburg i.Br. 1976.
Jung, C. G., Die Archetypen und das kollektive Unbewußte, Gesammelte Werke, Bd. 9/I, Olten – Freiburg ²1976.
Jung, C. G., Kirche und Wissenschaft, in: *Ders.*, Briefe I, Olten ³1981.
Jung, C. G., Über die Entwicklung der Persönlichkeit, Gesammelte Werke, Bd. 17, Olten ⁴1982.
Jung, C. G., Vom Werden der Persönlichkeit, Gesammelte Werke, Bd. 17, Olten ⁴1982.
Jung, C. G. / Jaffé, A., Erinnerungen, Träume, Gedanken, Zürich – Stuttgart 1962.

Kahlefeld, H., Jesus als Therapeut, in: Concilium 10 (1974) 678–681.
Kahlefeld, H., Die Gestalt Jesu in den synoptischen Evangelien, Frankfurt 1981.
Kamphaus, F., Die Einführung der Priester in den Gemeindedienst, in: Diakonia 12 (1981) 47–50.
Kamphaus, F., »Schöne Worte sind zuwenig«, in: KIM-aktuell 23 (2/1988) 1.
Kanfer, F.H., Verhaltenstherapie. Ein neues Theoriengerüst zur Lösung klinisch-psychologischer Probleme, in: Psychologie und Praxis 13 (1969) 1–18.
Kanfer, F.H., Selbstmanagement-Methoden, in: *Kanfer, F.H. / Goldstein, A. P.* (Hrsg.), Möglichkeiten der Verhaltensänderung, München – Wien – Baltimore 1977, 350–406.
Kanfer, F.H. / Goldstein, A. P. (Hrsg.), Möglichkeiten der Verhaltensänderung, München – Wien – Baltimore 1977.
Kanfer, F.H. / Phillips, J. S., Die klinische Anwendung von Selbstkontrollverfahren, in: *Hartig, M.* (Hrsg.), Selbstkontrolle. Lerntheoretische und verhaltenstherapeutische Ansätze, München – Berlin – Wien ²1975, 127–143.
Kania, W., An investigation of the K-scale of the MMPI as a measure of defensiveness in Protestant theological seminary students. Unpublished doctoral dissertation, Michigan State University 1965.
Kania, W., Healthy defensiveness in theological students, in: Ministry Studies 1 (4/1967) 3–20.
Karoly, P., Operante Methoden, in: *Kanfer, F.H. / Goldstein, A. P.* (Hrsg.), Möglichkeiten der Verhaltensänderung, München – Wien – Baltimore 1977.
Karrer, L., Der Glaube in Kurzformeln, Mainz 1978.
Kaser, N. C ., erstkommunion oder die gewaltsame begegnung mit gott, in: *Jooß, E. / Ross, W.* (Hrsg.), Katholische Kindheit. Literarische Zeugnisse, Freiburg – Basel – Wien 1988, 87–92.
Kasper, W., Tiefenpsychologische Umdeutung des Christentums?, in: *Görres, A. / Kasper, W.*, Tiefenpsychologische Deutung des Glaubens? Anfragen an *Eugen Drewermann*, Freiburg 1988, 9–25.
Kassel, M., Biblische Urbilder. Tiefenpsychologische Auslegung nach C. G. Jung, München ²1980.
Kassel, M., Sei, der du werden sollst. Tiefenpsychologische Impulse aus der Bibel, München 1982.
Kassel, M., Der menschliche Weg Jesu, in: Das Thema 26 (1984) 120–124.
Kassel, M., Das Auge im Bauch. Erfahrungen mit tiefenpsychischer Spiritualität, Olten – Freiburg ²1986.

Kast, V., Trauern. Phasen und Chancen des psychischen Prozesses, Stuttgart – Berlin 1982.
Kast, V., Zur Bedeutung der Trauer im therapeutischen Prozeß, in: Caritas 85 (1984) 205–214.
Kaufmann, F.X. / Metz, J. B., Zukunftsfähigkeit. Suchbewegungen im Christentum, Freiburg 1987.
Kennedy, E. D. / D'arcy, P. F., Wachsen und Reifen des Priesters im Lichte der Psychologie, Luzern 1967.
Kernberg, O., Borderline-Störungen und pathologischer Narzißmus, Frankfurt 1978.
Kernberg, O., Objektbeziehungen und Praxis der Psychotherapie, Stuttgart 1981.
Kertelge, K., Suchen, was verloren ist. Die Sorge Jesu um den Menschen und ihre Bedeutung für die Seelsorge heute, in: *Bärenz, R.* (Hrsg.), Gesprächsseelsorge. Theologie einer pastoralen Praxis, Regensburg 1980, 49–68.
Kertelge, K., Wort Gottes, in: *Eicher, P.* (Hrsg), Neues Handbuch theologischer Grundbegriffe, München 1985, Bd. 4, 297–307.
Kessler, H., Erlösung / Soteriologie, in: *Eicher, P.* (Hrsg.), Neues Handbuch theologischer Grundbegriffe, München 1984, Bd. 1, 241–255.
Keupp, H., Normalität und Abweichung, München – Wien – Baltimore 1979.
Keupp, H., Die psychosoziale Versorgung in der Bundesrepublik Deutschland, in: *Wittling, W.* (Hrsg.), Handbuch der Klinischen Psychologie, Hamburg 1980, Bd. 6, 118–141.
Kielholz, P., Diagnose und Therapie der Depression für den Praktiker, München 1971.
Kierkegaard, S., Die Wiederholung (1843), Reinbek 1961.
Kirchmayr, A., Zur psychischen Situation von Theologiestudenten, in: Diakonia 13 (1982) 337–346.
Klessmann, M., Identität und Glaube. Zum Verhältnis von psychischer Struktur und Glaube, München-Mainz 1980.
Klostermann, F. / Zerfaß, R. (Hrsg.), Praktische Theologie heute, München 1974.
Knobloch, S., Missionarische Gemeindebildung. Zu Geschichte und Zukunft der Volksmission, Passau 1986.
Knoch, O., Begegnung wird Zeugnis. Wesen und Werden des Neuen Testamentes, Stuttgart 1980.
Knoch, O., »Wer Ohren hat, der höre«. Die Botschaft der Gleichnisse Jesu, Stuttgart ^{2}1985.
Knoch, O., Dem, der glaubt, ist alles möglich. Die Botschaft der Wundererzählungen der Evangelien. Werkbuch zur Bibel, Stuttgart 1986.
Köberle, A., Ursache und Heilung ekklesiogener Neurosen, in: Zeitschrift für Analytische Psychologie und ihre Grenzgebiete 5 (1/1974) 55–61.
Kohnstamm, R., Praktische Psychologie des Schulkindes, Bern 1988.
Kohut, H., Narzißmus, Frankfurt 1973.
Kohut, H., Die Heilung des Selbst, Frankfurt 1979.
Kolbe, Ch., Heilung oder Hindernis. Religion bei Freud, Adler, Fromm, Jung und Frankl, Stuttgart 1986.
Konferenz der deutschsprachigen Pastoraltheologen (Hrsg.), Caritas und Diakonie (= Pastorale 2. Handreichung für den pastoralen Dienst), Mainz 1974.
Kraus, G., Der Mittler zwischen Gott und Mensch. Zur soteriologischen Bedeutung der Gottessohnschaft Jesu Christi, in: Theologisch-praktische Quartalschrift 137 (1989) 48–57.
Kremer, J., Die Osterbotschaft der vier Evangelien, Stuttgart 1968.
Kremer, J., Das älteste Zeugnis von der Auferstehung Christi. Eine bibeltheologische Studie zur Aussage und Bedeutung von 1 Kor 15, 1–11, Stuttgart ^{3}1970.
Kremer, J., Die Osterevangelien. Geschichten um Geschichte, Stuttgart – Klosterneuburg 1977.
Kreppold, G., Die Sprache der Bilder und Symbole, in: Lebendige Seelsorge 29 (1978) 324–327.
Kretschmer, E., Körperbau und Charakter, Berlin 1921.

Kriegstein, M.v., Paul Tillichs Methode der Korrelation und Symbolbegriff, Hildesheim 1975.
Krinetzki, L., Die erotische Psychologie des Hohen Liedes, in: Theologische Quartalschrift 150 (1970) 404–416.
Kröger, M., Themenzentrierte Seelsorge, Stuttgart – Berlin – Köln – Mainz 1973.
Krohne, H. W., Theorien zur Angst, Stuttgart 1976.
Krüll, M., Freud und sein Vater. Die Entstehung der Psychoanalyse und Freuds ungelöste Vaterbindung, München 1979.
Krusche, P., Die Berufsperspektive im Studium der Praktischen Theologie, in: *Zerfaß, R. / Greinacher, N.* (Hrsg.), Einführung in die Praktische Theologie, München 1976, 95–109.
Kübler-Ross, E., Interviews mit Sterbenden, Gütersloh 1973.
Kühne, N. / Gewicke, M. / Priester, J. / Sudhues, M. / Tiator, G., Psychologie für Fachschulen und Fachoberschulen, Köln [3]1985.
Küng, H., Freud und die Zukunft der Religion, München 1987.
Künkel, F., Die Schöpfung geht weiter. Eine psychologische Untersuchung des Matthäus-Evangeliums, Konstanz 1957.
Kulessa, Ch., Zur Theorie der Krise. Krisenphänomene und Prädikatoren ihres Verlaufs, in: *Gastager, H.* (Hrsg.), Hilfe in Krisen. Wege und Chancen einer personalen Krisenintervention, Wien – Freiburg – Basel 1982, 67–93.
Kunert, K. M., The psychological concomitants and determinants of vocational choice. Unpublished doctoral dissertation, University of California, Berkeley 1965.
Kunze, R., Die wunderbaren Jahre, Frankfurt 1978.
Kussmann, T., Pawlow und das klassische Konditionieren, in: Die Psychologie des 20. Jahrhunderts, Bd. IV, Zürich 1977, 20–56.
Kwiatkowski, E., Psychotherapie als subjektiver Prozeß. Für eine sozialwissenschaftliche Konzeption der Gesprächspsychotherapieforschung, Weinheim – Basel 1980.

Labouvie-Vief, G. / Gouda, J. N., Cognitive strategy training and intellectual performance in the elderly, in: Journal of Gerontology 31 (1976) 327–332.
Ladenhauf, K. H., Integrative Therapie und Gestalttherapie in der Seelsorge. Grundfragen und Konzepte für Fortbildung und Praxis, Paderborn 1988.
Lander, H., Demokratisierung durch Partizipationshandeln mit Hilfe des Lerninstrumentes der Supervision, Frankfurt a.M. 1977 (Diss.).
Lange, G., Erzählen, in: *Bitter, G. / Miller, G.* (Hrsg.), Handbuch religionspädagogischer Grundbegriffe, München 1986, Bd. 1, 387–301.
Langer, S. K., Philosophie auf neuen Wegen. Das Symbol im Denken, im Ritus und in der Kunst, Frankfurt 1965.
Langer, W. (Hrsg.), Handbuch der Bibelarbeit, München 1987.
Langmaack, B. / Braune-Krickau, M., Wie die Gruppe laufen lernt. Anregung zum Planen und Leiten von Gruppen, Weinheim – Basel 1985.
Laurier, B., The relation of introversion – extroversion to vocational preference. Masters thesis, Catholic University 1942.
Lauter, H. J., Theologische Anmerkungen zum Werk Eugen Drewermanns, hrsg. vom Presseamt des Erzbistums Köln 1988.
Lawton, M. P., The impact of enviroment on aging and behavior, in: *Birren, J. E. / Schaie, K. W.* (Eds.), Handbook of psychology of aging, New York 1977, 276–301.
Lehmann, H., Lebenskrisen im Beruf, in: *Bitter, W.* (Hrsg.), Lebenskrisen. Ursachen und Beratung, Stuttgart 1970.
Lehmann, K., Auferweckt am dritten Tag nach der Schrift. Früheste Christologie, Bekenntnisbildung und Schriftauslegung im Lichte von 1 Kor 15, 3–5, Freiburg 1968.
Lehmann, K., Der hermeneutische Horizont der historisch-kritischen Exegese, in: *Schreiner, J.* (Hrsg.), Einführung in die Methoden der biblischen Exegese, Würzburg 1977, 40–79.
Lehr, U., Psychologie des Alterns, Heidelberg [3]1977.

Lehr, U., Intervention und Rehabilitation in der Gerontologie, in: notabene medici 8 (1982) 652–662.
Lemke, H., Theologie und Praxis annehmender Seelsorge, Stuttgart 1978.
Lemke, H., Verkündigung in der annehmenden Seelsorge. Religiöse Erfahrung durch Begegnung, Stuttgart – Berlin – Köln – Mainz 1981.
Lemke, H., Mitteilen des Evangeliums und aktives Zuhören: eine Spannung in der annehmenden Seelsorge, in: Wege zum Menschen 34 (1982) 399–405.
Levebvre, H., Das Alltagsleben in der modernen Welt, Frankfurt 1972.
Lewinsohn, P. M., A behavioral approach to depression, in: *Friedman, R. J. / Katz* (Eds.), The psychology of depression. Contemporary theory and research, Washington 1974.
Liersch, G., Depression und Glaube: Empirische Forschungen, kasuistische Erfahrungen, Folgerungen. Vortrag auf der Jahrestagung 1978 der Sektion Kommunikations- und Verhaltenspsychologie in der DGfP in Villigst.
Lindemann, E., Symptomatology and management of acute grief, in: American Journal of Psychiatry 101 (1944) 141–148.
Lindner, R., Begleitung Trauernder (= Nr. 54 der Reihe »Studienbriefe zur Seelsorge«, hrsg. v. Arbeitsgemeinschaft Missionarische Dienste), Stuttgart o.J.
Lindner, W.-V., Seelsorger und Aggression, in: Wissenschaft und Praxis in Kirche und Gesellschaft 65 (1/1976) 34–47.
Linster, H. W., Gesprächspsychotherapie, in: *Ders.* (Hrsg.), Veränderung und Entwicklung der Person. Grenzen und Möglichkeiten psychologischer Therapie, Hamburg 1980, 170–229.
Lohfink, G., Die Himmelfahrt Jesu. Untersuchungen zu den Himmelfahrts- und Erhöhungstexten bei Lukas (= STANT 26), München 1971.
Lohfink, G., Wie hat Jesus Gemeinde gewollt? Zur gesellschaftlichen Dimension des christlichen Glaubens, Freiburg – Basel – Wien [2]1982.
Lohfink, G. / Pesch, R., Tiefenpsychologie und keine Exegese. Eine Auseinandersetzung mit Eugen Drewermann, Stuttgart 1987.
Loofts, W.R., Reflection on intervention in old age: Motives, goals, and assemptions, in: The Gerontologist 13 (1973) 6–9.
Lorenzer, A., Sprachzerstörung und Rekonstruktion, Frankfurt/M. 1971.
Lorenzer, A., Symbol, Sprachverwirrung und Verstehen, in: Psyche 12 (1970) 895ff.
Lorenzer, A., Das Konzil der Buchhalter. Die Zerstörung der Sinnlichkeit. Eine Religionskritik, Frankfurt 1981.
Lorenzer, A., Erweiterte Fassung meines Vortrags über »Das Konzil der Buchhalter«, in: Pastoraltheologische Informationen 3 (1983) 145–178.
Luckmann, Th. / Döring, H. / Zulehner P. M., Anonymität und persönliche Identität (= Christlicher Glaube in moderner Gesellschaft. Teilband 25), Freiburg i. Br. 1980, 8–36.
Ludwig, K. J., Kraft und Ohnmacht des Glaubens. Seelsorgliche Begleitung in der Krise der Krankheit, Mainz 1988.
Lummer, F., Berufseinführung für Priester und Pastoralassistenten in der Diözese Passau. Praktisch-theologische Reflexion eines kirchlichen Handlungsmodells, St.Ottilien 1986.
Lurker, M., Wörterbuch der Symbolik, Stuttgart [2]1985.
Luther, H., Der fiktive Andere – Mutmaßungen über das Religiöse an Biographie, in: *Grözinger, A. / Luther, H.* (Hrsg.), Religion und Biographie. Perspektiven zur gelebten Religion, München 1987, 67–78.

Mader, J., Kirche innerhalb und außerhalb der Kirchen. Der Kirchenbegriff in der Theologie Paul Tillichs, St.Ottilien 1987.
Mahoney, M. J., Kognitive Verhaltenstherapie. Neue Entwicklungen und Integrationsschritte, München 1977.
Maier, G., Das Ende der historisch-kritischen Methode (= ABC-Team, Glaube und Denken 901), Wuppertal 1974.

Makarowski, K. D., Seelsorgliche Begegnung mit Depressiven, in: Wege zum Menschen 32 (1980) 257–269.
Mallet, C. H., Kennen Sie Kinder? Wie Kinder denken, handeln und fühlen, aufgezeigt an vier Grimmschen Märchen, München [2]1987.
Malony, H. N. (Ed.), Current Perspectives in the Psychology of Religion, Michigan 1977.
Mandel, A. / Mandel, K. H. / Rosenthal, H., Einübung der Liebesfähigkeit. Praxis der Kommunikationstherapie für Paare, München 1975.
Mandel, A. / Mandel, K. H. / Stadter, E. / Zimmer, D., Einübung in Partnerschaft durch Kommunikationstherapie und Verhaltenstherapie, München 1971.
Mandel, K. H., Frieden in der Ehe, Freiburg 1984.
Marhold, W. u. a., Religion als Beruf, 2 Bde., Stuttgart 1977.
Martin, D. G., Learning-based client-centered therapy, dt.: Gesprächspsychotherapie als Lernprozeß, Salzburg 1975.
Maslow, A. H., Motivation und Persönlichkeit, Olten 1977.
Matussek, P., Seelsorge heute: Aus der Sicht eines Psychotherapeuten, in: *Reuß, J. M.* (Hrsg.), Seelsorge ohne Priester? Zur Problematik von Beratung und Psychotherapie in der Pastoral, Düsseldorf 1976, 91–107.
Mausbach, J., Katholische Moraltheologie I, Bd. 9, Münster 1959.
Mayer, E., Persönliche Lernerfahrungen in einem Intensivkurs, in: Berufseinführung für Priester und Pastoralassistenten in der Diözese Passau (Hrsg.), Berufseinführung – Grundkurs im Glauben, Passau 1985 (Manuskript).
Mayer-Scheu, J. / Kautzky, R., Vom Behandeln zum Heilen. Die vergessene Dimension im Krankenhaus, Wien – Freiburg – Basel – Göttingen 1980.
Mayer-Scheu, J. / Pulheim, P. / Reiner, A., Vom Behandeln zum Heilen. Wie kann Heilung im Krankenhaus erfahrbar werden?, in: Lebendige Seelsorge 38 (1987) 21–30.
Mc Carthy, R. J., Personality traits of seminarians. Studies in Psychology and Psychiatry, Catholic University of America 1942, 5 (4).
Meichenbaum, D., Kognitive Faktoren bei der Verhaltensmodifikation: Veränderung der Selbstverbalisationen, in: *Hartig, M.* (Hrsg.), Selbstkontrolle. Lerntheoretische und verhaltenstherapeutische Ansätze, München – Berlin – Wien [2]1975, 203–219.
Meichenbaum, D., Methoden der Selbstinstruktion, in: *Kanfer, F. H. / Goldstein, A. P.* (Hrsg.), Möglichkeiten der Verhaltensänderung, München – Wien – Baltimore 1977, 407–450.
Melchers, E. / Melchers, H., Das große Buch der Heiligen. Geschichte und Legende im Jahreslauf, München 1978.
Mette, N., Praktische Theologie, in: *Bitter, G. / Miller, G.* (Hrsg.), Handbuch religionspädagogischer Grundbegriffe, München 1986, 552–560.
Mette, N., Gemeinsam im Dienst einer evangelisierenden Pastoral. Die Chance einer Vielfalt kirchlicher Berufe für die Sendung der Kirche, in: *Hoffmann, P.* (Hrsg.), Priesterkirche, Düsseldorf 1987, 208–231.
Mette, N. / Steinkamp, H., Sozialwissenschaften, Praktische Theologie, Düsseldorf 1983.
Metz, J. B., Kleine Apologie des Erzählens, in: Concilium 9 (1973) 334–341.
Metz, J. B., Kirche und Volk oder der Preis der Orthodoxie, in: Stimmen der Zeit 192 (1974) 797–811.
Metz, J. B., Jenseits bürgerlicher Religion. Reden über die Zukunft des Christentums, München 1980.
Metz, J. B., Glaube in Geschichte und Gesellschaft. Studien zu einer praktischen Fundamentaltheologie, Mainz [4]1984.
Meves, Ch., Aggression als Not und Notwendigkeit, in: Aggression und Autorität, Vorträge und Bibelarbeit in der Arbeitsgruppe: »Der Einzelne und die Anderen« des 14. Deutschen Evangelischen Kirchentages, Stuttgart/Berlin [2]1969.
Meyer, H. B. u. a. (Hrsg.),Gottesdienst der Kirche. Handbuch der Liturgiewissenschaft, Regensburg 1987.
Meyer zu Schlochtern, J., Glaube – Sprache – Erfahrung. Zur Begründungsfähigkeit der religiösen Überzeugung, Frankfurt – Bern – Las Vegas 1978.

Michel, Ch. / Novak, F., Kleines psychologisches Wörterbuch, Freiburg ²1976.
Michel, K. M. / Spengler, T. (Hrsg.), Die Therapiegesellschaft (= Kursbuch 82), Berlin 1985.
Mieth, D., Leiblichkeit, in: *Gastager, H. u. a.* (Hrsg.), Praktisches Wörterbuch der Pastoralanthropologie, Wien – Göttingen 1975, 641–644.
Mieth, D., Laien als Theologieprofessoren, in: Orientierung 51 (1987) 254–255.
Miles, C. L. / Miles, W. R., The correlation of intelligence scores and chronological age from early to late maturity, in: American Journal of Psychology 44 (1932) 44–78.
Miller, A., Das Drama des begabten Kindes und die Suche nach dem wahren Selbst, Frankfurt 1979.
Miller, A., Du sollst nicht merken. Variationen über das Paradies-Thema, Frankfurt 1983.
Miller, A., Am Anfang war Erziehung, Frankfurt 1983.
Miller, A., Bilder einer Kindheit, Frankfurt 1985.
Miller, A., Leiden an der Kindheit. Wie Psychotherapien das Kind verraten. Ein Gespräch mit Alice Miller, in: Psychologie heute 14 (1987) 20–31.
Minsel, W.-R. / Langer, I., Forschung in client-centered Gesprächspsychotherapie, in: *Schraml, W.J. / Baumann, U.* (Hrsg.), Klinische Psychologie II, Bern 1974, 209–243.
Mintz, J. / Luborsky, L. / Auerbach, A. H., Dimensions of psychotherapy, in: Journal of Consulting and Clinical Psychology 36 (1971) 106–120.
Mischel, W., Personality and assessment, New York – London – Sidney 1968.
Mischel, W., Toward a cognitive social learning reconceptualization of personality, in: Psychological Review 80 (1973) 252–283.
Mitscherlich, A., Ödipus und Kaspar Hauser, in: Der Monat 3 (1950).
Mitscherlich, A., Auf dem Weg zur vaterlosen Gesellschaft, München 1963.
Mitscherlich, A., Die Unfähigkeit zu trauern. Grundlagen kollektiven Verhaltens, München 1967.
Mitscherlich, A., Der Kampf um die Erinnerung, München – Zürich 1975.
Möller, C., Seelsorglich predigen, Göttingen 1983.
Möller, M. L., Sprachlos und beziehungsarm: Die große Einsamkeit zu zweit, in: Psychologie heute 16 (7/1989) 20–28.
Mönikes, W., Zur Analyse von Rollenkonflikten ehemaliger Priester der römisch-katholischen Kirche, Bonn 1973 (Diss.).
Mogel, H., Persönlichkeitspsychologie. Ein Grundriß, Stuttgart – Berlin – Köln – Mainz 1985.
Moltmann, J., Verkündigung als Problem der Exegese. Perspektiven der Theologie, München 1968.
Moltmann, J., Der gekreuzigte Gott. Das Kreuz Christi als Grund und Kritik christlicher Theologie, München 1972.
Moltmann, J., Mensch. Christliche Anthropologie in den Konflikten der Gegenwart, Stuttgart ²1973.
Moltmann, J., Wer ist der »Mensch«?, Zürich 1975.
Moltmann, J., Gott in der Schöpfung. Ökologische Schöpfungslehre, München 1985.
Moser, T., Gottesvergiftung, Frankfurt 1976.
Müller, K., Psychologie I und II, München ³1975.
Müller, K., Exegese/Bibelwissenschaft, in: *Eicher, P.* (Hrsg.), Neues Handbuch theologischer Grundbegriffe, Bd. 1, München 1984, 332–353.
Müller, L. / Seifert, T., Analytische Psychologie. Urbilder der Seele, in: *Petzold, H.* (Hrsg.), Wege zum Menschen. Methoden und Persönlichkeiten moderner Psychotherapie, Bd. II, Paderborn 1984, 175–244.
Müller, P. G., Der Traditionsprozeß im Neuen Testament, Freiburg 1982.
Müller, W., Menschliche Nähe in der Seelsorge. Sich selbst annehmen – den anderen annehmen, Mainz 1987.
Müller, W., Homosexualität – Eine Herausforderung für Theologie und Seelsorge, Mainz ²1987.

Müller, W., Homosexuelle Menschen, Mainz 1988.
Müller, W., Menschliche Nähe in der Seelsorge, in: Lebendige Seelsorge 39 (1988) 52–55.
Mummert, I., Schöpferische Lebensmitte – Die Krise erkennen und in ihr reifen, München 1977.
Musaph, H., Technik der psychologischen Gesprächsführung, Salzburg 1969.
Mussen, P. H. / Conger, I. J. / Kagan, J., Lehrbuch der Kinderpsychologie, Stuttgart [2]1979.
Mußner, F., Die Auferstehung Jesu, München 1969.
Mußner, F. u. a., Methodologie der Frage nach dem historischen Jesus, in: *Kertelge, K.* (Hrsg.), Rückfrage nach Jesus, Freiburg 1974, 118–147.

Napier, A. / Whitaker, C. A., Die Bergers. Beispiel einer erfolgreichen Familientherapie, Reinbek b. Hamburg 1982.
Nase, E. / Scharfenberg, J. (Hrsg.), Psychoanalyse und Religion, Darmstadt 1977.
Nebling, B., Rezension zu: G. Besier, Seelsorge und Klinische Psychologie, in: Pastoraltheologie 70 (1981) 255–256.
Neumann, E., Tiefenpsychologie und neue Ethik, München 1964.
Nickel, H., Entwicklungspsychologie des Kindes- und Jugendalters, 2 Bde., Bern – Stuttgart – Wien 1975.
Niehl, F. W., Korrelation, in: *Bitter, G. / Miller, M.* (Hrsg.), Handbuch religionspädagogischer Grundbegriffe, Bd. 2, München 1986, 750–754.
Nouwen, H., The wounded healer, New York 1979.
Nuber, U., Innere Kündigung: Sollen doch mal andere ran!, in: Psychologie heute 14 (10/1987) 20–26.
Nützel, J. M., Da gingen ihnen die Augen auf. Wege zu österlichem Glauben, Freiburg – Basel – Wien 1986.

Oden, T. C., Contemporary Theology and Psychotherapie, Philadelphia 1967.
Oerter, R., Zur Transformation des Religiösen in der modernen Gesellschaft, Manuskript o.J..
Oerter, R. / Montada, L., Entwicklungspsychologie. Ein Lehrbuch, München – Wien – Baltimore 1982.
Olbrich, E., Erwachsenenalter und Alter, in: *Oerter, R. / Montada, L.*, Entwicklungspsychologie, München – Wien – Baltimore 1982, 314–372.
Olbrich, E., Die Entwicklung der Persönlichkeit im menschlichen Lebenslauf, in: *Oerter, R. / Montada, L.*, Entwicklungspsychologie. Ein Lehrbuch, München – Wien – Baltimore 1982, 91–123.
Oser, F., Wieviel Religion braucht der Mensch? Erziehung und Entwicklung zur religiösen Autonomie, Gütersloh 1988.
Oser, F. / Gmünder, P., Der Mensch, Stufen seiner religiösen Entwicklung. Ein strukturgenetischer Ansatz, Gütersloh [2]1988.
Oswald, W. D. / Fleischmann, U. M., Gerontopsychologie. Psychologie des alten Menschen, Stuttgart – Berlin – Köln – Mainz 1983.
Otto, G., Grundlegung der Praktischen Theologie, München 1986.

Pannenberg, W., Was ist der Mensch? Die Anthropologie der Gegenwart im Lichte der Theologie, Göttingen [5]1976.
Pannenberg, W., Anthropologie in theologischer Perspektive, Göttingen 1983.
Pavel, F.-G., Die Entwicklung der Klientenzentrierten Gesprächspsychotherapie in den USA von 1942–1973, in: *GwG* (Hrsg.), Die Klientenzentrierte Gesprächspsychotherapie, München 1975, 25–42.
Perler, O., Kyrillos v. Jerusalem, in: LThK, VI, 709–710.
Perls, F., Grundlagen der Gestalt-Therapie. Einführung und Sitzungsprotokolle, München [3]1979.
Pesch, O. H., Freisein aus Gnade. Theologische Anthropologie, Freiburg – Basel – Wien 1983.

Peukert, H., Wissenschaftstheorie – Handlungstheorie – Fundamentale Theologie, Frankfurt a.M. 1978.
Pfister, O., Das Christentum und die Angst, Zürich 1944.
Piaget, J., Psychologie der Intelligenz, Freiburg 1972 (Zürich 1948).
Pieper, J., Über die Hoffnung, München 1949.
Piper, H.-Ch., Gesprächsanalysen, Göttingen 1983.
Piper, H.-Ch., Der Hausbesuch des Pfarrers, Göttingen 1985.
Pitroff, F.Ch., Anleitung zur praktischen Gottesgelehrtheit, Prag 1783.
Plessen, U. / Katz, S., Supervision in Beratung und Therapie, Salzburg 1985.
Pöldinger, W., Die Abschätzung der Suizidalität, Bern – Stuttgart 1968.
Poensgen, H., Seelsorge im Kinderkrankenhaus im Bereich einiger katholischer Diözesen, in: Wege zum Menschen 39 (1987) 388–398.
Poensgen, H., Die Befreiung einer verlorenen Beziehung. Eine biblisch-homiletische Untersuchung zu Lk 15,11–32 unter besonderer Berücksichtigung familientherapeutischer Erkenntnisse, Frankfurt – Bern – New York – Paris 1987.
Pompey, H., Religionspsychologie, Pastoralpsychologie und Moralpsychologie. Eine wissenschaftstheoretische Ortsbestimmung, in: Wege zum Menschen 24 (1972) 385–388.
Pompey, H., Die Entwicklung der ältesten Teildisziplin der Angewandten Psychologie, in: Psychologie und Praxis 16 (1972) 168–175.
Pompey, H., Das seelsorgliche Gespräch und die Methode des Pastoral Counseling, in: Diakonia 5 (1974) 5–16.
Pompey, H., Von der Pastoralmedizin zur Pastoralanthropologie, in: *Weinzierl, E. / Griesl, G.* (Hrsg.), Von der Pastoraltheologie zur Praktischen Theologie 1774–1974, Salzburg – München 1975, 159–197.
Pompey, H., Das Seelsorgsgespräch nach der Methode der Gesprächstherapie, in: Lebendige Seelsorge 26 (1975) 201–211.
Pompey, H., Seelsorge zwischen Gesprächstherapie und Verkündigung, in: Lebendige Seelsorge 26 (1975) 162–169.
Pompey, H., Die Rezeption der Psychologie durch die Seelsorgswissenschaft im Laufe der Geschichte, in: Wege zum Menschen 30 (1978) 412–423.
Pompey, H., Beziehungstheologische Gesichtspunkte des Gelingens ehelicher Partnerschaft, in: Lebendige Katechese 3 (1981) 95–105.
Pompey, H, Rezension zu: G. Besier, Seelsorge und Klinische Psychologie, in: Wege zum Menschen 33 (1981) 247–252.
Pompey, H., Caritas in der Ausbildung für pastorale Berufe: Inhalte und Ziele, in: Caritas 83 (1982) 126–137.
Pompey, H., Die seelsorgliche Begegnung mit hoffnungslos Leidenden, in: Lebendige Seelsorge 34 (1983) 113–119.
Pompey, H., Seelsorge im Krankenhaus, in: Arzt und Christ 3 (1984) 134–137.
Pompey, H., Heilen und Gesundwerden im Krankenhaus, in: Lebendige Katechese 7 (1985) 66–70.
Pompey, H., Theologisch-psychologische Grundbedingungen der seelsorglichen Beratung, in: *Lade, E.* (Hrsg.), Christliches ABC heute und morgen. Handbuch für Lebensfragen und kirchliche Erwachsenenbildung, Bad Homburg 1986, 179–209.
Pompey, H., Handlungsperspektiven kirchlicher Beratung, in: *Sekretariat der Deutschen Bischofskonferenz* (Hrsg.), Kirchliche Beratungsdienste (= Arbeitshilfen 51), Bonn 1987, 44–68.
Pompey, H., Beziehungstheologische Gesichtspunkte ehelicher Partnerschaft, in: Der Mensch, Gottes Ebenbild. »Als Mann und Frau schuf er sie«, hrsg. vom Sekretariat der Deutschen Bischofskonferenz (= Arbeitshilfen 60), Bonn 1988, 19–33.
Pompey, H., Ganzheitlich helfen und heilen. Eine Perspektive des seelsorglich-caritativen Dienstes für kranke Menschen, in: Würzburger Diözesan-Geschichtsblätter, 50. Bd., Würzburg 1988, 443–459.
Pompey, H., Seelsorgliche Begleitung bei Trennungs- und Scheidungswunsch als Dienst der Versöhnung, in: Lebendige Seelsorge 39 (1988) 46–51.

Pompey, H., Trennung und Scheidung bei einer Option für die Unauflöslichkeit der Ehe, in: Lebendige Seelsorge 39 (1988) 40–46.
Pongratz, L. J., Lehrbuch der Klinischen Psychologie. Psychologische Grundlagen der Psychotherapie, Göttingen 1973.
Pongratz, L. J. (Hrsg.), Handbuch der Psychologie. Bd. 8. Klinische Psychologie, 2 Halbbände, Göttingen – Toronto – Zürich 1977.
Pongratz, L. J., Einleitung: Geschichte, Gegenwart, Grundlagen der Klinischen Psychologie, in: *Ders.* (Hrsg.), Handbuch der Psychologie, 8. Bd. Klinische Psychologie, 1. Halbband, Göttingen – Toronto – Zürich 1977, 1–62.
Pongratz, L. J., Hauptströmungen der Tiefenpsychologie, Stuttgart 1983.
Pressat, R., Population, Harmondsworth 1973.
Preul, R., Seelsorge als Bewältigung von Lebenssituationen, in: *Scharfenberg, J.* (Hrsg.), Freiheit und Methode. Wege christlicher Einzelseelsorge, Wien – Freiburg – Basel 1979, 61–81.
Preuß, H. D. / Berger, K., Bibelkunde des Alten und Neues Testamentes. Zweiter Teil: Neues Testament, Heidelberg 1980.

Rahe, R. H., Life changes and near future illness reports, in: *Levi* (Ed.), Emotions, New York 1975.
Rahner, K., Schriften zur Theologie, Bde. I-XVI, Zürich u. a. 1954–1984.
Rahner, K., Theologische Anthropologie, in: LThK, I (1957), 618–627.
Rahner, K., Die Notwendigkeit einer neuen Mystagogie, in: Handbuch der Pastoraltheologie III, Freiburg 1972, 528–534.
Rahner, K., Grundkurs des Glaubens. Einführung in den Begriff des Christentums, Freiburg u. a. ^{11}1979.
Rahner, K. / Vorgrimler, H., Kleines Konzilskompendium, Freiburg – Basel – Wien 1966.
Rapaport, D., Die Struktur der psychoanalytischen Theorie, Stuttgart 1959.
Rattner, J., Tiefenpsychologie und Religion, Ismaning b. München 1987.
Ratzinger, J., Der holländische Katechismus. Versuch einer theologischen Würdigung, in: Hochland 62 (1970) 301–313.
Ratzinger, J., Theologische Prinzipienlehre. Bausteine zur Fundamentaltheologie, München 1982.
Ratzinger, J., Schriftauslegung im Widerstreit. Zur Frage nach Grundlagen und Weg der Exegese heute, in: *Ders.* (Hrsg.), Schriftauslegung im Widerstreit, Freiburg – Basel – Wien 1989, 15–44.
Rauchfleisch, U., Handbuch zum Rosenzweig Picture-Frustration Test (PFT), 2 Bde., Bern 1979.
Rebell, W., Gehorsam und Unabhängigkeit. Eine sozialpsychologische Studie zu Paulus, München 1986.
Rebell, W., Psychologisches Grundwissen für Theologen, München 1988.
Reindl, M. O., The relationships between attitudes toward obedience and personality characteristics measured by the A-A Reaction study and the Gordon Personal Profile, Master's thesis, Fordham University 1957.
Reinecker, H., Grundlagen der Verhaltenstherapie, München – Weinheim 1987.
Reiner, A. / Kulessa, Ch., Ich sehe keinen Ausweg mehr, Mainz – München ^{3}1981.
Revenstorf, D., Persönlichkeit. Eine kritische Einführung, München 1982.
Rey, K. G., Das Mutterbild des Priesters. Zur Psychologie des Priesterberufes, Zürich – Einsiedeln – Köln 1969.
Richter, H. E., Eltern, Kind, Neurose. Die Rolle des Kindes in der Familie, Stuttgart ^{2}1967.
Richter, H. E., Familientherapie, in: Psychotherapie und Psychosomatik 16 (1968).
Richter, H. E., Patient Familie. Entstehung, Struktur und Therapie von Konflikten in Ehe und Familie, Reinbek b. Hamburg 1970.
Richter, H. E., Der Gotteskomplex: Die Geburt und die Krise des Wahns von der Allmacht des Menschen, Hamburg 1979.

Richter, H. E., Wer nicht leiden will, muß hassen, in: Psychologie heute 8 (1979) 63–65.
Ricœur, P., Die Interpretation (dt. Ausgabe), Frankfurt 1969.
Ricœur, P., Hermeneutik und Psychoanalyse, München 1974.
Riemann, F., Grundformen der Angst, München – Basel 1985.
Riess, R., Psychologische Erwägungen zur Perikope von der Versuchung Jesu, in: Wege zum Menschen 22 (1970) 275–281.
Riess, R., Seelsorge. Orientierung, Analysen, Alternativen, Göttingen 1973.
Riess, R., Pfarrer werden? Zur Motivation von Theologiestudenten, Göttingen – Zürich 1986.
Riess, R., Sehnsucht nach Leben. Spannungsfelder, Sinnbilder und Spiritualität der Seelsorge, Göttingen 1987.
Riley, R. T. / Pettigrew, T. F., Dramatic events and attitude change, in: Journal of Personality and Social Psychology 34 (1976) 1004–1015.
Ringel, E. / Kirchmayr, A., Religionsverlust durch religiöse Erziehung. Tiefenpsychologische Ursachen und Folgerungen, Wien – Freiburg – Basel 1985.
Ringshausen-Krüger, M., Die Supervision in der deutschen Sozialarbeit. Entwicklung von Konzeptionen, Methoden und Strukturen 1954–1974. Eine textanalytische Untersuchung (Diss.), Frankfurt a.M. 1977.
Rodin, J., Managing the stress of aging: The role of control and coping, in: *Levine, S. / Ursin, H.* (Eds.), Coping and health, New York 1980, 171–203.
Rogers, C. R., The necessary and sufficient conditions of therapeutic personality change, in: Journal of consulting psychology 21 (1957) 95–103.
Rogers, C. R., A theory of therapy, personality and interpersonal relationships as developed in the client-centered framework, in: *Koch, S.* (Ed.), Psychology: A study of a science, New York 1959, Vol. 3, 184–256.
Rogers, C. R., The therapeutic relationship: Recent theory and research, in: Australian Journal of Psychology 1965, 95–108.
Rogers, C. R., Counseling und Psychotherapy, Boston 1942, dt.: Die nicht-direktive Beratung, München 1972.
Rogers, C. R., Client-centered Therapy, Boston 1951, dt.: Die klient-bezogene Gesprächstherapie, München 1973.
Rogers, C. R., Entwicklung der Persönlichkeit – Psychotherapie aus der Sicht eines Therapeuten, Stuttgart 1973.
Rogers, C. R., Freedom to learn, Columbus 1969, dt.: Lernen in Freiheit, München 1974.
Rogers, C. R., Entwicklung und gegenwärtiger Stand meiner Ansichten über zwischenmenschliche Beziehungen, in: *Gesellschaft für wissenschaftliche Gesprächspsychotherapie e.V. – GwG* (Hrsg.), Die Klientenzentrierte Gesprächspsychotherapie, München 1975, 11–24.
Rogers, C. R., Eine neue Definition von Einfühlung, in: *Jankowski, P. u. a.* (Hrsg.), Klientenzentrierte Psychotherapie heute, Göttingen 1976, 33–51.
Rogers, C. R., Rückblick auf die Entwicklung meines therapeutischen und philosophischen Denkens, in: *Jankowski, P. u. a.* (Hrsg.), Klientenzentrierte Psychotherapie heute, Göttingen 1976, 29ff.
Rogers, C. R., Die Kraft des Guten, München 1978.
Rogers, C. R., Empathie – eine unterschätzte Seinsweise, in: *Rogers, C. R. / Rosenberg, R. C.*, Die Person als Mittelpunkt der Wirklichkeit, Stuttgart 1980, 75–93.
Rogers, C. R., Therapeut und Klient. Grundlagen der Gesprächspsychotherapie, Frankfurt 1983.
Rogers, C. R. / Truax, C. B., The therapeutic conditions antecedent to change: A theoretic view, in: *Rogers, C. R. / Gendlin, G. T. / Kiesler, D. V. / Truax, D. B.*, The therapeutic relationship and its impact. A study of psychotherapy with schizophrenics, Madison 1967.
Rohracher, H., Kleine Charakterkunde, Wien – Innsbruck 1969.
Rolfes, A., Atheismus/Theismus, in: *Eicher, P.* (Hrsg.), Neues Handbuch theologischer Grundbegriffe, Bd. 1, München 1984, 61–78.

Roloff, G., Partnerzentrierte Gesprächsführung für zukünftige Lehrer. Aufbau, Durchführung und Bewährungskontrolle verschiedener Ausbildungsprogramme, Münster 1976 (Diss.).
Roloff, J., Das Kerygma und der irdische Jesus, Göttingen 1970.
Rosenberg, A., Einführung in das Symbolverständnis. Ursymbole und ihre Wandlungen, Freiburg 1984.
Rosenstiel, L. V. / Stengel, M., Identifikationskrise?, Bern 1987.
Rosenstock-Huessy, E., Die Sprache des Menschengeschlechts, I, Heidelberg 1963.
Roth, E., Persönlichkeitspsychologie. Eine Einführung, Stuttgart – Berlin – Köln – Mainz 1969.
Rotzetter, A., Selbstverwirklichung des Christen, Zürich – Einsiedeln – Köln 1983.
Rücker-Embden-Jonasch, I., Familientherapie, in: *Heinerth, K.* (Hrsg.), Einstellungs- und Verhaltensänderung, München – Basel 1979, 284–303.
Rueveni, Networking Families in Crisis, 1979.
Rutz, O., Obrigkeitliche Seelsorge. Die Pastoral im Bistum Passau von 1800 bis 1918, Passau 1984.

Salmon, P., A psychology of personal growth, in: *Bannister, D.*(Ed.), Perspectives in personal construct theory, New York 1970, 197–221.
Sandler, J., Aversive Methoden, in: *Kanfer, F.H. / Goldstein, A. P.* (Hrsg.), Möglichkeiten der Verhaltensänderung, München – Wien – Baltimore 1977.
Sayer, M., Seelsorge, Seelenführung und pastorale Praxisberatung, in: Lebendige Seelsorge 35 (1984) 289–293.
Scarr, S., Individuelle Erfahrungsunterschiede: Anlage- und Umwelteinwirkungen auf die Entwicklung des Kindes, in: *Fthenakis, W.E.* (Hrsg.), Tendenzen der Frühpädagogik, Düsseldorf 1984, 233–255.
Seligman, M. E.P., Helplessness, San Francisco 1975.
Semmelroth, O., Heil, in: Handbuch Theologischer Grundbegriffe, Bd. I, München 1962, 628–633.
Seubert, E., Gegenwärtiger Stand der Präventionsforschung, in: *Pongratz, L. J.* (Hrsg.), Handbuch der Psychologie, 8. Bd., Klinische Psychologie, 2. Halbband, Göttingen – Toronto – Zürich, 3172–3207.
Sheehy, G., In der Mitte des Lebens. Die Bewältigung vorhersehbarer Krisen, München 1977.
Sheldon, W.H., The varieties of human physique, New York 1940.
Sheldon, W.H., The varieties of delinquent youth, New York 1949.
Siegers, F. (Hrsg.), Praxisberatung in der Diskussion, Freiburg 1974.
Sill, B., »Sinn für die mögliche Wirklichkeit« (R. Musil). Ars narrandi und ethische Predigt, in: *Zerfaß, R.* (Hrsg.), Erzählter Glaube – erzählende Kirche, Freiburg – Basel – Wien 1988, 192–159.
Skinner, B. F., The behavior of organisms, New York 1938.
Skinner, B. F., Science and human behavior, New York 1953 (dt.: Wissenschaft und menschliches Verhalten, München 1973).
Skinner, B. F., Verbal behavior, New York 1957.
Skinner, B. F., Futurum Zwei, Hamburg 1970.
Skinner, B. F., About behaviorism, New York 1974.
Sloane, R. B. / Staples, F.R. / Cristol, A. H. / Yorkston, N. J. / Whipple, K., Psychotherapy versus behavior therapy, Cambridge, Mass. 1975.
Sommer, A. / Grobe, H., Aggressiv durch Fernsehen?, Neuwied – Berlin 1974.
Spiegel, Y. (Hrsg.), Psychoanalytische Interpretationen biblischer Texte, München 1972.
Spiegel, Y., Der Prozeß des Trauerns. Analyse und Beratung, München – Mainz 1973.
Spiegel, Y., Der Prozeß des Trauerns in pastoralpsychologischer Sicht, in: *Riess, R.* (Hrsg.), Perspektiven der Pastoralpsychologie, Göttingen 1974, 48–62.
Spiegel, Y. (Hrsg.), Doppeldeutlich. Tiefendimensionen biblischer Texte, München 1978.
Spitz, R., Vom Säugling zum Kleinkind, Stuttgart 1967.

Spranger, E., Lebensformen. Geisteswissenschaftliche Psychologie und Ethik der Persönlichkeit, Halle 1921.
Sward, K., Temperament and religious experience, in: Journal of Social Psychology 2 (1931) 374–396.
Switzer, D. K., Krisenberatung in der Seelsorge. Situationen und Methoden, München 1975.
Szondi, L., Schicksalsanalytische Therapie, Bern-Stuttgart 1963.

Schäfer, H., Die politisch-gesellschaftliche Dimension von Krankheit und Heilung, in: Lebendige Seelsorge 38 (1987) 18–26.
Schäfer, M., Märchen lösen Lebenskrisen. Tiefenpsychologische Zugänge zur Märchenwelt für Eltern und Erzieher, Freiburg ^{2}1985.
Schätzing, E., Die ekklesiogenen Neurosen, in: Wege zum Menschen 7 (1955) 97–108.
Schall, T., Seelsorge und Klinische Psychologie, in: Wege zum Menschen 34 (1982) 391–399.
Schall, T. / Scharfenberg, J. / Seitz, M., Loccumer Thesen, in: Pastoraltheologie 71 (1982) 317–328.
Scharfenberg, J., Sigmund Freud und seine Religionskritik als Herausforderung für den christlichen Glauben, Göttingen ^{3}1971.
Scharfenberg, J., Religion zwischen Wahn und Wirklichkeit. Gesammelte Beiträge zur Korrelation von Theologie und Psychoanalyse, Hamburg 1972.
Scharfenberg, J., Psychologie und Psychotherapie, in: *Klostermann, F. / Zerfaß, R.*, Praktische Theologie heute, München 1974, 339–346.
Scharfenberg, J., Psychoanalytische Randbemerkungen zur Taufe, in: Theologische Quartalschrift 154 (1974) 3–9.
Scharfenberg, J., Seelsorge als Gespräch. Zur Theorie und Praxis der seelsorglichen Gesprächsführung, Göttingen ^{3}1980.
Scharfenberg, J., Einführung in die Pastoralpsychologie, Göttingen 1985.
Scharfenberg, J. / Kämpfer, H., Mit Symbolen leben, Olten 1980.
Scharfetter, Ch., Schizophrenie. Ein verzweifelter Versuch, sich selbst zu retten, in: Psychologie heute 8 (1981) 54–61.
Schaupp, K., Eignung und Neigung. Hilfen zur Unterscheidung der Beweggründe, in: *Stenger, H.* (Hrsg.), Eignung für die Berufe der Kirche. Klärung – Beratung – Begleitung, Freiburg – Basel – Wien 1988, 195–240.
Schenk, J., Abweichendes Verhalten, in: *Pongratz, L. J.* (Hrsg.), Handbuch der Klinischen Psychologie, Göttingen 1977, 1. Teilband, 63–115.
Scherf, D. (Hrsg.), Der liebe Gott sieht alles. Erfahrungen mit religiöser Erziehung, Frankfurt 1984.
Schillebeeckx, E., Christus, Sakrament der Gottesbegegnung, Mainz 1960.
Schillebeeckx, E., Jesus. Die Geschichte von einem Lebenden, Freiburg – Basel – Wien ^{7}1980.
Schilson, A., Theologie als Sakramententheologie. Die Mysterientheologie Odo Casels, Mainz 1982.
Schlette, H. R., Sakrament, dogmengeschichtlich, systematisch, in: Handbuch Theologischer Grundbegriffe, Bd. II, München 1962, 456–465.
Schmalohr, E., Frühe Mutterentbehrung bei Mensch und Tier. Entwicklungspsychologische Studie zur Psychohygiene der frühen Kindheit, München ^{3}1980.
Schmid, J., Das Evangelium nach Markus, Regensburg ^{5}1963.
Schmidbauer, W., Die hilflosen Helfer. Über die seelische Problematik der helfenden Berufe, Hamburg 1977.
Schmidbauer, W., Unsere kranken Therapeuten, in: Psychologie heute 9 (1977) 53–56.
Schmidbauer, W., Kindheit in Niederbayern, München 1987.
Schmidt, P., Erkenntnisse der Gesprächspsychologie in ihrer Bedeutung für das Seelsorgegespräch, in: *Baumgartner, K.* (Hrsg.), Das Seelsorgegespräch in der Gemeinde, Würzburg 1982, 24–39.

Schmidtchen, G., Zwischen Kirche und Gesellschaft, Freiburg 1972.
Schmidtchen, G., Priester in Deutschland. Forschungsbericht über die im Auftrag der Deutschen Bischofskonferenz durchgeführte Umfrage unter allen Welt- und Ordenspriestern in der Bundesrepublik Deutschland. In Verbindung mit dem Institut für Demoskopie Allensbach, Freiburg – Basel – Wien 1973.
Schmidtchen, G., Umfrage unter Priesteramtskandidaten. Forschungsbericht des Instituts für Demoskopie Allensbach über eine im Auftrag der Deutschen Bischofskonferenz durchgeführte Erhebung, Freiburg – Basel – Wien 1975.
Schmidtchen, G., Was dem Deutschen heilig ist, München 1979.
Schnackenburg, R., Exegese und Tiefenpsychologie, in: *Görres, A. / Kasper, W.* (Hrsg.), Tiefenpsychologische Deutung des Glaubens? Anfragen an Eugen Drewermann, Freiburg – Basel – Wien 1988, 26–48.
Schneider, C., Geistesgeschichte des antiken Christentums I, München 1954.
Schneider, F., Überlegungen zur Heilsverkündigung Jesu, in: *Beinert, W.* (Hrsg.), Heil und Heilen als pastorale Sorge, Regensburg 1984, 51–70.
Schneider, G., Grundbedürfnisse und Gemeindebildung. Soziale Aspekte für eine menschliche Kirche, München – Mainz 1982.
Schneider, H.-D., Sexualverhalten in der zweiten Lebenshälfte, Stuttgart 1980.
Schneider, T., Zeichen der Nähe Gottes. Grundriß der Sakramententheologie, Mainz 1979.
Schneider, T., Taufe, in: *Lurker, M.* (Hrsg.), Wörterbuch d. Symbolik, Stuttgart ^{3}1983, 683 f.
Schnider, F. / Stenger, W., Beobachtungen zur Struktur der Emmausperikope (Lk 24, 13–35), in: Biblische Zeitschrift 16 (1972) 94–114.
Schottländer, F., Die Mutter als Schicksal, Stuttgart 1952.
Schraml, W.J., Einführung in die Tiefenpsychologie für Pädagogen und Sozialpädagogen, Stuttgart ^{3}1970.
Schreiber, A., Die Gemeinde in Korinth. Versuch einer gruppendynamischen Betrachtung der Entwicklung der Gemeinde von Korinth auf der Basis des ersten Korintherbriefes (= NTA 12), München 1977.
Schreiber, H., Midlife Crisis – Die Krise in der Mitte des Lebens, München 1977.
Schroedel, J., Remythologisierung der Bibel? Bemerkung zu einer Situationsanalyse Eugen Drewermanns, in: Herder-Korrespondenz 39 (1985) 275–279.
Schröder, C. E., Personality patterns of advanced Protestant theology students and physical science students. Unpublished doctoral dissertation, Michigan State University 1956.
Schröger, F., Der Verfasser des Hebräerbriefes als Schriftausleger, Regensburg 1968.
Schröger, F., Zu Fuß von Passau nach Jerusalem, Passau 1984.
Schubert, P., The Structure and Significance of Luke 24, in: Neutestamentliche Studien für R. Bultmann (BZNW 21), Berlin ^{2}1957, 170 ff.
Schuchardt, E., Warum gerade ich ...? Behinderung und Glaube. Pädagogische Schritte mit Betroffenen und Begleitenden, Berlin – Gelnhausen ^{3}1984.
Schuchardt, E., Krise als Lernchance. Eine Analyse von Lebensgeschichten, Düsseldorf 1985.
Schuchardt, E. (Hrsg.), Jede Krise ist ein neuer Anfang. Aus Lebensgeschichten lernen, Düsseldorf ^{2}1985.
Schuchardt, E., Soziale Integration Behinderter. Gesamtdarstellung in zwei Teilbänden, 2 Bde., Bad Heilbronn ^{3}1985.
Schulte, D., Ein Schema für Diagnose und Therapieplanung in der Verhaltenstherapie, in: *Ders.* (Hrsg.), Diagnostik in der Verhaltenstherapie, München – Berlin – Wien 1974, 75–104.
Schulz, E., Religiöse Elternbildung als Lebenshilfe. Ein humanwissenschaftlich orientierter theologischer Modellentwurf, Zürich – Einsiedeln – Köln 1979.
Schulz, E. (Hrsg.), Neue Wege in der Ehevorbereitung. Ein umfassendes Konzept der Pastoral zur Befähigung von jungen Menschen für ein Ehe- und Familienleben aus dem Glauben, Würzburg 1983.

Schulz, E., Theologische Projektarbeit – ein wichtiger Lerntypus für Theologie und Kirche, in: *Baumgartner, K./Wehrle, P./Werbick, J.* (Hrsg.), Glauben lernen – Leben lernen. Beiträge zu einer Didaktik des Glaubens und der Religion. Erich Feifel zum 60. Geburtstag, St. Ottilien 1985, 343–365.
Schulz, E., Trauernde trösten! Ein pastoraltheologisches Postulat an Seelsorger und Gemeinden, in: *Ders./Brosseder, H./Wahl, H.* (Hrsg.), Den Menschen nachgehen. Offene Seelsorge als Diakonie in der Gesellschaft, St. Ottilien 1987.
Schulz, R./Brenner, G., Relocation of the aged: A review and theoretical analysis, in: Journal of Gerontology 32 (1977) 323–333.
Schulz von Thun, F., Bleiben se Mensch, Herr Psychologe!, in: Psychologie heute 7 (1980) 9. 12–17.
Schweitzer, E., Das Evangelium nach Markus (= NT Deutsch 1), Göttingen 1983.
Schwermer, J., Psychologische Hilfen für das Seelsorgegespräch, München ²1981.
Schwermer, J., Das helfende Gespräch in der Seelsorge, Paderborn ²1983.
Schwermer, J., Den Menschen verstehen. Eine Einführung in die Psychologie für seelsorgliche Berufe, Paderborn 1987.

Stachel, G., Narrative Theologie oder Theorie und Praxis des Erzählens, in: Katechetische Blätter 110 (1985) 348–357.
Stalmann, R., Psychosomatik, Frankfurt 1984.
Steinmeyer, E.-M., Depression. Ätiologie, Diagnostik und Therapie, Stuttgart – Berlin – Köln – Mainz 1980.
Stengel, E., Selbstmord und Selbstmordversuch, in: Psychiatrie der Gegenwart, Bd. III, Berlin – Göttingen – Heidelberg 1961, 51 ff.
Stenger, H., Der Seelsorger als Vermittler möglicher Glaubenserfahrungen, in: Lebendige Seelsorge 26 (1975) 153–162.
Stenger, H., Menschliche Beziehungen und Transzendenzerfahrungen, in: *Rombold, G.* (Hrsg.), Religion und Tiefenpsychologie (= Linzer Philosoph-theologische Reihe, Bd. 5), Linz 1975, 67–87.
Stenger, H., Der Beitrag der Theologischen Fortbildung zur Identität der pastoralen Berufe, in: *Friedberger, W./Schnider, F.* (Hrsg.), Theologie – Gemeinde – Seelsorger, München 1979, 146–170.
Stenger, H., Dienen ist nicht nur dienen. Ein Beitrag zur Redlichkeit pastoralen Handelns, in: Lebendige Seelsorge 34 (1983) 82–87.
Stenger, H., Botschaft und Symbol. Eine Vorlesungsskizze über den Umgang mit biblischen Texten und Symbolen in der kirchlichen Praxis, in: Pastoraltheologische Informationen 3 (1983) 245–256.
Stenger, H., Symbole und Diabole. Einige Überlegungen zur Glaubensästhetik, in: Pastoralpsychologische Informationen 4 (1984) 184–213.
Stenger, H., Erlösend einander begegnen. Jesu Aufforderung zur ›redemptiven‹ Nachfolge, in: *Ders.*, Verwirklichung unter den Augen Gottes. Psyche und Glaube, Salzburg 1985, 190–199.
Stenger, H., Verwirklichung unter den Augen Gottes. Psyche und Glaube, Salzburg 1985.
Stenger, H., Die Wiederentdeckung der Bilder. Überlegungen zu Eugen Drewermanns Deutung der lukanischen Kindheitsgeschichte, in: Theologie der Gegenwart 30 (1987) 232–241.
Stenger, H. (Hrsg.), Eignung für die Berufe der Kirche: Klärung – Beratung – Begleitung, Freiburg – Basel – Wien 1988.
Stenger, H., Kompetenz und Identität. Ein pastoralanthropologischer Entwurf, in: *Ders.* (Hrsg.), Eignung für die Berufe der Kirche. Klärung – Beratung – Begleitung, Freiburg – Basel – Wien 1988, 31–133.
Stenger, H., Bemerkungen zur liturgischen Kompetenz, in: Lebendige Seelsorge 39 (1988) 185–191.
Stenger, W., »Zwischen den Zeilen lesen«, in: Katechetische Blätter 3 (1977) 204–212.

Stephanos, S., Das Konzept der »pensée opératoire« und das »psychosomatische Phänomen«, in: *Uexküll, Th.v.* (Hrsg.), Lehrbuch der psychosomatischen Medizin, München 1979, 217–241.
Stierlin, H., Von der Psychoanalyse zur Familientherapie, Stuttgart 1975.
Stierlin, H., Das Tun des Einen ist das Tun des Anderen. Eine Dynamik menschlicher Beziehungen, Frankfurt 1976.
Stierlin, H., Familientherapie von Adoleszenten, in: *Richter, H. E. / Strotzka, H. / Willi, J.* (Hrsg.), Familie und seelische Krankheit, Reinbek b. Hamburg 1976, 182–195.
Stierlin, H., Eltern und Kinder. Das Drama von Trennung und Versöhnung im Jugendalter, Frankfurt 1980.
Stierlin, H., Dynamische Familientherapie, in: *Bastine, R. u. a.* (Hrsg.), Grundbegriffe der Psychotherapie, Weinheim 1982, 98–103.
Stierlin, H., Delegation und Familie, Frankfurt 1982.
Stierlin, H., Die Christen in der Weltfamilie: Auserwählt zur Friedensstiftung?, Maintal 1982.
Stierlin, H., Der liebevolle Kampf zwischen Festhalten und Loslassen, in: Psychologie heute 10 (4/1982) 22–27.
Stierlin, H. / Rücker-Embden / Wetzel, N. / Wirsching, M., Das erste Familiengespräch, Stuttgart 1977.
Stock, A., Zur Ausbildung der Einbildungskraft, in: *Zerfaß, R.* (Hrsg.), Erzählter Glaube – erzählende Kirche, Freiburg/Basel/Wien 1988, 171–185.
Stollberg, D., Therapeutische Seelsorge. Die amerikanische Seelsorgebewegung. Darstellung und Kritik, München [3]1969.
Stollberg, D., Pastoral Counseling, in: Handbuch der Pastoraltheologie, Bd. V., Freiburg 1972, 378–381.
Stollberg, D., Wahrnehmen und Annehmen. Seelsorge in Theorie und Praxis, Gütersloh 1978.
Stollberg, D., Das Veilchen. Über das Erzählen von Geschichten in der Seelsorge, in: Wege zum Menschen 36 (1984) 325–339.
Stroebe, W. u. a., Der Kummer-Effekt. Psychologische Aspekte der Sterblichkeit von Verwitweten, in: Psychologische Beiträge 22 (1980) 1–26.
Strommen, M., Concerns of youth. Paper presented at Student Personnel Service Conference, Aun Arbor, Michigan 1964.
Strunk, O. J., Interest and personality patterns of preministerial students, in: Psychological Reports 5 (1959) 740.
Stuhlmacher, P., Historische Kritik und theologische Schriftauslegung, in: *Ders.*, Schriftauslegung auf dem Weg der biblischen Theologie, Göttingen 1975.

Tartler, R., Das Alter in der modernen Gesellschaft, Stuttgart 1961.
Tauler, J., Predigten I, Einsiedeln 1979.
Tausch, R., Gesprächspsychotherapie, Göttingen [5]1973.
Tausch, R., Das psychotherapeutische Gespräch, Göttingen 1980.
Tausch, R. / Tausch, A.-M., Erziehungspsychologie. Begegnung von Person zu Person, Göttingen – Toronto – Zürich [8]1977.
Tausch, R. / Tausch, A.-M., Gesprächs-Psychotherapie. Einfühlsame hilfreiche Gruppen- und Einzelgespräche in Psychotherapie und alltäglichem Leben, Göttingen [7]1979.
Teegen, F., Ganzheitliche Gesundheit. Der sanfte Umgang mit uns selbst, Reinbek b. Hamburg 1983.
Teichert, W., Der Psychologe als Exeget. Bibelauslegung nach Eugen Drewermann, in: Evangelische Kommentare 19 (1986) 588–593f.
Tellenbach, H., Zur Krise des Kultischen. Kulturpsychopathologische Erörterungen, in: Anthropologie des Kults, Freiburg – Basel – Wien 1977, 82–97.
Tenbruck, F., Die unbewältigten Sozialwissenschaften oder die Abschaffung des Menschen, Graz 1984.

Theißen, G., Psychologische Aspekte paulinischer Theologie, Göttingen 1983.
Thielicke, H., Mensch sein – Mensch werden. Entwurf einer christlichen Anthropologie, München 1976.
Thilo, H.-J., Beratende Seelsorge. Tiefenpsychologische Methodik dargestellt am Kasualgespräch, Göttingen [2]1975.
Thilo, H.-J., Der Mensch – eine berechenbare Größe? in: Deutsches Pfarrerblatt (1982) 67f.
Thilo, H.-J., Die therapeutische Funktion des Gottesdienstes, Kassel 1985.
Thomae, H., Die Bedeutung einer kognitiven Persönlichkeitstheorie für die Theorie des Alterns, in: Zeitschrift für Gerontologie 4 (1971) 8–18.
Thomas, K., Warum Angst vor dem Sterben? Erfahrungen und Antworten eines Arztes und Seelsorgers, Freiburg 1980.
Thurneysen, E., Die Lehre von der Seelsorge, Zürich 1948.
Thurneysen, E., Seelsorge im Vollzug, Zürich 1968.
Tillich, P., Wesen und Wandel des Glaubens, Berlin 1966.
Tillich, P., Systematische Theologie, Bde. I-II, Stuttgart [3]1966; Bd. III, Stuttgart 1966.
Tillich, P., Gesammelte Werke, Stuttgart 1967.
Tölle, R., Psychiatrie, Berlin [7]1985.
Tolmann, E. C., Cognitive maps in rats and men, in: Psychological Review 55 (1948) 189–208.
Toman, W., Familienkonstellation, München 1965.
Tscheulin, D., Gemeinsame Grundelemente in verschiedenen Psychotherapieformen, in: *Rey, E.-R.* (Hrsg.), Aktuelle Psychiatrie, Bd. 2: Klinische Psychologie, Stuttgart-New York 1981, 115–127.
Twer, K.-J., Hingehen. Sterbende begleiten, Düsseldorf 1983.

Ulke, K. D., Warum man reist, in: Orientierung 51 (1987) 2–4.
Ullrich, R. / Ullrich, R., Das Assertiveness-Training-Programm ATP. Einübung von Selbstvertrauen und sozialer Kompetenz, 3 Bde., München 1976.
Ullrich, R. / Ullrich, R., Der Unsicherheitsfragebogen, München 1977.

Venetz, H.-J., So fing es mit der Kirche an. Ein Blick in das Neue Testament, Zürich – Einsiedeln – Köln [3]1983.
Venetz, H.-J., Die vielgestaltige Kirche und der eine Christus. Die Gemeinde im Spannungsfeld von Jesu Anspruch und konkreter Praxis, in: Pastoraltheologische Informationen 1 (1984) 29–55.
Venetz, H.-J., ›Mit dem Traum, nicht mit dem Wort ist zu beginnen‹ – Tiefenpsychologie als Herausforderung für die Exegese?, in: Orientierung 48 (1985) 192–195.
Virt, G., Epikie in psychoanalytischer Sicht, in: *Hörmann, K. / Laun A. / Virt G.* (Hrsg.), Verantwortung und Gehorsam. Aspekte der heutigen Autoritäts- und Gehorsamsproblematik, Innsbruck – Wien – München 1978, 105–139.
Virt, G., Epikie – verantwortlicher Umgang mit Normen, Mainz 1983.
Virt, G. (Hrsg.), Moral begründen – Moral verkünden, Innsbruck 1985.
Virt, G. / Biesinger, A., Religionsgewinn durch religiöse Erziehung. Antwort auf Erwin Ringel und Alfred Kirchmayr, Salzburg 1986.
Vögtle, A. / Pesch, R., Wie kam es zum Osterglauben?, Düsseldorf 1975.
Völker, M., Kann man die Menschen humanisieren?, in: Psychologie heute 8 (1977) 34.
Vogel, M., Therapieziele, in: *Grunwald, W.* (Hrsg.), Kritische Stichwörter zur Gesprächspsychotherapie, München 1979, 251–263.
Vurst, R. v., An investigation of the counseling relationships between clergymen and young churchmen. Unpublished doctoral dissertation, University of Michigan 1963.

Wachinger, L., Den Weg gehen – ans Ziel kommen, in: *Schröger, F.*, Zu Fuß von Passau nach Jerusalem, Passau 1984, 221–230.
Wachinger, L., »Der Mensch ist ein Geschichtenerzähler« (S. Minouchin). Zur therapeuti-

schen Funktion des Erzählens, in: *Zerfaß, R.* (Hrsg.), Erzählter Glaube – erzählende Kirche, Freiburg – Basel – Wien 1988, 127–141.
Wacker, B., Narrative Theologie?, München 1977.
Wacker, B., Zehn Jahre »Narrative Theologie« – Versuch einer Bilanz, in: *Sanders, W. / Wegenast, K.* (Hrsg.), Erzählen für Kinder – Erzählen von Gott, Stuttgart – Berlin – Köln – Mainz 1983, 13–32.
Wagenhammer, H., Das Wesen des Christentums, Mainz 1973.
Wagenhammer, H., Das Wesen des Christentums ist »synesthiein«. Bemerkungen zu einem Programmwort, in: *Müller, P.-G. / Stenger, W.* (Hrsg.), Kontinuität und Einheit (FS für F. Mußner), Freiburg – Basel – Wien 1981, 493–508.
Wahl, H., Christliche Ethik und Psychoanalyse, München 1980.
Wahl, H., Narzißmus? Von Freuds Narzißmustheorie zur Selbstpsychologie, Stuttgart – Berlin – Köln – Mainz 1985.
Wahl, H., Therapeutische Seelsorge als Programm und Praxis. Praktisch-theologische Überlegungen zur Situation der Pastoralpsychologie, in: *Baumgartner, K. / Wehrle, P. / Werbick, J.* (Hrsg.), Glauben lernen – Leben lernen, St. Ottilien 1985, 411–439.
Wahl, H., »Priesterbild« und »Priesterkirche« in psychologischer Sicht. Psychoanalytische und pastoralpsychologische Anmerkungen zu einem aktuellen Problem, in: *Hoffmann, P.* (Hrsg.), Priesterkirche, Düsseldorf 1987, 164–194.
Wahl, H., Empathie als diakonische Praxis. Ein selbstpsychologischer Beitrag zur praktischen Ekklesiologie und Theorie der Seelsorge, in: *Schulz, E. / Brosseder, H. / Wahl, H.* (Hrsg.), Den Menschen nachgehen. Offene Seelsorge als Diakonie in der Gesellschaft, St. Ottilien 1987, 79–100.
Wahl, H., Pastoralpsychologie – Eine Grunddimension Praktischer Theologie. Ein Dialogvorschlag zum Streit um Eugen Drewermanns ›tiefenpsychologische‹ Remythisierung christlicher Lehre und Praxis, in: Münchner Theologische Zeitschrift 39 (1988) 23–46.
Waldenfels, H., Kontextuelle Fundamentaltheologie, Paderborn – München – Wien – Zürich 1985, 348–354.
Wallerstein, J. / Blakeslee, S., Gewinner und Verlierer. Frauen, Männer, Kinder nach der Scheidung, München 1988.
Walser, M., Seelenarbeit, Frankfurt 1979.
Wanke, J., Die Emmauserzählung. Eine redaktionsgeschichtliche Untersuchung zu Lk 24,13–53, Leipzig 1973.
Wanke, J., «... wie sie ihn beim Brotbrechen erkannten«. Zur Auslegung der Emmauserzählung Lk 24,13–35, in: Biblische Zeitschrift 18 (1974) 180–192.
Wann, T.W. (Ed.), Behaviorism and phenomenology. Contrasting bases for modern Psychology, London 1964.
Warnach, V., Mysterientheologie, in: LThK, VII, 724–727.
Watson, J. B., Psychology as the behaviorist views it, in: Psychological Review 20 (1913) 158–177.
Watson, J. B., Behaviorism, Chicago 1924.
Watson, J. B. / Rayner, R., Conditioned emotional reactions, in: Journal experimental Psychology 3 (1920) 1–14.
Watzlawick, P., Die Möglichkeit des Andersseins. Zur Technik der therapeutischen Kommunikation, Bern – Stuttgart – Wien 1977.
Watzlawick, P., Anleitung zum Unglücklichsein, München – Zürich ^{5}1983.
Watzlawick, P. / Beavin, J. H. / Jackson, D. D., Menschliche Kommunikation. Formen, Störungen, Paradoxien, Bern – Stuttgart – Wien 1969.
Watzlawick, P. / Weakland J. H. / Fisch, R., Lösungen. Zur Theorie und Praxis menschlichen Wandels, Bern 1975.
Weber, M., Grundfragen der Psychologie. Eine Einführung, München 1983.
Wechsler, D., Die Messung der Intelligenz Erwachsener, Bern – Stuttgart 1955.
Wedel, T.O., Evangelism – the mission of the church to those outside her life, in: The Ecumenical Review 10 (1953).

Wegenast, K., Exegetische und historische Methoden, in: *Feifel, E. u.a.* (Hrsg.), Handbuch der Religionspädagogik, Bd. 2, Gütersloh – Zürich – Einsiedeln – Köln 1974, 326–335.
Wehr, G., Wege zu religiöser Erfahrung. Analytische Psychologie im Dienste der Bibelauslegung, Darmstadt 1974.
Weinrich, H., Narrative Theologie, in: Concilium 9 (1973) 329–334.
Weinrich, H., Rechtfertigung durch Geschichten, in: *Marquard, O. / Stierle, K.* (Hrsg.), Identität (Poetik und Hermeneutik, Bd. 8), München 1979.
Weisbord, M. R., Organisationsdiagnose. Ein Handbuch mit Theorie und Praxis, Karlsruhe 1984.
Werbick, J., Glaube im Kontext. Prolegomena und Skizzen zu einer elementaren Theologie, Zürich – Einsiedeln – Köln 1983; St. Ottilien 1987.
Werner, A. / Butollo, W.H.L., Skinner und das operante Konditionieren, in: Die Psychologie des 20. Jahrhunderts, Bd. IV, Zürich 1977, 189–249.
Wertheimer, M., Kurze Geschichte der Psychologie, München 1971.
Wheelis, A., The quest for identity, New York 1958.
Widlöcher, D., Die Depression. Logik eines Leidens, München 1986.
Wiederkehr, D., Kreuz/Leid, in: *Eicher, P.* (Hrsg.), Neues Handbuch theologischer Grundbegriffe, Bd. 2, München 1984, 355–363.
Wiederkehr-Benz, K., Kohut im Überblick, in: Psyche 36 (1982) 1–16.
Wiesel, E., Macht Gebete aus meinen Geschichten. Essays eines Betroffenen, Freiburg – Basel – Wien 1987.
Willi, J., Die Zweierbeziehung, Reinbek b. Hamburg 1975.
Willi, J., Treue heißt auch sich selbst treu bleiben, in: Psychologie heute 8 (1/1981) 23–29.
Willi, J., Koevolution. Die Kunst gemeinsamen Wachsens, Reinbek 1985.
Winiarski, R., Die Kraft des Guten. Kurzer Lehrgang über Humanistische Therapie, in: *Michel, K. M. / Spengler, T.* (Hrsg.), Die Therapiegesellschaft, Kursbuch 82 (1985) 49–60.
Wink, W., Bibelauslegung als Interaktion. Über die Grenzen historisch-kritischer Methode, Stuttgart – Berlin – Köln – Mainz 1976.
Winkler, K., Tiefenpsychologisch orientierte Seelsorge, in: *Scharfenberg, J.* (Hrsg.), Freiheit und Methode. Wege christlicher Einzelseelsorge, Göttingen – Wien – Freiburg – Basel 1979, 102–112.
Winklhofer, A., Schöpfung u. Liturgie. Naturdinge im liturgischen Dienst, Weilheim 1951.
Winnicot, D. W., Primäre Mütterlichkeit, in: Psyche 14 (1960) 393.
Winnicot, D. W., Übergangsobjekte und Übergangsphänomene (1951), in: *Ders.*, Von der Kinderheilkunde zur Psychoanalyse, Frankfurt 1983, 300–319.
Wirsing, K., Psychologisches Grundwissen für Altenpflegeberufe. Ein praktisches Lehrbuch, Weinheim – Basel 1984.
Wittenberger, G., Supervision zwischen Psychoanalyse und Sozialarbeit, in: Supervision 2 (1984) 3–31.
Wittkowski, J., Tod und Sterben. Ergebnisse der Thanatopsychologie, Heidelberg 1978.
Wolff, H., Jesus als Psychotherapeut. Jesu Menschenbehandlung als Modell moderner Psychotherapie, Stuttgart 1978.
Wolff, H., Jesus der Mann. Die Gestalt Jesu in tiefenpsychologischer Sicht, Stuttgart ^{8}1985.
Wolpe, J., Experimental neuroses as learned behavior, in: British Journal of Psychology 43 (1952) 243–261.
Wucherer-Huldenfeld, A. K., Freud und die Philosophie, in: Ecta Psychotherapeutica 4 (1956) 234–253.
Wucherer-Huldenfeld, A. K., Sigmund Freud als Philosoph, in: Wissenschaft und Weltbild 21 (1968) 171–188.
Wucherer-Huldenfeld, A. K., Beiträge zur Philosophie Sigmund Freuds, Wien 1980.
Wulf, F., Kriterien der Eignung, in: *Stenger, H.* (Hrsg.), Eignung für die Berufe der Kirche. Klärung, Beratung, Begleitung, Freiburg – Basel – Wien 1988, 11–31.

Zahrnt, H., Gott kann nicht sterben. Wider die falschen Alternativen in Theologie und Gesellschaft, München ³1970.

Zahrnt, H., Westlich von Eden. Zwölf Reden an die Verehrer und die Verächter der christlichen Religion, München 1981.

Zahrnt, H., Jesus aus Nazareth. Ein Leben, München – Zürich 1987.

Zerfaß, R., Praktische Theologie als Handlungswissenschaft, in: Theologische Revue 69 (1973) 89–98.

Zerfaß, R., Praktische Theologie als Handlungswissenschaft, in: *Klostermann, F. / Zerfaß, R.* (Hrsg.), Praktische Theologie heute, München – Mainz 1974, 164–176.

Zerfaß, R., Zur Organisation des Studiums der Praktischen Theologie, in: *Zerfaß, R. / Greinacher, N.*, Einführung in die Praktische Theologie, München 1976, 63–76.

Zerfaß, R., Inhalte der Praktischen Theologie, in: *Biemer, G. / Biesinger, A.* (Hrsg.), Theologie im Religionsunterricht, München 1976, 92–124.

Zerfaß, R., Der Seelsorger – ein verwundeter Arzt, in: Lebendige Seelsorge 34 (1983) 77–82.

Zerfaß, R., Kirchliche Praxis im Horizont der Gottesherrschaft oder Der Selbstvollzug der Kirche in Wort, Sakrament und sozialem Dienst. Eine Einführung in die Grundfragen der Praktischen Theologie, Würzburg 1984 (Vorlesungsskript).

Zerfaß, R., Die Verantwortung der Kirche für den Einzelnen, Würzburg 1984 (Vorlesungsskript).

Zerfaß, R., Menschliche Seelsorge. Für eine Spiritualität von Priestern und Laien im Gemeindedienst, Freiburg – Basel – Wien 1985.

Zerfaß, R., Wenn Gott aufscheint in unseren Taten, in: *Zulehner, P. M.*, Das Gottesgerücht. Bausteine für eine Kirche der Zukunft, Düsseldorf 1987, 95–106.

Zerfaß, R., Grundkurs Predigt 1. Spruchpredigt, Düsseldorf ²1989.

Zerfaß, R., Organisierte Caritas als Herausforderung an eine nachkonziliare Theologie, in: *Schulz, E. / Brosseder, H. / Wahl, H.* (Hrsg.), Den Menschen nachgehen. Offene Seelsorge als Diakonie in der Gesellschaft. Festschrift für Hans Schilling, St. Ottilien 1987, 321–348.

Zerfaß, R. (Hrsg.), Erzählter Glaube – erzählende Kirche, Freiburg 1988.

Zerfaß, R., Die Funktion der Caritas und ihrer Einrichtungen für die Kirche, in: Creatio ex amore. FS für Alexandre Ganoczy, Würzburg 1989, 154–176.

Zerner, J. M., Alt werden, in: Psychologie heute 11 (1984) 39–47.

Zimbardo, P. G., Psychologie, Berlin – Heidelberg – New York – Tokyo ⁴1983.

Zimmer, D. E., Tiefenschwindel. Die endlose und beendbare Psychoanalyse, Reinbek 1986.

Zimmer, D. E., Für alle ein Preis und ein Dämpfer. Psychotherapie ist wirksam, aber warum eigentlich, in: Die Zeit 30 (1988) 32.

Zimmermann, H., Neutestamentliche Methodenlehre. Darstellung der historisch-kritischen Methode, 7. neubearbeitete Auflage von *Kliesch, K.*, Stuttgart 1982.

Zink, J., Mehr als drei Wünsche, Stuttgart ⁹1984.

Zottl, A., Erfahrung und Gegenwärtigkeit. Die dialogischen Folien über der Anthropologie von Carl Rogers, Göttingen 1980.

Zulehner, P. M., Kirche und Priester zwischen Auftrag Jesu und den Erwartungen der Menschen, Wien 1974.

Zulehner, P. M., Einführung in den pastoralen Beruf. Ein Arbeitsbuch, München 1977.

Zulehner, P. M., Religion im Leben der Österreicher. Dokumentation einer Umfrage, Wien – Freiburg – Basel 1981.

Zulehner, P. M., Berufseinführung. Neue Aufgabe für eine Universität, in: *Pollok, K. H.* (Hrsg.), Tradition und Entwicklung. Gedenkschrift für Johann Riederer, Passau 1981, 103–114.

Zulehner, P. M., Auswahlchristen: Volkskirche – Gemeindekirche – Parakirche (= Theologische Berichte 10), Zürich – Einsiedeln – Köln 1981, 109–137.

Zulehner, P. M., Was gewinnen Beratung und Seelsorge durch ihre wechselseitige Beziehung?, in: *Katholische Bundesarbeitsgemeinschaft für Beratung* (Hrsg.), Beratung als